ELMO

Elemente & Moleküle

Roderich Magyar
Wolfgang Liebhart
Gabriela Jelinek
Wolfgang Faber
Andrea Strnad

www.oebv.at

Inhalt

7. Klasse 1. Semester

7. Klasse 2. Semester

Inhalt

8. Klasse 1. Semester

8. Klasse 2. Semester

„Betriebsanleitung"

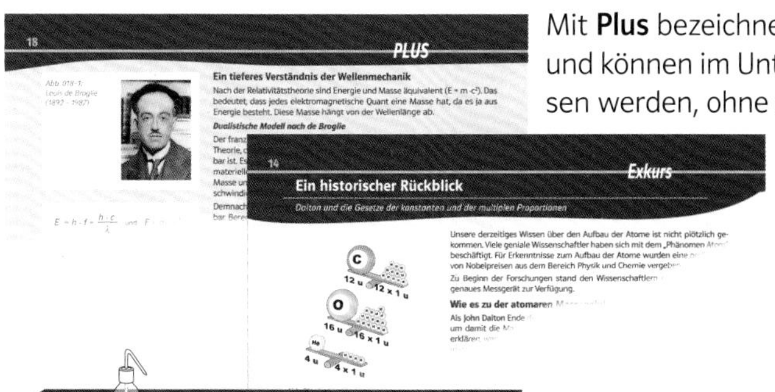

Mit **Plus** bezeichnete Seiten beziehen sich auf vertiefende Inhalte. Sie sind blau unterlegt und können im Unterricht in Schulformen mit geringerer Chemiestundenanzahl weggelassen werden, ohne dass der logische Aufbau und fachliche Zusammenhang verloren geht.

Mit **Exkurs** bezeichnete Seiten beziehen sich auf Inhalte mit Praxisbezug. Sie sind hellgrau unterlegt und passen zum jeweiligen theoretischen Inhalt des Kapitels. Auch hier ist ein Weglassen in Schulformen mit geringerer Chemiestundenzahl ohne Störung des fachlich-theoretischen Zusammenhangs möglich.

Schüler-Experiment 8.4
Papierchromatografie von Filzstiften

Schüler-Spiel 6.1
Das Elektronenspiel

Schüler-Experiment 8.3
Chiralität mit dem Molekülbaukasten

Experimente sind in der Chemie äußerst wichtig und dürfen in einem modernen Chemieunterricht nicht fehlen. Exakte Versuchsanleitungen würden den Rahmen dieses Buches sprengen und so stellen wir diese im Internet mit entsprechender Chemikalienliste und entsprechendem Gerätebedarf zur Verfügung. Arbeiten mit chemischen **Spielen** und dem Molekülbaukasten werden ebenso gekennzeichnet und im Internet zur Verfügung gestellt.

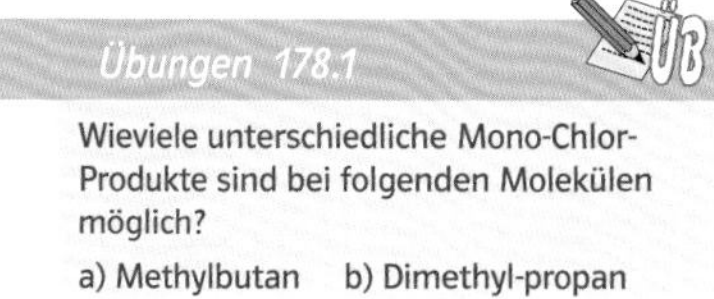

Wieviele unterschiedliche Mono-Chlor-Produkte sind bei folgenden Molekülen möglich?
a) Methylbutan b) Dimethyl-propan

Auch die **Lösungen** der Übungsbeispiele können im Internet abgerufen werden. Dabei werden – wenn nötig – auch Lösungswege angegeben.

In der Fußzeile stehen die Kompetenzmodule (KM-x) laut Lehrplan (x = Semester)

Informationen

Bedienungsanleitung – Experimentieren

Zu diesem Buch

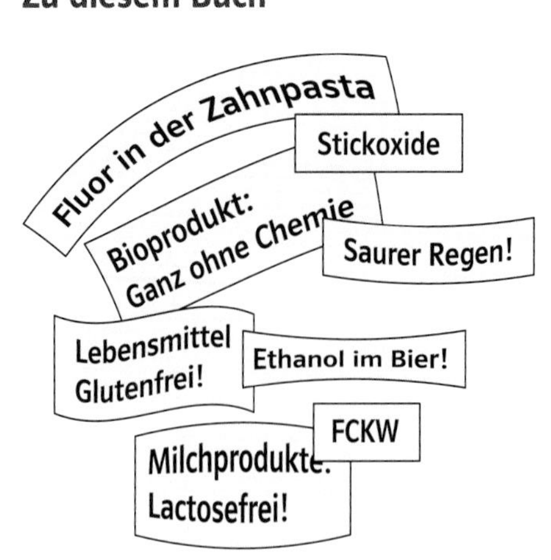

Schlagzeilen und Aussagen dieser Art werden uns fast täglich serviert. Manche sind richtig, manche falsch und einige einfach richtig dumm. Um mit diesen Informationen richtig umgehen und sie auch richtig bewerten zu können, benötigt man Fakten, Verständnis und Kompetenz. Diese Buch hat es sich zur Aufgabe gemacht, diese Kriterien zu vermitteln. So kann man mit seinen Inhalten das nötige **Faktenwissen** erreichen, diese Fakten richtig einordnen und dadurch die **Kompetenz** erwerben, Botschaften, die die Chemie betreffen, zu beurteilen. Diese Fähigkeit ist heute für jedes Mitglied einer Gesellschaft unabdingbar, um in dieser Gesellschaft tätig sein zu können.

Viele Beispiele und viele Verknüpfungen verschiedener Inhalte lassen die Komplexität der Chemie verständlich werden.

Jedes Kapitel endet mit einer **Zusammenfassung** und mit einem **Kompetenzcheck**, der einen überprüfen lässt, ob man die geforderten Kompetenzen auch beherrscht.

Nach gründlicher Durcharbeitung dieses Buches sollte man die Fähigkeiten aufweisen, die einerseits im chemischen Alltag gefragt sind, andererseits für ein weiterführendes Studium das nötige Richtzeug zur Verfügung stellen.

Viel Spass mit der Chemie und diesem Buch wünscht das Autorenteam.

Wie man sicher experimentiert

Damit man mit Stoffen sicher und erfolgreich experimentieren kann, muss man einige Dinge beachten.

1. Von Chemikalien (Stoffen) können Gefahren ausgehen. Damit man diese Gefahren erkennt, sind auf dem Stoff – dh. seinem Behälter – entsprechende Gefahrensymbole angebracht. Jedes **Gefahrensymbol** entspricht auch einem bestimmten Kennbuchstaben.
2. Man muss für den notwendigen Schutz der eigenen Person und anderer sorgen. Das heißt, dass man immer **Schutzbrillen** verwenden muss und zwar vom Anfang des Experiments bis zu seinem sicheren Ende. Beachte auch, dass der Nachbar sein Experiment vielleicht noch nicht abgeschlossen hat.
3. Vor Beginn eines Experiments muss man sich informieren, wo sich im Saal die entsprechenden **Sicherheitseinrichtungen** wie Augendusche, Löschdecke, Löschsand und Feuerlöscher befinden.
4. Beim **Entzünden eines Brenners** ist darauf zu achten, dass keine brennbaren Stoffe in der Umgebung sind!

Arbeiten – immer mit Schutzbrille

Richtige Geruchsprobe

Abb. 004-1: Richtiges experimentieren

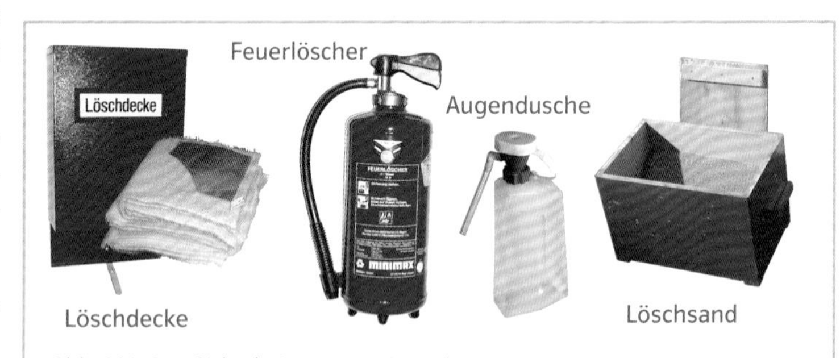

Abb. 004-2: Sicherheitssysteme im Labor

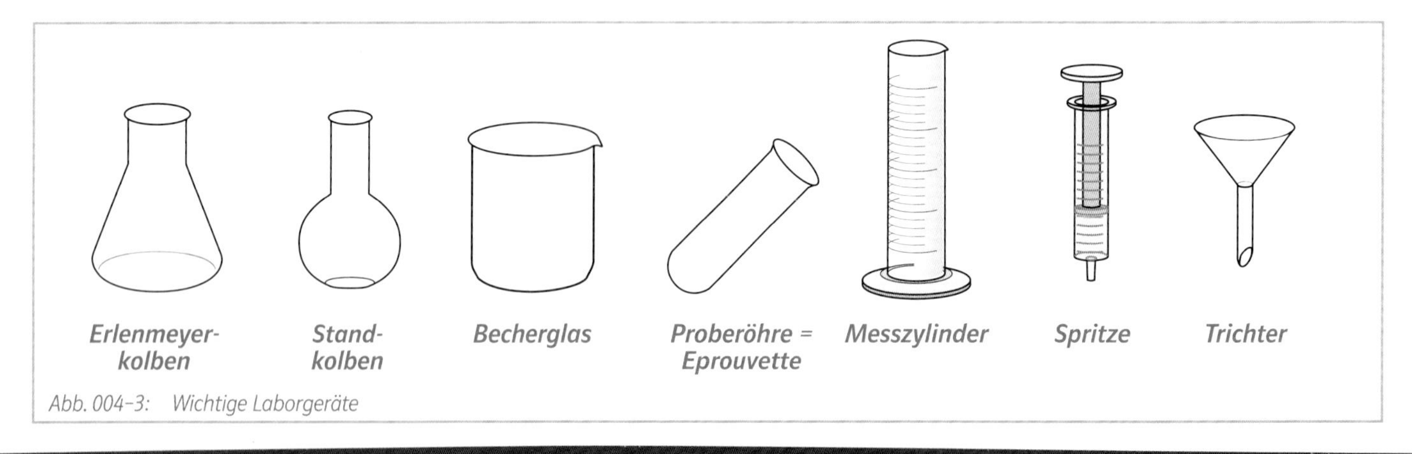

Abb. 004-3: Wichtige Laborgeräte

Sicherheit im Umgang mit Chemikalien

Die Sicherheit im Umgang mit Chemikalien ist nur gewährleistet, wenn man ausreichende Kenntnisse über die von den Substanzen ausgehenden Gefahren besitzt. **Gefahren** können sein: Brennbarkeit und Explosivität, Giftigkeit, Zerstörung von Gewebe, Radioaktivität.

Das **Chemikaliengesetz** regelt alle Tätigkeiten im Umgang mit so genannten Gefahrstoffen. Ziel des Chemikaliengesetzes ist der Schutz des Lebens und der Gesundheit von Mensch und Umwelt.

Im Chemikaliengesetz ist die Kennzeichnung der Gefahrenpotenziale der einzelnen Substanzen festgelegt. Zur Kennzeichnung dienen **Gefahrensymbole** und **Kennbuchstaben** der Gefahren (in Österreich). Außerdem muss die Art der Gefahr in Worten auf der Packung der jeweiligen Substanz angeführt sein. Um den Benutzer noch besser über die Art der Gefahr und das Verhalten gegenüber solchen Substanzen zu informieren, werden auch die **H-Sätze** (Risikohinweise) und **P-Sätze** (Sicherheitshinweise) angegeben.

Gefährliche Eigenschaften

Abb. 005-1: Gefahrensymbole

Explosiv *Symbol:* **GHS01**
Angabe erfolgt bei instabilen, explosiven Stoffen und Gemischen, sowie bei selbstzersetzenden Stoffen und Gemischen und bei organischen Peroxiden.

Entzündlich *Symbol:* **GHS02**
Angabe erfolgt bei entzündbaren Gasen, Aerosolen, Flüssigkeiten und Feststoffen, bei selbstzersetzlichen Stoffen und Gemischen, bei pyrophoren Flüssigkeiten und Feststoffen, bei selbsterhitzungsfähigen Stoffen und Gemischen, bei Stoffen und Gemischen, die bei Berührung mit Wasser entzündbare Gase abgeben, sowie bei organischen Peroxiden.

Brandfördernd *Symbol:* **GHS03**
Angabe erfolgt bei oxidierenden Gasen, Flüssigkeiten und Feststoffen.

Komprimierte Gase *Symbol:* **GHS04**
Stoffe gelten als brandfördernd, wenn sie in Berührung mit entzündlichen Stoffen stark exotherm reagieren können oder organische Peroxide sind.

Ätzend *Symbol:* **GHS05**
Angabe erfolgt bei auf Metalle korrosiv wirkenden Stoffen, bei Stoffen (Gefahrenkategorie 1) die Hautverätzungen verursachen, sowie bei Stoffen (Gefahrenkategorie 1), die schwere Augenschädigungen hervorrufen.

Giftig *Symbol:* **GHS06**
Angabe erfolgt bei Stoffen mit akuter oraler, dermaler und/oder inhalativer Toxizität aus den Gefahrenkategorien 1, 2 und 3.

Gesundheitsgefahr *Symbol:* **GHS07**
Angabe erfolgt bei Stoffen mit akuter oraler, dermaler und/oder inhalativer Toxizität aus der Gefahrenkategorie 4. Ebenso bei Stoffen, die eine Reizung der Haut bzw. der Augen (Gefahrenkategorie 2) verursachen, sowie Stoffen, die eine Sensibilisierung der Haut (Gefahrenkategorie 1) sowie eine Atemwegsreizung verursachen oder narkotierende Wirkung aufweisen.

Ernste Gesundheitsgefahr *Symbol:* **GHS08**
Angabe erfolgt bei Stoffen, die folgende Gefahren aufweisen:
Sensibilisierung der Atemwege (Gefahrenkategorie 1), Keimzellmutagenität (Gefahrenklassen 1 und 2), Karzinogenität (Gefahrenklassen 1 und 2), Reproduktionstoxizität (Gefahrenklassen 1 und 2), spezifischen Zielorgan-Toxizität (Gefahrenklassen 1 und 2), Aspirationsgefahr (Gefahrenklasse 1).

Umweltgefährlich *Symbol:* **GHS09**
Angabe erfolgt bei akut gewässergefährdenden Stoffen der Kategorie 1, sowie bei chronisch gewässergefährdenden Stoffen der Kategorien 1 und 2.

H-Sätze (Auswahl):

H240: Beim Erwärmen explosionsfähig
H250: Selbstentzündung bei Berührung mit Luft
H261: In Berührung mit Wasser entstehen entzündbare Gase
H270: Kann Brand verursachen oder verstärken
H272: Kann Brand verstärken; Oxidationsmittel
H300: Lebensgefahr bei Verschlucken
H301: Giftig bei Verschlucken
H302: Gesundheitsschädlich bei Verschlucken
H310: Lebensgefahr bei Hautkontakt
H311: Giftig bei Hautkontakt
H315: Verursacht Hautreizungen
H317: Kann allergische Hautreaktionen verursachen
H319: Verursacht schwere Augenreizung
H330: Lebensgefahr beim Einatmen
H331: Giftig beim Einatmen
H335: Kann die Atemwege reizen
H350: Kann Krebs erzeugen
H351: Kann vermutlich Krebs erzeugen
H370: Schädigt die Organe bei einmaliger Exposition
H400: Sehr giftig für Wasserorganismen

Abb. 006-1: Auswahl von H-Sätzen

P-Sätze (Auswahl):

P102: Darf nicht in die Hände von Kindern gelangen
P202: Vor Gebrauch alle Sicherheitshinweise lesen und verstehen
P232: Vor Feuchtigkeit schützen
P263: Kontakt während der Schwangerschaft und der Stillzeit vermeiden
P270: Bei Gebrauch nicht essen, trinken oder rauchen
P271: Nur im Freien oder in gut belüfteten Räumen verwenden
P284: Atemschutz tragen
P312: Bei Unwohlsein Giftinformationszentrum oder Arzt anrufen
P330: Mund ausspülen
P331: Kein Erbrechen herbeiführen
P352: Mit viel Wasser und Seife waschen
P363: Kontaminierte Kleidung vor erneutem Tragen waschen
P402: An einem trockenen Ort aufbewahren
P403: An einem gut belüfteten Ort aufbewahren
P404: In einem geschlossenen Behälter aufbewahren
P410: Vor Sonnenbestrahlung schützen
P412: Nicht Temperaturen von mehr als 50 °C aussetzen

Abb. 006-2: Auswahl von P-Sätzen

CMR-Stoffe

Stoffe die krebserzeugend (C – cancerogen), erbgutverändernd (M – mutagen) und/oder fortpflanzungsgefährdend (R – reprotoxisch) sind.

Gefahrenklassen der CMR-Stoffe:

1A: Beim Menschen nachgewiesen
1B: Im Tierversuch nachgewiesen
2: Verdachtsstoffe

Gifte

Nach dem Chemikaliengesetz 1996 und der Giftverordnung 2000 gelten als giftige Substanzen Stoffe mit den Gefahrenhinweisen H300, H301, H310, H311, H330, H331 und H370. Zum Bezug dieser Substanzen benötigt man eine Giftbezugsbewilligung. Suchtgifte, Tabak, Wein sowie Benzin, Diesel, Heizöl und Flüssiggas im Verkehr sind von den Giftbestimmungen des Chemikaliengesetzes ausgenommen. Auch der Bezug von Ausgangsstoffen zur Herstellung von Explosivstoffen sowie von Drogenvorläufersubstanzen ist gesetzlich beschränkt. Dazu gehört unter anderem eine Meldung des Verkäufers an die Behörde.

Definition von Giften

Die „Giftigkeit" eines Stoffes wird durch Tierversuche festgestellt. Die Dosis, bei der 50 % der Versuchstiere sterben, wird als **LD_{50}-Wert** bezeichnet (LD = Letale Dosis).

Die folgenden Einteilungswerte gelten für Feststoffe bei oraler Aufnahme:

Akute Toxizität Klasse I:
LD_{50} oral Ratte < 5 mg/kg

Akute Toxizität Klasse II:
5 < LD_{50} oral Ratte < 50 mg/kg

Akute Toxizität Klasse III:
50 < LD_{50} oral Ratte < 300 mg/kg

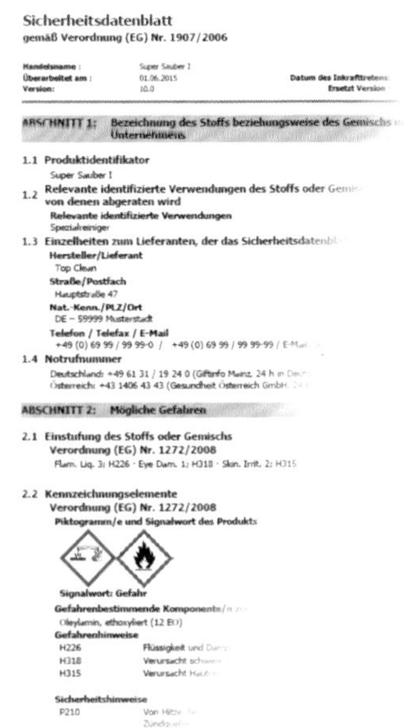

Sicherheitsdatenblatt
gemäß Verordnung (EG) Nr. 1907/2006

Handelsname: Super Sauber I
Überarbeitet am: 01.06.2015
Version: 10.0
Datum des Inkrafttretens:
Ersetzt Version

ABSCHNITT 1: Bezeichnung des Stoffs beziehungsweise des Gemischs
Unternehmens

1.1 Produktidentifikator
Super Sauber I

1.2 Relevante identifizierte Verwendungen des Stoffs oder
von denen abgeraten wird
Relevante identifizierte Verwendungen
Spezialreiniger

1.3 Einzelheiten zum Lieferanten, der das Sicherheitsdaten
Hersteller/Lieferant
Top Clean
Straße/Postfach
Hauptstraße 47
Nat.-Kenn./PLZ/Ort
DE – 59999 Musterstadt
Telefon / Telefax / E-Mail
+49 (0) 69 99 / 99 99-0 / +49 (0) 69 99 / 99 99-99 /

1.4 Notrufnummer
Deutschland: +49 61 31 / 19 24 0 (Giftinfo Mainz, 24 h
Österreich: +43 1406 43 43 (Gesundheit Österreich GmbH,

ABSCHNITT 2: Mögliche Gefahren

2.1 Einstufung des Stoffs oder Gemischs
Verordnung (EG) Nr. 1272/2008
Flam. Liq. 3: H226 · Eye Dam. 1: H318 · Skin. Irrit. 2: H315

2.2 Kennzeichnungselemente
Verordnung (EG) Nr. 1272/2008
Piktogramm/e und Signalwort des Produkts

Signalwort: Gefahr
Gefahrenbestimmende Komponente/n
Oleylamin, ethoxyliert (12 EO)
Gefahrenhinweise
H226 Flüssigkeit
H318 Verursacht
H315 Verursacht

Sicherheitshinweise
P210 Von

Sicherheitsdatenblätter

Für Chemikalien im Handel müssen an den Endverbraucher Informationen über das Gefährdungspotenzial der Chemikalie ausgefolgt werden. Diese Informationen werden auf einem – meist mehrseitigem – Sicherheitsdatenblatt angeführt.

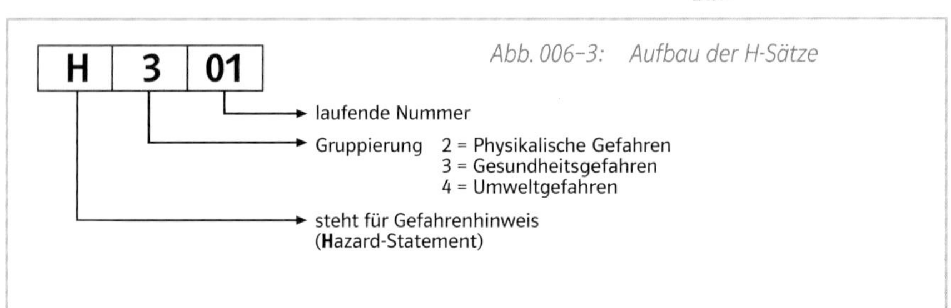

Abb. 006-3: Aufbau der H-Sätze

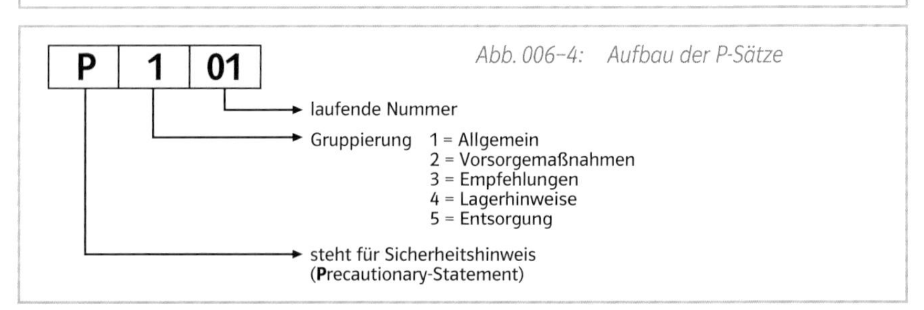

Abb. 006-4: Aufbau der P-Sätze

1 Atombau und Periodensystem der Elemente

„Schluss mit Atom" fordert ein Hersteller von Solaranlagen zur Erzeugung von elektrischer Energie. Wie die Solaranlagen ohne Siliziumatome funktionieren sollen, wird aber nicht verraten. Natürlich ist das nicht wörtlich zu nehmen, es ist wohl eine Energieversorgung ohne Kernenergienutzung gemeint.

Aber nicht nur ein Produzent von Solaranlagen, dem man noch eine Unkenntnis der Tatsachen nachsehen kann, fordert irrtümlich die Abschaffung der Atome.

Der Gesetzgeber der Republik Österreich, der Nationalrat, hat mit Inkrafttreten am 13. August 1999 wörtlich ein „Bundesverfassungsgesetz für ein atomfreies Österreich" beschlossen. Die Abschaffung der Atome – zumindest in unserem Land – hat somit Verfassungsrang. Zu unser Aller Glück ist das Gesetz, was seinen Titel betrifft, nicht wörtlich umgesetzt worden. Es bliebe sonst in unserem Land nichts – wirklich nichts, nicht einmal Steine, Luft und Wasser, erst recht keine Lebewesen – über.

P. b. b. Verlagspostamt 1030 Wien WoGZ 213U

1161

BUNDESGESETZBLATT

FÜR DIE REPUBLIK ÖSTERREICH

Jahrgang 1999 **Ausgegeben am 13. August 1999** **Teil I**

149. Bundesverfassungsgesetz: Atomfreies Österreich
(NR: GP XX AB 2026 S. 179. BR: AB 6033 S. 657.)

149. Bundesverfassungsgesetz für ein atomfreies Österreich

Der Nationalrat hat beschlossen:

§ 1. In Österreich dürfen Atomwaffen nicht hergestellt, gelagert, transportiert, getestet oder verwen-

Natürlich ist nicht ein Verbot von Atomen geplant, sondern ein Verbot von Kernwaffen und Kernkraftwerken, aber bei streng juristischer – also wörtlicher Auslegung des Titels……?

Vielleicht sollten wir uns mit dem Begriff Atom doch etwas genauer auseinandersetzen.

* Wie kommt man auf die Idee, dass es Atome gibt?
* Weshalb kann man Atome nicht einmal im Mikroskop sehen?
* Warum zweifelt trotzdem kein ernstzunehmender Wissenschaftler heute an der Existenz von Atomen?

Beginnen wir mit der interessanten Reise von Demokrit über Dalton, Thomson, Rutherford, Bohr und Schrödinger zu unserer heutigen Vorstellung von Atomen.

Schon im griech. Altertum – ca. 400 v. Chr. – prägte der Philosoph Demokrit den Begriff „atomos" – das Unteilbare. Er begründete damit die Vorstellung, dass die Materie aus kleinsten, nicht weiter teilbaren Einheiten, den Atomen besteht. Seine Vorstellungen waren philosophischer Natur, naturwissenschaftliche Erkenntnisse standen nicht zur Verfügung.

Nachdem die Philosophie Demokrits für etwa 2000 Jahre von anderen Vorstellungen verdrängt war, griff der Engländer John Dalton (1766–1844) zu Beginn des 19. Jahrhunderts die Atomhypothese wieder auf. Er erkannte, dass sich seine Beobachtungen über Massenverhältnisse bei chemischen Reaktionen gut mit der Vorstellung erklären ließen, die Materie bestehe aus unteilbaren kleinsten Einheiten. Jedem Element ordnete er ein be-stimmtes Atom zu. Atome verschiedener Elemente unterscheiden sich in Größe und Masse. Die Massenverhältnisse finden sich wieder in den Massenverhältnissen bei chemischen Vorgängen.

Die Vorstellung von unteilbaren Atomen kam durch die Erkenntnisse der Elektrizitätslehre, dass elektrisch geladene Teilchen existieren, die offenbar aus den Atomen stammen, und durch die Entdeckung der Radioaktivität 1896 durch den Franzosen Antoine Henri Becquerel (1852–1908) ins Wanken. Radioaktive Strahlen sind Atombruchstücke. Daher können Atome nicht unteilbar sein.

KM-5: Modellbildung

1.1 Der Aufbau der Atome

Kern-Hülle-Modell – Elementarteilchen

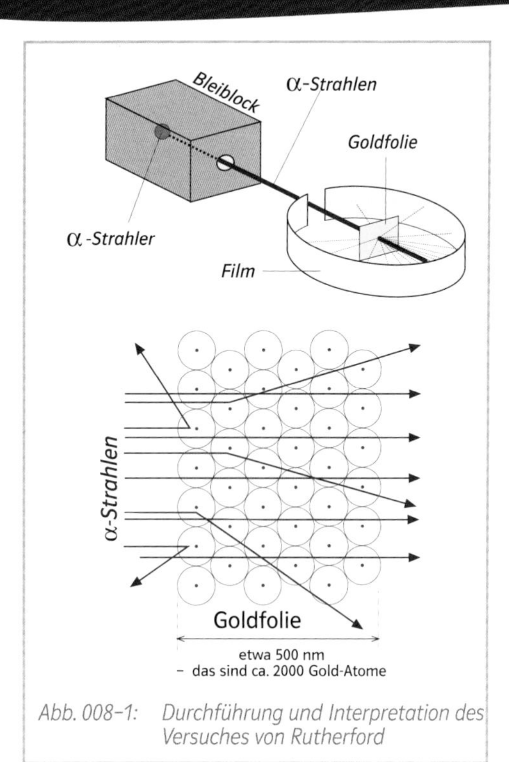

Abb. 008-1: Durchführung und Interpretation des Versuches von Rutherford

Abb. 008-2: Größenverhältnis Kern/Hülle

Übung 8.1

Ein Atomkern enthält 13 p^+. Wie viele Elektronen enthält das neutrale Atom?

Ein Fluor Atom wiegt 19 u. Berechne die Masse des Fluoratoms in Gramm.

Das Kern-Hülle-Modell

Der Engländer Ernest Rutherford (1871 – 1937) entwickelte 1911 aus Beobachtungen, wie der Ablenkung radioaktiver Strahlen beim Durchgang durch Materie, das noch heute gültige Kern-Hülle-Modell (Abb. 8-1). Die positiv geladenen α-Teilchen blieben nicht stecken, sondern passierten die etwa 2000 Atomlagen Gold praktisch unverändert. Nur einige wenige wurden abgelenkt oder reflektiert.

Demnach besteht ein Atom aus einem kompakten Kern, in dem fast die gesamte Atommasse vereinigt ist, und aus einer lockeren, diffusen Atomhülle.

Durch die Entdeckung der Elementarteilchen in der Physik lässt sich dieses Modell heute sehr genau erklären. Für ein für die Chemie ausreichendes Atommodell benötigt man nur drei Teilchen: **Proton**, **Neutron** und **Elektron**.

Der Atomkern besteht aus Protonen und Neutronen, den **Nukleonen**. In der Hülle halten sich die Elektronen auf.

Die Elementarteilchen im Kern liegen sehr dicht beisammen, vereinfacht kann man sagen, sie berühren einander. Daher ist der Kerndurchmesser sehr klein, er beträgt ca. 10^{-15} – 10^{-14} m.

Die Elektronen der Hülle hingegen haben sehr große Abstände voneinander; die Hülle ist etwa 10^4 – 10^5 mal so groß wie der Kern, also beträgt der Durchmesser des Gesamtatoms etwa 10^{-10} m (Abb. 8-4).

Stellt man sich den Kern erbsengroß vor, so hätte in der Hülle bequem der Wiener Stephansdom Platz (Abb. 8-2).

Eigenschaften der Elementarteilchen

Ladung: Protonen und Elektronen sind die Träger der elektrischen Elementarladung. Ihre Ladung beträgt $1{,}602 \cdot 10^{-19}$ As. Alle Ladungen können nur Vielfache dieser Elementarladung sein. Daher genügt es in der Praxis die Ladung eines positiven Protons mit +1 und die eines negativen Elektrons mit –1 anzugeben. Als Symbol verwendet man **p^+** für die Protonen und **e^-** für die negativen Elektronen.

Bei elektrisch neutralen Atomen enthält der Kern gleich viele Protonen wie die Hülle Elektronen (Abb. 8-3).

Neutronen sind ungeladen. Als Symbol verwendet man **n**. Sie bewirken den Zusammenhalt der positiven Protonen im Kern durch die sogenannte Kernbindungskraft. Diese überwiegt die Protonenabstoßung. Daher müssen alle Kerne - bis auf Wasserstoff - Neutronen enthalten. Für die Stabilität eines Atoms ist das Verhältnis Protonen zu Neutronen sehr wichtig. Bei einem ungünstigen Verhältnis zerfällt er (siehe Kapitel 1.3 Radioaktivität).

Masse: Protonen und Neutronen haben etwa die gleiche Masse. Diese beträgt etwa $1{,}67 \cdot 10^{-24}$ g. Die Elektronenmasse ist um ein Vielfaches geringer. Daher macht die Hüllenmasse nur etwa ein Viertausendstel der Gesamtmasse des Atoms aus und kann meist vernachlässigt werden.

Da die Massen der Elementarteilchen sehr klein sind, ist die Angabe in Gramm oder Kilogramm unpraktisch. Man legte daher eine neue Masseneinheit fest, die atomare Masseneinheit 1 u (unit). **$1\ u = 1{,}66054 \cdot 10^{-24}$ g** bzw. **$1\ g = 6{,}02214 \cdot 10^{23}$ u**

Sowohl Proton als auch Neutron besitzen eine ungefähre Masse von 1 u.

	Symbol	Masse in „u"	Masse in „g"	Elementar-Ladung	absolute Ladung
Proton	p^+	≈ 1 u	$1{,}6726 \cdot 10^{-24}$	+1	$+1{,}602 \cdot 10^{-19}$
Neutron	n	≈ 1 u	$1{,}6749 \cdot 10^{-24}$	0	0
Elektron	e^-	≈ $2 \cdot 10^{-3}$ u	$9{,}109 \cdot 10^{-28}$	–1	$-1{,}602 \cdot 10^{-19}$

Abb. 008-3: Eigenschaften von Elementarteilchen

	Kern	Hülle
Durchmesser	10^{-15} bis 10^{-14} m	10^{-10} m
Elementarteilchen	p^+, n	e^-
Masse	fast gesamte Masse	fast masselos ≈ 0,04 ‰

Abb. 008-4: Eigenschaften von Kern und Hülle

Warum kann man Atome nicht sehen?

Wir sehen mit Licht, das eine Wellenlänge von ca. $4 \cdot 10^{-7} - 7 \cdot 10^{-7}$ m hat. Dies ist die kleinste Struktur des Lichtes. Sie ist 100 bis 1000 mal so groß wie der Atomdurchmesser. Mit einer so viel gröberen Struktur kann man keine Informationen aus einer feineren Struktur gewinnen. Eine Schallplatte kann auch nicht mit einem Hinkelstein an Stelle einer Diamantnadel abgespielt werden.

Eine Abbildung atomarer Strukturen ist möglich, wenn man statt Licht Röntgenstrahlung – wie es bei der Röntgenstrukturanalyse getan wird – verwendet. Deren Wellenlänge ist etwa 1000 mal kleiner als jene von Licht. Diese Beobachtungsform kann man allerdings nicht mehr als „Sehen" bezeichnen.

Da der Mensch für seine Vorstellung ein optisches Bild benötigt, machen wir uns ein Modell von den Atomen. Ein Modell ist ein vereinfachtes Bild der Wirklichkeit. Es gibt daher verschiedene Atom-Modelle. (Siehe historische Entwicklung Seite 7) Je einfacher ein Modell, desto gröber gibt es die beobachtbaren Eigenschaften wieder. Je mehr Details es erklären soll, desto komplexer wird es. Ein Atommodell ist dann brauchbar, wenn es die beobachtete Eigenschaft erklären kann. Wir sprechen daher im Buch nicht vom Atom selbst, sondern von Atommodellen.

Ordnungszahl und Massenzahl

Da die Masse der Atome durch die Kernmasse bestimmt wird, werden Atome durch die Kernzusammensetzung charakterisiert. Dazu dienen zwei Zahlen (Abb. 9-1):

Ordnungszahl (Kernladungszahl) ***Z*** ist die Zahl der Protonen im Atomkern.

Zugleich ist sie in einem ungeladenen Atom auch eine Angabe für die Zahl der Elektronen in der Atomhülle.

Massenzahl ***A*** ist die Zahl der Kernteilchen (Nukleonen), also der Protonen und Neutronen. Die Differenz $A - Z$ gibt die Zahl der Neutronen an.

Nuklid, Element, Isotope

Nuklid nennt man ein genau definiertes Atom, *Z* und *A* sind festgelegt.

Ein **Element** wird durch *Z* festgelegt. Zu einer bestimmten Ordnungszahl gehört ein bestimmtes Element, das durch das Elementsymbol beschrieben wird (Großbuchstabe und eventuell noch ein Kleinbuchstabe). Im Periodensystem (hinterer Buchdeckel) sind die Elemente nach steigender Kernladungszahl geordnet, daher stammt der Begriff Ordnungszahl. Durch chemische Vorgänge lässt sich der Atomkern nicht verändern, daher sind Elemente chemisch nicht umwandelbar.

Isotope sind die Nuklide zu einem Element. Sie besitzen dieselbe Ordnungszahl, unterscheiden sich aber in der Massenzahl, haben daher unterschiedliche Neutronenzahlen. Isotope (griech.) bedeutet am gleichen Platz. Gemeint ist der Platz im Periodensystem. Isotope ist also ein Mehrzahlwort. Trotzdem wird vor allem in Medien auch der Einzahlbegriff Isotop verwendet, meist noch in Zusammenhang mit radioaktiven Atomen. Man sollte aber hier den richtigen Begriff Nuklid verwenden.

Die meisten Elemente kommen in der Natur nicht als reine Nuklide vor, sondern bilden ein Isotopengemisch. Das natürliche Isotopengemisch des Kohlenstoffs auf der Erde besteht aus etwa 99% ^{12}C, 1% ^{13}C und Spuren des radioaktiven Nuklids ^{14}C (Abb 9–2). Hier überwiegt ein Nuklid sehr stark. Beim Chlor (ca. 75% ^{35}Cl und 25% ^{37}Cl) ist dies nicht so ausgeprägt.

Atommasse

Die Atommasse ***M*** ist die Durchschnittsmasse des natürlichen Isotopengemisches eines Elements. Die Einheit ist u und die Atommasse ist im PSE (Periodensystem der Elemente) abzulesen.

Da bei Isotopengemischen die Atommasse als Durchschnittswert der Massenzahlen berechnet wird, weichen die Atommassen meist von der Ganzzahligkeit ab (Abb 9–3).

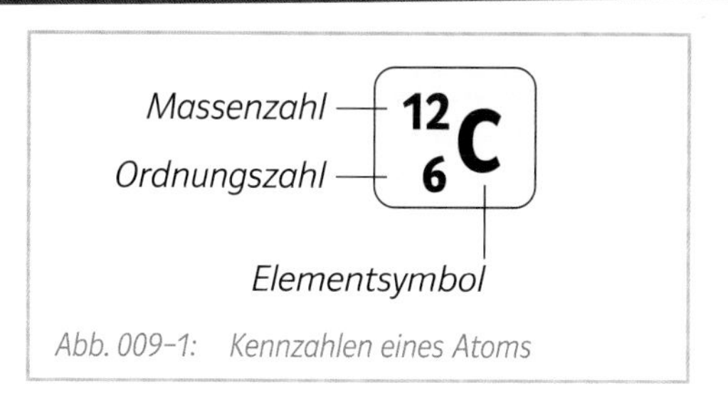

Abb. 009–1: Kennzahlen eines Atoms

Übung 9.1

Ergänze die Tabelle:

	p^+	e^-	n
$^{1}_{1}H$	1	1	0
$^{32}_{16}S$			
$^{197}_{79}Au$			
$^{238}_{92}U$			

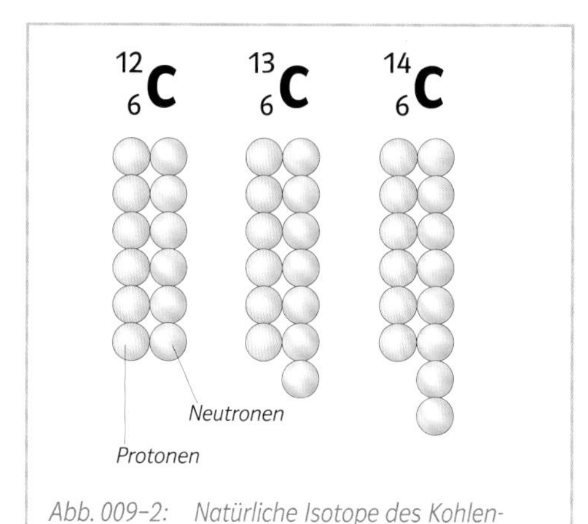

Abb. 009–2: Natürliche Isotope des Kohlenstoffs

$^{35}_{17}Cl$ .... ca. 75 %

$^{37}_{17}Cl$ .... ca. 25 %

$$M = \frac{75 \cdot 35 + 25 \cdot 37}{100} = 35{,}5 \text{ u}$$

$M(Cl) = 35{,}5$ u

Abb. 009–3: Berechnung der durchschnittlichen Atommasse von Chlor

Übung 9.2

Berechne die Atommasse von Magnesium:

^{24}Mg 79% ^{25}Mg 10% ^{26}Mg 11%

1.2 Mol – Molmasse

Avogadro-Konstante – Mol

$N_A = 6{,}02214 \cdot 10^{23}$

$\approx 6 \cdot 10^{23}\ mol^{-1}$

- **Diese Zahl gibt die Anzahl der Teilchen in einem Mol an**
- **Diese Zahl ist der Umrechnungsfaktor zwischen den Masseneinheiten Gramm und Unit**

Abb. 010–1: Die Avogadro'sche Konstante

Rechne nach!

1. **Das Volumen der Weltmeere beträgt 1,33 · 10⁹ km³** *(lt. Schätzung 2010, Woods Hole Oceanographic Institution; Massachusetts)*

2. **Fläche von Österreich: 84000 km²**

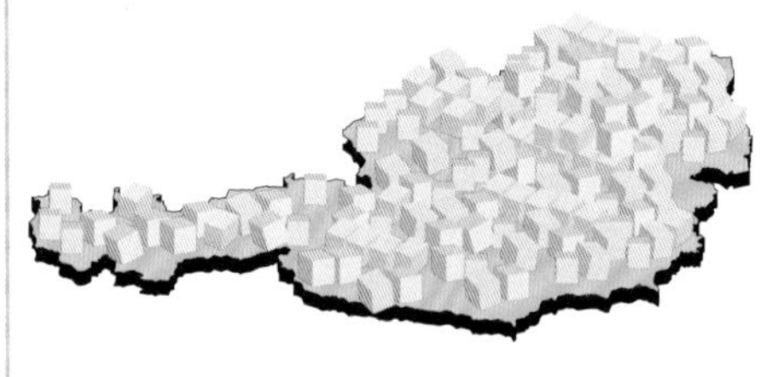

Abb. 010–2: 1 Mol = 6 · 10²³ Stück

Die Atome sind sehr klein. Man benötigt daher sehr viele Teilchen, um eine beobachtbare Menge von Teilchen zu erhalten.

Im Alltag verwendet man „Dutzend", um hier das Zwölffache einer bestimmten Sache zu charakterisieren. Aber das ist in atomaren Bereichen zu wenig.

Ein Mol - die Einheit der Stoffmenge

In der Chemie wird ein Mol zur Angabe einer Vielzahl von Teilchen gewählt.

1 mol = $6{,}02214 \cdot 10^{23}$ Teilchen ≈ $6 \cdot 10^{23}$ Teilchen

Die Größe mit der man die Teilchenanzahl angibt, nennt man **Stoffmenge *n*** mit der **Einheit mol**. (Beachte: Mol als Begriff wird groß geschrieben, als Zeichen für die Einheit klein.)

Die Zahl $6 \cdot 10^{23}$ nennt man Avogadro-Konstante (Abb. 10–1)

Ein Mol Wasserstoff-Atome sind $6 \cdot 10^{23}$ H-Atome, ein Mol Wasserstoff-Moleküle sind $6 \cdot 10^{23}$ H_2-Moleküle (und damit $12 \cdot 10^{23}$ H-Atome), ein Mol Menschen sind $6 \cdot 10^{23}$ Menschen – viel mehr, als es jemals gab und geben wird. Die heutige Weltbevölkerung sind etwa 10^{-14} mol.

Beispiele zur Verdeutlichung der Anzahl von 1 mol Teilchen

Zur Verdeutlichung, wie groß die Teilchenzahl von 1 mol ist, dienen folgende Gedankenexperimente (Rechne nach! Abb. 10–2):

1. Man schüttet ein Stamperl Schnaps (entspricht ca. 0,25 mol Alkohol-Moleküle) ins Meer und verteilt dieses gleichmäßig in allen Weltmeeren. Danach schöpft man irgendwo einen Liter Wasser aus dem Meer. In diesem Liter Wasser (so wie in jedem anderen auch) befinden sich etwa 100 Alkohol-Moleküle aus unserem Schnapsglas.
2. Man streut 1 mol Würfelzuckerstücke (Kantenlänge 1 cm) über Österreich aus. Ganz Österreich ist dann mit Zuckerwürfeln bis zu einer Höhe von mehr als 7000 km bedeckt. Der Erdradius beträgt „nur" ca. 6000 km.

Das Mol in der Chemie

In der Chemie denkt und arbeitet man ausschließlich mit Mol (Abb. 10–3).

Die Formel $C_6H_{12}O_6$ bedeutet dass 1 mol (hier Traubenzucker) aus 6 mol C-Atomen, 12 mol H-Atomen und 6 mol O-Atomen besteht.

Die Reaktionsgleichung $N_2 + 3\ H_2 \rightarrow 2\ NH_3$ bedeutet, dass 1 mol Stickstoff (N_2) mit 3 mol Wasserstoff (H_2) zu 2 mol Ammoniak (NH_3) reagieren.

Konzentrationsangaben für zB: Säure wird mit 0,1 mol/L angegeben. Das besagt, dass 0,1 mol der Säure in einem Liter Wasser gelöst wurde. Beträgt die Konzentration 1 mol/L ist der Anteil der Säureteilchen zehnmal so groß.

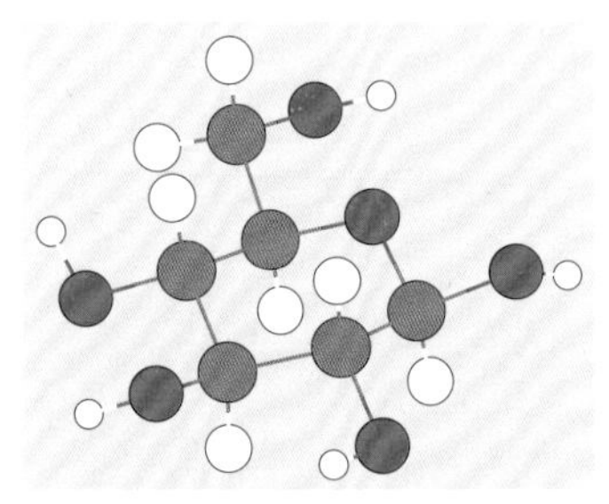

Die Abbildung zeigt ein Molekül Traubenzucker mit 6 C-Atomen (schwarz), 12 H-Atomen (weiß) und 6 O-Atomen (rot).

1 mol dieses Moleküls kann man nicht zeichnen, aber man brauchte dafür 6 mol C-Atome, 12 mol H-Atome und 6 mol O-Atome.

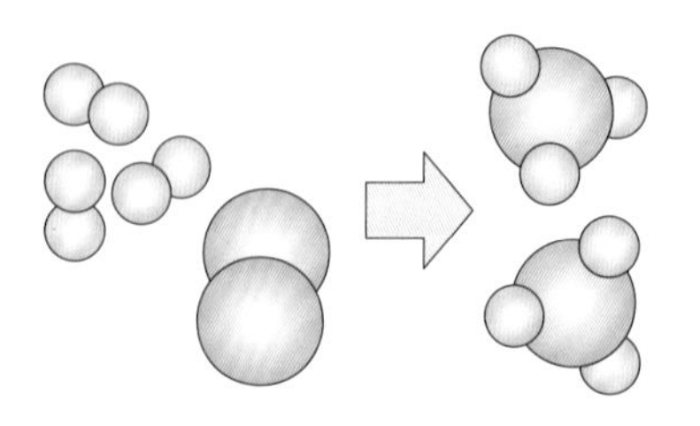

Die Abbildung zeigt 3 H_2-Moleküle (grau), die mit einem N_2-Molekül (blau) zu 2 NH_3-Molekülen reagieren. Auf Grund der Winzigkeit arbeitet man aber immer mit einer Vielzahl von Teilchen, die man Mol nennt.

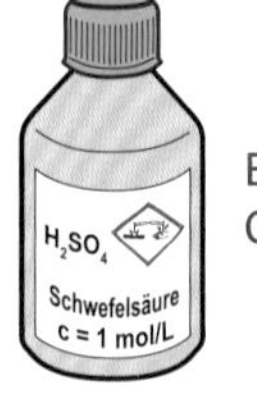

Ein im Chemiesaal übliches Chemikalienetikett

Abb. 010–3: Der Molbegriff in der Chemie

Die Molmasse *M* und die Stoffmenge *n*

Die Stoffmenge ***n*** ist nicht direkt messbar. Man benötigt daher für das praktische Arbeiten eine Größe, die die Molanzahl mit der Masse verknüpft. Diese Größe ist die Molmasse *M*. Sie gibt die Masse von 1 mol eines Stoffes in g/mol an.

Bei Atomen entspricht sie vom Zahlenwert der Atommasse in u/Atom, da die Avogadro-Konstante der Umrechnungsfaktor zwischen Unit und Gramm ist. Man findet die Molmasse für Atome daher im Periodensystem der Elemente.

So hat zB ein Chloratom nur im Durchschnitt die Masse von 35,5 u/Atom - es gibt allerdings kein existierendes Atom mit dieser Masse. Ein Mol Chloratome hat die Masse (Molmasse) von 35,5 g/mol - ein zutreffender Wert, da ein Mol die Chlornuklide im natürlich vorkommenden Isotopenverhältnis enthält.

Die Molmasse jeder Verbindung ist die Summe der Molmassen der beteiligten Atome. So berechnet man zB die Molmasse von $C_6H_{12}O_6$ indem man 6 x die Molmasse von C, 12 x die Molmasse von H und 6 x die Molmasse von O nimmt. Die Molmasse von Traubenzucker ist $M(C_6H_{12}O_6) = 6 \cdot M(C) + 12 \cdot M(H) + 6 \cdot M(O)$ $= 6 \cdot 12{,}01 + 12 \cdot 1{,}01 + 6 \cdot 16{,}00 = 180$ g/mol. (Übung 11.1)

Von der Stoffmenge (*n*) zur Stoffmasse (*m*) und zurück

Man kann daher mit einer einfachen Schlussrechnung jederzeit die Masse einer beliebigen Stoffmenge berechnen oder aus einer Masse auf die Stoffmenge schließen. Diese Schlussrechnung kann man natürlich auch in eine Formel - mit den entsprechenden Größen fassen (Abb. 11–1):

m = M · n ***Gesamtmasse = Masse von 1 mol x Anzahl der Mole***

Beispiele

1. Welche Masse (in g) haben 3,00 mol Ammoniak (NH_3)?

   Der erste Schritt ist immer eine „Übersetzung" der Textangabe in die in der Chemie übliche Symbolik. Die bei der Angabe verwendeten Einheiten müssen überprüft und eventuell umgerechnet werden.

   $n(NH_3) = 3{,}00$ mol

   Kennt man die Formel, so kennt man die Molmasse $M(NH_3) = 17{,}04$ g/mol

   Die Masse m ist die gesuchte Größe $m(NH_3) = ?$

   Dann erfolgt die Berechnung der gesuchten Größe. Es empfiehlt sich auch bei der Berechnung Einheiten zu verwenden.

   $m(NH_3) = M(NH_3) \cdot n(NH_3) = 17{,}04$ g/mol $\cdot 3{,}00$ mol $= 51{,}12$ g

   Angabe der Ergebnisse mit der entsprechenden Einheit. Die Anzahl der Nachkommastellen beim Ergebnis richtet sich immer nach der Anzahl der signifikanten Stellen bei den Daten der Angabe.

   Die Masse von 3,00 mol Ammoniak beträgt 51,00 g.

2. Wie viel Mol Wassermoleküle (H_2O) enthält 1,00 kg Wasser? (1,00 kg Wasser entspricht durch die Dichte von 1 kg/L 1 L Wasser.)

   Angabe:

   $m(H_2O) = 1$ kg $= 1000$ g $M(H_2O) = 18{,}02$ g/mol $n(H_2O) = ?$

   Berechnung und Ergebnis

   $n(H_2O) = m/M = 1000$ g$/18{,}02$ g/mol $= 55{,}49$ mol

   1 kg Wasser enthält etwa 55,5 Mol Wassermoleküle. Das ist eine Zahl, die man sich merken sollte oder die man jederzeit wieder berechnen kann.

   Mit Hilfe der Avogadrokonstante kann auch die Gesamtzahl der Wassermoleküle in einem Liter berechnet werden.

   Anzahl der Wassermoleküle/L $= 55{,}49 \cdot 6{,}02 \cdot 10^{23} = 3{,}34 \cdot 10^{25}$ Moleküle/L

   Die Berechnung der Anzahl der Einzelmoleküle ist aber nicht üblich, da der Molbegriff alle Erfordernisse bei chemischen Berechnungen abdeckt.

Molmasse *M* (molare Masse)

* Sie entspricht vom Zahlenwert der Atommasse
* Sie hat die Einheit g/mol (Auch kg/kmol oder mg/mmol)
* Sie kann aus dem Periodensystem abgelesen werden
* Sie ist das Hilfsmittel (Proportionalitätsfaktor), um die auf Grund der großen Zahl nicht mess- und zahlbaren "Stücke" von Atomen und Molekülen in messbare Massen umzuwandeln.

Stoffmenge *n* ("zählbar")

* So bezeichnet man die "Stückanzahl" von Atomen und Molekülen.
* Sie hat die Einheit *mol*
* Jeder Chemiker denkt und arbeitet in "mol"
* Einfach!
* Nicht direkt messbar!

Masse *m* ("wägbar")

* Sie wird in der Chemie üblicherweise in Gramm (g) angegeben
* Sie kann mit der Waage bestimmt werden.

$$n = \frac{m}{M}$$

Abb. 011–1: Grundgrößen und deren mathematische Beziehung zueinander

Übungen 11.1 bis 11.3

1. Bestimme die Molmassen folgender Substanzen:

   $M(S_8) =$

   $M(CH_4) =$

   $M(H_2SO_4) =$

   $M(HNO_3) =$

2. Berechne die Masse von 1,7 mol Essigsäure (CH_3COOH).
3. Wieviel mol Kohlenstoffdioxid sind in einer CO_2-Patrone mit 10 g Inhalt enthalten?

Schüler-Experiment 1.1

Mol – Molmasse – Masse

1.3 Radioaktivität

Arten der radioaktiven Starhlung

$$^{1}_{0}n \longrightarrow \, ^{1}_{1}p + \, ^{0}_{-1}e + Energie$$

Abb. 012-1: Zerfall des Neutrons

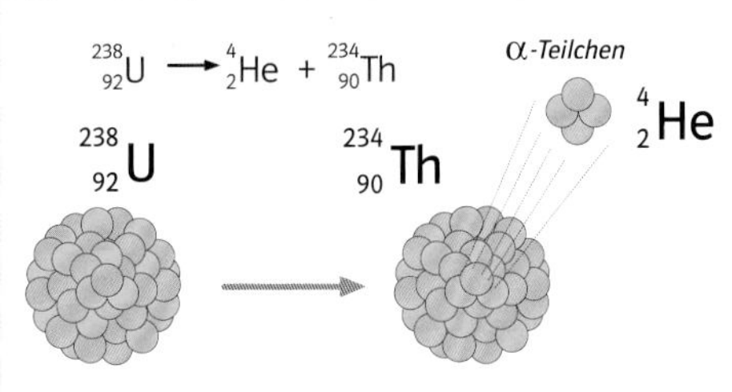

α-Strahler und α-Strahlung

* *⁴He-Kerne*
* *6 % der Lichtgeschwindigkeit*
* *Starke Wechselwirkung mit ungeladener Materie*
* *Reichweite in Luft: einige cm*
* *Leicht abschirmbar (Blatt Papier genügt)*
* *Inkorporation (durch Einatmen oder Verschlucken) sehr gefährlich*

Abb. 012-2: Der α-Zerfall

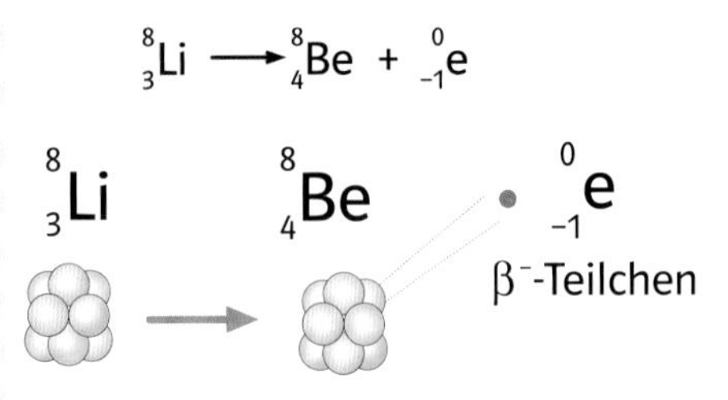

β-Strahler und β-Strahlung

* *Elektronen*
* *96 % der Lichtgeschwindigkeit*
* *geringe Wechselwirkung mit ungeladener Materie*
* *Reichweite in Luft: einige cm*
* *Inkorporation (Durch Einatmen oder Verschlucken) sehr gefährlich*

Abb. 012-3: Der β-Zerfall

γ-Strahler und γ-Strahlung

* *Elektromagnetische Wellen*
* *Lichtgeschwindigkeit*
* *Begleitstrahlung*
* *Fast nicht abschirmbar*

Abb. 012-4: Der γ-Zerfall

Übung 12.1

Stelle die Zerfallsgleichung für den α-Zerfall von ^{238}U auf.

Stelle die Zerfallsgleichung für den β-Zerfall von ^{239}Np auf.

^{14}C zerfällt zu ^{14}N. Stelle die Zerfallsgleichung auf.

Protonenabstoßung - Kernbindungskraft

Das Kern-Hülle-Modell von Rutherford beruht auf elektrischen Wechselwirkungskräften. Die Hülle mit den Elektronen wird vom positiv geladenen Kern elektrisch angezogen, die Elektronen können daher den Bereich um den Atomkern nicht verlassen.

Es erhebt sich nun die Frage, weshalb der Atomkern selbst stabil ist, da sich die Protonen sehr stark abstoßen. Wären nur elektrische Kräfte wirksam, so könnten Atomkerne nicht stabil sein.

Im Kern gibt es eine weitere Kraft, die die Atomkerne zusammenhält. Diese Kernbindungskraft (auch starke Wechselwirkung genannt) wirkt zwischen allen Kernteilchen. Sie ist extrem stark, hat aber nur eine sehr kurze Reichweite. Sie nimmt mit der Entfernung rasch ab, da sie praktisch nur zwischen benachbarten Kernteilchen wirksam ist.

Insgesamt muss die Kernbindungskraft die Protonenabstoßung deutlich überwiegen, wenn der Kern stabil sein soll. Daher enthalten alle Kerne außer ^{1}H Neutronen. Diese „bringen" Kernbindungskraft, werden aber als neutrale Teilchen nicht abgestoßen.

Die Neutronenzahl im Kern kann nicht beliebig groß werden. Ein freies Neutron ist kein stabiles Teilchen. Es zerfällt in ein Proton und ein Elektron (Abb. 12–1). Im Kern sind Neutronen nur dann stabil, wenn ihre Zahl die der Protonen nicht zu stark übersteigt. Daher gibt es nur eine beschränkte Anzahl stabiler Nuklide. Hat ein Kern zu wenig Neutronen, so zerfällt er (zu wenig Kernbindungskraft), hat er zu viel Neutronen, so zerfällt er, weil ein Kernneutron zerfällt.

Bei großen Kernen ist für einen stabilen Zustand ein immer größerer Neutronenanteil erforderlich. Das führt dann dazu, dass ab $Z = 83$ keine stabilen Nuklide mehr möglich sind. (Auch die Elemente $_{43}Tc$ und $_{61}Pm$ gibt es als stabile Nuklide nicht. Dies kann aber nur mit einer genaueren Theorie des Atomkerns begründet werden.)

Arten der radioaktiven Strahlung

Bei natürlichen radioaktiven Stoffen, wie zB Uranerz, hat man drei Arten der radioaktiven Strahlung entdeckt, die sich beim Durchgang durch ein elektrisches Feld aufspalten lassen.

α-Strahler: Schwere Kerne mit Neutronenmangel sind häufig α-Strahler. Beim α-Zerfall zerfällt der Kern in einen ^{4}He-Kern und den Restkern. Diese ^{4}He-Kerne nennt man α-Teilchen. Sie werden mit ca. 6 % der Lichtgeschwindigkeit aus dem Kern des α-Strahlers emittiert. Es entsteht ein neuer Kern mit einer Massenzahl, die um 4 und einer Ordnungszahl, die um 2 geringer ist.

Bei der Zerfallsgleichung (Abb. 12–2) werden die Ionenladungen der Gesamtatome nicht angeschrieben.

β-Strahler: Kerne mit Neutronenüberschuss sind β-Strahler. Im Kern zerfällt dabei ein Neutron in ein Proton und ein Elektron (derselbe Prozess, der auch beim freien Neutron stattfindet). Das entstehende Elektron wird mit bis zu 96 % der Lichtgeschwindigkeit vom Kern emittiert. Die raschen Elektronen nennt man β-Teilchen. Der neue Kern besitzt die gleiche Massenzahl und eine um eins höhere Ordnungszahl (Abb. 12–3).

γ-Strahler: γ-Strahler sind elektromagnetische Wellen sehr hoher Frequenz. Röntgenstrahlen und γ-Strahlen sind dieselbe Erscheinung. Sie breiten sich mit Lichtgeschwindigkeit aus. γ-Strahlen werden aus Atomkernen emittiert, die einen Energieüberschuss besitzen. γ-Strahlung tritt daher häufig als Begleitstrahlung von α- und β-Zerfällen auf. Bei der Abgabe von γ-Quanten selbst ändern sich Z und A des Atomkerns nicht. γ-Strahlen lassen sich nur unvollständig abschirmen. Dezimeterdicke Bleiwände und meterdicke Betonwände werden zur Herabsetzung intensiver γ-Strahlung auf ein gesundheitserträgliches Maß verwendet (Abb. 12–4).

Zerfallsgeschwindigkeit, Halbwertszeit

Die Zerfallsgeschwindigkeit radioaktiver Nuklide lässt sich nur statistisch erfassen, dh. wann ein einzelnes Atom zerfallen wird, lässt sich überhaupt nicht voraussagen.

Als Maß für die Zerfallsgeschwindigkeit dient die Halbwertszeit τ (Tau = griech. Buchstabe). Sie ist die Zeit, nach der die Hälfte der Atome eines bestimmten Radionuklides zerfallen ist. Nach zwei Halbwertszeiten ist noch 1/4, nach drei Halbwertszeiten noch 1/8 der ursprünglichen Menge vorhanden (Abb. 13–1).

Die Halbwertszeiten verschiedener Radionuklide sind sehr unterschiedlich. ZB beträgt τ von ^{232}Th $1{,}4 \cdot 10^{10}$ Jahre, die von ^{217}Ra nur $1{,}6 \cdot 10^{-6}$ s. Je kürzer τ, desto intensiver ist die Strahlung, wenn man von der gleichen Menge Radionuklid ausgeht.

Abb. 013–1: Das Zerfallsgesetz

Natürliche Radioaktivität

Die radioaktiven Nuklide zerfallen, dh. sie werden immer weniger. Dass in der Natur heute trotzdem noch radioaktive Nuklide existieren, hat zwei Gründe:

Einige radioaktive Nuklide haben eine sehr lange Halbwertszeit. Dazu zählen die Nuklide ^{232}Th, ^{238}U, ^{235}U, ^{40}K. Ihre Aktivität ist relativ gering. Trotzdem ist die von ihnen erzeugte Strahlung nicht unbeträchtlich. ^{40}K kommt zB im Granit vor und bewirkt, dass im Waldviertel die Umweltradioaktivität weit höher ist als in anderen Gegenden Österreichs.

Die Radionuklide werden durch Kernprozesse immer wieder neu gebildet. Radionuklide mit kürzerer Halbwertszeit können nur auf diese Weise in der Natur existieren. Dies ist zB bei den natürlichen Zerfallsreihen der Fall. ^{238}U (langlebig) zerfällt in ^{234}Th. Dieses ist nicht stabil und zerfällt weiter. Dadurch entsteht eine natürliche Zerfallsreihe, die beim stabilen ^{206}Pb endet. Solange noch ^{238}U vorhanden ist, werden diese Tochtersubstanzen, die Mitglieder der natürlichen Zerfallsreihen, ebenfalls nachweisbar sein. In der Natur gibt es drei solcher Zerfallsreihen (Abb. 13–2).

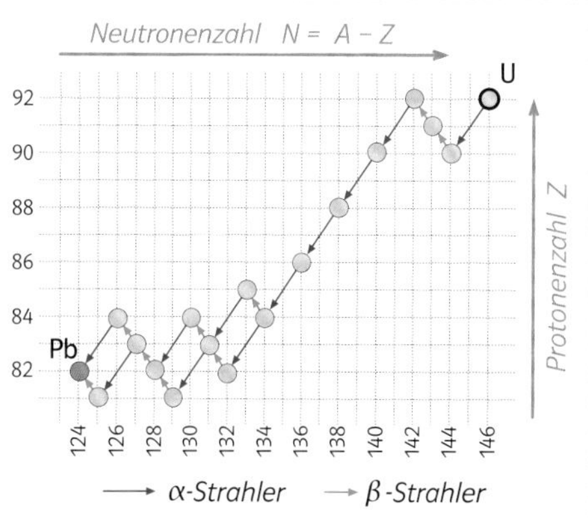

Abb. 013–2: Die Zerfallsreihe des ^{238}U

Radiocarbon-Methode

Ein anderes „kurzlebiges" Radionuklid ist ^{14}C (τ = 5700 a). Es entsteht in hohen Atmosphärenschichten durch Reaktion des Luftstickstoffes mit der Höhenstrahlung (Abb. 13–3). Dadurch herrscht in der Atmosphäre eine konstante ^{14}C-Aktivität (Neubildung und Zerfall sind gleich schnell). Über die Fotosynthese und die Nahrungskette gelangt ^{14}C in alle Lebewesen, die nun ebenfalls diese konstante ^{14}C-Aktivität aufweisen. Stirbt ein Lebewesen, so hört der Kohlenstoffaustausch mit der Umgebung auf. ^{14}C zerfällt, wird aber nicht mehr aufgenommen. Misst man nun die ^{14}C-Aktivität eines prähistorischen Fundes, der organisches Material enthält, und vergleicht die Messung mit der natürlichen ^{14}C-Aktivität, so kann man über die bekannte Halbwertszeit recht genau das Alter des Fundes bestimmen (Abb. 13–4).

$$^{14}_{7}N + ^{1}_{0}n \longrightarrow ^{14}_{6}C + ^{1}_{1}p$$

Abb. 013–3: Die Entstehung von ^{14}C

Anwendung der radioaktiven Strahlen

Radionuklide werden in der medizinischen Diagnostik und Therapie verwendet. Bei der Diagnose gewisser Schilddrüsenerkrankungen verabreicht man dem Patienten eine geringe Menge radioaktives Iod und misst die Geschwindigkeit der Iodaufnahme in der Schilddrüse.

Bei der Therapie bestimmter Krebsarten wird nach der Operation der Krankheitsherd mit β-Strahlen bestrahlt. Krebszellen reagieren auf radioaktive Bestrahlung empfindlicher als normale Zellen.

Die Anwendung von γ-Strahlen zum Konservieren von Lebensmitteln ist umstritten. Durch die Bestrahlung werden Mikroorganismen abgetötet. Die Lebensmittel werden dabei natürlich nicht radioaktiv, da sie nur der Strahlung ausgesetzt sind und nicht mit der Strahlungsquelle selbst in Kontakt kommen. Man befürchtet aber chemische Umwandlungen in den Lebensmitteln, die eine Qualitätsminderung bedeuten. Daher wird die Methode in Österreich nicht angewendet.

Eine wichtige Anwendung finden Radionuklide in der chemischen und biochemischen Forschung. Dazu werden in einer organischen Verbindung beispielsweise bestimmte „normale" C-Atome durch radioaktive ^{14}C-Atome ersetzt und deren Weg während der Reaktion nachverfolgt.

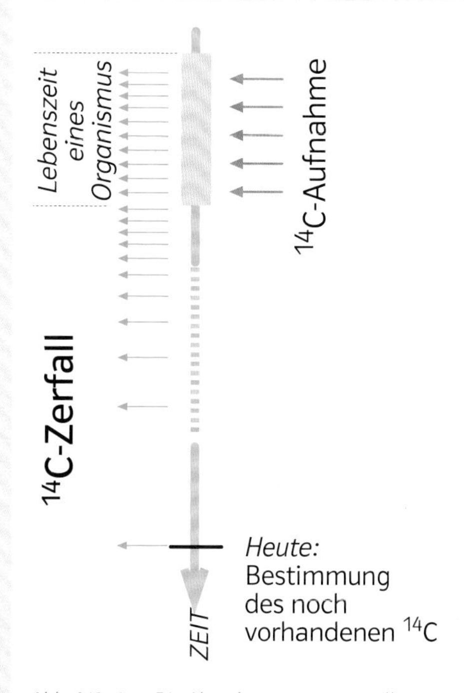

Abb. 013–4: Die Altersbestimmung mit ^{14}C

Ein historischer Rückblick

Dalton und die Gesetze der konstanten und der multiplen Proportionen

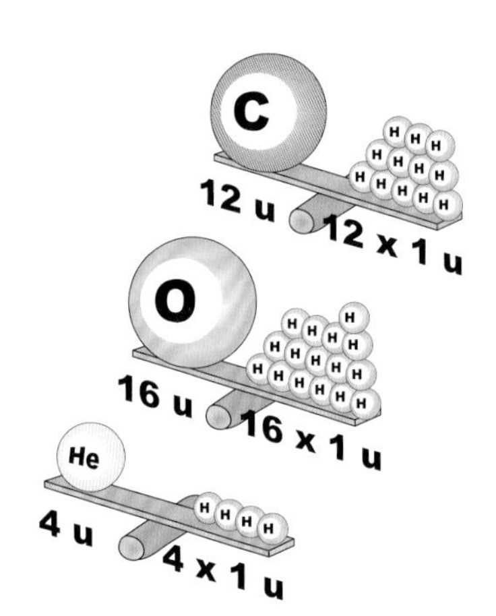

Abb. 014-1: Die Masseneinheit "u"

Abb. 014-2: Joseph Loschmidt (1821 - 1895)

Abb. 014-3: Jean Baptiste Perrin (1870 - 1942) in seinem Labor

Unsere derzeitiges Wissen über den Aufbau der Atome ist nicht plötzlich gekommen. Viele geniale Wissenschaftler haben sich mit dem „Phänomen Atom" beschäftigt. Für Erkenntnisse zum Aufbau der Atome wurden eine große Zahl von Nobelpreisen aus dem Bereich Physik und Chemie vergeben.

Zu Beginn der Forschungen stand den Wissenschaftlern nur die Waage als genaues Messgerät zur Verfügung.

Wie es zu der atomaren Masseneinheit „u" kam

Als **John Dalton** Ende des 18. Jahrhunderts die Atomhypothese wieder aufgriff, um damit die Massenverhältnisse der Stoffe bei chemischen Reaktionen zu erklären, waren weder der Aufbau der Atome noch ihre Massen bekannt. Die messbaren Massenverhältnisse bei chemischen Reaktionen führten zu den stöchiometrischen Gesetzen.

Gesetz der konstanten Proportionen

Eine chemische Verbindung enthält ihre Elemente immer in konstanten Massenverhältnissen.

ZB Kohlenstoffmonoxid: 1g Kohlenstoff : 1,333 g Sauerstoff

Gesetz der multiplen Proportionen

Bilden 2 Elemente mehrere Verbindungen miteinander, so stehen die Massen desselben Elementes zueinander im Verhältnis kleiner ganzer Zahlen.

ZB Kohlenstoffmonoxid: 1 g Kohlenstoff : 1,333 g Sauerstoff also 1 mal 1,33 g Sauerstoff; Kohlenstoffdioxid: 1 g Kohlenstoff : 2,666 g Sauerstoff also 2 mal 1,333 g Sauerstoff

Dabei erkannte Dalton, dass Wasserstoff das Atom mit der kleinsten Masse sein muss. Alle anderen Atome besaßen eine mehrfache Masse von Wasserstoff. Er legte also die Masse des Wasserstoffatoms als atomare Masseneinheit fest. Anhand der Massenverhältnisse zB im Wassermolekül konnte er nun feststellen, dass das Sauerstoffatom etwa die sechzehnfache Masse des Wasserstoffatoms besitzt. Sauerstoff erhielt also die „relative Atommasse" 16 (gerundet), also relativ zum Wasserstoffatom die sechzehnfache Masse. Dasselbe geschah auch mit allen anderen Elementen, die relativen Atommassen der Elemente waren daher schon vor der Kern-Hülle-Theorie von Rutherford bekannt. Die Massen in Gramm natürlich noch nicht.

Sauerstoff hatte in der ersten Skala die genaue Atommasse 15,872. Damals wurden aber die meisten Atommassen aus Sauerstoffverbindungen bestimmt, und es erschien zum Rechnen praktischer, wenn Sauerstoff genau die Masse 16 hätte. Dies legte man auch so fest. Allerdings rechneten die Chemiker mit der Masse 16 für den Durchschnittswert der Massen des natürlichen Isotopengemisches von Sauerstoff (^{nat}O), die Physiker mit der Masse des Reinnuklids ^{16}O. Man hatte also plötzlich zwei unterschiedliche Massenskalen. Um dies zu vereinheitlichen, einigte man sich später auf den Wert 12 für das Reinnuklid ^{12}C als die heute gültige Definition der atomaren Masseneinheit. Der Unterschied zwischen den verschiedenen Skalen ist nur gering, sodass gerundete Atommassen nach allen vier Skalen dieselben waren.

Abb. 014-4: Die Entwicklung der Atommassenskalen

	bezogen auf			
	$^{nat}H = 1$	$^{nat}O = 16$	$^{16}O = 16$	$^{12}C = 12$ (heute gültig)
^{nat}H	1,00	1,008	1,008	1,008
^{nat}O	15,872	16,000	16,004	15,999
^{nat}C	11,916	12,011	12,015	12,011

Die Avogadro Konstante

Der Begriff Mol wurde schon verwendet, als man noch nicht wusste, wie groß die Teilchenzahl in einem Mol ist. Die „relativen Atommassen", die schon vor den heutigen Erkenntnissen über den Atombau ermittelt wurden, stimmten ja zahlenmäßig mit den heutigen Atommassen überein. Man definierte nun, dass die relative Atommasse eines Elements in der Einheit g als ein Mol des Elements bezeichnet werde. Damit war klar: hat man von zwei Elementen jeweils ein Mol, so hat man die gleiche Anzahl von Atomen. Wie groß diese Zahl ist, wusste man zu dieser Zeit noch nicht.

Der Italiener **Amedeo Avogadro** entdeckte, dass gleiche Gasvolumina bei gleichen Bedingungen die gleiche Zahl von Gasteilchen enthalten.

Dem österreichischen Chemiker **Josef Loschmidt** gelang es später, diese Teilchenzahl in 1 m^3 Gas erstmalig in richtiger Größenordnung abzuschätzen.

Jean-Baptiste Perrin, ein französischer Physiker bestätigte durch seine Arbeit die Anzahl der Teilchen in einem Mol mit $6{,}022 \cdot 10^{23}$. Er schlug 1909 vor diese Zahl – zum Gedenken an Amedeo Avogadro – Avogadro-Konstante zu nennen.

Daher bezeichnet man heute die Zahl der Gasteilchen in einem m^3 als Loschmidt'sche Zahl, die Zahl der Teilchen in einem Mol als Avogadro'sche Zahl. Dies ist international festgelegt.

Abb. 015-1: Amedeo Avogadro (1776 - 1856)

Die innere Struktur der Atome

Demokrit (400 v. Chr.) betrachtete Atome als unteilbar und unzerstörbar. Auch Dalton (1803) beschäftigte sich nicht mit einem inneren Aufbau der Atome. 1897 entdeckte der Deutsche Emil Wiechert die Elektronen in der Kathodenstrahlung. Im gleichen Jahr bestimmte der Engländer Joseph John Thomson ihre Masse als viel kleiner als die des Wasserstoffatoms. Er entwickelte daraus 1903 das erste Atommodell mit innerem Aufbau. In einer positiv geladenen Grundmasse des Atoms sind die negativ geladenen Elektronen verstreut (Rosinenkuchenmodell), sodass das gesamte Atom ungeladen ist. Elektronen sind Teile von Atomen. 1911 veröffentlichte Ernest Rutherford, ein Schüler von Thomson, das Kern-Hülle-Modell.

Es war auch Rutherford, der 1919 beim Beschuss von Stickstoffkernen mit α-Strahlen entdeckte, dass manchmal Wasserstoffkerne herausgeschlagen werden. Er schloss, das alle Atomkerne aus Wasserstoffkernen bestehen und nannte den Wasserstoffkern Proton.

Die Neutronen wurden erst 1932 von James Chadwick entdeckt. Es gab allerdings schon früher Vermutungen, dass im Kern auch ein ungeladenes Teilchen vorhanden sein müsste. Diese Neutronen waren dann das „Werkzeug" für die erste Kernspaltung 1938 durch die deutschen Chemiker Otto Hahn und Fritz Strassmann. Die Interpretation dieses Experiments gelang der österreichischen Kernphysikerin Lise Meitner, die 1938 nach Schweden ins Exil ging. Die Kernspaltung war die Voraussetzung für den Bau von Kernkraftwerken und Atombomben.

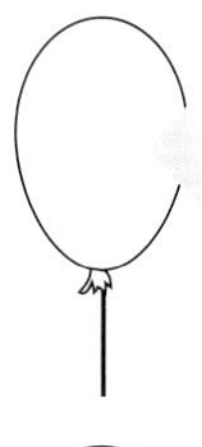

1 mol Wasserstoff (H_2)
22,4 L Wasserstoff (H_2)
$6{,}022 \cdot 10^{23}$ H_2-Moleküle
2 g Wasserstoff

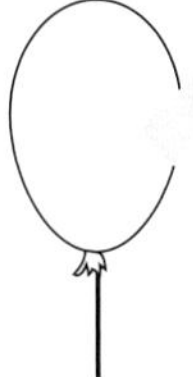

1 mol Sauerstoff (O_2)
22,4 L Sauerstoff (O_2)
$6{,}022 \cdot 10^{23}$ O_2-Moleküle
32 g Sauerstoff

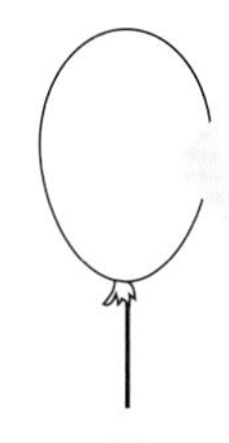

1 mol Ammoniak (NH_3)
22,4 L Ammoniak (NH_3)
$6{,}022 \cdot 10^{23}$ NH_3-Moleküle
17 g Ammoniak

1 mol Methan (CH_4)
22,4 L Methan (CH_4)
$6{,}022 \cdot 10^{23}$ CH_4-Moleküle
16 g Methan

Abb. 015-2: Die Grundlagen der Entdeckung der Avogadro-Konstante N_A (Volumen gültig für Normalbedingungen)

Die Elektronenhülle

Da genauere Theorien zum Aufbau des Atomkerns in das Gebiet der Kernphysik fallen, sollen hier im Weiteren nur die Theorien zum Aufbau der für die Chemie entscheidenden Elektronenhülle betrachtet werden.

Bereits Rutherford nahm an, dass die Elektronen den Kern auf Kreisbahnen umkreisen, ähnlich wie Planeten die Sonne, um zu erklären, weshalb sie nicht in den Kern stürzen. 1913 veröffentlichte der Däne Niels Bohr ein Atommodell, das vor allem die Beobachtungen der Lichtabsorption durch Atome und der Lichtemission aus Atomen erklären sollte. Nur bestimmte Lichtwellenlängen werden von bestimmten Atomen absorbiert und emittiert. Bohr nahm nun an, dass Elektronen nur auf bestimmten „erlaubten" Kreisbahnen um den Kern kreisen. Diese entsprechen unterschiedlichen Energieniveaus. Ein Wechsel der Elektronen auf energetisch höher liegende Bahnen wird durch zum Energieunterschied passende Lichtquanten verursacht – so entstehen die Absorptionsspektren. Die angeregten Elektronen „fallen" wieder auf ihre ursprünglichen energetisch tieferliegenden Bahnen zurück – die Emissionsspektren werden so erklärt.

Die Anzahl der Teilchen

Loschmidt:

$n_0 = 2{,}6867811 \cdot 10^{25} \cdot m^{-3}$

(bei Normalbedingungen, dh.: T_0 = 273 K, p_0 = 1 bar)

Avogadro:

$N_A = 6{,}022140857 \cdot 10^{23} \cdot mol^{-1}$

Abb. 015-3: Die Konstanten für die Anzahl von Teilchen

1.4 Die Elektronenhülle

Bohr´sches Modell – Unschärferelation – Energiestufen

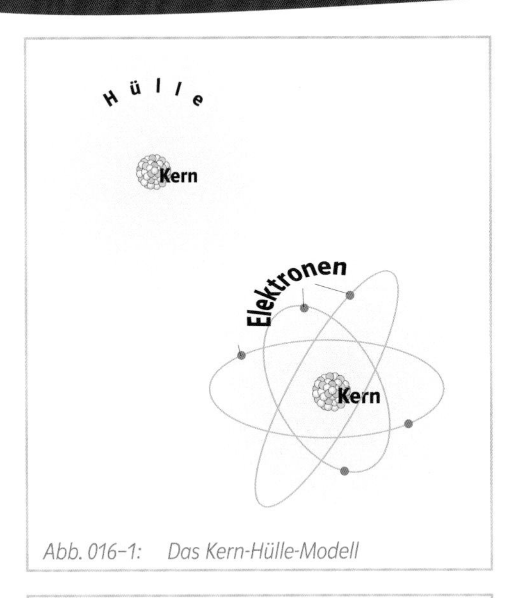

Abb. 016–1: Das Kern-Hülle-Modell

$$\Delta p \cdot \Delta x \geqq h$$

p ... Impuls
x ... Richtungsvektor
h ... Planck'sches Wirkungsquantum
= 6,63 · 10^{-34} Js

Abb. 016–2: Unschärferelation nach Werner Heisenberg

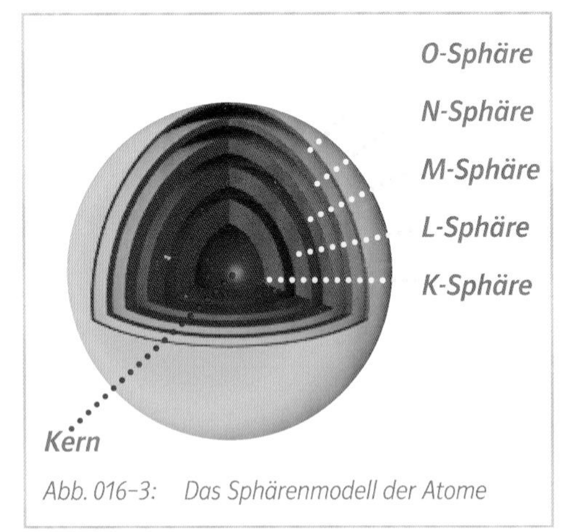

Abb. 016–3: Das Sphärenmodell der Atome

Sphäre	Hauptquantenzahl	maximale Anzahl an Elektronen
K	$n = 1$	2
L	$n = 2$	8
M	$n = 3$	18
N	$n = 4$	32
O	$n = 5$	50
P	$n = 6$	72
Q	$n = 7$	98
		$2n^2$

Abb. 016–4: Die maximale Anzahl an Elektronen pro Sphäre (Schale) (Begriff "Hauptquantenzahl" siehe Seite 17)

Grundlagen

Alle für die Chemie wichtigen Eigenschaften der Atome haben ihre Ursache im Aufbau der Elektronenhülle. Die chemische Bindung ist eine Veränderung der äußersten Teile der Elektronenhülle. Auch Farbe oder Lichtdurchlässigkeit von Stoffen wird durch die Elektronen der Hülle hervorgerufen.

Das Bohr´sche Atommodell

Ein Modell der Elektronenhülle, das zur Erklärung dieser Beobachtungen geeignet war, wurde von Niels Bohr (1885 – 1962) entwickelt. Bohr ging auch davon aus, dass die Elektronen vom Kern elektrostatisch angezogen werden. Um zu erklären, weshalb sie nicht in den Kern stürzen, nahm er an, die Elektronen bewegten sich nur auf bestimmten stabilen Kreisbahnen um den Kern (Abb. 16–1).

Das Modell von Rutherford hatte einen entscheidenden Nachteil: Das Elektron ist ein geladenes Teilchen, die Kreisbewegung eine ungleichförmige Bewegung. Das Elektron bildet daher auf seiner Bahn einen hochfrequenten Wechselstrom. Nach einem Grundgesetz der Physik strahlen beschleunigte Ladungen elektromagnetische Wellen, also Energie, in den Raum ab.

Das Elektron müsste nach dem Energieerhaltungssatz die Energie auf Kosten seiner kinetischen und potenziellen Energie verlieren und schließlich doch in den Kern stürzen.

Die Heisenberg´sche Unschärferelation

Heute hat man die Vorstellung vom Elektron auf der Kreisbahn aufgegeben. Sie widerspricht einem weiteren wichtigen naturwissenschaftlichen Grundprinzip – der Heisenberg´schen Unschärferelation.

Nach diesem Gesetz ist es prinzipiell unmöglich, Ort und Impuls eines Teilchens zugleich exakt anzugeben. Je genauer der Ort eines Teilchens bestimmt wird, desto ungenauer ist sein Impuls und damit seine Energie bestimmt und umgekehrt (Abb. 16–2). Bei einem kreisenden Elektron wäre aber der Punkt, an dem sich das Teilchen momentan befindet, sehr genau angegeben. Die Energie des Elektrons auf einer bestimmten Kreisbahn ist völlig exakt festgelegt.

Für Vorgänge in der Elektronenhülle spielt der Energiezustand der Elektronen eine entscheidende Rolle. Daher muss ein Modell der Hülle diesen Energiezustand möglichst exakt angeben können. Dies hat aber nach der Heisenberg´schen Unschärferelation zur Folge, dass über den Ort, an dem sich das Elektron genau aufhält, überhaupt keine Angabe mehr gemacht werden kann. Man kann nur mehr bestimmte Raumbereiche angeben, in denen sich das Elektron mit großer Wahrscheinlichkeit aufhält. Die Betrachtung des Elektrons als Teilchen, das sich an einem bestimmten Ort befindet, verliert dabei ihren Sinn.

Energiestufen – Sphären

Aus Beobachtungen über Absorption von Licht durch Atome hat man erkannt, dass das Elektron in der Hülle nur in bestimmten Energiestufen existieren kann. Niels Bohr nannte diese Energiestufen Schalen. In seiner Theorie können sich auf jeder Schale mehrere Elektronen in ihrer Kreisbahn befinden.

Auch heute behält man das Modell dieser Schalen bei, nennt sie aber Sphären. Man nimmt aber keine Kreisbahnen an, sondern diffuse Raumbereiche, in denen das Elektron, wie schon ausgeführt, nicht lokalisiert werden kann. Diese Sphären der Elektronenhülle werden von innen beginnend mit $n = 1, 2, 3 \ldots$ nummeriert. Außerdem bezeichnet man die Sphären mit den Großbuchstaben K, L, M ... (Abb. 16–3).

In jeder Sphäre hat nur eine bestimmte Zahl von Elektronen Platz. Die Elektronenzahl in einer Sphäre ist begrenzt mit $2n^2$ (Abb. 16–4).

Prinzipiell gilt, dass sich Elektronen in der Hülle im Zustand möglichst geringer potenzieller Energie befinden.

Das wellenmechanische Atommodell

Bewegte Elektronen können - ähnlich wie Licht - nach einem dualistischen Modell als Teilchen und auch als Wellen beschrieben werden.

Der Österreicher Erwin Schrödinger entwickelte daraus ein mathematisches Modell mit dem er Elektronen als stehende Wellen um den Atomkern beschrieb. Dieses Modell führte zur "Schrödingergleichung" aus der die Energiestufen für die Elektronen berechnet werden können. Diese Gleichung ist aber nur für Atome mit einem Elektron exakt lösbar.

Für Atome mit mehreren Elektronen (also für alle außer dem Wasserstoff-Atom) ist die Schrödingergleichung nicht exakt lösbar. Kompliziertere Gebilde wie zB große Moleküle sind damit nach wie vor der Berechenbarkeit entzogen, und die praktische Forschungsarbeit des Chemikers im Labor lässt sich nicht ersetzen.

Abb. 017-1: Erwin Schrödinger (1887 - 1961)

Orbitale - Aufenthaltsbereiche für Elektronen

Max Born (1882 - 1970) definierte, ausgehend von der Schrödinger Gleichung, Raumbereiche für Elektronen. Diese Raumbereiche nennt man Orbitale. Sie werden üblicherweise als dreidimensionale Gebilde gezeichnet und stellen den Bereich dar, indem sich ein bestimmtes Elektron mit großer Wahrscheinlichkeit aufhält. Das Schrödingermodell gewinnt dadurch an Anschaulichkeit. Die Orbitale eines Atoms unterscheiden sich in Form, Größe und dem Energiezustand.

Der Energiezustand der Elektronen wird durch vier Quantenzahlen definiert. Mit Hilfe dieser Quantenzahlen lassen sich auch die anschaulichen Orbitale näher beschreiben.

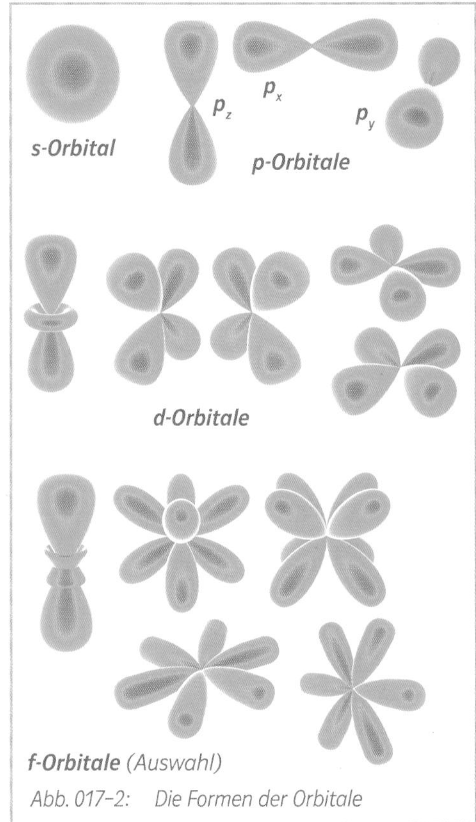

Abb. 017-2: Die Formen der Orbitale

Die Quantenzahlen n, l, m und s

Hauptquantenzahl *n*
(Werte für $n = 1, 2, 3 \ldots$) Sie gibt die Sphäre an und macht eine Angabe über den „Hauptenergiezustand“.

Nebenquantenzahl *l*
(Werte für $l = 0, 1, 2 \ldots$ bis $n-1$): Sie charakterisiert die Art des Orbitals (Abb. 17-2) und spaltet den Hauptenergiezustand in Unterniveaus auf. Die Nebenquantenzahl l ist von n abhängig.

Nebenquantenzahl l:	*0*	*1*	*2*	*3*
Orbitalform:	*s*	*p*	*d*	*f*
möglich ab Sphäre:	*1*	*2*	*3*	*4*

Magnetquantenzahl *m*
(Werte für $m = -l$ bis 0 bis $+l$): Aus ihr lässt sich die Anzahl energiegleicher Orbitale ableiten. Die Werte von m sind abhängig von l.

Spinquantenzahl *s*
($s = +1/2$ oder $-1/2$): Sie gibt die Eigenrotation des Elektrons an.

Das Pauli-Ausschließungsprinzip

Der österreichische Nobelpreisträger Wolfgang Pauli (1900 - 1958) formulierte das Pauli-Ausschließungsprinzip. Demnach können in einem Atom zwei Elektronen nie in allen vier Quantenzahlen übereinstimmen.

Daraus folgt, dass jedes Orbital mit 2 Elektronen besetzt werden kann, die sich im Spin des Elektrons unterscheiden müssen.

Abb. 17-3 zeigt die möglichen Kombinationen der Quantenzahl bis $n = 3$ nach dem Pauli-Prinzip. Die maximale Anzahl der Elektronen entspricht dem Sphärenmodell.

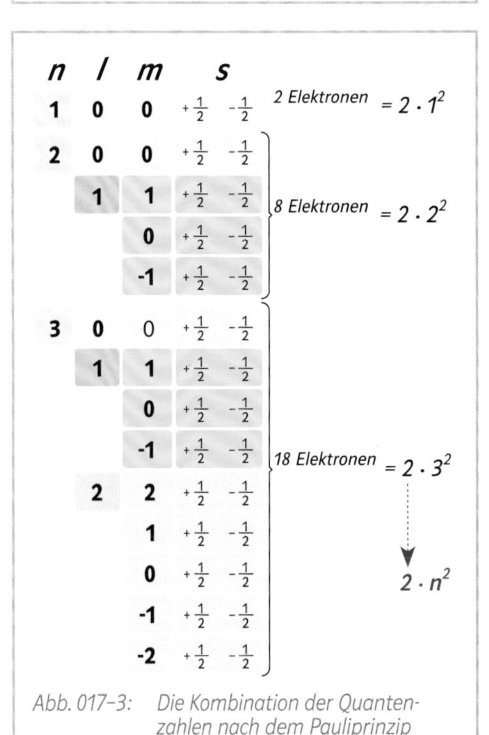

n	l	m	s		
1	0	0	$+\frac{1}{2}$ $-\frac{1}{2}$	2 Elektronen	$= 2 \cdot 1^2$
2	0	0	$+\frac{1}{2}$ $-\frac{1}{2}$	8 Elektronen	$= 2 \cdot 2^2$
	1	1	$+\frac{1}{2}$ $-\frac{1}{2}$		
		0	$+\frac{1}{2}$ $-\frac{1}{2}$		
		-1	$+\frac{1}{2}$ $-\frac{1}{2}$		
3	0	0	$+\frac{1}{2}$ $-\frac{1}{2}$	18 Elektronen	$= 2 \cdot 3^2$
	1	1	$+\frac{1}{2}$ $-\frac{1}{2}$		
		0	$+\frac{1}{2}$ $-\frac{1}{2}$		
		-1	$+\frac{1}{2}$ $-\frac{1}{2}$		
	2	2	$+\frac{1}{2}$ $-\frac{1}{2}$		
		1	$+\frac{1}{2}$ $-\frac{1}{2}$		
		0	$+\frac{1}{2}$ $-\frac{1}{2}$		$2 \cdot n^2$
		-1	$+\frac{1}{2}$ $-\frac{1}{2}$		
		-2	$+\frac{1}{2}$ $-\frac{1}{2}$		

Abb. 017-3: Die Kombination der Quantenzahlen nach dem Pauliprinzip

Abb. 018-1: Louis de Broglie (1892 - 1987)

$$E = h \cdot f = \frac{h \cdot c}{\lambda} \quad \text{und} \quad E = m \cdot c^2$$

daraus: $\frac{h}{\lambda} = m \cdot c \dashrightarrow \lambda = \frac{h}{m \cdot c}$

(gilt für elektromagnetische Wellen)

de Broglie: $\lambda = \frac{h}{m \cdot v}$

(gilt für materielle Teilchen)

Abb. 018-2: Materiewellen nach de Broglie

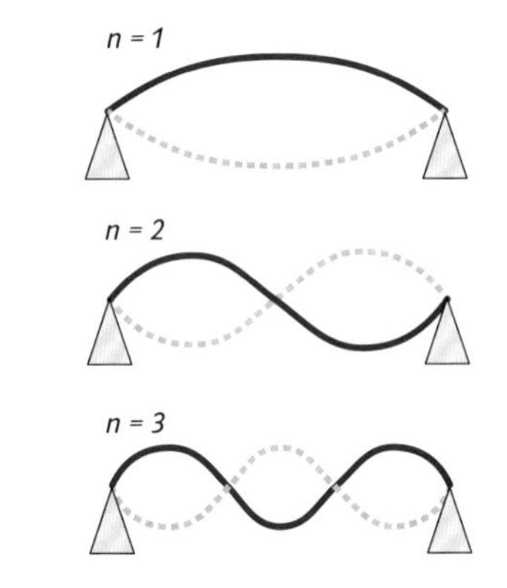

Abb. 018-3: eindimensionale stehende Wellen

Abb. 018-4: Walter Kohn (1923 - 2016) 1998 Nobelpreis für Chemie

Ein tieferes Verständnis der Wellenmechanik

Nach der Relativitätstheorie sind Energie und Masse äquivalent ($E = m \cdot c^2$). Das bedeutet, dass jedes elektromagnetische Quant eine Masse hat, da es ja aus Energie besteht. Diese Masse hängt von der Wellenlänge ab (Abb. 18-2).

Dualistisches Modell nach de Broglie

Der französische Physiker Louis de Broglie (1892 - 1987) begründete nun eine Theorie, dass jede bewegte Masse nach einem dualistischen Modell beschreibbar ist. Es haben danach nicht nur elektromagnetische Quanten, sondern auch materielle Teilchen Wellencharakter. Er ersetzte in der Beziehung zwischen Masse und Wellenlänge von Quanten die Lichtgeschwindigkeit c durch die Geschwindigkeit v (Abb. 18-2).

Demnach wäre auch ein fahrendes Auto nach dem Wellenmodell beschreibbar. Berechnen wir seine Wellenlänge:

$v = 72$ km/h $= 20$ m/s $\quad m_{Auto} = 1000$ kg $\quad \Rightarrow \quad \lambda_{Auto} = 3{,}3 \cdot 10^{-30}$ m

Diese Wellenlänge ist extrem klein. Interferenzen sind bei fahrenden Autos (zum Glück) nicht zu beobachten. Bei materiellen Gegenständen unserer gewohnten Umgebung ist das Wellenmodell daher nicht sinnvoll.

Anders wird das Ergebnis, wenn man bewegte Elektronen betrachtet. Durch ihre sehr geringe Masse ($9{,}11 \cdot 10^{-31}$ kg) kommt man für Elektronenstrahlen auf Wellenlängen, wie sie bei Röntgenstrahlen auftreten. Bei diesen war aber die Beugung am Kristallgitter bereits bekannt. Man führte solche Beugungsversuche daher mit Elektronenstrahlen durch und fand die Theorie von de Broglie bestätigt. Elektronenstrahlen zeigen, ähnlich wie Röntgenstrahlen, Interferenzerscheinungen. Bewegte Elektronen können nach einem dualistischen Modell auch als Wellen beschrieben werden.

Elektronen als stehende Wellen

Die Wellennatur der Elektronen veranlasste nun Erwin Schrödinger (1887 - 1961), dieses Modell auf die Elektronen in der Atomhülle anzuwenden. Da die Elektronen den Raum um das Atom nicht verlassen, beschrieb er die Hüllenelektronen als stehende Wellen.

Für stehende Wellen gibt es bestimmte Bedingungen. Der einfachste - eindimensionale - Fall ist eine gespannte Saite. Stehende Wellen sind hier nur möglich, wenn die Saitenlänge ein ganzzahliges Vielfaches der halben Wellenlänge beträgt. Andere Wellenlängen sind nicht möglich. Auch im zweidimensionalen Fall (zB ein schwingendes Trommelfell oder eine schwingende Seifenmembran) sind nur bestimmte stehende Wellen möglich.

Dasselbe gilt für dreidimensional stehende Wellen. Als solche beschreibt Schrödinger die Elektronen. Eine dreidimensional stehende Welle ist zwar nicht mehr anschaulich, sie lässt sich aber berechnen. Der Vorteil des Modells: Nur bestimmte Zustände sind mit steigender Frequenz und damit steigender Energie möglich. Die willkürlich eingeführten „erlaubten" Energiezustände des Elektrons im Bohr'schen Modell ergeben sich im wellenmechanischen Modell von selbst.

Die Wellenfunktionen für die einzelnen Orbitale lassen sich für das Wasserstoff-Atom durch Lösung der Schrödinger-Gleichung berechnen.

Die Wellenfunktionen werden mit dem griechischen Buchstaben Ψ (Psi) bezeichnet. Die Lösung der Schrödinger-Gleichung ist mathematisch sehr anspruchsvoll. Als Ergebnis erhält man zB die Wellenfunktion für das 1s-Orbital des Wasserstoffs:

$$\Psi = \frac{1}{\sqrt{\pi \cdot a_0^3}} \cdot e^{\frac{-r}{a_0}}$$

Dabei ist r der Abstand vom Atomkern und a_0 der Bohr'sche Atomradius.

Aus diesen Wellenfunktionen können Aufenthaltswahrscheinlichkeiten von Elektronen, Bindungsstärken, Bindungswinkel und vieles anderes mehr berechnet werden. Viele dieser Berechnungen sind erst durch die Arbeiten von dem in Wien geborenen Chemie-Nobelpreisträger Walter Kohn (1923 - 2016) möglich geworden, der nach seiner Emigration 1938 in den USA gelebt und gearbeitet hat.

Die Atomspektren

Weißes Licht, das von einem heißen Körper ausgesendet wird, lässt sich durch ein Beugungsgitter oder ein Prisma spektral zerlegen. Alle Wellenlängen sind lückenlos vertreten (Abb 19–1 a).

Absorptionsspektren

Lässt man weißes Licht durch ein Gas (zB Metalldampf) fallen und zerlegt man es nachher spektral, so fehlen bestimmte Wellenlängen. Diese werden offenbar von den Atomen absorbiert. Ein so entstandenes Spektrum nennt man Absorptionsspektrum (Abb. 19–1 b).

Die fehlenden Wellenlängen sind genau die, deren Quantenenergie exakt zu den Energieniveau-Unterschieden in der Elektronenhülle passen. Licht wird also absorbiert, wenn ein Elektron ein Quant verschluckt und mit dieser Energie auf einen energetisch höher liegenden, erlaubten Zustand gelangt. Alle anderen Quanten, die nicht die passende Energie besitzen, werden nicht absorbiert.

Emissionsspektren

Dieser angeregte Zustand des Atoms ist äußerst kurzlebig (10^{-8} s). Dann kehrt das Elektron wieder auf tiefer liegende erlaubte Zustände zurück. Die Energiedifferenz gibt es wieder in Form eines elektromagnetischen Quants ab. Diese von angeregten Atomen abgegebenen Quanten bilden das Emissionsspektrum. Es ist dadurch gekennzeichnet, dass nur bestimmte Wellenlängen vertreten sind. Das Emissionsspektrum ist für das jeweilige Element charakteristisch (Abb. 19–1 c).

Natürlich werden die Lichtquanten nicht alle in derselben Richtung emittiert, in der vorher die Anregung erfolgt ist. Daher können sowohl Absorptions- wie Emissionsspektrum beobachtet werden.

Möglichkeiten der Anregung

Die Anregung von Atomen muss nicht durch Absorption von Lichtquanten erfolgen. Auch durch Elektronenstoß ist Anregung möglich. Darauf beruhen die heute viel verwendeten Leuchtstoffröhren und die bunten Reklameröhren. Die Neonröhre zB sendet rotes Licht aus.

Auch durch Erhitzen kann eine Anregung erfolgen. Darauf beruht die gelbe Flammenfärbung von Natrium und seinen Verbindungen. Bei der Emission, die der Anregung folgt, muss der Grundzustand nicht in einem Schritt erreicht werden (Abb. 19–2).

Es ist zB möglich, dass ein unsichtbares UV-Quant eine Anregung über mehrere Stufen bewirkt, beim schrittweisen Zurückfallen des Elektrons in den Grundzustand dann aber Quanten des sichtbaren Lichtes emittiert werden. Darauf beruht die Fluoreszenz, die bei vielen Mineralien auftritt. Leuchtstoffröhren funktionieren nach demselben Prinzip: Durch Anregung von Hg-Dampf wird zunächst UV-Licht erzeugt. Dieses wird mit Hilfe des Leuchtstoffes, mit dem die Röhren innen ausgekleidet sind, in sichtbares Licht umgewandelt.

Auch die optischen Aufheller, die in kleinen Mengen in Vollwaschmitteln enthalten sind und auf Baumwollfasern haften bleiben, wandeln UV-Licht durch Fluoreszenz in sichtbares Licht aus dem blauen Bereich um. Dadurch entsteht der Eindruck eines besonders strahlenden Weißtons der Wäsche.

Identifizierung von Atomen

Mit Hilfe der Absorptions- und Emissionsspektren lassen sich Atome identifizieren. Dies ist eine sehr rasche und empfindliche Analysenmethode. So wird zB bei der Edelstahlherstellung in kürzester Zeit aus dem Emissionsspektrum die Zusammensetzung der Stahlschmelze ermittelt.

Aus der Spektralanalyse des Lichtes von Fixsternen weiß man genau über die in den Sternen vertretenen Elemente Bescheid. Dies hat zu sehr gut begründeten Theorien über Aufbau und Entstehung des Weltalls geführt.

Die Beobachtung der Spektren war der Grund für die Entwicklung der Modelle der Elektronenhülle. Niels Bohr (1885 – 1962) hat sein Schalenmodell entwickelt, um die Spektren damit erklären zu können.

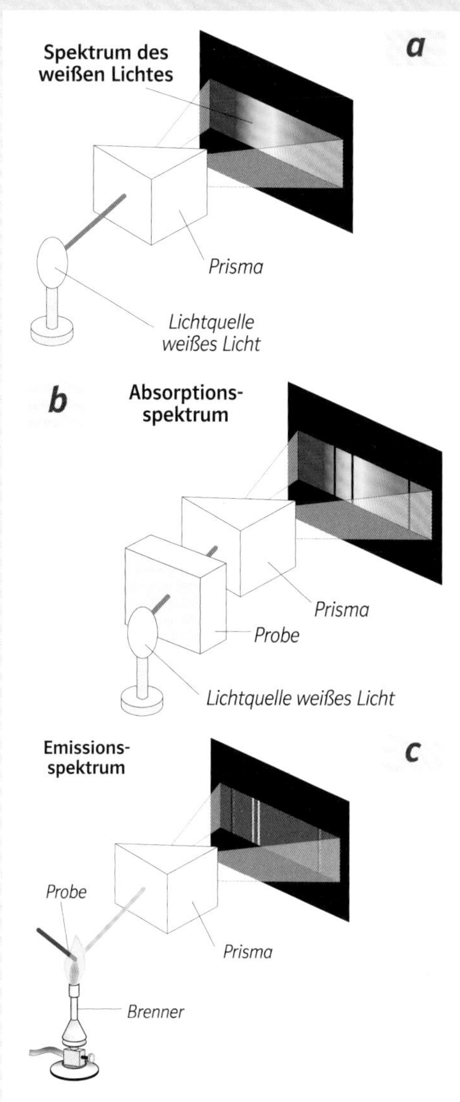

Abb. 019–1: Die verschiedenen Spektren

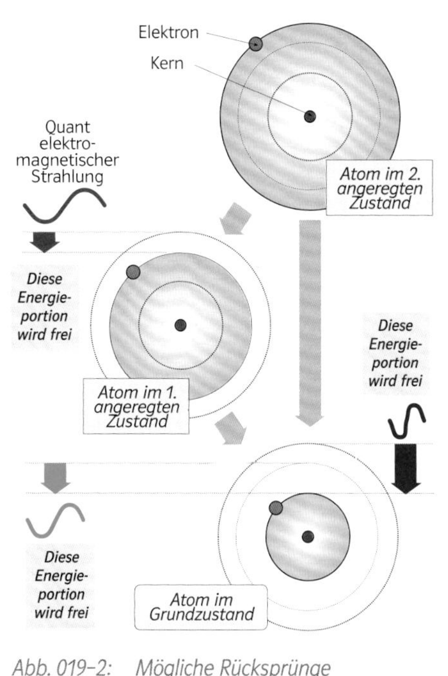

Abb. 019–2: Mögliche Rücksprünge für Elektronen

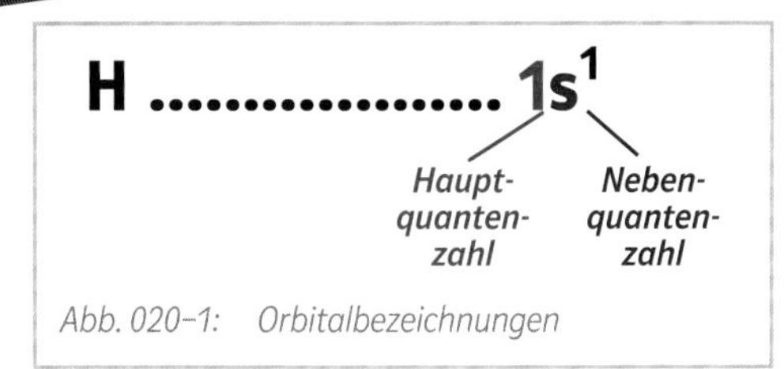

Abb. 020-1: Orbitalbezeichnungen

Abb. 020-2: Wolfgang Pauli (1900 – 1958)

Elektronenkonfiguration

Die genaue Zuordnung der Elektronen in die Orbitale – mit Hochzahlen für die entsprechende Elektronenanzahl – nennt man Elektronenkonfiguration.

Prinzipien der Orbitalbesetzung

Bei jedem Atom werden die in 1.4 besprochenen Orbitale mit Elektronen besetzt. Diese Elektronenbesetzung im Grundzustand erfolgt nach folgenden drei Prinzipien:

1. **Energieprinzip:** Energieärmere Orbitale werden zuerst besetzt, das 1s-Orbital wird daher vor dem 2s-Orbital besetzt.
2. **Pauli-Ausschließungsprinzip:** Es dürfen keine zwei Elektronenzustände in einem Atom in allen vier Quantenzahlen übereinstimmen.
3. **Hund'sche Regel (nach dem deutschen Physiker Friedrich Hund):** Energiegleiche Orbitale werden zunächst einfach mit Elektronen besetzt. Diese Elektronen haben einen parallelen Spin. Erst wenn alle energiegleichen Orbitale einfach besetzt sind, kommt es zur Ausbildung von Elektronenpaaren (doppelt besetzten Orbitalen) mit gegenläufigem Spin.

Von den Quantenzahlen zum Orbitalmodell

Abb. 17–3 zeigte die nach dem Pauli-Ausschließungsprinzip möglichen Kombinationen von Quantenzahlen.

In der Praxis verwendet man anstelle der Quantenzahlen, Orbitalbezeichnungen, die aus der Hauptquantenzahl (Angabe der Sphäre) und der „übersetzten" Nebenquantenzahl (Art des Orbitals) bestehen (Abb. 20–1).

Diese Orbitale werden nach der Pauling-Schreibweise – benannt nach Linus Pauling – graphisch als Kästchen oder Striche in einem Diagramm, das auf der y-Achse das Energieniveau qualitativ zeigt, dargestellt. Die Magnetquantenzahl gibt die Anzahl energiegleicher „Kästchen" an. Die Elektronen zeichnet man als (gegenläufige) Pfeile auf diesen „Orbitalstrich", zur Symboliserung der Spinquantenzahl. Ein Orbital fasst maximal zwei Elektronen, die sich im Spin unterscheiden. Abb. 20–4 zeigt so die Elektronenverteilung bei Stickstoff.

Orbitale	s	p	d	f
möglich ab Späre Nummer	1	2	3	4
Anzahl energiegleicher Orbitale	1	3	5	7
maximale Elektronenzahl	1 · 2 = 2	3 · 2 = 6	5 · 2 = 10	7 · 2 = 14

Abb. 020-3: Überblick der Orbitale

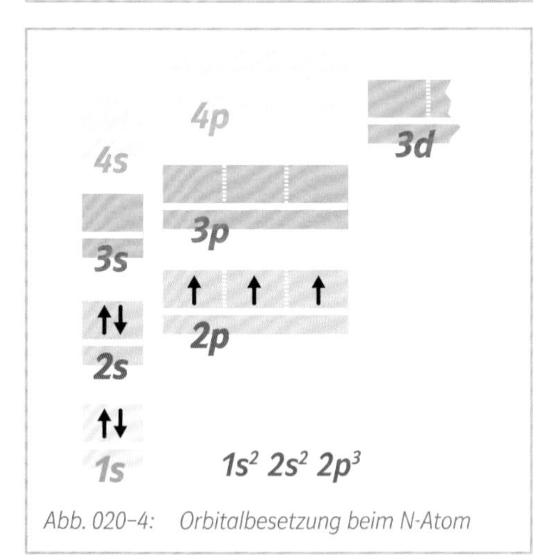

Abb. 020-4: Orbitalbesetzung beim N-Atom

Erstellung der Elektronenkonfiguration

Man schreibt die Orbitale an, die mit Elektronen besetzt sind. Die Anzahl der Elektronen gibt man als Hochzahl bei der Orbitalbezeichnung an. Das s-Orbital pro Sphäre fasst daher maximal 2 Elektronen, die p-Orbitale pro Sphäre fassen daher maximal 6 Elektronen, die d-Orbitale pro Sphäre maximal 10 Elektronen und die f-Orbitale pro Sphäre maximal 14 Elektronen (Überblick der Orbitale siehe Abb. 20–3).

Die Summe der Hochzahlen, gibt die Anzahl der Elektronen an und entspricht bei neutralen Atomen der Ordnungszahl.

Beispiele

Elektronenkonfiguration für den in Abb. 20-4 dargestellten Stickstoff:

N: $1s^2\,2s^2\,2p^3$ (sprich: eins s zwei, zwei s zwei, zwei p drei)

Zur Reihenfolge der Orbitalbesetzungen siehe Abb. 021–1.

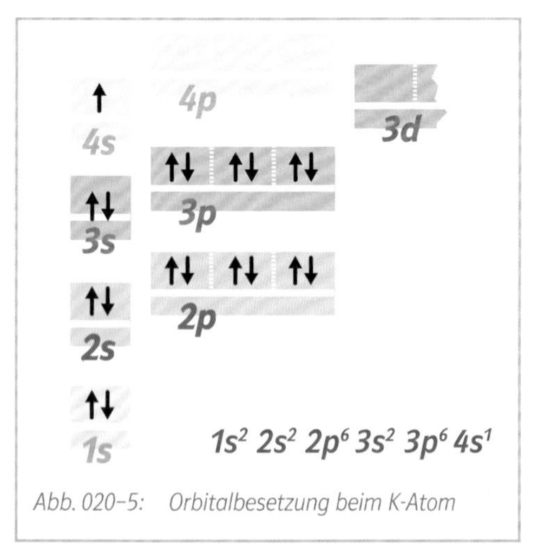

Abb. 020-5: Orbitalbesetzung beim K-Atom

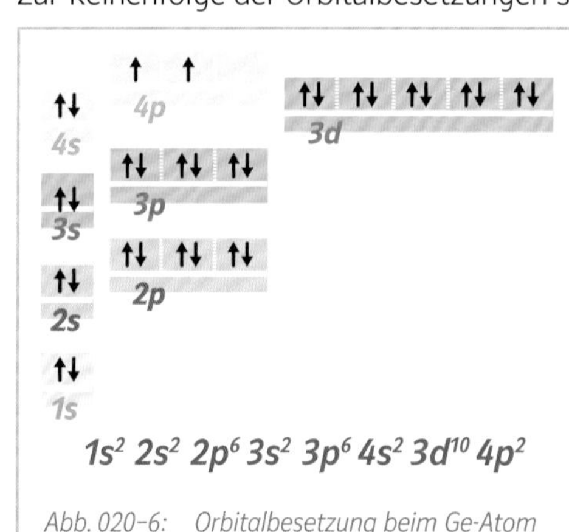

Abb. 020-6: Orbitalbesetzung beim Ge-Atom

Weitere Beispiele:

Z = 18 Ar: $1s^2\,2s^2\,2p^6\,3s^2\,3p^6$
Z = 17 Cl: $1s^2\,2s^2\,2p^6\,3s^2\,3p^5$
Z = 13 Al: $1s^2\,2s^2\,2p^6\,3s^2\,3p^1$
Z = 12 Mg: $1s^2\,2s^2\,2p^6\,3s^2$
Z = 10 Ne: $1s^2\,2s^2\,2p^6$
Z = 8 O: $1s^2\,2s^2\,2p^4$
Z = 6 C: $1s^2\,2s^2\,2p^2$
Z = 3 Li: $1s^2\,2s^1$
Z = 2 He: $1s^2$
Z = 1 H: $1s^1$

Abweichungen

Je größer die Hauptquantenzahl *n* ist, desto geringer wird der Energieabstand zwischen den Sphären. Das führt zu „Unregelmäßigkeiten". Bereits in der 3. Sphäre ist das höchste Energieniveau 3d energetisch höher liegend als das tiefste der 4. Sphäre 4s (Abb. 21–1). Daraus ergibt sich, dass das 4s-Orbital vor den 3d-Orbitalen besetzt wird. In den folgenden Sphären gibt es noch weitere Verschiebungen.

Das Periodensystem hilft

Im Periodensystem beginnt immer eine neue Zeile, wenn eine neue Sphäre mit Elektronen besetzt wird. Es beginnt daher im Periodensystem eine neue Zeile immer mit der Besetzung eines s-Orbitals.

Das untenstehende Periodensystem (Abb. 21–2) zeigt die Besetzung der Orbitale anhand der Zeilen im PSE. Die d-Orbitale werden immer eine „Zeile", die f-Orbitale immer zwei „Zeilen" unter der ihrer Hauptquantenzahl entsprechenden „Zeile" besetzt.

Durch die maximale Anzahl der Elektronen in den entsprechenden Orbitalen, ergibt sich auch die Form des Periodensystems. Der s-Block umfasst immer zwei Gruppen (pro Sphäre gibt es immer maximal zwei s-Elektronen). Der p-Block umfasst immer sechs Gruppen (pro Sphäre gibt es maximal sechs p-Elektronen). Der d-Block besteht pro Zeile immer aus 10 Elementen, da die d-Orbitale maximal 10 Elektronen fassen. Der f-Block mit 14 Elementen zeigt, dass in den f-Orbitalen maximal 14 Elektronen Platz finden.

Eine Merkhilfe für die Besetzung der Orbitale gibt auch die „Schachbrettregel" (Abb. 21–1). Durch zeilenweises Lesen ergibt sich die Orbitalbezeichnung entsprechend dem tatsächlichen Energieschema.

Verkürzte Schreibweise der Elektronenkonfiguration

Da die Elektronen der inneren Sphäre für die chemische Bindung keine Rolle spielen, wird die Elektronenkonfiguration auch in abgekürzter Form geschrieben. Allgemein schreibt man das letzte Element [= Edelgas] der vorhergehenden Periode in eckiger Klammer und führt nur mehr die in der jeweiligen Periode dazukommenden Elektronen an. (Zur Probe zählt man zur Elektronenanzahl des Edelgases die Anzahl der Elektronen in den Hochzahlen dazu. Das Ergebnis muss die Gesamtelektronenzahl, also die Ordnungszahl des Elements sein.)

Beispiele

K: [Ar] $4s^1$ Ca: [Ar] $4s^2$ Sc: [Ar] $4s^2\ 3d^1$

Ga: [Ar] $4s^2\ 3d^{10}\ 4p^1$ I: [Kr] $5s^2\ 4d^{10}\ 5p^5$ Pb: [Xe] $6s^2\ 4f^{14}\ 5d^{10}\ 6p^2$

Die Gesamtelektronenanzahl ergibt sich zB beim Ga mit:

18 e^- für Ar + (2+10+1) = 31 e^- für Gallium

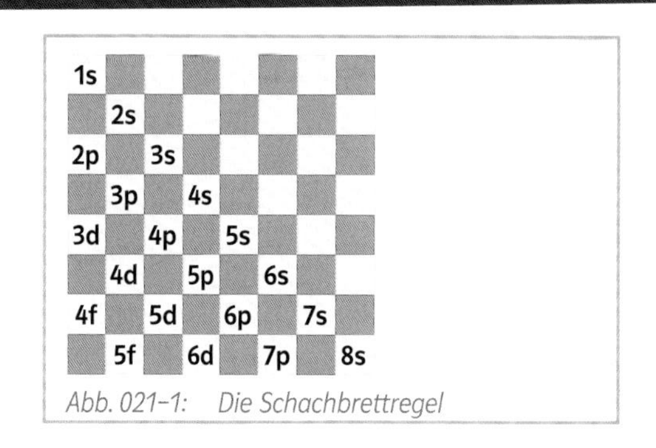

Abb. 021-1: Die Schachbrettregel

Übung 21.1

Füll das folgende Orbitalbesetzungsschema für das Element Mangan aus und nimm die Abbildungen auf Seite 20 als Hilfe.

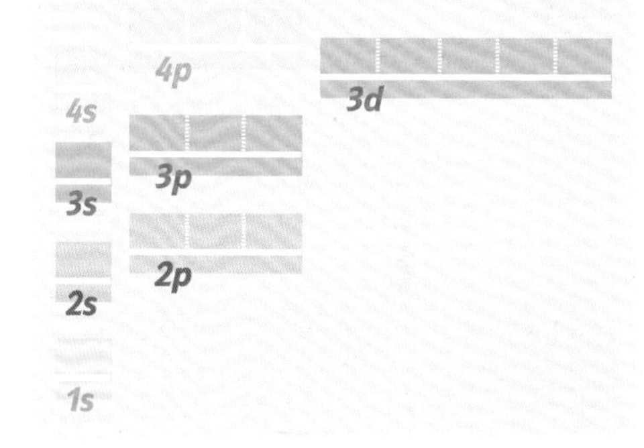

Übung 21.2

Bestimme die verkürzte Elektronenkonfiguration von:

Mn:

Ba:

Sb:

Tl:

Sn:

S:

schwarz: Anzahl der Valenzelektronen
blau: Anzahl der maximal genutzten Valenzelektronen

1	2															3	4	5	6	7	8	8	8	8	2	3	4	5	6	7	8 (2)
H																															He
Li	Be																									B	C	N	O	F	Ne
Na	Mg																									Al	Si	P	S	Cl	Ar
K	Ca															Sc	Ti	V	Cr	Mn	Fe	Co	Ni	Cu	Zn	Ga	Ge	As	Se	Br	Kr
Rb	Sr	Diese Elemente nutzen max. 3 Valenzelektronen														Y	Zr	Nb	Mo	Tc	Ru	Rh	Pd	Ag	Cd	In	Sn	Sb	Te	I	Xe
Cs	Ba	La	Ce	Pr	Nd	Pm	Sm	Eu	Gd	Tb	Dy	Ho	Er	Tm	Yb	Lu	Hf	Ta	W	Re	Os	Ir	Pt	Au	Hg	Tl	Pb	Bi	Po	At	Rn
Fr	Ra	Ac	Th	Pa	U	Np	Pu	Am	Cm	Bk	Cf	Es	Fm	Md	No	Lr	Rf	Db	Sg	Bh	Hs	Mt	Ds	Rg	Cn	Nh	Fl	Mc	Lv	Ts	Og
s-Block		f-Block														d-Block										p-Block					

Abb. 021-2: Das Periodensystem der Elemente mit der entsprechenden Orbitalbelegung

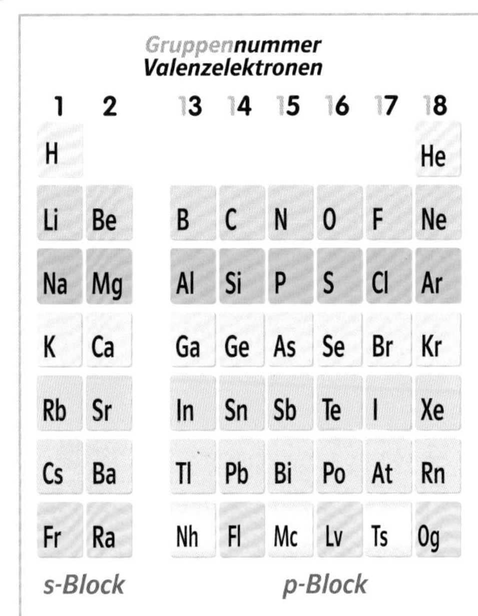

Abb. 022-1: Die Anzahl der Valenz- (=Außen) Elektronen entspricht bei den s- und p-Elementen der Einerstelle der Gruppennummer

Abb. 022-2: Gilbert N. Lewis (1875 - 1946)

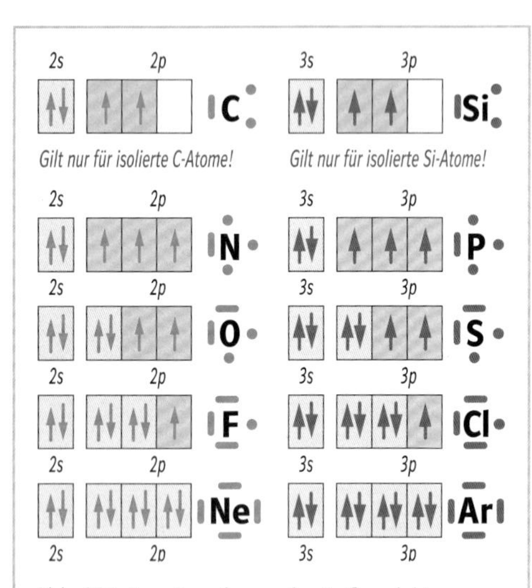

Abb. 022-3: Anordnung der Außenelektronen der Nichtmetalle der 2. u. 3. Periode

Valenzelektronen

Als Valenzelektronen bezeichnet man die Elektronen, die für die chemischen Eigenschaften entscheidend sind. Valenzfähig sind alle s- und p-Elektronen der letzten Sphäre und Elektronen von nicht vollbesetzten d- und f-Orbitalen. Die s- und p-Elektronen nennt man auch Außenelektronen.

Nicht valenzfähige Elektronen, werden bei der Elektronenkonfiguration eingeklammert. ZB: Pb: [Xe] $6s^2$ ($4f^{14}$ $5d^{10}$) $6p^2$ dh. Blei besitzt 4 Valenzelektronen, die gleichzeitig auch Außenelektronen sind.

Valenzelektronen aus dem Periodensystem

Beim s- und p-Block gibt die Einerstelle der Gruppennummer im Periodensystem die Anzahl der Valenzelektronen an (Abb. 22–1). Dies ergibt sich aus den 10 d-Elektronen, die im p-Block nicht mehr valenzfähig – da vollbesetzt – sind.

Früher wurden der s- und p-Block als Hauptgruppen bezeichnet und von 1 bis 8 durchnummeriert, die Gruppennummer entsprach dann der Anzahl der Valenzelektronen.

Beim d-Block (die früheren Nebengruppen) sind die Verhältnisse komplizierter. Mit Ausnahme der 10. und 11. Gruppe gilt aber prinzipiell auch, dass die Einerstelle der Gruppennummer die maximale Anzahl der Valenzelektronen angibt.

Da bei der Besetzung der f-Orbitale (zwei Sphären tiefer als die Außenelektronen) an der Außenelektronenverteilung praktisch nichts verändert wird, sind sich diese Elemente im chemischen Verhalten sehr ähnlich. Sie sind nur sehr schwer voneinander zu trennen.

Der Österreichische Chemiker Carl Auer von Welsbach (1858–1929) erwarb sich große Verdienste, unter anderem, indem er Didym, das bis dahin als Element gegolten hatte, in die Elemente Neodym und Praseodym zerlegte.

Lewis-Schreibweise

Eine Darstellung der Atome (Elementsymbole) mit ihren Valenz-Elektronen ist die Schreibweise nach Lewis. Dabei werden einfach besetzte Orbitale mit einem Punkt, doppelt besetzte mit einem Strich dargestellt. Die Darstellung ist nach dem Amerikaner Gilbert Newton Lewis (1875–1946) benannt, der sie vorgeschlagen hat. Sie ist vor allem für Nichtmetallatome sinnvoll.

Da beim s- und p-Block nur die Elektronen der s- und p-Orbitale valenzfähig sind müssen nur die 4 Orbitale (ein s- und drei p-Orbitale) berücksichtigt werden. Abbildung 22–3 zeigt die Besetzung dieser Orbitale entsprechend der Hund´schen Regel für die zweite Periode und die entsprechende Lewis-Darstellung. Aus dieser Lewis-Schreibweise ist die Verteilung der Valenz-Elektronen (auch Außenelektronen) ersichtlich. Sie wird vor allem bei den Strukturformeln für Moleküle benötigt. Für höhere Perioden gilt dieselbe Schreibweise

Halb besetzt ist auch stabil

Da sowohl die einfache Besetzung der energiegleichen Orbitale, wie auch die volle Besetzung der Orbitale einen energetisch günstigen Zustand darstellen kommt es zu einigen Abweichungen bei der Orbitalbesetzung.

So wird der d^5- bzw. der d^{10}-Zustand auf „Kosten" eines s-Elektrons erreicht.

Beispiele

Cr: [Ar] $4s^1$ $3d^5$ *statt:* $4s^2$ $3d^4$ Cu: [Ar] $4s^1$ $3d^{10}$ *statt:* $4s^2$ $3d^9$

d^1 statt f^1

Eine Ausnahme tritt im PSE immer zu Beginn der f-Elemente auf. Lanthan (und auch Actinium) hat statt f^1 einen d^1-Zustand. Es wird daher auch zu den d-Elementen gerechnet. Allerdings wird dieser d^1-Zustand beim nächsten Element nicht aufrecht erhalten. Das führt dazu, dass das Luthetium ebenfalls ein d^1 Element ist, da der f-Zustand schon beim Ytterbium voll ist. Für den Platz „d^1" im d-Block konkurrieren 2 Elemente. Daher gibt es PSE's, bei denen Lanthan im d-Block steht, allerdings steht dann Lutetium im f-Block, obwohl es kein f-Element mehr ist.

La: [Xe] $6s^2$ $5d^1$ **Ce**: [Xe] $6s^2$ $4f^2$ **Yb**: [Xe] $6s^2$ $4f^{14}$ **Lu**: [Xe] $6s^2$ $4f^{14}$ $5d^1$

1.5 Veränderungen in der Elektronenhülle

Ionisierungsenergie – Elektronenaffinität – Elektronegativität

Zur Veränderung der Elektronenhülle kommt es, wenn verschiedene Atome in Wechselwirkung treten und eine chemische Bindung eingehen. Es wird immer der Zustand eines – den Bedingungen entsprechenden – Energieminimums angestrebt. Da die Edelgase als einzige unverbunden vorkommen, scheint der Elektronenzustand s^2p^6 energetisch begünstigt zu sein.

Ionisierungsenergie – „Entfernen" eines Elektrons

Als Ionisierungsenergie bezeichnet man jene Energie, die notwendig ist, um ein Elektron aus der Hülle eines neutralen Atoms – im Gaszustand – zu entfernen. Dabei entstehen positiv geladene Teilchen, die Ionen genannt werden. Die Energie, die notwendig ist, um das äußerste Elektron zu entfernen, nennt man 1. Ionisierungsenergie. Sie ist ein Merkmal dafür, wie fest verschiedene Atome ihre Valenz-Elektronen gebunden haben.

Die 1. Ionisierungsenergie nimmt innerhalb einer Gruppe von oben nach unten ab (durch die größere Entfernung zum Kern kommt es zur Abschirmung der positiven Kernladung durch die negativ geladenen tiefer liegenden Sphären) und innerhalb einer Periode von links nach rechts zu (Zunahme der Kernladung bei gleich bleibender Hauptquantenzahl) (Abb. 23-1).

Energiebeträge, die zur Entfernung weiterer Elektronen benötigt werden, nennt man entsprechend 2., 3. etc. Ionisierungsenergie.

Für die Entfernung von Außenelektronen sind relativ geringe Energiebeträge notwendig. Bei der Entfernung von Elektronen aus tiefer liegenden Energieniveaus steigt die Ionisierungsenergie sprunghaft an. Betrachtet man alle Ionisierungsenergien eines Atoms, so erkennt man auch aus diesen Energiewerten den Energiestufenaufbau der Elektronenhülle (Abb. 23-2).

Elektronenaffinität – „Hinzufügen" eines Elektrons

Als Elektronenaffinität bezeichnet man jene Energie, die abgegeben wird, wenn einem neutralen Atom ein Elektron hinzugefügt wird. Elektronenaffinitäten sind schwieriger zu messen als Ionisierungsenergien, daher kann man meist nur Näherungswerte angeben. Halogene besitzen hohe Elektronenaffinitäten, weil die Elektronenaufnahme zur Ausbildung einer stabilen – der Elektronenanordnung benachbarter Edelgase entsprechenden – Sphäre führt. Sauerstoff und Schwefel besitzen nur mehr halb so große Elektronenaffinitäten wie die benachbarten Halogene, und die Elemente, die im PSE links davon stehen, weisen nochmals geringere Elektronenaffinitäten auf.

Elektronegativität – „Anziehung" von Elektronen

Die Amerikaner Linus Pauling (1901–1994) und Robert Mulliken (1896–1986) entwickelten ein Konzept, das die Tendenz eines Atoms angibt, Elektronen an sich zu ziehen. Diese Größe nannten sie **Elektronegativität (EN)**. Je höher die EN eines Atoms ist, desto größer ist das Bestreben, Elektronen an sich zu ziehen. Die EN ist eine halbquantitative Größe, die aus Elektronenaffinität und Ionisierungsenergie berechnet bzw. durch Messung der Stärke verschiedener Bindungstypen bestimmt wird. Mit der Elektronegativität ordnet man Atomen eine Größe zu, die erst bei der Ausbildung einer chemischen Bindung zum Tragen kommt.

Die Elektronegativität hängt eng mit der Stellung eines Atoms im PSE zusammen. (Abb. 23-3). Atome der Nichtmetalle weisen demnach eine hohe, Atome der Metalle eine niedrige EN auf. Obwohl die EN-Werte fließend ineinander übergehen, ist der Bruch bei Eigenschaften zwischen Metall-Atomen und Nichtmetall-Atomen deutlich. Im PSE verläuft er durch die Achse B – Si – As – Te. Rechts oben im PSE stehen die Nichtmetall-Atome, links unten die Metall-Atome.

Bei „Grenzelementen" gibt es oft zwei Erscheinungsformen – eine metallische, die andere eher mit Nichtmetallcharakter.

Die Edelgase sind Nichtmetalle. Man kann ihnen aber keine EN-Werte zuordnen, weil sie keine Veränderung der Elektronenhülle anstreben.

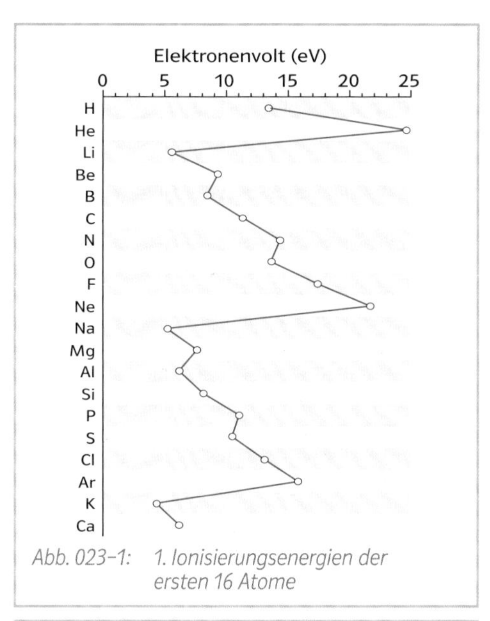

Abb. 023-1: 1. Ionisierungsenergien der ersten 16 Atome

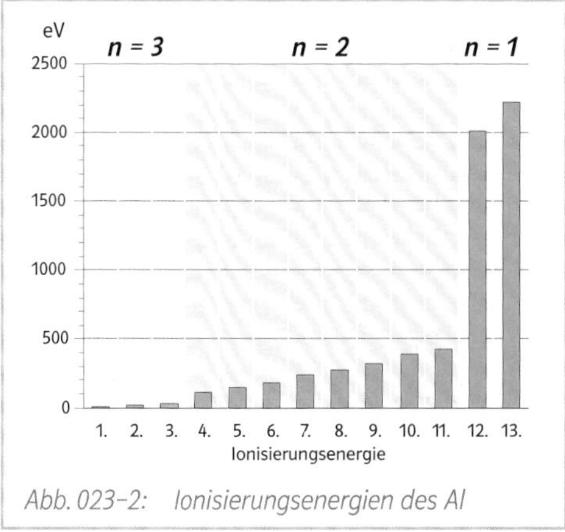

Abb. 023-2: Ionisierungsenergien des Al

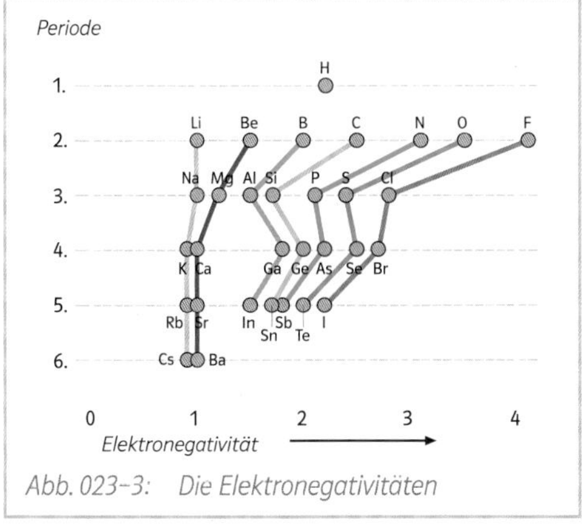

Abb. 023-3: Die Elektronegativitäten

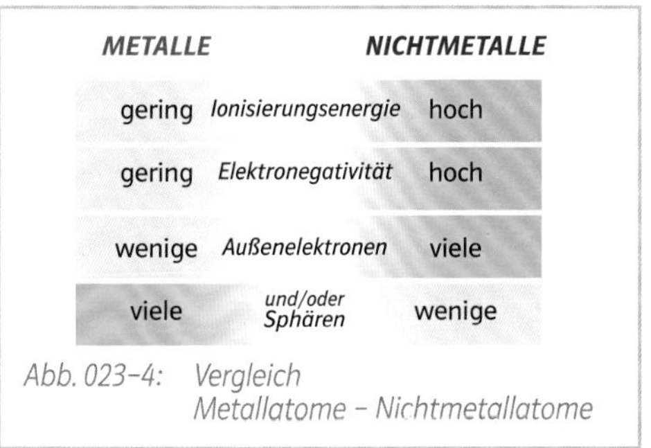

Abb. 023-4: Vergleich Metallatome – Nichtmetallatome

1.6 Das Periodensystem der Elemente – historische Entwicklung

Die Entdeckung Mendelejeffs

Versuche eines Systems der Elemente nach ihren Atomgewichten und chemischen Functionen

Von

D. Mendeleeff

Professor an der Universität zu St. Petersburg

			Ti = 50	Zr = 90	? = 180
			V = 51	Nb = 94	Ta = 182
			Cr = 52	Mo = 96	W = 186
			Mn = 55	Rh = 104,4	Pt = 197,4
			Fe = 56	Ru = 104,4	Ir = 198
		Ni =	Co = 59	Pl = 106,6	Os = 199
H = 1			Cu = 63,4	Ag = 108	Hg = 200
	Be = 9,4	Mg = 24	Zn = 65,2	Cd = 112	
	B = 11	Al = 27,4	? = 68	Ur = 116	Au = 197 ?
	C = 12	Si = 28	? = 70	Sn = 118	
	N = 14	P = 31	As = 75	Sb = 122	Bi = 210 ?
	O = 16	S = 32	Se = 79,4	Te = 128	
	F = 19	Cl = 35,5	Br = 80	I = 127	
Li = 7	Na = 23	K = 39	Rb = 85,4	Cs = 133	Tl = 204
		Ca = 40	Sr = 87,6	Ba = 137	Pb = 207

Abb. 024-1: *Das PSE nach Mendelejeff*

	Voraussage	Gefundenes Element
Name	*Ekasilicium*	*Germanium*
Symbol	**Es**	**Ge**
ELEMENT		
Atommasse in „u"	72	72,59
Fp (°C)	hoch	958
Dichte (g/cm³)	5,5	5,36
OXID	EsO_2	GeO_2
Dichte (g/cm³)	4,7	4,7
CHLORID	$EsCl_4$	$GeCl_4$
Kp (°C)	< 100	83

Abb. 024-2: *Voraussage der Eigenschaften des Germaniums*

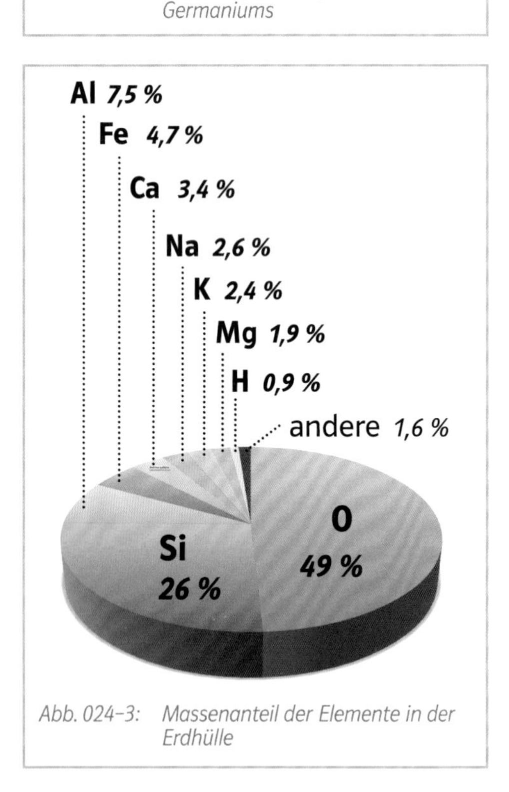

Abb. 024-3: *Massenanteil der Elemente in der Erdhülle*

Das schon aus der Unterstufe bekannte Periodensystem der Elemente – kurz auch PSE genannt –, das in jedem Chemiesaal hängt und in jedem Chemiebuch abgebildet ist, ist für jeden Chemiker ein unentbehrliches Hilfsmittel. Es wurde erst Mitte des 19. Jahrhunderts aufgestellt. Allerdings gab es schon vorher Bestrebungen eine "Ordnung" in die damals bekannten Elemente zu bringen.

1829 findet der deutsche Chemiker Johann Wolfgang Döbereiner (1780–1849) – der übrigens auch das erste Feuerzeug erfunden hat – heraus, dass jeweils drei chemische Elemente ähnliche Eigenschaften haben. Die von ihm entdeckten „Triaden" waren Chlor – Brom – Iod, Schwefel – Selen – Tellur, Calcium – Strontium – Barium und Lithium – Natrium – Kalium.

Im Jahr 1865 präsentiert der britische Chemiker John A. R. Newlands (1837 – 1898) sein Gesetz der Oktaven. Er ordnet die Elemente nach steigender Masse und findet nach jeweils 8 Elementen Ähnlichkeiten. Diesen Zusammenhang vergleicht er mit den Oktaven der Musik.

Der Geniestreich des Dimitrij Iwanowitsch Mendelejeff

Der Deutsche Lothar Meyer (1830–1895) und der Russe Dimitrij Iwanowitsch Mendelejeff (1834–1907) entdeckten unabhängig voneinander eine regelmäßige Periodizität der Eigenschaften bei den damals bekannten Elementen, wenn man diese nach steigender Masse ordnet. (Die Ordnungszahl war damals noch nicht bekannt – Atome wurden ja noch als von Masse erfüllte Kugeln betrachtet).

Dies veranlasste die beiden Chemiker im Jahre 1869 ein Ordnungssystem zu veröffentlichen, bei dem Elemente mit ähnlichen Eigenschaften zu Gruppen zusammengefasst wurden. Um das Ordnungsprinzip aufrechtzuerhalten, mussten im damaligen Periodensystem Lücken gelassen werden. Mendelejeff war mutiger als sein deutscher Kollege und glaubte an die Vollständigkeit des Systems. Er sagte Eigenschaften für Elemente der „Lücken" voraus und diese fehlenden Elemente wurden – teils auch durch seine Voraussagen – nach und nach entdeckt (Abb. 24–2).

Die heute bekannten Elemente

Insgesamt kennt man heute 118 Elemente. 80 davon haben stabile Nuklide (Ordnungszahlen 1 bis 82 außer 43 und 61). Alle diese stabilen Elemente kommen auf der Erde (in der Erdkruste) vor, allerdings in sehr unterschiedlicher Häufigkeit (Abb. 24–3.). Von den Elementen mit ausschließlich radioaktiven Nukliden kommen nur Bismut, Thorium und Uran relativ häufig vor. Sie zerfallen so langsam, dass seit der Elemententstehung noch beträchtliche Mengen vorhanden sind. Alle anderen radioaktiven Elemente (mit kürzeren Halbwertszeiten) sind nur in Spuren vorhanden, meist werden sie aus Thorium oder Uran in einer Zerfallsreihe immer neu gebildet. Elemente mit höherer Ordnungszahl als Uran (Transurane) gibt es auf der Erde als natürliches Vorkommen fast nicht. Nur ein Plutoniumnuklid findet sich in winzigsten Spuren.

Nach Entdeckung der Kernspaltung und der Konstruktion von Kernreaktoren konnte eine Reihe der Transurane durch Neutronenbestrahlung von Uran in Kernreaktoren und anschließende radioaktive Zerfälle erzeugt werden. Einige sind heute in den radioaktiven Abfällen von Kernreaktoren enthalten und im Fallout von Wasserstoffbomben, kommen also vom Menschen verursacht in der Natur in Spuren vor. Unter ihnen finden sich kurzlebige Nuklide aber auch solche mit Halbwertszeiten bis zu Jahrtausenden.

Die höheren Transurane wurden durch Kollision von schweren Atomkernen mit anderen Atomkernen in Teilchenbeschleunigern hergestellt. Von ihnen wurden oft nur wenige Atome gewonnen, die in Sekundenbruchteilen radioaktiv zerfielen. Eine praktische Bedeutung im Sinne einer Nutzung all dieser Elemente ist daher nicht vorhanden. Das bisher als letztes hergestellte Element mit OZ = 117 stammt aus dem russischen Kernforschungszentrum in Dubna im Jahre 2010.

Das Periodensystem heute

Mit unserem heutigen Wissen über den Atomaufbau ist eine exakte Erklärung des PSE möglich. Ordnungsprinzip ist nicht die Atommasse, sondern die Kernladungszahl, die daher auch Ordnungszahl genannt wird. Eine Reihung nach steigender Masse ist meist identisch mit einer Reihung nach steigender Ordnungszahl, es treten aber Ausnahmen auf (zB K und Ar oder Te und I), die sich mit der Neutronenzahl der natürlich vorkommenden Nuklide erklären lassen.

Im Periodensystem unterscheidet man Perioden (= Zeile im Periodensystem) und Gruppen (= Spalte im Periodensystem). Die Gruppen haben ähnlich aufgebaute Elektronenhüllen und zeigen ähnliche chemische Eigenschaften.

Das PSE umfasst 18 Gruppen und die Lanthanoiden und Actinoiden, die aus Platzgründen meist unterhalb des Periodensystems positioniert werden.

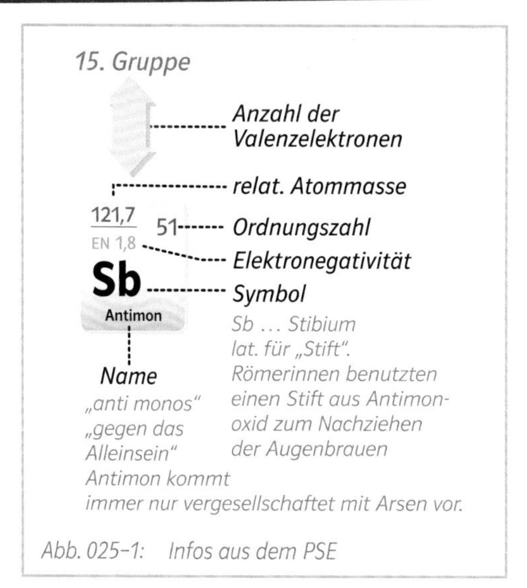

Abb. 025-1: Infos aus dem PSE

Arbeiten mit dem Periodensystem der Elemente

Die richtige Verwendung des PSE erspart sehr viel Lernaufwand. Viele Eigenschaften der Atome, und in weiterer Folge Eigenschaften der Verbindungen, lassen sich teils direkt ablesen oder können anhand der Position im PSE abgeleitet werden.

Periodensysteme können vom Informationsgehalt unterschiedlich gestaltet sein. Es gibt Periodensysteme, die auch die Elektronenkonfiguration angeben.

Übung 25.1

Sammle alle aus dem PSE ablesbaren Informationen für die Elemente Fluor, Aluminium, Antimon und Cäsium.

Direktes Ablesen

Aus dem Periodensystem dieses Buches lassen sich folgende Informationen direkt ablesen:

Elementsymbol und Namen

Ordnungszahl (rote Zahl): Sie gibt die Zahl der Protonen an, auf die Zahl der Elektronen muss man schließen. Bei neutralen Atomen entspricht sie der Zahl der Protonen.

Molmasse (blaue Zahl): Sie gibt die Masse von 1 mol Atome in g/mol an. Die Zahl entspricht auch der durchschnittlichen Atommasse in u/Atom.

Elektronegativität (grüne Zahl): Sie ist ein Maß eines Atoms Elektronen im Molekülverband anzuziehen. Je größer der Zahlenwert ist, desto stärker ist die „Liebe" zu Elektronen. Ist die EN in einem PSE nicht angegeben, merkt man sich die „Eckpunkte" - F höchste EN, Fr niedrigste EN.

Metall, Halbmetall, Nichtmetall - ist dies nicht durch eine Färbung angegeben, merkt man sich die Achse B - Si - As - Te - At, die die Grenze zwischen Metall und Nichtmetall angibt.

Aggregatzustand bei Raumtemperatur im elementaren Zustand - eine Eigenschaft, die erst durch die chemische Bindung erklärt wird.

Informationen aufgrund der Position im Periodensystem

Valenzelektronen: Die Anzahl ergibt sich durch die Einerstelle der Gruppennummer (Ausnahme 10 und 11).

Lewisschreibweise für Nichtmetalle: Sie kann aus dem Periodensystem direkt abgeleitet werden – siehe Seite 20.

Elektronenkonfiguration: Sie ist direkt aus dem Periodensystem ableitbar – siehe Seite 18. Ausnahmen bei den d- und f-Elementen existieren.

Ionisierungsenergie: Sie aus aus dem Periodensystem grob abschätzbar. Sie steigt innerhalb der Periode mit zunehmender Gruppennummer und sinkt innerhalb der Gruppe mit zunehmender Periodennummer.

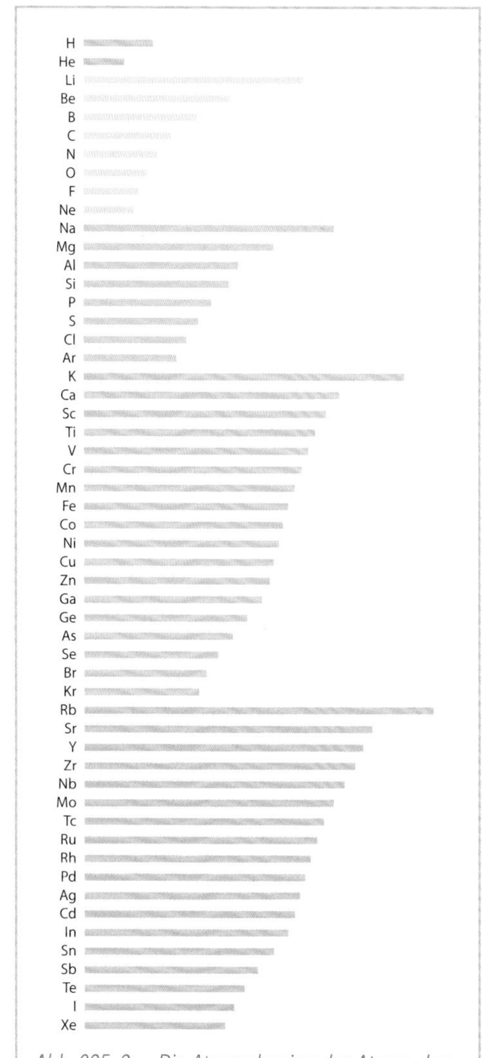

Abb. 025-2: Die Atomvolumina der Atome der ersten 5 Perioden

Spezielle Namen von Elementgruppen

s^1-Elemente werden auch **Alkalimetalle** genannt, s^2-Elemente **Erdalkalimetalle**. p^5-Elemente heißen auch **Halogene** und p^6-Elemente sind als **Edelgase** bekannt. Alle d-Elemente (Metalle) bezeichnet man auch als **Übergangsmetalle**. Als **Platinmetalle** gelten neben dem Platin auch noch Palladium, Rhodium, Iridium, Ruthenium und Osmium. Ganz selten findet man noch den Namen **Erdmetalle** für die p^1-Elemente.

1.7 Ausgewählte Gruppen aus dem PSE

Edelgase

Abb. 026-1: Die Edelgase

18. Gruppe

		entdeckt	Farbe
He	Helium	1868	farblos
Ne	Neon	1897	farblos
Ar	Argon	1894	farblos
Kr	Krypton	1898	farblos
Xe	Xenon	1898	farblos
Rn	Radon	1900	farblos

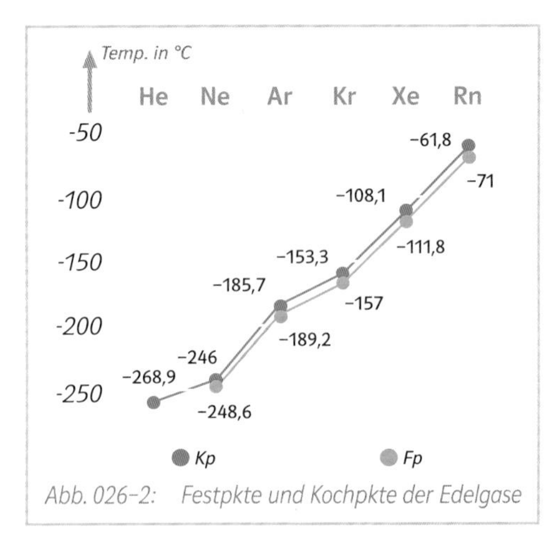

Abb. 026-2: Festpkte und Kochpkte der Edelgase

Abb. 026-3: Das Licht der Edelgase in Spektralröhren

Xenonlampe

In einer Xenonatmosphäre wird ein ca. 6000 °C heißer elektrischer Lichtbogen erzeugt. Das Xenon wird ionisiert und angeregt. Das Licht entsteht ähnlich wie in einer Spektralröhre. Geringe Mengen Metallhalogenide erhöhen die Lichtausbeute. Durch die extrem schlechte Wärmeleitfähigkeit von Xenon kann die Lampe sehr klein gehalten werden, was die gezielte Lichtverteilung im Scheinwerfer erleichtert.

Die 18. Gruppe – die Edelgase

Elektronenanordnung in der äußersten Sphäre: s^2p^6 (He: s^2)

Die 18. Gruppe enthält die Elemente Helium, Neon, Argon, Krypton, Xenon und Radon. Sie sind gasförmige, äußerst reaktionsträge Nichtmetalle und werden deshalb Edelgase genannt.

Die meisten Edelgase wurden um 1900 von William Ramsey entdeckt. Diese Entdeckungen erschütterten Mendelejeffs Periodensystem, der die Edelgase noch nicht kannte und sie daher in diesem nicht berücksichtigt hatte. Erst später erkannte man, dass sie sich sehr gut als zusätzliche Gruppe einbauen ließen.

Von den ersten drei sind bis heute keine echten Verbindungen bekannt, und auch die Verbindungen der schwereren Edelgase sind mehr von theoretischem Interesse als technisch brauchbar. Radon existiert nur in Form kurzlebiger radioaktiver Nuklide.

Zwischen den Edelgas-Atomen wirken nur schwache Kräfte. Ihre Schmelz- und Siedepunkte (Abb. 26–2) liegen daher sehr tief und nahe beisammen.

Helium ist auf Grund der Nullpunktschwingung sogar beim absoluten Nullpunkt noch flüssig und kann nur unter Druck fest werden.

Die Edelgase gehören mit Ausnahme von Argon, das beim Zerfall von ^{40}K entstanden ist, zu den seltensten Elementen. Sie kommen in der Atmosphäre vor, von wo sie mit Ausnahme von Helium auch als Nebenprodukte der Sauerstofferzeugung bei der Luftzerlegung gewonnen werden.

Helium

Helium wird hauptsächlich aus Erdgasquellen gewonnen. Manche Erdgasvorkommen enthalten bis über 10 % Helium. Es ist durch α-Zerfälle natürlicher Radionuklide entstanden. Das atmosphärische Helium verlässt das Erdschwerefeld und entweicht ins Weltall. In den Fixsternen ist Helium das Produkt der Kernfusion und damit das zweithäufigste Element.

Helium benötigt man in der Tieftemperaturtechnik zum Kühlen von supraleitenden Magnetspulen, als Trägergas in der Gaschromatografie, als sicheres Füllgas für Ballons (nicht brennbar!) und als Wärmeüberträger in bestimmten Kernreaktortypen. Als Füllgas in Spektralröhren ergibt es gelbes Licht.

Neon

Neon dient als Füllgas für rote Spektralröhren. Neonröhren sind also nicht die normalen Leuchtstofflampen, sondern die roten Reklameröhren.

Argon

Argon ist zu ca. 1 % in der Luft enthalten und damit das Edelgas, das am häufigsten vorkommt. Es entsteht beim Zerfall des langlebigen Nuklids ^{40}K in der Erdrinde. Argon dient zum Schutzgasschweißen, als Schutzgas in der Lebensmittelverpackung (Luftausschluss) und zur Füllung der alten vom Markt verschwindenden Glühbirnen. In Spektralröhren erzeugt es violettes Licht.

Krypton** und **Xenon

Sie sind die zwei seltensten stabilen Elemente. Xenon wird heute hauptsächlich in Xenonlampen für Autoscheinwerfer verwendet. Zur Erzeugung von 1 m^3 Xenon muss man ca. 10 Mio. m^3 Luft zerlegen, es ist daher entsprechend teuer. Krypton gibt in Spektralröhren grünes, Xenon violettes Licht.

Radon

Radon entsteht als Zwischenprodukt natürlicher Zerfallsreihen (Uran, Thorium). Als solches tritt es aus dem uran- bzw. thoriumhältigen Gestein aus.

An manchen Stellen wird es mit Quellen an die Oberfläche transportiert. In Bad Gastein findet sich eine solche radonhältige Quelle, die zu Heilzwecken genutzt wird. Die radioaktive Belastung beim Baden ist nicht unbeträchtlich, die Badezeit daher ärztlich beschränkt.

Die 1. Gruppe – die Alkalimetalle

Elektronenanordnung in der äußersten Sphäre: s^1

Die Elemente Lithium, Natriurn, Kalium, Rubidium, Caesium und Francium bilden die 1. Gruppe des Periodensystems. Sie sind einander in den Eigenschaften sehr ähnlich und auf Grund ihrer Stellung im PSE sehr unedle Metalle. (Wasserstoff ist kein Metall und wird daher nicht zu den Alkalimetallen gerechnet.)

1. Gruppe		entdeckt	Farbe
Li	Lithium	1817	silberglänzend
Na	Natrium	1807	silberweiß
K	Kalium	1807	silberglänzend
Rb	Rubidium	1860	silberweiß
Cs	Caesium	1860	blassgolden
Fr	Francium	1939	---------------

Abb. 027-1: Die Alkalimetalle

Vorkommen

Auf Grund ihrer guten Reaktionsfähigkeit kommen sie in der Natur nur in Form ihrer Salze vor. In diesen sind sie als einfach positiv geladene Ionen gebunden. Natrium und Kalium sind zu einem großen Prozentsatz am Aufbau der Erdrinde beteiligt – vor allem in Form von Silicatmineralien. Lithium kommt in der Natur sehr selten vor, ebenso wie Rubidium und Caesium. Francium besteht ausschließlich aus kurzlebigen Radionukliden und spielt in der Chemie keine Rolle.

Abb. 027-2: Das Metall Natrium

Allgemeine Eigenschaften

Alle Alkalimetalle sind besonders weich und können mit einem Messer geschnitten werden. Sie müssen unter Luftabschluss aufbewahrt werden.

Reaktion mit Wasser

Alkalimetalle geben ihr Valenzelektron leicht ab und reagieren mit Wasser unter Wasserstoffbildung und heftiger Wärmeentwicklung.

$2\ Me + 2\ H_2O \rightarrow 2\ MeOH + H_2$

Die entstehenden Hydroxide sind gut wasserlöslich. Die stark basische (=alkalische) Reaktion der Hydroxid-Lösung gab der Elementgruppe ihren Namen.

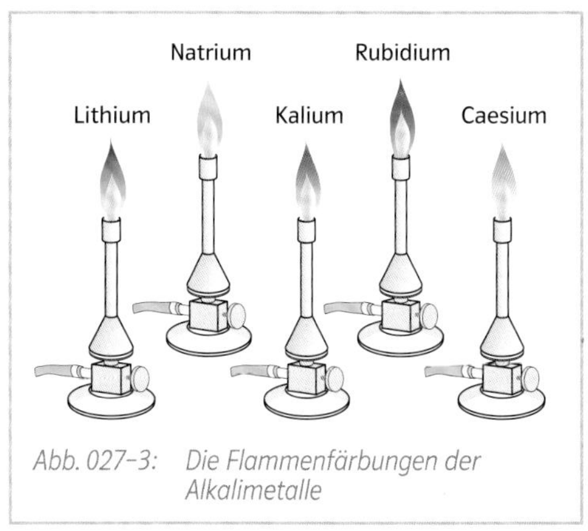

Abb. 027-3: Die Flammenfärbungen der Alkalimetalle

Durch die Wärmeentwicklung und die Reaktionsgeschwindigkeit kann die Reaktion von Alkalimetallen mit Wasser sehr heftig und gefährlich werden. Bei Experimenten dürfen daher höchstens erbsengroße Stücke verwendet werden. Es ist mit Schutzbrille und Schutzscheibe zu arbeiten.

Da auch schon Luftfeuchtigkeit für die Reaktion ausreicht, müssen Alkalimetalle unter Paraffinöl aufbewahrt werden.

Die Reaktionsfähigkeit der Alkalimetalle nimmt mit steigender Ordnungszahl zu. Die Reaktion von Lithium mit Wasser verläuft relativ langsam. Es kommt zu keiner Entzündung des gebildeten Wasserstoffs. Natrium reagiert heftig und schmilzt dabei. Würde es festgehalten so entzündet sich der gebildete Wasserstoff. Kalium beginnt auf jeden Fall zu brennen, auch wenn es nicht festgehalten wird. In Versuchen darf es als maximal reiskorngroßes Stück verwendet werden. Rubidium und Caesium können schon durch die Luftfeuchtigkeit selbstentzündlich sein und explodieren beim Kontakt mit Wasser.

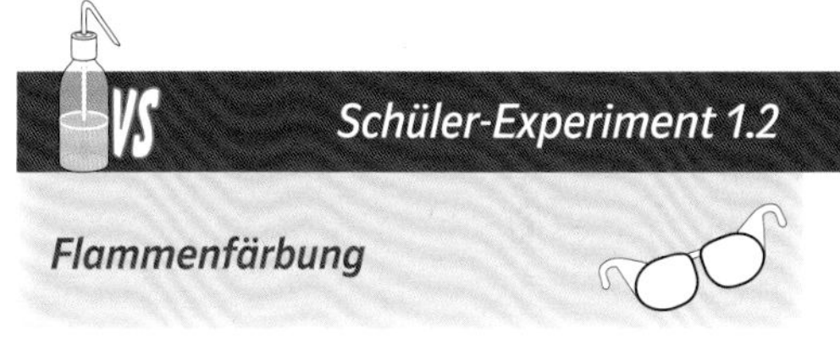

Übung 27.1

Gib die Reaktionsgleichung für die Reaktion von Natrium mit Wasser an.

Flammenfärbung

Als Elemente der 1. Gruppe haben alle Alkalimetalle ein besonders leicht anregbares Valenz-Elektron. Schon beim Erhitzen im Gasbrenner von Alkalimetallen oder ihren Verbindungen wird dieses Elektron angeregt. Beim Zurückkehren in den Grundzustand gibt das angeregte Elektron seine Energie in Form von Lichtquanten aus dem sichtbaren Spektralbereich ab. Alkalimetalle und ihre Verbindungen zeigen dabei charakteristische Flammenfärbungen, die zu ihrem Nachweis dienen können. Lithium zeigt karminrote Flammenfärbung, Natrium gelbe, Kalium blauviolette, Rubidium (lat.: rubidus = rotviolett) und Caesium (lat.: caesius = himmelblau) blassblaue. Rubidium wurde nach seinen charakteristischen roten und Caesium nach den blauen Spektrallinien ihrer Linienspektren benannt.

Die Anregung der Valenz-Elektronen der Alkalimetalle kann auch durch einen Elektronenstoß erfolgen. Davon macht man bei der Natriumdampflampe Gebrauch. Der Wirkungsgrad dieser Lampe ist besser als der von Glühbirnen und auch als der von Leuchtstofflampen. Daher wurden Natriumdampflampen heute vielfach zur Straßenbeleuchtung eingesetzt. Sie geben gelbes Licht. Heute werden dafür aber zunehmend LEDs (Light emitting diode) verwendet, die einen noch besseren Wirkungsgrad haben.

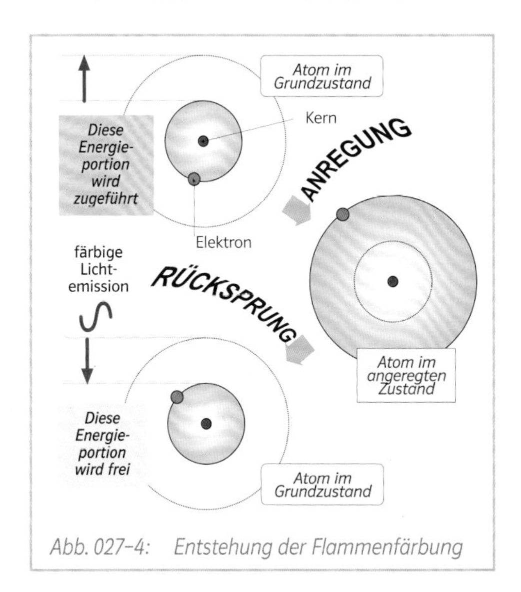

Abb. 027-4: Entstehung der Flammenfärbung

17. Gruppe

		entdeckt	Farbe
F	Fluor	1886	*blassgelbgrün*
Cl	Chlor	1774	*gelblichgrün*
Br	Brom	1826	*rotbraun*
I	Iod	1811	*grauglänzend*
At	Astat	1940	*metallisch*

Abb. 028-1: Die Halogene

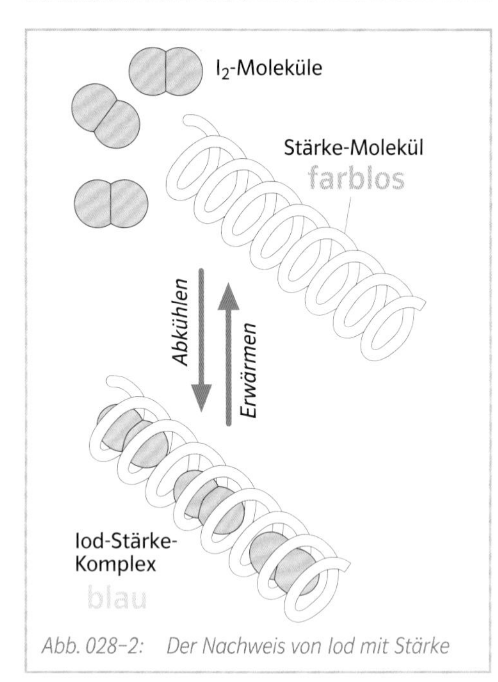

Abb. 028-2: Der Nachweis von Iod mit Stärke

Abb. 028-3: Brom und Iod

Die 17. Gruppe – die Halogene

Elektronenanordnung in der äußersten Sphäre: s^2p^5

Die Elemente Fluor, Chlor, Brom und Iod bilden die 17. Gruppe des Periodensystems und werden Halogene genannt. Das Element Astat (lat.= unbeständig) kommt nur in Form kurzlebiger Radionuklide vor und spielt in der chemischen Praxis keine Rolle. Entsprechend ihrer Stellung im Periodensystem sind sie alle typische Nichtmetalle, die mit Metallen heftig zu Salzen reagieren (Halogene = Salzbildner). In Form dieser Salze – der Halogenide – kommen die Halogene hauptsächlich in der Natur vor (Salzgehalt des Meerwassers, Salzlagerstätten).

Der elementare Zustand

Im elementaren Zustand bestehen die Halogene aus zweiatomigen Molekülen und sind sehr starke Atemgifte.

Fluor F_2 ist ein schwach gelbliches Gas und sehr reaktionsfreudig. Da Fluoride bei Schmelzflusselektrolysen als Flussmittel Verwendung finden, stammt der Name des Elements von lat. fluere (= fließen).

Chlor Cl_2 ist ein gelbgrünes Gas (griech.: chloros = grün). Es ist das für die chemische Industrie wichtigste Halogen.

Brom Br_2 ist eine braune Flüssigkeit, die stechend riechende, sehr giftige Dämpfe entwickelt (griech.: bromos = Gestank).

Iod I_2 ist ein schwarzer Feststoff, der beim Erhitzen in einen violetten Dampf übergeht (griech.: iodes = veilchenfärbig).

Halogene sind giftig

Schon kleine Konzentrationen (1 ppm) der gasförmigen Halogene (Fluor und Chlor) riechen stechend und verursachen Hustenreiz. 10 ppm wirken bereits lungenschädlich, und höhere Konzentrationen erzeugen rasch schwere Lungenschäden. Chlor wurde im 1. Weltkrieg als erster Gaskampfstoff eingesetzt.

Das flüssige Brom verdampft bei Zimmertemperatur so stark, dass fast immer gefährliche Konzentrationen auftreten.

Iod hat einen geringeren Dampfdruck. Wird es aber erwärmt, sublimiert es, und so ist auch hier bald eine gesundheitsschädliche Konzentration erreicht.

Hydrogenhalogenide - Halogenide

Hydrogenfluorid (Fluorwasserstoff) HF ist ein Gas (bzw. eine Flüssigkeit mit einem Kp = 20° C) und wird als wässrige Lösung **Flusssäure** genannt. Sie greift Glas an und wird daher zum Glasätzen verwendet.

Wasserlösliche Fluoride kommen in geringer Konzentration auch im Trinkwasser vor. Der Organismus benötigt sie zum Aufbau von Knochen und Zähnen. Fluoridtabletten dienen zur Kariesprophylaxe. In größeren Konzentrationen wirken lösliche Fluoride durch Blockierung von Enzymen und Störungen im Knochen- und Gelenksapparat giftig.

Hydrogenchlorid (Chlorwasserstoff) HCl ist ein ausgezeichnet wasserlösliches Gas, dessen wässrige Lösung als **Salzsäure** bekannt ist. Physiologisch kommt Salzsäure im Magensaft in einer Konzentration von etwa 0,1 mol/L vor und dient zum Entkeimen der Nahrung und zum Einleiten der Verdauung.

Das wichtigste und bekannteste Chlorid ist Natriumchlorid NaCl (Kochsalz).

Hydrogenbromid (Bromwasserstoff) HBr ist wie Chlorwasserstoff ein gut wasserlösliches Gas, dessen wässrige Lösung eine starke Säure ist.

Lösliche Bromide können als Beruhigungsmittel verwendet werden. Das schwer lösliche Silberbromid ist die lichtempfindliche Substanz für fotografischen Verfahren mit Filmbelichtung.

Iod ist ein wichtiges Bioelement, das vom Menschen in der Schilddrüse angereichert wird. Eine Iodidunterversorgung kann zu Kropfbildung führen, weshalb man dem Speisesalz geringe Mengen Iodid zusetzt. Gefährlich ist die Iodidanreicherung im Falle von Kernkraftwerksunfällen, bei denen radioaktive Nuklide des Iods frei und natürlich ebenfalls angereichert werden. Deshalb werden Kaliumiodid-Tabletten zur prophylaktischen Überversorgung der Schilddrüse in Schulen bereitgehalten.

Kapitel 1 – kompakt

Atome – Elemente – Periodensystem

Atome sind die kleinsten Bausteine der Stoffe. Ihr Aufbau zeigt einen massereichen, sehr kleinen Kern und eine fast masselose im Vergleich zum Kern riesige Hülle. Der Kern ist Träger der positiven Ladung, die Hülle Träger der negativen Ladung. Die hüllebildenden negativen Teilchen nennt man Elektronen, der Kern ist aus Protonen (positiv geladen) und Neutronen (Ohne Ladung) aufgebaut. Wir kennen heute Atome mit 1 bis 118 Protonen im Kern. Diese Anzahl legt die Zugehörigkeit zu einer Atomsorte = Element fest. Die einzelnen Atomsorten lassen sich durch die Protonenanzahl und die Verteilung der Elektronen in der Hülle in ein Schema pressen, das wir Periodensystem der Elemente nennen.

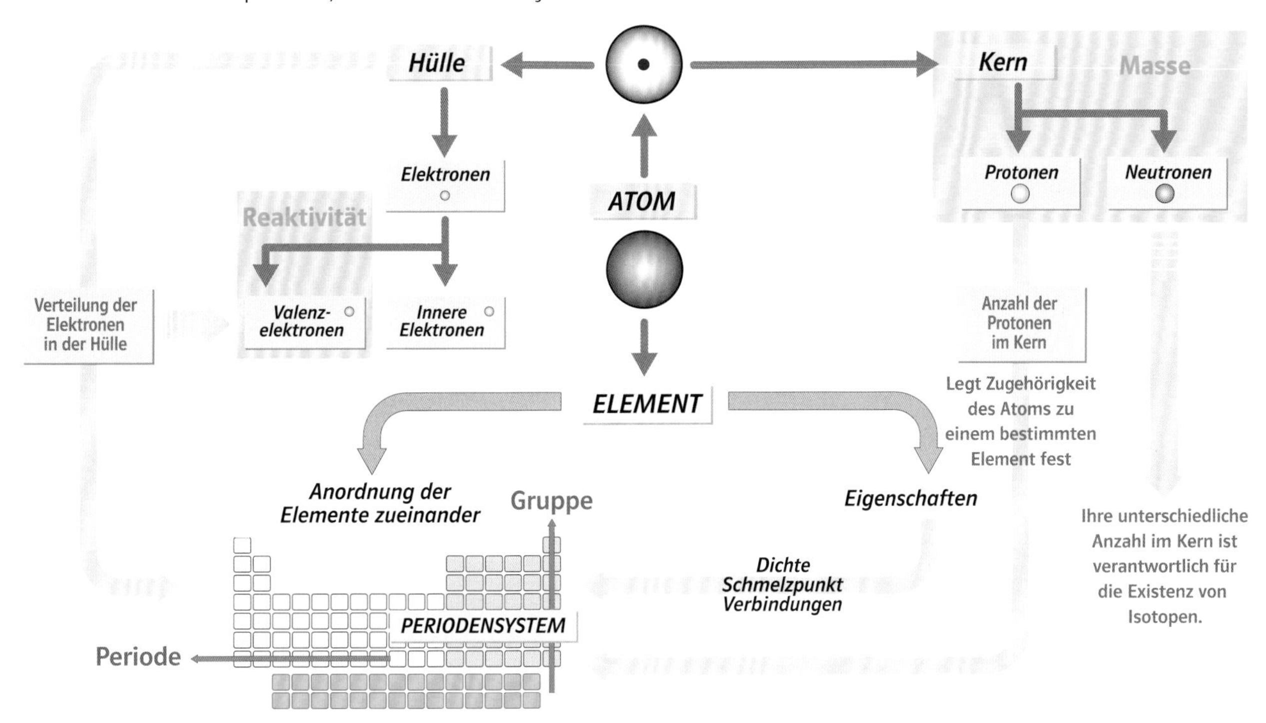

Die Masse der Atome

Atome ein und derselben Sorte können unterschiedlich viele Neutronen im Kern aufweisen. Solche Atome – dh. gleiche Protonenzahl, unterschiedliche Neutronenzahl – nennt man Isotope. Einzelne Atome haben eine Massenzahl, die immer ganzzahlig ist. Elemente hingegen haben eine relative Atommasse. Ihre Einheit heißt Unit (u) und bezieht sich auf 1/12 der Masse des Kohlenstoffnuklids mit der Massenzahl 12.

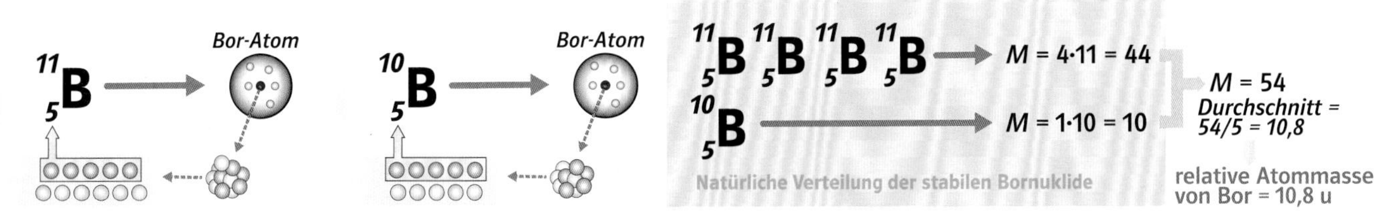

Die Verteilung der Elektronen in der Hülle – Elektronenkonfiguration

Je mehr Elektronen ein Atom besitzt, desto weiter „draußen" werden sie in der Hülle eingebaut. Nur die äußersten Elektronen nehmen an den üblichen chemischen Prozessen teil. Diese Elektronen werden Valenzelektronen genannt. Ihre Entfernung aus der Hülle ist mit chemischen Prozessen zu bewerkstelligen – Ionisierung. Die dafür notwendige Energie nimmt zu, je mehr Elektronen schon aus der Hülle entfernt wurden. Die Darstellung der Verteilung der Elektronen in der Hülle nennt man Elektronenkonfiguration.

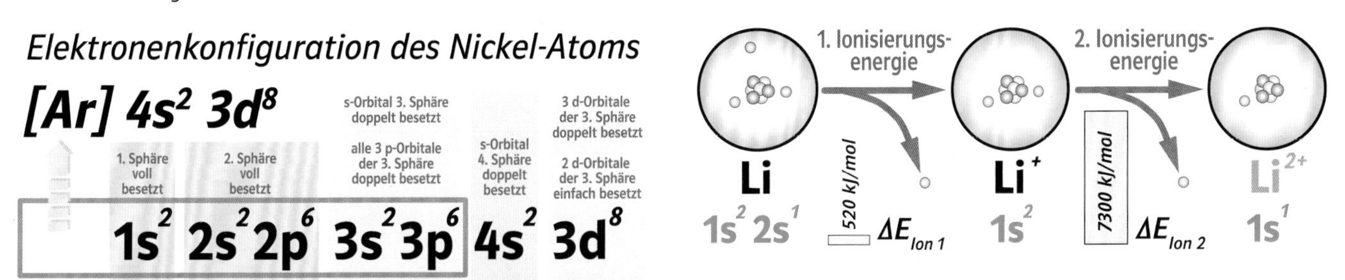

KM-5: Modellbildung

mb39ji

Sicher und kompetent zur Matura

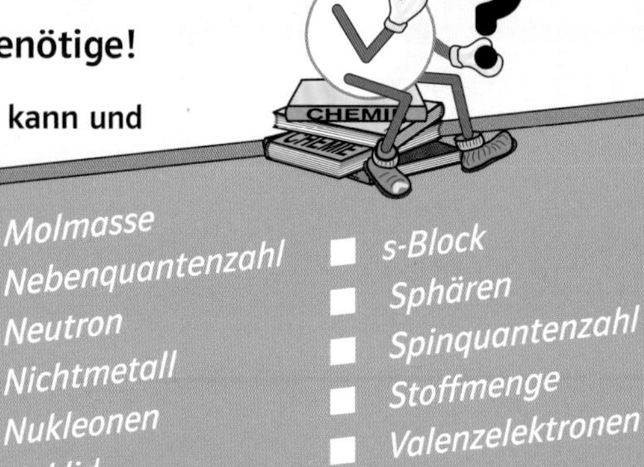

Was ich aus dem Kapitel für eine erfolgreiche Matura benötige!

1. Wichtige Begriffe, die ich aus diesem Kapitel kenne, definieren kann und im Sinne einer Fachsprache richtig einsetze:

- Alkalimetalle
- Atom
- Atommasse
- Außenelektronen
- Avogadro-Konstante
- d-Block
- Edelgase
- Elektron
- Elektronegativität
- Elektronenaffinität
- Elektronenkonfiguration
- Element
- Elementarteilchen
- Emissionsspektren
- Energieprinzip
- Erdalkalimetalle
- f-Block
- Flammenfärbung
- Gruppe
- Halogene
- Hauptquantenzahl
- Heisenberg´sche Unschärferelation
- Hund'sche Regel
- Ionen
- Ionisierungsenergie
- Isotope
- Kern-Hülle Modell
- Lewis-Schreibweise
- Loschmidt'sche Zahl
- Magnetquantenzahl
- Massenzahl
- Metall
- Mol
- Molmasse
- Nebenquantenzahl
- Neutron
- Nichtmetall
- Nukleonen
- Nuklid
- Orbital
- Ordnungszahl
- p-Block
- Pauli-Auschließungsprinzip
- Pauling-Schreibweise
- Periode
- Periodensystem der Elemente
- Proton
- Quantenzahlen
- s-Block
- Sphären
- Spinquantenzahl
- Stoffmenge
- Valenzelektronen
- Versuch von Rutherford
- wellenmechanisches Atommodell

2. Fähigkeiten und Fertigkeiten, die ich aus diesem Kapitel anwenden kann:

Ich kann:
- Ich kann den Versuch von Rutherford erklären und dadurch auf das Kern-Hülle-Modell schließen.
- Ich kenne die Eigenschaften der Elementarteilchen und kann ihr Verhältnis im Atom erklären.
- Ich kann von einem beliebigen Nuklid die Anzahl der Protonen, Elektronen und Neutronen bestimmen.
- Ich kann anschauliche Beispiele für den Mol-Begriff nennen.
- Ich kann die Molmasse beliebiger Verbindungen mit Hilfe des PSE bestimmen (siehe Übung 11.1.).
- Ich kann die Beziehung $m = M \cdot n$ anwenden und damit Stoffmengen oder Massen berechnen.
- Ich kenne die drei Grundprinzipien zur Orbitalbesetzung und kann diese erklären.
- Ich kann das Orbitalmodell für die Elektronenkonfiguration anwenden und diese für beliebige Elemente angeben (siehe Übung 21.1.).
- Ich verstehe den Zusammenhang des Aufbaus der Elektronenhülle mit dem Aufbau des PSE.
- Ich kann die Anzahl der Valenz- und Außenelekronen aus dem PSE ablesen.
- Ich kann die Lewisschreibweise bei p-Block Elementen erstellen und (+) anwenden.
- Ich kann mit Hilfe des PSE für ein Element alle wichtigen Daten (Z, M, EN, Valenzelektronen,…) bestimmen. (siehe Übung 25.1)
- Ich kann anhand der Stellung eines Elements im PSE qualitative Aussagen über dessen Ionisierungsenergie, Elektronenaffinität, Neigung zur Elektronenabgabe oder -aufnahme.

2 Die chemische Bindung

Die Eigenschaften der uns umgebenden Stoffe sind sehr unterschiedlich: Das Gasgemisch Luft, die Flüssigkeiten Wasser und Öl, das wasserlösliche Salz, der harte Diamant. Seife als „Vermittler" zwischen Wasser und Öl, die gebirgsbildenden Mineralien wie Kalk und Silicate, Metalle - vom edlen Gold bis hin zum leicht rostenden Eisen, die Metallerze, die meist den Gesteinen ähnlich sind, und aus denen die Metallgewinnung erst durch Entdeckungen der Menschen möglich wurde ....

Aristoteles

Alle Atome bis auf die Edelgase haben die Tendenz, einander anzuziehen und sich zu größeren Aggregaten zu verknüpfen. Die Art und Weise dieser Verknüpfung nennt man chemische Bindung. Sie entsteht durch elektromagnetische Kräfte zwischen den Atomen. Von den 4 Grundkräften der modernen Physik fallen starke und schwache Wechselwirkung – nur Kern – und die Gravitation – zu geringe Masse – weg. Bleibt also die elektromagnetische Kraft. Chemische Bindungskräfte sind also immer elektromagnetische Kräfte.

Heute wissen wir, dass die Atome alleine keine Erklärung für die Erscheinungsformen der Materie liefern. Ein Atom alleine hat keine makroskopischen Eigenschaften. Könnte man ein Goldatom auf die Größe eines Tennisballs vergrößern, so hätte man sicher keinen goldglänzenden Ball. Beobachtbare Materieeigenschaften kommen erst durch eine riesige Anzahl von Teilchen zustande, und auch dabei sind es nicht die Atome, sondern die Art ihrer Wechselwirkung, die uns ein Modell für die Erklärung unserer Umwelt liefert.

Die Philosophen des Altertums, allen voran Aristoteles, stellten diese beobachtbaren Eigenschaften in den Mittelpunkt ihrer Naturbetrachtungen. Die „Elemente" des Aristoteles – Luft, Wasser, Erde und Feuer – haben mit unseren heutigen chemischen Elementen nichts zu tun. Sie standen vielmehr stellvertretend für die Aggregatzustände. Luft für den gasförmigen Zustand, Wasser für den flüssigen, Erde für den festen und Feuer für den Plasmazustand, den Zustand der Materie bei sehr hoher Temperatur. Vor Aristoteles war Demokrit der Meinung, dass nur Atome existieren, und die Eigenschaften der Stoffe irgendwie in diesen Atomen begründet sein müssen, wie, konnte er aber nicht erklären.

Bei sehr hohen Temperaturen werden die Bindungen durch die heftige Wärmebewegung der Teilchen zerstört, es entsteht ein Gas aus Einzelatomen und abgespaltenen Valenzelektronen, der Plasmazustand. Dies ist vielfach erst bei mehreren tausend Grad der Fall, wie zB in der Sonne, kann aber auch schon bei geringeren Temperaturen, wie in den Flammen brennender Gase, teilweise realisiert sein.

Linus Pauling (1901 – 1994) Nobelpreis für die Aufklärung der Natur der chemischen Bindung

Chemische Verbindungen kennt man schon lange. Seit Dalton die Atomtheorie und damit der Begriff „Element" neu begründet hat, weiß man, dass in den meisten Stoffen mehrere Elemente chemisch miteinander verbunden sind. Diese chemische Bindung ist sehr unterschiedlich. Die Edelgase, die sich der Bindung weitgehend entziehen, haben untereinander nur schwache Wechselwirkungskräfte, und sind daher gasförmig. Auch wenn sich durch starke Kräfte zwischen Atomen Moleküle bilden, diese aber nur aus wenigen Atomen bestehen, können Gase entstehen. Sind die Kräfte zwischen Molekülen stärker – bei größeren Molekülen oder stärkeren Kräften – so ist der flüssige Zustand oder der feste Zustand realisiert. Feststoffe kommen auch häufig dadurch zustande, dass die Bindungskräfte ein großes Kollektiv von Atomen erfassen, es entstehen Gitterstrukturen mit oft hohen Schmelzpunkten. Dies findet man bei Salzen, bei Metallen, aber auch bei vielen gesteinsbildenden Mineralien wie Quarz und Silicaten.

2.1 Modelle der chemischen Bindung

Oktett-Regel – Molekül – Gitter – Bindungsmodelle

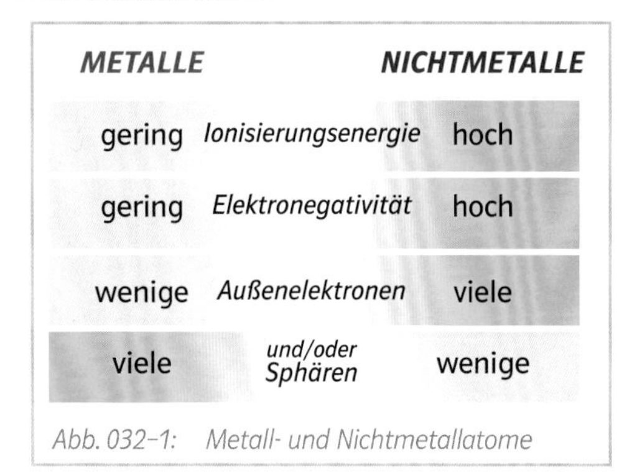

Abb. 032–1: Metall- und Nichtmetallatome

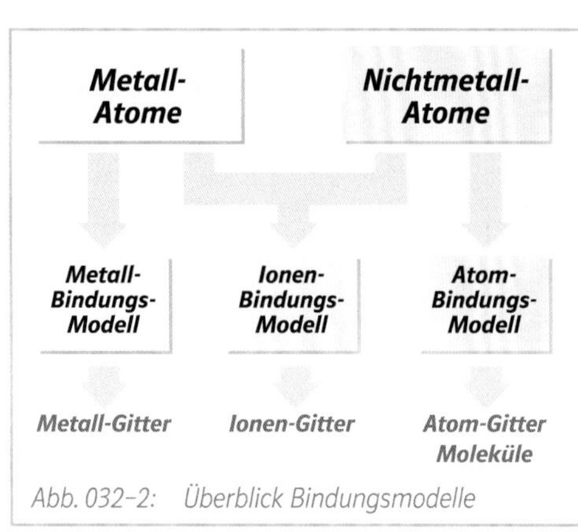

Abb. 032–2: Überblick Bindungsmodelle

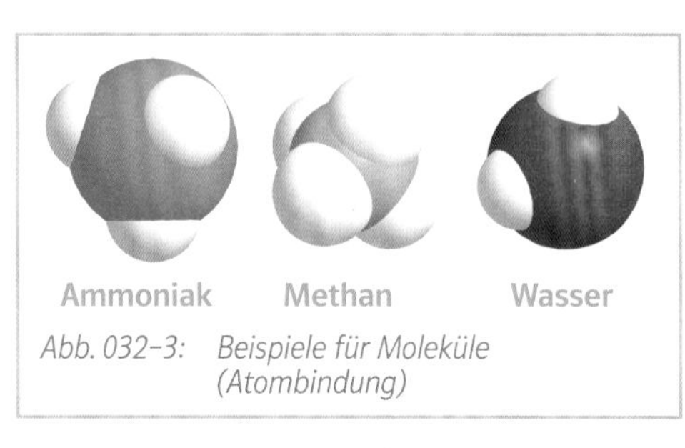

Abb. 032–3: Beispiele für Moleküle (Atombindung)

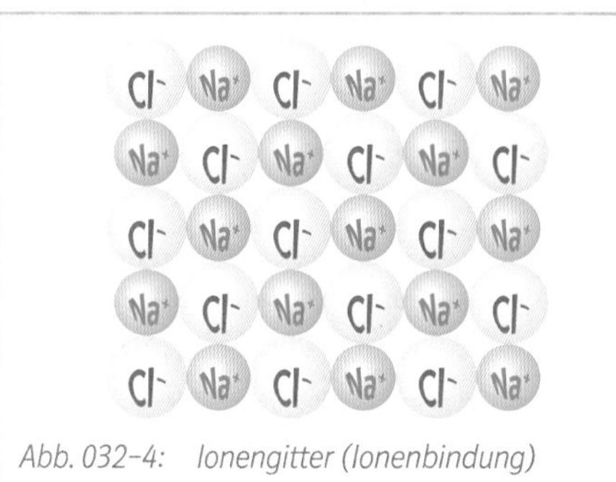

Abb. 032–4: Ionengitter (Ionenbindung)

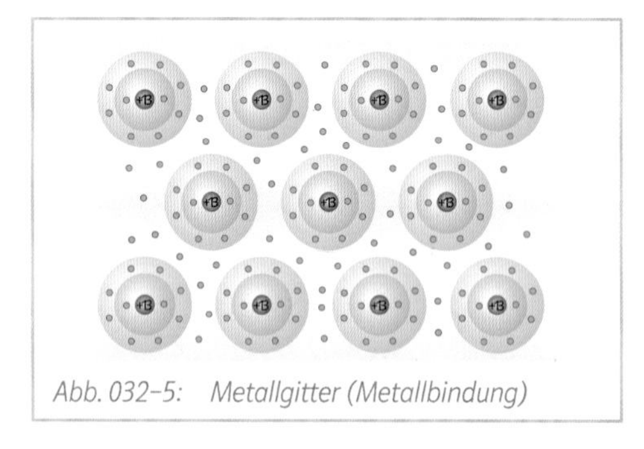

Abb. 032–5: Metallgitter (Metallbindung)

Die Wechselwirkungskraft zwischen Atomen wird als chemische Bindung bezeichnet. In der Natur liegen alle Atome außer den Edelgasatomen gebunden vor. Beim Entstehen solcher Bindungen wird Energie frei, der gebundene Zustand ist energetisch günstiger als der Zustand als Einzelatom. Das ist der wirkliche und einzige Grund für die chemische Bindung.

Edelgas- oder Oktettregel

Da nur die Edelgase unverbunden vorkommen, ergibt sich der Schluss, dass die Edelgas-Elektronenkonfiguration mit s^2p^6 ein energetisch besonders stabiler Zustand ist. Atome verbinden sich häufig so miteinander, dass durch Verschieben bzw. Austausch von Elektronen die stabile Edelgaskonfiguration erreicht wird.

Aber: Diese Regel wird oft verletzt, da es auch andere Zustände gibt, die für die Ausbildung einer Verbindung günstig sind. Sie kann daher nur als eine grobe Hilfestellung angesehen werden.

Systematik der chemischen Bindung

Die Einteilung der Atome in Metallatome und Nichtmetallatome führt zu einer einfachen Systematik der Modelle der chemischen Bindung. Je nach Art der Bindungspartner kann man drei Fälle unterscheiden, die in Abb. 32–2 kurz im vergleichenden Überblick dargestellt werden.

Allerdings muss man sich – wie bei jeder Grobeinteilung – darüber klar sein, dass es viele Grenz- und Übergangsfälle gibt. Entscheidend für die Zuordnung zum jeweiligen Bindungsmodell ist die **Elektronegativität** bzw. der **Elektronegativitätsunterschied** zwischen den Bindungspartnern. Viele Verbindungen lassen sich eindeutig einem Bindungsmodell zuordnen. Bei anderen ist die Zuordnung oft Ermessenssache und/oder hängt von der Umgebung (zB einem Lösungsmittel) ab.

Molekül und Gitter

Durch diese Bindungskräfte – man nennt sie auch **Hauptvalenzkräfte** – entstehen Gitter oder Moleküle.

Gitter sind „unendliche" Strukturen von regelmäßiger Anordnung. Aus Hauptvalenzgittern aufgebaute Stoffe sind bei Raumtemperatur Feststoffe. Moleküle sind Teilchen mit einer endlichen Anzahl von verknüpften Atomen. Zwischen Molekülen wirken weitere (schwächere) Kräfte, die man **Nebenvalenzkräfte** nennt. Auch Moleküle können Feststoffe (und damit Gitter) bilden.

Das Atombindungsmodell

Zwischen Nichtmetall-Atomen, die die Tendenz besitzen, Elektronen aufzunehmen, kommt es zu einer Bindung, die auf gemeinsamer Nutzung von Elektronen basiert. Jeder Bindungspartner stellt Elektronen zur Verfügung, die dann im Einflussbereich beider Kerne liegen. Diese Art der Bindung wirkt nur in eine Raumrichtung, und es entstehen meist abgeschlossene Einheiten, die man als Moleküle bezeichnet (Abb. 32–3).

Das Ionenbindungsmodell

Bei einer Verbindung zwischen Metall-Atomen und Nichtmetallatomen kommt es zu einer Übertragung von Elektronen. Es entstehen geladene Teilchen (Ionen), und die Bindungskraft ist eine ungerichtete, elektrostatische Anziehung zwischen den unterschiedlich geladenen Ionen (Abb. 32–4).

Das Metallbindungsmodell

Bei der Bindung zwischen Metall-Atomen besteht bei den Bindungspartnern die Tendenz, Elektronen abzugeben. Die Elektronen verbleiben im Metallverband; sie sind aber keinem bestimmten Kern zuzuordnen („Elektronengas" = Valenz-Elektronen) und bewirken den Zusammenhalt zwischen den positiv geladenen Atomrümpfen (Abb. 32–5).

2.2 Das Atombindungsmodell

Molekülorbitale – Lewis-Schreibweise – Summenformel – Strukturformel

Das Atombindungsmodell beschreibt die Bindung zwischen **Nichtmetallatomen**, die die Tendenz haben Elektronen aufzunehmen. Dies erreichen sie durch die Ausbildung gemeinsamer Elektronenpaare. Obwohl die Zahl der nichtmetallischen Elemente gering ist (PSE-Ausschnitt Abb. 33–1), zeigt dieses Bindungsmodell die größte Vielfalt.

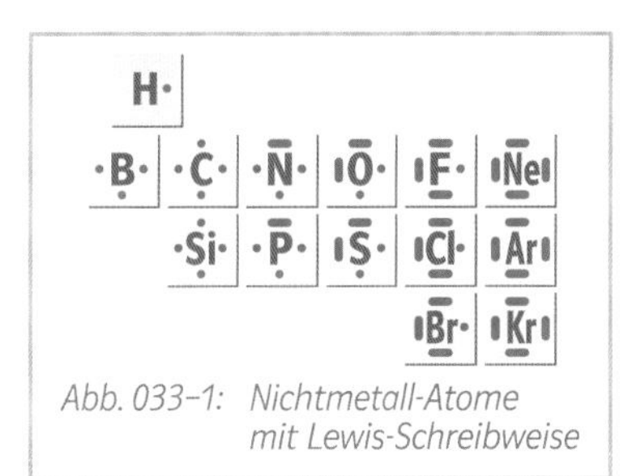

Abb. 033–1: Nichtmetall-Atome mit Lewis-Schreibweise

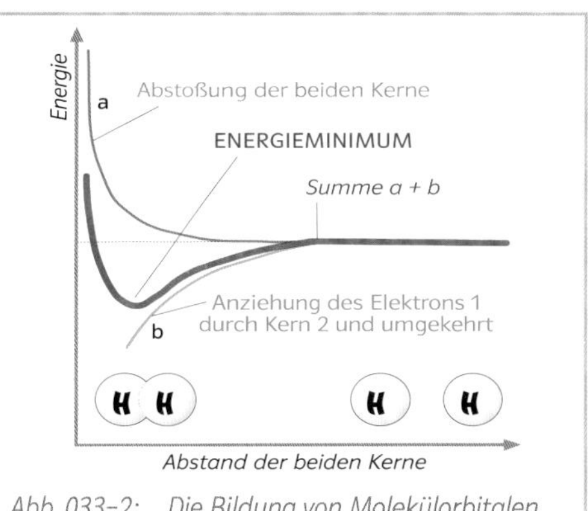

Abb. 033–2: Die Bildung von Molekülorbitalen

Vom Atomorbital zum Molekülorbital

Bei der Atombindung nähern sich die Kerne zweier Nichtmetall-Atome. Die Annäherung erfolgt nur bis zu einem bestimmten Abstand, der für diese beiden Atome eine Energieminimierung darstellt (Abb. 33–2). Den Abstand der Kerne bezeichnet man als Bindungslänge. Zwei angenäherte Kerne stellen für die Elektronen ein neues System dar. Man benötigt nun eine neue räumliche Verteilung der Aufenthaltswahrscheinlichkeit der Elektronen und damit neue "Aufenthaltsräume", die man zum Unterschied von Atomorbitalen (AO) als Molekülorbitale (MO) bezeichnet. Vereinfacht kann man sagen, dass MOs durch Durchdringung (= Überlappung) zweier AOs entstehen. Auch in einem Molekülorbital können nur maximal zwei Elektronen vorhanden sein.

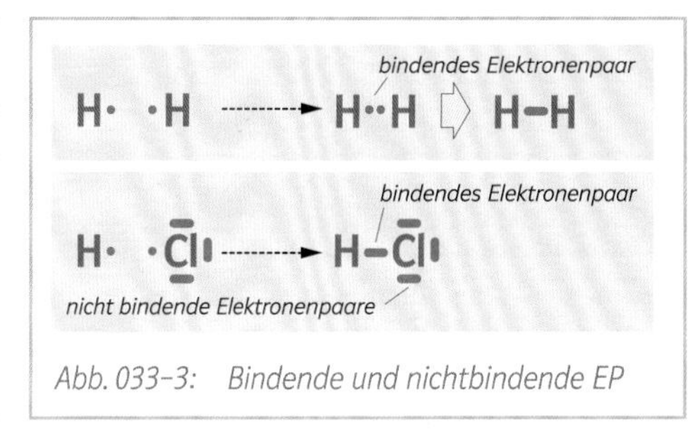

Abb. 033–3: Bindende und nichtbindende EP

Durch die Lewis-Schreibweise zur Strukturformel

Für eine einfache Darstellung von Molekülen eignet sich die **Lewis-Schreibweise** am besten. Punkte symbolisieren einfach besetzte und Striche doppelt besetzte AOs oder MOs.

Wasserstoff besitzt 1 Elektron. Durch Überlappung der Orbitale zweier Wasserstoff-Atome kommt es zur Ausbildung eines Elektronenpaares, das jetzt im Einflussbereich beider Kerne liegt. Dieses Elektronenpaar bezeichnet man als **bindendes Elektronenpaar**.

Eine Überlappung der Orbitale ist auch bei ungleichartigen Atomen möglich. So kann das einfach besetzte Orbital des Chlor-Atoms mit dem Wasserstofforbital ein bindendes Elektronenpaar bilden. Die 3 Elektronenpaare des Chlors, die nicht an der Bindung beteiligt sind, bezeichnet man als **nicht bindende** oder auch **freie Elektronenpaare** (Abb. 33–3).

Es zeigt sich, dass bei der Bildung von Molekülen meist das Bestreben besteht, alle einzeln besetzten AOs der Atome zu doppelt besetzten MOs zu vereinigen. Atome können auch durch 2 oder 3 bindende Elektronenpaare miteinander verknüpft werden. Man spricht dann von Doppel- bzw. Dreifachbindung (Abb. 33–4).

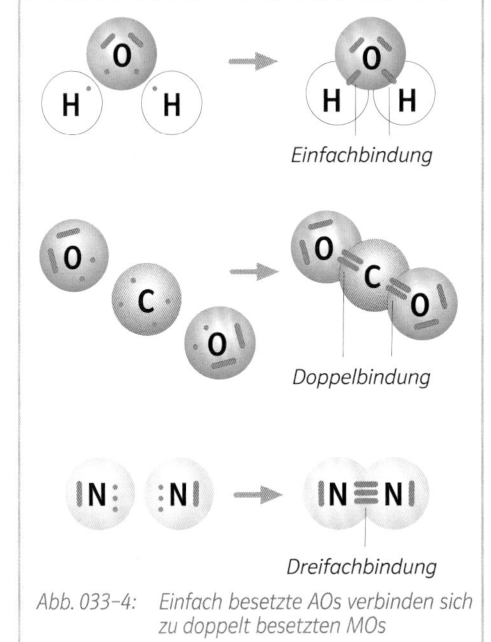

Abb. 033–4: Einfach besetzte AOs verbinden sich zu doppelt besetzten MOs

Moleküle – Summen- und Strukturformel

Durch die Atombindung entstehen in den meisten Fällen abgeschlossene Teilchenverbände, die man als **Moleküle** bezeichnet. Die oben angeführte Schreibweise für Moleküle nennt man **Strukturformel**, weil hier die Struktur des Moleküls – dh. die Anordnung der Atome und Elektronenpaare innerhalb des Moleküls – angegeben wird. Die dargestellten Elektronen in der Strukturformel entsprechen der Summe der Valenzelektronen. In vielen Fällen genügt aber die Angabe einer **Summenformel**. (Abb. 33–5).

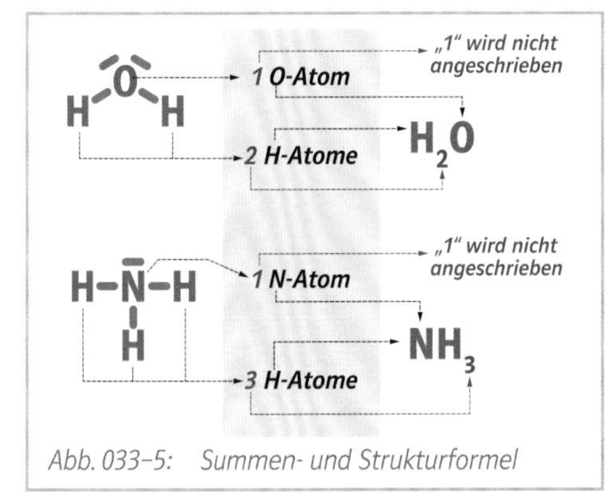

Abb. 033–5: Summen- und Strukturformel

Grenzen des Modells

In all diesen Fällen wird die Edelgasregel erfüllt. An die Grenzen dieser einfachen Betrachtungsweise stößt man allerdings beim Kohlenstoff.

Nach der Außenelektronenverteilung $2s^2 2p^2$ würde man eine nicht der Edelgasregel entsprechende Verbindung CH_2 erwarten. Kohlenstoff geht aber immer 4 Bindungen ein. Man benötigt daher eine Modellerweiterung.

2.3 Erweiterungen des Atombindungsmodells

sp^3-Hybridisierung – Die Welt der Kohlenstoffverbindungen

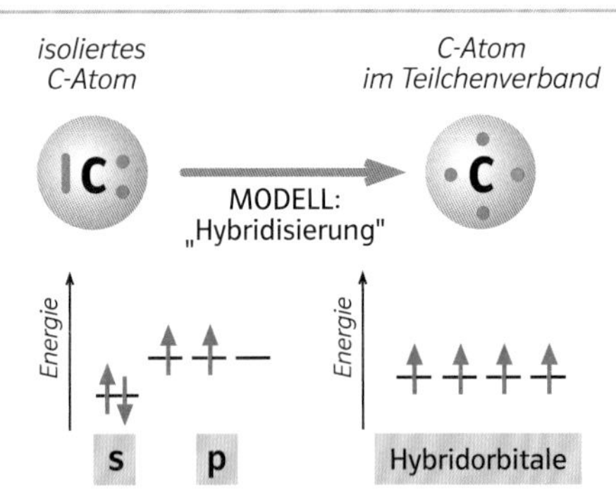

Es sind maximal 4 Hybridorbitale möglich. Man nennt diese 4 Hybridorbitale sp^3.

(Die Hochzahl entspricht hier der für die Hybridisierung verwendeten Orbitale. Ein s- und 4 p-Orbitale ergeben vier Hybridorbitale)

Das Hybridisierungsmodell ändert in der 2. Periode nur die Bindungsanzahl am C-Atom.

Man kann das Modell aber für alle Atome der 2. Periode verwenden.

Atome der 2. Periode müssen immer der Oktettregel gehorchen. Ausnahme: Bor.

Elektronenkonfiguration von C: $1s^2\ 2(sp^3)^4$

Abb. 034-1: Die sp^3-Hybridisierung

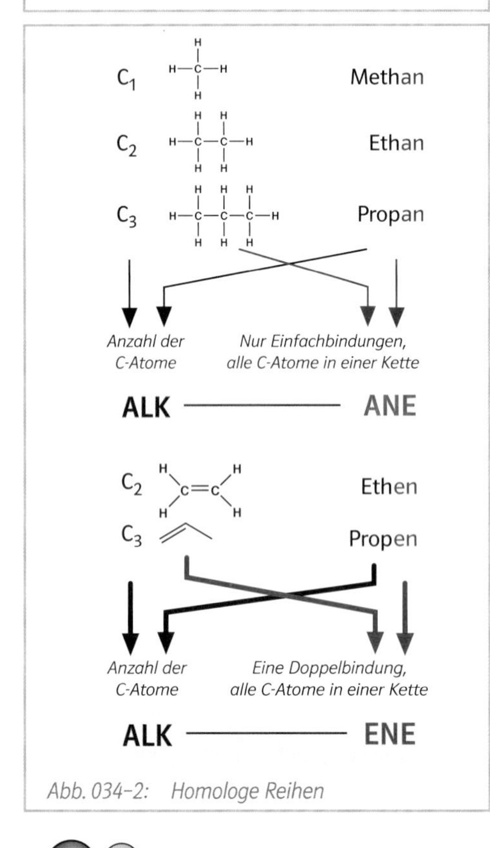

Abb. 034-2: Homologe Reihen

Schüler-Experiment 2.1

Molekülmodelle mit dem Molekülbaukasten

Hybridisierungsmodell in der zweiten Periode

Bei der Hybridisierung kommt es zu einer modellhaften Kombination der bekannten Orbitale der bindungsfähigen Sphären zu neuen „Aufenthaltsräumen", die man **Hybridorbitale** nennt. Hybridorbitale sind energetisch gleichwertig und werden nach der Hund´schen Regel zuerst einfach besetzt. Sinnvolle Hybridmodelle, dh. solche, die eine Übereinstimmung mit experimentell ermittelten Daten ergeben, sind nur durch Kombination von Orbitalen mit ähnlicher Energie und derselben Hauptquantenzahl möglich. Das bedeutet, dass in der 2. Periode eine Hybridisierung nur zwischen 2s- und 2p-Energieniveaus möglich ist (Abb. 34-1). Die daraus resultierende maximale Bindungszahl ist 4. Das stimmt mit der Tatsache überein, dass Atome der 2. Periode immer der Oktettregel (Ausnahme Bor: auf Grund der 3 Valenz-Elektronen sind nur maximal 3 Bindungen möglich) gehorchen.

Die sp^3-Hybridisierung

Durch die modellhafte Kombination des s- und der drei p-Orbitale entstehen vier neue, energiegleiche Orbitale, die man **sp^3-Hybridorbitale** nennt. Dieses erweiterte Modell kann für alle Nichtmetalle der zweiten Periode verwendet werden. Es verändert aber die Lewis-Schreibweise bei Atomen der 2. Periode nur beim Kohlenstoffatom:

C N O F Ne

Die Welt der Kohlenstoffverbindungen

Der Kohlenstoff besteht aus Nichtmetall-Atomen, die kettenförmige und ringförmige Moleküle bilden können. Sie bilden dabei neben Einfach-, auch Doppel- und Dreifachbindungen aus. Ebenso bilden sie mit vielen anderen Atomen stabile Bindungen.

Die meisten Kohlenstoffverbindungen zählt man zur „Organischen Chemie".

Verbindungen, die nur aus C- und H-Atomen aufgebaut sind, nennt man **Kohlenwasserstoffe**. Man teilt sie in folgende Gruppen ein:

Alkane: nur Einfachbindungen mit der allgemeinen Summenformel C_nH_{2n+2}

Alkene: eine Doppelbindung mit der allgemeinen Summenformel C_nH_{2n}

Alkine: eine Dreifachbindung allgemeinen Summenformel C_nH_{2n-2}

Cycloalkane: ringförmig mit Einfachbindungen; Summenformel C_nH_{2n}

Bei organischen Verbindungen existieren zu einer Summenformel oft mehrere mögliche Strukturformeln. Diese nennt man **Isomere**.

Beispiele

C_5H_{10}:

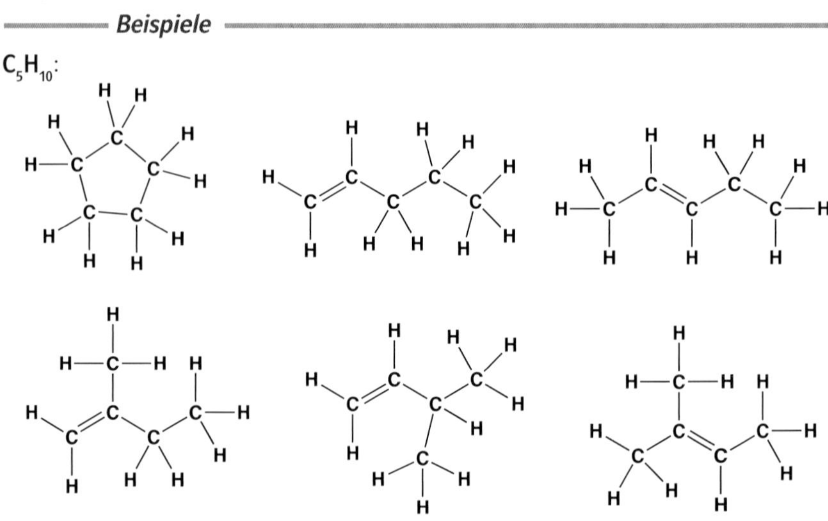

Hybridisierungsmodell ab der dritten Periode

Ab der 3. Periode können für die Hybridisierung auch d-Orbitale mit einbezogen werden. Die Bindungszahl pro Atom kann daher die Zahl 4 überschreiten und damit auch der Oktettregel widersprechen.

Mögliche Hybridisierungen ab der 3. Periode:

Gruppe 17: **Cl Br I**

Durch Hybridisierung kann es zur Aufspaltung eines Elektronenpaares kommen. Es sind nun neben einer Bindung auch drei Bindungen möglich.

Es kann aber auch zur Aufspaltung zweier Elektronenpaare oder dreier Elektronenpaare kommen – dann sind fünf bzw. sieben Bindungen möglich (Abb. 35–1).

Gruppe 16: **S Se Te**

Die Atome der Elemente S, Se, Te können neben zwei Bindungen auch vier oder sechs Bindungen eingehen.

Gruppe 15: **P As Sb**

Die Atome der Elemente P, As, Sb können neben drei Bindungen auch fünf Bindungen eingehen.

P 3 Bindungen P 5 Bindungen

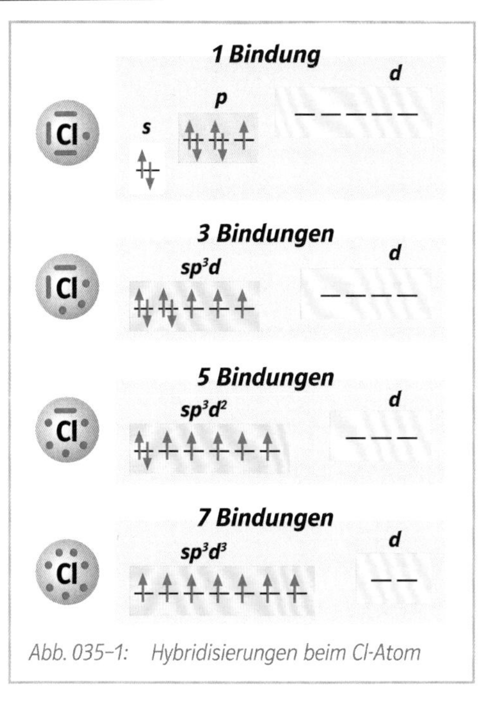

Abb. 035–1: Hybridisierungen beim Cl-Atom

Oktettregelüberschreitung

Durch dieses Hybridisierungsmodell kommt es zu einer Überschreitung der Oktettregel. Wie stark und ob überhaupt überschritten wird, kann nicht eindeutig vorausgesagt werden.

In diesem Modell „zwingt" ein Bindungspartner ein anderes Atom, mehr Elektronen zu teilen, als im nicht hybridisierten Zustand. Diesen Zwang können aber nur Bindungspartner mit einer sehr hohen Elektronegativität ausüben. Diese Atome mit sehr hoher Elektronegativität sind Fluor, Sauerstoff und Stickstoff.

Beispiele

Wasserstoff gehört zu den Nichtmetallatomen mit besonders geringer Elektronegativität. Bei Verbindungen mit Wasserstoff wird daher die Oktettregel zumeist erfüllt. Es existieren zB nur HCl, H_2S und PH_3.

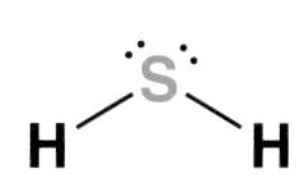

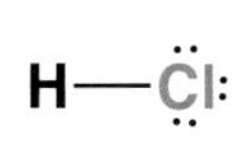

Bei den sehr weit verbreiteten Sauerstoffverbindungen treten oft Verbindungen mit Oktettregelüberschreitungen auf. Bei Sauerstoffsäuren, die immer Wasserstoff enthalten, bindet der Wasserstoff in der Regel an den Sauerstoff und nicht an das hybridisierte Zentralatom (Abb. 35–2).

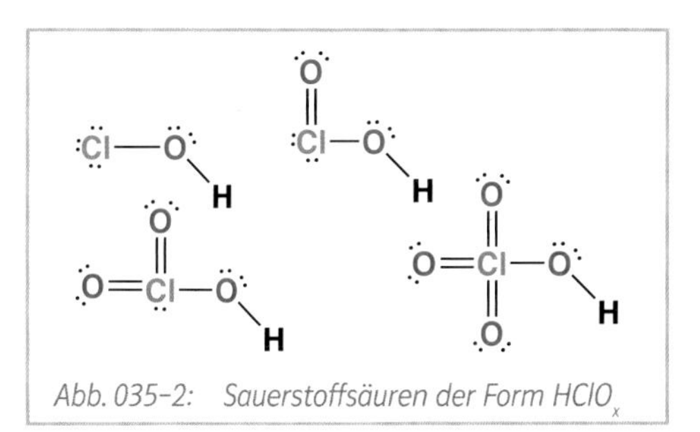

Abb. 035–2: Sauerstoffsäuren der Form $HClO_x$

Übungen 35.1 bis 35.5

1. Bestimme Summen- und Strukturformel der einfachsten Moleküle (dh. 1 C-Atom bzw. ein N-Atom) von
   a) C-Cl-Verbindung
   b) N-Br-Verbindung
2. Bestimme die Strukturformeln von:
   a) NOCl b) N_2H_4 c) HCN d) C_2H_2
   e) C_2H_6O (2 Möglichkeiten)
   f) SF_6 g) $HBrO_2$ h) H_2SO_4
   i) H_3PO_4
3. Es existieren 2 Verbindungen zwischen Phosphor und Chlor (PCl_3 und PCl_5) aber nur eine zwischen Stickstoff und Chlor (NCl_3). Zeichne die Strukturformeln und begründe dieses unterschiedliche Vorkommen.
4. Im Unterschied zu den Chlorverbindungen des Phosphors gibt es nur eine Wasserstoffverbindung mit Phosphor (PH_3). Begründe dies!
5. Erläutere, warum es kein SO_4-Molekül geben kann!

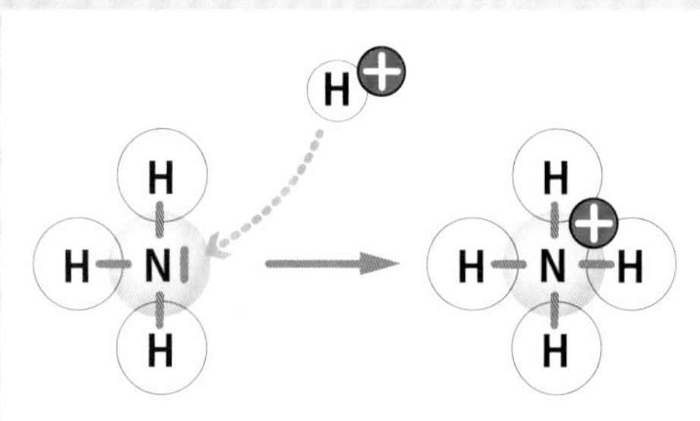

Abb. 036–1: Ausbildung einer koordinativen Bindung I

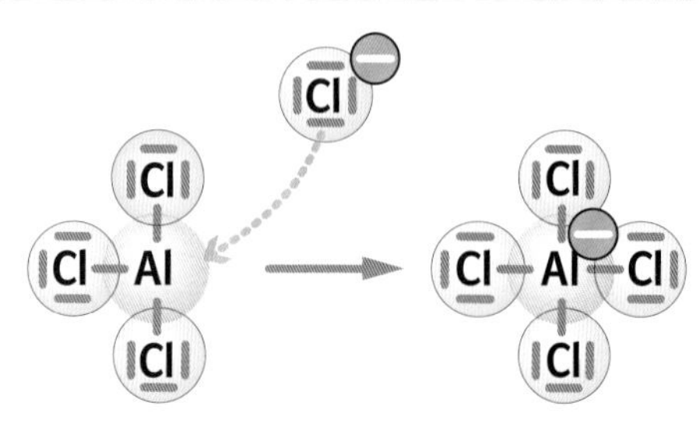

Abb. 036–2: Ausbildung einer koordinativen Bindung II

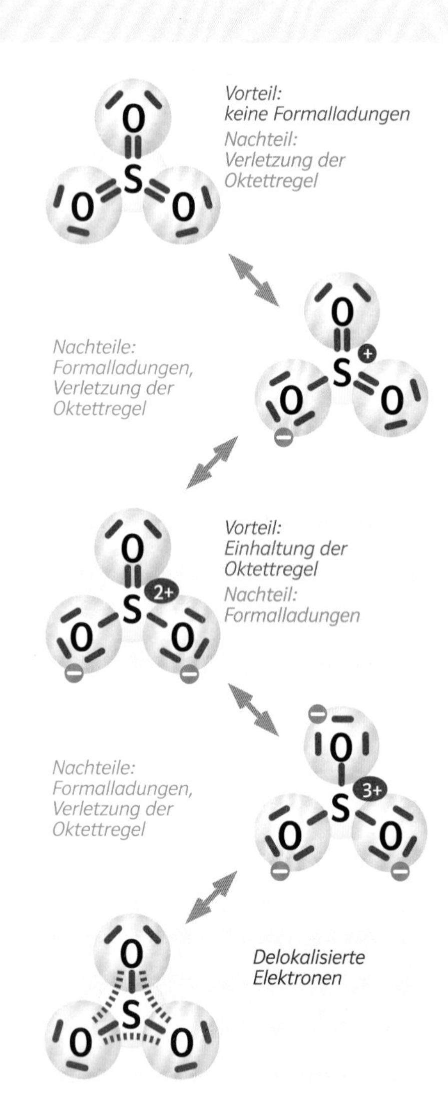

Abb. 036–3: Vor- und Nachteile der Modelle

Modellerweiterung – Koordinative Bindung

Sehr viele Moleküle lassen sich durch das Hybridisierungsmodell beschreiben. Für einige benötigt man aber ein weiteres Modell.

Einer gibt alles!

Zur Ausbildung von doppelt besetzten Molekülorbitalen kann es auch durch Überlappung eines doppelt besetzten mit einem "leeren" Atomorbital kommen. Dieses Bindungsmodell bezeichnet man als **koordinative Bindung**.

Ein positiv geladenes Wasserstoff-Ion kann zB in Wechselwirkung mit einem freien Elektronenpaar eines anderen Atoms treten zB mit Stickstoff im Ammonium-Ion (Abb. 36–1). Hier spendet der Stickstoff das freie Elektronenpaar. Der koordinativ gebundene Wasserstoff ist von den übrigen Wasserstoffbindungen nicht unterscheidbar. Die Aufnahme und Abgabe von H^+-Ionen bezeichnet man als Säure-Base-Reaktion.

Auch einige ungeladene Molekülverbindungen können durch das Hybridisierungsmodell nicht beschrieben werden. Sauerstoff und Stickstoff als Atome der zweiten Periode haben keine d-Orbitale zur Verfügung und können daher die Oktettregel nicht überschreiten. Es existieren aber Moleküle wie zB HNO_3 – Salpetersäure und O_3 – Ozon, die nach dem Hybridisierungsmodell nicht darstellbar sind.

Beim Modell der koordinativen Bindung, das im Prinzip eine Umkehrung des Hybridisierungsmodells darstellt, werden bei einem Bindungspartner alle Orbitale entgegen der Hund´schen Regel immer doppelt besetzt. Das bedeutet zB für das Sauerstoff-Atom 3 doppelt besetzte Orbitale und 1 unbesetztes Orbital. Dieses kann jetzt mit einem doppelt besetzten Orbital eines anderen Atoms (im Beispiel – siehe unten – Stickstoff) in Wechselwirkung treten.

Formalladungen

Da hier eine Elektronenverschiebung auftritt, müssen bei der Strukturformel für die formale Richtigkeit der Elektronenverteilung Ladungen angeschrieben werden. Man nennt diese auch Formalladungen, weil sie keine wirklich auftretenden Ladungen sind.

Der Partner, der das doppelt besetzte Orbital für die Bindungsbildung zur Verfügung stellt, erhält eine positive Formalladung, der Partner mit dem leeren Orbital erhält eine negative Formalladung (Abb. 36–2).

Die Summe der Formalladungen muss bei neutralen Atomen 0 ergeben und bei geladenen Atomgruppen die entsprechende Ladung, die hier natürlich einer tatsächlich auftretenden Ladung entspricht.

Geladene Atomgruppen

Moleküle können durch Aufnahme oder Abgabe eines H^+-Ions Ladungen erhalten (Säure-Basen-Reaktion). Es entstehen dadurch mehratomige Ionen, die man ebenfalls durch eine Strukturformel darstellen kann.

Warum zwei Modelle?

Eine Vielzahl von Molekülen lässt sich hybridisiert und/oder koordinativ darstellen. Es ergeben sich mehrere Varianten der Lewis-Darstellung, die alle einen kleinen „Schönheitsfehler" aufweisen. Entweder wird die Oktettregel überschritten, oder man muss Formalladungen zu Hilfe nehmen (Abb. 36–3).

Bei geladenen Atomgruppen, wie zB dem Sulfation, ist die koordinative Bindung zu bevorzugen. Hier sind die vier Sauerstoff-Atome gleichartig gebunden und die zwei negativen Ladungen verteilen sich gleichmäßig auf die Sauerstoffatome. Dies entspricht den experimentellen Beobachtungen. Beim hybridisierten Atom hat man unterschiedlich gebundene Sauerstoff-Atome (vergleiche Abb. 36–3).

Bei einigen wenigen Molekülen „funktioniert" nur ein Modell:

Nur koordinativ: zB HNO_3, O_3, CO *Nur hybridisiert:* zB SF_6

In diesem Buch wird (trotz einiger Nachteile) das Hybridisierungsmodell bevorzugt.

Modellerweiterung – Mesomerie

Die Darstellungen von Molekülen in hybridisierter und koordinativer Darstellung sind nur Extreme bzw. **Grenzstrukturen**. Die reale Elektronenverteilung innerhalb dieser Teilchen ist irgendwo zwischen diesen Grenzstrukturen angesiedelt.

Zur Beschreibung eines solchen Teilchens mittels Lewis-Schreibweise benötigt man daher mehr als eine Strukturformel. Dieses Modell wird **Mesomerie** genannt.

Mesomere Grenzstrukturen werden durch den Mesomeriepfeil „↔" verbunden. Keine Grenzstruktur ist wirklich richtig und keine wirklich falsch – der wahre Zustand liegt in der Mitte (Abb. 36–3 zeigt die mesomeren Grenzstrukturen von SO_3).

Delokalisierte Elektronen

Elektronen, die man nicht einer bestimmten Bindung zuordnen kann, nennt man delokalisierte Elektronen. Die zur Delokalisierung befähigten Elektronen sind im Beispiel HNO_3 blau gezeichnet.

Die rechte Formel zeigt eine Möglichkeit delokalisierte Elektronen darzustellen: Elektronen dürfen nicht nur einer bestimmten Bindung oder einem bestimmten Atom innerhalb eines Teilchenverbandes zugeordnet (lokalisiert) werden, sondern sie werden über einen größeren Bereich des Teilchenverbandes verteilt, dargestellt durch eine punktierte Linie in diesem Bereich.

Die Welt der Stickstoffverbindungen

Strukturdarstellungen von Stickstoffverbindungen stellen meist eine ziemliche Herausforderung dar. Der Stickstoff als Element der zweiten Periode kann die Oktettregel nicht überschreiten. Durch seine 5 Valenzelektronen gibt es eine Reihe von Stickstoffverbindungen, bei der nach der Bindung nicht nur Elektronenpaare auftreten, sondern auch ungepaarte Einzelelektronen. Hier sind die Oxide des Stickstoffs NO (Stickstoffmonoxid) und NO_2 (Stickstoffdioxid) wichtige Beispiele (Abb. 037–1). Sie sind Spurengase in der Luft und sind am Ozonabbau in der Stratosphäre und an der Entstehung des sauren Regens beteiligt.

Teilchen mit ungepaarten Elektronen nennt man **Radikale**. Radikale sind besonders reaktionsfreudig. Sie haben die Tendenz, sich zu Molekülen zu vereinigen. Die Stickstoffoxide sind bei niedrigen Temperaturen dimere Moleküle. 2 NO werden zu N_2O_2, 2 NO_2 werden zu N_2O_4. Dieses Gemisch aus Stickstoffoxiden, das in der Luft je nach Temperatur und UV-Strahlung in verschiedenen Konzentrationen der beteiligten Moleküle vorliegt, wird daher oft als NO_x bezeichnet.

N_2O - Lachgas (Abb. 37–1) entsteht durch Reaktion von Stickstoffdüngemitteln in unbepflanzten Böden aus NH_4^+- und NO_3^--Ionen. Es ist ein sehr wirksames Treibhausgas. (Treibhauseffekt siehe Kap. 5.9). Es wirkt schmerzstillend und wird auch als Narkotikum verwendet. Auch die Patronen zum Aufschäumen von Schlagobers enthalten Lachgas.

HNO_3 und NH_4^+ wurden bereits im vorangegangen Kapitel besprochen.

Sauerstoff – ein Biradikal

Sauerstoff ist das häufigste Element der Erdkruste. Der Luftsauerstoff besteht aus O_2-Molekülen. Die einfache Struktur, die sich aus dem Bindungsmodell ergibt, existiert nicht. Sauerstoff liegt als ein Biradikal vor, eine Besonderheit, die mit den hier besprochenen Modellen nicht erklärt werden kann.

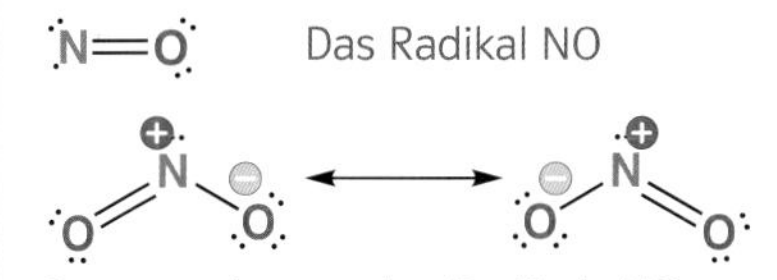

Grenzstrukturen des Radikals NO_2

Grenzstrukturen von N_2O

Abb. 037–1: Strukturen von N-O-Verbindungen

Abb. 037–2: Ökologische Auswirkungen der Stickstoff-Oxide

Übungen 37.1 bis 37.6

1. Zeichne die Strukturformeln nach dem Modell der koordinativen Bindung und nach dem Hybridisierungsmodell.
   a) H_2SO_3 und SO_3^{2-}
   b) H_3PO_4 und PO_4^{3-}
2. Ergänze folgende Strukturformeln durch Angabe der Formalladungen.
3. Wieviele Elektronen liegen laut Mesomeriemodell beim SO_3 delokalisiert vor?
4. Für das Molekül Ozon sind 3 Grenzstrukturen angegeben. Welche Formel ist falsch? Begründe deine Antwort!
5. Erstelle die Strukturformeln für folgende Teilchen und gib das dafür notwendige Modell (Lewis–einfach, Hybridisierung, Delokalisierung oder koordinative Bindung) an.
   ClO_4^-, CO_3^{2-}, $POCl_3$ (O ist an P gebunden), SCl_2, PBr_5, SeO_3
6. Welche der folgenden Moleküle existieren nicht?
   PH_5, NCl_3, PCl_5, NCl_5, CO_3, H_2SO_4, SF_5

2.4 Wichtige Moleküle und ihre Benennung

Elemente – Wasserstoffverbindungen – Sauerstoffverbindungen

Elemente	
H_2	Wasserstoff
F_2	Fluor
Cl_2	Chlor
Br_2	Brom
I_2	Iod
O_2	Sauerstoff
S_8 (S)	Schwefel
N_2	Stickstoff
P_4 (P)	Phosphor

Abb. 038–1: Moleküle von Elementen mit Formel und Name

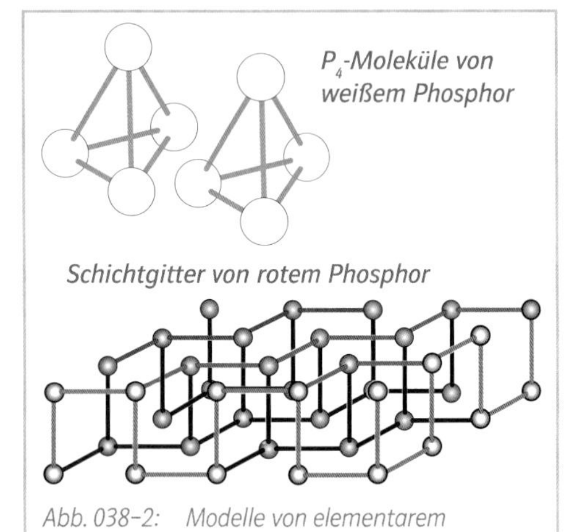

Abb. 038–2: Modelle von elementarem Phosphor

Wasserstoffverbindungen	
HCl	Hydrogenchlorid wässrige Lösung: Salzsäure
H_2O	Wasser
NH_3	Ammoniak
N_2H_4	Hydrazin
H_2S	Schwefelwasserstoff
CH_4	Methan

Abb. 038–3: Moleküle von Wasserstoffverbindungen mit Formel und Name

Abb. 038–4: Ein Beispiel für scherzhafte „Antiwasserkampagnen"

Die Benennung von Molekülen folgt keiner strengen Systematik. Viele Molekülverbindungen besitzen historisch bedingte **Trivialnamen** (Alltagsnamen), und systematische Namen werden nur sehr eingeschränkt verwendet.

Im Folgenden werden die wichtigsten Moleküle – geordnet nach Verbindungsklassen – kurz vorgestellt und ihre Benennung angeführt.

Elemente

Bei Nichtmetallen ist der Elementname identisch mit dem Namen des Atoms. Besteht die Gefahr einer Verwechslung, muss die Bezeichnung „Molekül" bzw. „Atom" dem Namen folgen. In den meisten Fällen spricht man allerdings von realen Stoffen in ihrer wirklichen – dh. molekularen – Erscheinungsform.

Wasserstoff, die Nichtmetalle der 2. Periode und die Halogene (die Ausnahme „Kohlenstoff" wird in Kap. 2.9 behandelt) bilden zweiatomige Moleküle (H_2, O_2, N_2, F_2, Cl_2, Br_2, I_2).

Ab der 3. Periode wird im elementaren Zustand die Ausbildung von Mehrfachbindungen vermieden. Durch Einfachbindungen werden größere Molekülverbände gebildet. Beim Schwefel, einem geruchlosen, gelben Pulver, verbinden sich 8 Schwefel-Atome zu einem ringförmigen S_8-Molekül. Phosphor bildet aus 4 Atomen ein tetraedrisches P_4-Molekül. Es hat sich allerdings eingebürgert, bei Phosphor und Schwefel zumeist nur das Elementsymbol anzuführen.

Phosphor kommt ähnlich wie Schwefel in mehreren Erscheinungsformen (**Modifikationen**) vor. Diese Modifikationen zeigen unterschiedliche Eigenschaften. Dieses Vorkommen mit unterschiedlichen Strukturen nennt man auch **Allotropie**.

Wasserstoffverbindungen

Diese gehorchen immer der Oktettregel.

Die Benennung erfolgt allerdings meist mit Trivialnamen. Es wird verstärkt versucht die Benennung zu systematisieren. Verantwortlich für diese Systematisierung ist die IUPAC (International Union of Pure and Applied Chemistry).

Hydrogenchlorid HCl ist ein aggressiver gasförmiger Stoff. In wässriger Lösung spricht man von Salzsäure.

Wasser H_2O heißt nach IUPAC Oxidan. Es wird auch gerne als Dihydrogenmonoxid (DHMO) bezeichnet, eine Bezeichnung, die im Laufe der Jahre zu vielen scherzhaften „Anti-Wasser-Kampagnen" geführt hat. So schaffte es zB 1997 Nathan Zohner, ein 14-jähriger Schüler aus den USA, 43 von 50 befragten Mitschülern für ein Verbot der Chemikalie stimmen zu lassen. Zohner erhielt für die Analyse dieser Befragung den ersten Preis eines wissenschaftlichen Schülerwettbewerbs.

Ammoniak NH_3, ein giftiges, stechend riechendes Gas heißt systematisch Azan. Die Herstellung von Ammoniak aus den Elementen ist eine der wichtigsten Synthesen des 20. Jahrhunderts und brachte den Entwicklern Fritz Haber und Carl Bosch den Nobelpreis ein. Ausgehend von Ammoniak können Düngemittel und Sprengstoffe hergestellt werden.

Hydrazin N_2H_4, eine weitere Stickstoffverbindung, wird als Raketentreibstoff eingesetzt.

Schwefelwasserstoff – Sulfan – H_2S ist ein sehr giftiges, nach faulen Eiern riechendes Gas.

Methan CH_4 ist die einfachste organische Verbindung und Hauptbestandteil von Erdgas.

Sauerstoffverbindungen

Diese Verbindungsklasse bezeichnet man allgemein als Oxide. Sind bei einem Element mehrere Oxide möglich, wird die Zahl der Sauerstoff-Atome mit griechischen Vorsilben – mono-, di-, tri- etc. – angegeben.

Eine weitere Möglichkeit ist die Angabe der Bindungsanzahl des Zentralatoms in Form von römischen Zahlen nach dem Element-Namen.

Die Oxide des Schwefels sind giftige und stechend riechende Stoffe.

Schwefeldioxid – Schwefel(IV)-oxid – SO_2 ist das Verbrennungsprodukt von Schwefel. Es findet auch als Konservierungs- und Desinfektionsstoff Verwendung in der Lebensmittelindustrie (zB „Schwefeln" von Weinfässern).

Schwefeltrioxid – Schwefel(VI)-oxid – SO_3 entsteht durch Oxidation von Schwefeldioxid. SO_3 ist bei Raumtemperatur ein Feststoff, der stark Wasser anzieht (**hygroskopisch**).

Bei den Oxiden des Stickstoffs treten manchmal auf Grund der ungeraden Gesamtelektronenanzahl ungepaarte Elektronen auf. Moleküle mit ungepaarten Elektronen nennt man Radikale.

Stickstoffmonoxid NO ist ein farbloses und giftiges Gas, das sich an der Luft rasch in das braune Stickstoffdioxid NO_2 umwandelt. Stickstoffmonoxid erweitert im Körper die Blutgefäße, das zu einer Anzahl von therapeutischen Anwendung führt.

Distickstoffoxid – Lachgas – N_2O begann seine Karriere als Jahrmarktsattraktion. Später erst erkannte man seine Wirkung als Narkosemittel.

Phosphorpentoxid – Phosphor(V)-oxid – P_4O_{10} ist stark hygroskopisch.

Die Oxide des Kohlenstoff sind beide farblose Gase:

Kohlenstoffdioxid CO_2 entsteht bei der Verbrennung aller organischen Verbindungen und ist mengenmäßig der größte Faktor des Treibhauseffekts. Ein zu hoher Kohlenstoffdioxid-Wert in der Raumluft ist gesundheitsschädlich.

Kohlenstoffmonoxid CO ist sehr giftig und entsteht durch unvollständige Verbrennung von Kohlenstoff und Kohlenstoffverbindungen (zB bei schlecht gewarteten Gasthermen).

Sauerstoffsäuren

Diese enthalten neben einem Nichtmetall und Sauerstoff noch ein oder mehrere Wasserstoff-Atome. Die H-Atome sind dabei fast immer an die Sauerstoff-Atome gebunden. Bindungen zwischen Sauerstoff-Atomen treten normalerweise nicht auf.

Säuren können durch Abgabe von einem oder mehreren H^+-Ionen negativ geladene Ionen bilden, die man auch **Säurerestionen** nennt.

Schwefelige Säure – Schwefel(IV)-säure – H_2SO_3 entsteht durch die Reaktion von Schwefeldioxid mit Wasser. Die Säurereste heißen **Hydrogensulfit HSO_3^-** und Sulfit **SO_3^{2-}**.

Schwefelsäure – Schwefel(VI)-säure – H_2SO_4 zählt zu den meistproduzierten Chemikalien (zB Herstellung von Düngemitteln, Herstellung des Weißpigments TiO_2 und Bleiakkumulatoren). Die Säurereste heißen **Hydrogensulfat HSO_4^-** und **Sulfat SO_4^{2-}**.

Salpetrige Säure HNO_2 ist eine weitgehend unbeständige Substanz und wird zur Herstellung von Farbstoffen verwendet. Der Säurerest heißt **Nitrit NO_2^-**.

Salpetersäure HNO_3 ist einer der wichtigsten Grundstoffe in der chemischen Industrie (zB Herstellung von Düngemittel, Farbstoffen und Sprengstoffen). Der Säurerest heißt **Nitrat NO_3^-**.

Phosphorsäure – Phosphor(V)-säure – H_3PO_4 wird u. a. in der Lebensmittelindustrie als E338 als Säuerungs- und Konservierungsstoff (zB Coca-Cola) zugegeben. Die Säurereste heißen **Dihydrogenphosphat $H_2PO_4^-$**, **Hydrogenphosphat HPO_4^{2-}** und **Phosphat PO_4^{3-}**.

Kohlensäure – H_2CO_3 ist ein relativ instabiles Molekül und zerfällt in Kohlenstoffdioxid und Wasser. Die Bläschen im Sodawasser sind nicht „Kohlensäure" sondern CO_2-Gasbläschen. Die Säurereste heißen **Hydrogencarbonat HCO_3^-** und **Carbonat CO_3^{2-}**.

Oxide

SO_3	Schwefeltrioxid
NO	Stickstoffmonoxid
NO_2	Stickstoffdioxid
N_2O_4	Distickstofftetroxid
N_2O	Distickstoffoxid
P_4O_{10}	Phosphor(V)-Oxid
CO	Kohlenstoffmonoxid
CO_2	Kohlenstoffdioxid

Abb. 039-1: Moleküle von Oxiden mit Formel und Name

Sauerstoffsäuren

H_2SO_3	Schwefelige Säure
H_2SO_4	Schwefelsäure
HNO_2	Salpetrige Säure
HNO_3	Salpetersäure
H_3PO_4	Phosphorsäure
H_2CO_3	Kohlensäure

Abb. 039-2: Moleküle von Sauerstoffsäuren mit Formel und Name

Säurereste

SO_3^{2-}	Sulfit
SO_4^{2-}	Sulfat
NO_2^-	Nitrit
NO_3^-	Nitrat
PO_4^{3-}	Phosphat
CO_3^{2-}	Carbonat

Abb. 039-3: Formel u. Name von Säureresten

Übungen 39.1

„Ten Questions"
(Prüfe deine Lehrerin/deinen Lehrer)

Überlege dir zu drei der auf dieser Seite angegebenen Moleküle, 10 Aussagen über Eigenschaften und Verwendung. Einige Aussagen sollten eindeutig sein, einige sollten den Stoff nicht so deutlich charakterisieren. (Du kannst dir natürlich auch zusätzliche Informationen über den Stoff beschaffen.)

Sortiere diese 10 Aussagen in beliebiger Reihenfolge. Deine Lehrerin/dein Lehrer sagt dann eine Zahl und du liest die Aussage vor.

Wie viele Aussagen braucht deine Lehrerin/dein Lehrer bis sie/er den Stoff erkennt?

2.5 Der räumliche Aufbau von Molekülen

VSEPR-Modell – Bindungswinkel

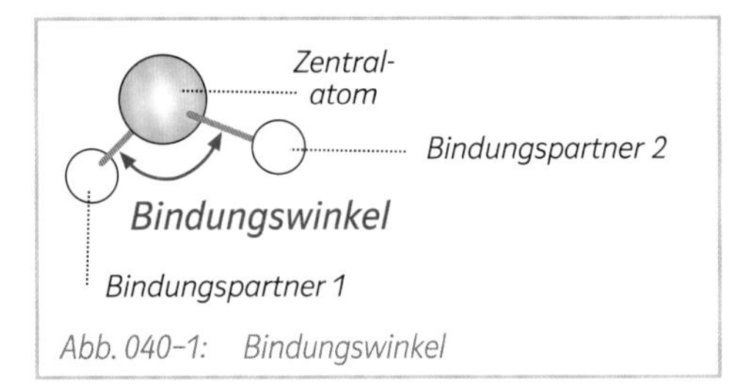

Abb. 040-1: Bindungswinkel

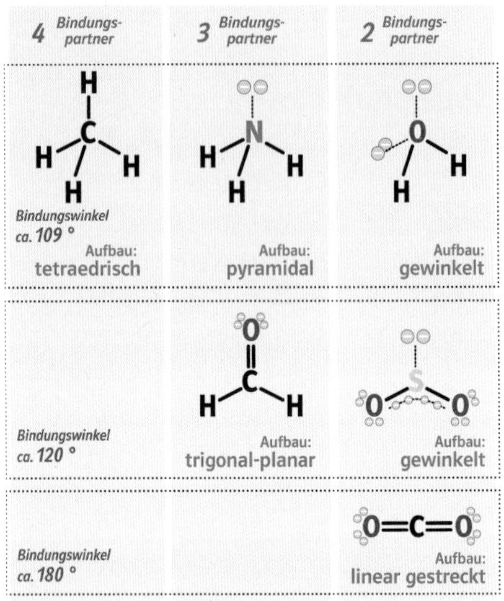

4 Bindungspartner | 3 Bindungspartner | 2 Bindungspartner

Bindungswinkel ca. 109 °
Aufbau: tetraedrisch | Aufbau: pyramidal | Aufbau: gewinkelt

Bindungswinkel ca. 120 °
Aufbau: trigonal-planar | Aufbau: gewinkelt

Bindungswinkel ca. 180 °
O=C=O
Aufbau: linear gestreckt

Abb. 040-2: Mögliche Bindungswinkel in einfachen Molekülen

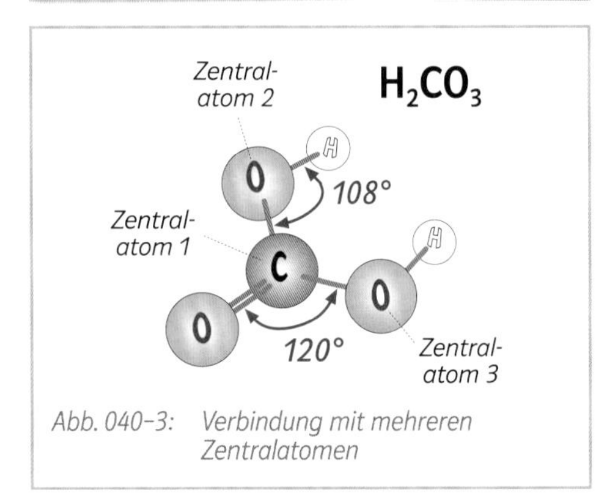

Abb. 040-3: Verbindung mit mehreren Zentralatomen

Abb. 040-4: Oktettregel-Überschreitung

Nicht nur die Information ist wichtig, welches Atom im Molekül an welchem „angehängt" ist, sondern man benötigt auch die Information über die exakte räumliche Anordnung der Atome im Molekül.

Zur Lösung dieses Problems entwickelten die Chemiker R. Gillespie und R.S. Nyholm 1956 ein einfaches Modell, das auch bei komplizierten Molekülen mit experimentellen Befunden übereinstimmt.

Valenzschalenelektronenpaarabstoßungsmodell VSEPR

Die Modellbezeichnung gibt gleichzeitig die Modellregeln an. Die Valenzelektronenpaare ordnen sich mit einem größtmöglichen Abstand um das Atom an.

Auch freie Elektronenpaare zählen zu den „Valenzelektronen". Freie Elektronenpaare haben sogar einen etwas größeren Raumbedarf als bindende Elektronenpaare, die sich ja im Einflussbereich von zwei Kernen befinden.

Mehrfachbindungen werden durch 2 oder 3 bindende Elektronenpaare gebildet. Da diese Elektronenpaare zwischen denselben Atomen liegen, können sie sich nicht weit voneinander entfernen. Sie wirken daher auf weitere Elektronenpaare in Bezug auf den Platzbedarf wie eine Einfachbindung.

Der Bindungswinkel

Als Bindungswinkel bezeichnet man den Abstand zwischen zwei Bindungspartnern ausgehend von einem Zentralatom (Abb 40-1). Der Winkel zu einem freien Elektronenpaar kann nicht gemessen werden. Bei den Strukturformeln gibt man allerdings auch die freien Elektronenpaare räumlich richtig an.

Von der Anzahl der Elektronenpaare zum Bindungswinkel

Ausgehend von der Oktettregel sind 4 Elektronenpaare sehr häufig.

Die 4 Elektronenpaare des Zentralatoms ordnen sich in die Ecken eines um das Zentralatom gedachten Tetraeders mit einem Bindungswinkel von ca. 109° an. CH_4, NH_3 und H_2O besitzen alle vier Elektronenpaare. Der Bindungswinkel ist aber bei H_2O kleiner als bei CH_4, da es zwei nichtbindende Elektronenpaare mit einem größeren Platzbedarf besitzt. In der schulischen Praxis ist es zumeist ausreichend die Strukturen als Tetraeder bei CH_4, als Pyramide bei NH_3 und als gewinkelt bei H_2O zu beschreiben (Abb. 40-2).

Durch Mehrfachbindungen ergibt sich die Möglichkeit von drei Elektronenpaaren ausgehend vom Zentralatom. Hier erfolgt eine Orientierung in der Ebene mit einem Bindungswinkel von 120°. Allerdings treten auch bei Mehrfachbindungen Abweichungen vom „Idealwinkel" auf, aber es ist zumeist ausreichend das Molekül als trigonal planar bei SO_3 und als gewinkelt bei SO_2 zu beschreiben.

Bei 2 Elektronenpaaren ergibt sich immer eine lineare Anordnung mit einem Bindungswinkel von 180°.

Verbindungen mit mehreren Zentralatomen

Bei vielen Molekülen kann man den Bindungswinkel von unterschiedlichen Zentralatomen ausgehend bestimmen. Als Zentralatome bezeichnet man alle Atome, die mehr als eine Bindung eingehen. Es können daher eventuell auch unterschiedliche Bindungswinkel in einem Molekül auftreten (Abb. 40-3).

Moleküle mit Oktettregelüberschreitung

Bei Molekülen mit Oktettregelüberschreitungen können mehr als 4 Elektronenpaare auftreten. 5 Elektronenpaare ordnen sich zu einer trigonalen Bipyramide, 6 Elektronenpaare zu einem Oktaeder (Abb. 40-4).

Übung 40.1

Gib alle Bindungswinkel in folgenden Molekülen an:

a) NOCl b) N_2H_4 c) HCN d) C_2H_2
e) C_2H_6O (2 Möglichkeiten)
f) SF_6 g) $HBrO_2$ h) H_2SO_4
i) H_3PO_4

2.6 Polare und unpolare Moleküle

Partialladung – Dipolmoleküle

Sind unterschiedliche Atome miteinander verknüpft, so tritt auf Grund der Elektronegativitätsunterschiede der Bindungspartner eine ungleichmäßige Verteilung der Elektronen zwischen den beteiligten Atomen auf. Die Bindungselektronen halten sich häufiger in der Nähe des Atoms mit der höher Elektronegativität auf.

Die an der Bindung beteiligten Atome bekommen eine Teil- oder Partialladung, da im Schnitt mehr oder weniger elektrisch negative Ladung zur Verfügung steht, als der positiven Kernladung entspricht. Man spricht von einer **polarisierten Bindung**.

Die Teil- oder Partialladung

Der Partner mit der höheren Elektronegativität erhält mehr Anteil an dem bindenden Elektronenpaar und bekommt daher eine negative Partialladung (δ^-). Der Partner mit der geringeren Elektronegativität „verliert" einen Anteil des bindenden Elektronenpaars und erhält eine positive Partialladung (δ^+).

(Der griechische Großbuchstabe Delta Δ steht für „Differenz", das kleine Delta δ steht für Teilladung, da die bindenden Elektronenpaare nicht vollständig von einem Atom zum anderen übertragen wurden und daher auch keine ganzen Ladungen entstehen.)

Ein Molekül, das wie das HF Molekül eine positive und eine negative Seite hat, nennt man ein **polares Molekül** oder **Dipolmolekül**. H_2 und F_2 sind **unpolare Moleküle**, da es hier keinen Elektronegativitätsunterschied gibt (Abb. 41–1).

Dipolmoleküle

Dipolmoleküle besitzen einen positiven und einen negativen Ladungsschwerpunkt. Der Dipolcharakter ist umso stärker ausgeprägt, je größer der Elektronegativitätsunterschied der Bindungspartner ist.

HCl (ΔEN = 0,6) und HBr (ΔEN = 0,5) sind daher schwächere Dipole als HF (ΔEN = 1,9). Bei ΔEN < 0,5 spricht man nicht mehr von einer polarisierten Bindung.

Dipolcharakter bei mehratomigen Molekülen

Bei mehr als zwei verknüpften Atomen kann in manchen Fällen trotz einer polarisierten Bindung, das Molekül unpolar sein. Als Beispiele dienen die wichtigen Moleküle H_2O und CO_2. Beide besitzen polarisierte Bindungen.

Wasser ist ein Dipolmolekül, da durch den gewinkelten Aufbau zwei Molekülbereiche mit unterschiedlichen Ladungsschwerpunkten auftreten.

Kohlenstoffdioxid ist aufgrund des gestreckten Aufbaus unpolar. Es fallen die Ladungsschwerpunkte zusammen und heben einander auf (Abb 41–2).

Erkennungshilfe für Dipolmoleküle aus zwei Atomsorten: Bei Molekülen, die nur aus zwei Atomsorten bestehen, muss das Zentralatom eine oder mehrere nichtbindende Elektronenpaare besitzen, damit das Molekül polar ist. Diese Elektronenpaare bewirken, dass die Bindungspartner auf einer Seite des Moleküls „zusammenrücken". (Abb. 41–3)

Sind mehrere unterschiedliche Atome miteinander verknüpft, muss man das Gesamtmolekül betrachten und den Dipolcharakter abschätzen (Abb. 41–4).

Moleküle mit unterschiedlichen Bereichen – Amphiphile

Interessant sind Verbindungen mit einem unpolaren und einem polaren Bereich. Solche Moleküle treten vor allen Dingen bei organischen Verbindungen auf.

Ein wichtiges amphiphiles Teilchen dieser Art ist die Seife:

unpolarer Bereich *polarer Bereich*

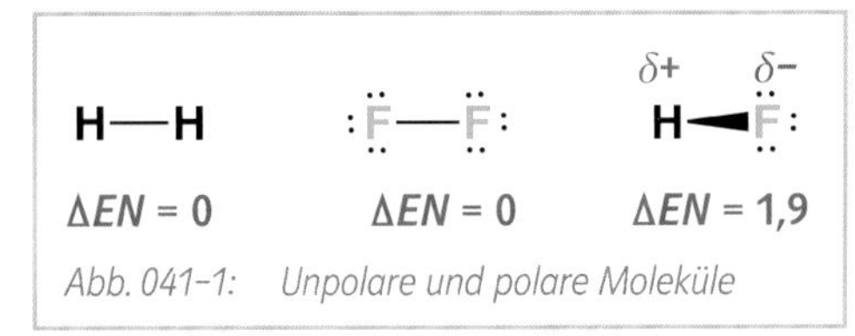

Abb. 041-1: *Unpolare und polare Moleküle*

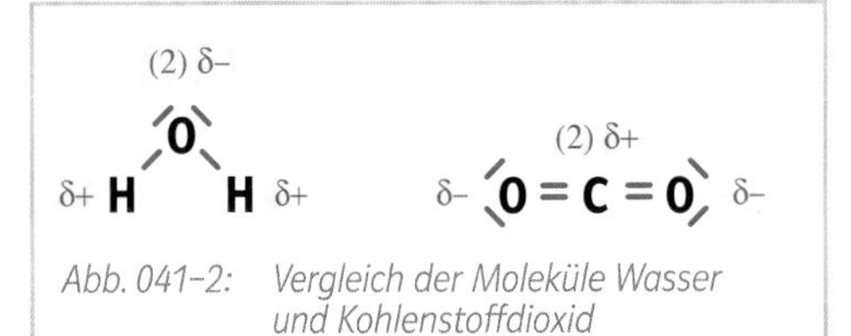

Abb. 041-2: *Vergleich der Moleküle Wasser und Kohlenstoffdioxid*

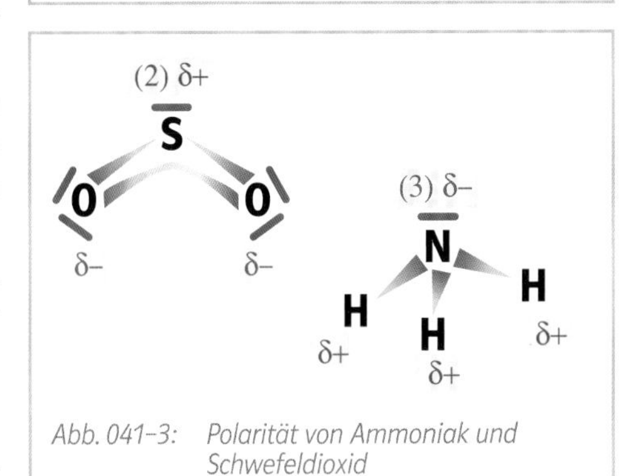

Abb. 041-3: *Polarität von Ammoniak und Schwefeldioxid*

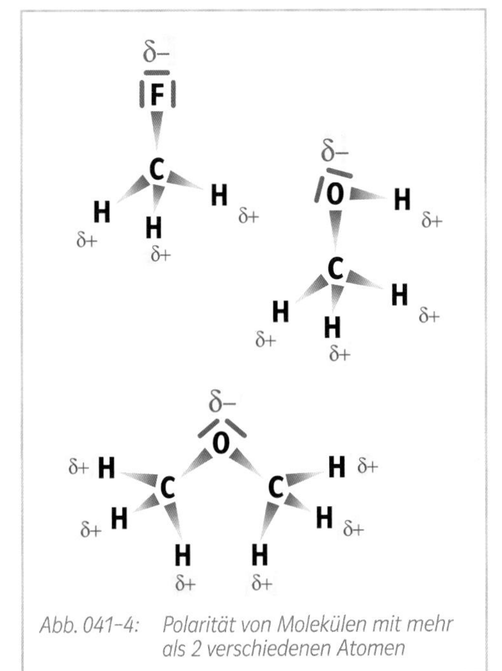

Abb. 041-4: *Polarität von Molekülen mit mehr als 2 verschiedenen Atomen*

Übung 41.1

Welche der folgenden Moleküle sind Dipol-Moleküle?

SO_2, SO_3, CO_2, HCN, H_2SO_4, H_2S, CF_4, H_2CO_2, HNO_2

2.7 Kräfte zwischen Molekülen

Van-der-Waals-Bindung – Dipol-Dipol-Wechselwirkung – Wasserstoffbrückenbindung

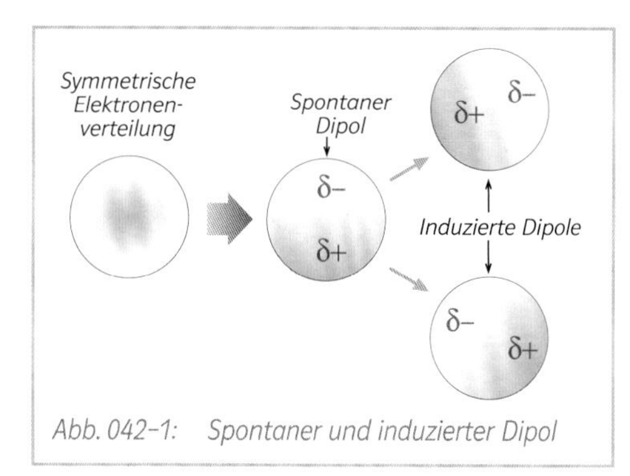

Abb. 042-1: Spontaner und induzierter Dipol

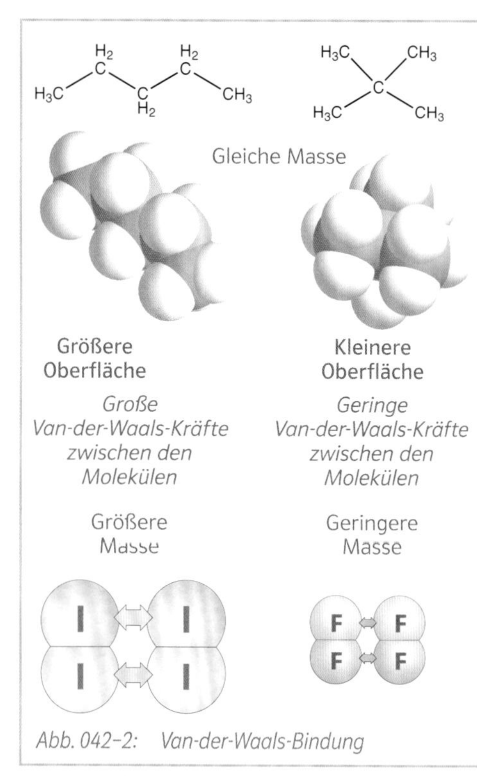

Abb. 042-2: Van-der-Waals-Bindung

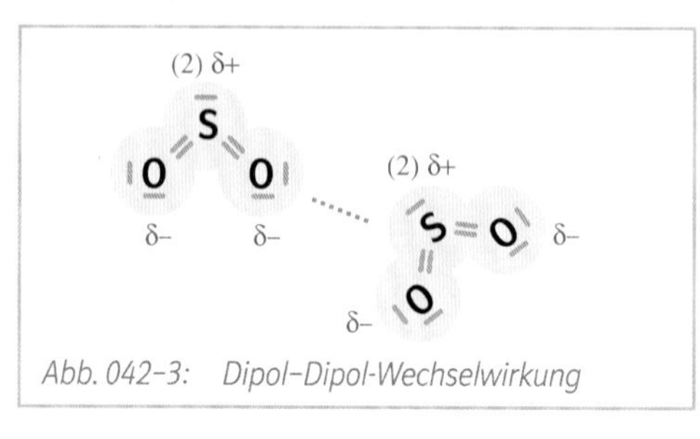
Abb. 042-3: Dipol-Dipol-Wechselwirkung

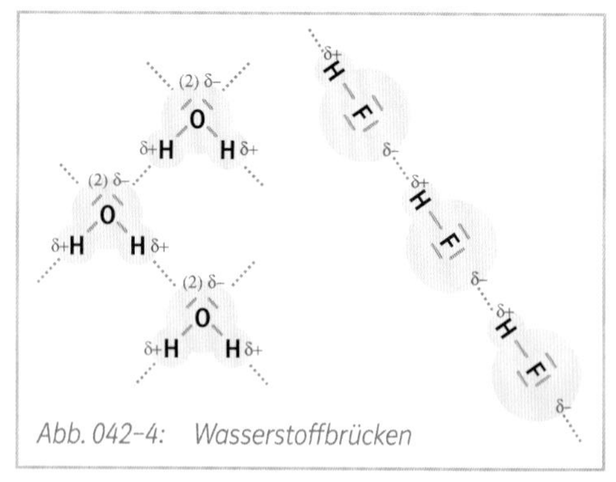
Abb. 042-4: Wasserstoffbrücken

Die Kräfte, die zwischen Molekülen wirken, nennt man – zum Unterschied zur eigentlichen Atombindung, einer Hauptvalenzkraft – **Nebenvalenzkräfte**. Diese Kräfte müssen beim Schmelzen und Verdampfen überwunden werden.

Von der Stärke dieser Kräfte hängt daher der Aggregatzustand von Stoffen bei Raumtemperatur ab. Die Stärke der Nebenvalenzkräfte ist von der Masse und vom Dipolcharakter der beteiligten Stoffe abhängig.

Grundsätzlich unterscheidet man 3 Arten von Nebenvalenzkräften.

Van-der-Waals-Bindung

Liegen unpolare Moleküle vor, so nimmt man an, dass die Wechselwirkung zwischen Molekülen durch eine kurzfristige Ladungsverschiebung der Elektronenhülle auftritt. Dabei entstehen spontan schwache Dipole, die bei den benachbarten Teilchen ebenfalls eine Polarisierung hervorrufen („induzieren"). Die schwachen Wechselwirkungen zwischen spontanen und induzierten Dipolen bezeichnet man als **Van-der-Waals-Kräfte** (benannt nach dem holländischen Physiker Johannes van der Waals).

Die Stärke der Van-der-Waals-Kräfte ist von der Molekülgröße und von der Molekülstruktur abhängig. Vereinfacht kann man sagen: Je größer die Molekülmasse ist, desto größer ist die van-der-Waals-Kraft. Bei vergleichbarer Masse nehmen die Kräfte mit der Teilchenoberfläche zu. So sind die Wechselwirkungen zwischen kugelförmigen Molekülen kleiner als zwischen gestreckten.

Dipol-Dipol-Wechselwirkung

Sie wirkt zwischen Dipolmolekülen, und ihre Stärke ist abhängig von der Stärke des jeweiligen Dipols. Dabei zieht der elektronegativere Partner des einen Moleküls den Partner mit der geringeren Elektronegativität des anderen Moleküls an.

Wasserstoffbrückenbindung

Ist Wasserstoff an ein stark elektronegatives Atom gebunden, so ist dieses Wasserstoff-Atom stark positiv polarisiert. Kommt es nun zu einer Wechselwirkung zwischen diesem positiv polarisierten Wasserstoff-Atom und einem nicht bindenden Elektronenpaar eines negativ polarisierten Atoms, so nennt man diese Bindungsform Wasserstoffbrückenbindung.

Die Wasserstoffbrückenbindung ist stärker als eine normale Dipol-Dipol-Wechselwirkung. Dem Wasserstoffatom wird sein einziges Elektron teilweise abgezogen. Es besitzt dann einen fast ungeschützten Kern mit hoher positiver Ladungsdichte. Dieser kann jetzt mit dem nichtbindenden Elektronenpaar des negativ polarisierten Atoms eines anderen Moleküls in Wechselwirkung treten. Ist der Wasserstoff nur schwach polarisiert, wie zB im H_2S-Molekül, so ist auch die Stärke der Wasserstoffbrücke gering. Starke Wasserstoffbrücken treten nur auf, wenn der Wasserstoff an O, N oder F gebunden ist.

Wasserstoffbrücken haben bei vielen biochemischen Molekülen eine große Bedeutung (zB Eiweißstoffe, DNA).

Die Nebenvalenzkräfte im Überblick

Van-der-Waals-Bindung
Die Stärke wächst mit der Molekülmasse und der Größe der Berührungsfläche.
Sie ist die einzige Nebenvalenzkraft bei unpolaren Molekülen.

Dipol-Dipol-Wechselwirkung
Anziehung zwischen positivem und negativem Pol

Wasserstoffbrücke
Besonders starke Dipol-Dipol-Wechselwirkung
Immer dann, wenn H an F, N oder O gebunden ist.

2.8 Eigenschaften von molekularen Stoffen

Aggregatzustand - Siedepunkt - Zersetzung - Löslichkeit - Leitfähigkeit

Aggregatzustand

Der Aggregatzustand von Stoffen aus Molekülen ist von der Stärke der Nebenvalenzkraft abhängig. Molekulare Stoffe mit starken Nebenvalenzkräften sind bei Raumtemperatur fest. Das sind Stoffe mit großer Molmasse oder vielen wasserstoffbrückenbildenden Gruppen im Molekül. Unpolare und schwach polare Stoffe mit kleiner Molmasse sind in der Regel gasförmig.

Vergleich der Siedepunkte einiger Familien molekularer Stoffe

Beim Übergang von der flüssigen in die Gasphase müssen die Nebenvalenzkräfte überwunden werden. Es gilt daher: Je stärker die Nebenvalenzkraft ist, desto höher ist der Siedepunkt. Die Abbildung 43-1 zeigt einige Beispiele:

Bei den Edelgasen (grüne Kurve) ist die einzig mögliche Nebenvalenzkraft die Van-der-Waals-Bindung. Diese steigt mit zunehmender Masse. Daher hat das leichteste Edelgas den geringsten, das schwerste den höchsten Siedepunkt. Analoges gilt für die Wasserstoffverbindungen der 14. Gruppe (gelbe Kurve). Die Verbindungen sind unpolar und der Siedepunkt steigt mit der Masse.

Die Siedepunkte der Wasserstoffverbindungen der 16. und 17. Gruppe zeigen einen anderen Verlauf (blaue und grüne Kurve). Die leichtesten Moleküle - HF und H_2O - bilden starke Wasserstoffbrücken. Diese Nebenvalenzkraft ist so stark, dass der Siedepunkt deutlich höher ist als der Siedepunkt der schwersten Verbindung in dieser Gruppe, da hier der Wasserstoff nicht mehr so stark polarisiert ist.

Den starken Einfluss der Nebenvalenzkräfte (vor allen Dingen der Wasserstoffbrücke) auf das Siedeverhalten erkennt man auch deutlich bei Verbindungen, die dieselbe Summenformel (und damit dieselbe Molekülmasse), aber eine unterschiedliche Strukturformel besitzen (Abb. 43-2).

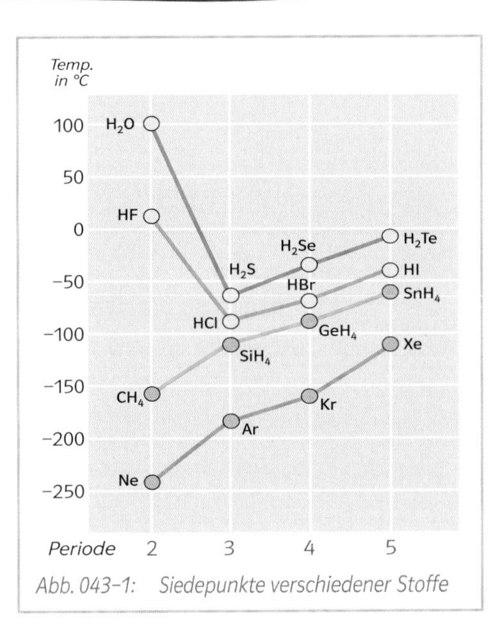

Abb. 043-1: Siedepunkte verschiedener Stoffe

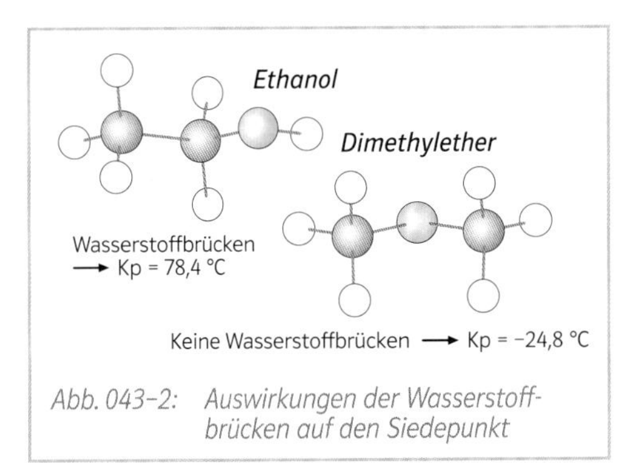

Abb. 043-2: Auswirkungen der Wasserstoffbrücken auf den Siedepunkt

Zersetzung von Makromolekülen

Sehr große Moleküle - man bezeichnet sie auch als Makromoleküle - lassen sich nicht mehr verdampfen. Auf Grund der Größe der Molekülmasse und der großen Oberfläche sind die Nebenvalenzkräfte sehr stark. Es werden bereits vor Auflösung aller Nebenvalenzen Hauptvalenzen (die eigentliche Bindung) aufgebrochen. Solche Verbindungen zersetzen sich beim Erhitzen, dh. sie gehen eine chemische Reaktion ein (zB Stärke, Cellulose).

Löslichkeit molekularer Substanzen

Es gilt hier der Grundsatz „Ähnliches löst Ähnliches".

Die unpolare Verbindung Tetrachlormethan CCl_4 ist ein gutes Lösungsmittel für unpolare Verbindungen wie Fette und Benzinbestandteile. Tetrachlormethan wird heutzutage auf Grund des Verdachtes auf Krebs erregende Wirkung nicht mehr eingesetzt. Als Ersatzstoffe verwendet man andere chlorierte Kohlenwasserstoffverbindungen.

Das polare Lösungsmittel Wasser ist ein gutes Lösungsmittel für polare Stoffe. So lösen sich zB in einem Liter Wasser bei 0 °C 1176 Liter polares NH_3-Gas, aber nur 0,023 Liter unpolarer Stickstoff N_2. CO_2 enthält polarisierte Bindungen, ist aber kein Dipolmolekül. Die Löslichkeit von CO_2 in Wasser liegt bei ca. 1,7 Liter CO_2 pro Liter H_2O. (Schüler-Experiment 2.2)

Leicht wasserlösliche Substanzen bezeichnet man als **hydrophil** („wasserfreundlich") bzw. ***lipophob*** („fettfeindlich"), wasserunlösliche Substanzen als **hydrophob** („wasserfeindlich") bzw. ***lipophil*** („fettfreundlich").

Leitfähigkeit molekularer Substanzen

Da Moleküle keine frei beweglichen Ladungsträger besitzen, leiten sie den Strom nicht. Kunststoffe, aufgebaut aus Makromolekülen, werden daher häufig als Isolatoren verwendet. So ist zB Luft Isolator zwischen den Hochspannungskabeln.

Brausetabletten-Gas

Übungen 43.1 und 43.2

1. Ordne die folgenden Siedepunkte den Wasserstoffverbindungen der 15. Gruppe (NH_3, PH_3, AsH_3) zu: -33° C, -62,5° C, -87,7° C

2. Bei welcher der folgenden Reaktionen werden Wasserstoffbrücken gelöst?
   $H_2O(g) \rightarrow H(g) + OH(g)$
   $2\,H_2O(l) \rightarrow 2\,H_2(g) + O_2(g)$
   $H_2O(l) \rightarrow H_2O(g)$

Wasser – das wichtigste Dipol-Molekül

Vorkommen – Sieden und Schmelzen – Eis – Anomalie

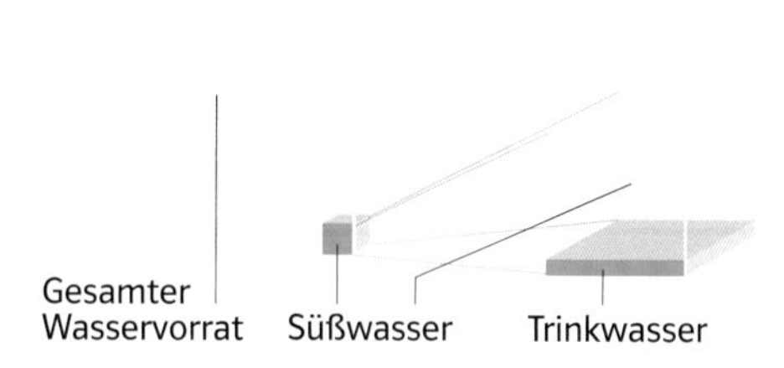

Abb. 044-1: *Wasservorrat der Erde*

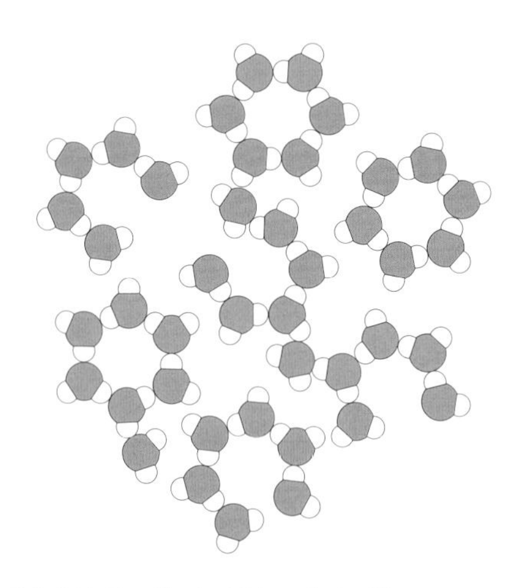

Abb. 044-2: *Clusterbildung beim Wasser*

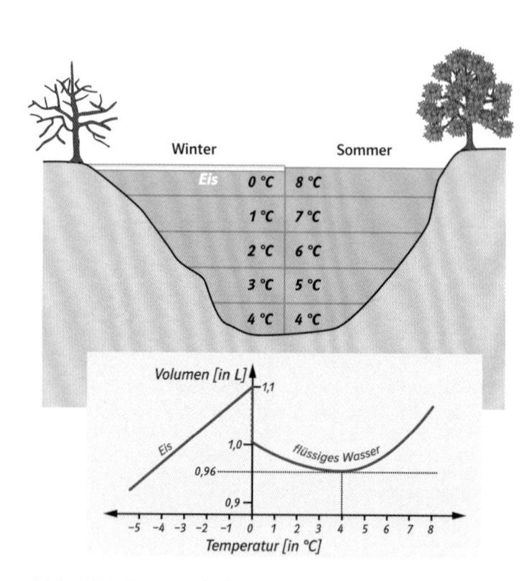

Abb. 044-3: *Verhalten von Wasser im Bereich von 0 °C*

Vorkommen von Wasser

Etwa zwei Drittel der Erdoberfläche sind mit Wasser bedeckt. Der Wasservorrat der Erde wird auf $1{,}65 \cdot 10^{18}$ t geschätzt. Davon sind $0{,}275 \cdot 10^{18}$ t in den Gesteinen gebunden und $1{,}37 \cdot 10^{18}$ t sind Meerwasser. Dieses hat einen durchschnittlichen Salzgehalt von 3,5 % (2,7 % Natriumchlorid, Rest andere Salze) und ist als Trinkwasser für den Menschen ungeeignet. Wasser mit einem Salzgehalt unter 0,02 % ist hingegen für die Verwendung als Trinkwasser geeignet und wird als Süßwasser bezeichnet. Es ist als Grundwasser und als Oberflächenwasser (Flüsse und Seen) am Land verteilt. Dieser Süßwasservorrat beträgt weltweit $4{,}2 \cdot 10^{15}$ t. Eine weit größere Menge an Süßwasser ($29 \cdot 10^{15}$ t) befindet sich als Eis an den Polkappen.

Siede- und Schmelzpunkt

Der Siedepunkt (100 °C) und der Schmelzpunkt (0 °C) des Wassers sind die Fixpunkte der Celsius-Temperaturskala. Sie liegen für ein kleines Molekül überraschend hoch. Der Grund dafür sind die stark polare Bindung und der gewinkelte Bau des Wasser-Moleküls. Dies führt zu einem starken Dipolcharakter und zur Ausbildung fester Wasserstoffbrücken. Sie bewirken, dass Wasser-Moleküle in flüssigem Wasser als größere Assoziate („Cluster") vorliegen. Ohne die Wasserstoffbrücken läge der (aus der Molekülmasse berechnete) Siedepunkt des Wassers bei etwa −80 °C und der Schmelzpunkt bei −100 °C.

Schmelz- und Verdampfungswärme

Die Wasserstoffbrücken sind auch dafür verantwortlich, dass Wasser die höchste Schmelzwärme (333,3 kJ/kg) und Verdampfungswärme (2256,5 kJ/kg) aller molekularen Stoffe hat. Beim Schmelzen wird ein Teil der Wasserstoffbrücken des Eises aufgebrochen, beim Verdampfen fast alle Wasserstoffbrücken des flüssigen Wassers. Nicht einmal im Gaszustand liegen ausschließlich einzelne Wasser-Moleküle vor, sondern zum Teil Dimere $(H_2O)_2$.

Die hohen Schmelz- und Verdampfungswärmen haben großen Einfluss auf Umwelt, Wetter und Klima. So verhindert die Schmelzwärme eine zu rasche Schneeschmelze im Frühjahr (Überschwemmungen), und die Verdampfungswärme hält die Wasserverdunstung und Kondensation in Grenzen (verhindert Austrocknung von Binnengewässern und extrem starke Niederschläge).

Der feste Zustand

Im festen Zustand kristallisiert Wasser in einem Gitter, in dem eine maximale Zahl von Wasserstoffbrücken realisiert ist. Dieses Eisgitter hat „Hohlräume" zwischen den Molekülen und daher einen höheren Volumsbedarf als der flüssige Zustand. Die Volumsvergrößerung beim Erstarren ist ein wichtiger und oft unangenehmer Faktor bei der Gesteinsverwitterung (Spaltenfrost). Auch Straßenschäden durch Frostaufbrüche entstehen durch die Ausdehnung gefrierenden Wassers.

Beim Schmelzen rücken die Wasser-Moleküle näher zusammen. Daher hat Eis eine um 8,3 % geringere Dichte als flüssiges Wasser von 0 °C und schwimmt auf Wasser. Auch dies unterscheidet Wasser von fast allen anderen Stoffen. Das Eis in der Nordpolregion (Arktische Eiskappe) besteht großteils aus Packeis (schwimmt im Wasser), das Eis in der Südpolregion (Antarktischer Eisschild) besteht großteils aus Gletschereis (Antarktischer Kontinent unter dem Eis).

Die Anomalie des Wassers

Die Cluster des flüssigen Wassers haben bei 0 °C noch weitgehend die voluminöse Struktur des Eises. Bei weiterer Erwärmung löst sich diese Struktur zunehmend auf, wodurch eine Volumsverringerung entsteht. Diese ist bis 4 °C größer als die Wärmeausdehnung, erst danach überwiegt letztere. Daher hat Wasser bei 4 °C seine größte Dichte. Diese Dichteanomalie bewirkt, dass in Gewässern, die tief genug sind, unabhängig von der Jahreszeit am Grund eine Temperatur von 4 °C herrscht. Dies ermöglicht das Überwintern von Wasserlebewesen und verhindert einen Wasseraustausch mit der Oberfläche.

Wasser als Lösungsmittel

Das Dipolverhalten macht Wasser zu einem ausgezeichneten Lösungsmittel für polare Moleküle und Salze. Salzlösungen haben einen höheren Siedepunkt als Wasser, ebenso einen niedrigeren Schmelzpunkt. Die Erniedrigung des Gefrierpunktes macht man sich beim Aufbringen von Salzlösungen auf Straßen zu nutze. Da diese Methode aus Umweltschutzgründen problematisch ist – es kommt zu einer Versalzung der Böden um die Straßen – ist sie in vielen Regionen Österreichs verboten.

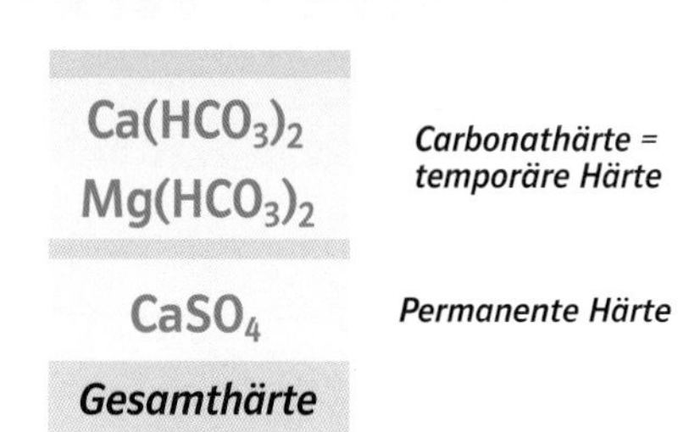

Abb. 045-1: Die Wasserhärte

Wasserhärte

Auch Süßwasser ist nicht frei von gelösten Salzen, die aus dem Boden aufgenommen werden. Den größten Anteil davon bilden meist Calcium- und Magnesiumsalze, die man als Wasserhärte bezeichnet. Sie gelangen hauptsächlich durch Verwitterung von Kalk und Dolomit in das Wasser. Dabei entstehen die löslichen Salze Calcium- und Magnesiumhydrogencarbonat. Aber auch das Auflösen von Gips (Calciumsulfat) spielt bei der Wasserhärteentstehung eine wichtige Rolle.

0–7 °d	0–1,3 mmol/L	weich
7–14 °d	1,3–2,5 mmol/L	mittelhart
14–21 °d	2,5–3,8 mmol/L	hart
> 21 °d	> 3,8 mmol/L	sehr hart

Abb. 045-2: Die Wasserhärtestufen

Völlig reines Wasser wäre über längere Zeiträume als Trinkwasser ungeeignet, da der Organismus einen Teil seiner Mineralstoffversorgung über das Trinkwasser bezieht. Reines Wasser würde dem Organismus sogar Mineralstoffe entziehen (Osmose!). So wichtig die Härtebildner für Trinkwasser sind, so unangenehm wirken sie sich bei höherer Konzentration bei der Bereitung von Warmwasser aus. Beim Erhitzen entstehen aus den Hydrogencarbonaten wieder die schwer löslichen Carbonate (Kalk und Dolomit). Das führt zu Kesselsteinbildung.

Als Maß für die Wasserhärte werden bei uns üblicherweise **deutsche Härtegrade (°d)** verwendet. Da jedes Mol Härtebildner dieselbe Wirkung hat, gleichgültig ob es Calcium- oder Magnesium-Ionen sind und welche Anionen vorhanden sind, werden alle Härtebildner in eine äquimolare (= gleich viele Mole) Menge Calciumoxid umgerechnet. (1 °d = 10 mg CaO pro Liter Wasser.)

Wasseraufbereitung

Für viele Zwecke ist natürliches Wasser ungeeignet. Im chemischen Labor benötigt man für Analysen möglichst reines Wasser, dem alle gelösten Salze entzogen sind. Dies wurde früher hauptsächlich durch Destillation erreicht (**destilliertes Wasser**). Diese Methode ist aber zeit- und energieaufwändig und wird daher nur mehr selten angewandt. Heute verwendet man für diesen Zweck Ionenaustauscher. Das so aufbereitete Wasser nennt man **Deionat** (entionisiertes Wasser). Ionenaustauscher sind wasserunlösliche Makromoleküle, heute meist Kunststoffe, die geladene Gruppen in der Molekülkette enthalten. Zum Ladungsausgleich ist eine entsprechende Zahl kleiner Gegenionen vorhanden. Das Wasser aus der Wasserleitung fließt durch den Austauscher. Die härtebildenden Kationen werden durch H_3O^+-Ionen ausgetauscht, die härtebildenden Anionen durch OH^--Ionen. Diese bilden zusammen wieder Wassermoleküle.

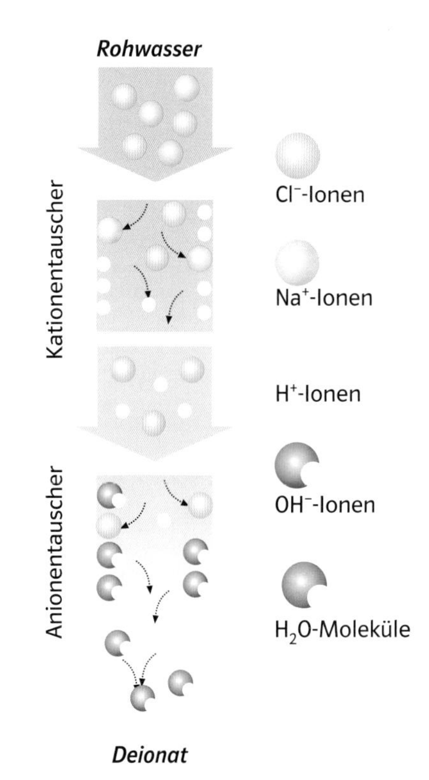

Abb. 045-3: Herstellung von Deionat aus salzhältigem Wasser

Im Gegensatz zu destilliertem Wasser ist Deionat nicht keimfrei! Im Handel wird unter dem Begriff „Destilliertes Wasser" meist nur Deionat angeboten!

In Österreich muss Trinkwasser zwar manchmal aufbereitet werden, prinzipiell stehen aber genug Reserven für eine ausreichende Wasserversorgung zur Verfügung. Dies ist in vielen Ländern nicht der Fall. Daher spielen heute Methoden zur Gewinnung von Trinkwasser aus Meerwasser eine immer wichtigere Rolle. Da der Energieaufwand für die Destillation gewaltig ist, setzt sich ein neues Verfahren der Meerwasserentsalzung, die **Umkehrosmose**, immer mehr durch.

Umkehrosmose

Wird Meerwasser in einer geeigneten Apparatur unter einen Druck gesetzt, der den osmotischen Druck übersteigt, so dringt reines Wasser durch die Membran und die Salzkonzentration im zurückbleibenden Wasser erhöht sich. Das Verfahren wurde technisch möglich, nachdem Membranmaterialien auf Kunststoffbasis entwickelt wurden, die Drücke von über 100 bar aushalten. Mit der Umkehrosmose lassen sich die Salze zu über 99 % entfernen. (Abb. 45–4)

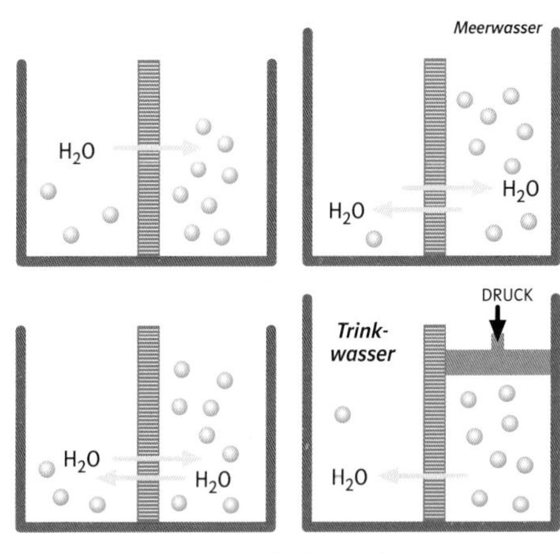

Abb. 045-4: Osmose (links) und Umkehrosmose (rechts)

2.9 Atomgitter

Diamant - Grafit - Quarz

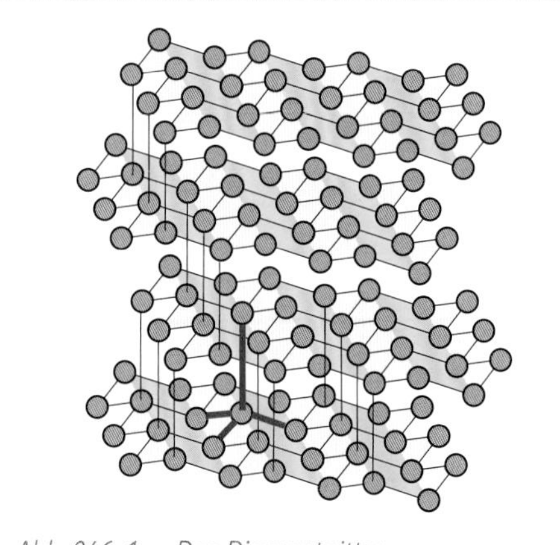

Abb. 046-1: *Das Diamantgitter*

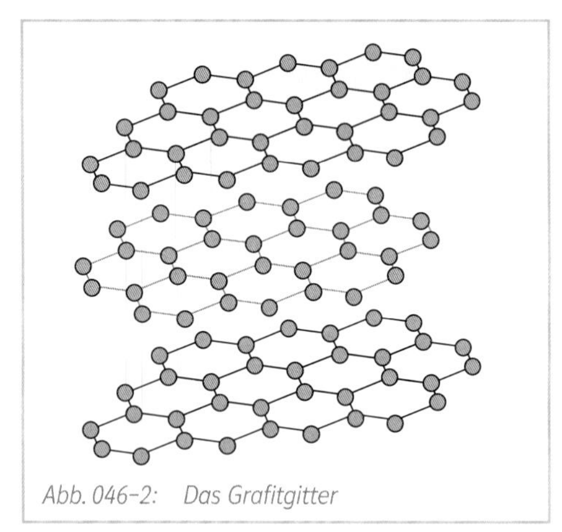

Abb. 046-2: *Das Grafitgitter*

In Molekülen ist immer eine begrenzte Anzahl von Atomen über Atombindungen miteinander verbunden. Ist die Anzahl der verknüpften Atome unbegrenzt, so spricht man von einem **Atomgitter**.

Die Eigenschaften solcher Stoffe werden wesentlich durch die im Gitter herrschenden Kräfte bestimmt. Dies zeigt sich deutlich bei den beiden Erscheinungsformen (Modifikationen) des elementaren Kohlenstoffs: **Diamant** und **Grafit**.

Diamantgitter

Im Diamantgitter ist jedes Kohlenstoff-Atom tetraedrisch von 4 weiteren Kohlenstoff-Atomen umgeben. Von jedem Atom gehen 4 gleich starke Bindungen aus. Dadurch ergibt sich ein regelmäßiges, stabiles Gitter mit sehr großer Härte. Das Diamant-Gitter gehört zum Typ der **Raumgitter**.

Grafitgitter

Im Grafitgitter verbindet sich jedes Kohlenstoff-Atom mit 3 weiteren Kohlenstoff-Atomen durch eine jeweils gleich starke Atombindung. Der Bindungswinkel bei 3 Bindungen beträgt 120°. Dadurch entsteht eine Schicht von regelmäßigen Sechsecken.

Jedem C-Atom der Schicht verbleibt ein Elektron. Diese Elektronen können sich über die gesamte Schicht hinweg bewegen, weshalb man sie **delokalisierte Elektronen** nennt. Sie bewirken, dass Grafit ein festes, Strom leitendes Nichtmetall ist. Zwischen einzelnen Schichten des Grafitgitters wirken nur van-der-Waals-Kräfte, weshalb sich die Schichten leicht gegeneinander verschieben lassen.

Das Grafitgitter zählt deshalb zum Typ der **Schichtgitter**.

	DIAMANT	***GRAFIT***
Formel (kleinste Einheit des Gitters)	$C_{Diamant}$	C_{Grafit}
Farbe	*durchsichtig* *stark Licht brechend*	*schwarz* *glänzend*
Härte	*sehr hart* *schwer spaltbar*	*sehr weich* *leicht in Blättchen spaltbar*
Leitfähigkeit	*keine elektrische Leitfähigkeit*	*gute elektrische Leitfähigkeit*
Schmelztemperatur	*wandelt sich bei hohen Temperaturen in Grafit um*	*ca. 3700 °C*
Verwendung	*Bohrkronen* *Schleifsteine* *Brillanten*	*Elektrodenmaterial* *Bleistiftminen* *Schmiermittel*

Das Karat

Die Gewichtseinheit für Edelsteine ist das Karat. Abkürzung: ct. Der Name dieser Einheit leitet sich von der arabischen bzw. griechischen Bezeichnung für die Samen des Johannisbrotbaumes ab. Diese wurden früher als Gewichte verwendet, da sie sehr gleichmäßig groß sind. Ein metrisches Karat entspricht exakt 0,2 g.
(Nicht verwechseln mit Karat als Reinheitsangabe für Gold!)

Quarzgitter

Außer dem elementaren Kohlenstoff gibt es auch andere Verbindungen, die Atomgitter ausbilden. Silicium bevorzugt zum Unterschied von Kohlenstoff, der in derselben Gruppe steht, Einfachbindungen gegenüber Sauerstoff. Jedes Silicium-Atom verbindet sich mit 4 Sauerstoff-Atomen, die das Silicium-Atom tetraedrisch umgeben. Jedes Sauerstoff-Atom ist wieder mit einem Silicium-Atom verbunden, sodass sie immer die gemeinsame Ecke zweier Tetraeder bilden.

Als Formel der Verbindung wird die kleinste Einheit des Gitters – SiO_2 – angegeben. Diese Verbindung heißt Siliciumdioxid oder **Quarz**. Zum Unterschied vom gasförmigen Kohlenstoffdioxid, das ein kleines, dreiatomiges Molekül ist, ist der Quarz ein Feststoff mit hohem Schmelzpunkt und großer Härte.

Abb. 046-3: *Das Quarzgitter*

Halbleiter

Silicium – n-Leiter – p-Leiter

Die Elemente, die im Periodensystem die Grenze zwischen Metallen und Nichtmetallen bilden, bezeichnet man als Halbmetalle. Sie sind bei tiefer Temperatur meist elektrische Isolatoren. Bei höherer Temperatur werden sie Leiter – die Leitfähigkeit steigt im Gegensatz zu den Metallen mit steigender Temperatur. Auch Verunreinigungen erhöhen die Leitfähigkeit. Auf Grund dieses Verhaltens bezeichnet man solche Halbmetalle als Halbleiter.

Silicium als Halbleiter

Der technisch wichtigste Halbleiter ist Silicium. Es kristallisiert in einem räumlichen Atomgitter vom Diamanttyp. Die Bindungen zwischen den Silicium-Atomen sind durch den großen Atomradius schwächer als die Bindungen zwischen Kohlenstoff-Atomen im Diamant. Durch Wärmestöße kann es daher zum Aufbrechen von Bindungen kommen.

Bindungselektronen werden dadurch im Gitter frei beweglich. Das Si-Atom, das von einem Elektron verlassen wurde, trägt nun eine positive Ladung (**Elektronenlücke** oder **Defektelektron**). Diese Ladungen können sich bei Anlegen von Spannung ebenfalls bewegen. Dabei springt ein Elektron vom Nachbaratom in die Elektronenlücke und füllt diese auf. Das Defektelektron befindet sich nun am Nachbaratom. Die Zahl der Elektron/Defektelektronpaare und damit die Leitfähigkeit steigt mit der Heftigkeit der Wärmestöße, also mit der Temperatur.

Auch der starke Anstieg der Leitfähigkeit durch Verunreinigungen lässt sich auf diese Weise erklären.

n-Leiter

Wird ein Element der 15. Gruppe , wie zB Arsen, in das Siliciumgitter eingebaut, so werden von den fünf Außenelektronen des Arsen-Atoms nur vier zu Bindungen benötigt. Das fünfte Elektron löst sich bereits bei Zimmertemperatur leicht ab. Solche Elemente erhöhen also die Leitungselektronenzahl (n-Leitung durch negative Ladungsträger). Defektelektronen entstehen dabei nicht. Das Phosphor-Atom trägt zwar eine positive Ladung, diese ist aber nicht beweglich. Es sind ja vier Bindungen vorhanden. Durch Elemente der 15. Gruppe verstärkt sich daher die n-Leitung.

p-Leiter

Ein Element der 13. Gruppe, wie zB Gallium, erzeugt dagegen im Siliciumgitter ein zusätzliches Defektelektron (p-Leitung durch positive Defektelektronen). Da es mit den drei Außenelektronen nur drei Bindungen ausbilden kann, entsteht eine Gitterstörung. Springt nun ein Elektron eines benachbarten Si-Atoms in die Elektronenlücke, so ist es dort nicht mehr beweglich. Das dabei entstandene Defektelektron erhöht nun die Leitfähigkeit. Elemente der 13. Gruppe verstärken daher die p-Leitung.

Dotierung

Schon ein Fremdatom der 13. oder 15. Gruppe auf 1 Million Si-Atome erhöht die Leitfähigkeit um etwa vier Zehnerpotenzen. Dies macht man sich beim Bau von Dioden, Transistoren und integrierten Schaltkreisen zunutze.

In hochreines Silicium werden gezielt Fremdatome eingebaut (Dotieren). Dadurch werden n- bzw. p-leitende Bereiche erzeugt.

Silicium Wafer

Für die Anwendung in der Mikroelektronik benötigt man sehr reines Silicium. Es muss ein Reinheitsgrad von weniger als einem Fremdatom auf eine Milliarde Silicium-Atome erreicht werden. Dieses Reinstsilicium bildet im Zuge des Reinigungsprozesses einen stangenförmigen Kristall (Verfahren: Tiegelziehen siehe Abb. 047–3). Dieser wird in dünne, runde Scheiben (Wafer) geschnitten und dient als Ausgangsmaterial zur Microchip-Herstellung.

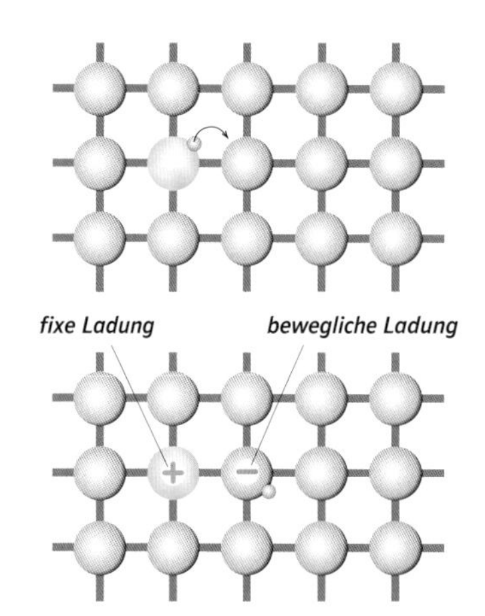

Abb. 047–1: Wirkungsweise eines n-Leiters

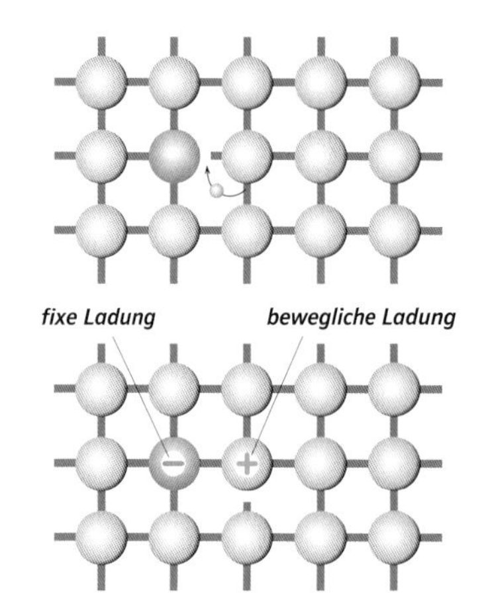

Abb. 047–2: Wirkungsweise eines p-Leiters

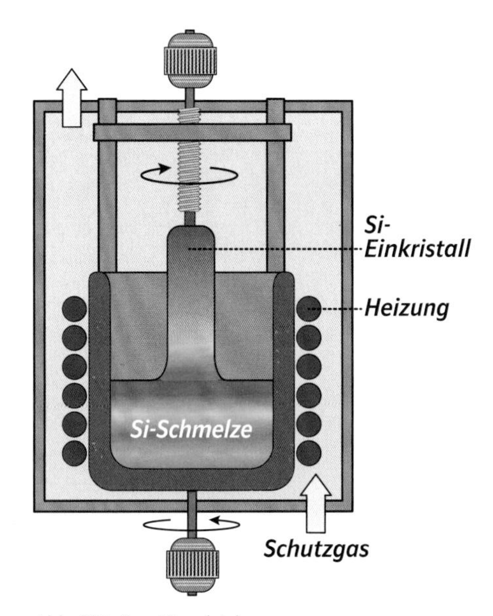

Abb. 047–3: Tiegelziehen

Mit Hilfe eines kleinen Startkristalls (= Impfkristall) wird ein großer Einkristall aus der Schmelze gezogen. Sauerstoff muss dabei ausgeschlossen werden, daher Schutzgas.

2.10 Ionenbindungsmodell

Bildung von Ionen und Salzen

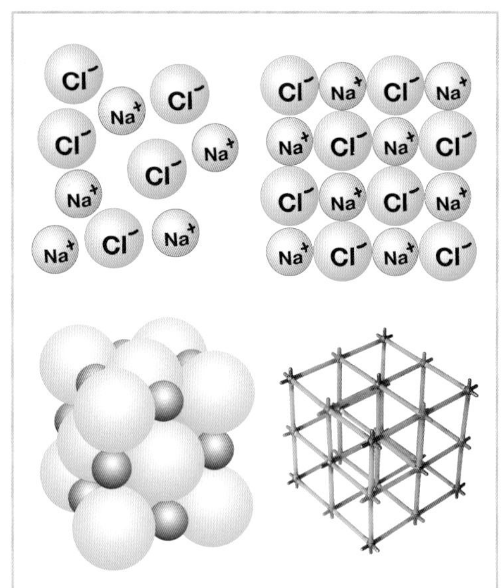

Abb. 048–1: *Ionen bilden einen Festkörper und in diesem ordnen sie sich in Form eines Ionengitters.*

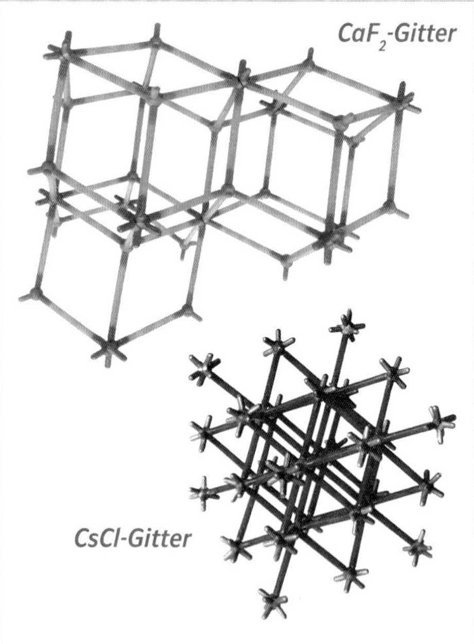

Abb. 048–2: *Über die Geometrie des Ionengitters entscheidet die Ionengröße und das Ladungverhältnis der beteiligten Ionen.*

Abb. 048–3: *Eine Magnesium-Tablette ist kein Metall sondern eine Ionenverbindung (Salz) mit Mg^{2+} als Kation.*

Auch enthalten manche Deos kein Aluminium sondern ein Aluminiumsalz.

Zwischen Atomen mit großem Elektronegativitätsunterschied, vereinfacht zwischen Metall- und Nichtmetall-Atomen, kommt es zu einer Übertragung von Elektronen. Metalle geben Elektronen ab und bilden positive Ionen, die man **Kationen** nennt. Nichtmetalle nehmen Elektronen auf und bilden negative Ionen, die man **Anionen** nennt. Die Ionenladung wird immer rechts oben neben dem Elementsymbol angegeben zB Na^+ oder O^{2-}.

Die Bildung von Kationen und Anionen erfolgt immer gleichzeitig und unter Berücksichtigung der Elektroneutralität (= es entstehen gleich viele positive wie negative Ladungen). Jedes gebildete Ion wirkt auf die entgegengesetzt geladenen Ionen in allen Raumrichtungen anziehend. Dadurch entsteht ein Gitter, das als **Ionengitter** bezeichnet wird. Die gebildeten Verbindungen nennt man **Salze** oder **Ionenverbindungen**.

Bildung und Benennung von Kationen

Die Ladung der Metallatome hängt von der Elektronenkonfiguration und damit von der Stellung im PSE ab.

Bei den Metall-Atomen des s-Blocks (1. und 2. Gruppe) wird die Oktettregel immer erfüllt. Metalle der 1. Gruppe bilden einfach positiv geladene Ionen (zB Na^+), die der 2. Gruppe zweifach positiv geladene Ionen (zB Mg^{2+}).

Bei den Metallen des p-Blocks (Gruppen 13 bis 16) sind ab der 4. Periode zwei Ionenladungen möglich: Entweder werden alle Außenelektronen abgegeben (Oktettregel) oder nur die p-Elektronen. Die Atome der 13. Gruppe können mit Ausnahme von Aluminium (ausschließlich +3) Ionen mit der Ladung +1 und +3 bilden (zB Tl^+ oder Tl^{3+}). Die Metall-Atome der 14. Gruppe bilden Ionen mit der Ladung +2 und +4 (zB Pb^{2+} oder Pb^{4+}) und die der 15. Gruppe Ionen mit +3 und +5 (Bi^{3+} oder Bi^{5+}).

Bei den Metall-Atomen des d-Blocks und f-Blocks sind auf Grund der komplexen Verhältnisse bei den Valenz-Elektronen unterschiedliche Ionen-Ladungen möglich.

Der Name des Kations ist identisch mit dem Metallnamen. Dies führt manchmal zu Verständnisschwierigkeiten, ob vom Metall oder dem Metallion gesprochen wird.

Sind für ein Metall-Atom mehrere Ionenladungen möglich, so muss die entsprechende Ladung mit römischen Zahlen nach dem Metallnamen angegeben werden.

Beispiel

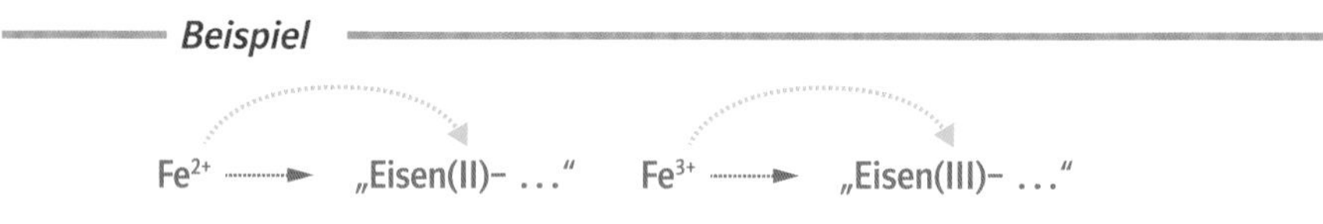

Bildung und Benennung von Anionen

Nichtmetall-Atome gehorchen immer der Edelgas- oder Oktettregel. Die Atome der 17. Gruppe bilden daher immer einfach negativ geladene Ionen, die Atome der 16. Gruppe immer zweifach negative Ionen und die der 15. Gruppe immer dreifach negative Ionen.

Der Name des Anions leitet sich vom Elementnamen (oft von der abgekürzten lateinischen/griechischen Bezeichnung) ab und erhält immer die Endung **-id**.

Nitrid	N^{3-}	Oxid	O^{2-}	Fluorid	F^-
Phosphid	P^{3-}	Sulfid	S^{2-}	Chlorid	Cl^-
				Bromid	Br^-
				Iodid	I^-

Die Ionenladungen im Überblick

H							Ne
Li^+	Be^{2+}	B	C	N^{3-}	O^{2-}	F^-	Ne
Na^+	Mg^{2+}	Al^{3+}	Si	P^{3-}	S^{2-}	Cl^-	Ar
K^+	Ca^{2+}	$Ga^{1+/3+}$	$Ge^{2+/4+}$	As	Se	Br^-	Kr
Rb^+	Sr^{2+}	$In^{1+/3+}$	$Sn^{2+/4+}$	$Sb^{3+/5+}$	Te	I^-	Xe
Cs^+	Ba^{2+}	$Tl^{1+/3+}$	$Pb^{2+/4+}$	$Bi^{3+/5+}$	Po	At	Rn

Die wichtigsten Ionenladungen der Metalle des d-Blocks:

Eisen (Fe) → Fe^{2+} und Fe^{3+}
Kupfer (Cu) → Cu^+ und Cu^{2+}
Nickel (Ni) → Ni^{2+} und Ni^{3+}
Quecksilber (Hg) → Hg_2^{2+} und Hg^{2+}
Silber (Ag) → Ag^+
Gold (Au) → Au^+ und Au^{3+}
Zink (Zn) → Zn^{2+}
Chrom (Cr) → Cr^{3+} und Cr^{6+} in Form von CrO_4^{2-} (Chromat) u. $Cr_2O_7^{2-}$ (Dichromat)
Mangan (Mn) → Mn^{2+} und Mn^{4+} sowie Mn^{7+} in Form von MnO_4^- (Permanganat)

Abb. 049–1: Wichtige Metallionen des d-Blocks (alt: Übergangsmetalle)

Bildung einer Salzformel

Ein Ionengitter ist immer neutral. Man muss daher Kat- und Anionen so zusammenfügen, dass die Summe der Ladungen 0 ergibt.

In einem Gitter sind immer sehr viele Ionen im entsprechenden Verhältnis vorhanden, für die Formel schreibt man immer die kleinste – sich immer wiederholende – Einheit (= **Formeleinheit**) an.

Bei Ionenverbindungen gibt es nur eine Summenformel – entspricht der Formeleinheit – und keine Strukturformel, wie bei Teilchen mit dem Atombindungsmodell.

Bei der Formelbildung beschreitet man folgenden Weg der am Beispiel einer Verbindung zwischen Calcium und Fluor erläutert wird:

(1) Anschreiben des Kat- und Anions: Ca^{2+} F^-

(2) Ionenverhältnis nach dem Prinzip der Elektroneutralität: 1 : 2
$1 \cdot Ca^{2+}$ und $2 \cdot F^{1-}$ $1 \cdot (+2) + 2 \cdot (-1) = 0$

(3) Anschreiben der Ionen ohne Ladung (das Kation immer zuerst) und Angabe des Verhältnisses der Ionen als kleinen Index nach dem Ion (die Zahl 1 wird nicht angeschrieben). $Ca_{(1)}F_2 \rightarrow CaF_2$

Benennung von Salzen

Der Name der Ionenverbindung setzt sich aus Kationen- und Anionennamen zusammen. So heißt die Verbindung $MgCl_2$ Magnesiumchlorid. Das Ionenverhältnis geht nicht in den Namen ein.

Die folgende Tabelle zeigt weitere Beispiele, wie man Formel und Namen von Salzen ermittelt und anschreibt.

Kation	*Anion*	*Ionenverhältnis*	*Formel*	*Name*
Na^+	F^-	1 : 1	NaF	*Natriumfluorid*
Na^+	O^{2-}	2 : 1	Na_2O	*Natriumoxid*
Mg^{2+}	F^-	1 : 2	MgF_2	*Magnesiumfluorid*
Mg^{2+}	O^{2-}	1 : 1	MgO	*Magnesiumoxid*
Al^{3+}	F^-	1 : 3	AlF_3	*Aluminiumfluorid*
Al^{3+}	O^{2-}	2 : 3	Al_2O_3	*Aluminiumoxid*
Pb^{2+}	F^-	1 : 2	PbF_2	*Blei(II)-fluorid*
Pb^{2+}	O^{2-}	1 : 1	PbO	*Blei(II)-oxid*
Pb^{4+}	F^-	1 : 4	PbF_4	*Blei(IV)-fluorid*
Pb^{4+}	O^{2-}	1 : 2	PbO_2	*Blei(IV)-oxid*

In alten Büchern findet man manchmal noch Bezeichnungen wie zB Bleidioxid. Heute ist ausschließlich die Bezeichnung Blei(IV)-oxid üblich.

Übungen 49.1 bis 49.3

1. Bilde alle möglichen binären (Binär = aus 2 Ionensorten aufgebaut) Ionenverbindungen (Formel und Name) aus folgenden Atomen:
   Ba, Cl, P, K, S, Sn, Bi
2. Bestimme die Formeln von Silber(I)-sulfid, Niob(V)-oxid, Eisen(III)-chlorid
3. Benenne folgende Ionenverbindungen: MnO_2, CuCl, WO_3, $TiCl_4$

NH_4^+	Ammonium-Ion
OH^-	Hydroxid-Ion
SO_3^{2-}	Sulfit-Ion
HSO_3^-	Hydrogensulfit-Ion
SO_4^{2-}	Sulfat-Ion
HSO_4^-	Hydrogensulfat-Ion
NO_2^-	Nitrit-Ion
NO_3^-	Nitrat-Ion
PO_4^{3-}	Phosphat-Ion
HPO_4^{2-}	Hydrogenphosphat-Ion
$H_2PO_4^-$	Dihydrogenphosphat-Ion
CO_3^{2-}	Carbonat-Ion
HCO_3^-	Hydrogencarbonat-Ion
MnO_4^-	Permanganat-Ion
$Cr_2O_7^{2-}$	Dichromat-Ion
CN^-	Cyanid-Ion
SiO_4^{4-}	Ortho-Silicat-Ion

Abb. 050–1: Formel und Name mehratomiger Ionen (= Komplex-Ionen)

Übung 50.1 und 50.2

1. Bestimme die Formel von:
   a) Magnesiumnitrat
   b) Blei(II)-nitrat
   c) Eisen(III)-phosphat
   d) Eisen(II)-phosphat
   e) Nickel(II)-bromid
   f) Kupfer(II)-sulfat
   g) Calciumcarbonat
   h) Bariumhydroxid
   i) Natriumhydrogencarbonat
   j) Kaliumhydrogenphosphat
   k) Kupfer(II)-sulfid
   l) Kaliumdichromat
   m) Eisen(III)-cyanid
   n) Kupfer(I)-sulfit
2. Bestimme die Namen von:
   a) $Ti(SO_4)_2$
   b) $Au(NO_3)_3$
   c) $Al(OH)_3$
   d) $Co(H_2PO_4)_2$
   e) $KMnO_4$
   f) $Ca(HCO_3)_2$
   g) $Al_2(HPO_4)_3$

Salze mit Metallkationen des d-Blocks

Mit Hilfe des Namens kann jede beliebige Formel aufgestellt werden. Die römische Zahl in Klammer gibt immer die Ladung des jeweiligen Kations an. Das Aufstellen der Formel entspricht dann dem oben beschriebenen Weg:

Eisen(III)-chlorid ⇒ Fe^{3+} und Cl^- ⇒ Ionenverhältnis 1:3 ⇒ $FeCl_3$

Titan(IV)-oxid ⇒ Ti^{4+} und O^{2-} ⇒ Ionenverhältnis 1:2 ⇒ TiO_2

Umgekehrt kann jederzeit aus der Formel auf die Ionenladung und damit auf den vollständigen Namen geschlossen werden. Aus dem Ionenverhältnis und der Ladung des Anions ergibt sich die Ladung des Kations.

$AuCl_3$ ⇒ Cl^- Ionenverhältnis: 1:3 ⇒ Au^{3+} ⇒ Gold(III)-chlorid

Cr_2O_3 ⇒ O^{2-} Ionenverhältnis: 2:3 ⇒ Cr^{3+} ⇒ Chrom(III)-oxid

Salze mit mehratomigen Ionen

Neben den einfachen Nichtmetall- und Metall-Ionen gibt es auch mehratomige Ionen. Mehratomige Ionen sind geladene Atomgruppen, die oft aus Molekülen durch Aufnahme bzw. Abgabe von H^+ entstanden sind. (Abb. 50–1)

Bei der Formelerstellung werden mehratomige Ionen wie einfache Ionen betrachtet. Sind auf Grund der Elektroneutralität mehrere mehratomige Ionen innerhalb der Salzformel nötig, so schreibt man diese in Klammer und die Anzahl als kleinen Index hinter die Klammer.

Beispiele

Ammoniumsulfat	→	NH_4^+ und SO_4^{2-}	→	2:1	⇒	$(NH_4)_2SO_4$
Eisen(III)-nitrat	→	Fe^{3+} und NO_3^-	→	1:3	⇒	$Fe(NO_3)_3$
Calciumnitrit	→	Ca^{2+} und NO_2^-	→	1:2	⇒	$Ca(NO_2)_2$
Magnesiumphosphat	→	Mg^{2+} und PO_4^{3-}	→	3:2	⇒	$Mg_3(PO_4)_2$
Eisen(II)-hydrogensulfat	→	Mg^{2+} und PO_4^{3-}	→	3:2	⇒	$Mg_3(PO_4)_2$

Der „Kleine Unterschied"

Die Übertragung von Elektronen bewirkt einen gewaltigen Eigenschaftsunterschied:

Chlor
Cl_2
Gas

Natriumchlorid
NaCl
Salz

Natriumatome	Chlormoleküle	Natrium- und Chlorid-Ionen
Na … p^+: 11 e^-: 11	→	Na^+ … p^+: 11 e^-: 10
	Cl … p^+: 17 e^-: 17 →	Cl^- … p^+: 17 e^-: 18
sehr reaktionsfreudiges Metall, reagiert heftig mit Wasser unter Entwicklung von Wasserstoff	sehr giftiges, grünliches Gas mit „Schwimmbadgeruch"	weißes Salz, das in Maßen genossen, ungefährlich ist

Energieumsatz bei der Salzbildung

Für die Bildung eines Ionengitters sind viele Teilschritte notwendig. Diese werden in der folgenden Abbildung schematisch wiedergegeben.

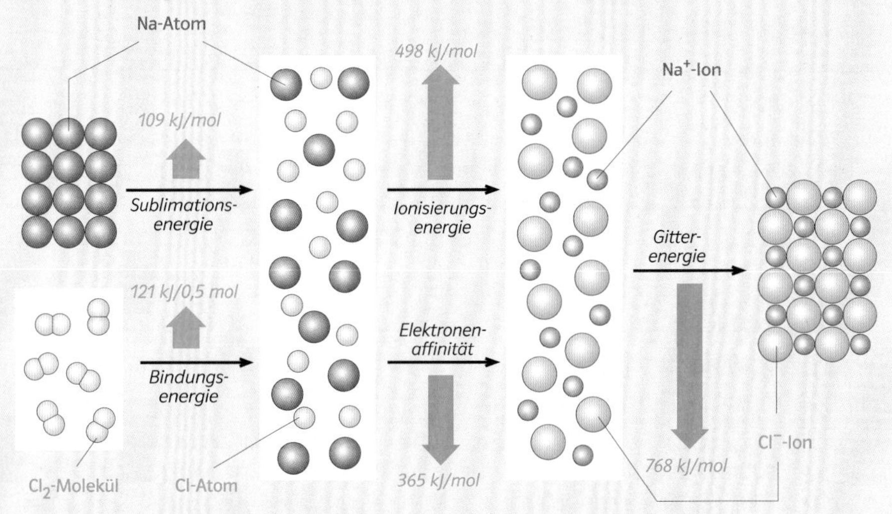

Die Energiebilanz in Form von Reaktionsgleichungen

Die Energiebeträge werden üblicherweise als ΔH-Werte (H von „heat") angegeben. Wird Energie frei, ist der Wert vereinbarungsgemäß negativ, wird Energie benötigt ist er positiv.

(1) $Na(s)$	→	$Na(g)$	Sublimationsenergie	... ΔH_1
(2) $Cl_2(g)$	→	$2\ Cl(g)$	Bindungsenergie	... ΔH_2
(3) $Na(g)$	→	$Na^+(g) + 1\ e^-$	Ionisierungsenergie	... ΔH_3
(4) $Cl(g) + 1\ e^-$	→	$Cl^-(g)$	Elektronenaffinität	... ΔH_4
(5) $Na^+(g) + Cl^-(g)$	→	$NaCl(s)$	Gitterenergie	... ΔH_5

Die Summe der Energiebeträge, gibt den Gesamtenergiebetrag ΔH_R an. Die Ausbildung des Ionengitters liefert den größten Energiebetrag (Gitterenergie) und ist damit der Hauptgrund für die Ionenbindung. Die Gitterenergie steigt meist mit der Ladung der Ionen.

Welche Ladung die Ionen besitzen, ist in vielen Fällen ein „Kompromiss" zwischen der Ionisierungsenergie (je mehr Elektronen entfernt werden, desto mehr Energie ist dafür notwendig) und der Gitterenergie (je größer die Ladung, desto größer ist meist die Gitterenergie). Stabile Ionen entstehen daher oft durch Ausbildung einer Edelgas-Elektronenkonfiguration.

Die **Gitterenergie** (= **Gitterenthalpie**) ist

→ ***abhängig von der Größe der beteiligten Ionen***
Je größer die Ionen, desto kleiner ist die frei werdende Gitterenergie, da die Anziehungskräfte mit zunehmender Entfernung der positiven Kerne von der negativen Elektronenhülle des Bindungspartners abnehmen.
Beispiele:
Gitterenthalpie der Alkalifluoride bei 25 °C in kJ/mol

Formel	$r(X^+)$ pm	ΔH_G kJ/mol
LiF	74	1039
NaF	102	920
KF	138	816
RbF	149	780
CsF	170	749

→ ***abhängig von der Ladung der beteiligten Ionen***
Je größer die Ladungen, desto größer sind die Anziehungskräfte und umso größer ist die Gitterenergie.
Beispiele:
molare Gitterenthalpie bei 25 °C in kJ pro mol (vergleichbaren Ionenradii bei den Ionen in den Beispielen.)

Kationen	Anionen	ΔH_G kJ/mol
Na^+	Cl^-	780
Na^+	S^{2-}	2207
Mg^{2+}	Cl^-	2502
Mg^{2+}	S^{2-}	3360

Abb. 051-1: Die Gitterenthalpie

	kJ/mol	eV
1.	520,2 kJ/mol	5,391
2.	7298,1 kJ/mol	75,639
3.	11815,0 kJ/mol	122,454

Abb. 051-2: Die Ionisierungsenergien von Li

Beispiel

Das Schema rechts zeigt die Energieänderungen bei der Bildung von festem Lithiumchlorid aus Lithiummetall und Chlorgas mit den entsprechenden Zwischenschritten.

(1) Berechne die Gitterenergie ΔH_5 von LiCl anhand der im Schema angegeben Werte.
(2) Welche Faktoren beeinflussen den Wert der Gitterenergie?
(3) Warum gibt es kein $LiCl_2$?
(4) Wie nennt man die Energieänderung, die ΔH_2 angibt?
(5) Wäre ΔH_2 für Rubidium größer oder kleiner als für Lithium? Begründe deine Antwort.
(6) Welcher ΔH-Wert ist ein Maß für die Bindungsenergie im Chlormolekül?
(7) Wie nennt man die Energieänderung, die ΔH_4 angibt?
(8) Welchen Trend zeigt ΔH_4 in der Gruppe der Halogene?
(9) Ist der Reaktionsschritt, der durch ΔH_4 bestimmt wird, für alle Nichtmetalle negativ?

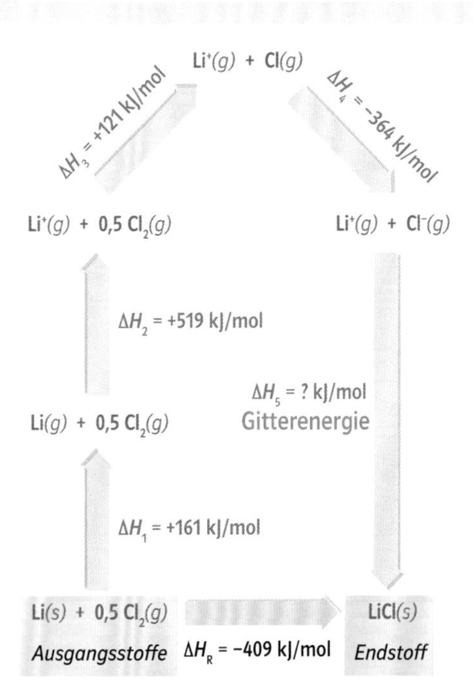

2.11 Wichtige Salze

Kochsalz - Natronlauge

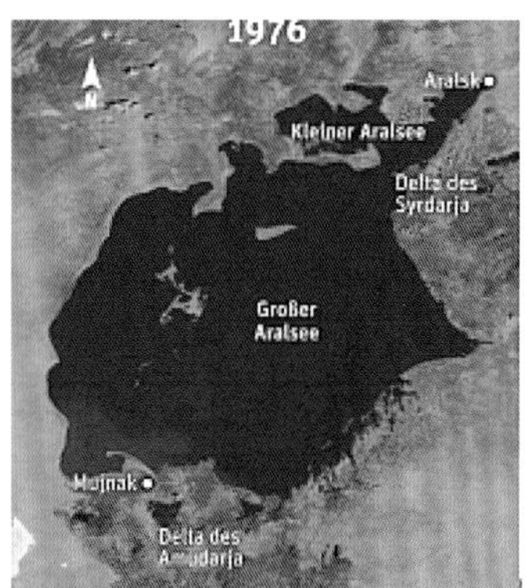

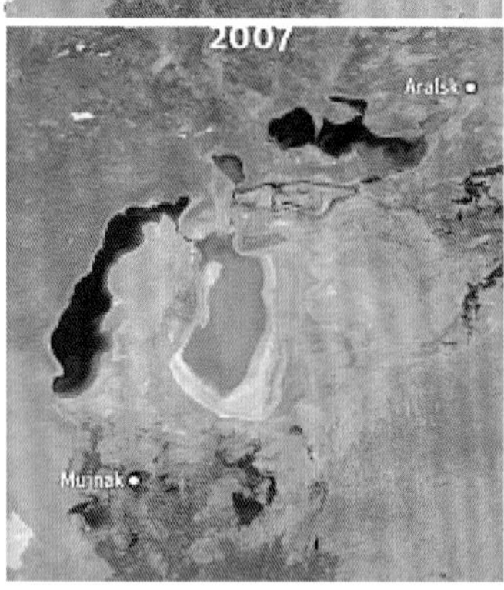

Abb. 052-1: *Der Aralsee, der durch die Übernutzung der Zuflüsse (Bewässerung für den Baumwollanbau) vom einst viertgrößten See in den letzten Jahrzehnten etwa 80% seiner Fläche verloren hat.*

Der südliche Teilsee davon ist heute ohne Fische, die umliegende Gegend ist großteils eine Salzwüste

Abb. 052-2: *Laugengebäck (Brezel) wird vor dem Backen in 4 % Natronlauge getaucht. Es erhält dadurch seine charakteristische braune Oberfläche*

Kochsalz - Natriumchlorid - NaCl

Natriumchlorid bildet den Hauptbestandteil des Salzgehalts im Meerwasser. Dieses enthält 3,5 % gelöste Salze, 2,7 % davon NaCl. Auf den Kontinenten kommt es als Steinsalz in Salzlagerstätten vor. Auch diese stammen aus dem Meerwasser und entstanden aus Meeresteilen, die vom Weltmeer abgetrennt wurden und durch klimatische Veränderungen austrockneten. Auch heute gibt es solche Salzseen aus beinahe bis vollständig gesättigten Salzlösungen. Beispiele sind das Tote Meer in Israel und der Große Salzsee in Utah, USA. Die Veränderung des Aralsees in Zentralasien ist eine vom Menschen verursachte Salzwüste (Abb. 52-1).

Salzlagerstätten

Die gelösten Salze schieden sich in der Reihenfolge der Löslichkeit aus dem Wasser aus, wurden von Ton überdeckt und so vor Wiederauflösung geschützt. In vielen solchen Lagerstätten kommen die Salze in der ursprünglichen Schichtung vor (zB Deutschland, Polen). Die österreichischen Salzlagerstätten in den Alpen wurden durch die alpine Gebirgsbildung verändert und bestehen aus einem Gemisch aus Salz, Gips und Ton. Diese Mischung wird **Haselgebirge** genannt. Das Salz gewinnt man bei uns durch Herauslösen aus dem Haselgebirge mit Wasser. Die dabei entstehende **Sole** - eine gesättigte Salzlösung - wird herausgepumpt und eingedampft und so das Steinsalz gewonnen. In ungestörten Lagerstätten wird Steinsalz meist bergmännisch abgebaut. Man vermeidet so den Energiebedarf beim Eindampfen.

Aus dem Meerwasser wurde und wird heute noch Salz durch Verdunstung des Wassers in flachen Becken gewonnen. Die Salzproduktion im Zusammenhang mit der Meerwasserentsalzung gewinnt an Bedeutung. Die weltweite Salzproduktion beträgt etwa 280 Mio. t, 70 - 80 % davon aus Steinsalzlagerstätten.

Salz ist für den Menschen ein lebensnotwendiger Mineralstoff. Der Salzbedarf eines erwachsenen Menschen beträgt etwa 3–6 g/Tag. Zu wenig Salz ist auf Dauer sehr gesundheitsschädlich. Deshalb wurde es in Europa früher als wertvolles Handelsgut auf den „Salzstraßen" transportiert und war hoch besteuert. Auch Tiere benötigen Salz. Dem Weidevieh wird es als „Leckstein" angeboten. Heute wird allerdings meist zu viel Salz konsumiert, vor allem durch Fertiggerichte. Dies kann zu hohem Blutdruck und Herz-Kreislauferkrankungen führen.

Salz ist ein wichtiger Rohstoff für die chemische Industrie. Es dient vor allem zur Erzeugung der Grundchemikalien Natriumhydroxid und Natriumcarbonat (Soda).

Natronlauge - Natriumhydroxid - NaOH

Natriumhydroxid ist ein hygroskopisches, gut wasserlösliches Salz, dessen wässrige Lösung Natronlauge genannt wird. Sie reagiert sehr stark basisch und wirkt ätzend.

Natronlauge benötigt man in großen Mengen (Weltproduktion ca. 60 Mio. t/a 2010) zur Herstellung von Seife, zur Erzeugung von Cellulose aus Holz zur Herstellung von Viskosefasern, zur Bauxit-Reinigung bei der Aluminiumherstellung, zum Regenerieren von Ionenaustauschern bei der Wasserenthärtung. Als Reinigungsmittel spielt Natronlauge in industriellen Reinigungsverfahren die Hauptrolle. Besonders fettige Verunreinigungen werden mit heißer Natronlauge rasch gelöst, wobei wie bei der Seifenherstellung Fett in Seife umgewandelt wird. Mehrwegflaschen werden so gereinigt (Milch usw.). Dabei fallen große Mengen an stark basischen Abwässern an, die umfangreiche Neutralisations- und Kläranlagen erfordern.

Im Haushalt findet sich Natronlauge ziemlich konzentriert in Abflussreinigern und in Abbeizmitteln für Lacke. Diese gehören daher zu den gefährlichsten Haushaltsprodukten. Beim Umgang mit ihnen sind Schutzbrillen unbedingt erforderlich, da schon verdünnte Natronlauge auf der Hornhaut zu Erblindung führen kann.

Soda – Natriumcarbonat – Na_2CO_3

Soda kommt in der Natur in Afrika, Nord- und Südamerika und Asien in den „Natronseen" vor. Bis zu Beginn des 19. Jahrhunderts wurde Soda hauptsächlich aus diesen und aus der Asche NaCl-reicher Meerespflanzen gewonnen. Soda war sehr teuer, was sich auch auf den Preis ihrer Folgeprodukte Glas und Seife auswirkte. Erst mit der Entwicklung brauchbarer Syntheseverfahren für Soda wurden diese Produkte der Allgemeinheit zugänglich (Hygiene).

Solvay-Verfahren

Der größte Teil der weltweiten Sodaproduktion erfolgt nach dem Solvay-Verfahren. Der Rohstoff zur Sodaerzeugung ist Natriumchlorid. In eine fast gesättigte Natriumchloridlösung wird Ammoniak und anschließend Kohlenstoffdioxid (gewonnen aus Kalk durch starkes Erhitzen = brennen) eingeleitet. Dabei bilden sich Ammonium-Ionen sowie Hydrogencarbonat-Ionen. Durch die hohe Konzentration der Ionen kristallisiert das nur mäßig lösliche Natriumhydrogencarbonat aus. Alle anderen Ionenkombinationen sind gut lösliche Salze. Natriumhydrogencarbonat wird abfiltriert und erhitzt, wobei es in das gewünschte Produkt Natriumcarbonat, Kohlenstoffdioxid und Wasserdampf zerfällt.

Aus dem Filtrat wird Ammoniak durch Zugabe des gebrannten Kalkes wieder zurückgewonnen und kann neuerlich verwendet werden. Als einziger Abfall bleibt Calciumchloridlösung übrig.

Etwa die Hälfte der weltweiten Sodaproduktion wird zur Herstellung von Glas eingesetzt. Bei der Produktion von Seife wurde Soda zum Großteil von Natriumhydroxid verdrängt. Es wird aber in beträchtlichen Mengen den Waschmitteln und den Geschirrspülmitteln für Spülmaschinen beigegeben. Große Mengen werden auch für die Wasserenthärtung benötigt.

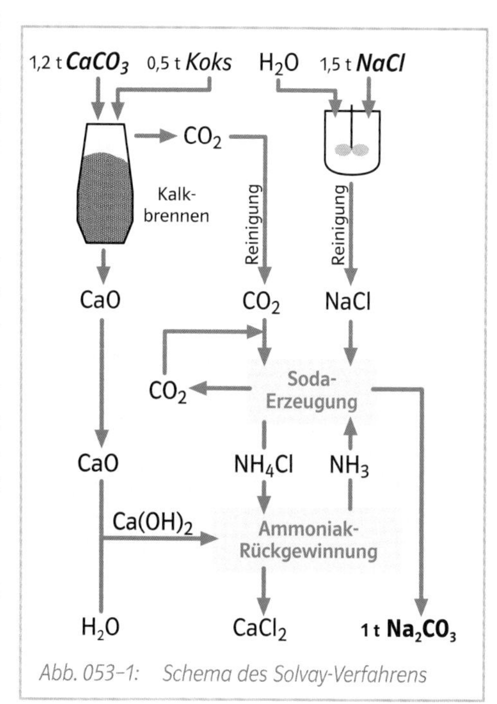

Abb. 053-1: *Schema des Solvay-Verfahrens*

Kalk und Dolomit – die Carbonatgesteine

Calciumcarbonat $CaCO_3$, Hauptbestandteil des Kalkgesteins, und Calcium-Magnesiumcarbonat $CaCO_3 \cdot MgCO_3$, Hauptbestandteil des Dolomitgesteins, sind die zwei häufigsten Carbonate der festen Erdkruste. Sie treten gebirgsbildend auf, wie in den nördlichen und südlichen Kalkalpen und in den Dolomiten Süd- und Osttirols.

Charakteristisch ist die im Vergleich zu Silikatgesteinen rasche Verwitterung, die durch Kohlensäure verursacht wird. Sie entsteht, wenn sich CO_2 aus der Luft in Wasser löst. Die Carbonationen werden durch Kohlensäure in Hydrogencarbonationen umgewandelt. Im Unterschied zu den schwerlöslichen Carbonaten sind die Hydrogencarbonate von Calcium und Magnesium wasserlöslich. Die Carbonate werden also in einer relativ raschen Reaktion chemisch umgewandelt und gelöst. Calcium- und Magnesiumhydrogencarbonat bilden dann die Hauptbestandteile der Wasserhärte (Exkurs Wasser S. 45). Die rasche Verwitterung führt vor allem beim Kalk zu typischen schroffen Verwitterungsformen mit Schluchten, Dolinen und Höhlen, die **Karsterscheinungen**. Durch die Rückbildung von Kalk aus den gelösten Hydrogencarbonaten bei der Wasserverdunstung entstehen Tropfsteine. Beim härteren Dolomit verläuft die Verwitterung langsamer, und es treten keine typischen Karsterscheinungen auf.

Kalk ist Ausgangsstoff für die Herstellung des Baustoffs Kalkmörtel (Exkurs Baustoffe S. 57). Als Zuschlagstoff für Beton wird vor allem der härtere Dolomit verwendet, ebenso als Material für den Wegebau. Dolomitsteinbrüche liefern scharfkantigen Sand, der sich beim Verdichten verzahnt.

Marmor ist durch hohen Druck im Erdinneren umgewandelter Kalk (seltener auch Dolomit). Er eignet sich zur Herstellung von Boden- und Wandbelägen und in der Bildhauerei für Skulpturen. Berühmt ist der weiße Marmor aus dem italienischen Carrara, aus dem Michelangelo seine Kunstwerke (Pieta, David, Moses) geschaffen hat.

Gemahlener Kalk und auch Dolomit wird den Düngemitteln zugesetzt und wirkt gegen Bodenübersäuerung.

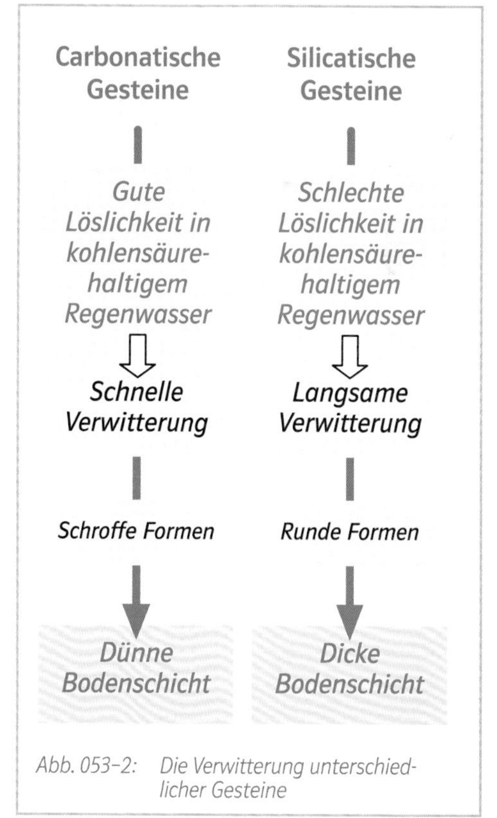

Abb. 053-2: *Die Verwitterung unterschiedlicher Gesteine*

2.12 Eigenschaften von Ionenverbindungen

Schmelzpunkt – Wasserlöslichkeit – Kristallwasser

$ZnCl_2$	275 °C
$K_2Cr_2O_7$	398 °C
KI	681 °C
$MgCl_2$	708 °C
NaCl	801 °C
ZnF_2	872 °C
FeS	1193 °C
CaF_2	1423 °C
$Ca_3(PO_4)_2$	1670 °C
MgO	2852 °C

Abb. 054–1: *Schmelzpunkte einiger Ionenverbindungen*

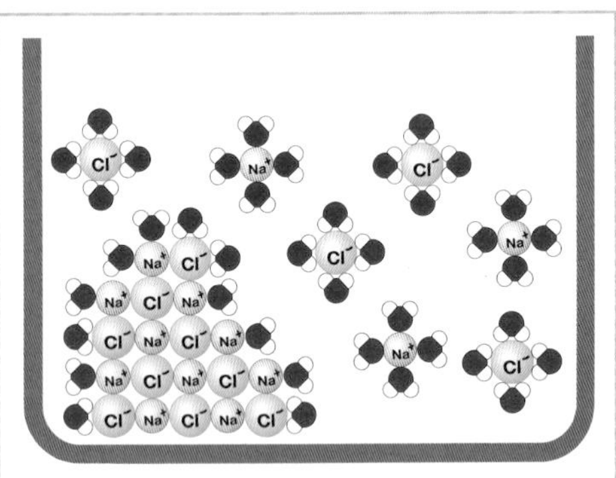

Abb. 054–2: *Salze lösen sich gut in polaren Lösungsmitteln*

$CoCl_2 \cdot 6\ H_2O$ *Cobalt(II)-chlorid-Hexahydrat*	rosa
$CoCl_2$ *Cobalt(II)-chlorid*	blau
$CuSO_4 \cdot 5\ H_2O$ *Kupfer(II)-sulfat-Pentahydrat*	blau
$CuSO_4$ *Kupfer(II)-sulfat*	weiß
$NiSO_4 \cdot 7\ H_2O$ *Nickel(II)-sulfat-Heptahydrat*	grün
$NiSO_4$ *Nickel(II)-sulfat*	gelb

Abb. 054–3: *Salze mit und ohne Kristallwasser*

Schüler-Experimente 2.3 u. 2.4

Wasserlöslichkeit von Salzen

Taschenwärmer

Durch das Ionengitter sind Salze bei Raumtemperatur immer Feststoffe.

Schmelzpunkt

Die Schmelzpunkte sind sehr hoch, weil beim Schmelzen der Zusammenhalt im Gitter - die **Gitterenergie E_G** - überwunden werden muss. Zum Unterschied zu Molekülen wird hier beim Schmelzvorgang eine Hauptvalenz aufgebrochen.

In der Schmelze haben die Ionen ihre Gitterplätze verlassen und sind frei beweglich.

$$MgCl_2(s) \rightarrow Mg^{2+}(l) + 2\ Cl^-(l)$$

[(s) ... solid ⇒ festes Salz ; (l) ... liquid ⇒ Salzschmelze]

Auch in der Salzschmelze bleibt das Ionenverhältnis selbstverständlich erhalten. Da die Ionen jetzt nicht mehr miteinander verbunden sind, schreibt man das Verhältnis der Ionen als Faktoren vor das jeweilige Ion.

Wasserlöslichkeit

Salze sind oft gut wasserlöslich. Der Vorgang erfolgt in den meisten Fällen ohne äußere Energiezufuhr. Auf den ersten Blick erscheint diese Tatsache verwunderlich, weil auch beim Lösen die Gitterenergie E_G überwunden werden muss.

Wasser-Moleküle – als Dipolmoleküle – werden von den Ionen angezogen und lagern sich an der Oberfläche des Gitters entsprechend ihrer Teilladung an. Bei der Anlagerung wird Energie frei, die zur Überwindung der Gitterenergie dient. In der Lösung besitzen alle Ionen eine Hülle von Wasser-Molekülen, die **Hydrathülle**.

In der Formelschreibweise wählt man zur Kennzeichnung von wässrigen Lösungen den Index aq. (Lat.: aqua = Wasser)

$$MgCl_2\ (s) \rightarrow Mg^{2+}(aq) + 2\ Cl^-(aq)$$

Die Energie, die bei der Ausbildung der Hydrathülle frei wird, nennt man **Hydratisierungsenergie E_H**. In vielen Fällen ist die Hydratisierungsenergie größer als die Gitterenergie. Das Salz löst sich daher unter Erwärmung. Manche Salze lösen sich allerdings auch unter Abkühlung. In diesen Fällen wird die Gitterenergie nicht ganz von der Hydratisierungsenergie aufgebracht. Der fehlende Energiebetrag wird von der Wärmeenergie des Wassers geliefert, das sich dadurch abkühlt. Ist die Gitterenergie viel größer als die Hydratisierungsenergie, so besitzen die Salze eine geringe Löslichkeit.

Man unterscheidet daher 4 Fälle (Schüler-Experimente 2.3 und 2.4):

$E_G \approx E_H$: Salz löst sich ohne merkliche Temperaturänderung
$E_G < E_H$: Salz löst sich unter Erwärmung
$E_G > E_H$: Salz löst sich unter Abkühlung
$E_G \gg E_H$: Salz löst sich nicht

Kristallwasser

Beim Auskristallisieren aus wässrigen Lösungen verlieren manche Ionen ihre Hydrathülle nicht vollständig. Die im Ionengitter eingebauten Wasser-Moleküle bezeichnet man als Kristallwasser. Der Kristallwassergehalt wird bei der Formel getrennt durch einen Punkt angegeben. Es zeigt das Molverhältnis Salz zu Wasser (zB $CuSO_4 \cdot 5H_2O$ bedeutet, dass pro mol $CuSO_4$, 5 mol H_2O im Kristallverband gebunden sind).

Kristallwasserhältige und kristallwasserfreie Salze unterscheiden sich oft in der Farbe, daher werden diese Substanzen als Feuchtigkeitsindikator eingesetzt. (Abb. 54–3)

Das Kristallwasser wird bei höheren Temperaturen wieder abgegeben. Die Aufnahme bzw. Abgabe von Kristallwasser ist mit einem Energieumsatz verbunden. So erfolgt zB die Ausbildung einer Hydrathülle unter Erwärmung. Dies wird unter anderem auch bei einem Taschenwärmer genutzt (Schüler-Experiment 2.3).

Es gibt keine „Salzfolie"

Salze sind spröde. Auch dies ist eine Eigenschaft, die direkt aus dem Ionengitter hervorgeht. Durch mechanische Beanspruchung des Gitters kommt es zu einer Verschiebung der Gitterebenen, und gleich geladene Ionen stoßen einander ab.

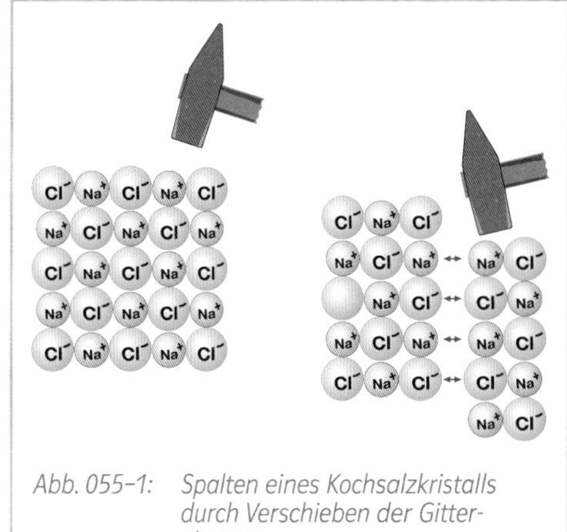

Abb. 055-1: Spalten eines Kochsalzkristalls durch Verschieben der Gitterebenen

Leitfähigkeit

Da in Salzschmelzen und Salzlösungen frei bewegliche Ladungsträger vorliegen, sind diese, zum Unterschied vom festen Salz, elektrisch leitfähig. Lösungen mit beweglichen Ionen bezeichnet man als **Elektrolyte**.

Verwendet man Gleichspannung, so tritt bei der Stromleitung in Elektrolyten an den Polen eine chemische Reaktion ein, die man als **Elektrolyse** bezeichnet.

Kationen wandern zum negativen Pol (Katode) und nehmen dort Elektronen auf, Anionen wandern zum positiven Pol (Anode) und geben dort Elektronen ab.

Beispiel

Katode ⊖: $Mg^{2+}(l) + 2\,e^- \rightarrow Mg(s)$

Anode ⊕: $2\,Cl^-(l) \rightarrow Cl_2(g)$

In wässriger Lösung ist aber oft das Wasser an der Reaktion beteiligt. So kann an der Katode aus dem positiv polarisierten Wasserstoff-Atom (des Wassers) an Stelle des positiven Ions des Elektrolyt-Salzes das Gas Wasserstoff (H_2) entstehen und an der Anode aus gleichem Grund Sauerstoff (O_2).

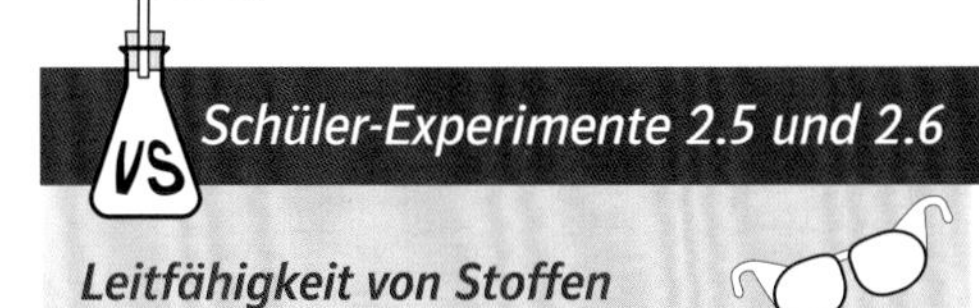

Schüler-Experimente 2.5 und 2.6

Leitfähigkeit von Stoffen
Elektrolyse einer Zinkiodid-Lösung

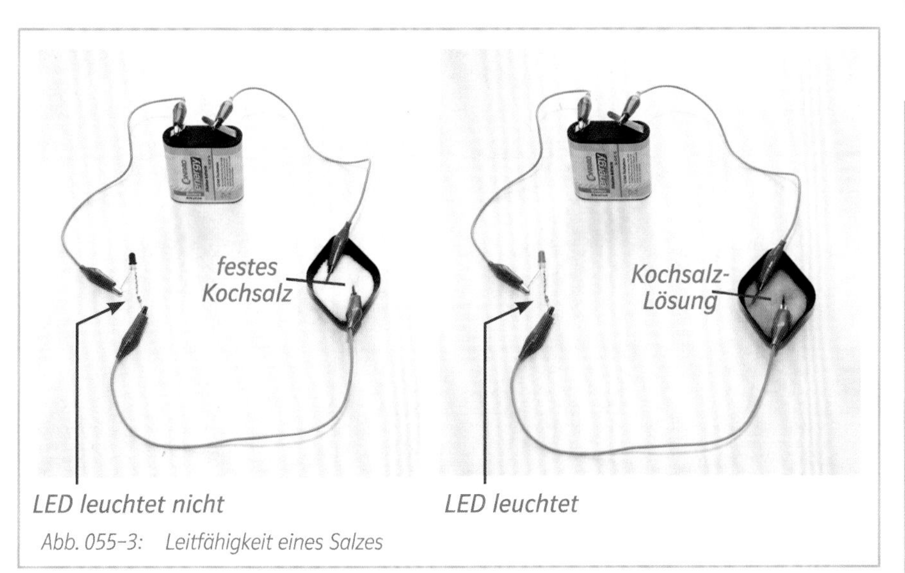

Abb. 055-3: Leitfähigkeit eines Salzes

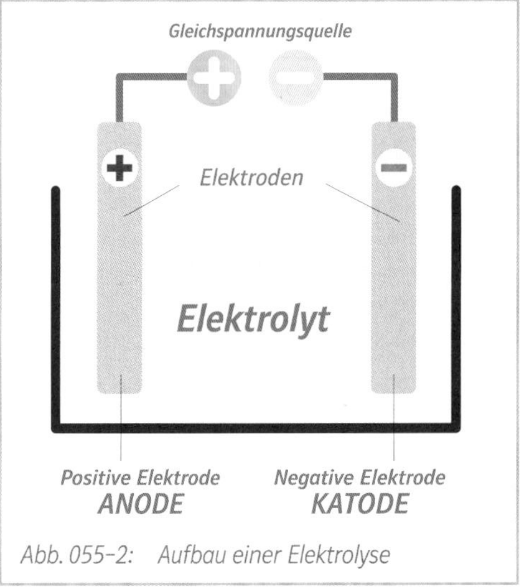

Abb. 055-2: Aufbau einer Elektrolyse

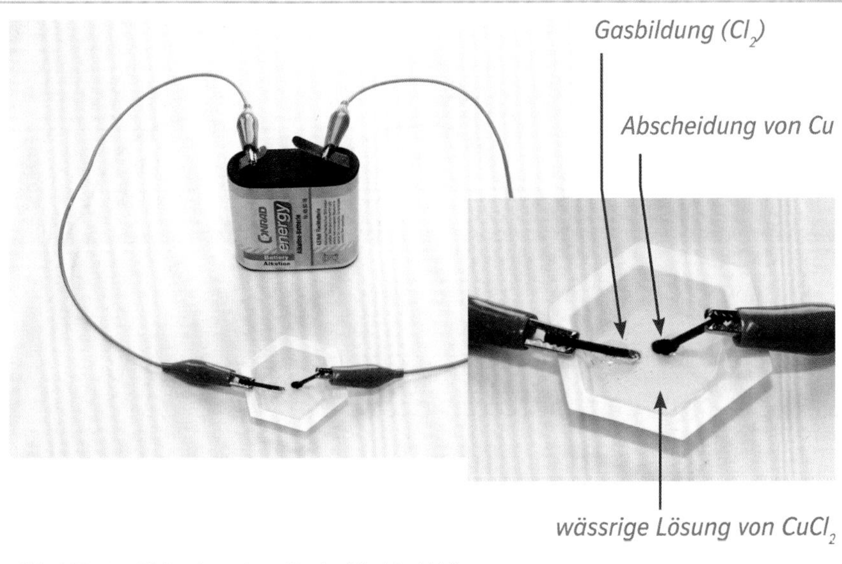

Abb. 055-4: Elektrolyse einer Kupfer(II)-chlorid-Lösung

Übung 55.1 bis 55.3

1. Stelle in Form einer Reaktionsgleichung mit den passenden Indices dar:
   a) Schmelzen von Aluminiumoxid
   b) Lösen von Eisen(III)-nitrat
2. Zeichne eine Hydrathülle mit vier Wassermolekülen
   a) um ein Sulfidion.
   b) um ein Aluminiumion.
3. Beim Erhitzen von 10 g kristallwasserhältigen Magnesiumsulfat vermindert sich die Masse um 5,1 g. Berechne den Wasseranteil und formuliere die Formel für kristallwasserhältiges Magnesiumsulfat.

Düngemittel

Wachstumsgesetz nach Liebig - Mineraldünger - Überdüngung

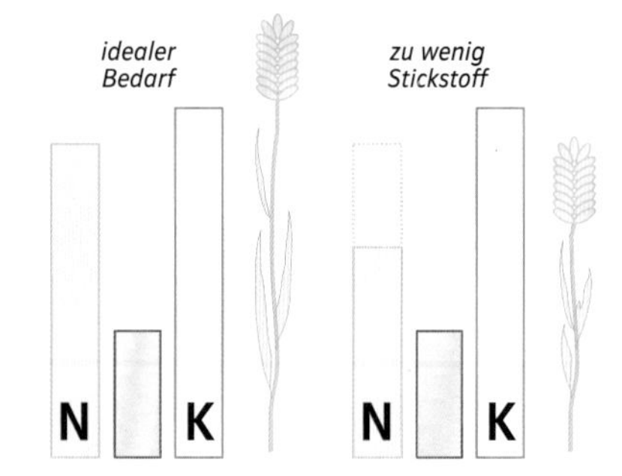

Abb. 056-1: *Minimumgesetz nach Liebig*

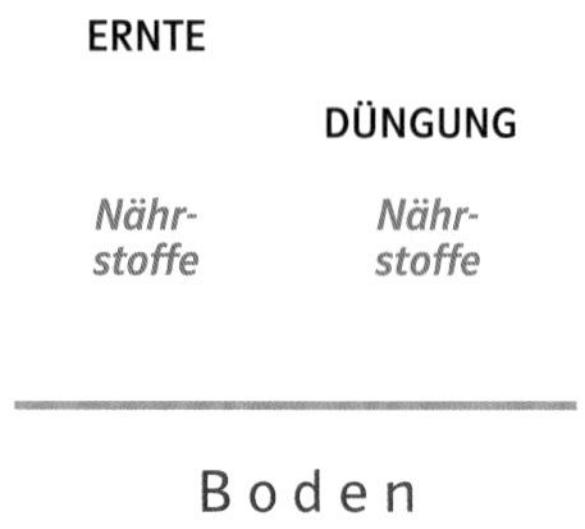

ERNTE

DÜNGUNG

Nährstoffe

Nährstoffe

Boden

Abb. 056-2: *Nährstoffaustausch*

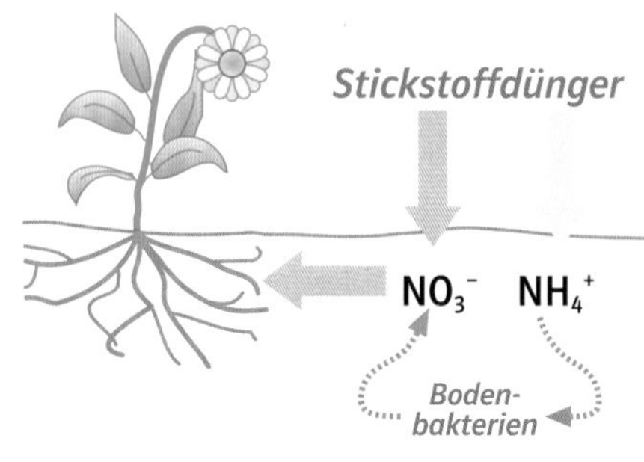

Abb. 056-3: *Stickstoffdüngerwirkung*

Nährstoff (Element)	*Salz im Düngemittel*
N:	NH_4NO_3 $(NH_4)_2SO_4$ $(NH_4)_2HPO_4$ $NH_4H_2PO_4$
P:	$(NH_4)_2HPO_4$ $NH_4H_2PO_4$
K:	K_2SO_4 KCl
Ca:	$CaSO_4$ $CaCO_3$
Mg:	$MgSO_4$ $MgCl_2$

Abb. 056-4: *Düngesalze*

Pflanzen benötigen für ihr Wachstum neben Wasser, Kohlenstoffdioxid aus der Luft und Licht auch zusätzliche Stoffe, Stickstoff, Phosphor, Kalium, Magnesium und Calcium in Form von wasserlöslichen Salzen.

Gesetz vom Wachstumsminimum

Justus von Liebig (1803 – 1873) hat dies schon 1840 erkannt und im Gesetz vom Wachstumsminimum formuliert. Demnach wird das Pflanzenwachstum durch den Nährstoff begrenzt, von dem im Verhältnis zum Bedarf am wenigsten zur Verfügung steht.

Landwirtschaftliche Nutzung

Bei landwirtschaftlicher Nutzung wird mit der Ernte Nährstoff entzogen. Dieser muss durch Düngen dem Boden wieder zugeführt werden, wenn die Fruchtbarkeit erhalten bleiben soll. Im „biologischen Ackerbau" wird dies vor allem mit Gründüngung oder Düngen mit Stallmist und Kompost erreicht.

Mineraldünger

Mineraldünger sind industriell hergestellte Nährsalze. Sie enthalten meist die drei wichtigsten Elemente Stickstoff, Phosphor und Kalium in Ionenform und werden als **NPK-Dünger** bezeichnet.

Stickstoff wird von der Pflanze in Form von Nitrat aufgenommen. Ammonium wird im Boden durch den Luftsauerstoff zu Nitrat oxidiert.

Phosphor nimmt die Pflanze als (Di)-hydrogenphosphat auf. Die oft wasserunlöslichen Phosphate müssen mit Schwefelsäure aufgeschlossen werden.

Kalium in den Düngemitteln wird aus Kalisalzlagerstätten gewonnen. Die Kalisalze entstanden zusammen mit Steinsalz-Lagern durch Austrocknung von Binnenmeeren. Sie werden direkt als Kaliumchlorid zugesetzt oder für chloridempfindliche Kulturen durch Reaktion mit Schwefelsäure in Kaliumsulfat umgewandelt.

Calcium wird als Kalk ($CaCO_3$) eingesetzt. In Kalkgebieten ist eine Kalkgabe nicht nötig. Wichtig ist das Kalken bei sauren Böden, da Calciumcarbonat neben der Calciumversorgung für die Pflanze auch eine Pufferwirkung im Boden ausübt.

Überdüngung

So wichtig der Einsatz von Düngemitteln für die Steigerung der landwirtschaftlichen Erträge ist, so darf nicht übersehen werden, dass eine konzeptlose Anwendung zu massiven ökologischen Problemen führt.

Aus manchen Böden werden die Düngersalze durch die Niederschläge ausgeschwemmt und kommen so in das Grundwasser. Dieses wird dann vor allem durch die Belastung mit Nitrat für die Trinkwasserbereitung unbrauchbar. Nitrat und Phosphat, die in Fließgewässer und vor allem in Seen gelangen, führen dort zu einem hohen Nährstoffangebot für Algen. Durch die extreme Algenvermehrung kann es zu Sauerstoffmangel im Gewässer kommen, da abgestorbene Algen beim Verwesen Sauerstoff verbrauchen. Solche Gewässer nennt man **eutroph** (überernährt).

Auch manche Feldfrüchte speichern bei Überdüngung das für den Menschen gesundheitsschädliche Nitrat in ihren Zellen. Dazu gehören Kartoffeln, aber vor allem Rettiche und Salat bzw. Spinat. Das hat dazu geführt, dass in manchen Ländern Nitrathöchstwerte für Gemüse festgelegt wurden.

Probleme des Düngemitteleinsatzes

Angesichts der stark anwachsenden Erdbevölkerung ist für deren Ernährung die Verwendung von Mineraldünger unumgänglich. Das Ziel muss aber ein möglichst sparsamer und gezielter Einsatz von Agrarchemikalien ingesamt sein. Für den Düngemittelsektor bedeutet dies laufende Bodenanalysen, um nur das einzusetzen, was wirklich notwendig ist.

Baustoffe

Kalk - Gips - Zement - Beton

Beim Bauen benötigt man neben den eigentlichen Baumaterialien wie Ziegel noch Bindemittel. Dies sind Stoffe wie Baukalk und Gips, die mit Wasser zu einer plastischen Masse gemischt werden und nach gewisser Zeit erhärten.

Kalk - $CaCO_3$

Um Kalk (Calciumcarbonat) als Bindemittel zu verwenden, wird das in Steinbrüchen abgebaute Kalkgestein bei 1000 °C gebrannt - „Kalkbrennen" -, wobei sich Kohlenstoffdioxid abspaltet. Das entstandene Calciumoxid heißt in der Technik „gebrannter Kalk". Es wird mit einer exakten Menge Wasser versetzt, wobei es unter Energieabgabe zu Calciumhydroxid („Löschkalk") reagiert. Dieser „Löschkalk" wird als Bindemittel für Mörtel zum Mauern und Verputzen eingesetzt. Kalkmörtel erhärtet unter Aufnahme von Kohlenstoffdioxid aus der Luft, wobei wieder das harte, schwer wasserlösliche Calciumcarbonat entsteht.

Gips - $CaSO_4 \cdot 2\,H_2O$

Zur Herstellung von Baugips wird Gips bei 120 - 160 °C gebrannt. Dabei verliert er den Großteil seines Kristallwassers. Hohe Brenntemperatur führt zum völligen Kristallwasserverlust. Dieser „totgebrannte Gips" erhärtet nicht mehr. Der gebrannte Gips erhärtet unter Wasseraufnahme, wobei das Gipspulver schon nach wenigen Minuten zu fest verwachsenen Gipskristallen kristallisiert. Bei der Reaktion wird etwas Energie frei, und das Volumen nimmt beim Erhärtungsvorgang etwa 1 % zu. Dadurch füllt Gips Löcher in Wänden gut aus, was ihn zum idealen Material für Ausbesserungsarbeiten macht. Auch Gipsabdrücke geben die Form exakt wieder. Im Innenausbau werden zunehmend Gipsverputze und Gips-Kartonplatten verwendet.

Da Gips in geringem Umfang wasserlöslich ist, ist er für Außenverputze ungeeignet.

Zement

Zement ist ein künstlich hergestelltes Silicat. Man geht bei der Zementherstellung von ca. 75 % Kalk und 25 % Ton aus. Dieses Gemisch wird entweder hergestellt, oder man findet es als „Mergel" in der Natur. Zusätzlich wird Flugasche (zB aus dem Kohlekraftwerk Dürnrohr) zugegeben. Das Gemisch wird in Drehrohröfen bei etwa 1400 °C gebrannt. Dabei entweicht Kohlenstoffdioxid, und es bilden sich wasserfreie Calciumsilicate, Aluminate und Alumosilicate.

Um Brennstoff zu sparen und zur Altreifenentsorgung, werden dem Ausgangsmaterial Altreifen zugesetzt. Sie verbrennen dabei. Das entstehende Schwefeldioxid aus dem Schwefelgehalt der Altreifen wird im Zement gebunden.

Beton

Hauptsächlich wird Zement zur Herstellung von Beton verwendet. Dabei wird Zement mit der vier- bis achtfachen Menge Sand und Schotter mit Wasser gemischt. Die Kristalle verwachsen miteinander und mit dem zugesetzten Sand zu einer steinharten Masse, dem Beton.

Zur Erhärtung benötigt der Beton ausschließlich Wasser. Daher erhärtet er auch unter Wasser, was beim Bau von Brückenfundamenten wichtig ist.

Beton ist ein sehr hartes und druckfestes Material, aber spröde und nicht auf Zug und Verwindung belastbar. Deckenkonstruktionen aus reinem Beton würden unter der eigenen Gewichtsbelastung einstürzen. Daher werden Stahlstäbe und Stahlgitter in den Beton eingelegt. Der Stahl ist zugfest und übernimmt die Zugbelastung. Der Beton schützt das Eisen vor Korrosion. Beton und Stahl haben eine gleich starke Temperaturausdehnung. So entstehen bei Temperaturschwankungen keine Risse. Mit diesem Stahlbeton werden Brücken und Hochhäuser gebaut, die mit der früher angewandten Bautechnik nicht möglich waren.

$$CaCO_3 \rightarrow CaO + CO_2$$
Kalkbrennen

$$CaO + H_2O \rightarrow Ca(OH)_2$$
Kalklöschen

$$Ca(OH)_2 + CO_2 \rightarrow CaCO_3 + H_2O$$
Verfestigen von Baukalk

Abb. 057-1: Reaktionen beim Herstellen und Abbinden von Löschkalk

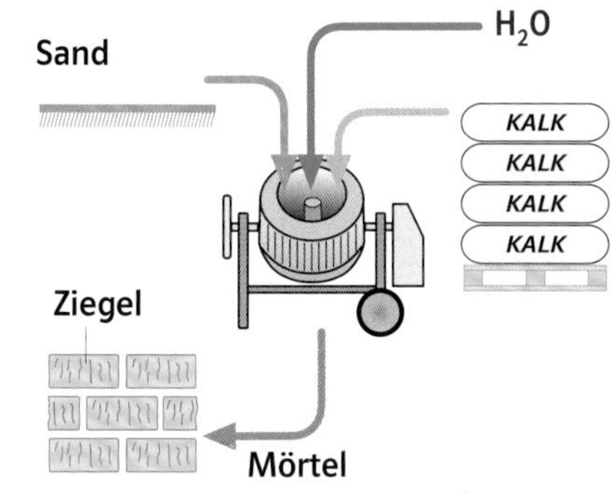

Abb. 057-2: Herstellung von Kalkmörtel

$CaSO_4 \cdot 2\,H_2O$

1,5 H_2O ← Brennen | Abbinden ← 1,5 H_2O

$CaSO_4 \cdot 0{,}5\,H_2O$

Abb. 057-3: Brennen u. Abbinden von Gips

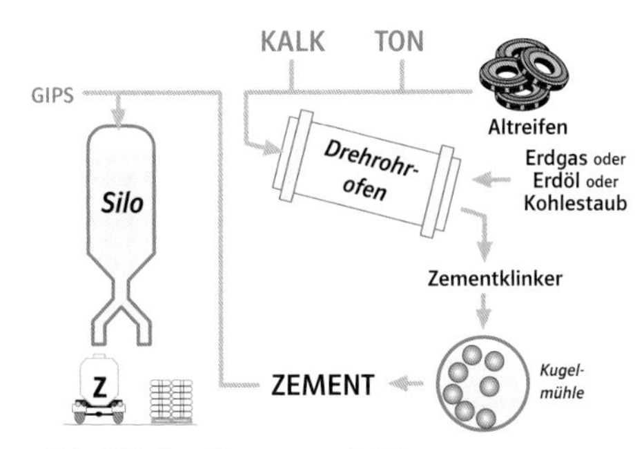

Abb. 057-4: Zementproduktion

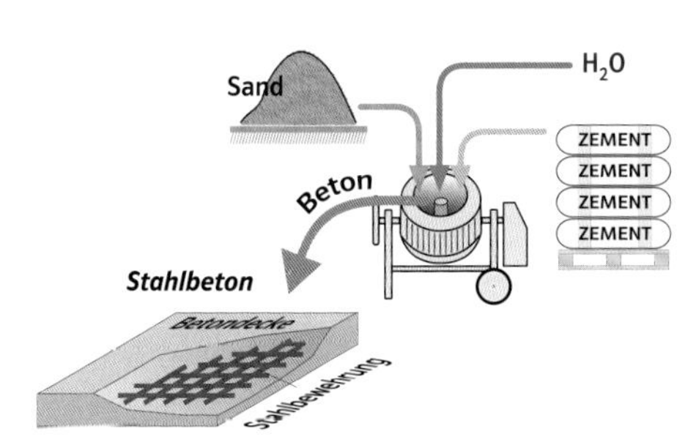

Abb. 057-5: Herstellung von Stahlbeton

2.13 Das Metallbindungsmodell – Metalle

Eigenschaften – Modell – Elektronengas – Atomrümpfe

Wichtige Eigenschaften der Metalle

elektrische Leitfähigkeit
Wärmeleitfähigkeit
Duktilität
Legierungsbildung
Glanz
Undurchsichtigkeit

„Elektronengas" =
Summe der Valenz-Elektronen

Abb. 058-1: Eigenschaften der Metalle

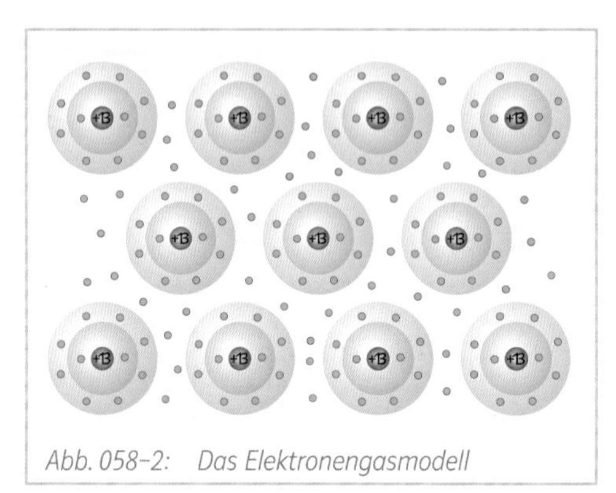

Abb. 058-2: Das Elektronengasmodell

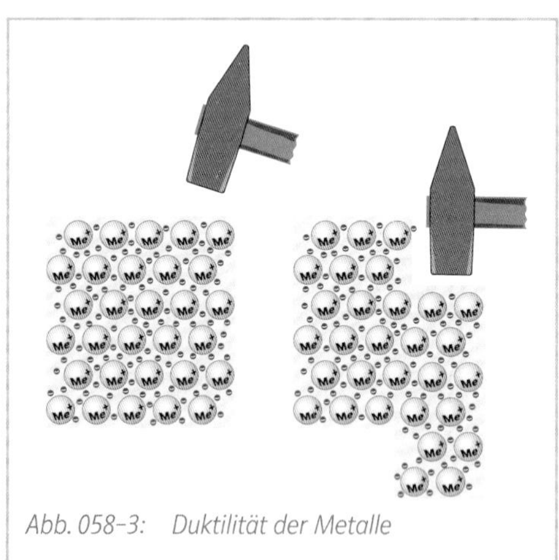

Abb. 058-3: Duktilität der Metalle

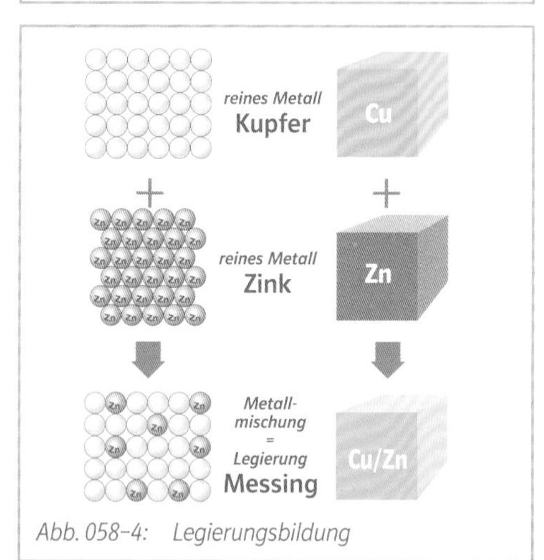

Abb. 058-4: Legierungsbildung

Bei den vorangegangen Bindungsmodellen wurde der rasche, aber historisch falsche Weg beschritten. Das Bindungsmodell wurde vorgestellt und die Eigenschaften der Stoffe anhand des Bindungsmodells erklärt. Hier soll jetzt – in Maßen – aus den Eigenschaften auf das Modell geschlossen werden.

Eigenschaften der Metalle

Rund 2/3 der Elemente sind Metalle. Die Metalle ähneln sich in sehr vielen Eigenschaften. Die Metalle sind bei Raumtemperatur mit Ausnahme von Quecksilber Feststoffe. Sie sind glänzend und bis auf Kupfer und Gold grau. Metalle sind Wärmeleiter und elektrische Leiter. Metalle sind leicht verformbar (duktil) und können zu sehr dünnen Folien ausgewalzt werden.

Einige dieser Eigenschaften beobachtet man bei praktisch allen Metallen im festen und flüssigen Zustand. Bei Metalldämpfen findet man diese Eigenschaft nicht. Sie werden offensichtlich durch die Bindung zwischen den Metall-Atomen hervorgerufen.

Das Modell

Aufgrund des festen Zustands wird eine Gitterstruktur vorliegen. Um die elektrische Leitfähigkeit zu erklären, benötigt man frei bewegliche Elektronen. Das einfache Bindungsmodell, das schon beim Bindungsüberblick kurz beschrieben wurde, erklärt viele (leider nicht alle) Eigenschaften der Metalle.

Elektronengas

Man nimmt an, dass die Metall-Atome ihre Valenzelektronen dem gesamten Teilchenverband zur Verfügung stellen (Abb. 58-2). Diese Elektronen sind damit im gesamten Kristall frei beweglich wie die Teilchen eines Gases und werden daher „Elektronengas" genannt. Die Beweglichkeit des Elektronengases erklärt die elektrische Leitfähigkeit. Die Leitfähigkeit sinkt mit steigender Temperatur, da durch die Wärmebewegung der Atomrümpfe die Beweglichkeit des Elektronengases behindert wird. Metalle sind Leiter 1. Klasse, dh. sie sind Elektronenleiter und beim Leiten tritt keine chemische Veränderung auf.

Das Elektronengas ist auch ein guter Energieüberträger und ausschlaggebend für die ausgezeichnete Wärmeleitfähigkeit der Metalle. Je besser die elektrische Leitfähigkeit eines Metalls ist, desto besser ist auch seine Wärmeleitfähigkeit.

Das Elektronengasmodell erklärt auch die meisten optischen Metalleigenschaften. Da die Valenz-Elektronen nicht in Orbitalen mit ganz bestimmten Energieniveaus gebunden sind, können sie faktisch jede Energieportion aufnehmen und alle Quanten des sichtbaren Lichtes absorbieren. Metalle sind daher undurchsichtig. Die angeregten Elektronen können auch wieder jedes Lichtquant emittieren, keine Lichtwellenlänge wird bevorzugt. Daher sind Metalle glänzend und meist grau. (Die Farben der Metalle Kupfer und Gold lassen sich mit dem einfachen Modell nicht erklären.)

Die positiven Atomrümpfe

Das Metallgitter wird von den Atomrümpfen gebildet. Sie sind positiv geladen und stoßen einander ab. Dieser Abstoßungseffekt wird durch die dazwischen befindlichen Elektronen des Elektronengases aufgehoben, und diese Elektronen wirken wie ein „Klebstoff" zwischen den Atomrümpfen. Der Zusammenhalt ist sehr fest, daher sind alle Metalle – außer Hg – bei Zimmertemperatur Feststoffe.

Wenn man nun die Atomrümpfe des Metallgitters gegeneinander verschiebt oder durch andere etwa gleich große ersetzt, so ändert das an den Bindungsverhältnissen nur wenig. Dies erklärt die Möglichkeit zur Verformung im festen Zustand (Duktilität) und zur Legierungsbildung.

Formel der Metalle

Reine Metalle werden mit dem Elementsymbol beschrieben. Ein Atom ist die kleinste Gittereinheit. Fe ist daher die Formel des Metalls Eisen.

Metallgitterstrukturen

In einem Metallkristall positionieren sich die Metall-Atome meist nach drei verschiedenen einfachen geometrischen Anordnungen = Metallgitter.

Zwei dieser Anordnungen sind „dichteste Packungen", dh. eine Anordnung von Kugeln mit der höchst möglichen Raumerfüllung.

Die beiden dichtesten Packungen gehen von sogenannten hexagonal dichtesten Schichten aus. Dabei kommt die 2. Schicht in den Eintiefungen der 1. Schicht zu liegen. Ist nun die 3. Schicht lagemäßig mit der 1. ident, so spricht man von der hexagonal dichtesten Packung. Ist erst die 4. Schicht mit der 1. Schicht lagemäßig ident, erhält man die Anordnung der kubisch dichtesten (flächenzentrierten) Packung.

Der dritte Typ ist die kubisch raumzentrierte Gitterstruktur. Diese Gitterform weist eine etwas geringere Dichte auf als die beiden erstgenannten.

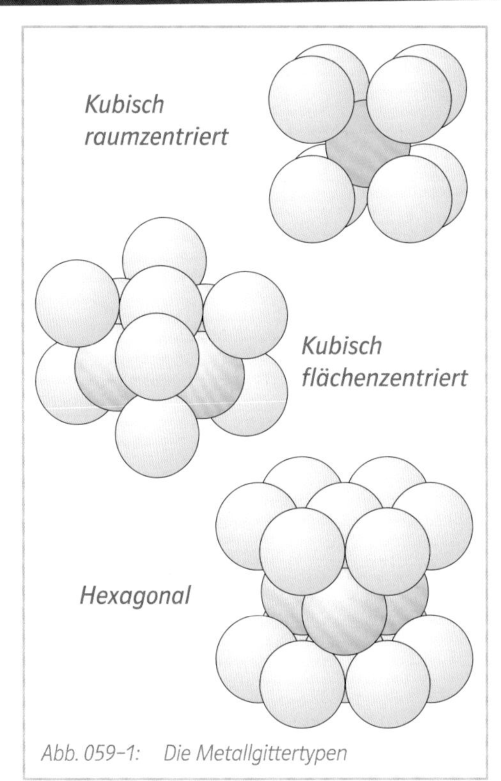

Abb. 059–1: Die Metallgittertypen

Legierungen

Legierungen sind Verbindungen von zwei oder mehreren Metallen (Abb. 58–4). Je nach den Größenverhältnissen der Metallatome bilden sich mehr oder weniger regelmäßige Strukturen. Es gibt üblicherweise auch keine Formel für Legierungen. Man gibt den Prozentgehalt der jeweiligen Metalle an. (Siehe Info-Kasten)

Vorkommen der Metalle

Betrachtet man die Häufigkeit der Metalle in der festen Erdrinde, so fällt auf, dass die Menschen nicht die häufigsten Metalle, sondern als Erstes das extrem seltene Gold entdeckten. Der Grund ist natürlich, dass das edle Gold in der Natur bereits im metallischen Zustand vorliegt. Für fast alle anderen Metalle mussten erst chemische Verfahren entwickelt werden, um sie aus den Verbindungen in den metallischen Zustand zu überführen. Dies ist umso schwieriger, je unedler ein Metall ist. Daher war das erste wichtige Werkzeugmetall Bronze, eine Legierung aus den relativ edlen Metallen Kupfer und Zinn. Erst viel später wurden Verfahren zur Erzeugung des viel häufigeren Eisens entwickelt. Das sehr unedle Aluminium, das häufigste Metall in der festen Erdrinde, kann erst seit etwa 150 Jahren hergestellt werden.

INFO

Euro- und Cent-Münzen

1-Cent bis 5-Cent Münzen:
Eisen mit Kupferummantelung
(94,35 % Fe, 5,65 % Cu)

10-Cent bis 50-Cent Münzen:
Nordisches Gold
(89 % Cu, 5 % Al, 5 % Zn, 1 % Sn)

1 und 2 Euro Münzen (Ring und Kern):
Nickel-Messing „gold"
(75 % Cu, 20 % Zn, 5 % Ni)
Kupfer-Nickel „silber"
(75 % Cu, 25 % Ni)

Edel und unedel

Mit diesen Begriffen charakterisiert man das Reaktionsverhalten der Metalle.

„Edel" bedeutet, dass das Metall nicht leicht reagiert (vergleiche dazu: Edelgase). Sehr edle Metalle wie zB Gold kommen in der Natur als Metall vor, man nennt das **gediegenes Vorkommen**. Diese Metalle reagieren auch nicht mit Luft und Wasser und sind daher begehrte Schmuckobjekte.

Unedle Metalle sind reaktionsfreudig und kommen in der Natur nur in Form von Verbindungen vor.

Mineralien, deren Metallgehalt (als Element oder Verbindung) so hoch ist, dass sich die Gewinnung wirtschaftlich lohnt, nennt man **Erze**. Bei den Erzen variiert der Metallgehalt natürlich sehr stark. Die relativ häufigen Eisenerze müssen 40 % und mehr Eisen enthalten, um abbauwürdig zu sein. Abbauwürdige Gold- oder Platinerze enthalten oft nur Spuren der wertvollen Metalle.

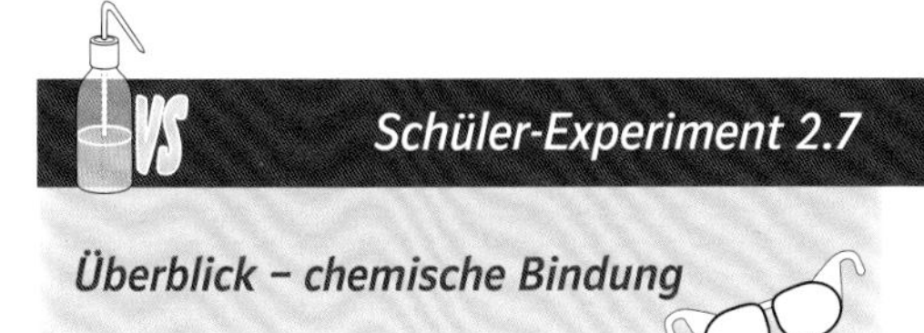

Metallgewinnung aus Erzen

Bei der Erzförderung im Bergbau erhält man neben dem Erz immer **taubes Gestein**, das man Gangart nennt. Es muss im ersten Schritt abgetrennt werden.

Ein Großteil der Erze gehört nur zu drei Verbindungsklassen: Sulfide, Carbonate, Oxide. Sulfide und Carbonate werden meist im ersten Verfahrensschritt in Oxide umgewandelt. Der zweite Schritt der Metallgewinnung ist die Reaktion des Metalloxids zu Metall. Dazu werden Stoffe benötigt, die mit dem Sauerstoff des oxidischen Erzes reagieren. Billige Reduktionsmittel (= Stoffe, die mit dem Sauerstoff reagieren) sind Kohle, Koks oder Kohlenstoffmonoxid (Abb. 61–2).

Sehr unedle Metalle wie zB das Aluminium lassen sich nur durch Elektrolyse von Salzschmelzen gewinnen.

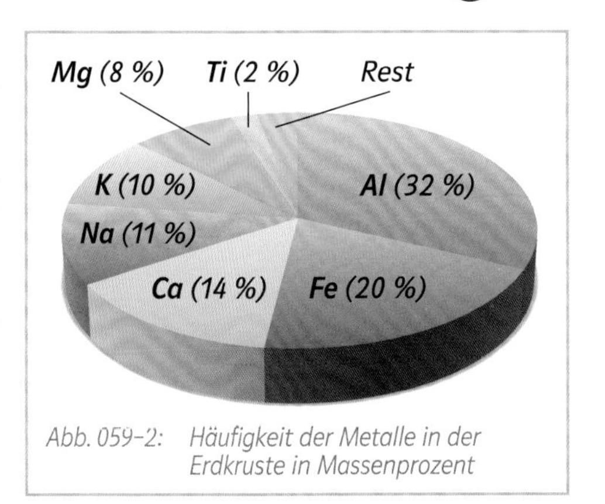

Abb. 059–2: Häufigkeit der Metalle in der Erdkruste in Massenprozent

2.14 Stoffe – Rohstoffe – Produkte

Reinstoffe – Gemenge/Mischungen – Homogen/Heterogen

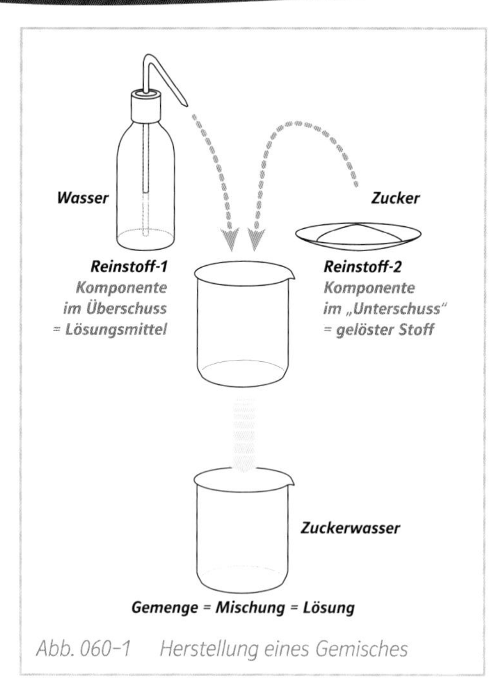

Abb. 060-1 Herstellung eines Gemisches

Unser gesamtes Universum besteht mehr oder minder dicht aus Materie. Diese Materie tritt uns in den unterschiedlichsten Erscheinungsformen entgegen, die Stoffe genannt werden.

Nur wenige Stoffe sind „rein", dh. frei von anderen Stoffen. Solche Stoffe nennt man **Reinstoffe**. In den meisten Fällen sind Stoffe mit einem oder mehreren anderen Stoffen vermengt (= „verunreinigt"). Solche Stoffe nennt man **Gemische**. Die einzelnen Reinstoffe dieser Mischungen nennt man Komponenten der Mischung.

Homogen und Heterogen

Kann man solche Mischungen als solche erkennen (zB Salami), so nennt man diese Mischung heterogen. Im anderen Fall (zB Wein) nennt man die Mischung homogen.

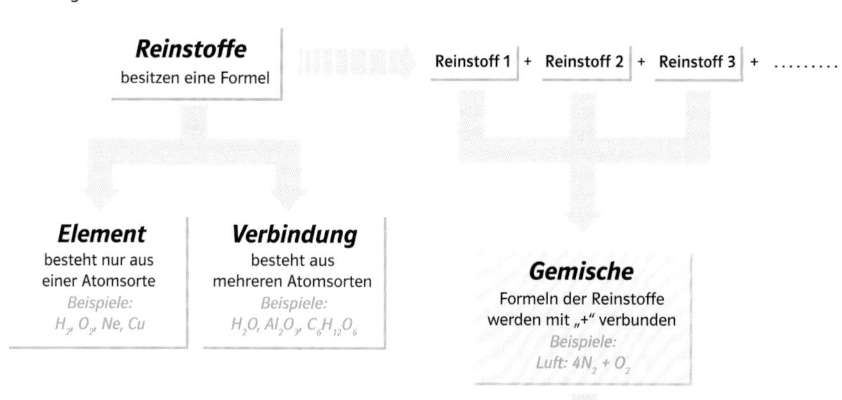

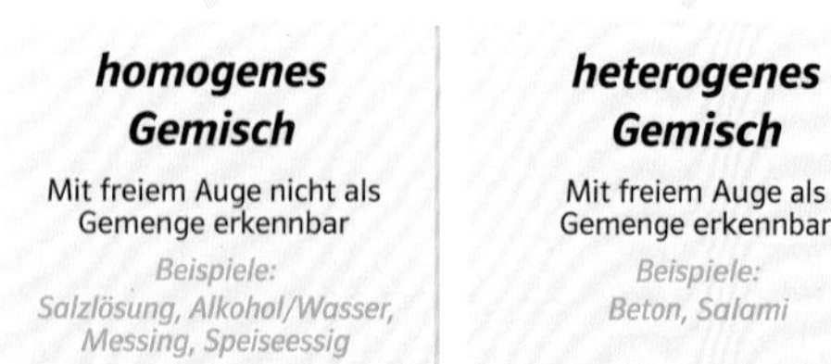

Abb. 060-2: Homogene und heterogene Gemische

Homogene Mischungen werden meist als Lösungen bezeichnet. Die Komponente im Überschuss nennt man Lösungsmittel, die andere „gelöster Stoff".

Viele heterogene Gemenge des Alltags haben spezielle Bezeichnungen. Der wissenschaftliche Name für heterogene Gemenge ist „Dispersion". Im Alltag wird dieser Begriff aber meist für das Gemenge von Feststoff in einer Flüssigkeit (Suspension) gebraucht. Denke nur an die „Dispersionsfarben" für Zimmerwände etc.

	Feststoff im „Unterschuss"	**Flüssigkeit** im „Unterschuss"	**Gas** im „Unterschuss"
Feststoff im Überschuss	......	Schlamm	Schwamm
Flüssigkeit im Überschuss	Suspension	Emulsion	Schaum
Gas im Überschuss	Rauch	Nebel Dampf	heterogene Gasmischungen existieren nicht!

Abb. 060-3: Trivialnamen für bestimmte heterogene Gemische (= Dispersionen)

Rohstoffe

Die Natur hält viele Stoffe für den Menschen bereit. Aber nur in wenigen Fällen in einer Form, die der Mensch auch nutzen kann. Alles, was die Natur und die Menschen Materielles schaffen, muss aus diesen vorhandenen Stoffen bestehen.

Stoffe, aus denen die Menschen neue Stoffe oder Gebrauchsgegenstände herstellen, sind Rohstoffe.

Rohstoffe können mineralischen, tierischen oder pflanzlichen Ursprungs sein. Auch Luft und Wasser sind Rohstoffe.

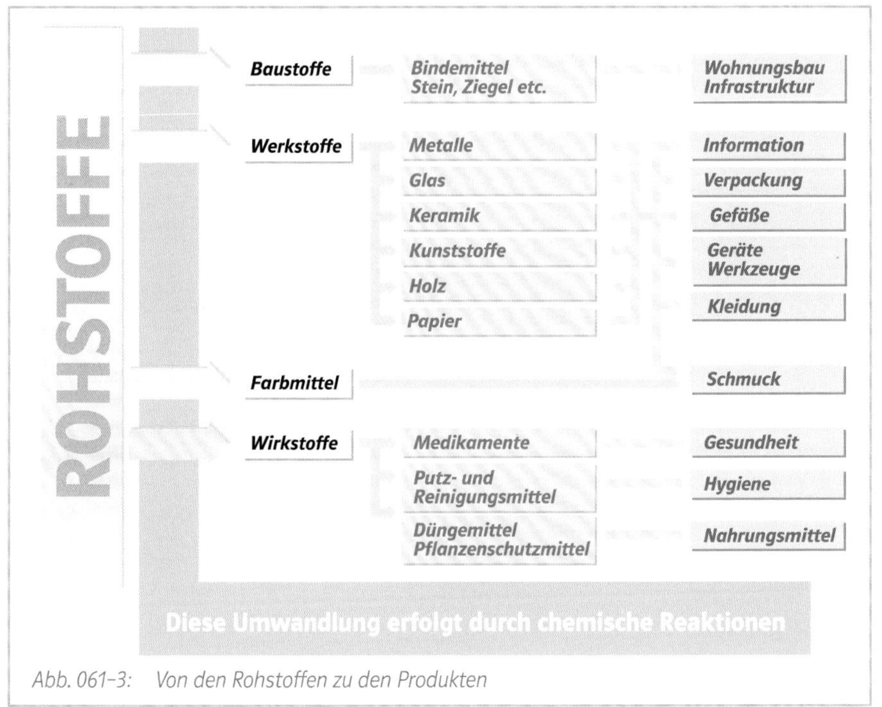

Abb. 061-3: Von den Rohstoffen zu den Produkten

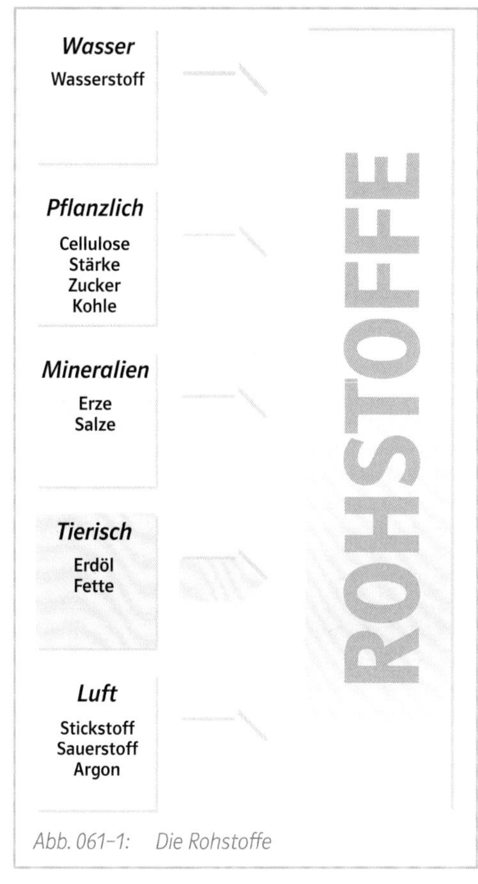

Abb. 061-1: Die Rohstoffe

Um aus den Rohstoffen Baustoffe, Werkstoffe etc. zu machen, muss man diese Rohstoffe chemischen Prozessen unterziehen. Diese Prozesse, auch chemische Reaktionen genannt, werden im folgenden Kapitel genauestens beschrieben.

Zwischenprodukte – Grundchemikalien

Es ist selten so, dass man eine chemische Reaktion mit einem Rohstoff durchführt und schon hat man das Endprodukt. In den meisten Fällen läuft eine Kaskade verschiedener Reaktionen ab, bis man das Endprodukt in Händen hält. Die dabei auftretenden Produkte werden **Zwischenprodukte** genannt.

Eine große Anzahl an Zwischenprodukten kann für mehrere Endprodukte genutzt werden. So kann man zB Schwefelsäure nutzen um das Weißpigment Titan(IV)-oxid zu produzieren, aber auch bei der Herstellung von Düngemitteln aus Rohphosphat. Stoffe wie Schwefelsäure werden daher auch als **Grundchemikalien** bezeichnet.

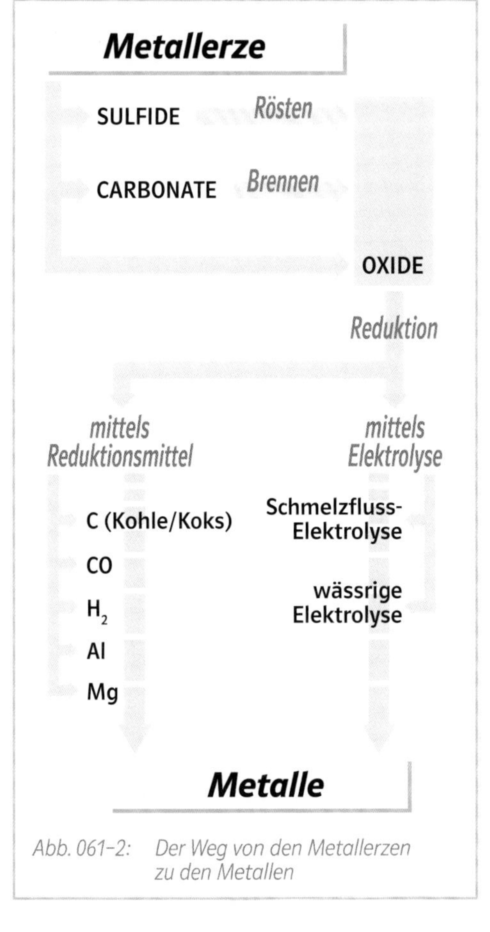

Abb. 061-2: Der Weg von den Metallerzen zu den Metallen

Grundchemikalien

Ammoniak NH_3	Salpetersäure HNO_3	Schwefelsäure H_2SO_4	Natriumcarbonat Soda Na_2CO_3	Natriumhydroxid Natronlauge NaOH	Chlor Cl_2
Düngemittel	Düngemittel	Düngemittel	Glas	Al-Gewinnung	PVC
HNO_3	Sprengstoffe	Sprengstoffe	Waschmittel	Zellstoff	Bleichmittel
Kunststoffe	Nitrolacke	TiO_2	Wasserenthärtung	Seifen	Pestizide
Soda		Akkus	Medikamente	Waschmittel	
Harnstoff		Viskose			
		H_3PO_4			

Abb. 061-4: Grundchemikalien und die daraus erzeugten Produkte

2.15 Trennen und Anreichern

Rohstoffe - Aufbereitung

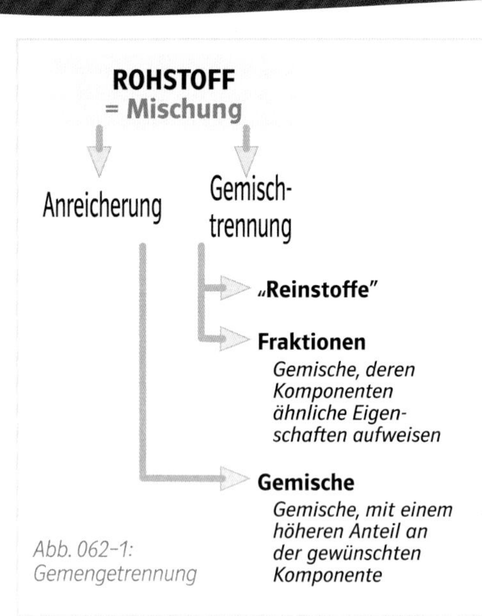

Abb. 062-1: Gemengetrennung

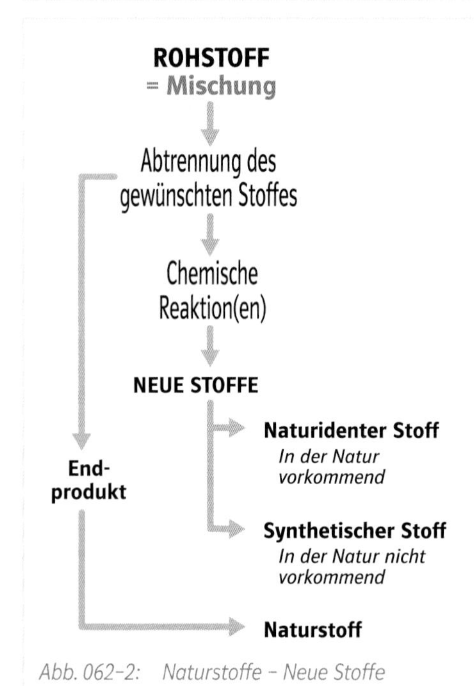

Abb. 062-2: Naturstoffe - Neue Stoffe

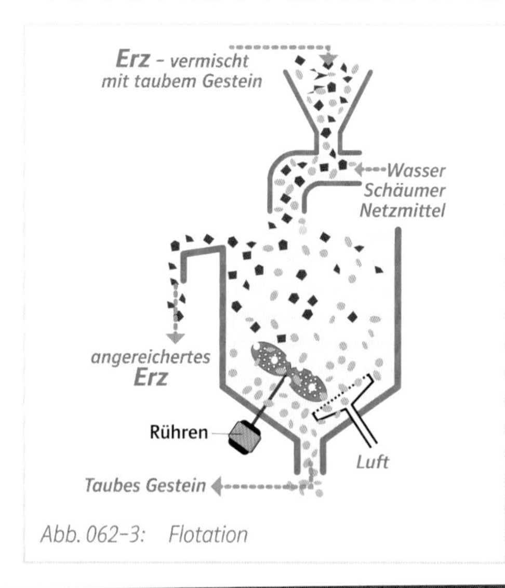

Abb. 062-3: Flotation

Die Rohstoffe sind in den überwiegenden Fällen Gemische. Möchte man nun einen bestimmten Stoff aus einer Mischung gewinnen, so muss man ihn aus dem Rohstoffgemisch isolieren. Dazu werden die nicht gewünschten Komponenten (meist als Verunreinigungen bezeichnet) so weit wie notwendig abgetrennt. 100%ig reine Stoffe gibt es nicht. Manchmal ist es auch sinnvoll, Rohstoffe, die aus vielen Komponenten bestehen, in Gruppen (Fraktionen) von Stoffen mit ähnlichen Eigenschaften aufzutrennen (zB Destillation von Erdöl). Anreicherung nennt man Trennverfahren, bei denen der Anteil der gewünschten Komponente erhöht wird. So wird bei der Trennung eines Metallerzes von taubem Gestein der Anteil des Erzes in der Mischung von 40 auf zum Beispiel 75 % erhöht.

Die Wahl der Trennmethode hängt von der Menge der zu trennenden Stoffe, der Anzahl der Komponenten eines Gemisches, den Aggregatzuständen (Phasen) der einzelnen Komponenten sowie vom Umstand ab, ob die Mischung homogen oder heterogen ist.

Bekannte Trennverfahren sind die Filtration, die Destillation, die Extraktion, die Chromatografie sowie die Flotation.

Filtration

Dabei handelt es sich um die Trennung bestimmter heterogener Mischungen. Vor allem Feststoffe werden von einer Flüssigkeit oder einem Gas abgetrennt. Die Technik mit Trichter und Filterpapier eignet sich nur für kleine Mengen im Labor. Im industriellen Bereich werden für Flüssigmischungen meist Kerzenfilter und Trommelfilter, für Gas/Feststoffmischungen Zyklone, Schlauchfilter und Elektrofilter eingesetzt.

Destillation

Das Verfahren dient vor allem zum Auftrennen von Flüssigkeitsgemischen. Das Gemisch wird in einem Gefäß erhitzt, die Komponenten mit den niedrigeren Siedepunkten verdampfen leichter und werden anschließend kondensiert. Die Komponenten mit den höheren Siedepunkten verbleiben großteils im Gefäß. Die in Abb. 196-2 dargestellte Technik wird nur in der Schnapsbrennerei und für kleine Mengen im Labor angewandt. In den meisten industriellen Prozessen verwendet man Einbauten zwischen dem Kochkolben und dem Kühler, die eine bessere Trennung bewirken. Solche Destillationen werden als Kolonnendestillation bezeichnet.

Extraktion

Diese Methode setzt man zur Abtrennung bestimmter Komponenten aus einem festen oder flüssigen Gemisch ein. Dabei wird das zu trennende Gemisch mit einem Lösungsmittel behandelt und dieses löst die gewünschten Komponenten aus der Mischung. Die Lösung wird abgetrennt und das Lösungsmittel danach eventuell verdampft (zB Gewinnung von Speiseöl aus Ölfrüchten).

Flotation

Mit Hilfe der Flotation trennt man Feststoffgemische auf Grund der unterschiedlichen Benetzbarkeit und Dichte der einzelnen Komponenten. Das zu trennende Gemisch wird zerkleinert und mit viel Wasser und Zusatzstoffen (Netzmittel, Schäumer) vermischt. Die Zusatzstoffe werden so gewählt, dass die eine Komponente von der Lösung benetzt wird, die andere aber nicht. Wird ein Feststoffteilchen von einer Flüssigkeit nicht benetzt, so versucht es, aus der Flüssigkeit „herauszukommen". Dazu dienen ihm Schaumblasen, in denen es sich anreichert. Die nicht benetzten Teilchen des Gemenges sammeln sich daher im Schaum an, der durch Rühren und Einblasen von Luft erzeugt wird. Sie fließen mit dem Schaum aus dem Gefäß ab. Die benetzten Teilchen dagegen sinken im Trenngefäß zu Boden. Eine wichtige Anwendung der Flotation ist beispielsweise die Trennung eines Metallerzes vom tauben Gestein (Abb. 62-3).

Kapitel 2 - kompakt

Bindungsmodelle

Um die Eigenschaften der verschiedenen Stoffe erklären zu können, benötigen wir eine Vorstellung darüber, wie es im „Inneren" des Stoffes aussieht. Bisher sind wir darauf angewiesen, uns eine modellhafte Vorstellung vom Aufbau der Stoffe zu machen. Viele Eigenschaften der Stoffe hängen davon ab, mit welchen Kräften die Teilchen zusammengehalten werden, bzw. wie die einzelnen Teilchen im Stoff angeordnet sind.

Da die Stoffe doch sehr unterschiedliche Eigenschaften haben können, müssen wir den Zusammenhalt der Teilchen mit 3 verschiedenen Modell beschreiben.

	Ionenbindungsmodell	*Atombindungsmodell*	*Metallbindungsmodell*
Bindung zwischen	Metallatomen und Nichtmetallatomen	Nichtmetallatomen	Metallatomen
Bindung durch	Anziehung der unterschiedlich geladenen Ionen	Ausbildung gemeinsamer Elektronenpaare	Anziehung zwischen positiv geladenen Atomrümpfen und dem Elektronengas
Es entsteht ein	Ionengitter	Molekül	Metallgitter
Formel	Summenformel *kleinste Gittereinheit*	Summenformel und Strukturformel	Elementsymbol *kleinste Gittereinheit*
Aggregatzustand	fest	fest - flüssig - gasförmig	fest
Leitfähigkeit	fest: Isolator in Lösung und Schmelze leitfähig	Isolator	elektrischer Leiter
Ausnahmen	keine	Atomgitter	Quecksilber bei Raumtemperatur flüssig

Moleküle

Der wichtigste Unterschied bei Molekülen ist die Polarität des einzelnen Moleküls. Von dieser Polarität hängen viele Eigenschaften ab: Schmelz- und Siedepunkt, Wasserlöslichkeit, Leitfähigkeit wäßriger Lösungen dieser Moleküle.

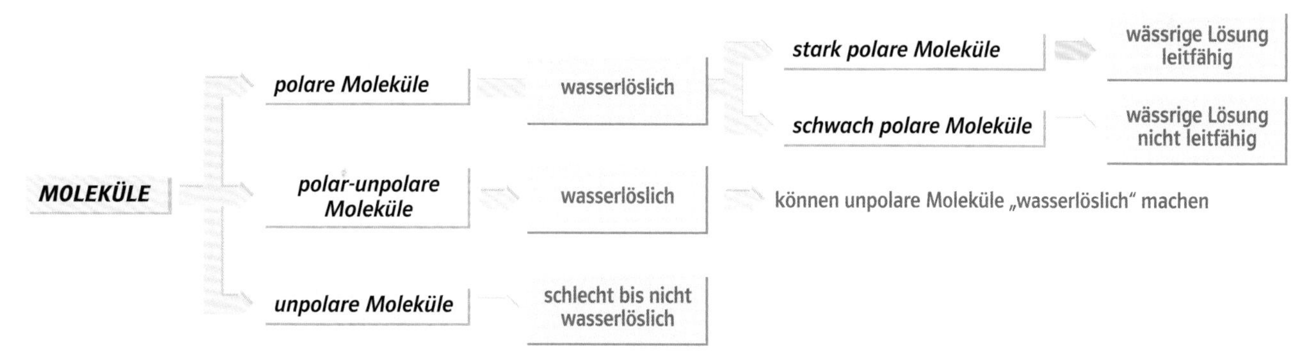

Feste Stoffe und Gittermodelle

Bei Kenntnis der Eigenschaften eines Stoffes kann man den richtigen Gittertyp zur Beschreibung dieses Stoffes einfach finden.

Stoffe mit:

Ionengitter *Ionen sitzen auf den Gitterplätzen.*	***Molekülgitter*** *Moleküle sitzen auf den Gitterplätzen.*	***Atomgitter*** *Nichtmetall-Atome sitzen auf den Gitterplätzen.*	***Metallgitter*** *Metall-Atome sitzen auf den Gitterplätzen.*	***feste Stoffe,*** *deren Teilchen nicht in einem Gitter angeordnet sind*
Salz	Zucker	Diamant	Eisen	Glas
Soda	Wasser	Quarz	Aluminium	Keramik
Kalk	Zitronensäure	Saphir	Gold	Kunststoffe
Kupfersulfat	Harnstoff	Rubin	Bronze - Messing	Wachse

Sicher und kompetent zur Matura

Was ich aus dem Kapitel für eine erfolgreiche Matura benötige!

1. Wichtige Begriffe, die ich aus diesem Kapitel kenne, definieren kann und im Sinne einer Fachsprache richtig einsetze:

2. Fähigkeiten und Fertigkeiten, die ich aus diesem Kapitel anwenden kann:

Ich kann:

- Ich kann ausgehend von der Lewisschreibweise die Strukturformel einfacher Moleküle erstellen.
- Ich verstehe das Hybridisierungsmodell beim Kohlenstoff und kann es bei Molekülen mit Kohlenstoff anwenden.
- Ich kann das Hybridisierungsmodell auf Elemente ab der 3. Periode anwenden, die Anzahl möglicher Bindungen der betreffenden Elemente bestimmen, Strukturformeln verschiedener binärer Verbindungen mit und ohne Oktettregelüberschreitung erstellen, mögliche und unmögliche Verbindungen erkennen (siehe Übungen 35.1. - 35.5.).
- Ich kann die richtige räumliche Struktur von Molekülen wiedergeben.
- Ich erkenne polarisierte Bindungen bzw. Dipolmoleküle und kann daher dem Molekül die jeweils passende wichtigste Nebenvalenzkraft zuordnen.
- Ich kann die Eigenschaften (Siedepunkt, Löslichkeit) aufgrund der Struktur ungefähr voraussagen.
- Ich kann für Elemente des s- und p-Blocks mithilfe des PSE die Ionenladung bestimmen und kenne die wichtigsten Komplexionen.
- Ich kann verschiedene Salzformeln und -namen erstellen (siehe Übungen 50.1 und 50.2).
- Ich kann die Eigenschaften von Salzen im Zusammenhang mit dem Ionenbindungsmodell erklären.
- Ich kann die Eigenschaften von Metallen im Zusammenhang mit dem Metallbindungsmodell erklären.
- Ich kenne die Namen und Zusammensetzung von Stoffgemischen.
- Ich kann Trennverfahren benennen und beschreiben.

3 Die chemische Reaktion

Eine wichtige Aufgabe der Chemie ist die Beschreibung von stofflichen Veränderungen. Diese stofflichen Veränderungen nennt man chemische Reaktion. Im folgenden Kapitel werden wir die Grundlagen der chemischen Reaktionen kennenlernen. Mit diesen Grundlagen kann man auch wichtige Berechnungen durchführen: Welche Mengen an Ausgangsstoffen werden für eine Reaktion benötigt? Wie viel Produkt entsteht dabei? Wird bei der Reaktion Energie frei oder muss sie bereitgestellt werden? Wie schnell läuft eine Reaktion ab?

Haus aus Eis schon lange möglich!
Warum nicht auch aus Eierschalen oder Knochen?

Historischer Hochofen

In Knochenhäusern wohnen

Michelle Oyen, Materialwissenschaftlerin und Biophysikerin von der britischen University of Cambridge, in einem Interview über Gebäude der Zukunft:

SPIEGEL: Sie schlagen vor, Knochen oder Eierschalen als Baustoff für Häuser zu verwenden. Wie sind Sie denn auf diese Idee gekommen?

Oyen: Das ist weniger verrückt, als es klingt. Solche biologischen Verbundstoffe sind Stahl und Beton in vielem überlegen. Bei ähnlicher Zähigkeit und Härte wiegen sie weniger. Vor allem aber sind sie viel klimafreundlicher.

SPIEGEL: Wie das?

Oyen: Kaum jemand weiß, dass Stahl und Beton bis zu 10 % der weltweiten CO_2-Emissionen verursachen, da für die Herstellung sehr hohe Temperaturen nötig sind. Biomaterialien wie Knochen oder Eierschalen dagegen werden von Organismen schon bei Zimmertemperatur gebildet. Die Natur hat sehr intelligente Lösungen gefunden, strapazierfähige Materialien herzustellen. Diese Tricks wollen wir nachahmen. Die Laborknochen bestehen vorwiegend aus Kalziumphosphat, das auf einer Proteinmatrix aus Kollagen angeordnet ist.

Quelle: Der Spiegel, Nr. 27/2.7.2016, S. 106

Voest-Chef Eder will in 20 Jahren Stahl mit Wasserstoff produzieren

Konzernchef ist „zuversichtlich, dass in 30er-Jahren wasserstoffbasierte Stahlproduktion möglich ist"

Die Voestalpine will in 15 bis 20 Jahren über umweltfreundlichere Technologien bei der Stahlerzeugung verfügen, mit denen die CO_2-Probleme gelöst wären. „Unsere Forscher und Techniker sind zuversichtlich, dass in den 30er-Jahren wasserstoffbasierte Stahlproduktion möglich ist", sagte Konzernchef Wolfgang Eder den „Oberösterreichischen Nachrichten". „Das würde die CO_2-Problematik weitgehend lösen." Für die 20er-Jahre bräuchte der Stahlkonzern aber „eine Übergangstechnologie, die uns in der Folge einen Umstieg darauf ermöglicht", sagte Eder. Bis 2030 muss die Industrie den Kohlendioxidausstoß um 43 Prozent zurückfahren. „Auf Wasserstoffbasis ist das machbar", so der Voestalpine-Chef. „Alternativen dazu sehen wir nicht."

Quelle: derstandard.at/2000032281638/Voest-Chef-Eder-will-bis-2030-Stahl-mit-Wasserstoff-erzeugen, 4.3.2016

Mit dem in diesem Kapitel erworbenen Wissen und den dabei erlernten Fähigkeiten werden wir die in den beiden Artikeln getroffenen Aussagen bewerten können. Damit können wir auch eine mögliche Realisierung der angedachten Prozesse beurteilen.

3.1 Grundlagen der chemischen Reaktion

Physikalische und chemische Vorgänge

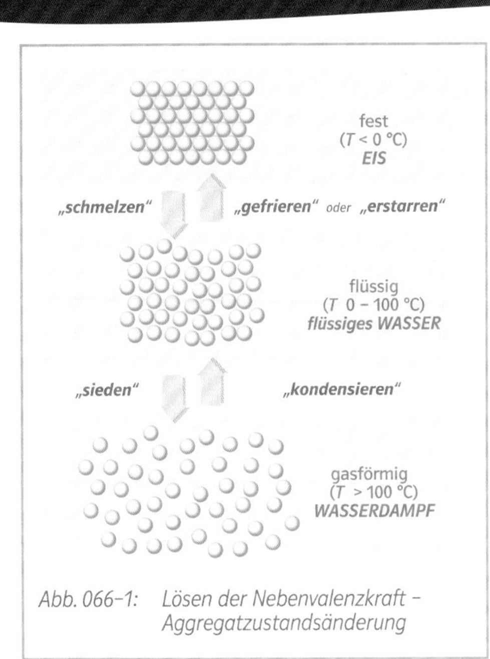

Abb. 066-1: Lösen der Nebenvalenzkraft – Aggregatzustandsänderung

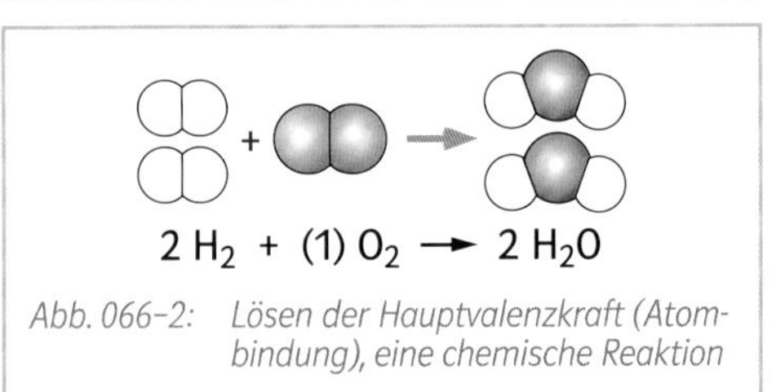

Abb. 066-2: Lösen der Hauptvalenzkraft (Atombindung), eine chemische Reaktion

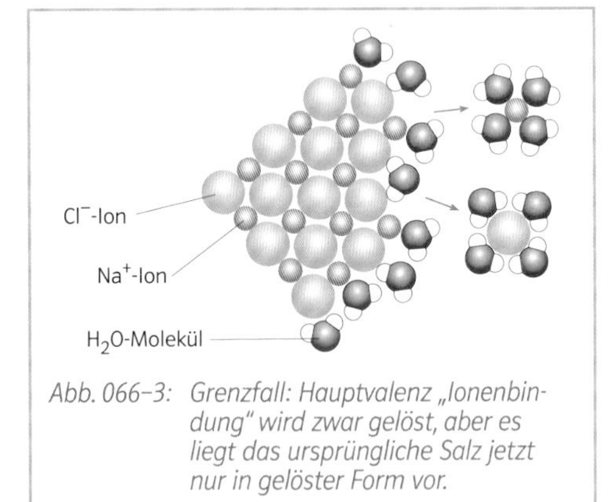

Abb. 066-3: Grenzfall: Hauptvalenz „Ionenbindung" wird zwar gelöst, aber es liegt das ursprüngliche Salz jetzt nur in gelöster Form vor.

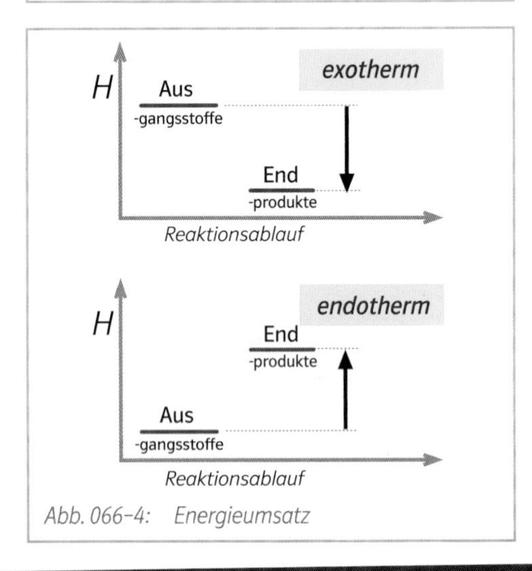

Abb. 066-4: Energieumsatz

Bisher wurden die Stoffe und ihre Strukturen beschrieben. Die Eigenschaften der Stoffe sind von der Struktur abhängig. Eine weitere wichtige Aufgabe der Chemie ist aber die Beschreibung von stofflichen Veränderungen. Diese stofflichen Veränderungen nennt man **chemische Reaktionen**.

Bei einer chemischen Reaktion werden Bindungen gelöst und neu geknüpft. Jede Reaktion ist mit einem Energieumsatz verbunden. Aus neuen Bindungsverhältnissen resultieren neue Stoffe mit neuen Eigenschaften.

Unterscheidung physikalischer und chemischer Vorgänge

Zur Unterscheidung physikalischer und chemischer Vorgänge – die oft fließend ineinander übergehen – dient folgende einfache Unterteilung:

Bei einem chemischen Vorgang werden **Hauptvalenzen** (die eigentliche chemische Bindung) gelöst. Werden nur **Nebenvalenzen** (Van-der-Waals-Kraft, Dipol-Dipol-Wechselwirkung und Wasserstoffbrücke) gelöst, wie bei Aggregatzustandsänderungen spricht man von einem physikalischen Vorgang.

Bei Stoffen aus **Molekülen** ist diese Einteilung klar. Ändern sich die Moleküle – Lösen der Hauptvalenz –, so ist der Vorgang eine chemische Reaktion. Schmelzen und Verdampfen sind hingegen physikalische Vorgänge.

Grenzfälle treten bei **Ionen-** und **Metallgittern** auf.

Die Salzlöslichkeit ist durch diese Einteilung ein chemischer Vorgang, weil das Ionengitter – Hauptvalenz – aufgebrochen wird. Auch das Schmelzen einer Ionenverbindung muss als chemischer Vorgang aufgefasst werden.

In beiden Fällen tritt außerdem eine Änderung der Eigenschaften auf. So ist das feste Salz ein Isolator, während Salzlösungen und Salzschmelzen elektrisch leitfähig sind.

Das Schmelzen der Metalle führt zu einer Lockerung des Gitters. Die Grundstruktur wird allerdings nicht gestört. Auch Metallschmelzen sind leitfähig. Erst bei Metalldämpfen liegt kein Metallgitter mehr vor. Metalldämpfe sind einzelne ungeladene Metall-Atome, die nicht mehr leitfähig sind. Bei Metallen kann Schmelzen als physikalischer Vorgang und Verdampfen als chemische Reaktion aufgefasst werden. Diese Grenzfälle werden allerdings nicht überall in gleicher Weise beurteilt.

Wer reagiert?

Ob eine chemische Reaktion eintritt, hängt von den beteiligten Stoffen und den Reaktionsbedingungen – Druck, Temperatur und Katalysator – ab. Ziel und Aufgabe der nächsten Kapitel ist es, Möglichkeiten aufzuzeigen, wie man feststellen kann, ob und welche Stoffe miteinander reagieren, welche Reaktionsbedingungen notwendig sind und welche Stoffe in welchem Ausmaß entstehen können.

Bei der Reaktion zwischen Metallen und Nichtmetallen entstehen in der Regel Salze. Warum reagiert aber Aluminium mit Brom ohne äußere Energiezufuhr sofort zu Aluminiumbromid, während man bei der Reaktion von Magnesium mit Sauerstoff Energie – bis zum Start der Reaktion – zuführen muss? Warum korrodiert (rostet) Eisen leicht, während Gold praktisch nicht korrodiert? Warum kann Koks mit heißem Wasserdampf reagieren, mit flüssigem Wasser aber nicht?

Energieumsatz

Zur vollständigen Beschreibung einer Reaktion wird auch der Energieumsatz – zumindest qualitativ – angeschrieben. Die bei chemischen Reaktionen umgesetzte Energie bezeichnet man als Enthalpieänderung ΔH_R der Reaktion. (Griech.: thalpein = erwärmen)

Sind die Endstoffe energieärmer als die Ausgangsstoffe, so wird Energie abgegeben. Solche Prozesse nennt man **exotherm**, und die Enthalpieänderung ΔH erhält ein negatives Vorzeichen. Bei **endothermen** Reaktionen sind die Endstoffe energiereicher, und ΔH erhält ein positives Vorzeichen.

Die Masse bleibt erhalten

Chemische Reaktionen sind nur Veränderungen der Elektronenhülle. Die an der Reaktion beteiligten Atomsorten sind vor und nach der Reaktion dieselben. Bei einer chemischen Reaktion bleibt die Masse daher unverändert.

Dies widerspricht manchen Alltagsvorstellungen, da man zB bei der Verbrennung von Papier das Gefühl hat, es ist nach dem Vorgang „weg". Es sind aber bei dieser Reaktion gasförmige Produkte entstanden, die die gleiche Masse wie die Ausgangsstoffe (hier Papier und Sauerstoff) haben.

Diese Tatsache spielt auch für unsere Umwelt eine große Rolle. Stoffe können nicht einfach verschwinden, sie können nur mit und zu anderen Stoffen reagieren oder auf Deponien gelagert werden.

Gasförmige Stoffe werden in den großen „Mistkübel" Luft entsorgt. Besonders umweltschädliche Anteile eines Abgases können durch Rauchgasreinigungsanlagen zu Feststoffen reagieren. In Österreich wird zB der Hausmüll in Müllverbrennungsanlagen verbrannt. Die schädlichen Abgase HCl und SO_2 reagieren zu Feststoffen. Diese müssen ebenso wie die Verbrennungsrückstände deponiert werden. Der Großteil des Abgases besteht aus Kohlenstoffdioxid und Wasserdampf und wird in die Luft entlassen.

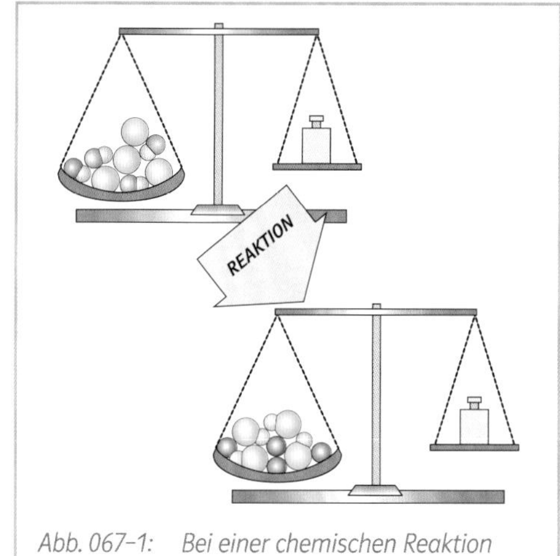

Abb. 067-1: Bei einer chemischen Reaktion bleibt die Masse erhalten.

Qualitative und Quantitative Zusammenhänge

Neben der qualitativen Beurteilung spielen auch quantitative Überlegungen eine große Rolle. Dem Rechnen kommt in der Chemie große Bedeutung zu.

Sehr oft müssen im Labor Lösungen mit einer bestimmten Konzentration hergestellt werden. Zur Verfügung stehen aber nur Feststoffe (zB Salze) oder sehr konzentrierte Lösungen (zB Säuren).

Durch Volumsmessung und eine einfache Berechnung kann man die unbekannte Konzentration einer Substanz bestimmen.

In der Industrie ist es oft nötig, Abgasvolumina zu kennen.

Auch die Überlegung, welche Gase eine geringere oder größere Dichte als Luft besitzen, können beim Ablauf einer Reaktion von Bedeutung sein.

Benötigt man nur eine bestimmte Menge eines Produktes, setzt man die (oft teuren) Rohstoffe nur in der entsprechenden Menge ein.

Weiters laufen viele Reaktionen nur im richtigen Molverhältnis mit ausreichender Geschwindigkeit ab.

Der Schinken-Käse-Toast

Aus 2 Toastbroten, 3 Blatt Schinken und einem Blatt Käse wird ein Schinkenkäsetoast zubereitet.

Zur Beschreibung dieses Vorgangs kann man ein Rezept verwenden:

$2\,T + 3\,S + (1)\,K \rightarrow (1)\,S_3KT_2 \qquad \Delta H_R > 0$

Man erkennt, dass bei den Ausgangsstoffen die „Teilchen" unverbunden vorliegen (= Zahl vor der „Formel"). Am Ende der „Reaktion" hat man „verbundene Teilchen", daher der kleine Index nach dem „Symbol".

Man sieht, dass sich die „Teilchenanzahl" im Laufe einer Reaktion verändern kann, die Masse bleibt aber erhalten.

Hat man zB 9 Blatt Schinken, 5 Blatt Käse und 20 Toastscheiben, so erkennt man anhand des Rezepts, dass der Schinken die Zahl der Schinkenkäsetoasts limitiert. Man kann maximal drei S_3KT_2 erzeugen, der Rest ist im Überschuss vorhanden.

Aber: Unabhängig wie viel man an Ausgangsstoffen hat, wird immer ein und dasselbe Rezept verwendet. Alle weiteren Überlegungen und Berechnungen erfolgen aus diesem Rezept.

Bei chemischen Reaktionen spricht man nicht von einem Rezept sondern von einer Reaktionsgleichung.

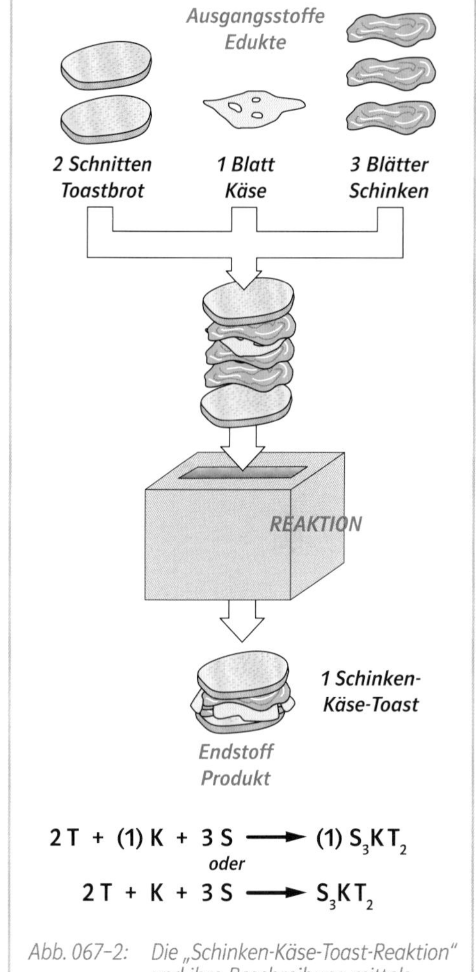

Abb. 067-2: Die „Schinken-Käse-Toast-Reaktion" und ihre Beschreibung mittels einer Reaktionsgleichung

Schüler-Experimente 3.1

Chemische Reaktion – Was passiert?

3.2 Die Reaktionsgleichung (RGL)

Die richtige Reaktionsgleichung mit Tipps und Tricks

Was bedeuten die einzelnen Zahlen in folgendem Ausdruck?:

5 $Fe_2(SO_4)_3$?

⇨ 5 = die Einheit $Fe_2(SO_4)_3$ wird fünfmal benötigt.

⇨ Man hat 10 Fe(III)-Ionen [5 x Fe_2...]

⇨ Man hat 15 S-Atome [5 x $(S...)_3$]

⇨ Man hat 60 O-Atome [5 x $(...O_4)_3$]

Die Faktoren vor einer Formel vervielfachen die gesamte Formel. Indices nach einem Elementsymbol vervielfältigen das entsprechende Elementsymbol.

Indices nach einer Klammer vervielfältigen alles in der Klammer stehende.

Abb. 068-1: Zahlen in chemischen Formeln

Magnesium reagiert mit Stickstoff zu Magnesiumnitrid

Metall – Elementsymbol | *zweiatomiges Nichtmetall* | *Ionenverbindung – aus Mg^{2+} und N^{3-}*

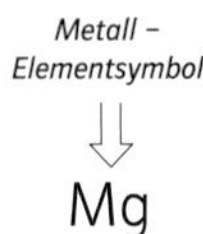
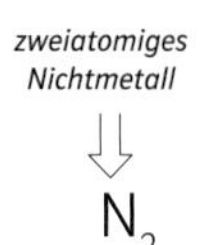

Mg N_2 Mg_3N_2

1. Schritt: Qualitativ

$$\square\ Mg + \square\ N_2 \rightarrow \square\ Mg_3N_2$$

2. Schritt: Quantitativ

$$3\ Mg + N_2 \rightarrow Mg_3N_2$$

Abb. 068-2: Aufstellung einer Reaktionsgleichung

Übungen 68.1 und 68.2

1. Stelle folgende RGL richtig:
   a) $Fe_2O_3 + Al \rightarrow Fe + Al_2O_3$
   b) $FeS_2 + O_2 \rightarrow SO_2 + Fe_2O_3$
   c) $Al + Cl_2 \rightarrow AlCl_3$
   d) $C_8H_{18} + O_2 \rightarrow CO_2 + H_2O$
   e) $H_3PO_4 + NaOH \rightarrow Na_3PO_4 + H_2O$
   f) $AgNO_3 + Cu \rightarrow Cu(NO_3)_2 + Ag$
   g) $H_2SO_4 + NH_3 \rightarrow (NH_4)_2SO_4$
2. Erstelle die RGL für folgende Reaktionen:
   a) Bildung von Ammoniak aus den Elementen
   b) Zersetzung von Methan in die Elemente
   c) Reaktion von Wolfram(VI)-oxid mit Wasserstoff zu Wolfram und Wasserdampf
   d) Reaktion von Salpetersäure mit Aluminiumhydroxid zu Aluminiumnitrat und Wasser
   e) Calciumcarbonat und Salzsäure zu Calciumchlorid, Kohlenstoffdioxid und Wasser

Die Reaktionsgleichung (RGL) ist die Beschreibung einer chemischen Reaktion:

Ausgangsstoffe (Edukte) ⟶ Endstoffe (Produkte)

reagiert (reagieren) zu

Da bei der Reaktion die Atome nicht verändert, sondern nur zu neuen Verbindungen umgruppiert werden, müssen auf beiden Seiten der Reaktionsgleichung die gleiche Art und Anzahl von Atomen stehen. Dies muss man durch Faktoren vor den Formeln bei der Reaktionsgleichung berücksichtigen, die das Molverhältnis der reagierenden Stoffe angeben.

Richtigstellen einer Reaktionsgleichung

$$?\ C_3H_8 + ?\ O_2 \rightarrow ?\ CO_2 + ?\ H_2O$$

Da der Ausgangsstoff 3 C-Atome besitzt, können 3 CO_2 Moleküle gebildet werden. Da der Ausgangsstoff 8 H-Atome besitzt, können 4 H_2O Moleküle gebildet werden. Für die Bildung dieser Sauerstoffverbindungen benötigt man 10 Sauerstoffatome (6 für 3 CO_2 Moleküle und 4 für 4 H_2O Moleküle), das entspricht 5 Sauerstoffmolekülen O_2.

Die richtig gestellte Reaktionsgleichung lautet daher:

(1) $C_3H_8 + 5\ O_2 \rightarrow 3\ CO_2 + 4\ H_2O$

(Die Zahl vor der Formel vervielfacht die gesamte Formeleinheit. Die Zahl 1 wird üblicherweise nicht angeschrieben.)

In der Regel wird für die Faktoren das kleinste ganzzahlige Verhältnis gewählt. Dies ist keine strenge Regel, und manchmal (bitte wirklich nur manchmal) werden aus praktischen Gründen Dezimalzahlen als Faktoren verwendet.

Beispiele

$2\ H_2 + O_2 \rightarrow 2\ H_2O$ $2\ Al + 3\ Br_2 \rightarrow 2\ AlBr_3$

$CH_4 + 2\ O_2 \rightarrow CO_2 + 2\ H_2O$ $C_6H_6 + 7{,}5\ O_2 \rightarrow 6\ CO_2 + 3\ H_2O$

Tipps und Tricks

⇨ Beim Richtigstellen einer Reaktionsgleichung ergänzt man nur Koeffizienten vor den entsprechenden Formeln. Dieser Koeffizient „multipliziert" die gesamte Formel. Indices der Formel dürfen nicht verändert werden!

⇨ Atomsorten, die in mehreren Formeln vorkommen, stellt man erst zum Schluss richtig (siehe Sauerstoff O bei den oberen Beispielen).

⇨ Erkennt man komplexe Ionen vor und nach der Reaktion, können diese als eine Einheit richtig gestellt werden.

$?\ H_2SO_4 + ?\ Al(OH)_3 \rightarrow ?\ Al_2(SO_4)_3 + ?\ H_2O$

Da man am Ende $Al_2(SO_4)_3$ hat, benötigt man 3 H_2SO_4.

$3\ H_2SO_4 + 2\ Al(OH)_3 \rightarrow Al_2(SO_4)_3 + 6\ H_2O$

Reaktionsgleichungen aus Textangabe

⇨ Ist eine Reaktionsgleichung in Worten angegeben, müssen zuerst richtige Formeln aufgestellt werden. Es ist sinnvoll diese Formeln in einem 1. Schritt getrennt aufzustellen.

Beispiel

Eisen reagiert mit Sauerstoff zu Eisen(III)-oxid.

1. Schritt: Eisen, ein Metall, hat als Formel das Elementsymbol, daher Fe. Sauerstoff bildet im elementaren Zustand zweiatomige Moleküle, daher O_2. Eisen(III)-oxid ist eine Ionenverbindung aus Fe^{3+} und O^{2-} und hat daher die Formel Fe_2O_3. (Ein weiteres Beispiel siehe Abb. 68–2.)

2. Schritt: Aufstellen der Reaktionsgleichung: $\square\ Fe + \square\ O_2 \rightarrow \square\ Fe_2O_3$

3. Schritt: Richtigstellen der Reaktionsgleichung: $4\ Fe + 3\ O_2 \rightarrow 2\ Fe_2O_3$

Interpretation einer Reaktionsgleichung

Eine Reaktionsgleichung kann auf verschiedene Arten interpretiert werden:

1 **Teilchenverhältnis:** Zunächst gibt die Reaktionsgleichung an, wie viele einzelne Moleküle miteinander reagieren.

2 **Molverhältnis:** Da sicher nicht nur ein oder zwei Moleküle, sondern sehr viele auf gleiche Weise miteinander reagieren, können die Faktoren auch für die Anzahl der Mole des jeweiligen Stoffes stehen.

3 **Massenverhältnis:** Aus der Anzahl der Mole und den Molmassen lässt sich auch ein Massenverhältnis errechnen. Wie das folgende Beispiel zeigt, kann sich das Massenverhältnis mitunter sehr deutlich vom Molverhältnis unterscheiden.

Beispiel

$3\,H_2 + N_2 \rightarrow 2\,NH_3$

Teilchenverhältnis: Drei Moleküle Wasserstoff und ein Molekül Stickstoff ergeben zwei Moleküle Ammoniak.

Molverhältnis: Drei Mol Wasserstoff und ein Mol Stickstoff ergeben zwei Mol Ammoniak.

Massenverhältnis: 6 g Wasserstoff und 28 g Stickstoff ergeben 34 g Ammoniak.

Ergänzende Angaben bei Reaktionsgleichungen

Manchmal werden bei Reaktionsgleichungen auch die Aggregatzustände oder der in Wasser gelöste Zustand der einzelnen Stoffe angegeben. Über oder unter den Reaktionspfeil können auch die Reaktionsbedingungen geschrieben werden (Druck, Temperatur, Katalysator). Erhöhte Temperatur wird dabei häufig mit Δ oder T+ bezeichnet, ein Katalysator in eckigen Klammern geschrieben (Abb. 69–1).

Stoffe im Überschuss – limitierende Stoffe

Liegt ein Edukt im Überschuss vor, so geht das nicht in die Reaktionsgleichung ein. So verbraucht man zB bei der Verbrennung von einem Stück Magnesiumband im Chemiesaal eine gewisse Menge Sauerstoff, im Saal ist aber ungleich mehr vorhanden!

In die Reaktionsgleichung geht der Sauerstoffüberschuss nicht ein, man schreibt nur die Sauerstoffmoleküle an, die für die Reaktion notwendig sind.

$2\,Mg + O_2 \rightarrow 2\,MgO$

Magnesium ist in dieser Reaktion der Stoff, der die Reaktion limitiert. Wie viel Magnesiumoxid entstehen kann, hängt daher nur von der Menge an eingesetztem Magnesium ab.

Das Reaktionsgemisch

In vielen Fällen laufen Reaktionen in einem Gefäß zB einem Becherglas ab. Man muss sich bewusst sein, dass bei Reaktionen trotz der „räumlichen" Trennung durch den Reaktionspfeil alle Stoffe – Edukte und Produkte – im Reaktionsgemisch vorhanden sind.

Nicht alle Stoffe reagieren vollständig. Essigsäure zB reagiert mit Wasser im Überschuss zu Acetat-Ionen und Oxonium-Ionen.

$CH_3COOH + H_2O \rightarrow CH_3COO^- + H_3O^+$

Da diese Reaktion nicht vollständig ist, liegen auch nach der Reaktion noch Essigsäuremoleküle (und natürlich auch Wasser) im Reaktionsgemisch vor.

Auch bei der technisch wichtigen Ammoniaksynthese (NH_3) aus N_2 mit H_2 liegt am Ende der Reaktion ein Gasgemisch aller drei Stoffe vor (Abb. 69–2).

$3\,H_2 + N_2 \rightarrow 2\,NH_3$

Will man ein Produkt rein erhalten, so schließen nach der chemischen Reaktion noch – meist physikalische – Trenn- und Reinigungsverfahren an.

Wie vollständig eine Reaktion abläuft, ist aus der Reaktionsgleichung nicht ersichtlich. Die tatsächliche Produktmenge nennt man **Ausbeute** der Reaktion.

Ergänzende Angaben bei der Reaktionsgleichung

fest (solid)	⇒ (s)
flüssig (liquid)	⇒ (l)
gasförmig (gaseous)	⇒ (g)
in Wasser gelöst	⇒ (aq)
erhitzen	⇒ T+ oder Δ
Katalysator	⇒ [Kat]

Beispiele

$$3\,H_{2\,(g)} + N_{2\,(g)} \xrightarrow[\text{[Fe]}]{300\text{ bar} - 500\text{ °C}} 2\,NH_{3\,(g)}$$

$$CaCO_{3\,(s)} \xrightarrow{\Delta} CaO_{(s)} + CO_{2\,(g)}$$

Abb. 069–1: Ergänzende Angaben zum Reaktionsablauf können auch beim Reaktionspfeil angeschrieben werden.

Schüler-Experiment 3.2

3 gewinnt – Das Spiel mit Reaktionsgleichungen

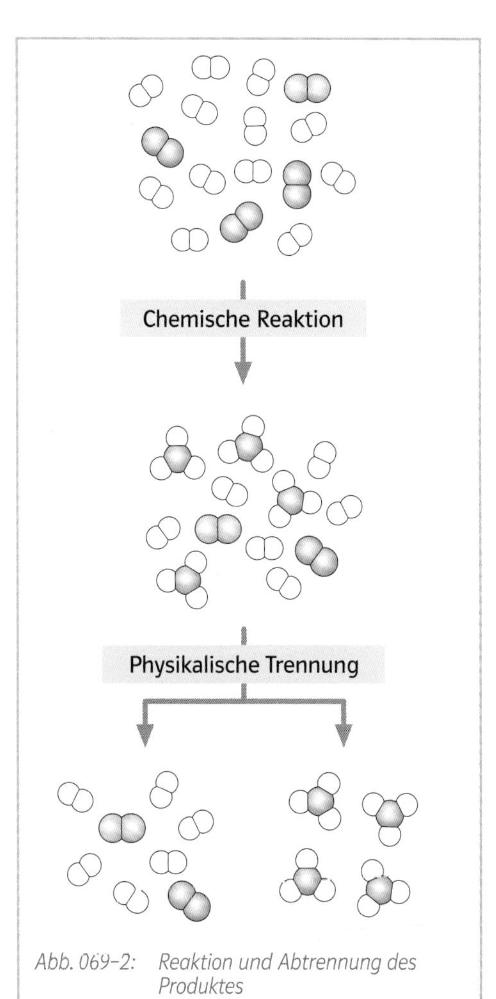

Abb. 069–2: Reaktion und Abtrennung des Produktes

3.3 Chemisches Rechnen – Stöchiometrie und Gasgesetze

Durchführung einer stöchiometrischen Rechnung

Größe	Einheit
Masse (m)	⇒ *Zahl* **g** (Gramm)
Stoffmenge (n)	⇒ *Zahl* **mol** (Mol)
Molmasse (M)	⇒ *Zahl* **g/mol**
Volumen (V)	⇒ *Zahl* **L** (Liter)
Konzentration (c)	⇒ *Zahl* **mol/L**
Konzentration (c^*)	⇒ *Zahl* **g/L**
Druck (p)	⇒ *Zahl* **bar**
Temperatur (T)	⇒ *Zahl* **K** (Kelvin)
Dichte (ρ)	⇒ *Zahl* **g/L**

Abb. 070-1: Größen und Einheiten

Temperatur in Kelvin
T in Kelvin = T in °C + 273,15

Druckeinheiten
SI-Einheit: ⇒ *Zahl* **Pa** (Pascal)
1 bar = 10^5 Pa
Eine alte, aber noch übliche Einheit:
Zahl **atm** (Atmosphäre)
1 atm = 1,013 bar

Volumseinheiten
SI-Einheit: ⇒ *Zahl* **m³** (Kubikmeter)
1 L = 1 dm³
1 L = 1000 mL
1 m³ = 1000 L

Abb. 070-2: Umrechnungen

Der Begriff „Stöchiometrie" stammt aus dem Griechischen (stoicheia = Element, metron = Maß) und bedeutet „Lehre von den Mengenverhältnissen bei chemischen Reaktionen".

Grundprinzip

Auch wenn die folgenden Berechnungen sehr unterschiedlich sind, kann man doch bei allen Beispielen nach einem ähnlichen Schema vorgehen. Bei allen Beispielen ist ein geordnetes Arbeiten – im Prinzip immer nach dem unten angeführten „3-Schritte" Programm – sinnvoll.

Aufschlüsseln der Angabe

Grundvoraussetzung ist die Übertragung des angegebenen Textes in eine Kurzfassung mit den entsprechenden Größen und den passenden Einheiten. Einheiten, die im Text angeführt sind, müssen immer geprüft und eventuell umgerechnet werden.

Eine Zusammenstellung der wichtigsten Größen (einige werden in den folgenden Kapiteln noch besprochen) mit ihren Einheiten zeigt Abb 70–1.

Die entsprechenden Größen werden mit der Formel (in Klammer oder als Index) versehen zB: m_{NH_3} = 4 g oder $m(NH_3)$ = 4 g

Eine zusätzliche, meist nicht explizit angegebene Angabe, ist die Molmasse M. Kennt man Formeln der beteiligten Stoffe, kann man die Molmasse mit Hilfe des PSE berechnen.

Berechnung

Je nach der Größe die gesucht ist, wählt man die passende Formel (Schlussrechnungen sind natürlich auch möglich).

Der erste Schritt ist bei (fast) allen Aufgaben die Berechnung der Stoffmenge n_1 in mol des Stoffes 1, bei dem eine Größe (m_1, c_1 oder V_1) gegeben ist. Dann muss man zB aufgrund der RGL auf die Stoffmenge n_2 des Stoffes 2 schließen, bei dem eine Größe gesucht ist. Der dritte Schritt ist dann die Berechnung der gesuchten Größe (m_2, c_2 oder V_2) des Stoffes 2. Auch bei Berechnungen, die über mehrere Teilschritte gehen, führt dieser Weg zum Ziel.

Die untere Graphik gibt einen Überblick der wichtigsten Berechnungswege bei stöchiometrischen Berechnungen, die in den folgenden Kapiteln noch ausführlich besprochen werden.

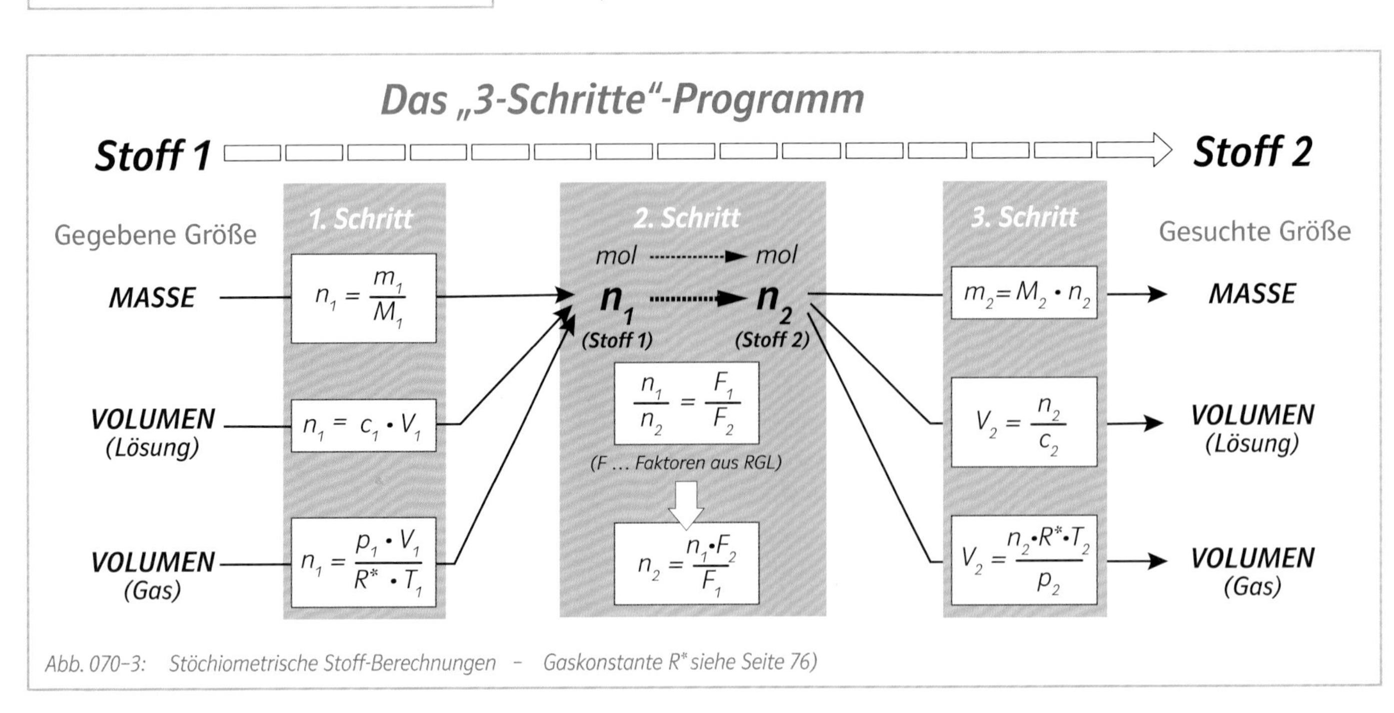

Abb. 070-3: Stöchiometrische Stoff-Berechnungen – Gaskonstante R siehe Seite 76)*

Umsatzberechnung $m = M \cdot n$

Ziel der Berechnung

Man schließt von der Masse eines Stoffes auf die Masse eines anderen Stoffes. Wie viel eines Stoffes entsteht … ? Wie viel Ausgangsstoff benötige ich um … ? Wie viel muss ich von beiden Ausgangsstoffen nehmen, damit die Reaktion gut geht? Welcher Stoff limitiert die Reaktion? …

Reaktionsgleichung - Molvergleich

Die Basis der Berechnung stellt die Reaktionsgleichung dar. Sie zeigt das Molverhältnis der reagierenden Stoffe.

Für die Reaktion $3\,H_2 + N_2 \rightarrow 2\,NH_3$ gilt zB das Molverhältnis für $n_{H_2}/n_{NH_3} = 3/2$. Je nachdem welcher Stoff gesucht, bzw. gegeben ist, löst man diese Gleichung nach n_{H_2} oder n_{NH_3} auf. (siehe Übung 71.1 bis 71.3)

Beispiele

#1 Wie viel Gramm Ammoniak kann man aus 60 g Wasserstoff bei der Reaktion mit überschüssigem Stickstoff gewinnen?

Angabe der Reaktionsgleichung

$3\,H_2 + N_2 \rightarrow 2\,NH_3$ ……… *Stoff 2 mit gesuchter Größe*

(H_2) ……… *Stoff 1 mit gegebener Größe*

Aufschlüsseln der Angabe

$m(H_2) = 60$ g

$m(NH_3) = ?$ (gesucht)

Die Aussage „überschüssiger Stickstoff" bedeutet, dass ausreichend Stickstoff vorhanden ist. Dieser muss daher bei diesem Beispiel nicht beachtet werden.

Weiters kennt man die Molmasse der beiden Stoffe.

$M(H_2) = 2$ g/mol (aus PSE) $M(NH_3) = 17$ g/mol (aus PSE)

Berechnung nach dem „3-Schritte-Programm"

1. Schritt: $n(H_2) = \frac{m(H_2)}{M(H_2)} = \frac{60\text{ g}}{2\text{ g/mol}} = 30\text{ mol}$

2. Schritt: $n(NH_3) = \frac{n(H_2) \cdot F_2}{F_1} = \frac{30\text{ mol} \cdot 2}{3} = 20\text{ mol}$

3. Schritt: $m(NH_3) = n(NH_3) \cdot M(NH_3) = 20\text{ mol} \cdot 17\text{ g/mol} = \mathbf{340\text{ g}}$

#2 20 g Wasserstoff und 50 g Kohlenstoffmonoxid werden zur Reaktion gebracht. Berechne die maximale Masse an Methanol, die gebildet werden kann. Welcher Stoff begrenzt die Reaktion? Welcher Stoff liegt im Überschuss vor? Wieviel Gramm dieses Stoffes bleiben übrig?

Angabe der Reaktionsgleichung

$2\,H_2 + CO \rightarrow CH_3OH$

Aufschlüsseln der Angabe

$m(H_2) = 20$ g $M(H_2) = 2$ g/mol $m(CO) = 50$ g $M(CO) = 28$ g/mol

$m(CH_3OH) = ?$ (gesucht) $M(CH_3OH) = 32$ g/mol

Berechnung nach dem „3-Schritte-Programm"

1. ⇨ $n(H_2) = 20\text{ g}/2\text{ g/mol} = 10\text{ mol}$ $n(CO) = 50\text{ g}/28\text{ g/mol} = 1{,}8\text{ mol}$

2. ⇨ $n(CH_3OH) = n(CO) = 1{,}8\text{ mol}$ $n(CH_3OH) = 1/2n(H_2) = 10\text{ mol}$

⇒ CO begrenzt die Reaktion!

3. ⇨ $m(CH_3OH) = 32\text{ g/mol} \cdot 1{,}8\text{ mol} = 57{,}6\text{ g}$

Der Stoff im Überschuss ist Wasserstoff.

$n(H_2\text{ verbraucht}) = 2 \cdot n(CO) = 3{,}6\text{ mol}$ $n(H_2\text{ Rest}) = 10\text{ mol} - 3{,}6\text{ mol} = 6{,}4\text{ mol}$

$m(H_2\text{ Rest}) = 2\text{ g/mol} \cdot 6{,}4\text{ mol} = 12{,}8\text{ g}$

Übungen 71.1 bis 71.3

Übungen zum Molvergleich

1. Wie viel Mol Methanol (CH_3OH) kann man aus 15 mol Wasserstoff erzeugen?
   $2\,H_2 + CO \rightarrow CH_3OH$
2. Wie viel Mol Sauerstoff benötigt man für die Verbrennung von 10 mol Butan?
   $C_4H_{10} + 6{,}5\,O_2 \rightarrow 4\,CO_2 + 5\,H_2O$
3. Wie viel mol HCl benötigt man zum Umsatz von 8,5 mol Eisen(II)-chlorid?
   $KMnO_4 + 5\,FeCl_2 + 8\,HCl \rightarrow MnCl_2 + 5\,FeCl_3 + 4\,H_2O + KCl$

Übungen 71.4 bis 71.7

Übungen zur Umsatzberechnung

4. Wie viel kg SO_2 entstehen bei der Verbrennung von 10 t Kohle mit einem Schwefelgehalt von 3 %?
5. Wie viel kg reines Aluminiumoxid benötigt man zur Herstellung von 1 t Aluminium?
   $Al_2O_3 \rightarrow 2\,Al + 1{,}5\,O_2$
6. Wie viel g Aluminium benötigt man zur Herstellung von 10 g Wasserstoff durch Reaktion mit überschüssiger Salzsäure?
   $Al + 3\,HCl \rightarrow AlCl_3 + 1{,}5\,H_2$
7. Die Bläschen, die beim Auflösen einer Brausetablette in Wasser entstehen, werden durch die Reaktion von Natriumhydrogencarbonat ($NaHCO_3$) mit Citronensäure ($H_3C_6H_5O_7$) erzeugt:
   $3\,NaHCO_3(aq) + H_3C_6H_5O_7(aq) \rightarrow 3\,CO_2(g) + 3\,H_2O(l) + Na_3C_6H_5O_7(aq)$
   In einem Experiment reagieren 2,00 g Natriumhydrogencarbonat und 2,00 g Citronensäure.
   a) Welcher Ausgangsstoff begrenzt die Reaktion?
   b) Wie viel Gramm Kohlenstoffdioxid werden gebildet?
   c) Wie viel Gramm des zweiten Ausgangsstoffes bleiben über, wenn der andere Stoff vollständig reagiert hat.

Schüler-Experiment 3.3

Wieviel % Speisesoda enthält Backpulver?

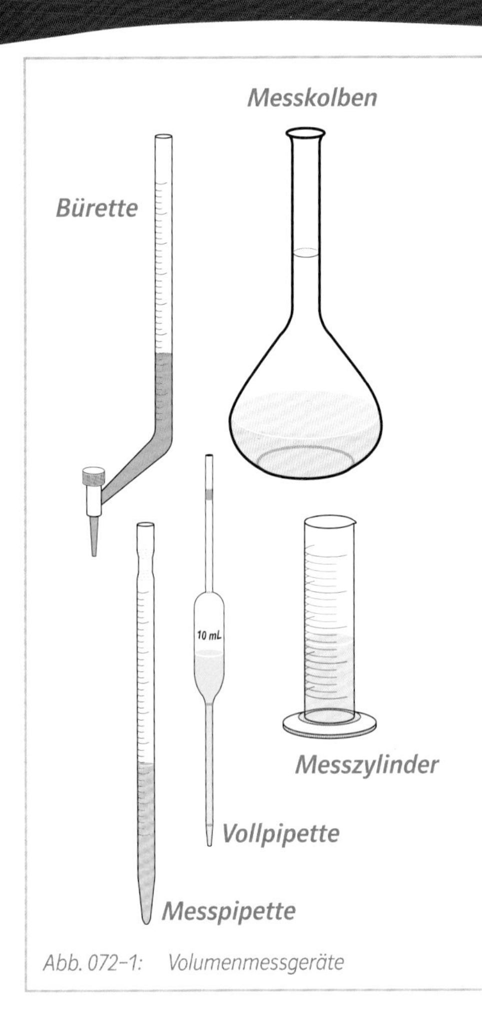

Abb. 072-1: Volumenmessgeräte

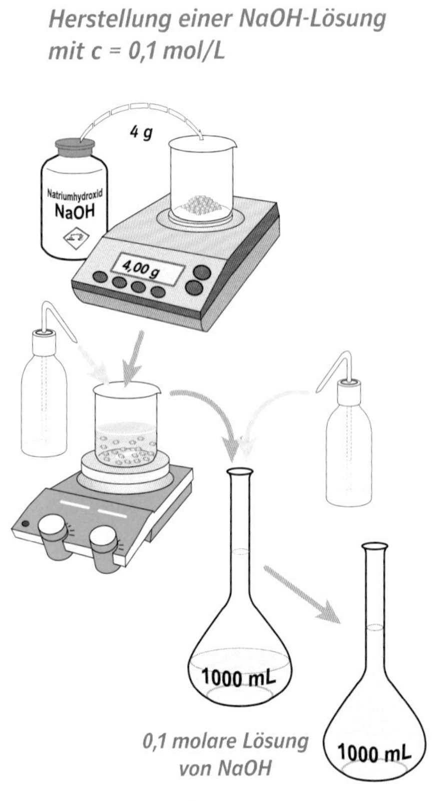

Konzentration

Unter der Konzentration versteht man die „Menge" eines Stoffes, die sich in einem bestimmten Volumen des Lösungsmittels (fast immer Wasser) befindet.

Die gelöste „Menge" kann man in mol angeben (⇒ Stoffmengenkonzentration c) oder in Gramm (⇒ Massenkonzentration c^*). Die Umrechnung zwischen diesen beiden Größen erfolgt wieder durch die Molmasse.

Messgeräte zur Volumsmessung

Mit einem Messkolben kann man ein genau definiertes Volumen einer Lösung (1000 mL, 100 mL ...) herstellen. Man gibt etwas Deionat in den Kolben und fügt dann die genau gemessene Stoffmenge des zu lösenden Stoffes hinzu.

(Bedenke immer den Merkspruch *„Nie das Wasser in die Säure, sonst passiert das Ungeheure".*)

Dann füllt man den Kolben bis zur Markierung mit Deionat auf und erhält dadurch das geforderte Volumen der Lösung.

Mit einem Messzylinder kann das Volumen einer Lösung gemessen werden.

Pipetten sind Messgeräte, die die exakte Zugabe eines bestimmten Volumens einer Flüssigkeit ermöglichen. Sie funktionieren im Prinzip wie ein Strohhalm aber müssen aus Sicherheitsgründen immer mit einer Pipettierhilfe (zB Peleusball) verwendet werden.

Pipetten gibt es als Messpipette, mit einer entsprechenden Skala und als Vollpipette, mit der man nur ein bestimmtes Volumen (zB 10,00 mL) zugeben kann.

Der Messzylinder und die Messpipette sind allerdings keine exakten Messgeräte. Sie können nicht für die Herstellung von Lösungen verwendet werden bei denen eine genaue Konzentration erforderlich ist. In solchen Fällen sind nur Vollpipetten, Büretten und Messkolben zu verwenden.

In der chemischen Praxis stellt sich immer wieder die Aufgabe aus Feststoffen Lösungen herzustellen oder konzentrierte Lösung (zB Säuren) zu verdünnen.

Stoffmengenkonzentration c in mol/L

Aus der angegebenen Einheit ergibt sich folgende Beziehung:

$$c = \frac{n}{V}$$

Stoffmengenkonzentration c der Lösung in mol/L
Stoffmenge n in mol
Volumen der Lösung in L

Vom Feststoff zur Lösung

Die berechnete Masse des Feststoffes wird mit der Waage bestimmt und entsprechend der Abbildung 72-2 auf das entsprechende Volumen verdünnt.

Beispiele

#1 Man benötigt 1 L NaOH mit c = 0,1 mol/L aus festem Natriumhydroxid.

$V_{NaOH} = 1\ L$ $\quad c_{NaOH} = 0{,}1\ mol/L$ $\quad m_{NaOH} = ?$

$n_{NaOH} = c_{NaOH} \cdot V_{NaOH} = 0{,}1\ mol/L \cdot 1\ L = 0{,}1\ mol$

$m_{NaOH} = M_{NaOH} \cdot n_{NaOH} = 40\ g/mol \cdot 0{,}1\ mol = 4\ g$

#2 10 g Kaliumhydroxid (KOH) werden in 600 mL Wasser gelöst. Berechne die Stoffmengenkonzentration der Kalilauge in mol/L.

$V_{KOH} = 600\ mL = 0{,}6\ L$ $\quad m_{KOH} = 10\ g$ $\quad c_{KOH} = ?$

$n_{KOH} = m_{KOH}/M_{KOH} = 10\ g/56{,}1\ g/mol = 0{,}18\ mol$

$c_{KOH} = n_{KOH}/V_{KOH} = 0{,}18\ mol/0{,}6\ L = 0{,}3\ mol/L$

Herstellung einer NaOH-Lösung mit c = 0,1 mol/L

4 g
Natriumhydroxid NaOH
4,00 g
1000 mL
0,1 molare Lösung von NaOH
1000 mL

Abb. 072-2: Herstellung einer Lösung

Konzentrierte Lösung verdünnen

Das berechnete Volumen der konzentrierten Lösung wird mit dem Messzylinder oder einer Pipette entsprechend der Abbildung auf das entsprechende Volumen verdünnt.

Beispiel

Man benötigt 1 L HCl mit einer Stoffmengenkonzentation von c = 0,1 mol/L aus konzentrierter Salzsäure mit c = 2 mol/L.

c_{verd} = 0,1 mol/L V_{verd} = 1 L

c_{konz} = 2 mol/L V_{konz} = ?

$n_{verd} = c_{verd} \cdot V_{HCl\ verd}$ = 0,1 mol/L · 1 L = 0,1 mol

$n_{konz} = n_{verd}$

$V_{konz} = n_{konz}/c_{konz}$ = 0,1 mol/2 mol/L = 0,05 L

Bei den Verdünnungsaufgaben ist es einfacher – es gilt immer $n_{konz} = n_{verd}$ – mit folgender Beziehung zu arbeiten:

$c_{konz} \cdot V_{konz} = c_{verd} \cdot V_{verd}$

Massenkonzentration c* in g/L

$$c^* = \frac{m}{V} \qquad \text{Umrechnung: } c = \frac{c^*}{M} \qquad \left(\text{entspricht: } n = \frac{m}{M}\right)$$

Beispiel

10 g Kaliumhydroxid (KOH) werden in 600 mL Wasser gelöst. Berechne die Massenkonzentration der Kalilauge in g/L.

V_{KOH} = 600 mL = 0,6 L m_{KOH} = 10 g

$c^* = m_{KOH}/V_{KOH}$ = 10 g/0,6 L = 16,7 g/L

Massenprozent

Bei konzentrierten Säuren wird die Konzentration üblicherweise in Massen% angegeben. Um c^* zu berechnen, benötigt man die Masse von einem Liter dieser Lösung (= Dichte ρ).

$$c^* = \frac{\% \cdot \rho}{100} \qquad \text{oder: } c = \frac{\% \cdot \rho}{M \cdot 100}$$

Sehr verdünnte Lösungen besitzen die Dichte von Wasser (ρ = 1000 g/L).

Beispiele

#1 Salzsäure wird im Handel oft 25%ig angeboten (ρ = 1120 g/L). Wie hoch ist die Stoffmengenkonzentration in mol/L?

$$c_{HCl} = \frac{\% \cdot \rho_{HCl}}{M_{HCl} \cdot 100} = \frac{25 \cdot 1120 \frac{g}{L}}{36,5 \frac{g}{mol} \cdot 100} = 7,67 \frac{mol}{L}$$

Umgekehrt kann man aus der Stoffmengenkonzentration auf den Prozentgehalt schließen.

#2 Die Essigsäurekonzentration im Speiseessig wurde mit c = 0,83 mol/L bestimmt. Wieviel % Essigsäure enthält dieser handelsübliche Essig mit einer Dichte von ρ = 1000 g/L?

$$c_{Essig} = \frac{c_{Essigsäure} \cdot M_{Essigsäure} \cdot 100}{\rho_{Essigsäure}} = \frac{0,83 \frac{mol}{L} \cdot 60 \frac{g}{mol} \cdot 100}{1000 \frac{g}{L}} = 4,98\ \%$$

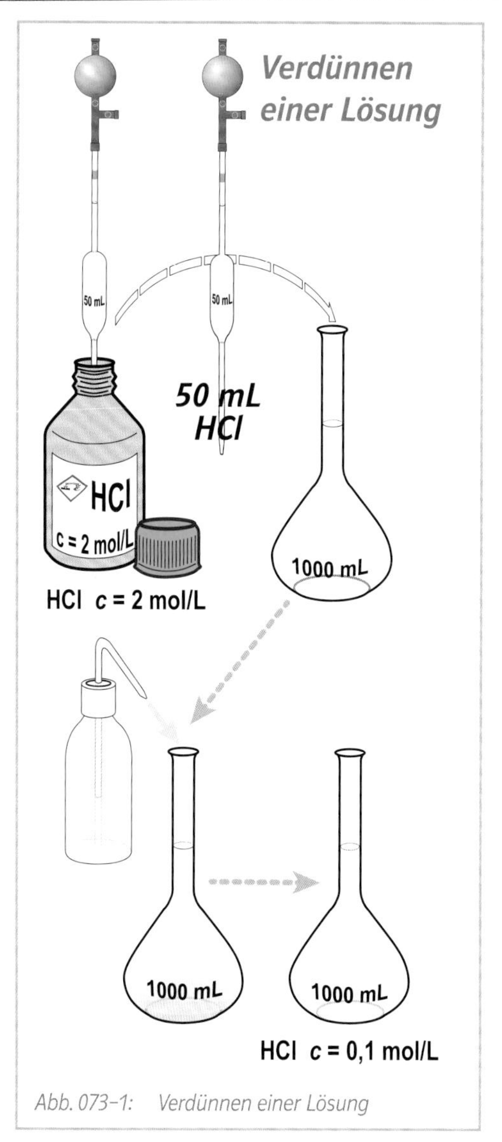

Abb. 073–1: Verdünnen einer Lösung

Übungen 73.1 bis 73.4 

1. Verdünnte Kalilauge

   Wie viel Gramm festes KOH benötigt man zur Herstellung von 2 L Kalilauge mit c = 0,01 mol/L?

2. Verdünnte Schwefelsäure

   Wie viel Gramm Schwefelsäure befinden sich in 1 L einer Lösung mit c = 0,02 mol/L H_2SO_4?

3. Verdünnte Ammoniaklösung

   Wie viele Milliliter Ammoniaklösung (mit c = 13 mol/L) werden benötigt, um 200 mL Ammoniaklösung der Konzentration 0,2 mol/L herzustellen?

4. Verdünnte Salpetersäure

   Wie viel 65%ige Salpetersäure (Dichte = 1400g/L) benötigt man zur Herstellung von 1 Liter Salpetersäure mit c = 2 mol/L ?

Titration - Maßanalyse

Alkalibatterie - Knopfzellen - Blei-Akkumulator

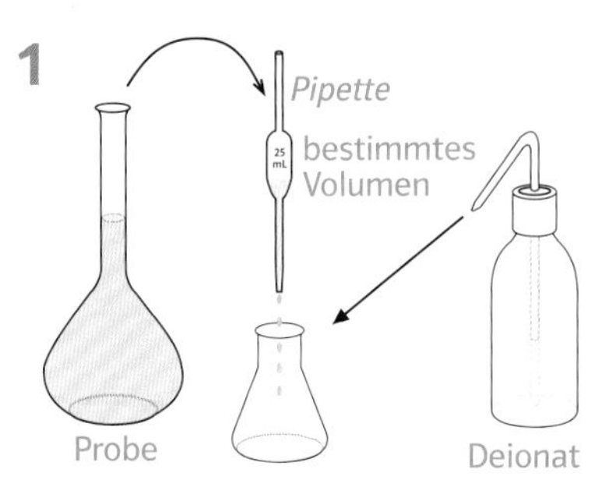

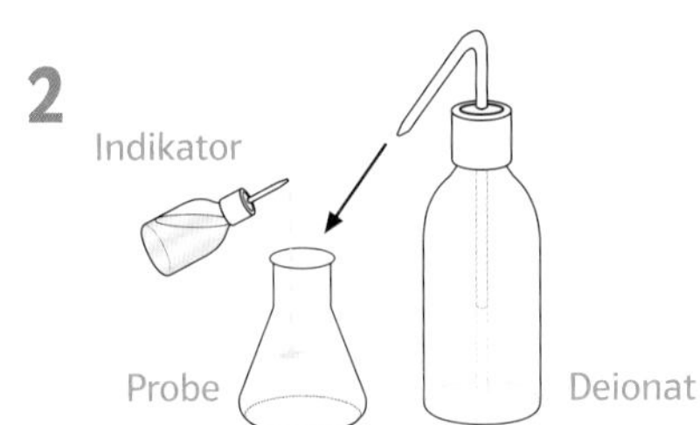

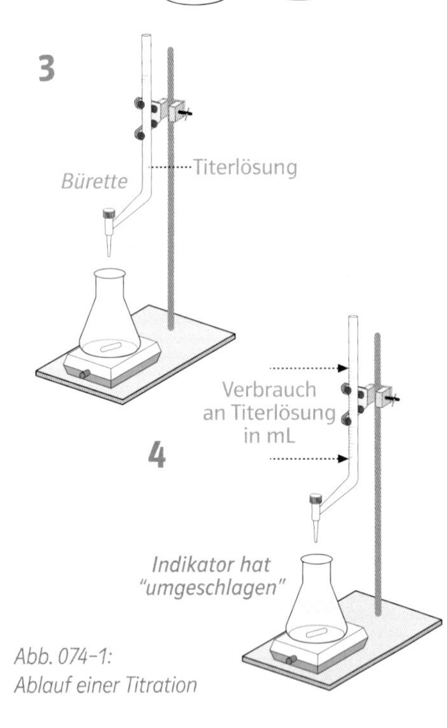

Abb. 074-1:
Ablauf einer Titration

Die Titration ist eine praktische Methode zur Konzentrationsbestimmung durch Volumsmessung (**Volumetrie**). Diese Methode ist rasch und genau und wird daher nach wie vor im Labor häufig durchgeführt.

Ablauf einer Titration (Abb 74-1)

1 Mit einer Pipette wird ein bestimmtes Volumen (in der Praxis häufig 10 mL) einer Lösung mit unbekannter Konzentration („Probe") in einen Titrierkolben, ein meist bauchiges Gefäß mit großer Öffnung, gegeben.

2 Diese Probe kann jetzt eventuell mit Deionat versetzt werden (dies verändert Konzentration und Volumen der Probe, beeinflusst aber die Stoffmenge des gesuchten Stoffes nicht). In den meisten Fällen fügt man noch einige Tropfen eines Indikators zu, der durch eine Farbänderung („Umschlag des Indikators") im Schritt 4 das Ende der Titration anzeigt.

3 Dann verwendet man ein weiteres Volumsmessgerät – eine Bürette. Büretten gibt es in unterschiedlichen Größen. Im Prinzip ist eine Bürette ein skaliertes Glasrohr mit einem Hahn am unteren Ende. Durch Öffnen und Schließen des Hahns wird die Titerlösung zur Probe zugetropft. Der Titer ist ein Stoff mit bekannter Konzentration, der mit der Probe eine rasche und eindeutige Reaktion eingeht.

Eine voll gefüllte Bürette zeigt bei der Skala Null an – man hat ja noch keine Lösung zugetropft. Man muss eine Bürette nicht immer voll füllen. Man notiert den Anfangswert (beachte: Skala geht von oben nach unten) und fügt nun tropfenweise Titer zu. Der Titrierkolben sollte ständig geschwenkt werden um die Lösungen zu durchmischen. Man kann auch mit einem Magnetrührer, wie in der Abbildung gezeigt, arbeiten.

4 Die Titration ist beendet, wenn der Indikator umschlägt. Dies sollte im Prinzip durch einen Tropfen Titerlösung passieren. Anhand des Titerverbrauchs und dem Volumen der eingesetzten Probe kann die Konzentration berechnet werden.

Erkennung des Endpunkts

Voraussetzung für diese Methode ist eine eindeutige und rasch ablaufende Reaktion. Für die Endpunktserkennung muss ein geeigneter Indikator zur Verfügung stehen, oder sie erfolgt durch eine sich ändernde Eigenfarbe einer der beteiligten Lösungen. Auch Messgeräte zB für Leitfähigkeit oder pH-Wert können dafür eingesetzt werden.

Berechnung für ein Molverhältnis 1:1

$c_{Probe} \cdot V_{Probe} = c_{Titer} \cdot V_{Titer}$

c_{Probe} ist die gesuchte Größe — V_{Probe} wurde mit der Pipette gemessen

c_{Titer} muss bekannt sein — V_{Titer} ist das Versuchsergebnis

Beispiel

Bestimmung der Konzentration einer Salzsäure

10 mL Salzsäure werden mit 3 - 4 Tropfen Methylrot (Indikator) versetzt. Die Lösung ist rot. Jetzt fügt man unter Schwenken des Titrierkolbens Natronlauge mit c = 2,5 mol/L zu. Nach Zugabe von 5,7 mL NaOH ändert sich die Farbe der Lösung auf gelb. Der Indikator hat „umgeschlagen", die Titration ist zu Ende.

$HCl + NaOH \rightarrow NaCl + H_2O$

Aus der Reaktionsgleichung erkennt man, dass $n_{Säure} = n_{NaOH}$, daher gilt:

$c_{Säure} \cdot V_{Säure} = c_{NaOH} \cdot V_{NaOH}$

$\mathbf{c_{Säure}} \cdot 10\ mL = 2{,}5\ mol/L \cdot 5{,}7\ mL \Rightarrow$ damit ist $\mathbf{c_{Säure}} = 1{,}43\ mol/L$

Übung 74.1

10 mL Salpetersäure werden mit Kalilauge (c = 0,2 mol/L) titriert. Der Verbrauch an KOH beträgt 13,4 mL. Berechne die Konzentration der Salpetersäure.

Schüler-Experiment 3.4

Wieviel % Essigsäure enthält Speiseessig?

Konzentrationsangaben für kleine Anteile

Vom Blutalkoholgehalt kennt man den Ausdruck Promille. Er bedeutet 1/1000 (Zeichen ‰). Für noch kleinere Mengenangaben zB für Luftschadstoffe werden die Einheiten ppm, ppb und ppt verwendet. (Abb. 75–1) Die Messung so geringer Konzentrationen stellt eine große Herausforderung dar und wurde erst durch Entwicklungen auf dem Sektor Messtechnik möglich.

Der Alkotest (Promille)

In Österreich ist ein Grenzwert, ab der die Fahrtüchtigkeit von Verkehrsteilnehmern nicht gegeben ist, in der Straßenverkehrsordnung mit 0,8 ‰ und im Führerscheingesetz mit 0,5 ‰ Blutalkoholgehalt (Ethanol) festgelegt (in der Probeführerscheinzeit 0,1 ‰). Das Blut steht über die Lunge in Gasaustausch mit der ausgeatmeten Luft. Der Atemalkohol ist dabei proportional zum Blutalkoholgehalt. 0,5 ‰ Blutalkohol entsprechen dabei 0,25 mg/L Alkohol in der Atemluft. Bei Verkehrskontrollen wird der Atemalkohol gerichtsgültig mit Alkomaten gemessen.

Die Alkomaten messen den Atemalkohol nach zwei verschiedenen Methoden. Die Elektrochemische Methode arbeitet nach dem Prinzip einer Brennstoffzelle (ähnlich einer Batterie). Der Alkohol wird an der Anode oxidiert, an der Katode wird dabei Sauerstoff verbraucht. Dadurch entsteht ein Strom, der gemessen wird, und der proportional zur Alkoholkonzentration ist. Da dabei auch andere Stoffe gemessen werden, die bei bestimmten Krankheiten in der Atemluft sein können (Aceton, Ammoniak), wird zugleich auch nach der Infrarotspektroskopie gemessen. Dabei wird ausgenutzt, dass Ethanol bestimmte Wellenlängen von Infrarotlicht stark absorbiert. Die Schwächung des IR Lichtes durch den Alkohol in der Atemluft wird gemessen. Diese Methode ist kaum störungsanfällig durch die genannten anderen Stoffe. Ein Vergleich beider Werte gibt ein gerichtsgültiges Ergebnis.

Kohlenmonoxid CO in Tiefgaragen und Tunnels (ppm)

Kohlenmonoxid ist sehr giftig. Es bindet an die Sauerstofftransportstelle des Hämoglobins im Blut etwa 300 mal so stark wie Sauerstoff. Dadurch wird bereits bei geringen CO-Konzentrationen in der Atemluft der Sauerstofftransport verhindert. Bereits 5 ‰ wirken innerhalb weniger Minuten tödlich. CO ist in Abgasen von Autos enthalten, durch die katalytische Abgasreinigung ist der Anteil aber sehr gering. Trotzdem muss in Tiefgaragen und Tunnels die Luft auf zu hohe CO-Konzentrationen überwacht werden, falls die Lüftung nicht ausreicht. Die meisten Garagenverordnungen lassen heute 60 ppm als Halbstundenmittelwert zu. In Garagenräumen mit ständigen Arbeitsplätzen ist der gesetzliche MAK-Wert von 30 ppm einzuhalten. Die meisten CO-Sensoren arbeiten elektrochemisch, ähnlich wie beim Alkotest beschrieben.

Ozon (ppb)

Im Sommer hört man immer wieder in den Medien, dass die Ozonwarnstufe überschritten ist. Gemeint ist damit nicht nur Ozon, sondern ein Substanzgemisch, das aus unverbrannten Kohlenwasserstoffen und Stickstoffoxiden unter Einwirkung von UV-Licht entsteht, und das sowohl für die Vegetation als auch für den Menschen schädlich ist („photochemischer Smog"). Ozon lässt sich genau messen und dient daher als Maß für den gesamten photochemischen Smog.

Ein Ozon-Messgerät nutzt die Tatsache, dass Ozon sehr stark bestimmte UV-Wellenlängen absorbiert. Man misst die UV-Absorption von Luft und vergleicht mit Luft, die ozonfrei gemacht wurde. Die Schwächung der UV-Strahlung durch Ozon ist ein Maß für dessen Konzentration. Die Nachweisgrenze der Messung beträgt etwa ½ ppb.

Unbelastete Luft enthält 20 – 30 ppb Ozon, Werte ab 100 ppb gelten als gesundheitsschädlich (Vorwarnstufe). Ab 130 ppb (1. Warnstufe) wird empfohlen, anstrengende Tätigkeiten im Freien zu vermeiden, ab 180 ppb sollte der Aufenthalt im Freien überhaupt vermieden werden. Im Sommer wird in Österreich die Vorwarnstufe häufig erreicht.

Abb. 075–1: Angaben kleiner Konzentrationen

MAK-Wert

(Maximale Arbeitsplatzkonzentration)

Gibt die maximale Schadstoffkonzentration an, der ein Arbeitnehmer am Arbeitsplatz bei Einhaltung einer Vierzigstundenwoche ausgesetzt sein darf.

Bei Einhaltung wird keine Gesundheitsgefährdung angenommen. Auch eine kurzfristige Überschreitung (bei sonstiger Einhaltung im Durchschnitt) gilt als unbedenklich.

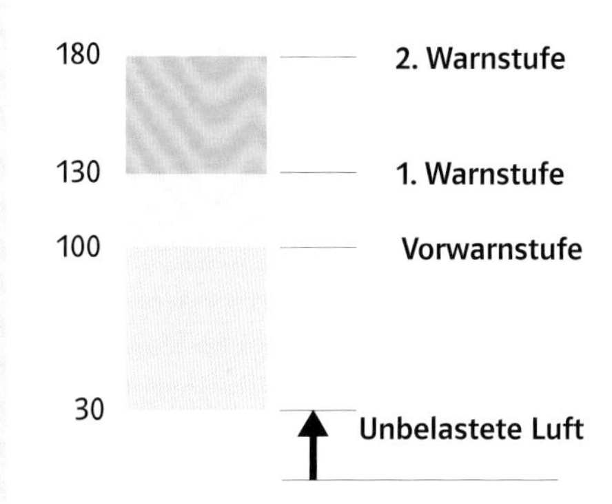

Abb. 075–2: Ozon-Warnstufen

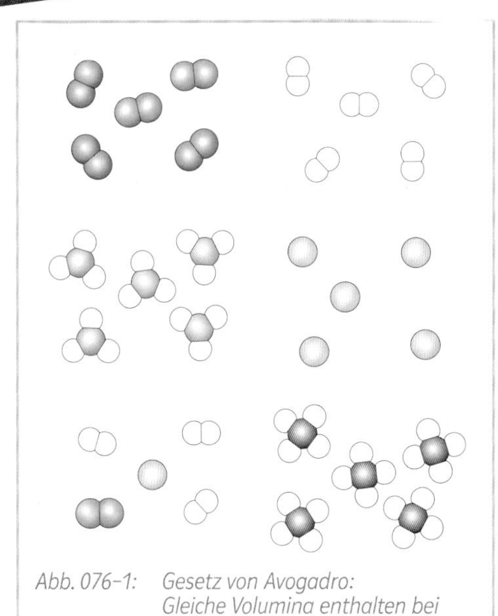

Abb. 076-1: Gesetz von Avogadro: Gleiche Volumina enthalten bei gleichem Druck und gleicher Temperatur gleich viele Gasteilchen.

$$M_{(Luft)} = \frac{4 \cdot M(N_2) + M(O_2)}{5} = \frac{4 \cdot 28 + 32}{5} = 28{,}8 \text{ g/mol}$$

Abb. 076-2: Berechnung der durchschnittlichen Molmasse von Luft

$$\text{Dichte}_{(Gas)} = \frac{\text{Molmasse}_{(Gas)}}{\text{Molvolumen}_{(Gas)}}$$

Abb. 076-3: Berechnung der Gasdichte

Übungen 76.1

Gasdichte

Reihe die folgenden Gase nach ihrer Gasdichte: (gleiche Bedingungen)

HCl, Luft, CH_4, CO, N_2, O_2, CO_2, SO_2 und N_2O

Schüler-Experiment 3.5

Knallgas

Gasgesetze

Für gasförmige Stoffe – sofern man von idealen Gasen (kein Eigenvolumen und keine Wechselwirkung zwischen den Gasteilchen) ausgeht – gibt es einige spezielle Gesetzmäßigkeiten.

Gesetz von Avogadro

Das Gasvolumen ist nur von Druck, Temperatur und Molanzahl abhängig und nicht von der Stoffart. Dh., bei gegebenem Druck und gegebener Temperatur nehmen alle Gase bei gleicher Teilchenzahl das gleiche Volumen ein.

Das Volumen von einem Mol Gasteilchen nennt man Molvolumen V_m (Einheit Liter/mol oder m^3/kmol).

Das Volumen einer beliebigen Molanzahl berechnet man nach der Beziehung

$$\boldsymbol{V = V_m \cdot n}$$

V_m ..... Molvolumen des Gases
V ..... aktuelles Volumen des Gases

(Vergleiche: $m = M \cdot n$)

Auch wenn das Gasvolumen von Gasen bei gleicher Teilchenzahl und gleichen äußeren Bedingungen gleich ist, sind die Massen natürlich sehr unterschiedlich.

Beispiel

Bei 25 °C (= 298 K) und einem Druck von 1 bar beträgt das Molvolumen eines Gases 24,8 L/mol (Die Berechnung des Molvolumens bei beliebigen äußeren Bedingungen ermöglicht das allgemeine Gasgesetz – siehe nächste Seite).

3 Ballons wurden mit jeweils 10 Liter Helium bzw. Luft („Formel" 4 N_2 + O_2) bzw. Kohlenstoffdioxid (CO_2) gefüllt. Berechne die Masse der jeweiligen Ballonfüllung! Berechnung der durchschnittlichen Molmasse von Luft siehe Abb. 76-2.

$n_{Gas} = V/V_m = 10/24{,}8 = 0{,}4$ mol

$m(\text{He}) = M(\text{He}) \cdot n(\text{Gas}) = 4 \cdot 0{,}4 = 1{,}6$ g

$m(\text{Luft}) = M(\text{Luft}) \cdot n(\text{Gas}) = 28{,}8 \cdot 0{,}4 = 11{,}5$ g

$m(CO_2) = M(CO_2) \cdot n(\text{Gas}) = 44 \cdot 0{,}4 = 17{,}6$ g

Gasdichte

Die Dichte von Gasen ist eine wichtige Größe. Sie lässt sich nach der Beziehung in Abb. 76-3 berechnen, wenn das Molvolumen bei den gegebenen Bedingungen bekannt ist.

In der Praxis ist allerdings oft nur eine Dichtevergleich notwendig. Da bei gegebenen Bedingungen das Molvolumen aller Gase gleich ist, genügt für einen Dichtevergleich die Betrachtung der Molmassen. So erkennt man, dass He mit M = 4 g/mol eine geringere Dichte als Luft (M = 28,8 g/mol) besitzt, während CO_2 mit M = 44 g/mol eine größere Dichte als Luft aufweist. Das Gas mit der geringsten Dichte ist H_2 (M = 2 g/mol).

Allgemeines Gasgesetz

Das Molvolumen (Volumen von 1 mol Gas) ist vom Druck und von der Temperatur abhängig; sind Druck und Temperatur vorgegeben, so stellt sich automatisch ein bestimmtes Volumen ein – umgekehrt erzeugt eine Temperaturerhöhung bei einem vorgegebenen Volumen automatisch auch eine Druckerhöhung.

Es gilt: $$\frac{p \cdot V_M}{T} = \text{Konstante } \boldsymbol{R}$$

Diese Konstante nennt man die allgemeine **Gaskonstante *R***.

Da die aus der Physik definierte Gaskonstante R mit SI-Einheiten angegeben ist, ist es für das chemische Arbeiten einfacher eine **Gaskonstante R^*** zu definieren, die die in der Chemie üblichen Einheiten berücksichtigt. (Abb. 77-1)

Das allgemeine Gasgesetz lautet: $\boldsymbol{p \cdot V = n \cdot R^* \cdot T}$

Berechnung des Molvolumens

Mit Hilfe des Gasgesetzes lässt sich das Molvolumen bei beliebigen Bedingungen berechnen.

Beispiel

Berechne das Molvolumen bei 20 °C und einem Druck von 1 bar!

$n = 1 \text{ mol} \rightarrow V = V_m \rightarrow p \cdot V_m = 1 \cdot R^* \cdot T$

$$V_M = \frac{R^* \cdot T}{p} = \frac{0{,}08314 \frac{\text{L} \cdot \text{bar}}{\text{K} \cdot \text{mol}} \cdot 293 \text{ K}}{1 \text{ bar}} = 24{,}36 \frac{\text{L}}{\text{mol}}$$

Die Dichte der Luft beträgt bei diesen Bedingungen:

$$\rho_{Luft} = \frac{M_{Luft}}{V_M} = \frac{28{,}8 \frac{\text{g}}{\text{mol}}}{24{,}36 \frac{\text{L}}{\text{mol}}} = 1{,}18 \frac{\text{g}}{\text{L}}$$

Änderung der Bedingungen bei gleichbleibender Molanzahl

Ändert sich die Molanzahl eines Gases bei einem Vorgang nicht, ist es zumeist praktischer mit folgender Beziehung zu arbeiten.

$n_1 = n_2$

$$\frac{p_1 \cdot V_1}{T_1} = \frac{p_2 \cdot V_2}{T_2}$$

Beispiel

Eine Gasflasche von 10 Liter Inhalt steht im Labor bei 20 °C und ist mit Sauerstoff gefüllt, wobei der Druck 150 bar beträgt. Wie viel Liter Sauerstoff kann man entnehmen, wenn der Druck im Labor 1 bar beträgt?

(Da die Temperatur gleich bleibt, kann man sie gleich kürzen.)

$p_{Gasflasche} \cdot V_{Gasflasche} = p_{Chemiesaal} \cdot V_{Chemiesaal} = 150 \text{ bar} \cdot 10 \text{ L} = 1 \text{ bar} \cdot V_{Chemiesaal}$

Das Volumen ergibt sich zu 1500 L. Entnehmen kann man nur 1490, da 10 L in der Gasflasche bleiben.

Umsatzberechnung mit Beteiligung von Gasen

Bei den Berechnungen mit dem 3-Schritte-Programm, die auf Seite 70 besprochen wurden, kann jetzt die Molanzahl bei Gasen bzw. das Volumen eines Gases aus dem Gasgesetz berechnet werden.

Beispiel

Wie viel Gramm Aluminium müssen mit Salzsäure reagieren, damit bei 20 °C und 0,98 bar 10 Liter Wasserstoff gebildet werden können?

Zunächst muß die quantitativ richtigestellte Reaktionsgleichung aufgestellt werden:

$2 \text{ Al} + 6 \text{ HCl} \rightarrow 2 \text{ AlCl}_3 + 3 \text{ H}_2$

Die weitere Berechnungen folgen dem „3-Schritte"-Programm von Seite 70.

1. Schritt: $n_{H_2} = \frac{p \cdot V_{H_2}}{R^* \cdot T} = \frac{0{,}98 \text{ bar} \cdot 10 \text{ L}}{0{,}08314 \frac{\text{L} \cdot \text{bar}}{\text{K} \cdot \text{mol}} \cdot 293 \text{ K}} = 0{,}4 \text{ mol}$

2. Schritt: $n_{Al} = \frac{2}{3} \cdot n_{H_2} = \frac{2}{3} \cdot 0{,}4 \text{ mol} = 0{,}27 \text{ mol}$

3. Schritt: $m_{Al} = M_{Al} \cdot n_{Al} = 27 \frac{\text{g}}{\text{mol}} \cdot 0{,}27 \text{ mol} = 7{,}2 \text{ g}$

$$p \cdot V_m = R^* \cdot T$$

bzw.

$$p \cdot V = n \cdot R^* \cdot T$$

R = $8{,}314 \text{ m}^3 \cdot \text{Pa} \cdot \text{K}^{-1} \cdot \text{mol}^{-1}$
R^* = $0{,}08314 \text{ L} \cdot \text{bar} \cdot \text{K}^{-1} \cdot \text{mol}^{-1}$
p ... Druck in bar
V_m bzw. V ... (Mol)volumen in L
T ... Temperatur in K
n ... Stoffmenge in mol

Abb. 077-1: Formulierungen der Gasgleichung für ideale Gase

Umrechnung von Druckeinheiten

100000 Pa = 1000 hPa = 1 bar
1 atm = 1,013 bar
1 psi = 6895 Pa = 0,06895 bar

Übungen 77.1 bis 77.3

Die Gasgleichung

1. 18 mL Wasser (entspricht 18 g), eine sehr geringe Wassermenge,werden verdampft. Welches Volumen nimmt der Wasserdampf bei 100 °C und 1 bar ein?
2. Wie viel Gramm Zink sind erforderlich, um durch Reaktion mit überschüssiger Salzsäure 10 Liter Wasserstoff zu erzeugen?
   (p = 1 bar, T = 298 K)
   Reaktionsgleichung:
   $\text{Zn} + 2 \text{ HCl} \rightarrow \text{ZnCl}_2 + \text{H}_2$
3. Wie viel Liter Wasserstoff kann man aus 10 g Aluminium durch Reaktion mit überschüssiger Salzsäure bei 25 °C und 1,01 bar gewinnen?

Schüler-Experiment 3.6

Modellversuch „Airbag"

3.4 Thermochemie

Reaktionsenthalpie – Exotherm – Endotherm – Standardbildungsenthalpie

Standardbedingungen

Temperatur: $T^{\varnothing} = 298$ K
Druck: $p^{\varnothing} = 1$ bar
Konzentration: $c^{\varnothing} = 1$ mol/L

Abb. 078-1: Standardbedingungen

Kalorimeter

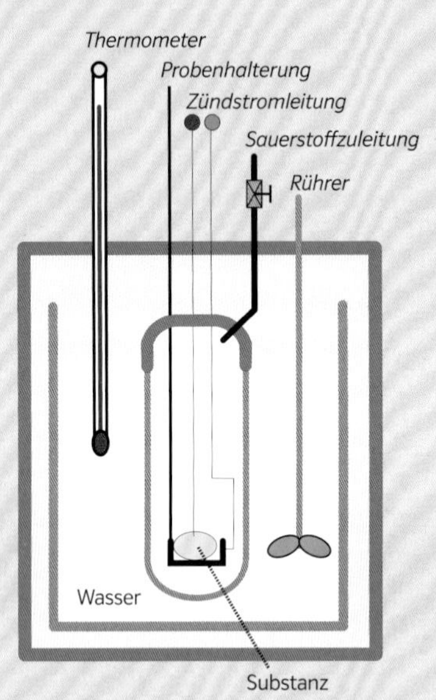

Bei der Verbrennung der Probe wird die Wärmemenge Q frei, die das umgebende Wasser erwärmt. Die spezifische Wärmekapazität von Wasser beträgt 4,2 J/K·g. Anhand des Temperaturanstieges und der Masse des Wassers kann man die freigesetzte Wärmemenge Q berechnen.

Übungen 78.1 bis 78.3

Berechne die Reaktionsenthalpie $\Delta H^{\varnothing}_R$ für die folgenden Reaktionen und interpretiere das Ergebnis:

1. Erdgasspaltung von Methan mit Wasserdampf

$$CH_4 + H_2O \rightarrow CO + 3\,H_2$$

2. Bildung von Hydrogenchlorid (alt: Chlorwasserstoff) aus den Elementen

$$H_{2(g)} + Cl_{2(g)} \rightarrow 2\,HCl_{(g)}$$

3. Zersetzung von Distickstoffpentoxid

$$2\,N_2O_{5(s)} \rightarrow 4\,NO_{2(g)} + O_{2(g)}$$

Thermochemie behandelt den Umsatz von Energie im Zuge einer chemischen Reaktion. Außerdem wird die Frage beantwortet, welche Reaktionen überhaupt möglich sind und unter welchen Bedingungen sie ablaufen können.

Ohne Berücksichtigung des Zeitfaktors werden Größen besprochen, die für den Ablauf einer Reaktion maßgeblich sind.

Die Reaktionsenthalpie ΔH_R

Jede chemische Verbindung besitzt eine bestimmte **innere Energie**. Durch Reaktion entstehen neue Stoffe mit einer anderen inneren Energie.

Den Energieumsatz bei konstantem Druck nennt man **Reaktionsenthalpie ΔH_R**. Sie ist als Differenz (Symbol Δ) der Summe (Symbol Σ) aller Enthalpien der Produkte und der Summe aller Enthalpien der Edukte festgelegt.

$$\Delta H_R = \Sigma H_{Produkte} - \Sigma H_{Edukte}$$

exotherm – endotherm

Besitzen die Produkte einen geringeren Energieinhalt als die Edukte, so wird die Energiedifferenz in Form von Wärme oder anderer Energieformen (Licht, elektrische Energie, etc.) an die Umgebung abgegeben. Solche Reaktionen nennt man exotherm – die Reaktionsenthalpie besitzt ein negatives Vorzeichen.

Sind die Produkte energetisch höher liegend, muss die Energiedifferenz aus der Umgebung aufgebracht werden. Man spricht von endothermen Reaktionen – die Reaktionsenthalpie ist positiv.

Reaktionsenthalpien hängen von den Bedingungen ab, bei denen sie gemessen werden. Daher wurden Standardbedingungen, gekennzeichnet mit $^{\varnothing}$ festgelegt. (Abb. 78-1)

Standardbildungsenthalpie $\Delta H_f^{\varnothing}$

Einzelenthalpien H sind nicht messbar. Es wird daher ein Bezugszustand gewählt: Die Bildungsenthalpie $\Delta H_f^{\varnothing}$ (f … engl. formation) von Elementen bei Standardbedingungen in ihrer energieärmsten Form wurde gleich null gesetzt.

Durch Bestimmung der Reaktionsenthalpien, die bei der Bildung einer Verbindung aus den Elementen entsteht, erhält man die Standardbildungsenthalpie $\Delta H_f^{\varnothing}$ einer Verbindung (meist kurz Bildungsenthalpie genannt).

Die Standardbildungsenthalpie $\Delta H_f^{\varnothing}$ bezieht sich immer auf 1 Mol der gebildeten Verbindung und besitzt daher die Einheit kJ/mol.

$H_2(g) + 1/2\,O_2(g) \rightarrow H_2O(l) \qquad \Delta H_R^{\varnothing} = \Delta H_f^{\varnothing} = -285{,}8$ kJ/mol

Tabelle Seite 316 zeigt die Standardbildungsenthalpien $\Delta H_f^{\varnothing}$ einiger Stoffe.

Berechnung von Reaktionsenthalpien $\Delta H_R^{\varnothing}$

$$\Delta H_R^{\varnothing} = \Sigma \Delta H^{\varnothing}_{f\ Produkte} - \Sigma \Delta H^{\varnothing}_{f\ Edukte}$$

Beachte: Die Bildungsenthalpien der einzelnen Stoffe müssen immer mit den stöchiometrischen Faktoren multipliziert werden.

Beispiel

$C + CO_2 \rightarrow 2\,CO$

$\Delta H_R^{\varnothing} = \Sigma \Delta H^{\varnothing}_{f\ Produkte} - \Sigma \Delta H^{\varnothing}_{f\ Edukte}$

$\Delta H_R^{\varnothing} = 2 \cdot \Delta H_f^{\varnothing}(CO) - [\Delta H_f^{\varnothing}(C) + \Delta H_f^{\varnothing}(CO_2)]$

$\Delta H_R^{\varnothing} = 2 \cdot (-110{,}5) \quad - (0) \quad - (-393{,}5) \quad = 172{,}5$ kJ

⇒ *endotherme Reaktion*

Satz von Heß

Viele Bildungsenthalpien lassen sich nicht direkt bestimmen, weil die Reaktion Elemente → Verbindung nicht eindeutig abläuft. Zu ihrer Bestimmung dienen die leicht messbaren Reaktionsenthalpien der Verbrennungsreaktionen.

Aus den Messdaten kann man die Enthalpien der gesuchten Reaktion berechnen. Dazu wendet man den **„Satz von Heß"** an: „Die Enthalpieänderung ist vom Reaktionsweg unabhängig". (Diese Aussage ist natürlich nur ein Spezialfall des allgemeinen Energieerhaltungssatzes, angewandt auf chemische Reaktionen.)

Ein Beispiel wäre die Bildung von Kohlenstoffmonoxid. Ein Teil des Kohlenstoffmonoxids reagiert immer sofort weiter zu Kohlenstoffdioxid.

Die Bildungsenthalpie lässt sich aber auf Umwegen bestimmen, indem man die Reaktionsenthalpie für die vollständige Verbrennung des Grafits und die Reaktionsenthalpie für die Verbrennung von Kohlenstoffmonoxid zu Kohlenstoffdioxid misst. (Abb. 79-1).

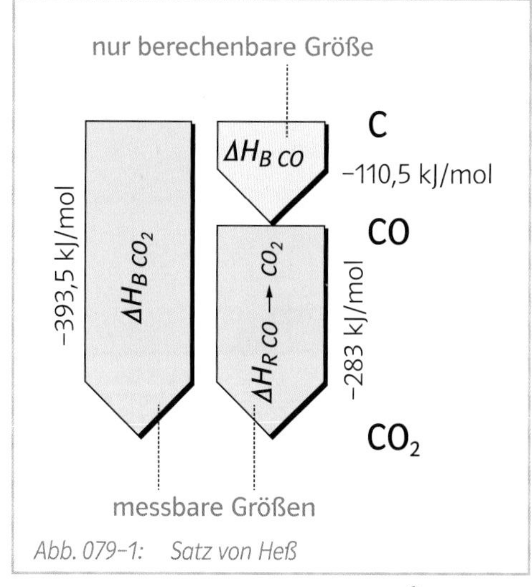

Abb. 079-1: Satz von Heß

Übung 79.1

Der Satz von Heß

Berechne die Standardbildungsenthalpie von N_2O_5 aus folgenden Angaben:

$2\,NO + O_2 \rightarrow 2\,NO_2 \quad \Delta H_R = -114{,}1$ kJ

$4\,NO_2 + O_2 \rightarrow 2\,N_2O_5 \quad \Delta H_R = -110{,}2$ kJ

$N_2 + O_2 \rightarrow 2\,NO \quad \Delta H_R = +180{,}5$ kJ

Heizwert – Brennwert

Der Heizwert (Brennwert) ist die Energie, die bei der vollständigen Verbrennung von 1 kg eines Stoffes frei wird (Einheit: kJ/kg). Ist eines der Produkte Wasser, so ist es nicht egal, ob Wasser nach der Verbrennung als Wasserdampf oder als flüssiges Wasser vorliegt. Daher sind in der Tabelle auf Seite 316 zwei Werte für die Bildungsenthalpie von Wasser angeführt.

$\Delta H_f^{\varnothing}(H_2O_{(l)}) = -285{,}8$ kJ/mol

$\Delta H_f^{\varnothing}(H_2O_{(g)}) = -241{,}8$ kJ/mol

Die Differenz ist die Kondensationswärme von Wasser. In diesen Fällen bezeichnet man als Heizwert die Energie für die Reaktion zu Wasserdampf und als Brennwert die (größere) Energie zum Reaktionsprodukt $H_2O_{(l)}$. Heute versucht man die Kondensationswärme von Wasser bei der Verbrennung von Erdgas und Heizöl auszunutzen, indem man die Abgase bei möglichst tiefer Temperatur abführt (Brennwertkessel).

Beispiel

Berechnung des Brennwerts von Ethanol (Alkohol in alkoholischen Getränken)

$C_2H_5OH(l) + 3\,O_2(g) \rightarrow 2\,CO_2(g) + 3\,H_2O(l)$

$\Delta H_R^{\varnothing} = \Sigma\Delta H^{\varnothing}_{f\ Produkte} - \Sigma\Delta H^{\varnothing}_{f\ Edukte}$

$\Delta H_R^{\varnothing} = 2 \cdot \Delta H_f^{\varnothing}(CO_2) + 3 \cdot \Delta H_f^{\varnothing}(H_2O) - \Delta H_f^{\varnothing}(C_2H_5OH)$

$\Delta H_R^{\varnothing} = 2 \cdot (-393{,}5) + 3 \cdot (-285{,}8) - (-277{,}6) = -1366{,}8$ kJ

$n_{(Ethanol)} = 1000/46 = 21{,}74$ mol

$H = \Delta H \cdot n = -29713{,}0$ kJ/kg

Heiz- und Brennwert werden zumeist ohne negatives Vorzeichen angegeben.

Übungen 79.2 bis 79.3

Der Heizwert

2. Berechne den Heizwert von Ethanol.
3. Berechne den Heizwert und den Brennwert von Benzen (C_6H_6)! Um wieviel % lässt sich die Energieausbeute bei Benützung eines Brennwertgerätes steigern?

Streben nach dem Energieminimum

Die aus dem täglichen Leben bekannten freiwillig ablaufenden Reaktionen sind fast immer exotherm. Dies führte zur Auffassung, dass der Antrieb für Prozesse das „Streben nach dem Energieminimum" ist. Dies ist zwar ein prinzipiell richtiger Schluss, doch gibt es auch Beispiele für endotherme freiwillige Reaktionen, zB das Lösen mancher Salze (zB NH_4Cl) in Wasser, die Zersetzung von N_2O_5, aber auch physikalische Vorgänge, zB das Verdunsten von Wasser.

Es ist überhaupt das Vorhandensein von Gasen und Flüssigkeiten in unserer Umwelt ein Beweis, dass die Enthalpie nicht die einzige maßgebliche Größe für die Spontaneität von Reaktionen sein kann. Wenn das Streben nach Energieminimierung einzig entscheidend wäre, wären alle Stoffe unter Abgabe der Kondensations- bzw. Erstarrungswärme Festkörper. Daher muss es noch einen weiteren Antrieb für Reaktionen geben, der endotherme Reaktionen gegen das Streben nach dem Energieminimum zum Ablaufen zwingt. Dieser Antrieb wird **Entropie** genannt. (Griech.: entrepein = umkehren)

Schüler-Experiment 3.7 und 3.8

Wirkungsgrad der Butangasverbrennung

Lösungsenthalpie von Natriumthiosulfat

Erdöl und Erdölprodukte

Vorkommen und Gewinnung von Erdöl

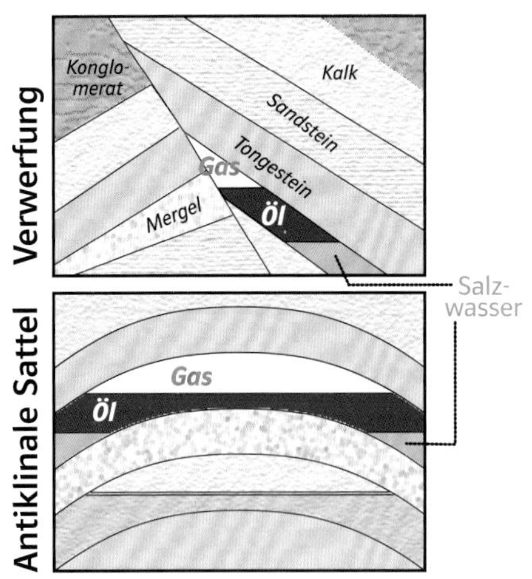

Abb. 080-1: Lagerstätten

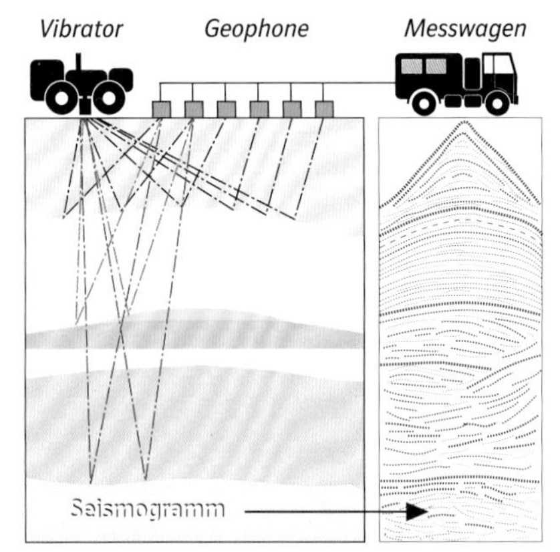

Abb. 080-2: Die Suche nach Öl

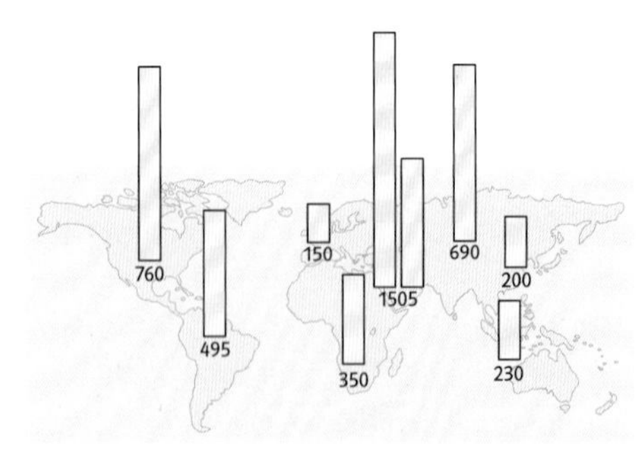

Abb. 080-3: Die weltweite Erdölförderung in Mio. Tonnen (2016)

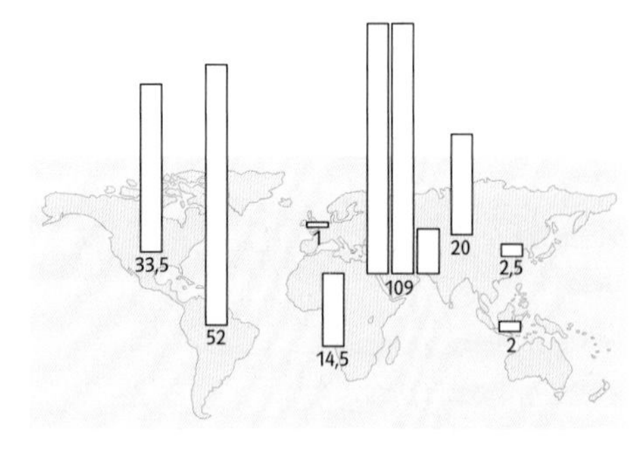

Abb. 080-4: Die weltweiten Erdölreserven in Mrd. Tonnen (Schätzung 2016)

Erdöl als Energieträger, Verbrauch und Reserven

Die Energie chemischer Reaktionen wird von der Menschheit schon seit der Nutzbarmachung des Feuers zum Kochen und Heizen genutzt. Lange Zeit war man auf Holz und andere Biomassen beschränkt. Mit der Entdeckung der Kohle und ihrem Einsatz im Zeitalter der technischen Erfindungen wurde man von nachwachsenden Rohstoffen unabhängig und mit der Dampfmaschine entwickelte sich der Faktor Mobilität als zusätzlicher Energieverbraucher. Heute sind Erdgas und vor allem Erdöl die wichtigsten Primärenergieträger.

Die technische Nutzung von und die gezielte Suche nach Erdöl begann im 19. Jh. Der weltweite jährliche Erdölverbrauch stieg rasant an. Er betrug 1950 eine halbe Milliarde Tonnen, 1970 2,3 Milliarden Tonnen und 2016 4,4 Milliarden Tonnen. Die Reserven (einschließlich schwer förderbarer Ölsande und Schwerölen) werden 2016 auf 240 Milliarden Tonnen geschätzt. Bei gleichbleibendem Verbrauch ist dies ein Horizont von etwa 56 Jahren. Schon seit den Achtzigerjahren ist der Verbrauch höher als neu entdeckte Reserven. Ein Ende des „Ölzeitalters" ist also sicher, wahrscheinlich wird die Begrenzung nicht an den Reserven, sondern an der Frage, wie viel Emission aus der Verbrennung für Atmosphäre und Weltklima zumutbar sind, liegen.

Vorkommen und Gewinnung von Erdöl

Die Erdölbildung aus abgestorbenen Meereslebewesen begann mit großer Wahrscheinlichkeit am Meeresboden von Flachmeeren. Die organischen Reste im Sediment bildeten den Faulschlamm. Dieser wurde von weiteren Sedimenten bedeckt. Die anaeroben Umsetzungen führten im Laufe von Jahren zu Kohlenwasserstoffen und verschiedenen Schwefelverbindungen.

Das Erdöl wird meist von gelöstem Gas und immer von Salzwasser begleitet. Es findet sich heute nicht mehr am Ort seiner Entstehung (Erdölmuttergestein), sondern in porösen Gesteinsschichten – im Erdölspeichergestein. Eine Lagerstätte bildet sich dort nur bei bestimmten geologischen Formationen, in denen die poröse ölführende Gesteinsschicht von dichten, ölundurchlässigen Gesteinen abgeschlossen und eine Weiterwanderung des Öls unmöglich wird. Zwei solche typische „Ölfallen" sind die Antiklinals (Sattel) und die Verwerfung (Abb. 80-1).

Bei der Ölexploration werden solche Ölfallen gesucht. Die wichtigste Explorationsmethode ist die Seismik. Dabei werden durch Sprengungen Bodenschwingungen erzeugt, die von den Grenzen unterirdischer Gesteinsschichten reflektiert werden. Empfindliche Seismografen registrieren die Bodenwellen. Aus dem Seismogramm kann man auf den Verlauf der Gesteinsschichten schließen.

Ist eine Ölfalle entdeckt, so erfolgt eine Aufschlussbohrung. Findet man Öl, so folgen die Produktionsbohrungen. Zu Beginn steht das Öl meist unter so großem Druck, dass es von selbst aus dem Bohrloch hochsteigt. Lässt der Druck nach, wird das Öl hochgepumpt. Zur Aufrechterhaltung des Druckes werden mitgefördertes Wasser und Gas bei anderen Bohrungen wieder in die Lagerstätten gepresst. Mit eingepresste Chemikalien sollen Öl im Wasser emulgieren und so das Öl aus der Lagerstätte bringen. Bei hochviskosen Schwerölen wird heißer Wasserdampf eingepresst, um die Fließfähigkeit des Öls zu erhöhen. Trotz aller Methoden bleiben aber über 50 % des Öls in der Lagerstätte.

Erdgas und Erdölvorkommen in Schiefergesteinen lassen sich mit klassischen Bohrmethoden nicht erschließen. Hier muss das Gestein durch Einpressen von Chemikalien aufgelockert werden (Fracking).

Die weltweit größten Erdöllagerstätten befinden sich im Nahen Osten, in Venezuela und Kanada. Europa ist abgesehen von der Nordsee recht arm an Lagerstätten. Österreich besitzt Erdölvorkommen im Wiener Becken und im oberösterreichischen Alpenvorland. Die 1955 gegründete ÖMV (Österreichische Mineralölverwaltung, seit 1995 OMV) betreibt heute noch einen Großteil der österreichischen Ölförderung. Heute liegt die Deckung des österreichischen Ölbedarfs durch Eigenförderung bei ca. 10 %.

Verarbeitung des Rohöls in der Raffinerie

Rohöl besteht aus tausenden verschiedenen Verbindungen, hauptsächlich Kohlenwasserstoffen, also Verbindungen aus Kohlenstoff und Wasserstoff wechselnder Zusammensetzung. Weiters enthält es einige wenige Prozent Schwefelhaltige Kohlenwasserstoffe (Gesamtschwefelgehalt ca. 1 – 6 %). Die Raffinerie hat die Aufgabe, daraus wichtige Produkte wie Treibstoffe, Schmierstoffe, Bitumen und Chemierohstoffe herzustellen.

Die Raffinerie Schwechat der OMV zB hat eine jährliche Verarbeitungskapazität von über 10 Millionen Tonnen Rohöl. Sie deckt damit ca. 50 % des österreichischen Bedarfes an Mineralölprodukten.

Die Verarbeitung des Röhöls lässt sich in vier prinzipielle Schritte einteilen:

1. Fraktionieren – also Zerlegen in Komponenten mit ähnlichem Siedebereich (Fraktionen) und damit ähnlichen Eigenschaften
2. Cracken – anpassen der Röhölzusammensetzung an den Bedarf. Meist sind zu viele schwer verdampfbare (längerkettige) Komponenten enthalten, benötigt werden aber leicht verdampfbare kürzerkettige Kohlenwasserstoffe
3. Entschwefeln – Umweltschutzmaßnahme
4. Mischen des Produkts und Verbesserung der Produktqualität

Fraktionieren

Atmosphärische Destillation (Primärdestillation)

Der erste Fraktionierungsschritt erfolgt bei der atmosphärischen Destillation (Abb. 81-1). Kohlenwasserstoffe haben bei gleicher Kohlenstoffanzahl im Molekül ähnliche Siedepunkte. Daher enthalten die Fraktionen Kohlenwasserstoffe ähnlicher Kohlenstoffzahl.

Das Rohöl wird in einem Röhrenofen auf etwa 350 °C erhitzt, wobei ein Teil des Öls verdampft. Dieses Gemisch aus Dampf und Flüssigkeit wird in den Fraktionierturm (auch Fraktionierkolonne genannt) geleitet. Die flüssigen Anteile sammeln sich am „Boden" unterhalb des Einlaufes (auch Sumpf genannt) und werden zur weiteren Verarbeitung abgezogen.

Der Dampf steigt in der Kolonne auf. Jeder Boden der Kolonne ist mit glockenförmigen Aufsätzen versehen, die den Dampf zwingen, durch die Flüssigkeit zu strömen. Dampf und Flüssigkeit gleichen dabei ihre Temperatur aneinander an, aus dem Dampf kondensieren die für die Bodentemperatur passenden Komponenten (Kondensationsschritt).

Die Temperatur nimmt Richtung Kolonnenkopf ab. Daher finden sich auf den Böden der Kolonne Richtung Kopf Fraktionen mit fallendem Siedepunkt. Um die Trennschärfe zu verbessern, ist jeder Boden mit einem Überlauf ausgestattet. Über diesen fließt ständig Flüssigkeit in den darunterliegenden Boden. Dort ist die Temperatur höher, die Flüssigkeit siedet und verdampft neuerlich (Destillationsschritt).

Eine Fraktionierkolonne hat 30 bis 40 Zwischenböden. An einigen werden die Produkte entnommen, andere wieder dienen nur zur Verbesserung der Trennleistung.

Vakuumdestillation (Sekundärdestillation)

Da die Kohlenwasserstoffe sich bei Temperaturen über ca. 360 °C zu zersetzen beginnen, kann der Rückstand der Primärdestillation nur unter Vakuum aufgetrennt werden, da die Siedepunkte der Komponenten sonst zu hoch wären.

Bei der Vakuumdestillation erzeugt man heute nur zwei Produkte, ein Kopf- und ein Sumpfprodukt. Die früher in der Vakuumdestillation gewonnenen Schmieröle werden heute künstlich (vollsynthetisch) erzeugt.

Das niedriger siedende Kopfprodukt heißt **Vakuum-Gasöl**. Es ist das Ausgangsprodukt für die Weiterverarbeitung in der Crackanlage.

Das Sumpfprodukt der Vakuumdestillation dient zur Herstellung von Bitumen für die Asphaltherstellung (Straßenbau) und zur Herstellung von schwerem Heizöl für Kraftwerke und als Treibstoff für große Schiffe.

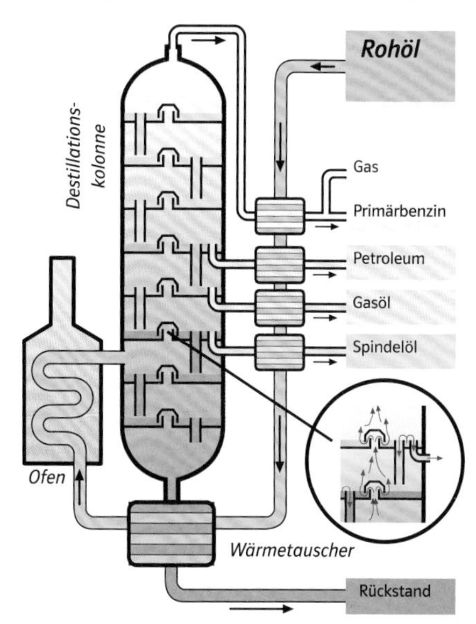

Abb. 081-1: Atmosphärische Destillation (Primärdestillation) des Rohöls

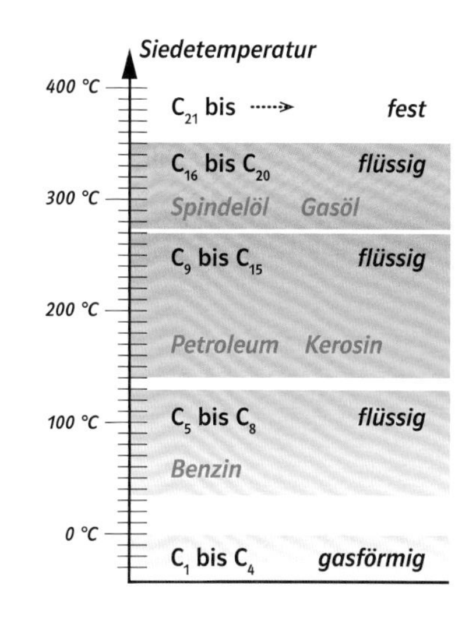

Abb. 081-2: Siedetemperaturen verschiedener Rohölprodukte

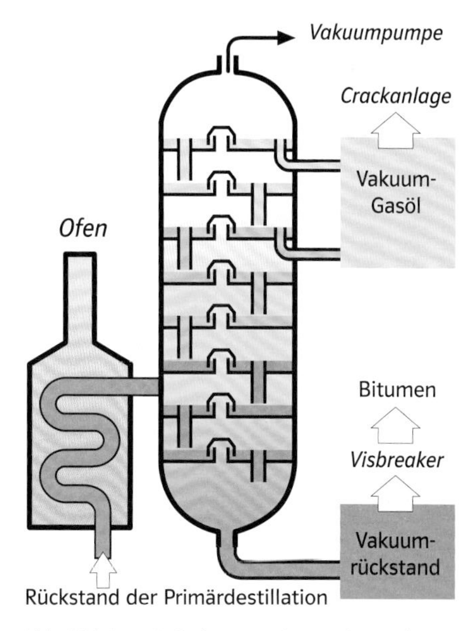

Abb. 081-3: Aufarbeitung des Rückstandes aus der Primärdestillation

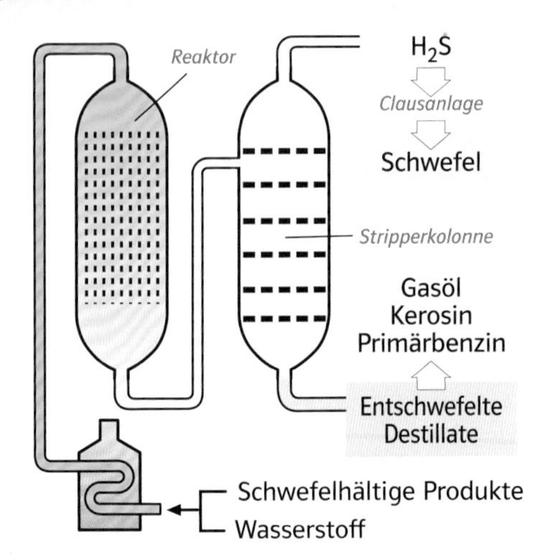

Abb. 082–1: *Katalytische Entschwefelung*

$HS{-}C_{10}H_{21} + H_2 \rightarrow H_2S + C_{10}H_{22}$

$H_3C{-}S{-}C_{10}H_{21} + 2\,H_2 \rightarrow H_2S + CH_4 + C_{10}H_{22}$

Katalytische Entschwefelung mit Wasserstoff

$2\,H_2S + 3\,O_2 \rightarrow 2\,SO_2 + 2\,H_2O$

$4\,H_2S + 2\,SO_2 \rightarrow 6\,S + 4\,H_2O$

Reaktionen im Claus Verfahren zur Gewinnung von Schwefel aus dem Schwefelwasserstoff der katalytischen Entschwefelung

Abb. 082–2: *Reaktionen bei der Entschwefelung*

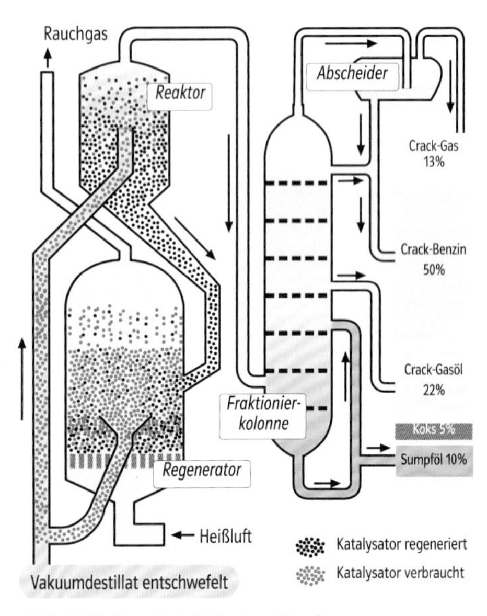

Abb. 082–3: *Katalytisches Cracken*

Entschwefelung

Die Entschwefelung erfolgt auf katalytischem Weg durch Reaktion mit Wasserstoff. Dabei wird gasförmiger Schwefelwasserstoff gebildet, der sich durch Destillation (bei flüssigen Produkten) oder durch Lösungsmittel (bei Gasen) abtrennen lässt (Reaktionen Abb. 82–1). Der Schwefelwasserstoff wird nach dem Claus-Verfahren in elementaren Schwefel umgesetzt und dient als Rohstoff für die chemische Industrie (Schwefelsäureherstellung, Vulkanisation von Kautschuk in der Gummiindustrie).

Heute werden alle Raffinerieprodukte bis auf Bitumen aus Umweltschutzgründen entschwefelt. Bei Bitumen ist eine Entschwefelung nicht möglich, da der Katalysator unwirksam wird. Der Schwefel aus Raffinerien deckt heute praktisch den gesamten Schwefelbedarf auf der Welt. Entschwefelung ist den Raffinerien gesetzlich vorgeschrieben. Wirtschaftlich ist sie nicht rentabel, da der Schwefelpreis unter dem von Rohöl liegt.

Cracken

Die Menschheit benötigt aus dem Erdöl vor allem die Produkte der Primärdestillation zur Treibstoffherstellung. Natürliches Erdöl besteht aber aus über 50 % schwer verdampfbaren Produkten. Um die Zusammensetzung des Rohöls dem Bedarf anzupassen, wurden die Crackanlagen entwickelt. Cracken (engl.: crack = zerbrechen) bedeutet ein Zerbrechen der langen Kohlenwasserstoff-Molekülketten zu kürzeren. Dadurch wird aus dem überschüssigen Schwerprodukt vor allem das viel zu wenig vorhandene Benzin erzeugt.

In der OMV-Raffinerie Schwechat wird vor allem das „**Fluid-Catalytic-Cracking**"-Verfahren (**FCC**) angewandt (Abb. 82–3). Bei sehr hoher Temperatur würden sich die Kohlenwasserstoffe zu einem großen Teil unter Wasserstoffabspaltung zersetzen. Der übrigbleibende Kohlenstoffanteil wird Ölkoks genannt. Der Katalysator verringert die Ölkoksbildung stark und fördert die Bildung kurzkettiger Kohlenwasserstoffe. Ganz lässt sich die Ölkoksbildung aber nicht verhindern. Daher überzieht sich der Katalysator (ein feiner Silikatstaub der sich wie eine Flüssigkeit pumpen lässt) mit Ölkoks und wird unwirksam. Er kann aus dem Crackreaktor abgezogen werden. Im Regenerator wird er mit Luft verbrannt, wobei nur der Ölkoks abbrennt. Der so regenerierte Katalysator wird erneut eingesetzt. (Abb. 82–3)

Beim Cracken entstehen aus dem Vakuum-Gasöl Crackgase, die als Ausgangsstoff zur Kunststoffherstellung dienen, Crackbenzin, welches die Hauptkomponente des Benzins zum Autofahren ist, Kerosin und eine Komponente für Dieselkraftstoff. Die Crackanlage liefert also den Großteil unserer Treibstoffe.

Da nach dem Zerbrechen einer Kohlenwasserstoffkette zu wenig Wasserstoff vorhanden ist, entstehen beim Cracken Kohlenwasserstoffe mit Doppelbindungen (ungesättigte Kohlenwasserstoffe). Crackprodukte sind also immer ungesättigt. Dies lässt sich nachweisen, indem man den Kohlenwasserstoff mit Bromwasser (braune wässrige Lösung von elementarem Brom) schüttelt. Bromwasser wird entfärbt, da Brom sich an die Doppelbindung bindet.

Neben katalytischen Crackverfahren werden auch thermische Crackverfahren eingesetzt. Der **Visbreaker** ist eine Anlage, in der der zähe Vakuumrückstand auf ca. 450 – 490 °C erhitzt wird. Dabei entstehen neben kleineren Mengen von Leichtprodukten vor allem eine Fraktion, die für die Verwendung als schweres Heizöl geeignet ist.

Eine Variante des thermischen Crackens ist das **Steamcracken**. Als Einsatzprodukt dient hier das Topbenzin, das Benzin aus der Primärdestillation. Es wird unter Zusatz von Wasserdampf schnell auf 850 °C erhitzt und danach rasch abgekühlt. Unter diesen Bedingungen entstehen vor allem gasförmige Kohlenwasserstoffe mit einer oder zwei Doppelbindungen als Syntheserohstoffe für die chemische Industrie. Daraus erzeugt man Kunststoffe und Kunstkautschuk, aber auch Mischkomponenten für die Herstellung von Superbenzin. Daneben entsteht eine kleinere Menge sehr hochoctaniges (siehe Abb. 83–1) Benzin sogenanntes Pyrolysebenzin.

Produkte aus Rohöl und Produktverbesserung

Vergaserkraftstoff (Benzin)

Benzin besteht aus den leicht verdampfbaren Kohlenwasserstoffverbindungen mit 5 bis 8 Kohlenstoffatomen im Molekül. Die Hauptmenge des Benzins liefert die Crackanlage. Das Benzin der Primärdestillation wird zum größten Teil zum Steamcracken verwendet, nur das Nebenprodukt Pyrolysebenzin für den Treibstoff.

Beim Verdichten des Benzin-Luft-Gemisches kann es zu unkontrollierten Selbstentzündungen kommen und zu explosionsartiger Verbrennung mit Druckspitzen. Diese bewirken statt eines gleichmäßigen Schubes auf den Kolben einen Schlag mit entsprechender Belastung der Pleuel- und Kurbelwellenlager. Diese unerwünschte Erscheinung nennt man Klopfen oder Klingeln.

Als Maß für die Klopffestigkeit eines Vergasertreibstoffes dient die Octanzahl OZ (Abb. 83–1). Unverzweigte Kohlenwasserstoffe sind klopffreudig, stark verzweigte, ringförmige oder aromatische (dh. solche mit Benzenringen) sind klopffest. Daher werden klopffreudige Benzinkomponenten durch Isomerisieren oder Platformen über Katalysatoren (aus Platin, daher Platformen) in solche klopffesteren umgewandelt. Superbenzin hat heute eine Octanzahl von 95. Alle Hersteller in Europa bauen Motoren mit einem solchen Octanbedarf.

Um die Octanzahl anzuheben, werden weitere Stoffe (zB MTBE Methyl-tertiärbutylether und ETBE Ethyl-tertiärbutylether) zugesetzt. Sie haben sehr hohe Octanzahlen von über 100. Sie werden aus den Produkten des Steamcrackens und Methanol oder Ethanol hergestellt. Besonders ETBE wird in Zukunft möglicherweise größere Bedeutung erlangen, da Ethanol aus erneuerbaren Rohstoffen (Bioethanol) bei direkter Zumischung technische Probleme verursacht (greift Aluminiumteile im Motor an). Über ETBE kann Ethanol indirekt beigefügt werden.

Flugturbinentreibstoff (Kerosin)

Die für die heutigen Verkehrsflugzeuge geeigneten Kraftstoffe für Flugturbinen (JET A1) bestehen großteils aus der Kerosinfraktion, mit Zusatz von Schwerbenzin.

Dieseltreibstoff

Der Dieselkraftstoff hat im Sommer und im Winter unterschiedliche Zusammensetzung. Sommerdiesel ist das Gasöl, wie es aus der Primärdestillation gewonnen wird. Im Winter wird eine Mischung aus Gasöl und Kerosin verkauft. Bei niedriger Temperatur kann es zur Ausscheidung von Paraffinkristallen aus dem Dieselöl kommen. Diese verlegen die Kraftstofffilter, die die Einspritzdüse vor Verunreinigungen schützen. Das Kerosin verbessert die Löslichkeit von Paraffin.

Die Temperatur, bei der es zum Verlegen des Kraftstofffilters kommt, nennt man cold filter plugging point - CFPP. In Österreich wird Winterdiesel mit einem CFPP von −21 °C verkauft. Manche Firmen bieten auch spezielle Diesel mit CFPP von unter −40 °C an.

Das Verbrennungsverhalten wird durch die Cetanzahl charakterisiert. Im Gegensatz zur Octanzahl bedeuten hier hohe Werte eine leichte Entzündbarkeit.

Heizöle

Heizöl extraleicht (Ofenheizöl) entspricht in seiner Zusammensetzung weitgehend dem Winterdiesel. Es wäre aber, ausgenommen in strengen Frostperioden, als Dieselkraftstoff für ältere Fahrzeuge geeignet. Moderne Dieselmotoren mit Partikelfilter und Stickoxidkatalysatoren hätten allerdings Probleme damit. Da Heizöl aber weniger stark besteuert wird, ist diese Verwendung verboten. Um Steuerhinterziehung zu verhindern, wird Heizöl mit einem roten Farbstoff gefärbt.

Heizöle leicht, mittel und schwer sind Mischungen aus atmosphärischen und Vakuum-Gasölen mit dem Vakuumrückstand. Sie sind für Großenergieverbraucher gedacht und können nur vorgeheizt verbrannt werden.

Bitumen

Der Vakuumrückstand, der nicht für die Erzeugung von Heizölen Verwendung findet, wird als Bitumen verkauft. Es dient als Feuchtigkeitsisolation im Bauwesen und zur Herstellung von Teer- und Flämmpappen. Die Hauptmenge wird aber zur Herstellung von Straßendecken als Asphalt verbraucht.

Zur **Definition der Octanzahl (OZ)** wählt man das unverzweigte Heptan, dem die Octanzahl 0, und das stark verzweigte 2,2,4-Trimethylpentan (Trivialname Isooctan), dem die Octanzahl 100 zugeordnet wird. Durch Mischen der beiden Komponenten kann jede Octanzahl zwischen 0 und 100 erhalten werden. Die Octanzahl wird durch den Prozentsatz Isooctan im Gemisch festgelegt. Benzin besteht nun nicht nur aus diesen zwei Substanzen. Die Octanzahl gibt daher an, dass das Benzin dieselbe Klopffestigkeit hat wie das entsprechende Standardgemisch.

Abb. 083–1: Definition der Octanzahl OZ

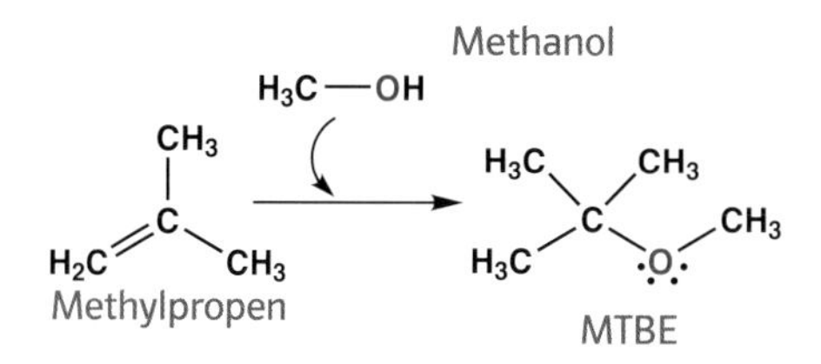

Abb. 083–2: Herstellung von MTBE

Übung 83.1

Formuliere die Herstellung von ETBE (Reaktionsgleichung mit Strukturformeln). Verwende dabei die Abbildung 083–2 (Herstellung von MTBE).

Abb. 083–3: Winterdiesel und Sommerdiesel bei −10 °C

Asphaltbeton

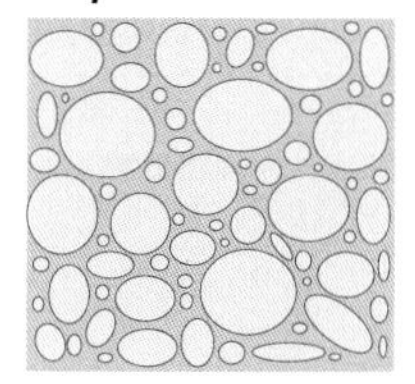

runder „Betonkies"
alle Korngrößen
wenig Bitumen

trotzdem dichte Struktur

Drainasphalt

„Bruchkies"
wenig Bitumen
klebt die Steine zusammen

Hohlräume entstehen

Abb. 083–4: Formen von Asphalt

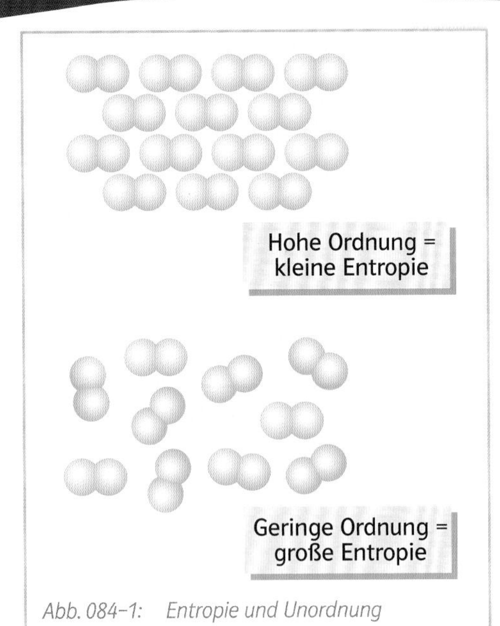

Abb. 084-1: Entropie und Unordnung

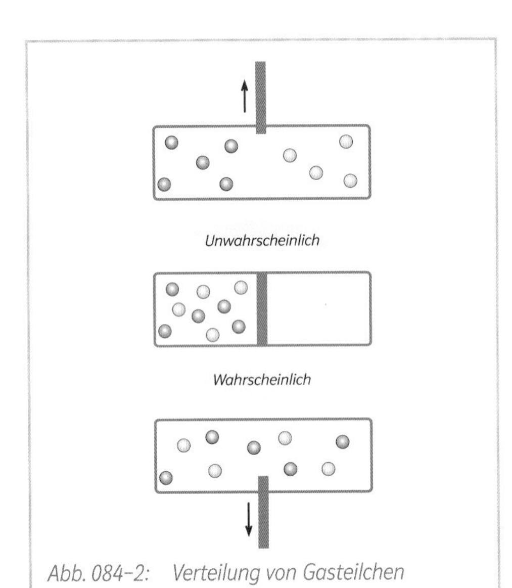

Abb. 084-2: Verteilung von Gasteilchen

Übungen 84.1 bis 84.3

Berechne die Reaktionsentropie $\Delta S^{\varnothing}_R$ für die folgenden Reaktionen und interpretiere das Ergebnis:

1. Erdgasspaltung von Methan mit Wasserdampf

   $CH_4 + H_2O \rightarrow CO + 3\ H_2$

2. Bildung von Hydrogenchlorid (alt: Chlorwasserstoff) aus den Elementen

   $H_{2(g)} + Cl_{2(g)} \rightarrow 2\ HCl_{(g)}$

3. Zersetzung von Distickstoffpentoxid

   $2\ N_2O_{5(s)} \rightarrow 4\ NO_{2(g)} + O_{2(g)}$

Die Reaktionsentropie ΔS_R

Zum Verständnis der Entropie gibt es mehrere Zugänge. Eine sehr anschauliche Interpretation ist die Angabe der Entropie als Maß für die Unordnung. Unordnung lässt sich nicht exakt definieren, doch ist leicht einsehbar, dass ein regelmäßiger Kristall geordneter ist als ein Gas oder dass die wässrige Lösung eines Salzes ungeordneter ist als das feste Salz.

Das Streben nach Unordnung

Das freiwillige Streben nach Unordnung ist ein physikalisches Grundgesetz. So wird sich in einem Raum nie Sauerstoff in einer Ecke und Stickstoff in der anderen Ecke ansammeln, ja selbst wenn man die Gase trennt, erfolgt nach Aufhebung der Trennwand sofort wieder Durchmischung. Auch Tabakrauch bleibt nicht beim Raucher, sondern verteilt sich gleichmäßig im Raum.

Im Alltag hat man ein Gefühl entwickelt, in welche Richtung Vorgänge ablaufen können. Dies merkt man sofort, wenn ein Film verkehrt abläuft. Zeigt man nur eine einfache Bildfolge, wie zB die Verteilung von Himbeersaft im Wasser, sind die Zeitabfolge und die Richtung eindeutig durch unsere Erfahrung festgelegt. Das spontane Durchmischen erscheint wahrscheinlich, die Umkehrung unrealistisch.

Fällt ein Stein aus einer gewissen Höhe zu Boden, ist dies nicht verwunderlich; potenzielle Energie wandelt sich in kinetische Energie um und diese in Wärme. Der umgekehrte Vorgang, der nach dem Energieerhaltungssatz möglich wäre, findet nicht statt.

Kinetische Energie ist eine geordnete organisierte Bewegung, Wärme dagegen eine regellose, ungeordnete Bewegung der Teilchen. Es ist einfacher, geordnete Bewegung in ungeordnete überzuführen als die Umkehrung.

Die Wahrscheinlichkeit, dass alle Teilchen des erwärmten Steines im selben Augenblick in eine Richtung schwingen und so den Stein vom Boden abheben (Wärme $\Rightarrow$ kinetische Energie $\Rightarrow$ potenzielle Energie), ist so gering, dass dieser Vorgang nie stattfindet.

Die Standardentropie $S^{\varnothing}$

Allen Stoffen kann ein bestimmter **Unordnungszustand** – ein **Entropiewert** – zugeordnet werden. Die Entropie der Stoffe ist vom Stoffaufbau, vom Aggregatzustand und von der Temperatur abhängig. Die Entropie nimmt mit steigender Temperatur zu, weil die ungeordnete Wärmebewegung zunimmt. Am absoluten Nullpunkt wäre die Entropie eines aus gleichen Atomen bestehenden idealen Kristalls gleich null.

Molare Entropiewerte stammen aus kalorimetrischen Messungen bei Standardbedingungen. Die Einheit der molaren Entropie $S^{\varnothing}$ ist kJ/K · mol. Die Messwerte stimmen in vielen Bereichen mit qualitativen Überlegungen und dem Unordnungsbegriff überein. ($S^{\varnothing}$-Werte siehe Tabelle Seite 316)

Berechnung der Reaktionsentropie $\Delta S_R^{\varnothing}$

Analog zur Enthalpieänderung tritt bei jeder Reaktion eine Entropieänderung $\Delta S^{\varnothing}$ auf. Die Entropieänderung ist die Differenz zwischen der Summe der Entropien der Produkte und der Summe der Entropien der Edukte. Sie wird Reaktionsentropie genannt.

$$\Delta S^{\varnothing} = \Sigma S^{\varnothing}_{(Produkte)} - \Sigma S^{\varnothing}_{(Edukte)}$$

Beispiel

Verbrennung von Ethanol:

$\Delta S_R^{\varnothing} = [2 \cdot S^{\varnothing}(CO_2) + 3 \cdot S^{\varnothing}(H_2O)] - [S^{\varnothing}(C_2H_5OH) + 3 \cdot S^{\varnothing}(O_2)]$

$\Delta S_R^{\varnothing} = [2 \cdot (0{,}214) + 3 \cdot (0{,}070)] - [(0{,}161) + 3 \cdot (0{,}205)] = -0{,}138$ kJ/K

Ist die Entropieänderung positiv, so steigt die molekulare Unordnung der Teilchen. Eine Entropiezunahme bei der Reaktion bedeutet das Erreichen eines wahrscheinlicheren Zustandes und daher einen Antrieb für die Reaktion. Entropieabnahme führt zu einem unwahrscheinlicheren Zustand.

Ebenso wie das „Streben nach dem Energieminimum" ist das „Streben nach dem Entropiemaximum" als Grund für das Ablaufen von Naturvorgängen zu sehen.

Die freie Reaktionsenthalpie ΔG

Abnahme der Enthalpie und Zunahme der Entropie begünstigen einen **spontanen Reaktionsablauf**. Manchmal wirken beide Größen zusammen und verstärken sich gegenseitig, in anderen Fällen ist der Endzustand davon abhängig, welcher Einfluss überwiegt.

Die Gibbs-Helmholtz-Gleichung

J. Willard Gibbs (1839 – 1903) und Hermann von Helmholtz (1821 – 1894) verknüpften beide Größen zu einer neuen Größe, der freien Enthalpie ΔG.

$$\Delta G = \Delta H - T \cdot \Delta S \qquad T \text{ ... absolute Temperatur in K}$$

Aus dem „Streben nach dem Energieminimum" und dem „Streben nach dem Entropiemaximum" ist klar, dass die beiden Größen mit einem unterschiedlichen Vorzeichen in die Gleichung eingehen.

Die freie Enthalpie ist das alleinige Maß für die Freiwilligkeit von Reaktionen.

exergon und endergon

Eine Reaktion verläuft bei der Temperatur T spontan, wenn die Änderung der freien Enthalpie kleiner als null ist. Solche Reaktionen nennt man exergon. Ist ΔG größer als Null, spricht man von einer endergonen Reaktion.

Exotherme Reaktionen mit einer Zunahme der Unordnung sind immer exergon. Endotherme Reaktionen können exergon sein, wenn der Unordnungszustand stark erhöht wird. Die Ordnung eines Systems kann vergrößert werden, wenn die Reaktion stark exotherm ist.

Aus der Beziehung $\Delta G = \Delta H - T \cdot \Delta S$ erkennt man, dass die Entropie mit steigender Temperatur an Bedeutung gewinnt. Vereinfacht kann man sagen, dass bei tiefen Temperaturen das Streben nach Energieminimierung überwiegt, während bei höheren Temperaturen das Streben nach Entropieerhöhung überwiegt.

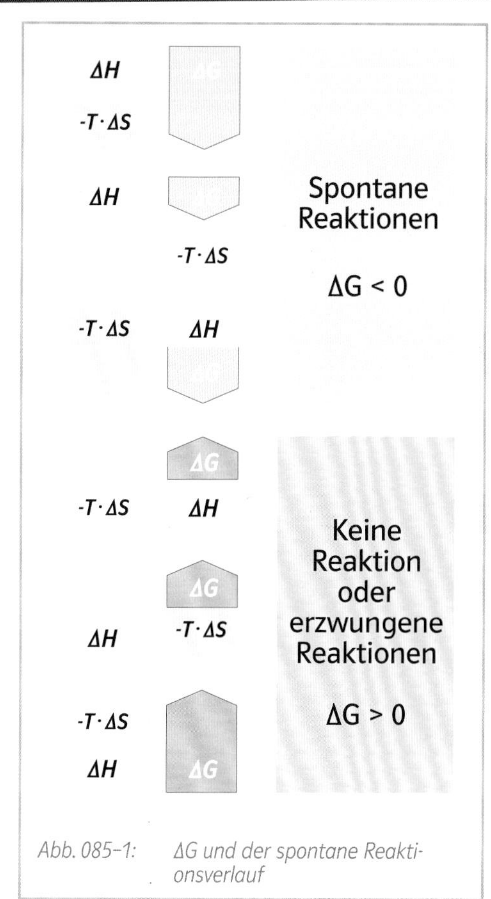

Abb. 085-1: ΔG und der spontane Reaktionsverlauf

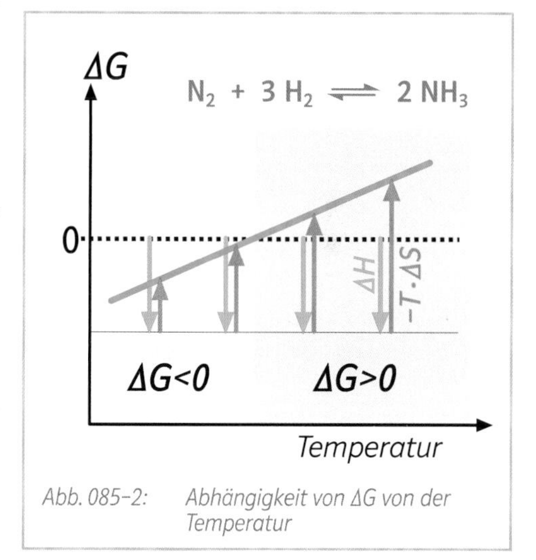

Abb. 085-2: Abhängigkeit von ΔG von der Temperatur

Beispiel

Verbrennung von Ethanol: $C_2H_5OH_{(l)} + 3\,O_{2(g)} \rightarrow 2\,CO_{2(g)} + 3\,H_2O_{(l)}$

$\Delta H_R^{\varnothing} = -1366{,}8$ kJ ⇒ exotherme Reaktion

$\Delta S_R^{\varnothing} = -0{,}138$ kJ/K ⇒ Abnahme der Entropie

$\Delta G^{\varnothing} = -1366{,}8 - 298(-0{,}138) = -1325{,}7$ kJ ⇒ exergone Reaktion

Die Reaktion ist bei 25 °C trotz der Entropieabnahme exergon, weil sie stark exotherm ist.

Ammoniaksynthese: $N_2 + 3\,H_2 \rightarrow 2\,NH_3$

$\Delta H_R^{\varnothing} = -92{,}2$ kJ $\qquad \Delta S_R^{\varnothing} = -0{,}201$ kJ/K

Unter der Annahme, dass sich die ΔH- und ΔS-Werte bei höheren Temperaturen nicht allzu stark von den Standardwerten unterscheiden, soll die freie Enthalpie bei 298 K und bei 800 K verglichen werden.

$\Delta G^{\varnothing}_{298} = -92{,}2 - 298 \cdot (-0{,}201) = -32{,}3$ kJ ⇒ exergon

$\Delta G_{800} = -92{,}2 - 800 \cdot (-0{,}201) = +68{,}6$ kJ ⇒ endergon

Bei hoher Temperatur liegt kein Bestreben zur Ammoniakbildung vor. Diese Reaktion ist endergon. Bei hoher Temperatur überwiegt der Entropieterm.

Der Wärmetod des Weltalls - The Big Freeze

Bei allen bisherigen Überlegungen wurde immer ein System betrachtet, das mit der Umgebung im stetigen Energieaustausch steht (zB ein offenes Becherglas, in dem eine Reaktion stattfindet). Dadurch ist es möglich, durch Energieaufnahme einen geordneteren Zustand zu erlangen. Betrachtet man das Universum als Gesamtes, so ist das nicht möglich. Die Gesamtenergie des Universums ist konstant; die Gesamtentropie des Universums nimmt stets zu. Auf Grund dieser Fundamentalsätze prognostizierte Rudolf E. Clausius (1822 – 1888) im 19. Jahrhundert den „Wärmetod" des Weltalls. Wenn die Entropie stetig zunimmt, Energieumwandlungen immer in die „Einbahnstraße Wärme" führen, kommt einmal der Zeitpunkt, an dem keine Reaktionen mehr möglich sind, kein Temperaturgefälle mehr besteht und es keinerlei Möglichkeit zur Arbeitsverrichtung gibt. Dann besteht das gesamte Universum aus einem chaotischen Meer von Wärme (eigentlich Kälte).

Übungen 85.1 bis 85.3

Berechne die freie Reaktionsenthalpie $\Delta G^{\varnothing}_R$ für die folgenden Reaktionen und interpretiere das Ergebnis:

1. Erdgasspaltung von Methan mit Wasserdampf
   $CH_4 + H_2O \rightarrow CO + 3\,H_2$
2. Bildung von Hydrogenchlorid (alt: Chlorwasserstoff) aus den Elementen
   $H_{2(g)} + Cl_{2(g)} \rightarrow 2\,HCl_{(g)}$
3. Zersetzung von Distickstoffpentoxid
   $2\,N_2O_{5(s)} \rightarrow 4\,NO_{2(g)} + O_{2(g)}$

3.5 Chemische Kinetik

Reaktionsgeschwindigkeit – Aktivierungsenthalpie

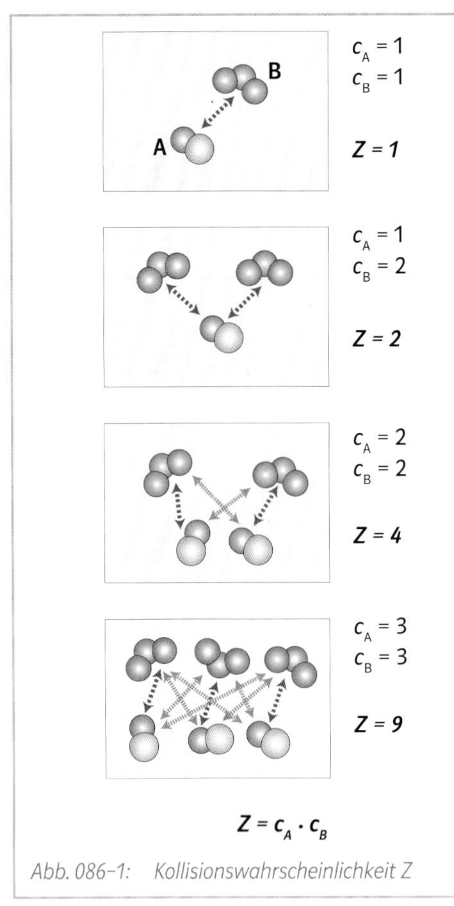

Abb. 086-1: Kollisionswahrscheinlichkeit Z

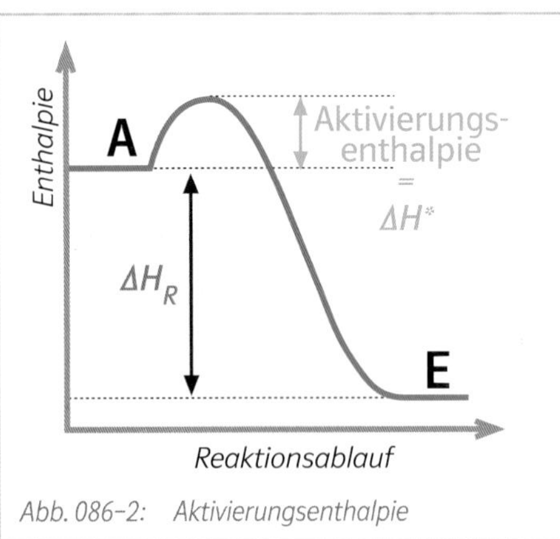

Abb. 086-2: Aktivierungsenthalpie

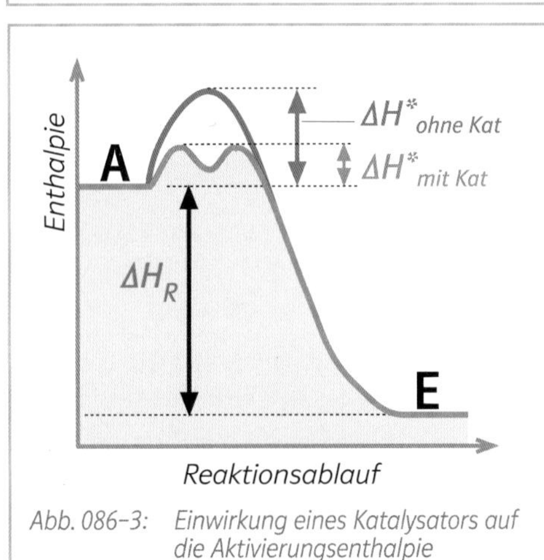

Abb. 086-3: Einwirkung eines Katalysators auf die Aktivierungsenthalpie

All die bisher besprochenen Größen enthalten keinen Zeitfaktor. $\Delta G^{\varnothing} < 0$ bedeutet, dass eine Reaktion spontan abläuft. Ob die Reaktion explosionsartig in wenigen Sekunden abläuft oder eventuell Jahre zum Ablauf benötigt, ist nicht ersichtlich. In der Praxis spielt aber auch die **Reaktionsgeschwindigkeit *v*** eine große Rolle.

Die Reaktionsgeschwindigkeit *v*

Die Reaktionsgeschwindigkeit *v* gibt an, wie viele Teilchen pro Zeiteinheit in einer chemischen Reaktion umgesetzt werden.

Bei jeder chemischen Reaktion nimmt innerhalb einer gewissen Zeitspanne die Konzentration der Edukte ab und die der Produkte zu. Mit welcher Geschwindigkeit dieser Vorgang vor sich geht, dh., wie groß die Reaktionsgeschwindigkeit ist, hängt von einigen Faktoren ab.

Konzentration

Je mehr Teilchen vorhanden sind, desto größer ist die Wahrscheinlichkeit von Zusammenstößen. Daher steigt die Reaktionsgeschwindigkeit mit der Konzentration. Die Konzentration der Stoffe ändert sich allerdings laufend im Zuge der Reaktion. Edukte werden weniger, Produkte werden mehr.

Die Aktivierungsenthalpie ΔH^*

Viele Reaktionen laufen über mehrere Teilschritte, die alle mit unterschiedlicher Geschwindigkeit ablaufen. Der langsamste Teilschritt bestimmt die Reaktionsgeschwindigkeit der Gesamtreaktion.

Beim Zusammenstoß der Teilchen kommt es zu Umgruppierungen. Oft werden Atomanordnungen durchlaufen, die einen höheren Energieinhalt haben als Ausgangs- und Endzustand. Zum Erreichen dieses energiereichen Übergangszustandes muss Energie aufgebracht werden, die man als **Aktivierungsenthalpie (ΔH^*)** bezeichnet. Die Aktivierungsenthalpie stellt also eine Barriere zwischen Ausgangs- und Endzustand dar.

Enthalpiediagramme werden daher auch üblicherweise mit dieser Energiebarriere (= Aktivierungsenthalpie) angegeben (Abb. 86–2). Je größer die benötigte Aktivierungsenthalpie ist, desto langsamer ist die Reaktion.

Temperatur

Die Aktivierungsenthalpie kann durch erhöhte kinetische Energie der Teilchen überwunden werden. Dies kann durch Temperaturerhöhung erreicht werden.

Als Faustregel gilt: Eine Temperaturerhöhung von 10 °C bewirkt bei den meisten Reaktionen eine Verdoppelung der Reaktionsgeschwindigkeit.

Eine beliebige Temperaturerhöhung ist aber bei vielen Reaktionen nicht möglich. Reaktionen im Organismus laufen bei Körpertemperaturen ab. Auch bei technischen Prozessen zB der Ammoniaksynthese kann die Temperatur nicht beliebig erhöht werden (siehe dazu Abb. 85–2).

Katalysator

Katalysatoren sind Stoffe, die die Geschwindigkeit einer Reaktion beeinflussen und selbst nicht verbraucht werden. Üblicherweise versucht man durch Katalysatoren eine Reaktion zu beschleunigen.

Eine mögliche Wirkungsweise von Katalysatoren ist, einen neuen Reaktionsablauf zu erzielen, der eine geringere Aktivierungsenthalpie besitzt.

A + B $\rightarrow$ E ...... *sehr langsam*

A + Kat $\rightarrow$ AKat $\Rightarrow$ AKat + B $\rightarrow$ E + Kat ...... *schnell*

Geeignete Katalysatoren werden meist empirisch (durch Experimente) gefunden. Es gibt keinen „Universalkatalysator“, der auf alle Reaktionen beschleunigend wirkt.

Metalle – vor allem Edelmetalle wie Platin, Palladium und Rhodium („Platinmetalle") – katalysieren Gasreaktionen, manche Katalysatoren helfen bei der Übertragung von Sauerstoff, und einige Reaktionen werden durch Säurekatalyse positiv beeinflusst.

Katalysatoren können nur Reaktionen begünstigen, die an und für sich möglich sind. Die Richtung einer Reaktion kann durch den Katalysator nicht beeinflusst werden – der „Energieberg" zwischen Produkten und Edukten ist in beiden Richtungen gleich groß –, sondern nur die Geschwindigkeit.

Vor allem im lebenden Organismus spielen Katalysatoren eine große Rolle. Auf Grund der Komplexität der Reaktionen und der geringen Körpertemperatur laufen die meisten biochemischen Vorgänge nur mit Hilfe von hoch spezialisierten Eiweißstoffen – den **Enzymen** – ab.

Katalysatoren können durch bestimmte Stoffe, zB manche Metall-Kationen, unwirksam gemacht werden. Bleiverbindungen zB wirken als Katalysatorgift beim Abgaskatalysator im Auto.

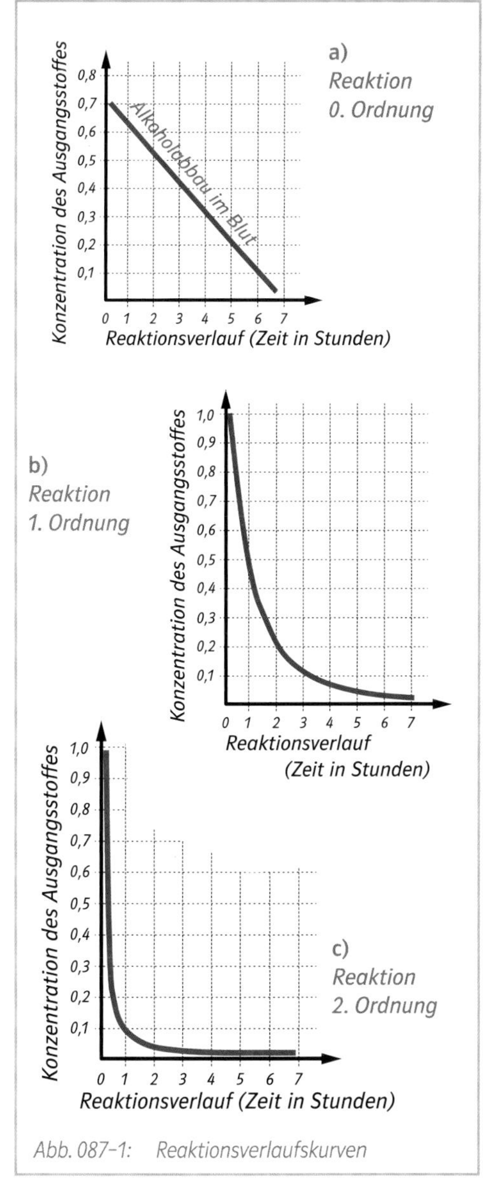

Abb. 087-1: Reaktionsverlaufskurven

Reaktionsordnung – Reaktionskinetik

Um die Ausbeute einer chemischen Reaktion zu erhöhen, ist es notwendig den Ablauf einer Reaktion genauer zu verstehen. Je nach Art der chemischen Reaktion unterscheidet man verschiedene Reaktionsordnungen. Sie lassen sich nur experimentell bestimmen und ergeben sich nicht automatisch aus der Reaktionsgleichung.

Reaktion nullter Ordnung

Bei Reaktionen nullter Ordnung ist die Reaktionsgeschwindigkeit immer gleich und unabhängig von der Konzentration des Ausgangsstoffes. Ein Beispiel dafür ist der Abbau von Alkohol im menschlichen Körper. Im Durchschnitt verringert sich der Blutalkoholgehalt um 0,1 Promille pro Stunde.

In der grafischen Darstellung (Abb. 87–1a) ist der Konzentrationsverlauf des Ausgangsstoffes linear.

Reaktion erster Ordnung

Bei Reaktionen erster Ordnung ist die Reaktionsgeschwindigkeit direkt proportional der Konzentration des Ausgangsstoffes. Da sich dieser Ausgangsstoff im Laufe der Reaktion verringert, wird auch die Geschwindigkeit der Reaktion kleiner und die Abnahme des Ausgangsstoffes verlangsamt sich.

Es existieren aber auch Reaktionen mit 2 Ausgangsstoffen, die nach 1. Ordnung ablaufen. Dabei ist die Reaktionsgeschwindigkeit nur von der Konzentration eines Stoffes abhängig.

Der Verlauf der Kurve (Abb. 87–1b) entspricht einer Funktion vom Typ e^{-x}. Ein Beispiel für eine Reaktion erster Ordnung wäre der Zerfallsprozess eines radioaktiven Stoffes.

Reaktion zweiter Ordnung

Bei einer Reaktion zweiter Ordnung ist die Geschwindigkeit der Reaktion proportional zum Produkt der Konzentrationen zweier Ausgangsstoffe.

Der Verlauf der Kurve (Abb. 87–1c) entspricht einer Funktion vom Typ 1/x. Viele organische Reaktionen sind Reaktionen zweiter Ordnung mit 2 oder mehr Ausgangsstoffen. Es gibt aber auch spezielle Reaktionen mit nur einem Ausgangsstoff, die nach den Geschwindigkeitsgesetzen 2. Ordnung ablaufen. In dem Fall ist die Geschwindigkeit proportional dem Quadrat der Konzentration des Ausgangsstoffes.

Für all diese Reaktionsordnungen lassen sich Geschwindigkeitsgesetze formulieren. Mit diesen mathematischen Ausdrücken kann man den Verlauf von Reaktionen vorhersagen und die Ausbeute optimieren.

Zur Bestimmung der Reaktionsordnung einer chemischen Reaktion sind aber oft aufwendige Messungen notwendig. Die Art des Reaktionsverlaufes wird auch **Reaktionskinetik** genannt. Der Gründer dieses Wissenschaftszweiges war der Niederländer Jacobus Henricus van 't Hoff (1852-1911), der auch 1901 den ersten Nobelpreis für Chemie erhielt.

Übung 87.1 ÜB

„Die Chloratmer"

In einem Science-Fiction-Roman wollten Außerirdische die Erde erobern.

Ihr Stoffwechsel funktioniert mit Chlor statt mit Sauerstoff als Oxidationsmittel.

Die „Chloratmer" entwickelten daher einen Katalysator, der das Natriumchlorid des Meerwassers in Natrium und Chlor zerlegt. Dieser sollte, in großen Mengen ins Meer geworfen, unsere Atmosphäre zu einer Chloratmosphäre umwandeln.

Untersuche, ob dieses Unterfangen vom chemischen Aspekt her möglich ist.

Thermodydamische Daten:

	Enthalpie (kJ/mol)	Entropie (kJ/mol·K)
$Cl_{2(g)}$	0	0,223
$Na_{(s)}$	0	0,051
$Na^{+}_{(aq)}$	– 240,3	0,058
$Cl^{-}_{(aq)}$	– 167,1	0,057

Der Abgas-Katalysator

Abgaskatalysator – bleifreies Benzin – Katalysatorrecycling

$$2\,CO + 2\,NO \rightarrow N_2 + 2\,CO_2$$

$$4\,CO + 2\,NO_2 \rightarrow N_2 + 4\,CO_2$$

$$2\,CO + O_2 \rightarrow 2\,CO_2$$

$$KW + O_2 \rightarrow CO_2 + H_2O$$

Abb. 088-1: Reaktionen im Abgaskatalysator

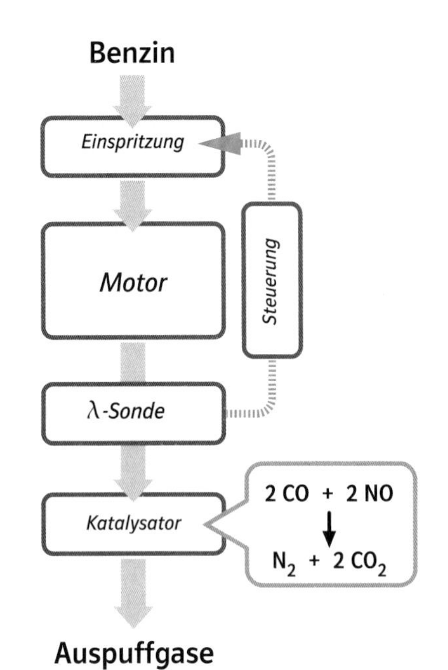

Abb. 088-2: Autoabgaskatalysator

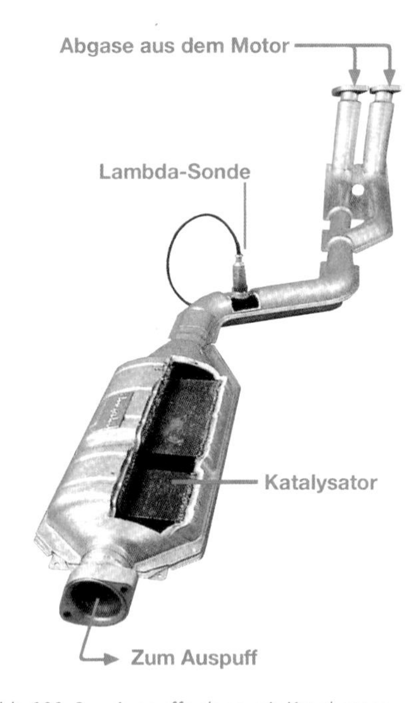

Abb. 088-3: Auspuffanlage mit Katalysator.

Die drei wichtigsten Gruppen von Schadstoffen in Abgasen von Ottomotoren sind **unverbrannte Kohlenwasserstoffe**, **Stickoxide** und **Kohlenmonoxid**. Die zwei ersten sind Hauptverursacher des fotochemischen Smogs. Er entsteht durch Reaktion von Kohlenwasserstoffen mit Stickoxiden unter Einfluss von UV-Licht. Seine Zusammensetzung ist kompliziert, die schädlichsten Anteile sind organische Peroxide, die die **Smogbildung** selbst fördern, für den Menschen lungen- und schleimhautreizend und andererseits auch sehr schädlich für die Vegetation sind. Ein Bestandteil des photochemischen Smogs ist **Ozon**, ein ebenfalls sehr giftiges Gas, das sich aber sehr gut messen lässt. Es wird daher Ozon als Leitsubstanz des photochemischen Smogs gemessen. Kohlenstoffmonoxid ist akut giftig und ebenfalls umweltbelastend.

Katalysatorwirkung

Der geregelte Abgaskatalysator wandelt alle drei Schadstoffgruppen durch Reaktion untereinander in unschädliche Verbindungen um. Man nennt ihn daher auch Dreiwegkatalysator. Er besteht meist aus einem porösen Keramik-Trägerkörper, auf dem als katalytisch wirksame Substanz Platinmetalle (Pt, Rh, Pd) fein verteilt sind. Diese haben nur wenige Gramm Masse, aber eine sehr große Oberfläche (mehrere Fußballfelder). Die Platinmetalle katalysieren Redox-Reaktionen der Schadstoffe untereinander. Als Produkt entstehen Stickstoff, Kohlenstoffdioxid und Wasserdampf.

Damit der Katalysator sämtliche Schadstoffe entfernt, ist ein ausgewogenes Verhältnis von Oxidationsmitteln (NO_x, O_2) und Reduktionsmitteln (CO, Kohlenwasserstoffe) im Abgas notwendig. Dieses wird durch den Sauerstoffüberschuss im Abgas eingestellt. Der Sauerstoffgehalt des Abgases wird daher gemessen (Lamdasonde), und die Einspritzanlage oder der elektronische Vergaser regeln das Benzin-Luft-Gemisch nach diesem Messwert. Wäre zu wenig Sauerstoff im Abgas, so blieben CO und Kohlenwasserstoffe übrig, bei zu hohem Sauerstoffgehalt die Stickoxide.

Ein Abgaskatalysator funktioniert also nur bei exakter Motoreinstellung wirklich zufriedenstellend. Außerdem lässt seine katalytische Wirksamkeit mit der Zeit nach (Veränderung der Oberfläche der Platinmetalle). Daher ist in Österreich eine jährliche Überprüfung der Abgaswerte von PKWs vorgeschrieben (zur Zeit: „weißes Pickerl"). Ein gut eingestellter und gewarteter Abgaskatalysator verringert die Schadstoffe um über 90 %.

Bleifreies Benzin

Ein weiterer positiver Nebeneffekt des Abgaskatalysators ist die Verringerung der Bleibelastung durch den Straßenverkehr. Da Bleiverbindungen die katalytische Wirksamkeit der Platinmetalle verhindern, muss bleifreies Benzin getankt werden. Seit 1993 ist verbleites Benzin in Österreich verboten. Ein zusätzlicher umweltschonender Nebenaspekt ist, dass man in unverbleitem Benzin auf „scavenger" (engl.: Straßenkehrer) verzichten kann. Es sind dies organische Bromverbindungen wie 1,2-Dibromethan, die dazu dienen, Bleioxid, das bei der Verbrennung von verbleitem Benzin entsteht und den Zylinderkopf verlegen würde, in verdampfbares Bleibromid umzuwandeln. Erst so ist verbleites Benzin brauchbar. Allerdings entstehen bei der Verbrennung als Nebenprodukt bromierte aromatische Verbindungen wie bromierte Dioxine, die sehr giftig sind. All diese Probleme fallen durch die Verwendung unverbleiten Benzins weg. Allerdings führte die Eliminierung der Bleiverbindungen im Benzin zu einer Erhöhung des Anteils an Aromaten (teilweise cancerogen).

Katalysator Recycling

Durch die große Zahl von PKWs benötigt man steigende Mengen Platinmetalle. Um eine Verknappung dieser sehr seltenen Metalle zu vermeiden, ist das Recycling gebrauchter Katalysatoren nötig. Der hohe Preis der Platinmetalle (über 30 € pro Gramm) macht auch das Recycling von kleinen Mengen wirtschaftlich.

Kapitel 3 – kompakt

Die chemische Reaktion

Eine chemische Reaktion ist eine Veränderung von Stoffen. Bei diesem Prozess entstehen aus Stoffen mit den Eigenschaften A Stoffe mit den Eigenschaften B.

Chemische Reaktionen können nicht in den Kern eingreifen, daher bleiben die Atom-Sorten bei einem solchen Prozess unverändert. Chemische Reaktionen greifen nur in die Hülle ein, wobei sie die Elektronenverteilung verändern können. Dadurch werden Bindungen aufgebrochen und neue Bindungen entstehen.

Die Stoffe, die man zur Reaktion bringt, nennt man Edukte, die, die dabei entstehen, Produkte.

Bedingungen für eine chemische Reaktion

Um den Ablauf einer chemischen Reaktion verstehen und beschreiben zu können, muss man spezielle Fragen beantworten. Die unterschiedlichen Bereiche der Fragebeantwortung sind die Reaktionsgleichung, die Thermodynamik und die Kinetik.

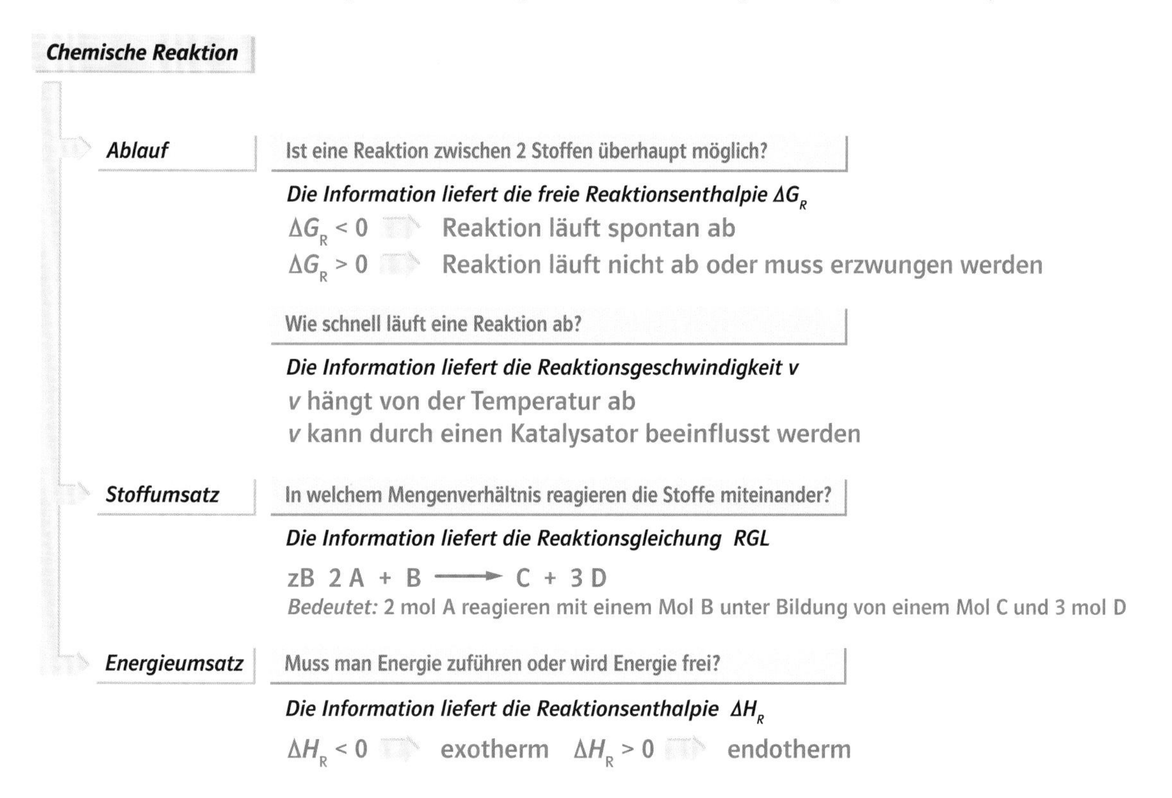

Stoffmischungen

In den meisten Fällen handelt es sich bei den Edukten um Stoffmischungen oder Lösungen. Die Reaktion von Feststoffen läuft meist viel langsamer ab, als solche mit beweglichen Teilchen wie Flüssigkeiten, Gasen oder Lösungen. In diesen Lösungen liegen die reaktiven Teilchen einzeln und beweglich vor, was ihren Zusammenstoß mit einem Teilchen des Reaktionspartners erleichtert.

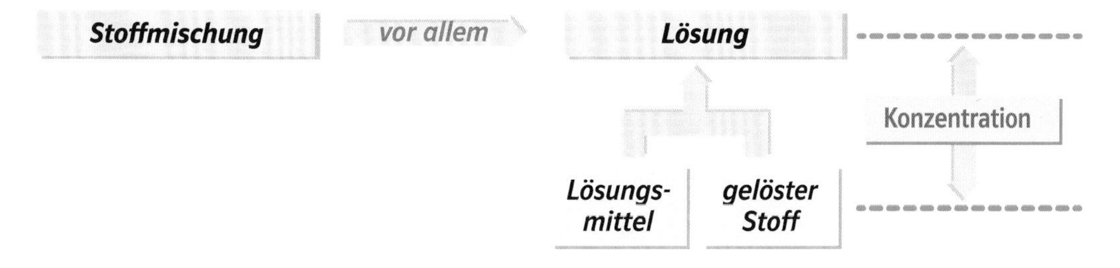

k5k863

Sicher und kompetent zur Matura

Was ich aus dem Kapitel für eine erfolgreiche Matura benötige!

1. **Wichtige Begriffe, die ich aus diesem Kapitel kenne, definieren kann und im Sinne einer Fachsprache richtig einsetze:**

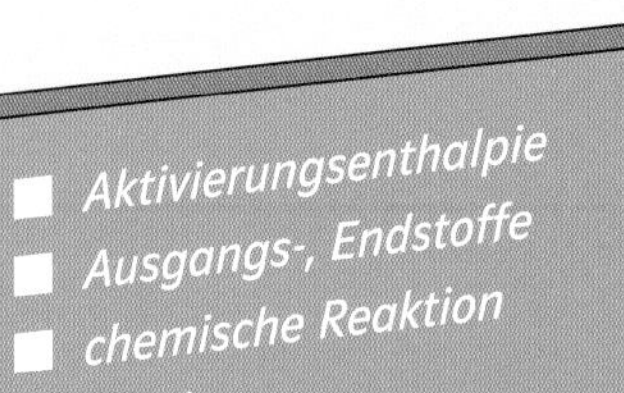

- *Aktivierungsenthalpie*
- *Ausgangs-, Endstoffe*
- *chemische Reaktion*
- *Cracken*
- *Edukte, Produkte*
- *endergon*
- *endotherm*
- *Energieumsatz*
- *Enthalpie*
- *Entropie*
- *exergon*
- *exotherm*
- *Faulschlamm*
- *Fracking*
- *freie Reaktionsenthalpie ΔG*
- *Gaskonstante*
- *Gesetz von Avogadro*
- *Gibbs-Helmholtz-Gleichung*
- *Heizwert / Brennwert*
- *ideales Gas*
- *Katalysator*
- *Kinetik*
- *Klopffestigkeit*
- *Konzentration*
- *Korrosion*
- *limitierender Stoff*
- *MAK-Wert*
- *Massenprozent*
- *Molverhältnis*
- *Molvolumen*
- *Octanzahl*
- *ppm, ppt*
- *Raffinerie*
- *Reaktionsenthalpie ΔH_R*
- *Reaktionsentropie ΔS_R*
- *Reaktionsgeschwindigkeit v*
- *Reaktionsordnung*
- *Satz von Heß*
- *Sedimente*
- *Smog*
- *Standardbedingungen*
- *Standardbildungsenthalpie ΔH_f°*
- *Stöchiometrie*
- *Thermochemie*
- *Titration*
- *Volumetrie*

2. **Fähigkeiten und Fertigkeiten, die ich aus diesem Kapitel anwenden kann:**

Ich kann:

- *Ich kann Reaktionsgleichungen richtigstellen und zu einem Text eine Reaktionsgleichung aufstellen.*
- *Ich kann aus der Reaktionsgleichung den Molvergleich erstellen (siehe Übungen 71.1. – 71.3.) und bei einer gegebenen Reaktionsgleichung einfache Umsatzberechnungen anstellen (siehe Übungen 71.4. – 71.7.)*
- *Ich kann Konzentrations- und Verdünnungsberechnungen durchführen (siehe Übungen 73.1 bis 73.4).*
- *Ich kann Gase nach ihrer Dichte ordnen (siehe Übung 76.1.).*
- *Ich kann das allgemeine Gasgesetz anwenden (siehe Übung 77.1.) und mit stöchiometrischen Berechnungen kombinieren (siehe Übungen 77.2, 77.3.).*
- *Ich kann die Reaktionsenthalpie einer gegebenen Reaktion bestimmen (siehe Übungen 78.1. – 78.3.).*
- *Ich kann den Heizwert einer gegebenen Reaktion bestimmen (siehe Übungen 79.2., 79.3.).*
- *Ich kann die Reaktionsentropie einer gegebenen Reaktion bestimmen (siehe Übungen 84.1. – 84.3.).*
- *Ich kann die freie Reaktionsenthalpie einer gegebenen Reaktion bestimmen (siehe Übungen 85.1. – 85.3.).*
- *Ich kann die Faktoren nennen, die die Reaktionsgeschwindigkeit beeinflussen.*
- *Ich kann die wichtigsten Aufgaben der Raffinerie nennen.*

4 Das chemische Gleichgewicht

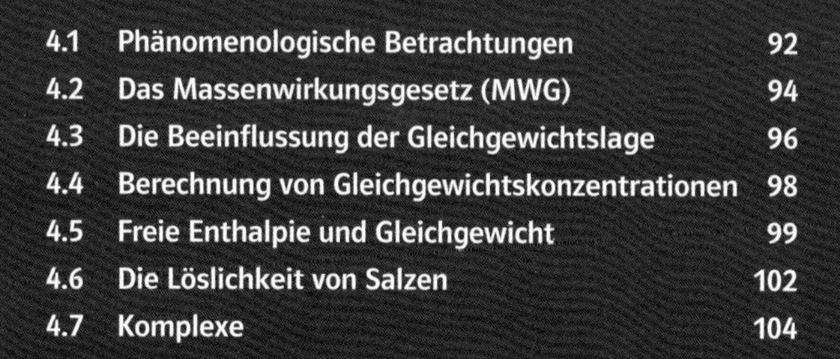

Sie waren auf dem richtigen Weg. Fritz Haber von der Karlsruher Hochschule, Carl Bosch von der BASF und Boschs Assistent Alwin Mittasch: Sie näherten sich nun tatsächlich dem Ziel. Die Bindung des Luftstickstoffs in industriellen Maßstäben konnte gelingen. Die Gewinnung von Ammoniak in einem katalytischen Hochdruckverfahren, das den Grundstein für die gesamte technische Hochdruckchemie legen würde, Mittasch hatte endlich den richtigen Katalysator gefunden. Er hatte entdeckt, dass das billige und praktische Eisen dem zuvor verwendeten Uran und Osmium gleichwertig war, die BASF meldete den Haber-Bosch-Prozess zum Patent an.

Im März hielt Fritz Haber einen Vortrag im Naturwissenschaftlichen Verein zu Karlsruhe. Er sprach generell. Er philosophierte über den Stickstoff, aus dem jede Pflanze das pflanzliche Eiweiß aufbaut, das Mensch und Tier als Nahrung dient. Er sprach über die Lufthülle der Erde, die zu über 70 % aus Stickstoff besteht. Er erwähnte den Fehler im Gefüge der Schöpfung, der es Pflanzen unmöglich macht, den Luftstickstoff unmittelbar zu nutzen, sodass ihre Stickstoffversorgung abhängig war von Mikroorganismen im Boden – Knöllchenbakterien in den Wurzeln etwa von Bohnen – elektrischen Entladungen bei Gewittern und natürlich der Düngung mit Chilesalpeter. Und schließlich deutete er an, die Brillanz menschlicher Geisteskraft könnte womöglich ein Verfahren entwickelt haben, das diesen Fehler der Natur insoweit korrigierte, dass es zwar nicht den Pflanzen, wohl aber dem Menschen die gelenkte Nutzung des Luftstickstoffs möglich machte, er beließ es bei diesen Andeutungen.

Auszug aus dem Roman „Immerwahr" von Sabine Friedrich 2007

Fritz Haber (1868–1934)

Carl Bosch (1874–1940)

Schon Ende des 19. Jahrhunderts bemerkte man, dass chemische Reaktionen in vielen Fällen nicht „zu Ende" laufen, sondern nach einiger Zeit ein Gemisch von Produkten und Edukten vorliegt, welches nicht mehr weiter reagiert. Die Ammoniaksynthese, von der im Romanauszug die Rede ist, ist eine solche Reaktion. Wie sich durch die Wahl der Bedingungen die Reaktion beeinflussen lässt, und welche Probleme bei diesen Forschungen auftraten, und über die persönlichen Verstrickungen der beteiligten Forscher, darüber handelt der oben zitierte Roman. Das Leben von Clara Immerwahr, der Frau von Fritz Haber, die zu der damaligen Zeit als erste Frau an der Universität Breslau naturwissenschaftlich promoviert hat, beleuchtet sowohl die naturwissenschaftlichen als auch die gesellschaftlichen Entwicklungen dieser Zeit.

Cato M. Guldberg (1836–1902) Peter Waage (1833–1900)

Paul Alwin Mittasch (1869–1953)

Man hat für den Endzustand der Reaktion den Begriff „chemisches Gleichgewicht" geprägt. Eine Erklärung für dieses chemische Gleichgewicht ist die Vorstellung, dass, sobald die Produktkonzentrationen groß genug sind, eine Rückreaktion einsetzt. Es bildet sich in unserem Beispiel nicht nur aus Stickstoff und Wasserstoff Ammoniak, sondern zugleich zerfällt Ammoniak wieder in Stickstoff und Wasserstoff. Sobald Hin- und Rückreaktion gleich schnell sind, ändern sich die Konzentrationen nicht mehr, der Gleichgewichtszustand ist erreicht. Im Gleichgewicht hört die Reaktion nicht auf („dynamisches Gleichgewicht").

Im Jahr 1867 veröffentlichten die Norweger Cato Maximilian Guldberg und Peter Waage eine Beschreibung des Gleichgewichtes in Form einer mathematischen Beziehung zwischen den Konzentrationen der Edukte und der Produkte im Gleichgewicht. Die Konzentrationen nannte man damals „aktive Massen", daher der Name „Massenwirkungsgesetz".

Später wurde das Massenwirkungsgesetz aus der Thermodynamik (Wärmelehre) exakt erklärt und mit dem im vorigen Kapitel besprochenen ΔG verknüpft. Erst die Betrachtung chemischer Reaktionen als Gleichgewichtsreaktionen eröffnet uns die Möglichkeit, Säure-Base-Reaktionen, pH-Wert, Reduktion und Oxidation, die Phänomene der Elektrochemie (Batterien, Akkumulatoren, Elektrolyse) zu verstehen.

4.1 Phänomenologische Betrachtungen

Hin- und Rückreaktion

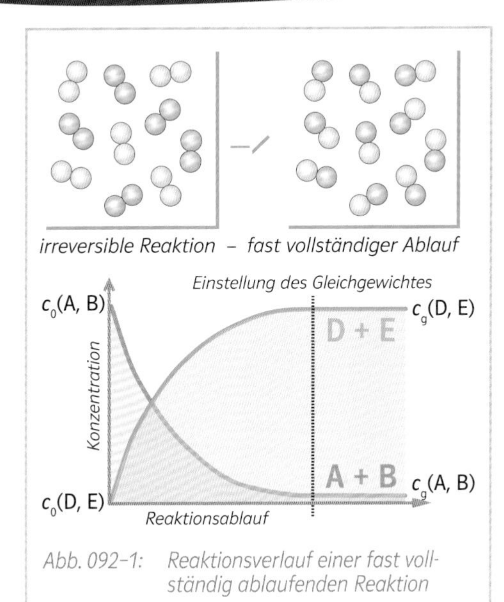

Abb. 092-1: Reaktionsverlauf einer fast vollständig ablaufenden Reaktion

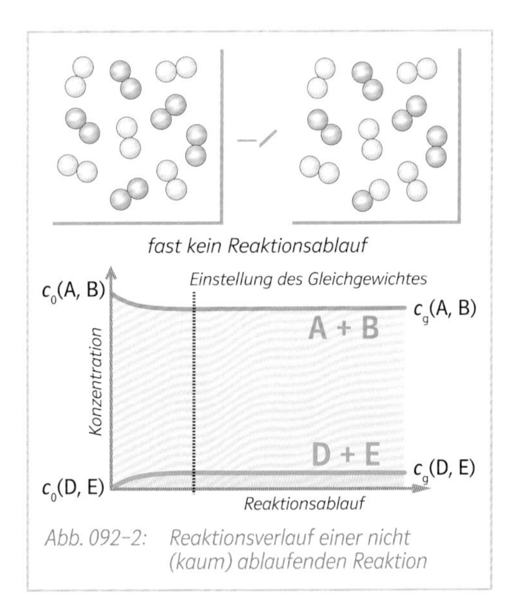

Abb. 092-2: Reaktionsverlauf einer nicht (kaum) ablaufenden Reaktion

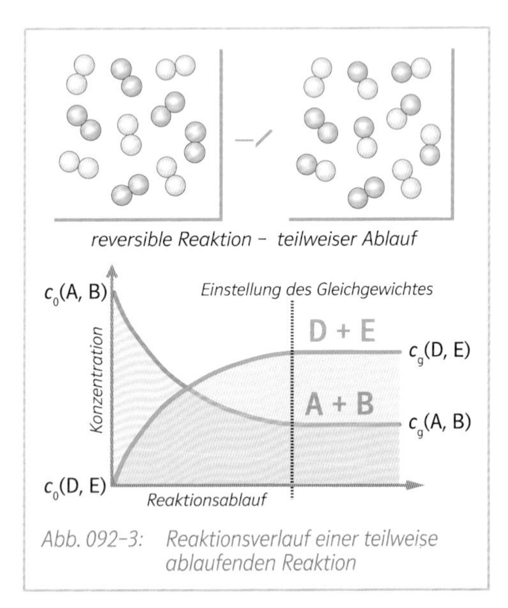

Abb. 092-3: Reaktionsverlauf einer teilweise ablaufenden Reaktion

Das chemische Gleichgewicht beschreibt einen Zustand, in dem sich die Konzentrationen der beteiligten Stoffe nicht mehr ändern. Es handelt sich nicht um ein statisches Gleichgewicht, wie es äußerlich betrachtet erscheint, sondern um ein dynamisches Gleichgewicht, in dem weiterhin Reaktionen ablaufen. Dieser Zustand erscheint für den Betrachter wie das Ende der Reaktion. Das Verständnis für das Phänomen Gleichgewicht ist Grundvoraussetzung für das Verständnis der Chemie.

Konzentrationsveränderung im Laufe einer Reaktion

Es gibt prinzipiell drei Möglichkeiten, wie eine chemische Reaktion verlaufen kann. (Abb. 92-1 bis 92-3)

1. Reaktionen können (fast) vollständig ablaufen. Die Edukte werden verbraucht, und die entsprechende Menge an Produkten entsteht. Solche Reaktionen werden manchmal als irreversible Reaktionen bezeichnet.
2. Reaktionen laufen (fast) nicht ab. Auch am Ende der Reaktion liegen kaum Produkte vor.
3. Bei manchen Reaktionen liegen Edukte und Produkte in vergleichbaren Mengen vor. Solche Reaktionen werden manchmal als reversible Reaktionen bezeichnet.

Die Ausgangskonzentration c_0 ist die Konzentration, die bei den Edukten vom Experimentator gewählt wird. Die Ausgangskonzentration der Endstoffe ist üblicherweise vor Beginn der Reaktion 0. Im Laufe der Reaktion ändern sich die Konzentrationen laufend und man spricht von Momentankonzentrationen. Am „Ende", das in der Chemie als Gleichgewicht bezeichnet wird, liegen die sogenannten Gleichgewichtskonzentrationen c_g vor, die sich nicht mehr ändern.

Es ist unmöglich, mit dem bisherigen Wissen Aussagen zu treffen, wie vollständig Reaktionen ablaufen und von welchen Faktoren das „Reaktionsende" beeinflusst wird.

Die Hin- und Rückreaktion

Folgende allgemeine Reaktion wird betrachtet: **A + B → D + E**

Zu Beginn der Reaktion liegt eine bestimmte Konzentration der Stoffe A und B vor – $c_0(A)$, $c_0(B)$. Durch Zusammenstoß der Teilchen kommt es zur Bildung der Produkte, und die Konzentration von A und B nimmt ab. Durch die Konzentrationsabnahme verringert sich auch die Reaktionsgeschwindigkeit der Hinreaktion, da die Reaktionsgeschwindigkeit zur Konzentration proportional ist. Die Veränderung der Konzentration der Edukte ist in den Abbildungen auf dieser Seite durch den braunen Graphen dargestellt.

Im Reaktionsgefäß können aber auch die Teilchen D und E zusammenstoßen und reagieren. Dh., es tritt eine Rückreaktion ein mit einer Geschwindigkeit, die der Konzentration der Stoffe D und E proportional ist. Durch die Zunahme der Konzentrationen der Produkte erhöht sich die Geschwindigkeit der Rückreaktion. Die Veränderung der Konzentration der Produkte ist in diesen Abbildungen durch den grünen Graphen dargestellt.

$$v_{\text{Hinreaktion}} = v_{\text{Rückreaktion}}$$

Irgendwann tritt der Fall ein, dass die Geschwindigkeit der Hinreaktion gleich groß ist wie die Geschwindigkeit der Rückreaktion. Ab diesem Zeitpunkt ändern sich die Konzentrationen der beteiligten Stoffe nicht mehr. Es werden zwar ständig aus den Stoffen A und B die Stoffe D und E gebildet, aber in derselben Zeiteinheit entsteht aus D und E wiederum A und B.

Dieser Zustand, der für einen Beobachter das Ende der Reaktion bedeutet, wird als chemisches Gleichgewicht bezeichnet, weil sich hier zwei entgegengesetzt gerichtete Reaktionen die Balance halten („dynamisches Gleichgewicht"). Daher spricht man in der Chemie nicht vom Ende einer Reaktion, sondern sagt, „die Reaktion befindet sich im Gleichgewicht".

Chemische Reaktion und Gleichgewichtslage

Die Lage des Gleichgewichtes ist von Reaktion zu Reaktion verschieden. Betrachtet man die eingangs erwähnten drei Fälle so gilt.

1. Bei den praktisch vollständig ablaufenden Reaktionen ist die Rückreaktion stark gehemmt (man spricht auch von „irreversiblen" Reaktionen). Das Gleichgewicht wird erst erreicht, wenn fast alle Edukte reagiert haben. Man sagt, „das Gleichgewicht liegt bei den Produkten" oder „das Gleichgewicht liegt rechts".
2. Bei Reaktionen die kaum zu Produkten führen sagt man, „das Gleichgewicht liegt bei den Edukten" oder „das Gleichgewicht liegt links".
3. Liegen Edukte und Produkte in vergleichbaren Mengen vor, sagt man „das Gleichgewicht liegt in der Mitte".

Der Gleichgewichtspfeil

Reaktionen mit einer merklichen Rückreaktion heißen reversibel. Da bei jeder Reaktion, zumindest formal, eine Rückreaktion eintritt, können alle Reaktionen mit einem doppelten Reaktionspfeil versehen werden:

$$A + B \rightleftharpoons D + E$$

Manchmal verwendet man Pfeile ungleicher Länge, um schon mit dem Reaktionspfeil die Lage des Gleichgewichts anzudeuten.

$$A + B \rightleftharpoons D + E \quad \text{bzw.} \quad A + B \rightleftharpoons D + E$$

Geht man von D und E als Edukte aus, stellt sich das Gleichgewicht wieder beim selben Konzentrationsverhältnis ein. Es wird also, unabhängig von welcher Seite man sich nähert, immer derselbe Gleichgewichtszustand erreicht.

Der Stechheberversuch ist eine Möglichkeit experimentell dem Phänomen näher zu kommen. Er zeigt auch, dass das Erreichen des Endzustandes, unabhängig von der Startposition ist.

Der „menschliche" Vergleich

Es gibt verschiedene Möglichkeiten um das Phänomen Gleichgewicht mit Alltagsbeispielen zu verdeutlichen. Ein Problem ist aber immer, dass Menschen, zum Unterschied von chemischen Stoffen, ermüden, dazu lernen usw. und der erreichte Zustand nie wirklich reproduzierbar ist.

Daher nur ein Gedankenexperiment:

Ein südeuropäischer Supersportler S und ein unsportlicher Nordeuropäer U (egal ob männlich oder weiblich) treffen sich am Tennisplatz. S und U haben ihre sehr unterschiedlichen sportlichen Fähigkeiten, aber sie ändern sich im Laufe des Spiels nicht. U hat 100 Bälle auf seiner Seite des Tennisplatzes liegen. Aufgabe beider Spieler ist es, den Platz möglichst frei von Tennisbällen zu halten. Am Anfang kann U aus dem Vollen schöpfen und wirft Bälle auf die andere Seite, S muss zu Beginn viel Laufen um die wenigen Bälle zu erreichen. Irgendwann einmal schießt S einen Ball zu U und U einen Ball zu S. Ab diesem Zeitpunkt ändert sich die Ballanzahl auf beiden Plätzen nicht mehr. In Anbetracht der unterschiedlichen Sportlichkeit hat U 80 Bälle auf seiner Seite und S 20 Bälle.

Wiederholt man das Spiel bei einer Temperatur am Centercourt von 40 °C, so beeinflusst das die Sportlichkeit vom sonnengewöhnten S kaum. U kann sich aber bei der Hitze kaum bewegen. Auf einmal liegen 90 Bälle bei U und nur mehr 10 Bälle bei S.

Wiederholt man das Spiel bei einer Temperatur von 10 °C, sieht die Situation wieder anders aus. U springt vergnügt am Platz herum, während S vor lauter Zittern, kaum einen Ball werfen kann. Plötzlich liegen nur mehr 60 Bälle bei U und 40 Bälle bei S.

Was passiert, wenn man das Netz höher macht? Dieses Hindernis beeinträchtigt beide Spieler und ändert an der Anzahl der Bälle im Gleichgewicht nichts.

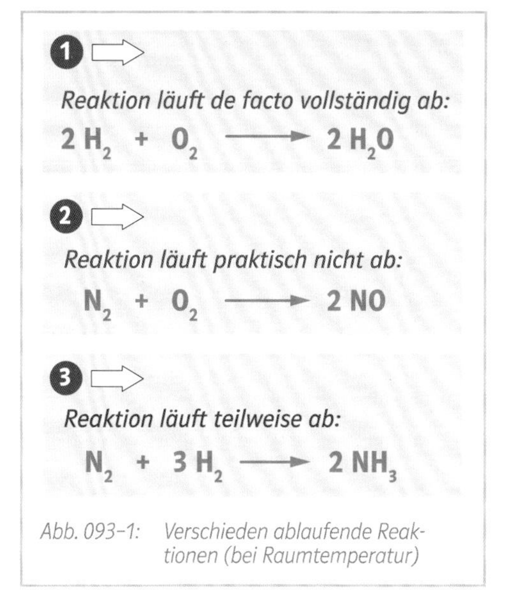

Abb. 093-1: Verschieden ablaufende Reaktionen (bei Raumtemperatur)

Schüler-Experiment 4.1

Der Stechheberversuch

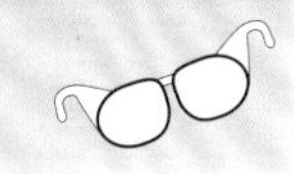

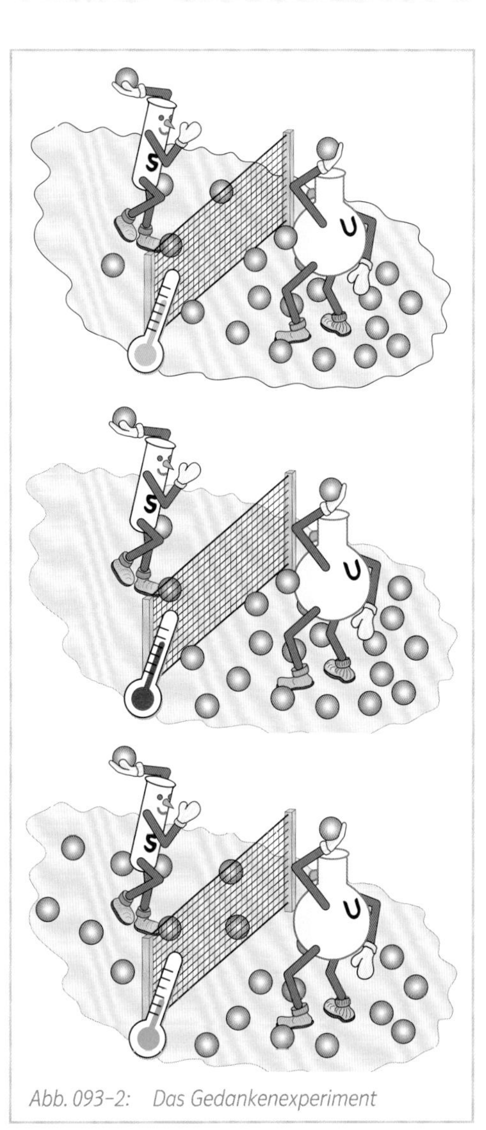

Abb. 093-2: Das Gedankenexperiment

4.2 Das Massenwirkungsgesetz (MWG)

Die Gleichgewichtskonstante

$$N_2 + 3\,H_2 \rightleftharpoons 2\,NH_3$$

$$K_1 = \frac{[NH_3]^2}{[N_2]\cdot[H_2]^3}$$

$$2\,NH_3 \rightleftharpoons N_2 + 3\,H_2$$

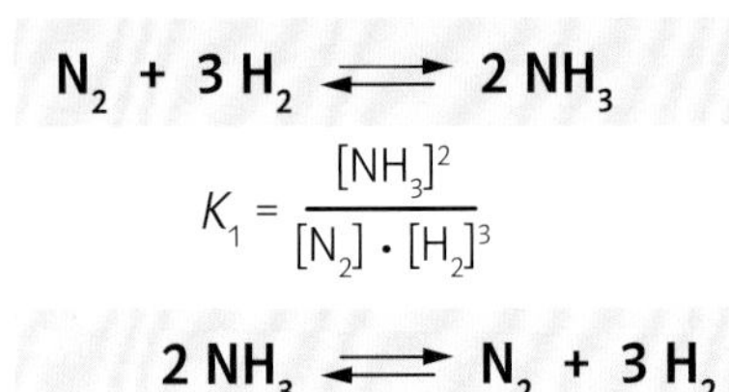

$$K_2 = \frac{[N_2]\cdot[H_2]^3}{[NH_3]^2} \Rightarrow K_2 = \frac{1}{K_1}$$

Abb. 094-1: *Die Gleichgewichtskonstanten der Bildung und des Zerfalls von Ammoniak aus den / in die Elemente(n)*

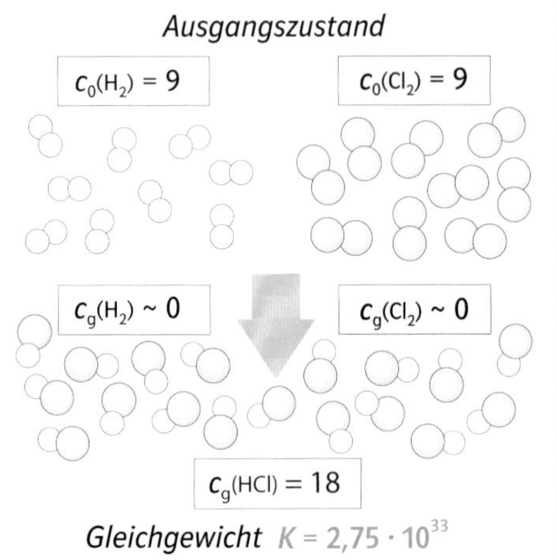

Ausgangszustand
c0(H2) = 9
c0(Cl2) = 9
cg(H2) ~ 0
cg(Cl2) ~ 0
cg(HCl) = 18
Gleichgewicht K = 2,75 · 10^33

Abb. 094-2: *Reaktion mit großem K*

Ausgangszustand
c0(NO2) = 19
cg(NO2) = 1
cg(N2O4) = 9
Gleichgewicht K = 9

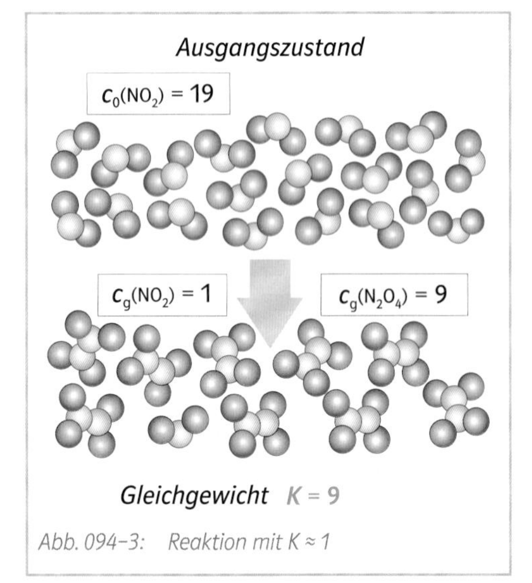

Abb. 094-3: *Reaktion mit K ≈ 1*

Übungen 94.1

Notiere das MWG folgender Reaktionen:

a) $H_2 + I_2 \rightleftharpoons 2\,HI$

b) $2\,SO_2 + O_2 \rightleftharpoons 2\,SO_3$

Zur Abschätzung der Gleichgewichtslage formulierten **Cato M. Guldberg** (1836 – 1902) und **Peter Waage** (1833 –1900) im Jahre 1867 das **Massenwirkungsgesetz**. Das Massenwirkungsgesetz ist die mathematische Betrachtung des Phänomens Gleichgewicht.

Formulierung des Massenwirkungsgesetzes

Das Produkt der Gleichgewichtskonzentrationen der Produkte dividiert durch das Produkt der Gleichgewichtskonzentrationen der Edukte ergibt die **Gleichgewichtskonstante *K*.**

Für die allgemeine Reaktion **A + B $\rightleftharpoons$ D + E** gilt:

$$K = \frac{c_g(D)\cdot c_g(E)}{c_g(A)\cdot c_g(B)} \xrightarrow[\text{der Gleichgewichtskonzentrationen}]{\text{Vereinfachung der Schreibweise}} K = \frac{[D]\cdot[E]}{[A]\cdot[B]}$$

Bei Reaktionen mit stöchiometrischen Faktoren ungleich 1 muss man beachten, dass auch die stöchiometrischen Faktoren in das Massenwirkungsgesetz eingehen.

Für die allgemeine Reaktion **x A + y B $\rightleftharpoons$ u D + v E** gilt:

$$K = \frac{c_g(D)^u\cdot c_g(E)^v}{c_g(A)^x\cdot c_g(B)^y} \quad \text{bzw.} \quad K = \frac{[D]^u\cdot[E]^v}{[A]^x\cdot[B]^y}$$

Die Gleichgewichtskonstante *K*

Die Gleichgewichtskonstante ist bei einer gegebenen Temperatur für eine bestimmte Reaktion charakteristisch. Sie ist ein Maß dafür, wie vollständig eine Reaktion abläuft. Die Gleichgewichtskonstanten verschiedener Reaktionen wurden experimentell bestimmt und liegen in der chemischen Literatur auf.

Je größer die Gleichgewichtskonstante ist, desto stärker liegt das Gleichgewicht bei den Produkten. Dies folgt aus der Formulierung des MWG. Die Produkte stehen im Zähler.

Formuliert man die Reaktionsgleichung in umgekehrter Richtung (zB Zerfall von Ammoniak in die Elemente Stickstoff und Wasserstoff) so entspricht die Gleichgewichtskonstante dem Kehrwert der ursprünglichen Reaktion (Abb 94-1).

Die Gleichgewichtskonstante *K* wird üblicherweise ohne Einheiten angegeben.

Beurteilung von Reaktionen aufgrund von *K*

Ist die Gleichgewichtskonstante bekannt, lassen sich Aussagen über die Reaktion treffen (die Fälle stimmen mit den Fällen aus 4.1 überein):

1. *K* ist sehr groß: Im Gleichgewicht liegen die Endstoffe im Überschuss vor; praktisch vollständig ablaufende Reaktion; „das Gleichgewicht liegt bei den Produkten".

   Chlorknallgas-Reaktion: **$H_2 + Cl_2 \rightleftharpoons 2\,HCl$** $K = 2{,}75\cdot10^{33}$

   Bei einer so großen Gleichgewichtskonstante sind im Gleichgewicht kein H_2 und Cl_2 mehr nachweisbar (Abb. 94-2).

2. *K* ist sehr klein: Im Gleichgewicht liegen die Edukte im Überschuss vor; die Reaktion läuft praktisch nicht ab; „das Gleichgewicht liegt bei den Edukten".

   Bildung von Stickstoffmonoxid: **$N_2 + O_2 \rightleftharpoons 2\,NO$** $K = 3{,}87\cdot10^{-31}$

   Bei Raumtemperatur ist im Gleichgewicht kein NO nachweisbar.

3. *K* ist ungefähr 1: Im Gleichgewicht liegen Edukte und Produkte in ähnlichen Mengen vor; „das Gleichgewicht liegt in der Mitte".

   Bildung von Distickstofftetraoxid **$2\,NO_2 \rightleftharpoons N_2O_4$** $K = 9{,}046$

   Im Gleichgewicht sind beide Stoffe in nachweisbaren Mengen vorhanden (Abb. 94-3).

Der Reaktionsquotient *Q*

Der Reaktionsquotient *Q* wird wie die Gleichgewichtskonstante entsprechend dem Massenwirkungsgesetzes formuliert. Es werden hier allerdings Momentankonzentrationen eingesetzt. Der Gleichgewichtszustand ist noch nicht erreicht.

Ist *Q* größer als *K*, müssen die Stoffe zu den Edukten (nach „links") reagieren, um den Endzustand zu erreichen.

Ist *Q* kleiner als *K*, müssen die Stoffe zu den Produkten (nach „rechts") reagieren, um den Endzustand zu erreichen.

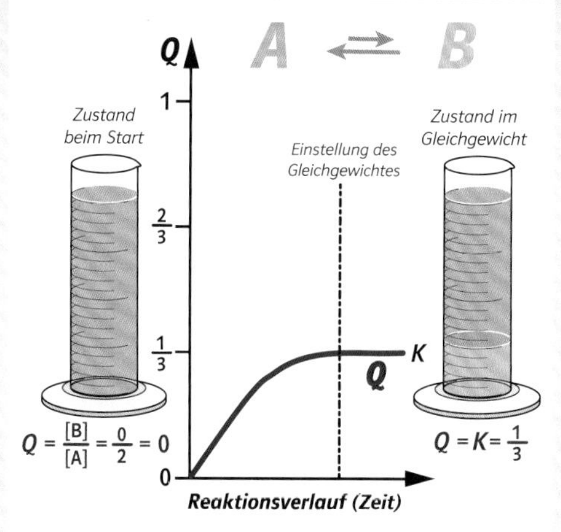

Abb. 095-1: Verlauf von Q während der Reaktion 1

Das Erreichen des Gleichgewichtszustands

Unabhängig von welchem Ausgangszustand man ausgeht, wird der Gleichgewichtszustand bei den gegebenen Bedingungen erreicht.

Anhand der folgenden einfachen und allgemeinen Reaktion soll diese Aussage verbal und graphisch anhand eines Diagramms diskutiert werden.

Die allgemeine Reaktion A $\rightleftharpoons$ B läuft nicht vollständig ab. Es stellt sich ein Gleichgewicht ein.

Die Gleichgewichtskonstante *K* für diese fiktive Reaktion beträgt bei diesen Bedingungen: $K = 1/3$

Im folgenden werden 3 verschiedene Möglichkeiten mit unterschiedlichen Ausgangskonzentrationen durchdacht.

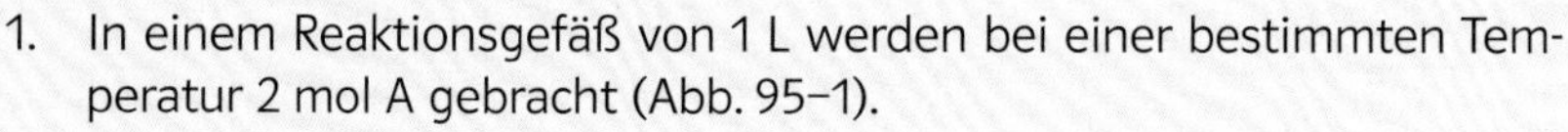

1. In einem Reaktionsgefäß von 1 L werden bei einer bestimmten Temperatur 2 mol A gebracht (Abb. 95-1).

   $Q = B/A = 0/2 = 0 \quad Q < K \Rightarrow$ Verschiebung zu Stoff B bis $Q = K$.

   Daraus ergibt sich, dass im Gleichgewichtszustand 1,5 mol A und 0,5 mol B vorhanden sind.

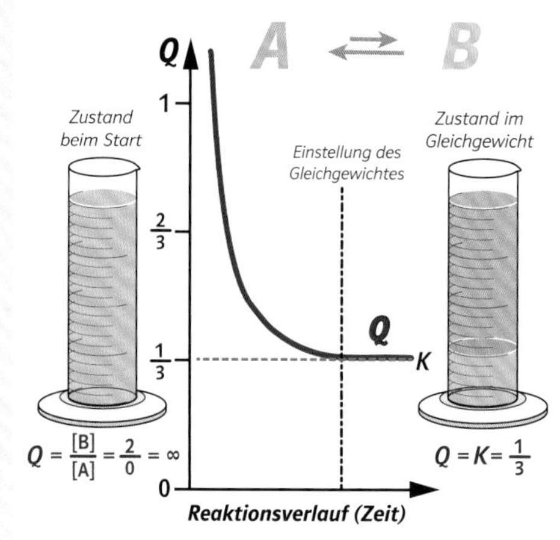

Abb. 095-2: Verlauf von Q während der Reaktion 2

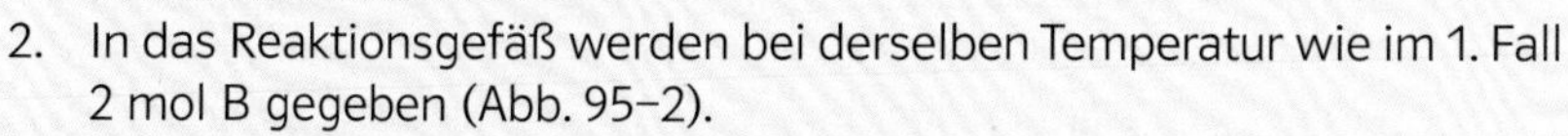

2. In das Reaktionsgefäß werden bei derselben Temperatur wie im 1. Fall 2 mol B gegeben (Abb. 95-2).

   $Q = 2/0 =$ unendlich $\quad Q > K \Rightarrow$ Verschiebung zu Stoff A bis $Q = K$.

   Es wird wieder der Gleichgewichtszustand mit 1,5 mol A und 0,5 mol B erreicht.

3. Es werden bei derselben Temperatur wie im 1. und 2. Fall 1 mol A und 1 mol B zur Reaktion gebracht (Abb. 95-3).

   $Q = 1/1 = 1 \; Q > K \Rightarrow$ Verschiebung zu Stoff A bis $Q = K$.

   Es wird wieder der Gleichgewichtszustand mit 1,5 mol A und 0,5 mol B erreicht.

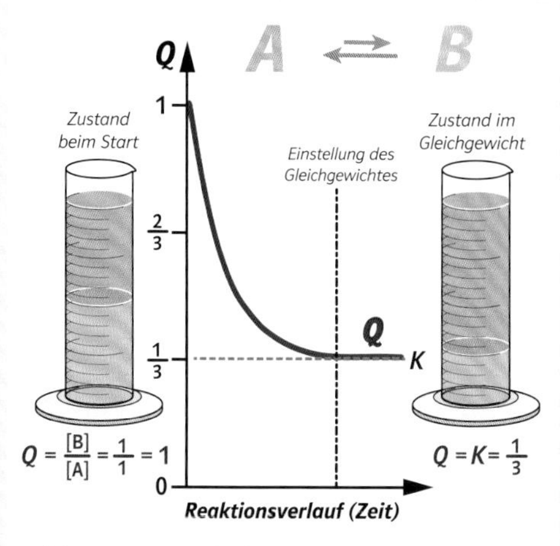

Abb. 095-3: Verlauf von Q während der Reaktion 3

Beispiel

#1 Man gibt bei der gleichen Reaktion wie oben ($K = 1/3$) 3 mol A in das Reaktionsgefäß. Berechne die Stoffmengen von A und B im Gleichgewicht.

$Q = B/A = 0/3 = 0$ das Gleichgewicht ist noch nicht erreicht

$K = x/(3-x) \Rightarrow 1/3 = x/(3-x) \Rightarrow 4x = 3 \Rightarrow x = 0{,}75$

$\Rightarrow A = 2{,}25 \Rightarrow B = 0{,}75$

#2 Man gibt bei der gleichen Reaktion wie oben ($K = 1/3$) 5 mol B in das Reaktionsgefäß. Berechne die Stoffmengen von A und B im Gleichgewicht.

$Q = B/A = 5/0 = \infty$ das Gleichgewicht ist noch nicht erreicht

$K = (5-x)/x \Rightarrow 1/3 = (5-x)/x \Rightarrow 4x = 15 \Rightarrow x = 3{,}75$

$\Rightarrow A = 3{,}75 \Rightarrow B = 1{,}25$

4.3 Die Beeinflussung der Gleichgewichtslage

Konzentrationsveränderung – Druckveränderung – Temperaturveränderung – Katalysator

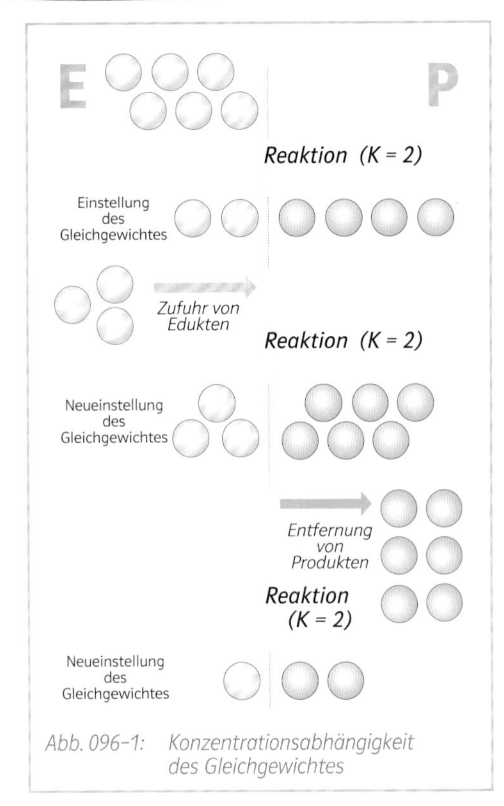

Abb. 096-1: Konzentrationsabhängigkeit des Gleichgewichtes

Abb. 096-2: Druckabhängigkeit des Gleichgewichtes

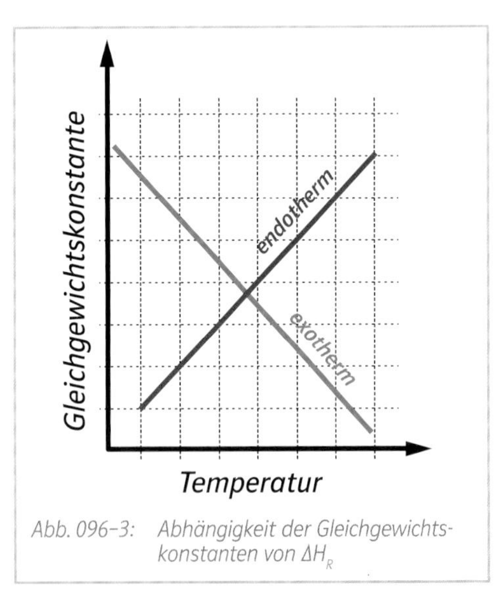

Abb. 096-3: Abhängigkeit der Gleichgewichtskonstanten von ΔH_R

Das Gleichgewicht lässt sich dadurch beeinflussen, dass man es einem äußeren Zwang (dh. Änderung der Reaktionsbedingungen) unterwirft. Das System versucht diesem äußeren Zwang auszuweichen. Der französische Chemiker **Henry Louis Le Chatelier** (1850–1936) hat diesen Zusammenhang als **„Prinzip der Flucht vor dem Zwang"** formuliert.

Konzentrationsveränderung

Jede Konzentrationsveränderung bei einem der beteiligten Stoffe stört das Gleichgewicht. Daher fügt man einen Rohstoff oft im Überschuss zu, damit der andere eventuell seltene oder teurere Rohstoff möglichst vollständig reagiert (Abb. 96–1).

Eine Möglichkeit, die Ausbeute zu erhöhen, ist die Entfernung des Produktes aus dem Reaktionsgefäß. Dadurch wird das Gleichgewicht gestört. Es stellt sich neu ein, indem sich wieder neues Produkt bildet. Die Gleichgewichtskonstante ändert sich nicht.

⇒ Zugabe von Edukten und Entfernen von Produkten erhöht die Ausbeute einer Reaktion.

Druckveränderung

Eine geringere Gasteilchenzahl benötigt ein geringeres Volumen (Gesetz von Avogadro Seite 76). Wird bei einer Reaktion die Gasteilchenzahl verringert, so bewirkt eine Druckerhöhung daher eine Verschiebung des Gleichgewichtes zu den Produkten. Durch Druckveränderung wird die Gleichgewichtskonstante nicht verändert, sondern nur das Konzentrationsverhältnis der Stoffe im Gleichgewicht (Abb. 96–2).

⇒ Druckerhöhung verschiebt das Gleichgewicht auf die Seite mit der geringeren Gasteilchenanzahl.

Temperaturveränderung

Eine Änderung der Temperatur führt zu einer Änderung der Gleichgewichtskonstanten. Dies bedeutet für exotherme Reaktionen, bei denen ja Wärme frei wird, dass bei Temperaturerhöhung das Gleichgewicht zu den Edukten verschoben wird. Bei endothermen Reaktionen bewirkt Temperaturerhöhung eine Verschiebung zu den Produkten.

⇒ Temperaturerhöhung verschiebt das Gleichgewicht in die endotherme Richtung.

Eine besondere Herausforderungen stellen Reaktionen dar, die nur schwach exotherm mit hoher Aktivierungsenthapie sind.

In diesen Fällen muss man einen Kompromiss zwischen Gleichgewichtslage und Reaktionsgeschwindigkeit schließen. Bei hoher Temperatur wäre die Reaktion rasch genug, die Gleichgewichtslage ist aber ungünstig (Abb. 96–3). Bei tiefer Temperatur ist die Gleichgewichtslage günstig, die Reaktion aber zu langsam. Zur Beschleunigung dieser Reaktion wird ein Katalysator eingesetzt.

Katalysator

Katalysatoren senken die Aktivierungsenthalpie und beschleunigen daher die Reaktion. Sie wirken aber auf die Rückreaktion gleichermaßen beschleunigend wie auf die eigentlich gewünschte Hinreaktion. Ein Katalysator kann daher die Gleichgewichtslage nicht verändern. Durch Katalysatoren stellt sich ein Gleichgewicht nur rascher ein.

⇒ Der Katalysator beeinflusst die Gleichgewichtslage nicht. Er wird aber bei exothermen Reaktionen eingesetzt, um eine Gleichgewichtseinstellung bei möglichst niedrigeren Temperaturen zu erreichen.

Anwendung des Prinzips von Le Chatelier

Mit Hilfe des Prinzips „Flucht vor dem Zwang" kann man den Einfluss verschiedener Eingriffe in ein Reaktionsgemisch abschätzen und für Reaktionen geeignete Reaktionsbedingungen finden.

Oxidation von Schwefeldioxid zu Schwefeltrioxid

$$2\,SO_2 + O_2 \rightleftharpoons 2\,SO_3 \qquad \Delta H_R = -196{,}6\ kJ$$

Welche Wirkung haben die folgenden Änderungen auf ein Gasgemisch dieser drei Stoffe, die sich im Gleichgewicht befinden?

⇨ $O_{2\,(g)}$ wird dem Gemisch zugegeben.

Zwang – Konzentrationserhöhung eines Ausgangsstoffes:
Aus dem Gasgemisch reagiert SO_2 mit O_2 zu SO_3. (Das Gleichgewicht verschiebt sich zu den Produkten.)

⇨ Das Reaktionsgemisch wird erhitzt.

Zwang - Erhöhung der Temperatur
Da die Reaktion exotherm ist, verschiebt sich das Gleichgewicht zu den Edukten (in die „endotherme Richtung").

⇨ Ein Katalysator wird dem Gemisch zugegeben.

Kein Zwang - ein Katalysator beeinflusst die Hin- und Rückreaktion gleichermaßen - aber das Gleichgewicht stellt sich rascher und bei einer niedrigeren Reaktionstemperatur ein.

⇨ Der Gesamtdruck wird erhöht.

Zwang - Druckerhöhung
Da bei den Produkten weniger Teilchen vorliegen als bei den Edukten (aus 3 mol werden 2 mol), verschiebt sich das Gleichgewicht zu den Produkten.

⇨ $SO_{3\,(g)}$ wird aus dem System entfernt.

Zwang - Konzentrationsverminderung des Produkts
Es müssen – um den Gleichgewichtszustand aufrechtzuerhalten – die Edukte zu SO_3 reagieren.

Reaktionsbedingungen für eine große Ausbeute an SO_3:
(möglichst) niedrige Temperatur, Katalysator, erhöhter Druck; damit SO_2 möglichst vollständig reagiert, sollte ein O_2-Überschuss herrschen; SO_3 sollte laufend aus dem Reaktionsgemisch entfernt werden.

Säure-Basen-Indikatoren

Säure-Basen-Indikatoren zeigen durch Farbänderung an, ob eine Säure oder Base vorhanden ist. Diese Indikatoren unterliegen einer Gleichgewichtsreaktion, die vereinfacht folgendermaßen formuliert werden kann. „Ind" steht als Platzhalter für die komplizierte tatsächliche Formel des Indikators.

$$\underset{\text{Farbe 1}}{HInd + H_2O} \rightleftharpoons \underset{\text{Farbe 2}}{Ind^- + H_3O^+}$$

Wird der Indikator in eine Säure gegeben, ist die Konzentration der H_3O^+-Ionen sehr hoch. Das Indikatorgleichgewicht verschiebt sich zu den Ausgangsstoffen und man sieht die Farbe 1. Bei Basen ist die H_3O^+-Ionenkonzentration sehr gering und das Indikatorgleichgewicht verschiebt sich zu den Endstoffen. Man sieht Farbe 2.

Abb. 097-3: Der Indikator Bromthymolblau im sauren, neutralen und basischen Bereich (von links nach rechts)

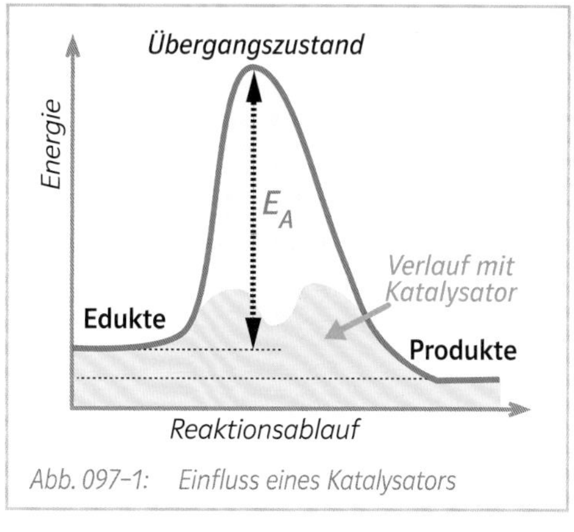

Abb. 097-1: Einfluss eines Katalysators

Übungen 97.1 bis 97.4 

Verschiebung des Gleichgewichtes

1. Bestimme die Richtung der Gleichgewichtsverschiebung durch Druckerhöhung bei der Spaltung von Methan mit Wasserdampf:
   $CH_4 + H_2O \rightarrow CO + 3\,H_2$
2. Bestimme die Richtung der Gleichgewichtsverschiebung durch Temperaturerhöhung bei der Verbrennung von Methan! (Exotherme Reaktion)
3. Methanol – CH_3OH – wird durch Reaktion zwischen CO und H_2 hergestellt. Die Reaktion ist schwach exotherm und benötigt hohe Aktivierungsenthalpie. Welche Reaktionsbedingungen sind notwendig?

Fragen zur Gleichgewichtslage

4. Die Reaktion $H_2 + I_2 \rightleftharpoons 2\,HI$ befindet sich bei einer Temperatur, bei der alle beteiligten Stoffe gasförmig sind, im Gleichgewicht. Das Gefäß ist durch den violetten Ioddampf charakteristisch gefärbt (alle anderen Stoffe sind farblos). Man gibt nun Wasserstoff zu und wartet auf die Neueinstellung des Gleichgewichts. Hat sich die violette Farbe verstärkt oder verringert?

Bei der Essigtitration (Seite 74) wurde der Indikator Phenolphthalein eingesetzt. „Farbe 1" ist farblos, daher war zu Beginn der Titration die Lösung farblos. Durch die Zugabe der NaOH hat sich das Gleichgewicht zu den Endstoffen verschoben und die Lösung wurde rosa -> Farbe 2 des Indikators.

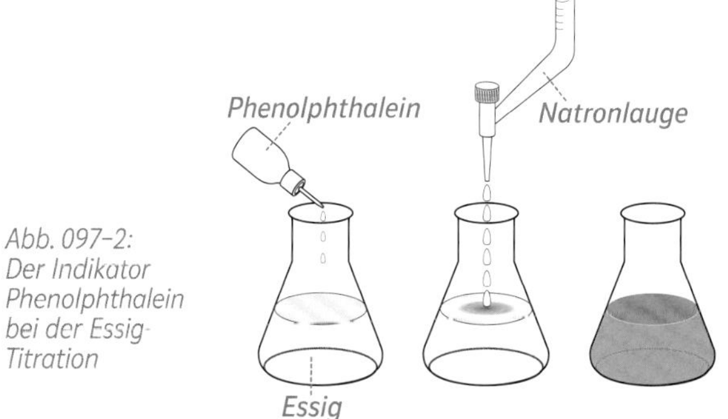

Abb. 097-2: Der Indikator Phenolphthalein bei der Essig-Titration

PLUS

4.4 Berechnung von Gleichgewichtskonzentrationen

Ausgangskonzentrationen – Gleichgewichtskonzentrationen

Ausgangszustand

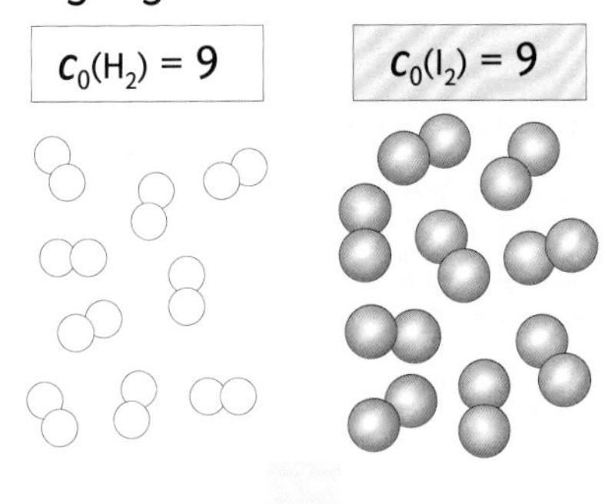

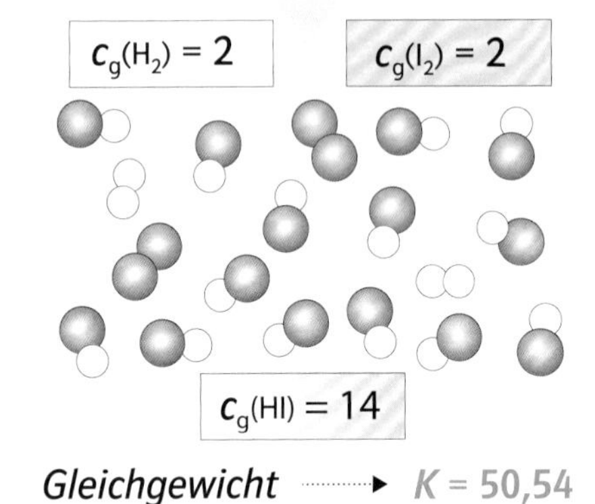

Gleichgewicht ▸ $K = 50,54$

Abb. 098-1: Einstellung des Iodwasserstoff-Gleichgewichtes

Ausgangszustand

$c_0(H_2) = 9$ $c_0(Cl_2) = 9$

$c_g(H_2) \sim 0$ $c_g(Cl_2) \sim 0$

$c_g(HCl) = 18$

Gleichgewicht ▸ $K = 2,75 \cdot 10^{33}$

Abb. 098-2: Einstellung des Chlorwasserstoff-Gleichgewichtes

Im Laufe der Reaktion nimmt die Konzentration der Ausgangsstoffe ab und die Konzentration der Endprodukte zu, bis in jedem Fall die Gleichgewichtskonzentrationen erreicht sind. Die Ab- und Zunahme der Stoffe lässt sich aber mit Hilfe der Reaktionsgleichung in Beziehung setzen. Zuerst betrachtet man die Konzentrationen zu Reaktionsbeginn und dann die Konzentrationen im Gleichgewicht.

	A	+	B	⇌	D	+	E
zu Beginn c_0:	$c_0(A)$		$c_0(B)$		0		0
im Gleichgewicht c_g:	$c_0(A) - x$		$c_0(B) - x$		x		x

Setzt man die für das Gleichgewicht ermittelten Werte ins Massenwirkungsgesetz ein, so gilt:

$c_0(A) - x = [A]$, $c_0(B) - x = [B]$ und $x = [D] = [E]$ und es ergibt sich:

$$K = \frac{[D] \cdot [E]}{[A] \cdot [B]} = \frac{x^2}{(c_0(A) - x) \cdot (c_0(B) - x)}$$

Sind die Gleichgewichtskonstante und die Ausgangskonzentrationen bekannt, lassen sich x und in weiterer Folge die Gleichgewichtskonzentrationen bestimmen.

Beispiele

1. Die Gleichgewichtskonstante für die Bildung von Iodwasserstoff aus den Elementen beträgt bei 448 °C ⇒ $K = 50,54$. Die Ausgangskonzentration der Edukte beträgt jeweils 0,1 mol/L. Die Gleichgewichtskonzentrationen aller beteiligten Stoffe sind zu berechnen.

	H_2	+	I_2	⇌	2 HI
zu Beginn c_0:	0,1		0,1		0
im Gleichgewicht c_g:	0,1 – x		0,1 - x		2x

   $$K = \frac{[HI]^2}{[H_2] \cdot [I_2]} \Rightarrow 50,54 = \frac{(2x)^2}{(0,1 - x)^2}$$

   Das Lösen der quadratischen Gleichung ergibt für x die Werte 0,078 und 0,139. Der zweite Wert ist chemisch sinnlos, weil x größer als 0,1 ist. Dies würde eine negative Konzentration der Edukte ergeben.

   Damit ergeben sich die Gleichgewichtskonzentrationen:

   $c_g(I_2) = c_g(H_2) = 0,022$ mol/L und $c_g(HI) = 0,156$ mol/L

   Die Bildung von Iodwasserstoff ist eine typische Gleichgewichtsreaktion. Am Ende der Reaktion liegen Edukte und Produkte in nachweisbaren Mengen vor.

2. Die Gleichgewichtskonstante für die Bildung von Chlorwasserstoff aus den Elementen beträgt $K = 2,75 \cdot 10^{33}$. Die Ausgangskonzentrationen von H_2 und Cl_2 sind zB 0,1 mol/L. Die exakte Berechnung bringt keinerlei Vorteile. Die Gleichgewichtskonstante ist so groß, dass man von einer vollständig ablaufenden Reaktion sprechen kann. Mit sehr guter Näherung gilt, dass durch diese Reaktion HCl mit $c_g = 0,2$ mol/L entstanden ist.

Vor jeder Berechnung ist es daher sinnvoll, die Gleichgewichtskonstante auf ihre chemische Aussagekraft hin zu untersuchen. Bei sehr großen und sehr kleinen Gleichgewichtskonstanten kommt man sehr oft durch qualitative Überlegungen und einfache Berechnungen zu chemisch richtigen und sinnvollen Ergebnissen.

4.5 Freie Enthalpie und Gleichgewicht

ΔG und der Gleichgewichtszustand

Freie Enthalpie und Gleichgewichtskonstante sind zwei Aspekte ein und desselben Sachverhaltes. Beide Größen sind ein Maß für das Bestreben, einen bestimmten Endzustand zu erreichen. Je negativer $\Delta G^\varnothing$ ist, desto größer ist der Drang zu reagieren. Reaktionen mit einem stark negativen $\Delta G^\varnothing$ besitzen eine große Gleichgewichtskonstante.

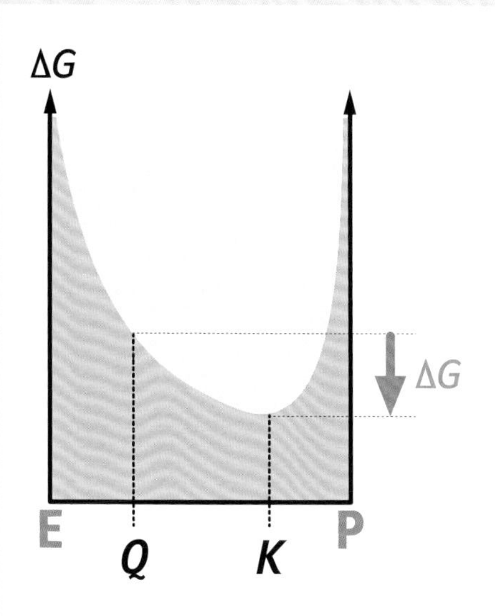

Abb. 099-1: Enthalpieverlauf bei einer Gleichgewichtsreaktion

Der (scheinbare) Widerspruch

$\Delta G^\varnothing$ wurde als Größe beschrieben, die eine Aussage trifft, ob eine Reaktion spontan ist oder nicht.

Die „Mulde" der freien Enthalpie

Im Laufe einer Reaktion verändern sich die innere Energie und die Entropie des Gesamtgemisches ständig und damit auch die freie Enthalpie. Die Änderung der freien Enthalpie im Laufe der Reaktion ist nicht exakt berechenbar, weil die Entropie von Stoffmischungen größer ist als die Summe der Entropien bei getrennt vorliegenden Stoffen. Daher gibt es ein Minimum der freien Enthalpie, das durch $\Delta G^\varnothing$ nicht fassbar ist, dem aber alle Reaktionen zustreben. In dieser „Mulde" der freien Enthalpie liegt das Gleichgewicht. Von beiden Seiten der Reaktion kommend, ist die Reaktion daher exergon, und das Gleichgewicht stellt sich bei einer endlichen Reaktionsgeschwindigkeit ein.

1. Endprodukte besitzen die geringste freie Enthalpie
   ⇒ praktisch vollständig ablaufende Reaktion.

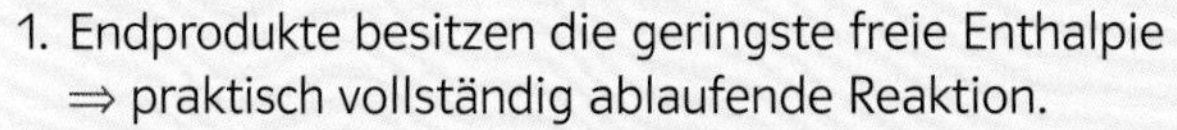

2. Minimum der freien Enthalpie liegt näher bei den Endprodukten
   ⇒ „rechts liegendes" Gleichgewicht.
3. Minimum der freien Enthalpie liegt näher bei den Ausgangsstoffen
   ⇒ „links liegendes" Gleichgewicht.

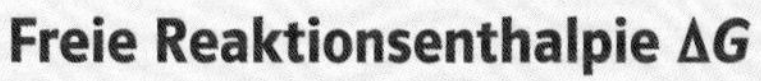

Freie Reaktionsenthalpie ΔG

Solange sich das Gleichgewicht noch nicht eingestellt hat, besteht eine freie Enthalpiedifferenz zwischen Momentanzustand und möglichem Endzustand. Diese Differenz ist von $\Delta G^\varnothing$ und den jeweiligen Konzentrationen abhängig:

$$\Delta G = \Delta G^\varnothing + R \cdot T \cdot \ln Q \quad (1)$$

Q, der Reaktionsquotient, wird wie das Massenwirkungsgesetz formuliert, enthält aber nicht die Gleichgewichtskonzentrationen, sondern die jeweiligen Momentankonzentrationen.

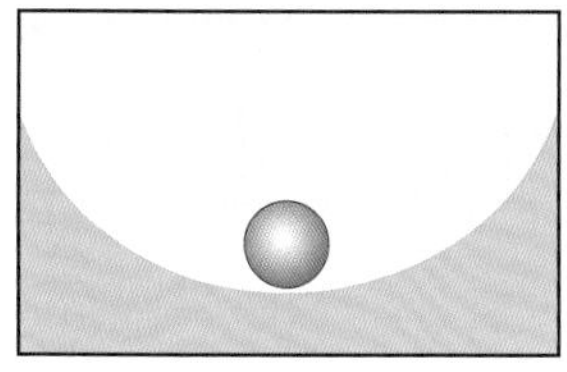

stabiles Gleichgewicht

Der Gleichgewichtszustand ⇒ ΔG = 0

Nach Einstellung des Gleichgewichtes wird $\Delta G^\varnothing = 0$ und $Q = K$, weil der Endzustand erreicht ist und sich die Gleichgewichtskonzentrationen eingestellt haben. Die Beziehung (1) lautet nun:

$$0 = \Delta G^\varnothing + R \cdot T \cdot \ln K \quad \Rightarrow \quad \ln K = -\Delta G^\varnothing / R \cdot T \quad \Rightarrow \quad K = e^{-\Delta G^\circ / R \cdot T}$$

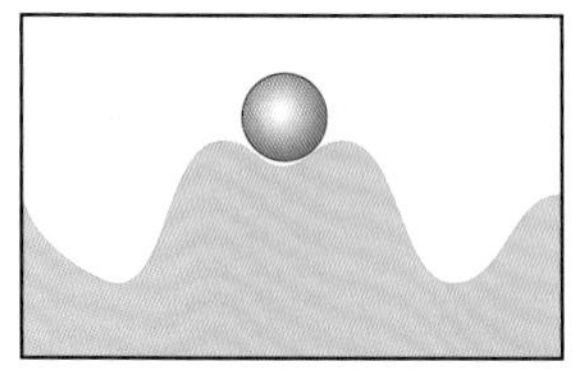

metastabiles Gleichgewicht

Diese Beziehung erlaubt nun die Berechnung von Gleichgewichtskonstanten aus Enthalpie- und Entropiemessungen.

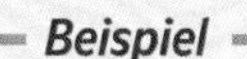

Beispiel

Ammoniaksynthese $3\,H_2 + N_2 \rightleftharpoons 2\,NH_3$

$\Delta H^\varnothing = -92{,}2$ kJ $\quad \Delta S^\varnothing = -0{,}201$ kJ/K $\quad \Delta G^\varnothing = -92{,}2 - 298 \cdot (-0{,}201) = -32{,}3$ kJ

$\ln K = -(-32300/8{,}314 \cdot 298) = 13{,}04 \quad \Rightarrow \quad K_{298\,K} = 4{,}59 \cdot 10^5$

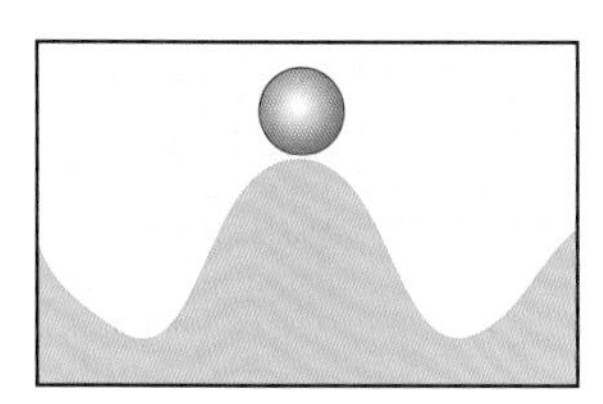

instabiles Gleichgewicht

Abb. 099-2: Gleichgewichtslagen

Stabiles System

Jedes System, das sich im Gleichgewicht befindet, bezeichnet man als stabiles System. Metastabile Systeme befinden sich nicht im Gleichgewicht; die Reaktion ist aber bei den herrschenden Bedingungen zu langsam, zB das System H_2 und O_2 bei Raumtemperatur. Metastabile Systeme können aktiviert werden und in stabile Systeme übergehen. Instabile Systeme befinden sich nicht im Gleichgewicht, sind aber auf dem Weg dorthin.

Ammoniaksynthese

Rohstoffe – Synthesegas – Haber-Bosch-Synthese

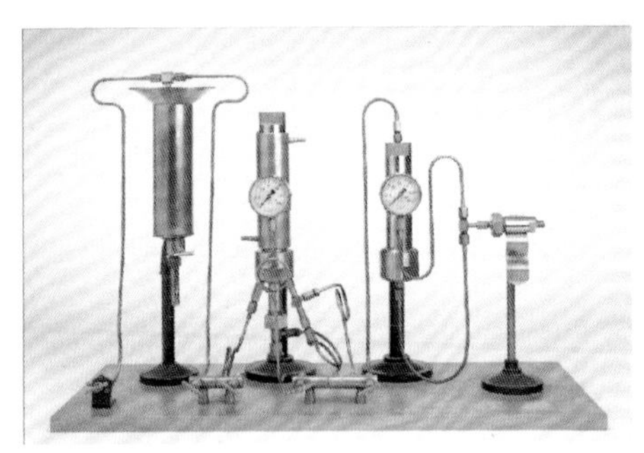

Abb. 100–1: Historische Ammoniak-Synthese-Apparatur

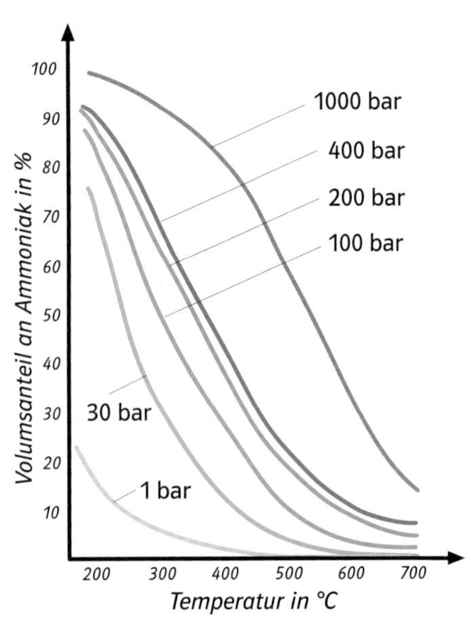

Abb. 100–2: Druck- und Temperaturabhängigkeit der Ammoniakausbeute

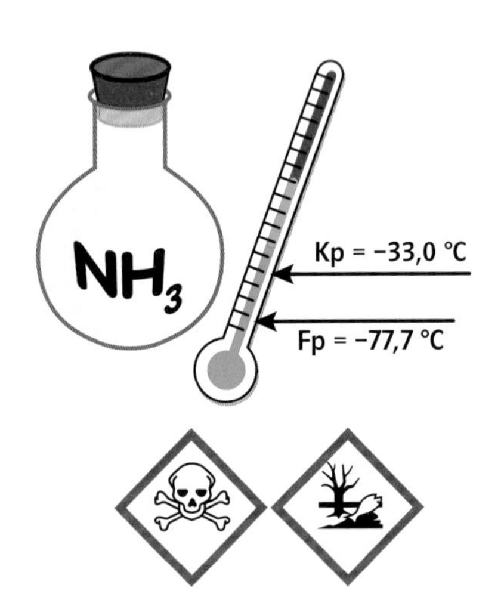

Abb. 100–3: Kenndaten von Ammoniak

Die Synthese von Ammoniak aus den Elementen wurde von Fritz Haber und Carl Bosch in Deutschland kurz vor Ausbruch des Ersten Weltkriegs entwickelt. Das Ziel damals war, ausgehend vom Luftstickstoff einen Zugang zu den Stickstoffverbindungen zu finden, um vom Import von Chilesalpeter (Natriumnitrat, $NaNO_3$) unabhängig zu sein. Die Produktion von Salpetersäure aus Ammoniak ermöglichte die Herstellung der kriegswichtigen Sprengstoffe. Ammoniak erwies sich dann als Schlüssel zu den Stickstoffdüngern, und man kann ohne Übertreibung sagen, als Basis der Welternährung. Die Entdeckung wurde 1918 mit dem Nobelpreis ausgezeichnet. Die weltweite Produktion von Ammoniak beträgt heute jährlich etwa 145 Mio. Tonnen.

Rohstoffe - Vorbereitung des Synthesegases

Die Rohstoffe für die Ammoniaksynthese sind heute fast ausschließlich Erdgas (CH_4) und Luft. Bis zur eigentlichen Ammoniaksynthese sind einige Reaktionen notwendig.

Erdgasspaltung - Gewinnung von H_2

$$CH_4 + H_2O \rightleftharpoons CO + 3\,H_2 \qquad \Delta H_R = +\,206{,}2\text{ kJ}$$

Das entschwefelte Erdgas wird mit Wasserdampf zur Reaktion gebracht. Diese Reaktion ist endotherm, dh., je höher die Temperatur ist, desto mehr verschiebt sich das Gleichgewicht in Richtung der Produkte. Die Reaktion erfolgt technisch in von außen beheizten Rohren bei etwa 800 °C. Dabei setzen sich etwa 90 % des Methans um.

Um das restliche Methan zu spalten, muss die Temperatur auf über 1000 °C gesteigert werden. Dies geschieht durch Zusatz von Luft, in der die brennbaren Gase des Gemisches stark exotherm verbrennen. Man führt so viel Luft zu, dass der Stickstoffgehalt des Gasgemisches für die Ammoniaksynthese ausreichend ist. Nun liegt ein Gasgemisch aus Wasserstoff, Stickstoff und Kohlenmonoxid vor.

Konvertierung – Entfernung von CO

$$CO + H_2O \rightleftharpoons CO_2 + H_2 \qquad \Delta H = -41{,}2\text{ kJ}$$

Kohlenmonoxid wird mit weiterem Wasserdampf umgesetzt. Diese schwach exotherme Reaktion muss nach dem Prinzip vom kleinsten Zwang bei möglichst tiefer Temperatur ablaufen. Man benötigt daher Katalysatoren. Die Reaktion nennt man „Konvertieren", da man für jedes Mol CO ein Mol H_2 erhält, also CO in H_2 „umwandelt". Das entstehende CO_2 wird vor dem nächsten Schritt abgetrennt.

Heißpottasche-Verfahren – Entfernung von CO_2

$$K_2CO_3 + H_2O + CO_2 \rightleftharpoons 2\,KHCO_3$$

Das entstandene Kohlenstoffdioxid wird in organischen Lösungsmitteln und heißer Kaliumcarbonat-Lösung gelöst und aus dem Gasgemisch entfernt.

Methanisierung – Entfernung der CO-Reste

$$CO + 3\,H_2 \rightleftharpoons CH_4 + H_2O \qquad \Delta H_R = -206{,}2\text{ kJ}$$

Aus dem nun prinzipiell für die Ammoniak-Synthese fertigen Gasgemisch müssen noch Reste von Kohlenstoffmonoxid entfernt werden, da diese bei der Ammoniaksynthese als Katalysatorgift wirken. Die Methanspuren beeinträchtigen die Katalysatoren der Ammoniaksynthese nur wenig.

Haber-Bosch-Synthese – Wahl der Reaktionsbedigungen

Nun erfolgt die Synthese des Ammoniaks, wie sie von Haber und Bosch entwickelt wurde. Sie ist bis heute, abgesehen von Detailverbesserungen, gleich geblieben.

$$N_2 + 3\,H_2 \rightleftharpoons 2\,NH_3 \qquad \Delta H_R = -92{,}2\text{ kJ}$$

Stickstoff (N_2) ist ein Molekül mit einer sehr großen Bindungsenergie. Dies ist der Grund für seine Reaktionsträgheit. Alle Reaktionen, bei denen elementarer Stickstoff beteiligt ist, benötigen eine hohe Aktivierungsenergie.

Temperatur: Bei tiefer Temperatur ist die Gleichgewichtslage der schwach exothermen Reaktion günstig, aber die Reaktion fast unendlich langsam. Bei hoher Temperatur, bei der die Reaktion rasch genug wäre, liegt das Gleichgewicht bei den Ausgangsstoffen.

Man benötigt also einen Katalysator. Mit den heute verwendeten Eisen-Katalysatoren kann man die Reaktionstemperatur auf 400 – 500 °C absenken, aber auch bei dieser Temperatur ist die Gleichgewichtslage noch ungünstig.

Druck: Dabei nützt man die Molzahländerung bei der Reaktion aus. Die Ausgangsstoffe (4 mol) haben nach dem Gesetz von Avogadro gegenüber den Produkten (2 mol) den doppelten Raumbedarf. Druckerhöhung verschiebt das Gleichgewicht nach dem Prinzip vom kleinsten Zwang zu den Produkten. In der Praxis arbeitet man heute mit Drucken von 150 – 250 bar.

Die Ammoniakausbeute beträgt bei modernen Anlagen 20 %.

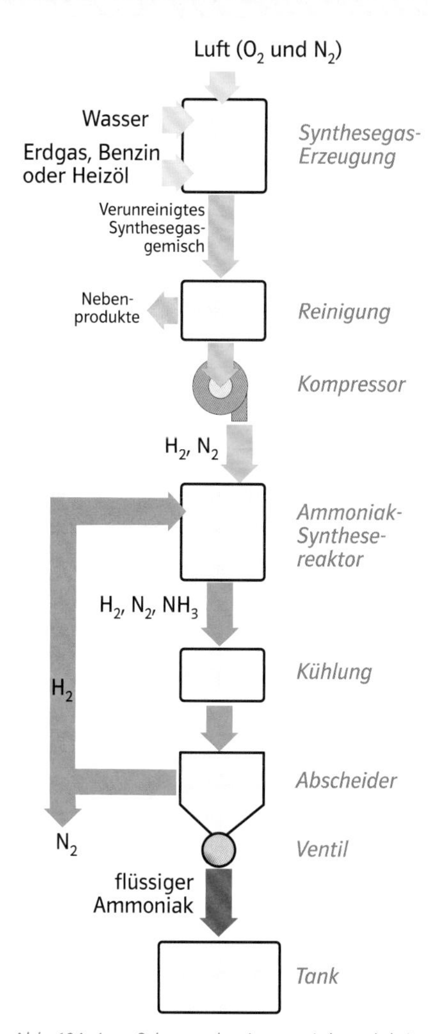

Abb. 101–1: Schema der Ammoniakproduktion

Haber-Bosch-Synthese – technische Umsetzung

Das N_2/H_2-Gasgemisch wird also auf Reaktionsdruck komprimiert und in einem röhrenförmigen Reaktor, der innen mit dem Katalysator belegt ist, zur Reaktion gebracht. Das Reaktionsrohr besteht aus wasserstoffbeständigem Cr-Ni-Stahl. Beim Durchgang durch den Reaktor erwärmt sich durch die exotherme Ammoniakbildung das Gasgemisch. Die Reaktionswärme wird anschließend in einem Dampfkessel verwertet.

Nun wird das Gasgemisch unter die kritische Temperatur des Ammoniaks abgekühlt. Durch den hohen Druck scheidet sich das sonst gasförmige Ammoniak flüssig ab.

Das Restgas kann nicht direkt wieder in den Reaktor eingeleitet werden, da es Spuren von Methan (aus der CO-Umwandlung) und Argon (aus der Luft) enthält. Diese Gase würden sich durch im Kreis Führen des Gasgemisches immer stärker konzentrieren.

Daher verwertet man nur den Wasserstoff. Dieser wird durch seine gute Diffusionsfähigkeit mit Hilfe einer Membran abgetrennt und im Prozess neuerlich eingesetzt. Stickstoff und Argon sind ein für die Atmosphäre unschädliches Abgas.

Verwendung von Ammoniak

Der größte Teil der Ammoniakweltproduktion wird zur Düngemittelherstellung verwendet. Durch Reaktion mit Salpetersäure, Schwefelsäure und Phosphorsäure werden die Stickstoffdünger Ammoniumnitrat, Ammoniumsulfat und Ammoniumhydrogenphosphat erzeugt.

Die Umsetzung von Ammoniak mit Kohlenstoffdioxid bei hohem Druck und anschließender Entwässerung führt zu Harnstoff ($H_2N\text{-}CO\text{-}NH_2$).

$$2\,NH_3 + CO_2 \rightleftharpoons H_2N\text{–}CO\text{–}NH_2 + H_2O$$

Harnstoff ist ebenfalls ein wichtiger Stickstoffdünger, dient aber auch als Ausgangsstoff zur Kunststofferzeugung. So reagieren Harnstoff und Formaldehyd zu einem Kunststoff der für Spanplatten verwendet wird (= Aminoplast).

Ein weiterer wichtiger Verwendungszweck von Ammoniak ist die Produktion von Salpetersäure, die selbst wieder eine der zentralen Grundstoffe in der chemischen Industrie ist (Kap. 5.8).

Auf Grund seiner Druckverflüssigbarkeit und seiner hohen Verdampfungswärme dient Ammoniak als Wärmeüberträger in technischen Kühlanlagen. In Haushaltskühlschränken wird er wegen seiner Giftigkeit nicht verwendet, hier sind die ungiftigen CFKs (Chlor-Fluor-Kohlenwasserstoffe, auch FCKWs genannt) im Einsatz, die aber eine Gefahr für die Ozonschicht der Atmosphäre darstellen. Deshalb müssen sie aus gebrauchten Kühlschränken entsorgt und wieder verwertet werden. Heute verwendet man zunehmend ozonunschädliche Ersatzstoffe wie zB Propan.

Als Ausgangsstoff zur Synthese organischer Stickstoffverbindungen werden große Mengen Ammoniak verbraucht. In Reinigungsmitteln kann Ammoniak als wässrige Lösung enthalten sein (Salmiakgeist).

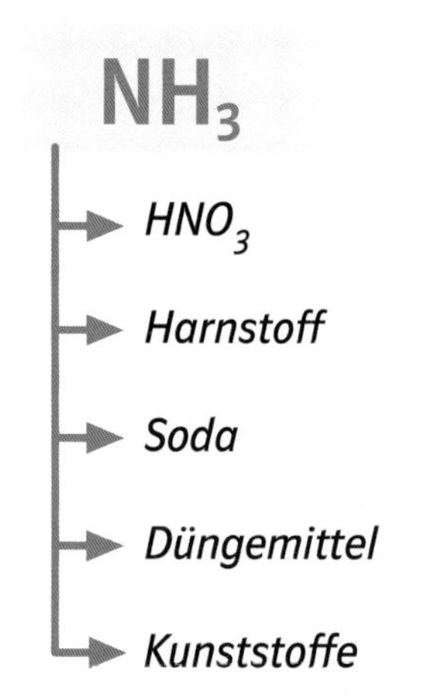

Abb. 101–2: Verwendung von Ammoniak

4.6 Die Löslichkeit von Salzen

Löslichkeitsprodukt – Löslichkeit

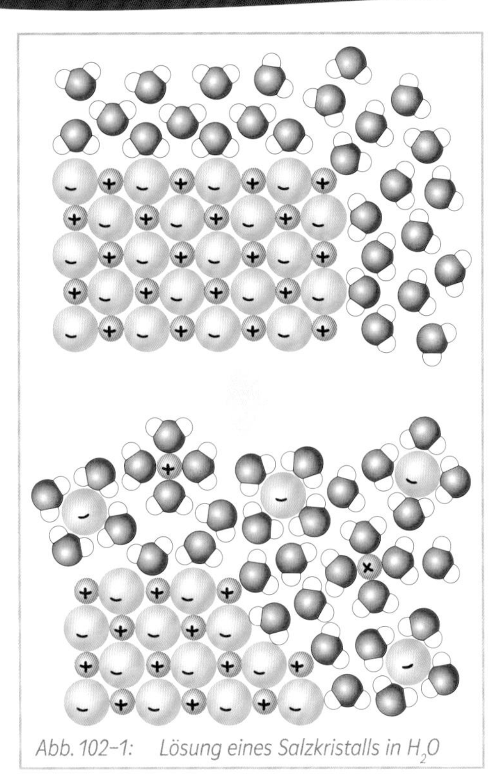

Abb. 102–1: Lösung eines Salzkristalls in H_2O

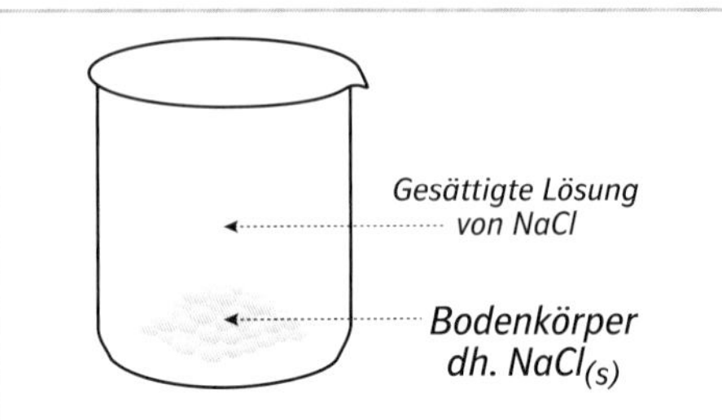

Abb. 102–2: Gesättigte Lösung mit Bodenkörper

Salz	K_L
AgCl	$2 \cdot 10^{-10}$
AgBr	$5 \cdot 10^{-13}$
$BaSO_4$	$1 \cdot 10^{-10}$
CaF_2	$3 \cdot 10^{-11}$
$Ca(OH)_2$	$4 \cdot 10^{-6}$
$CaSO_4 \cdot 2\,H_2O$	$2 \cdot 10^{-5}$
$PbCl_2$	$2 \cdot 10^{-5}$
$PbSO_4$	$2 \cdot 10^{-8}$

Abb. 102–3: Löslichkeitsprodukte von Salzen

Salz	Löslichkeit in g/L bei 20 °C
$Ca(OH)_2$	1,2
$CaSO_4 \cdot 2\,H_2O$	2,1
$PbCl_2$	10,8
$CuSO_4 \cdot 5\,H_2O$	209,0
Na_2CO_3	216,5
KNO_3	316,2
NaCl	358,8

Abb. 102–4: Löslichkeiten von Salzen

Das Lösen - eine Gleichgewichtsreaktion

Wird ein Salz in Wasser gegeben, so lagern sich an der Kristalloberfläche die polaren Wasser-Moleküle an. Ionen werden aus dem Gitter gelöst und mit einer Hydrathülle umgeben. (Siehe Abb. 54–2) Umgekehrt können, wie bei jeder Gleichgewichtsreaktion, hydratisierte Ionen unter Abgabe der Hydrathülle wieder in den Kristallverband eingebaut werden. Bringt man genug festes Salz in die Lösung ein, so entsteht ein Gleichgewichtszustand zwischen festem Salz – man spricht vom „Bodenkörper“– und den Ionen in Lösung. Eine solche Lösung nennt man gesättigte Lösung. Die Konzentrationen der Ionen in einer gesättigten Lösung sind von der Temperatur und der Art des Salzes abhängig. Das Gleichgewicht kann durch Wasserzugabe – es wird Salz in Lösung gehen – oder durch Wasserentzug – zB durch Verdunsten – gestört werden. Auch durch Zugabe einer am Gleichgewicht beteiligten Ionensorte wird das Gleichgewicht gestört, und es wird vermehrt Bodenkörper gebildet.

Das Löslichkeitsprodukt

Für ein einfaches Salz der Form AB (Kation und Anion besitzen den gleichen Ladungsbetrag) kann die Reaktion folgendermaßen formuliert werden:

$$AB_{(s)} \rightleftharpoons A^{x+} + B^{x-}$$

Die Konzentration der Ionen im Gleichgewicht ist von der Menge des festen Salzes unabhängig. Voraussetzung für das Entstehen einer gesättigten Lösung ist nur das Vorhandensein eines Bodenkörpers – ob das jetzt 2 mg oder 2 kg Bodenkörper sind, ist für die Gleichgewichtskonzentration der Ionen bedeutungslos. Aus diesem Grund werden auch heterogene (nicht gelöste) Feststoffe im Massenwirkungsgesetz als konstant betrachtet.

Die Gleichgewichtskonstante für Löslichkeitsreaktionen nennt man auch **Löslichkeitsprodukt K_{SP}**, weil hier nur das Produkt der Konzentrationen der Ionen (dh. der Endstoffe) eingeht.

$$K_{SP} = c_g(A^{x+}) \cdot c_g(B^{x-})$$

Im Anhang (Seite 316) sind die Löslichkeitsprodukte einiger Salze angegeben.

Die Löslichkeit

Aus dem Löslichkeitsprodukt lässt sich die Löslichkeit ***S*** in mol/L berechnen.

Beispiel

Berechnung der Löslichkeit von Silberchlorid: ($K_{SP} = 2 \cdot 10^{-10}$)

	$AgCl_{(s)}$	$\rightleftharpoons$	$Ag^+_{(aq)}$	+	$Cl^-_{(aq)}$
zu Beginn c_0:	bestimmte Menge		0		0
im Gleichgewicht c_g:	bestimmte Menge – x		x		x

$K_{SP} = c_g(Ag^+) \cdot c_g(Cl^-) = 2 \cdot 10^{-10}$ $\quad x = \sqrt{K_{SP}} = 1{,}4 \cdot 10^{-5}$

x ist dabei die Löslichkeit *S*. Das bedeutet, dass sich $1{,}4 \cdot 10^{-5}$ mol Silberchlorid in einem Liter gelöst haben.

Die Löslichkeit S^* in g/L erhält man durch Multiplikation der Löslichkeit *S* mit der Molmasse. ($S^* = M \cdot S$).

$S^* = 143{,}4 \cdot 1{,}4 \cdot 10^{-5} = 2 \cdot 10^{-3}$ g/L

Wie viel Gramm Silberchlorid lösen sich in 200 ml Wasser?

$S^*_{AgCl} = 2 \cdot 10^{-3}$ g/L $\Rightarrow$ m_{AgCl} in 0,2 L $= 0{,}2 \cdot 2 \cdot 10^{-3} = 4 \cdot 10^{-4}$ g

Silberchlorid ist ein schwer lösliches Salz. Löslichkeitsprodukte werden nur für schwerlösliche Salze formuliert.

Bei gut löslichen Salzen – wie zB Natriumchlorid (Kochsalz) – ist die Ionenkonzentration einer gesättigten Lösung so groß, dass die Beeinflussung der Ionen untereinander eine exakte mathematische Behandlung schwierig macht. Für leicht lösliche Salze wird daher die Löslichkeit zumeist direkt angegeben.

Gleichioniger Zusatz

Die Löslichkeit von Salzen kann durch Einbringen einer im Salz vorhandenen Ionensorte – gleichioniger Zusatz – verringert werden (Beeinflussung der Gleichgewichtslage). Beim Magenröntgen verwendet man als Kontrastmittel Bariumsulfat. Barium-Ionen sind für den Organismus schädlich. Um die Barium-Ionenkonzentration möglichst gering zu halten, stellt man eine Aufschlämmung von schwerlöslichem Bariumsulfat in einer Natriumsulfat-Lösung (Natriumsulfat ist gut löslich) her.

Übung 103.1

Löslichkeit

Berechne die Löslichkeit von Silberbromid in 1 Liter Wasser bzw. in 1 Liter NaBr-Lösung c = 0,1 mol/Liter!

Beispiel

Berechnung der Löslichkeit von Bariumsulfat: $K_{SP} = 10^{-10}$

a) in 1 Liter Wasser

$$BaSO_{4(s)} \rightleftharpoons Ba^{2+}_{(aq)} + SO_4{}^{2-}{}_{(aq)}$$

$$x = \sqrt{K_{SP}} = 10^{-5}\,mol/L \quad \Rightarrow \quad S(BaSO_4) = 233{,}4 \cdot 10^{-5} = 2{,}33 \cdot 10^{-3}\,g/L$$

b) in 1 Liter Natriumsulfat-Lösung mit c = 0,1 mol/Liter

$$BaSO_{4(s)} \rightleftharpoons Ba^{2+}_{(aq)} + SO_4{}^{2-}{}_{(aq)}$$

	$BaSO_{4(s)}$	$Ba^{2+}_{(aq)}$	$SO_4{}^{2-}{}_{(aq)}$
zu Beginn:	bestimmte Menge	0	0,1 (aus der Na_2SO_4-Lsg.)
im Glgw.:	bestimmte Menge – x	x	0,1 + x

$$K_{SP} = x \cdot (0{,}1 + x)$$

Diese quadratische Gleichung ist lösbar, doch kann der Vorgang vereinfacht werden. In reinem Wasser bildeten sich nur 10^{-5} mol Sulfat-Ionen; die Sulfat-Ionenkonzentration aus dem Bariumsulfat wird durch den gleichionigen Zusatz noch zurückgedrängt. Aus diesem Grund kann man x in der Summe gegenüber 0,1 vernachlässigen. Die obige Beziehung vereinfacht sich daher zu:

$$K_{SP} = 10^{-10} = 0{,}1 \cdot x \quad \Rightarrow \quad x = 10^{-9}\,mol/L$$

$m(BaSO_4)$ in 1 Liter Na_2SO_4-Lösung (c = 0,1 mol/Liter) = $2{,}33 \cdot 10^{-7}$ g/L.

Schüler-Experiment 4.2

Gleichioniger Zusatz

Schüler-Experiment 4.3

Fällungsreaktionen

Fällungsreaktionen

Durch Zusammengießen von Ionenlösungen leicht löslicher Salze können Ionenkombinationen eines schwer löslichen Salzes entstehen (Abb. 103–1). Ist das Löslichkeitsprodukt des Salzes überschritten, bildet sich ein Niederschlag („Fällung"). Fällungsreaktionen spielen bei der Abwasserreinigung eine große Rolle. Schädliche Ionen (zB Phosphate) können durch Zugabe von Salzen (zB $FeCl_3$) als abtrennbarer Niederschlag gebunden werden.

Bei der qualitativen Analyse von Salz-Lösungen ist der erste Schritt zumeist eine Fällungsreaktion. Alle Silberhalogenide sind schwer löslich. Vermutet man Halogenide in einer Lösung, kann durch Zugabe einer Silbernitrat-Lösung ($AgNO_3$ ist leicht löslich) die Vermutung bei einer Niederschlagsbildung erhärtet werden. Um eindeutige Aussagen zu erhalten, muss man noch weitere Schritte anschließen, da es noch andere schwer lösliche Silbersalze gibt (Abb. 103–2).

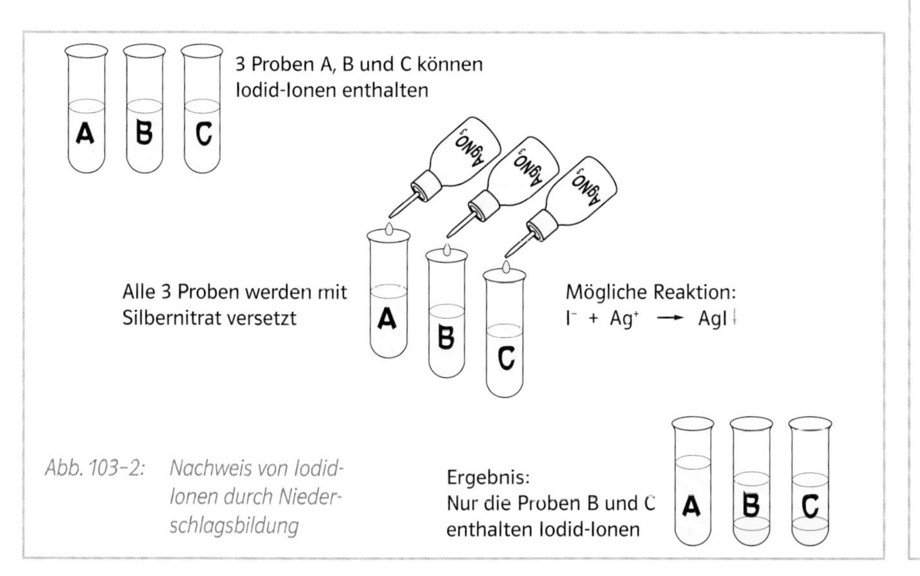

Abb. 103–2: Nachweis von Iodid-Ionen durch Niederschlagsbildung

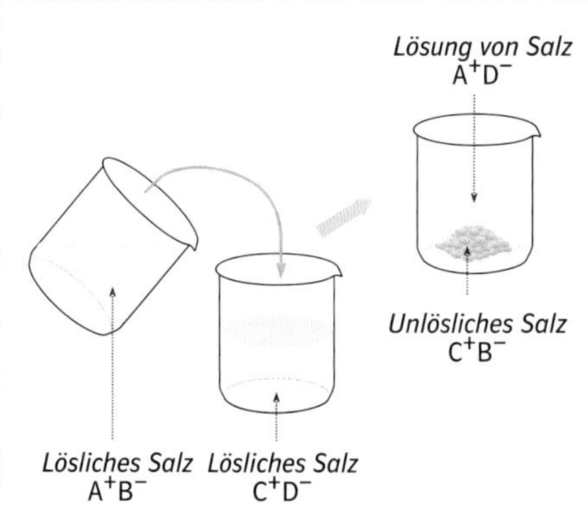

10 mL NaCl-Lösung (c = 0,2 mol/L) und 10 mL $AgNO_3$-Lösung (c = 0,2 mol/L) werden vermischt. Bildet sich ein Niederschlag von AgCl ($K_{SP} = 2 \cdot 10^{-10}$)?

Lösung 20 mL:

$c(Ag^+) = 0{,}2/2 = 0{,}1$ mol/L

$c(Cl^-) = 0{,}2/2 = 0{,}1$ mol/L

$c(Ag^+) \cdot c(Cl^-) = 0{,}01$

$0{,}01 > 2 \cdot 10^{-10}$

⇨ Daher bildet sich ein Niederschlag von AgCl!

Abb. 103–1: Bildung eines Niederschlags

4.7 Komplexe

Zentralteilchen – Liganden – Mehrzähnigkeit

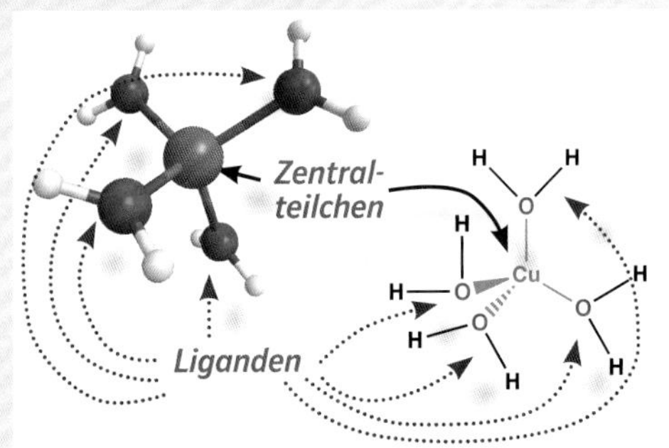

Abb. 104–1: Aufbau eines Komplexes

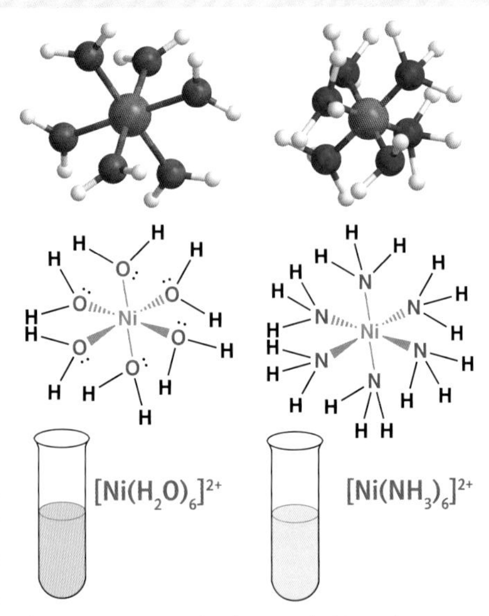

Abb. 104–2: Verschiedene Nickel-Komplexe

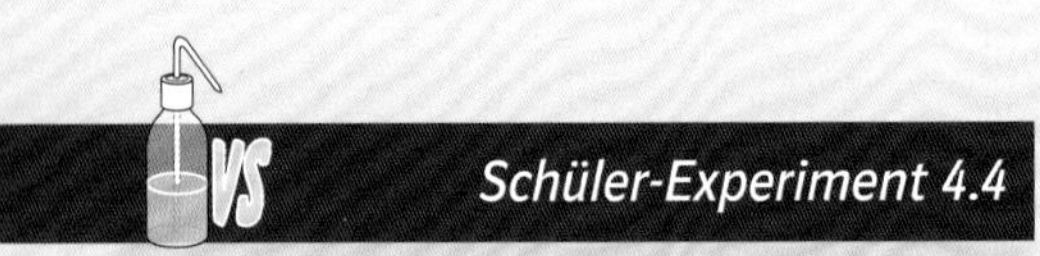

Synthese einer Komplexverbindung

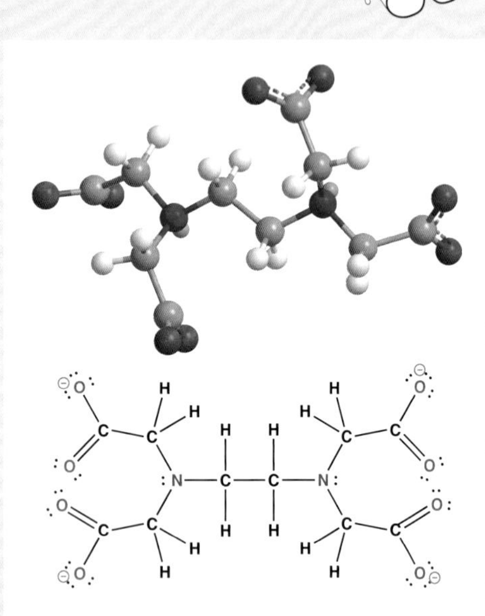
Abb. 104–3: Strukturformel von EDTA

Der Schweizer Chemiker Alfred Werner (1866-1919) begründete die Komplexchemie und erhielt dafür 1913 den Nobelpreis für Chemie. Komplexverbindungen zeichnen sich häufig durch eine besondere Farbenpracht aus.

Grundlagen

Bei Komplexverbindungen (von lat. complexus Umarmung) ist ein **Zentralatom** bzw. **Zentralion** von einem oder mehreren sogenannten Liganden umgeben. Die Liganden und das Zentralatom sind mit einer koordinativen Bindung miteinander verknüpft. Die Zahl der koordinativen Bindungen wird auch Koordinationszahl des Komplexes genannt.

Formel und Benennung

Komplexe haben eine eigene Schreibweise und auch eine eigene Benennung. Folgende Regeln gelten für die Schreibweise:

- ⇨ zuerst das Kation, dann das Anion
- ⇨ die Komplexsphäre (Zentralatom und Liganden) in eckigen Klammern
- ⇨ innerhalb der eckigen Klammern wird zuerst das Zentralatom angeschrieben und dann die Liganden

Beispiele

#1 **$[Cr(H_2O)_6]Cl_3$** … Der Komplex $[Cr(H_2O)_6]^{3+}$ hat Cr^{3+} als Zentralatom, das von 6 H_2O-Liganden umgeben ist. Der Komplex ist dreifach positiv geladen und benötigt daher 3 Cl^--Ionen zum Ladungsausgleich. Der Name dieser Verbindung ist Hexaaquacobalt(III)-chlorid

#2 **$K_2[PtCl_6]$** … Der Komplex $[PtCl_6]^{2-}$ besitzt ein Pt^{4+}-Ion als Zentralteilchen, das von 6 Cl^--Ionen als Liganden umgeben ist. Der Komplex ist zweifach negativ geladen und benötigt daher zum Ladungsausgleich zwei K^+-Ionen. Der Name dieser Verbindung ist Kaliumhexachloridoplatinat(IV).

Bei der Benennung wird zuerst der kationische und dann der anionische Anteil des Komplexes genannt. Beim Komplex werden zuerst die Liganden genannt (mit einem griechischen Zahlwort, in unseren Beispielen „hexa" für sechs) und dann das Zentralatom. Die Ladung des Zentralatoms wird mit römischen Zahlen angegeben. Bei anionischen (= negativ geladenen) Komplexen (zB $[PtCl_6]^{2-}$) trägt das Zentralatom zusätzlich die Endung -at.

Wichtige Liganden: H_2O (aqua), NH_3 (ammin), Cl^- (chloro), CN^- (cyano)

Mehrzähnige Liganden

Die bisher besprochenen Liganden können nur jeweils eine koordinative Bindung mit dem Zentralatom eingehen (einzähnige Liganden). Es gibt allerdings auch Liganden, die mehrere Elektronenpaare für die Bindung zum Zentralatom zur Verfügung stellen können. Diese Liganden nennt man mehrzähnige Liganden. Sie legen sich um das Zentralatom und die gebildeten Komplexe werden Chelate genannt (griech. chele Krebsschere).

Beispiele

Name	*Formel*	*Kurzbezeichnung*	*Zähnigkeit*
Ethylendiamin	$NH_2-CH_2-CH_2-NH_2$	„en"	zweizähnig
Ethylendiamintetraacetat	siehe Abb. 104–3	EDTA	sechszähnig

Verwendung

Viele natürliche Farbstoffe sind Komplexverbindungen, so zum Beispiel der rote Blutfarbstoff Hämoglobin (Zentralatom Eisen) oder der grüne Pflanzenfarbstoff Chlorophyll (Zentralatom Magnesium). Komplexbildner werden in modernen Waschmitteln zur Enthärtung des Wassers eingesetzt sowie als Lebensmittelzusatzstoffe zur Konservierung. EDTA findet in der analytischen Chemie bei der Komplextitration zur Bestimmung der Wasserhärte ihre Verwendung.

Kapitel 4 - kompakt

Reaktionen und Gleichgewicht

Alle chemischen Reaktionen streben einem Gleichgewichtszustand zu.

Es gibt Reaktionen **E**(dukte) → **P**(rodukte) die:

- De facto nicht ablaufen 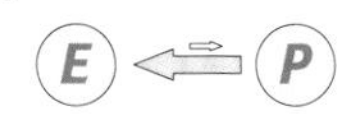
- De facto zu 100 % ablaufen ⇒ Irreversible Reaktionen 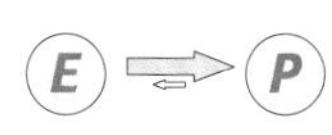
- Zwischen 0 und 100 % ablaufen ⇒ Reversible Reaktionen oder „echte Gleichgewichtsreaktionen“. 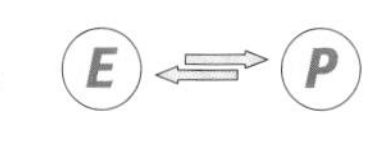

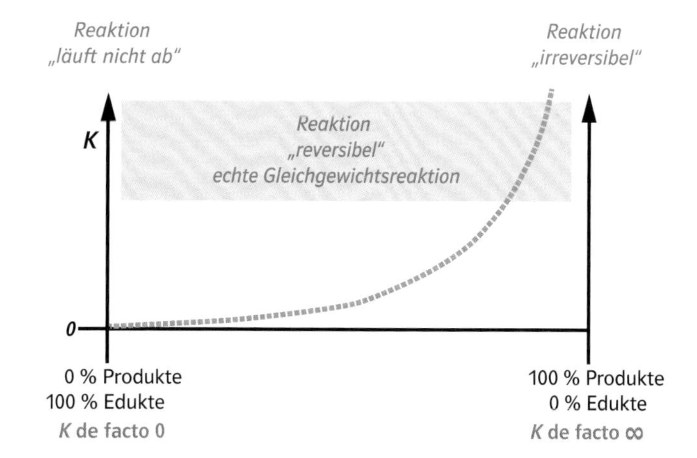

Das Massenwirkungsgesetz (MWG)

- wurde erstellt im Jahre 1867 von C. M. Guldberg und P. Waage
- macht eine Aussage über die Konzentrationen aller an der Reaktion beteiligten Stoffe einer reversiblen Reaktion
- den Quotient aus Konzentrationen der Produkte durch die Konzentration der Edukte nennt man Gleichgewichtskonstante

Reaktionsgleichung:

$$x\,A + y\,B \rightleftharpoons u\,D + v\,E$$

Massenwirkungsgesetz:

$$K = \frac{c_g(D)^u \cdot c_g(E)^v}{c_g(A)^x \cdot c_g(B)^y} \quad \textit{bzw.} \quad K = \frac{[D]^u \cdot [E]^v}{[A]^x \cdot [B]^y}$$

Die Gleichgewichtskonstante *K*

- gibt das Verhältnis von E und P im „Endzustand“ der Reaktion an
- macht keine Aussage über die Reaktionsgeschwindigkeit „*v*“
- ist abhängig von der Temperatur

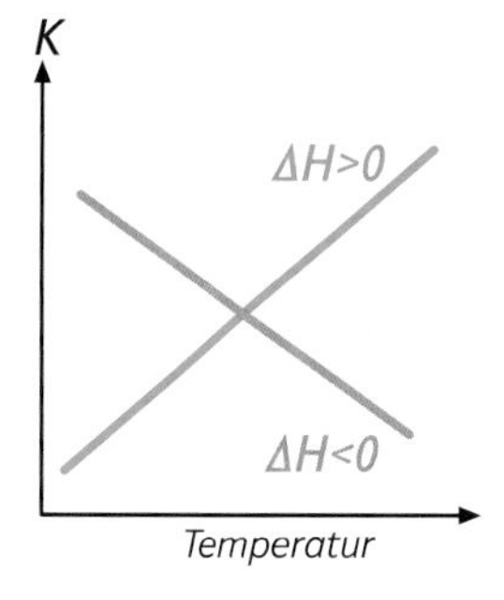

Die Beeinflussung des Gleichgewichtes

Druckerhöhung

- $V_E = V_P$ ⇒ E ⇄ P
- $V_E > V_P$ ⇒ E → P
- $V_E < V_P$ ⇒ E ← P

Konzentrationsänderung

E ⇄ P ⇒ + E ⇒ E → P

⇒ − P ⇒ E → P

Temperaturänderung

⇒ $\Delta H > 0$ ⇒ $T\uparrow$ ⇒ E → P

⇒ $\Delta H < 0$ ⇒ $T\downarrow$ ⇒ E → P

Beispiel:

$$2\,A_{(s)} + X_{2\,(g)} \rightleftharpoons 2\,AX_{(g)}$$

$\Delta H < 0$ (dh. Reaktion exotherm)

Um eine Verschiebung des Gleichgewichtes in Richtung Produkte zu erreichen muss man:

1. den Druck erniedrigen, da $V_E < V_P$
2. A und X_2 zuführen und/oder AX entfernen
3. Die Reaktion kühlen, da sie exotherm ist und damit die Gleichgewichtskonstante wächst.

f4e9f8

Sicher und kompetent zur Matura

Was ich aus dem Kapitel für eine erfolgreiche Matura benötige!

1. Wichtige Begriffe, die ich aus diesem Kapitel kenne, definieren kann und im Sinne einer Fachsprache richtig einsetze:

- *Ausgangskonzentration*
- *chemisches Gleichgewicht*
- *dynamisches Gleichgewicht*
- *Fällung*
- *Gleichgewichtskonstante K*
- *Gleichgewichtskonzentration*
- *Gleichgewichtspfeil*
- *gleichioniger Zusatz*
- *Hinreaktion*
- *irreversibel*
- *Komplex*
- *Löslichkeit L*
- *Löslichkeitsprodukt K_L*
- *Massenwirkungsgesetz*
- *Prinzip von Le Chatelier*
- *Reaktionsquotient*
- *reversible Reaktion*
- *Rückreaktion*
- *Zentralatom*

2. Fähigkeiten und Fertigkeiten, die ich aus diesem Kapitel anwenden kann:

Ich kann:

- *Ich kann zu einem vorgegeben Reaktionsverlauf (vollständig ablaufende, nicht ablaufende und reversible Reaktion) ein Konzentrations-Reaktionsverlauf-Diagramm zeichnen und interpretieren (siehe Abb. 92–1 bis 92–3).*
- *Ich verstehe, was mit dem Begriff „dynamisches Gleichgewicht" gemeint ist.*
- *Ich kann das Massenwirkungsgesetz für beliebige Reaktionen aufstellen (siehe Übung 94.1).*
- *Ich kann aufgrund der Größe der Gleichgewichtskonstante K Aussagen über eine Reaktion machen .*
- *Ich kann beurteilen, wie sich Änderungen des Drucks, der Temperatur und der Konzentration auf die Gleichgewichtslage einer Reaktion auswirken (siehe Übungen 97.1 – 97.4).*
- *Ich kenne den Zusammenhang zwischen der freien Enthalpie und dem chemischen Gleichgewicht.*
- *Ich kenne die einzelnen Reaktionsschritte der Ammoniaksynthese nach Haber-Bosch und kann Bedingungen für eine optimale Ausbeute nennen.*
- *Ich kann das Löslichkeitsprodukt K_L einer Löslichkeitsreaktion aufstellen und beurteilen.*
- *Ich kann die Löslichkeit aus dem Löslichkeitsprodukt berechnen (siehe Beispiel S. 102, Übung 103.1).*
- *Ich verstehe den Aufbau von Komplexen, deren Formelschreibweise und Benennung.*

5 Säure-Base-Reaktion

Essig als Würzmittel ist der Menschheit etwa so lange bekannt wie Alkohol. Alkoholische Getränke werden essigsauer, wenn man sie offen stehenlässt. Essigbakterien oxidieren dabei Alkohol zu Essigsäure. In Mesopotamien wurde Essig als „saures Bier" bezeichnet. Römische Legionäre tranken mit Essig versetztes Wasser. Dies war eine Desinfektionsmethode für sonst ungenießbares Trinkwasser. Auch der lateinische Name für Säure (acidum) ist mit dem von Essig (acetum) verwandt, abgeleitet von acer (scharf, stechend).

Essigerzeugung
in vorindustrieller Zeit

Antoine Lavoisier
(1743–1794)

Lange Zeit waren Essig und Fruchtsäuren die einzig bekannten Säuren. Gemeinsam sind den Säuren der saure Geschmack, das Aufschäumen bei Kontakt mit Kalk und die Reaktion mit Metallen. Die Alchemisten entdeckten ab dem 13. Jahrhundert die Herstellungsmethoden für eine Reihe weiterer Säuren, wie Salpetersäure und im 16. Jahrhundert Schwefelsäure und Salzsäure, die man später als Mineralsäuren (anorganische Säuren) bezeichnete.

Der Begriff Base wurde ab dem 17. Jahrhundert verwendet. Basen „fixieren" die flüchtigen Säuren und heben ihre ätzende Wirkung auf. Im 18. Jahrhundert erstellte der Franzose Antoine Laurent de Lavoisier (1743 – 1794) eine erste Definition von Säuren und Basen. Er beschäftigte sich mit dem Element Sauerstoff, das 1771 vom Deutschen Carl Wilhelm Scheele entdeckt wurde, und erkannte seine grundlegende Bedeutung für Verbrennungsvorgänge. Er nahm an, dass der Sauerstoff auch für das saure Verhalten verantwortlich ist. Nach seiner Theorie entstehen Säuren aus Nichtmetalloxiden und Wasser, Basen aus Metalloxiden und Wasser. Auch der von Lavoisier vorgeschlagene Name für Sauerstoff (Oxygenium, O) griech. oxys scharf sauer und der griech. Wortstamm gen erzeugen, gebären, also der Säureerzeuger, leitet sich aus dieser Vorstellung ab.

Justus von Liebig
(1803–1873)

Der Deutsche Justus von Liebig (1803 – 1873) erkannte die Bedeutung des Elements Wasserstoff in den Säuren. Er definierte Säuren als Wasserstoffverbindungen, die durch Metalle in Salze übergeführt werden können.

Auch die folgenden Säure-Base-Theorien nach Arrhenius und nach Brønsted stellen den Wasserstoff in den Mittelpunkt der Betrachtungen.

Svante Arrhenius
(1859–1927)

So besehen, sollte eigentlich das Element Wasserstoff als Sauerstoff bezeichnet werden. Umgekehrt könnte der Sauerstoff durchaus Wasserstoff genannt werden, immerhin bildet er etwa 89 % der Masse des Wassermoleküls. Natürlich hat man aber die historisch gewachsenen Namen beibehalten.

5.1 Grunddefinitionen nach Brønsted

Säure – Base – Ampholyte – Protolysereaktion

Abb. 108-1: Johannes Brønsted (1879–1947)

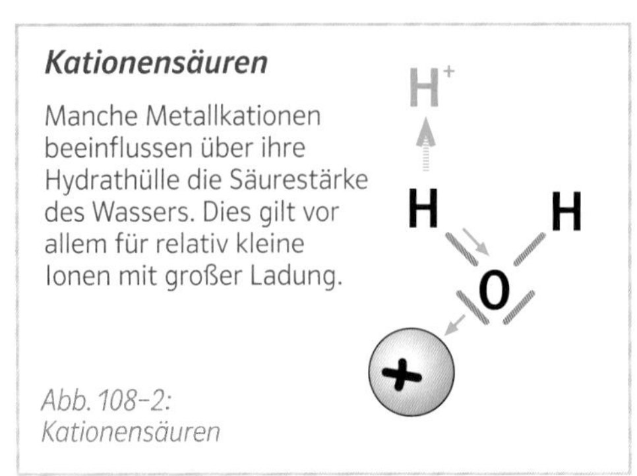

Abb. 108-2: Kationensäuren

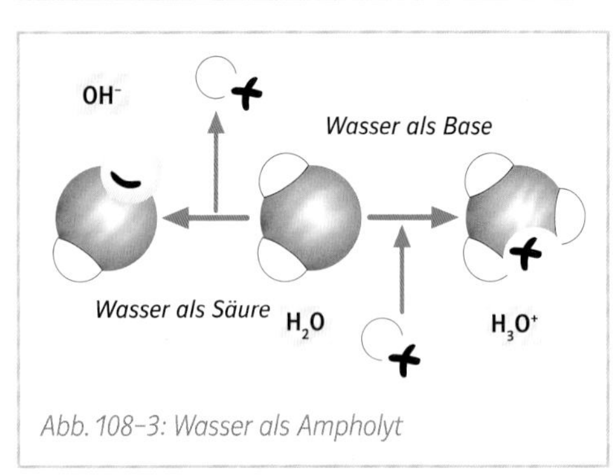

Abb. 108-3: Wasser als Ampholyt

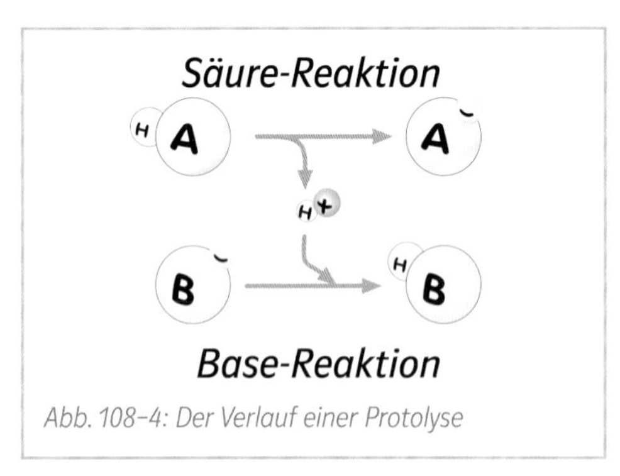

Abb. 108-4: Der Verlauf einer Protolyse

Laugen

Ionische Verbindungen mit Alkali- bzw. Erdalkali-Kationen (dh. Na^+, K^+ bzw. Mg^{2+}, Ca^{2+}, Ba^{2+}) als Kation, und der Base OH^- (Hydroxid-Ion) als Anion, sind in Wasser mehr oder minder gut löslich. Dabei wird das OH^--Ion nicht erst bei einer Reaktion mit Wasser gebildet, sondern es gelangt durch die Auflösung des Hydroxids ins Wasser. Lösungen, die auf diese Weise entstehen, heißen Laugen. Sie sind stark basisch!

Der Schwede Svante Arrhenius entwickelte 1887 erstmalig eine zusammenhängende Theorie der Säuren und Basen, die weitgehend mit experimentellen Ergebnissen übereinstimmte. Seine Theorie enthielt noch einige Mängel und wurde 1923 vom Dänen Johannes Brønsted zur Säure-Base-Theorie weiterentwickelt, die in diesem Buch vorgestellt wird.

Das entscheidende Teilchen bei Säure-Base-Reaktionen ist das H^+-Ion (Proton).

Säuren

Säuren sind Protonenspender („Protonen-Donatoren"), dh. im Prinzip alle Stoffe, die Wasserstoff enthalten. Als allgemeine Formel für Säuren verwendet man daher das Symbol **HA**.

Metallkationen können über ihre Hydrathülle ebenfalls als Säure wirken. Dieser Effekt ist aber nur bei relativ kleinen Kationen mit einer großen Ionenladung von Bedeutung (zB: Fe^{3+}, Al^{3+})

Beispiele für Säuren: HCl, HNO_3, H_2SO_4, HSO_4^-, H_2O, NH_4^+, CH_3COOH

Basen

Basen sind Protonenempfänger („Protonen-Akzeptoren"). Voraussetzung für eine Base ist die Fähigkeit, Protonen zu binden. Daher sind Basen entweder Anionen oder Stoffe, die ein nicht bindendes (= freies) Elektronenpaar besitzen (zB H_2O und NH_3). Dieses befähigt sie, ein H^+-Ion aufzunehmen. Als allgemeine Bezeichnung für Basen verwendet man das Symbol **B^-** oder **B**.

Beispiele für Basen: HSO_4^-, OH^-, NH_3, CH_3NH_2, O^{2-}

Ampholyte

Viele Stoffe können sowohl die Funktion einer Säure wie auch die einer Base ausüben. Diese Stoffe bezeichnet man als Ampholyte. Ob ein Ampholyt als Säure oder Base reagiert, hängt vom Reaktionspartner ab.

Beispiele für Ampholyte: HSO_4^-, H_2O, $H_2PO_4^-$,

Protolysereaktion

Bei einer Säure-Base-Reaktion wird immer ein Proton von einer Säure auf die Base übertragen. Diese Reaktion bezeichnet man daher als **Protolyse** (Protonenübertragung). Für eine Protolyse-Reaktion sind immer beide Reaktionspartner nötig. Nie kann eine Säure ein Proton abgeben, ohne dass dieses sofort an eine Base gebunden wird.

Freie Protonen sind im materieerfüllten Raum auf Grund ihrer großen Ladungsdichte nicht möglich. Jede Protolyse kann folgendermaßen formuliert werden:

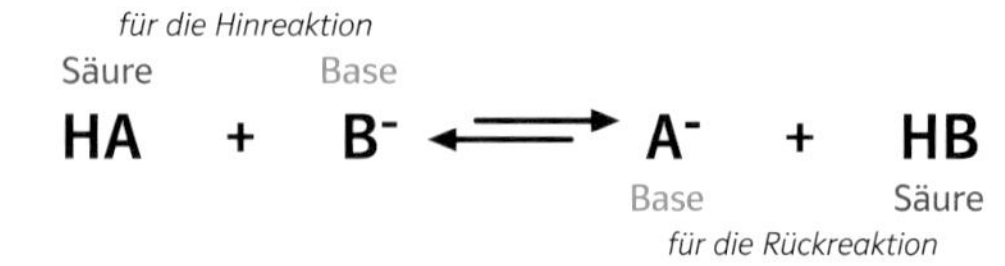

Alle Säure-Base-Reaktionen führen zu einem sich rasch einstellenden Gleichgewicht.

Konjugiertes Säure-Basen-Paar

Aus der Säure HA entsteht durch Protonenabgabe eine Base A^- und aus der Base B^- die Säure HB. Jede Säure besitzt daher eine ganz bestimmte, ihr zugehörige Base. Ein solches zusammengehöriges Säure-Base-Paar bezeichnet man als konjugiert.

Weitere konjugierte SB-Paare:
Säure und Base unterscheiden sich nur durch ein H^+-Ion und dadurch auch in der Ladung

H_2SO_4	HSO_4^-	H_2O	H_3O^+	NH_3	OH^-	*Säuren*
HSO_4^-	SO_4^{2-}	OH^-	H_2O	NH_2^-	O^{2-}	*Basen*

Beispiele für Protolyse-Reaktionen

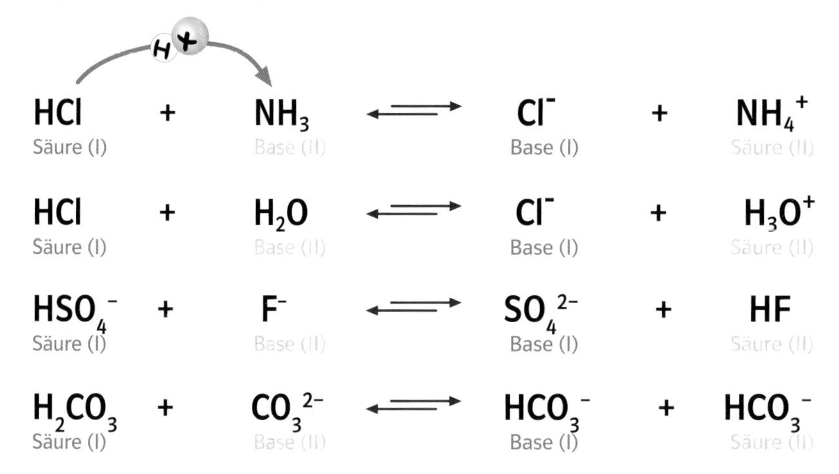

Gültigkeit der Brønsted-Theorie

Die Brønsted-Theorie ist auf wässrige und nicht wässrige Systeme anwendbar. Da aber sehr viele Reaktionen in der Natur in wässriger Lösung verlaufen, erfolgt in diesem Buch eine Beschränkung auf verdünnte wässrige Lösungen.

Wasser – Lösungsmittel und Reaktionspartner

Wasser spielt eine zentrale Rolle bei Protolysenreaktionen. Wasser ist entweder nur Lösungsmittel oder Lösungsmittel und Reaktionspartner.

$HSO_{4\,(aq)}^- + F^-_{(aq)} \rightleftharpoons SO_{4\,(aq)}^{2-} + HF_{(aq)}$

$HSO_{4\,(aq)}^- + H_2O \rightleftharpoons SO_{4\,(aq)}^{2-} + H_3O^+_{(aq)}$

Die Kennzeichnung mit (aq) entfällt (leider) meistens.

Die Wasserkonzentration von 55,56 mol/Liter (siehe Info-kasten) ist im Vergleich zu den geringen Säure- bzw. Basenkonzentrationen sehr groß. Auch wenn Wasser an einer Reaktion beteiligt ist, kann die Änderung vernachlässigt werden.

Die Wassermoleküle unterliegen einer **Autoprotolysereaktion** (= Säure-Basen-Reaktion der Wassermoleküle untereinander).

Sie findet in jeder wässrigen Lösung statt. Das Ausmaß dieser Autoprotolysereaktion ist – wie aus dem Alltag – bekannt, nicht sehr groß. Das Gleichgewicht liegt hier bei den Ausgangsstoffen.

Die Reaktion lässt sich aber auch experimentell feststellen. Reinstes Wasser hat eine – wenn auch sehr geringe – elektrische Leitfähigkeit, die auf die bei der Autoprotolyse entstehenden Ionen zurückzuführen ist.

Die Stärke von Säuren und Basen

Zur Beurteilung der Gleichgewichtslage von Protolysereaktionen benötigt man mehr Informationen über die beteiligten Säuren und Basen. Das entscheidende Merkmal ist die Stärke, die die Reaktionsfreudigkeit der Stoffe angibt.

Eine Säure ist stark, wenn die Tendenz zur Protonenabgabe groß ist, dh., wenn sie das Proton nicht sehr fest gebunden hat. Gibt eine solche Säure ihr Proton ab, so wird sie zu einer schwachen Base mit geringer Tendenz zur Protonenaufnahme.

Je stärker eine Säure ist, desto schwächer ist ihre konjugierte Base.

Für Basen gilt analog dasselbe. Eine starke Base hat eine schwache konjugierte Säure.

Reagieren in einer Protolyse-Reaktion eine starke Säure und eine starke Base, so entstehen eine schwache Säure und eine schwache Base. Solche Reaktionen verlaufen weitgehend vollständig, dh., das Gleichgewicht der Reaktion liegt stark auf der Seite der Produkte.

Es reagiert immer die stärkste Säure mit der stärksten Base. **Das Gleichgewicht einer Protolyse-Reaktion liegt immer auf der Seite der schwächeren Säure und schwächeren Base.**

Übungen 109.1 bis 109.2

1. Ergänze folgende Protolysenreaktionen (Säure immer links):
   a) $HNO_3 + HCO_3^- \rightleftharpoons$
   b) $HBr + NH_3 \rightleftharpoons$
   c) $H_2PO_4^- + CN^- \rightleftharpoons$
2. Formuliere die folgenden Protolysenreaktionen
   a) Flusssäure reagiert mit Ammoniak
   b) Perchlorsäure reagiert mit Hydrogenphosphat
   c) Salzsäure reagiert mit Hydrogencarbonat

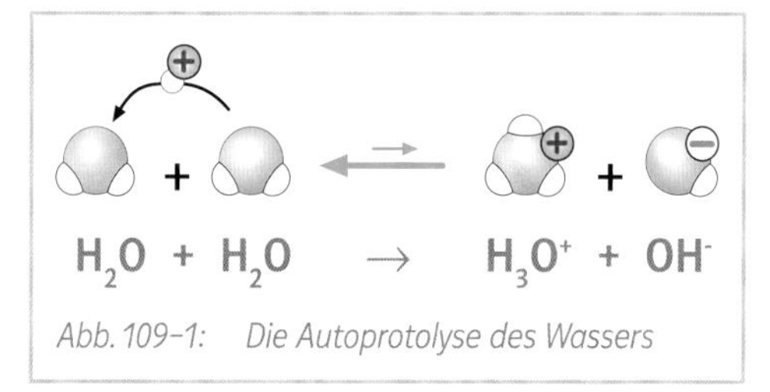

Abb. 109-1: Die Autoprotolyse des Wassers

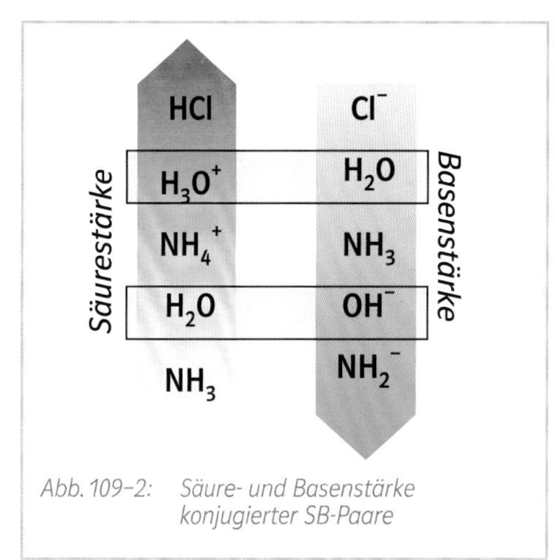

Abb. 109-2: Säure- und Basenstärke konjugierter SB-Paare

Abb. 109-3: Gleichgewichtslage bei Säure-Base-Reaktionen

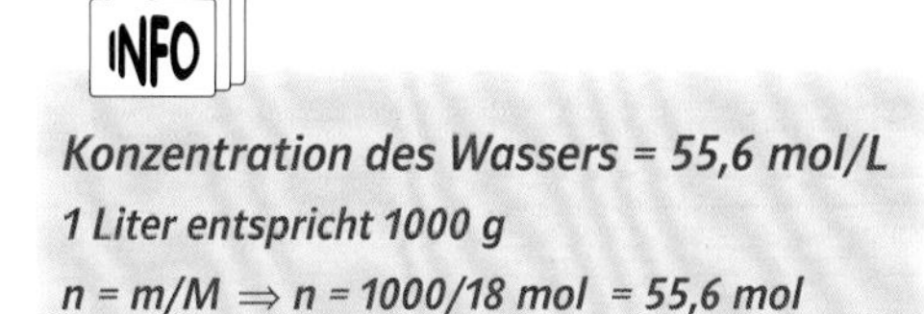

INFO

Konzentration des Wassers = 55,6 mol/L

1 Liter entspricht 1000 g

n = m/M ⇒ n = 1000/18 mol = 55,6 mol

5.2 Stärke von Säuren und Basen – quantitativ

Säurekonstante – Basenkonstante – Ionenprodukt des Wassers – p-Werte (pK_A, pK_B, pK_W)

$$HCl + H_2O \rightleftharpoons H_3O^+ + Cl^-$$

$$K_A = \frac{[H_3O^+] \cdot [Cl^-]}{[HCl]} = 10^6$$

Abb. 110–1: Säurekonstante einer starken Säure

$$CH_3COOH + H_2O \rightleftharpoons H_3O^+ + CH_3COO^-$$

$$K_A = \frac{[H_3O^+] \cdot [CH_3COO^-]}{[CH_3COOH]} = 1{,}78 \cdot 10^{-5}$$

Abb. 110–2: Säurekonstante einer schwachen Säure

$$NH_3 + H_2O \rightleftharpoons NH_4^+ + OH^-$$

$$K_B = \frac{[OH^-] \cdot [NH_4^+]}{[NH_3]} = 1{,}62 \cdot 10^{-5}$$

Abb. 110–3: Basenkonstante einer schwachen Base

Übungen 110.1 bis 110.2

1. Formuliere K_A bzw. K_B für folgende Stoffe.
   a) CN^- b) HF   c) HCO_3^-
2. Berechne:
   a) pK_A aus $K_A = 4{,}23 \cdot 10^{-10}$
   b) K_B aus $pK_B = 10{,}25$

Der dekadische Logarithmus
Er ist der Logarithmus zur Basis 10. Die übliche Abkürzung ist lg (machmal aber auch log). Mit Hilfe des Taschenrechners ist einfach von der Gleichgewichtskonstante auf den entsprechenden pK-Wert zu schließen.
ZB $K_A = 1{,}78 \cdot 10^{-4} \Rightarrow pK_A = 4{,}75$

Die Säurekonstante K_A

Um die Stärke von Säuren untereinander vergleichen zu können, lässt man alle Säuren mit Wasser reagieren und bestimmt jeweils die Gleichgewichtskonstante der Reaktion. Je größer diese ist, desto besser ist die Reaktion verlaufen und desto stärker ist die entsprechende Säure.

$$HA + H_2O \rightleftharpoons A^- + H_3O^+$$

Durch die (experimentelle) Bestimmung der Gleichgewichtskonstante für diese Reaktion, erhält man ein Maß für die Stärke der Säure.

Diese Gleichgewichtskonstante – sie gilt immer für die Reaktion einer Säure mit Wasser - erhält einen eigenen Namen: Säurekonstante K_A.

Die Wasserkonzentration wird hier – wie bei allen Säure-Basen-Reaktionen – als konstant angesehen und geht in das Massenwirkungsgesetz nicht als unbekannte Konzentration ein.

$$K_A = \frac{[H_3O^+] \cdot [A^-]}{[HA]}$$

Je größer K_A ist, desto stärker ist die Säure.

Abb. 110–1 und Abb. 110–2 zeigen die Säurekonstante K_A und die zugrundeliegenden Reaktionen für Salzsäure und Essigsäure. Man sieht, dass die Salzsäure eine viel stärkere Säure ist.

Die Basenkonstante K_B

Dieselbe Vorgehensweise wird für die Bestimmung der Basenstärke gewählt. Als Bezugssäure wird ebenfalls Wasser verwendet. Die Gleichgewichtskonstante für die Reaktion einer Base mit Wasser wird Basenkonstante K_B genannt.

$$H_2O + B^- \rightleftharpoons HB + OH^-$$

$$K_B = \frac{[OH^-] \cdot [HB]}{[B^-]}$$

Je größer K_B ist, desto stärker ist die Base.

Abb. 110–3 zeigt die Basenkonstante K_B und die zugrundeliegende Reaktion für Ammoniak. Ammoniak zählt man zu den schwachen Basen.

Das Ionenprodukt des Wassers K_W

Wasser als Ampholyt hat eine Säurekonstante und auch eine Basenkonstante. Die zugrunde liegende Reaktion ist die **Autoprotolyse des Wassers**:

$$H_2O + H_2O \rightleftharpoons H_3O^+ + OH^-$$

$$K_A = K_B = [H_3O^+] \cdot [OH^-] = 10^{-14} = K_W$$

Diese spezielle Gleichgewichtskonstante nennt man K_W, das Ionenprodukt des Wassers.

Das Ionenprodukt des Wassers muss in jeder wässrigen Lösung erfüllt sein.

In reinem Wasser ist die H_3O^+-Ionenkonzentration gleich der OH^--Ionenkonzentration. Sie beträgt daher 10^{-7} mol/L. Im Wasser liegt das Gleichgewicht fast ausschließlich auf der Seite der H_2O-Moleküle.

Der negative dekadische Logarithmus – pK_A, pK_B und pK_W

Aus praktischen Gründen verwendet man bei Säure-Basen-Reaktionen nicht die Gleichgewichtskonstante direkt, sondern den negativ dekadischen Logarithmus dieser Konstante.

$pK_A = -\lg K_A$ $pK_B = -\lg K_B$ $pK_W = -\lg K_W = 14$

Mit diesen Werten gilt: Je kleiner der pK_A bzw. pK_B-Wert ist, desto stärker ist die Säure bzw. Base.

5.3 Die pK_A-Tabelle

Der Aufbau der Tabelle – Zusammenhang pK_A und pK_B eines konjugierten Paares

Die pK_A-Tabelle (Seite 314) reiht die Säuren nach ihrer Stärke. Der Aufbau der Tabelle wird mit der folgenden Übersicht beschrieben.

Der Aufbau der pK_A-Tabelle

Säure	Base	
Sehr starke Säuren Sie reagieren in Wasser praktisch vollständig zu H_3O^+ und der konjugierten Base. H_3O^+-Ionen sind für saure Eigenschaften verantwortlich.	**«Keine» Basen** Hier stehen die sehr schwachen Basen, die in Wasser nicht als Base reagieren können, da ja die stärkere Base H_2O existiert. Der Basencharakter ist nur durch die negative Ladung gegeben.	$HClO_4 + H_2O \longrightarrow H_3O^+ + ClO_4^-$ $HCl + H_2O \longrightarrow H_3O^+ + Cl^-$ $HNO_3 + H_2O \longrightarrow H_3O^+ + NO_3^-$
H_3O^+ Dieses Ion ist die stärkste in Wasser existierende Säure. Die stärkeren Säuren reagieren ja vollständig zu H_3O^+ und der konjugierten Base.	**H_2O** Diese Base ist die schwächste Base, die in Wasser existieren kann.	$H_3O^+ \rightleftarrows H_2O$
Mittelstarke bis schwache Säuren Sie reagieren zu H_3O^+ und der konjugierten Base. Je weiter „oben" die Säure in dieser pK_A-Tabelle steht, desto mehr H_3O^+ werden gebildet.	**Schwache bis mittelstarke Basen** Sie reagieren zu OH^- und der konjugierten Säure. Je weiter „unten" die Base in dieser pK_A-Tabelle steht, desto mehr OH^- werden gebildet.	$HSO_4^- + H_2O \rightleftarrows H_3O^+ + SO_4^{2-}$ $HAc + H_2O \rightleftarrows H_3O^+ + Ac^-$ $HCO_3^- + H_2O \rightleftarrows H_3O^+ + CO_3^{2-}$ *HAc … Essigsäure CH_3COOH* *Ac^- … Acetat CH_3COO^-*
H_2O Diese Säure ist die schwächste Säure, die in Wasser existieren kann.	**OH^-** Dieses Ion ist die stärkste in Wasser existierende Base. Die stärkeren Basen reagieren ja vollständig zu OH^- und der konjugierten Säure.	$H_2O \rightleftarrows OH^-$
„Keine" Säure Hier stehen die sehr schwachen Säuren, die in Wasser nicht als Säure reagieren können, da ja die stärkere Säure H_2O existiert. Der Säurecharakter ist nur formal durch den Wasserstoff gegeben.	**Sehr starke Basen** Sie reagieren in Wasser praktisch vollständig zu OH^--Ionen und der konjugierten Säure. OH^--Ionen sind für basische Eigenschaften verantwortlich.	$CH_4 + H_2O \longleftarrow H_3O^+ + CH_3^-$

Es reagiert immer die stärkste vorhandene Säure (steht am weitesten „oben") mit der stärksten vorhandenen Base (steht am weitesten „unten"). Durch die Säure-Basen-Reaktion entstehen die jeweils konjugierten Stoffe (andere Seite). Ist die gebildete Säure schwächer als die ursprüngliche Säure, so muss auch die gebildete Base schwächer sein als die ursprüngliche.

Zusammenhang pK_A und pK_B eines konjugierten Paares

In der Tabelle des Buches (Seite 314) sind die entsprechenden pK_A und pK_B-Werte angegeben. Die beiden Werte sind aber über das Ionenprodukt des Wassers verknüpft. Es gilt (siehe auch Abb. 111–1):

$$pK_A + pK_{B(konjugiert)} = pK_W = 14$$

Für ein konjugiertes Säure-Base-Paar gilt:

$$K_A = \frac{[H_3O^+] \cdot [A^-]}{[HA]} \qquad K_B = \frac{[OH^-] \cdot [HA]}{[A^-]}$$

$$K_A \cdot K_B = [H_3O^+] \cdot [OH^-] = K_W$$

Durch Logarithmieren erhält man:

$$pK_A + pK_B = 14$$

Abb. 111–1: *Zusammenhang zwischen pK_A und pK_B eines konjugierten Säure-Base-Paares*

5.4 Aufstellen von Säure-Basen-Gleichungen

Beurteilung der Gleichgewichtslage – Berechnung der Gleichgewichtskonstanten

Säurestärke ↑ / Basenstärke ↓

Säure		Base
$HClO_4$		ClO_4^-
HCl		Cl^-
H_2SO_4		HSO_4^-
HNO_3		NO_3^-
H_3O^+		H_2O
H_2SO_3		HSO_3^-
HSO_4^-		SO_4^{2-}
H_3PO_4		$H_2PO_4^-$
HF		F^-
$HCOOH$		$HCOO^-$
HAc		Ac^-
H_2CO_3		HCO_3^-
HSO_3^-		SO_3^{2-}
$H_2PO_4^-$		HPO_4^{2-}
NH_4^+	⇨	NH_3
HCN		CN^-
HCO_3^-		CO_3^{2-}
HPO_4^{2-}		PO_4^{3-}
H_2O	⇦	OH^-
NH_3		NH_2^-
OH^-		O^{2-}
CH_4		CH_3^-

Abb. 112–1: Ausschnitt aus der pK_A-Tabelle

Mit Hilfe der pK_A-Tabelle kann man anhand einfacher Überlegungen (fast) alle Säure-Basen-Reaktionsgleichungen aufstellen. Man kann die Gleichgewichtslage qualitativ und quantitativ bestimmen. Das folgende Musterbeispiel erklärt die Vorgehensweise.

Wie reagiert eine Calciumhydroxidösung mit einer Ammoniumsulfatlösung? Auf welcher Seite liegt das Gleichgewicht?

1 – Anschreiben der vorhandenen Stoffe

Ionenverbindungen müssen in Ionen getrennt werden. In wässrigen Lösungen ist immer der Ampholyt Wasser vorhanden.

Ca^{2+}, OH^-, NH_4^+, SO_4^{2-}, H_2O

2 – Markieren der vorhandenen Stoffe

In der Tabelle rechts sind diese Stoffe farbig markiert. Ca^{2+} beeinflusst die Reaktion nicht und kann vernachlässigt werden, wie auch alle anderen einfach und zweifach positiv geladenen Kationen.

3 – Markieren der stärksten Säure und Base

In der Tabelle rechts sind diese Stoffe rot gekennzeichnet. Die stärkste Säure ist NH_4^+ (am weitesten oben), die stärkste Base OH^- (am weitesten unten).

4 – Aufstellen der Säure-Basen-Gleichung

Es werden die entsprechenden konjugierten Stoffe gebildet.

$$\underset{\text{Säure I}}{NH_4^+} + \underset{\text{Base II}}{OH^-} \rightleftharpoons \underset{\text{Base I}}{NH_3} + \underset{\text{Säure II}}{H_2O}$$

5 – Kennzeichnung der Gleichgewichtslage

Das Gleichgewicht liegt auf der Seite der schwächeren Säure. (Man könnte auch die Basen vergleichen!)

H_2O (Säure II) ist schwächer als NH_4^+ (Säure I), daher liegt das Gleichgewicht bei den Endstoffen

$$NH_4^+ + OH^- \rightleftharpoons NH_3 + H_2O$$

6 – Ergänzen der „Zuschauer"

Bei den geladenen Teilchen der Ausgangsstoffe, müssen Ionen für den Ladungsausgleich vorhanden sein. Das NH_4^+ kommt aus dem Ammoniumsulfat. Das Gegenion ist daher das SO_4^{2-}. Man benötigt allerdings für ein SO_4^{2-} zwei Ammoniumionen. Das Gegenion für die Hydroxidionen ist Ca^{2+}. Auch hier benötigt man zwei OH^-. Es ist daher sinnvoll die gesamte Säure-Basen-Gleichung mit zwei zu multiplizieren. Die benötigten Gegenionen schreibt man an. Man muss sie natürlich auch bei den Endstoffen ergänzen, da sie ja noch immer vorhanden sind.

$$\underset{SO_4^{2-}}{2\,NH_4^+} + \underset{Ca^{2+}}{2\,OH^-} \rightleftharpoons \underset{SO_4^{2-}}{2\,NH_3} + \underset{Ca^{2+}}{2\,H_2O}$$

7 – Zusammenfassen der Ionen zu richtigen Salzformeln

$$(NH_4)_2SO_4 + Ca(OH)_2 \rightleftharpoons 2\,NH_3 + 2\,H_2O + CaSO_4$$

Berechnung der Gleichgewichtskonstante *K*

Für die Reaktion $HA + B^- \rightleftharpoons A^- + HB$ lautet das Massenwirkungsgesetz:

$$K = \frac{[A^-] \cdot [HB]}{[HA] \cdot [B^-]}$$, das man auch erhält durch $$K = \frac{K_{A\,(Eduktsäure)}}{K_{A\,(Produktsäure)}}$$ oder

in logarithmischer Darstellung: $pK = pK_{A\,(Eduktsäure)} - pK_{A\,(Produktsäure)}$

Für das obige Beispiel ergibt dies:

$pK = pK_A(NH_4^+) - pK_A(H_2O) = 9{,}21 - 14 = -4{,}79 \Rightarrow K = 10^{4,79} = 6{,}17 \cdot 10^5$

Übung 112.1

Erstelle die Säure-Base-Reaktion und die vollständige Gleichung (= Ergänzung der an der Reaktion unbeteiligten Gegenionen), markiere die Gleichgewichtslage und berechne p*K*.

a) Ammoniak reagiert mit Wasser
b) Kalk (Calciumcarbonat), Kohlensäure, Wasser (Kalkverwitterung!)
c) Natriumchlorid und Wasser
d) Natriumcyanid und Wasser
e) Natronlauge (Natriumhydroxid), Ammoniumchlorid, Wasser
f) Kaliumhydrogensulfat, Kaliumactat, Wasser
g) Flusssäure, Kaliumcyanid, Wasser
h) Ammoniumsulfat, Kaliumflourid, Wasser

5.5 Der pH-Wert

Autoprotolyse des Wassers

Der pH-Wert ist ein Maß wie stark sauer oder basisch eine Lösung ist.

Stärke und Konzentration entscheiden

Aus der pK_A-Tabelle kann man für die wichtigsten Säuren und Basen die Stärke ablesen. Diese gibt aber noch keine Information darüber, wie sauer oder basisch eine konkrete Lösung ist, da dafür nicht nur die Stärke der Säure bzw. Base, sondern auch deren Konzentration maßgeblich ist. So wirkt zB konzentrierte Essigsäure stärker sauer als sehr stark verdünnte Salzsäure.

Aus der Autoprotolyse des Wassers folgt ...

In allen verdünnten wässrigen Lösungen muss das Ionenprodukt des Wassers $K_W = [H_3O^+] \cdot [OH^-] = 10^{-14}$ erfüllt sein. Bei Zunahme der Konzentration einer Ionenart sinkt die Konzentration der anderen, sodass K_W wieder erfüllt wird.

Die Zu- bzw. Abnahme dieser Ionen ist von der Stärke und der Konzentration der zugegeben Säure bzw. Base abhängig. Daher sind die H_3O^+- und OH^--Ionen ein direktes Maß für den sauren bzw. basischen Charakter einer Lösung.

Der pH-Wert

Der pH-Wert ist ein Maß, das den wahren Säure- bzw. Basengehalt einer Lösung zeigt. Er ist abhängig von der Stärke und der Konzentration der Säure oder Base.

Der negative dekadische Logarithmus der H_3O^+-Ionenkonzentration wird **pH-Wert** genannt, jener der OH^-- Ionenkonzentration **pOH-Wert**.

$pH = -\lg[H_3O^+]$ $\qquad$ $pOH = -\lg[OH^-]$

$pH + pOH = 14$ $\qquad$ $[H_3O^+] \cdot [OH^-] = 10^{-14}$

In reinem Wasser gilt:

$[H_3O^+] = [OH^-] = 10^{-7}$ mol/L $\qquad$ $pH = pOH = 7$

Eine Lösung mit einem pH-Wert von 7 nennt man **neutral**.

In einer sauren Lösung gilt:

$[H_3O^+] > [OH^-]$ $\qquad$ $pH < pOH$

$[H_3O^+] > 10^{-7}$ mol/L $\quad$ $[OH^-] < 10^{-7}$ mol/L $\quad$ $pH < 7$ $\quad$ $pOH > 7$

In einer basischen Lösung gilt:

$[H_3O^+] < [OH^-]$ $\qquad$ $pH > pOH$

$[H_3O^+] < 10^{-7}$ mol/L $\quad$ $[OH^-] > 10^{-7}$ mol/L $\quad$ $pH > 7$ $\quad$ $pOH < 7$

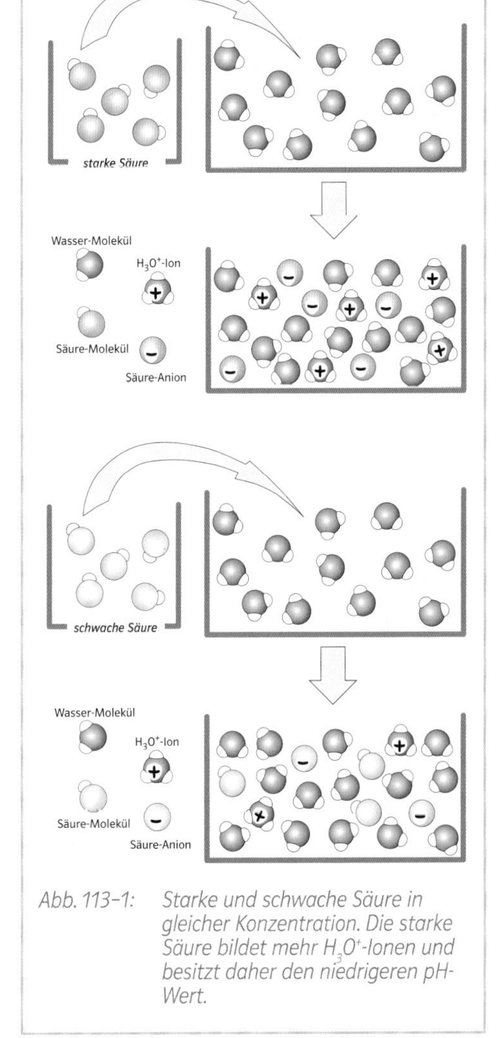

Abb. 113–1: Starke und schwache Säure in gleicher Konzentration. Die starke Säure bildet mehr H_3O^+-Ionen und besitzt daher den niedrigeren pH-Wert.

Abb. 113–2: Zusammenhänge zwischen den Konzentrationen der H_3O^+-Ionen, der OH^--Ionen sowie der pH-Werte und der pOH-Werte

neutral

$c(H_3O^+)$	10^0	10^{-1}	10^{-2}	10^{-3}	10^{-4}	10^{-5}	10^{-6}	10^{-7}	10^{-8}	10^{-9}	10^{-10}	10^{-11}	10^{-12}	10^{-13}	10^{-14}
$c(OH^-)$	10^{-14}	10^{-13}	10^{-12}	10^{-11}	10^{-10}	10^{-9}	10^{-8}	10^{-7}	10^{-6}	10^{-5}	10^{-4}	10^{-3}	10^{-2}	10^{-1}	10^0
pH	0	1	2	3	4	5	6	7	8	9	10	11	12	13	14
pOH	14	13	12	11	10	9	8	7	6	5	4	3	2	1	0

saurer Bereich — basischer Bereich

stark sauer — schwach sauer — schwach basisch — stark basisch

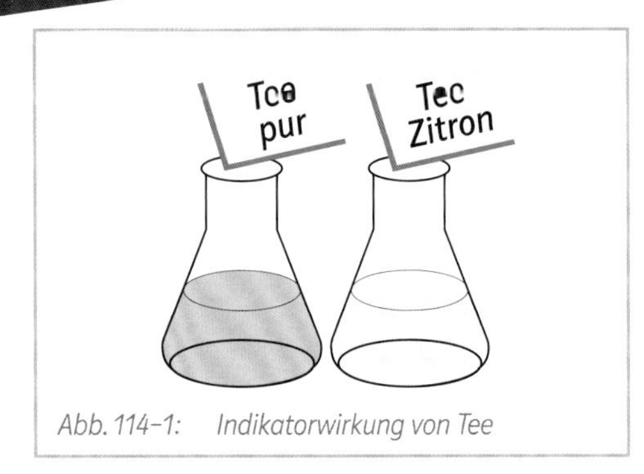

Abb. 114-1: Indikatorwirkung von Tee

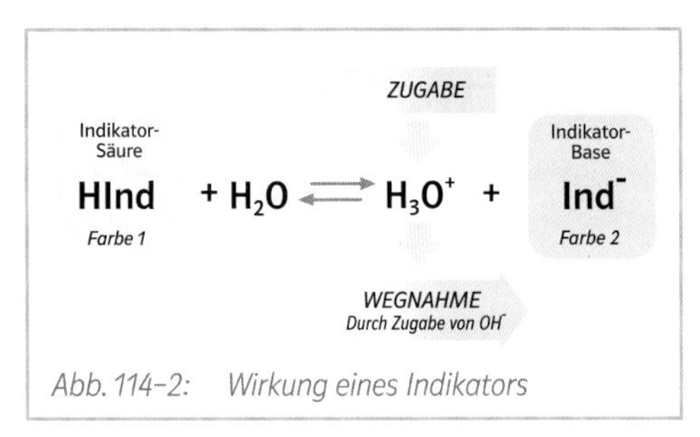

Abb. 114-2: Wirkung eines Indikators

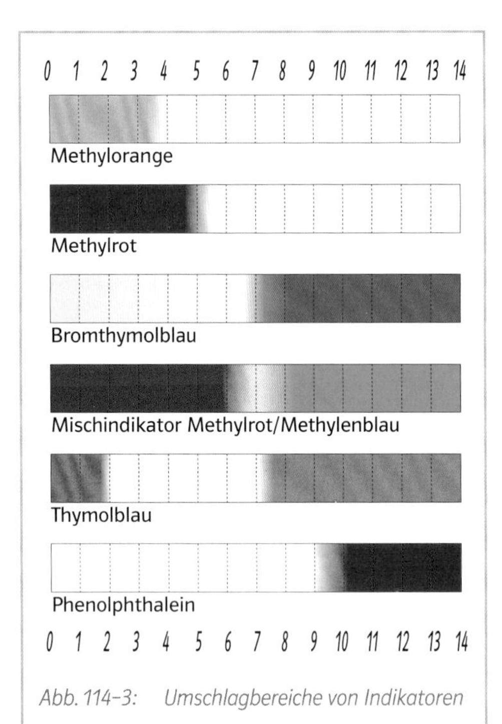

Abb. 114-3: Umschlagbereiche von Indikatoren

Messung des pH-Werts

Schon früh wusste man, dass bestimmte Pflanzenfarbstoffe Säuren anders färben als Basen. So färben Heidelbeeren die Finger rot (die Haut ist schwach sauer) und die Zähne blau (der Speichel ist leicht basisch). Auch Tee verändert seine Farbe bei Zugabe von Zitronensaft (Säure!). Rotkraut wird durch die Zubereitung mit Essig und Äpfeln rot (saurer pH-Wert). In Gegenden wo diese Zubereitungsart nicht üblich ist, wird es auf Grund seiner dort bestehenden Färbung Blaukraut genannt.

Farbstoffe, die je nach pH-Wert ihre Farbe ändern, bezeichnet man als **Säure-Base-Indikatoren**. Indikatoren sind im Allgemeinen schwache organische Säuren, deren Formel man vereinfacht als **HInd** wiedergibt.

So wirken Indikatoren

Bei einem Indikator muss die Indikatorsäure HInd anders gefärbt sein als die Indikatorbase (vereinfachte Formel **Ind**⁻).

In wässriger Lösung stellt sich daher für einen Indikator folgendes Gleichgewicht mit einer Färbung ein, die für den jeweiligen Indikator charakteristisch ist:

$$HInd + H_2O \rightleftharpoons Ind^- + H_3O^+$$

Wird der Indikator zu einer sauren oder basischen Lösung gegeben, beeinflusst – nach dem Prinzip von Le Chatelier – die H_3O^+-Ionenkonzentration der Lösung und damit der pH-Wert die Lage des Indikatorgleichgewichts. Bei niedrigen pH-Werten (große H_3O^+-Konzentration) liegt daher die Indikatorsäure vor, bei höheren pH-Werten (niedrige H_3O^+-Konzentration) liegt die Indikatorbase vor.

Man sieht daher im Sauren die Farbe der Indikatorsäure HInd und im Basischen die Farbe der Indikatorbase Ind^-.

Umschlagsbereich der Indikatoren

$$K_{A(HInd)} = [H_3O^+] \cdot \frac{[Ind^-]}{[HInd]}$$

Abb. 114-3 zeigt eine Auswahl verschiedener Indikatoren. Man erkennt, dass die Farbänderung (= „Umschlag“) bei unterschiedlichen pH-Werten erfolgt.

Für den Indikator HInd kann die Säurekonstante K_A formuliert werden.

$[H_3O^+]$ wird im Fall des niedrig dosierten Indikators fast nur durch die Lösung bestimmt und diese beeinflusst damit das Verhältnis $HInd/Ind^-$.

Der Umschlagsbereich (= pH-Bereich, in dem die Farbänderung erfolgt) ist abhängig vom pK_A-Wert des Indikators.

Am Umschlagspunkt gilt:

$[HInd] = [Ind^-]$ und damit ist $K_A = [H_3O^+]$ bzw. $pH = pK_A$

Für eine eindeutige Farbwahrnehmung muss eine Konzentration ca. das 10-fache der anderen betragen. Der Umschlagsbereich liegt daher im Bereich des pK_A-Wert des Indikators.

Umschlagsbereich: $pH = pK_A \pm 1$

Universalindikator

Mit den besprochenen Indikatoren kann der pH-Wert einer Lösung nicht bestimmt werden. Um dies zu erreichen, muss man Indikatormischungen zusammenstellen, deren Umschlagsbereiche so abgestimmt sind, dass jeder einzelne pH-Wert an einer Farbe erkennbar ist. Solche Indikatormischungen nennt man Universalindikatoren (Abb. 115-2).

Indikatoren werden in Form von Lösungen (wässrig oder alkoholisch) oder als indikatorgetränkte Papiere, sogenannte Indikatorpapiere, eingesetzt. Die Bestimmung des pH-Wertes erfolgt durch Vergleich mit einer Farbskala.

Mit diesem Universalindikator lässt sich der pH-Wert von Alltagsstoffen bestimmen (Schülerexperiment 5.1 und Abb. 115-2).

Übung 114.1

Die folgenden Fragen sind nur mit Hilfe der Abbildung 114-3 lösbar

a) Welche Farbe hat die Indikatorbase von Phenolphthalein?
b) Welche Farbe hat die Indikatorsäure von Methylrot?
c) Welche Besonderheit hat der Indikator Thymolblau? Hast du eine Erklärung dafür?
d) Mit welchem Indikator kann man am ehesten zwischen sauer und basisch unterscheiden?
e) Welcher Indikator ist die schwächste Säure?

pH-Meter

Für eine genaue Bestimmung des pH-Wertes verwendet man pH-Meter. Sie beruhen auf einer elektrischen Messung der Konzentration der H_3O^+-Ionen. Eine „Glaselektrode", die im Inneren mit einer Lösung mit konstantem pH-Wert gefüllt ist, wird in die zu messende Lösung eingetaucht. An der dünnen Glasmembran der Elektrode tritt eine elektrische Spannung auf, die proportional dem Logarithmus der H_3O^+-Ionenkonzentration ist (pH-Wert). Die gemessene Spannung liegt im mV-Bereich. Das pH-Meter misst die Spannung und errechnet daraus den angezeigten pH-Wert.

Vor einer Messung sollte das pH-Merter kalibriert werden. Diese erfolgt durch Lösungen mit bekannten pH-Wert (zB pH = 4 und pH = 7).

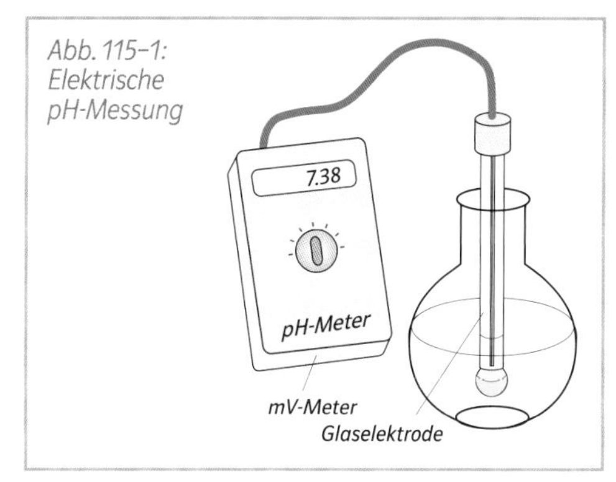

Abb. 115-1: Elektrische pH-Messung

pH-Wert im Alltag

Der pH-Wert spielt im täglichen Leben in verschiedensten Bereichen eine bedeutende Rolle, wird allerdings oft auch falsch verwendet.

pH-„neutral"

Der pH-Wert ist den meisten Menschen aus der Werbung bekannt, häufig in Zusammenhang mit Spülmitteln oder Duschgels. Diese werden häufig als pH-neutral beworben – eine unglückliche Formulierung, es sollte entweder neutral oder pH = 7 heißen. Gemeint ist damit, dass das konkrete Produkt nicht so basisch reagiert wie Seife. Manchmal steht auf Duschgels auch eine konkrete Angabe: pH = 5,7. Dies entspricht etwa dem pH-Wert der Hautoberfläche. Sie wird durch Zersetzung von Inhaltsstoffen des Schweißes leicht sauer, was das Eindringen von Bakterien erschwert, die meist empfindlich auf saure Umgebung sind (Säureschutzmantel der Haut). Hier soll suggeriert werden, dass das konkrete Duschgel den selben pH-Wert hat, wie der Säureschutzmantel, und daher besonders hautschonend wirkt. In Wahrheit besteht bei gesunder Haut kein Unterschied, ob man sich mit Seife oder mit Reinigungsmitteln mit pH = 5,7 wäscht. Der Säureschutzmantel wird in beiden Fällen komplett abgewaschen, regeneriert sich aber innerhalb von ca. 30 Minuten wieder vollständig.

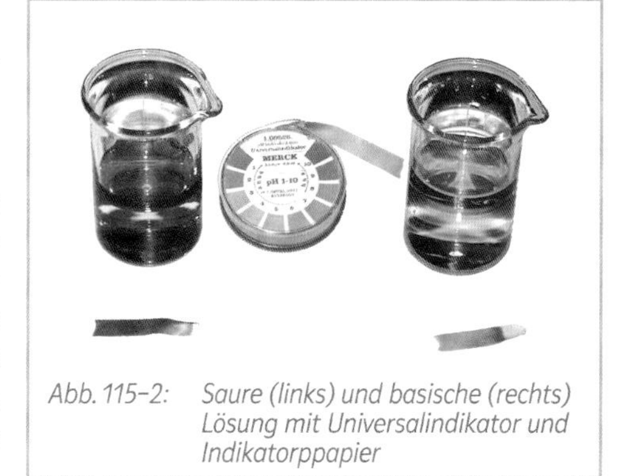
Abb. 115-2: Saure (links) und basische (rechts) Lösung mit Universalindikator und Indikatorppapier

Wasser

Der nach der Luft wichtigste Stoff, mit dem wir täglich in Kontakt kommen, ist Trinkwasser. Es ist praktisch nie neutral. Durch gelöste Stoffe kann es leicht sauer bis leicht basisch sein.

Auch im Swimming-Pool und im Aquarium ist die regelmäßige Kontrolle des pH-Wertes notwendig. Bekannt ist auch der Begriff des **„sauren Regens"**. Durch die Emission von SO_2 aus Industrie und Hausbrand enthielt der Regen vor 40 Jahren beträchtliche Mengen Schwefelsäure. Dies führte zu Schäden an der Vegetation, insbesondere in Waldgebieten („**Waldsterben**"). Heute spielt dieses Problem in West- und Mitteleuropa nur noch eine untergeordnete Rolle, da die SO_2-Emissionen durch Entschwefelung von fossilen Energieträgern stark zurückgegangen sind.

HCl (c = 0,1 mol/L)	1,0
Magensaft	1,8
Wein	3,4
Kaffee	5,0
Milch	6,7
Blut	7,4
Meerwasser	8,3
Borax-Lösung	9,2
Ammoniak-Lösung	11,9
NaOH (c = 0,1 mol/L)	13,0

Abb. 115-3: pH-Werte einiger Flüssigkeiten

Organismus

Eine besonders wichtige Rolle spielt der pH-Wert in unserem Organismus. Blut und Zellflüssigkeit müssen einen stabilen pH-Wert nahe 7 haben. Schon kleine pH-Änderungen führen zu schweren Schäden. Der Sauerstoffaustausch wird von geringen pH-Änderungen ermöglicht. In der Lunge wird O_2 vom Hämoglobin gebunden, bei den Zellen wird der Sauerstoff durch geringe pH-Erhöhung wieder abgegeben. Das in der Zelle entstandene CO_2 wird im Blut gelöst zur Lunge zurück transportiert.

Manche Ernährungsempfehlungen sprechen von „sauren und basischen Lebensmitteln", wobei basische Lebensmittel empfohlen werden. Dies wären Lebensmittel mit einem hohen Anteil an Mineralstoffen. Dieses Konzept hat nichts mit dem pH-Wert der Lebensmittel direkt zu tun, sondern bezieht sich auf deren Verstoffwechslung. Ein wissenschaftlicher Nachweis für die Vorteile einer basischen Ernährung konnte laut deutscher Gesellschaft für Ernährung aber nicht erbracht werden.

Übung 116.1

Ordne die pH-Werte 1, 3, 7, 9 und 12 den Lösungen A bis E zu:

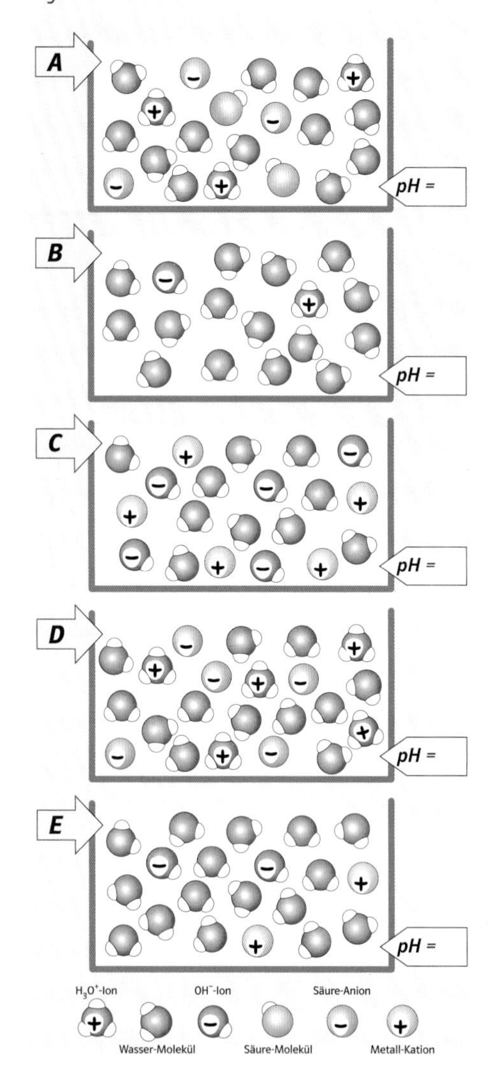

INFO

Vereinfachte „pH-Wert-Formeln"

Starke Säure ($pK_A < 0$)

1 $pH = -\lg c_0$

schwache Säure ($pK_A > 4$)

2 $pH = 1/2 \cdot (pK_A - \lg c_0)$

Starke Base (nur OH^-)

3 $pOH = -\lg c_0$

$pH = 14 - pOH$

schwache Base ($pK_B > 4$)

4 $pOH = 1/2 \cdot (pK_B - \lg c_0)$

$pH = 14 - pOH$

Berechnung des pH-Werts

pH-Wert von Lösungen einprotoniger Säuren

Einprotonige Säuren sind Säuren, die nur ein H^+-Ion abgeben können.

Jede Säure reagiert in Wasser folgendermaßen:

	HA	+	H_2O	$\rightleftharpoons$	H_3O^+	+	A^-
zu Beginn:	c_0				0		0
im Gleichgewicht:	$c_0 - x$				x		x

$$K_A = \frac{[H_3O^+] \cdot [A^-]}{[HA]} = \frac{x^2}{c_0 - x} \quad \Rightarrow \quad x = [H_3O^+] \qquad pH = -\lg x$$

Diese quadratische Gleichung ist natürlich lösbar. Aber bei Lösungen sehr starker Säuren ($pK_A \leqq 0$) und bei Lösungen schwacher Säuren ($pK_A > 4$) kann man die pH-Wertberechnung vereinfachen.

Vereinfachungen für starke Säuren ($pK_A \leqq 0$)

vollständige Reaktion

$x \approx c_0 \quad \Rightarrow \quad$ **$pH = -\lg c_0$**

Vereinfachungen für schwache Säuren ($pK_A > 4$)

fast keine Reaktion

$c_0 - x \approx c_0 \Rightarrow K_A = \frac{x^2}{c_0} \quad \Rightarrow \quad x = \sqrt{K_A \cdot c_0}$

durch Umformen erhält man:

$pH = 1/2 \cdot (pK_A - \lg c_0)$

Bei Säuren mit einem pK_A-Wert zwischen 0 und 4 muss man in die quadratische Gleichung einsetzen.

pH-Wert von basischen Lösungen

Basen nehmen ein H^+–Ion auf. Jede Base reagiert in Wasser folgendermaßen:

	B^-	+	H_2O	$\rightleftharpoons$	OH^-	+	HB
zu Beginn:	c_0				0		0
im Gleichgewicht:	$c_0 - y$				y		y

$$K_B = \frac{[OH^-] \cdot [HB]}{[B^-]} = \frac{y^2}{c_0 - y} \quad \Rightarrow \quad y = [OH^-] \rightarrow pOH = -\lg y \rightarrow pH = 14 - pOH$$

Diese quadratische Gleichung ist natürlich lösbar. Aber bei Lösungen sehr starker Basen (im Prinzip nur das OH^--Ion) und bei Lösungen schwacher Basen ($pK_B > 4$) kann man die pH-Wertberechnung vereinfachen.

Vereinfachungen für starke Basen ($pK_B \leqq 0$)

vollständige Reaktion

$y \approx c_0 \quad \Rightarrow \quad pOH = -\lg c_0$

$\Rightarrow \quad pH = 14 - pOH$

Vereinfachungen für schwache Basen ($pK_B > 4$)

fast keine Reaktion

$c_0 - y \approx c_0 \Rightarrow K_B = \frac{y^2}{c_0} \quad \Rightarrow \quad y = \sqrt{K_B \cdot c_0}$

durch Umformen erhält man:

$pOH = 1/2 \cdot (pK_B - \lg c_0)$ $\quad \Rightarrow \quad pH = 14 - pOH$

Bei Basen mit einem pK_B-Wert zwischen 0 und 4 muss man in die quadratische Gleichung einsetzen.

Vorgehensweise bei pH-Wertberechnungen

Wie bei allen Berechnungen hilft ein geordnetes Arbeiten. Im Infokasten sind die vier vereinfachten Formeln, die man für die pH-Wertberechnung braucht, zusammengestellt.

Beispiel

Der gegebene Stoff ist ❐ eine Säure ❐ eine Base und muss daher einen pH-Wert ❐ über 7 ❐ unter 7 haben.

Der Stoff hat einen ❐ pK_A-Wert ❐ pK_B-Wert von _________ und ist daher ❐ schwach ❐ stark. Man braucht daher Formel ________ .

Wenn der Stoff ein Ampholyt ist (zB Ammoniak), so muss man zuerst feststellen, ob die saure oder die basische Wirkung überwiegt.

Beispiele

#1 Berechne den pH-Wert einer Salzsäure-Lösung mit c_0 = 0,2 mol/L:
Salzsäure ist eine starke Säure mit einem pK_A-Wert von −6. Man braucht daher die Formel Nr. 1:
pH = −lg (0,2) = 0,70

#2 Berechne den pH-Wert von Essigsäure mit c_0 = 0,1 mol/L
Essigsäure ist eine schwache Säure und mit einem pK_A-Wert von 4,75.
Man braucht daher die Formel Nr. 2:
$pH = 1/2 \cdot (pK_A - \lg c_0) = 1/2 \cdot (4{,}75 - \lg 0{,}1) = 2{,}88$

Ampholyte

Hier ist ein Vergleich der pK_A- und pK_B-Werte notwendig, um zu entscheiden, ob die saure oder basische Wirkung überwiegt.

Beispiel

Berechne den pH-Wert von Ammoniak mit c_0 = 0,1 mol/L
Ammoniak ist eine Base und muss daher einen pH-Wert über 7 haben. Ammoniak hat einen pK_B von 4,79 und ist daher eine schwache Base. Man braucht daher die Formel (4).
$pOH = 1/2 \cdot (pK_B - \lg c_0) = 1/2 \cdot (4{,}79 - \lg 0{,}1) = 2{,}9$
pH = 14 − pOH = 14 − 2,9 = 11,1

pH-Wert von Salzlösungen

Salze bestehen aus Kationen und Anionen. Welchen pH-Wert die Salzlösungen haben, ist – neben der Konzentration – von der Säure- und Basenstärke der beteiligten Ionen abhängig. Kationen und Anionen werden dabei getrennt voneinander betrachtet.
Die pH-Werte von vielen Salz-Lösungen lassen sich eindeutig berechnen. Schwierigkeiten treten auf, wenn sowohl Kation als auch Anion in wässriger Lösung reagieren können oder wenn eines der Ionen ein Ampholyt ist. In diesen Fällen lässt sich der pH-Wert nur näherungsweise berechnen. In der Praxis ist es meist ausreichend, nur abzuschätzen, ob die Lösung eines Salzes sauer, basisch oder neutral reagiert.

Beispiele

#1 Berechne den pH-Wert einer KOH-Lösung mit c_0 = 0,1 mol/L:
K^+ … vernachlässigbar, OH^- … stark basisch (pK_B = 0)
pOH = −lg (0,1) = 1 ⇨ pH = 13

#2 Berechne den pH-Wert einer NH_4Cl-Lösung mit c_0 = 0,1 mol/L:
NH_4^+ … schwach sauer (pK_A = 9,21)
Cl^- … sehr schwach basisch (pK_B = 20)
Hier überwiegt die saure Wirkung des NH_4^+-Ions. Die basische Wirkung des Cl^--Ions ist vernachlässigbar (schwächer als Wasser).
$pH = 1/2 \cdot (pK_A - \lg c_0) = 1/2 \cdot (9{,}21 - \lg 0{,}1) = 5{,}11$

KATION für die zugehörige Base gilt:		ANION für die zugehörige Säure gilt:		SALZLÖSUNG ist:
$0 < pK_B < 14$	$pK_B < 0$ oder $14 < pK_B$	$0 < pK_A < 14$	$pK_A < 0$ oder $14 < pK_A$	
				neutral
				sauer
				basisch
$pK_A < pK_B$		$pK_A < pK_B$		sauer
$pK_A > pK_B$		$pK_A > pK_B$		basisch
$pK_A = pK_B$		$pK_A = pK_B$		neutral

Abb. 117–2: Feststellung des pH-Wertes von Salzlösungen

Kationen (Auswahl)

saure Wirkung	Fe^{3+} Al^{3+} NH_4^+
keine SB-Wirkung	Na^+ Ca^{2+} Mg^{2+}

Anionen (Auswahl)

basische Wirkung	Ac^- CN^- CO_3^{2-} HCO_3^- HPO_4^{2-}
saure Wirkung	HSO_4^- $H_2PO_4^-$
keine SB-Wirkung	Cl^- NO_3^- ClO_4^-

Abb. 117–1: Säure-Base-Wirkung von Ionen

Schüler-Experiment 5.4

pH-Wert von Salzlösungen

Schüler-Experiment 5.5

Concept-Map – Säuren und Basen

Übungen 117.1

Berechne den pH-Wert von folgenden Lösungen:

a) Salpetersäure c = 0,05 mol /L
b) Blausäure c = 0,75 mol/L
c) Perchlorsäure c = 0,002 mol/L
d) Natriumcyanid c = 0,3 mol/L
e) Kaliumhydroxid c = 0,01 mol/L
f) Ammoniumbromid c = 2 g/L
g) Calciumsulfit $c = 3{,}5 \cdot 10^{-5}$ mol/L
h) Salzsäure 2%ig (ρ = 1,01 g/mL)
i) Natronlauge c = 3 g/100 mL

PLUS

5.6 Pufferlösungen

Konjugierte Puffer – pH-Wert eines Puffers – Puffergleichung

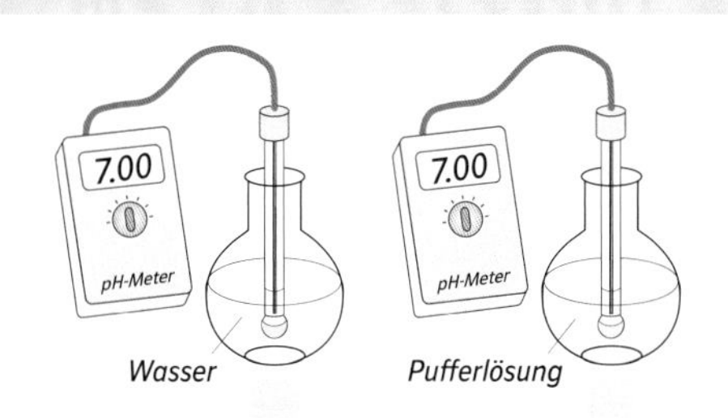

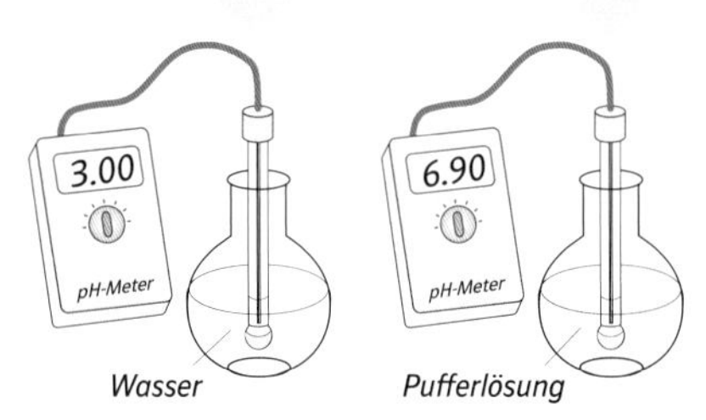

Abb. 118-1: Wirkung einer Pufferlösung

Puffersysteme	*Puffer (1:1) pH-Wert*
$H_3PO_4/H_2PO_4^-$	1,96
HAc/Ac^-	4,75
H_2CO_3/HCO_3^-	6,46
$H_2PO_4^-/HPO_4^{2-}$	7,21
NH_4^+/NH_3	9,21
HCO_3^-/CO_3^{2-}	10,40
HPO_4^{2-}/PO_4^{3-}	12,32

Abb. 118-2: pH-Werte einiger Puffersysteme

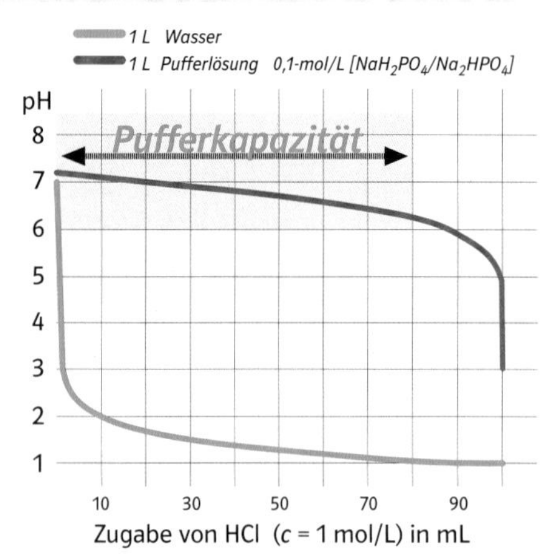

Abb. 118-3: pH-Änderung einer Pufferlösung

Pufferlösungen halten den pH-Wert bei Zugabe einer nicht allzu großen Menge Säure bzw. Base konstant. Pufferlösungen bestehen aus einer schwachen Säure mit der allgemeinen Bezeichnung **HPuff** und einer schwachen (konjugierten) Base **Puff⁻**. In diesem Buch erfolgt eine Beschränkung auf konjugierte Pufferlösungen. Die Säure und die konjugierte Base müssen einen p*K*-Wert im mittleren Bereich aufweisen, da nur in diesem Bereich Säure und konjugierte Base schwach sind.

Wirkung einer Pufferlösung

Gibt man eine starke Säure in eine Pufferlösung, so reagiert sie mit der stärksten anwesenden Base, der Pufferbase $Puff^-$ und folgende Reaktion läuft ab:

$$\mathbf{HA + Puff^- \rightleftharpoons A^- + HPuff}$$

Es verschiebt sich das Gleichgewicht zwischen HPuff und $Puff^-$, aber es treten keine freien H_3O^+-Ionen auf und damit auch keine nennenswerte pH-Wertänderung.

Gibt man eine starke Base in eine Pufferlösung, so reagiert sie mit der stärksten anwesenden Säure, der Puffersäure HPuff und folgende Reaktion läuft ab:

$$\mathbf{B^- + HPuff \rightleftharpoons HB + Puff^-}$$

Es verschiebt sich das Gleichgewicht zwischen HPuff und $Puff^-$, aber es treten keine freien OH^--Ionen auf.

pH-Wert einer Pufferlösung

Bei einer Pufferlösung liegt ein Protolysengleichgewicht vor. Bei einer Pufferlösung liegen aber schon von Beginn Säure und konjugierte Base vor.

$$HPuff + H_2O \rightleftharpoons H_3O^+ + Puff^-$$

Es gilt das Massenwirkungsgesetz.
$$K_{A(HPuff)} = \frac{[H_3O^+] \cdot [Puff^-]}{[HPuff]}$$

Puffersäure und Pufferbase sind eine schwache Säure bzw. Base. Daher weichen die Gleichgewichtskonzentrationen der Pufferbestandteile nur in einem geringen Ausmaß von der Ausgangskonzentration ab. Die Gleichgewichtskonzentration kann durch die Ausgangskonzentration ersetzt werden.

$$K_{A(HPuff)} = [H_3O^+] \cdot \frac{c_0(Puff^-)}{c_0(HPuff)} \quad \text{bzw. umgeformt} \quad [H_3O^+] = K_{A(HPuff)} \cdot \frac{c_0(HPuff)}{c_0(Puff^-)}$$

Puffergleichung in logarithmischer Schreibweise

$$\mathbf{pH = p}K_{\mathbf{A(HPuff)}} - \mathbf{lg}\,\frac{c_0\mathbf{(HPuff)}}{c_0\mathbf{(Puff^-)}}$$

da $c_0(HPuff) = \dfrac{n(HPuff)}{V_{gesamt}}$ und $c_0(Puff^-) = \dfrac{n(Puff^-)}{V_{gesamt}}$

gilt: $$\mathbf{pH = p}K_{\mathbf{A(HPuff)}} - \mathbf{lg}\,\frac{n\mathbf{(HPuff)}}{n\mathbf{(Puff^-)}}$$

Liegen in der Pufferlösung Säure und Base in gleichen Konzentrationen vor, spricht man von einem **1:1-Puffer**. Bei einem 1:1 Puffer gilt: $pH = pK_A$.

Da die Konzentrationen der Pufferbestandteile in diese Beziehung nicht eingehen, ändert sich der pH-Wert des Puffers beim Verdünnen nicht. Trotzdem sollten die Konzentrationen nicht zu gering sein, weil sonst die Wirkung des Puffers schnell erschöpft ist.

Die Menge Säure bzw. Base, die ein Puffer abfangen kann, bezeichnet man als **Pufferkapazität**. (Abb. 118–3)

pH-Wertveränderung – Vergleich Wasser/Pufferlösung

Schon eingangs wurde festgestellt, dass Pufferlösungen den pH-Wert konstant halten. Beeindruckend ist die Wirkungsweise anhand eines konkreten Beispiels. Es werden die pH-Werte vor und nach der Zugabe einer starken Säure bzw. einer starken Base zu Wasser und einer Pufferlösung verglichen. Als Pufferlösung wurde Dihydrogenphosphat/Hydrogenphosphat gewählt, da hier der pH-Wert bei einem 1:1 Puffer bei 7,21 liegt und damit vergleichbar mit dem pH-Wert von Wasser ist.

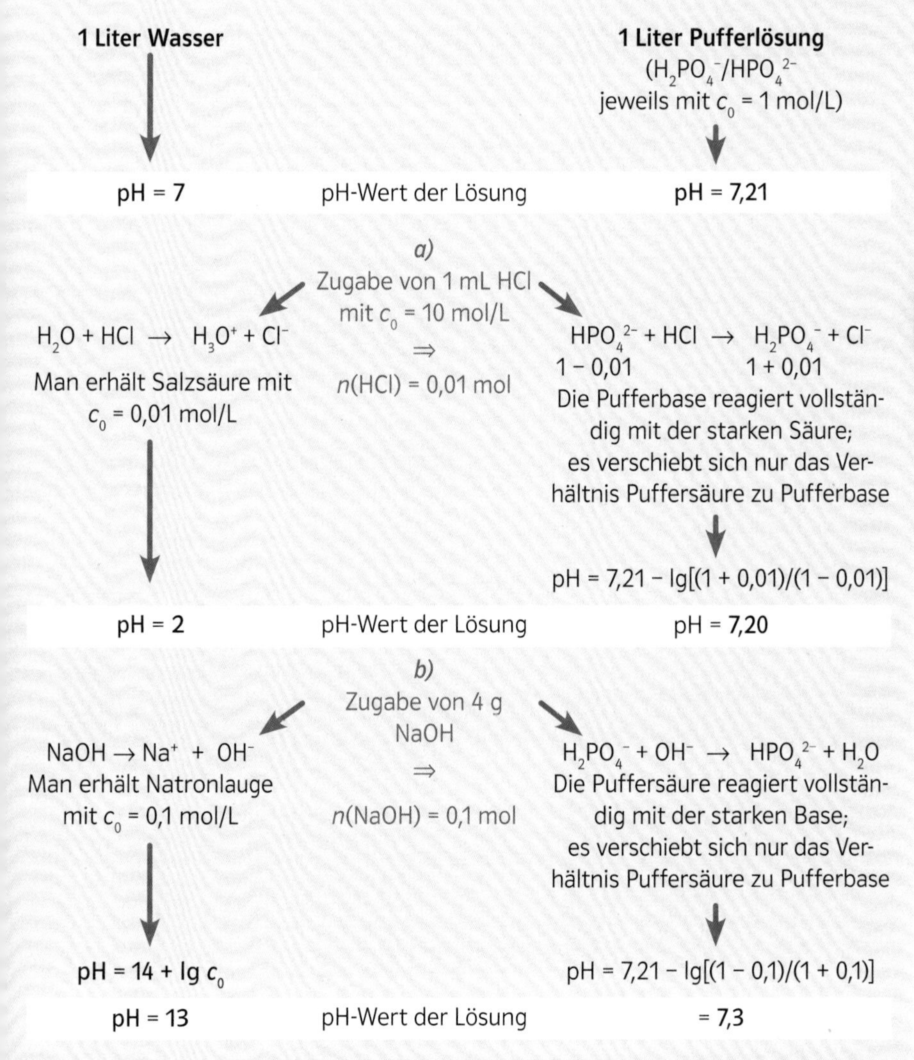

Anwendungen von Pufferlösungen

Pufferlösungen verwendet man zum Eichen der Glaselektrode der pH-Meter und bei vielen industriellen Prozessen, bei denen die Stabilisierung des pH-Wertes wichtig ist.

Die gute Pufferung vieler Böden durch $CaCO_3$ und $Ca(HCO_3)_2$ verhindert in vielen Fällen eine Versauerung des Bodens durch saure Ausscheidungen von Mikroorganismen und den „sauren Regen".

Von großer Bedeutung sind Puffersysteme für den lebenden Organismus. Der pH-Wert des Blutes wird durch die Pufferwirkung von $H_2PO_4^-/HPO_4^{2-}$ und von H_2CO_3 /HCO_3^- nahezu auf einem pH-Wert = 7,4 konstant gehalten. pH-Werte unter 6,8 oder über 7,7 wären tödlich (Abb. 119–1a).

Der H_2CO_3/HCO_3^- Puffer ist besonders wirksam, da es sich hier um ein offenes System handelt (Abb. 119–1b). H_2CO_3 ist kein stabiles Molekül; es zerfällt in Kohlenstoffdioxid und Wasser. Die Puffersäure ist daher das gasförmige CO_2. Die CO_2-Konzentration wird durch die Atmung geregelt. In der Lunge wird genau so viel CO_2 abgeatmet wie aus dem Stoffwechsel anfällt. Entsteht durch die Bildung von Säuren mehr CO_2 wird dieses in der Lunge sehr rasch abgeatmet. Wäre Blut ein geschlossenes System, so würde der pH-Wert stärker absinken (Abb. 119–1c).

Übung 119.1

1 L einer Pufferlösung enthält Ammoniumionen mit c = 0,2 mol/L und Ammoniak mit c = 0,1 mol/L.

a) Berechne den pH-Wert dieser Pufferlösung.
b) Berechne den pH-Wert dieser Pufferlösung nach der Zugabe von 2 mL Salpetersäure c = 5 mol/L.
c) Berechne den pH-Wert dieser Pufferlösungen nach der Zugabe von 1 g KOH.

VS Schüler-Experiment 5.6

Wirkung einer Pufferlösung

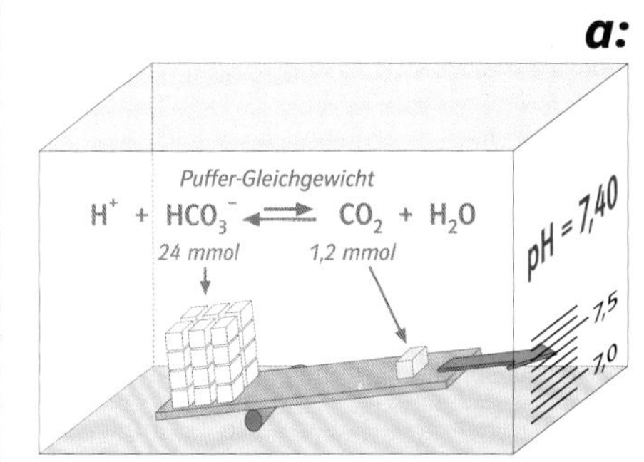

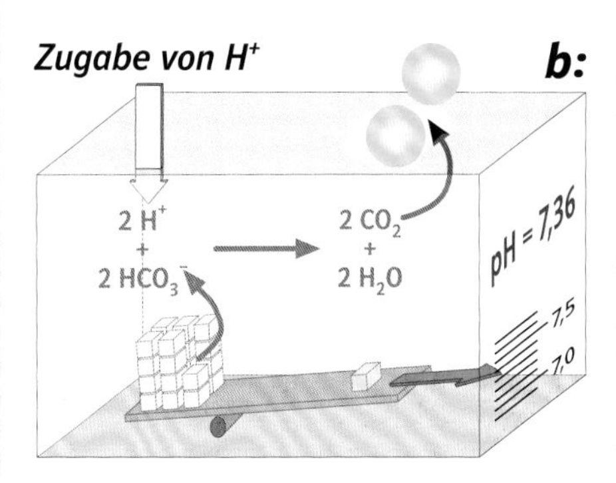

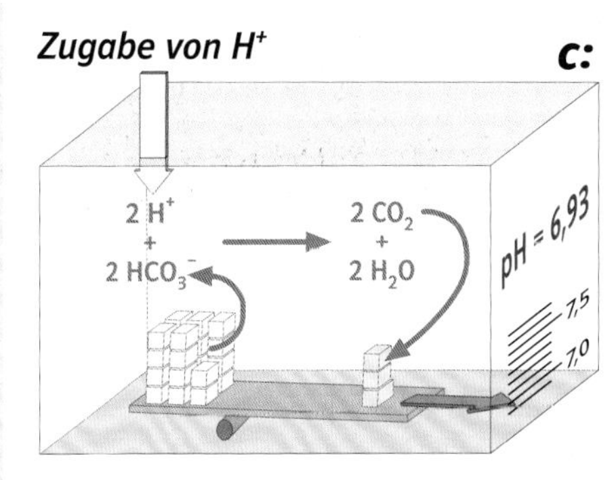

Abb. 119–1: Wirkungsweise eines geschlossenen und eines offenen Puffersystems

PLUS

5.7 Titrationskurven

Starke Säure – starke Base

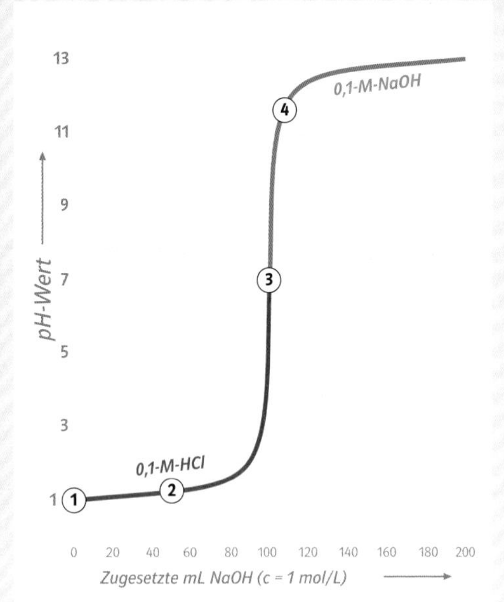

Abb. 120-1: Titrationskurve: starke Säure – starke Base

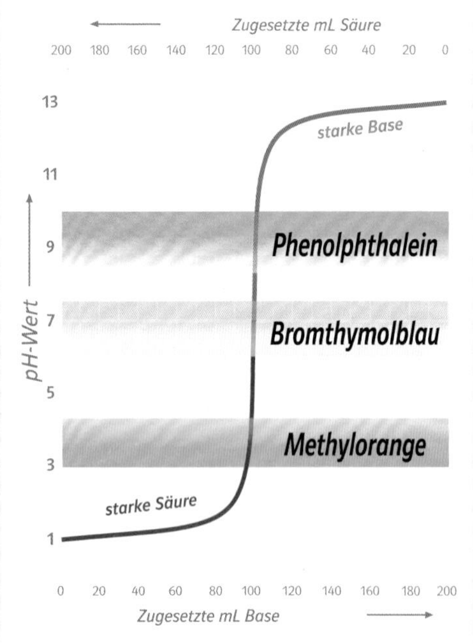

Abb. 120-2: Indikatoren bei Titration einer starken Säure mit einer starken Base

Schüler-Experiment 5.7

Aufnahme einer Titrationskurve

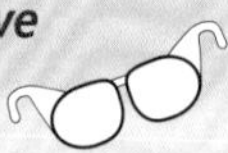

Lässt man eine Säure portionsweise mit einer Base reagieren und zeichnet den Verlauf des pH-Wertes bei dieser Reaktion auf, so erhält man eine so genannte Titrationskurve. Dabei wird die Menge an zugegebener Base auf der x-Achse aufgetragen und der pH-Wert der Mischung auf der y-Achse. Der Verlauf dieser Kurve ist typisch für die verwendete Säure und Base.

Titrationskurve starke Säure – starke Base

Lässt man eine starke Säure (zB Salzsäure) mit einer starken Base reagieren, so ergibt sich eine Titrationskurve wie in Abbildung 120-1. Im folgenden Beispiel wird 1 L Salzsäure zur Berechnung verwendet, um diese einfacher zu gestalten. In der Praxis verwendet man geringere Volumina.

Hier wird zu 1 Liter Salzsäure (c = 0,1 mol/L) Natronlauge mit c = 1 mol/L zugetropft.

Es erfolgt eine Reaktion nach der Reaktionsgleichung

$$\mathbf{HCl + NaOH \rightarrow H_2O + Na^+ + Cl^-}$$

Betrachten wir nun einige Punkte auf der Titrationskurve:

Punkt ①

An diesem Punkt wurde noch keine Natronlauge zugegeben.

Der pH-Wert wird nur von Salzsäure (c = 0,1 mol/L) bestimmt. Für die starke Säure Salzsäure wendet man zur Berechnung des pH-Wertes die Formel pH = $-\lg(c_0)$ an.

pH = –lg(0,1) = 1,00

Punkt ②

Es wurden 50 mL Natronlauge zugetropft. Im Gefäß waren ursprünglich 0,1 mol HCl vorhanden. Durch die Zugabe von $n = c \cdot V = 1 \cdot 0{,}05 = 0{,}05$ mol NaOH hat die Hälfte der HCl reagiert und es sind noch 0,05 mol HCl übrig. Da das Volumen immer noch ungefähr 1 Liter beträgt, ist die Konzentration von HCl ca. 0,05 mol/L. Der pH-Wert berechnet sich wie oben:

pH = –lg(0,05) = 1,30

Punkt ③

Es wurden 100 mL Natronlauge (enthalten 0,1 mol NaOH) zugetropft. Die gesamte HCl wurde verbraucht und es bildet sich H_2O und NaCl. Da Na^+ und Cl^- den pH-Wert von reinem Wasser nicht beeinflussen, beträgt der **pH-Wert der Lösung 7.** Diesen Punkt nennt man auch **Äquivalenzpunkt.**

Punkt ④

Es wurden 105 mL Natronlauge (enthalten 0,105 mol NaOH) zugetropft. 0,1 mol davon wurden von der HCl verbraucht, aber 0,005 mol bleiben übrig. Da das Volumen immer noch ungefähr 1 Liter beträgt, ist die Konzentration von NaOH ca. 0,005 mol/L. Der pH-Wert berechnet sich nach der Formel für starke Basen:

pH = 14 + $\lg(c_0)$ = 14 + lg(0,005) = **11,70**

Wie man sieht, steigt der pH-Wert rund um den Äquivalenzpunkt auch bei geringer Zugabe von NaOH stark an. Daher kann man mit einem Indikator, der je nach pH-Wert die Farbe ändert, gut den Äquivalenzpunkt einer Titration erkennen.

Für die Titration einer starken Säure mit einer starken Base sind viele Indikatoren geeignet, da der pH-Sprung am Äquivalenzpunkt sehr groß ist (Abb. 120-2).

Auf gleiche Weise kann auch die Konzentration einer starken Base durch Titration mit einer starken Säure ermittelt werden. Der Verlauf der Titrationskurve ist gespiegelt.

Titrationskurve schwache Säure – starke Base

Hier wird zu 1 Liter Essigsäure HAc (c = 0,1 mol/L) eine Natronlauge (c = 1 mol/L) zugetropft.

Es erfolgt einer Reaktion nach der Reaktionsgleichung

HAc + NaOH → H_2O + Na^+ + Ac^-

Betrachten wir nun einige Punkte auf der Titrationskurve (Abb. 121–1):

Punkt ①

An diesem Punkt wurde noch keine Natronlauge zugegeben.

Der pH-Wert wird nur von der Essigsäure (c = 0,1 mol/L) bestimmt. Für die schwache Säure Essigsäure mit einem pK_A-Wert von 4,75 verwendet man zur Berechnung des pH-Wertes die Formel pH = 0,5 · (pK_A – lg(c_0)).

pH = 0,5 · (4,75 – lg(0,1)) = **2,88**

Punkt ②

Es wurden 50 mL Natronlauge zugetropft. Im Gefäß waren ursprünglich 0,1 mol HAc vorhanden. Durch die Zugabe von $n = c \cdot V = 1 \cdot 0{,}05 = 0{,}05$ mol NaOH hat die Hälfte der HAc zu Ac^- reagiert und es sind noch 0,05 mol HAc übrig. Dabei handelt es sich um eine Pufferlösung mit der Puffersäure HAc und der Pufferbase Ac^- im Verhältnis 1:1. Der pH-Wert berechnet sich nach der Formel:

pH = pK_A = **4,75**

In diesem Bereich ist die Kurve flach und die Zunahme des pH-Wertes gering, da der gebildete Puffer für eine geringe Änderung des pH-Wertes sorgt. Den Punkt ② nennt man auch Pufferpunkt. Hier kann man durch Messung des pH-Wertes direkt den pK_A-Wert einer Säure bestimmen.

Punkt ③

Es wurden 100 mL Natronlauge (enthalten 0,1 mol NaOH) zugetropft. Die gesamte HAc wurde verbraucht und es bildet sich H_2O und Ac^-. Die schwache Base Ac^- ist für den pH-Wert verantwortlich und hat eine Konzentration von ca. 0,1 mol/L. Den pH-Wert berechnet man mit der Formel für schwache Basen:

pH = 14 – 0,5 · (pK_B – lg(c_0)) = 14 – 0,5 · (9,25 – lg(0,1)) = **8,88**

Auch hier ist der Punkt ③ der Äquivalenzpunkt. Wie man sieht muss dieser aber nicht unbedingt bei einem pH-Wert von 7,00 liegen. Die Änderung des pH-Wertes ist auch an diesem Äquivalenzpunkt deutlich, aber nicht so groß wie im ersten Beispiel. Wichtig ist also die Wahl eines geeigneten Indikators bei der Titration von schwachen Säuren. Der Indikator muss im Basischen umschlagen zB Phenolphthalein (Siehe Abb. 121–2).

Auf gleiche Weise kann auch die Konzentration einer schwachen Base durch Titration mit einer starken Säure ermittelt werden. Der Verlauf der Titrationskurve ist gespiegelt.

Eine Titration einer schwachen Säure mit einer schwachen Base ergibt keinen pH-Wertsprung am Äquivalenzpunkt, da dort der flachste Bereich der Kurve ist (Pufferbereich eines in diesem Fall nicht konjugierten Puffers). Daher werden solche Titrationen in der Praxis nicht durchgeführt.

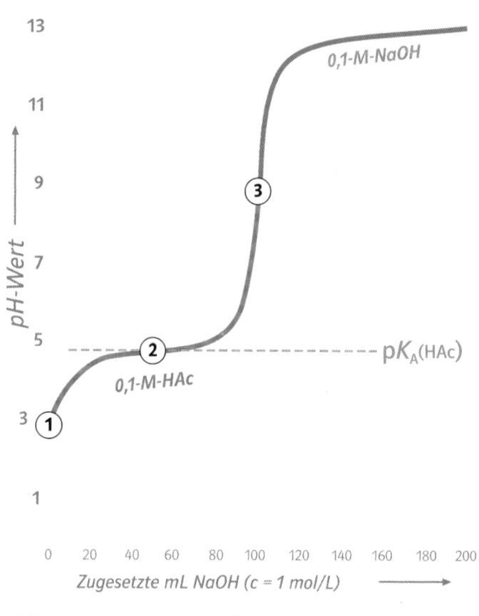

Abb. 121–1: Titrationskurve: schwache Säure – starke Base

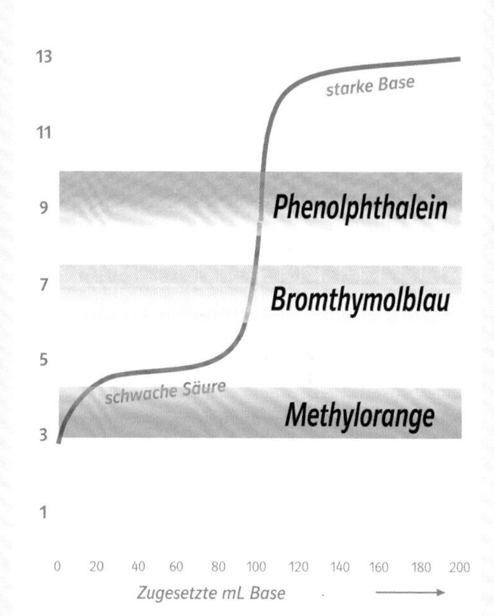

Abb. 121–2: Indikatoren bei Titration einer schwachen Säure mit einer starken Base

Technische Anwendung von Titrationen

Obwohl die Titration eine schon lange bekannte Analysenmethode ist, wird sie auch heute noch regelmäßig in Analysenlabors durchgeführt.

In Wasseranalyse-Sets wird die Titration statt mit einer Bürette häufig mit Spritzen durchgeführt, die allerdings nur eine semiquantitative Aussage erlauben.

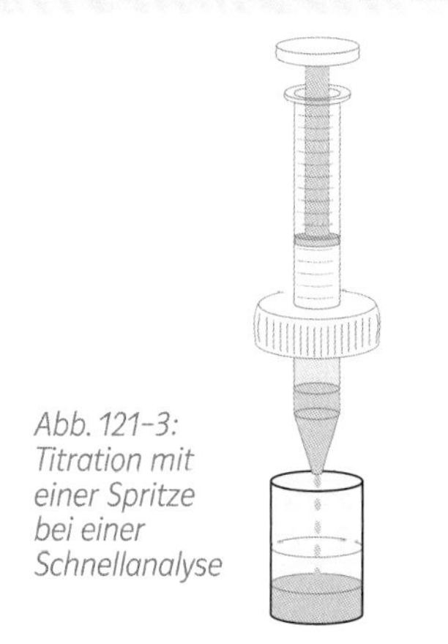

Abb. 121–3: Titration mit einer Spritze bei einer Schnellanalyse

VS Schüler-Experiment 5.8

pK_A-Wert einer schwachen Säure

5.8 Wichtige Säuren

Schwefelsäure – Eigenschaften und Verwendung

H_2SO_4

Festpunkt 10,4 °C
Kochpunkt 279,6 °C
Dichte 1,83 g/cm³

- Farblose, ölige Flüssigkeit
- Hygroskopisch
- Gutes Oxidationsmittel (konz. H_2SO_4)

Abb. 122-1: Eigenschaften der Schwefelsäure

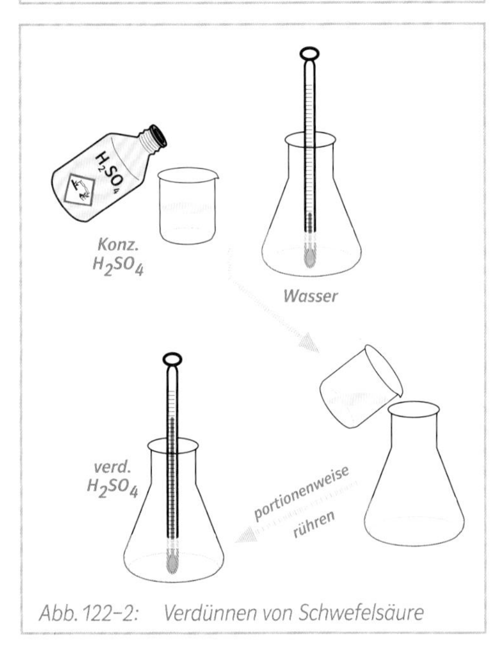

Abb. 122-2: Verdünnen von Schwefelsäure

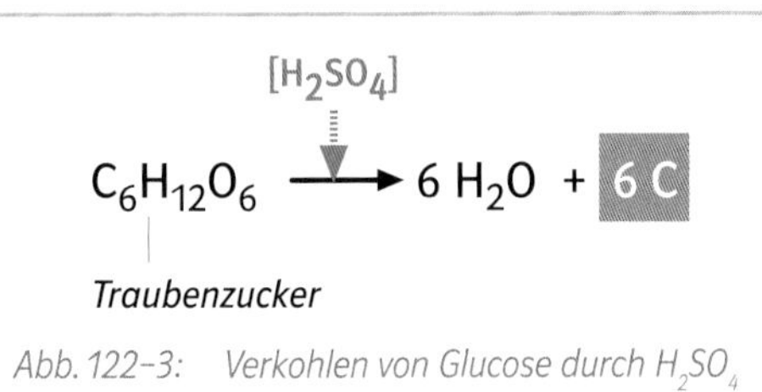

Abb. 122-3: Verkohlen von Glucose durch H_2SO_4

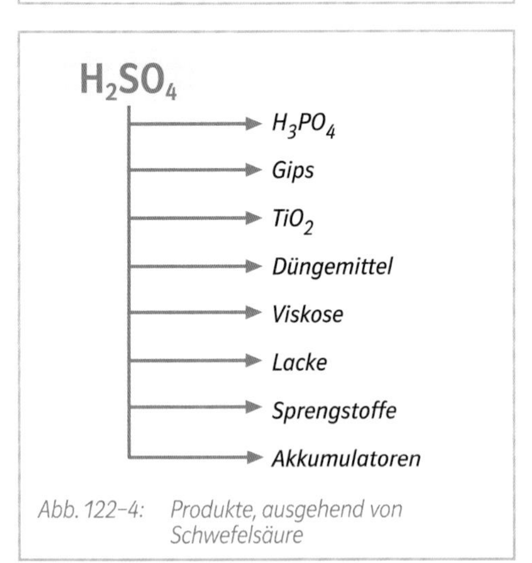

Abb. 122-4: Produkte, ausgehend von Schwefelsäure

Schwefelsäure – H_2SO_4

Eigenschaften der Schwefelsäure

Schwefelsäure ist eine farblose ölige Flüssigkeit von hoher Dichte und hohem Siedepunkt. Sie ist eine starke Säure. Konzentrierte Schwefelsäure wirkt stark Wasser anziehend (hygroskopisch). Sie nimmt Wasser aus der Luftfeuchtigkeit auf (Trocknungsmittel) und erwärmt sich beim Verdünnen sehr stark. Die dabei freiwerdende Wärmemenge beträgt 95,4 kJ/mol H_2SO_4. Daher darf sie nur unter Vorsichtsmaßnahmen verdünnt werden. Man muss Schwefelsäure portionsweise unter Rühren in das vorgelegte Wasser gießen, damit sich die Wärme verteilen kann

Die Wasser entziehende Wirkung ist so stark, dass Schwefelsäure aus sauerstoffhältigen organischen Verbindungen Wasser abspaltet und diese dadurch verkohlen. Durch die Wasser entziehende Wirkung und ihre Wirkung als starke Säure gehört konzentrierte Schwefelsäure zu den gefährlichen und unfallträchtigen Chemikalien im Labor. Schwefelsäurespritzer zerstören die Kleidung und verursachen schmerzhafte Wunden. Beim Umgang mit konzentrierter Schwefelsäure sollte prinzipiell eine Schutzbrille getragen werden.

Verwendung der Schwefelsäure

Schwefelsäure ist die mit Abstand meisthergestellte Säure. Die Weltproduktion beträgt weit über 100 Millionen Tonnen jährlich.

Produktion von Düngemitteln

Ein großer Teil der Schwefelsäure wird zur Produktion von Düngemitteln verwendet. Sowohl bei Phosphaten als auch bei Stickstoffdüngern und bei Kalidüngern wird in der Produktion Schwefelsäure eingesetzt. Der Grund dafür ist, dass Sulfate im Boden für die Pflanzen nicht schädlich sind.

*Produktion von TiO_2 – **Weißpigment***

Ein weiteres wichtiges Einsatzgebiet für Schwefelsäure ist die Herstellung von Titan(IV)-oxid (TiO_2). Es ist ein ausgezeichnet deckendes Weißpigment für Lacke und Straßenmarkierungsfarben, für Kunststoffe und Papier. Da es ungiftig ist, wird es auch in Zahnpasten, Kosmetikas und Lebensmitteln verwendet. Es ist bei weitem das wichtigste Weißpigment (Weltproduktion: mehrere Millionen Tonnen pro Jahr).

Beim Prozess fallen pro Tonne Titan(IV)-oxid 6–9 t 20%ige Schwefelsäure an. Da Schwefelsäure sehr billig und die Aufkonzentrierung der Dünnsäure sehr energieaufwändig ist, wurde sie früher von Schiffen in das Meer geleitet (Dünnsäureverklappung). Dies hat zu großen Umweltschäden in der Nordsee geführt. Daher baut man heute Anlagen, die die Dünnsäure wieder in die Produktion rückführen, auch wenn die Energiekosten den Schwefelsäurepreis stark übersteigen.

Produktion von Viskose

Bei der Herstellung von Textilfasern auf Cellulosebasis (Viscose) wird aus Holz gewonnene Cellulose mit Natronlauge und Schwefelkohlenstoff behandelt. Die Lösung wird durch eine Spinndüse in ein Bad mit verdünnter Schwefelsäure gepresst. Dabei wird die Natronlauge neutralisiert.

Nitriersäure

Mit Salpetersäure gemischt, dient Schwefelsäure als „Nitriersäure“ zur Herstellung von Sprengstoffen und Lackrohstoffen (Nitrolacke).

Bleiakkumulator

In Bleiakkumulatoren wird etwa 30%ige Schwefelsäure als Elektrolyt eingesetzt.

Herstellung nach dem Kontaktverfahren

Der Rohstoff für die Schwefelsäureproduktion ist in den meisten Fällen elementarer Schwefel. Dieser kommt in der Natur in unterirdischen Lagerstätten vor. Eine weitere, heute wesentlich wichtigere Quelle für Elementarschwefel ist die Entschwefelung von Erdgas und Erdölprodukten nach dem **Claus-Verfahren**.

Erdöl und Erdgas können in Form von organischen Schwefelverbindungen bis zu 5 % Schwefel enthalten. Dieser muss aus Umweltschutzgründen entfernt werden. Das Verfahren ist keineswegs wirtschaftlich, aber immer strengere, gesetzliche Auflagen, sowie der riesengroße Verbrauch an Erdgas und Erdöl, machen das Verfahren heute zur mengenmäßig wichtigsten Gewinnungsmethode für Schwefel.

Bildung von Schwefeldioxid und Schwefeltrioxid

Das für die Schwefelsäure notwendige Schwefeltrioxid wird praktisch nicht direkt gebildet. Im ersten Schritt entsteht Schwefeldioxid.

1. Schritt: $\mathbf{S + O_2 \rightarrow SO_2}$ 2. Schritt: $\mathbf{2\,SO_2 + O_2 \rightarrow 2\,SO_3}$

Beim wichtigen zweiten Oxidationsschritt liegt bei Raumtemperatur das Gleichgewicht sehr deutlich auf der Seite der Produkte, die Reaktion ist aber für einen Produktionsprozess viel zu langsam. Bei 1000 °C wäre die Reaktion rasch genug, allerdings liegt dann das Gleichgewicht der Reaktion aufseiten der Ausgangsstoffe (Prinzip vom kleinsten Zwang). Je tiefer die Temperatur für den Prozess gehalten werden kann, desto günstiger ist die Gleichgewichtslage für die SO_3-Produktion. Daher benötigt man einen Katalysator zur Herabsetzung der Aktivierungsenthalpie. Das bei der Verbrennung entstandene Schwefeldioxid wird einem Reaktor zugeführt. Auf dessen Horden befindet sich Vanadium(V)-oxid auf einem Trägermaterial als Katalysator. Mit überschüssiger Luft reagiert das Schwefeldioxid am Katalysator zu Schwefeltrioxid. Um hohen Umsatz zu erreichen, muss wegen der exothermen Reaktionswärme nach jeder Stufe gekühlt werden.

Bildung der Schwefelsäure

Das entstandene Gasgemisch aus Schwefeldioxid und Schwefeltrioxid führt man nun aus dem Reaktor ab, kühlt es und speist es von unten in den Zwischenabsorptionsturm ein. In diesem rieselt dem Gasgemisch ca. 95%ige Schwefelsäure entgegen, und das in ihr enthaltene Wasser reagiert mit dem Schwefeltrioxid des Gasgemisches zu Schwefelsäure. SO_3 löst sich hervorragend in konzentrierter Schwefelsäure, wobei eine „überkonzentrierte" Schwefelsäure entsteht, die man auf Grund ihrer öligen Konsistenz **Oleum** nennt.

Nutzung der Wärmeenergie

Der Weltmarktpreis für technische Schwefelsäure liegt sehr niedrig, sodass das Verfahren nur rentabel ist, wenn die beim Prozess entstehende Wärmeenergie genützt wird. Alle drei Prozessschritte sind ja exotherm. Die Prozesswärme der ersten beiden Schritte wird schon seit langem genützt. Vor einigen Jahren hat der größte Schwefelsäurehersteller Österreichs, die Donau-Chemie, ein Verfahren entwickelt, bei dem auch die Wärme der SO_3-Absorption genutzt wird. Die Schwierigkeit dabei liegt darin, ein geeignetes Material für einen Wärmetauscher zu finden, das die Wärme gut leitet, aber gegen Schwefelsäure von über 200 °C stabil ist (Platin wäre geeignet, ist aber natürlich nicht finanzierbar). Es ist gelungen, Stahl durch Anlegen von Gleichspannung (positiver Pol) so weit zu passivieren, dass er in heißer Schwefelsäure stabil bleibt. Die Firma benutzt die bei der Schwefelsäureproduktion anfallende Wärme zur Konzentrierung von Phosphorsäure und außerdem zum Trocknen des bei der Phosphorsäure-Produktion anfallenden Gipses bzw. von Gips-Zwischenwandelementen für den Innenausbau. Das früher dafür verwendete Heizöl schwer wird eingespart. Heute emittiert die Donau-Chemie auf Grund der Doppelkatalyse insgesamt weniger SO_2 als früher alleine durch die Verbrennung von Heizöl schwer bei der Gipsplattentrocknung.

$$S + O_2 \rightleftharpoons SO_2$$
$\Delta H = -296{,}6$ kJ
1. Schritt

$$2\,SO_2 + O_2 \rightleftharpoons 2\,SO_3$$
$\Delta H = -196{,}6$ kJ
2. Schritt

$$SO_3 + H_2O \rightleftharpoons H_2SO_4$$
$\Delta H = -134$ kJ
3. Schritt

Abb. 123-1: Die Reaktionen der Schwefelsäure-Erzeugung

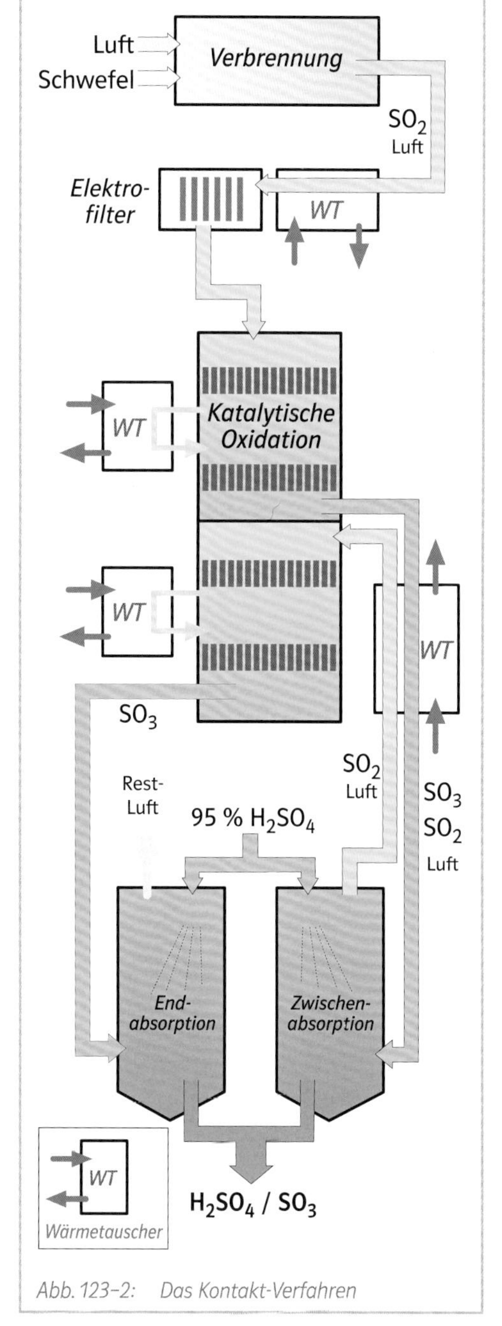

Abb. 123-2: Das Kontakt-Verfahren

HNO_3

Konzentrierte Salpetersäure ist ein azeotropes (nicht durch Destillation trennbares) Gemisch von 68 % Säure mit Wasser.

Festpunkt (als Monohydrat)	−37,6 °C
Kochpunkt (69%ige Lösung)	121,8 °C
Dichte	1,41 g/cm³

Gutes Oxidationsmittel (konz. HNO_3)

Wasserfreie Salpetersäure

Festpunkt	−41,6 °C
Kochpunkt	82,6 °C
Dichte	1,50 g/cm³

Wasserfreie Salpetersäure zersetzt sich leicht. Dabei bildet sich NO_2, das gelöst bleibt und die Säure rot färbt ⇒ „rauchende Salpetersäure"

Abb. 124-1: Eigenschaften der Salpetersäure

Abb. 124-2: Stickstoffoxide – gebildet bei der Reaktion von HNO_3 mit Kupfer

Abb. 124-3: Salpetersieder

Salpetersäure - HNO_3

Salpetersäure gehört zu den technisch wichtigsten Säuren. Reine Salpetersäure zerfällt unter Lichteinfluss teilweise in Wasser, Stickstoffdioxid und Sauerstoff. Das Stickstoffdioxid löst sich und färbt die Säure rot. Sie wird auch rote oder rauchende Salpetersäure genannt. Sie ist sehr gefährlich (NO_2, ein starkes Lungengift) und kommt in mit Kunststoff ummantelten Glasflaschen in den Handel. „Konzentrierte Salpetersäure" ist 69%ig. Sie enthält die höchste HNO_3- Konzentration, die man aus verdünnten Lösungen durch Destillation erzeugen kann, da 69%ige Salpetersäure wie ein Reinstoff siedet, also ihre Konzentration im Dampf dieselbe ist wie in der Flüssigkeit. Üblicherweise wird Salpetersäure für das Labor höchstens in dieser Konzentration verkauft.

Eigenschaften der Salpetersäure

HNO_3 ist eine starke Säure und ein starkes Oxidationsmittel (= entzieht anderen Stoffen zB Metallen Elektronen). In konzentrierter Form wirkt sie brandfördernd. Sie greift alle Metalle außer Gold und Platinmetalle (Ru, Rh, Pd, Os, Ir, Pt) an. Dabei reagiert sie zu Stickstoffoxiden. Je nach Konzentration entstehen NO oder NO_2. Sie wird zum Trennen von Gold/Silber Legierungen verwendet. Silber reagiert zu Silbernitrat und Gold wird nicht angegriffen. Daher nannte man Salpetersäure früher auch „Scheidewasser" (Abscheiden von Gold aus der Legierung).

Auch mit vielen anderen Stoffen bildet konzentrierte Salpetersäure die giftigen Stickstoffoxide. Daher sind solche Reaktionen nur unter dem Abzug durchzuführen (Abb. 124-2)

Schwarzpulver

Ihren Namen hat Salpetersäure von Salpeter (Sal = Salz, Petrus = Fels) dem alten Namen des Kaliumnitrats. Dieses wurde aus Mauersalpeter (Calciumnitrat) und Pottasche (Kaliumcarbonat) hergestellt („Salpetersieden" siehe Abb. 124-3) und als reaktiver Bestandteil im Schwarzpulver verwendet.

$$Ca(NO_3)_2 + K_2CO_3 \rightarrow CaCO_3 + 2\,KNO_3$$

Das Schwarzpulver, eine Mischung aus Salpeter (Kaliumnitrat), Schwefelpulver und Holzkohlestaub wurde im 11. Jh. in China erfunden und kam wahrscheinlich im 13. Jh. über die Mongolen nach Europa. Durch seine Eignung als Schießpulver wurde im Spätmittelalter die bis dahin vorherrschende Kriegstechnik obsolet.

Frühere Herstellung der Salpetersäure

Natriumnitrat, welches in großen Lagerstätten in der Atacamawüste in Chile vorkommt, wird Chilesalpeter genannt. Aus diesem gewann man Salpetersäure durch Erhitzen mit Schwefelsäure. Dies war lange Zeit die einzige Salpetersäuregewinnungsmethode.

Da Salpetersäure eine zentrale Rolle sowohl bei der Düngemittelherstellung, als auch bei der Produktion von Sprengstoffen spielt, war Chilesalpeter ein strategisch bedeutsamer Rohstoff. Dies spielte in Deutschland während des ersten Weltkrieges eine wichtige Rolle, da die Mittelmächte durch die englische Seeblockade von Chilesalpeterlieferungen abgeschnitten waren. Es war schon seit 1838 durch Kuhlmann bekannt, dass sich Ammoniak mit Platinkatalysatoren zu NO verbrennen lässt, von wo aus Salpetersäure leicht zugänglich wird. Dieser Weg wurde von Wilhelm Ostwald zu Beginn des 20. Jahrhunderts zum Industrieverfahren entwickelt, aber es fehlte eine ergiebige Ammoniakquelle. Daher wurde von der Deutschen Chemischen Industrie die Entwicklung der Ammoniaksynthese mit Hochdruck vorangetrieben. Fritz Haber entwickelte 1908 die theoretischen Grundlagen zur Ammoniak-Synthese, Carl Bosch setzte sie 1913 in die Industrielle Produktion um (siehe S. 100). Mit der Lösung des Ammoniakproblems war auch Salpetersäure ohne Chilesalpeter zugänglich. Im Jahr 1914 gab es einen Vertrag zwischen der BASF und der Deutschen Heeresleitung, der als „Salpeterversprechen" bezeichnet wurde. Die BASF bekam finanzielle Mittel und garantierte die Lieferung von Salpeter (bzw. Salpetersäure). Die Produktion konnte allerdings erst 1917, also gegen Ende des Krieges, mit dem Bau neuer Werke (Merseburg, Leuna) den Bedarf annähernd decken.

Das Ostwaldverfahren

Heute wird Salpetersäure praktisch ausschließlich nach dem Ostwald-Verfahren aus Ammoniak hergestellt (Reaktionsgleichungen Abb. 125–1). Der Abbau von Chilesalpeter hat heute nur mehr minimale Bedeutung.

Der erste Produktionsschritt

Ammoniak verbrennt normalerweise zu Stickstoff und Wasserdampf. Über den Katalysator, eine Pt/Rh Legierung, entsteht NO und Wasserdampf. Die Kontaktzeit mit dem Katalysator darf dabei nur weniger als 1/1000 sec. betragen, da sonst derselbe Katalysator das NO wieder in die Elemente zerfallen lässt. In der Praxis wird das Gemisch aus Ammoniak und überschüssiger Luft mit großer Geschwindigkeit durch ein Pt/Rh Katalysatornetz geblasen, das durch den exothermen Prozess hell aufglüht. Die Wärme wird durch die rasch strömende Gasmenge abgeführt. Dabei werden kleine Partikel des Katalysators abgelöst und mitgerissen. Dies stellt einen bedeutenden Kostenfaktor dar, obwohl Methoden zur Rückgewinnung der Platinmetalle entwickelt wurden

Der zweite Produktionsschritt

Der zweite Reaktionsschritt erfolgt beim Abkühlen des NO/Luft-Gemisches von selbst, da die Aktivierungsenthalpie für den Prozess gering ist und das Gleichgewicht für die NO_2-Gewinnung stark bei den Produkten liegt.

Der dritte Produktionsschritt

Im dritten Schritt muss NO_2 mit Wasser reagieren. Dabei entsteht zwischenzeitlich wieder NO, welches erneut zu NO_2 oxidiert werden muss. Der Prozess wird in einem zweistufigen Verfahren durchgeführt. Im ersten Schritt strömt das NO_2/Luft-Gemisch im Absorptionsturm durch herabrieselnde verdünnte Salpetersäure, welche dabei konzerntriert wird. Im zweiten Schritt strömt das Restgas, in dem das entstehende NO wieder im Luftüberschuss zu NO_2 oxidiert wurde, im zweiten Absorptionsturm durch herabrieselndes Wasser, welches den Großteil des NO_2 aufnimmt und dabei zu verdünnter Salpetersäure wird. Diese wird in Turm 1 eingesetzt. Je höher der Druck im System, desto vollständiger gelingt die Absorption, desto höher sind aber auch die Katalysatorverluste im ersten Reaktionsschritt.

Restliches Stickstoffoxid hat man früher als Abgas in die Luft entlassen, was zu starken Luftbelastungen geführt hat. Heute wird durch höhere Drucke und durch Abgasreinigung des Restgases mit Natriumcarbonatlösung die Stickoxidemission minimiert.

Verwendung der Salpetersäure

Etwa 1/3 der Ammoniakweltproduktion wird zur Salpetersäureherstellung verwendet. Die Salpetersäure wird zum größten Teil zu Nitraten für die Düngemittelherstellung weiterverarbeitet (hauptsächlich Ammoniumnitrat durch Reaktion mit Ammoniak). Sie kann auch, ähnlich wie Schwefelsäure, zum Aufschließen von Phosphat verwendet werden. (Siehe Exkurs Düngemittel S. 56).

Für die Herstellung von Sprengstoffen ist Salpetersäure der wichtigste Ausgangsstoff. Das früher verwendete Schwarzpulver hat heute nur mehr in der Feuerwerkstechnik Bedeutung. Als Sprengstoffe dienen heute die Reaktionsprodukte von Salpetersäure mit Glycerol oder aromatischen Kohlenwasserstoffen („Nitroglycerin", TNT). Als Schießpulver verwendet man das Reaktionsprodukt von Salpetersäure mit Cellulose, die Schießbaumwolle, mit einer Reihe von Zusatzstoffen (rauchschwache Schießpulver). Bei der Synthese all dieser Stoffe wird eine Mischung von Salpetersäure mit Schwefelsäure eingesetzt, die man Nitriersäure nennt.

Die Reaktionsprodukte der Salpetersäure mit organischen Verbindungen (Salpetersäureester, Nitroverbindungen) dienen auch als Ausgangsstoffe für die Herstellung von Lacken (Nitrolacke) und Farbstoffen.

$$4\,NH_3 + 5\,O_2 \rightleftharpoons 4\,NO + 6\,H_2O$$
$$\Delta H = -904{,}8\ \text{kJ}$$

Ammoniakverbrennung

$$2\,NO + O_2 \rightleftharpoons 2\,NO_2$$
$$\Delta H = -113{,}2\ \text{kJ}$$

Oxidation von NO

$$2\,NO_2 + H_2O \rightleftharpoons NO + 2\,HNO_3$$
$$NO + 0{,}5\,O_2 \rightleftharpoons NO_2$$

Salpetersäure aus NO_2

Abb. 125–1: Die Reaktionen der Salpetersäure-Erzeugung

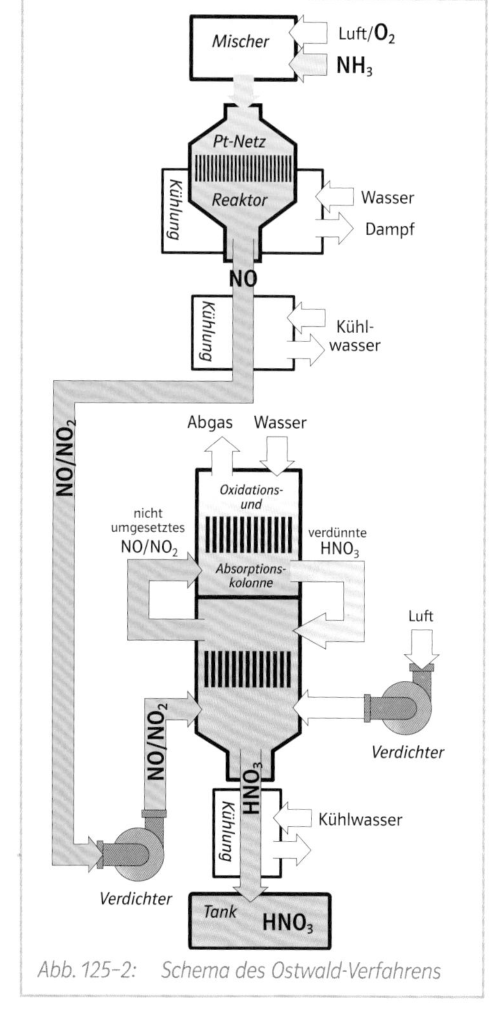

Abb. 125–2: Schema des Ostwald-Verfahrens

Abb. 125–3: Produkte ausgehend von Salpetersäure

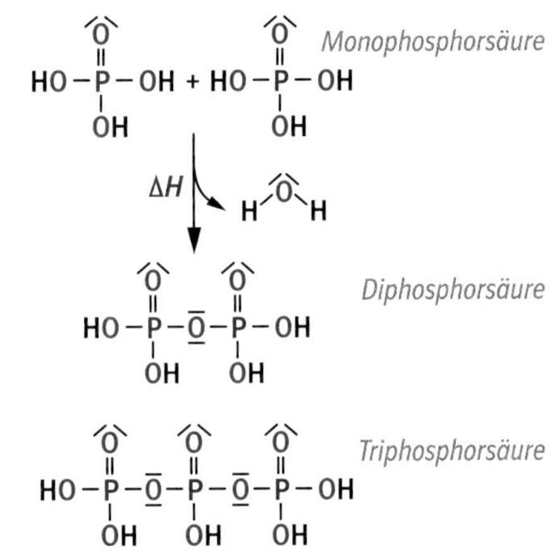

Monophosphorsäure

HO–P(=O)(OH)–OH + HO–P(=O)(OH)–OH

ΔH → H_2O

Diphosphorsäure

HO–P(=O)(OH)–O–P(=O)(OH)–OH

Triphosphorsäure

HO–P(=O)(OH)–O–P(=O)(OH)–O–P(=O)(OH)–OH

Abb. 126-1: Polyphosphorsäuren

Phosphorsäure – H_3PO_4

Die Phosphorsäure H_3PO_4 (ortho-Phospophorsäure) ist die wichtigste Sauerstoffsäure des Phosphors und wird in großtechnischen Mengen für die Düngemittelproduktion hergestellt. Unter Wasserabspaltung lassen sich Diphosphorsäure, die ringförmigen Metaphosphorsäuren und die kettenförmigen Polyphosphorsäuren herstellen, die allerdings nicht in reiner Form isolierbar sind und sich ineinander umwandeln können. Ihre Salze sind isolierbar und spielen als Lebensmittelzusatzstoffe und bei der Wasserenthärtung eine wichtige Rolle.

Düngemittelproduktion

Der Rohstoff für die Phosphorsäureherstellung wird aus Phosphatlagerstätten gewonnen und besteht zum Großteil aus Calciumphosphat. Zur Phosphorsäuregewinnung für Düngemittel wird er mit Schwefelsäure oder Salpetersäure behandelt. Dabei entsteht Gips oder Calciumnitrat, die sich als Feststoffe abtrennen lassen.

Die entstehende Phosphorsäure (im Gemisch mit überschüssiger Salpetersäure oder Schwefelsäure) wird mit Ammoniak versetzt. So entsteht ein Gemisch aus Ammoniumnitrat oder Ammoniumsulfat und Ammoniumhydrogenphosphat.

Technische Anwendungen

Phosphorsäure dient auch zur Oberflächenbehandlung von Metallen (Phosphatierung). Dabei entsteht auf Eisen und Zink eine festhaftende, schwerlösliche Schicht aus Eisen- bzw. Zinkphosphat, die vor Korrosion schützt und gut lackierbar ist. Bleche für die Autoherstellung werden oft so behandelt.

Phosphate als Wasserenthärter spielen heute nur mehr eine geringe Rolle. Aus Waschmitteln wurden sie komplett verbannt und auch in Maschinenspülmitteln für Geschirr werden sie zunehmend ersetzt.

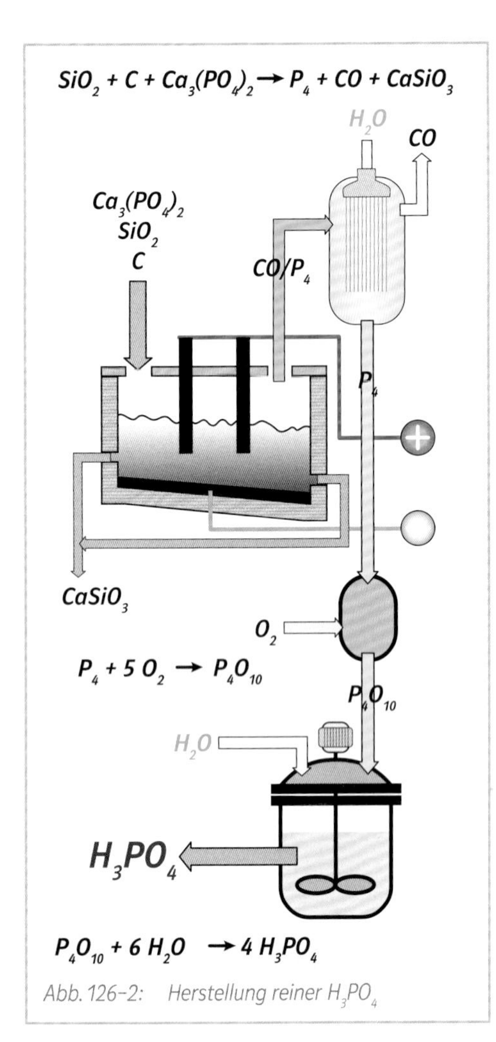

Abb. 126-2: Herstellung reiner H_3PO_4

Stoffwechsel

Phosphat spielt im Stoffwechsel eine wichtige Rolle. Es ist am Aufbau der DNA beteiligt, ist in verschiedenen wichtigen Coenzymen enthalten (zB ATP Adenosintriphosphat) und bildet den Hauptbestandteil der harten Strukturen in unserem Körper wie Knochen und Zähnen.

Die „Asche" nach Feuerbestattungen besteht also fast ausschließlich aus Phosphaten. Man kann daher daraus nicht – wie von manchen Bestattungsinstituten behauptet – einen Diamanten herstellen. Dieser wäre reiner Kohlenstoff. Der Kohlenstoffanteil verbrennt aber bei der Kremierung vollständig zu CO_2.

Lebensmittel(-industrie)

Phosphorsäure und Phosphate für die Lebensmittelindustrie haben hohe Reinheitsanforderungen und werden meist über elementaren Phosphor hergestellt.

Sie wird als Säuerungsmittel in Colagetränken verwendet. Da sie eine mittelstarke Säure ist ($pK_A = 1{,}96$), sind solche Getränke sehr sauer. Durch den hohen Zuckerzusatz wird der Geschmackseindruck „sauer" verringert. Als Lebensmittelzusatzstoff hat Phosphorsäure die E-Nummer E 338.

Phosphate (E 339, E 340, E 341) und Salze kondensierter Phosphorsäuren (E 450, 451, 452) sind heute viel verwendete Lebensmittelzusatzstoffe. Sie dienen als Konservierungsmittel, zum pH stabilisieren (als Puffer) und als Emulgatoren.

In der Fleisch- und Wurstindustrie verhindern sie den Wasseraustritt aus Fleisch („Schinken bleibt saftig"), die Entmischung und den Wasserverlust im Wurstbrät („Würste bleiben knackig"). Für Schmelzkäse dienen sie als Schmelzsalze mit ähnlicher Funktion wie bei Wurstwaren. Sie verhindern auch das Zusammenkleben der Käsescheiben.

Phosphatquellen in der Nahrung sind neben Fleisch und Fisch vor allem Getreideprodukte, Milch und Nüsse. Trotz des Phosphatbedarfs werden die Phosphatzusätze in Lebensmitteln von einigen Ernährungswissenschaftlern kritisch gesehen. Es sind daher Höchstmengenverordnungen erlassen worden (meist zwischen 0,5 und 5 g/kg Lebensmittel). Zu hohe Phosphatzufuhr steht im Verdacht Hyperaktivität bei Kindern und Osteoporose auszulösen. Als erlaubte Tagesdosis für die Gesamtmenge Phosphat (incl. Phosphorsäure) gilt 70 mg/kg Körpergewicht.

Kohlensäure – H_2CO_3 und Kohlenstoffdioxid – CO_2

Kohlenstoffdioxid wird umgangssprachlich oft als Kohlensäure bezeichnet. Es ist aber ein farbloses in geringer Konzentration geruchloses Gas und bildet 0,04 % (400 ppm) der Atmosphäre.

Erfrischungsgetränke

Kohlensäure ist den meisten Menschen von den Erfrischungsgetränken bekannt. Sie entsteht durch das Auflösen von Kohlenstoffdioxid in Wasser. Allerdings ist Kohlensäure selbst keine stabile Verbindung. Nur etwa 0,2 % des gelösten CO_2 liegt als Kohlensäure vor, der Rest ist rein physikalisch gelöst. Kohlensäure selbst wäre eigentlich eine gar nicht so schwache Säure. Im pK_A-Wert von 6,46 ist das Gleichgewicht zwischen CO_2 und H_2O mit H_2CO_3 berücksichtigt.

In Erfrischungsgetränken wird CO_2 unter Druck im Wasser gelöst, um höhere Säurekonzentrationen zu erzielten. Lässt man das Getränk offen stehen, so entweicht Kohlenstoffdioxid. In Österreich wird (lt. Codex Alimentarius Austriacus) Wasser mit (mindestens 4 g/L) CO_2 als Sodawasser (oder kurz Soda) bezeichnet. Eigentlich ist Sodawasser eine irreführende Bezeichnung, da Soda der Trivialname von Natriumcarbonat ist, und eine Sodalösung eher zum Geschirrspülen als zum Trinken geeignet wäre.

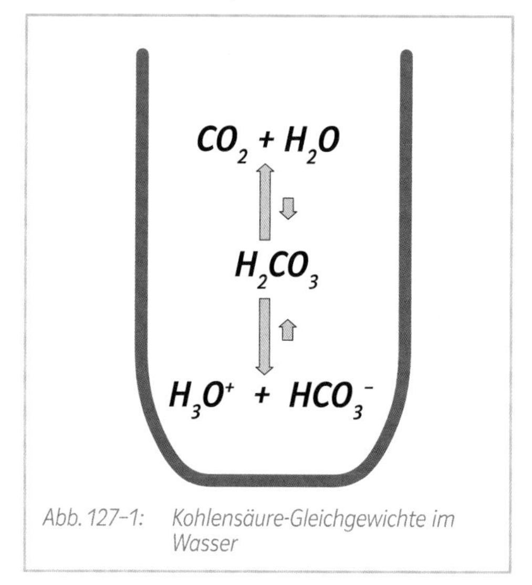

Abb. 127–1: Kohlensäure-Gleichgewichte im Wasser

Bildung von Kohlenstoffdioxid

Kohlenstoffdioxid ist das Endprodukt des Kohlenstoffanteils der Nahrung im Stoffwechsel. Ausgeatmete Luft enthält etwa 4 % CO_2.

Es entsteht auch bei der Verbrennung aller fossiler Energieträger. Daher hat sein Anteil an der Luft seit Beginn der Industrialisierung von 280 ppm auf den heutigen Wert zugenommen.

Auch bei der alkoholischen Gärung entsteht Kohlenstoffdioxid. Da das Gas eine deutlich höhere Dichte als Luft hat (siehe Gasgesetze S. 76), kann es bei mangelnder Belüftung Weinkeller großteils ausfüllen. Es ist zwar in geringeren Konzentrationen ungiftig, überschreitet seine Konzentration allerdings ca. 8 – 10 %, so führt es rasch zu Bewusstlosigkeit und schließlich zum Tod. So begründen sich tödliche Gärgasunfälle.

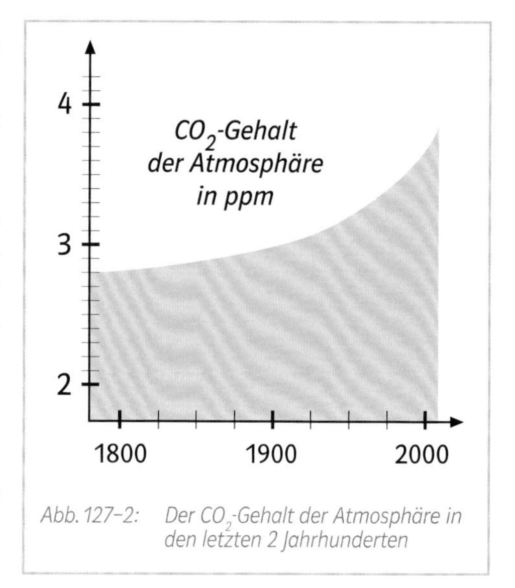

Abb. 127–2: Der CO_2-Gehalt der Atmosphäre in den letzten 2 Jahrhunderten

Verwendung

Da Kohlenstoffdioxid die höchst oxidierte Form des Kohlenstoffs ist, ist es unbrennbar und kann als Feuerlöschmittel verwendet werden. Es lässt sich unter Druck (ca. 60 bar) verflüssigen, liegt also im Feuerlöscher flüssig vor. Beim Entspannen kühlt es stark ab und wird bei einer Temperatur von −78,5 °C fest. Im Festzustand wird es Trockeneis genannt. Der Trockeneislöscher versprüht also festes CO_2. Das kühlt den Brandherd und verhindert nach dem Verdampfen den Zutritt von Luft. Reste des Löschmittels sublimieren rückstandsfrei, was Schäden durch Wasser oder Löschpulver wie bei anderen Systemen vermeidet. Trockeneis dient auch als Kühlmittel bei chemischen Reaktionen, wenn beteiligte Stoffe oder Produkte sehr temperaturlabil sind.

Beim Lagern von Obst wird durch CO_2 ein Schutzgaseffekt erzielt. Äpfel veratmen bei der Lagerung an Luft ihren Zucker. Lagert man sie unter erhöhter CO_2-Konzentration, so sind sie lange haltbar (CO_2-Lager). Auch verderbliche Lebensmittel werden heute oft unter Schutzgas verpackt, um eine längere Haltbarkeit zu erzielen.

Treibhausgas

Kohlenstoffdioxid ist ein guter Absorber von Wärmestrahlung. Dies ist der Grund, weshalb es als Treibhausgas wirkt und einen bedeutenden Einfluss auf das Klima der Erde hat.

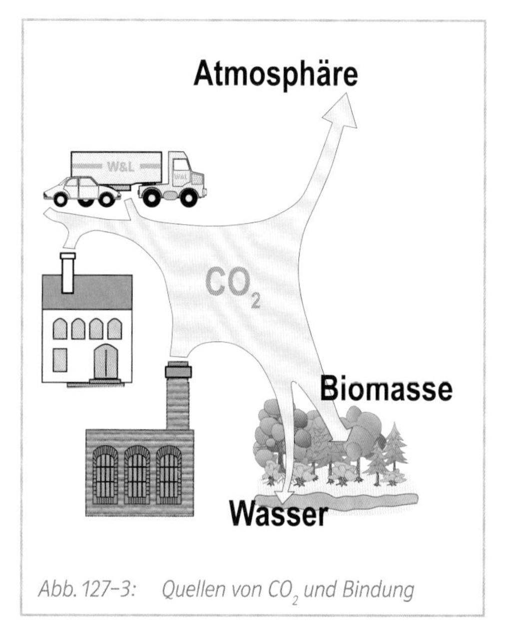

Abb. 127–3: Quellen von CO_2 und Bindung

5.9 CO_2 – Treibhauseffekt und Kohlenstoffkreislauf

Treibhausgase – Kohlenstoffdioxid, Methan, Lachgas, Wasserdampf

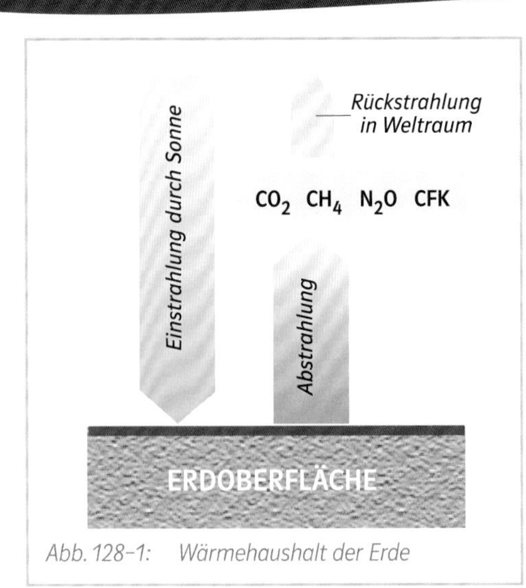

Abb. 128-1: Wärmehaushalt der Erde

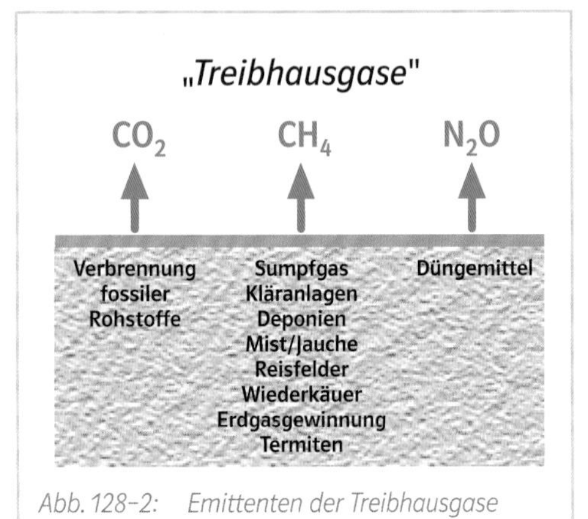

Abb. 128-2: Emittenten der Treibhausgase

	c_0	c	$\Delta c/c$
CO_2	280	353	0,5
CH_4	0,8	1,7	0,9
N_2O	0,28	0,31	0,25
CCl_3F	0	0,00028	4
CCl_2F_2	0	0,00048	4

c_0 ... Konzentration in vorindustrieller Zeit in ppm
c ... gegenwärtige Konzentration in ppm
$\Delta c/c_0$ ... derzeitige Zunahmerate in %/a

	τ	TP	A
CO_2	50–200	1	61
CH_4	10	25	17
N_2O	150	298	4
CCl_3F	65	12 400	3
CCl_2F_2	130	15 800	6

τ ... mittlere Verweildauer in Jahren
TP ... relative Wirksamkeit gegenüber CO_2
A ... % Anteil am anthropogenen Treibhauseffekt

Abb. 128-3: Eigenschaften klimarelevanter Spurengase

Treibhauseffekt

Die Erde erhält Energie von der Sonne in Form von Licht und Wärmestrahlung. Die Atmosphäre ist für beide weitgehend durchlässig. Das Licht wird am Boden von der Vegetation aufgenommen, zum Teil chemisch gespeichert (Photosynthese), zum Teil in Wärme verwandelt. Auf der Nachtseite (hauptsächlich, aber nicht nur) wird Wärme ins Weltall abgestrahlt. So entsteht ein Temperaturgleichgewicht. Treibhausgase, die Wärmestrahlung absorbieren, verringern die Abstrahlung. Dadurch steigt die Temperatur, bis ein neues Strahlungsgleichgewicht erreicht ist.

Die zwei wichtigsten Treibhausgase in unserer Atmosphäre sind Wasserdampf und Kohlenstoffdioxid. Ohne sie wäre die Erde ein Eisplanet mit einer durchschnittlichen Oberflächentemperatur von −18 °C. Der Treibhauseffekt ermöglicht also erst Bedingungen, wie wir sie heute haben (durchschnittliche Temperatur ca. 15 °C).

Kohlenstoffdioxid

In dieses Gleichgewicht greift der Mensch seit der Industriellen Revolution durch die Verbrennung fossiler Energieträger ein. Der CO_2-Gehalt der Atmosphäre hat sich von ursprünglich unter 300 auf heute (2019) 412 ppm erhöht. Dies ist, so nimmt man heute an, die Hauptursache für die globale Erwärmung. Neben dem CO_2 existieren weitere Treibhausgase, die ebenfalls einen Einfluss auf die Atmosphärenerwärmung haben.

Methan CH_4, Lachgas N_2O und FCKWs

Methan ist als IR-Absorber mehr als 20-mal wirksamer als CO_2, seine Konzentration in der Atmosphäre ist allerdings viel geringer. Auch seine Verweildauer ist geringer, da es durch den Luftsauerstoff oxidiert wird. Es kommt bei der Gewinnung von Erdgas und Erdöl durch den Menschen in die Atmosphäre. Beim anaeroben Abbau von Cellulose in Sümpfen wird natürlicherweise Methan frei (Sumpfgas). Der Reisanbau in überfluteten Feldern trägt, nach demselben Mechanismus vom Menschen verursacht, zur Methanbelastung bei. Auch Mülldeponien und Mist- und Jauchebehälter sind Methanquellen (Biogas). Im Magen der Wiederkäuer entsteht Methan durch Bakterienwirkung. Die Massentierhaltung von Rindern durch den Menschen ist daher eine weitere beachtliche Methanquelle.

Das Lachgas entsteht bei einer komplexen Reaktion von Ammonium- bzw. Nitrationen im Boden (Abb. 129–1). Normalerweise wird Nitrat aber sofort von Pflanzen aufgenommen und steht nur sehr eingeschränkt für die Reaktion zur Verfügung. Lachgasbildung tritt daher hauptsächlich in unbewachsenen Böden auf, also in stark gedüngten Böden nach dem Pflügen oder nach der Brandrodung von Urwaldflächen. Lachgas ist ca. 300-mal treibhauswirksamer als CO_2, seine Konzentration ist aber noch geringer als die von Methan (Abb. 128–3).

Die wirksamsten IR-Absorber sind Fluorchlorkohlenwasserstoffe. Da sie auch die Ozonschicht angreifen, geht ihr Einsatz weltweit zurück (manche sind komplett verboten), sodass ihr Beitrag zur Erderwärmung abnimmt. Als Wärmeüberträger in Klimaanlagen spielen sie aber noch eine Rolle.

Wasserdampf

Das wichtigste Treibhausgas ist der Wasserdampf. Er hat auf Grund seiner hohen Konzentration den größten Anteil am Treibhauseffekt. Seine Konzentration ist allerdings örtlich sehr unterschiedlich, je nach Klima und Wettergeschehen. Der Mensch beeinflusst die Wasserdampfkonzentration indirekt durch die Erderwärmung. Es ist daher zu befürchten, dass ein selbstverstärkender Prozess in Gang kommt – höhere Temperatur führt zu mehr Wasserdampf, der wieder zu höherer Temperatur. Allerdings führt mehr Wasserdampf auch zu mehr Wolkenbildung. Wolken reflektieren einen Teil des Sonnenlichtes ins Weltall zurück, was zu einer Entlastung der Energiebilanz führt. Hier sind die Klimamodelle nicht eindeutig.

Weitere Einflüsse

Die Durchschnittstemperatur unterliegt allerdings noch anderen Einflüssen. Periodische Veränderungen der Erdbahn (Exzentrizität der Ellipse), der Neigung der Erdachse infolge der Präzessionsbewegung und die Verschiebung der Kontinentalplatten liefern Modelle für die Erklärung der erdhistorischen Wechsel von Warmzeiten und Kaltzeiten.

Periodische Schwankungen der Strahlungsintensität der Sonne, sichtbar durch Sonnenflecken, führen zur Vergrößerung oder Verringerung der gesamten Strahlungsenergie im Bereich von 1 ‰. Das ist immerhin das Zehnfache des gesamten Energieverbrauchs der Menschheit. In den Jahren 1654 – 1715 wurde eine Periode besonders geringer Sonnenfleckenaktivität – und damit verringerter Strahlungsleistung – festgestellt. Diese als Maunder-Minimum (benannt nach der englischen Astronomin Annie Maunder 1868 – 1947) benannte Zeitspanne ist eine Zeit mit besonders kalten Wintern und schlechten Ernten. Zusätzlich gab es erhöhte vulkanische Aktivität in dieser Zeit. Auch die führt kurzfristig zu Abkühlung (Aerosole in der Stratosphäre, die zu erhöhter Reflexion des eingestrahlten Sonnenlichtes führen). Es gab in dieser Zeit Hungersnöte in Europa, Nordamerika und China. Momentan befinden wir uns im „modernen Maximum". Ein Rückgang der Strahlungsleistung ist prognostiziert.

Diskussionen

Die Schwankungen der Strahlungsleistung führen dazu, dass von manchen Wissenschaftlern – und damit auch Politikern – die vom Menschen verursachten Klimaänderungen als unbedeutend gegenüber den natürlichen gesehen werden. Allerdings herrscht bei den meisten die Überzeugung, dass der anthropogene Treibhauseffekt den weitaus größeren Einfluss habe, vor allem was das Tempo der Veränderung und die dadurch erschwerte Anpassung der Umwelt an neue Bedingungen betrifft.

Dass die globale Erwärmung existiert, ist heute unbestrittene Tatsache. Die Temperaturkurve geht weltweit – mit normalen Schwankungen – nach oben. Die Erwärmung erfolgt allerdings langsamer, als aus berechneten Strahlungsbilanzen zu erwarten wäre. Der Grund ist die riesige Wärmekapazität der Ozeane. Über 90 % der von der Erde zusätzlich aufgenommenen Energie wird von den Ozeanen „geschluckt".

Die Auswirkungen der globalen Erwärmung auf Landwirtschaft und Ernährungssituation sind umstritten. Tatsache ist, dass Kaltzeiten für das Leben auf der Erde Katastrophenzeiten waren und nicht Warmzeiten. Während der letzten Kaltzeit (Glaziales Maximum vor 21 000 – 18 000 Jahren mit atmosphärischem CO_2 bei 200 ppm, gemessen in Eisbohrkernen) waren Europa bis zu den Alpen und große Teile Nordamerikas mit Eis bedeckt, wie heute Grönland. Der Ausdruck „Klimakatastrophe" ist daher zu hinterfragen. Auch jedes lokale Wetterereignis – egal ob Hitzewellen oder kalte Winter – damit zu begründen ist nicht seriös.

Eine langfristig gefährliche Auswirkung der Erwärmung – falls sie wie manchmal prognostiziert mit steigender Tendenz weitergeht – ist allerdings der steigende Meeresspiegel. Er wird durch die Wärmeausdehnung der oberen Wasserschichten und das Abschmelzen von Gletschern und Teilen des grönländischen Eisschildes und Teilen der Westantarktis verursacht. Er ist erst seit 1991 aus Satellitendaten reproduzierbar (Radar Altimetermessungen). Für das 20. Jahrhundert schätzt man einen Anstieg von 17 cm. Der Anstieg beschleunigt sich, heute geht man von etwa 3 mm pro Jahr aus, was bei gleichbleibender Entwicklung einen prognostizierten Anstieg von 30 cm im 21. Jahrhundert bedeutet. Manche Prognosen gehen von einem Meter bis 2100 aus, was große Probleme für dicht bevölkerte Küstenregionen mit sich brächte. Berichte von untergehenden Inseln, bei denen der Meeresspiegel bereits um einen Meter oder mehr gestiegen ist sind entweder übertrieben, oder der Effekt ist auf geologische Veränderungen (Senkung durch Plattentektonik) zurückzuführen, hat also nichts mit der Klimaerwärmung zu tun.

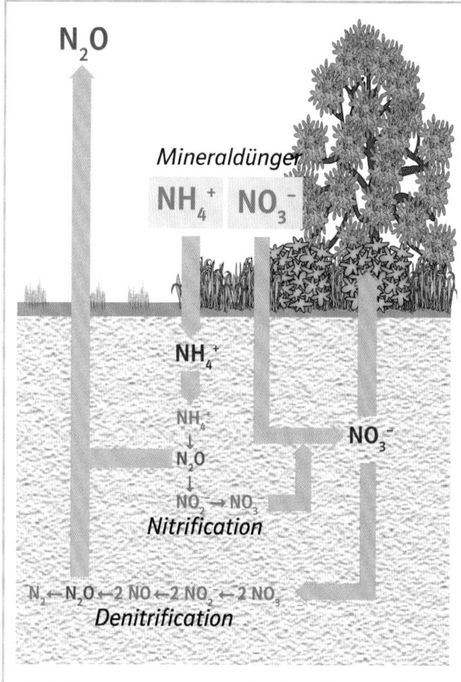

Abb. 129-1: Bildung von N_2O (Lachgas) in der Landwirtschaft

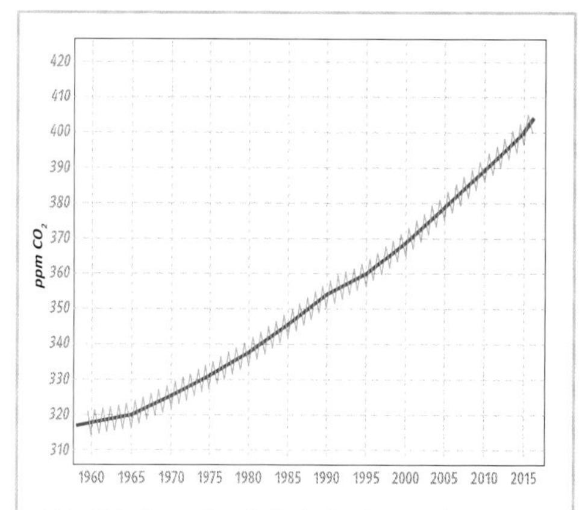

Abb. 129-2a: CO_2-Gehalt der Atmosphäre im Laufe der letzten Jahre

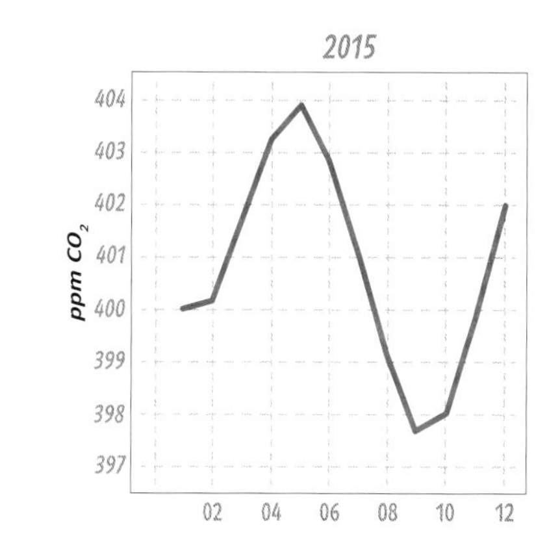

Abb. 129-2b: Schwankungen des CO_2-Gehaltes der Atmosphäre innerhalb eines Jahres.
Die zwischenzeitliche Verringerung ist darauf zurückzuführen, dass auf der Nordhalbkugel in der Vegetationsperiode vermehrt CO_2 von Pflanzen gebunden wird.

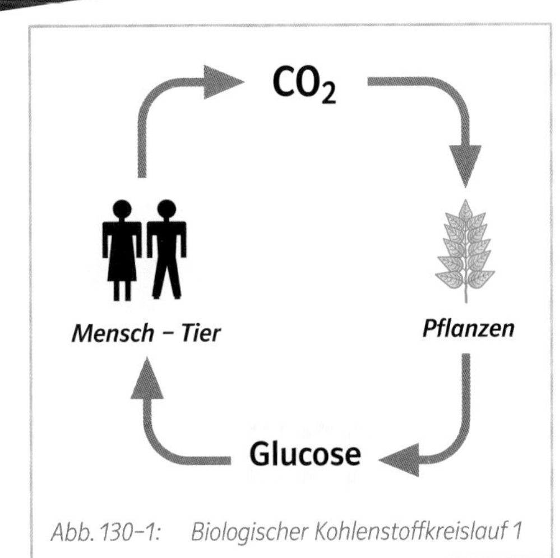

Abb. 130-1: Biologischer Kohlenstoffkreislauf 1

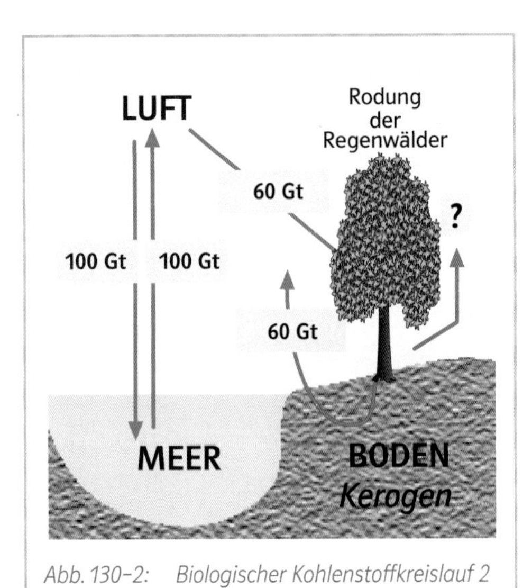

Abb. 130-2: Biologischer Kohlenstoffkreislauf 2

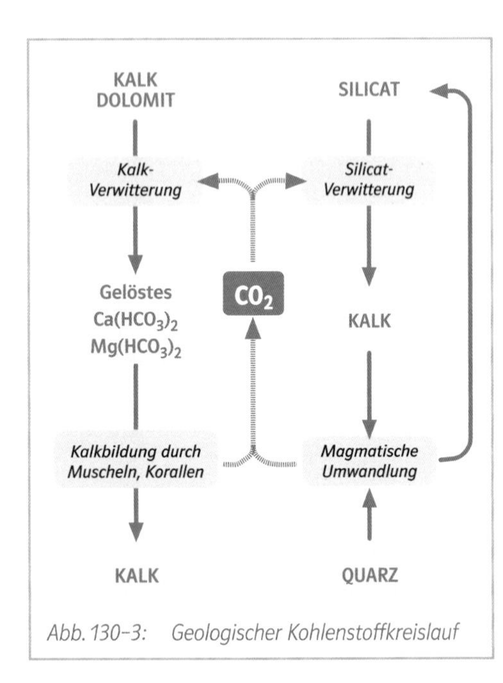

Abb. 130-3: Geologischer Kohlenstoffkreislauf

Kohlenstoffkreislauf

Für eine Gesamtbeurteilung des Kohlenstoffdioxidproblems muss man wissen, dass das CO_2 der Atmosphäre in vielfältigen Austauschprozessen mit den Kohlenstoffverbindungen im Meerwasser und im Gestein steht. Dabei ist die Menge an Kohlenstoff (als CO_2) in der Luft mit 830 Gt (entsprechend 3050 Gt CO_2) im Vergleich zu den anderen Kohlenstoffreservoirs verschwindend gering (Abb. 130-2). Der CO_2-Gehalt der Luft wird also durch die Geschwindigkeit der Austauschprozesse bestimmt.

Luft und Meerwasser

Ein wichtiger Austauschprozess ist der Kreislauf von Kohlenstoffdioxid zwischen Luft und Meerwasser. Etwa 330 Gt Kohlenstoffdioxid (entsprechend etwa 90 Gt Kohlenstoff) werden jährlich im Meer gelöst. Fast die gleiche Menge wird vom Meer wieder an die Luft abgegeben. Die Steigerung des CO_2-Gehalts der Luft im letzten Jahrhundert wurde dadurch abgemildert. Ein Teil der Kohlenstoffdioxidemissionen blieb im Meer gelöst. Die Menge an Kohlenstoff (als CO_2, H_2CO_3 und HCO_3^-) im Meerwasser beträgt etwa das Siebzigfache der Menge in der Luft, der Speicher ist also viel größer. Es besteht die Befürchtung, dass durch den CO_2-Eintrag im Meerwasser eine zunehmende Versauerung des Wassers ausgelöst wird. Die Kohlensäure verringert den pH. Dies hat negative Auswirkungen auf Meereslebewesen wie Korallen.

Biologischer Kohlenstoff-Kreislauf

Einen ebenso bedeutenden Austauschprozess stellt der biologische Kohlenstoffkreislauf dar. 120 Gt Kohlenstoff werden bei der Fotosynthese jährlich von Pflanzen gebunden, die Hälfte davon aber wieder durch Pflanzenatmung freigesetzt. 60 Gt bilden jährlich den Kohlenstoffgehalt neuer pflanzliche Biomasse. Fast genau so groß ist die Fotosyntheserate der Meeresorganismen (ca. 100 Gt), dort ist allerdings die Rate der Atmung größer, sodass nur etwa 10 Gt Kohlenstoff gebunden bleiben. Die abbauenden Organismen (Tiere und Mikroorganismen, die von Biomasse leben) verbrauchen jährlich etwa die gleiche Menge Biomasse und oxidieren diese wieder zu CO_2, sodass auch dieser Kreislauf weitgehend ausgeglichen ist. Die Gesamtmenge Kohlenstoff, die in lebenden Organismen gebunden ist, ist mit über 800 Gt etwa gleich groß wie die Kohlenstoffmenge im CO_2 der Atmosphäre. Sie setzen jährlich 120 Gt Kohlenstoff aus der Atmosphäre um, also etwa 1/7 des dort vorhandenen Kohlenstoffs, und 100 Gt Kohlenstoff aus dem im Meer gelösten CO_2.

Kerogen

Ein kleiner Teil des organischen Materials, das beim biologischen Kohlenstoffkreislauf entsteht, wird der Wiederoxidation entzogen. Am Land in Sümpfen, am Meer, indem abgestorbene Lebewesen auf den Meeresboden sinken. Dort wird das organische Material umgewandelt. Man nennt es Kerogen. Es kommt in allen Sedimentgesteinen vor und bildet einen riesigen Vorrat von Kohlenstoff, etwa 25 000 Mal so viel wie die lebende Biomasse. Aus dem Kerogen wurden im Laufe der Erdgeschichte unsere heutigen fossilen Energieträger Erdöl und Kohle, die Ölschiefer und Ölsande. Der Großteil ist aber nach wie vor fein im Sedimentgestein verteilt.

Heute verbrennt die Menschheit die fossilen Brennstoffe und bringt dadurch den im Boden gespeicherten Kohlenstoff wieder in die Atmosphäre.

Carbonatgesteine

Das größte Kohlenstoffreservoir in der Erdrinde findet sich in den Carbonatgesteinen Kalk und Dolomit. Auch hier gibt es einen Kreislauf zwischen Verwitterung der Carbonate und Neubildung im Meer durch Meereslebewesen (Abb. 130-3). Ein weiterer Kreislauf existiert bei der Verwitterung basischer Silikate durch CO_2 der Luft, wobei Quarz und Kalk entsteht. Die Umkehrung erfolgt in Subduktionszonen (Plattentektonik) im Erdinneren bei hoher Temperatur, wobei wieder Quarz und Silikate entstehen (Abb. 130-3). Das dabei gebildete CO_2 entweicht mit Vulkangasen. Diese geochemischen Vorgänge sind aber viel langsamer als die biologischen und spielen nur langfristig eine Rolle.

Kapitel 5 - kompakt

Säure-Base-Theorie nach Brønstedt

Säure: ist ein Protonenspender (Donator) **Base:** ist ein Protonenempfänger (Akzeptor)

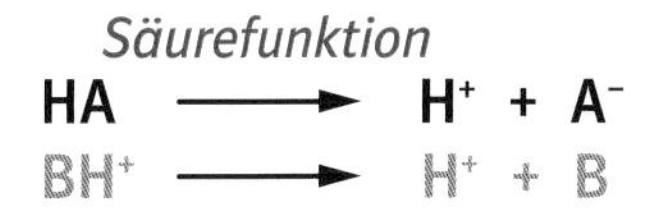

Basefunktion

$B + H^+ \longrightarrow BH^+$

$A^- + H^+ \longrightarrow HA$

Säure-Basen-Paare:

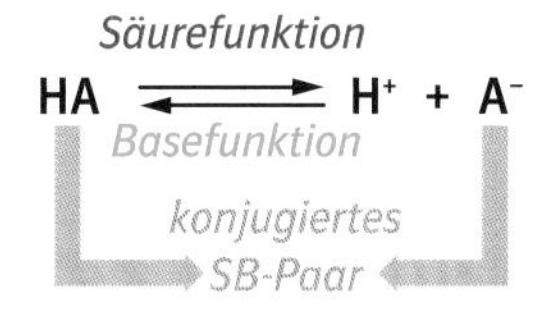

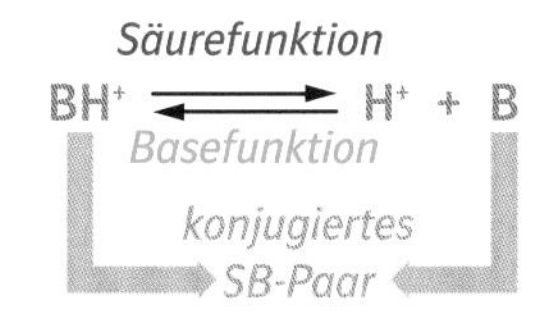

Säure-Base-Gleichgewichte

$HA_1 \rightleftharpoons H^+ + A_1^-$ ⟹ HA_1 *ist eine starke Säure ...* A_1^- *ist eine schwache Base*

$HA_2 \rightleftharpoons H^+ + A_2^-$ ⟹ HA_2 *ist eine schwache Säure ...* A_2^- *ist eine starke Base*

Der **pK_A-Wert** ist ein Maß für die Stärke einer Säure. Je kleiner der pK_A-Wert desto stärker die Säure.
Der **pK_B-Wert** ist ein Maß für die Stärke einer Base. Je kleiner der pK_B-Wert desto stärker die Base.

Säure-Base-Reaktion: An einer SB-Reaktion sind immer 2 SB-Paare beteiligt.

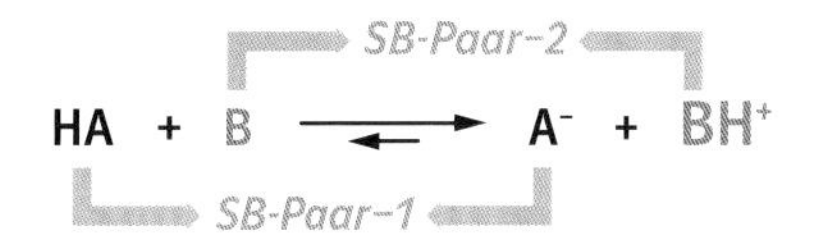

HA *ist eine stärkere Säure als* **BH^+** ⟹ $pK_A(HA) < pK_A(BH^+)$

B *ist eine stärkere Base als* **A^-** ⟹ $pK_B(B) < pK_B(A^-)$

Saure und basische Lösungen

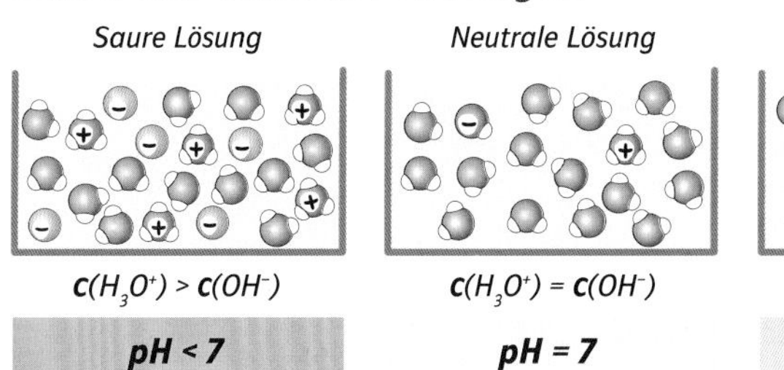

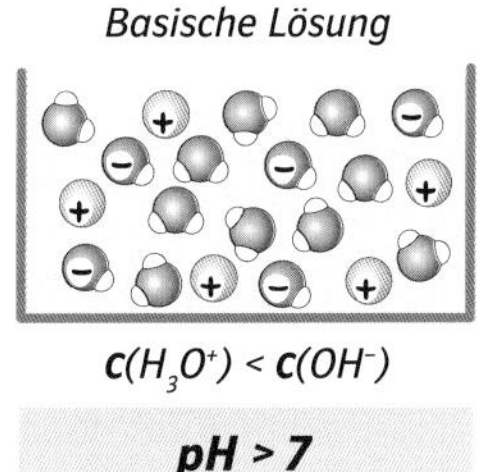

Basische Lösung

Saure Lösung	Neutrale Lösung	Basische Lösung
$c(H_3O^+) > c(OH^-)$	$c(H_3O^+) = c(OH^-)$	$c(H_3O^+) < c(OH^-)$
pH < 7	***pH = 7***	***pH > 7***

Laugen

Ionische Verbindungen mit Alkali- bzw. Erdalkali-Kationen (dh. Na^+, K^+ bzw. Mg^{2+}, Ca^{2+}, Ba^{2+}) als Kation und der Base OH^- (Hydroxid-Ion) als Anion sind in Wasser mehr oder minder gut löslich. Dabei wird das OH^--Ion nicht erst bei der Reaktion mit Wasser gebildet, sondern es gelangt durch die Auflösung des Hydroxids in das Wasser. Lösungen, die auf diese Weise entstehen, heißen Laugen.

pH-Wert

Maß für die Konzentration der H_3O^+-Ionen in einer Lösung. Je kleiner der pH-Wert desto mehr H_3O^+-Ionen in der Lösung, dh. desto saurer die Lösung.

pOH-Wert: Maß für die Konzentration der OH^--Ionen in einer Lösung. Je kleiner der pOH-Wert desto mehr OH^--Ionen in der Lösung, dh. desto basischer die Lösung.

In einer wässrigen Lösung gilt:

pH + pOH = 14

Neutralisation

Spezielle SB-Reaktion, bei der eine saure mit einer basischen Lösung reagiert. Dabei entstehen Wasser und ein Salz.

Säure + *Base* ⟶ *Neutrale Salzlösung*

$HA + BOH \longrightarrow H_2O + BA$

$H_3O^+ + A^- + B^+ + OH^- \longrightarrow 2\,H_2O + B^+ + A^-$

Saure Lösung + *Basische Lösung* ⟶ *Neutrale Salzlösung*

Pufferlösungen

Pufferlösungen sind Lösungen, die trotz Zugabe von Säure oder Base den pH-Wert bis zum Verbrauch der Puffersubstanzen konstant halten können. Eine Pufferlösung muss eine schwache Säure und eine schwache Base enthalten. Sind Säure und Base konjugiert, spricht man von einer konjugierten Pufferlösung.
Der pH-Wert, der von einer Pufferlösung konstant gehalten wird, hängt vom pK_A-Wert der Puffersäure (pK_B-Wert der Pufferbase) und vom Konzentrationsverhältnis der beiden ab.

$$pH = pK_A - \lg \frac{c_0(\text{Puffersäure})}{c_0(\text{Pufferbase})}$$

Sicher und kompetent zur Matura

Was ich aus dem Kapitel für eine erfolgreiche Matura benötige!

1. Wichtige Begriffe, die ich aus diesem Kapitel kenne, definieren kann und im Sinne einer Fachsprache richtig einsetze:

2. Fähigkeiten und Fertigkeiten, die ich aus diesem Kapitel anwenden kann:

Ich kann:

- Ich erkenne Säuren, Basen, Ampholyte und kann zu einer gegebenen Säure die konjugierte Base nennen.
- Ich kann eine Protolysereaktion vervollständigen (siehe Übungen 109.1, 109.2).
- Ich kann die Säure- bzw. Basenkonstante zu einer Säure bzw. Base formulieren (siehe Übung 110.1) und daraus den pK_A- bzw. pK_B-Wert und umgekehrt bestimmen (siehe Übung 110.2).
- Ich verstehe den Aufbau der pK_A-Tabelle und kann mit dieser beurteilen, ob eine Säure oder Base stark oder schwach ist.
- Ich kann mit der pK_A-Tabelle beliebige Säure-Basen-Reaktionen aufstellen und die Gleichgewichtslage beurteilen (siehe Übung 112.1).
- Ich kann für eine beliebige Säure-Basen-Reaktion mit Hilfe der pK_A-Tabelle die Gleichgewichtskonstante K berechnen (siehe S. 112).
- Ich kenne die Definition und Bedeutung des pH-Werts und kann einfache Konzentrationsüberlegungen dazu anstellen.
- Ich kann den pH-Wert für Lösungen von starken und schwachen Säuren oder Basen berechnen.
- Ich kann den pH-Wert von Salzlösungen beurteilen (siehe Abb. 117-2).
- Ich kann pH-Wert Berechnungen mit stöchiometrischen Berechnungen verknüpfen.
- Ich verstehe die Wirkungsweise von Indikatoren (siehe Abb. 114–2).
- Ich kenne die wichtigsten Säuren und Basen (Herstellung, Verwendungszwecke und Eigenschaften).
- Ich verstehe den Zusammenhang der wichtigsten Treibhausgase mit dem Treibhauseffekt.
- Ich kenne die Definition und Bedeutung von Pufferlösungen.

6 Redox-Reaktion

Ende des 17. Jahrhunderts versuchte man zum ersten Mal eine Theorie zu entwickeln, die sowohl die Natur des Feuers als auch die dadurch verursachten stofflichen Veränderungen erklären sollte. Der deutsche Alchimist Georg Ernst Stahl begründete die Phlogistontheorie. Phlogiston (griech. phlogistos verbrannt) sei eine Substanz, die beim Verbrennen entweiche. Die zurückbleibende Asche betrachtete er als phlogistonfrei. Da man die gasförmigen Verbrennungsprodukte zu der Zeit noch nicht beachtete, schien die Theorie einleuchtend. Die Zunahme der Masse beim Verbrennen von Metallen erkannte man auch noch nicht, da Verdampfungsverluste übersehen wurden.

Metallen, die beim Verbrennen zu phlogistonfreien Salzen werden, kann das Phlogiston durch Erhitzen mit der besonders phlogistonreichen Kohle wieder zurückgegeben werden. So erklärte man die Metallgewinnung aus den Erzen. Die Theorie war daher die erste Redoxtheorie, da sie sowohl die Verbrennung (Oxidation), als auch die Reduktion erklärt.

Carl Wilhelm Scheele (1742–1786)

Diese Theorie hielt sich bis Mitte des 18. Jahrhunderts. Selbst die Entdeckung des Sauerstoffs durch den Deutschen Carl Wilhelm Scheele 1771 und den Engländer Joseph Priestley 1774 brachten die Theorie nicht zu Fall. Luft sollte der Theorie nach nur eine bestimmte Menge Phlogiston aufnehmen können. Sauerstoff (von Scheele Feuerluft genannt) hielt man für phlogistonfreie Luft, den Rest (heute Stickstoff) für phlogistongesättigt.

Georg Ernst Stahl (1659–1734)

J. Priestley war häufig das Ziel von Karikaturisten.

Um dieselbe Zeit begann der Franzose Antoine Lavoisier mit genauen Experimenten zur Verbrennung. Er entdeckte das Kohlenstoffdioxid als gasförmiges Verbrennungsprodukt, er konnte die Gewichtszunahme von Phosphor nach der Verbrennung nachweisen und bemerkte den Verbrauch von Luft bei der Verbrennung von Phosphor in abgeschlossenen Gefäßen. Daraus entwickelte er die Theorie der Verbrennung als Sauerstoffaufnahme.

Joseph Priestley (1733–1804)

Auch die Reduktion bei der Metallgewinnung konnte mit Hilfe von Sauerstoff erklärt werden, als Übergang von Sauerstoff vom Metalloxid auf das Reduktionsmittel (damals meist Kohle). Daraus entstand die „klassische" Redoxtheorie in der Chemie: Oxidation als Sauerstoffaufnahme, Reduktion als Sauerstoffentzug.

Erst nachdem genauere Erkenntnisse über den Atombau vorlagen, wurde die Theorie der Redoxreaktionen erweitert und Redoxreaktionen als Elektronenübertragung interpretiert. Durch diesen Ansatz konnten alle „klassischen" Sauerstoffübertragungsprozesse und die Phänomene der Elektrochemie in einer gemeinsamen, umfassenden Theorie zusammengefasst werden.

6.1 Reduktion – Oxidation: Eine Elektronenübertragung

Definitionen

Definitionen abgeleitet aus Überlegungen von Antoine Lavoisier

Eine Reduktion ist eine Abgabe von Sauerstoff.

Eine Oxidation ist eine Aufnahme von Sauerstoff.

Sauerstoffabgabe

Reduktion

$CuO + Fe \rightleftharpoons Cu + FeO$

Oxidation

Sauerstoffaufnahme

Heutige Definitionen etablieren sich seit der Vorstellung des Bohr´schen Atommodells

Eine Reduktion ist eine Aufnahme von Elektronen.

Eine Oxidation ist eine Abgabe von Elektronen.

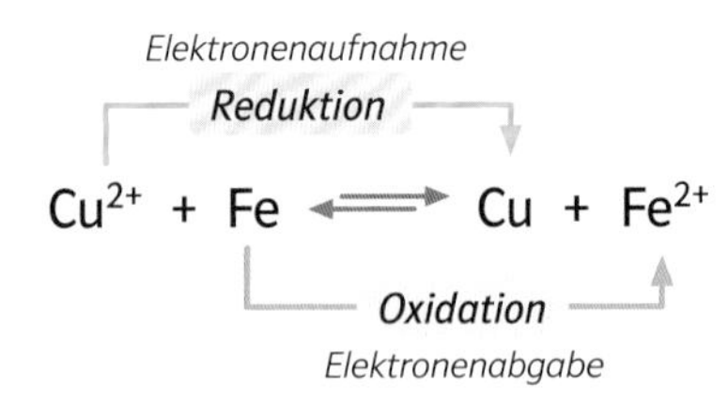

Ein Oxidationsmittel (OM) ist ein Elektronenakzeptor. Bei der Reaktion wird es selbst zum Reduktionsmittel (für die Rückreaktion).

Ein Reduktionsmittel (RM) ist ein Elektronendonator. Bei der Reaktion wird es selbst zum Oxidationsmittel (für die Rückreaktion).

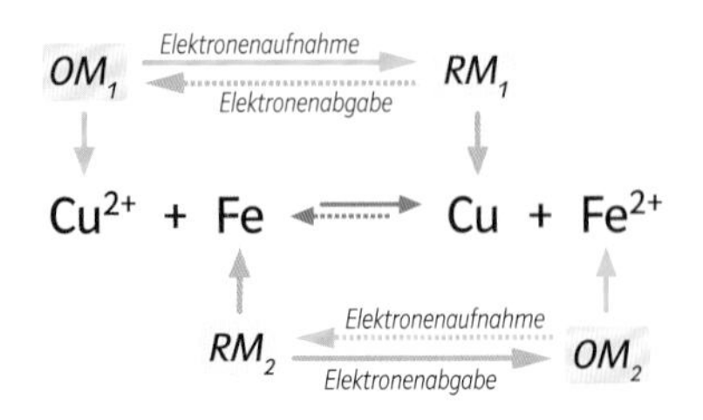

Abb. 134-1: Der Verlauf einer Redox-Reaktion

Der Begriff „**Redox-Reaktion**" ist eine Abkürzung für die Begriffe Reduktion und Oxidation. Ähnlich wie die Begriffe Säure und Base haben auch die Begriffe Reduktion und Oxidation im Laufe der Geschichte einen Bedeutungswandel durchgemacht.

Heute versteht man unter Redoxreaktionen Reaktionen bei denen Elektronen von einem Stoff auf den anderen übertragen werden.

Definitionen

Unter Reduktion (Red) versteht man die Aufnahme von Elektronen. Die Bildung von Anionen aus einem Nichtmetallatom ist ein Beispiel für eine Reduktion.

zB ***Red:*** $Cl_2 + 2\,e^- \rightarrow 2\,Cl^-$

Unter Oxidation (Ox) versteht man die Abgabe von Elektronen. Die Bildung von Metallkationen ist ein Beispiel für eine Oxidation.

zB ***Ox:*** $Na \rightarrow Na^+ + 1\,e^-$

Reduktion und Oxidation sind immer gekoppelt, daher ergibt sich der Name Redox-Reaktion. Die Zahl der übertragenen Elektronen muss natürlich gleich sein – es können nie mehr Elektronen aufgenommen werden als abgegeben werden und umgekehrt.

zB ***Red:*** $Cl_2 + 2\,e^- \rightarrow 2\,Cl^-$

Ox: $Na \rightarrow Na^+ + 1\,e^- \quad /\cdot 2$

$2\,Na + Cl_2 \rightarrow 2\,Na^+ + 2\,Cl^-$

Die an der Redoxreaktion beteiligten Stoffe nennt man **Reduktions-** und **Oxidationsmittel**. (Der Begriff „Mittel" zeigt, dass mit diesem Stoff die angegebene Reaktion ausgelöst wird.)

Ein Reduktionsmittel (**RM**) ist ein Stoff der Elektronen abgibt (Elektronenspender). Er bewirkt die Reduktion und wird selbst oxidiert. Reduktionsmittel sind zB Metalle.

Ein Oxidationsmittel (**OM**) ist ein Stoff der Elektronen aufnimmt (Elektronenempfänger). Er bewirkt die Oxidation und wird selbst reduziert. Oxidationsmittel sind zB Nichtmetalle.

Aus einem Reduktionsmittel entsteht durch Elektronenabgabe ein Oxidationsmittel und aus einem Oxidationsmittel ein Reduktionsmittel. Man spricht auch hier von konjugierten Paaren.

OM 1 + RM 2 $\rightleftharpoons$ RM 1 + OM 2

Zum Unterschied zur Säure-Base-Reaktion, bei der sich Säure und konjugierte Base durch ein Proton unterscheiden, ist der Unterschied in der Elektronenzahl bei konjugierten Redox-Paaren von Paar zu Paar verschieden.

Man muss durch stöchiometrisches Abgleichen die Anzahl der Partner so wählen, dass die Elektronen komplett vom Reduktionsmittel auf das Oxidationsmittel übertragen werden.

Es ist daher üblich, Redoxreaktionen über Halbreaktionen (= nur Oxidation und Reduktion) zur formulieren. Durch erweitern der Gleichungen auf gleiche Elektronenzahl ergibt sich automatisch eine stöchiometrisch richtige Redoxgleichung.

Beispiel

Aluminium reagiert mit Chlor zu Aluminiumchlorid

Red: $Cl_2 + 2\,e^- \rightarrow 2\,Cl^- \quad /\cdot 3$ (OM 1 … RM 1)

Ox: $Al \rightarrow Al^{3+} + 3\,e^- \quad /\cdot 2$ (RM 2 … OM 2)

$2\,Al + 3\,Cl_2 \rightarrow 2\,Al^{3+} + 6\,Cl^-$ ……… ➜ $2\,AlCl_3$

Übung 134.1

Stelle Oxidations- und Reduktionsmittel für Hin- und Rückreaktion folgender Beispiele fest:

$Mg + Br_2 \rightleftharpoons MgBr_2$

$2\,FeCl_2 + SnCl_4 \rightleftharpoons 2\,FeCl_3 + SnCl_2$

Oxidationszahl

Bei Redoxreaktionen arbeitet man üblicherweise mit Oxidationszahlen. Diese geben den Oxidationszustand eines Atoms innerhalb eines Teilchenverbands an. Dadurch läßt sich das Redoxschema auch auf Stoffe anwenden, bei denen die Ladung nicht sofort ersichtlich ist (zB Moleküle).

Wird im Zuge einer Reaktion die Oxidationszahl eines Atoms erhöht, so ist das die Oxidation. Wird die Oxidationszahl vermindert, spricht man von Reduktion.

Bestimmung der Oxidationszahl

Die Oxidationszahl gibt man üblicherweise mit römischen Zahlen an, um sie von Ionenladungen zu unterscheiden.

Aus der Strukturformel (Abb. 135-1):

→**1** Anschreiben der Strukturformel.

→**2** Zuordnung des bindenden Elektronenpaares zum elektronegativeren Partner (bei gleichartigen Atomen wird das Bindungselektronenpaar geteilt).

→**3** Die Oxidationszahl ist die Zahl der „gewonnenen" oder „verlorenen" Elektronen. Bindungspartner mit einer geringen Elektronegativität „verlieren" Elektronen und bekommen eine positive Oxidationszahl, Bindungspartner mit einer hohen Elektronegativität „gewinnen" Elektronen und erhalten eine negative Oxidationszahl.

Aus der Summenformel

Bei den meisten anorganischen Verbindungen lässt sich die Oxidationszahl aus der Summenformel ermitteln, wenn man einige Grundregeln beachtet:

→**1** Die Summe der Oxidationszahlen ergibt bei neutralen Verbindungen null, bei geladenen Atomgruppen die entsprechende Ladung.

→**2** Die Oxidationszahl von Stoffen im elementaren Zustand ist immer null (kein Elektronegativitätsunterschied bei den Bindungspartnern).

→**3** Oxidationszahlen in Verbindungen

- →***a*** **F**: immer −I (Atom mit der höchsten Elektronegativität)
- →***b*** **H**: gegenüber Nichtmetallen immer +I (gegenüber Metallen −I)
- →***c*** **O**: meistens −II; in Peroxiden −I (erkennt man, wenn sonst eine der oben stehenden Regeln verletzt wird, zB H_2O_2)
- →***d*** **Metallionen**: immer positiv; 1. Gruppe: immer +I, 2. Gruppe: immer +II
- →***e*** Oxidationszahlen der **Nichtmetallatome**

  Für die nichtmetallischen p-Block-Elemente gilt: In vielen Fällen sind positive und negative Oxidationszahlen möglich. Die maximale positive Oxidationszahl ergibt sich aus der Zahl der Außenelektronen. Die negativste Oxidationszahl ergibt sich aus der Zahl der Elektronen, die zur Auffüllung aufs Oktett notwendig sind. So kann zB Kohlenstoff Oxidationszahlen zwischen −IV (in CH_4) und +IV (in CO_2) annehmen.

Beispiele

#1 Bestimmung der Oxidationszahl aller Atome in H_2SO_4

Man schreibt zuerst die Oxidationszahl der Atome H und O an, deren Oxidationszahl üblicherweise +I bzw −II ist. Beachte: Man gibt immer die Oxidationszahl für ein Atom an:

$\overset{+I}{H_2}S\overset{-II}{O_4}$ *Die Oxidationszahl von S berechnet man, indem man die OZ von H und O in der angegebenen Menge addiert. Da das Molekül ungeladen ist ergibt sich die Oxidationszahl durch Ergänzen auf 0:*

$$2\cdot(+1) + 4\cdot(-2) + OZ\ S = 0 \longrightarrow H_2\overset{+VI}{S}O_4 \longrightarrow \overset{+I}{H_2}\overset{+VI}{S}\overset{-II}{O_4}$$

#2 Bestimmung der Oxidationszahl aller Atome in SO_3^{2-}

Die Oxidationszahl von O beträgt auch hier −II. Da es sich hier um ein Ion handelt, ergibt sich die Oxidationszahl von S durch Ergänzen auf −2: $3\cdot(-2) + OZ\ S = -2 \longrightarrow \overset{+IV}{S}\overset{-II}{O_3^{2-}}$

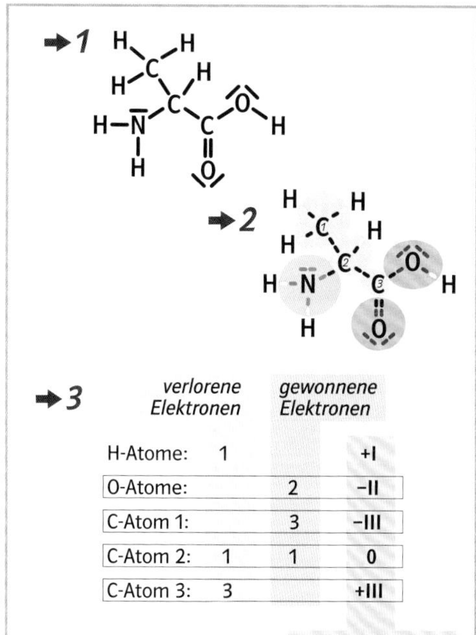

	verlorene Elektronen	gewonnene Elektronen	Oxidationszahl
H-Atome:	1		+I
O-Atome:		2	−II
C-Atom 1:		3	−III
C-Atom 2:	1	1	0
C-Atom 3:	3		+III

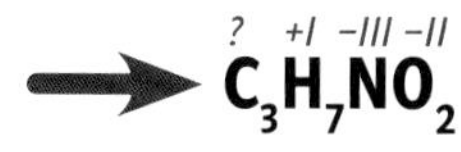

$\overset{?}{C_3}\overset{+I}{H_7}\overset{-III}{N}\overset{-II}{O_2}$

Man erkennt, dass bei Summenformeln mit mehr als einem gleichartigen Atom (außer bei H-Atomen) die Zuordnung der Oxidationszahl zu einem bestimmten Atom nicht immer möglich ist!

Abb. 135-1: Bestimmung der Oxidationszahl

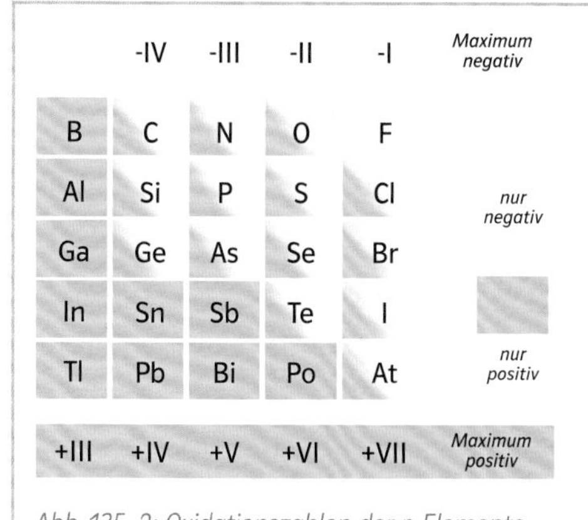

	−IV	−III	−II	−I	Maximum negativ
B	C	N	O	F	
Al	Si	P	S	Cl	nur negativ
Ga	Ge	As	Se	Br	
In	Sn	Sb	Te	I	
Tl	Pb	Bi	Po	At	nur positiv
+III	+IV	+V	+VI	+VII	Maximum positiv

Abb. 135-2: Oxidationszahlen der p-Elemente

Übungen 135.1

Bestimme die Oxidationszahlen der Atome folgender Teilchen:

a) CH_4 b) NH_3 c) HNO_3 d) $CaCO_3$
e) N_2 f) SO_4^{2-} g) NH_4^+ h) $K_2Cr_2O_7$

Schüler-Spiel 6.1

Das Elektronenspiel

6.2 Aufstellen von Redox-Gleichungen

Halbreaktionen – Elektroneutralitätsprobe

Übung 136.1

Schwefelsäure reagiert mit Silber zu Ag^+ und Schwefeldioxid.

$H_2SO_4 + Ag \rightarrow Ag^+ + SO_2$

Erstelle die vollständige Redoxgleichung mit Hilfe des nebenstehenden Textes.

➜1

➜2

➜3

➜4

➜5

➜6

➜7

Neben den eingangs erwähnten einfachen Redox-Reaktionen gibt es eine Fülle von Reaktionen, die auf Grund der vielen bei der Reaktion auftretenden Stoffe sehr kompliziert anmuten. Reduziert man die Reaktion auf die eigentliche Redox-Reaktion und ergänzt die übrigen Stoffe folgerichtig, so kann man auch Gleichungen für komplizierte Redox-Reaktionen aufstellen. Im folgenden Beispiel wird schrittweise die Aufstellung der Reaktionsgleichung für die Reaktion zwischen Kaliumpermanganat und Salzsäure erklärt. Die Bildspalte enthält ein weiteres Beispiel, das selbstständig nach dem Schema ausgefüllt werden kann.

Durch das schrittweise Erklären wirkt eine Redoxgleichung umfangreicher als sie tatsächlich ist.

Angabe **(Problem: Reaktion in saurer Lösung)**

Kaliumpermanganat reagiert mit Salzsäure zu Chlorgas und Mn^{2+}

$$KMnO_4 + HCl \rightarrow Cl_2 + Mn^{2+}$$

Vorarbeiten

➜1 Bestimmung der Oxidationszahlen:

$$\overset{+I\ +VII\ -II}{KMnO_4} + \overset{+I\ -I}{HCl} \rightarrow \overset{0}{Cl_2} + \overset{+II}{Mn^{2+}}$$

➜2 Markieren der Atomsorte die reduziert wird (grün) bzw. oxidiert wird (blau). (Oxidation ist die Erhöhung der Oxidationszahl, Reduktion ist die Verminderung der Oxidationszahl.)

$$\overset{+I\ +VII\ -II}{KMnO_4} + \overset{+I\ -I}{HCl} \rightarrow \overset{0}{Cl_2} + \overset{+II}{Mn^{2+}}$$

➜3 Teilen in Halbreaktionen („ganze Formel mitnehmen") – Reduktion und Oxidation.

Red: $KMnO_4 \rightarrow Mn^{2+}$ *Ox:* $HCl \rightarrow Cl_2$

Richtigstellen der Halbreaktionen

➜4 Richtigstellen der Atomsorte bei der sich die Oxidationszahl ändert.

Red: $KMnO_4 \rightarrow Mn^{2+}$ *Ox:* $2\,HCl \rightarrow Cl_2$

➜5 Hinzufügen der Elektronen auf der richtigen Seite - auf die Stückzahl achten! (Reduktion ist die Aufnahme von Elektronen, Oxidation ist die Abgabe von Elektronen)

Red: $\overset{+VII}{KMnO_4} + 5\,e^- \rightarrow \overset{+II}{Mn^{2+}}$ *Ox:* $2\,\overset{-I}{HCl} \rightarrow \overset{0}{Cl_2} + 2\,e^-$

➜6 Richtigstellen der übrigen Atomsorten ohne Veränderung der Oxidationszahl. Bei sauren Lösungen bildet O mit der Oxidationszahl *–II* H_2O. Die benötigten H^+ müssen ergänzt werden.

Red: $\overset{+I\ \ -II}{KMnO_4} + 5\,e^- + 8\,\overset{+I}{H^+} \rightarrow Mn^{2+} + \overset{+I}{K^+} + 4\,\overset{+I\ -II}{H_2O}$

Ox: $2\,\overset{+I}{HCl} \rightarrow Cl_2 + 2\,e^- + 2\,\overset{+I}{H^+}$

➜7 Elektroneutralitätsprobe – bei jeder Halbreaktion müssen links und rechts vom Reaktionspfeil die Ladungen gleich groß sein. Dadurch erkennt man mögliche Fehler.

ungeladen – 5 + 8 (= + 3 ✓) + 2 +1 ungeladen (= + 3 ✓)

Red: $KMnO_4 + 5\,e^- + 8\,H^+ \rightarrow Mn^{2+} + K^+ + 4\,H_2O$

Die Summe der Ladungen bei den Edukten (+3) entspricht der Summe der Ladungen bei den Produkten (+3).

ungeladen (= 0 ✓) ungeladen – 2 + 2 (= 0 ✓)

Ox: $2\,HCl \rightarrow Cl_2 + 2\,e^- + 2\,H^+$

Auch die Oxidation erfüllt die Elektroneutralitätsprobe. Diese ist immer vor Schritt **➜8** durchzuführen.

Zusammenfassen der Halbreaktionen

➜8 Erweitern der Gleichung auf gleiche Elektronenzahl (= kleinste gemeinsame Vielfache)

Red: $KMnO_4 + 5\,e^- + 8\,H^+ \rightarrow Mn^{2+} + K^+ + 4\,H_2O$ /·2

Ox: $2\,HCl \rightarrow Cl_2 + 2\,e^- + 2\,H^+$ /·5

➜9 Addition der erweiterten Halbreaktionen ohne Elektronen, die ja jetzt auf beiden Seiten in gleicher Anzahl vorkommen müssen.

$2\,KMnO_4 + 16\,H^+ + 10\,HCl \rightarrow 2\,Mn^{2+} + 2\,K^+ + 8\,H_2O + 5\,Cl_2 + 10\,H^+$

„Kosmetik"

➜10 Abziehen der Stoffe, die auf beiden Seiten vorkommen. (zB H^+/H^+ oder H_2O/H_2O). Bei den Elektronen wurde das bereits gemacht.

$2\,KMnO_4 + 6\,H^+ + 10\,HCl \rightarrow 2\,Mn^{2+} + 2\,K^+ + 8\,H_2O + 5\,Cl_2$

➜11 Ergänzen der „Zuschauer". Dazu betrachtet man nur geladene Teilchen bei den Ausgangsstoffen. Diese müssen ein Gegenion haben, das nicht an der Reaktion beteiligt war (eventuell bei der Angabe nachschauen). In diesem Fall sind das 6 H^+-Ionen, die als Gegenion das Cl^--Ion haben. Diese 6 Cl^--Ionen sind natürlich auch bei den Endstoffen zu ergänzen. Salzsäure hat in diesem Beispiel zwei Aufgaben: Sie ist das Reduktionsmittel – 10 HCl wurden zu 5 Cl_2 – und als Säure, die Wasser bildet und Gegenionen für die Kationen liefert.

$2\,KMnO_4 + 6\,H^+ + 10\,HCl \rightarrow 2\,Mn^{2+} + 2\,K^+ + 8\,H_2O + 5\,Cl_2$

+ 6 Cl^- (bei $6\,H^+$); + 4 Cl^- (bei $2\,Mn^{2+}$); + 2 Cl^- (bei $2\,K^+$)

➜12 Zusammenfassen der Ionen zu ungeladenen Verbindungen. Dieser Schritt entspricht auch einer Probe. Mit den ergänzten Ionen ergeben sich richtige Salzformeln.

$2\,KMnO_4 + 16\,HCl \rightarrow 2\,MnCl_2 + 2\,KCl + 8\,H_2O + 5\,Cl_2$

Beispiel

Kaliumiodid reagiert mit Kaliumdichromat in schwefelsaurer Lösung zu Iod und Cr^{3+}. (Schwefelsäure ist am Redoxprozess nicht beteiligt.)

$\overset{+I\,-I}{KI} + \overset{+I\;+VI\;-II}{K_2Cr_2O_7} + (H_2SO_4) \rightarrow \overset{0}{I_2} + \overset{+III}{Cr^{3+}}$

Red: $K_2Cr_2O_7 + 6\,e^- + 14\,H^+ \rightarrow 2\,Cr^{3+} + 2\,K^+ + 7\,H_2O$

Ox: $2\,KI \rightarrow I_2 + 2\,e^- + 2\,K^+$ /·3

$K_2Cr_2O_7 + 14\,H^+ + 6\,KI \rightarrow 2\,Cr^{3+} + 2\,K^+ + 7\,H_2O + 3\,I_2 + 6\,K^+$

+ 7 SO_4^{2-} (bei $14\,H^+$); + 3 SO_4^{2-} (bei $2\,Cr^{3+}$); + SO_4^{2-} (bei $2\,K^+$); + 3 SO_4^{2-} (bei $6\,K^+$)

$K_2Cr_2O_7 + 7\,H_2SO_4 + 6\,KI \rightarrow Cr_2(SO_4)_3 + 4\,K_2SO_4 + 7\,H_2O + 3\,I_2$

Redoxgleichungen für Reaktionen in neutralen und basischen Lösungen

Redoxgleichungen in neutralen Lösungen und basischen Lösungen werden grundsätzlich wie Redoxreaktionen in sauren Lösungen behandelt. Allerdings müssen bei Schritt ➜6 soviele OH^--Ionen auf beiden Seiten ergänzt werden wie H^+-Ionen vorhanden sind. H^+- und OH^--Ionen werden zu H_2O zusammengefasst und das entstehenden Wasser eventuell gekürzt.

Beispiel

Chlor reagiert in Natronlauge zu Chlorid (Cl^-) und Hypochlorit (ClO^-).

$\overset{0}{Cl_2} + (NaOH) \rightarrow \overset{-I}{Cl^-} + \overset{+I\,-II}{ClO^-}$

Ox: $Cl_2 + 2\,e^- \rightarrow 2\,Cl^-$

Ox: $Cl_2 + 2\,H_2O \rightarrow 2\,ClO^- + 2\,e^- + 4\,H^+$

$2\,Cl_2 + 2\,H_2O \rightarrow 2\,Cl^- + 2\,ClO^- + 4\,H^+$

4 Na^+ + 4 OH^- (links); + 2 Na^+ (bei $2\,Cl^-$); + 2 Na^+ (bei $2\,ClO^-$); + 4 OH^- (bei $4\,H^+$)

$2\,Cl_2 + 4\,NaOH \rightarrow 2\,NaCl + 2\,NaClO + 2\,H_2O$

$(Cl_2 + 2\,NaOH \rightarrow NaCl + NaClO + H_2O)$

VS Schüler-Experiment 6.2

Goethes Chamäleon

Übungen 137.1

Erstelle die vollständigen Redox-Gleichungen (Stoffe in Klammer sind an der Redoxreaktion nicht beteiligt, werden aber zum Ergänzen benötigt):

a) $Cu + HNO_3 \rightarrow Cu^{2+} + NO$
b) $Ag + H_2SO_4 \rightarrow Ag+ + SO_2$
c) $Hg + HNO_3 \rightarrow Hg^{2+} + NO$
d) $K_2Cr_2O_7 + SO_2 + (HCl) \rightarrow Cr^{3+} + SO_3$
e) $Ag^+ + CH_2O + (NaOH) \rightarrow Ag + CHO_2^-$
f) $ClO_2 + H_2O_2 + (NaOH) \rightarrow ClO_2^- + O_2$
g) Eisen(II)-sulfat reagiert mit Kaliumpermanganat in schwefelsaurer Lösung zu Fe^{3+} und Mn^{2+}

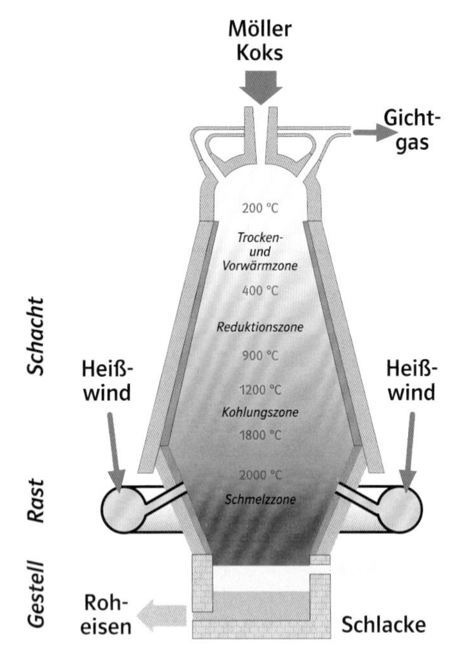

Abb. 138-1: Schema eines Hochofens

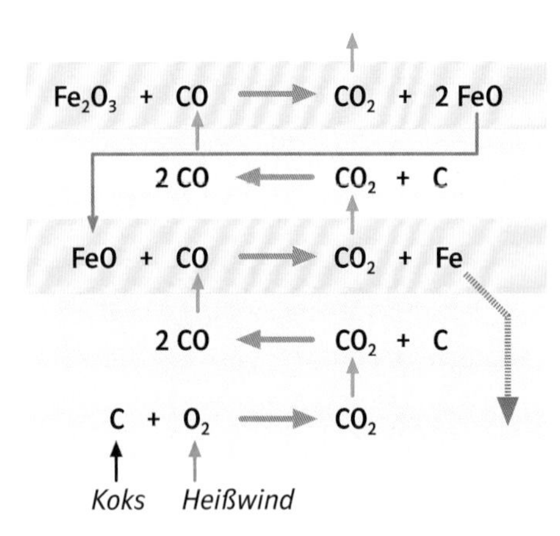

Abb. 138-2: Chemie des Hochofenprozesses

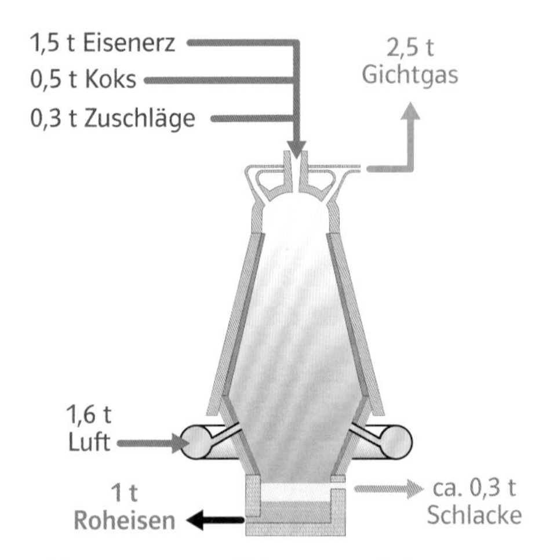

Abb. 138-3: Materialbilanz im Hochofen

Als Erze für die Eisengewinnung werden heute vor allem **Magnetit** und **Hämatit** verwendet. **Siderit** – das Erz des steirischen Erzberges – spielt auf Grund seines geringeren Eisengehaltes nur mehr eine untergeordnete Rolle.

Die Erze werden in Hochöfen zu Eisen reduziert. Als Reduktionsmittel wird hauptsächlich Koks eingesetzt, der im Hochofen zu **Kohlenmonoxid** reagiert. Kohlenmonoxid ist das eigentlich wirksame Reduktionsmittel.

Der Hochofen

Hochöfen sind Schachtöfen mit 25 – 40 m Höhe und bis zu 15 m Durchmesser. Mit allen Aufbauten, wie Aufzügen, erreichen sie Höhen von über 60 m. Der Trend geht hier zu immer größeren Einheiten. Der Hochofen der VOEST in Linz – eine mittelgroße Anlage – produziert täglich 7200 t Roheisen.

Der Hochofen wird aus feuerfesten Schamottsteinen gebaut. Der unterste Teil des Hochofens heißt Gestell und ist mit Grafitsteinen ausgemauert. Es ist das Auffangbecken für das flüssige **Roheisen** und die darauf schwimmende **Schlacke**. Über dem Gestell befinden sich die Winddüsen, durch die von allen Seiten **Wind** (dh. Luft mit 900 – 1300° C) eingeblasen wird. In der Luft verbrennt der Koks stark exotherm zu Kohlenstoffmonoxid. Das Kohlenmonoxid steigt im Schacht auf und wirkt als Reduktionsmittel für das Eisenerz. Nach den Reaktionen (Abb. 138–2) entweicht es als **Gichtgas** (die obere Öffnung des Hochofens heißt Gicht) aus dem Hochofen. Es besteht zu etwa 60 % aus Stickstoff, 30 % CO und 10 % aus CO_2. Auf Grund des CO-Gehaltes ist es brennbar. Es wird nach der Staubabscheidung in den **Winderhitzern** verbrannt.

Beschickung des Hochofens

Das vorbereitete Eisenerz wird abwechselnd mit Koks über eine Schleuse an der Gicht in den Hochofen eingefüllt. Es werden dem Erz Zuschlagstoffe wie Kalk oder Tonschiefer zugegeben. Diese dienen dazu, restliche Gangart (= taubes Gestein) im Hochofen in schmelzbare Schlacke umzuwandeln. Das Gemisch aus Erz und Zuschlagstoffen nennt man **Möller**. Da im untersten Teil des Hochofens laufend Produkte entnommen werden und Koks verbrennt, rutschen die an der Gicht eingebrachten Koks- und Möllerschichten laufend im Schacht nach unten.

Reduktion

Damit dies erleichtert wird, erweitert sich der Schacht etwas. Die Feststoffe kommen dabei in immer heißere Zonen. Ab ca. 600 °C beginnt die Reduktion durch Kohlenstoffmonoxid. Sie verläuft stufenweise und führt schließlich zu porösem metallischem Eisen (Eisenschwamm). Das Kohlenstoffmonoxid wird in der Möllerschicht verbraucht, in der nächsten Koksschicht aber rückgebildet (boudouardsches Gleichgewicht). Der Eisenschwamm nimmt bei hoher Temperatur ca. 5 % Kohlenstoff auf. Dies kann durch Reaktion mit Kohlenstoffmonoxid oder mit Kohlenstoff direkt geschehen. Der Kohlenstoff verbindet sich dabei mit Eisen zu Zementit Fe_3C. Durch die Kohlenstoffaufnahme sinkt der Schmelzpunkt des Eisens von 1535 °C auf 1100 – 1200 °C, sodass das Eisen zu schmelzen beginnt. Es tropft durch den glühenden Koks flüssig in das Gestell, wo es durch die Schlackeschicht vor Oxidation durch den Heißwind geschützt ist. Da durch das Schmelzen von Eisen und Schlacke und durch Verbrennnen von Koks die Feststoffe rasch weniger werden, verengt sich der Hochofendurchmesser wieder. Diesen Teil des Hochofens nennt man Rast.

Hochofenreise

Ein Hochofen ist etwa 10 Jahre ununterbrochen in Betrieb (Ofenreise). Danach muss die feuerfeste Innenausmauerung erneuert werden.

Pro Tonne Roheisen benötigen moderne Hochöfen 0,5 t Hüttenkoks, 1,5 t Eisenerz, 0,3 t Zuschläge, 1,6 t Luft und 20 m^3 Kühlwasser. Als Nebenprodukte erhält man ca. 0,3 t Schlacke und 2,5 t Gichtgas.

Produkte

Das Hauptprodukt des Hochofens ist Roheisen. Es enthält neben etwa 4 – 5 % Kohlenstoff noch weitere Elemente wie Mangan, Silicium, Schwefel und Phosphor. Roheisen kann nicht direkt verwendet werden, da es durch den hohen Kohlenstoffgehalt extrem hart und spröde ist und nicht bearbeitet werden kann. Die Verarbeitung zu Gusseisen (etwas geringerer Kohlenstoffgehalt, hoher Gehalt an Silicium) spielt nur mehr eine untergeordnete Rolle. Heute wird praktisch das gesamte Roheisen zu Stahl verarbeitet.

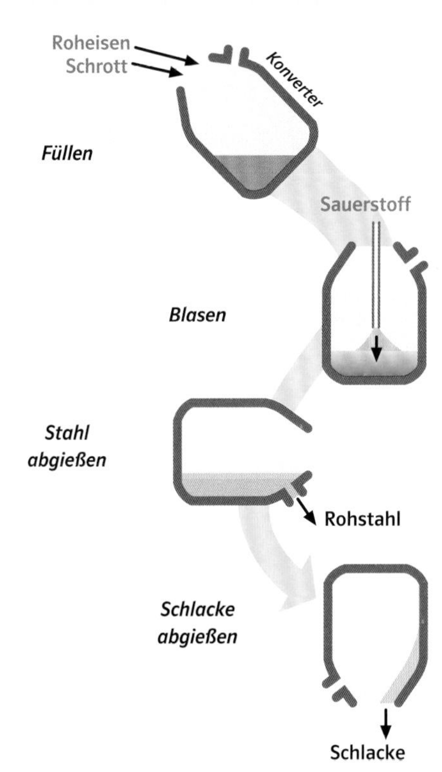

Abb. 139-1: Schema des LD-Verfahrens

Stahl

Zur Stahlerzeugung werden dem Roheisen Kohlenstoff und die unerwünschten Begleitelemente durch Oxidation entzogen. Dies nennt man Frischen. Es erfolgt heute fast ausschließlich nach dem in Österreich 1949 entwickelten LD-Verfahren, das nach den Stahlerzeugungsstandorten Linz und Donawitz benannt wurde. Die Stahlproduktion erfolgt weltweit zu 72 % nach diesem Verfahren.

LD-Verfahren

Das Roheisen kommt in einen Konverter, der bis zu 300 t fasst. Dann setzt man Schrott und als Zuschlag gebrannten Kalk zu. Mit einem wassergekühlten Rohr (Lanze) bläst man reinen Sauerstoff mit 8 – 10 bar Druck auf die Schmelze. Der Kohlenstoff verbrennt zu Kohlenstoffmonoxid, das an der Konvertermündung mit Luft zu Kohlenstoffdioxid weiterverbrennt. Auch die Begleitelemente Mangan, Silicium und Phosphor verbrennen. Ihre Oxide reagieren mit dem zugesetzten Calciumoxid zu Schlacke.

Die Aufblaszeit beträgt 10 – 20 Minuten. In dieser Zeit steigt durch die exothermen Reaktionen die Temperatur stark an. Um zu hohe Temperaturen zu vermeiden, wird ca. 25 % Schrott zugesetzt. Er verbraucht Schmelzwärme.

Elektrostahl-Verfahren

Die übrigen 28 % des Stahls werden nach dem Elektrostahl-Verfahren erzeugt. Ausgangsstoff ist hier Schrott, also Altstahl, der durch elektrische Lichtbögen eingeschmolzen wird.

Auch Edelstähle werden so erzeugt. Beim Einschmelzen werden hier die Legierungsmetalle zugesetzt. Dabei sind Nickel, Mangan, Chrom und Vanadium die wichtigsten Zusätze. Sie verbessern vor allem die Härte und die Korrosionsbeständigkeit.

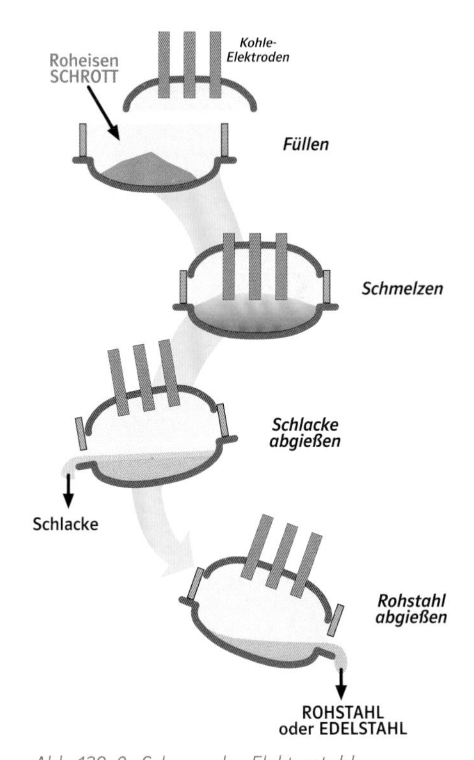

Abb. 139-2: Schema des Elektrostahl-Verfahrens

Bedeutung und Verwendung von Stahl

Die große Bedeutung des Stahls liegt in seiner vielfältigen Bearbeitbarkeit. Aus Stahl lassen sich Maschinenteile direkt gießen. Durch Schmieden lässt sich Stahl im heißen Zustand plastisch verformen. Erhitzter Stahl kann zu nahtlosen Rohren verformt werden. Durch Walzen in heißem und auch in kaltem Zustand erzeugt man Bleche. Wenn Stahl mehr als 0,5 % Kohlenstoff enthält, können die Werkstücke nach ihrer Herstellung gehärtet werden. Der Kohlenstoff liegt im Stahl als Zementit Fe_3C vor. Erhitzt man Stahl auf über 1000 °C, so löst sich der Zementit im Eisen. Diese Lösung zerfällt aber beim langsamen Abkühlen wieder. Wird der erhitzte Stahl aber abgeschreckt (Eintauchen in kaltes Wasser), so bleibt die Lösung erhalten. Sie wird Martensit genannt und bewirkt eine sehr große Härte. Ein solcher Stahl ritzt zB Glas. Allerdings ist der so behandelte Stahl sehr spröde. Um die Sprödigkeit zu verringern, wird der Stahl nach dem Abschrecken erwärmt. Dies nennt man Anlassen. Dabei nimmt die Härte wieder etwas ab. Stahl mit zu geringem Kohlenstoffgehalt kann nicht gehärtet werden und wird Weichstahl genannt.

Ein wichtiger Bereich der Stahlprodukte sind legierte Edelstähle. Nickel verbessert die Zähigkeit des Stahls, Chrom die Härte. Ein mit Chrom und Nickel legierter Stahl ist weitgehend säurebeständig und rostfrei. Er wird als **Nirosta** („Nichtrostender Stahl") bezeichnet. Werkzeugstähle enthalten meist Chrom und Vanadium. Wolfram wird verwendet, wenn Stahl bei hoher Temperatur seine Härte behalten muss. Manganstähle setzt man für starkem Verschleiß unterworfene Teile, wie Steinbrecher, ein.

Schüler-Experiment 6.3

Anlassen von Stahl

6.3 Die Spannungsreihe

Stärke von Reduktions- und Oxidationsmitteln

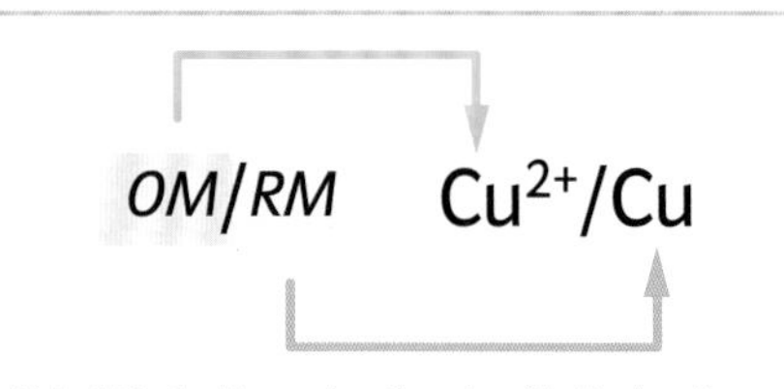

Abb. 140-1: Kurzschreibweise für Redox-Paare

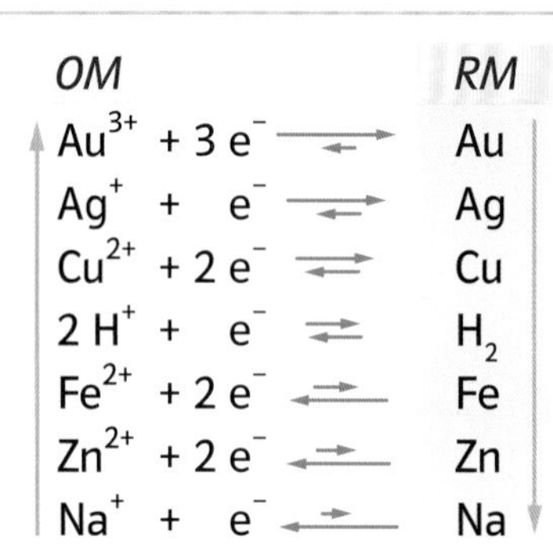

Abb. 140-2: Ausgewählte Metall-Redox-Paare nach Stärke geordnet

VS Schüler-Experiment 6.4

Metall und Metallsalzlösung

Übung 140.1

Ergänze die Reaktionsgleichungen, wenn sie ablaufen können bzw. streiche den Reaktionspfeil durch, wenn keine Reaktion möglich ist. (Beachte beim Richtigstellen auch die Ladungen – bei diesen Reaktionen werden Elektronen ausgetauscht!)

a) Cu^{2+} + Ag →

b) Cu^{2+} + Zn →

c) Zn + HCl →

d) Cu + HCl →

e) Ag^{+} + Cu →

f) Zn^{2+} + Ag →

g) Na^{+} + Au →

h) Cu^{2+} + H_2 →

i) Fe^{2+} + H_2 →

j) Ag^{+} + Zn →

k) Zn^{2+} + Cu →

l) Ag + HCl →

m) Au^{3+} + Cu →

Reduktionsmittel (RM)

Ein Reduktionsmittel ist ein Stoff der Elektronen abgibt. Ein starkes RM hat eine besonders hohe Tendenz zur Elektronenabgabe. So sind zB die Alkalimetalle besonders starke RM. Edle Metalle zB Gold sind schwache RM, da sie ihre Elektronen nur sehr „ungern" abgeben.

Oxidationsmittel (OM)

Ein Oxidationsmittel ist ein Stoff, der Elektronen aufnimmt. Ein starkes OM hat eine besonders hohe Tendenz zur Elektronenaufnahme. Die Nichtmetalle, zB die Halogene, sind Oxidationsmittel. Fluor, das Element mit der größten Elekronegativität ist ein besonders starkes Oxidationsmittel.

Auch die Metallkationen sind Oxidationsmittel. ZB ist Au^{3+} ein besonders starkes OM, hingegen sind die Kationen der Alkalimetalle schwache OM.

Die Spannungsreihe – qualitativ

So wie man die Säuren (bzw. Basen) nach ihrer Stärke anordnen kann (pK_A-Tabelle) lassen sich auch die Reduktionsmittel (bzw. Oxidationsmittel) nach ihrer Stärke ordnen. In einem konjugierten Redox-Paar gilt: Je stärker das Oxidationsmittel, desto schwächer das Reduktionsmittel und umgekehrt.

Beispiel

Folgende Redoxpaare aus der Abb. 140–2 liegen vor:

Au^{3+}/Au – Fe^{2+}/Fe – Na^{+}/Na – Ag^{+}/Ag.

Au^{3+} ist das stärkste der 4 Oxidationsmittel, Na^{+} das schwächste. Ag^{+} ist stärker als Fe^{2+}.

Dh. nach ihrer Stärke (steigend geordnet) gilt:

OM: $Au^{3+} > Ag^{+} > Fe^{2+} > Na^{+}$.

Daher gilt für

RM: Na > Fe > Ag > Au.

OM			*RM*
Au^{3+}	$+ 3 e^-$	$\rightleftharpoons$	Au
Ag^{+}	$+ e^-$	$\rightleftharpoons$	Ag
Fe^{2+}	$+ 2 e^-$	$\rightleftharpoons$	Fe
Na^{+}	$+ e^-$	$\rightleftharpoons$	Na

Gleichgewichtslage bei Redox-Reaktionen

Das Grundprinzip der Redoxreaktionen entspricht dem der Säure-Basen-Reaktionen: **Es reagiert das stärkste Oxidationsmittel mit dem stärksten Reduktionsmittel**.

Die Gleichgewichtslagen sind hier eindeutiger ($K > 10^{50}$ ist keine Seltenheit), daher ist die Entscheidung bei Redoxreaktionen immer, ob eine Reaktion möglich ist (wenn die gebildeten Stoffe schwächer sind) oder ob sie nicht möglich ist (wenn die gebildeten Stoffe stärker wären).

Metalle

Metalle im elementaren Zustand sind ausschließlich Reduktionsmittel. Allerdings ist die Tendenz der Metalle, Kationen zu bilden, unterschiedlich stark ausgeprägt. Schon früh erkannte man diese Unterschiede und teilte die Metalle in **edle Metalle** (= schwache Reduktionsmittel) und **unedle Metalle** (= starke Reduktionsmittel) ein. Als Grenze zwischen edlen und unedlen Metallen wurde ihre Reaktion mit Salzsäure (eigentlich Reaktion mit dem H^{+}–Ionen der Salzsäure) gewählt. Edle Metalle reagieren nicht mit H^{+}–Ionen, unedle Metalle reagieren dagegen.

Unedle Metalle sind daher stärkere Reduktionsmittel als Wasserstoff und edle schwächere Reduktionsmittel. Aber auch innerhalb der beiden Großgruppen kann man Abstufungen hinsichtlich ihrer Stärke vornehmen, indem man sie untereinander reagieren lässt (Abb. 141–1).

Metall - Kationen

Metall-Kationen sind zumeist Oxidationsmittel. Je schwächer das Metall als Reduktionsmittel ist, desto stärker ist das zugehörige Kation als Oxidationsmittel.

Manche Metalle können aber unterschiedlich geladene Kationen bilden; somit gibt es auch Kationen, die durch Elektronenabgabe in ein Kation mit einer höheren Ladung übergehen können und dadurch als Reduktionsmittel wirken können (zB: $Fe^{2+} \rightarrow Fe^{3+} + e^-$).

OM		RM
Pb^{4+} + 2 e^-	$\rightleftharpoons$	Pb^{2+}
Fe^{3+} + e^-	$\rightleftharpoons$	Fe^{2+}
Sn^{4+} + 2 e^-	$\rightleftharpoons$	Sn^{2+}

Abb. 141-1: Metallionen-Redox-Paare nach Stärke geordnet

Reaktion zwischen Metall und Metallion

Mit Hilfe der Spannungsreihe kann man abschätzen, welche Reaktionen ablaufen können. Die Anionen dienen nur dem Ladungsausgleich und können hier als RM oder OM vernachlässigt werden.

$CuSO_4 + Zn \rightarrow ZnSO_4 + Cu$

Diese Reaktion ist möglich, da Kupfer ein schwächeres RM als Zink ist.

$CuSO_4 + 2\,Ag \not\rightarrow$

Diese Reaktion ist nicht möglich, da Kupfer eine stärkeres RM als Silber wäre.

Reaktionen der Metalle mit Säuren

Die Reaktionen der Metalle als Reduktionsmittel mit Säuren als Oxidationsmittel stellen einen wichtigen Reaktionstyp dar.

Die Säure Wasser

Wasser ist ein schwaches Oxidationsmittel und kann nur mit sehr unedlen Metallen (zB Natrium) reagieren.

Red: $2\,H_2O + 2e^- \rightarrow H_2 + 2\,OH^-$

Ox: $Na \rightarrow Na^+ + 1\,e^-$ /·2

$2\,H_2O + 2\,Na \rightarrow H_2 + 2\,OH^- + 2\,Na^+$

$2\,H_2O + 2\,Na \rightarrow H_2 + 2\,NaOH$

Die Säure H^+

Die Reaktion mit H^+-Ionen stellt die Grenze zwischen edlen und unedlen Metallen dar.

Red: $2\,H^+ + 2\,e^- \rightarrow H_2$

Ox: $Zn \rightarrow Zn^{2+} + 2\,e^-$

$2\,H^+ + Zn \rightarrow H_2 + Zn^{2+}$

Oxidierende Säuren

Bei der Schwefelsäure H_2SO_4 und der Salpetersäure HNO_3 wirkt das Anion stärker oxidierend als das H^+-Ion. Vor allen Dingen die Salpetersäure (in der Spannungsreihe als NO_3^-) wirkt stark oxidierend und kann auch mit edlen Metallen wie Kupfer und Silber reagieren. Mit Gold reagiert die Salpetersäure nicht. Sie wird auch deshalb als Scheidewasser bezeichnet, da man mit ihrer Hilfe Gold und Silber trennen kann. Bei der Reaktion von Salpetersäure mit edlen Metallen entstehen sehr giftige Stickoxide – zuerst das farblose NO und in weiterer Folge das braune NO_2.

Red: $NO_3^- + 4\,H^+ + 3e^- \rightarrow NO + 2\,H_2O$ /·2

Ox: $Cu \rightarrow Cu^{2+} + 2\,e^-$ /·3

$2\,NO_3^- + 8\,H^+ + 3\,Cu \rightarrow 2\,NO + 4\,H_2O + 3\,Cu^{2+}$

$+ 6\,NO_3^-$ … *$+ 6\,NO_3^-$*

$[8\,HNO_3 + 3\,Cu \rightarrow 2\,NO + 4\,H_2O + 3\,Cu(NO_3)_2]$

Königswasser

Mit Königswasser kann auch Gold gelöst werden. Königswasser ist eine Mischung aus 3 Teilen Salzsäure und einem Teil Salpetersäure. Durch Reaktion dieser Säuren entsteht atomares Chlor (sehr giftig), das ein sehr starkes Oxidationsmittel ist.

Halogen - Halogenid

Halogene sind starke Oxidationsmittel. F_2 ist das stärkste Oxidationsmittel. Innerhalb der Halogene sinkt die Stärke mit steigender Ordnungszahl.

Für die Halogenid-Ionen als Reduktionsmittel gilt die umgekehrte Reihenfolge (Iodid ist ein deutlich stärkeres Reduktionsmittel als Fluorid).

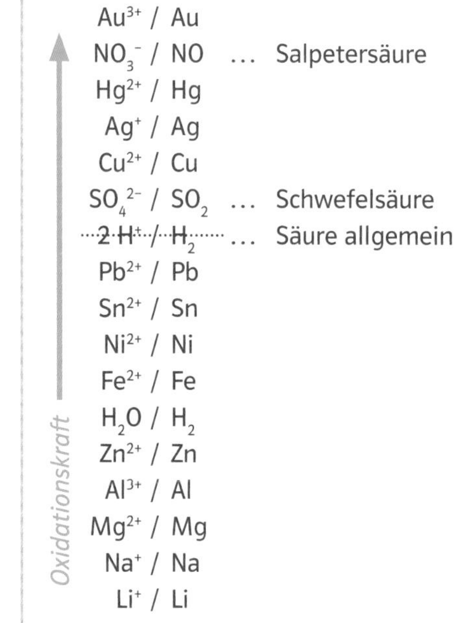

Au^{3+} / Au	
NO_3^- / NO	… Salpetersäure
Hg^{2+} / Hg	
Ag^+ / Ag	
Cu^{2+} / Cu	
SO_4^{2-} / SO_2	… Schwefelsäure
2 H^+ / H_2	… Säure allgemein
Pb^{2+} / Pb	
Sn^{2+} / Sn	
Ni^{2+} / Ni	
Fe^{2+} / Fe	
H_2O / H_2	
Zn^{2+} / Zn	
Al^{3+} / Al	
Mg^{2+} / Mg	
Na^+ / Na	
Li^+ / Li	

Oxidationskraft ↑

Abb. 141-2: Ausgewählte Redox-Paare nach Stärke geordnet

Übungen 141.1

Erstelle folgende Reaktionsgleichungen:

a) Kalium reagiert mit Wasser
b) Nickel reagiert mit Salzsäure
c) Silber reagiert mit Salpetersäure

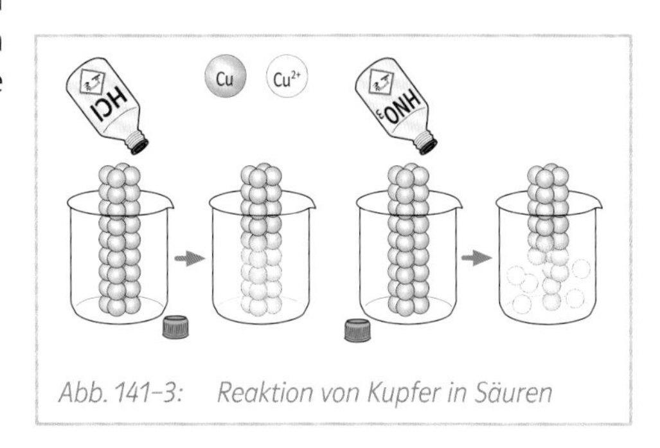

Abb. 141-3: Reaktion von Kupfer in Säuren

Halogen und Halogenid

6.4 Elektrochemie

Potenziale – Potenzialdifferenz – Halbzellen

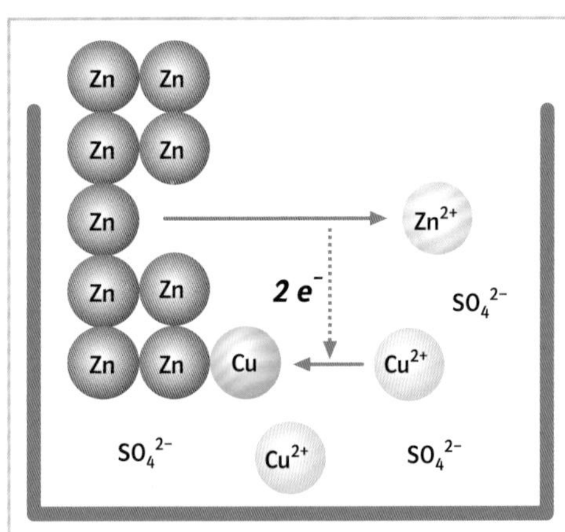

Abb. 142–1: Zementation von Kupfer
Zementation: Ein Metall scheidet sich aus seiner Salz-Lösung an der Oberfläche eines unedleren Metalles ab.

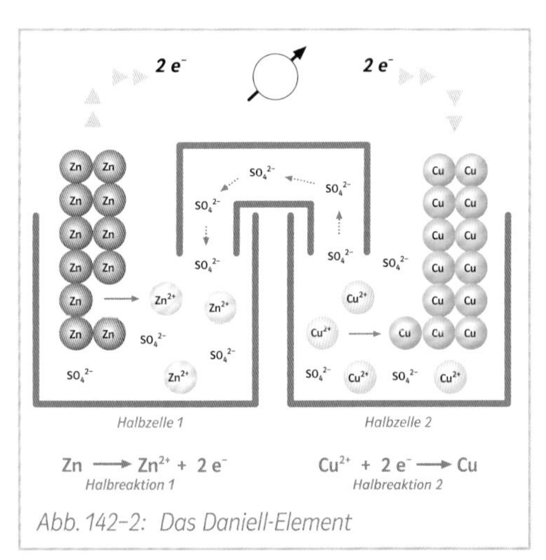

Abb. 142–2: Das Daniell-Element

Redox-Reaktionen und elektrische Energie

Die Reaktion zwischen Kupfer(II)-sulfat und Zink ist eine freiwillig ablaufende Reaktion. Taucht man einen Zinkstab in eine Kupfer(II)-sulfat-Lösung ein, werden Elektronen an der Phasengrenzfläche von Zink zu den Kupferionen übertragen, und die frei werdende Energie erwärmt die Lösung.

Führt man diese Reaktion so durch, dass die Elektronen in einem Stromkreis fließen müssen, so kann man diese Energie nützen. Dies erfolgt durch räumliche Trennung der Reaktionspartner. Der Zinkstab und die Kupfersalz-Lösung werden getrennt, müssen allerdings durch ein leitfähiges System verbunden werden. Um unerwünschte Nebenreaktionen zu verhindern, taucht man in die Kupfer(II)-sulfat-Lösung einen Kupferstab und in eine Zinksulfat-Lösung einen Zinkstab. Die beiden Metallstäbe (Elektroden) werden über einen Verbraucher verbunden, die Salzlösungen durch einen Stromschlüssel (Glasrohr mit einem Elektrolyten gefüllt). Damit ist der Stromkreis geschlossenen. Das metallische Zink geht in Form von Zink-Ionen in Lösung. Die überschüssigen Elektronen wandern zur Kupfer-Elektrode, und Kupfer-Ionen nehmen Elektronen auf und werden zu metallischem Kupfer. Die Sulfat-Ionen wandern von der Kupfer-Lösung zur Zink-Lösung. Elektronen fließen nun über einen Stromkreis und können Arbeit verrichten.

Diesen Aufbau nennt man Daniell-Element oder Kupfer-Zink-Zelle. Nach diesem Grundprinzip funktionieren alle elektrochemischen Spannungsquellen (zB Batterien).

Halbzellen - Einzelpotenzial

Das System aus Reduktionsmittel und konjugiertem Oxidationsmittel (zB Metall und Metallsalzlösung) bezeichnet man als Halbzelle mit der entsprechenden Halbreaktion.

Jede Halbreaktion besitzt ein gewisses Potenzial $E^{\varnothing}$, ein Maß für die Tendenz, Elektronen aufzunehmen oder abzugeben.

In der Spannungsreihe (Seite 315) ist das Reduktionspotenzial $E^{\varnothing}$ angegeben. Das Oxidationspotenzial der entsprechenden Halbreaktion erhält das entgegengesetzte Vorzeichen ($-E^{\varnothing}$). (Wie diese Werte ermittelt wurden zeigt Kapitel 6.5).

Halbzellenkombination - Potenzialdifferenz $\Delta E^{\varnothing}$

Halbzellenkombinationen werden üblicherweise so angeschrieben:

edleres Metall/entsprechendes Ion//Ion des unedleren Metalls/Metall

$Me_{edler}/\,Me^{x+}_{edler}//\,Me^{x+}_{unedler}/Me_{unedler}$ zB ($Cu/Cu^{2+}//Zn^{2+}/Zn$)

Die Potenzialdifferenz $\Delta E^{\varnothing}$ zwischen zwei Halbzellen kann mit einem Voltmeter gemessen werden, lässt sich aber auch aus der Spannungsreihe berechnen.

Freiwillig ablaufende Redox-Reaktionen besitzen immer eine positive Potenzialdifferenz.

Beispiele

#1 Berechne $\Delta E^{\varnothing}$ für eine Kupfer-Zink-Zelle ($Cu/Cu^{2+}//Zn^{2+}/Zn$)

Red.:	$Cu^{2+} + 2e^-$	$\rightarrow Cu$	$E^{\varnothing}_{Red} = 0{,}35$ V
Ox.:	Zn	$\rightarrow Zn^{2+} + 2\,e^-$	$E^{\varnothing}_{Ox} = -(-076$ V)
	$Zn + Cu^{2+}$	$\rightarrow Zn^{2+} + Cu$	$\Delta E^{\varnothing} = E^{\varnothing}Red + E^{\varnothing}Ox = 0{,}35 + 0{,}76 = 1{,}11$ V

#2 Berechne $\Delta E^{\varnothing}$ für eine Silber-Kupfer-Zelle ($Ag/Ag^{+}//Cu^{2+}/Cu$):

Red.:	$Ag^{+} + e^-$	$\rightarrow Ag \quad /\cdot 2$	$E^{\varnothing}_{Red} = 0{,}80$ V
Ox.:	Cu	$\rightarrow Cu^{2+} + 2\,e^-$	$E^{\varnothing}_{Ox} = -\,0{,}35$ V
	$Cu + 2\,Ag^{+}$	$\rightarrow Cu^{2+} + 2\,Ag$	$\Delta E^{\varnothing} = E^{\varnothing}_{Red} + E^{\varnothing}_{Ox} = 0{,}80 - 0{,}35 = 0{,}45$ V

Die hier berechneten Werte sind nur für Standardbedingungen gültig:

$T = 298$ K $\quad p = 1$ bar $\quad c = 1$ mol/L

Übung 142.1

Berechne ΔE^{0} für folgende Kombinationen:

a) $Ag/Ag^{+}//Zn^{2+}/Zn$

b) $Au/Au^{3+}//Cu^{2+}/Cu$

c) $Hg/Hg^{2+}//Fe^{2+}/Fe$

Schüler-Experiment 6.6

Potenzialdifferenz bei Halbzellenkombinationen

Bestimmung von $E^\varnothing$

Die Messung eines Einzelpotenzials E ist nicht möglich, sondern nur die von Potenzialdifferenzen zwischen zwei Halbzellen. Daher muss man eine Bezugshalbzelle festlegen.

Die Wahl fiel auf die Halbzellenkombination **$H_2/2\,H^+$**.

Die Standardwasserstoffelektrode

Der Halbreaktion $2\,H^+ + 2\,e^- \rightarrow H_2$ wurde dabei das (in Wirklichkeit nicht messbare) Einzelpotenzial von 0,00 V zugeordnet.

Diese Halbzelle nennt man die **Standardwasserstoffelektrode**. Sie besteht aus einer Elektrode aus Platin, die von Wasserstoff-Gas unter einem Druck von 1 bar umspült wird. Die Elektrode taucht in eine Säure mit einer H_3O^+-Ionenkonzentration von 1 mol/L, dh. der pH-Wert der Lösung ist 0.

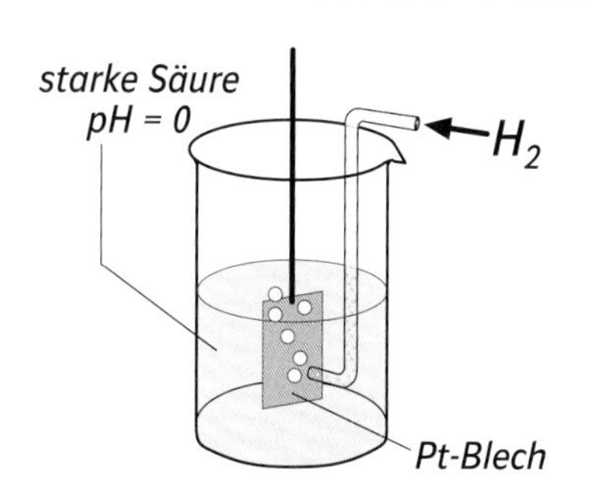

Abb. 143–1: Anordnung der Standardwasserstoffelektrode

Mit dieser Standardwasserstoffhalbzelle werden die übrigen Halbzellen bei Standardbedingungen ($T^\varnothing$ = 298 K, $p^\varnothing$ = 1 bar, $c^\varnothing$ = 1 mol/L) zur Reaktion gebracht und die Potenzialdifferenzen gemessen.

Je nach Stärke des Partners kann der Elektronentransfer zwischen den Halbzellen in unterschiedliche Richtungen erfolgen.

Standardeinzelpotenziale $E^\varnothing$

Da der Standardwasserstoffhalbzelle willkürlich das Einzelpotenzial $E^\varnothing$ = 0 V zugeordnet wurde, kann man die gemessenen Potenzialdifferenzen als Einzelpotenzial der jeweiligen Halbzelle interpretieren.

Beispiele

Beispiel mit einer Halbzelle aus einem edlen Metall

Red.: $Cu^{2+} + 2\,e^- \rightarrow Cu$ $E^\varnothing$ = ? V

Ox.: $H_2 \rightarrow 2\,H^+ + 2\,e^-$ $E^\varnothing$ = 0,00 V

gemessene Potenzialdifferenz $\Delta E^\varnothing$ = 0,35 V

Die gemessene Potenzialdifferenz von 0,35 V wird jetzt als Standardeinzelpotenzial $E^\varnothing$ = 0,35 V für die Reduktion von $Cu^{2+} + 2e^- \rightarrow Cu$ verwendet.

Beispiel mit einer Halbzelle aus einem unedlen Metall

Red.: $2\,H^+ + 2\,e^- \rightarrow H_2$ $E^\varnothing$ = 0,00 V

Ox.: $Zn \rightarrow Zn^{2+} + 2\,e^-$ $E^\varnothing$ = ? V

gemessene Potenzialdifferenz $\Delta E^\varnothing$ = 0,76 V

Die gemessene Potenzialdifferenz von 0,76 V wird jetzt als Standardeinzeloxidationspotenzial $E^\varnothing$ = 0,76 V von $Zn \rightarrow Zn^{2+} + 2e^-$ verwendet. Das Reduktionspotenzial für $Zn^{2+} + 2e^- \rightarrow Zn$ beträgt −0,76 V.

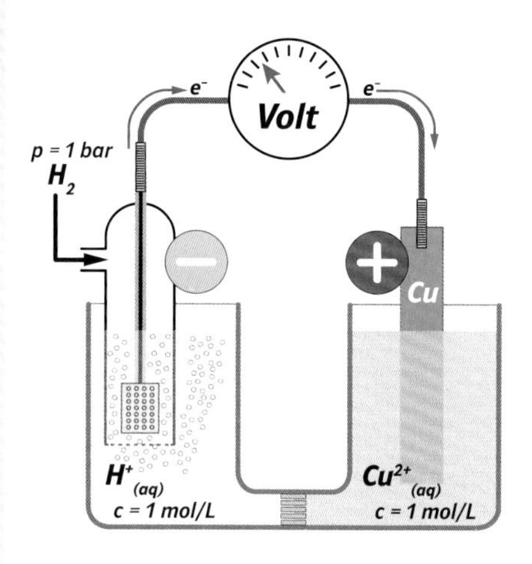

Abb. 143–2: Standardwasserstoffelektrode mit einer Halbzelle aus edlem Metall und seinen Ionen

Die Spannungsreihe – quantitativ

In der in diesem Buch verwendete Spannungsreihe (Seite 315) sind die Halbreaktionen alle als Reduktionen formuliert.

$OM + x\,e^- \rightarrow RM$

Das stärkste Oxidationsmittel steht links oben in der Spannungsreihe. Das bei seiner Reduktion entstehende Reduktionsmittel ist das schwächste. Dieses Reduktionspotenzial hat den höchsten Wert.

Die Halbreaktionen sind nach sinkenden Reduktionspotenzialen geordnet. Es nimmt die Stärke der Oxidationsmittel ab und die der Reduktionsmittel zu.

Ab 0 V, dem Potenzial der Standardwasserstoffelektrode, folgen negative Werte.

Bei allen Reaktionen, an denen H^+-Ionen beteiligt sind, beziehen sich die Standard-Potenziale auf pH = 0.

ZB: $NO_3^- + 3\,e^- + \mathbf{4\,H^+} \rightarrow NO + 2\,H_2O$

Für wässrige Lösungen mit pH = 7 benötigt man eine Umrechnungsmethode, die **Nernst´sche Gleichung**.

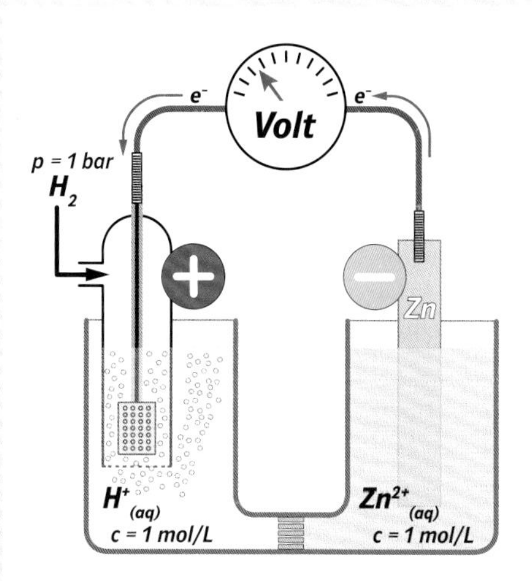

Abb. 143–3: Standardwasserstoffelektrode mit einer Halbzelle aus unedlem Metall und seinen Ionen

Abb. 144-1: *Walther Nernst (1864-1941)*

Die Nernst'sche Gleichung

Die $E^{\varnothing}$-Werte sind nur für Standardbedingungen gültig. Wählt man andere Bedingungen, so müssen auch die Potenziale umgerechnet werden.

Dies erfolgt mit der Nernst'schen Gleichung, die vom Deutschen Walther Nernst (1864 – 1941) aufgestellt wurde.

Die verwendeten Größen:

$$E = E^{\varnothing} - \frac{R \cdot T}{z \cdot F} \cdot \ln Q$$

$E^{\varnothing}$ ... Standardpotenzial aus der Spannungsreihe
R ... Gaskonstante 8,341 $J \cdot mol^{-1} \cdot K^{-1}$
T ... Temperatur in K
z ... Zahl der übertragenen Elektronen
F ... Faraday Konstante (= Ladung von 1 mol e^-) 96 485 As/mol
Q ... Reaktionsquotient; wird wie die Gleichgewichtskonstante K formuliert
Die Konzentration von Metallen und von Gasen, die unter konstantem Druck stehen, ist konstant und wird in Q, ebenso wie die „Wasserkonzentration", für die Berechnung gleich eins gesetzt.

Beispiele

#1 Bestimme das „Kupferpotenzial" für eine Cu^{2+}-Ionen-Konzentration von 0,01 mol/L bei 298 K und 1 bar.

$Cu^{2+} + 2e^- \rightarrow Cu$ $\quad E^{\varnothing} = 0{,}35\ V$ $\quad E = 0{,}35 - \frac{8{,}314 \cdot 298}{2 \cdot 96485} \cdot \ln \frac{1}{0{,}01} = 0{,}29\ V$

#2 Bestimme das „Zinkpotenzial" für eine Zn^{2+}-Konzentration von 2 mol/L bei 298 K und 1 bar.

$Zn^{2+} + 2e^- \rightarrow Zn$ $\quad E^{\varnothing} = -\,0{,}76\ V$ $\quad E = -0{,}76 - \frac{8{,}314 \cdot 298}{2 \cdot 96485} \cdot \ln \frac{1}{2} = -0{,}75\ V$

#3 Berechne die Potenzialdifferenz der Kupfer-Zink-Zelle bei obigen Konzentrationen.

$\Delta E = 0{,}29\ V + 0{,}75\ V = 1{,}04\ V$

Übung 144.1

Berechne folgende Potenziale:

a) das „Silberpotenzial" bei einer Ag^+-Konzentration von 0,1 mol/L
b) das „Chlorpotenzial" bei einer Cl^--Konzentration von 1,5 mol/L
c) das „Nitratpotenzial" bei pH = 7 (zB wässrige Kaliumnitrat-Lösung)

Das „Wasserpotenzial"

Wasser ist Reduktions- und Oxidationsmittel. Diese Potenziale können aber nicht als $E^{\varnothing}$ formuliert werden, da hier die Ionenkonzentrationen nicht 1 mol/L betragen. Da Reaktionen sehr oft in wässriger Lösung ablaufen, wurden diese Werte (als E) dennoch in die Liste der Standardpotenziale aufgenommen.

Wasser als Oxidationsmittel

Hier wird im Prinzip H^+ zu H_2 reduziert.

$2\,H^+ + 2\,e^- \rightarrow H_2$ $\qquad E^{\varnothing} = 0{,}00\ V$ (bei pH = 0)

Dieser Gleichung entspricht ein $E^{\varnothing}$ von 0,0 Volt bei pH = 0. Bei pH = 7 ist die H^+-Ionenkonzentration 10^{-7}. Bei 298 K ergibt sich:

$$E = 0{,}00 - \frac{8{,}314 \cdot 298}{2 \cdot 96485} \cdot \ln \frac{1}{(10^{-7})^2} = -0{,}41\ V$$

Da in wässriger Lösung die Konzentration der freien H_3O^+-Ionen sehr gering ist, wird die Reaktionsgleichung folgendermaßen formuliert:

$2\,H_2O + 2e^- \rightarrow H_2 + 2\,OH^-$

Wasser als Reduktionsmittel

Hier wird im Prinzip O^{2-} zu O_2 oxidiert. Für die Spannungsreihe wieder als Reduktion formuliert gilt:

$O_2 + 4\,H^+ + 4\,e^- \rightarrow 2\,H_2O$ $\qquad E^{\varnothing} = 1{,}23\ V$ (bei pH=0)

Für pH = 7 ist die H^+-Ionenkonzentration 10^{-7} mol/L. Bei 298 K ergibt sich:

$$E = 1{,}23 - \frac{8{,}314 \cdot 298}{4 \cdot 96485} \cdot \ln \frac{1}{(10^{-7})^4} = 0{,}82\ V$$

Alle Potenziale, die in der Reaktionsgleichung H^+-Ionen aufweisen sind nur für pH = 0 gültig. Die Nernst'sche Gleichung ermöglicht die Berechnung bei beliebigen pH-Werten (siehe Übungsaufgabe 144–1c).

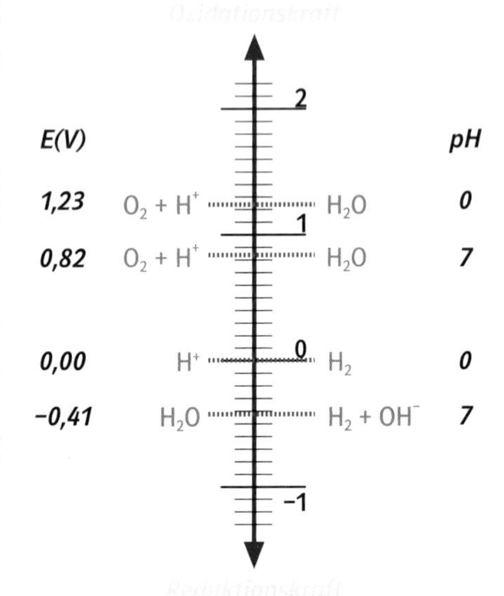

Abb. 144-2: *Die Potenziale von Wasserstoff und Sauerstoff*

Die Nernst'sche Gleichung für Potenzialdifferenzen

Die Beziehung eignet sich auch zur Konzentrationsumrechnung von Potenzialdifferenzen.

$$E = E^{\varnothing} - \frac{R \cdot T}{z \cdot F} \cdot \ln Q$$

Beispiel

#4 Bestimme ΔE für die Reaktion zwischen Zink und Kupfer-Ionen bei einer Zink-Ionen-Konzentration von 2 mol/L und einer Kupfer-Ionen-Konzentration von 0,01 mol/L (= Daniell-Element, in dem die Betriebsstoffe fast verbraucht sind).

$Cu^{2+} + Zn \rightarrow Cu + Zn^{2+}$ $\quad \Delta E^{\varnothing} = 1{,}11\ V$

$$\Delta E = 1{,}11 - \frac{8{,}314 \cdot 298}{2 \cdot 96485} \cdot \ln \frac{2}{0{,}01} = 1{,}04\ V$$

Vergleiche das Ergebnis mit den Beispielen a und b auf der vorigen Seite.

pH-Messung durch Spannungsmessung

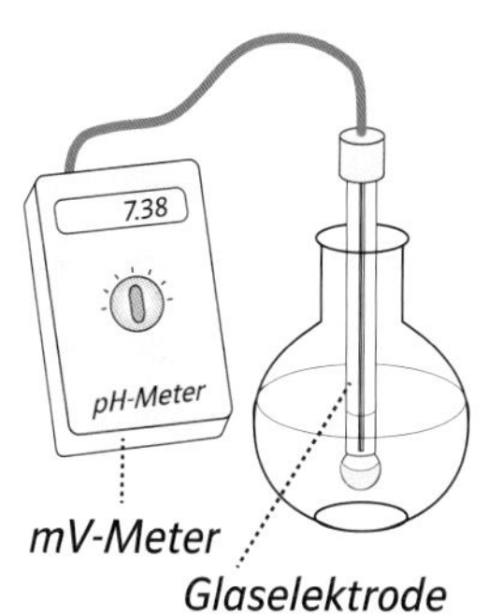

zB: Wasserstoffelektrode

$$2\ H^{+} + 2\ e^{-} \rightleftharpoons H_2$$

$$E = E^{\varnothing} - \frac{R \cdot T}{z \cdot F} \cdot \ln Q$$

$p = 1$ bar $\quad T = 298$ K $\quad E^{\varnothing} = 0$ V

für H_2-Elektrode

$$E = 0 - \frac{R \cdot T}{z \cdot F} \cdot \ln \frac{1}{[H_3O^{+}]^2}$$

Bei Standardbedingungen gilt vereinfacht:

$$E = -0{,}059 \cdot pH$$

Abb. 145-1: Wasserstoffelektrode für die pH-Messung

Potenzial und Gleichgewichtskonstante

Befindet sich die Reaktion im Gleichgewicht, so wird $\Delta E = 0$. Die Reaktion ist zu „Ende". Es ist kein „Elektronendruck" mehr vorhanden.

Die Momentankonzentrationen entsprechen den Gleichgewichtskonzentrationen. Der Reaktionsquotient Q wird zur Gleichgewichtskonstanten K.

$$\Delta E = \Delta E^{\varnothing} - \frac{R \cdot T}{z \cdot F} \cdot \ln Q$$

Im Gleichgewicht gilt: $\Delta E \Rightarrow 0$ und $Q \Rightarrow K$

$$0 = \Delta E^{\varnothing} - \frac{R \cdot T}{z \cdot F} \cdot \ln K$$

Durch Umformen ergibt sich: $\ln K = \Delta E^{\varnothing} \cdot \frac{z \cdot F}{R \cdot T}$ und $K = e^{\Delta E^{\varnothing} \cdot \frac{z \cdot F}{R \cdot T}}$

Beispiel

#5 Berechne die Gleichgewichtskonstante K bei 298 K für die Reaktion von Zink mit Cu^{2+}-Ionen.

$Cu^{2+} + Zn \rightarrow Cu + Zn^{2+}$ $\quad E^{\varnothing} = 1{,}11\ V$ $\quad K = e^{1{,}11 \cdot \frac{2 \cdot 96485}{8{,}314 \cdot 298}} = 3{,}52 \cdot 10^{37}$

Eindeutige Gleichgewichtslage

Redox-Reaktionen haben fast immer eine sehr eindeutige Gleichgewichtslage. Ist ΔE bei einer Reaktion positiv, so liegt das Gleichgewicht deutlich auf der Seite der Produkte, ist ΔE negativ, so liegt es deutlich auf der Seite der Ausgangsstoffe. Man sagt dann vereinfacht: Die Reaktion läuft nicht (freiwillig) ab.

Die Messung von ΔE ermöglicht eine Ermittlung sehr kleiner und sehr großer Gleichgewichtskonstanten, die durch Konzentrationsmessung nicht zugänglich wären, da die Gleichgewichtskonzentrationen weit unterhalb jeder analytischen Nachweisgrenze liegen.

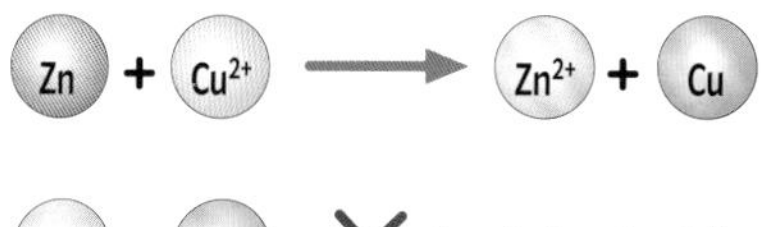

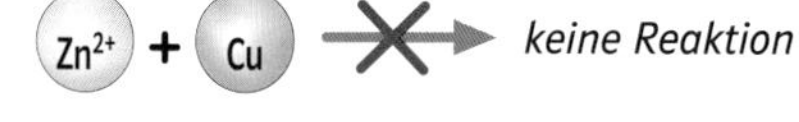

Abb. 145-2: Gleichgewichtslage einer Redox-Reaktion

Zusammenhang ΔE und ΔG

Durch den Zusammenhang der Gleichgewichtskonstanten sowohl mit ΔE als auch mit ΔG ergibt sich auch ein Zusammenhang zwischen Potenzialdifferenz und freier Enthalpie (Abb. 145-3).

Freie Standardenthalpien können daher ebenfalls aus Messungen von Potenzialdifferenzen berechnet werden.

Beispiel

Berechne $\Delta G^{\varnothing}$ für die Reaktion von Zink mit Cu^{2+}-Ionen bei 298 K.

$Cu^{2+} + Zn \rightarrow Cu + Zn^{2+}$ $\quad E^{\varnothing} = 1{,}11\ V$

$\Delta G^{\varnothing} = -z \cdot F \cdot \Delta E = -2 \cdot 96485 \cdot 1{,}11 = -214{,}2$ kJ/mol

$$\ln K = \frac{-\Delta G^{\varnothing}}{R \cdot T} \qquad \ln K = \Delta E^{\varnothing} \cdot \frac{z \cdot F}{R \cdot T}$$

$$\Delta G^{\varnothing} = -z \cdot F \cdot \Delta E^{\varnothing}$$

Abb. 145-3: Zusammenhang zwischen ΔG und ΔE

6.5 Korrosion

Korrosion beim Stahl

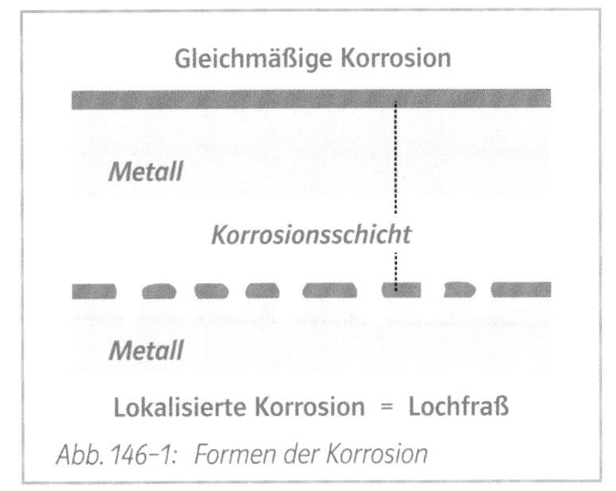

Abb. 146–1: Formen der Korrosion

Abb. 146–2: Verrostetes Stahlblech

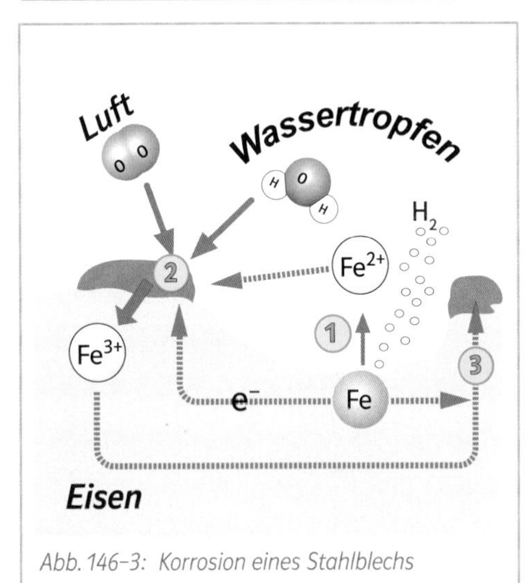

Abb. 146–3: Korrosion eines Stahlblechs

Abb. 146–4: Verzinktes Stahlblech

Unter Korrosion versteht man die unerwünschte Zerstörung von Werkstoffen durch Reaktion mit der Umgebung.

Eine sehr große wirtschaftliche Bedeutung hat die Korrosion von Metallen. Diesen Korrosionsprozess nennt man beim wichtigsten Metall, dem Eisen, Rosten. Man schätzt den Schaden durch Korrosion auf bis zu 4 % des jährlichen Bruttonationalproduktes in den Industrieländern. Dementsprechend ist der Schutz vor Korrosion ein bedeutender Wirtschaftszweig.

Korrosion von Metallen

Bei der Korrosion von Metallen ist in vielen Fällen der Luftsauerstoff verantwortlich. Dabei wirkt der Sauerstoff als Oxidationsmittel und das korrodierende Metall als Reduktionsmittel.

Ebenfalls ein bedeutender Grund für die Korrosion von Metallen ist die Bildung eines **Lokalelements**. An der Berührungsstelle zweier unterschiedlicher Metalle kommt es besonders leicht zur Korrosion. Diese Berührungsstellen entsprechen im Prinzip einer kurzgeschlossenen Batterie und das unedlere Metall wird oxidiert.

Die Korrosion von Stahl

Da Stahl (Eisen mit einem Kohlenstoffgehalt von < 1,7 %) einer der wichtigsten Werkstoffe ist, ist der Korrosionsvorgang und damit auch der Korrosionsschutz für diesen Werkstoff wirtschaftlich am bedeutendsten. Stahl korrodiert leichter als reines Eisen, da der Kohlenstoff wie ein edles Metall wirkt (Lokalelement). Stahl wird vor allem durch das System Wasser/Luftsauerstoff korrodiert. Durch Oxidation des Eisens entsteht dabei eine Mischung aus Eisen(II)-und Eisen(III)-Hydroxiden bzw. -oxiden. Diese poröse Mischung bezeichnet man als **Rost**.

Die Korrosion von Eisen kann dabei vereinfacht in folgende Schritte gegliedert werden (siehe Abb. 146–3):

1. Reaktion von Wasser mit Eisen:
   $Fe + 2\,H_2O \rightarrow H_2 + Fe^{2+} + 2\,OH^-$ ⇨ Bildung von $Fe(OH)_2$
2. Oxidation von Fe^{2+} mit Luftsauerstoff:
   $4\,Fe^{2+} + O_2 + 2\,H_2O \rightarrow 4\,Fe^{3+} + 4\,OH^-$ ⇨ Bildung von $Fe(OH)_3$
3. Oxidation von Eisen durch Fe^{3+}:
   $Fe + 2\,Fe^{3+} \rightarrow 3\,Fe^{2+}$

Dabei ist die Reaktion in Reaktion (1) langsam. Ohne die Bildung von Fe^{2+} in Reaktion (1) können die weiteren Schritte nicht ablaufen.

Reaktion (2) und Reaktion (3) verlaufen relativ schnell. Sobald Fe^{2+}-Ionen aus Reaktion (1) vorhanden sind, laufen diese beiden Reaktionen immer wieder ab, da ständig neue Fe^{2+}-Ionen in Reaktion (3) gebildet werden.

Reaktion (1) ist daher nur zu Beginn des Rostvorganges notwendig, der für den weiteren Verlauf notwendige Stoff Fe^{2+} wird immer wieder neu gebildet. Solche Vorgänge nennt man einen **autokatalytischen Prozess**. Typisch für einen solchen Vorgang sind die lange Zeitdauer bis zum Beginn der Reaktion und das darauf folgende rasche Voranschreiten. Das kann man auch beim Verrosten eines Werkstückes beobachten: Zunächst ist über einen längeren Zeitraum keine Veränderung zu beobachten. Sobald erste Rostflecken vorhanden sind, schreitet der Zerstörungsprozess aber immer rascher voran.

Korrosionsschutz bei Metallen

Je nach Einsatzgebiet gibt es unterschiedliche Methoden, mit denen ein Werkstück vor Korrosion geschützt werden kann. Im Idealfall ist das Metall selbst sehr gut gegen Korrosion geschützt, zB Gold oder rostfreier Edelstahl. Rostfreier Edelstahl ist jedoch viel teurer als normaler Stahl und daher für viele Einsatzzwecke nicht wirtschaftlich.

Korrosionsschutz bei der PKW-Karosserie

Als Beispiel für modernen Korrosionsschutz soll die Karosserie eines PKW dienen. Die Eisenblechteile werden zunächst verzinkt. Dabei wird eine dünne Zinkschicht auf das Eisen aufgebracht. Wie bei einem Lokalelement wird bei der Korrosion das unedlere Metall zuerst oxidiert, in diesem Fall das Zink. Das unedlere Metall nennt man in diesem Zusammenhang auch Opferanode.

Die Zinkschicht kann dabei durch das Eintauchen in ein Bad mit geschmolzenem Zink aufgebracht werden (Feuerverzinken) oder auch durch einen elektrochemischen Vorgang (galvanisches Verzinken). Feuerverzinktes Blech wird in vielen Fällen auch ohne Lackierung verwendet und ist an der typischen Oberflächenstruktur zu erkennen.

Dann wird die Karosserie mit mehreren Lackschichten überzogen. Zunächst wird in der Vorbehandlung eine Phosphatsalzlösung aufgebracht. Dabei bildet sich eine kristalline Metall-Phosphat-Schicht. Dann erfolgt die Grundierung. Dabei wird Starkstrom zwischen der Lackdüse und der Karosserie angelegt. Dadurch laden sich die Lackpartikel positiv auf und werden von der negativ geladenen Karosserie angezogen. Es bildet sich dadurch eine gleichmäßige Grundierungsschicht auch auf unzugänglichen Teilen der Karosserie (Abb. 147–1).

Die weiteren Lackschichten bilden der Füller, der Basislack und der Klarlack. Bei der Entwicklung der Lacke wird besonders auf lange Haltbarkeit, gute Beständigkeit gegen UV-Licht, Unempfindlichkeit gegen Steinschlag und Beständigkeit gegenüber Kraftstoffen geachtet.

Weitere Möglichkeiten des Korrosionsschutzes bei Metallen

Manche Metalle bilden bei der Korrosion eine fest anhaftende Oxidschicht, die das darunter liegende Metall vor weiterer Korrosion schützt. Ein Beispiel dafür ist Aluminium, das zwar wesentlich unedler als Eisen ist, aber dennoch der Korrosion sehr gut widersteht. Die Ausbildung einer solchen Schutzschicht nennt man **Passivierung** (Abb. 147–2).

Für die Verpackung von Lebensmitteln kann verzinktes Stahlblech nicht verwendet werden, da Zink-Ionen gesundheitsschädlich sind. Für Konservendosen verwendet man daher Stahlblech, das mit Zinn überzogen ist (Weißblech). Zinn widersteht der Korrosion sehr gut. Es ist allerdings edler als Eisen und im Fall einer Verletzung der Zinnschicht oxidiert das Eisen besonders rasch (Lokalelement).

Bei Bauwerken oder Pipelines wird zum Schutz vor Korrosion eine Gleichspannung angelegt. Der Minus-Pol wird mit dem zu schützenden Metall verbunden, der Plus-Pol mit der Erdung. Dadurch kann die Korrosion wirksam unterbunden werden, es entstehen jedoch nicht unbeträchtliche Kosten (Abb. 147–3).

Bei Schiffen ist die Korrosion besonders intensiv, da salzhaltiges Wasser die Rostbildung sehr begünstigt. Zum Schutz werden Opferanoden aus Zink oder Magnesium am Schiffsrumpf befestigt (siehe Abb. 147–4).

Bei Werkstücken aus unterschiedlichen Metallen kommt der Isolierung der beiden Metalle voneinander große Bedeutung zu, um die Bildung eines Lokalelements zu verhindern. Bei der Freiheitsstatue in New York wurde im Zuge einer Untersuchung 1982 entdeckt, dass sie akut einsturzgefährdet ist. Die Außenhülle aus Kupfer und die Trägerstruktur aus Eisen hatten ein Lokalelement gebildet, das zur Korrosion der Eisenträger geführt hatte. Im Rahmen der Restaurierung wurde insbesondere die Isolierung zwischen Kupfer und Eisen aus Kunststoffen wie Silikon und Teflon wieder hergestellt.

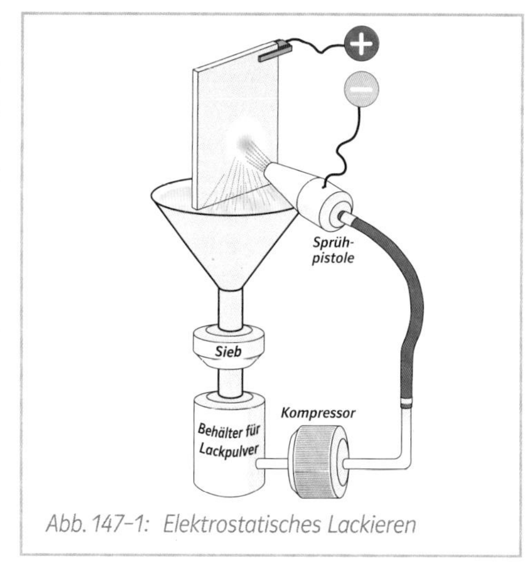

Abb. 147–1: Elektrostatisches Lackieren

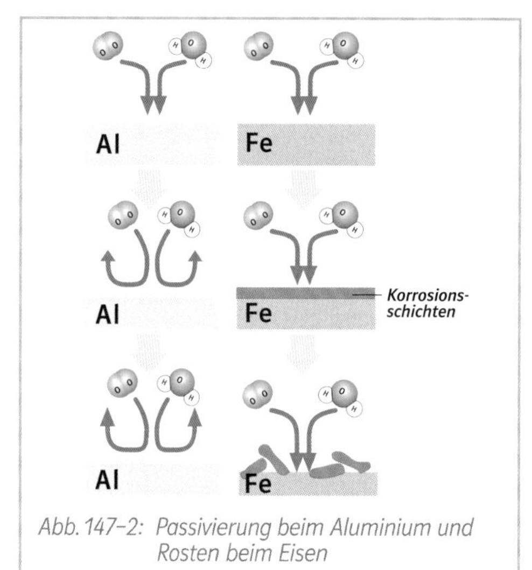

Abb. 147–2: Passivierung beim Aluminium und Rosten beim Eisen

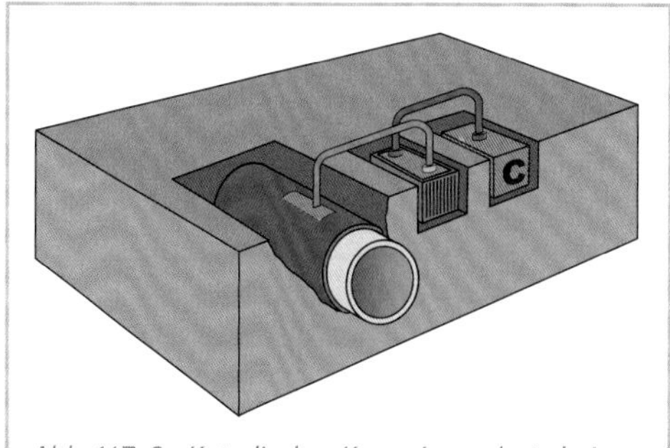

Abb. 147–3: Katodischer Korrosionsschutz bei Pipelines

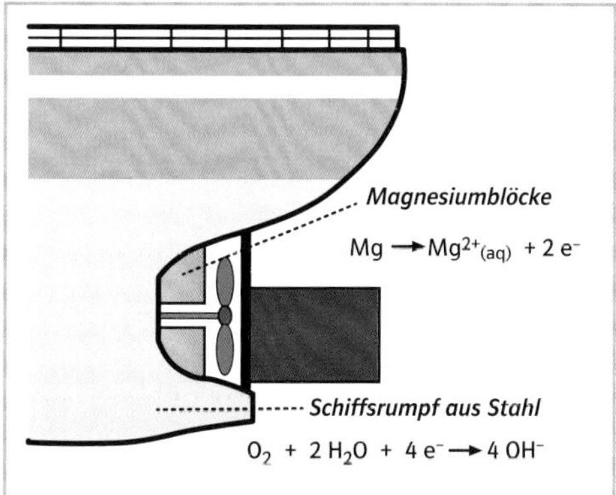

Abb. 147–4: Korrosionsschutz mit Opferanode bei Schiffen

6.6 Elektrolyse

Elektrolyt – Elektroden – Anode – Katode – Zersetzungsspannung

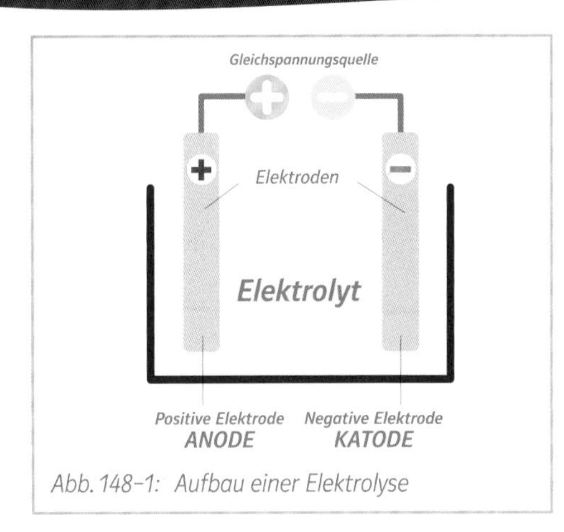

Abb. 148-1: Aufbau einer Elektrolyse

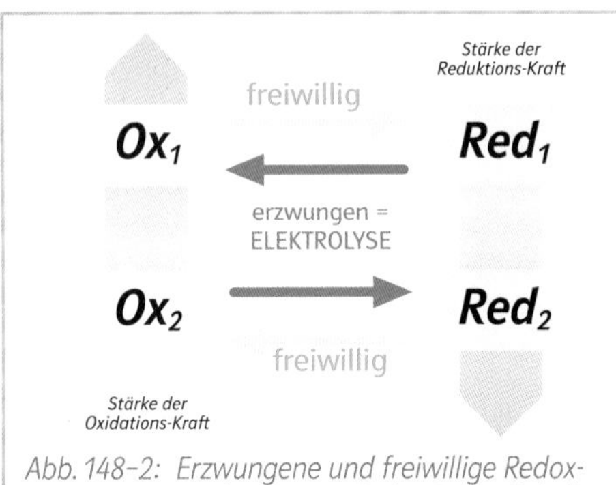

Abb. 148-2: Erzwungene und freiwillige Redox-Reaktionen nach der Redox-Tabelle

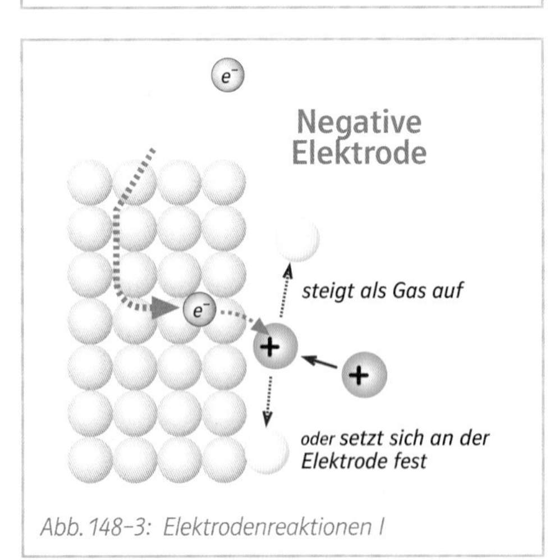

Abb. 148-3: Elektrodenreaktionen I

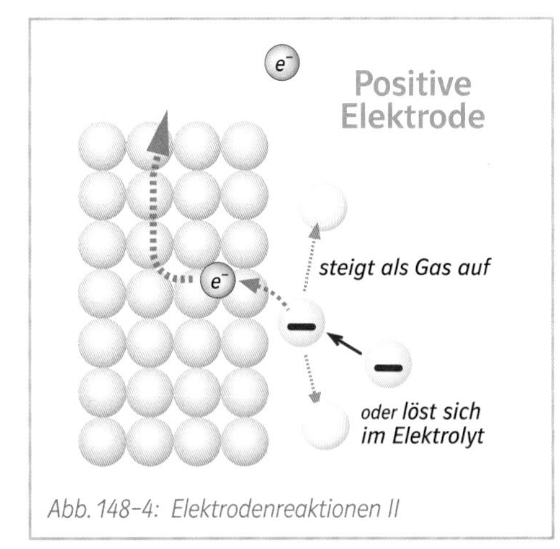

Abb. 148-4: Elektrodenreaktionen II

Grundprinzip

Redox-Reaktionen können durch Anlegen einer Spannung erzwungen werden. Eine chemische Reaktion mit Hilfe von Spannung nennt man Elektrolyse. Eine Elektrolyse ist nur bei Anlegen von Gleichspannung möglich.

Auch bei einer Elektrolyse reagieren das stärkste Reduktionsmittel und das stärkste Oxidationsmittel.

Zum Unterschied von freiwillig ablaufenden Reaktionen sind die gebildeten Stoffe stärker als die Ausgangsstoffe.

Elektrolyt - Anode - Katode

Jede Elektrolyse-Vorrichtung besteht aus einem Elektrolyten und zwei Elektroden. Ein Elektrolyt ist eine Lösung, die leitfähig ist (zB Salzlösung, Salzschmelze, Säure). Die Elektroden bestehen entweder aus einem Metall oder aus Grafit. Elektroden dienen manchmal nur als Elektronen-Leiter und sind dabei nicht an der Elektrolyse beteiligt. Solche Elektroden nennt man **inerte** (reaktionsträge) **Elektroden**. Die Elektrode, die am Pluspol der Spannungsquelle anliegt, nennt man Anode, die am Minuspol anliegt, Katode. Die beiden Teilreaktionen – Reduktion und Oxidation – laufen an der jeweiligen Elektrode ab. Es gilt wieder: An der Anode erfolgt die Oxidation und an der Katode die Reduktion. Daher kann man die Anode auch als Oxidationsmittel und die Katode als Reduktionsmittel bezeichnen.

Schmelzflusselektrolyse

Das einfachste Beispiel für eine Elektrolyse ist die Elektrolyse einer Salzschmelze an inerten Elektroden, wie sie bereits in Kap. 2 besprochen wurde. Unedle Metalle, wie Aluminium, Natrium etc., können nur durch Elektrolyse der Salzschmelze elektrolytisch gewonnen werden.

Elektrolyse einer Salzlösung

Bei Salzlösungen kommt als weiteres Reduktions- bzw. Oxidationsmittel Wasser dazu.

Wasser kann an der Katode zu Wasserstoff reagieren:

$$2\,H_2O + 2\,e^- \rightarrow H_2 + 2\,OH^-$$

In wässriger Lösung können nur Metalle abgeschieden werden, deren Ionen stärkere Oxidationsmittel sind als Wasser. Dies sind im Prinzip die edlen Metalle, wie zB Kupfer und Silber.

An der Anode kann Wasser zu Sauerstoff reagieren:

$$2\,H_2O \rightarrow O_2 + 4\,H^+ + 4\,e^-$$

In wässriger Lösung dürften an der Anode daher nur Ionen reagieren, die stärkere Reduktionsmittel sind als Wasser. Allerdings ist die Bildung von Sauerstoff auf Grund einer sehr hohen Aktivierungsenergie an den meisten Elektroden erschwert. Wasser verhält sich daher bei der Elektrolyse wie ein sehr schwaches Reduktionsmittel.

In der Spannungsreihe ist die Stellung des Wassers für Elektrolysevorgänge extra angeführt.

Zersetzungsspannung

Wird mit Gleichspannung elektrolysiert, ist zur ständigen Abscheidung von Elektrolyseprodukten eine Mindestspannung erforderlich. Diese Mindestspannung nennt man Zersetzungsspannung U_z. Jedem konjugiertem Redox-Paar entspricht ein bestimmtes „Abscheidungspotenzial", das im Prinzip identisch mit dem Standardpotenzial ist. Die Zersetzungsspannung kann daher aus der Spannungsreihe (analog wie die Potenzialdifferenz bei freiwilligen Reaktionen) ermittelt werden.

Die Abscheidungspotenziale (Katode: Vorzeichen wie in der Spannungreihe; Anode: entgegengesetztes Vorzeichen) werden addiert und ergeben die Zersetzungsspannung. Da es sich hier um erzwungene Vorgänge handelt, besitzen diese Spannungen ein negatives Vorzeichen.

Es läuft der Vorgang mit der geringsten Zersetzungsspannung ab (nur der Betrag wird betrachtet). In der Praxis zeigt es sich, dass oft eine höhere als die erwartete Spannung notwendig ist, um einen Stoff abzuscheiden.

Überspannung

Dieser Spannungsmehrbetrag dient zur Überwindung der Aktivierungsenthalpie und wird Überspannung genannt. Überspannungen sind bei der Abscheidung von Metallen gering. Bei der Abscheidung von Gasen, wie zB O_2 und H_2, tritt allerdings eine stärkere Hemmung der Elektrodenreaktion ein. Die dadurch notwendige Überspannung führt zu einer starken Abweichung von theoretischem und praktischem Abscheidungspotenzial. Daher kann man nur bei Kenntnis der Überspannungen Voraussagen über den tatsächlichen Ablauf einer Elektrolyse geben (Abb. 149–1).

Überspannungen sind vom Elektrodenmaterial und seiner Oberflächenbeschaffenheit, von der Art und Konzentration des Elektrolyten und von der Temperatur abhängig. So besitzen Sauerstoff und Wasserstoff in neutraler Lösung an Grafitelektroden eine beträchtliche Überspannung. Die tatsächlichen Abscheidungspotenziale dieser beiden Gase lassen sich schwer quantifizieren. Trotzdem sind in die Spannungsreihe auf Seite 315 Werte für die O_2- und H_2-Abscheidung aufgenommen, die zumindest eine grobe Abschätzung der Elektroden-Reaktionen ermöglichen.

Überspannungen sind meist unerwünscht. Man versucht den Effekt durch geeignete Maßnahmen zu verhindern. Bei der Standardwasserstoffelektrode wird die Oberfläche der Platin-Elektrode durch Aufbringen einer porösen, schwammartigen Platinschicht („platinieren") vergrößert und damit der Überspannungseffekt verringert.

Manchmal sind allerdings solche Überspannungseffekte durchaus günstig, weil so unerwünschte Elektroden-Reaktionen unterdrückt werden können.

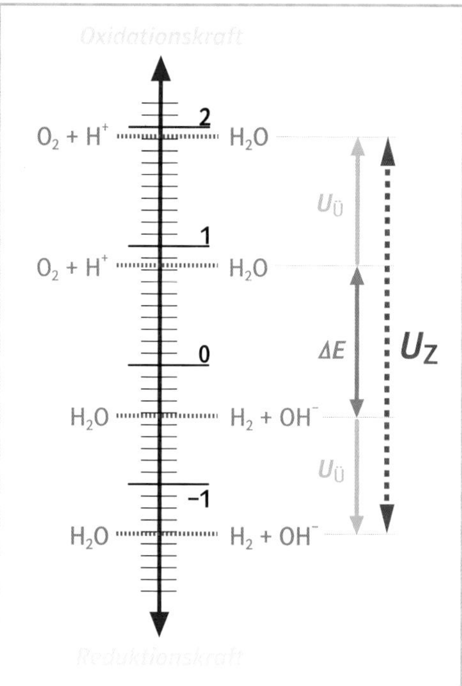

Abb. 149–1: Überspannung und Zersetzungsspannung

Grenzen der Spannungsreihe

Neben den erwähnten Überspannungen, muss man auch beachten, dass pH-Wert abhängige Redoxpotenziale in wässriger Lösung andere Werte besitzen. (ZB NO_3^- bei pH = 7 $\Rightarrow E = 0{,}41$ V).

Beispiele

#1 Elektrolyse einer wässrigen $AgNO_3$-Lösung an inerten Elektroden:

	OM: Ag^+, NO_3^-, H_2O	RM: H_2O	
Katode:	$Ag^+ + 1\,e^- \rightarrow Ag$	$E^⊘ = 0{,}80$ V	
Anode:	$2\,H_2O \rightarrow O_2 + 4\,H^+ + 4\,e^-$	$E \approx -1{,}9$ V	$U_z \approx -1{,}1$ V

#2 Elektrolyse einer wässrigen NaI-Lösung an inerten Elektroden:

	OM: Na^+, H_2O	RM: I^-, H_2O	
Katode:	$2\,H_2O + 2\,e^- \rightarrow H_2 + 2\,OH^-$	$E \approx -1{,}4$ V	
Anode:	$2\,I^- \rightarrow I_2 + 2\,e^-$	$E^⊘ = -0{,}58$ V	$U_z \approx -2$ V

#3 Elektrolyse einer wässrigen K_2SO_4-Lösung an inerten Elektroden:

	OM: K^+, SO_4^{2-}, H_2O	RM: H_2O	
Katode:	$2\,H_2O + 2\,e^- \rightarrow H_2 + 2\,OH^-$	$E \approx -1{,}4$ V	
Anode:	$2\,H_2O \rightarrow O_2 + 4\,H^+ + 4\,e^-$	$E \approx -1{,}9$ V	$U_z \approx -3{,}3$ V

#4 Elektrolyse einer wässrigen $CuCl_2$-Lösung an inerten Elektroden:

	OM: Cu^{2+}, H_2O	RM: Cl^-, H_2O	
Katode:	$Cu^{2+} + 2\,e^- \rightarrow Cu$	$E^⊘ \approx 0{,}35$ V	
Anode:	$2\,Cl^- \rightarrow Cl_2 + 2\,e^-$	$E^⊘ \approx -1{,}36$ V	$U_z \approx -1{,}01$ V

Übungen 149.1

Gib die Reaktionen an Katode und Anode sowie die benötigte Zersetzungsspannung bei der Elektrolyse folgender wässriger Salzlösungen an inerten Elektroden an:

a) Kupfer(II)-sulfat-Lösung

b) Kaliumbromid-Lösung

c) Lithiumnitrat-Lösung

Schüler-Experiment 6.7

Elektrolyse wässriger Salzlösungen

6.7 Das Gesetz von Faraday

Elektrolytische Abscheidung von Massen und Volumina

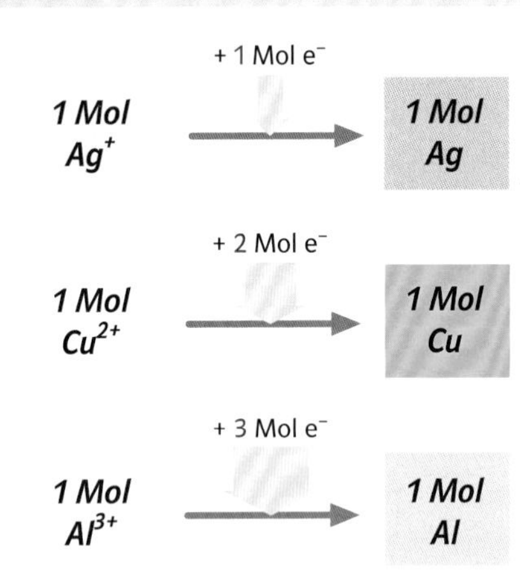

Abb. 150–1: Metallabscheidung

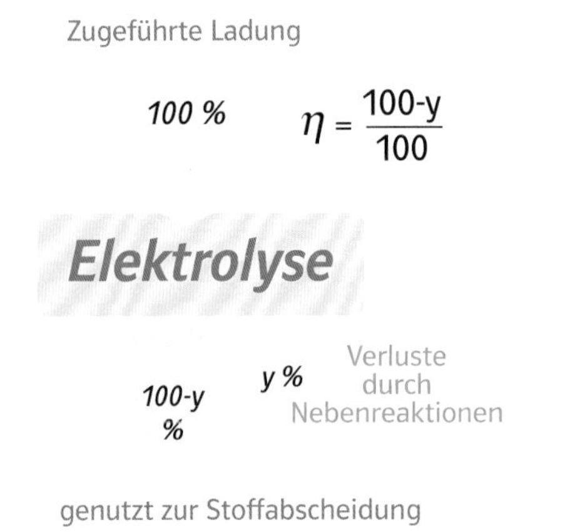

Zugeführte Ladung

100 % $\eta = \frac{100-y}{100}$

Elektrolyse

100-y % *y %* Verluste durch Nebenreaktionen

genutzt zur Stoffabscheidung

Da ein Teil des eingesetzten Stromes bei der praktischen Anwendung durch Nebenreaktionen verloren geht, wird obiger Ausdruck im Faraday-Gesetz noch mit dem Faktor η – der Stromausbeute – multipliziert.

$$m = M \cdot \frac{I \cdot t}{z \cdot F} \cdot \eta$$

Abb. 150–2: Faraday-Gesetz für die technisch-praktische Anwendung

Michael Faraday (1791 – 1867) beschäftigte sich im letzten Jahrhundert mit Elektrolyse-Experimenten. Seine Beobachtungen und Schlussfolgerungen waren zu seiner Zeit bahnbrechend. Seine quantitativen Betrachtungen über die Menge der bei der Elektrolyse abgeschiedenen Stoffe werden als Faraday-Gesetze bezeichnet. Seine Überlegungen sind heute allerdings nur eine Folge der Elektronentheorie und lassen sich durch eine einzige Beziehung wiedergeben, dem Faraday-Gesetz.

$$n = \frac{I \cdot t}{z \cdot F}$$

Die verwendeten Größen:

n *... abgeschiedene Stoffmenge in mol*
I *... Stromstärke in A*
t *... Zeit in s*
z *... Zahl der übertragenen Elektronen*
F *... Faraday Konstante (= Ladung von 1 mol e⁻) 96 485 As/mol*

Das Faraday-Gesetz für abgeschiedene Massen

Durch Einsetzen der Beziehung $n = m/M$ ergibt sich das Faraday-Gesetz in folgender Form:

$$m = \frac{M \cdot I \cdot t}{z \cdot F}$$

Beispiele

#1 Berechne die Masse an Kupfer, die sich bei der Elektrolyse einer Kupfer(II)-Lösung mit 10 A nach 10 Minuten an der Katode abscheidet.

Elektrodenreaktion : $Cu^{2+} + 2\,e^- \rightarrow Cu$ $\quad m = \frac{63{,}55 \cdot 10 \cdot 600}{2 \cdot 96485} = 1{,}98$ g

#2 Nach welcher Zeit hat sich bei der Aluminiumelektrolyse 1 t Aluminium abgeschieden, wenn mit einer Stromstärke von 140 000 A gearbeitet wird?

Elektrodenreaktion : $Al^{3+} + 3\,e^- \rightarrow Al$

$$t = \frac{m \cdot z \cdot F}{M \cdot I} = \frac{1 \cdot 10^6 \cdot 3 \cdot 96485}{27 \cdot 140000} = 7{,}66 \cdot 10^4 \text{ s} = 21{,}27 \text{ h}$$

Das Faraday-Gesetz für abgeschiedenes Volumen

Durch Einsetzen der Beziehung $n = V/V_M$ ergibt sich das Faraday-Gesetz in folgender Form:

$$V = \frac{V_M \cdot I \cdot t}{z \cdot F}$$

Beispiele

#3 Berechne das Volumen von Wasserstoff und Sauerstoff, das im hoffmannschen Apparat gebildet wird! Die Stromstärke beträgt 1 A, die Elektrolysendauer 5 min, der Luftdruck 1 bar und die Temperatur 25 °C.

Katode: $2\,H^+ + 2\,e^- \rightarrow H_2$

Anode: $2\,H_2O \rightarrow O_2 + 4\,H^+ + 4\,e^-$

Das Molvolumen bei diesen Bedingungen:

$$V_M = \frac{n \cdot R^* \cdot T}{p} = \frac{1 \cdot 0{,}08314 \cdot 298}{1} = 24{,}78 \frac{\text{mol}}{\text{L}}$$

Katode: $\rightarrow V = \frac{24{,}78 \cdot 1 \cdot 300}{2 \cdot 96485} = 3{,}85 \cdot 10^{-2}$ L = 38,5 mL

Anode: $\rightarrow V = \frac{24{,}78 \cdot 1 \cdot 300}{4 \cdot 96485} = 1{,}93 \cdot 10^{-2}$ L = 19,3 mL

Nach dem Gesetz von Avogadro ist das Volumen von H_2 doppelt so groß wie das Volumen von O_2.

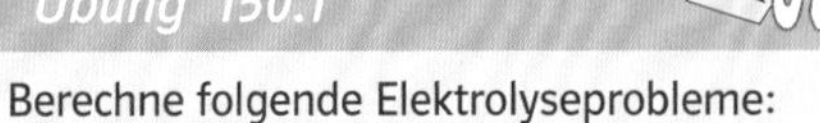

Berechne folgende Elektrolyseprobleme:

a) Berechne die Stromstärke, wenn sich aus einer Silbernitratlösung ($AgNO_3$) nach 15 Minuten 0,872 g Silber abgeschieden haben.

b) Aus einer Metallchloridschmelze $MeCl_2$ werden elektrolytisch in 80 Minuten bei einer Stromstärke von 10 A 6,05g des Metalls abgeschieden. Um welches Metall handelt es sich?

6.8 Die Anwendung der Elektrolyse

Elektrolytische Prozesse: Metallgewinnung – Galvanisierung – Passivierung von Oberflächen

Gewinnung unedler Metalle

Da die Ionen unedler Metalle sehr schwache Oxidationsmittel sind, können diese Metalle nur durch Schmelzflusselektrolyse aus dem gereinigten Erz gewonnen werden. Die Gewinnung von Aluminium aus Bauxit wird im Exkurs auf den folgenden Seiten besprochen.

Reinigung edler Metalle

Edle Metalle werden für viele Anwendungen in sehr reiner Form benötigt. Man schließt daher nach der Gewinnung des Metalls aus dem Erz noch eine elektrolytische Reinigung an. Diese ermöglicht – entsprechend der Stellung in der Spannungsreihe – eine Abtrennung der unedlen und edlen „Verschmutzungen".

Beispiel Elektrolytische Kupferreinigung (Abb. 153–1)

Das verunreinigte Rohkupfer wird als Anode und hochreines Kupfer als Katode eingesetzt. Der Elektrolyt ist schwefelsäurehältige Kupfer(II)-sulfat-Lösung.

Zu Beginn werden alle im Vergleich zu Kupfer unedleren Metalle oxidiert (stärkere Reduktionsmittel). Diese Metall-Ionen sind aber im Vergleich zu den Cu^{2+}-Ionen schwächere Oxidationsmittel und können daher nicht an der Katode reagieren. An der Katode scheidet sich hochreines (Massenanteil Cu: 99,98 %) Kupfer ab. Die im Vergleich zu Kupfer edleren Metalle können als schwache Reduktionsmittel nicht oxidiert werden und sinken im Zuge der Reaktion in metallischer Form zu Boden und bilden dort den „Anodenschlamm", aus dem die wertvollen Metalle gewonnen werden können. Die Kupferreinigung ist ein Beispiel einer Elektrolyse, bei der die Anode als Reduktionsmittel beteiligt ist.

Die Reinigung edler Metalle nach dem Schema der Kupferreinigung wird auch für Silber und andere Edelmetalle angewandt.

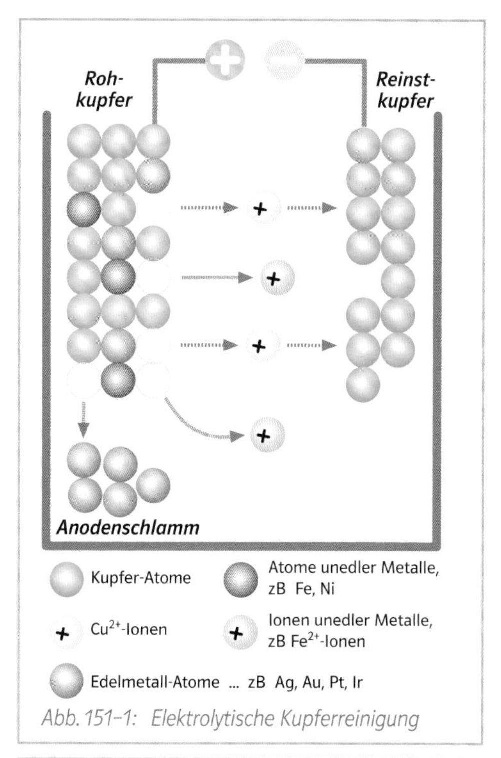

Abb. 151–1: *Elektrolytische Kupferreinigung*

Elektrolytisches Aufbringen von Metallüberzügen – Galvanisieren

Das elektrolytische Aufbringen von Metallüberzügen zur Oberflächenveredelung kann ebenfalls nach dem Schema der Kupferreinigung erfolgen (Galvanisieren). Als Anode verwendet man dabei das aufzubringende Metall in reiner Form. Dadurch ändert das Elektrolysebad während des Galvanisierens seine Konzentration nicht.

Verstärkung der Passivierungsschicht des Aluminiums

Zur Verstärkung der Passivierungsschicht des Aluminiums schaltet man das zu passivierende Werkstück als Anode in verdünnten Schwefelsäure-Elektrolyten. Solcherart behandeltes Aluminium wird Eloxal (= elektrolytisch oxidiertes Aluminium) genannt.

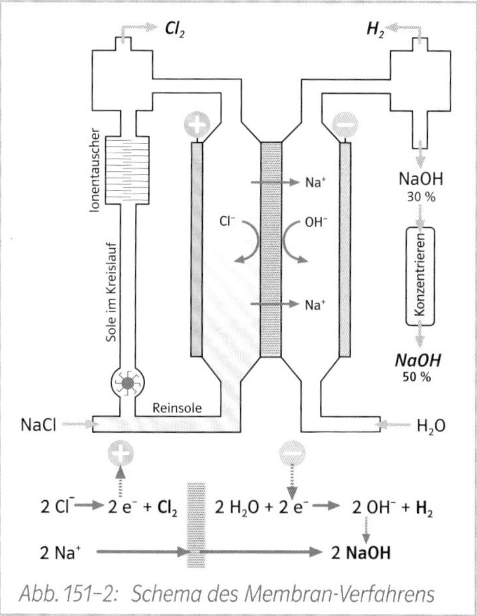

Abb. 151–2: *Schema des Membran-Verfahrens*

Chloralkalielektrolyse nach dem Membranverfahren

Einer der wichtigsten großtechnischen Prozesse ist die Elektrolyse wässriger Natriumchlorid-Lösung. Sie dient zur Produktion von Natronlauge, Chlor und Wasserstoff.

Bei diesem Verfahren wird eine etwa 27%ige NaCl-Lösung (Sole) eingesetzt. Als Anodenmaterial dient Titan, als Katodenmaterial Stahl. An der Anode scheidet sich Chlor ab, da der Sauerstoff am Elektrodenmaterial eine beträchtliche Überspannung hat. Geringe Sauerstoffverunreinigungen des Chlors sind allerdings nicht zu vermeiden. An der Katode scheidet sich Wasserstoff direkt ab.

Katoden- und Anodenraum sind durch eine für Hydroxid-Ionen praktisch undurchlässige Membran getrennt. Man verhindert durch dieses Verfahren, dass der pH-Wert im Anodenraum ansteigt und Chlor dadurch zu Chlorid und Hypochlorit disproportioniert. Die Konzentration der gebildeten Natronlauge im Katodenraum beträgt ca. 30 %.

Die Donau-Chemie in Brückl (Kärnten) hat 1999 ihre Anlage auf dieses Membranverfahren umgerüstet.

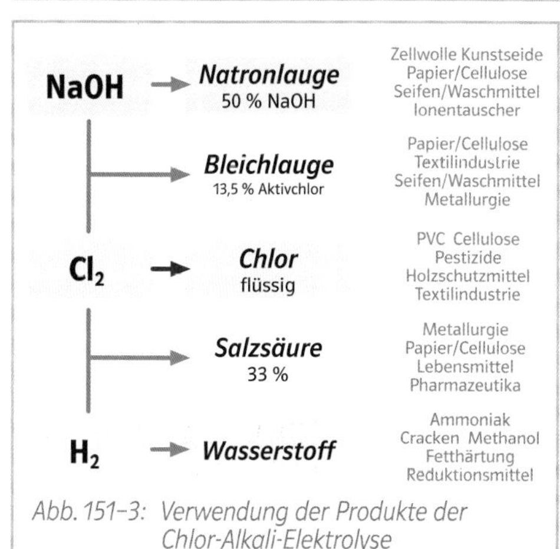

Abb. 151–3: *Verwendung der Produkte der Chlor-Alkali-Elektrolyse*

Aluminium

Bayer-Verfahren - Elektrolyse

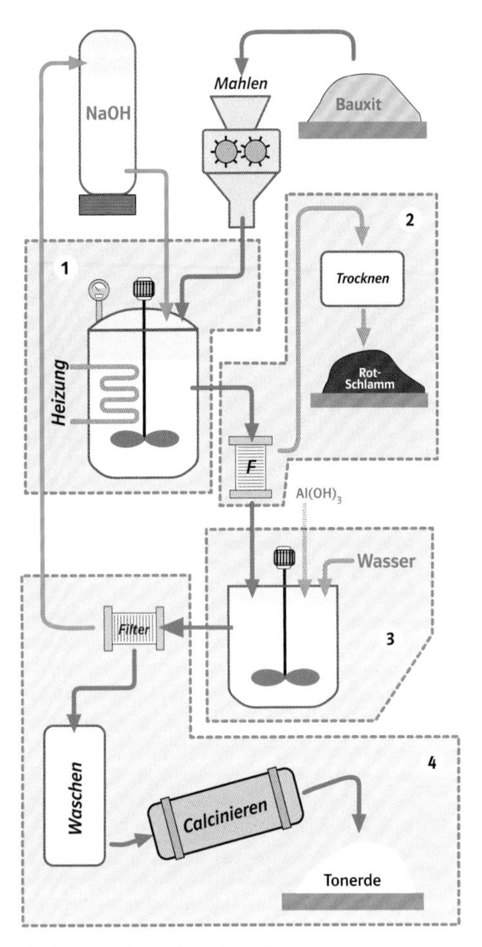

1: Aufschluss des Bauxits:

$Al(OH)_3 + Na^+ + OH^- \rightarrow Na^+ + [Al(OH)_4]^-$

Bauxit (verunreinigt)

2: Filtrieren ⇨ Rotschlamm

3: Verdünnen des Filtrats

$Na^+ + [Al(OH)_4]^- \rightarrow Al(OH)_3 + Na^+ + OH^-$

Tonerde (rein)

4: Calcinieren:

$2\ Al(OH)_3 \rightarrow Al_2O_3 + 3\ H_2O$

Abb. 152-1: Das Bayer-Verfahren

Abb. 152-2: Umweltkatastrophe bei Kolontár

Obwohl Aluminium das häufigste Metall der festen Erdrinde ist, ist seine Gewinnung aus den überall vorkommenden Alumosilicaten nicht wirtschaftlich.

Als Erz zur Aluminiumgewinnung dient **Bauxit**, ein Aluminiumoxid bzw. Hydroxid mit starken Verunreinigungen, hauptsächlich durch Silicate, Eisenoxid und Titanoxid. Da Aluminium zu den unedlen Metallen gehört, ist seine Gewinnung nur durch Elektrolyse möglich. Dazu muss der Bauxit vorher in reines Aluminiumoxid umgewandelt werden, da sich sonst die edleren Verunreinigungen mit Aluminium elektrolytisch abscheiden würden.

Das Bayer-Verfahren

Die Bauxitreinigung erfolgt weltweit nach dem Bayer-Verfahren, das vom Österreicher Carl Bayer (1847 – 1904) 1892 entwickelt wurde.

Bauxit wird fein gemahlen und unter Druck mit heißer, etwa 40%iger Natronlauge löslich gemacht. Dabei gehen Aluminiumoxid und Aluminiumhydroxid in das lösliche Natriumaluminat (Abb. 152-1), über. Die Verunreinigungen bleiben ungelöst zurück und werden abfiltriert. Sie sind durch Eisenhydroxid rot gefärbt, weshalb man sie **Rotschlamm** nennt. Sie sind ein Deponieprodukt, für das sich kaum Verwendung findet.

Im Jahr 2010 ereignete sich bei Kolontár, Westungarn eine schwere Umweltkatastrophe (Abb. 152-2). Durch einen Dammbruch traten – je nach Quelle – zwischen 600 000 und etwa 1,1 Millionen Kubikmeter des ätzenden und schwermetallhaltigen Rotschlamms aus. In der betroffenen Region kämpften 500 Helfer des Katastrophenschutzes mit Schutzkleidung und Atemmasken gegen die Ausbreitung der Umweltkatastrophe.

Um aus der gereinigten Aluminatlauge wieder Aluminiumhydroxid zu gewinnen, wird sie abgekühlt und etwas verdünnt. Durch das Verdünnen sinkt der pH-Wert, und das Gleichgewicht verschiebt sich auf die Seite von schwer löslichem Aluminiumhydroxid (Umkehrung der Reaktion beim Bauxitaufschluss). Dieses wird abfiltriert und zu Aluminiumoxid entwässert (= **calciniert**).

Elektrolyse

Das so gereinigte Aluminiumoxid („**Tonerde**") kann nicht direkt elektrolysiert werden, da sein Schmelzpunkt über 2000 °C beträgt. Eine Mischung aus Kryolith ($Na_3[AlF_6]$) mit ca. 8 % Al_2O_3 schmilzt allerdings schon bei 950 °C.

Die Schmelze wird in einer Wanne aus Grafitsteinen elektrolysiert, die zugleich als Katode wirkt. Von oben tauchen Grafitanoden in die Schmelze. Auf der Schmelze schwimmt ein Vorrat des spezifisch leichteren Al_2O_3, der sich in dem Maß auflöst, in dem er bei der Elektrolyse verbraucht wird (Abb. 155-1).

Bei der Elektrolyse entsteht nicht Sauerstoff, sondern Kohlenstoffdioxid, und die Grafitanode wird verbraucht.

Katode: $4\ Al^{3+} + 12\ e^- \rightarrow 4\ Al$

Anode: $3\ C + 6\ O^{2-} \rightarrow 3\ CO_2\uparrow + 12\ e^-$

$C + CO_2 \rightarrow 2\ CO\uparrow$

Aluminium sammelt sich am Boden der Wanne flüssig an und wird in regelmäßigen Abständen von dort abgesaugt. Es hat einen Reinheitsgrad von 99,5 – 99,8 %, was für die meisten Verwendungszwecke ausreicht.

Stoff- und Energiebilanz (Abb. 153-2)

Die Elektrolyse wird mit etwa 5 V Spannung betrieben, die Stromstärke beträgt bis zu 150 000 A. Dadurch entsteht so viel Wärme, dass die Schmelze von selbst flüssig bleibt. Die Aluminiumherstellung ist also sehr energieintensiv. Als Nebenreaktion an der Anode entsteht Fluor, das in Abgasreinigungsanlagen durch Bildung von Hydrogenfluorid und Natriumfluorid großteils zurückgehalten wird. Trotzdem entweichen beträchtliche Mengen des sehr pflanzenschädlichen Hydrogenfluorids in die Umwelt.

Werkstoff Aluminium

Hochspannungskabel: Die spezifische Leitfähigkeit ist zwar nur halb so groß wie die von Kupfer, ein Aluminiumkabel mit doppeltem Querschnitt und damit gleicher Leitfähigkeit ist aber leichter und billiger als ein entsprechendes Kupferkabel.

Kochgeschirr: Aluminium ist ein ausgezeichneter Wärmeleiter. Man verwendet es zum Bau von Wärmetauschern, Heizkörpern, Kochgeschirr und Kühlgeräten.

Bauwesen: Fenster und Türen aus Aluminium sind korrosionsbeständig. Die gute Wärmeleitfähigkeit macht aber bei Aluminiumfenstern Maßnahmen wie Ausschäumen mit Kunststoffschaum erforderlich.

Feuchtigkeitssperre: Da Aluminium für Wasser undurchdringlich ist, verwendet man Aluminiumfolien als Feuchtigkeitssperre gegen aufsteigende Feuchtigkeit auf Kellerfundamenten und als Wasserdampfsperre gegen Eindringen warmer, feuchter Luft.

Alufolien: Wegen seiner hohen Duktilität kann Aluminium bis zu 0,004 mm dünnen Alufolien ausgewalzt werden. Diese Folien schützen vor Austrocknung (Tiefkühlverpackung) und Licht, was vor allem bei lichtempfindlichen Lebensmitteln wie Butter wichtig ist.

Getränkeverpackung: Bierfässer aus Holz sind heute vollständig durch solche aus Aluminium (bzw. Edelstahl) verdrängt worden. Aluminiumdosen werden auf Grund des hohen Energieeinsatzes für die Herstellung (ca. 20-facher der Glasherstellung) aber als umweltproblematisch betrachtet. Dabei muss allerdings das geringe Gewicht der Aludose berücksichtigt werden. (Mit einer Tonne Al kann man viel mehr Getränke verpacken als mit einer Tonne Glas.) Auch der Transport der schwereren Glasflaschen verbraucht Energie. Daher ist die Einwegglasflasche keineswegs umweltfreundlicher als die Aludose. Nur Mehrwegglasflaschen schneiden in der Energiebilanz günstiger ab. Aluminium weist heute eine Recyclingquote von etwa 35 % auf. Diese ließe sich noch verbessern. Zum Einschmelzen von Altaluminium sind nicht einmal 10 % des Energieaufwandes der Neuproduktion notwendig. Allerdings kann das Recycling-Aluminium nicht mehr für alle Einsatzgebiete verwendet werden, da es unkontrollierbare Mengen an Legierungsmetallen enthält.

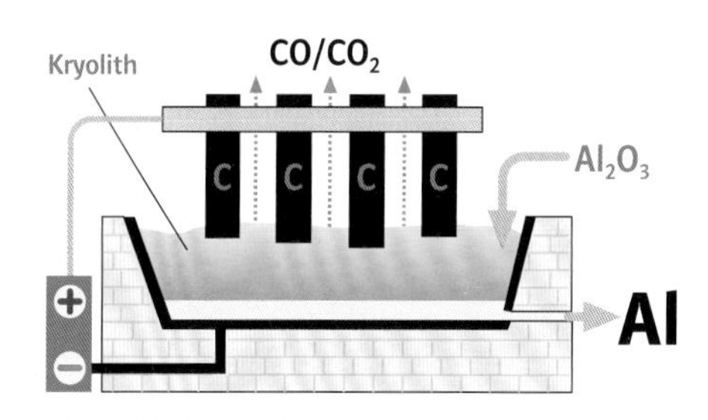

Abb. 153-1: Aluminium-Elektrolyse

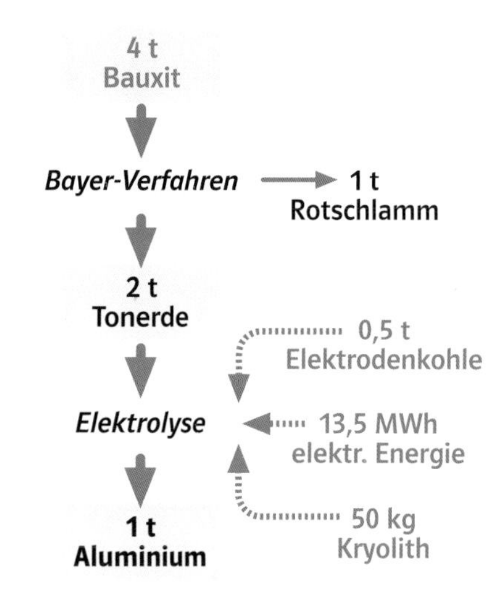

Abb. 153-2: Massenbilanz der Aluminium-Produktion

Problemstoff Aluminium und Aluminiumsalze

Lösliche Aluminiumsalze können im Organismus aufgenommen werden. Aluminiumionen sind toxisch. Neben der Nahrung, die auch geringe Mengen Aluminium enthält, sind es zwei Hauptquellen für Aluminiumsalzaufnahme. **Antitranspirantien** enthalten Aluminiumhydroxychlorid. Es wirkt adstringierend und denaturiert Eiweißstoffe, die die Schweißdrüsen verstopfen. Vor allem bei Anwendung nach dem Rasieren der Achselhöhle gelangt so eine beträchtliche Menge des Stoffes in den Körper. **Antazida** (Mitteln gegen Sodbrennen) enthalten oft Aluminiumhydroxid. Es wirkt neutralisierend auf überschüssige Magensäure, gelangt aber auf diesem Weg in den Organismus.

Aluminiumsalze können Gehirnschäden verursachen. An Dialyse-Enzephalopathie erkrankten einige Patienten, die wegen eines Nierenschadens auf die Blutwäsche angewiesen waren und dabei aus der Dialyseflüssigkeit große Mengen Aluminiumsalze aufnahmen. Dadurch entwickelten die Patienten voranschreitende Hirnschäden bis zur schweren Demenz. Die Aluminiumdosis war hier allerdings sehr hoch. Heute werden solche Dialyseflüssigkeiten nicht mehr verwendet. Auch in den Gehirnplaques von Alzheimerpatienten finden sich erhöhte Konzentrationen von Aluminiumverbindungen. Wie weit die Entstehung der Krankheit mit Aluminiumaufnahme zu tun hat, ist aber noch nicht geklärt.

Auch mit der Entstehung von Brustkrebs wurden Aluminiumsalze in Verbindung gebracht. Auch hier wurden Antitranspirantien als Verursacher vermutet. Eine endgültige Abklärung steht auch hier aus. Jedenfalls ist es ratsam, auf aluminiumhaltige Produkte zu verzichten. Auch die Hersteller haben reagiert und bewerben aluminiumfreie Produkte.

Abb. 153-3: Verwendung von Aluminium

6.9 Elektrochemische Spannungsquellen

Alkalibatterie – Knopfzellen – Blei-Akkumulator

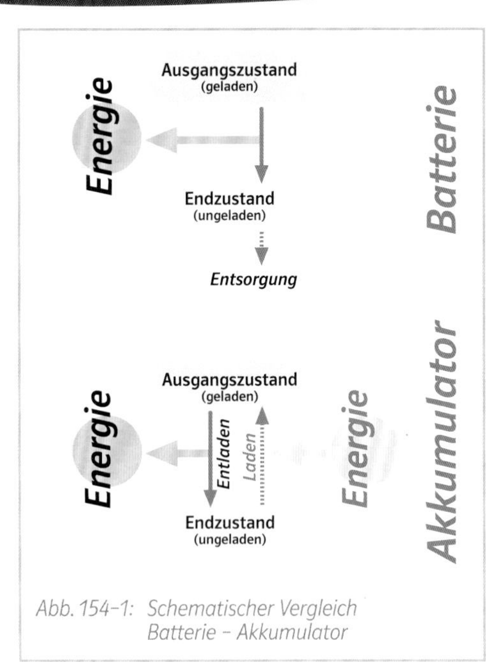

Abb. 154-1: Schematischer Vergleich Batterie – Akkumulator

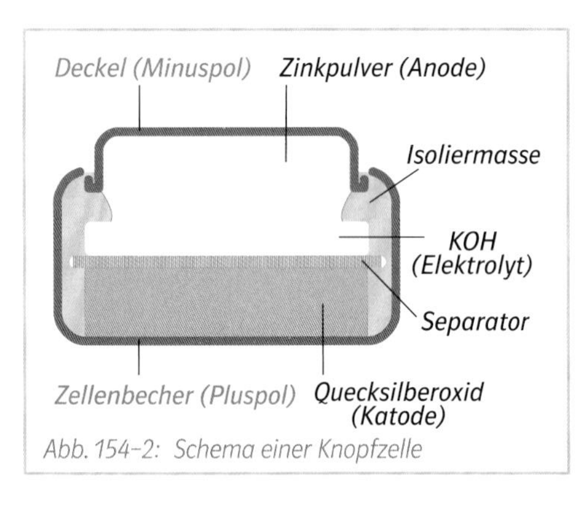

Abb. 154-2: Schema einer Knopfzelle

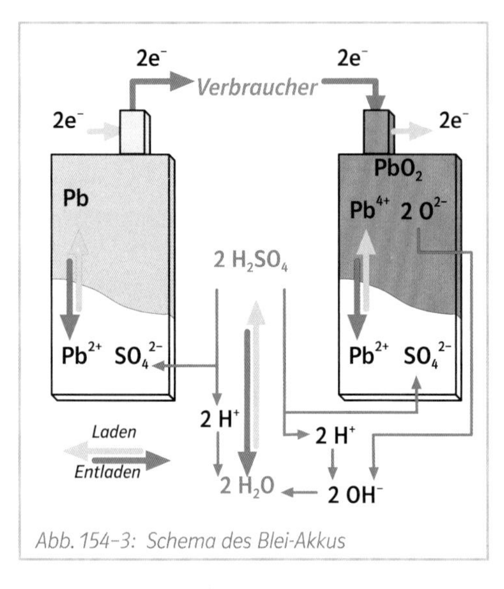

Abb. 154-3: Schema des Blei-Akkus

Durch einen geeigneten Aufbau können freiwillig ablaufende Redox-Reaktionen für die kontrollierte Abgabe von elektrischer Energie benutzt werden.

Kann das System nach Ablauf der Reaktion nicht wieder aufgeladen werden, spricht man von **Batterien**. Wieder aufladbare Systeme bezeichnet man als **Akkumulatoren**. Allen Spannungsquellen ist gemeinsam, dass sie einen Minuspol (Elektronenüberschuss ⇨ Ort der Oxidation – Anode) und einen Pluspol (Elektronenmangel ⇨ Ort der Reduktion – Katode) besitzen. Neben festen Bestandteilen (Elektroden) enthalten die Elemente dünn- oder dickflüssige Elektrolyte, die manchmal an der Reaktion beteiligt sind.

Batterien

Alkalibatterie

Die Alkali-Mangan-Zelle oder auch umgangssprachlich Alkalibatterie wird in zahlreichen Haushaltsgeräten eingesetzt, etwa Fernbedienungen, Wanduhren oder Kinderspielzeug. Die häufigste Bauform ist die zylinderförmige Rundzelle in den Größen AA und AAA. Sie liefern beide eine Spannung von 1,5 V. Die Größe AA hat eine Kapazität von ungefähr 2,5 Ah (Amperestunden), die Größe AAA ungefähr 1,2 Ah.

Bei der Alkali-Mangan-Zelle besteht die negative Elektrode aus Zink (Zn), die positive aus Mangandioxid (MnO_2). Als Elektrolyt wird verdünnte Kalilauge (KOH) verwendet.

Red.: $MnO_2 + H_2O + e^- \rightarrow MnOOH + OH^-$

Ox.: $Zn + 4\,OH^- \rightarrow [Zn(OH)_4]^{2-} + 2e^-$

Neben den angegebenen Reaktionsgleichungen finden je nach Temperatur und Entladung noch weitere, kompliziertere Reaktionen statt. Die Alkalibatterie wurde unter anderem vom Österreicher Prof. Dr. Karl Kordesch entwickelt und 1960 patentiert.

Knopfzellen

Knopfzellen werden in vielen unterschiedlichen Größen verwendet. Haupteinsatzgebiete sind Uhren, Taschenrechner oder Hörgeräte. Je nach Anwendungsgebiet unterscheiden sich der Aufbau und die zu Grunde liegende chemische Reaktion.

Recycling

Da Batterien zum Teil unweltschädliche Stoffe, aber auch wertvolle Rohstoffe enthalten, ist ein Recycling sowohl notwendig als auch wirtschaftlich sinnvoll. Batterien werden daher getrennt vom sonstigen Müll gesammelt.

Akkumulatoren

Bleiakkumulator

Der Bleiakkumulator wird als „Autobatterie" in Benzin- und Dieselfahrzeugen eingesetzt. Er liefert die für den Start des Motors notwendige Energie und wird während der Fahrt von der Lichtmaschine wieder aufgeladen.

Zwei Sätze von parallel geschalteten Gitterplatten aus einer Bleilegierung bilden einen Plattenblock, der in 30%ige Schwefelsäure taucht. Die Platten des ersten Satzes sind mit fein verteiltem Blei (Minuspol), die des zweiten Satzes mit Blei(IV)-oxid (Pluspol) gefüllt. Zwischen den Platten befinden sich säurefeste Trennwände. Ein Plattenblock liefert eine Spannung von 2 V. Bei der Starterbatterie für Kraftfahrzeuge sind mehrere Plattenblöcke hintereinander geschaltet. So erreicht man beim PKW eine Spannung von 12 V und beim LKW von 24 V. Die Kapazität liegt bei einem Bleiakku in einem modernen PKW bei 40 – 70 Ah.

Reaktionen beim Entladen:

Red.: $PbO_2 + SO_4^{2-} + 4\,H^+ + 2\,e^- \rightarrow PbSO_4 + 2\,H_2O$

Ox.: $Pb + SO_4^{2-} \rightarrow PbSO_4 + 2\,e^-$

Gesamt: $PbO_2 + Pb + 2\,H_2SO_4 \rightarrow 2\,PbSO_4 + 2\,H_2O$

An beiden Polen entsteht schwer lösliches Bleisulfat. Durch Anlegen einer äußeren Spannung kann die Reaktion umgekehrt werden (**Laden des Akkumulators**).

Der große Vorteil des Bleiakkumulators ist seine Belastbarkeit. Er kann kurzzeitig mehrere hundert Ampere Stromstärke liefern. Er ist daher trotz seines hohen Gewichtes als Starterbatterie für Autos in Verwendung. Ein Blei-Akku darf aber auf keinen Fall kurzgeschlossen werden – das kann zur Zerstörung des Akkus führen.

Lithium-Ionen-Akku

Dieser Akku-Typ zeichnet sich durch besonders geringes Gewicht und hohe Kapazität aus. Er wurde erstmals 1991 in einer Videokamera auf den Markt gebracht und hat seitdem im Bereich der mobilen elektronischen Geräte alle anderen Akku-Typen verdrängt. Die Verwendung dieses Akkus in Elektrofahrzeugen sorgt in den letzten Jahren für ständig steigende Produktionszahlen.

Lithium ist ein sehr starkes Reduktionsmittel ($E^{\varnothing} = -3{,}05$ V) und daher als negative Elektrode optimal geeignet. Lithium ist auch das drittleichteste Element. Problematisch ist die hohe Brandgefahr von Lithium bei Reaktion mit Wasser oder Luftfeuchtigkeit, die hohe Anforderungen an eine sichere Produktion dieser Akkus stellt. Bei mangelhafter Konstruktion eines Lithium-Ionen-Akkus kann es auch zu spontaner Erhitzung oder zum Brand eines solchen Akkus kommen. Die Spannung einer Akku-Zelle liegt üblicherweise bei 3,6 V.

Als Kathode beim Lithium-Ionen-Akku dienen verschiedene Cobalt-Verbindungen, bei den neuesten Akkus für Elektrofahrzeuge handelt es sich um Lithium-Nickel-Cobalt-Aluminium-Oxid (NCA). Die Anode besteht in den meisten Fällen aus Kohlenstoff-Verbindungen, in die Lithium-Ionen eingelagert werden können. Als Elektrolyt dienen organische Lösungsmittel mit Lithiumsalzen.

Beim Entladevorgang wandern die eingelagerten Lithium-Ionen von der Anode zur Kathode und die Cobalt-Ionen an der Kathode werden reduziert. Beim Ladevorgang wird dieser Prozess umgekehrt.

Die Produktion von Lithium-Ionen-Akkus – vor allem für Elektrofahrzeuge – ist in den letzten Jahren stark angestiegen, während die Kosten kontinuierlich sinken. Durch Verbesserungen des Zellaufbaues konnte auch die Lebensdauer der Zellen deutlich gesteigert werden. Für die Produktion der Lithium-Ionen-Akkus werden viele Rohstoffe benötigt, vor allem Lithium und Cobalt. Das Recycling von verbrauchten Zellen für die Bereitstellung dieser Rohstoffe wird in den kommenden Jahren stark an Bedeutung gewinnen. Neben der Elektromobilität werden Lithium-Ionen-Akkus auch für stationäre Stromspeicher verwendet.

In San Diego (USA) wurde 2017 ein solcher Stromspeicher mit einer Kapazität von 120 MWh eröffnet, der die elektrische Energie in 400 000 Lithium-Ionen-Akkus speichert. Solche Stromspeicher dienen vor allem der Abdeckung von Verbrauchsspitzen im Stromnetz, für die ansonsten neue Kraftwerke errichtet werden müssten.

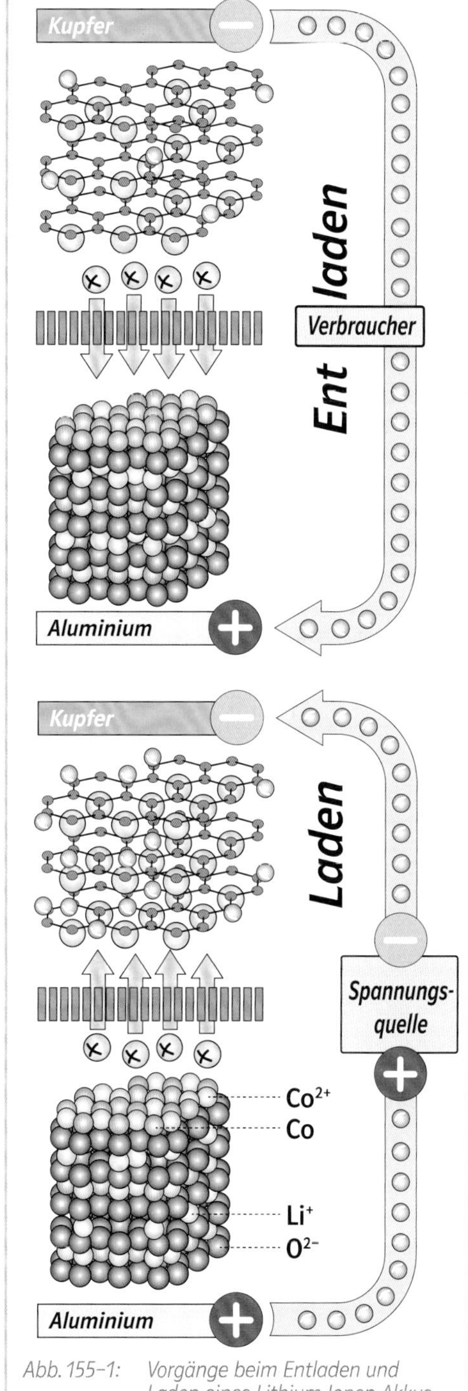

Abb. 155–1: Vorgänge beim Entladen und Laden eines Lithium-Ionen-Akkus

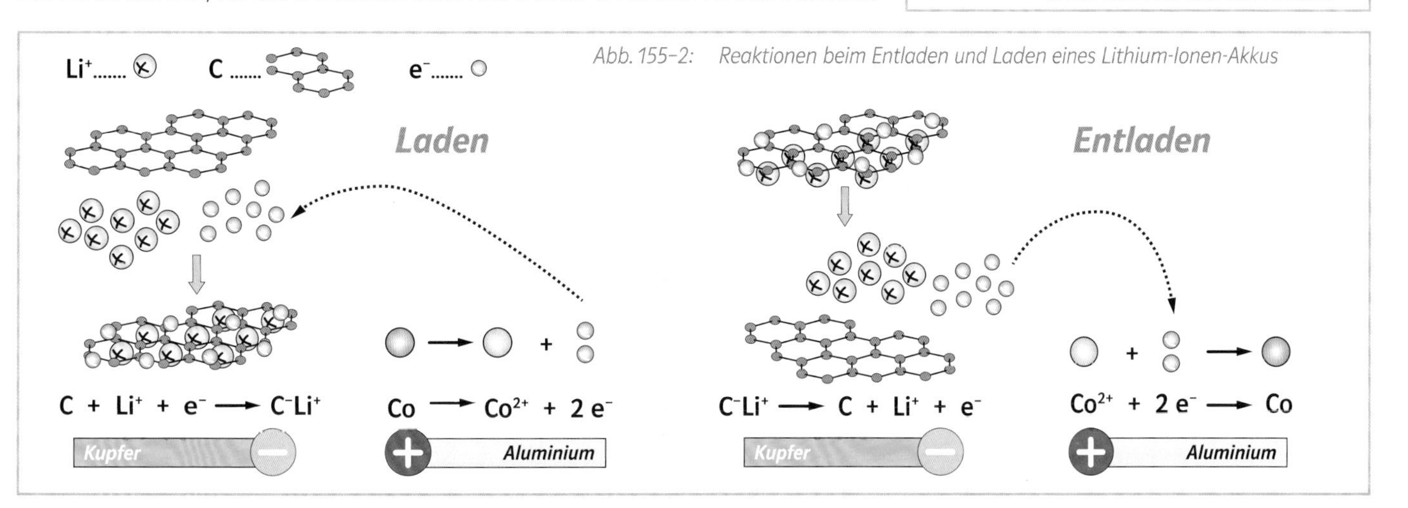

Abb. 155–2: Reaktionen beim Entladen und Laden eines Lithium-Ionen-Akkus

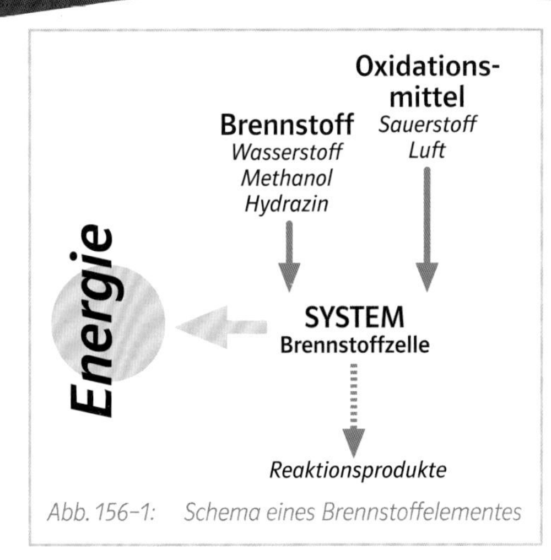

Abb. 156-1: Schema eines Brennstoffelementes

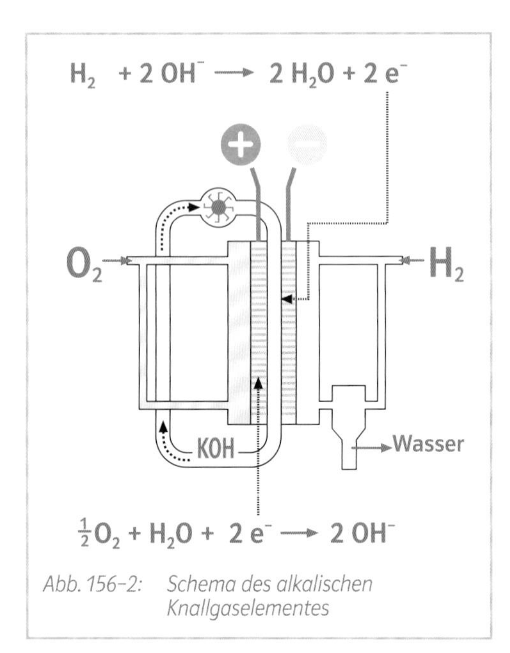

Abb. 156-2: Schema des alkalischen Knallgaselementes

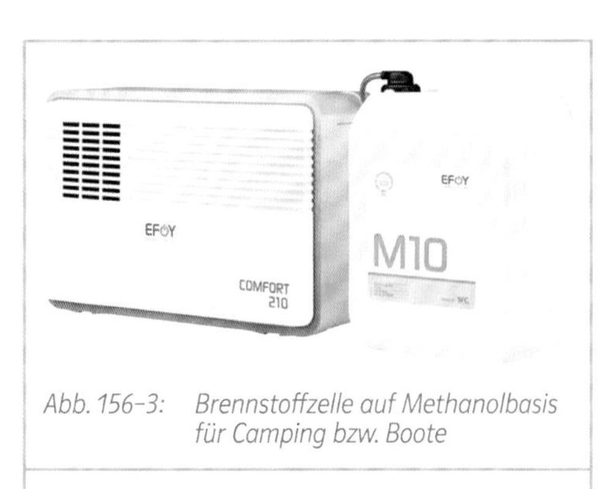

Abb. 156-3: Brennstoffzelle auf Methanolbasis für Camping bzw. Boote

Schüler-Experiment 6.8

Modellversuch zur Brennstoffzelle

Brennstoffzellen

Neben Batterien und Akkumulatoren können auch Brennstoffzellen zur Gewinnung von elektrischer Energie verwendet werden. Im Unterschied zu Batterien sind die Reduktions- und Oxidationsmittel bei einer Brennstoffzelle flüssig oder gasförmig und können kontinuierlich zugeführt werden. Eine Brennstoffzelle eignet sich daher für die ununterbrochene Gewinnung von elektrischer Energie.

Die erste Brennstoffzelle wurde bereits 1838 entwickelt, es dauerte jedoch bis in die 1960er-Jahre, bis sie auch praktische Bedeutung erlangte. Bei der Entwicklung der Raumfahrzeuge, mit denen schließlich die erste bemannte Mondlandung 1969 durchgeführt werden sollte, setzten die Techniker der NASA auf die Brennstoffzelle. Diese wurde so optimiert, dass sie schließlich an Bord der Gemini- und Apollo-Raumfahrzeuge für die Erzeugung des elektrischen Stromes verantwortlich war und auch später im Space Shuttle verwendet wurde. Die hohen Kosten der Brennstoffzelle führten aber dazu, dass sie trotz einiger Erfolge bis heute nur ein Nischenprodukt geblieben ist.

Als Reduktionsmittel dienen bei modernen Brennstoffzellen Wasserstoff, Methanol, Ameisensäure oder Methan. Das Oxidationsmittel ist zumeist Sauerstoff. Die bei der Brennstoffzelle auftretenden Produkte sind meist umweltfreundlich.

PE-Brennstoffzelle (PE-FC = Polymer Electrolyte Fuel Cell)

Bei dieser häufig verwendeten Brennstoffzelle sind die Reaktionspartner Wasserstoff und Sauerstoff. Für die Reaktion benötigt man als Katalysator Platin. Der Elektrolyt ist eine Polymermembran, die nur Protonen durchlässt. An der Anode wird Wasserstoff oxidiert, an der Katode Sauerstoff reduziert (Abb. 156-2). Die Gesamtreaktion dieser Brennstoffzelle lautet:

$$O_2 + 2\,H_2 \rightarrow 2\,H_2O$$

Bei der Reaktion entsteht also als einziger Abfallstoff Wasser. Diese Brennstoffzelle ist daher sehr umweltfreundlich und auch für den mobilen Einsatz geeignet. Immer wieder werden Prototypen von Autos präsentiert, die mit Wasserstoff betankt werden, über eine Brennstoffzelle elektrischen Strom produzieren und mit einem Elektromotor angetrieben werden. Bis jetzt haben diese Prototypen aber noch keine Serienreife erreicht.

Den optimalen Wirkungsgrad von ca. 60 % erreicht diese Brennstoffzelle bei einer Temperatur von ca. 80 °C. Der platinhaltige Katalysator führt jedoch zu einem sehr hohen Preis für diese Brennstoffzelle.

MC-Brennstoffzelle (MC-FC = Molten Carbonate Fuel Cell)

Das Reduktionsmittel dieser Brennstoffzelle ist Erdgas oder Biogas, als Oxidationsmittel wird wieder Sauerstoff verwendet. Die Elektroden werden aus dem preiswerteren Metall Nickel hergestellt, als Elektrolyt dient eine Schmelze aus Lithium- und Kaliumcarbonat. Diese Brennstoffzelle arbeitet bei ca. 650 °C und erreicht einen Wirkungsgrad von 55 %. Sie ist preiswerter als die PE-FC, durch die hohe Temperatur aber nicht für den mobilen Einsatz geeignet. Neben Wasser wird als Abgas auch das Treibhausgas Kohlenstoffdioxid produziert. Die MC-FC eignet sich eher für den stationären Betrieb, zB in Kleinkraftwerken. Einige Versuchsanlagen wurden bereits errichtet, zur Serienreife hat es diese Technologie aber auch noch nicht gebracht.

zu Minibrennstoffzellen – „Pee Power - Technologie"

Forschern im englischen Bath ist es gelungen Minibrennstoffzellen zu entwickeln, die Urin als Brennstoff nutzen. Dabei werden Zucker im Urin mit Hilfe von Mikroorganismen in elektrische Energie umgewandelt. Die so erzeugten Strommengen sind sehr gering, aber zum Laden von Handy-Akkus und zum Betrieb von LED-Leuchten reichen sie aus. Beim berühmten Glastonbury-Festival wurden schon Beleuchtungen im großen Maßstab mit Hilfe solcher Brennstoffzellen betrieben.

Kapitel 6 – kompakt

SB-Reaktion und Redox-Reaktion im Vergleich

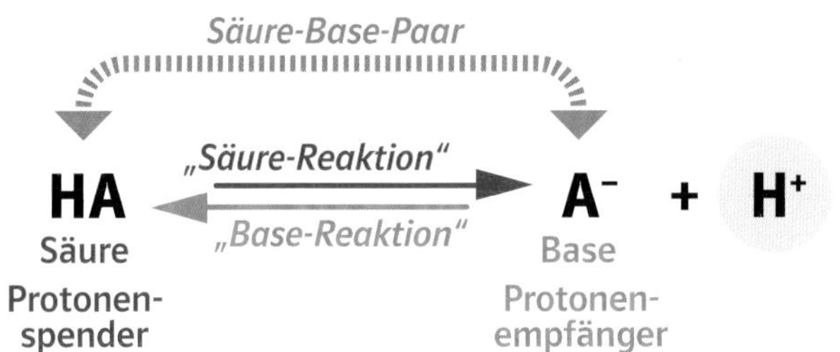

Für Säure-Base-Paare gilt:

Je stärker die Säure, desto schwächer die Base und umgekehrt.

In der pK_A-Tabelle sind die Säure-Base-Paare nach ihrer Stärke geordnet.

Für Säure-Base-Reaktionen gilt:

Es reagiert immer die stärkste Säure mit der stärksten Base.

Das Gleichgewicht bei SB-Reaktionen liegt auf der Seite der schwächeren Säure und der schwächeren Base.

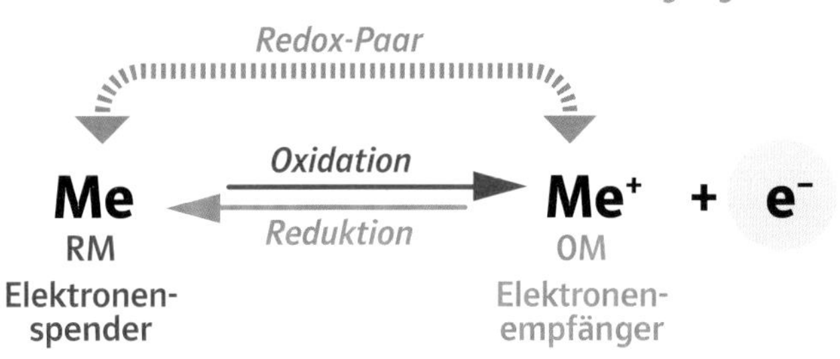

Für Redox-Paare gilt:

Je stärker das Reduktionsmittel (RM), desto schwächer das Oxidationsmittel (OM) und umgekehrt.

In der Spannungsreihe sind die Redox-Paare nach ihrer Stärke geordnet.

Für Redox-Reaktionen gilt:

Es reagiert immer das stärkste Reduktionsmittel mit dem stärksten Oxidationsmittel.

Das Gleichgewicht bei Redox-Reaktionen liegt auf der Seite des schwächeren Reduktionsmittels und des schwächeren Oxidationsmittels.

Nernst´sche Gleichung

Umrechnung von Standardpotenzialen zu Potenzialen bei anderen Bedingungen

$$E = E^{\varnothing} - \frac{R \cdot T}{z \cdot F} \cdot \ln Q \qquad \Delta E = \Delta E^{\varnothing} - \frac{R \cdot T}{z \cdot F} \cdot \ln Q$$

Nernst´sche Gleichung bei Standardbedingungen

$$E = E^{\varnothing} - \frac{0{,}059}{z} \cdot \lg \frac{[\text{Red}]}{[\text{Ox}]}$$

Faraday-Gesetz

Stoffabscheidung (Masse oder Volumen) bei einer Elektrolyse

$$m = \frac{M \cdot I \cdot t}{z \cdot F}$$

Massenabscheidung Metallgewinnung, Metallüberzüge

$$V = \frac{V_M \cdot I \cdot t}{z \cdot F}$$

Volumenabscheidung Gasgewinnung (Chlor, Wasserstoff)

$$m = M \cdot \frac{I \cdot t}{z \cdot F} \cdot \eta$$

Faraday-Gesetz unter realen, praktischen Bedingungen

Freiwillige und erzwungene Redox-Reaktionen

Reaktion freiwillig und erwünscht
Elektrochemische Spannungsquellen
(Batterien, Akkumulatoren, Brennstoffelemente)

Reaktion erzwungen und erwünscht
Elektrolyse
(Aluminiumproduktion, elektrolytische Metallabscheidung auf Metalloberflächen – Korrosionsschutz, Kupferreinigung)

Reaktion freiwillig und unerwünscht
Korrosion
(Rosten, Korrosion von Metallgefäßen mit aggressivem Inhalt)

Korrosionsschutz

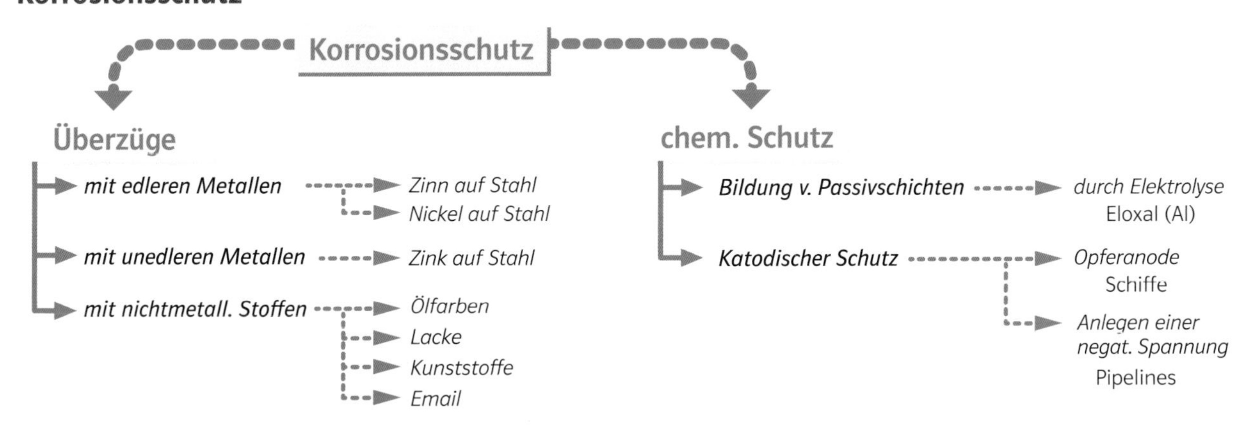

t2v6cq

Sicher und kompetent zur Matura

Was ich aus dem Kapitel für eine erfolgreiche Matura benötige!

1. Wichtige Begriffe, die ich aus diesem Kapitel kenne, definieren kann und im Sinne einer Fachsprache richtig einsetze:

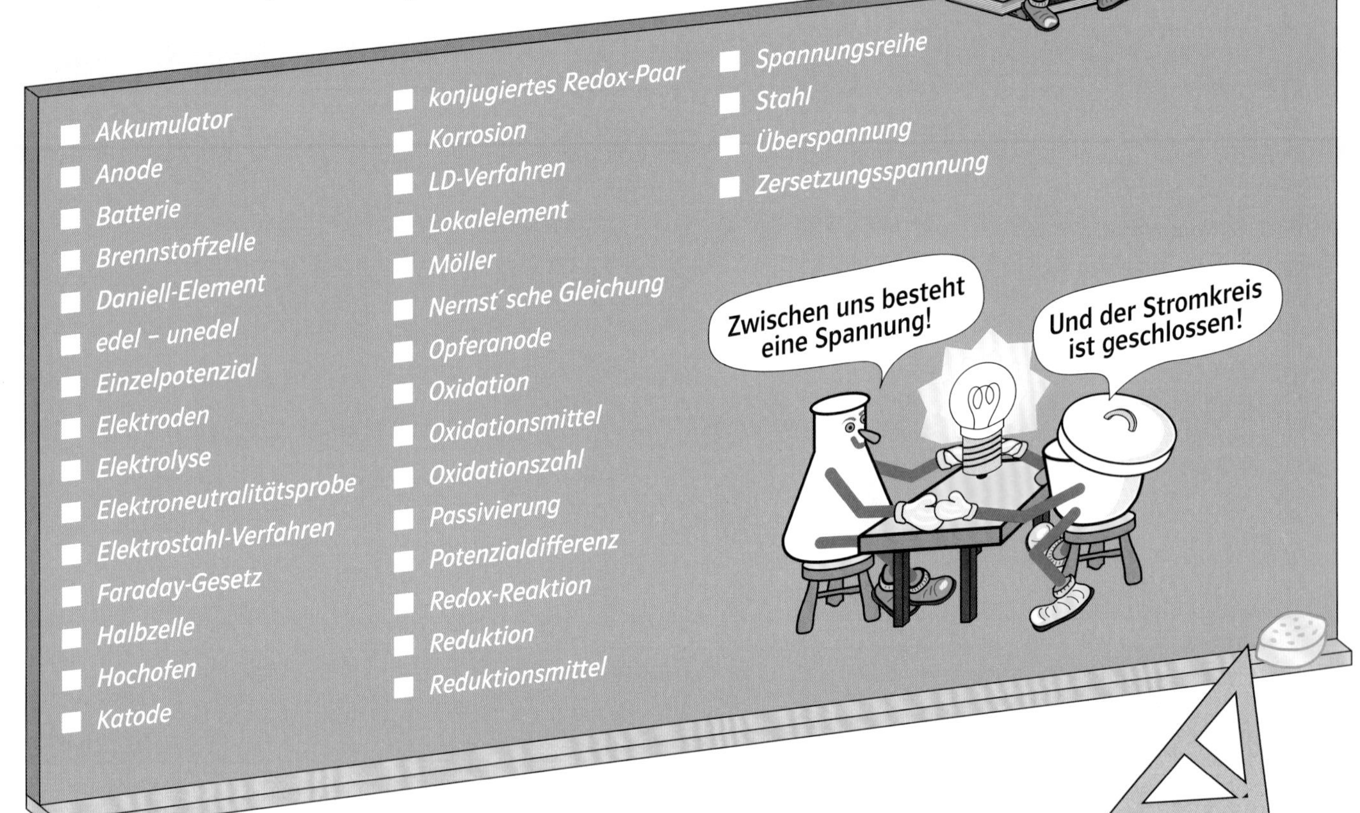

2. Fähigkeiten und Fertigkeiten, die ich aus diesem Kapitel anwenden kann:

Ich kann:

- Ich erkenne bei einer Redox-Reaktion sowohl den Vorgang der Oxidation, als auch den Vorgang der Reduktion und kann Oxidationsmittel und Reduktionsmittel richtig zuordnen.
- Ich kann Oxidationszahlen bestimmen (siehe Übung 135.1.).
- Ich bin in der Lage „komplizierte" Redox-Gleichungen aufzustellen (siehe Übungen 136.1, 137.1).
- Ich beherrsche den Umgang mit der Spannungsreihe, erkenne, welche Reaktionen freiwillig möglich sind, und kann die Redoxreaktionen von Metallen mit Säuren aufstellen (siehe Übungen 140.1, 141.1).
- Ich kann Potenzialdifferenzen bei Standardbedingungen, sowie (+) Einzelpotenziale und Potenzialdifferenzen mit beliebigen Konzentrationen mit Hilfe der Nernst´schen Gleichung berechnen (siehe Übung 144.1).
- Ich kann die Zersetzungsspannung für Elektrolysevorgänge berechnen.
- (+) Ich kann das Faraday-Gesetz anwenden und Berechnung zur Elektrolyse anstellen (siehe Übung 150.1).
- Ich kenne die Redoxvorgänge bei der Korrosion von Metallen und weiß über geeignete Schutzmaßnahmen gegen die Korrosion Bescheid.
- Ich weiß, wie die Eisen- und Stahlproduktion erfolgt.
- Ich kenne die Grundzüge der Aluminiumproduktion.
- Ich kenne die Funktionsweisen und wesentliche Informationen zu den wichtigsten elektrochemischen Spannungsquellen.

7 Organische Chemie Kohlenwasserstoffe

Bis in das 19. Jahrhundert war man der Ansicht, dass Stoffe aus der belebten Natur nur durch Lebewesen mit Hilfe einer „Lebenskraft" – **vis vitalis** genannt – hergestellt werden könnten. Diese Hypothese nannte man Vitalismus, die Stoffe der belebten Natur organische Verbindungen. Auch der Schwede **Jöns Jakob Berzelius**, einer der wichtigsten Wissenschaftler seiner Zeit, der als Vater der modernen Chemie gilt, war Vitalist. Sein Schüler und Freund, der Deutsche Chemiker **Friedrich Wöhler** entdeckte 1828 die Synthese der organischen Verbindung Harnstoff ausgehend vom anorganischen Ammoniumcyanat. Sein Briefwechsel mit Berzelius ist überliefert und zeigt im letzten Teil des Briefes, dass Wöhler selbst noch Zweifel an seiner Entdeckung hatte.

Friedrich Wöhler (1800–1882)

Lieber Herr Professor! *Berlin 22ten Febr. 1828*

Obgleich ich sicher hoffe, dass mein Brief vom 22. Jan. und das Postscript vom 2ten Februar bey Ihnen angelangt sind, und ich täglich oder vielmehr stündlich in der gespannten Hoffnung lebe, einen Brief von Ihnen zu erhalten, so will ich ihn doch nicht abwarten, sondern schon wieder schreiben, denn ich kann, so zu sagen, mein chemisches Wasser nicht halten und muss Ihnen sagen, dass ich Harnstoff machen kann, ohne dazu Nieren oder überhaupt ein Tier, sey es Mensch oder Hund, nöthig zu haben. Das cyansaure Ammoniak ist Harnstoff.(...)

(...) Diese künstliche Bildung von Harnstoff, kann man sie als ein Beispiel von Bildung einer organischen Substanz aus unorganischen Stoffen betrachten? (...)

Jöns Jakob Berzelius (1779–1848)

Berzelius an Wöhler: *Stockholm d. 7. März 1828.*

Nachdem man seine Unsterblichkeit beim Urin angefangen hat, ist wohl aller Grund vorhanden, die Himmelfahrt in demselben Gegenstand zu vollenden, - und wahrlich, Hr. Doktor hat wirklich die Kunst erfunden, den Richtweg zu einem unsterblichen Namen zu gehen. Aluminium und künstlicher Harnstoff, freilich zwei sehr verschiedene Sachen, die so dicht aufeinander folgen, werden, mein Herr! als Edelsteine in Ihren Lorbeerkranz eingeflochten werden, und sollte die Quantität des artificiellen nicht genügen, so kann man leicht mit ein wenig aus dem Nachttopf supplieren. (...) Es ist eine recht wichtige und hübsche Entdeckung, die Hr. Doktor gemacht hat, und es machte mir ein ganz unbeschreibliches Vergnügen, davon zu hören.

Heute weiß man, dass es keinen grundsätzlichen Unterschied zwischen organischen und anorganischen Verbindungen gibt, und der Vitalismus ist – zumindest in dieser Hinsicht – widerlegt. Trotzdem hat man die Bezeichnung „Organische Chemie" aus praktischen Gründen beibehalten.

Heute versteht man unter organischer Chemie die Chemie der Kohlenstoffverbindungen. Nur der elementare Kohlenstoff, seine Oxide, die Kohlensäure, Carbonate und Carbide, zählen zur anorganischen Chemie.

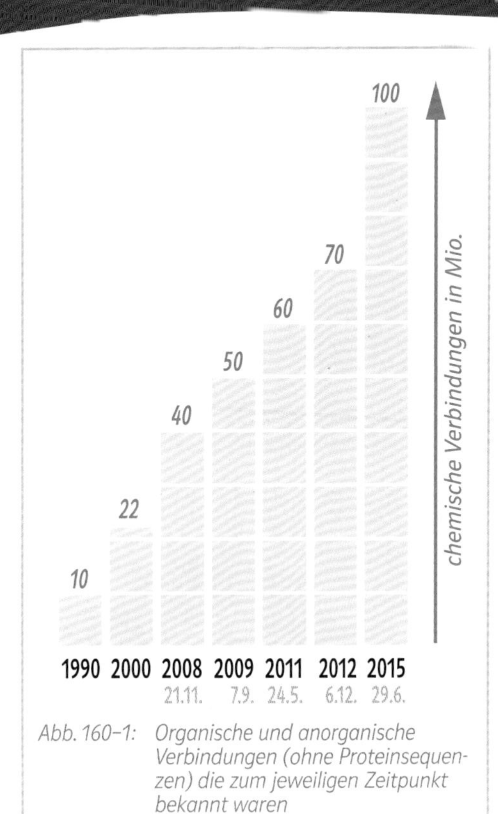

Abb. 160-1: Organische und anorganische Verbindungen (ohne Proteinsequenzen) die zum jeweiligen Zeitpunkt bekannt waren

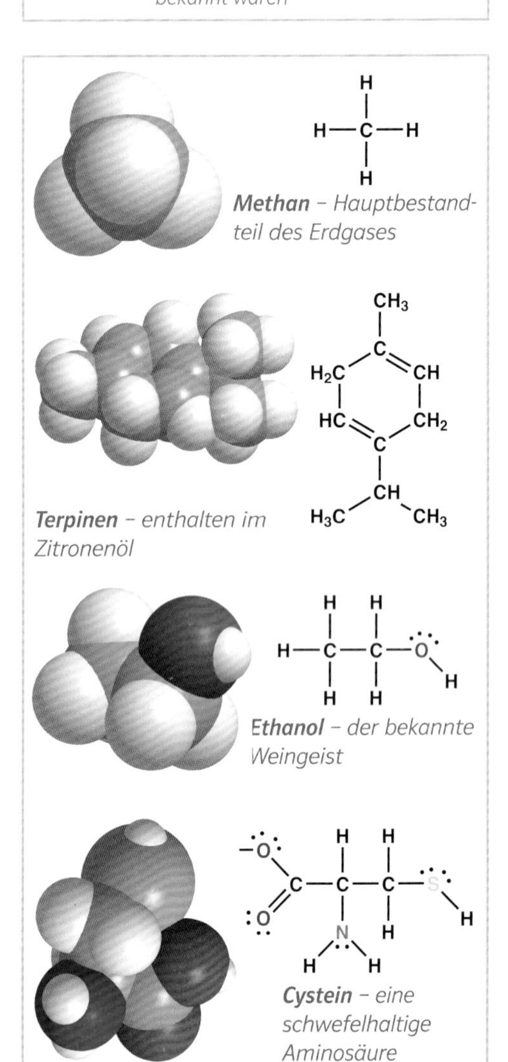

Abb. 160-2: Organische Moleküle in verschiedenen Modelldarstellungen

Chemie der Kohlenstoffverbindungen

Die organische Chemie hat sich im Laufe der Zeit weit von ihrem Ursprung entfernt. Heute versteht man unter organischer Chemie die Chemie der Kohlenstoffverbindungen. Nur der elementare Kohlenstoff, seine Oxide, die Kohlensäure, Carbonate, Carbide, Cyanide und einige weitere Verbindungen, wie zB die im Wöhlerbrief erwähnten Cyanate, zählen zur anorganischen Chemie.

Die Trennung der Stoffe in organische und anorganische erweist sich trotz oftmaliger Bestrebungen sie aufzuheben als sinnvoll. Es bestehen deutliche Unterschiede bei technischen Verfahren, bei Analysemethoden und auch bei den Rohstoffen.

Die Anzahl an organischen Verbindungen ist gigantisch groß. Die American Chemical Society hat den Chemical Abstract Service gegründet, eine Datenbank, in der weltweit alle chemiebezogenen Veröffentlichungen zusammengefasst werden und alle neuen Substanzen registriert werden. Sie sind durch eine CAS-Nummer eindeutig identifizierbar. 2015 wurde die 100 Millionste Verbindung registriert. Ende 2017 lag die Anzahl bei über 134 Millionen. Über 90 % davon sind organische Verbindungen.

Eine Handvoll Atome für über 100 Millionen Verbindungen

Die mögliche Zahl der verknüpften C-Atome ist praktisch unbegrenzt. Kohlenstoff-Atome können sich zu linearen und verzweigten Ketten, zu Ringen und Gerüsten verbinden. Ihre Vielfalt reicht vom einfachsten organischen Molekül, dem Methan, bis zu komplizierten, teilweise sehr großen Molekülen, die entweder natürlich vorkommen oder synthetisch hergestellt werden.

Am Aufbau organischer Stoffe sind nur wenige Atomsorten beteiligt. Eine Vielzahl organischer Verbindungen besteht nur aus Kohlenstoff und Wasserstoff (**Kohlenwasserstoffe**). Auch Sauerstoff und in weiterer Folge Stickstoff, Schwefel und Phosphor sind wichtige Bestandteile von organischen Verbindungen. Sie werden üblicherweise als **Heteroatome** bezeichnet. Auch Halogene und einige Metallatome, die in biochemischen Molekülen vorkommen, finden sich in organischen Molekülen.

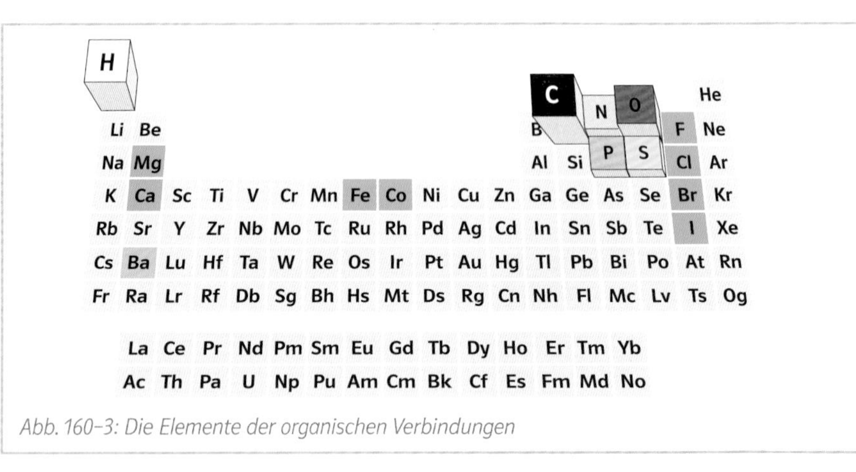

Abb. 160-3: Die Elemente der organischen Verbindungen

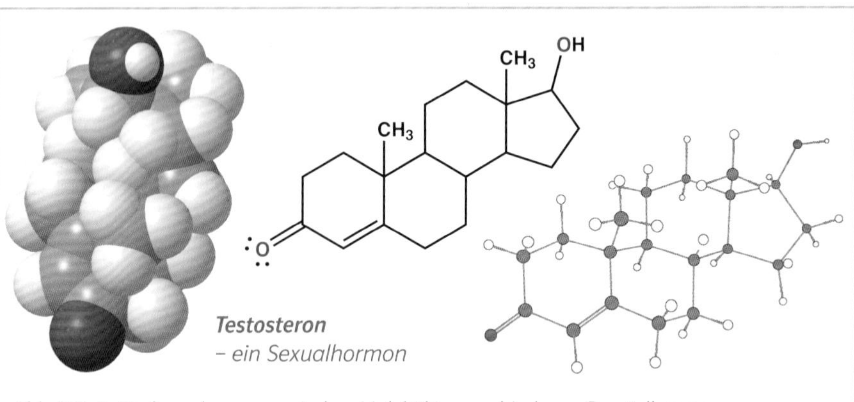

Abb. 160-4: Ein komplexes organisches Molekül in verschiedenen Darstellungen

Verbindungen – Formel und Name

Über 100 Millionen Verbindungen können nicht mit Summenformeln, wie in der anorganischen Chemie oft möglich, beschrieben werden. Die Formeln für organische Verbindungen sind – bis auf wenige Ausnahmen besonders einfach gebauter Moleküle – immer Strukturformeln. Da Strukturformeln ebene Projektionen räumlicher Strukturen sind, gibt es je nach benötigter Information unterschiedliche Strukturschreibweisen mit unterschiedlichem Informationsgehalt.

Auch eine Benennung einer so großen Zahl von Verbindungen kann nicht mit Eigennamen (**Trivialnamen**) erfolgen. Daher spielt die **systematische Benennung** von Verbindungen eine wichtige Rolle. Bei dieser Art der Benennung kann aus dem Namen der Verbindung die Strukturformel konstruiert werden. Umgekehrt kann aus der Strukturformel der Namen abgeleitet werden.

Rohstoffe

Früher wurde vor allem **Steinkohlenteer** – der bei der Verkokung von Steinkohle zur Gewinnung von Leuchtgas anfallende zähflüssige Rückstand – und später **Kohle** als Rohstoff für synthetisch-organische Stoffe verwendet. Heute bilden **Erdölprodukte** und **Erdgas** die wichtigsten Ausgangsstoffe zur Herstellung organischer Verbindungen. Vor allem der seit Ende der 50er Jahre des 20. Jhdts. steigende Bedarf an Vergasertreibstoffen führte zu einer Ablöse der Steinkohle durch Erdölprodukte. Bei der Benzinherstellung fallen große Mengen von Ausgangsstoffen – vor allem **Ethen** – für organische Synthesen an.

Das seit Ende der 60er Jahre aufkommende ökologische Denken erforderte eine massive Umstellung der Produktionsverfahren. Es sollen so wenig wie möglich Nebenprodukte anfallen und diese sollen möglichst umweltschonend entsorgbar sein. Diese Entwicklung führte zu einem verstärkten Einsatz von Erdgas als Rohstoff für organische Synthesen.

Erneuerbare Rohstoffe

In den letzten Jahren treten immer mehr Gedanken in den Vordergrund, erneuerbare Rohstoffe – sogenannte „**renewables**" – anstelle von Erdölprodukten und Erdgas einzusetzen. Diese an sich ökologisch vernünftige Idee stößt aber auf Grund der wachsenden Zahl von Menschen und dem dadurch verursachten riesigen Bedarf an Rohstoffen immer häufiger an Grenzen.

So führt die Beimischung von „Biodiesel" zum Dieselkraftstoff zu einem riesigen Bedarf an Pflanzenfett – vor allem an **Palmöl**, aus dem Biodiesel hauptsächlich hergestellt wird. Dafür werden heute im südostasiatischen Raum (Indonesien, Malaysia) zur Anlage von Ölpalmplantagen riesige Flächen des dort noch vorhandenen Regenwaldes gerodet. Dadurch sind vor allem auf Borneo Tierarten wie der Orang-Utan durch Entzug ihres Lebensraums vom Aussterben bedroht.

Ökologische Überlegungen

Ein Problem ist auch die Umstellung von Einwegkunststoffverpackungen aus Erdöl auf verrottbare Ersatzkunststoffe aus Maisstärke. Dies führt zu einem durch den erhöhten Bedarf verursachten Anstieg des Maispreises. Mais ist in vielen ärmeren Ländern Hauptnahrungsmittel. Im Mexiko gab es bereits Proteste, da Maismehl, der Ausgangsstoff für Tortillas, für ärmere Bevölkerungsschichten immer schwerer leistbar ist.

Dasselbe Problem wird von Bioethanol als Zusatz zu Benzin verursacht. In den USA wird auch Bioethanol hauptsächlich aus Mais hergestellt, mit denselben Folgen wie oben beschrieben. Brasilien wieder stellt Ethanol aus Zuckerrohr her. Auch hier wird die industrielle Landwirtschaft mit allen Problemen wie Monokulturen und Pestizideinsatz durch eine „ökologische" Maßnahme wie Beimischungspflicht von Ethanol zu Benzin gefördert.

Die Beruhigung des ökologischen Gewissens des wohlhabenden Teils der Welt geht also häufig auf Kosten der Bevölkerung der ärmeren Länder und der Natur. So besehen ist nicht alles ökologisch günstig, was als solches propagiert wird.

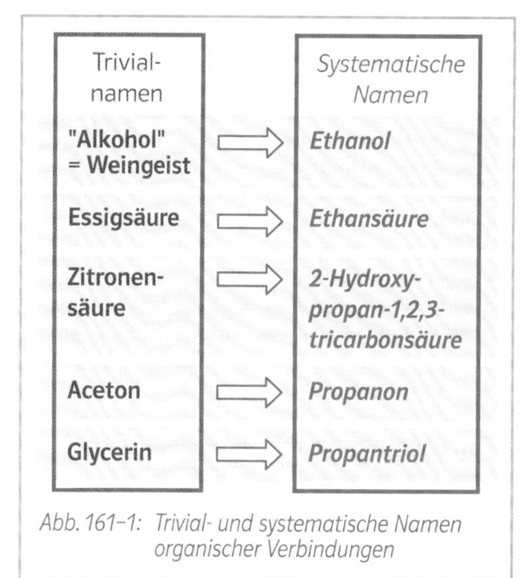

Abb. 161-1: Trivial- und systematische Namen organischer Verbindungen

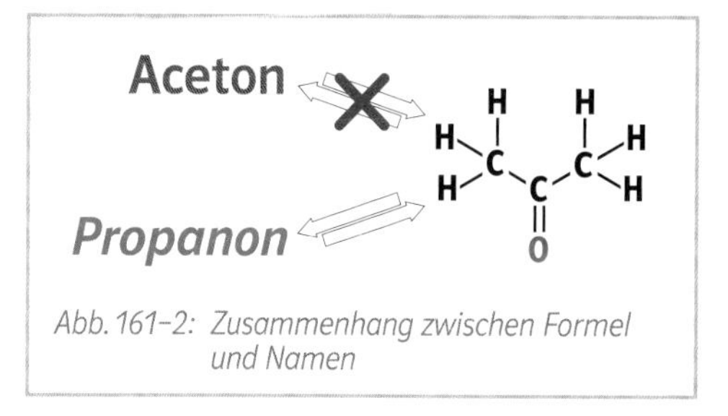

Abb. 161-2: Zusammenhang zwischen Formel und Namen

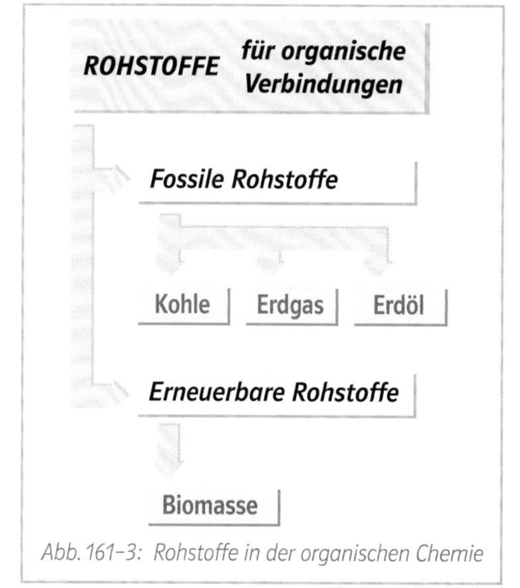

Abb. 161-3: Rohstoffe in der organischen Chemie

Abb. 161-4: Produkte der organisch-chemischen Industrie

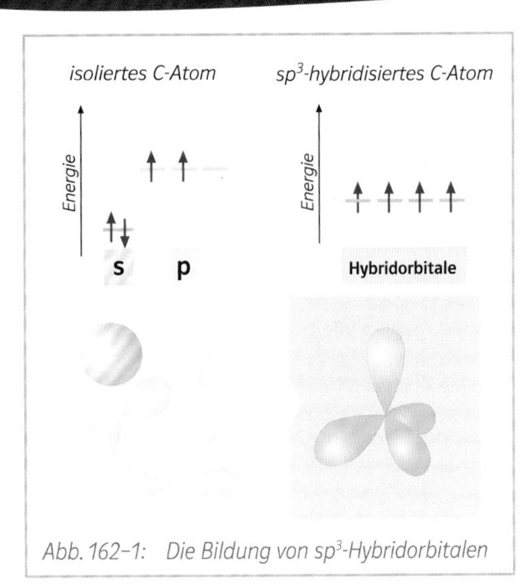

Abb. 162-1: Die Bildung von sp³-Hybridorbitalen

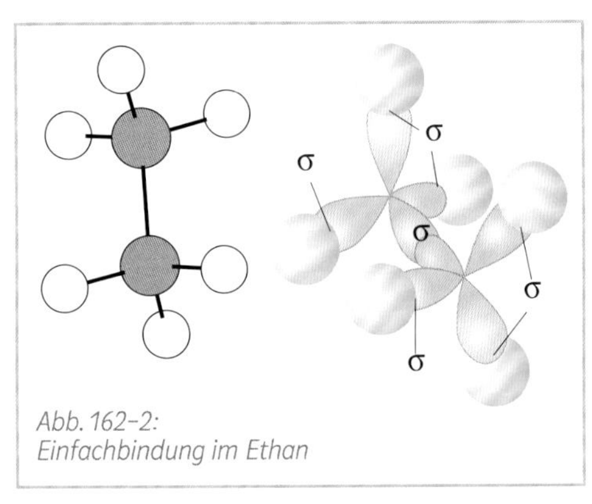

Abb. 162-2: Einfachbindung im Ethan

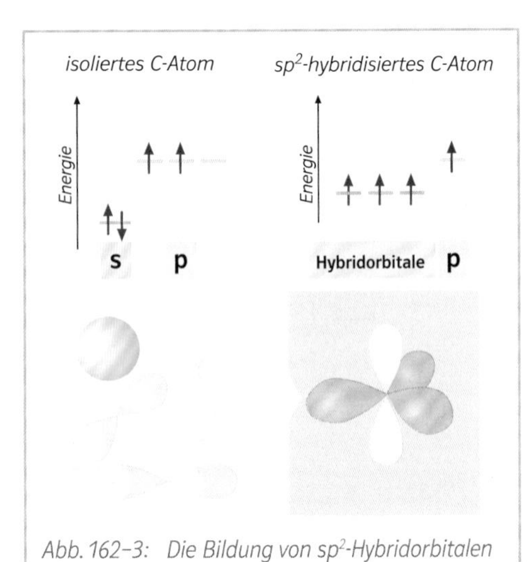

Abb. 162-3: Die Bildung von sp²-Hybridorbitalen

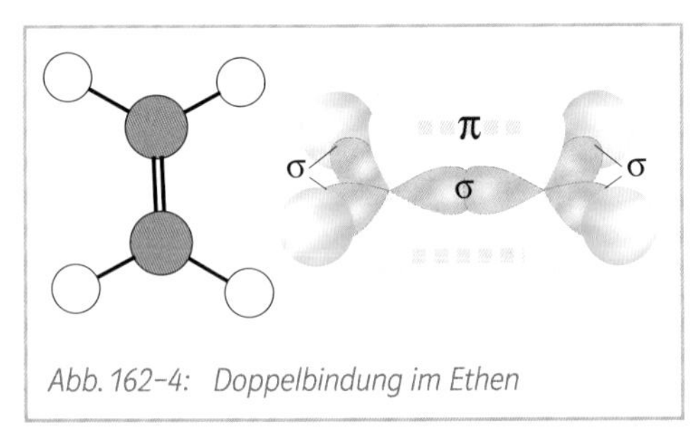

Abb. 162-4: Doppelbindung im Ethen

Die Bindung zwischen C-Atomen

Das isolierte C-Atom kann nach den üblichen Orbitalbesetzungsregeln nur zwei Bindungen eingehen. Da das Kohlenstoffatom in der Natur praktisch ausschließlich vierbindig vorkommt, benötigen wir zur Erklärung das **Hybridisierungsmodell** (siehe Kapitel 2.3).

Die C-C-Einfachbindung

Bei der Kohlenstoff–Kohlenstoff-Einfachbindung werden 4 gleichwertige Hybridorbitale gebildet. Da zur Hybridisierung modellhaft ein s-Orbital und drei p-Orbitale herangezogen werden, spricht man von einer **sp³-Hybridisierung**.

Die 4 Hybridorbitale sind völlig gleichwertig. Sie können jetzt mit dem Hybridorbital eines anderen Kohlenstoff-Atoms oder mit dem s-Orbital eines Wasserstoff-Atoms überlappen und ein Molekülorbital bzw. eine Bindung ausbilden.

Bindungen, die auf diese Weise gebildet werden, nennt man **σ-Bindungen**. Die σ-Bindung ist rotationssymmetrisch und daher frei drehbar. Jedes Kohlenstoff-Atom geht immer 4 Bindungen ein und der Bindungswinkel entspricht ca. 109°. (Siehe Kap. 2.5) Die Atome solcher Moleküle liegen daher nie in einer Ebene (Abb 162–2).

Charakterisierung der sp³–hybridisierten C-Atome

Je nach Anzahl der Bindungen zu weiteren C-Atomen und damit natürlich auch zur Anzahl der gebundenen Wasserstoff-Atome, unterscheidet man:

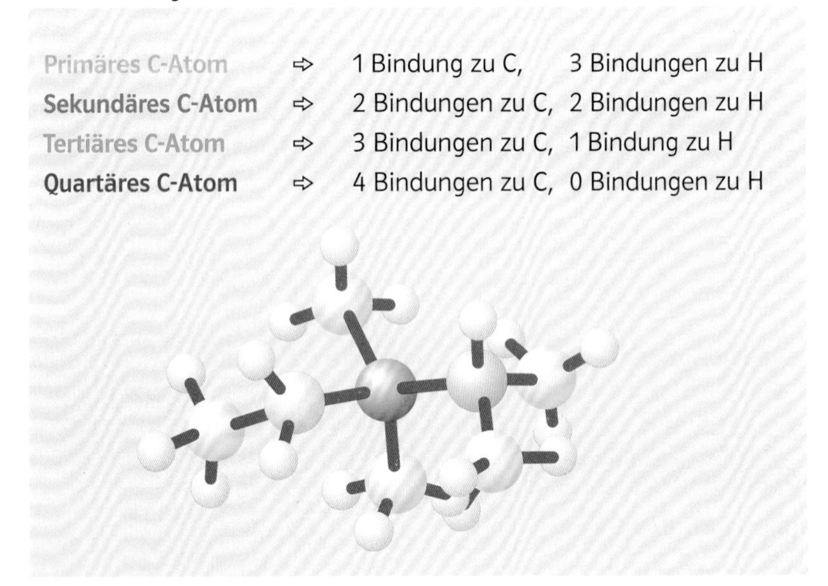

Primäres C-Atom	⇨	1 Bindung zu C,	3 Bindungen zu H
Sekundäres C-Atom	⇨	2 Bindungen zu C,	2 Bindungen zu H
Tertiäres C-Atom	⇨	3 Bindungen zu C,	1 Bindung zu H
Quartäres C-Atom	⇨	4 Bindungen zu C,	0 Bindungen zu H

Die C=C-Doppelbindung

Experimentelle Untersuchungen haben ergeben, dass die Doppelbindung nicht der Summe zweier Einfachbindungen entspricht.

Man wählt daher für die Erklärung der experimentellen Daten folgendes Modell: Es werden nur 3 Hybridorbitale – **sp²-Hybridorbitale** – modellhaft gebildet, die mit jeweils 1 Elektron besetzt sind. Das 4. Elektron befindet sich im verbliebenen p-Orbital. Die drei Hybridorbitale überlappen mit anderen Hybrid- bzw. s-Orbitalen und bilden drei σ-Bindungen. Sie stehen zueinander in einem Winkel von 120°.

Das hantelförmige p-Orbital steht senkrecht zu den drei Hybridorbitalen. Es überlappt mit dem p-Orbital des benachbarten Kohlenstoff-Atoms. (Abb. 162–3)

Diese Bindung, die durch Überlappung von parallel stehenden p-Orbitalen gebildet wird, nennt man **π-Bindung**. Die π-Bindung ist nicht rotationssymmetrisch und daher nicht frei drehbar.

Sind zwei oder mehr Doppelbindungen vorhanden, unterscheidet man je nach Position der Doppelbindung zueinander folgende Fälle:

- ⇨ **isolierte Doppelbindungen**: Die Doppelbindungen sind durch zumindest 2 Einfachbindungen getrennt. Es erfolgt keine gegenseitige Beeinflussung der Doppelbindungen.
- ⇨ **kumulierte Doppelbindungen**: Die Doppelbindungen sind benachbart. Das C-Atom, das den Anteil an beiden Doppelbindungen hat, ist sp-hybridisiert (siehe unten). Der gesamte kumulierte Bereich ist linear.
- ⇨ **konjugierte Doppelbindungen**: Die Doppelbindungen sind durch genau eine Einfachbindung getrennt. Die Doppelbindungen beeinflussen einander. Dies führt zu zusätzlichen Reaktionsmöglichkeiten.

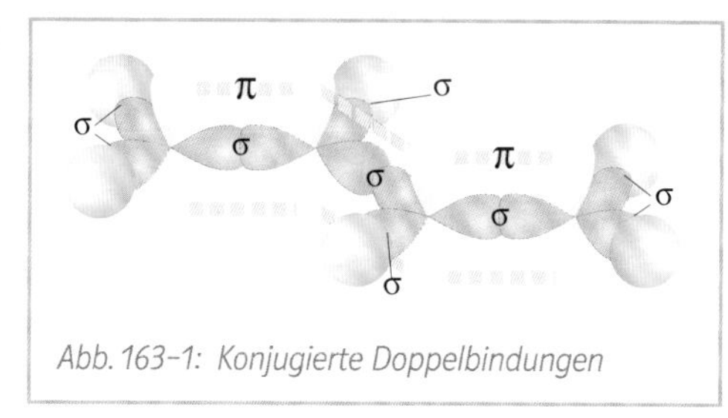

Abb. 163–1: Konjugierte Doppelbindungen

Konjugierte Doppelbindungen

Sind Doppelbindungen konjugiert angeordnet, sind in diesem konjugierten Bereich alle C-Atome sp^2-hybridisiert.

Jedes sp^2-hybridisierte Kohlenstoff-Atom besitzt 1 senkrecht stehendes p-Orbital. Durch paarweise Überlappung entsteht rein formal die Struktur: Doppelbindung–Einfachbindung–Doppelbindung–Einfachbindung etc. Da aber alle Kohlenstoff-Atome gleichwertig sind, sind auch die Bindungen gleichwertig. Die Elektronen können sich über den gesamten Bereich der p-Orbitale verteilen. Man spricht von **delokalisierten Elektronen**. (Siehe Abb. 163–1) De facto wird diese Delokalisierung bei der Strukturformel meist nicht angegeben.

Benzen – der Grundkörper der Aromaten

Eine Ausnahme in der Darstellung delokalisierter Elektronen stellt **Benzen** (früher: Benzol) dar. Benzen ist der Grundkörper der aromatischen Verbindungen mit der Summenformel C_6H_6.

Die Summenformel von Benzen war bereits 1835 bekannt. Die Struktur dieser Verbindung gab den Naturwissenschaftlern der damaligen Zeit Rätsel auf.

Einerseits deutet die Summenformel auf eine ungesättigte Verbindung, andererseits erwies sich Benzen als reaktionsträger als andere Moleküle mit Mehrfachbindungen. 1865 schlug der deutsche Chemiker **August Kekulé** (1829 – 1896) als Struktur für Benzen eine Ringform mit abwechselnd Doppel- und Einfachbindungen vor.

Der Österreicher **Joseph Loschmidt** (1821 – 1895) hatte bereits Jahre vorher eine ähnliche Struktur vorgeschlagen. Diese Tatsache wird in der internationalen Literatur leider kaum erwähnt.

Nach dem heutigen Stand der Wissenschaft wird die Struktur von Benzen folgendermaßen beschrieben: 6 sp^2-hybridisierte C-Atome bilden ein regelmäßiges ebenes Sechseck. Jedes dieser C-Atome geht mit 2 weiteren C-Atomen und einem H-Atom eine σ-Bindung ein. Die darauf senkrecht stehenden p-Orbitale enthalten jeweils noch 1 Elektron. Durch Überlappung der Orbitale entsteht ein geschlossener Aufenthaltsbereich für diese 6 Elektronen, die sich frei bewegen können. Man spricht hier wieder von **delokalisierten π-Elektronen** – im speziellen Fall nennt man dies auch ein **π-Elektronensextett**.

Um die Gleichwertigkeit der Bindungen im Benzenring anzudeuten, verwendet man für die Darstellung des π-Elektronensextetts häufig ein Ringsymbol. Beachte, dass jedes C-Atom nur 1 H-Atom gebunden hat!

Benzen ist das Grundmolekül der **aromatischen Verbindungen**.

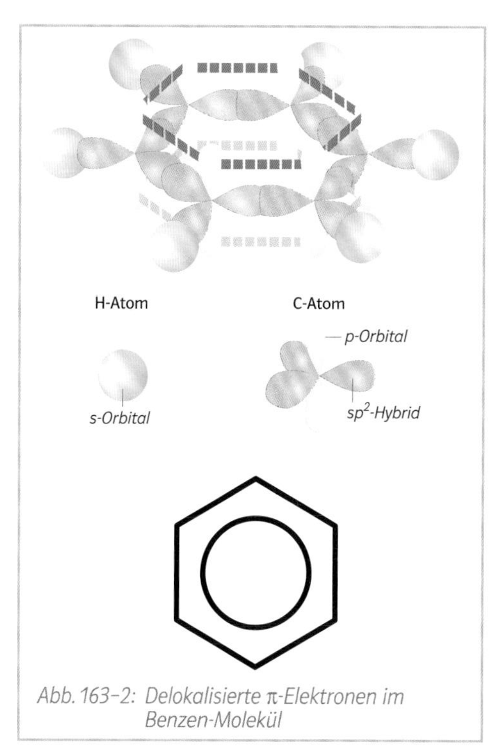

Abb. 163–2: Delokalisierte π-Elektronen im Benzen-Molekül

Die C≡C-Dreifachbindung

Bei der Dreifachbindung werden nur 2 Hybridorbitale – **sp-Hybridorbitale** – gebildet. Die restlichen 2 p-Orbitale enthalten jeweils 1 Elektron. Analog zur Doppelbindung werden hier 2 π-Bindungen zwischen benachbarten Kohlenstoff-Atomen gebildet. Der Bindungswinkel beträgt 180°. (Abb. 163–4)

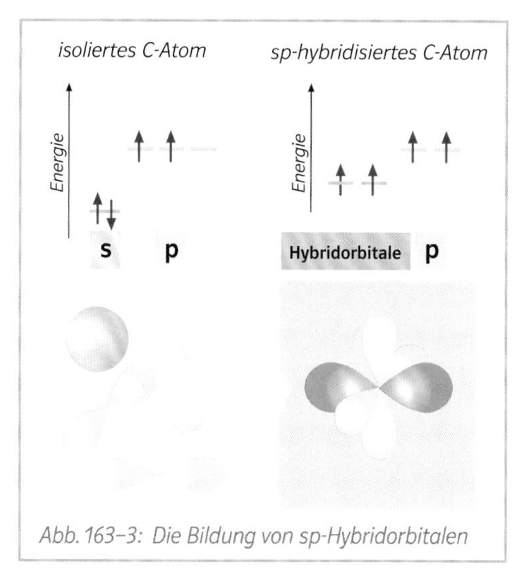

Abb. 163–3: Die Bildung von sp-Hybridorbitalen

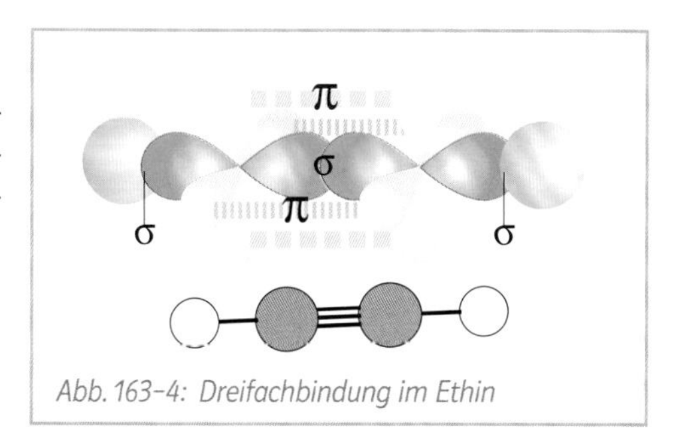

Abb. 163–4: Dreifachbindung im Ethin

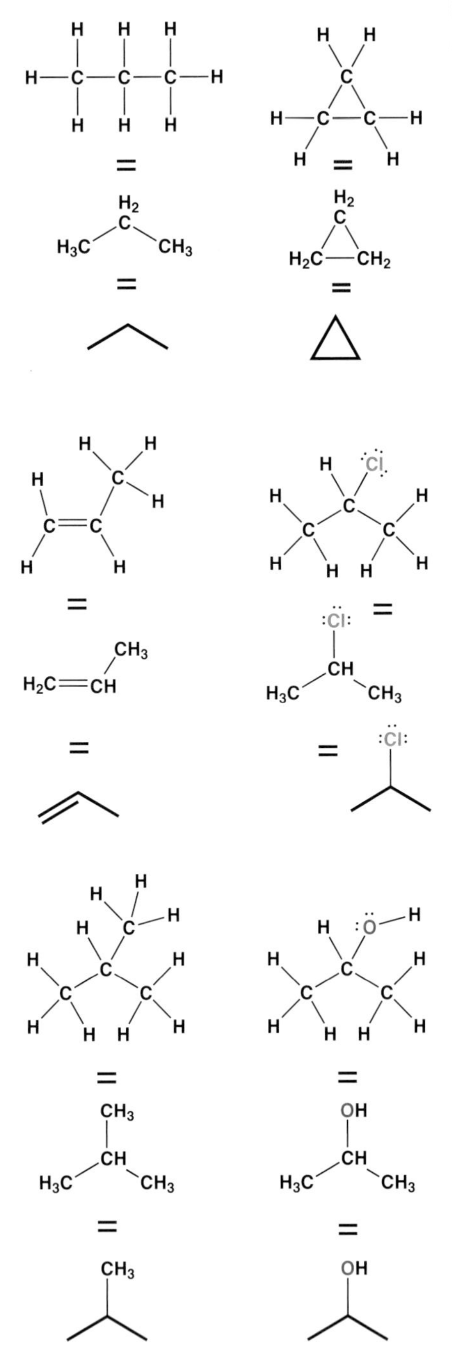

Abb. 164–1: Voll-, Halbstruktur- und Skelettformel verschiedener Verbindungen

Übung 164.1

Übertrage die Skelettformeln aus Abb. 165–2 und 165–3 in Halbstrukturformeln.

Drei gleichwertige Strukturformeln

Die Angabe einer Summenformel ist in der organischen Chemie in den meisten Fällen nicht aussagekräftig genug. Einerseits bestimmt die Anordnung der Atome die Eigenschaften und das Reaktionsverhalten der Verbindungen, andererseits ist es möglich, dass sehr unterschiedliche Verbindungen dieselbe Summenformel besitzen. Man verwendet daher in der organischen Chemie fast ausschließlich Strukturformeln. Die Darstellung von Strukturformeln kann je nach Anforderung sehr unterschiedlich aussehen.

Auch Heteroatome können in diese Formeln integriert werden (siehe auch Kapitel 8).

Die drei im Folgenden beschriebenen Darstellungsmöglichkeiten sind von der Aussagekraft völlig gleichwertig und können jederzeit ineinander übergeführt werden.

Die Vollstrukturformel (Valenzstrichformel)

Bei dieser Strukturformel, die bereits bei der Atombindung besprochen wurde, werden bindende Elektronenpaare durch einen Verbindungsstrich zwischen den Elementsymbolen dargestellt. Mehrfachbindungen symbolisiert man durch die entsprechende Anzahl von Verbindungsstrichen. Nichtbindende oder freie Elektronenpaare, die zB der Sauerstoff besitzt, werden um das Elementsymbol als zwei nebeneinander liegende Punkte angeschrieben. Bei einem Bindungswinkel von ca. 109°, wie er bei der Kohlenstoff–Kohlenstoff-Einfachbindung auftritt, verwendet man in der Projektion meist einen Winkel von 90°, der Bindungswinkel von 120° bei der Doppelbindung bzw. der Bindungswinkel von 180° bei der Dreifachbindung kann bei der Projektion eingehalten werden. Bei Ringen wählt man die Darstellung von regelmäßigen Vielecken.

Die Halbstrukturformel

Die Halbstrukturformel stellt eine Mischung zwischen Summen- und Strukturformel dar. Sie bietet vor allen Dingen bei größeren Molekülen eine bessere Übersicht. Bei der Halbstrukturformel wird nur das Kohlenstoffgerüst in Form einer Strukturformel angeschrieben. Die entsprechende Anzahl der Wasserstoff-Atome wird zu jedem Kohlenstoff-Atom wie bei einer Summenformel angegeben zB $-CH_3$.

Nur Wasserstoff-Atome dürfen in der Summe dargestellt werden. Andere Atome, wie zB Sauerstoff, müssen mit Bindungen angegeben werden. (Allerdings stellt man auch zB –OH-Gruppen manchmal als Halbstrukturformel dar.)

Die Skelettstrukturformel

Die Skelettformel ist eine sehr einfache und vor allen Dingen zeitsparende Form der Strukturformel. Das Elementsymbol für Kohlenstoff wird nicht angeschrieben, sondern nur die Bindungen zwischen den Kohlenstoff-Atomen. Auch an Kohlenstoff gebundener Wasserstoff wird in der Skelettformel nicht angeschrieben. Die Anzahl der Wasserstoff-Atome ergibt sich aus der Vierbindigkeit des Kohlenstoffs.

Fremdatome, wie zB Sauerstoff oder Halogene, müssen allerdings auch in der Kurzschreibweise mit bindendem Elektronenpaar und Elementsymbol angegeben werden. Auch Wasserstoff-Atome, die zB an Sauerstoff-Atome gebunden sind, müssen angeschrieben werden.

Weitere Schreibweisen

In den folgenden Kapiteln werden noch weitere Darstellungsmöglichkeiten angegeben, um die räumliche Struktur der Moleküle deutlicher sichtbar zu machen.

Die allgemeine Summenformel

Die allgemeine Summenformel bei Kohlenwasserstoffen gibt das Verhältnis der Anzahl von Kohlenstoff- zu Wasserstoffatomen an.

Ist „n" die Anzahl der C-Atome, so besitzt ein Kohlenwasserstoff doppelt so viele Wasserstoff-Atome (jedes C-Atom zwei Stück) plus zwei Wasserstoff-Atome für die Enden. Die allgemeine Summenformel lautet dann (Abb 165–1): C_nH_{2n+2}

Für jede zusätzliche C–C-Bindung (durch Mehrfachbindung oder Ringbildung) fallen zwei Wasserstoff-Atome weg.

Allgemeine Summenformel und Strukturmerkmale

Anhand der Summenformel erkennt man mögliche Strukturmerkmale – Einfach-, Doppel- oder Dreifachbindung, kettenförmig oder ringförmig. Die folgende Grafik gibt einen Überblick.

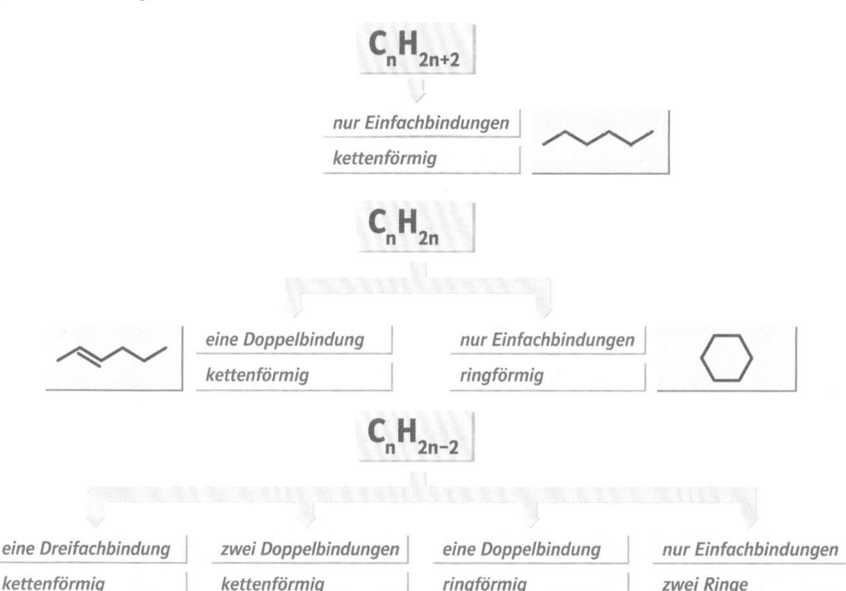

Isomerie

Verbindungen, die dieselbe Summenformel, aber eine unterschiedliche Strukturformel besitzen, nennt man Isomere. (Griech.: isos = gleich; meros = Teil) Das Phänomen Isomerie spielt in der organischen Chemie eine große Rolle. Je nach der „Andersartigkeit" der Verbindungen unterscheidet man unterschiedliche Isomeriearten, die in den folgenden Kapiteln ausführlich besprochen werden.

Mit der allgemeinen Summenformel C_nH_{2n+2} sind nicht nur unverzweigte möglich, sondern es können auch ab 4 C-Atomen Seitenketten bzw. Verzweigungen vorkommen. An der Summenformel ändert sich nichts. (Siehe Abb. 165–2)

Verbindungen, die keine Mehrfachbindungen enthalten, nennt man **gesättigte Verbindungen** (= maximale Anzahl an Wasserstoff-Atomen ist erreicht, das gesättigte Molekül kann kein H-Atom mehr aufnehmen.)

Anhand der Summenformel C_nH_{2n} erkennt man nicht, ob es sich um eine gesättigte ringförmige oder um eine ungesättigte (= enthält Mehrfachbindungen) kettenförmige Verbindung handelt. Auch hier ändert sich an der Summenformel nichts, wenn Seitenketten vorhanden sind. Auch der Ring muss nicht aus allen in der Summenformel enthalten C-Atomen bestehen. (Siehe Abb. 165–3)

Je stärker ungesättigt eine Verbindung wird, desto mehr strukturelle Möglichkeiten ergeben sich.

H–C–C–C–C–C–H (alle C mit H abgesättigt) C_5H_{10+2}

H–C–C=C–C–C–H C_5H_{10}

Abb. 165–1: Summenformeln der Alkane und Alkene

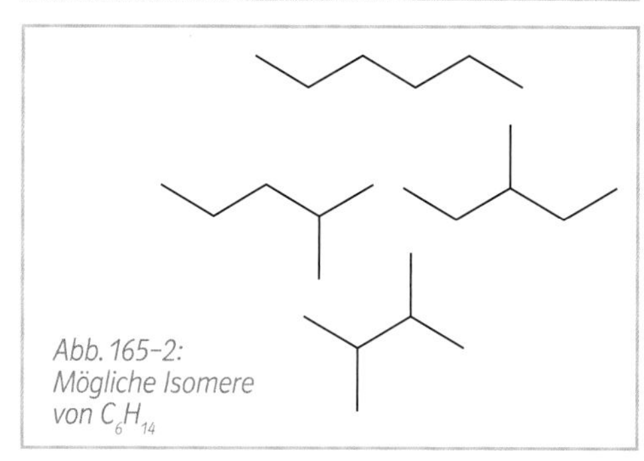

Abb. 165–2: Mögliche Isomere von C_6H_{14}

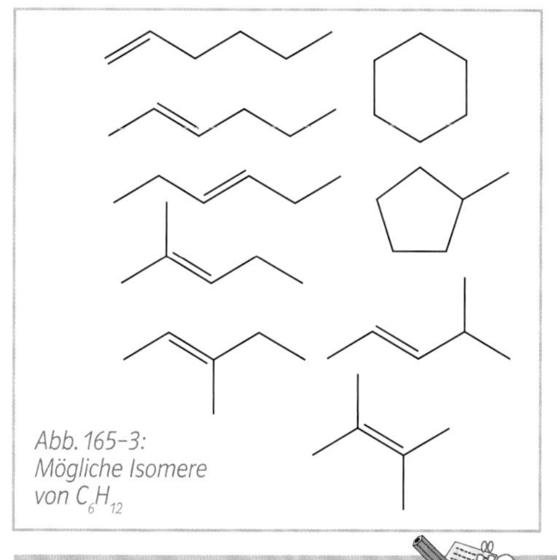

Abb. 165–3: Mögliche Isomere von C_6H_{12}

Übungen 165.1 bis 165.4

1. Welche Strukturmerkmale sind bei einer Verbindung mit $C_{10}H_{16}$ möglich?
2. β-Carotin - eine Vorläufersubstanz des Vitamins A besitzt die Summenformel $C_{40}H_{56}$.
   Das Molekül enthält zwei Ringe und keine Dreifachbindung. Wie viele Doppelbindungen enthält β-Carotin?
3. Wie lautet die Summenformel eines Kohlenwasserstoffs mit einer Dreifachbindung, zwei Doppelbindungen, einem Ring und 32 Kohlenstoffatomen?
4. Erstelle je 2 Strukturformeln zu C_8H_{10}, C_7H_{12} und C_4H_8!

7.2 Benennung von aliphatischen Kohlenwasserstoffen

Trivialnamen – IUPAC-Nomenklatur – „Baukasten-System"

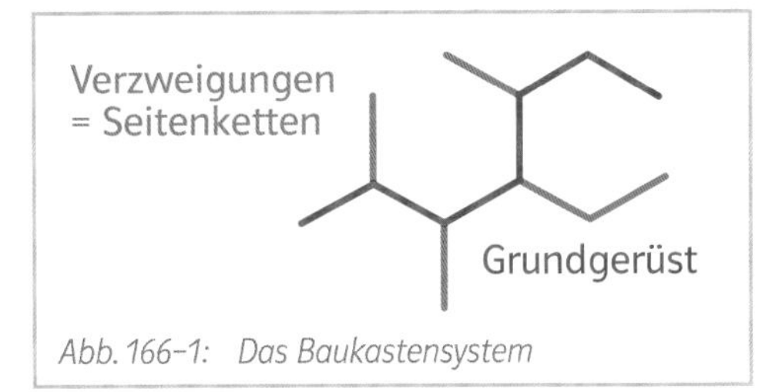

Abb. 166–1: Das Baukastensystem

Anzahl der C-Atome		Wortstamm
C_1	...	Meth-
C_2	...	Eth-
C_3	...	Prop-
C_4	...	But-
C_5	...	Pent-
C_6	...	Hex-
C_7	...	Hept-
C_8	...	Oct-
C_9	...	Non-
C_{10}	...	Dec-

Anzahl und Art der Bindungen		Suffix
Nur Einfach-	...	-an
1 Doppel-	...	-en
2 Doppel-	...	-adien
3 Doppel-	...	-atrien
1 Dreifach-	...	-in

Aufbau des C-Gerüstes		Präfix
Kette	...	keine
Ring	...	Cyclo-

Abb. 166–2: Benennungsregeln

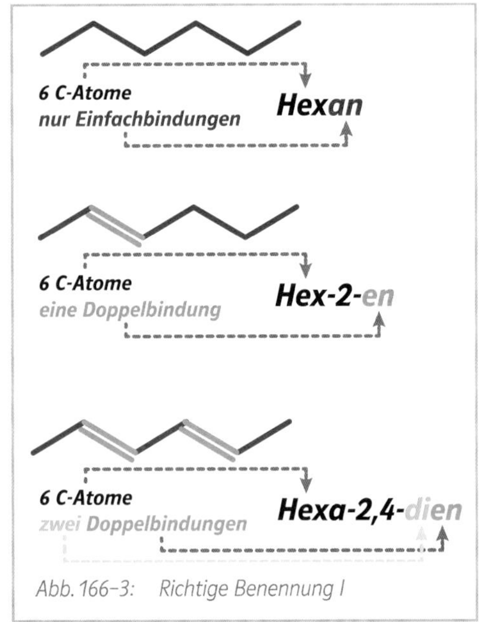

Abb. 166–3: Richtige Benennung I

Neben einer eindeutigen Strukturformel müssen Verbindungen auch durch einen eindeutigen Namen charakterisiert sein.

Trivialnamen

Viele organische Verbindungen sind schon lange bekannt. Diese Verbindungen benannte man sehr oft nach einer charakteristischen Eigenschaft oder nach ihrem Vorkommen. Oft wurden Verbindungen aber auch mit einem beliebigen Namen versehen, der in keinerlei Verbindung mit der bezeichneten Substanz steht. All diese Namen nennt man Alltags- oder Trivialnamen. Trivialnamen geben keinerlei Hinweise auf die Struktur einer Verbindung und müssen einfach mit der entsprechenden Strukturformel gelernt werden. Durch das rasche Anwachsen der Zahl der organischen Verbindungen wurde allerdings eine Systematik der Benennung notwendig.

IUPAC - Nomenklatur

1892 wurden auf einem internationalen Chemikerkongress in Genf erstmals Regeln für die Benennung von organischen Verbindungen aufgestellt. Durch die Vielfalt der Verbindungen traten immer wieder Schwierigkeiten auf und die Regeln mussten öfters verändert bzw. ergänzt werden. Auch heute ist die systematische Benennung von organischen Verbindungen kein abgeschlossenes Gebiet.

Ein eigener Ausschuss der **International Union of Pure and Applied Chemistry** (IUPAC) befasst sich mit Fragen der Benennung. Die systematische Benennung von organischen Verbindungen nennt man Genfer- oder IUPAC-Nomenklatur.

Ziel dieser Nomenklatur ist es, durch (möglichst) exakte Regeln jedes charakteristische Strukturmerkmal im Namen zu erfassen.

Das Baukasten-System

Das Benennungssystem funktioniert wie ein Baukasten. Ein Kohlenwasserstoff besteht aus einem Kohlenstoffgrundgerüst mit bestimmten Strukturmerkmalen (zB Ring oder Mehrfachbindungen).

Das **Kohlenstoffgrundgerüst** besteht immer aus der längsten Kette oder dem größten Ring. Die C-Atomanzahl wird durch eine Stammsilbe (zB meth–- für ein C-Atom) angegeben. Das Suffix richtet sich nach der Bindungsart (zB nur Einfachbindungen –an). Bei Ringen erfolgt noch vor dem Stammnamen das Präfix Cyclo–.

Seitenketten sind Abzweigungen vom Grundgerüst (Kette oder Ring). Der Namen der Seitenkette besteht immer aus der Stammsilbe, die die C-Atom-Anzahl angibt und der Endung –yl. Die Seitenkettennamen werden vor dem Namen des Grundgerüst in alphabetischer Reihenfolge angegeben.

Positionen von Seitenketten und Mehrfachbindungen werden durch **Lokanten** angegeben. Diese Lokanten werden in arabischen Zahlen angegeben und vor das gekennzeichnete Strukturmerkmal gesetzt. Lokanten werden aber nur verwendet, wenn sie zur Unterscheidung notwendig sind. So ist bei Methylpropan kein Lokant notwendig, da es bei dieser Verbindung nur eine mögliche Strukturformel gibt. Bei Methyl-pentan muss der Lokant angegeben werden, da die beiden Isomere 2-Methyl-pentan und 3-Methyl-pentan möglich sind.

Bei der Vergabe von Lokanten beginnt man bei kettenförmigen Molekülen auf der Seite, bei der eine Mehrfachbindung einen möglichst niedrigen Lokanten erhält. Sind keine Mehrfachbindungen vorhanden, entscheidet die Seitenkette über den Beginn der Nummerierung. Hier muss die erste Seitenkette eine möglichst niedrigen Lokanten erhalten.

Bei Ringen erhält das wichtigste Strukturmerkmal (zuerst Mehrfachbindung, dann Seitenkette) den Lokanten 1. Die weitere Nummerierung erfolgt so, dass weitere Strukturmerkmale einen möglichst niedrigen Lokanten erhalten.

Sind mehrere gleiche Strukturmerkmale im Molekül vorhanden, wird die Anzahl durch Vorsilben angegeben:

1 Stück: ⇨ **MONO**	*2 Stück:* ⇨ **di-**	*3 Stück:* ⇨ **tri-**
4 Stück: ⇨ **tetra-**	*5 Stück:* ⇨ **penta-**	*6 Stück:* ⇨ **hexa**

Diese Bezeichnungen werden bei der alphabetischen Reihung von Seitenketten nicht berücksichtigt.

Die folgende Tabelle zeigt die Benennungsregeln für aliphatischen Kohlenwasserstoffe und weiters auch die Benennung von halogenierten aliphatischen Verbindungen.

Die Anordnung bei der Benennung entspricht der Tabellenanordnung.

Seitenketten/Halogene		***Kohlenstoffgrundgerüst***		
Lokanten	***Präfix***	***Ring***	***Stammsilbe***	***Suffix***
1-	Stamm+yl	Cyclo-	C_1 ⇨ Meth-	nur
2-			C_2 ⇨ Eth-	C–C
3-	zB		C_3 ⇨ Prop-	⇨ -an
:	Methyl-		C_4 ⇨ But-	
:	Ethyl-		C_5 ⇨ Pent-	
:	Propyl-		C_6 ⇨ Hex-	C=C
			C_7 ⇨ Hept-	⇨ -en
			C_8 ⇨ Oct-	
	Fluor-		C_9 ⇨ Non-	
	Chlor-		C_{10} ⇨ Dec-	C≡C
	Brom-			⇨ -in
	Iod-		C_n ⇨ Alk-	
			R–	
Beispiele				
3-	Methyl-		pent-	2-en
1-	Methyl-	cyclo-	hex-	en

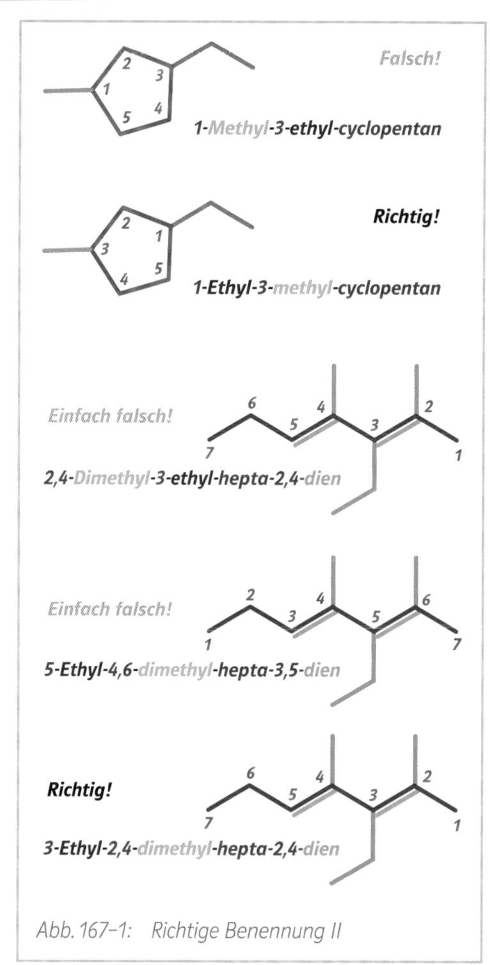

Abb. 167–1: Richtige Benennung II

Übung 167.1

Benenne die Moleküle aus Abb. 165–2 und 165–3.

Benennungsregeln anhand eines komplexeren Beispiels

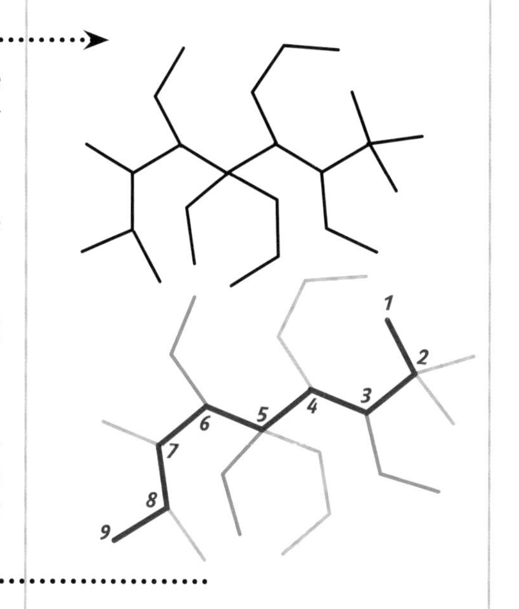

⇨ Man sucht die längste ununterbrochene Kette, die nach Möglichkeit alle Seitenketten enthält. Der Namen dieser Kette ist der Namen des Grundmoleküls. Dieser Teil kommt am Ende des Gesamtnamens.

.... **nonan**

⇨ Man benennt die Seitenketten und ordnet die Namen der Seitenkette alphabetisch vor dem Namen des Grundmoleküls an.

.... **ethyl** .... **methyl** .... **propylnonan**

⇨ Die Anzahl gleichartiger Seitenketten wird durch di- (für 2), tri- (für 3) und tetra- (für 4) angegeben.

.... **Triethyl** .... **tetramethyl** .... **dipropylnonan**

⇨ Nummerierung der Kette für die Angabe der Lokanten. Die Nummerierung erfolgt so, dass ein wichtiges Strukturmerkmal (hier Seitenkette) einen niedrigen Lokanten hat. (Die Nummerierung richtet sich nach: Funktionelle Gruppe – Mehrfachbindung – Seitenkette)

3,5,6-Triethyl-2,2,7,8-tetramethyl-4,5-dipropylnonan

CIP-Sequenz- oder Prioritätenregeln

Die Regeln wurden nach ihren „Erfindern" Robert Cahn (1899–1981; England), Christopher Ingold (1893–1970; England) und Vladimir Prelog (geb. 1906 in Sarajewo, gest. 1998 in Zürich; 1975 Nobelpreis für Chemie) benannt.

Das System regelt die Reihung von Atomen oder Atomgruppen, die an ein charakteristisches Atom (meist ein C-Atom) gebunden sind.

Grundsätzlich gilt: Das Atom mit der höheren Ordnungszahl besitzt die höhere Priorität.

Im ersten Schritt werden nur die Atome betrachtet, die direkt an das charakteristische Atom gebunden sind (= 1. Sphäre). Häufig ist hier keine Entscheidung möglich (zB mehrere C-Atome). Man betrachtet nun die Atome, die an diese gleichartigen Atome gebunden sind (= 2. Sphäre) und sucht wieder das Atom mit der höchsten Ordnungszahl. Ist auch hier keine Entscheidung möglich, wird das mit der jeweils zweithöchsten betrachtet usw. Ist auch dabei alles gleich, geht man in die 3. Sphäre usw.

Reihung nach steigender Priorität:

-H	Entscheidung in der 1. Sphäre
$-CH_3$	Entscheidung in der 2. Sphäre
$-C_2H_5$	Entscheidung in der 3. Sphäre
$-C_3H_7$	

Sind in der 2. bzw. 3. Sphäre mehrere gleichartige Atome gebunden, hat die Gruppe mit der größeren Anzahl Vorrang.

Atome, die mit einer Mehrfachbindung gebunden sind, gelten als mehrere einfach gebundene Atome.

entspricht

entspricht

Abb. 168–1: Der Aufbau der CIP-Sequenzregeln

E/Z - Isomerie

Die Kohlenstoff–Kohlenstoff-Doppelbindung ist nicht frei drehbar. Sind an die C-Atome der Doppelbindung unterschiedliche Atome oder Atomgruppen gebunden, so existieren zwei **stereoisomere Formen**. Diese spezielle Form der Isomerie nennt man E/Z-Isomerie. E kommt von „entgegen", Z von „zusammen". Diese Stereodeskriptoren geben den Bau des Moleküls um die Doppelbindung an.

Festlegung der E- bzw. Z-Form

Das links abgebildete Molekül ist ein 3-Methylpent-2-en. Dieser Name ist aber noch nicht eindeutig, da die Anordnung um die Doppelbindung nicht aus diesem Namen hervorgeht. Zur Bestimmung sind folgende Schritte notwendig.

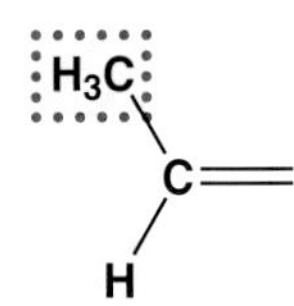

1 ⇨ Man betrachtet zunächst nur die Atome, die direkt an das „linke" C-Atom der Doppelbindung gebunden sind. Von diesen beiden bestimmt man das Atom mit der höheren Priorität. Die Priorität wird nach den CIP-Prioritäten- oder Sequenzregeln festgelegt, die im Prinzip eine Reihung entsprechend der Ordnungszahl ist. Das C-Atom (Z = 6) ist daher das Atom mit der höheren Priorität.

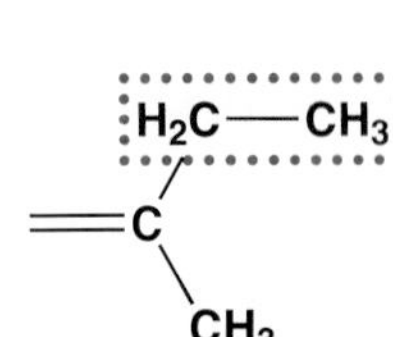

2 ⇨ Danach betrachtet man die an das „rechte" C-Atom gebundenen Atome. Im Beispiel erkennt man, dass hier keine Zuordnung möglich ist, da es 2 C-Atome sind. In diesem Fall betrachtet man die 2. Sphäre, dh. die Atome, die jetzt an diese C-Atome gebunden sind. Man sucht wieder das Atom mit der höchsten Priorität. Im Beispiel ist es Kohlenstoff. Bringt auch die 2. Sphäre keine Entscheidung, so muss man analog weitergehen. Ist keine Unterscheidung möglich (zB bei 2 Methylgruppen), dann existieren selbstverständlich keine 2 stereoisomeren Formen.

3 ⇨ Betrachtet man jetzt die beiden Gruppen mit höherer Priorität, so erkennt man, dass in diesem Beispiel die beiden Gruppen auf derselben Seite der Doppelbindung liegen. Diese Form ist die Z(usammen)-Form. Die Verbindung heißt **Z-3-Methylpent-2-en.**

Für die E-Form muss man nun auf einer Seite die beiden Substituenten tauschen: E-3-Methylpent-2-en.

Beispiel 1

Zur Bestimmung der E/Z-Isomerie bei diesem Molekül werden zunächst die beiden „Seiten" a und b des Moleküls getrennt betrachtet.

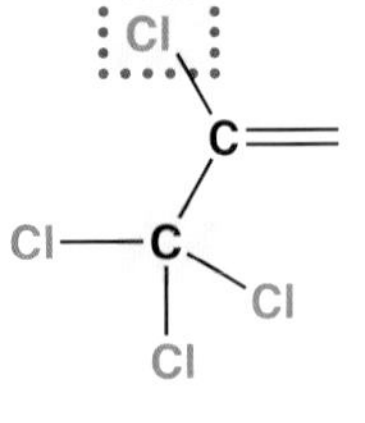

a: ⇨ Chlor hat mit 17 eine höhere Ordnungzahl als Kohlenstoff (Z = 6) und daher die höhere Priorität.

Die drei Chloratome, die an das C-Atom gebunden sind, sind für die Prioritätenreihung ohne Bedeutung. Es zählen nur die Atome, die direkt an das C-Atom der Doppelbindung gebunden sind.

b: ⇨ Manchmal kann die Entscheidung erst in der 3. Sphäre oder noch später erfolgen. Vergleiche auch mit Punkt (2).

Betrachtet man nun wieder das Gesamtmolekül, so erkennt man, dass die beiden Gruppen mit höherer Priorität auf gegenüberliegenden Seiten der Doppelbindung liegen. Daher handelt es sich um eine Verbindung in der E-Form.

Beispiel 2

Wieder betrachten wir die beiden Seiten a) und b) getrennt voneinander.

a: ⇨ Sind Atome mit Mehrfachbindungen an Kohlenstoff gebunden, gelten sie als mehrere, einfach gebundene Atome (siehe Abb. 168–1 unten)

b: ⇨ O hat mit Z = 8 eine höhere Ordnungszahl als N mit Z = 7. Die Dreifachbindung zu N spielt hier keine Rolle.

Betrachtet man nun wieder das Gesamtmolekül, so erkennt man, dass die beiden Gruppen mit höherer Priorität auf gegenüberliegenden Seiten der Doppelbindung liegen. Daher handelt es sich um eine Verbindung in der E-Form.

E/Z aus der Skelettformel

Auch bei der Skelettformel kann man E- und Z-Formen - oft sogar leichter – unterscheiden. Bedenke: Geht von einem „Doppelbindungs-C-Atom" nur eine Bindung aus, so ist hier noch ein H gebunden, das man in der Skelettformel nicht anschreibt. Da H die geringste Priorität hat, erkennt man E oder Z oft schon „mit einem Blick".

Z-pent-2-en *Z-2-Chlor-pent-2-en*

E-pent-2-en *E-2-Chlor-pent-2-en*

cis/trans - Bezeichnung

Früher verwendete man anstelle der E/Z-Bezeichnung die cis/trans-Bezeichnung, wie sie bei den Cycloalkanen teilweise auch heute noch üblich ist. Die cis/trans-Bezeichnung versagt beim Vorliegen verschiedener Substituenten und wurde daher durch die E/Z-Nomenklatur abgelöst.

Zu beachten ist, dass die E/Z-Formen nicht immer mit den älteren cis/trans-Formen identisch sind, da sich cis/trans auf den Verlauf der namensgebenden Kohlenstoffkette bezog. Die eindeutigen Prioritätsregeln wurden erst bei der Einführung von E/Z entwickelt.

ZB: Z-2-Chlorpent-2-en (siehe oben) ist ein trans-2-Chorpent-2-en, da die Kohlenstoffkette auf den entgegengesetzten Seiten der Doppelbindung verläuft.

Bei **Fettsäuren** ist die Bezeichnung mit cis und trans nach wie vor üblich. Hier entspricht aber diese Bezeichnung der E und Z Kennzeichnung, da Fettsäuren unverzweigte Kohlenwasserstoffketten besitzen.

Übungen 169.1 a bis d

Welche der folgenden Verbindungen sind Z-Formen?

a) b) c) d)

Übungen 169.2 a bis c

Benenne folgende Verbindungen (berücksichtige auch die E/Z-Form).

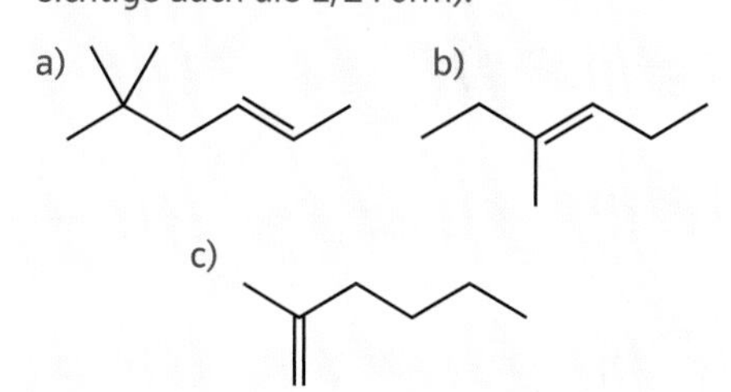

Übungen 169.3 a und b

Erstelle die Strukturformeln von:

a) E-3-Ethyl-2,5-dimethyl-hex-3-en

b) Z-3-Ethyl-4,5-dimethyl-hept-2-en

Übung 169.4

Reihe folgende Gruppen nach fallender Priorität.

a) b) c) d) e) f)

Übung 169.5

Nenne das einfachste Alken, bei dem E/Z-Isomere möglich sind.

7.3 Wichtige aliphatische Kohlenwasserstoffe

Methan – Propan – Butan – Paraffin

zu „gesättigt" – „ungesättigt"

Gesättigte organische Verbindungen enthalten nur C-C-Einfachbindungen, ungesättigte organische Verbindungen enthalten auch C=C-Mehrfachbindungen. Diese Bezeichnung wird auch im Alltag verwendet, zB ungesättigte Fettsäuren.

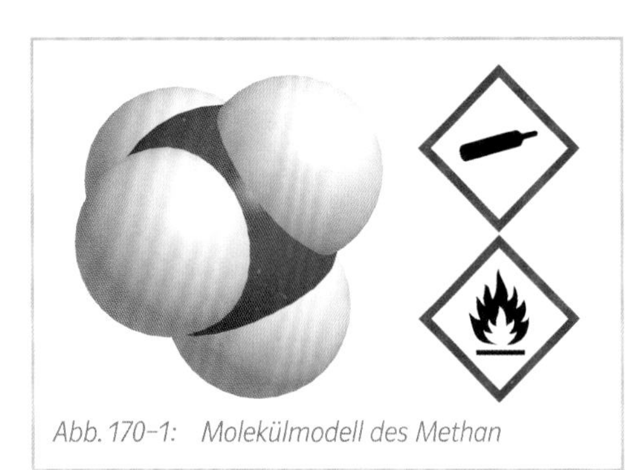

Abb. 170–1: Molekülmodell des Methan

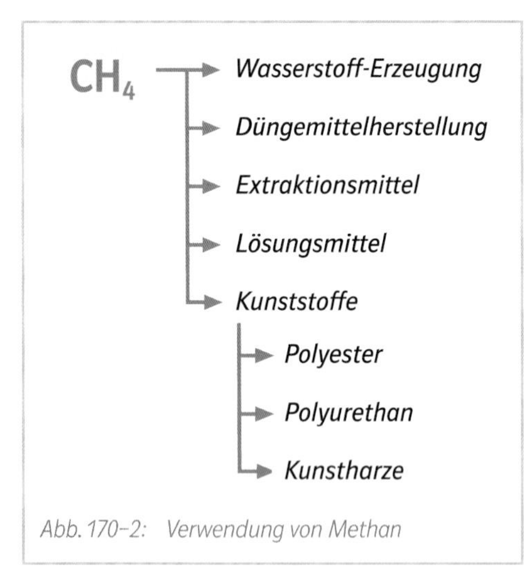

Abb. 170–2: Verwendung von Methan

zu Erdgas

Erdgas ist ein fossiler Rohstoff, der oft auch als Naturgas bezeichnet wird (engl: natural gas). Es enthält als Hauptbestandteil Methan und wird aus Lagerstätten gewonnen. Der Transport erfolgt über Pipelines bzw. als LNG (liquefied natural gas) in Tankschiffen.

Erdgas wird heute im großen Maßstab als Brennstoff eingesetzt, bzw. dient als wichtiger Rohstoff für die chemische Industrie (zB Wasserstofferzeugung)

Mit der Silbe **„Alk"** als Platzhalter für die C-Atomanzahl unterscheidet man unter anderem folgende Stoffklassen:

Aliphaten	**Kennzeichen**		**Σ-formel**
	Hybride	**Bindungswinkel**	
Alkan (gesättigt)	Alle C-Atome ⇨ **sp³-hybridisiert**	**109°**	C_nH_{2n+2}
Cycloalkan (gesättigt)	Alle C-Atome ⇨ **sp³-hybridisiert**	**109°** (nicht immer realisierbar → Ringspannung)	C_nH_{2n}
Alken (ungesättigt)	C-Atome **bei Doppelbindung** ⇨ **sp²-hybridisiert**	**120°**	C_nH_{2n}
Alkin (ungesättigt)	C-Atome **bei Dreifachbindung** ⇨ **sp-hybridisiert**	**180°**	C_nH_{2n-2}

Methan

Methan ist ein farb-, geruchloses und ungiftiges Gas. Es bildet mit einem Volumsanteil von bis zu 90 % den Hauptbestandteil von Erdgas.

Methan-Luft-Gemische sind explosiv. Die Explosionsgrenzen liegen zwischen 5,0 – 15 Vol-% Methan. In Steinkohlengruben kann Methan entstehen, und mit Kohlenstaub kommt es zu gefährlichen Explosionen, die man **„schlagende Wetter"** nennt. Daher muss der Methangehalt ständig durch Gasanalysen überwacht werden.

Der Methananteil der Troposphäre liegt bei 1,6 ppm. Die eine Hälfte stammt aus fossilen Brennstoffen, die andere Hälfte vom Celluloseabbau durch anaerobe Bakterien („Methangärung").

Methan zählt mit Kohlendioxid zu den sogenannten **Treibhausgasen**. Lässt man das Methangas nicht in die Atmosphäre entweichen, sondern sammelt es als „**Biogas**",so kann es als Energieträger eingesetzt werden.

In der Technik verwendet man Methan für die Gewinnung von Wasserstoff, von Halogenalkanen (Abb. 171–3) und von Ruß, der bei unvollständiger Verbrennung anfällt. Dieser Ruß dient als Füllstoff für Autoreifen, als Pigment in der Farbindustrie und für die Herstellung der Trockenbatterie. Die Hauptmenge von Methan wird allerdings nach wie vor als Brennstoff eingesetzt.

Propan und Butan

Propan und Butan sind unter Druck leicht verflüssigbar („**Flüssiggase**"). Sie dienen hauptsächlich als Heizgase (Campingkocher etc.).

Einige Alkangemische sind unter folgenden Trivialnamen bekannt:

Paraffin

Paraffin ist die Bezeichnung für eine Mischung gereinigter Kohlenwasserstoffe. Je nach Kettenlänge unterscheidet man zwischen Paraffinöl (C_{12} – C_{16}) und Hartparaffin (C_{22} – C_{40}).

Benzin, Kerosin, Dieselöl, Heizöle

Diese aus dem Alltag bekannten Produkte sind Stoffgemische, die aus Erdöl gewonnen werden und hauptsächlich aus Alkanen bestehen.

Ethen (Ethylen)

Ethen ist ein farbloses, in geringer Konzentration ungiftiges Gas. Bei höherer Konzentration wirkt es narkotisierend. Ethen tritt in reifenden Früchten natürlich auf und wirkt dort als Pflanzenwuchsstoff. Technisch wird Ethen fast ausschließlich aus Erdöl oder Erdgas gewonnen. Es dient als Ausgangsmaterial für eine Vielzahl von Produkten. (Siehe Abb. 171-1)

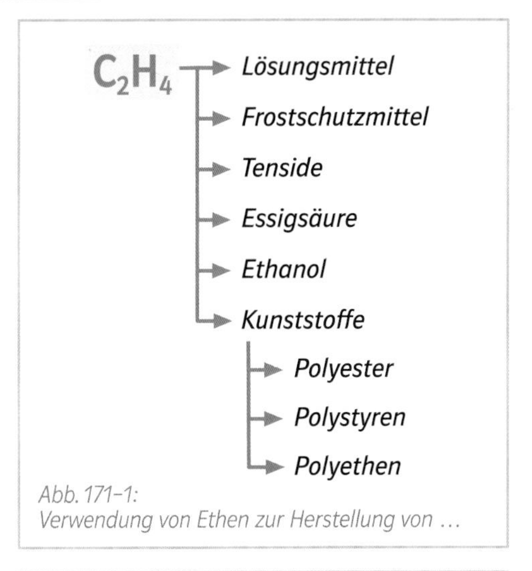

Abb. 171-1:
Verwendung von Ethen zur Herstellung von ...

Methyl-buta-1,3-dien (Isopren)

Isopren ist eine flüchtige, leichtentzündliche Flüssigkeit, die ebenfalls aus Erdöl gewonnen werden kann. Es ist auch die Grundeinheit des Naturkautschuks. Viele weitere Naturstoffe enthalten Isopreneinheiten. Diese Naturstoffklasse nennt man auch **Isoprenoide**. (Abb. 171-2)

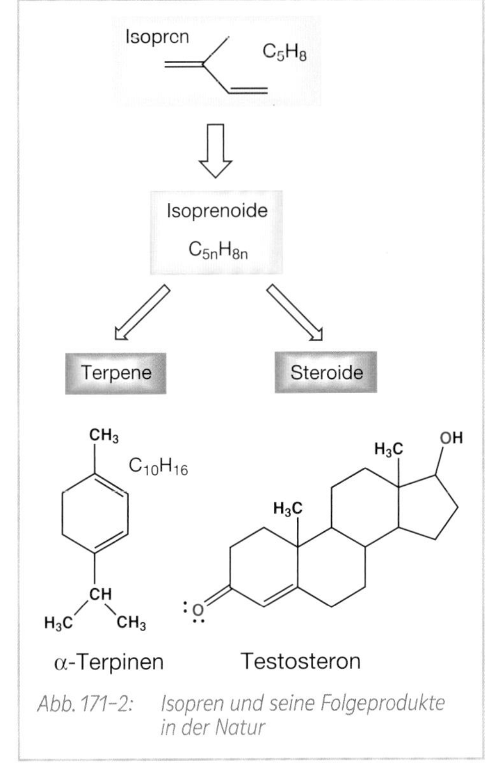

Abb. 171-2: Isopren und seine Folgeprodukte in der Natur

Ethin (Acetylen)

Ethin, das technisch wichtigste Alkin, ist ein farbloses, schwach süßlich riechendes Gas. An der Luft verbrennt Ethin mit stark rußender Flamme.

Setzt man Ethin allerdings in Schweißbrennern mit reinem Sauerstoff um, so entsteht eine nicht rußende, sehr heiße Flamme von ca. 3000 °C.

Ähnlich wie Wasserstoff sind auch Ethin/Luft- bzw. Sauerstoffgemische explosiv („Acetylenknallgas"). Die Bedeutung von Ethin ist in den letzten Jahren zurückgegangen. Ethin galt wegen seiner Reaktionsfähigkeit als der Grundstoff der organischen Chemie („Acetylen-Stammbaum"). Heute wird es zumeist durch leichter zugängliche Erdölprodukte ersetzt.

Halogenierte Kohlenwasserstoffe

Die Benennung der Halogenkohlenwasserstoffe erfolgt analog zu der der entsprechenden Kohlenwasserstoffe. Die Halogene werden mit ihrem Elementnamen in alphabetischer Reihenfolge mit eventuell vorhandenen anderen Halogenen oder Seitenketten und dem entsprechenden Lokanten angeführt.

Die Hauptmenge der halogenierten Kohlenwasserstoffe wird und wurde künstlich hergestellt. Halogenierte Kohlenwasserstoffe (chlorierte Kohlenwasserstoffe, FCKWs etc.) zählen heute zu den problematischsten Produkten der chemischen Industrie.

Umstrittene Substanzen

Halogenkohlenwasserstoffe zeigen in vielen Bereichen ausgezeichnete Eigenschaften. Sie wurden daher in großen Mengen produziert und eingesetzt. Untersuchungen der letzten Jahre machten deutlich, dass die halogenierten Kohlenwasserstoffe, die akut zumeist nicht allzu toxisch sind, eine Reihe von Spätfolgen - verursacht durch ihre hohe Stabilität - hervorrufen. Sie werden sehr langsam abgebaut und können sich aufgrund ihres lipophilen (= hydrophoben) Charakters in der Fettschicht von Tieren und Menschen anreichern. Viele der Verbindungen sind **krebserregend** oder stehen zumindest im Verdacht krebserregend zu sein. Weiters nimmt man an, dass einige dieser Verbindungen mitverantwortlich für den Abbau der Ozonschicht und den **Treibhauseffekt** sind. Aufgrund dieser negativen Auswirkungen wurden in vielen Ländern Anwendungsbeschränkungen bzw. Anwendungsverbote erlassen. In Österreich ist eine Vielzahl halogenierter Kohlenwasserstoffe verboten (zB Aerosole, Halonlöscher). Beim Ausstieg aus der „Chlorchemie" zeigt sich Österreich als Vorbild.

Verwendung

Diese Verbindungen werden hauptsächlich als Treibmittel in Spraydosen, als Feuerlösch- und als Kältemittel eingesetzt. Einige finden auch Verwendung beim Schäumen von Kunststoffen oder in der chemischen Reinigung. Die Halogene sind zumeist Fluor und Chlor. Man unterscheidet zwischen vollhalogenierten Verbindungen, bei denen alle Wasserstoff-Atome substituiert sind (CFK = Chlor-Fluor-Kohlenstoffe), und teilhalogenierten Verbindungen (CFKW = Chlor-Fluor-Kohlenwasserstoffe). In unsystematischer Weise nennt man diese Gruppe auch Fluor-Chlor-Kohlen(wasser)stoffe (**FCKW**).

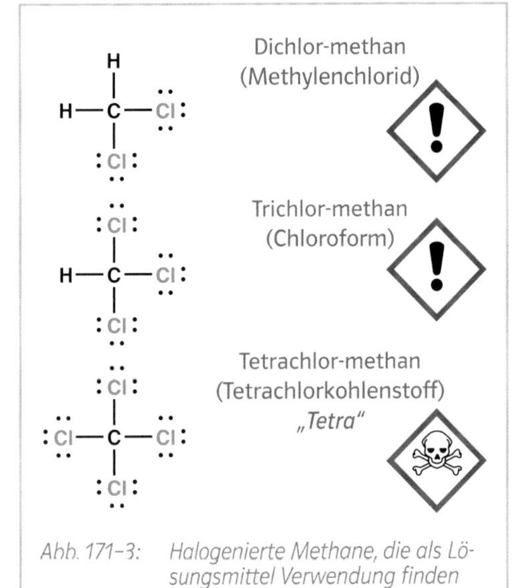

Abb. 171-3: Halogenierte Methane, die als Lösungsmittel Verwendung finden

7.4 Benennung von aromatischen Verbindungen

Monocyclische Verbindungen – Polycyclische Verbindungen

zu Aliphat – Aromat

Viele aromatische Verbindungen lassen sich formal vom Benzen ableiten, indem man ein oder mehrere Wasserstoff-Atome des Benzenringes durch andere Atome bzw. Atomgruppen ersetzt. Alle nicht aromatischen Verbindungen (Alkane, Alkene, Alkine, ...) nennt man mit einer Sammelbezeichnung aliphatische Verbindungen oder Aliphaten.

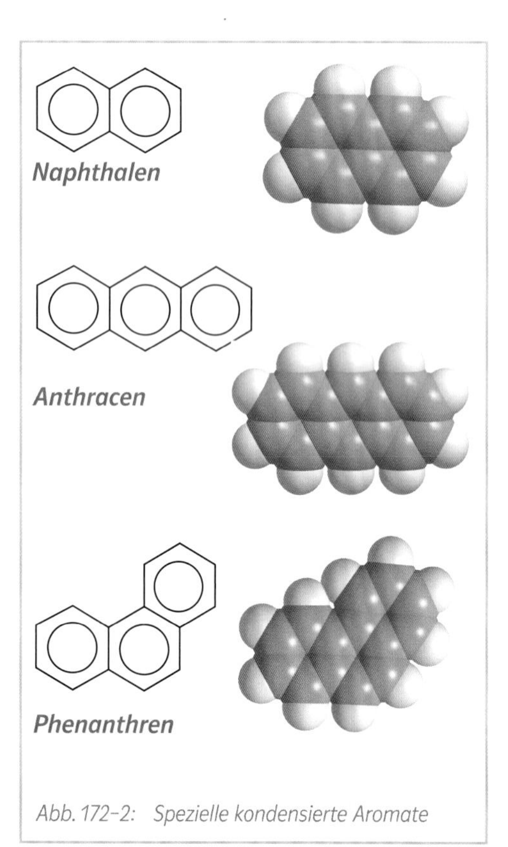

Abb. 172–2: Spezielle kondensierte Aromate

Die Mehrzahl aromatischer Verbindungen besitzt Trivialnamen. Nach einer Empfehlung der IUPAC versucht man allerdings auch diese Trivialnamen mit einer zur Stoffklasse passenden Endung zu versehen. So sollten alle aromatischen Kohlenwasserstoffe die Endung **-en** besitzen um den ungesättigten Charakter der Verbindungen zu symbolisieren.

Einfache aromatische Kohlenwasserstoffe

Substituierte Aromaten können auf zwei Arten benannt werden:

1 ⇨ **Aromatische Benennung**: Der Grundbestandteil und somit der Grundname des Moleküls ist der Aromat. In den meisten Fällen ist dies Benzen.

Bei 2 Substituenten am Benzenring wird die Stellung häufig durch folgende Praefixe angegeben: o(rtho) für 1,2 (griech.: gerade); m(eta) für 1,3 (griech.: zwischen); p(ara) für 1,4 (griech.: gegen).

Isomere zu Dimethylbenzen (DMB):

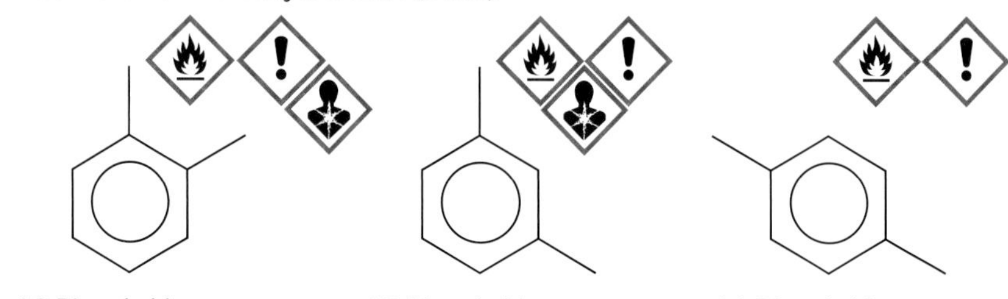

2 ⇨ **Aliphatische Benennung**: Als Grundmolekül wird der aliphatische Teil angegeben. Der aromatische Teil wird wie eine Seitenkette benannt.

Eine C_6H_5-Gruppe (= Benzenring als Seitenkette) nennt man **Phenyl** bzw. Phenylrest (Abb. 172–1).

Diese Benennung verwendet man vor allem dann, wenn der aliphatische Teil des Moleküls kompliziert gebaut ist und nur schwer als Seitenkette benannt werden kann oder wenn mehrere Benzenringe in einem Molekül vorhanden sind.

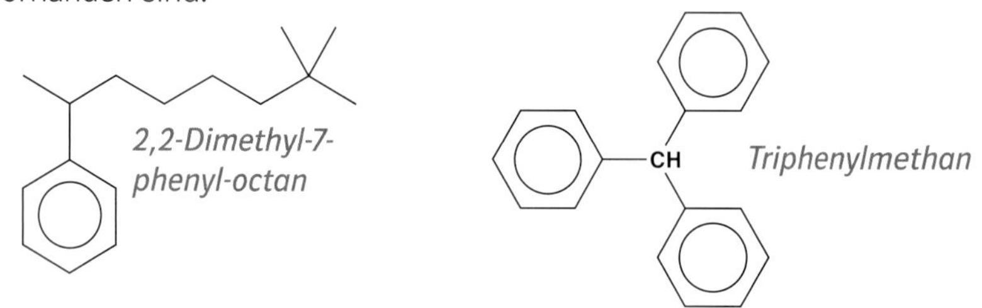

In einigen Fällen sind beide Bezeichnungen möglich. Manchmal wiederum kann oder darf nur die eine Art der Benennung gewählt werden. Aufgrund dieser Probleme hat sich bislang gerade bei aromatischen Verbindungen keine systematische Benennung durchgesetzt.

Polycyclische Aromaten

Sind zwei oder mehrere Benzenringe durch Ausbildung einer gemeinsamen „Kante" miteinander verbunden, spricht man von anellierten oder **kondensierten Aromaten**. Bei diesen Verbindungen verwendet man fast ausschließlich Trivialnamen.

ZB Naphthalen (früher Naphthalin); Summenformel $C_{10}H_8$

7.5 Wichtige aromatische Verbindungen

Benzen – Toluen – Xylen – Naphthalen – Benzpyren – Halogenierte Aromaten

Benzen *(alt: Benzol) C_6H_6*

Benzen ist eine hydrophobe Flüssigkeit mit benzinähnlichem Geruch. Benzen ist ein ausgezeichnetes Lösungsmittel und wurde früher im Labor zur Reinigung von Geräten und Händen eingesetzt. Nach dem heutigen Wissensstand ist Benzen giftig und kanzerogen. Es darf weder verschluckt noch eingeatmet und Kontakt mit der Haut sollte vermieden werden. Benzen wird heute zur Erhöhung der Klopffestigkeit dem Treibstoff beigemengt. Die erlaubte Höchstmenge ist allerdings beschränkt, da bei unvollständiger Verbrennung kanzerogene Produkte im Abgas auftreten können. Benzin selbst kann durch seinen Benzenanteil krebserregend wirken. Das Einatmen von Benzindämpfen sollte daher möglichst vermieden werden.

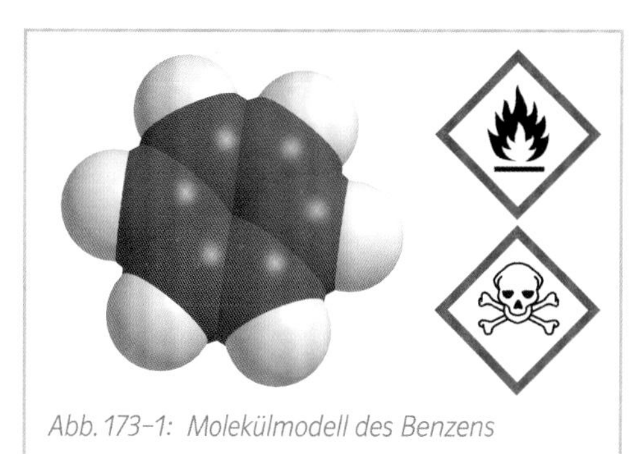

Abb. 173-1: Molekülmodell des Benzens

C_6H_6
- → *Farbstoffe*
- → *Tenside*
- → *Kunststoffe*
  - → *Polyester*
  - → *Polystyren*
  - → *Acrylglas*
  - → *Kunstharze*

Abb. 173-2: Verwendung von Benzen

Methylbenzen *(Toluen, früher: Toluol) C_7H_8 und*
Dimethylbenzen *(Xylen, früher Xylol) C_8H_{10}*

Toluen und Xylen sind ähnlich wie Benzen klare, brennbare Flüssigkeiten, die mit stark rußender Flamme verbrennen. Zum Unterschied von Benzen ist die Toxizität relativ gering (MAK-Wert 375 mg/m^3 für Toluen). Sie werden daher in vielen Fällen (Lösungsmittel, Treibstoffzusatz) als Ersatzstoff für Benzen eingesetzt. Beide kommen nur in sehr geringen Mengen im Erdöl vor, werden aber bei einem Schritt der Erdölverarbeitung, dem Platformen, gewonnen. Dabei wird der Dampf der Schwerbenzinfraktion (hauptsächlich Kohlenwasserstoffe mit 7 und 8 C-Atomen) über Platinkatalysatoren geleitet. Dadurch wandeln sich die Alkane in Aromaten um. Es entsteht die **BTX-Fraktion** (Benzen, Toluen und Xylen).

Ethenylbenzen *(Vinylbenzen, Styren, früher: Styrol) C_8H_8*

Styren ist eine farblose Flüssigkeit, die sehr leicht polymerisiert. Es wird hauptsächlich für die Produktion von Polystyrol (PS, Joghurtbecher) verwendet.

Triphenylmethan

Triphenylmethan ist die Stammverbindung einer großen Farbstoffklasse. Zu den Triphenylmethanfarbstoffen gehört unter anderem der Indikator Phenolphthalein.

Naphthalen *(früher: Naphthalin) $C_{10}H_8$*

Naphtalen ist ein Feststoff mit einem charakteristischen Geruch („Mottenpulver"). Es wurde früher zur Mottenbekämpfung eingesetzt, dient aber heute ausschließlich als Ausgangsstoff für die Erzeugung von Farbstoffen, Medikamenten und Insektiziden. Durch teilweise Oxidation von Naphthalen lässt sich **Phthalsäure** herstellen (→ Kunststoffverarbeitung). In der Natur kommt Naphthalen nur in Spuren vor. Es wird aus Erdöl gewonnen.

Benzpyren (Benzo(a)pyren) *$C_{20}H_{12}$*

Benzpyren ist ein Produkt der unvollständigen Verbrennung von organischen Substanzen. Es ist zB in Industrie- und Autoabgasen, im **Zigarettenrauch** und in Grillprodukten enthalten. Benzpyren ist eine der am längsten bekannten krebserregenden Substanzen. Man vermutet, dass Benzpyren für **Lungenkrebs bei Rauchern** verantwortlich ist. Benzpyren ist der bekannteste Vertreter der großen Gruppe der polycyclischen aromatischen Kohlenwasserstoffe (PAK).

Halogenierte Aromaten

Praktisch alle halogenierten, hauptsächlich chlorierten aromatischen Verbindungen stehen im starken Verdacht, karzinogen, mutagen und teratogen zu wirken. Ihre Gefährlichkeit resultiert vor allem aus möglicher Bioakkumulation, Persistenz, hoher Toxizität, sowie der Möglichkeit zum Ferntransport (zB in der Nahrungskette). Zwölf dieser Giftstoffe, die als „Dreckiges Dutzend" bezeichnet werden, wurden durch die POP (persistent organic pollutants) - Konvention bzw. das Stockholmer Übereinkommen vom 22. Mai 2001 weltweit verboten. Dazu gehören **polychlorierte Biphenyle**, das bekannte Insektizid DDT und das als „Seveso-Gift" bekannte Dioxin.

DDT
(Dichlor-diphenyl-trichlor-ethan)

T-Säure – 2,4,5-T
(2,4,5-Trichlor-phenoxy-essigsäure)

"Dioxin"
"Sevesogift"
(Tetrachlor[1,4]dioxin)

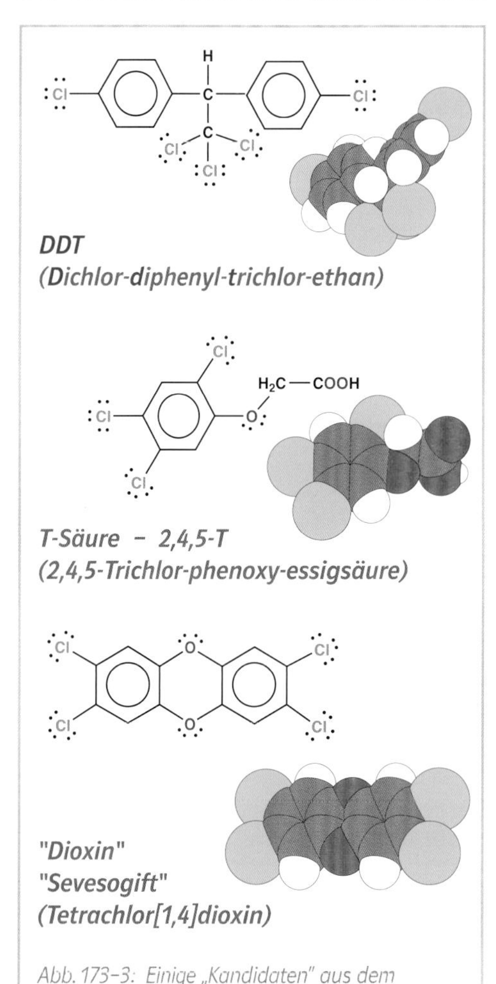

Abb. 173-3: Einige „Kandidaten" aus dem „Dreckigen Dutzend"

Exkurs

Verbrennung

Entzündungstemperatur – Flammpunkt

*Flüssigkeit *Gas*	*Flamm-punkt*	*Zünd-temperatur*
Aceton	–19 °C	540 °C
Diethylether	–20 °C	170 °C
Benzin (Auto)	–45 °C	>250 °C
Benzin (rein)	–11 °C	250 °C
Dieselöl	>55 °C	>220 °C
Ethanol	13 °C	425 °C
Methanol	11 °C	455 °C
Motoröl	80 °C	
Petroleum	40 °C	300 °C
Rapsöl	300 °C	
*Methan		595 °C
*Propan		470 °C
*Wasserstoff		560 °C

Abb. 174–1: Flammpunkte und Zündtemperaturen einiger Flüssigkeiten und Gase

	Expl.gr.$_u$ in Vol.-%	*Expl.gr$_o$ in Vol.-%*
Aceton	2,5	13,0
Benzin	0,6	8,0
Dieselöl	0,6	6,5
Diethylether	1,7	36,0
Ethanol	3,4	15,0
Methan	5,0	15,0
Propan	2,1	9,5
Wasserstoff	4,0	75,6
Acetylen (Ethin)	1,5	82,0
Kohlenstoffmonoxid	12,5	75,0

Abb. 174–2: Explosionsgrenzen einiger Stoffe

Feststoff	*Zündtemperatur*
Baumwolle	450 °C
Fett	300 °C
Heu	260–310 °C
Holz	280–340 °C
Holzkohle	300 °C
Phosphor rot	300 °C
Phosphor weiß	60 °C
Schreibpapier	360 °C
Zeitungspapier	175 °C
Zucker	410 °C
Zündholzkopf	80 °C

Abb. 174–3: Zündtemperaturen einiger Feststoffe

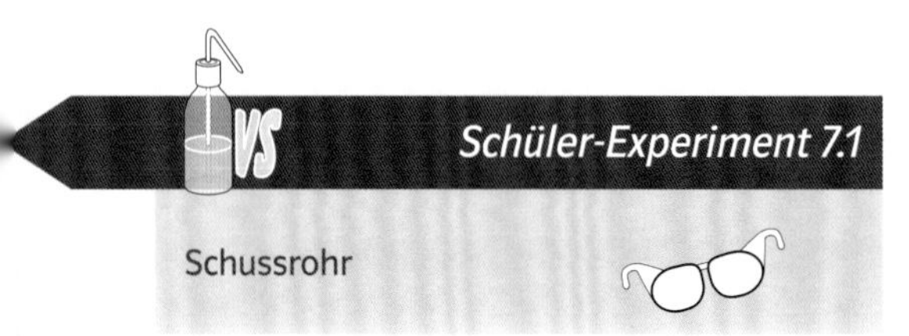

Die Verbrennung ist eine der wichtigsten Reaktionen der organischen Verbindungen, insbesondere der Alkane. Fast alle heute verwendeten Brennstoffe wie das Erdgas, die verschiedenen Heizölsorten, die Treibstoffe Benzin, Kerosin und Dieselöl bestehen hauptsächlich aus Alkanen. Bei genügender Sauerstoffzufuhr entsteht bei der Verbrennung der Alkane Kohlenstoffdioxid und Wasser (= „**vollständige Verbrennung**").

Verbrennt man Alkane an der Luft, so erkennt man, dass mit steigender C-Atom-Anzahl die Leuchtkraft der Flamme und die Rußentwicklung zunehmen, dh. längerkettige Alkane verbrennen an der Luft, wenn nicht durch technische Vorrichtungen für genügend Luftzufuhr gesorgt wird, zumeist nur unvollständig. Auch das Verhältnis zwischen der Zahl von Kohlenstoff- und Wasserstoffatomen im Molekül beeinflusst die Rußentwicklung. Je geringer der Wasserstoffanteil ist, desto stärker ist die Rußentwicklung. So verbrennen Aromaten mit einer extrem rußenden Flamme.

Zur Beurteilung der Feuergefährlichkeit brennbarer Stoffe dienen zwei Kenngrößen, die **Entzündungstemperatur** und der **Flammpunkt**. Leicht verdampfbare Verbindungen können mit Luft auch explosive Gemische bilden. In diesem Fall kommen noch die **Explosions-** oder **Zündgrenzen** als dritte Kenngröße dazu.

Entzündungstemperatur (Zündpunkt)

Unter der Entzündungstemperatur (auch Zündtemperatur oder Zündpunkt) versteht man die Temperatur, bei deren Überschreitung ein Stoff an der Luft von selbst zu brennen beginnt. Will man einen Stoff anzünden, so muss er an einer Stelle über den Zündpunkt erhitzt werden. Dies kann zB mit einem brennenden Streichholz geschehen, einem Funken aus einem Feuerstein (Feuerzeug) oder einem elektrisch erzeugten Funken (Zündkerze im Motor). Die frei werdende Verbrennungswärme reicht aus, um den Rest des Brennstoff–Luft-Gemisches über der Zündtemperatur zu halten, die Verbrennung läuft von selbst weiter. Die Zündtemperatur vieler gängiger Treibstoffe und Lösungsmittel aus dem Alltag ist (glücklicherweise) ziemlich hoch. Sie liegt meist bei einigen 100 °C (Siehe Abb. 174–1). Ein „irrtümliches" Entzünden feuergefährlicher Stoffe durch beispielsweise eine glimmende Zigarette ist daher in den meisten Fällen nicht möglich. Trotzdem herrscht an Tankstellen und in Raffinerien striktes Rauchverbot, da die Zigarettenspitze beim Anziehen an der Zigarette viel heißer wird, und vor allem, weil beim Anzünden der Zigarette natürlich auch der Benzindampf entzündet werden kann.

Es gibt allerdings Stoffe mit sehr niedriger Zündtemperatur. Beispiele dafür sind weißer Phosphor (Zündtemperatur 60 °C) und das Lösungsmittel Kohlenstoffdisulfid (Schwefelkohlenstoff, Zündtemperatur 102 °C). In solchen Fällen sind besondere Vorsichtsmaßnahmen nötig. Weißer Phosphor beispielsweise muss unter Wasser oder bei strengstem Luftausschluss aufbewahrt werden, da er sich sonst durch langsame Oxidation an Luft bis über den Zündpunkt erhitzt und so selbstentzündlich wird.

Flammpunkt

Der Flammpunkt ist die Temperatur, bei der sich über einer brennbaren Flüssigkeit ein Dampf-Luft-Gemisch bildet, welches durch Fremdzündung entzündet werden kann. Er gibt also an, ob man ein Lösungsmittel mit einem brennenden Streichholz oder einem Funken anzünden kann. (Siehe Gefahrensymbole auf Seite 5) Den Unterschied zwischen Zündtemperatur und Flammpunkt kann man experimentell zeigen. Dieselöl, das sich mit einem brennenden Holzspan nicht entzünden lässt, hat einen Flammpunkt, der über der Zimmertemperatur liegt. Es verdampft so wenig Dieselöl, dass sich der Dampf nicht entzünden lässt, obwohl die Temperatur der Flamme des Holzspanes über der Entzündungstemperatur des Dieselöles liegt. Erst wenn es über den Flammpunkt erwärmt wird, kann man es anzünden.

Auch eine **Kerze** brennt nur am Docht, da Paraffin einen hohen Flammpunkt besitzt. Nur das am heißen Docht hochgesaugte Paraffin ist über den Flammpunkt erhitzt und brennt. Nach demselben Prinzip funktioniert eine Öllampe.

Eine weitere Möglichkeit, Dieselöl zu entzünden, ist seine feine Vernebelung, wie sie in einem Ölbrenner erfolgt. Die kleinen Tröpfchen können direkt durch eine Funkenstrecke gezündet werden. Auch im **Dieselmotor** wird der Treibstoff so verbrannt. Die Einspritzpumpe erzeugt einen Druck von ca. 1500 bar im Dieselöl. Beim Einspritzen erfolgt eine feine Vernebelung und damit Vermischung mit der komprimierten Luft im Zylinderraum. Eine Zündung mit einer Zündkerze ist nicht nötig, da die Luft bei der Kompression eine Temperatur von mehreren 100 °C erreicht, was über der Zündtemperatur des Kraftstoffes liegt. Nur für den Kaltstart wird der Brennraum um die Einspritzdüse mit elektrisch beheizten Glühstiften erhitzt („vorglühen").

Explosionsgrenzen

Bei Gemischen brennbarer Gase (oder verdampfter brennbarer Flüssigkeiten) mit Luft begrenzen die **Explosionsgrenzen (= Zündgrenzen)** die Entzündbarkeit. Unterhalb der unteren Explosionsgrenze ist die Gaskonzentration für die Entzündbarkeit zu gering, oberhalb der oberen die Konzentration an Luftsauerstoff. Je weiter die Explosionsgrenzen auseinander liegen (Wasserstoff, Acetylen), desto wahrscheinlicher ist die zufällige Bildung eines explosiven Gemisches (Abb. 174–2).

Die Explosionsgrenzen spielen im **Benzinmotor** eine wichtige Rolle für den störungsfreien Betrieb. Ist zu wenig Kraftstoff im Kraftstoff/Luft-Gemisch, so wird die untere Zündgrenze unterschritten, man spricht von zu magerem Gemisch. Es erfolgt keine Zündung durch die Zündkerze. Das kann beim Kaltstart passieren, wenn im Vergaser oder der Einspritzanlage das Benzin zu wenig verdampft. Daher werden heute die Systeme beim Kaltstart automatisch „fetter" eingestellt, bei warmem Motor schaltet sich diese Maßnahme von selbst ab. Ist zu viel Benzin im Kraftstoff/Luft-Gemisch, so erfolgt ebenfalls keine Zündung, da die obere Zündgrenze überschritten ist. In dem Fall spricht man davon, dass der Motor „abgesoffen" ist. Dies kann nach mehreren vergeblichen Startversuchen eintreten, bei denen jedes Mal Benzin in den Zylinderraum gelangt und dort unverbrannt kondensiert.

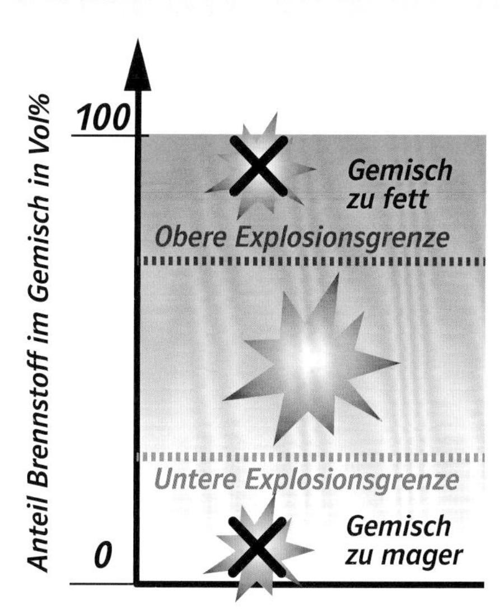

Abb. 175–1: Explosionsgrenzen

Der Gasbrenner

Der Gasbrenner ist ein wichtiges Arbeitsgerät in der Schule. Die Gasversorgung der meisten Schulen und damit der Chemielabors erfolgt mit Erdgas, dessen Hauptbestandteil Methan ist. Im Gasbrenner strömt durch eine Düse das Gas im Kamin nach oben und verbrennt über dem Kamin. Unten ist der Kamin vom Luftrad abgeschlossen.

Bei geschlossenem Luftrad erfolgt die Verbrennung langsamer. Die Flamme ist hoch, flackert und leuchtet gelb (Abb. 175–2). Die Färbung stammt von glühenden Rußteilchen, da in der Flamme Luftmangel herrscht. Sie hat eine Temperatur von etwa 1000 °C.

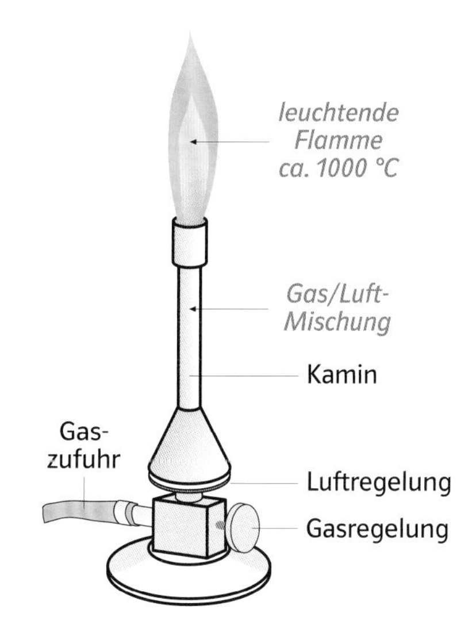

Abb. 175–2: Brenner mit leuchtender Flamme bei geschlossenem Luftrad

Öffnet man des Luftrad, so wird vom Gasstrom Luft angesaugt. Diese vermischt sich mit dem Gas. Durch die bessere Luftversorgung erfolgt nun die Verbrennung rascher, die Flamme wird kürzer und ist blau. Sie besteht aus zwei deutlich unterscheidbaren Zonen. Der innere Kegel ist intensiver blau. Dort herrschen reduzierende Bedingungen, die Flamme ist relativ kühl (300 °C). Im äußeren, fast farblosen Kegel ist die Flamme sehr heiß (bis 1600 °C). Dort herrschen oxidierende Bedingungen. Beim Erhitzen hält man den betreffenden Gegenstand daher immer in den äußeren, heißen Kegel.

Der Querschnitt der Brennerdüse und der Kamin müssen auf die Art des verwendeten Gases abgestimmt sein. Strömt das Gas zu langsam aus, so kann bei geöffnetem Luftrad ein Gemisch entstehen, in dem sich die Verbrennung rascher ausbreitet, als das Gemisch strömt. Es kommt zum Rückschlagen der Flamme, sie brennt nun innerhalb des Kamins. Dies führt zur Zerstörung des Brenners. Ist die Ausströmungsgeschwindigkeit zu groß, so hebt die Flamme vom Brenner ab und geht aus.

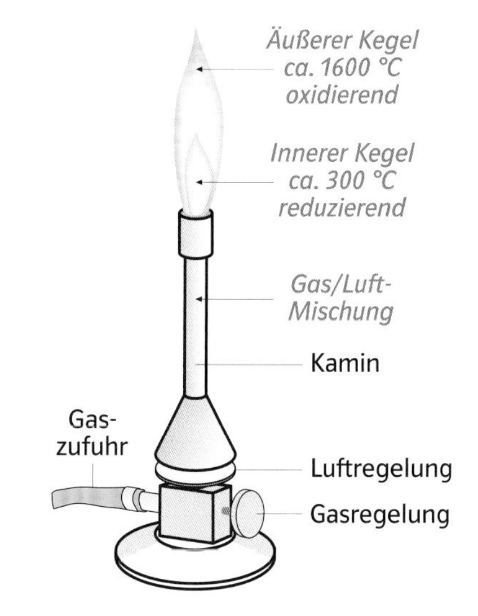

Abb. 175–3: Brenner mit rauschender Flamme bei geöffnetem Luftrad

7.6 Physikalische Eigenschaften

Eigenschaften von Alkanen, Alkenen, Alkinen und aromatischen Kohlenwasserstoffen

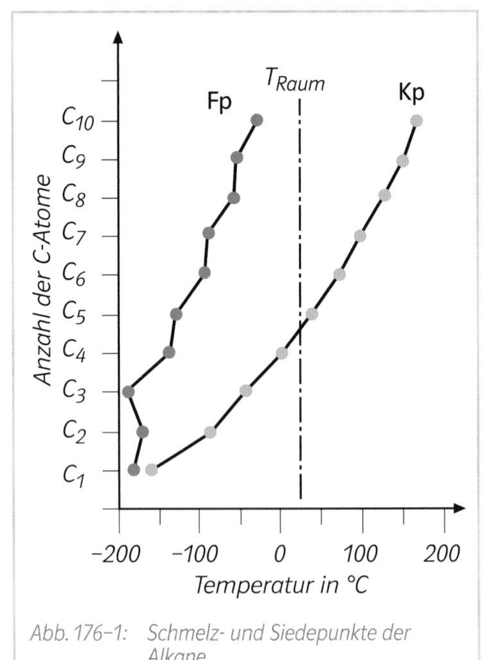

Abb. 176–1: Schmelz- und Siedepunkte der Alkane

gut kristallisierbar (starke Van-der-Waals-Kräfte)

schlecht kristallisierbar (schwache Van-der-Waals-Kräfte)

Abb. 176–2: Gitterbildung bei Alkanen

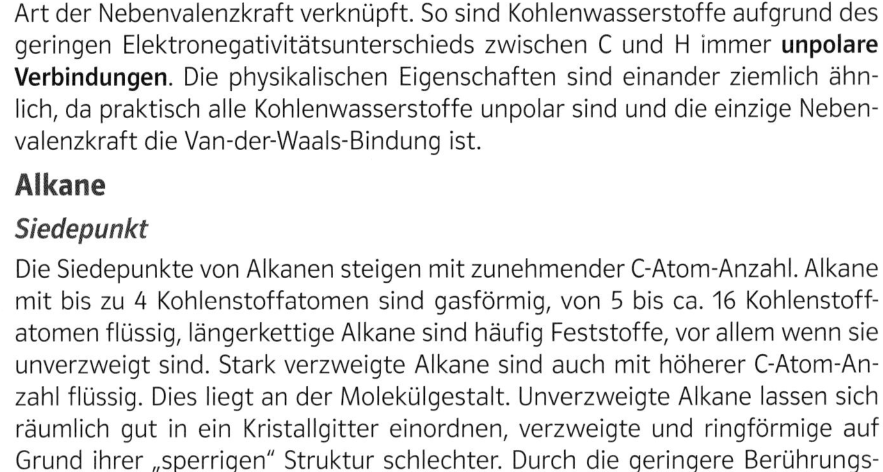

Die physikalischen Eigenschaften sind stark mit dem Molekülaufbau und der Art der Nebenvalenzkraft verknüpft. So sind Kohlenwasserstoffe aufgrund des geringen Elektronegativitätsunterschieds zwischen C und H immer **unpolare Verbindungen**. Die physikalischen Eigenschaften sind einander ziemlich ähnlich, da praktisch alle Kohlenwasserstoffe unpolar sind und die einzige Nebenvalenzkraft die Van-der-Waals-Bindung ist.

Alkane

Siedepunkt

Die Siedepunkte von Alkanen steigen mit zunehmender C-Atom-Anzahl. Alkane mit bis zu 4 Kohlenstoffatomen sind gasförmig, von 5 bis ca. 16 Kohlenstoffatomen flüssig, längerkettige Alkane sind häufig Feststoffe, vor allem wenn sie unverzweigt sind. Stark verzweigte Alkane sind auch mit höherer C-Atom-Anzahl flüssig. Dies liegt an der Molekülgestalt. Unverzweigte Alkane lassen sich räumlich gut in ein Kristallgitter einordnen, verzweigte und ringförmige auf Grund ihrer „sperrigen" Struktur schlechter. Durch die geringere Berührungsfläche sind bei ihnen die Van-der-Waals-Kräfte schwächer. Bei unverzweigten Alkanen mit gerader C-Atom-Anzahl sind die Schmelzpunkte etwas höher als bei denen mit ungerader C-Atom-Anzahl (Abb. 176–1).

Viskosität

Auch die **Viskosität** (Zähflüssigkeit) nimmt mit zunehmender Anzahl der C-Atome zu. Dies lässt sich leicht überprüfen, wenn man die Zeit misst, in der die gleiche Pipette, einmal mit Benzin und einmal mit Dieselkraftstoff gefüllt, zum Auslaufen benötigt. Sehr hohe Viskosität haben Schmieröle. An sie werden zwei gegensätzliche Forderungen gestellt. Einerseits sollen sie auch bei hoher Temperatur (der Betriebstemperatur des Motors) noch zähflüssig genug sein, dass der Schmierfilm nicht abreißt (die Viskosität sinkt mit steigender Temperatur), andererseits sollen sie bei sehr tiefen Temperaturen noch nicht fest werden, um einen Kaltstart des Motors nicht zu behindern. Dies lässt sich nur mit speziellen, sehr stark verzweigten Molekülen realisieren. Diese werden heute meist künstlich hergestellt, da sie im natürlichen Erdöl in zu kleinen Mengen vorkommen.

Wasserlöslichkeit

Infolge ihres unpolaren Charakters sind Alkane **wasserunlöslich** (hydrophob). Sie werden daher als Lösungsmittel für andere unpolare Substanzen wie Fett verwendet (Fleckbenzin). Die Dichte der Alkane ist bis zu sehr langen Ketten geringer als die Dichte des Wassers, daher „schwimmen" Alkane auf Wasser.

Alkene und Alkine

Hinsichtlich der physikalischen Eigenschaften verhalten sich Alkene und Alkine den Alkanen ähnlich. Zum Unterschied zu den völlig unpolaren Alkanen sind Alkene schwach polar, Alkine noch etwas stärker polar. Trotzdem kann man sie allgemein als hydrophobe Substanzen bezeichnen.

Aromatische Kohlenwasserstoffe

Aufgrund der Molmasse ist auch Benzen, das Stammmolekül der aromatischen Kohlenwasserstoffe, eine Flüssigkeit. Polycyklische aromatisch Kohlenwasserstoffe (PAK) sind Feststoffe.

Alle aromatischen Kohlenwasserstoffe sind **unpolar** und daher **wasserunlöslich**.

Benzen wurde früher als unpolares Lösungsmittel verwendet. Auf Grund seiner krebserregende Wirkung ist dies heute verboten. Als Ersatz dienen Toluen, Xylen und Ethylbenzen, also Stoffe, deren Moleküle aus Benzenringen mit Seitenketten bestehen.

7.7 Grundlagen organischer Reaktionen

Substitution – Addition – Elimination – Umlagerung – Homolytische und heterolytische Spaltung

Zum Unterschied zur Verbrennung, bei der das Kohlenstoffgerüst vollständig zerstört wird, geht es hier um Reaktionen unter Beibehaltung des Kohlenstoffgerüsts.

Reaktionsarten

⇨ ***Substitutionsreaktion***

Bei der Substitution wird ein Atom oder eine Atomgruppe durch ein anderes Atom bzw. eine andere Atomgruppe ersetzt (substituiert).

⇨ ***Additionsreaktion***

An Stellen mit Mehrfachbindungen können kleine Moleküle aufgenommen (addiert) werden. Aus ungesättigten Verbindungen entstehen durch Addition in der Regel gesättigte Verbindungen.

⇨ ***Eliminationsreaktion***

Dieser Reaktionstyp stellt die Umkehrung der Addition dar. Durch Abspaltung von kleinen Molekülen entstehen ungesättigte Verbindungen.

⇨ ***Umlagerungen***

Unter Umlagerungen versteht man die Umstrukturierung einer Verbindung in eine andere, dazu isomere Verbindung.

Neben diesen vier Reaktionstypen gibt es auch die schon aus den Kapiteln 5 und 6 bekannten Reaktionsarten Säure-Base-Reaktion und Redox-Reaktion.

Viele Reaktionen von organischen Stoffen verlaufen nicht eindeutig. Meist entstehen bei einer organischen Synthese im Labor ein **Hauptprodukt** und eine Reihe von **Nebenprodukten** unterschiedlichster Menge und Zusammensetzung.

Bei manchen Reaktionen können aus denselben Ausgangsstoffen je nach Reaktionsbedingungen als Hauptprodukte sogar völlig verschiedene Verbindungen entstehen. Um die Reaktionsbedingungen zu optimieren, ist die Kenntnis des Reaktionsablaufs der organischen Reaktion im Detail notwendig.

Die genaue Abfolge der Reaktion mit allen Zwischenschritten nennt man den **Mechanismus einer Reaktion**. Die Kenntnis von Reaktionsmechanismen erleichtert in vielen Fällen die Vorhersage über mögliche Reaktionsprodukte.

Angreifende Teilchen

Bei vielen Reaktionen ist der erste Schritt eine Bindungsspaltung (Dissoziation). Die Spaltung kann im Prinzip auf zwei Arten erfolgen:

⇨ ***Homolytische Spaltung***

Das bindende Elektronenpaar wird „in der Mitte“ geteilt. Dabei entstehen Bruchstücke mit einem ungepaarten Elektron, die man **Radikale** nennt. Erfolgt eine Reaktion über Radikale, so spricht man von einem radikalischen Mechanismus – zB radikalische Substitution S_R oder radikalische Addition A_R.

⇨ ***Heterolytische Spaltung***

Das bindende Elektronenpaar verbleibt nach der Spaltung bei einem Bruchstück. Es entstehen **Ionen**. Das positiv geladene Bruchstück einer Reaktion, nennt man **Elektrophil**, das negativ geladene Bruchstück nennt man **Nucleophil**. Elektrophile greifen Stellen mit einem Elektronenüberschuss an und je nach Reaktionstyp unterscheidet man zB **elektrophile Substitution S_E** oder **elektrophile Addition A_E**. Ein Nucleophil greift Stellen mit geringer Elektronendichte an. Man spricht von einem nucleophilen Reaktionsmechanismus zB **nucleophile Substitution S_N** oder **nucleophile Addition A_N**.

Der Mechanismus einer Reaktion wird nicht nur durch die Ausgangsstoffe, sondern auch durch die Reaktionsbedingungen bestimmt. Die Aufklärung von Reaktionsmechanismen ist ein wichtiges Forschungsgebiet der organischen Chemie.

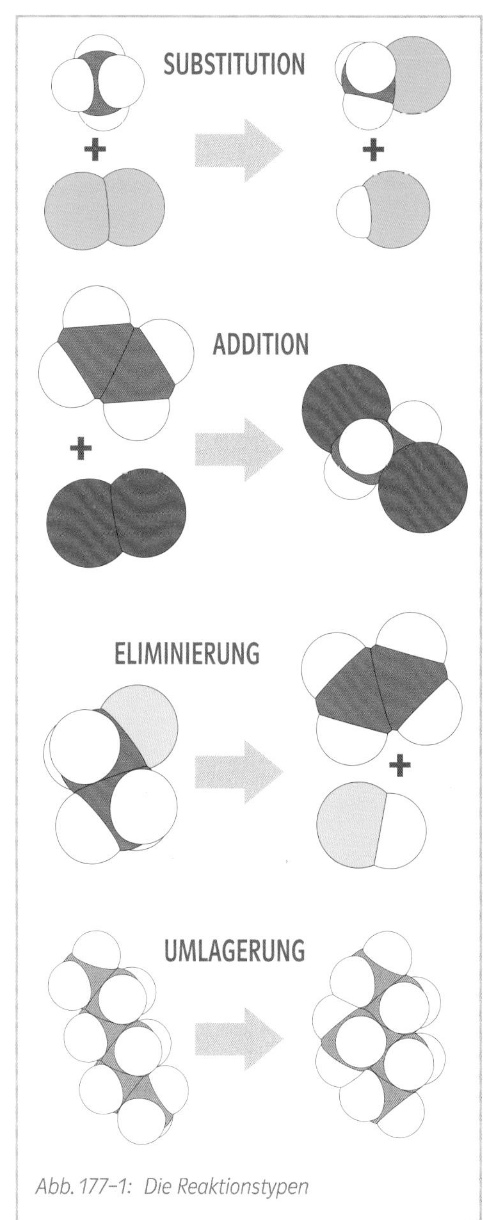

Abb. 177-1: Die Reaktionstypen

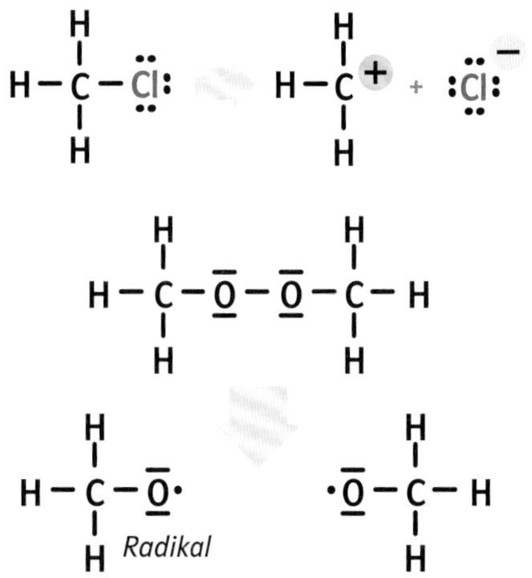

$H_3C-\overline{\underline{Cl}}| \rightarrow H_3C^+ + |\overline{\underline{Cl}}|^-$

$H_3C-\overline{\underline{O}}-\overline{\underline{O}}-CH_3 \rightarrow H_3C-\overline{\underline{O}}\cdot + \cdot\overline{\underline{O}}-CH_3$

Radikal

Abb. 177-2: Heterolytische und homolytische Spaltung

7.8 Reaktionen der Kohlenwasserstoffe

Radikalische Substitution - Chlorierung von Alkanen - Reaktionen der Halogenalkane

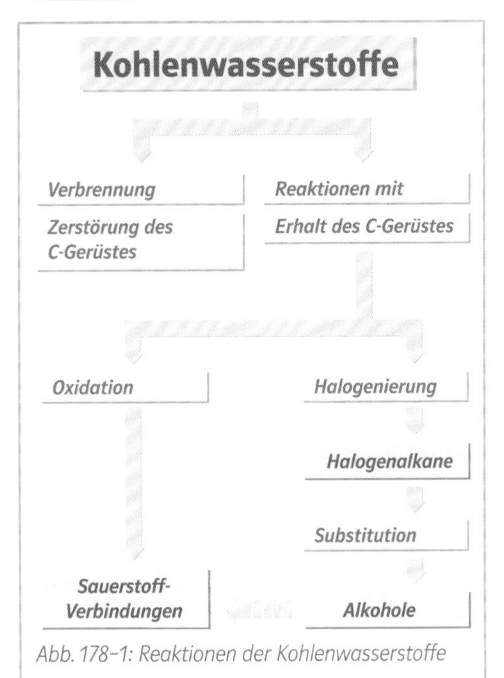

Abb. 178-1: Reaktionen der Kohlenwasserstoffe

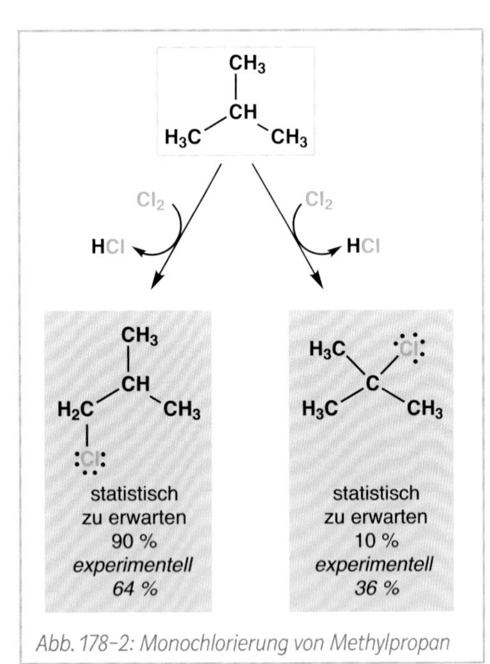

Abb. 178-2: Monochlorierung von Methylpropan

Übungen 178.1

Wieviele unterschiedliche Mono-Chlor-Produkte sind bei folgenden Molekülen möglich?

a) Methylbutan b) Dimethyl-propan

Schüler-Experiment 7.3

Bromierung von Alkanen und Alkenen

Reaktionstyp	Stoffklasse	Reaktionspartner	Reaktionsbedingungen	Produkte
S_R radikalische Substitution	Alkane, Cycloalkane	Chlor Cl_2, Brom Br_2	UV-Licht, Gasphase	substit. Alkan
S_E elektrophile Substitution	Aromate	Chlor Cl_2, Brom Br_2, HNO_3, R-Cl	Katalysator, Lösungen	substit. Aromat
A_E elektrophile Addition	Alkene, Alkine	Chlor Cl_2, Brom Br_2, HBr, HCl, H_2O		zumeist substit. Alkan

Radikalische Substitution S_R

Alkane sind bei Raumtemperatur gegenüber den meisten Chemikalien sehr widerstandsfähig. Alkane nannte man früher **Paraffine**, was so viel wie „reaktionsträge" bedeutet. (Lat.: parum = wenig; affinis = geneigt). Infolge der praktisch unpolaren Bindung erfolgt bei Reaktionen zumeist eine homolytische Spaltung, dh. die Reaktionen verlaufen über einen Radikalmechanismus.

Halogenierung

Unter Einfluss von UV-Licht können Alkane mit Halogenen reagieren. Dabei wird ein Wasserstoffatom durch ein Halogen-Atom ersetzt, und es entsteht als Nebenprodukt der entsprechende Halogenwasserstoff.

Die Reaktion mit Fluor ist auch im Dunkeln sehr heftig. Auch mit Chlor treten, vor allen Dingen bei der Reaktion mit kurzkettigen Alkanen, explosionsartige Reaktionen auf. Brom reagiert gemäßigt und Iod reagiert überhaupt nicht. Von Bedeutung sind daher nur Halogenierung mit Chlor Cl_2 und Brom Br_2.

Chlorierung von Methan

$$CH_4 + Cl_2 \xrightarrow{UV} CH_3Cl + HCl$$

Die Chlorierung ist allerdings im Allgemeinen keine sehr spezifische Reaktion. Bei einem Chlorüberschuss können neben diesen monosubstituierten Produkten auch mehrfach substituierte Produkte auftreten.

Chlorierung von anderen Alkanen

Wird ein Kohlenwasserstoff chloriert, der nicht lauter gleichwertige Wasserstoff-Atome besitzt, so ist die Anzahl möglicher Produkte größer. Methylpropan zB besitzt neun gleichwertige Wasserstoffe an primären und ein Wasserstoffatom an einem tertiären C-Atom. Bei einer Monochlorierung können daher zwei verschiedene Chloralkane entstehen. Deren Häufigkeit verhält sich aber nicht 9:1, wie es statistisch zu erwarten wäre, sondern bevorzugt entsteht das 2-Chlormethylpropan. (Abb. 178-2) Dies lässt sich dadurch erklären, dass die zwei verschiedenen C-H-Bindungen nicht gleich stark sind. Die schwächste Bindung ist die zum tertiären Kohlenstoff-Atom, die stärkste die zum primären.

Daher sind tertiäre Stellen bei S_R-Reaktionen der bevorzugte Angriffspunkt.

Das reaktionsträgere Brom ist selektiver dh. es reagiert eindeutiger mit den H-Atomen an tertiären C-Atomen als das reaktionsfreudigere Chlor.

Reaktion der Halogenalkane

Das Halogen kann in weiterer Folge durch andere Atome oder Atomgruppen (zB: -OH) substituiert werden. Diese Reaktion entspricht dann einer nucleophilen Substitution S_N.

Der S_R-Mechanismus

Der S_R-Mechanismus wird an Hand der Chlorierung von Methan erklärt:

Beispiel

Um Methan in Chlormethan umzuwandeln, wird die Gasmischung aus Methan und Chlor mit UV-Licht bestrahlt.

⇨ ***Startreaktion – Radikalbildung***

Die Quanten des UV-Lichtes sind energiereich genug, um schwache Bindungen zu spalten. Eine schwache Bindung liegt zwischen den Chlor-Atomen im Chlor-Molekül vor. Bei UV-Einwirkung wird ein Teil der Chlor-Moleküle in Chlor-Radikale gespalten. Die Chlor-Radikale sind sehr reaktionsfähige Teilchen, die das Bestreben haben, einen Bindungspartner zu finden. Die Vereinigung zweier Chlorradikale zu einem neuen Chlor-Molekül ist nicht wahrscheinlich, da die Konzentration freier Radikale und damit die Stoßwahrscheinlichkeit sehr klein ist. Das Chlor-Radikal stößt also entweder mit einem Chlor-Molekül oder mit einem Methan-Molekül zusammen.

⇨ ***Kettenreaktion – Radikal + Nichtradikal***

Die Reaktion mit einem Chlor-Molekül ändert nichts an der Zusammensetzung. Die Reaktion mit einem Methan-Molekül führt zu HCl und einem Methylradikal. (Abb. 179–1) Diese Reaktion kann nur deshalb ablaufen, weil die Bindung zwischen Wasserstoff und Chlor etwas fester ist als die Bindung zwischen Wasserstoff und Kohlenstoff. Die Reaktion ist – allerdings schwach – exotherm. Das nun entstandene Methyl-Radikal hat ebenfalls die Tendenz, sich zu stabilisieren, also einen Bindungspartner zu suchen. In diesem Fall bringt die Reaktion mit Methan nichts Neues, es erfolgt eine Reaktion mit dem Chlor-Molekül. Dabei entstehen Chlormethan und ein Chlor-Radikal. Diese Reaktion ist stark exotherm, da eine starke Chlor–Kohlenstoff-Bindung gebildet und die schwache Bindung im Chlor-Molekül aufgebrochen wurde. Fast die ganze Energie der Reaktion wird bei diesem zweiten Schritt frei. Das neu gebildete Chlor-Radikal reagiert nun im Sinne der ersten Reaktion weiter. Die zwei Schritte der Radikalreaktion laufen abwechselnd ab.

⇨ ***Kettenabbruch – Radikal + Radikal***

Erst wenn diese Radikalkette einige hundert- bis tausendmal abgelaufen ist, kommt es zum Kettenabbruch. Dieser findet statt, wenn der unwahrscheinliche Fall des Aufeinandertreffens zweier Radikale eintritt. So werden zwei Ketten abgebrochen. (Abb. 179–1) Wann Abbruchschritte stattfinden, ist eine statistische Frage. Die Wahrscheinlichkeit hängt von der Radikalkonzentration ab. Bei dauernder UV-Bestrahlung gibt es genügend Startschritte, um die Wirkung der Abbruchschritte zu kompensieren.

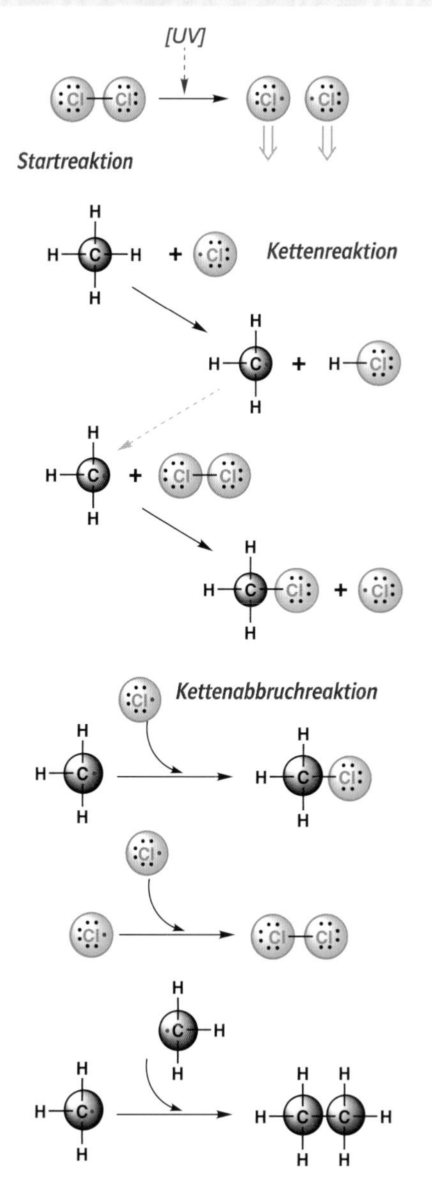

Abb. 179–1: Ablauf einer radikalischen Substitution

Produkte

Die Produkte der Reaktion sind je nach Chlorkonzentration verschieden stark chlorierte Methane. Ist genügend Chlormethan entstanden, so steigt die Wahrscheinlichkeit eines Angriffs eines Chlor-Radikals auf Chlormethan. Im technischen Prozess werden die Reaktionsprodukte anschließend durch Destillation getrennt. Neben den genannten Hauptprodukten entstehen als Nebenprodukte in geringer Konzentration chlorierte Ethane, obwohl in der Ausgangsmischung kein Ethan vorhanden war. Bei Kettenabbruchschritten wurde es aber durch Verbindung zweier Methylradikale gebildet.

Der erste Kettenschritt bei unterschiedlichen C–H-Bindungen

Der erste Kettenschritt, der energiemäßig ohnehin nur schwer möglich ist, wird stärker exotherm und läuft rascher ab, je schwächer die entsprechende C–H-Bindung ist. Neben den Wasserstoffatomen von tertiären C-Atomen werden auch noch weitere Stellen bevorzugt angegriffen, wie die Allyl- und die Benzylstellung. Die C–H-Bindung direkt neben der Doppelbindung oder direkt neben Benzenringen ist besonders schwach. Die gebildeten Radikale sind mesomer stabilisiert und daher relativ stabil. (Abb. 179–2)

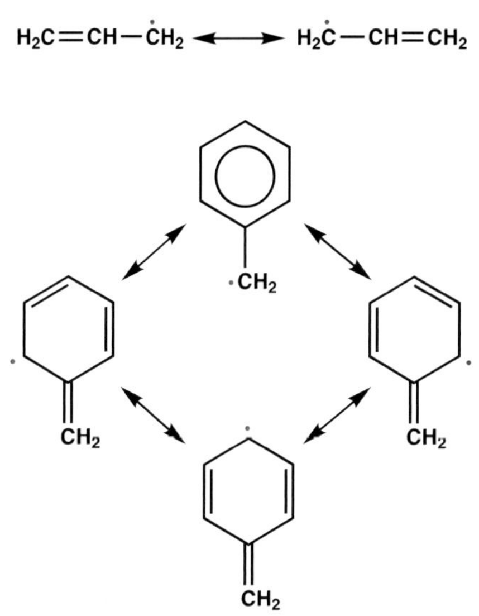

$H_2C{=}CH{-}\dot{C}H_2 \longleftrightarrow H_2\dot{C}{-}CH{=}CH_2$

$\cdot CH_2$ CH_2 CH_2 CH_2

Abb. 179–2: Allyl- und Benzyl-Radikale sind mesomeriestabilisiert

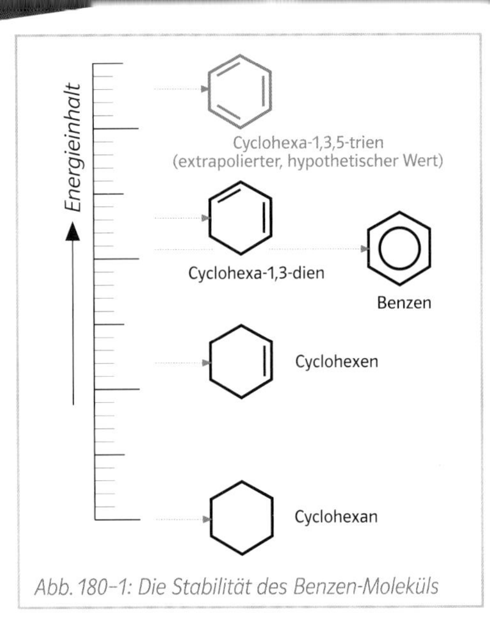

Abb. 180–1: Die Stabilität des Benzen-Moleküls

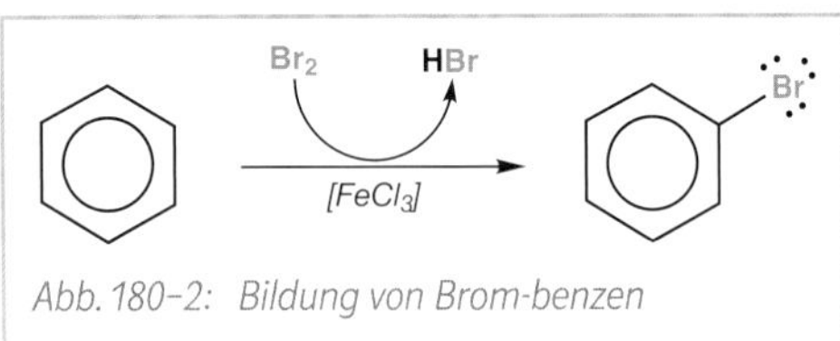

Abb. 180–2: Bildung von Brom-benzen

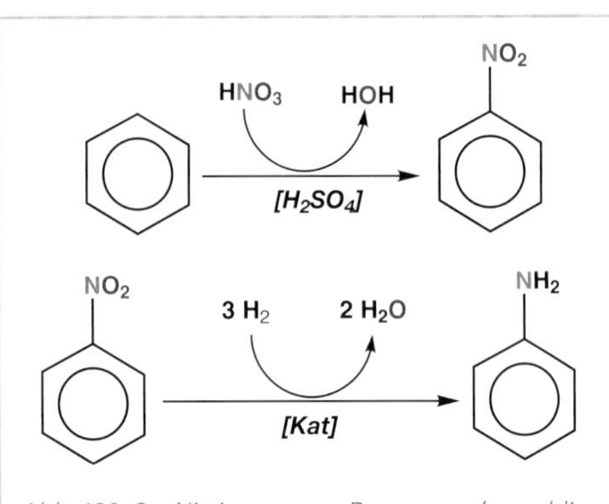

Abb. 180–3: Nitrierung von Benzen und anschließende Reduktion von Nitrobenzen zu Aminobenzen (Anilin)

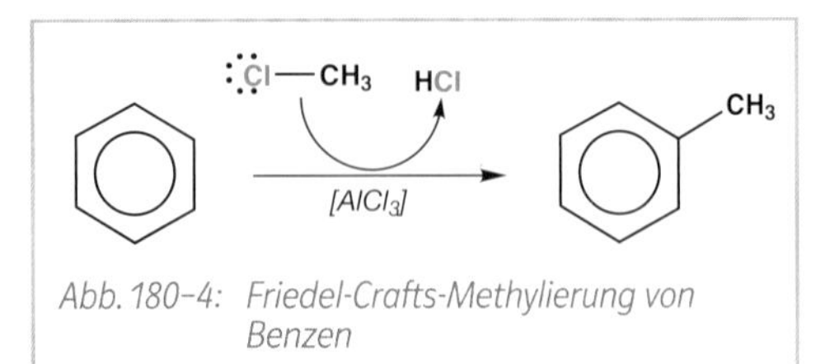

Abb. 180–4: Friedel-Crafts-Methylierung von Benzen

Elektrophile Substitution S_E

Trotz des ungesättigten Charakters von Benzen sind Additionsreaktionen selten. Das aromatische System zeichnet sich durch besondere Stabilität aus. (Abb. 180–1) Es ist energieärmer als andere Verbindungen mit drei Doppelbindungen. Daher wird bei Reaktionen der aromatische Charakter zumeist beibehalten. Der wichtigste Reaktionstyp ist somit die Substitution. Durch das π-Elektronensextett wird der Angriff von elektrophilen Teilchen begünstigt.

Das Reaktionsschema

Das angreifende Teilchen wird zwischen dem Benzenring (Elektronenüberschuß) und dem Katalysator (Elektronenmangel) in ein Elektrophil und ein Nucleophil gespalten. Das Elektrophil bindet an den Benzenring und das Nucleophil bindet den ersetzten Wasserstoff.

Mögliche Reaktionen

⇨ *Halogenierung*

Die Halogenierung (Chlorierung Cl–Cl oder Bromierung Br–Br) des Benzenkerns gelingt nur in Anwesenheit von Katalysatoren, wie zB Eisen(III)-chlorid, Eisen oder Aluminiumchlorid. Als Hauptprodukt entsteht das einfach halogenierte Produkt.

⇨ *Nitrierung*

Die Nitrierung von Benzen erfolgt mit Nitriersäure (Mischung aus $\mathbf{HNO_3}$ und $\mathbf{H_2SO_4}$). Die Schwefelsäure wirkt als Katalysator. Die Salpetersäure gibt man am einfachsten mit $HO–NO_2$ an. Das gebildete Nitrobenzen kann anschließend reduziert werden. So entsteht Aminobenzen (= Anilin), das bei der Herstellung von Farbstoffen von großer Bedeutung ist.

⇨ *Friedel-Crafts-Alkylierung*

Bei der Reaktion von Benzen mit Chloralkanen (R–Cl) wird in Anwesenheit eines Katalysators (zB Aluminiumchlorid) ein Wasserstoff-Atom des Benzen-Moleküls durch eine Alkylgruppe ersetzt (= Alkylierung). Diese Reaktion wurde nach ihren Entdeckern Charles Friedel (1832–1899) und James Crafts (1839–1917) benannt.

Reaktionen von Aromaten mit Seitenketten

Bei aromatischen Verbindungen können Reaktionen in der Seitenkette eintreten oder Reaktionen am Benzenkern. An welcher Stelle die Reaktion stattfindet, hängt von der Art der Seitenketten und den Reaktionsbedingungen ab.

Ungesättigte Seitenketten

Bei ungesättigten Seitenketten tritt in der Regel eine Additionsreaktion an der Doppelbindung ein.

Gesättigte Seitenketten

Bei gesättigten Seitenketten erfolgt eine Substitutionsreaktion. Ob jetzt Wasserstoffatome in der Seitenkette oder am Benzenring ersetzt werden, hängt von den Reaktionsbedingungen ab. In der Seitenkette erfolgt die Substitution, wie bei Alkanen, nach einem radikalischen Mechanismus. Dieser wird begünstigt durch UV-Licht. Am aromatischen System erfolgt die elektrophile Substitution unter Einfluss von Katalysatoren.

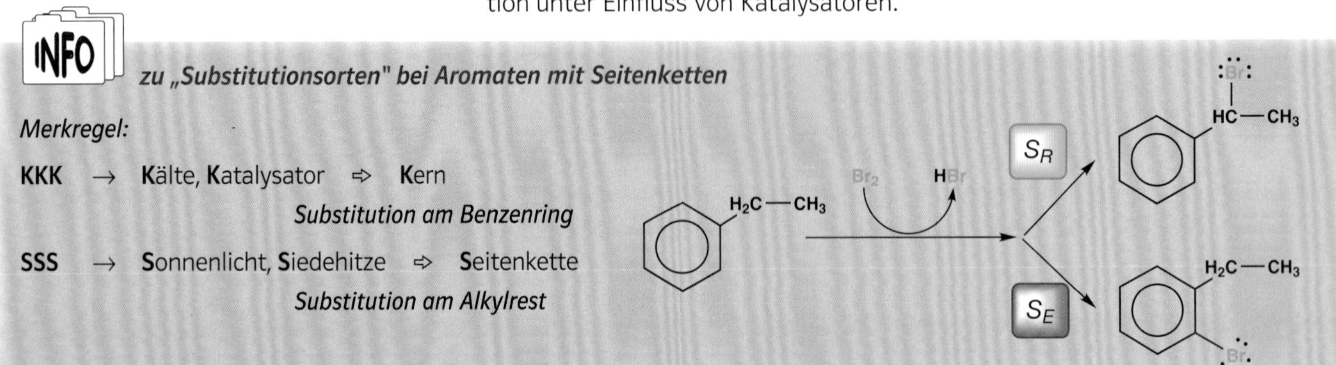

Der S_E-Mechanismus

Der S_E-Mechanismus wird an Hand der Bromierung von Benzen erklärt:

Beispiel

Dieser Mechanismus verläuft in mehreren Schritten:

➪ ***Bildung des Elektrophils***

Das Brom-Molekül ist zwar unpolar, aufgrund seiner Größe aber gut polarisierbar. Bei Annäherung an das π-Elektronensystem des Benzenmoleküls tritt im Brom eine Polarisierung auf. Diese ist aber zu schwach, um eine ausreichende Reaktionsgeschwindigkeit zu erreichen. Man setzt daher für die Reaktion einen Katalysator zu. Als Katalysatoren eignen sich Verbindungen mit einer Elektronenpaarlücke. Diese haben die Tendenz, mit nichtbindenden Elektronenpaaren anderer Stoffe koordinative Bindungen einzugehen zB wasserfreies Aluminiumchlorid oder Aluminiumbromid. Diese sind in unpolaren Lösungsmitteln keine Ionenverbindungen, sondern Moleküle.

➪ ***Bildung des π-Komplex***

Das positive Ende des Brom-Moleküls geht mit den π-Elektronen des Aromaten eine Verbindung ein, die man π-Komplex nennt. Dabei wird die Bindung im Brom-Molekül heterolytisch gespalten. Das zweite Brom-Atom des Br_2-Moleküls bleibt als Bromid-Ion an den Katalysator gebunden.

➪ ***Bildung des σ-Komplex***

Der π-Komplex zwischen Benzen und Br^+ lagert sich im nächsten Schritt zu einem σ-Komplex um. Das Brom-Kation übernimmt zwei der π-Elektronen des aromatischen Systems und bindet sich damit mit einer σ-Bindung an eines der Kohlenstoff-Atome. Für kurze Zeit ist das aromatische System gestört, die positive Ladung ist im Benzenring delokalisiert.

➪ ***Bildung des aromatischen Produkts***

Um das stabile aromatische System wiederherzustellen, wird nun das H-Atom als Proton von dem C-Atom abgespalten, an dem das Brom gebunden ist. Die zwei Bindungselektronen des Wasserstoffs ergänzen die π-Elektronenzahl wieder auf 6. Das abgespaltene Proton bildet mit dem Bromid-Ion, das am Aluminiumchlorid gebunden ist, Hydrogenbromid.

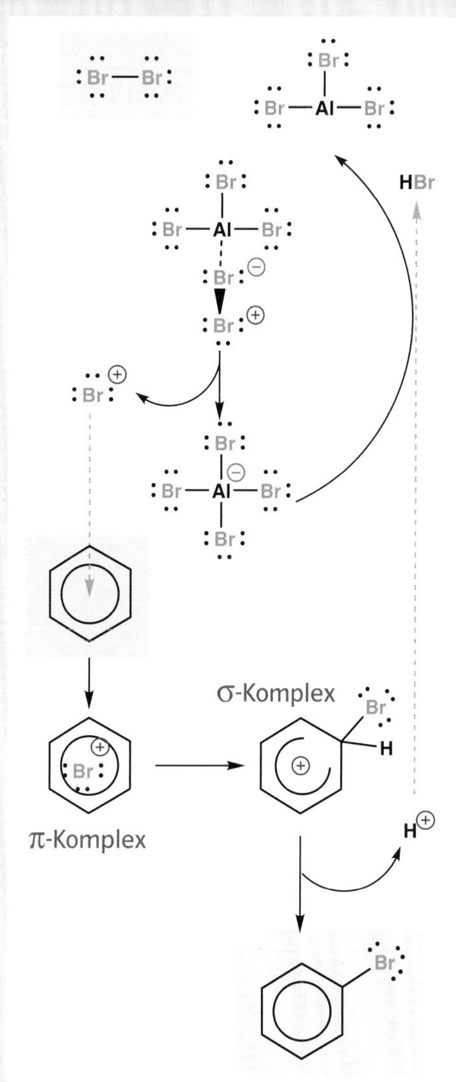

Abb. 181–1: Elektrophile Substitution unter Wirkung eines Katalysators

Ergänzungen zu den übrigen Reaktionen

Mit Nitriersäure erfolgt eine Nitrierung. Das elektrophile Teilchen, das in diesem Fall angreift, ist das **Nitroniumion NO_2^+**. Es ist instabil und wird, wenn benötigt, direkt durch das Mischen von Salpetersäure mit Schwefelsäure gebildet. Das geschieht durch Protonierung und anschließender Wasserabspaltung aus der Salpetersäure.

$$H_2SO_4 + HNO_3 \rightarrow HSO_4^- + H_2NO_3^+ \rightarrow HSO_4^- + \mathbf{NO_2^+} + H_2O$$

Die Knüpfung neuer Kohlenstoffbindungen kann neben der Friedel-Crafts-Alkylierung mit Chloralkanen auch durch eine **Friedel-Crafts-Acylierung** mit Säurechloriden erfolgen. Dabei entsteht ein Keton (Abb. 181–2).

Zweitsubstitution

Auch bei der Substitution am Aromaten stellt sich die Frage, ob die Reaktion bei der Erstsubstitution angehalten werden kann oder ob auch mehrfach substituierte Produkte entstehen. Aus experimentellen Daten weiß man, dass Substituenten einen großen Einfluss auf die Reaktivität des Aromaten haben. Auch die Eintrittstelle eines eventuellen Zweitsubstituenten wird durch den Erstsubstituenten festgelegt.

Aktivierende Erstsubstituenten sind zB Alkylgruppen. Das führt bei Friedel-Crafts-Alkylierungen dazu, dass Mehrfachsubstituierungen bevorzugt ablaufen.

Desaktivierende Erstsubstituenten sind zB. die Nitrogruppe. Mehrfachnitrierungen sind daher besonders schwierig.

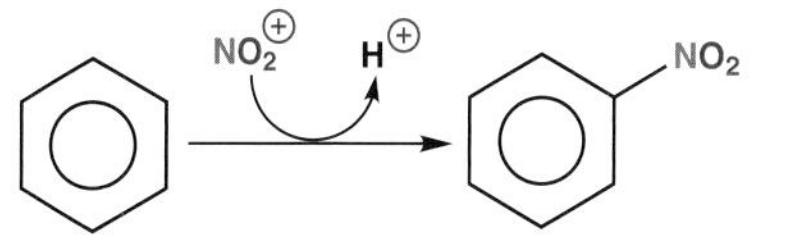

$NO_2^{\oplus}$ $H^{\oplus}$ NO_2

Nitrierung

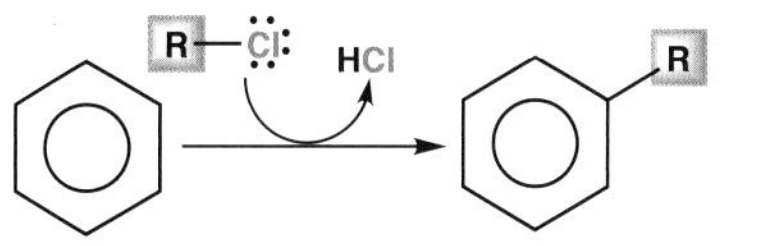

R—Cl HCl R

Friedel-Crafts-Alkylierung

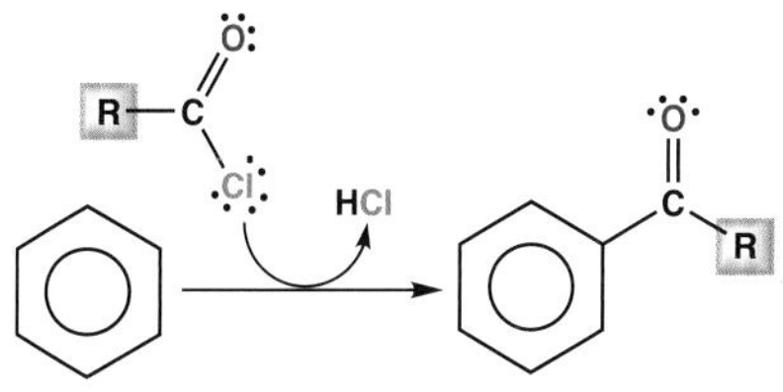

R—C(=O)—Cl HCl C(=O)—R

Friedel-Crafts-Acylierung

Abb. 181–2: Wichtige S_E-Reaktionen

Die elektrophile Addition A_E

Additionsreaktionen sind die Hauptreaktionen der Alkene und Alkine, die aufgrund dieser Reaktion auch als ungesättigte Verbindungen bezeichnet werden. Elektrophile Teilchen sind durch die hohe Elektronendichte (π-Elektronen) der Mehrfachbindungen zum Angriff besonders geeignet. Die Addition läuft daher zumeist nach einem elektrophilen Mechanismus ab.

Nur unter besonderen Reaktionsbedingungen kann bei Additionsreaktionen auch ein radikalischer Mechanismus erzwungen werden.

Eine (wichtige) Sonderstellung nimmt die Addition von Wasserstoff ein. Sie erfolgt katalytisch (zumeist an Ni-Katalysatoren), führt zu gesättigten Kohlenwasserstoffen und verläuft nicht nach dem elektrophilen Mechanismus.

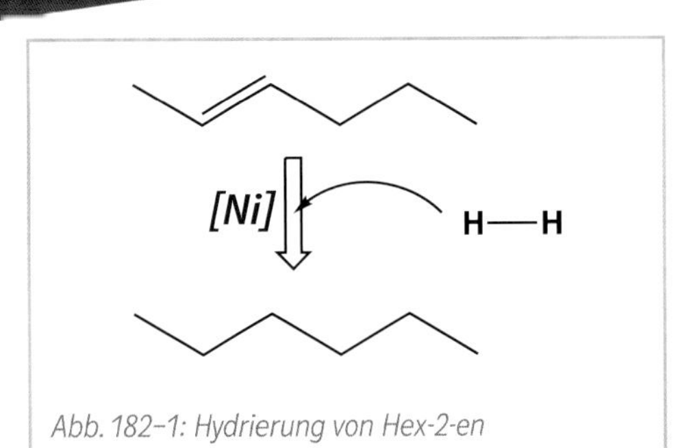

Abb. 182–1: Hydrierung von Hex-2-en

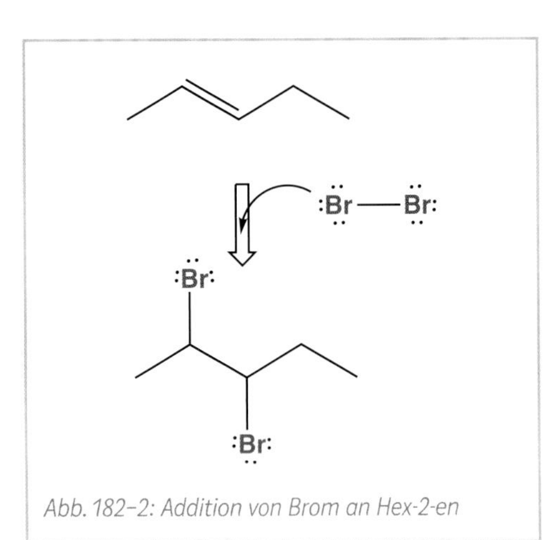

Abb. 182–2: Addition von Brom an Hex-2-en

Beispiele für A_E-Reaktionen

⇨ *Addition von Brom*

Die Bromaddition wird vielfach zum Nachweis von Doppelbindungen verwendet. Da nur die Additionsreaktion ohne Katalysator und ohne besondere Reaktionsbedingungen abläuft, ist das „Verschwinden" der rotbraunen Bromfärbung ein Hinweis auf den ungesättigten Charakter einer Verbindung.

⇨ *Addition von HX (HCl, HBr)*

Prinzipiell sind zwei Produkte möglich. Es zeigte sich aber, dass bevorzugt eines der beiden Produkte gebildet wird. (Siehe Abb. 182–3)

Wladimir Markownikow (1838 – 1904) formulierte dies durch folgende Regel: Bei der Addition von Wasserstoffverbindungen wird das H-Atom an das C-Atom gebunden, das bereits mehr H-Atome besitzt.

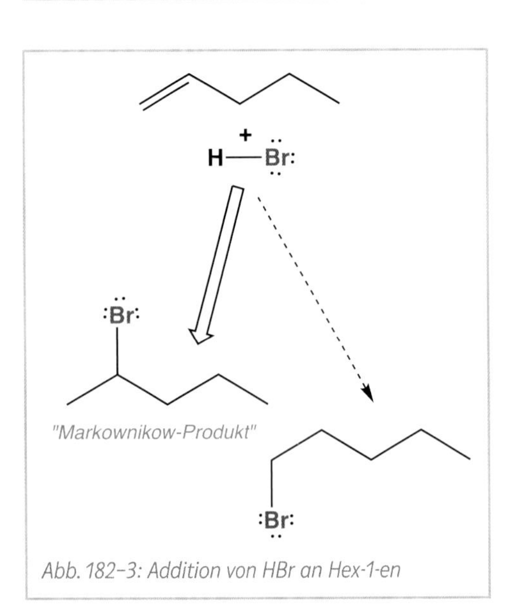

Abb. 182–3: Addition von HBr an Hex-1-en

⇨ *Addition von Wasser (Kat: starke Säure)*

Durch diese Reaktion kann technisch der Alkohol Ethanol (= der Alkohol in alkoholischen Getränken) hergestellt werden.

⇨ *Die 1,4 Addition*

Konjugierte Diene zeigen ein interessantes Reaktionsverhalten. Durch die vier benachbarten sp^2-hybridisierten Kohlenstoff-Atome entsteht ein ungesättigter Bereich, der sich über alle 3 Bindungen erstreckt. (Siehe Seite 163).

Durch diese Delokalisierung der Elektronen erfolgt bei der Addition (zB von Brom) zumeist ein Angriff am Anfang und am Ende des delokalisierten Bereiches. Diese Art der Addition nennt man 1,4-Addition, unabhängig davon, an welcher Stelle im Molekül der delokalisierte Bereich tatsächlich liegt. Durch die 1,4-Addition entsteht eine lokalisierte Doppelbindung.

Selbstverständlich wird auch das „normale" 1,2-Additionsprodukt gebildet; in der Regel überwiegt aber das 1,4-Additionsprodukt. (Abb. 182–5)

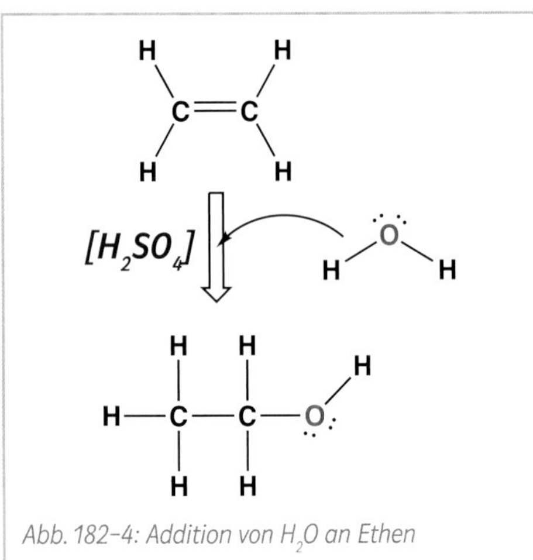

Abb. 182–4: Addition von H_2O an Ethen

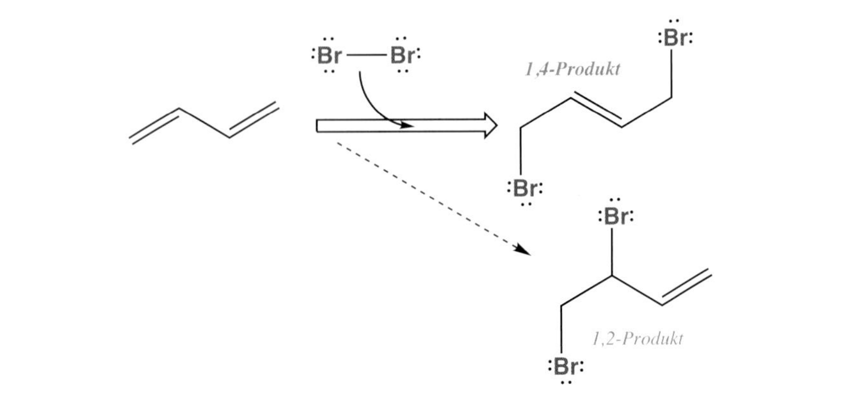

Abb. 182–5: 1,4-Addition von Brom an Buta-1,3-dien

Der A_E-Mechanismus

Die elektrophile Addition verläuft in den ersten Schritten ähnlich wie die elektrophile Substitution am Aromaten, nur ist meist kein Katalysator nötig. Der Mechanismus wird am Beispiel der Addition von Brom gezeigt:

Beispiel

Bei Annäherung an das π-Elektronensystem der Doppelbindung wird das Brom-Molekül polarisiert. Das Brom-Kation tritt mit den π-Elektronen in Wechselwirkung und bildet einen cyclischen Übergangszustand, den π-Komplex. Der Rest des Brom-Moleküls geht als Bromid-Ion in Lösung. Der π-Komplex wandelt sich im nächsten Schritt in einen σ- Komplex um, indem das Brom mit einem der Kohlenstoff-Atome eine σ-Bindung eingeht. Das andere Kohlenstoff-Atom trägt nun die positive Ladung. Zugleich nähert sich das Bromid-Ion von hinten (wegen der sterischen Hinderung durch den cyclischen Übergangszustand) und bindet an das positive Kohlenstoff-Ion. (Abb. 183–1) Dieser letzte Schritt unterscheidet die S_E-Reaktion am Aromaten von der A_E-Reaktion am ungesättigten Aliphaten.

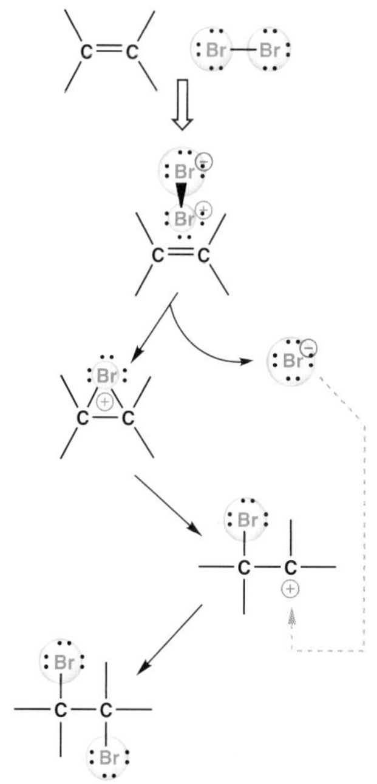

Erklärung der „Markownikow- Regel"

Wasserstoffverbindungen mit Nichtmetallen sind immer polar, wobei der Wasserstoff positiv polarisiert ist. Daher erfolgt der Angriff auf die Doppelbindung immer zuerst mit dem Wasserstoff. Das Proton bildet den cyclischen π-Komplex und schließlich die σ-Bindung. Da noch beide C-Atome der Doppelbindung zur Auswahl stehen, bindet es sich an das, bei dem die stärkere Bindung entsteht, also an das weniger stark verzweigte.

Neben der Markownikow-Regel gibt es noch eine zweite, aus dem Mechanismus erklärbare Regel. Die Addition verläuft immer trans, dh. das zweite Teilchen bindet immer auf der entgegengesetzten Seite wie das erste. Dies lässt sich durch Addition an Cycloalkene nachweisen, wo ausschließlich das trans-Produkt gebildet wird.

Die radikalische Addition A_R

1-Bromalkane sind weder durch Substitution noch durch die elektrophile Addition möglich. Die Gewinnung von „Anti-Markownikow-Produkten" gelingt mit der radikalischen Addition A_R.

Um die Addition in einen radikalischen Mechanismus zu zwingen, benötigt man eine Startreaktion. Mit den Reaktionspartnern ist eine solche nicht möglich. Weder HBr noch das Alken besitzen so schwache Bindungen, dass UV-Licht Radikale erzeugen kann. Zum Start gibt man daher eine kleine Menge **Radikalstarter** zu. Dies sind organische Moleküle, die bei UV-Bestrahlung leicht in Radikale zerfallen. Meist verwendet man organische Peroxide, bei denen die Bindung zwischen den O-Atomen besonders schwach ist. (Abb. 183–2) Radikale sind nicht nur zur Substitution befähigt, sondern auch zur Addition. Das Radikal **•O–R** addiert daher an das Alken. Es benötigt eines der 2 π-Elektronen zur Bindung und bindet sich damit an die primäre Stelle (festere Bindung). Das zweite Elektron bleibt als Radikalelektron übrig.

Dieses Radikal greift nun im 2. Kettenschritt HBr an und entzieht von dort ein H-Atom. Wie schon von der radikalischen Substitution bekannt, ist die sekundäre C–H-Bindung etwas stärker als die H–Br-Bindung – die Reaktion ist daher energetisch möglich. Bei diesem Reaktionsschritt entsteht ein Brom-Radikal. Dieses ist für die Radikalkette nötig. Der Startschritt ist also an dieser Stelle beendet. (Abb. 183–2)

Das Br-Radikal addiert nun an das Alken wie vorher das Starter-Radikal. Das erstangreifende Teilchen bindet an der stabileren primären Stelle. Das dabei entstehende C-Radikal sättigt sich wieder durch Wasserstoffentzug aus HBr ab. Ein neues Br-Radikal entsteht, der Kettenmechanismus läuft. (Abb. 179–1) Das Produkt 1-Bromalkan, das Anti-Markownikow-Produkt, ist entstanden.

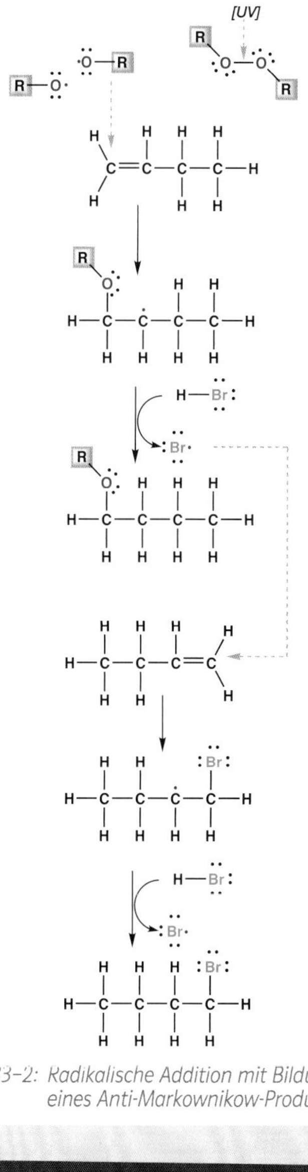

Abb. 183–1: Elektrophile Addition eines Halogens an ein Alken

[UV]

Abb. 183–2: Radikalische Addition mit Bildung eines Anti-Markownikow-Produktes

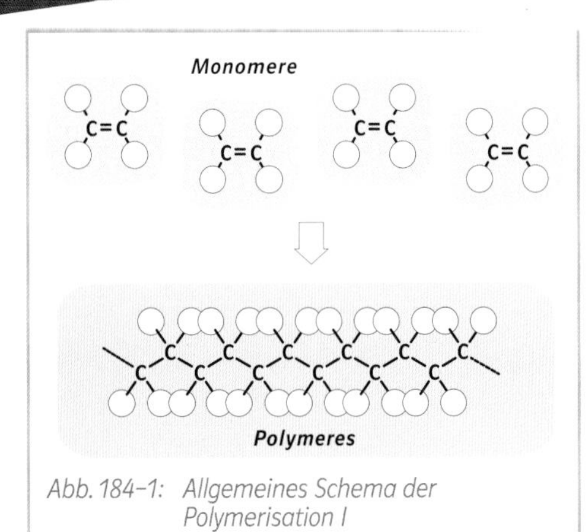

Abb. 184-1: Allgemeines Schema der Polymerisation I

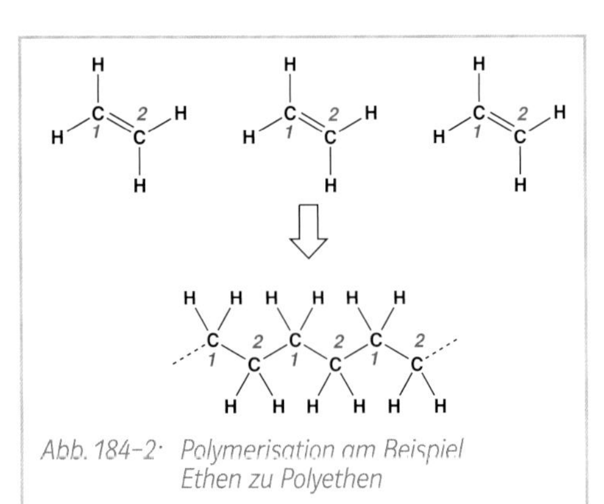
Abb. 184-2: Polymerisation am Beispiel Ethen zu Polyethen

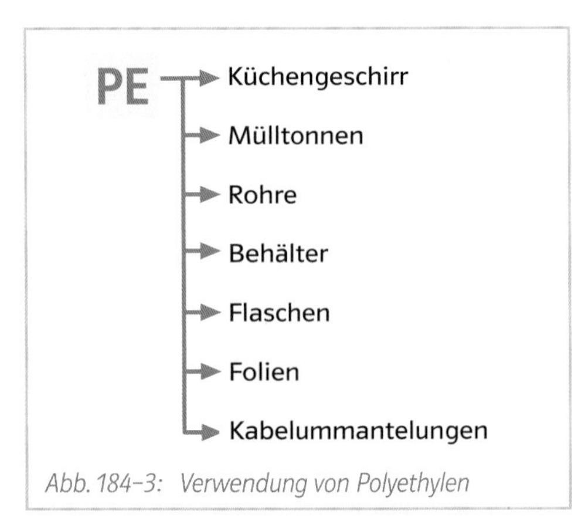

Abb. 184-3: Verwendung von Polyethylen

Abb. 184-4: Verwendung von Polypropylen

Polymerisation

Eine spezielle Art von Addition an die C=C-Doppelbindung ist die Polymerisation. Dabei werden Alkene an Alkene addiert. Das Produkt sind Makromoleküle, die zB in Kunststoffen Verwendung finden. Die Ausgangsalkene nennt man **Monomere**, die Makromoleküle **Polymere**. Durch eine Auswahl von Zusatzstoffen können so „**Kunststoffe nach Maß**" hergestellt werden.

Das Schema der Reaktion

Die Doppelbindungen werden geöffnet und die Moleküle addieren aneinander.

Das Schema bleibt erhalten unabhängig von der Art und Komplexität des Alkens. Seitenketten oder Atomgruppen, der Monomeren, findet man dann an der entsprechenden Stelle (im Prinzip an jedem 2. C-Atom) im Polymeren wieder.

Schreibweise für Polymere

Als Formel für Polymere gibt man entweder einen Ausschnitt der Kette an oder man schreibt den sich n-mal wiederholenden Teil in Klammer.

ZB: Polychlorethen (Polyvinylchlorid PVC)

:Cl: :Cl: :Cl: [:Cl:]n

Benennung der Polymeren

Die Benennung ist Poly + Name des Monomeren, obwohl im Polymer oft keine Doppelbindung mehr vorliegt (zB Polyethen). Häufig wird auch der Trivialname, wie im Beispiel Polyvinylchlorid verwendet. Bei manchen Polymeren sind Handelsnamen durchaus alltagsgebräuchliche Benennungen (zB Teflon für Polytetrafluorethen).

Üblicherweise werden bei den Polymerisaten und auch bei anderen Kunststoffen Abkürzungen verwendet zB PE für Polyethen oder PVC für Polyvinylchlorid.

Wichtige Polymerisationskunststoffe

Polyethen PE (Polyethylen)

PE ist einer der weltweit meisthergestellten Kunststoffe. Den Ausgangsstoff Ethen gewinnt man in den Raffinerien beim Cracken. Von PE gibt es 2 Sorten, die sich in Herstellungsverfahren und Verwendungszweck stark unterscheiden.

HDPE (High Density-PE) besteht aus extrem langen, praktisch unverzweigten Ketten. Die Festigkeit von HDPE ist ziemlich hoch. Daher eignet es sich zur Herstellung von Hohlkörpern (Kunststoffkanister, Mülltonnen etc.).

LDPE (Low Density-PE) wird durch Polymerisation bei hohem Druck erzeugt. Dabei entstehen stärker verzweigte, kürzere Ketten. LDPE ist weicher und mechanisch weniger belastbar als HDPE, schmilzt aber leichter und ist daher besonders gut verarbeitbar. LDPE ist der wichtigste Kunststoff für die Produktion von Folien. Diese spielen vor allem in der Lebensmittelverpackung und als Schrumpffolien zur Palettenverpackung eine große Rolle. Auch die Plastiksackerln (nicht „Nylonsackerln" – sie sind nie aus Nylon) werden aus PE-Folien hergestellt.

Polypropen PP (Polypropylen)

Polypropen ist dem PE sehr ähnlich. Propen, das wie Ethen in der Raffinerie anfällt, wird mit Ziegler-Natta-Katalysatoren polymerisiert. PP ist mechanisch weit beständiger als PE. Es hat einen höheren Erweichungspunkt (ca. 150 °C statt 110 °C bei PE) und eine geringere Dichte. Die besseren Eigenschaften bewirken, dass PE zunehmend durch PP verdrängt wird, vor allem bei der Herstellung von Hohlkörpern und Rohren. Der wichtigste Einsatzbereich ist aber die Herstellung von Fasern, vor allem für die Produktion von Teppichböden, Nadelfilz und Dekorstoffen, aber auch zunehmend für Textilien.

Polystyren PS (Polystyrol)

Polystyren ist ein ziemlich spröder Kunststoff. Billige Lineale und Zeichendreiecke, die beim Biegen kleine Sprünge bekommen und beim Werfen auf eine harte Unterlage „scheppernd" klingen, sind aus PS, ebenso die Hüllen von CDs. Zur Verringerung der Sprödigkeit setzt man beim Polymerisieren heute geringe Mengen Butadien zu (**Copolymerisation**).

In Österreich werden Molkereiprodukte wie Joghurt in PS verpackt. Die Hauptbedeutung von PS liegt in der Herstellung von Kunststoffschäumen (**EPS**: expandiertes PS, Handelsname Styropor®). Als Treibmittel dient ein Zusatz von Pentan in der Kunststoffmasse. Beim Erhitzen mit Wasserdampf wird das PS-Granulat weich, das Pentan verdampft und schäumt die Kügelchen auf. So erzeugt man stoßsichere Verpackungen zB für elektronische Geräte.

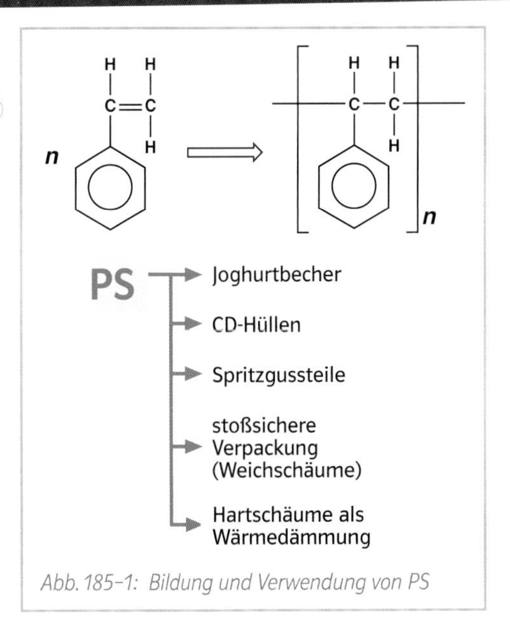

Abb. 185-1: Bildung und Verwendung von PS

Polychlorethen (Polyvinylchlorid) PVC

Der Ausgangsstoff für PVC, das Chlorethen (**Vinylchlorid**), ein giftiges, mutagenes und krebserregendes Gas. Bei der PVC-Herstellung werden daher umfangreiche Sicherheitsmaßnahmen gegen das Entweichen von Vinylchlorid getroffen.

PVC selbst ist ungiftig, für PVC-Feinstaub gilt aber ein MAK-Wert von 5 ppm. Für die Herstellung von PVC ist nur etwa halb so viel Erdöl nötig wie für andere Kunststoffe. Über die Hälfte der Masse des PVC bestehen aus Chlor. PVC ist heute das wichtigste Produkt zur Verwertung des Chlors, das bei der Natronlauge-Herstellung anfällt. Über 60 % des PVC kommt als **Hart-PVC** in den Handel. Der Kunststoff ist hart und spröde. Er dient zur Herstellung von Abflussrohren und Profilen, etwa für Kunststofffenster. Die Hohlkörperherstellung für die Lebensmittelverpackung ist stark rückläufig. Ketchup- und Essigflaschen, die früher aus PVC waren, sind heute auf andere Kunststoffe wie PE oder PP umgestellt (In Österreich werden in der Lebensmittelverpackung keine PVC-Folien mehr verwendet).

Setzt man dem PVC **Weichmacher** zu, so werden die starken Wechselwirkungen zwischen den Ketten durch die Weichmacher-Moleküle schwächer – PVC wird weich und biegsam (**Weich-PVC**).

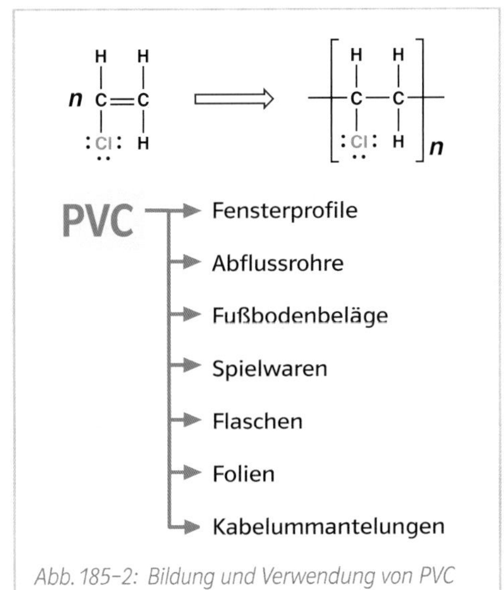

Abb. 185-2: Bildung und Verwendung von PVC

Polytetrafluorethen PTFE (Polytetrafluorethylen)

Zwei Eigenschaften zeichnen PTFE besonders aus – seine Chemikalien-Resistenz und seine äußerst geringe Benetzbarkeit. PTFE wird von praktisch keinem Stoff chemisch angegriffen. Daher ist der wichtigste Einsatzbereich von PTFE, sowohl als Material für Innenauskleidungen von Maschinen als auch für Dichtungen, der chemische Apparatebau. Die mangelnde Benetzbarkeit macht es auch zum idealen Kunststoff für die Innenauskleidung von Lebensmittel-Verarbeitungsmaschinen, die klebrige Substanzen verarbeiten (Schokolade, Teig). Auch in der Küche wird PTFE unter dem Handelsnamen Teflon® als Beschichtungsmaterial für Bratpfannen und Backformen verwendet. Als Kunststoff ist es natürlich weicher als der Stahl von Bestecken, die Beschichtung muss daher schonend behandelt werden. Das Aufbringen der Beschichtung ist schwierig, da PTFE als Schmelze hochviskos ist und teilweise depolymerisiert. Es wird als Pulver aufgetragen und **gesintert**. Die Depolymerisation kann auch beim Überhitzen von teflonbeschichteten Pfannen eintreten – sie sollten daher nie ohne Kochgut auf die Herdplatte gestellt werden. Die Zersetzungsgase sind gesundheitsschädlich.

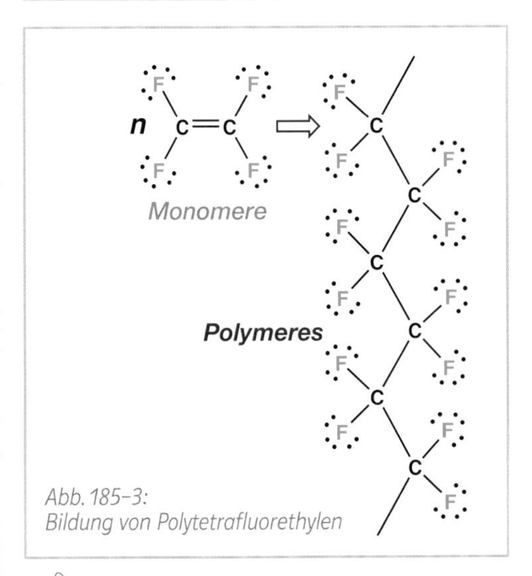

Abb. 185-3: Bildung von Polytetrafluorethylen

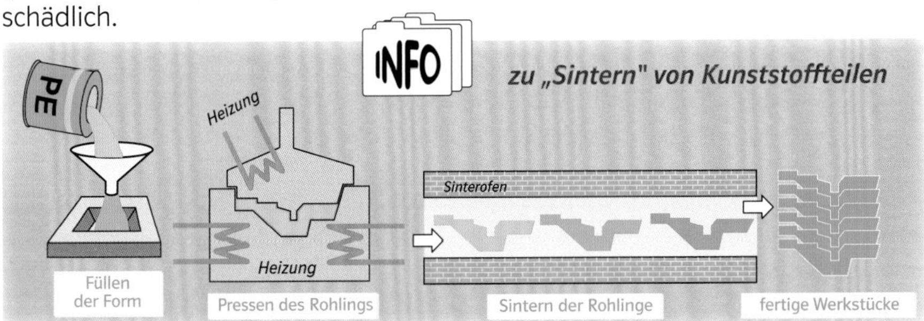

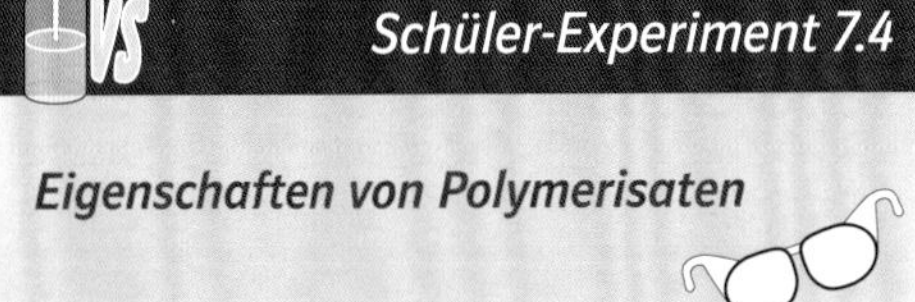

Eigenschaften und Verarbeitung von Kunststoffen

Plastomere – Produktion von Kunststoffartikeln

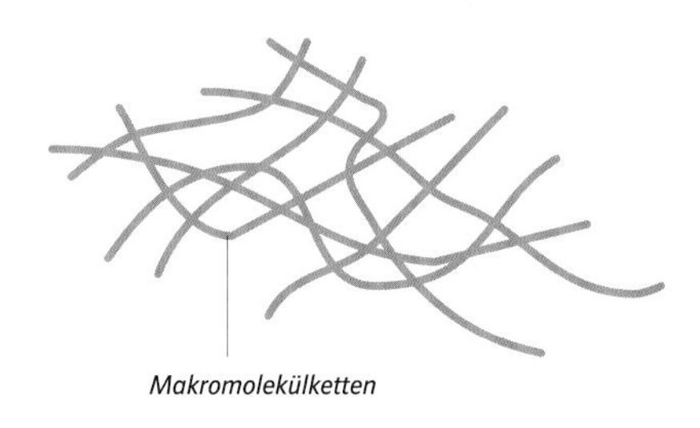

Abb. 186–1: Makromoleküle eines Plastomeren

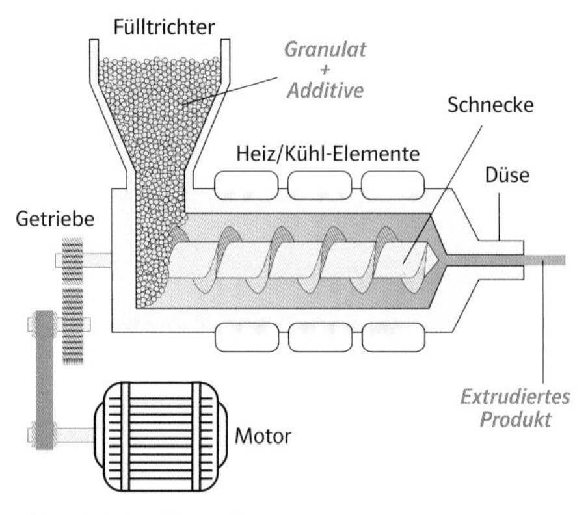

Abb. 186–2: Extruder

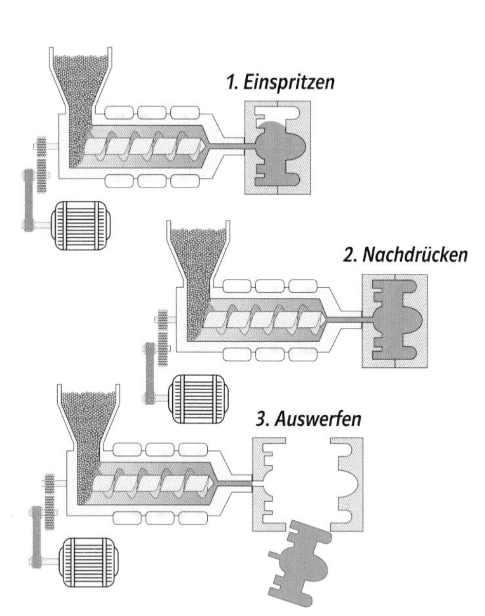

Abb. 186–3: Spritzguss

Grundsätzlich unterscheidet man 3 Gruppen von Kunststoffen mit sehr unterschiedlichen Eigenschaften – die schmelzbaren Plastomere, die gummielastischen Elastomere und die harten, temperaturbeständigen Duromere.

Plastomere

Plastomere sind hitzeverformbare Kunststoffe und werden auch **Plastik** genannt. Sie bestehen aus kettenförmigen Makromolekülen. (Abb. 186–1) Die Ketten sind entweder nicht oder nur schwach verzweigt. Die Wechselwirkungen zwischen den Ketten beruhen meist auf schwachen Van-der-Waals-Kräften.

Charakteristische Temperaturbereiche - Eigenschaften

Drei Temperaturbereiche charakterisieren das Verhalten von Plastomeren: die **Glastemperatur** (oder Einfriertemperatur), die **Erweichungstemperatur** und die **Zersetzungstemperatur**. Unterhalb der Glastemperatur ist das Plastomer spröde. Zwischen Glas- und Erweichungstemperatur liegt der Gebrauchsbereich, zwischen Erweichungs- und Zersetzungstemperatur der Verarbeitungsbereich. Oberhalb der Zersetzungstemperatur zerfällt das Makromolekül in kleinere Bruchstücke und Kohlenstoff.

Die Eigenschaften der Plastomeren hängen von folgenden Faktoren ab: von den Ausgangsstoffen, von der Kettenlänge (tausende bis Millionen Monomer-Einheiten), vom Ordnungsgrad und den Zusatzstoffen (zB Weichmacher).

Vorteile - Nachteile

Vorteile der Plastomeren sind die billige Herstellung, die geringe Dichte, die Eignung als Isolatoren, die Widerstandsfähigkeit gegen viele Chemikalien und gegen Mikroorganismen, die Möglichkeit zur Färbung in Masse und vor allem die gute Verarbeitbarkeit.

Nachteile der Plastomeren sind geringe Hitzebeständigkeit, geringe Härte und damit Kratzfestigkeit und Brennbarkeit. Die Widerstandsfähigkeit gegenüber Mikroorganismen verhindert ihren biologischen Abbau. Kunststoffe verrotten daher nicht. Heute werden Kunststoffabfälle – von wenigen Ausnahmen abgesehen – verbrannt.

Herstellung von Kunststoffprodukten

Bei der Herstellung wird Kunststoff aus **Granulat** (kleine Körner) oder Pulver erzeugt. Häufig wird er auch mit Pigmenten eingefärbt. Der Verarbeiter formt das Granulat unter Zusatz von **Additiven** zu fertigen Kunststoffartikeln.

Spritzgussverfahren

Mit dem Spritzgussverfahren werden Kunststoffgegenstände des täglichen Bedarfes vom Küchengeschirr bis zum Spielzeug hergestellt. In der Spritzgussmaschine wird das Granulat aufgeschmolzen und homogenisiert. Die Schmelze wird mit einer Schnecke oder einer Kolbenspritze unter hohem Druck in eine zerlegbare, gekühlte Form gepresst. Dort erstarrt der Kunststoff, die Form klappt auf, wirft den fertigen Gegenstand aus und steht für den nächsten Arbeitsgang wieder zur Verfügung.

Extrudieren

Kunststoffprofile, Rohre und Schläuche erzeugt man durch Extrudieren. Dabei wird das Granulat geschmolzen und mittels einer Schnecke durch eine formgebende Düse gepresst. Hinter der Düse kühlt ein Kaltluftstrom das Profil ab. So können Teile beliebiger Länge erzeugt werden. Auch bei der Folienherstellung wird diese Technik angewandt. Nach der Formdüse wird der noch plastische Schlauch mit Luft aufgeblasen (**Folienblasen**). Es entsteht ein dünner Folienschlauch, der aufgeschnitten und aufgerollt wird. Ebenso können aus extrudierten Schläuchen Hohlkörper wie Plastikflaschen erzeugt werden. Die Form zwickt ein Schlauchstück passender Länge ab und verschließt dabei das Ende. Dann wird mit Druckluft die Flasche in der Form aufgeblasen, gekühlt und ausgeworfen.

Ein weiteres Verfahren zur Kunststoffverarbeitung ist das **Tiefziehen**. Dabei wird eine Kunststofffolie über einer Form kurz erhitzt. Anschließend wird die Form evakuiert, wodurch die Folie in die Form gezogen wird. Joghurtbecher werden beispielsweise so hergestellt. Ein Schneidewerkzeug stanzt die Becher anschließend aus der Folie. Das zurückbleibende Stanzgitter wird zur Herstellung neuer Folien wiederverwertet.

Herstellung von Textilfasern aus Plastomeren – Verspinnen

Man unterscheidet zwischen dem **Schmelzspinnen** und dem **Trockenspinnen** (Abb. 187–1). Nach allen Spinnverfahren werden die Fasern einer gewissen Zugbelastung ausgesetzt (**Verstreckung**). Durch diese Dehnung orientieren sich die Makromoleküle parallel. Die Nebenvalenzkräfte bilden sich dabei stärker aus, die Faser wird reißfester und formstabiler.

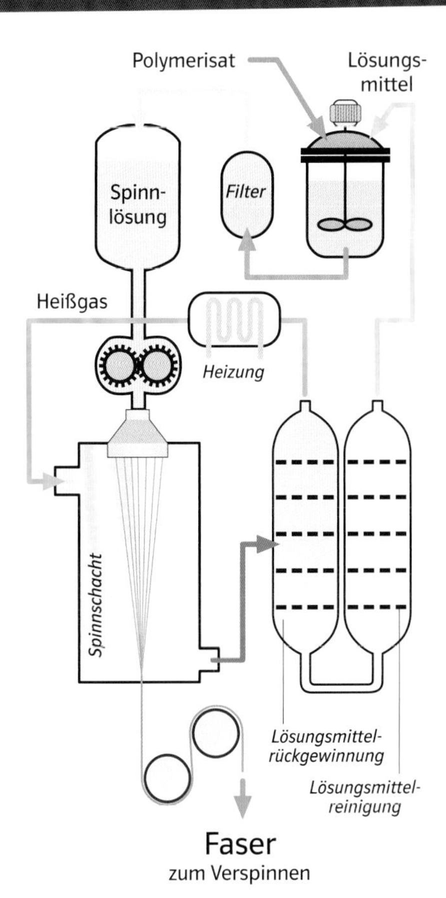

Abb. 187–1: Trockenspinn-Verfahren

Elastomere

Elastomere bestehen aus Makromolekülen mit schwacher räumlicher Vernetzung. Wirkt eine Zugkraft, so ist das Elastomer verformbar. Die Molekülketten gleiten aneinander vorbei, und Bindungswinkel werden deformiert. Schließlich verhindern die Vernetzungsstellen eine weitere Dehnung. Lässt die verformende Kraft nach, so wird wieder die ursprüngliche, stabile Form eingenommen. (Abb. 187–2)

Elastomere werden entweder wie Weichschäume aus **Polyurethan** in der Endform erzeugt oder sie befinden sich zuerst in einem plastischen Zustand aus kettenförmigen Makromolekülen. Nach der Formgebung tritt eine räumliche Vernetzung ein (zB bei der Herstellung von **Gummi** durch Vulkanisieren von Kautschuk).

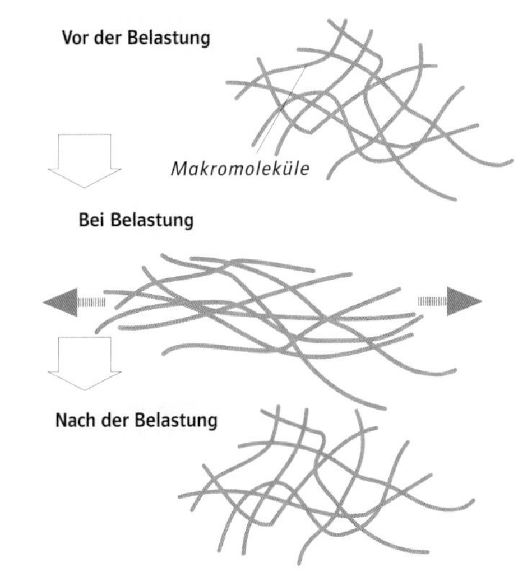

Abb. 187–2: Veränderung der Molekularstruktur eines Elastomeren bei Belastung

Duromere

Duromere bestehen in den meisten Fällen aus räumlich stark vernetzten Molekülketten. (Abb. 187–3) Eine thermoplastische Verformung ist nicht möglich. Die theoretische Erweichungs-temperatur liegt oberhalb der Zersetzungstemperatur. Duromere sind meist hart und relativ spröde. Ihr Vorteil ist die ziemlich hohe Temperaturbestän-digkeit. Auch Duromere werden bereits in ihrer endgültigen Form hergestellt. Beispiele dafür sind die Kunststoffe für Möbeloberflächen und **Spanplatten**. Eine zweite Möglichkeit ist die Herstellung von linearen Molekülketten, die in einem Lösungsmittel gelöst werden. Die Ketten dieser Kunststoffharze werden durch einen „**Härter**", der Radikalstarter enthält, durch Polymerisation vernetzt (zB Polyesterharze, Versiegelungslacke).

Verbundwerkstoffe

Die nachteiligen Eigenschaften der Kunststoffe, wie geringe Härte und vor allem geringe mechanische Festigkeit gegen Zug-, Druck- und Torsionsbelastung, können durch Kombination von Kunststoffen mit anderen Materialien vermieden werden. Häufig werden dabei Glasfasern eingesetzt.

Solche **glasfaserverstärkten Kunststoffe** (GFK) vereinigen die hohe mechanische Festigkeit der Glasfasern mit der geringen Dichte und hohen Zähigkeit der Kunststoffe. Die Glasfasern werden als Matten über einer Form mit der noch unvernetzten Kunststoffmasse getränkt. Danach erfolgt die Aushärtung zum Duromeren. Auch ein gemeinsames Aufspritzen des Kunststoffharzes und der Glasfasern auf eine Form ist möglich. Glasfaserverstärkte Polyesterharze zB dienen so als Materialien für Karosserien und Boote. Der fertige Verbundstoff besteht dabei zu etwa 70 % aus Glasfasern. Polyamide kommen als plastomer verarbeitbare Granulate mit 25 – 35 % Glasfaseranteil in den Handel und werden zu Kunststoffteilen im Automobilbau verarbeitet.

Besonders gute mechanische Eigenschaften lassen sich auf diese Weise mit Carbonfasern erzielen. Carbonfasern bestehen aus Kohlenstoff in Graphitstruktur. Sie sind weit stärker zugbelastbar als Stahl, haben aber nur ein Viertel der Dichte. In Kombination mit Kunststoffen wie zB Epoxidharzen ergeben sie Werkstoffe von höchster Leistungsfähigkeit, die im Flugzeug- und Rennwagenbau Verwendung finden (CFK – kohlenstofffaserverstärkte Kunststoffe).

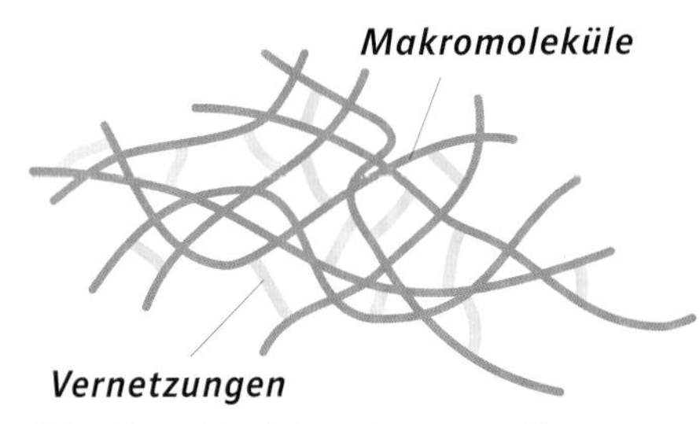

Abb. 187–3: Durch Vernetzung vom Plastomeren zum Duromeren

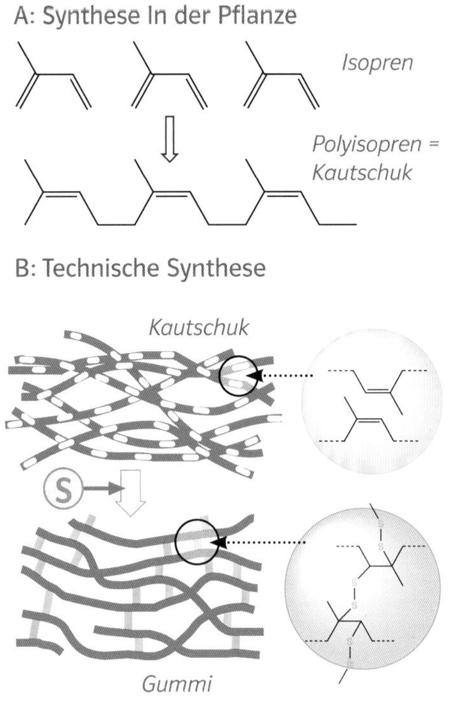

A: Synthese in der Pflanze

Isopren

Polyisopren = Kautschuk

B: Technische Synthese

Kautschuk

Gummi

Abb. 188-1: *Vom Kautschuk zum Gummi*

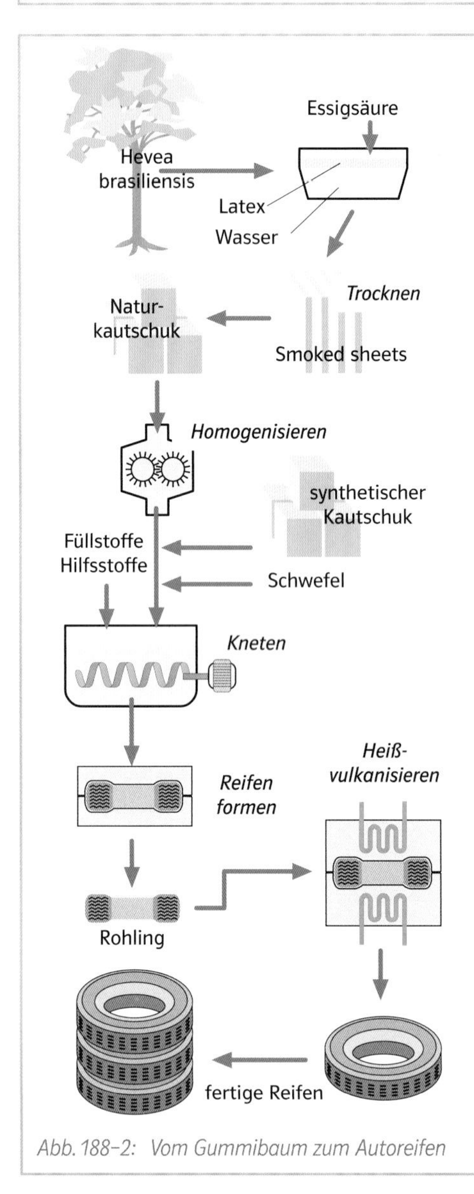

Abb. 188-2: *Vom Gummibaum zum Autoreifen*

Die 1,4-Polymerisation

Bei konjugierten Dienen ist analog zur 1,4-Addition auch eine 1,4-Polymerisation möglich.

Es entstehen dadurch Polymerisate, die noch Doppelbindungen enthalten. diese Struktur ermöglicht eine Quervernetzung der einzelnen Polymer-Stränge.

Kautschuk – ein natürliches Polymer

Naturkautschuk kommt als Emulsion im Milchsaft des Gummibaumes vor. Chemisch ist er ein Polyisopren, bei dem durch die Biokatalysatoren der Pflanze die Polymerisation des Isoprens stereospezifisch ausschließlich 1,4 und all-Z verläuft.

Zur Gewinnung wird der Baum verletzt und die austretende Latexmilch gesammelt. Durch Erhitzen oder Ansäuern koaguliert der Kautschuk und kann abgetrennt werden. Die brasilianischen Indianer verwendeten ihn zum Abdichten von Booten und Gefäßen und zur Herstellung von Schuhen. In Europa wurden Regenmäntel und Radiergummis daraus hergestellt.

Gummi

1839 entdeckte der Amerikaner **Charles Goodyear** das **Vulkanisieren** und damit die Gummiherstellung. Beim Vulkanisieren addiert Schwefel an die Doppelbindungen der Makromolekülketten. Dadurch kommt es zu einer räumlichen Vernetzung und zu verbesserten Eigenschaften

Zusammen mit der aufkommenden Motorisierung setzte ein regelrechter Kautschukboom ein, der Bedarf an Gummi war kaum zu decken. Brasilien hatte praktisch das Weltmonopol. Auf die Ausfuhr von Samen des Gummibaumes stand die Todesstrafe. Der Engländer Henry Wickham schmuggelte 1876 etwa 70 000 Kautschuksamen aus Brasilien. England begann damit in seinen ostasiatischen Kolonien systematisch Kautschukplantagen anzulegen. Der Plantagenkautschuk verdrängte den Wildkautschuk fast vollständig. Brasilien erzeugt heute nur mehr knapp 1 % der Weltproduktion. Größter Produzent von Naturkautschuk ist heute Indonesien.

Um von den Kautschukplantagen unabhängig zu werden, wurden vor allem in Deutschland Anstrengungen unternommen, ein Ersatzprodukt zu entwickeln. Die Polymerisation von Isopren ergab anfangs unbefriedigende Resultate. Der erste brauchbare **Kunstkautschuk** war ein 1,3-Butadien-Polymerisat, das mit Natrium als Katalysator erzeugt und Buna® (Butadien-Natrium) genannt wurde. Die Synthese wurde bereits 1910 entdeckt, die Kunstkautschukproduktion auf dieser Basis aber vor allem zwischen den Weltkriegen vorangetrieben. Die Polymerisation erfolgt nicht so stereospezifisch wie in der Pflanze, es kommen auch 1,2-Additionen und E-Doppelbindungen vor. Trotzdem ist Buna® vulkanisierbar und ergibt einen Gummi guter Elastizität.

Heute kennt man eine Reihe weiterer Kunstkautschuksorten. Vor allem das Copolymerisat von 1,3-Butadien mit Styren spielt eine bedeutende Rolle (etwa 50 % der Kunstkautschukproduktion). Ein neures Copolymerisat ist ABS bei dem zusätzlich das N-hältige Alken Acrylnitril enthalten ist. ABS findet im Automobil große Verwendung

Zur **Herstellung von Reifen**, dem wichtigsten Einsatzgebiet von Gummi, mischt man Naturkautschuk mit diversen Kunstkautschuksorten. Bei Pkw-Reifen beträgt der Einsatz von Naturkautschuk etwa 30 %, bei Lkw-Reifen etwa 70 % der Kautschukmenge. Dazu kommen etwa 25 % Ruß zur Erhöhung der Abriebfestigkeit und als UV-Absorber. Dadurch wird der Gummi unempfindlicher gegen Luftsauerstoff, der sonst in einer Radikalreaktion die Doppelbindungen angreift. Etwa 5 % Schwefel und eine Reihe weiterer Chemikalien werden zugemischt. Dazu gehören Vulkanisationsbeschleuniger, Weichmacher und Alterungsschutzmittel. Die Ausgangsstoffe werden miteinander verknetet. Nun wird der Kautschuk auf Textil- oder Stahlgewebe aufgebracht. Diese dienen zum Übernehmen der Zugkräfte bei rascher Rotation des Reifens. Aus diesem Vormaterial wird der Reifen gewickelt. Nach dem Aufbringen der Lauffläche und des Profils wird der Reifen im Vulkanisator erhitzt, die Vulkanisation läuft ab.

Kapitel 7 – kompakt

Stoffe – Formeln – Namen der Kohlenwasserstoffe

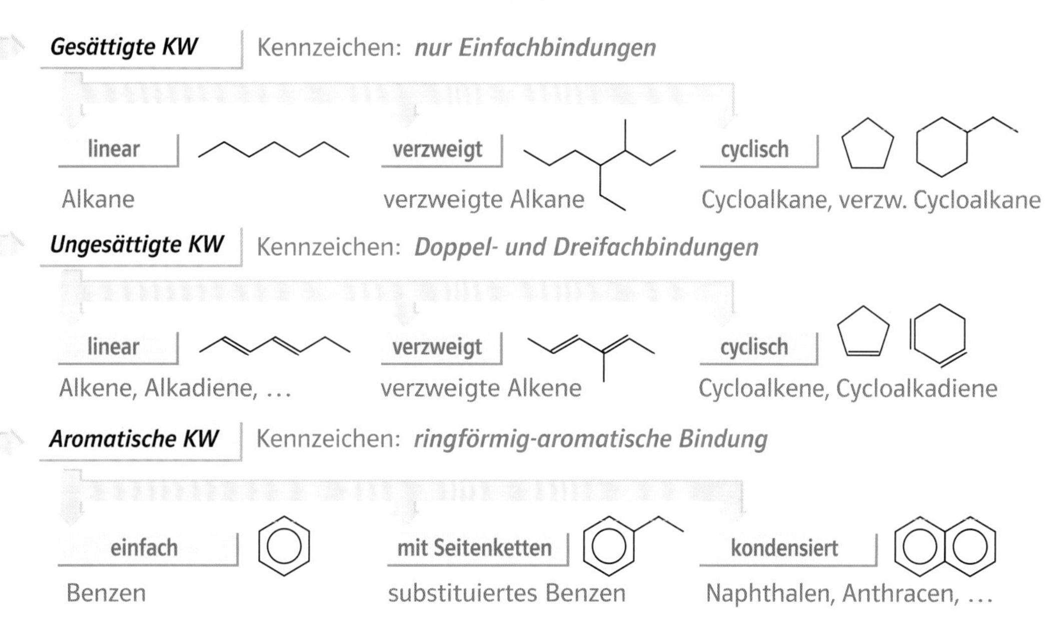

Reaktionen der Kohlenwasserstoffe

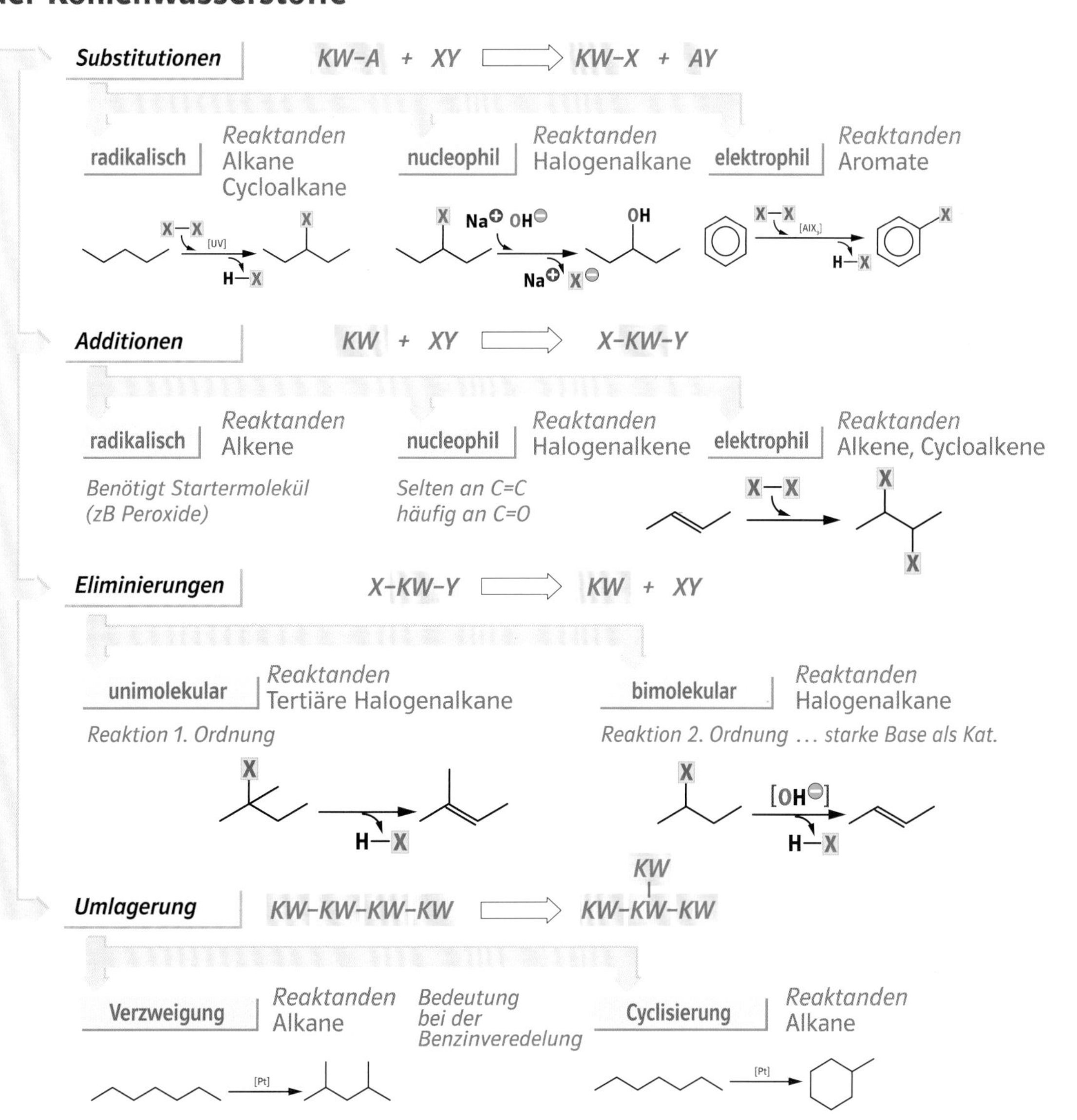

Sicher und kompetent zur Matura

Was ich aus dem Kapitel für eine erfolgreiche Matura benötige!

1. Wichtige Begriffe, die ich aus diesem Kapitel kenne, definieren kann und im Sinne einer Fachsprache richtig einsetze:

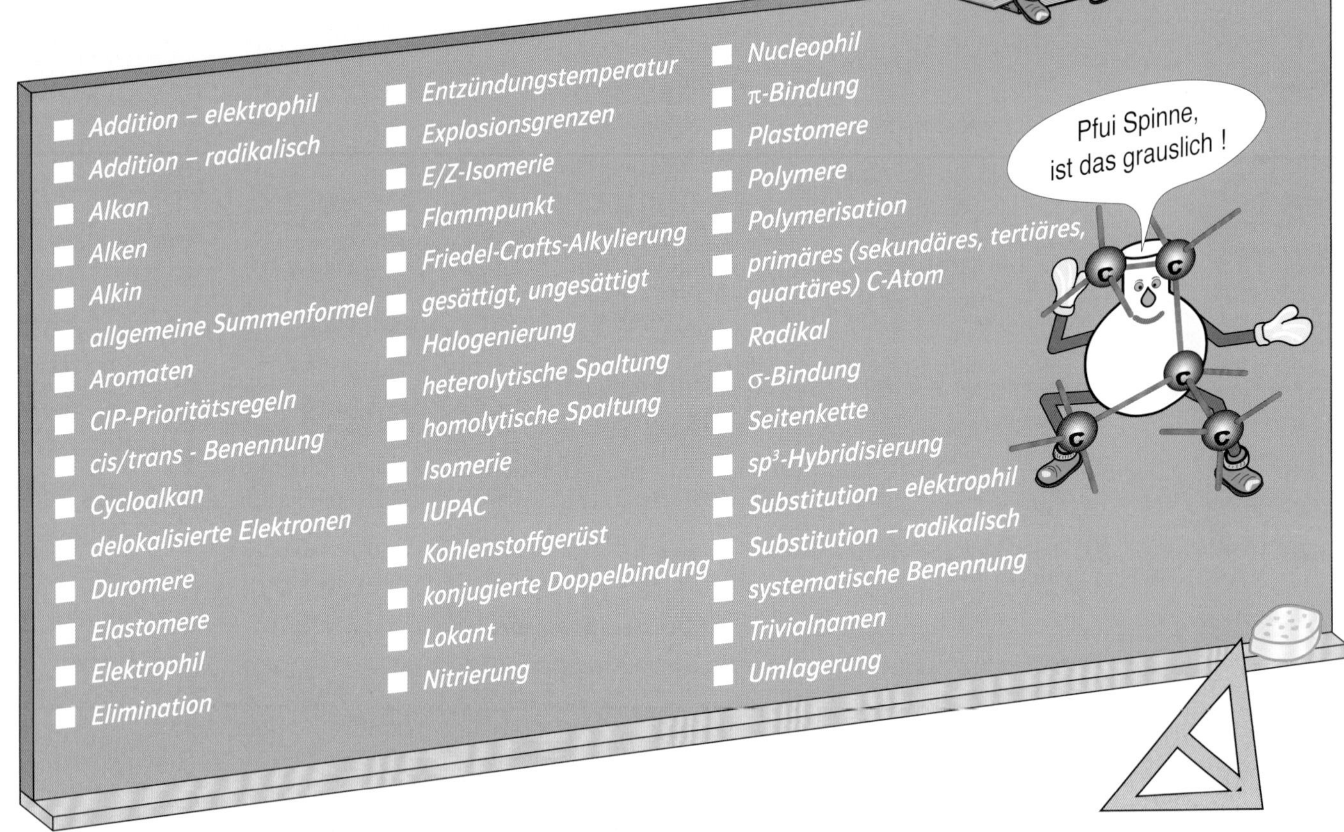

- Addition – elektrophil
- Addition – radikalisch
- Alkan
- Alken
- Alkin
- allgemeine Summenformel
- Aromaten
- CIP-Prioritätsregeln
- cis/trans - Benennung
- Cycloalkan
- delokalisierte Elektronen
- Duromere
- Elastomere
- Elektrophil
- Elimination
- Entzündungstemperatur
- Explosionsgrenzen
- E/Z-Isomerie
- Flammpunkt
- Friedel-Crafts-Alkylierung
- gesättigt, ungesättigt
- Halogenierung
- heterolytische Spaltung
- homolytische Spaltung
- Isomerie
- IUPAC
- Kohlenstoffgerüst
- konjugierte Doppelbindung
- Lokant
- Nitrierung
- Nucleophil
- π-Bindung
- Plastomere
- Polymere
- Polymerisation
- primäres (sekundäres, tertiäres, quartäres) C-Atom
- Radikal
- σ-Bindung
- Seitenkette
- sp^3-Hybridisierung
- Substitution – elektrophil
- Substitution – radikalisch
- systematische Benennung
- Trivialnamen
- Umlagerung

2. Fähigkeiten und Fertigkeiten, die ich aus diesem Kapitel anwenden kann:

Ich kann:

- Ich kenne die Bindungsmöglichkeiten zwischen Kohlenstoffatomen, die sich dadurch ergebende Hybridisierung und Struktur der Kohlenwasserstoffe.
- Ich kann die unterschiedlichen Formelschreibweisen ineinander umformen.
- Ich kann von der allgemeinen Summenformel auf Strukturmerkmale schließen und umgekehrt.
- Ich kann zu einer allgemeinen Summenformel Isomere zeichnen (siehe Übung 165.4).
- Ich beherrsche die Benennung von (halogenierten) Kohlenwasserstoffen.
- Ich erkenne bei Alkenen E- und Z-Isomere (siehe Übungen 169.1 bis 169.5).
- Ich kann aromatische Verbindungen benennen.
- Ich kann die Eigenschaften von Kohlenwasserstoffen aufgrund ihrer Struktur erklären.
- Ich kenne das Prinzip der radikalen Substitution und kann wahrscheinliche Produkte nennen.
- Ich kenne das Prinzip der elektrophilen Substitution am Aromaten und kann wahrscheinliche Produkte nennen.
- Ich kenne das Prinzip der elektrophilen Addition und kann wahrscheinliche Produkte nennen.
- Ich kenne die wichtigsten Kohlenwasserstoffe, ihre Eigenschaften und Verwendungszwecke.
- Ich kenne die wichtigsten Polymere, ihre Eigenschaften und Verwendungszwecke.

8 Organische Verbindungen mit Hetero-Atomen

Als Heteroatome (griech, heteros das andere) bezeichnet man in der organischen Chemie andere Atome als Kohlenstoff und Wasserstoff.

Die bisher betrachteten Kohlenwasserstoffe haben zwei Haupteigenschaften gemeinsam. Die erste ist die Hydrophobie mit allen daraus resultierenden Konsequenzen wie zB Wasserunlöslichkeit, die zweite ist die Reaktionsträgheit. Auch Halogene ändern an diesen Eigenschaften nur wenig, deshalb wurden auch Halogenkohlenwasserstoffe schon im letzten Kapitel behandelt. Die Vielfalt der heute bekannten über 100 Millionen organischen Verbindungen lässt sich mit Kohlenwasserstoffen alleine nicht realisieren. Erst durch Heteroatome im Molekülverband wird diese Vielfalt möglich.

Das wichtigste und häufigste Heteroatom ist Sauerstoff. Durch die große Elektronegativitätsdifferenz zum Kohlenstoff und zum Wasserstoff entstehen polare Bereiche im Molekül, die Wasserstoffbrücken bilden können. Dadurch entstehen wasserlösliche Moleküle oder zumindest Molekülteile.

Diese Wasserlöslichkeit ermöglicht den organischen Verbindungen erst ihre vielfältigen Eigenschaften zu entwickeln.

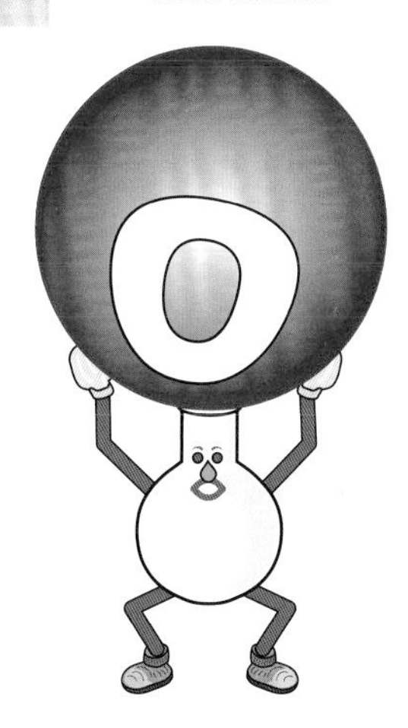

Alkohole, Zucker, Carbonsäuren, Ester und viele andere Substanzen aus der Welt der organischen Chemie gewinnen durch die Anwesenheit von Sauerstoff im Molekül ihre speziellen Eigenschaften. Dazu gehört zB die Fähigkeit Membranen zu bilden, ebenso wie die Fähigkeit „Waschwirkung" zu entfalten.

Nach dem Sauerstoff spielt der Stickstoff ebenfalls eine bedeutende Rolle als Heteroatom in organischen Molekülen. Die bekanntesten dieser Moleküle sind wohl die Aminosäuren, die unser Eiweiß aufbauen, als auch die Polyamide, die wir als in weiten Bereichen einsetzbare Kunststoffe kennen.

„Inspektor DNA" ist heute in Kriminalfilmen ein häufiger Gast. Ohne Phosphor im Molekül ist DNA nicht denkbar. Man kann also etwas übertrieben sagen, Phosphor ist das Element der Vererbung! Aber auch unser „Energietransporter" im Körper, das ATP, ist ein Molekül mit Phosphoratomen.

Wer kennt nicht den Ausruf „Das stinkt ja nach Schwefel"! Viele Biomoleküle, wie einige Aminosäuren des Eiweißes und Coenzyme enthalten Schwefelatome.

Zersetzen sich diese Stoffe bzw. deren Moleküle so bilden sich niedermolekulare Schwefelverbindungen, unter anderem Schwefelwasserstoff. Diese Moleküle sind es, die den unangenehmen Geruch verbreiten. Der Schwefel selbst ist defacto geruchlos!

Die genauere Betrachtung von organischen Verbindungen mit Heteroatomen und die mit ihnen verbundenen vielfältigen neuen Eigenschaften soll uns das Verständnis für die organische Chemie als Grundlage von Ernährung und Leben ermöglichen.

8.1 Funktionelle Gruppen

Stoffklassen – Kohlenwasserstoff-Rest – Rangordnung der funktionellen Gruppen

Abb. 192-1: *Vom Kohlenwasserstoff zu Stoffen mit funktionellen Gruppen*

Ein oder mehrere Wasserstoffatome eines Kohlenwasserstoff-Moleküls können durch andere Atome oder Atomgruppen ersetzt werden. Dadurch entstehen Verbindungen, die andere Eigenschaften als die ursprüngliche Kohlenwasserstoffverbindung besitzen. Diese Molekülteile, die die Eigenschaften und das Reaktionsverhalten beeinflussen, nennt man funktionelle Gruppen.

Stoffklassen

Jeder funktionellen Gruppe entspricht eine Stoffklasse, dh. eine Reihe von Verbindungen, die bestimmte Eigenschaften und ein bestimmtes Reaktionsverhalten gemeinsam haben.

So wird zB die Zugehörigkeit zur Stoffklasse der **Alkohole** durch die **Hydroxygruppe -OH** festgelegt. Diese Hydroxygruppe ermöglicht Wasserstoffbrücken und bewirkt unter anderem die leichte Wasserlöslichkeit von kurzkettigen Alkoholen.

Weiters stellt die funktionelle Gruppe eine reaktives Zentrum dar, an dem bestimmte Reaktionen ablaufen können.

Die Benennung erfolgt durch eine entsprechend Endung (Suffix) beim Namen des Kohlenwasserstoffs. Bei Alkoholen ist dies die Endung -ol. So heißt zB der Alkohol in alkoholischen Getränken, der aus zwei C-Atomen aufgebaut ist, Ethanol. Bei längerkettigen Verbindungen muss natürlich auch ein Lokant für die Position der funktionellen Gruppe angegeben werden.

Sind mehrere gleichartige funktionelle Gruppen vorhanden, verwendet man die übliche Vorsilben di-, tri- ..., wie es bei der Kohlenwasserstoffbenennung besprochen wurde.

Der Kohlenwasserstoffrest *-R*

Da die funktionelle Gruppe weitgehend entscheidend für die Eigenschaften und das Reaktionsverhalten ist, wird zB bei einem Reaktionsschema häufig -R als Platzhalter für eine beliebige Kohlenwasserstoffkette angegeben.

Man schreibt daher zB R-OH für die Stoffklasse der Alkohole.

Wichtige funktionelle Gruppen und ihre Benennung

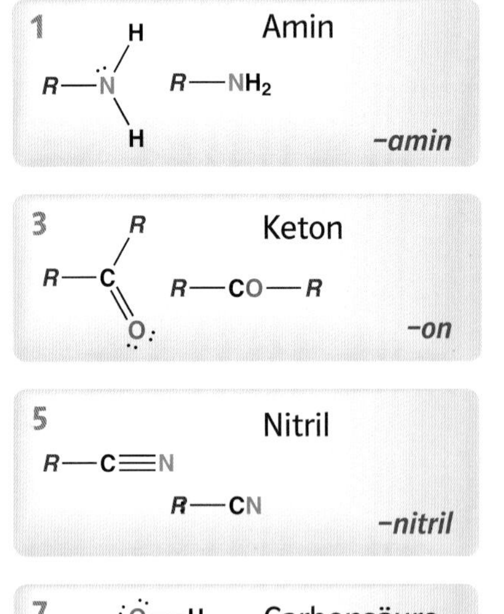

2 Alkohol — R—OH — *-ol*

4 Aldehyd — R—CHO — *-al*

6 Ester — R—COO—R — *-ester*

8 Carbonsäure-Salz — R—COO$^{\ominus}$ — *-oat*

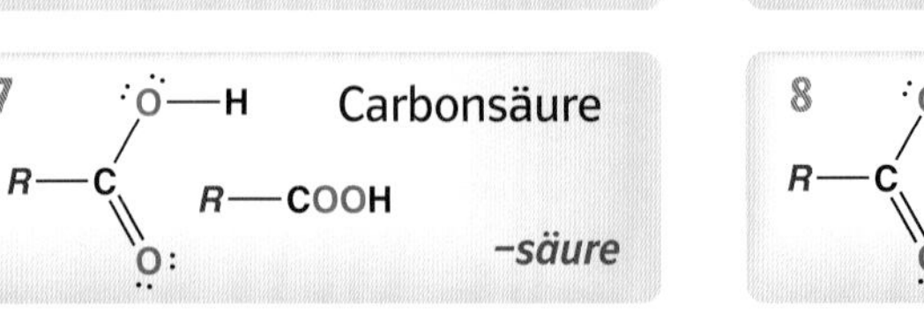

1 < 2 < 3 < 4 < 5 < 6 < 7 < 8 ... steigende Rangordnung

Stoffklasse

Strukturformel – Halbstrukturformel

-nitril -... Suffix

R-NH$_2$ *Stoffklasse:* **Amine**

R- = $-CH_3$ — H_3C-NH_2 Methanamin

R- = $-CH_2-CH_3$ — $H_3C-CH_2-NH_2$ Ethanamin

R-OH *Stoffklasse:* **Alkohole**

R- = $-CH_3$ — H_3C-OH Methanol

R- = $-CH_2-CH_3$ — H_3C-CH_2-OH Ethanol

R-CO-R *Stoffklasse:* **Ketone**

R- = $-CH_3$ — $H_3C-CO-CH_3$ Propanon

R_1- = $-CH_3$ und R_2- = $-CH_2-CH_3$ — $H_3C-CO-CH_2-CH_3$ Butanon

R-CHO *Stoffklasse:* **Aldehyde**

R- = -H — H-CHO Methanal

R- = $-CH_3$ — H_3C-CHO Ethanal

R-COOH *Stoffklasse:* **Carbonsäuren**

R- = -H — H-COOH Methansäure

R- = $-CH_3$ — $H_3C-COOH$ Ethansäure

Abb. 192-2: *Benennung der Stoffklassen*

Beispiele

Butan-1-amin — Propan-2-ol — Propan-1,3-diol

Butanal — Propanon — Propansäure

E-Butendisäure — 2-Methylbutansäure — Propanoat

Verbindungen mit unterschiedlichen funktionellen Gruppen

In einem Molekül können natürlich auch unterschiedliche funktionelle Gruppen vorhanden sein. Die aus der Biologie bekannten Aminosäuren enthalten die funktionelle Gruppe der Amine $-NH_2$ und die funktionelle Gruppe der Carbonsäuren –COOH.

Die Gruppe mit der höheren Rangordnung entscheidet über die Zugehörigkeit zu einer Stoffklasse und über das Suffix. In der Tabelle auf Seite 192 sind die funktionellen Gruppen nach steigender Rangordnung aufgelistet.

Die Aminosäuren gehören daher zur Stoffklasse der Säuren. Die Bezeichnung für die funktionelle Gruppe mit niedrigerer Rangordnung wird als vorangestellter Wortteil (Präfix) vor dem Grundnamen des Kohlenwasserstoffs angegeben.

Benennung der Gruppen mit niedrigerer Rangordnung

$R—NH_2$ *Amino-*

R—OH *Hydroxy-*

R—CHO *Oxo-*

R—CO—R *Oxo-*

R—COOH *Carboxy-*

R—CN *Cyano-*

Sind zB auch Seitenketten im Molekül vorhanden, werden alle Präfixe nach alphabetischer Ordnung angeführt.

Beispiele

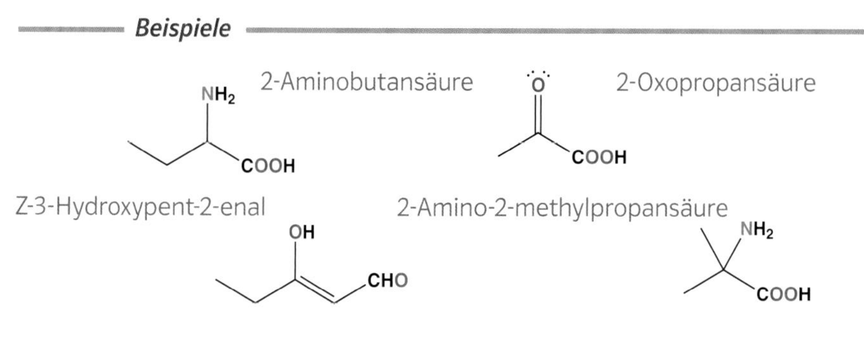

Übungen 193.1 bis 193.4

1. Benenne die folgenden Verbindungen und nenne die Stoffklasse.

a) *b)* *c)* *d)* *e)* *f)*

2. Erstelle die Strukturformel von:
   a) 2-Methylbutan-1-ol
   b) 1-Methylcyclopentan-1-ol
   c) Propan-1,3-diamin
   d) 2-Methylhexan-1,6-dial
   e) Hex-3-enal
   f) Z-Butendisäure
   g) 3-Aminopentansäure
   h) 2,3-Dihydroxybutandisäure
   i) 2-Hydroxy-3,3-dimethylhexansäure

3. INCI vom englischen - International Nomenclature of Cosmetic Ingredients - bezeichnet eine internationale Richtlinie für die korrekte Angabe der Inhaltsstoffe von Kosmetika. Die unten abgebildeten zwei Duftstoffe werden laut INCI Citronellal und Linalool benannt.

   Benenne diese Moleküle systematisch und ordne ihnen den INCI Namen zu:

4. Übertrage sämtliche Skelettstrukturformeln in Halbstrukturformeln.

8.2 Alkohole

Einteilung der Alkohole – Eigenschaften der Alkohole

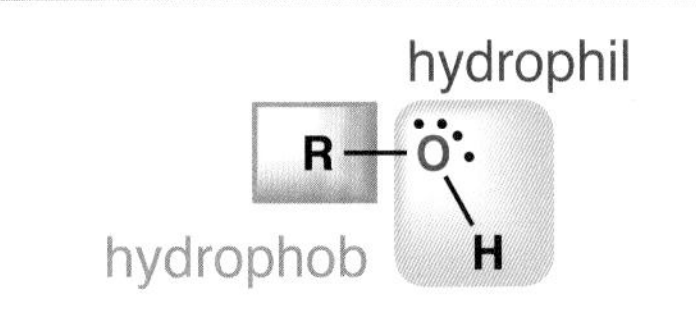

Abb. 194–1: Polarität eines Alkoholmoleküls

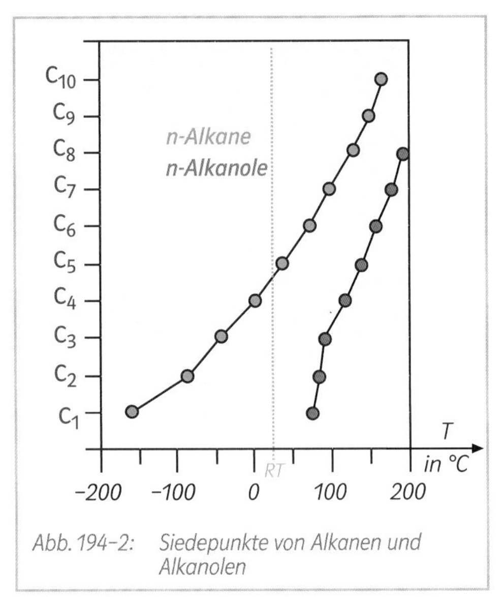

Abb. 194–2: Siedepunkte von Alkanen und Alkanolen

Schüler-Experiment 8.1

Wasserlöslichkeit von Alkoholen

Übungen 194.1 bis 194.4

1. Erstelle die Strukturformel:
   a) Ethandiol
   b) 2,3-Dimethylhexan-3-ol
   c) Cyclohexanol
   d) 3-Methylhexan-2,3-diol
   e) 3,4-Dihydroxyhexandisäure
2. Ordne die Beispiele aus Aufgabe 194.1 in einwertige und mehrwertige Alkohole. Welche der –OH Gruppen sind primär, sekundär bzw. tertiär?
3. Warum ist bei der Angabe „Ethandiol" keine Lokantenangabe notwendig?
4. Erstelle die Strukturformel von jeweils einem primären, sekundären und tertiären einwertigen Alkohol mit 5 C-Atomen. Benenne diese Alkohole systematisch.

Die funktionelle Gruppe der Alkohole ist die **Hydroxygruppe –OH**. Das Suffix bei Alkoholen ist –ol plus dem entsprechenden Lokanten.

Ist neben der Hydroxygruppe noch eine ranghöhere funktionelle Gruppe (zB Säure) vorhanden, verwendet man das Präfix „**Hydroxy–**". Dies wird mit dem entsprechenden Lokanten in alphabetische Reihenfolge mit eventuell vorhandenen Seitenketten und weiteren rangniedrigeren funktionellen Gruppen vor dem Grundnamen angegeben.

Beispiele

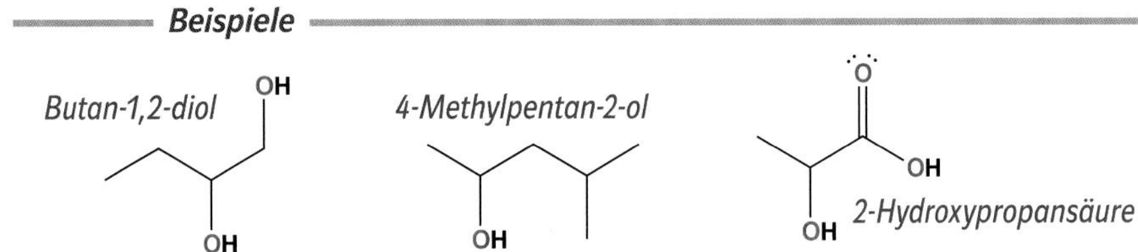

Einteilung der Alkohole

- Nach der Anzahl der OH-Gruppen unterscheidet man einwertige, zweiwertige und mehrwertige Alkohole. In der Benennung gibt man die Anzahl der OH-Gruppen mit di-, tri- usw. an.

  Jeder Kohlenstoff kann nur mit einer OH-Gruppe verbunden sein. Die Anzahl der C-Atome in einem Molekül gibt auch die Anzahl der maximal möglichen OH-Gruppen an (Erlenmeyerregel). Ausnahmen davon sind sehr selten.

  OH *Cyclohexanol* *Einwertiger A.* — OH OH *Propan-1,2-diol* *Zweiwertiger A.* — OH HO OH *Cyclopent-1-en-3,4,5-triol* *Dreiwertiger A.*

- Nach der Stellung der OH-Gruppe unterscheidet man **primäre**, **sekundäre** und **tertiäre** Alkohole, je nachdem ob die OH-Gruppe an ein primäres, sekundäres oder tertiäres C-Atom gebunden ist. Diese Einteilung fließt in die Namensgebung nicht ein, hat aber Einfluss auf das Reaktionsverhalten.

  $H_3C-CH_2-CH_2$ OH *Propan-1-ol* *Primärer A.* — $H_3C-CH-CH_3$ OH *Propan-2-ol* *Sekundärer A.* — H_3C OH C H_3C CH_3 *Methyl-propan-2-ol* *Tertiärer A.*

Physikalische Eigenschaften der Alkohole

Die physikalischen Eigenschaften der Alkohole sind von der Hydroxy-Gruppe bestimmt. Zwischen dem Sauerstoff- und dem Wasserstoff-Atom besteht ein großer Elektronegativitätsunterschied. Dadurch ist das H-Atom positiv polarisiert und das O-Atom negativ polarisiert. Damit sind die Voraussetzungen für die Ausbildung von Wasserstoff-Brücken gegeben (siehe Abb. 194–1).

Aggregatzustand

Die Siedepunkte der Alkohole liegen daher wesentlich höher als die der entsprechenden Kohlenwasserstoffe (siehe Abb. 194–2). Bereits Methanol, der leichteste Alkohol, ist bei Raumtemperatur eine Flüssigkeit. Die kurzkettigen Alkohole sind dünnflüssig und besitzen einen charakteristischen Alkohol-Geruch. Ab 12 C-Atomen sind Alkohole bei Zimmertemperatur fest. Mehrwertige Alkohole können verstärkt Wasserstoffbrücken bilden. Kurzkettige mehrwertige Alkohole sind daher zähflüssig. Ab 5 C-Atomen sind sie bereits Feststoffe. Charakteristisch für mehrwertige Alkohole ist der süße Geschmack.

Wasserlöslichkeit

Die polare OH-Gruppe bildet einen hydrophilen Bereich. Kurzkettige Alkohole sind daher wasserlöslich. Je länger allerdings die Kohlenstoffkette, desto schlechter ist die Wasserlöslichkeit. Bei mehrwertigen Alkoholen steigt die Wasserlöslichkeit mit der Anzahl der OH-Gruppen (Schülerexperiment 8.1). Faustregel: Eine –OH Gruppe kompensiert ca. 3 – 4 C-Atome.

Wichtige Alkohole

Methanol (Methylalkohol)

Eigenschaften

Methanol ist eine klare Flüssigkeit mit einem Siedepunkt von 64,5 °C. Methanol ist bei Einnahme (durch Trinken oder Einatmen) giftig. Er führt zu Herz- und Muskelschwäche, zu Erblindung und bei einer Überdosis zum Tod.

Methanol wird im Körper zu Methanal (Formaldehyd) und zu Methansäure (Ameisensäure) oxidiert, die zum Großteil die Vergiftungserscheinungen hervorrufen.

Bei der Zersetzung von Pektinen kann Methanol gebildet werden. Pektine sind kohlenhydratähnliche Pflanzeninhaltsstoffe, die häufig mit Methanol verbunden sind. Beim Vergären pektinhältiger Früchte (zB Äpfel, Ribisel) entsteht daher auch Methanol, der bei fachgerechter Destillation („Schnapsbrennen") großteils verworfen wird.

Allerdings kam es in Italien 1986 zu einem Weinskandal. Bei der Herstellung von Kunstwein wurde aus Versehen auch ein Tank Methanol verarbeitet. So gelangten methanolhältige Weine auf den Markt und führten zum Tod von 22 Menschen. Zu einer weiteren tragischen Methanolvergiftung kam es 2012 in Tschechien. Mit Methanol gepanschte Spirituosen führten zu 38 Todesfällen.

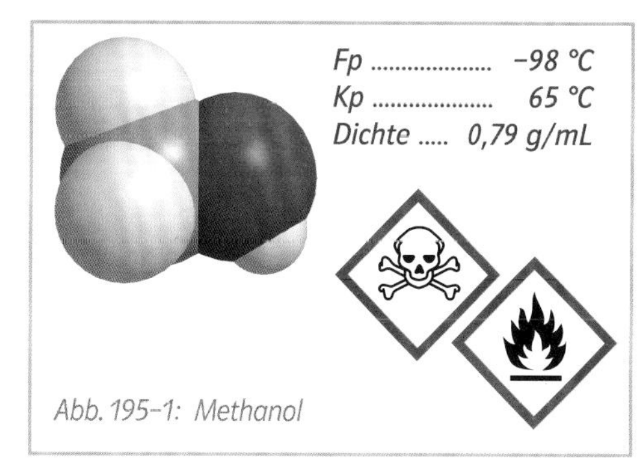

Abb. 195-1: Methanol

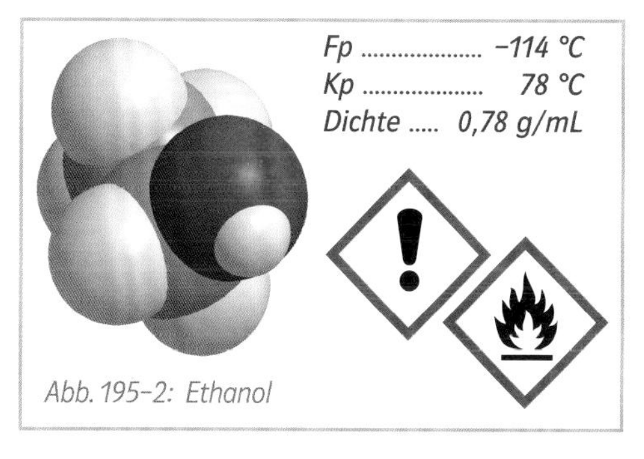

Abb. 195-2: Ethanol

Verwendung

Methanol ist ein wichtiger Syntheserohstoff. Die Jahresproduktion beträgt weltweit ca. 20 Millionen Tonnen. Ein Großteil des Methanols wird weiter zu Methanal (Formaldehyd) verarbeitet, der seinerseits wieder ein wichtiger Syntheserohstoff ist (zB für die Kunststoffherstellung zur Spanplattenproduktion).

Methanol gewinnt technisch immer mehr an Bedeutung. Man spricht von einer sogenannten C1-Chemie. Viele wichtige Stoffe können aus einfachen Verbindungen mit einem Kohlenstoff-Atom aufgebaut werden. Zum Unterschied dazu verlaufen die meisten biochemischen Prozesse über Bausteine mit zwei C-Atomen.

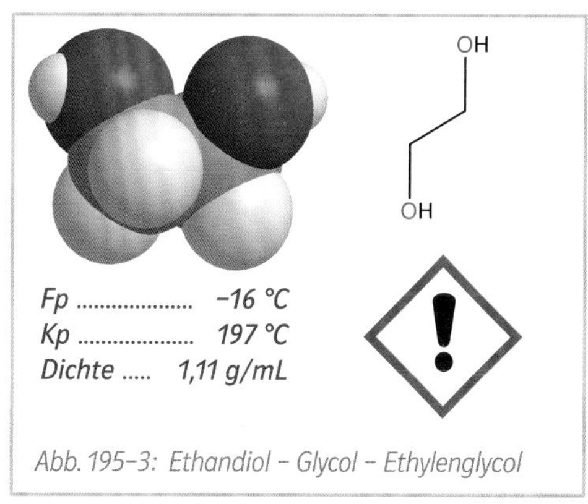

Abb. 195-3: Ethandiol - Glycol - Ethylenglycol

Ethanol (Ethylalkohol, Weingeist)

Ethanol ist der Alkohol in alkoholischen Getränken. Siehe Exkurs Seite 198 - 199.

Glycol (Ethandiol, Ethylenglycol)

Glycol ist eine klare Flüssigkeit mit süßlichem Geschmack. Glycol ist gesundheitsschädlich - es wirkt schleimhautreizend, narkotisierend und greift innere Organe an. In höheren Dosen (ca. 1,4 Milliliter/kg Körpergewicht) kann es zum Tod führen. Hauptsächlich wird Glycol als Frostschutzmittel eingesetzt. Weiters ist es eine wichtige Komponente für Polyester.

Diethylenglycol, ein Derivat des Ethylenglycols (Abb 195-4), wurde von einigen österreichischen und deutschen Weinbauern illegal dem Wein zugesetzt. Durch den süßen Geschmack von Diethylenglycol täuschten sie eine nicht vorhandene Qualität vor. Der dadurch ausgelöste „Weinskandal" wurde 1984 aufgedeckt. Unzählige Weinproben wurden untersucht und „gepanschte" Weine mussten entsorgt werden. Das Ansehen österreichischer Weine sank aufgrund dieses Vorfalls im In- und Ausland.

Im November 1985 wurde ein neues Weingesetz erlassen, das strenge Richtlinien hinsichtlich Zuckerzusatz, Kennzeichnung und Kontrolle enthält.

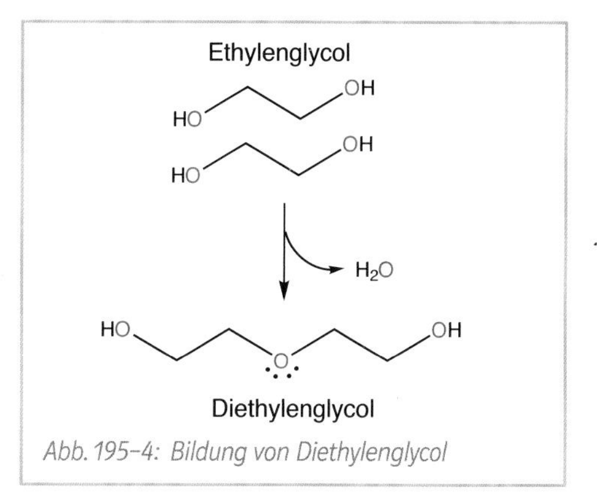

Abb. 195-4: Bildung von Diethylenglycol

Glycerol (Propantriol, Glycerin)

Glycerol ist eine süßlich schmeckende, zähe Flüssigkeit. Glycerol ist ein Molekülbestandteil der Speisefette und kommt in dieser Form in großen Mengen in der Natur vor. Früher wurde Glycerol hauptsächlich durch Fettspaltung gewonnen. Heute wird es in erster Linie aus Propen hergestellt.

Glycerol wird in der Kunststoff-, Lebensmittel- und Kosmetikindustrie eingesetzt. Ein kleiner Prozentsatz wird zum Sprengstoff Glyceroltrinitrat (Nitroglycerin) weiterverarbeitet.

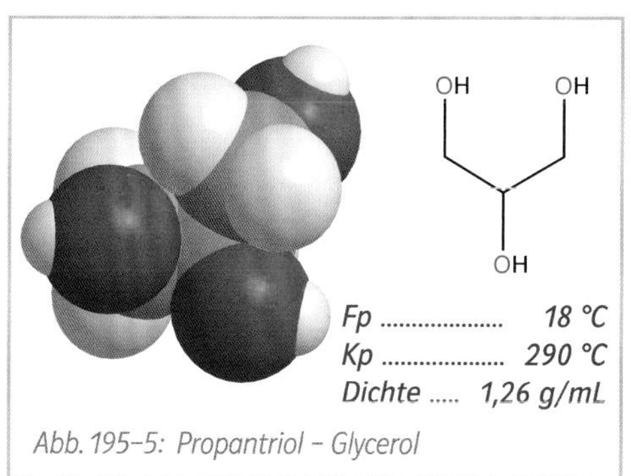

Abb. 195-5: Propantriol - Glycerol

Ethanol und alkoholische Getränke

Gewinnung – Genussmittel – Gesundheitliche Probleme

Ethanol-Erzeugung

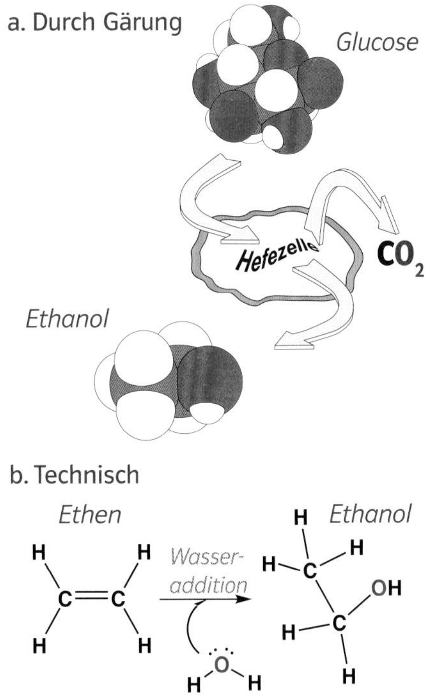

a. Durch Gärung

Glucose

Hefezelle

CO_2

Ethanol

b. Technisch

Ethen

Wasser-addition

Ethanol

Abb. 196–1: Erzeugung von Ethanol

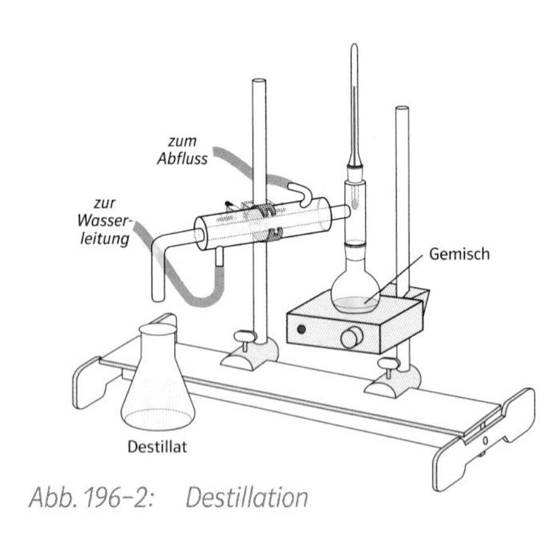

Abb. 196–2: Destillation

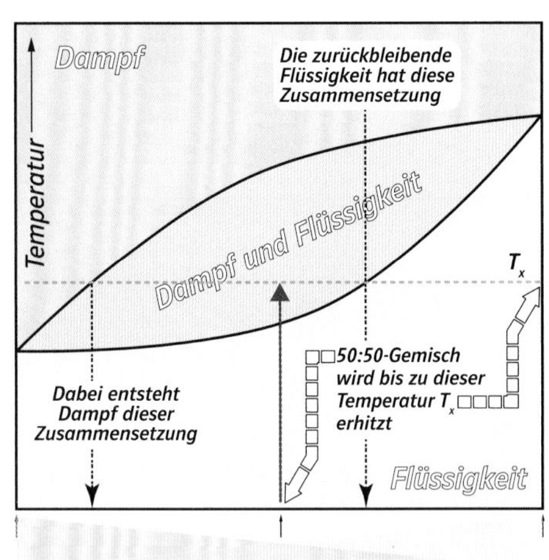

Abb. 196–3: Siedediagramm eines Gemisches

Gewinnung

Ein Großteil von Ethanol, insbesondere für alkoholische Getränke, wird durch Vergären von Kohlenhydraten gewonnen (Abb. 196–1):

$$C_6H_{12}O_6 \rightarrow 2\,C_2H_5OH + 2\,CO_2\uparrow$$

Traubenzucker *Ethanol*

Durch Gärung kann unter optimalen Bedingungen ein Ethanolgehalt von maximal 20 Vol.-% erreicht werden.

Durch **Destillation** wird die Alkoholkonzentration erhöht. Allerdings ermöglicht auch wiederholte Destillation aufgrund der starken Wasserstoffbrücken zwischen Ethanol und Wasser nur eine Alkoholkonzentration von 96 %. Eine Alkohol-Wasser-Mischung in diesem Verhältnis verhält sich hinsichtlich ihres Siedeverhaltens wie ein Reinstoff. Man nennt das ein „**azeotropes Siedeverhalten**" (Abb. 197–1). Um reines Ethanol zu erhalten, setzt man wasserentziehende Stoffe, zB CaO, zu, um das Restwasser zu entfernen. Wasserfreies Ethanol nennt man „**absoluten Alkohol**".

Technisches Ethanol kommt in Form von **Spiritus** (Alkoholkonzentration ca. 90 %) in den Handel. Um das Umgehen der Alkoholsteuer durch den Verkauf des für technische Zwecke gedachten Alkohols als Genussalkohol zu verhindern, wird Ethanol durch Zugabe von Benzin und Bitterstoffen ungenießbar gemacht („**vergällter Alkohol**"). Die technische Bedeutung von Ethanol sinkt stetig, da es in vielen Fällen von Methanol verdrängt wird.

Ethanol als Genussmittel – alkoholische Getränke

Unter alkoholischen Getränken fasst man alle ethanolhältigen Genussmittel zusammen. Der Ethanolgehalt der einzelnen Getränke ist in vielen Fällen gesetzlich geregelt. Er variiert zwischen 2,5 Vol.-% Ethanol bei leichten Bieren und bis zu 80 Vol.-% bei Inländer-Rum.

Die Stellung der Gesellschaft zu alkoholischen Getränken ist zwiespältig. Die schweren gesundheitlichen Folgen von übermäßigem Alkoholgenuss und das Suchtverhalten von Teilen der Bevölkerung in fast allen Ländern hat zu Versuchen geführt, alkoholische Getränke zu verbieten, zB in der **Prohibitionszeit** in den USA 1920 – 1933. Dies verminderte den Alkoholkonsum und seine problematischen Folgen, führte aber zur Ausbildung von kriminellen Strukturen (organisierte Kriminalität), sodass das Verbot wieder fallen gelassen wurde.

In vielen Ländern wird auch heute der Alkoholkonsum durch gesetzliche Maßnahmen eingeschränkt (begrenzte Verkaufszeiten, hohe Besteuerung und damit Verteuerung) oder er ist aus religiösen Gründen verboten. Eine völlige Abschaffung von alkoholischen Getränken gelingt aber nirgends.

Andererseits sind alkoholische Getränke ein Teil der Ess- und Festkultur, und die Produktion der Getränke ist ein wichtiger Wirtschaftsfaktor und ein bedeutender Industriezweig geworden, wie zB die Brauereiindustrie. Der Weinbau ist in manchen Gegenden (Frankreich, Italien, Spanien, aber auch Österreich) die Einkommensbasis eines bedeutenden Teiles der Bevölkerung.

Gesundheitliche Probleme durch Alkohol

Ethanol ist in hoher Konzentration giftig. In Form alkoholischer Getränke wirkt es in kleineren Mengen (0,2 – 2,0 Promille Blutalkoholgehalt) stimulierend.

Bei größeren Mengen treten akute Vergiftungserscheinungen wie Kopfschmerzen und Übelkeit auf. Hohe Dosen (über 3 Promille) können zu Bewusstlosigkeit und zum Tod durch Atemstillstand führen. Durch rasches Trinken hochprozentiger Getränke kann die „Bewusstlosigkeitsschranke" übersprungen werden. Eine besondere Gefahr stellt das unbewußte Einatmen von Erbrochenem dar, das zum Erstickungstod führen kann.

Akute Alkoholvergiftungen bedürfen intensivmedizinischer Betreuung.

Schnaps zum Aufwärmen?

Häufig sind auch Todesfälle durch Erfrieren bei Bewusstlosigkeit in der kalten Jahreszeit. Da Ethanol die äußeren Blutgefäße erweitert („Säufernase") entsteht ein subjektives Wärmegefühl beim Trinken von „Schnaps zum Aufwärmen". Aber so tritt Unterkühlung besonders rasch ein. Der Lawinenhund mit dem Schnapsfass ist eine Legende! Ein Unterkühlter darf keinesfalls Alkohol zu sich nehmen, da er dadurch die letzten Wärmereserven der inneren Organe nach außen abgibt.

Langfristige Schäden

Regelmäßig und langfristig genossene größere Alkoholmengen führen zu chronischer **Alkoholvergiftung**. Besonders stark betroffen ist die Leber. Der Alkohol wird zur Fettsynthese verwendet, es entsteht eine **alkoholische Fettleber**. Längerfristig ist die Leber überfordert, Leberzellen sterben ab, Enzyme aus den Leberzellen sind in höheren Konzentrationen im Blut nachweisbar („Leberwerte"). Durch eine Blutanalyse kann ein beginnender Leberschaden erkannt werden. Weiterer Alkoholmissbrauch führt schließlich zur **Leberzirrhose**. Dabei entsteht Bindegewebe in der Leber, die Durchblutung ist gestört und die Leber verliert ihre Funktionsfähigkeit mit tödlichem Ausgang.

Ethanol besitzt einen hohen Nährwert (ca. 30 kJ/g). **Alkoholiker** decken zumeist einen Großteil ihres Energiebedarfes mit Alkohol. Mangel an Vitaminen und anderen wichtigen Nahrungsbestandteilen verstärken die schädlichen Wirkungen des Ethanols.

Übermäßiger Alkoholkonsum über längere Zeiträume führt zu physischer und psychischer Abhängigkeit, der **Alkoholkrankheit**. Beim Alkoholkranken treten die Symptome der chronischen Vergiftung auf. Neben den erwähnten Leberschäden sind langfristig schwere Gehirnschäden bis zur Demenz möglich. Ob Alkohol selbst krebserregend ist, ist nicht eindeutig geklärt. Er gilt aber als Co-Carcinogen. Er fördert die Entstehung verschiedener Krebsarten zB Leberkrebs oder Speiseröhrenkrebs.

In der EU schätzt man, dass über 7 % aller vorzeitigen Todesfälle auf Alkohol zurückzuführen sind. Er ist damit die dritthäufigste Todesursache nach Tabakkonsum und Bluthochdruck.

Alkoholkrankheit

Die Alkoholkrankheit ist geprägt durch zwanghaftes Verlangen nach Alkohol (Craving), verminderte Kontrollfähigkeit bezüglich des Konsums und körperlichen **Entzugserscheinungen** wie starkes Zittern bei Ausbleiben des Konsums. Bei langjähriger Alkoholkrankheit können beim Entzug Delirien mit Wahnvorstellungen auftreten. Der Alkoholkranke kann nicht mehr selbst seine Krankheit überwinden. Beim Entzug unter ärztlicher Aufsicht in entsprechenden Einrichtungen können die physischen Symptome beseitigt werden (Entgiftung). Die psychische Abhängigkeit zu überwinden gelingt nur bei langfristiger Therapie, die in etwa 85 % der Fälle von Rückfällen begleitet ist. Vor allem das Eingestehen der Krankheit und der feste Wille zum Entzug sind erforderlich. Auch ein Wechsel des sozialen Umfeldes ist nötig, da Alkoholkranke meist nur Sozialkontakte zu einem von Alkohol bestimmten Umfeld haben.

Alkohol in der Schwangerschaft

Besonders schädlich ist Alkohol während der Schwangerschaft. Schon kleine Mengen sollten gemieden werden. Regelmäßiger starker Alkoholkonsum kann zu schweren Schädigungen des Fötus führen (fetales Alkoholsyndrom).

Alkohol im Straßenverkehr

Aufgrund der anregenden Wirkung von Alkohol neigen alkoholisierte Personen zur Selbstüberschätzung. Allerdings sind schon bei geringen Alkoholmengen die Reaktionsfähigkeit und das Sehvermögen (zB begrenzter Sehwinkel) stark beeinträchtigt. In Österreich gilt daher als gesetzliche Grenze für Verkehrsteilnehmer ein Blutalkoholgehalt von unter 0,5 ‰. Diese Grenze wird oft als zu hoch angesehen, da auch schon bei diesem Wert eine Beeinträchtigung der Fahrtüchtigkeit auftritt.

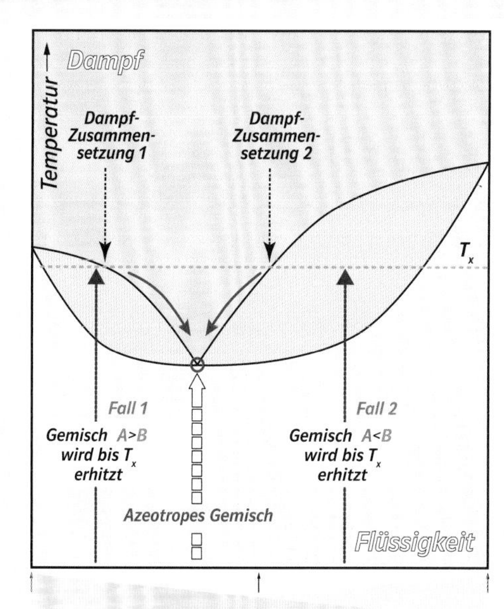

Die Zusammensetzung des Dampfes ändert sich während der Destillation in beiden Fällen der Zusammensetzung des azeotropen Gemisches. Da in diesem Punkt Dampf und zurückbleibende Flüssigkeit dieselbe Zusammensetzung aufweisen, findet keine Trennung mehr statt. Gemische, die ein Siedediagramm mit Azeotrop haben, können daher durch Destillation nicht bis zu 100 % getrennt werden.

Abb. 197–1: Siedediagramm eines azeotropen Gemisches

Österreichs Schüler sind beim Trinken Europameister

Ob Alkohol, Zigaretten oder Drogen: Österreichs Jugendliche sind im Europa-Vergleich auffällig oft berauscht. Die aktuelle „Europäische Schülerstudie zu Alkohol und Drogen" stellt ihnen ein verheerendes Zeugnis aus: 88 Prozent der heimischen Jugendlichen zwischen 15 und 16 Jahren gaben an, schon einmal Alkohol konsumiert zu haben. Und beim sogenannten Rausch-Trinken führt Österreich – gemeinsam mit Gleichaltrigen aus Zypern und Dänemark – die Negativ-Statistik an.

Abb. 197–2: Alkoholproblem in Österreich (Kurier vom 20. 9. 2016)

Abb. 198-1: Das Bierbrauen

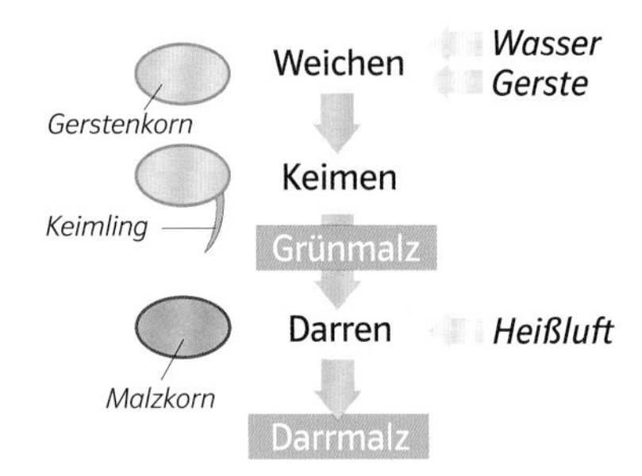

Abb. 198-2: Die Malzzubereitung

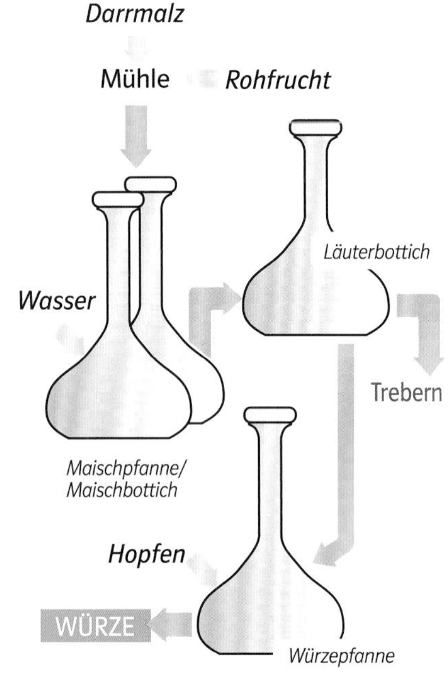

Abb. 198-3: Der Sudprozeß

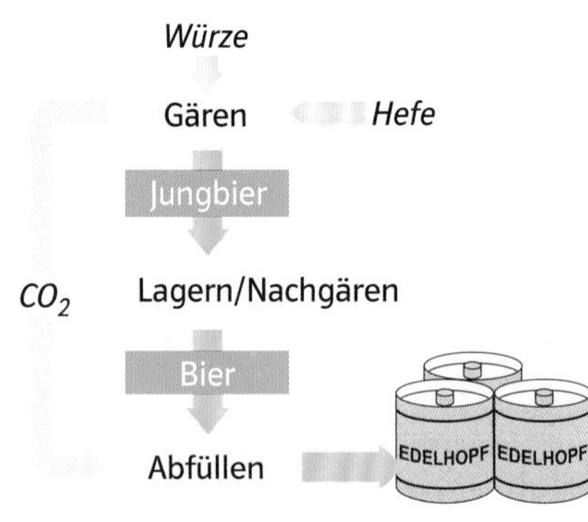

Abb. 198-4: Gärung und Lagerung

Alkoholische Getränke

Bier

Der Rohstoff für die Bierzubereitung ist in den meisten Fällen **Gerste**. Gerste ist eine der ältesten angebauten Getreidesorten. Die ersten „Biere" wurden durch Einweichen von Brot in Wasser hergestellt – vermutlich eine Zufallsentdeckung. Die Gerste besitzt gegenüber anderen Getreidesorten bestimmte Vorteile wie hohen Stärkeanteil, geringen Protein- und Fettgehalt und aufgrund von Gerbstoffen gute geschmackliche Eigenschaften. Die Bierbereitung kann in drei Vorgänge unterteilt werden.

Mälzen

Beim Mälzen wird der natürliche Vorgang des **Keimens** der Gerste durch Feuchtigkeit beschleunigt. Es werden eine Reihe von Enzymen gebildet. Besondere Bedeutung besitzen die **Amylasen**, die in der Lage sind, die Stärke abzubauen. Die Gerste wird 50 – 60 Stunden eingeweicht (Wechsel von Nass- und Trockenweiche). Die gekeimte Gerste (= **„Grünmalz"**) ist nicht lagerfähig und wird getrocknet (= **Darren**). Durch den Darrprozess erhält man das **Darrmalz** oder Malz. Je nach Darrtemperatur erhält man helles oder dunkles Malz, aus denen dann die entsprechenden hellen oder dunklen Biere gebraut werden.

Äußerlich unterscheidet sich Malz kaum von Gerste. Malz ist aber spröde und kann mit dem Fingernagel geknickt werden. Nur sehr große Brauereien besitzen heute eine eigene Mälzerei. Eine große Mälzerei befindet sich in Wien-Stadlau.

Brauen

Beim Brauen (im Sudhaus) wird die Stärke durch die gebildeten Enzyme abgebaut. Sie wird teils in Zucker (**Malzzucker** = Maltose), teils in **Dextrine** umgewandelt. Dextrine sind größere Abbauprodukte der Stärke, die nicht vergärbar sind.

Für die Abbauprozesse wird das Malz zerkleinert (geschrotet) und mit Wasser in der Maischpfanne/im Maischbottich vermischt (= „eingemaischt"). In Österreich darf dabei bis zu 25 % Rohfrucht, dh. unvermälzte Gerste, Reis oder Mais, zugesetzt werden.

Die **Maische** wird stufenweise auf immer höhere Temperaturen erhitzt und zum Schluss im Läuterbottich filtriert (= „geläutert"). Die unlöslichen Bestandteile (Trebern) werden als Tierfutter verwertet, das Filtrat (= „Würze") in der Würzepfanne mit **Hopfen** versetzt und gekocht. Durch dieses „Hopfenkochen" werden noch vorhandene Enzyme zerstört. Der Hopfen besitzt eine stabilisierende und konservierende Wirkung und trägt zum typischen Bittergeschmack des Bieres bei. Die „Bitterwürze" wird nun vergoren.

Gärung

Der gebildete Zucker kann zu Alkohol umgesetzt werden. Die Gärung wird durch **Hefe** eingeleitet. Heute wird zumeist eine sogenannte untergärige Hefe (dh. die Hefe setzt sich am Ende der Gärung am Boden des Gefäßes ab) eingesetzt. Es entstehen leichte, lagerfähige Biere. Nur einige wenige Biere (zB Weizen- oder Altbiere) werden durch „obergärige" Hefe hergestellt. Sogenannte „Craftbiere" – heute stark im Kommen – sind ebenfalls meist „obergärig". Das „Jungbier" wird noch einer Nachgärung – zum Zwecke geschmacklicher Verbesserung und Kohlendioxidanreicherung – unterzogen.

Wein

Wein entsteht bei der alkoholischen Gärung des zuckerhältigen Presssaftes von Weintrauben. Entscheidend für die Qualität des Weines sind die **Rebsorte**, der Lesezeitpunkt, die Gärung und die Nachbehandlung und Lagerung im Keller.

Maische

Nach der Lese werden die Trauben in der Traubenmühle zerquetscht (eingemaischt). Bei der Weißweinherstellung wird aus der Maische der Traubensaft (Most) durch Pressen gewonnen (**Keltern**). Der Pressrückstand (Treber oder **Trester**) kann noch zur Herstellung von Spirituosen dienen.

Bei der Rotweinherstellung lässt man die Maische einige Tage stehen. Der erste Teil der Gärung erfolgt in der Maische, damit sich der rote Farbstoff aus den Schalen löst. Erst dann erfolgt das Keltern. Presst man früher ab, so erhält man nur schwach färbige Roséweine.

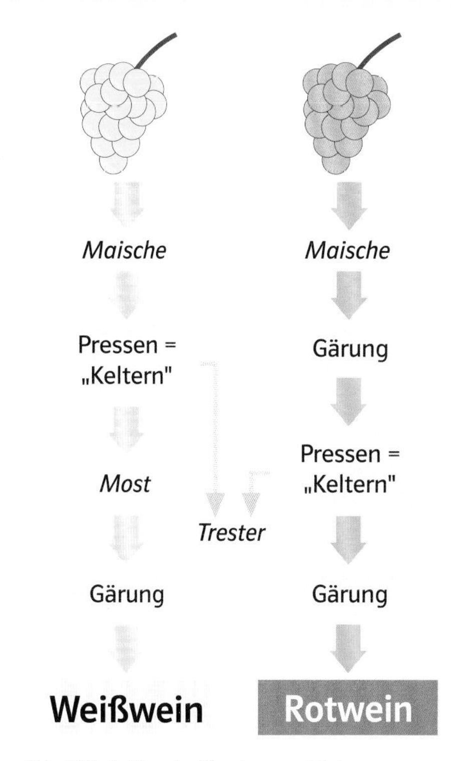

Abb. 199-1: Von der Traube zum Wein

Gärung

Die Hauptgärung erfolgt in Tanks oder großen Fässern. Sie setzt spontan ein, durch den Einfluss natürlicher Hefen, die an den Schalen der Weintraube leben, oder kann nach vorheriger Moststerilisation durch Zugabe von Hefekulturen eingeleitet werden. Durch die beim stürmischen Gären frei werdende Energie erhitzt sich der Wein, was zu einem Verlust wichtiger Aromastoffe führt. Man ist daher interessiert, die Gärung zu verlangsamen. Heute hat sich daher, besonders in der Weißweinherstellung, die temperaturkontrollierte Gärung in gekühlten Edelstahltanks durchgesetzt.

Nach der Gärung wird der Wein von abgesetzten Eiweiß- und Pektinstoffen und abgestorbener Hefe abgezogen und meist in großen Holzfässern einer Nachgärung unterzogen. Dabei verringert sich auch der Säuregehalt. Weinsäure scheidet sich als Kaliumsalz zum Teil aus (Weinstein), die stärkere Äpfelsäure wandelt sich unter CO_2-Abspaltung in die schwächere Milchsäure um (Biologischer Säureabbau, Malolaktik).

Lagerung und Abfüllung

Weißwein, den man häufiger „jung" trinkt, wird nach einigen Monaten in Flaschen abgefüllt. Rotwein wird in Lagerfässern bis zu einigen Jahren gelagert. Verwendet man kleine Eichenfässer (Barriquefässer; 225 Liter), so lösen sich durch die relativ große Oberfläche der kleineren Fässer Gerbstoffe aus dem Holz, die dem Rotwein eine charakteristische Geruchs- und Geschmacksnote verleihen. Das Weinaroma wird durch 600 – 800 Verbindungen bestimmt, die sich auch beim Lagern in der Flasche noch verändern.

Spezialweine

Spezielle Weine, wie Spätlesen, werden aus später gelesenen, zuckerreichen Trauben hergestellt. Der Zuckergehalt des Mostes kann durch Trockenbeeren oder durch die Ernte gefrorener Trauben, die sofort gepresst werden (Eiswein), weiter erhöht werden. Solche Dessertweine enthalten noch unvergorenen Zucker.

Durch das Weingesetz von 1985 wird die Weinerzeugung in Österreich streng kontrolliert. Auch die Kennzeichnung der Weine ist gesetzlich vorgeschrieben.

Spirituosen

Spirituosen sind Getränke mit einem hohen Ethanolgehalt. Grob kann man sie in solche, die durch Gärung und anschließende Destillation hergestellt werden, und solche, die aus Ethanol und Wasser mit Geschmacks- und Aromastoffen gemischt werden, einteilen. Zur zweiten Sorte gehören die Liköre, mit Weingeist angesetzte Fruchtschnäpse, und der „Inländerrum".

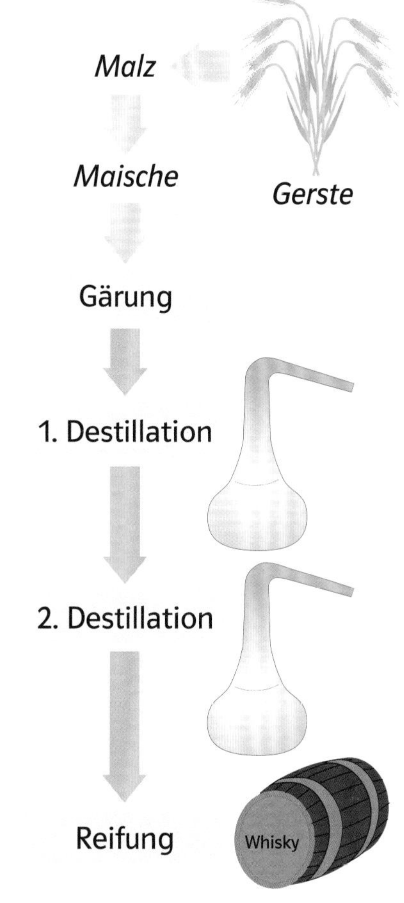

Abb. 199-2: Die Erzeugung von Whisky

Durch Gärung hergestellt und dann destilliert werden Whisk(e)y, Korn und Wodka aus vergorenem Getreide und/oder Getreidemalz, Weinbrand bzw. Cognac (geschützte Herkunftsbezeichnung) aus Wein, Rum aus vergorener Zuckerrohrmelasse und diverse Obstbrände aus vergorenen Fruchtmaischen.

Jeder Destillationsschritt erhöht den Ethanolgehalt des Destillates. Aromastoffe, aber auch giftiges Methanol, das unerwünschterweise bei der Gärung aus Pektin entstanden ist, werden mitdestilliert. Zur Methanolabtrennung wird der Vorlauf der Destillation (1. Destillat) verworfen.

Zur Zeit der Prohibition in den USA wurde bei der illegalen Alkoholproduktion der Vorlauf häufig als Schnaps verkauft und es kam immer wieder zu tödlichen Methanolvergiftungen.

In den meisten Fällen werden zwei Destillationsschritte angewandt und das Produkt wird anschließend mit Wasser auf einen trinkfähigen Ethanolgehalt von ca. 40 % verdünnt.

Eine spezielle Spirituosenform sind die „Geist" genannten Getränke. Dabei werden unvergorene Beerenfrüchte unter Zusatz von Weingeist destilliert.

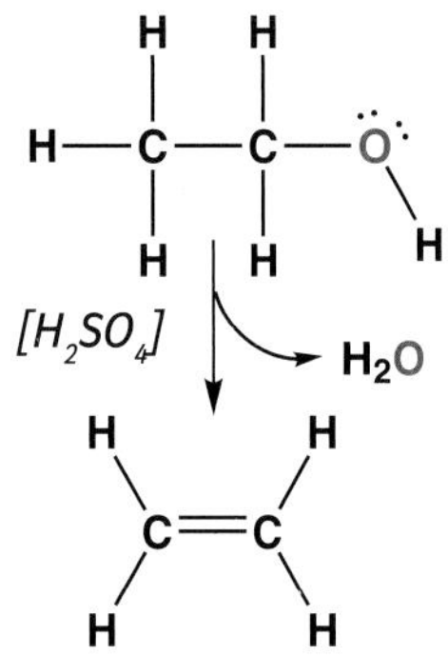

$[H_2SO_4]$ → H_2O

Abb. 200-1: Wasserabspaltung innerhalb eines Alkoholmoleküls

1. Benennung
Ethyl-methyl-ether

2. Benennung
Methoxy-ethan

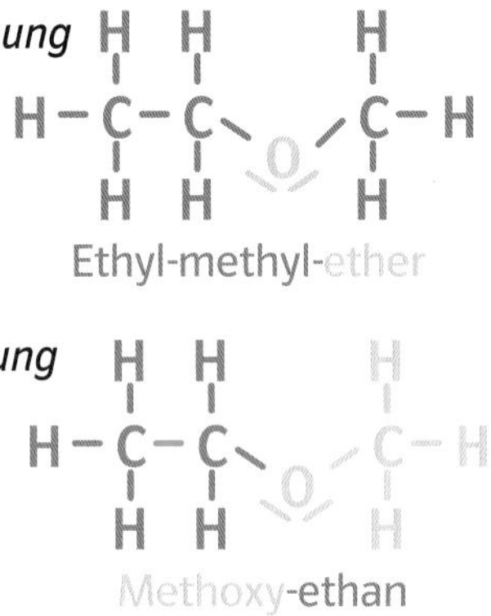

Abb. 200-2: Benennung der Ether

Übungen 200.1 bis 200.4

1. Erstelle die Strukturformel und bestimme den weiteren möglichen Namen von:
   a) Ethoxypropan
   b) Dimethylether
   c) Propoxybutan
   d) Ethylpentylether
2. Erstelle die Reaktionsgleichung für eine Wasserabspaltung:
   a) innerhalb des Propan-1-ol-Moleküls,
   b) zwischen Propan-1-ol-Molekülen!
3. Erstelle die Strukturformel der möglichen Ether, die bei der Reaktion einer Methanol/Ethanol-Mischung gebildet werden-können!
4. Begründe die größere Dichte des Diethylethers im Vergleich zu Luft.

Reaktionen der Alkohole

Wasserspaltung zwischen Alkoholmolekülen – Etherbildung

Durch Alkoholüberschuss und mäßige Temperatur kann beim Einwirken von Schwefelsäure als Katalysator Wasser zwischen Alkohol-Molekülen abgespalten werden. Durch diese Reaktion entsteht die Verbindungsklasse der Ether.

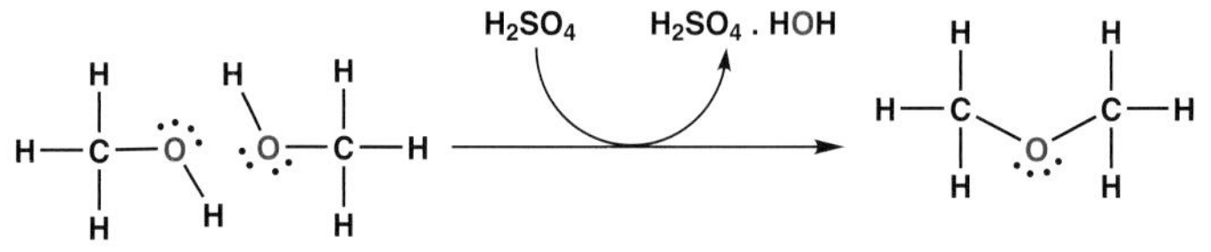

H_2SO_4 → $H_2SO_4 . HOH$

Methanol + Methanol → *Dimethyl-ether*

Bei zu hoher Temperatur kann es zu einer Wasserabspaltung innerhalb eines Alkoholmoleküls kommen und es entsteht das entsprechende Alken (Abb 200–1).

Bei der Stoffklasse der Ether sind 2 Kohlenwasserstoffreste durch eine Sauerstoffbrücke verbunden. Ist R = R′ nennt man sie **symmetrische Ether**, ist R ≠ R′, spricht man von **asymmetrischen Ethern**.

Benennung

Zwei Benennungsmöglichkeiten sind zulässig:

⇨ Die Reste werden als gleichwertig betrachtet und wie Seitenketten in alphabetischer Reihenfolge vor -ether angegeben – zB Ethylmethylether (allgemein: Alkylalkylether). Bei symmetrischen Ethern verwendet man Dialkylether – zB Diethylether. .

⇨ Der längere Rest wird als Grundname am Ende, der kürzere Rest als Seitenkette ohne der Endung -yl zu Beginn angeben. Die Reste werden zur Kennzeichnung des Sauerstoffes im Ether mit -oxy- verbunden – zB Methoxyethan (allgemein: Alkoxyalkan).

Wichtige Ether

Ethoxyethan (Diethylether; "Ether")

Er ist leicht brennbar und Etherdämpfe besitzen eine größere Dichte als Luft und sinken daher zu Boden. Durch langsame Oxidation mit Luftsauerstoff können Ether auch Peroxide bilden, die sehr reaktionsfreudig sind und zu Explosivität neigen. Ether ist ein ausgezeichnetes Lösungsmittel, wird aber aufgrund der gefährlichen Eigenschaften oft durch andere Stoffe ersetzt. Bekannt ist der Diethylether vor allem durch seine narkotisierende Wirkung.

Diphenylether

Der angenehm riechende Diphenylether wird als Duftstoff Seifen und Waschmitteln zugegeben.

Es existieren auch cyclische Ether. Der Sauerstoff ist dabei ein Ringbestandteil. Diese Verbindungen bezeichnet man auch als „**innere Ether**".

Epoxide

Oxirane (Epoxide) sind Verbindungen, bei denen 2 C-Atome mit Sauerstoff einen Dreierring bilden. Das einfachste Epoxid, **Ethylenoxid**, kann als „innerer Ether" des Glycols aufgefasst werden. Die Bedeutung der Epoxide liegt in ihrer Fähigkeit, mit Verbindungen, die einen positiv polarisierten Wasserstoff („**aktiven Wasserstoff**") besitzen, unter Ringöffnung zu reagieren. Es entstehen Verbindungen mit zwei funktionellen Gruppen.

Epoxidharze

Epoxidharze sind die Reaktionsprodukte zwischen Epoxiden und mehrwertigen Alkoholen. Die relativ niedermolekularen Ausgangsstoffe mit endständigen Epoxidgruppen werden bei der Aushärtung mit Aminen oder Anhydriden mehrprotoniger Säuren räumlich vernetzt. Dabei entstehen Duromere, Kunststoffe mit hoher Schlagzähigkeit und Chemikalienresistenz.

Als glasfaserverstärkte Kunststoffe dienen sie zur Herstellung von Sportgeräten wie zB Surfbrettern. Auch als Lackharze, Gießharze und als Zweikomponentenklebstoffe haben sie Bedeutung.

Oxidation der Alkohole

Redox-Reaktionen können als eigener Reaktionstyp in der organischen Chemie betrachtet werden. Im Folgenden werden nur Redoxreaktionen unter Beibehaltung des Kohlenstoffgerüsts betrachtet.

Bestimmung der Oxidationszahl

Der Kohlenstoff kann Oxidationszahlen von –IV (in Methan CH_4) bis +IV (in Kohlenstoffdioxid CO_2) annehmen. Bei der Bestimmung der Oxidationszahl ordnet man das bindende Elektronenpaar immer dem elektronegativeren Partner zu. Normalerweise ist Wasserstoff als Atom mit der geringsten Elektronegativität +I und Sauerstoff als Atom mit der höchsten Elektronegativität –II. Kohlenstoff „erhält" von einem Wasserstoff immer ein Elektron und „verliert" an Sauerstoff pro Bindung immer ein Elektron. Daraus ergibt sich die Oxidationszahl des Kohlenstoffs. (Abb. 201–1)

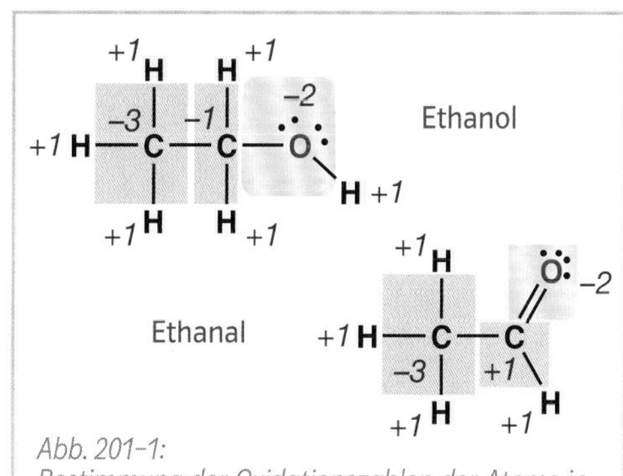

Abb. 201–1: Bestimmung der Oxidationszahlen der Atome in diesen Molekülen

Oxidationsmittel

Durch geeignete Oxidationsmittel – zB $KMnO_4$ oder $K_2Cr_2O_7$ – können viele Alkohole oxidiert werden. Zum Unterschied zur Verbrennung bleibt das Kohlenstoffgerüst erhalten. Je nach Stellung der OH-Gruppe werden unterschiedliche Oxidationsprodukte gebildet.

Primäre Alkohole

Durch Oxidation entsteht ein Aldehyd. Aldehyde sind ebenfalls Reduktionsmittel und können weiter zu Carbonsäuren oxidiert werden. Der Oxidationsprozess kann nur unter besonderen Reaktionsbedingungen auf der Stufe des Aldehyds gestoppt werden. Aldehyde sind bessere Reduktionsmittel als die entsprechenden Alkohole.

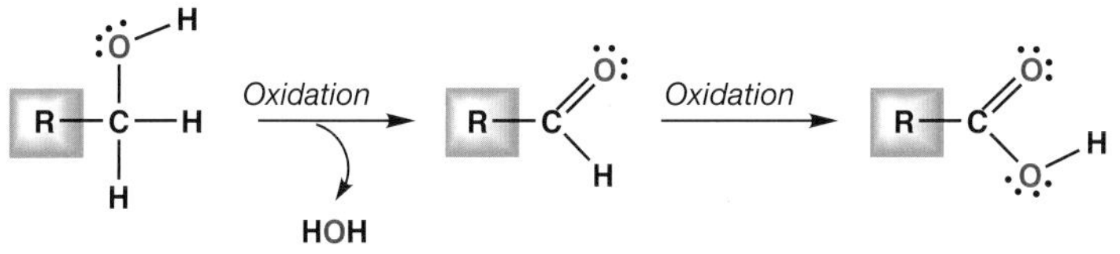

Oxidation (– HOH) → Oxidation →

Beispiel

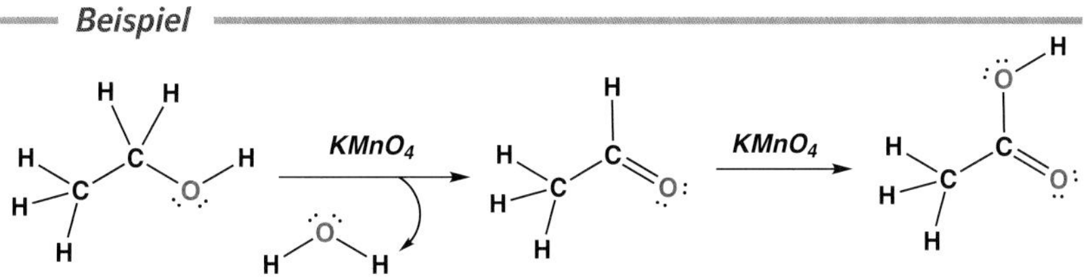

$KMnO_4$ → $KMnO_4$ →

Sekundäre Alkohole

Durch Oxidation sekundärer Alkohole entsteht ein Keton. Ketone sind zum Unterschied von Aldehyden nicht weiter oxidierbar. Die Carbonylverbindungen – Aldehyd (oxidierbar), Keton (nicht oxidierbar) – können daher experimentell unterschieden werden.

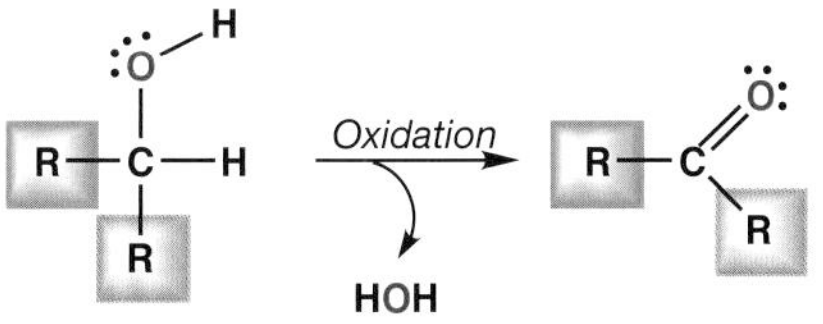

Oxidation (– HOH) →

Beispiel

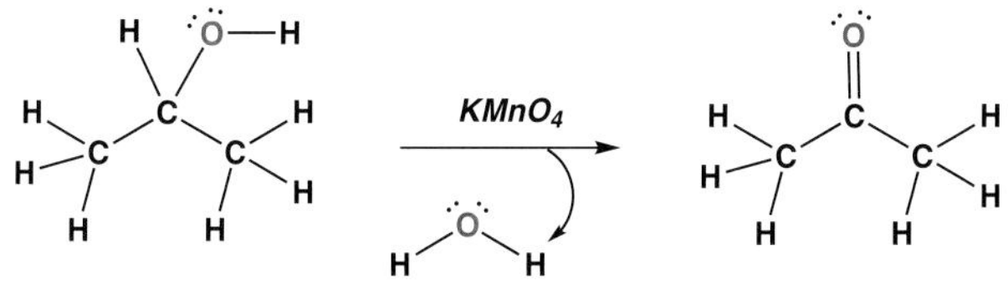

$KMnO_4$ →

Tertiäre Alkohole

Sie können unter Beibehaltung des Kohlenstoffgerüstes nicht oxidiert werden.

Diese Oxidationsreaktionen spielen auch beim Stoffwechsel (siehe Kapitel 10) eine wichtige Rolle. Als Oxidationsmittel dienen hier Coenzyme.

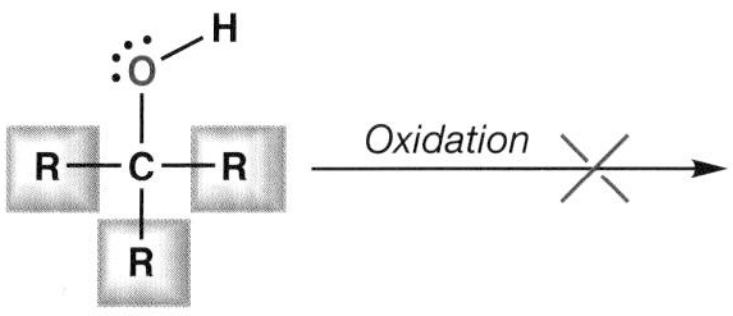

Oxidation ✕→

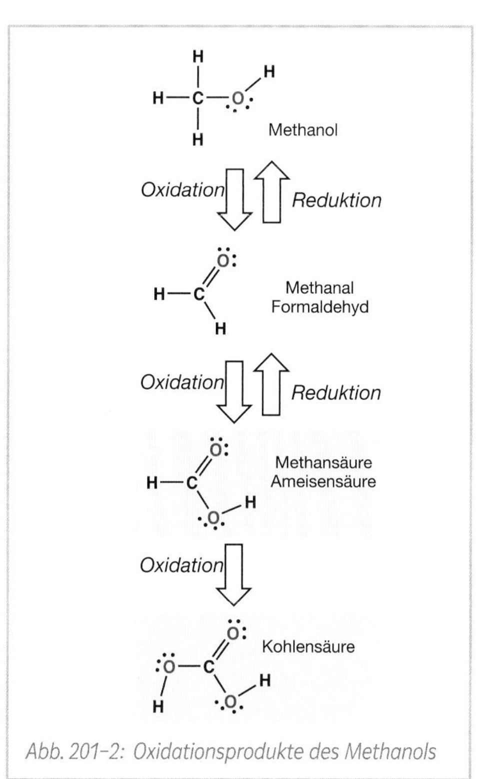

Abb. 201–2: Oxidationsprodukte des Methanols

Übungen 201.1 bis 201.4

1. Bestimme die Oxidationszahl der C-Atome. 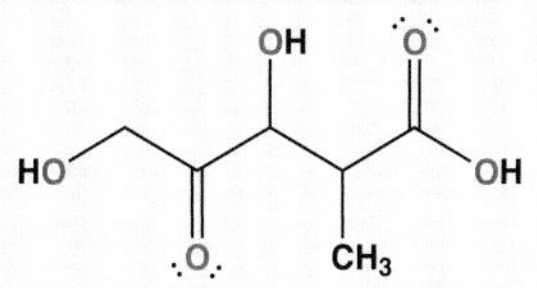
2. Ergänze mit den Begriffen „oxidiert" und „reduziert":
   Sekundäre Alkohole werden zu Ketonen .... !
   Carbonsäuren werden zu Aldehyden .... !
3. Nenne mit Formel und Namen die Oxidationsprodukte von a) Hexan-2-ol, b) Propan-1-ol, c) Butanal.
4. Erstelle die vollständige Redoxgleichung über Halbreaktionen (Kap. 6) für die Oxidation von Ethanol zu Ethansäure mit Kaliumdichromat in Schwefelsäure. (Dichromat wird dabei zu Cr^{3+} reduziert)

8.3 Aldehyde und Ketone

Reaktionen der Carbonylverbindungen – Redox-Reaktionen – Acetale und Ketale

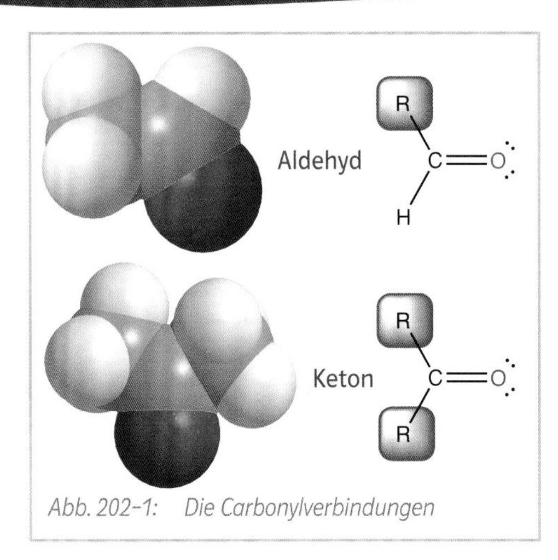

Abb. 202-1: Die Carbonylverbindungen

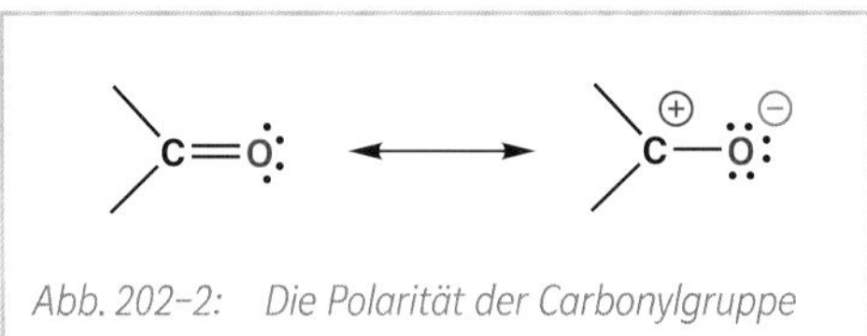

Abb. 202-2: Die Polarität der Carbonylgruppe

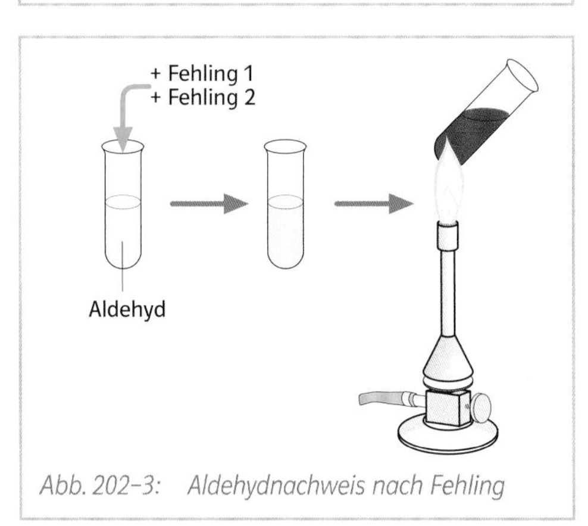

Abb. 202-3: Aldehydnachweis nach Fehling

Übungen 202.1 und 202.2

1. Aus welchem Alkohol kann Butanon hergestellt werden? Gib Strukturformel und Namen an.
2. Welche Verbindung (mit ähnlicher Masse) hat jeweils den höheren Siedepunkt?
   a) 1-Propanol oder Propanal
   b) Pentan-3-on oder Pentan-3-ol
   c) Glycol oder Propanon

Die funktionelle Gruppe ist die **Carbonylgruppe C=O**. Je nach Position dieser Gruppe unterscheidet man zwischen Aldehyden und Ketonen.

Bei einem Aldehyd ist die Carbonylgruppe am ersten C-Atom, das daher noch ein Wasserstoffatom bindet. Die Endung bei Aldehyden ist **–al.** Die Angabe eines Lokanten ist nicht notwendig.

Das C-Atom der funktionellen Gruppe wird üblicherweise mit der Kohlenstoffkette benannt. So ist zB bei Methanal (Formaldehyd), dem einfachsten Aldehyd, der Rest nur ein H.

Ist die Aldehydgruppe an ein cyclisches Grundgerüst gebunden, erfolgt die Benennung mit **„carbaldehyd"**, dh. das C-Atom der Carbonylgruppe wird hier mit „carb" benannt.

Bei einem Keton befindet sich die Carbonylgruppe in der Kohlenwasserstoffkette. Das Carbonyl-C-Atom ist daher an zwei weitere C-Atome gebunden. Die Endung bei einem Keton ist **–on** und die Position muss zumeist mit einem Lokanten angeben werden.

Eine ältere Bezeichnung für Ketone benennt die Reste neben der Carbonylgruppe und erhält die Endung „Keton". Dies findet sich bei manchen Trivialnamen und deren Abkürzungen zB MEK Methylethylketon anstelle von Butanon. Bei dieser Benennung wird auch gegen die bei der Nomenklatur übliche alphabetische Ordnung verstoßen.

Ist neben der Carbonylgruppe noch eine ranghöhere funktionelle Gruppe (zB Säure) vorhanden, verwendet man **„oxo"** als Präfix. Dies wird mit dem entsprechenden Lokanten in alphabetischer Reihenfolge mit eventuell vorhandenen Seitenketten und weiteren untergeordneten funktionellen Gruppen vor dem Grundnamen angegeben.

Reaktionen der Aldehyde und Ketone

Redoxreaktionen

Aldehyde lassen sich relativ leicht zur Carbonsäure oxidieren:

3-Methylbutanal —$KMnO_4$→ *3-Methylbutansäure*

Diese Möglichkeit zur Oxidation verwendet man auch häufig zum Nachweis von Aldehyden, zB mit Hilfe des Fehling-Tests (siehe Abb. 202–3).

Aldehyde und Ketone können zu Alkoholen reduziert werden

Pentanal —$LiAlH_4$→ *Pentan-1-ol*

4-Methylhexan-2-on —$LiAlH_4$→ *4-Methylhexan-2-ol*

Reaktion mit Hydroxygruppen

Von großer Bedeutung sind auch die Reaktionen von Aldehyden und Ketonen mit OH-Gruppen. Dabei werden so genannte Acetale und Ketale gebildet. Diese Reaktionen spielen bei Kohlenhydraten eine wichtige Rolle (siehe Kap. 9)

Wichtige Aldehyde und Ketone

Formaldehyd (Methanal)

Formaldehyd ist ein stechend riechendes giftiges Gas. In den Handel gelangt Formaldehyd in Form einer wässrigen Lösung (**Formalin**; ca. 35%ig). Seit 1980 steht Formaldehyd im Verdacht, krebserregend zu sein. Einige Untersuchungen ließen allerdings Zweifel an dieser Annahme aufkommen. Formaldehyd wird zur Konservierung zoologischer Präparate verwendet. Die Hauptmenge des Formaldehyds (in Westeuropa ca. 75 %) wird zu Kunststoffen weiterverarbeitet.

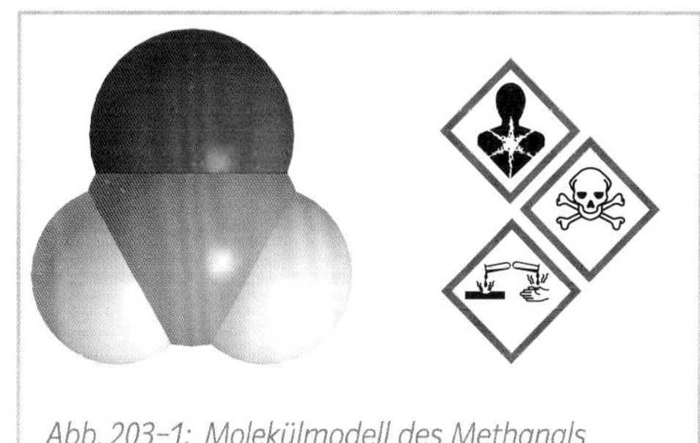

Abb. 203-1: Molekülmodell des Methanals

Acetaldehyd (Ethanal)

Acetaldehyd ist eine klare, stechend riechende Flüssigkeit und ein wichtiges Zwischenprodukt des Stoffwechsels beim Alkoholabbau. Technisch wird die Hauptmenge zu Ethansäure (Essigsäure) verarbeitet. Acetaldehyd ist sehr reaktionsfreudig.

Acrolein (Propenal)

Acrolein (lat.: acer = scharf; oleum = Öl) ist eine giftige, stechende riechende Flüssigkeit. Es wird beim Erhitzen von Glycerol gebildet. Auch der unangenehm scharfe, zu Tränen reizende Geruch bei überhitztem Fett ist auf die Bildung von Acrolein aus dem Fettbestandteil Glycerol zurückzuführen.

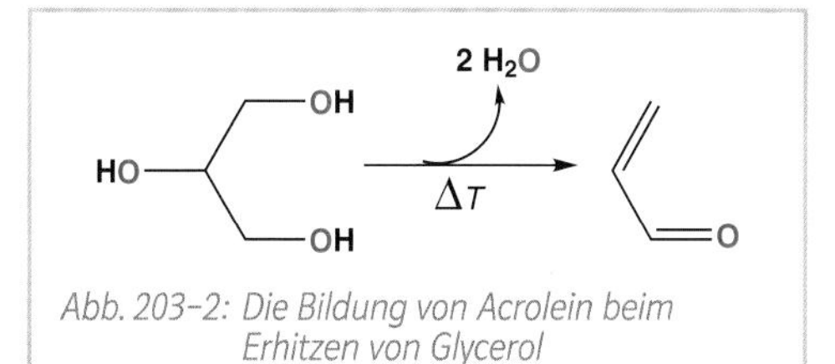

Abb. 203-2: Die Bildung von Acrolein beim Erhitzen von Glycerol

Technisch gewinnt man Acrolein durch katalytische Oxidation von Propen. Durch den stark ungesättigten Charakter (C=C-Doppelbindung, Carbonylgruppe) ist Acrolein eine sehr reaktionsfreudige Substanz. Diese Reaktionsfreudigkeit wird technisch allerdings kaum genutzt.

Aceton (Propanon)

Aceton ist das einfachste und gleichzeitig wichtigste Keton. Propanon ist ein Stoffwechselprodukt, das bei gesunden Menschen nur in Spuren auftritt. Bei Diabetes und anderen Stoffwechselerkrankungen kann allerdings eine erhöhte Acetonkonzentration im Harn festgestellt werden (Acetonurie).

Abb. 203-3: Molekülmodell von Aceton

Aceton wird hauptsächlich als Lösungsmittel eingesetzt, unter anderem auch bei Nagellackentfernern. In der Kosmetikindustrie wird Aceton immer mehr durch andere, „schonendere" Lösungsmittel ersetzt.

Methyl-Isobutyl-Keton – MIBK (Hexon, 4-Methyl-pentan-2-on)

Wichtiges Lösungsmittel, das zB in der „Nitroverdünnung", einem Lackverdünner für Spritzlacke, enthalten ist. Auch in Klebstoffen häufig als Lösungsmittel verwendet.

Butanon (Methylethylketon, MEK)

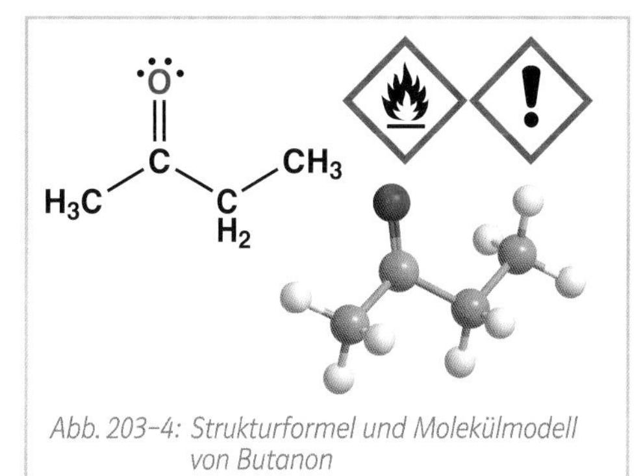

Abb. 203-4: Strukturformel und Molekülmodell von Butanon

Butanon ist eine farblose, leichtentzündliche Flüssigkeit mit einem Acetonähnlichen Geruch. Butanon wird sehr häufig als Lösungsmittel verwendet, da sich viele Kunststoffe und Lacke darin lösen. Da Butanon einen ähnlichen Siedepunkt wie Ethanol hat, wird es technisch verwendetem Ethanol häufig als Vergällungsmittel hinzugefügt. Dies soll verhindern, dass technisches Ethanol unter Umgehung der Alkohol-Steuer als Genussmittel verwendet wird.

Himbeerketon (4-(4-Hydroxyphenyl)-butan-2-on)

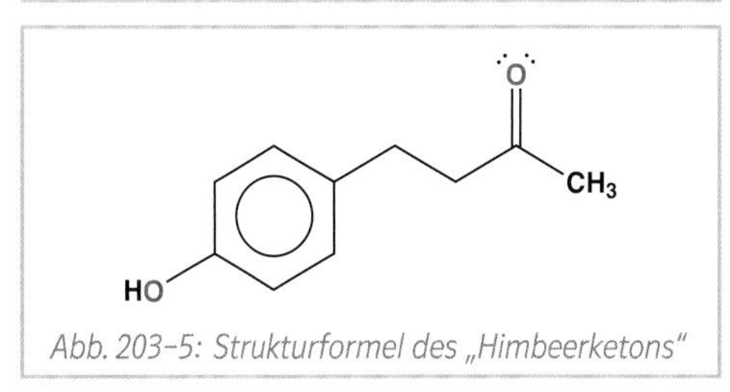

Abb. 203-5: Strukturformel des „Himbeerketons"

Himbeerketon ist in Himbeeren enthalten und für den typischen Geruch der Früchte verantwortlich. Das volle Himbeeraroma wird durch mehrere hundert Aromastoffe gebildet, Himbeerketon ist jedoch die Hauptkomponente. Himbeerketon kommt auch in anderen Beerenfrüchten vor und wird zur Aromatisierung von Lebensmitteln eingesetzt.

Campher

Polycyclisches Keton, wirkt stark durchblutungsfördernd („Campherspiritus" für Einreibungen) und dient technisch als Weichmacher für Celluloid.

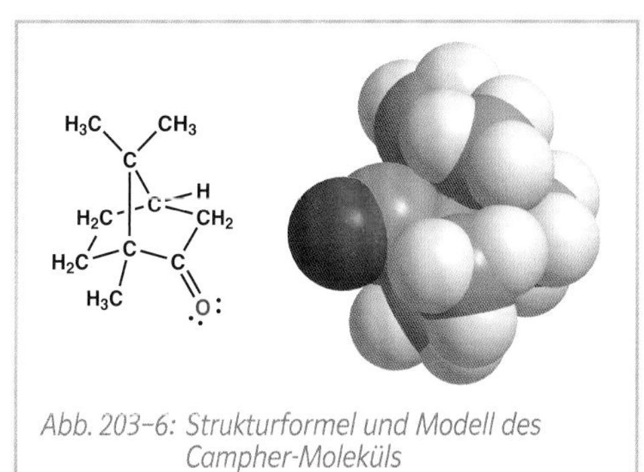

Abb. 203-6: Strukturformel und Modell des Campher-Moleküls

8.4 Carbonsauren

Lokanten – Physikalische Eigenschaften – Einteilung der Carbonsäuren

Strukturformel	Trivialname – Anion
H—COOH	Ameisensäure – Formiat
H_3C—COOH	Essigsäure – Acetat
COOH	Propionsäure – Propionat
COOH	Buttersäure – Butyrat
COOH	Valeriansäure – Valerianat
COOH	Capronsäure – Capronat
HOOC—COOH	Oxalsäure – Oxalat
HOOC COOH	Malonsäure – Malonat
HOOC COOH	Bernsteinsäure – Succinat
COOH	Acrylsäure – Acrylat
COOH	Benzoesäure – Benzoat
COOH, OH	Salicylsäure – Salicylat
COOH, COOH	Phthalsäure – Phthalat
OH, COOH	Milchsäure – Lactat
O, COOH	Brenztraubensäure – Pyruvat

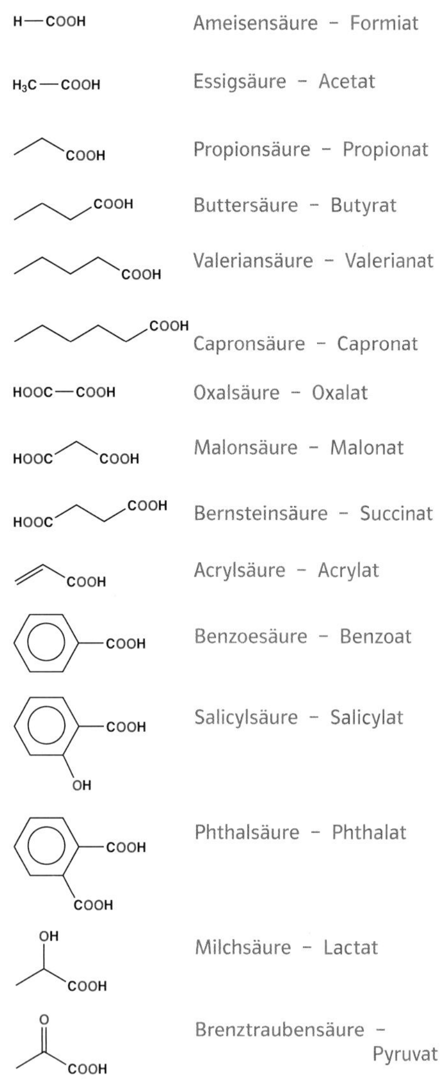

Abb. 204-1: Strukturformeln wichtiger Carbonsäuren mit ihren Trivialnamen und den Trivialnamen ihrer Anionen

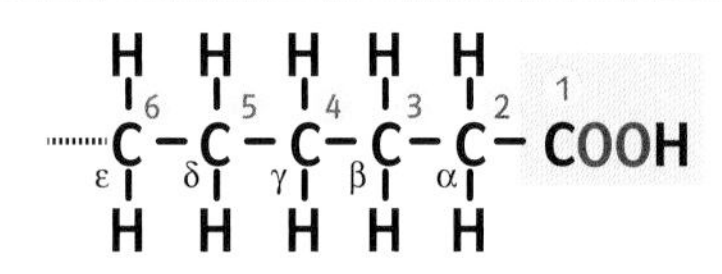

Abb. 204-2: Lokanten der Carbonsäuren

Übungen 204.1 bis 204.3

1. Benenne die in Abb. 204-1 angeführten Carbonsäuren systematisch.
2. Welche Säuren aus Abb. 204-1 sind
   a) Dicarbonsäuren
   b) ungesättigte Säuren
   c) Hydoxysäuren
3. Erstelle die Strukturformel der
   a) 3-Hydroxybutansäure
   b) Aminoethansäure

Die funktionelle Gruppe der Carbonsäuren ist die **Carboxylgruppe –COOH**. Die Endung bei Carbonsäuren ist **–säure**. Üblicherweise wird das C-Atom der funktionellen Gruppe mit dem Kohlenwasserstoffrest mitbenannt.

Bei der einfachsten Carbonsäure, der Methansäure (Ameisensäure), ist der Rest nur ein Wasserstoffatom.

Eine Lokantenangabe für die Carboxylgruppe ist nicht notwendig, da diese Gruppe immer endständig sein muss.

Bei cyclischen Carbonsäuren kann das C-Atom der Carboxylgruppe nicht mitbenannt werden, man verwendet hier zur Kennzeichnung „-carbonsäure" (zB Cyclohexancarbonsäure).

Sind in einem Molekül drei oder mehr Carboxylgruppen vorhanden, müssen die Gruppen, die nicht mit der Kette benannt werden können, in alphabetischer Reihenfolge vor dem Grundnamen mit „carboxy" gekennzeichnet werden (zB Citronensäure = 3-Carboxy-3-hydroxypentan-disäure).

Bei Carbonsäuren ist zumeist die Bezeichnung mit Trivialnamen gebräuchlich. (Abb. 204-1)

Lokanten

Neben den üblicherweise als Lokanten benützten Zahlen gibt es bei den Carbonsäuren noch eine weitere Art der Kennzeichnung für Seitenketten oder funktionelle Gruppen. Dabei werden griechische Kleinbuchstaben für die einzelnen C-Atome verwendet. Zu beachten ist allerdings, dass die Benennung mit α erst am zweiten C-Atom beginnt:

3-Methylhexansäure = β-Methylhexansäure

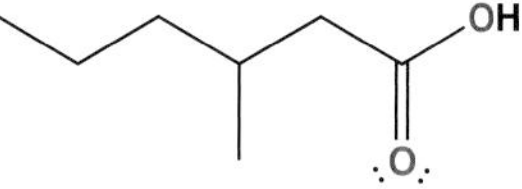

Von α,β-ungesättigten Carbonsäuren spricht man dann, wenn sich zwischen dem 2. und 3. Kohlenstoff-Atom eine Doppelbindung befindet:

Die But-2-ensäure ist eine solche α,β-ungesättigte Carbonsäure.

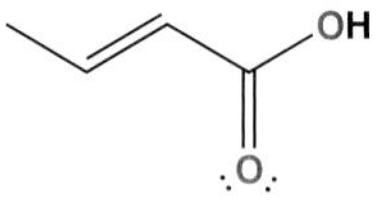

Physikalische Eigenschaften

Die Carbonsäuren haben einen noch höheren Siedepunkt als die entsprechenden Alkohole, da sie noch festere Wasserstoffbrücken ausbilden können. Häufig schließen sich zwei Carbonsäure-Moleküle zusammen; diesen Vorgang nennt man Dimerisierung. Bereits die einfachste Carbonsäure, Methansäure, ist eine Flüssigkeit. Die einfachste Dicarbonsäure, Ethandisäure (Oxalsäure), ist bereits bei Raumtemperatur ein Feststoff.

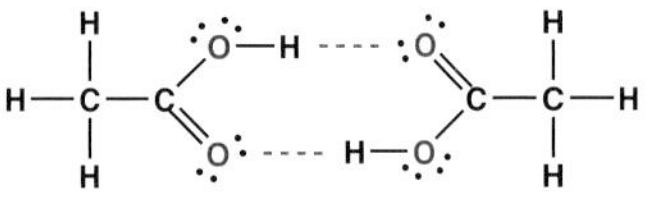

Kurzkettige Carbonsäuren und Carbonsäuren mit zusätzlichen polaren Gruppen (zB eine weitere Carboxylgruppe oder eine Hydroxylgruppe) sind gut wasserlöslich. Allerdings sind sie auch gut in unpolaren Lösungsmitteln löslich. (Durch den paarweisen Zusammenschluss der Moleküle ist der hydrophile Teil abgeschirmt.)

Die ersten drei Glieder der aliphatischen Monocarbonsäuren haben einen stechenden, essigähnlichen Geruch. Ab Butansäure (Buttersäure) besitzen die Carbonsäuren einen sehr unangenehmen, schweißähnlichen Geruch. Längerkettige feste Carbonsäuren sind praktisch geruchlos.

Einteilung der Carbonsäuren

- ⇨ Nach der Anzahl der Carboxylgruppe unterscheidet man Mono-, Di- und Tricarbonsäuren.
- ⇨ Nach der Art einer weiteren funktionellen Gruppe unterscheidet man Hydroxy-, Oxo- und Aminocarbonsäuren.

Säure-Base-Reaktion

Carbonsäuren sind in der Regel schwache Säuren.

In wässriger Lösung liegt folgendes Gleichgewicht vor:

$$R\text{-}COOH + H_2O \rightleftharpoons H_3O^+ + R\text{-}COO^-$$

Die konjugierte Base der Carbonsäuren, das **Carboxylat-Ion**, erhält in der systematischen Nomenklatur die Endung **-oat**. Aber auch hier sind Trivialnamen sehr gebräuchlich (siehe Abb. 204–1).

Die Säurestärke von Carbonsäuren wird durch den induktiven Effekt (I–Effekt) beeinflusst.

Der induktive Effekt

Es gibt Gruppen, die entweder eine elektronenanziehende Wirkung (–I-Effekt) oder eine elektronenliefernde Wirkung (+I-Effekt) haben. Dieses „Elektronenverschieben" bezeichnet man als induktiven Effekt. Charakteristisch für den I-Effekt ist, dass er über σ-Bindungen wirkt und sein Einfluss rasch geringer wird, je weiter der I-Substituent vom Ort der Betrachtung entfernt ist. Vor allem spielen also Substituenten an α-C-Atomen eine Rolle.

Als Nullpunkt für den induktiven Effekt wird die Wirkung des H-Atoms gewählt. Alle Gruppen, die verglichen mit Wasserstoff Elektronen abziehen, haben einen –I-Effekt. Dies sind vor allem elektronegative Atome wie die Halogene und Gruppen mit elektronegativen Atomen wie Stickstoff und Sauerstoff und natürlich auch Gruppen mit einer positiven Ladung. Einen +I-Effekt haben Gruppen, die im Vergleich zu Wasserstoff „elektronenschiebend" wirken. Dies sind Alkylgruppen und negativ geladene Gruppen.

Die Säurestärke

Carbonsäuren zeigen deutliche Unterschiede in ihrer Säurestärke, wenn sie am α-C-Atom Gruppen mit induktivem Effekt gebunden haben. +I-Gruppen erhöhen die Elektronendichte am Carboxylat-Ion, machen also die konjugierte Base stärker und damit die Säure schwächer. –I-Gruppen wirken genau umgekehrt.

⇨ Je länger die Kohlenwasserstoffkette ist, desto schwächer ist die Säure. Deutliche Unterschiede treten nur bei den ersten drei Alkansäuren auf, da bei längeren Ketten die neu hinzukommende +I-Gruppe schon zu weit entfernt ist. Von den gesättigten Monocarbonsäuren ist daher Methansäure die stärkste Säure (pK_A = 3,75). Verzweigte Säuren sind in der Regel schwächer als unverzweigte Säuren.

Säurestärke

COOH COOH H_3C—COOH H—COOH

⇨ Auch –I-Substituenten wirken nur über eine Einfachbindung optimal. So ist α-Chlorpropansäure deutlich stärker als β-Chlorpropansäure. Die Säurestärke nimmt mit der Zahl der –I-Substituenten zu. So ist zB die Trichlorethansäure eine starke Säure (pK_A = 0,70).

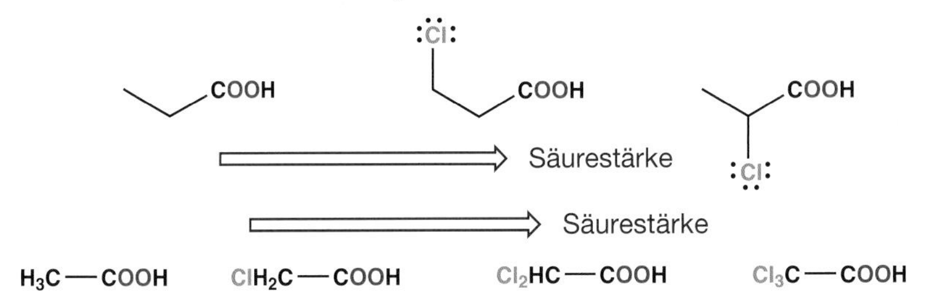

⇨ Dicarbonsäuren sind in der 1. Protolysestufe stärker als Monocarbonsäuren (–I-Effekt der Carboxylgruppe) und in der 2. schwächer (+I-Effekt des Carboxylat-Ions). Je länger die Kette zwischen den Carboxylgruppen ist, desto geringer sind die Unterschiede zwischen den beiden Protolysestufen.

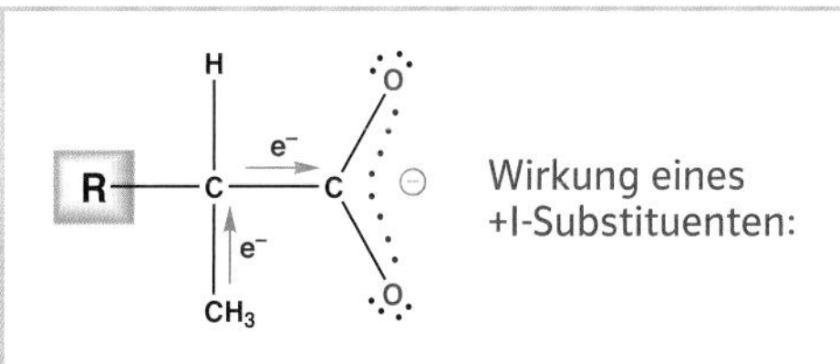

Wirkung eines +I-Substituenten:

Die Base wird durch die erhöhte Ladungsdichte stärker, ihre konjugierte Säure schwächer.

Wirkung eines –I-Substituenten:

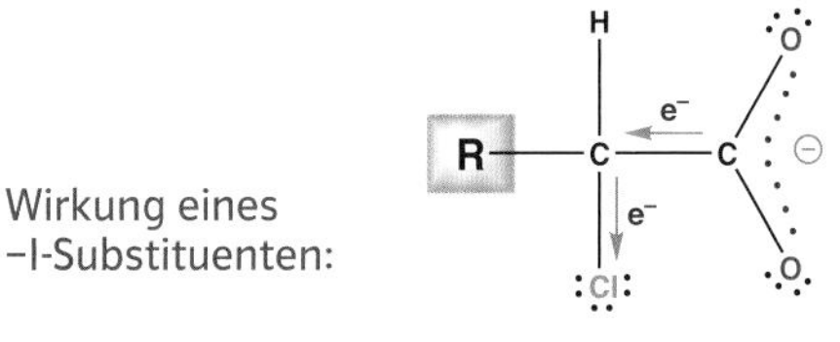

Die Base wird durch die verringerte Ladungsdichte schwächer, ihre konjugierte Säure stärker.

Abb. 205–1: Der I-Effekt

		pK_A-Wert
Methansäure		3,75
Ethansäure		4,75
Propansäure		4,87
Butansäure		4,81
Pentansäure		4,82
2-Methyl-propansäure		4,86
2,2-Dimethyl-propansäure		5,05
2-Chlor-propansäure		2,83
3-Chlor-propansäure		3,98
Chlor-ethansäure		2,85
Dichlor-ethansäure		1,48
Trichlor-ethansäure		0,70
Ethandisäure	1.Stufe	1,23
	2.Stufe	4,19
Propandisäure	1.Stufe	2,83
	2. Stufe	5,69
Butandisäure	1.Stufe	4,16
	2.Stufe	5,61
Phenol		9,89
2,4,6-Trinitro-phenol		0,38
Ethanol		17,00

Der pK_A-Wert für Propansäure lässt sich mit der gängigen Theorie nicht erklären. Siehe auch Fp von Propan. (Abb. 176–1)

Abb. 205–2: pK_A-Werte organischer Säuren

Übung 205.1

Reihe folgende aliphatischen Alkohole nach steigender Säurestärke. Stelle dabei dieselben Überlegungen (I-Effekte) an wie bei den Carbonsäuren:

Methanol, Butan-1-ol, Ethanol, Propan-2-ol, Methylpropan-2-ol, Butan-2-ol

Abb. 206-1: Molekülmodell der Ameisensäure

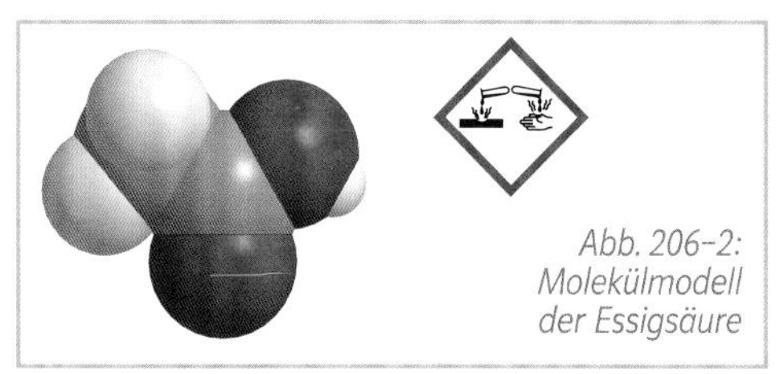
Abb. 206-2: Molekülmodell der Essigsäure

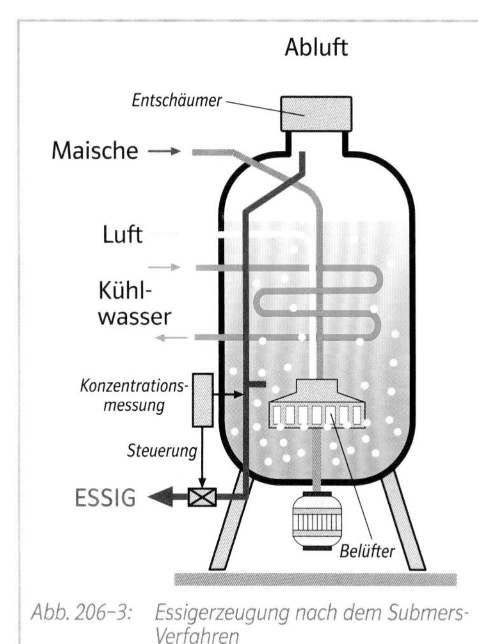

Abb. 206-3: Essigerzeugung nach dem Submers-Verfahren

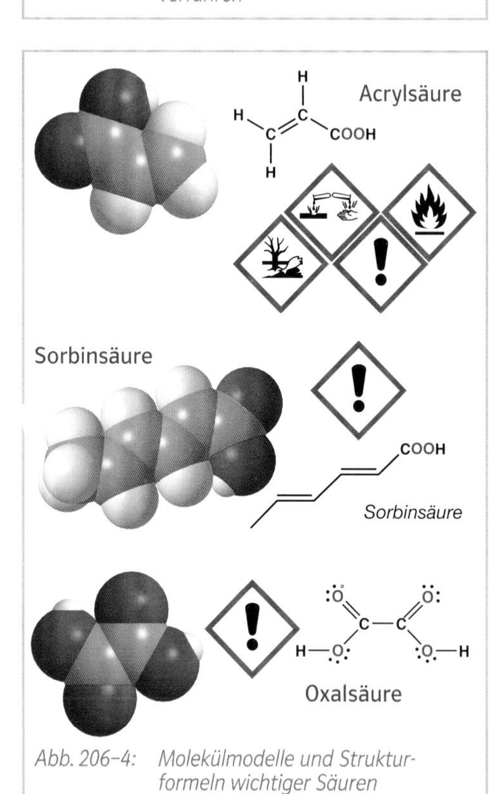

Abb. 206-4: Molekülmodelle und Strukturformeln wichtiger Säuren

Wichtige Säuren

Ameisensäure (Methansäure)

Ameisensäure kommt in der Natur in Brennnesseln und in Absonderungen von Ameisen vor (Lat.: formica = Ameise; daher stammt auch der Ausdruck Formiat). Ameisensäure und einige ihrer Salze sind Konservierungsstoffe. Lebensmittelzusätze werden auf der Verpackung durch E-Nummern angegeben (Ameisensäure: E 236). Ameisensäure wird auch als Entkalkungsmittel in Haushaltsreinigern eingesetzt.

Essigsäure (Ethansäure)

Am bekanntesten ist diese Säure durch ihre Verwendung als Speiseessig, der ca. 5 % Essigsäure enthält (E 260). Guter Speiseessig wird durch Gärung von ethanolhältigen Flüssigkeiten hergestellt. Die Reaktion wird durch Enzyme katalysiert.

$$CH_3\text{-}CH_2\text{-}OH + O_2 \rightarrow CH_3\text{-}COOH + H_2O$$

Dieser Vorgang läuft im Prinzip freiwillig ab. Lässt man zB Rotwein einige Zeit an der Luft stehen, so kann man anhand des Geruches und durch Messung des pH-Wertes die Säurebildung nachweisen. Technisch erfolgt der Gärungsvorgang zumeist durch ein **Submers-Verfahren**. (Abb 206–3) Dabei werden Essigsäurebakterien in großen, belüfteten Tanks zur Oxidation einer wässrigen Ethanollösung (Maische) verwendet.

Buttersäure (Butansäure)

Besonders charakteristisch für diese Säure ist ihr unangenehmer Geruch. Buttersäure ist ein Bestandteil des Butterfettes. Beim **Ranzigwerden** von Butter entsteht unter anderem die freie Säure. Auch **Schweiß** enthält Spuren von Buttersäure. Die einfachen Buttersäureester sind hingegen sehr wohlriechende Stoffe und werden auch als Aromaverstärker zB in Süßwaren eingesetzt.

Acrylsäure (Propensäure)

Die einfachste ungesättigte Carbonsäure wird zumeist durch Oxidation von Propen hergestellt. Durch die Doppelbindung sind Acrylsäure und Acrylsäureester wichtige Ausgangsstoffe für zahlreiche Synthesen (zB Kunststoffe). Auch die Methylpropensäure (Methacrylsäure) und ihre Ester (Methacrylate) sind wichtige Ausgangssubstanzen für Kunststoffe (zB Plexiglas).

Sorbinsäure (Hexa-E2,E4-diensäure) Salz: Sorbate

Sorbinsäure (E 200; Abb. 206–4) und einige ihrer Salze zählen zu den wichtigsten Konservierungsstoffen. Sie wird im menschlichen Organismus wie Fettsäuren abgebaut.

Oxalsäure (Ethandisäure)

Oxalsäure kommt frei oder als Salz in einigen Nahrungsmitteln vor (Spinat, Tomaten, Rhabarber, Kakao). Mit Calcium-Ionen bildet Oxalsäure schwerlösliches Calciumoxalat, das zur Bildung von **Nierensteinen** führen kann. Spinat zählt daher zu Unrecht zu den „gesunden" Gemüsesorten. Er enthält zwar einen relativ hohen Gehalt an Vitaminen und Mineralstoffen, der Eisengehalt wurde aber früher irrtümlich viel zu hoch angesetzt. Durch den Oxalsäuregehalt und die gute Speicherfähigkeit für Nitrate sollte Spinat in der Säuglingsernährung sparsam eingesetzt werden.

Adipinsäure (Hexandisäure) und Sebacinsäure (Decandisäure)

Diese beiden Säuren sind wichtige Ausgangssubstanzen für Kunststoffe (zB Nylon).

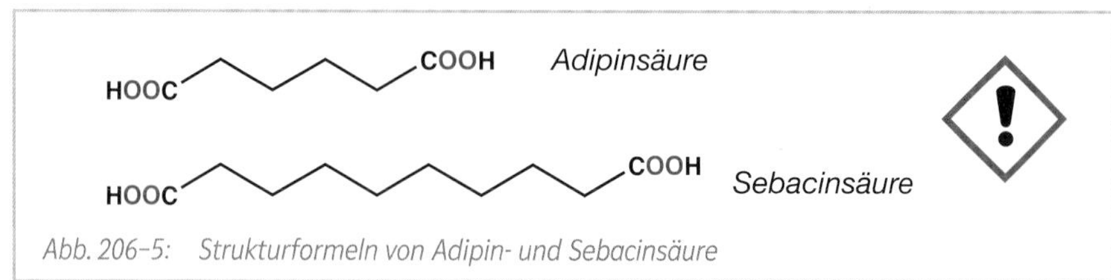

Abb. 206-5: Strukturformeln von Adipin- und Sebacinsäure

Milchsäure (2-Hydroxypropansäure) (Salz: Lactat)

Die Milchsäure kommt im Blut und in vielen Organen von Säugetieren vor. Sie entsteht unter anderem bei der **Milchsäuregärung**. Dieser Vorgang spielt bei vielen biochemischen Vorgängen eine Rolle, unter anderem beim Sauerwerden von zu lange gelagerter Milch.

Dabei wird von **Milchsäurebakterien** in Frischmilch unter Luftabschluss aus Lactose (= Milchzucker) die Milchsäure gebildet. Dadurch sinkt der pH-Wert und das Eiweiß der Milch flockt aus.

Viele Milchprodukte werden durch Milchsäuregärung mit speziell ausgesuchten Milchsäurebakterien hergestellt, etwa Sauermilch, Joghurt oder Topfen. Die Gärung mit Milchsäurebakterien kann auch für die Haltbarmachung von Lebensmitteln angewandt werden, so zB beim Sauerkraut. In der Landwirtschaft wird das Tierfutter in Silos ebenfalls durch Milchsäuregärung haltbar gemacht.

Neben der Verwendung von Hochsilos und Fahrsilos kann der Grünschnitt auch in Großballen siliert werden, die mit Folie umwickelt werden, um den Luftabschluss zu gewährleisten und Fäulnis zu verhindern. Diese Großballen werden häufig am Rand von Feldern oder Wiesen gelagert.

Bei unzureichendem Sauerstoffangebot können auch die Zellen von Säugetieren von normaler Atmung auf Milchsäuregärung umschalten (anaerober Stoffwechsel). Dabei entsteht die Milchsäure in Form von Lactat. Dieses Lactat kann im Blut nachgewiesen werden. Bei ansteigender körperlicher Belastung steigt auch die Lactat-Konzentration im Blut an und wird im Spitzensport im Training regelmäßig gemessen. Im Ruhezustand liegt die Lactat-Konzentration im Blut bei 1 – 2 mmol/L. Die individuelle anaerobe Schwelle (IAS) liegt bei den meisten Menschen bei 3 – 5 mmol/L. Beim Überschreiten dieser Schwelle sind kurzzeitig sehr hohe Leistungen möglich, allerdings steigt die Lactat-Konzentration dann rasch an und nach kurzer Zeit muss die Aktivität wieder reduziert oder beendet werden.

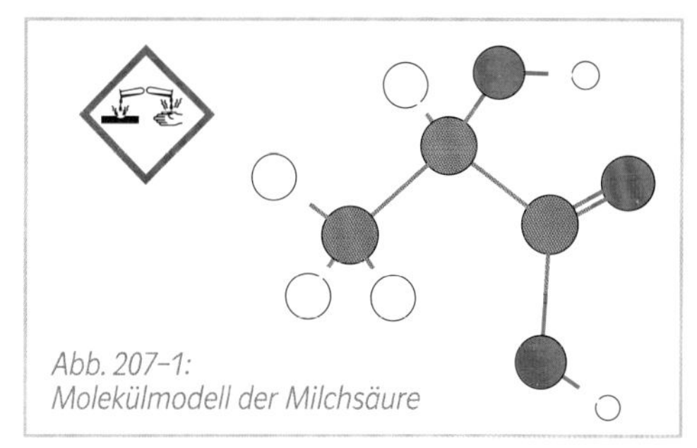

Abb. 207-1: Molekülmodell der Milchsäure

INFO *zur „IAS"*

Die individuelle anaerobe Schwelle (IAS), auch als Lactatschwelle bezeichnet, ist ein Begriff aus der Sportphysiologie und bezeichnet die höchstmögliche Belastungsintensität, welche von einem Sportler gerade noch unter Aufrechterhaltung eines Gleichgewichtszustandes zwischen der Bildung und dem Abbau von Lactat erbracht werden kann. Diese Schwelle wird vor allem leistungsdiagnostisch bestimmt und in der Trainingssteuerung eingesetzt.

Weinsäure (2,3-Dihydroxybutandisäure) Salz: Tartrat

Die Weinsäure existiert in drei isomeren Formen. (Siehe Kap. 8.6) Die „natürliche" Weinsäure, die L-(+)-Weinsäure, kommt in vielen Früchten frei oder als Salz vor (zB Traubensaft). Nach dem Vergären setzen sich Tartrate (Kaliumhydrogen-tartrat und Calciumtartrat) in Form von Weinstein ab. Weinsäure und Tartrate sind gute Komplexbildner (zB in fehlingscher Lösung). Weinsäure wird neben einigen technischen Anwendungen zum Ansäuern von Lebensmitteln eingesetzt (E 334).

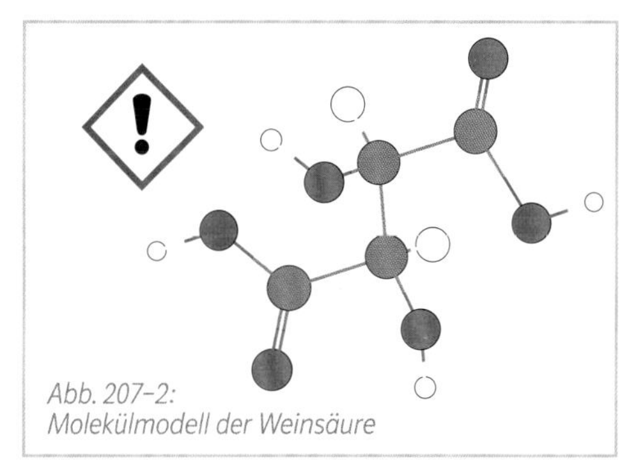

Abb. 207-2: Molekülmodell der Weinsäure

Citronensäure (3-Carboxy-3-hydroxy-pentandisäure) Salz: Citrat

Die Citronensäure ist ein wichtiges Zwischenprodukt im Stoffwechsel. (Vergleiche Citrat-Cyclus, Kap. 10) Sie kommt in fast allen Früchten vor.

Citronensäure wird in der Lebensmittelindustrie in großen Mengen verwendet (E 330). Immer häufiger ersetzt die Citronensäure die Ameisensäure als Entkalkungsmittel. In Waschmitteln wird Citronensäure als Komplexbildner eingesetzt.

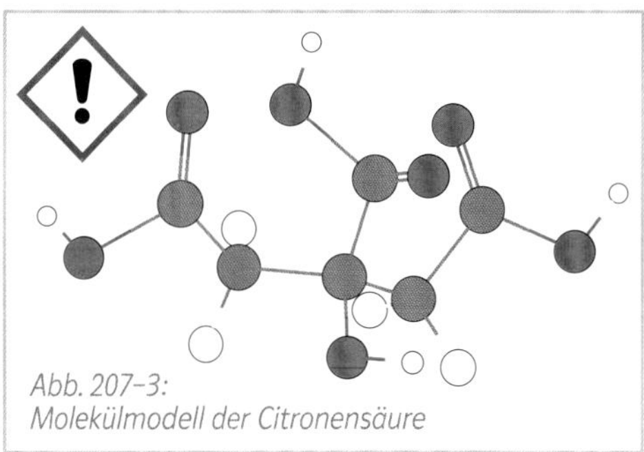

Abb. 207-3: Molekülmodell der Citronensäure

Brenztraubensäure (2-Oxopropansäure) Salz: Pyruvat

Brenztraubensäure bzw. Pyruvate sind wichtige Stoffwechselzwischenprodukte.

Benzendicarbonsäuren Salze: Phthalate

Die drei strukturisomeren Benzendicarbonsäuren (Abb. 207-4) **Phthalsäure** (1,2-Benzen-dicarbonsäure), **Isophthalsäure** (1,3-Benzendicarbonsäure) und **Terephthalsäure** (1,4-Benzendicarbonsäure) werden hauptsächlich zur Kunststofferzeugung (Polyester, zB PET) und zur Herstellung von Farbstoffen eingesetzt.

Salicylsäure (2-Hydroxybenzencarbonsäure) Salz: Salicylat

Salicylsäure wirkt Bakterien hemmend und schmerzlindernd. Früher wurde es als Konservierungsstoff und Schmerzmittel eingesetzt. Da Salicylsäure einen unangenehmen Geschmack hat, wird sie heute durch andere Stoffe, teilweise Salicylsäurederivate, ersetzt. Da Salicylsäure (Horn)haut löst, wird es zur Behandlung von Hühneraugen eingesetzt. Das bekannteste Salicylsäurederivat ist Acetylsalicylsäure („Aspirin"), ein Ester zwischen Essigsäure und Salicylsäure (= Alkoholkomponente).

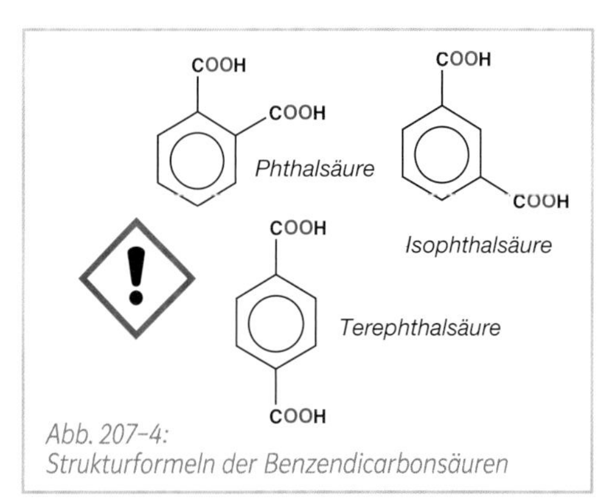

Abb. 207-4: Strukturformeln der Benzendicarbonsäuren

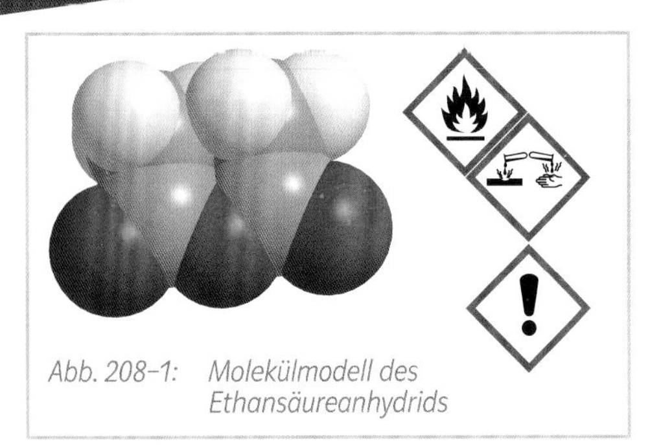
Abb. 208-1: Molekülmodell des Ethansäureanhydrids

Abb. 208-2: Molekülmodell des Ethansäurechlorids (= Acetylchlorid)

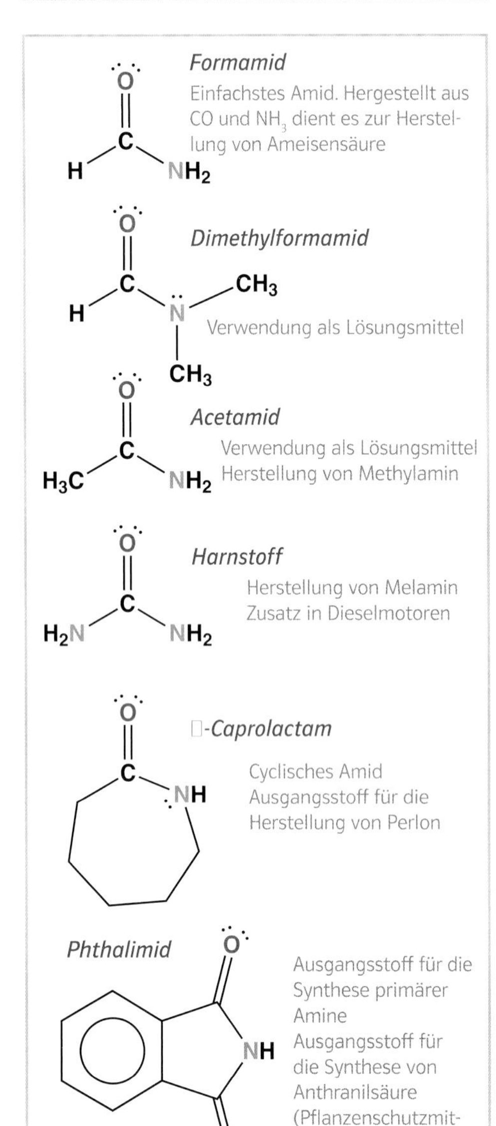

Abb. 208-3: Wichtige Säureamide

Reaktionen der Carbonsäuren

Neben der Säure-Base-Reaktion gehen Carbonsäuren noch weitere Reaktionen ein. Die Verbindungen, die durch diese Reaktionen gebildet werden, nennt man **Säurederivate**. Säurederivate sind oft reaktionsfreudiger als die eigentliche Carbonsäure und werden an ihrer Stelle für Synthesen verwendet.

Säureanhydride

Säureanhydride werden durch Wasserabspaltung zwischen 2 Carboxylgruppen gebildet. Die Reaktion wird durch wasserentziehende Stoffe (zB Phosphor(V)-oxid P_4O_{10}) bewirkt. Diese Reaktion erfolgt entweder zwischen 2 Säuremolekülen (intermolekular) oder bei einigen Dicarbonsäuren innerhalb des Moleküls (intramolekular).

2 x Essigsäure → $[P_4O_{10}]$, $- H_2O$ → *Essigsäureanhydrid*

Das gebildete Anhydrid ist reaktionsfähiger als die freie Säure. Man spricht daher auch von einer **Aktivierung der Carbonsäure**.

Ein Beispiel für die **intramolekulare Anhydridbildung** ist die Bildung des Maleinsäureanhydrids:

Maleinsäure (Z-Butendisäure) → $[P_4O_{10}]$, $- H_2O$ → *Maleinsäureanhydrid*

Die E-Butendisäure (Fumarsäure) kann kein solches intramolekulares Anhydrid bilden.

Säurechloride

Ein Säurechlorid entsteht durch Reaktion einer Carbonsäure mit einem Chlorierungsmittel. Es werden üblicherweise Thionylchlorid ($SOCl_2$) oder Phosphorpentachlorid (PCl_5) als Chlorierungsmittel verwendet. Das gebildete Säurechlorid ist – wie auch das Säureanhydrid – wesentlich reaktionsfähiger als die freie Säure.

Carbonsäure + $SOCl_2$ → *Carbonsäurechlorid* + $HCl + SO_2$

Auch hier handelt es sich um eine Aktivierung der Carbonsäure.

Säureamide

Bei der Stoffgruppe der Amide ist die OH-Gruppe der Carbonsäure durch eine NH_2-Gruppe ersetzt. Üblicherweise werden Amide ausgehend von Säurechloriden hergestellt:

Carbonsäurechlorid + NH_3 → *Carbonsäureamid* + HCl

Weiter Informationen zur Stoffgruppe der Amide sind in Kapitel 8.9 zu finden.

Esterbildung

Ester entstehen durch Wasserabspaltung zwischen einer Carbonsäure und einem Alkohol.

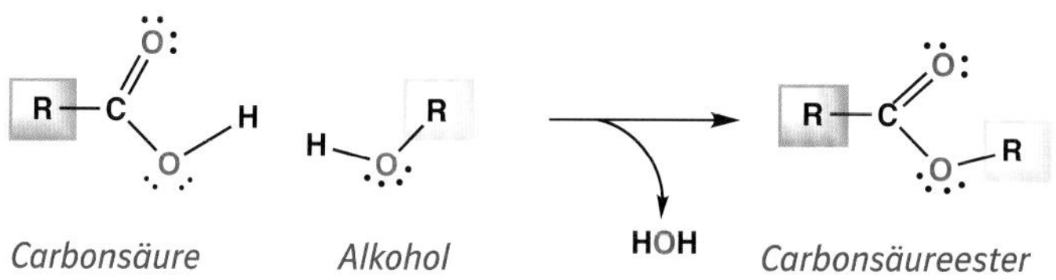

Carbonsäure | Alkohol | HOH | Carbonsäureester

Auch hier handelt es sich um eine Aktivierung der Carbonsäure.

Die Stoffgruppe der Ester hat in der Natur und Technik eine sehr große Bedeutung, daher wird in einem eigenen Kapitel näher auf diese Stoffgruppe eingegangen (siehe Kap. 8.5).

Diese Esterbildung kann auch ausgehend von einem Säurechlorid oder von einem Säureanhydrid der entsprechenden Carbonsäure erfolgen:

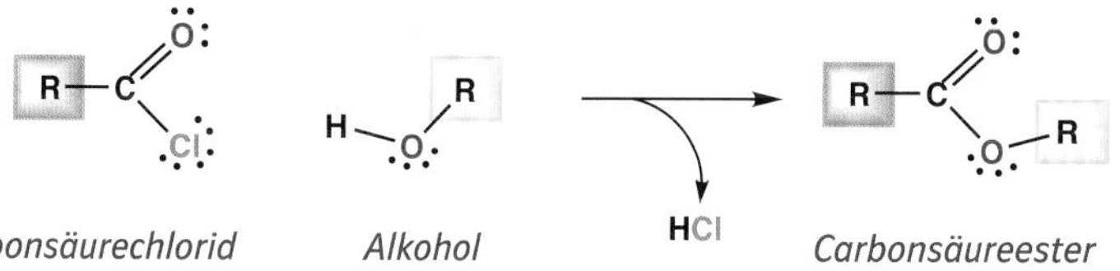

Carbonsäurechlorid | Alkohol | HCl | Carbonsäureester

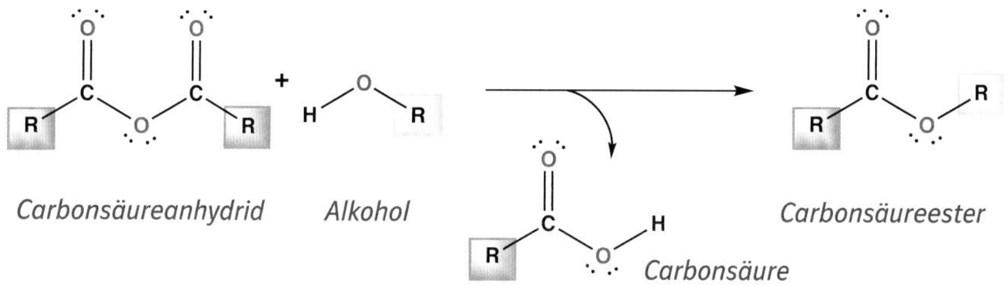

Carbonsäureanhydrid | Alkohol | Carbonsäureester | Carbonsäure

Benennung als Salz

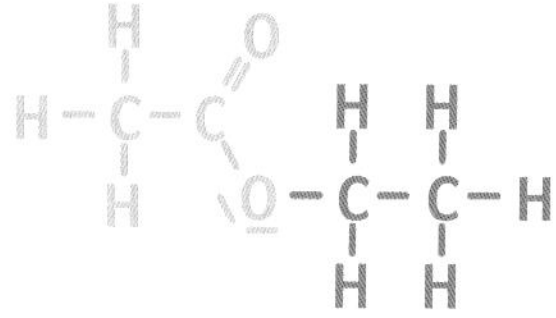

Ethyl-acetat
Ethyl-ethanoat

Benennung als Carbonsäurealkylester

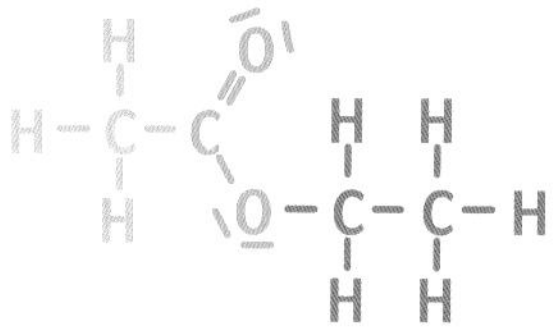

Essigsäure-ethylester
Ethansäure-ethylester

Abb. 209–1: Benennung der Ester

Decarboxylierung

Als Decarboxylierung bezeichnet man Reaktionen, bei denen von Carbonsäuren die Carboxyl-Gruppe in Form von CO_2 abgespalten wird. Technisch ist dies durch Erhitzen und unter der Verwendung eines Katalysators möglich (siehe Abb. 209–2).

Bei einfachen aliphatischen Carbonsäuren ist diese Reaktion schwer durchführbar. Nur Carbonsäuren mit weiteren elektronenabziehenden funktionellen Gruppen (zB Ketogruppen) lassen sich decarboxylieren.

Decarboxylierung findet leicht bei α- und β-Ketosäuren statt, die meist instabil sind und spontan decarboxylieren:

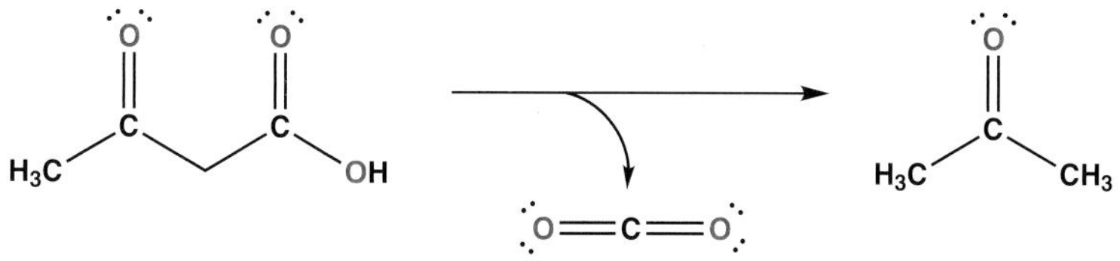

3-Oxobutansäure (β-Oxobutansäure) | Propanon

Im Stoffwechsel finden Decarboxylierungsreaktionen häufig an α-Ketosäuren statt. Die Reaktion erfolgt hier mit Hilfe von Enzymen. Das dabei gebildete Kohlenstoffdioxid wird beim Ausatmen abgegeben.

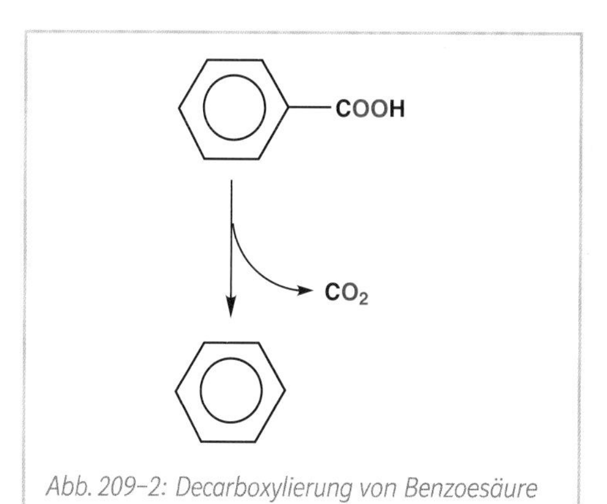

Abb. 209–2: Decarboxylierung von Benzoesäure

Übung 209.1 bis 209.3

1. Gib die Reaktionsgleichung für die Bildung von 2-Methylpropansäurechlorid aus der 2-Methyl-propansäure an!
2. Gib die Reaktionsgleichung für die Veresterung von Butansäureanhydrid mit Methanol an!
3. Gib die Reaktionsgleichung für die Reaktion von 3-Ethylpentansäurechlorid mit Ammoniak an und benenne die dabei entstehende Verbindung!

8.5 Ester

Esterbildung und Esterspaltung – Gleichgewichte

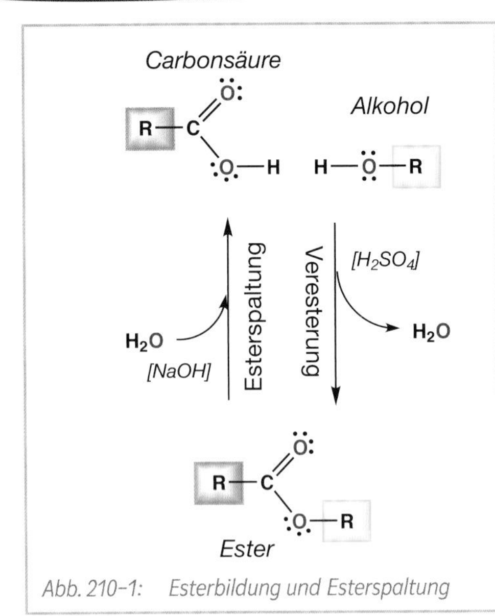

Abb. 210–1: Esterbildung und Esterspaltung

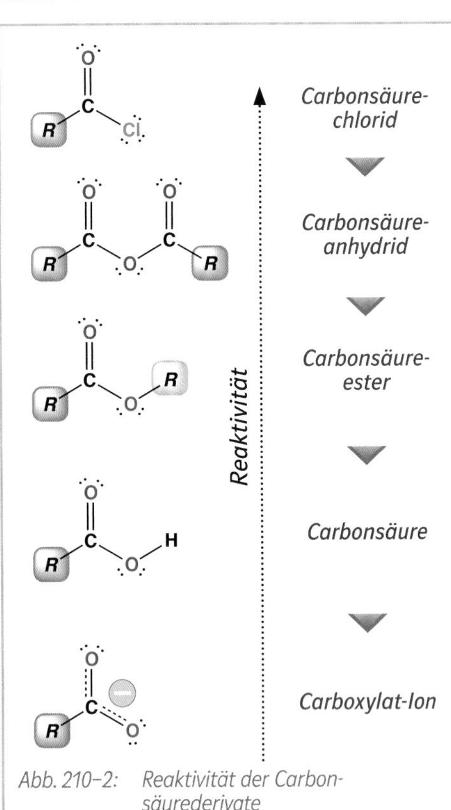

Abb. 210–2: Reaktivität der Carbonsäurederivate

Übungen 210.1 und 210.2

1. Zeichne die Strukturformeln sämtlicher möglicher Ester der Carbonsäuren Propansäure und Cyclohexancarbonsäure mit den Alkoholen Methanol, Ethanol und Propan-2-ol und benenne die Ester, wenn möglich, systematisch.
2. Zeichne die Strukutrformeln aller möglichen Ester zwischen Methansäure und Propan-1,2-3-triol

Esterbildung

Ester entstehen durch Reaktion zwischen Alkohol und Carbonsäuren. Die Reaktion wird durch starke Säuren katalysiert. Häufig setzt man für die Esterbildung allerdings auch Säurechloride bzw. Säureanhydride ein. (Die Reaktionsfreudigkeit der Carbonsäurederivate zeigt Abb. 210–2.)

Ester können als Alkylsalze der Carbonsäuren aufgefasst werden. Eine mögliche Benennung ist daher die „Salzbenennung" Abb. 209–1).

Hydroxycarbonsäuren können bei günstiger Lage der funktionellen Gruppen innerhalb des Moleküls Ester bilden. Diese cyclischen Ester nennt man Lactone.

Esterbildung – Gleichgewichtsreaktion

Die Esterbildung zählt zu den typischen Gleichgewichtsreaktionen (Gleichgewicht „liegt in der Mitte"). Um die Esterausbeute zu erhöhen, muss man entweder die Ausgangsstoffe im Überschuss zusetzen oder den gebildeten Ester abdestillieren.

Beispiele

1 mol Ethanol wird mit 1 mol Essigsäure umgesetzt. Im Gleichgewicht sind noch 0,33 mol Essigsäure vorhanden. Berechne die Stoffmenge der übrigen Stoffe und die Gleichgewichtskonstante *K*.

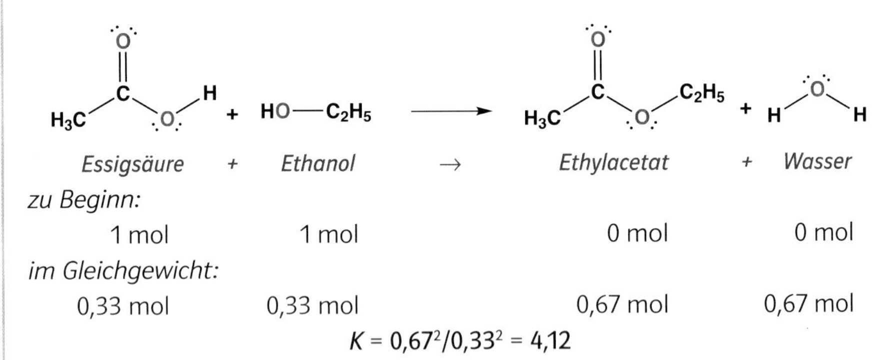

	Essigsäure	+	*Ethanol*	→	*Ethylacetat*	+	*Wasser*
zu Beginn:	1 mol		1 mol		0 mol		0 mol
im Gleichgewicht:	0,33 mol		0,33 mol		0,67 mol		0,67 mol

$$K = 0{,}67^2/0{,}33^2 = 4{,}12$$

Setzt man die doppelte Stoffmenge an Essigsäure ein, erhöht sich die Esterausbeute.

	Essigsäure	+	*Ethanol*	→	*Ethylacetat*	+	*Wasser*
zu Beginn:	2 mol		1 mol		0 mol		0 mol
im Gleichgewicht:	2–x mol		1–x mol		x mol		x mol

$$K = 4{,}12 = x^2/[(1-x)\cdot(2-x)] \Rightarrow x_1 = 0{,}85 \text{ und } x_2 = 3{,}11$$

Ergebnis:

Essigsäure ... 1,15 mol, Ethanol ... 0,15 mol, Ethylacetat ... 0,85 mol, Wasser ... 0,85 mol

Esterspaltung – Verseifung

Die Umkehrung der Reaktion – Spaltung des Esters in Säure und Alkohole – nennt man **Hydrolyse**.

Unter Hydrolyse versteht man allgemein eine Bindungsspaltung mit Hilfe von Wasser. Die Esterspaltung wird begünstigt, wenn man anstelle von Wasser stark basische Lösungen (zB NaOH) verwendet. (Die bei der Spaltung gebildete konjugierte Base der Carbonsäuren geht praktisch keine Rückreaktion zum Ester ein.) Alkalisalze von langkettigen Carbonsäuren (Fettsäuren) sind **Seifen**. Aus diesem Grund nennt man die basenkatalysierte Hydrolyse häufig auch Verseifung. (Der Begriff Verseifung wird allerdings oft synonym mit Hydrolyse verwendet.)

Ester - eine wichtige Stoffklasse

Ester stellen eine wichtige Stoffklasse dar. Sie kommen in großer Menge natürlich vor.

Fruchtester

Ester aus kurzkettigen Carbonsäuren und kurzkettigen Alkoholen nennt man Fruchtester. Sie werden häufig als Aromastoffe verwendet. So riecht zB Butylethanoat nach Apfel, Ethansäure-2-methyl-1-propylester nach Banane und Ethylbutanoat nach Ananas.

Ethylbutanoat *Ethansäure-2-methyl-1-propylester*

Abb. 211–1: Früchte und die in ihnen enthaltenen Ester

Drogen und Arzneistoffe

Diese Stoffe werden häufig verestert, um sie lipophiler zu machen. Sie passieren damit leichter Barrieren wie die Blut-Hirn-Schranke.

Ein Beispiel ist Heroin, welches durch die doppelte Veresterung mit Essigsäure (Ethansäure) besser als die Wirkform Morphin in das zentrale Nervensystem und damit an die Rezeptoren gelangt.

Salicylsäure (hier die Alkoholkomponente) – ein saurer Arzneistoff – wird mit Essigsäure zu Acetylsalicylsäure (Aspirin) verestert, um die Substanz magenfreundlicher zu machen.

Essigsäure + *Salicylsäure* → *Acetylsalicylsäure (ASS)* + H_2O

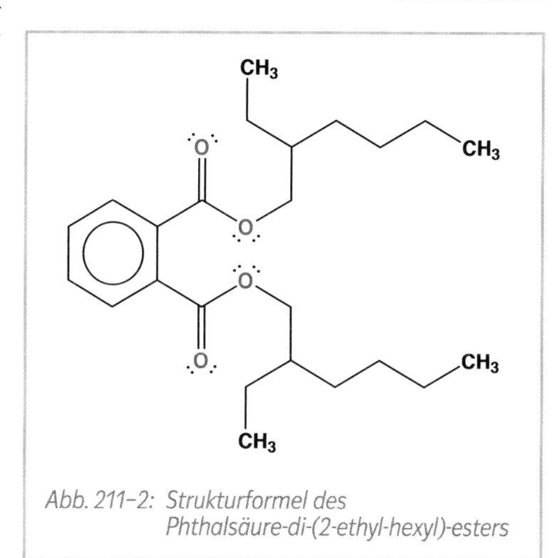

Abb. 211–2: Strukturformel des Phthalsäure-di-(2-ethyl-hexyl)-esters

Wachse

Wachse sind Ester zwischen langkettigen Carbonsäuren und langkettigen Alkoholen. Bienenwachs zB besteht hauptsächlich aus Estern des Myricylalkohols ($C_{30}H_{61}OH$) mit Palmitinsäure $C_{15}H_{31}$–COOH.

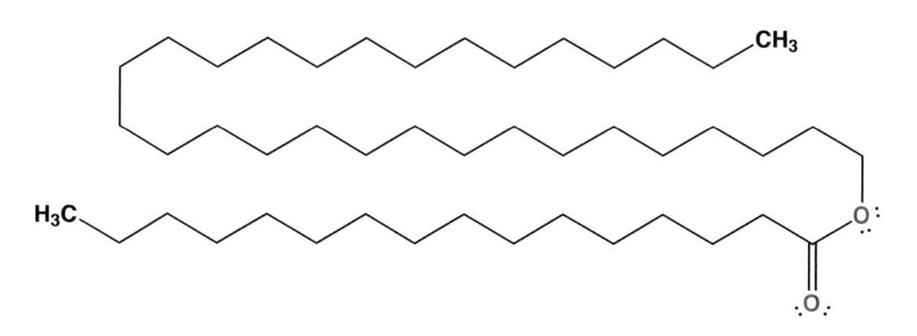

Übungen 211.1 und 211.2

1. Essigsäure bildet mit Pentan-1-ol, Pentan-2-ol und Pentan-3-ol Ester. Zeichne die Strukturformeln dieser Ester. Welcher von ihnen heißt 1-Ethyl-propyl-ethanoat?
2. Bei der technischen Synthese von ASS verwendet man Essigsäureanhydrid statt Essigsäure. Welches Molekül wird bei dieser Synthese an Stelle von Wasser abgespalten?

Speisefette

Die Speisefette sind Ester zwischen Glycerol und Fettsäuren. Die Speisefette werden im Kapitel 9 noch ausführlich diskutiert.

Biodiesel

Biodiesel ist zumeist ein Ester zwischen Methanol und einer Fettsäure (langkettige Carbonsäure). Er wird durch Umesterung aus Speisefetten hergestellt.

Weichmacher

Vertreter dieser Substanzklasse gehören zu den meistverkauften Chemikalien für die Kunststoffindustrie. Sie sind zumeist schwerflüchtige Carbonsäureester zB mit Phthalsäure (siehe Abb. 211–2)

VS Schüler-Experiment 8.2

Fruchtester

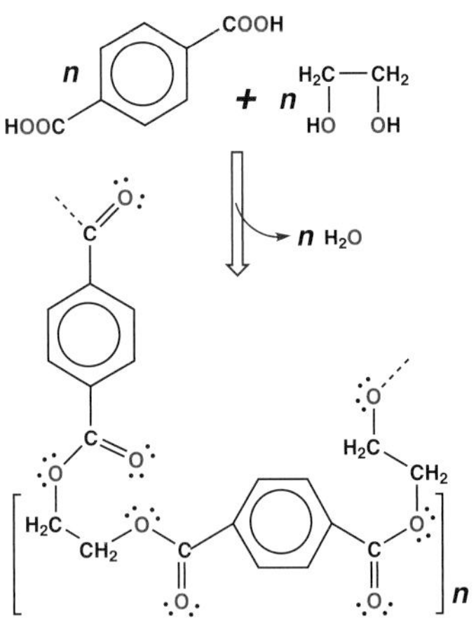

Kunststoffe auf Esterbasis

Eine Kopplungsreaktion von 2 Molekülen unter Abspaltung eines kleinen Moleküls (meist Ammoniak, Hydrogenchlorid oder Wasser) nennt man auch **Kondensation**. Weisen die Ausgangskomponenten mehr als eine passende funktionelle Gruppe auf (zB Dicarbonsäuren und Diole) so kann es zur **Polykondensation** kommen. Dabei entstehen lange kettenförmige Moleküle. Kunststoffe die auf diese Weise entstehen nennt man daher auch **Polykondensate**.

Polyethylenterephthalat PET – Polyester

Polyethylentherephthalat gehört zu den Polyestern. Er wird aus Glycol und Terephthalsäure durch Esterbildung erzeugt.

Er ist ein plastomerer Kunststoff, der durch Schmelzverspinnen zu Textilfasern verarbeitet werden kann. Handelsnamen sind Trevira®, Terylene® und Diolen®. Diese Fasern werden zu Futterstoffen und zu Mischgeweben mit Wolle oder Baumwolle verarbeitet. Die Fasern sind hydrophob, daher rasch trocknend, reißfest und knitterfrei.

Einen starken Anstieg hat die Produktion von PET durch die Verwendung als Material für Getränkeflaschen erfahren. Die als „Leichtflaschen" bekannten sehr dünnwandigen, aber trotzdem festen Getränkeflaschen haben in wenigen Jahren einen großen Anteil am Getränkeverpackungssektor erreicht. PET ist damit zu den meisthergestellten Kunststoffen aufgerückt. Dieser Anstieg hat zu einer rapiden Vermehrung des Müllvolumens geführt.

Abb. 212-1: Kondensation von Terephthalsäure mit Glycol zu Polyethylenterephthalat (PET)

Polyesterharze

Bei Polyesterharzen wird zur Produktion des Harzes eine ungesättigte Dicarbonsäure wie zB Maleinsäure verwendet. Sie wird mit Glycol verestert, wodurch im ersten Schritt ein linearer Polyester entsteht, der in der Kette ungesättigte Gruppen enthält. (Abb. 212-2) Man erzeugt nur so lange Ketten, dass das Produkt in Styren löslich ist.

Beim Endverbraucher wird zum Polyesterharz ein organisches Peroxid (Härter) zugesetzt, das als Radikalstarter wirkt. Dadurch tritt eine radikalische Polymerisation ein. Das Lösungsmittel Styren polymerisiert zusammen mit den ungesättigten Stellen der Polyesterkette, und ein räumlich vernetzter, duromerer Kunststoff entsteht. Diese Polyesterharze werden häufig mit Glasfasermatten zu Verbundstoffen verarbeitet. Sie dienen zum Bau von Leichtkarosserien und Booten. Auch für Ausbesserungsarbeiten beim Auto (Roststellen) sind solche Polyesterharze und Glasfasermatten als fertige Sets erhältlich.

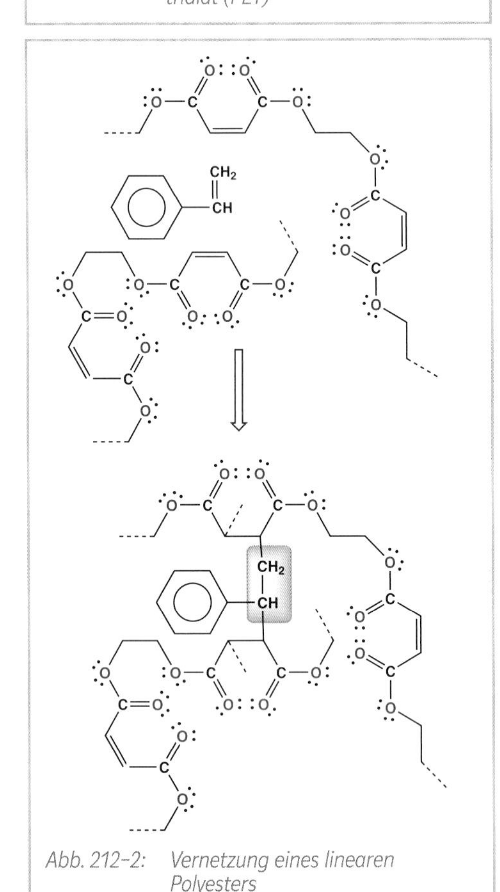

Abb. 212-2: Vernetzung eines linearen Polyesters

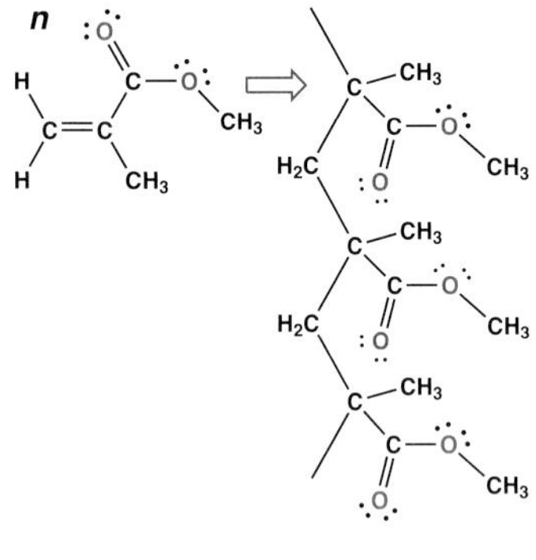

Polymethylmethacrylat – Polymerisat eines Esters

Polymethylmethacrylat PMMA (Handelsname: Plexiglas®) ist ein Polymerisationskunststoff, dh. die Verknüpfung der Monomeren erfolgt nicht durch die Esterbildung wie bei den Polyestern, sondern durch Polymerisation an der Doppelbindung.

Das Monomere ist aber ein Ester zwischen der Methylpropensäure und Methanol.

PMMA ist ein glasklares Plastomer von hoher Transparenz und dient unter dem Namen Acrylglas als Glasersatz (Handelsname: Plexiglas® oder Paraglas®). Es hat eine geringere Dichte als Silicatglas und ist weniger spröde.

Als Plastomer ist es beliebig in Masse färbbar. Es dient als Glasersatz beim Bau von Sportflugzeugen, Hubschraubern und im Sanitärbereich (Duschkabinen), bei Lichtkuppeln sowie bei Rücklichtern und Blinkern im Fahrzeugbau. Sein Nachteil gegenüber Silicatglas ist die geringere Härte und damit Kratzfestigkeit.

Brillengläser und harte Kontaktlinsen werden ebenfalls aus PMMA gefertigt. Im zahnmedizinischen Bereich dient PMMA als Material für Kunststoffplomben und Zahnersatzteile.

Abb. 212-3: Bildung von Polymethylmethacrylat

Ester mit anorganischen Sauerstoffsäuren

Große Bedeutung besitzen auch Ester mit anorganischen Sauerstoffsäuren.

Salpetersäureester

Die Reaktion erfolgt durch **Nitriersäure**, einer Mischung aus Salpetersäure und Schwefelsäure im Verhältnis 1:2.

$$R{-}OH + H{-}O{-}NO_2 \xrightarrow{[H_2SO_4]} R{-}O{-}NO_2 + H_2O$$

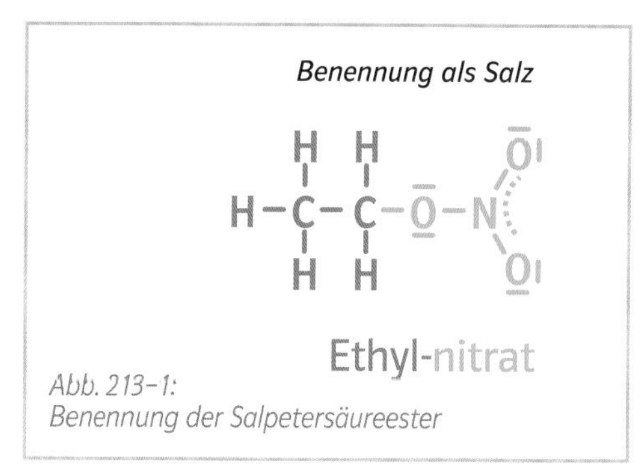

Abb. 213-1: Benennung der Salpetersäureester

Die Salpetersäurester enthalten als Kennzeichen die Gruppe **$-O-NO_2$**. Bei der Benennung der Ester anorganischer Säuren wählt man zumeist die „Salzbenennung". (Abb. 213-1) Salpetersäureester neigen zu Explosionen. Ein Salpetersäureester – **Glyceroltrinitrat** (**Nitroglycerin**) – ist durch die Serie der Briefbombenattentate ab dem Jahr 1993 in der Öffentlichkeit viel diskutiert worden.

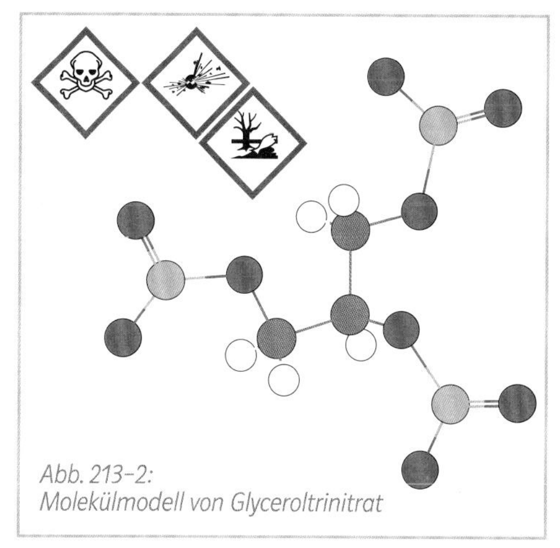

Abb. 213-2: Molekülmodell von Glyceroltrinitrat

Schwefelsäureester

Schwefelsäure als zweiprotonige Säure kann 2 Reihen von Estern bilden: Monoalkylsulfate und Dialkylsulfate. (Abb. 213-3) Halbester der Schwefelsäure mit Fettalkoholen werden als **Tenside** (waschaktive Substanzen) eingesetzt.

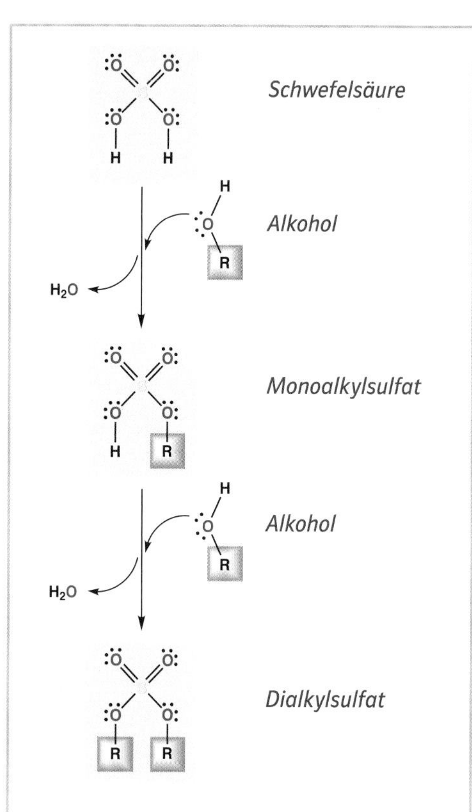

Abb. 213-3: Herstellung der Schwefelsäurehalb- und Vollester (Alkylsulfate)

Phosphorsäureester

Phosphorsäureester spielen vor allen Dingen bei vielen biochemischen Molekülen ein wichtige Rolle (NAD⁺ und ATP siehe Kapitel 10). Auch das „Rückgrat" der **DNA** besteht aus Phosphorsäureestern.

Phospholipide (Phosphoglyceride, Phosphatide): Unter Phospholipiden versteht man eine große Gruppe von Phosphorsäureestern mit Glycerol. Die Vielfalt tritt dadurch auf, dass Glycerol als 3-wertiger Alkohol mit anderen Säuren zusätzlich verestert sein kann und auch die 3-protonige Phosphorsäure neben Glycerol noch eine andere Alkoholkomponente binden kann. Ein bekannte Gruppe der Phospholipide sind die **Lecithine** oder Phosphatidylcholine. (Abb. 242-1) Sie sind Bestandteil der Zellmembranen. In der Nahrungsmittelindustrie werden sie als Emulgatoren verwendet.

Parathion (Handelsbezeichnung: E 605)

Parathion ist ein Ester der Thiophosphorsäure. Es ist ein sehr bekanntes und wirkungsvolles **Insektizid**. Allerdings wirkt es auch auf Menschen akut toxisch. Als Insektizid aufgebrachtes Parathion zersetzt sich innerhalb weniger Wochen. Dies ist ein großer Vorteil gegenüber den langlebigen halogenierten Insektiziden.

Polycarbonate – Polyester der Kohlensäure

Eine spezielle Art von Polyestern sind die Polycarbonate PC. Sie sind formal die Polyester der Kohlensäure. Als Ausgangsstoffe zur Herstellung dienen Phosgen, das Dichlorid der Kohlensäure, und als Diolkomponente Bisphenol A – 2,2-Bis(4-hydroxyphenyl)propan. Die Polykondensation erfolgt unter HCl-Abspaltung. Polycarbonate sind klar durchsichtig, temperaturbeständig und sterilisierbar. Sie sind Plastomere. Man verwendet sie zum Bau von Geräten aller Art, für Sturzhelmvisiere und zunehmend für wiederbefüllbare Getränkeflaschen (Leichtflaschen), da sie kratzfest und hitzesterilisierbar sind.

8.6 R/S-Isomerie

Chiralität – Spiegelbildisomerie – Optische Isomerie

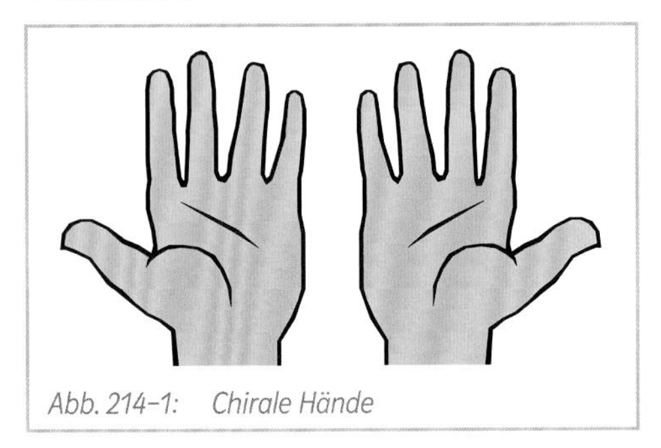

Abb. 214-1: Chirale Hände

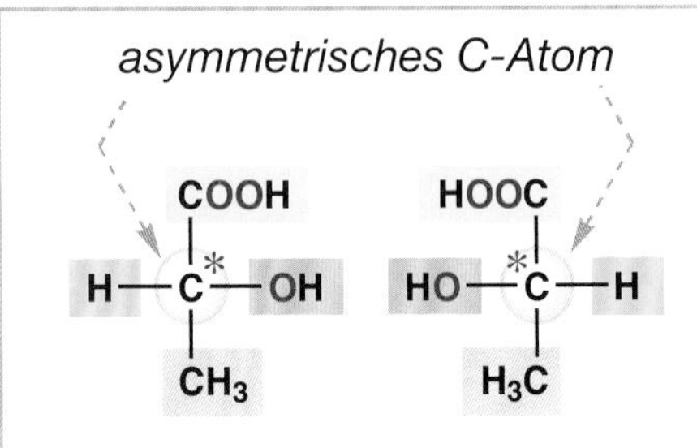

Abb. 214-2: Strukturformeln chiraler Milchsäuremoleküle

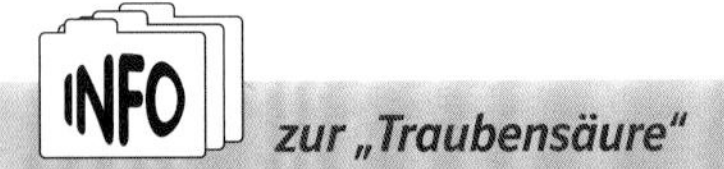

zur „Traubensäure"

Traubensäure ist ein nicht optisch aktives 50:50-Gemisch (Racemat) der beiden Formen der Weinsäure. Traubensäure = Acidum racemicum. Im Saft der Trauben kommt nur die linksdrehende Form der Weinsäure vor. Ihre Salze heißen Tartrate. Der in der Weinflasche oft auftretende kristalline Bodensatz ist Kaliumhydrogentartrat (Weinstein).

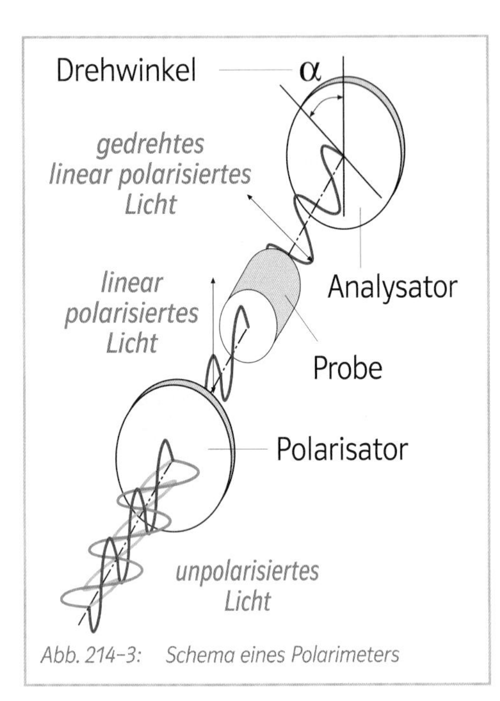

Abb. 214-3: Schema eines Polarimeters

Es gibt Strukturen, die sich wie Bild und Spiegelbild verhalten und dadurch räumlich nicht zur Deckung bringen lassen, obwohl sie sonst völlig gleich sind. Rechts- und Linksschraube derselben Art oder die rechte und die linke Hand sind Beispiele dafür. Solche Strukturen nennt man **chiral**. (Griech.: cheir = Hand)

Asymmetrisches C-Atom – Enantiomere

Häufigste Voraussetzung für das Auftreten dieser Isomerieart ist ein **asymmetrisch substituiertes C-Atom**, das ist ein C-Atom mit vier verschiedenen Substituenten (verkürzt verwendet man auch die Begriffe „asymmetrisches C-Atom" oder „chirales C-Atom").

Enthält ein Molekül ein solches C-Atom, so gibt es ein isomeres Molekül dazu, das sich wie das Spiegelbild verhält. Dieses Molekülpaar wird **Enantiomerenpaar** genannt. (Griech.: enantios = entgegengesetzt)

Enantiomere unterscheiden sich in ihren physikalischen (Fp, Kp, Dichte) und chemischen Eigenschaften gegenüber nichtchiralen Verbindungen nicht (eine gleichartige Rechts- und Linksschraube unterscheiden sich in der Masse, Dichte oder im Verhalten gegenüber der Umgebung ohne Gewinde ebenfalls nicht).

Chirale Reaktionspartner

Gegenüber chiralen Molekülen treten aber große Unterschiede im Reaktionsverhalten auf (so wie die Rechtsschraube nicht in ein Linksgewinde passt). Die meisten biochemischen Vorgänge verlaufen über chirale Verbindungen. Kohlenhydrate und Aminosäuren – die Bausteine der Eiweißstoffe – sind chiral und kommen in der Natur nur in einer Form vor. Die als Biokatalysatoren wirkenden Enzyme sind als Eiweißstoffe ebenfalls chiral und können nur das passende Isomere sinnvoll verwerten.

Natur vs. Labor

Bei Verbindungen aus der Natur liegt meist nur eine – die „richtige" Form – vor. Bei Synthesen im Labor entstehen aber oft äquimolare Mischungen des Enantiomerenpaares, sogenannte **Racemate** (lat.: acidum racemicum = Traubensäure, mit der die erste Racemattrennung gelang), da die Wahrscheinlichkeit für die Bildung beider Formen gleich groß ist. Wird eine solche Mischung zB als Medikament gegeben, so wirkt die eine Form und die andere wird im günstigsten Falle als unwirksam ausgeschieden.

Drehung der Ebene von linearpolarisiertem Licht

Physikalisch unterscheiden sich Enantiomere nur in Ihrem Verhalten gegenüber linear polarisiertem Licht. Lässt man Licht durch einen Polarisationsfilter (Polarisator) treten, so enthält man Licht, das nur in einer Ebene schwingt. Ein zweiter um 90° gedrehter Polarisationsfilter (Analysator) bewirkt Auslöschung. Bringt man eine chirale Verbindung zwischen Polarisator und Analysator, so kommt es zur Aufhellung.

Chirale Verbindungen drehen die Polarisationsebene von linear polarisiertem Licht. Eine Form dreht nach links, die andere (bei gleicher Konzentration) gleich stark nach rechts. Chirale Substanzen bezeichnet man daher als **optisch aktiv**. Die Isomerieform nennt man daher auch **optische Isomerie**.

Die Messung der Drehung erfolgt im **Polarimeter**. (Abb. 214-3) Ein Racemat dreht die Polarisationsebene natürlich nicht, da sich die Wirkung beider Enantiomere aufhebt. Die Vermutung, dass optische Aktivität auf ein asymmetrisches C-Atom zurückgeht, stellten die Physiker und Chemiker Jacobus Hendricus van't Hoff (1852 – 1911) und Achille Le Bel (1857 – 1930) unabhängig voneinander 1874 auf.

Racemattrennung

Dem Franzosen Louis Pasteur (1822 – 1895) gelang erstmals die Trennung des Racemates der optisch aktiven Weinsäure. Eine exakte Aufklärung der Strukturen gelang erst 1920 durch die Röntgenstrukturanalyse.

Bestimmung der Konfiguration

R oder S - am Modell

Die Bezeichnung R (für rectus) und S (für sinister) haben die ältere Bezeichnung D (für dexter) und L (für laevus) ergänzt. Da aber die D/L-Nomenklatur bei Naturstoffen nach wie vor eingesetzt wird, wird sie weiter unten erklärt.

Die Bezeichnungen R und S geben nur die Anordnung der Substituenten am asymmetrischen C-Atom an und enthalten keinerlei Hinweis auf den Drehsinn.

Die vier unterschiedlichen Substituenten bilden mit dem chiralen C-Atom als Zentrum einen Tetraeder (Abb. 215–1). Zur Erarbeitung dieses Abschnitts wäre es günstig mit einem Molekülbaukasten zu arbeiten.

Wichtigkeit der Substituenten: 1 > 2 > 3 > 4
1 steht oben
1 und 2 in Bildebene

Spiegel

von 1 nach 2 im Uhrzeigersinn	*von 1 nach 2 gegen den Uhrzeigersinn*
⇩	⇩
R-Enantiomer	**S-Enantiomer**

Abb. 215–1: Bestimmung der R- und S-Formen

Beispiel

Butan-2-ol – Man ordnet die Substituenten am asymmetrischen C-Atom nach fallender Priorität (CIP-Regeln siehe S. 168). Das Atom mit der geringsten Priorität (hier –H) weist nach hinten. Von vorne sieht man dann ein „Dreieck" mit den übrigen drei Substituenten. Geht man jetzt vom Substituenten mit der höchsten zu dem mit der zweithöchsten im Uhrzeigersinn spricht man von der R-Form, geht man gegen den Uhrzeigersinn handelt es sich um die S-Form.

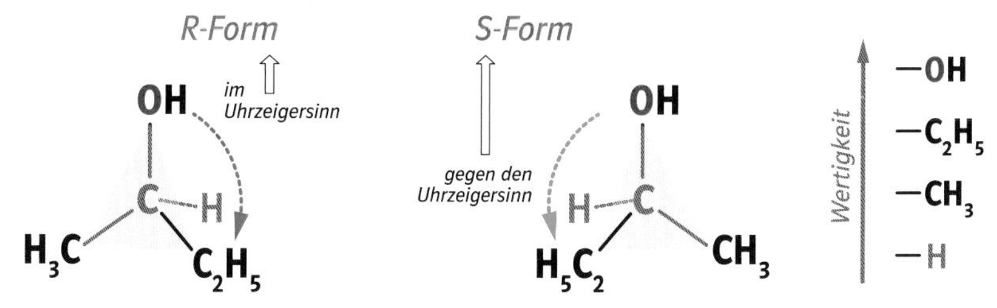

R oder S – in der Projektion

Will man Moleküle nicht immer in der oben ausgeführten „Keilstrichformel" angeben, muss man Projektionsregeln vereinbaren. Diese lauten:

- Das asymmetrische C-Atom liegt in der Papierebene.
- Die vertikalen Substituenten weisen hinter die Papierebene.
- Die horizontalen Substituenten weisen vor die Papierebene.

Die folgenden Strukturen stellen unterschiedliche Varianten von R-Butan-2-ol dar. Zur Verdeutlichung der Projektionsregeln, sind die vertikalen Bindungen „nach hinten" weisend mit punktierten Keilen und die horizontalen Bindungen sind „nach vorne" weisend mit fetten Keilen dargestellt. Bei zukünftigen Beispielen werden wieder die üblichen Bindungen eingezeichnet.

Die vertikal stehenden Wasserstoffatome (grün) stehen auch in der Projektion „hinten". Es ist daher im Uhrzeigersinn vom Substituenten mit der höchsten zum Zweithöchsten die R-Form. Steht das Wasserstoffatom horizontal ist er „vorne" und man betrachtet das Molekül von der falschen Seite. Man muss daher entweder das Molekül „drehen" oder die Definition „drehen" (= ist das H horizontal ist die R-Form gegen den Uhrzeigersinn.)

Bei Halbstrukturformeln ist es aufgrund der Projektionsregeln ausreichend Moleküle wie gewohnt anzuschreiben.

Bei Skelettformeln muss man aber mit Keilstrichen (punktiert = „hinten"; fett = „vorne") arbeiten.

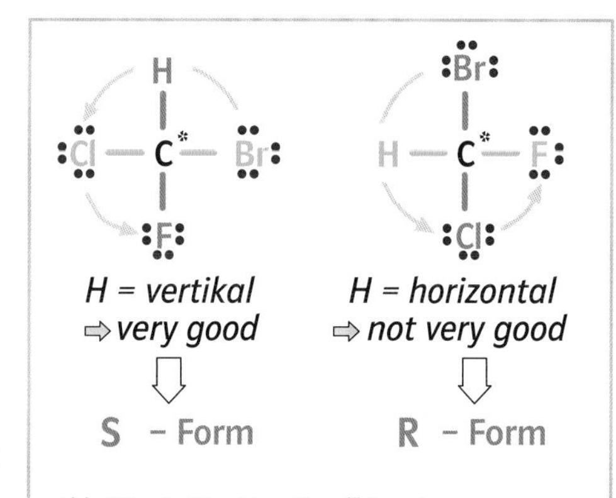

Abb. 215–2: Die „Very Good"-Regel

INFO zum „Drehsinn"

Optisch aktive Substanzen drehen die Schwingungsebene von polarisiertem Licht. Eine Form dreht nach rechts, die andere nach links. (Gleicher Drehwinkel bei gleicher Konzentration).
Die Drehrichtung kann bei der Bezeichnung der Substanz durch Plus oder Minus erfolgen.
zB: Die S-Form der Milchsäure ist rechtsdrehend, daher benennt man sie vollständig S(+)-Milchsäure. Dementsprechend ist die R-Form linksdrehend und wird mit R(–)-Milchsäure bezeichnet.
Bei Glyceral ist es umgekehrt. Die S-Form ist linksdrehend, heißt daher S(–)-Glyceral. Die R-Form ist daher ein R(+)-Glyceral.

Enantiomerenpaar des Cis-1-Brom-2-methyl-cyclopentan

Enantiomerenpaar des Trans-1-Brom-2-methyl-cyclopentan

Abb. 216–1: Stereoisomerie bei cyclischen Verbindungen

Verbindungen mit mehreren asymmetrischen C-Atomen

Sind in einem Molekül mehrere asymmetrische C-Atome vorhanden, so steigt die Zahl der möglichen Stereoisomeren. Die Zahl der möglichen Isomeren beträgt 2^n (n = Zahl der asymmetrischen C-Atome).

Beispiel

2,3 Dihydroxybutansäure – Die Verbindung besitzt zwei asymmetrische C-Atome (bzw. **Chiralitätszentren**) und die Zahl der Stereoisomeren beträgt 2^2 = 4.

R – Form S – Form

Enantiomeren-Paar		Enantiomeren-Paar	
CHO (1)	CHO (2)	CHO (3)	CHO (4)
H–C–OH	HO–C–H	H–C–OH	HO–C–H
H–C–OH	HO–C–H	HO–C–H	H–C–OH
CH_3	CH_3	CH_3	CH_3

Hier sind zwei Enantiomerenpaare möglich. Die Verbindungen zB (1) und (3) sind keine Enantiomeren, aber **Stereoisomere**.

Moleküle, die keine Enantiomeren sind, sich aber nur durch die räumliche Anordnung unterscheiden, nennt man Diastereomere. Diastereomere besitzen zum Unterschied von Enantiomeren unterschiedliche physikalische und chemische Eigenschaften.

R – Form S – Form

Enantiomeren-Paar		Enantiomeren-Paar	
CHO (1)	CHO (2)	CHO (3)	CHO (4)
H–C–OH	HO–C–H	H–C–OH	HO–C–H
H–C–OH	HO–C–H	HO–C–H	H–C–OH
CH_2OH	CH_2OH	CH_2OH	CH_2OH

Diastereomere

Diastereomere

Die Moleküle der vier verschiedenen Vierfachzucker (= Tetrosen)

Übungen 216.1 und 216.2

1. Wie viele asymmetrisch substituierte C-Atome weist das Cholesterol-Molekül auf? Welche Stereoisomerenanzahl ist maximal möglich?

2. Zeichne die Stereoisomeren der folgenden beiden Aminosäuren. Kennzeichne dabei die Enantiomeren- und Diastereomerenpaare.

Leucin

Isoleucin

Meso-Form

Die Zahl der möglichen Stereoisomeren ist geringer, wenn zwei asymmetrische C-Atome vorliegen, die gleiche Substituenten tragen. Solche Moleküle besitzen bei einer bestimmten Anordnung eine Spiegelebene. Sie sind daher nicht chiral.

Beispiele

Weinsäure (2,3-Dihydroxybutandisäure) – Die meso-Weinsäure kann mit ihrem Spiegelbild zur Deckung gebracht werden. Mesoformen sind optisch inaktiv.

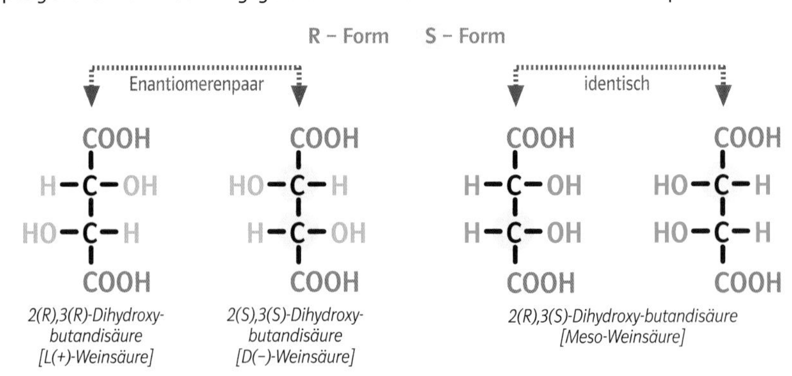

Schüler-Experiment 8.3

Chiralität mit dem Molekülbaukasten

D/L-Konfiguration - Fischer Projektion

Der deutsche Nobelpreisträger Emil Fischer (1852 – 1919) befasste sich mit Naturstoffen und wollte Drehsinn und Struktur in Verbindung zu setzen. Allerdings besaß man keine Möglichkeit, die absolute Struktur von Verbindungen aufzuklären. Man wählte daher eine chirale Bezugssubstanz, der man willkürlich eine Struktur zuordnete.

Die gewählte Bezugssubstanz war **Glyceral** (Glyceroaldehyd, früher: Glycerinaldehyd). Das Molekül schreibt man in der Fischer-Projektion an, die zusätzlich von den bereits besprochenen Regeln noch folgendes voraussetzen.

- Die C-Kette muss vertikal angeschrieben werden.
- Das C-Atom mit der höchsten Oxidationszahl muss oben stehen.

Dem rechtsdrehenden Glyceral wurde willkürlich eine Struktur zugeordnet. Man nannte ihn D-Glyceral (D von lat. dexter = rechts), da die „wichtige" –OH-Gruppe auf der rechten Seite in der Fischer-Projektion steht.

Die linksdrehende Form war demnach das Spiegelbild und wurde L-Glyceral genannt (L von lat. laevus = links), da die „wichtige" –OH-Gruppe auf der linken Seite in der Fischer-Projektion steht.

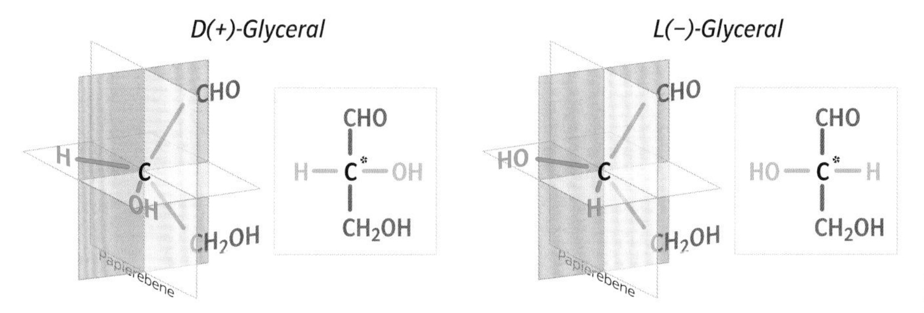

1951 konnte durch Röntgenbeugung die wirkliche Struktur aufgeklärt werden. Sie stimmte zufälligerweise mit der angenommenen überein.

Die Festlegung anderer Substanzen zu dieser D- oder L-Konfiguration erfolgte ausgehend von der entsprechenden Form des Glycerals durch eindeutig verlaufende Reaktionen, bei denen das Chiralitätszentrum erhalten bleibt. So erhielt man die D-Reihe und die dazu spiegelsymmetrische L-Reihe.

Es zeigte sich, dass der Drehsinn mit der Zugehörigkeit zur Reihe nichts zu tun hat. Aus dem rechtsdrehenden D-Glyceral lässt sich die linksdrehende D-Milchsäure synthetisieren. Der Drehsinn wird daher durch Angabe von (+) (= rechtsdrehend) und (–) (= linksdrehend) extra angeschrieben.

Die Zuordnung von D- bzw. L- bereitet allerdings bei vielen Verbindungen Schwierigkeiten. Deshalb führte man neue Benennungsregeln für chirale Verbindungen ein, die exakt und eindeutig die Bindungsverhältnisse an asymmetrischen C-Atomen angeben. Die D/L-Bezeichnung ist aber nach wie vor bei vielen Naturstoffen, wie zB den Kohlenhydraten und Aminosäuren, gebräuchlich. ZB Alanin (L-2-Aminopropansäure).

Vergleich D/L und R/S

Die natürlich vorkommenden Kohlenhydrate gehören alle zur D-Reihe, da sie sich vom D-Glyceral ableiten. Die in der Natur vorkommenden Aminosäuren gehören zur L-Reihe. Man hat daher in der Biochemie die Bezeichnung D- und L- beibehalten.

Im Gegensatz dazu bezieht sich die Bezeichnung R- und S- auf ein einzelnes C-Atom im Molekül.

D/L und R/S sind nicht direkt verknüpfbar. Das chirale Zentrum der meisten natürlich vorkommenden L-Aminosäuren liegt in S-Konfiguration vor. Im Gegensatz dazu weist das chirale Zentrum der Aminosäure L-Cystein eine R-Konfiguration auf. (Siehe Abb. 217–3)

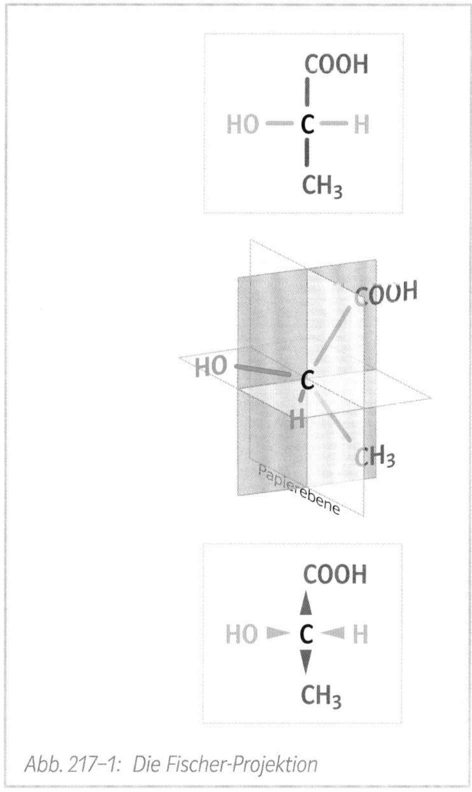

Abb. 217–1: Die Fischer-Projektion

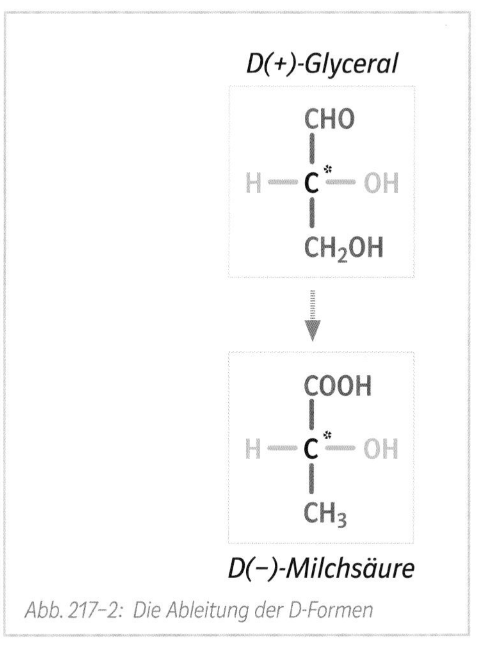

Abb. 217–2: Die Ableitung der D-Formen

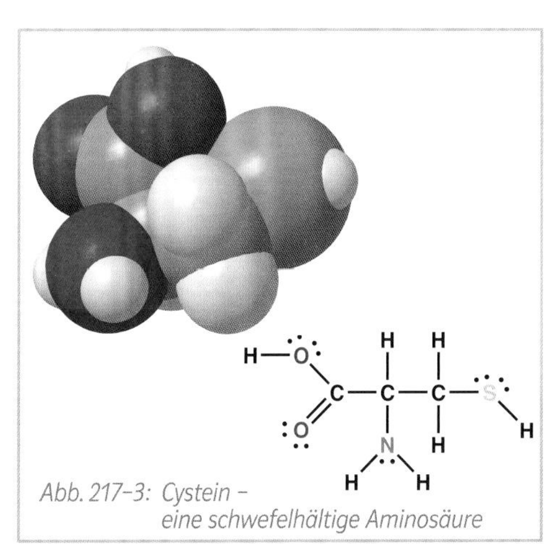

Abb. 217–3: Cystein – eine schwefelhältige Aminosäure

8.7 Chromatografische Verfahren

Papierchromatografie – Dünnschichtchromatografie – Säulenchromatografie

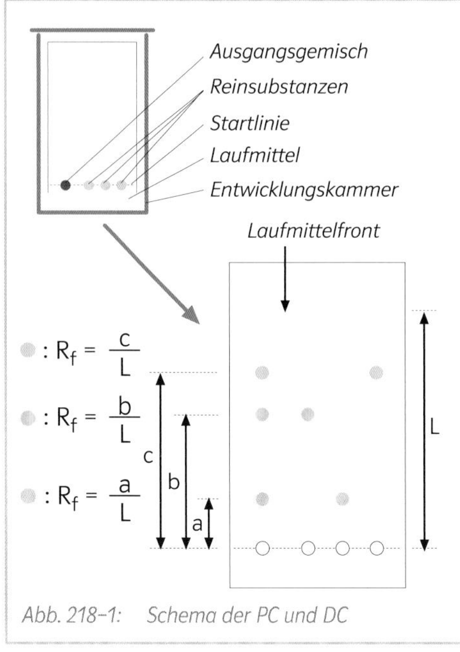

Abb. 218–1: Schema der PC und DC

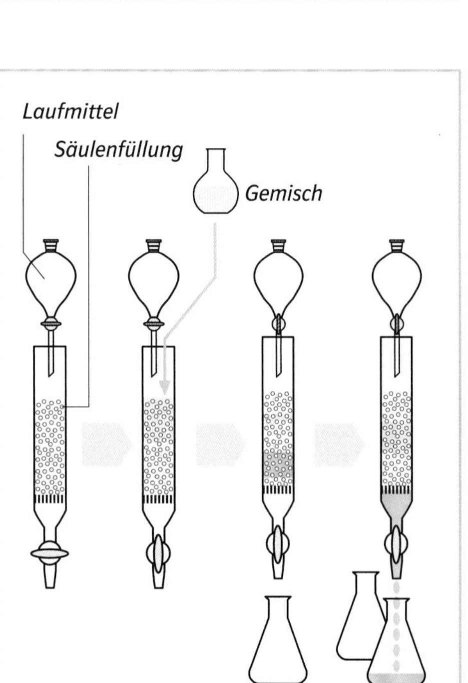
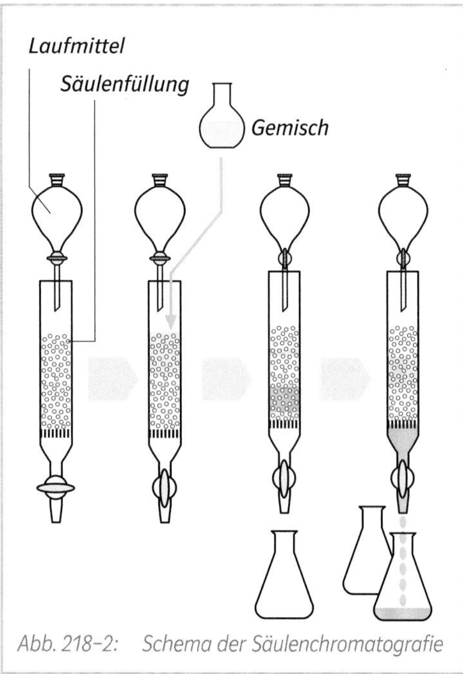

Abb. 218–2: Schema der Säulenchromatografie

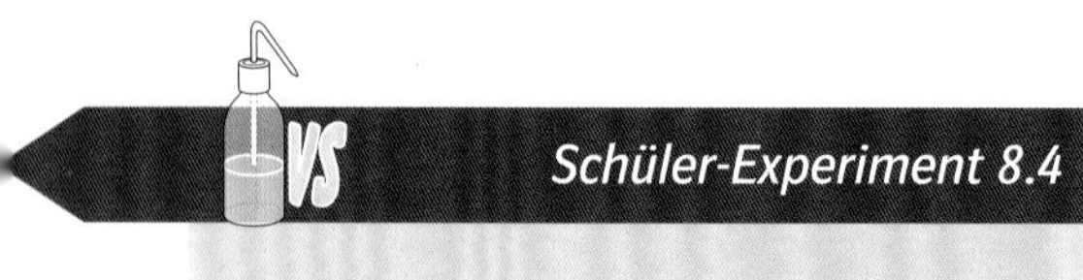

Schüler-Experiment 8.4

Papierchromatografie von Filzstiften

Das Grundprinzip aller chromatographischen Verfahren ist ähnlich. Es beruht auf der unterschiedlichen Verteilung der Einzelsubstanzen eines Stoffgemisches zwischen einer stationären und einer mobilen Phase. In vielen Fällen spielen auch Adsorptionseffekte eine Rolle.

Die ersten Chromatogramme wurden zur Trennung von Farbstoffen eingesetzt (daher der Name; griech. chroma = Farbe; graphein = schreiben).

Papierchromatographie (PC)

Das Substanzgemisch wird als kleiner Punkt auf der Startlinie eines Papierstreifens aufgetragen. Der Papierstreifen wird in eine „Entwicklungskammer", die ein Lösungsmittel enthält, gehängt.

Das Lösungsmittel (**Laufmittel**) stellt die **mobile Phase** dar. Es saugt sich am Papier kapillar hoch und strömt am Substanzgemisch vorbei. Die Auftrennung erfolgt durch Adsorption an der Cellulosefaser des Papiers und durch Verteilung zwischen Laufmittel und im Papier enthaltenem Wasser (**stationäre Phase**).

Nachdem sich das Laufmittel am Papier hochgesaugt hat, wobei die verschiedenen Stoffe des Gemisches unterschiedlich weit mitgezogen wurden, wird das Chromatogramm aus der Kammer entnommen und die Laufmittelfront markiert. Die Substanzen liegen jetzt in Form getrennter Flecken vor.

Nichtfärbige Substanzen werden jetzt durch geeignete Reagenzien sichtbar gemacht. Der Quotient der Strecken Startlinie–Substanzmittelpunkt gebrochen durch Startlinie–Laufmittelfront wird **R_f-Wert** genannt (Abb. 218–1).

Man kann auch Reinsubstanzen, die im Stoffgemisch vermutet werden, auf der Startlinie auftragen und parallel mitlaufen lassen. Befinden sich die Flecken auf derselben Höhe, so handelt es sich mit großer Wahrscheinlichkeit um dieselbe Substanz.

Dünnschichtchromatographie (DC)

Eine Weiterentwicklung der Papierchromatographie ist die Dünnschichtchromatographie (DC), bei der man als stationäre Phase einen oberflächenreichen Feststoff mit guten Adsorptionseigenschaften (zB Aluminiumoxid, Kieselgel) verwendet.

Dieser Feststoff wird in einer dünnen Schicht (0,1–0,2 mm) auf ein Trägermaterial (Glasplatte oder Kunststofffolie) aufgetragen. Das Auftragen der Probe, die Entwicklung und Auswertung erfolgen analog zur Papierchromatografie.

Vorteile der DC gegenüber der PC sind die höhere Nachweisempfindlichkeit, die bessere Trennschärfe, der geringere Zeitaufwand und eine einfachere Handhabung. So ist die DC heute in jedem Labor zur Reinheitskontrolle von Stoffen unerlässlich. Im Sportbereich ermöglicht sie rasche Dopingkontrollen, in der Gerichtsmedizin und der Lebensmittelanalytik spielt sie ebenfalls eine entscheidende Rolle.

Säulenchromatografie

Für die Auftrennung von Substanzen im Grammbereich wurde die Säulenchromatografie entwickelt. Das Adsorptionsmittel befindet sich in einem Glasrohr (Säule), die Lösung des Substanzgemisches lässt man von oben in diese einfließen. Durch Nachfließenlassen von reinem Laufmittel „spült" man die einzelnen Substanzen des Gemisches verschieden schnell durch die Säule und kann sie am unteren Ende getrennt auffangen (Abb. 218–2). Durch Verwendung verschiedener Laufmittel hintereinander lassen sich die einzelnen Fraktionen selektiv aus der Säure abtrennen.

Gaschromatografie (GC)

Ein Gaschromatograf besteht prinzipiell aus 3 Teilen. (Abb. 219–1) In den ersten Teil, den **Einspritzblock**, wird das Substanzgemisch durch eine Gummimembran eingespritzt und verdampft durch die dort herrschende hohe Temperatur. Es wird von einem Gasstrom (mobile Phase) erfasst und in die Säule mitgenommen. Als Trägergas werden Stoffe eingesetzt, die mit dem Substanzgemisch nicht reagieren (He, Ar, N_2).

Der 2. Teil, die **Säule**, trägt die stationäre Phase, einen oberflächenreichen Feststoff oder eine schwer verdampfbare Flüssigkeit. Die Säule befindet sich wie der Einspritzblock in einem Bereich erhöhter Temperatur, die durch einen Thermostat konstant gehalten wird. Bei hochauflösenden Geräten ist die Säule bis zu mehreren Metern lang und zu einer Spirale gebogen. Zwischen stationärer und mobiler Phase stellt sich ein Verteilungsgleichgewicht ein. Besser lösliche Substanzen werden langsamer, schlechter lösliche rascher vom Gasstrom durch die Säule gespült.

Der 3. Teil des Gaschromatografen ist eine empfindliche Registriereinrichtung, der **Detektor**.

Ein Chromatogramm zeigt aufeinanderfolgende „Peaks", die die aufgetrennten Substanzen anzeigen. (Abb. 219–2) Für die Auswertung des Chromatogramms verwendet man anstelle des R_f-Wertes die Retentionszeit, dh. die Zeit, die eine Substanz in der Säule zurückgehalten wird. Die Retentionszeit von Reinsubstanzen kann man bestimmen und die GC damit für qualitative Analysen einsetzen. Halbquantitative Aussagen liefern die Peakflächen, die weitgehend proportional zur Stoffmenge sind.

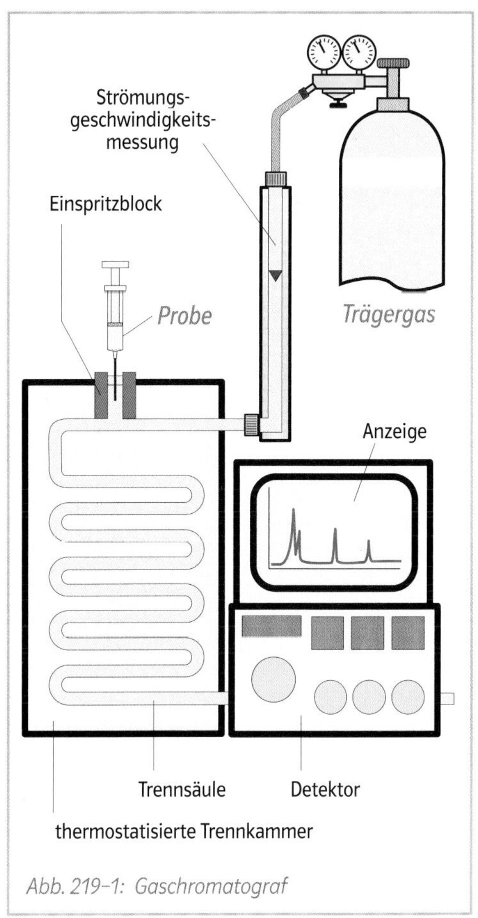

Abb. 219–1: Gaschromatograf

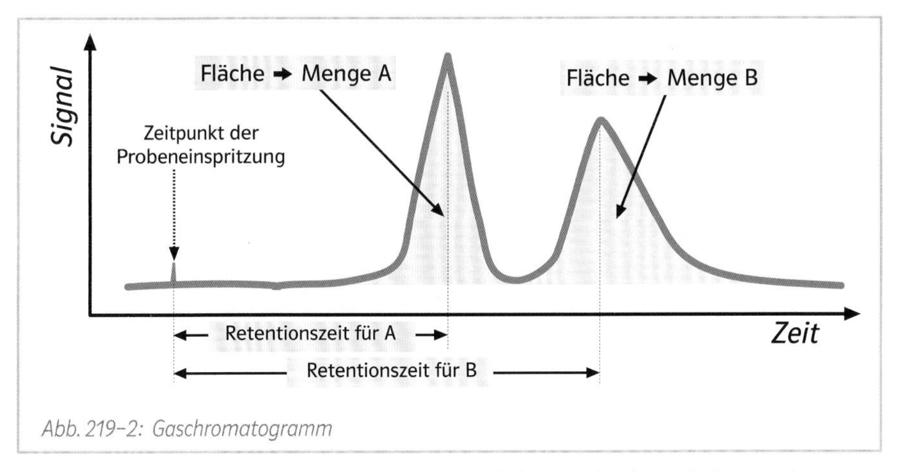

Abb. 219–2: Gaschromatogramm

Die Gaschromatographie ist weit leistungsfähiger als die DC. Sie ist heute in praktisch jedem Labor eine Standard-Analysenmethode. Untersuchungen von Kraftstoffen, Rückstandskontrollen in Lebensmitteln und Getränken (Weinanalysen) auf verbotene Zusatzstoffe sind nur einige Beispiele.

Hochdruck-Flüssigkeitschromatografie (HPLC)

Der große Nachteil der GC ist ihre Beschränkung auf unzersetzt verdampfbare Substanzen. Viele Naturstoffe und biochemisch relevante Verbindungen sind aber hitzeempfindlich. Durch die **HPLC** (engl: **H**igh **P**ressure **L**iquid **C**hromatography), die erst in den 60er Jahren des letzten Jahrhunderts entwickelt wurde, können auch diese Trennprobleme gelöst werden. Bei der HPLC, einer Variante der Säulenchromatografie, wird die Trennsäule mit winzigen Partikeln gefüllt. Die große Oberfläche ermöglicht eine außerordentliche Trennleistung. Durch die dichte Packung benötigt man aber einen hohen Druck (bis zu 400 bar), um die mobile Phase durchzupressen. Die Detektion bei der HPLC beruht zumeist auf Fluoreszenz. Die Chromatogramme sind den Gaschromatogrammen ähnlich (Abb. 219–3).

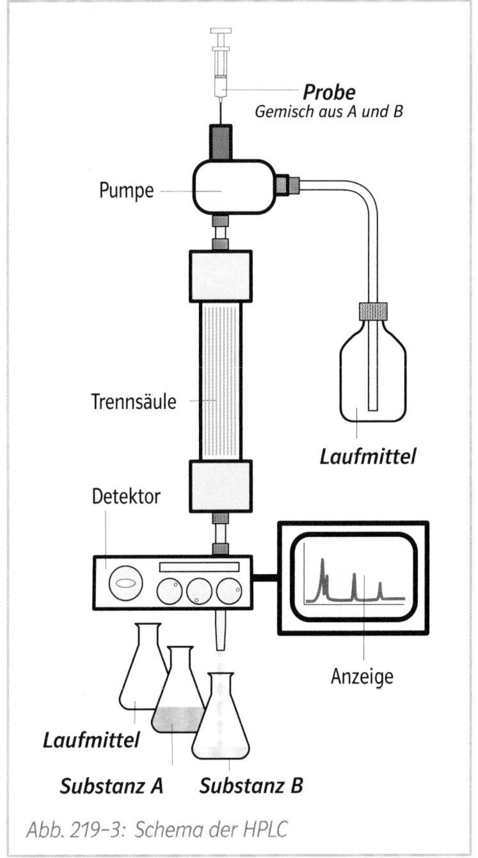

Abb. 219–3: Schema der HPLC

8.8 Strukturaufklärung

Elementaranalyse – Summenformelbestimmung

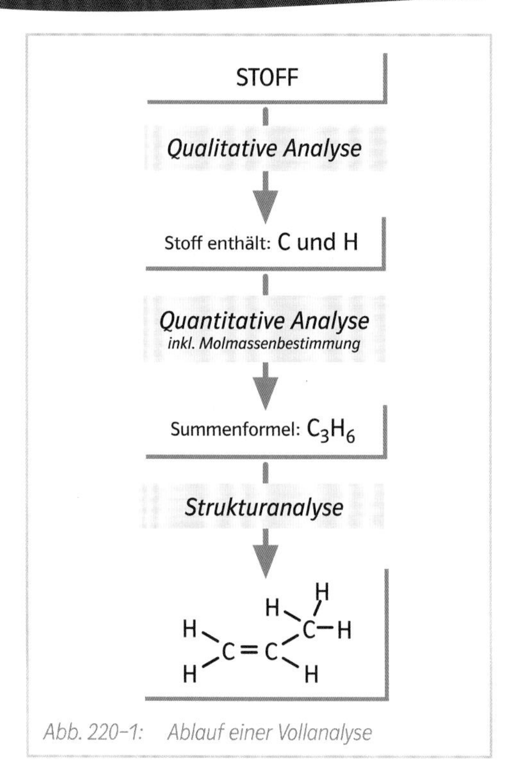

Abb. 220-1: Ablauf einer Vollanalyse

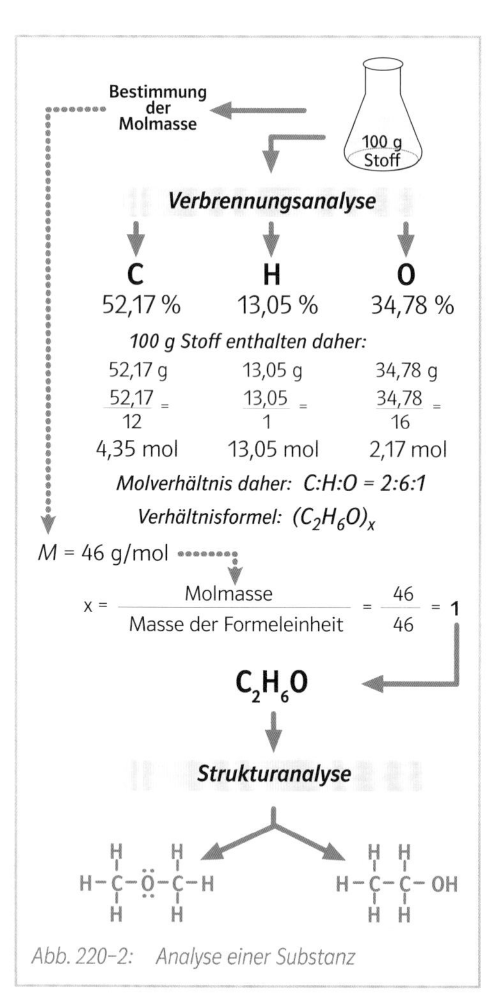

Abb. 220-2: Analyse einer Substanz

Die Zahl der organischen Verbindungen und deren Vielfalt ist so groß, dass sich die Frage stellt, woher man eigentlich weiß, dass ein Molekül gerade die Gestalt hat und nicht anders aufgebaut ist. Diese Frage ist durchaus berechtigt und Strukturaufklärung ist ein wichtiger Zweig der Chemie.

In früheren Zeiten kannte man Stoffe und Stoffeigenschaften, konnte sie bearbeiten und veredeln, aber der Rohstoff wurde von der Natur synthetisiert.

Ein Beispiel dafür ist **Kautschuk**. Er wurde von Gummibäumen in Südamerika gewonnen. Durch starke Nachfrage wurde der Wunsch nach synthetisch hergestelltem Kautschuk geweckt. Das Grundmolekül ist – wie wir heute wissen – 2-Methylbutadien. Zuerst wurde die chemische Zusammensetzung – C_5H_8 – bestimmt. Mit dieser Summenformel sind zahlreiche Isomere möglich. Man musste daher durch weitere Experimente die spezielle Struktur aufklären.

In der heutigen Zeit stehen dem Chemiker viele Möglichkeiten offen, Strukturen zu erforschen und zu identifizieren.

Die Geschwindigkeit analytischer Methoden ist in den letzten Jahren durch die Entwicklung moderner Verfahren enorm gestiegen. So benötigte der englische Biochemiker Frederick Sanger 10 Jahre für die Strukturermittlung des Hormons Insulin (Veröffentlichung der Strukturformel 1955). Für eine Arbeit ähnlichen Umfangs benötigt man in heutigen Forschungslaboratorien einige Tage.

Verbrennungsanalyse – Elementaranalyse

Die Verbrennungsanalyse ist eine sehr alte analytische Methode, die auf Antoine Laurent Lavoisier (1743–1794) zurückgeht, aber auch heute noch für die quantitative Bestimmung von Kohlenstoff und Wasserstoff genutzt wird.

Eine genau gewogene Probe der organischen Verbindung wird vollständig verbrannt. Der bei der Verbrennung entstehende Wasserdampf wird zB in Schwefelsäure, das Kohlenstoffdioxid zB in Natronlauge aufgefangen. Durch die Massenzunahme in den Auffanggefäßen kann auf das Molverhältnis Wasserstoff zu Kohlenstoff in der Verbindung geschlossen werden.

$$C_xH_y + z\ O_2 \rightarrow x\ CO_2 + y/2\ H_2O$$

Das Ergebnis kann dann in einen Prozentgehalt an Kohlenstoff und Wasserstoff umgerechnet werden.

Moderne Verbrennungsanalysen (zB C/H/N/S) arbeiten nach einem etwas anderen Prinzip.

Auch von Heteroatomen kann der Prozentgehalt ermittelt werden.

Von der Elementaranalyse zur Summenformel

Aus dem Prozentgehalt der Elementaranalyse kann man durch eine einfache stöchiometrische Berechnung das Molverhältnis der Atome und damit die **Verhältnisformel** ermitteln.

Durch die Berechnung erhält man nur das kleinste ganzzahhlige Verhältnis zB CH_2O, das man in der Verhältnisformel mit zB $(CH_2O)_x$ anschreibt.

Für eine exakte Summenformel benötigt man allerdings noch die Molmasse der Verbindung. Beträgt die Molmasse zB 30 g/mol so ist x = 1, da die Einheit CH_2O die Masse von 30 g besitzt. Es handelt sich um Formaldehyd, beträgt die Molmasse zB 180 g/mol ist x = 6 und die Summenformel lautet $C_6H_{12}O_6$.

$(CH_2O)_x$ → M = 30 g/mol ⇨ CH_2O

$(CH_2O)_x$ → M = 180 g/mol ⇨ $C_6H_{12}O_6$

Abb. 220-2 zeigt anhand eines Beispiels das Berechnungsschema.

Spektroskopische Methoden

Massenspektrometrie

Durch dieses apparativ aufwendige Verfahren können Molmassen sehr genau bestimmt werden. Im Massenspektrografen werden die organischen Moleküle der Probe im Hochvakuum einer energiereichen Elektronenstrahlung ausgesetzt. Dadurch werden aus den Hüllen der Atome Elektronen geschlagen. Das Molekül liegt nun als positives Ion vor. Meist zerfällt es dabei in Bruchstücke, die ebenfalls positiv geladen sind. Diese Mischung aus positiven Partikeln wird nun in einem elektrischen Feld beschleunigt. Durch ein Magnetfeld werden sie anschließend aus ihrer Bewegungsrichtung abgelenkt. Je nach Verhältnis Masse/Ladung beschreiben die Teilchen nun engere oder weitere Bahnkurven. Da die meisten Teilchen nur einfach geladen sind, werden sie nach ihrer Masse sortiert. Sie treffen auf eine Registriereinrichtung, die die Intensität des Teilchenstrahls misst. Das Ergebnis ist ein nach der Masse geordnetes Spektrum von Molekülbruchstücken. (Abb. 221–1)

Interpretation

Sehr intensive (= hohe) Peaks (Spitzen der Messkurve) zeigen stabile und daher häufige Bruchstücke an. Der Peak mit der höchsten Masse (oft ein relativ kleiner Peak) gibt die Molmasse *M* an. Das Erstellen einer unbekannten Struktur aufgrund des Massenspektrums, benötigt viel Erfahrung.

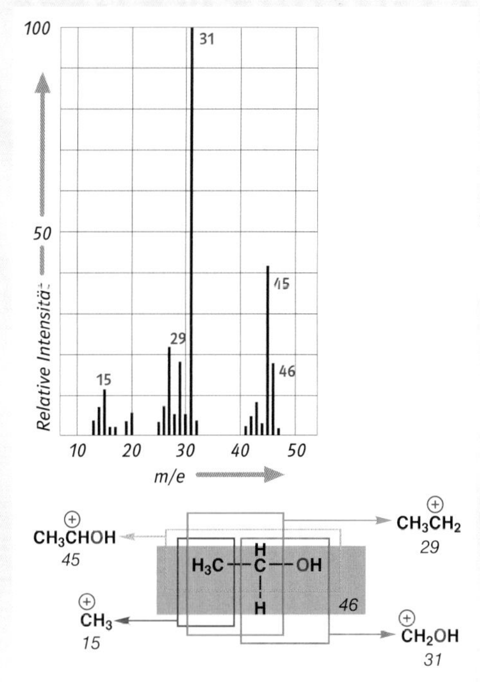

Abb. 221–1: Massenspektrum von Ethanol

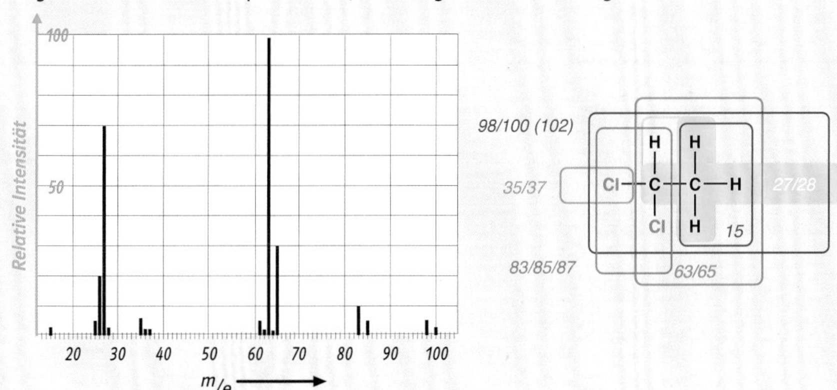

Infrarotspektroskopie (IR-Spektroskopie)

Durch Absorption von infrarotem Licht ändern sich die Schwingungen in einem Molekül. Die absorbierten Wellenlängen (Absorptionsbanden) werden registriert und geben Aufschluss über im Molekül vorhandene Bindungen und schwingende Massen.

Durch ein IR-Spektrum erhält man zahlreiche Informationen über den Molekülaufbau einer organischen Verbindung. Die Aufnahme eines IR-Spektrums zählt heute zu den routinemäßigen Untersuchungen. Die (rasche) Interpretation der IR-Spektren erfordert aber Übung.

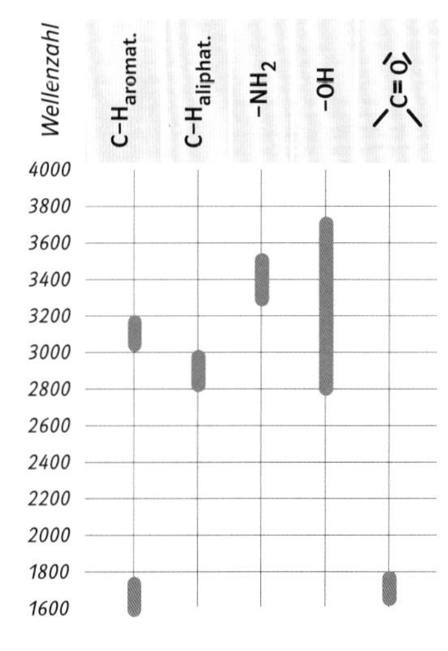

Abb. 221–2: Absorptionsbereiche im IR-Bereich für einige Molekülbruchstücke

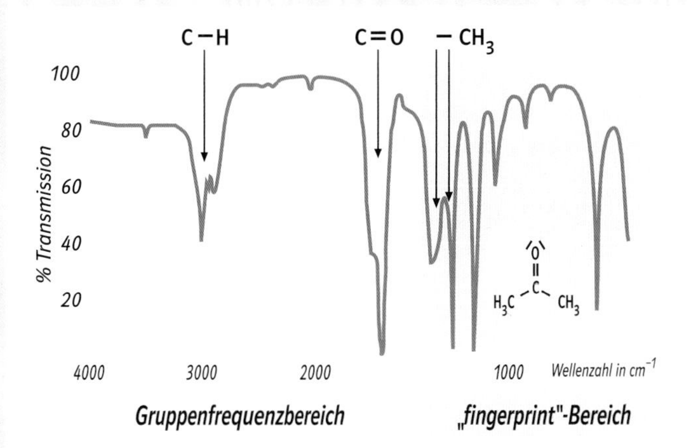

Abb. 221–4: Interpretiertes IR-Spektrum

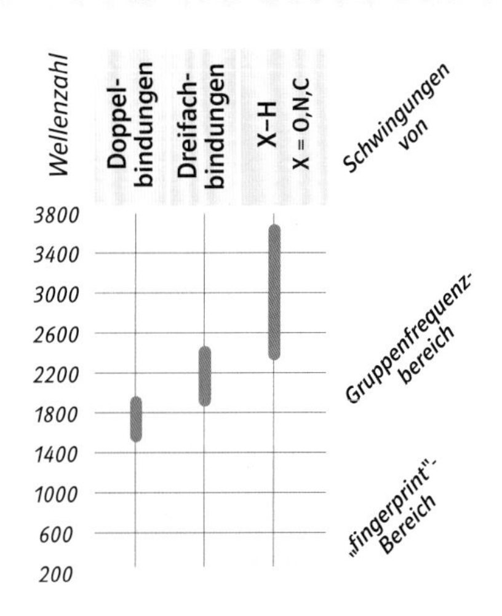

Abb. 221–3: Einteilung des IR-Bereiches

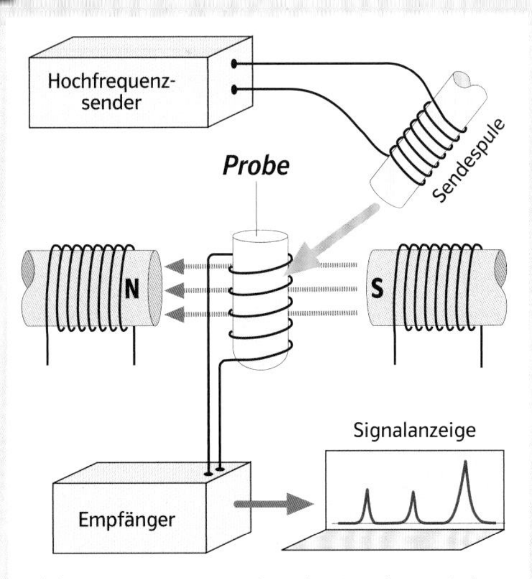

Abb. 222-1: NMR-Spektroskopie schematisch

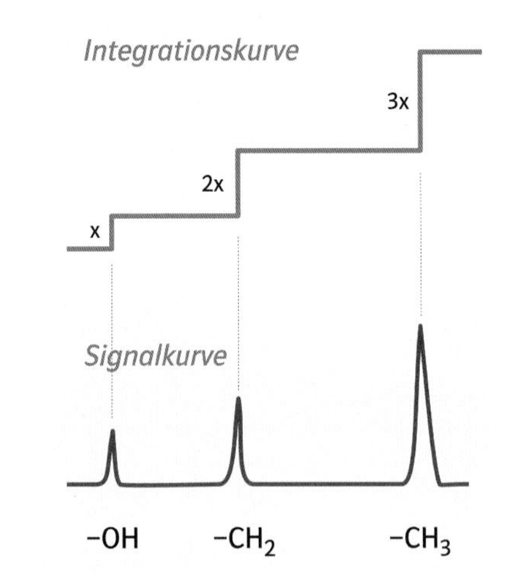

Abb. 222-2: NMR-Spektrogramm von Ethanol

Art des Protons	*chemische Verschiebung*
$R-CH_3$	0,9
R_2CH_2	1,3
R_3CH	1,5
C=C–H	4,5 – 5,9
Ar–H	6 – 8,5
Ar–C–H	2,2 – 3
HC–Cl	3 – 4
HC–OH	3,4 – 4
HC–OR	3,3 – 4
RCOO–CH	3,7 – 4,1
HC–COOH	2 – 2,6
R–COOH	10,6 – 12
HC–C=O	2 – 2,7
R–CHO	9 – 10
R–OH	1 – 5,5
Ar–OH	4 – 12

Abb. 222-3: Chemische Verschiebung verschiedener H-Atome

Magnetische Kernresonanzspektroskopie (^{1}H–NMR)

Es gibt zahlreiche spektroskopische Verfahren, die bei der Strukturaufklärung einen wichtigen Beitrag leisten. Die Auswertung spektroskopischer Daten erfordert aber in der Regel viel Übung und Erfahrung.

Die NMR-Spektroskopie wurde 1946 vom Schweizer Felix Bloch (1905 – 1983) und dem Amerikaner Edward Purcell (1912 – 1997) entwickelt (Nobelpreis 1952). Die Methode hat sich in der organischen Forschung rasch durchgesetzt. Die NMR-Spektren sind relativ einfach interpretierbar und geben viele Informationen zum Molekülbau.

Grundlagen

Die Kernresonanzspektroskopie (**NMR**; engl.: **N**uclear **M**agnetic **R**esonance Spectroskopy) beruht auf dem magnetischen Verhalten von Atomkernen.

Kernbausteine (Nucleonen), insbesondere das Proton, können sich wie winzige Magnete verhalten. Allerdings verhalten sich nur Kerne mit ungerader Anzahl von Nucleonen wie Permanentmagnete. Dies ist bei organischen Verbindungen zB bei Wasserstoffkernen der Fall. Durch Aufnahme eines NMR-Spektrums werden unterschiedlich gebundene Wasserstoff-Atome durch bestimmte Signale erfasst.

Charakteristika der Signale

Intensität des Signals

Die Fläche unterhalb eines Signals („Peakfläche") ist ein Maß für die Anzahl gleichwertiger Wasserstoffatome. Die Integrationskurve gibt das Verhältnis der Peakflächen an (Abb. 222-2).

Zur Vereinfachung wird bei den Signalen die Anzahl der erfassten Wasserstoffatome mit 1, 2, 3 … etc. angeben.

Chemische Verschiebung

Die chemische Verschiebung zeigt in einem gewissen Maß die Umgebung der betrachteten Wasserstoffatome an. Abb. 222-3 zeigt die chemische Verschiebung einiger Gruppen.

Die chemische Verschiebung ist der Stärke des angelegten Magnetfeldes proportional. Sie wird in Bruchteilen der Stärke des angelegten Magnetfeldes angegeben. Die verwendete Einheit ist ppm (parts per million).

Besonders charakteristisch ist ein Signal jenseits von 10 ppm. Dieses Signal zeigt das Wasserstoffatom einer Carboxylgruppe an. Es handelt sich daher um eine Säure.

Aufspaltung in Multipletts

Die Signale sind in mehrere kleine Signale aufgespalten, die zusammen Multipletts genannt werden. Diese Signalaufspaltung lässt sich durch die Wechselwirkung mit anderen Protonen (Spin-Spin-Kopplung) erklären.

Allgemein gilt: Die Aufspaltung der Signale in Multipletts wird von den Wasserstoffatomen am Nachbar-C-Atom verursacht. Die Multiplizität (dh. die Anzahl der Feinsignale in einem Grundsignal) beträgt N+1, wenn N die Anzahl der Wasserstoffatome am Nachbar-C-Atom ist. Ein Wasserstoffatom verursacht daher ein Dublett (d) bei den Wasserstoffatomen am Nachbar-C-Atom, zwei Wasserstoffatome ein Triplett (t), drei Wasserstoffatome ein Quadruplett (q). (Das Intensitätsverhältnis der Peaks der Feinstrukturen lässt sich mit dem pascalschen Dreieck berechnen: Dublett 1:1, Triplett 1:2:1, Quadruplett 1:3:3:1 etc.). Wasserstoffatome, die an einen Sauerstoff oder an ein Kohlenstoffatom ohne Wasserstoffatome gebunden sind, ergeben ein Singulett (s).

Da nicht bei allen Spektren die Feinstruktur deutlich sichtbar ist, wird zur Vereinfachung bei den Signalen die Feinstruktur mit den angegebenen Abkürzungen angezeigt.

Interpretation der Spektren

Bei der Interpretation der Spektren setzt man einzelne „Puzzlestücke" (Signale) zu einem Gesamtbild (Strukturformel) zusammen.

Spektrum A: $C_3H_5ClO_2$

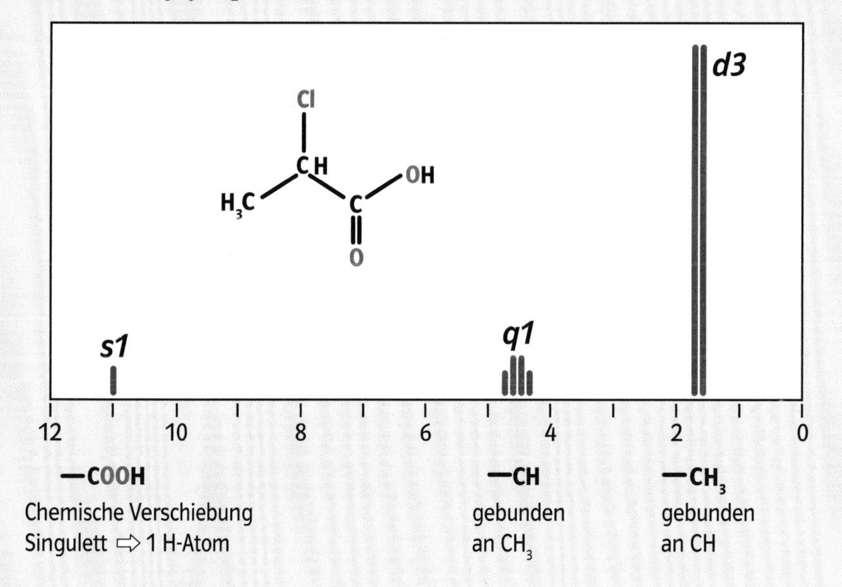

Spektrum B: $C_4H_7BrO_2$

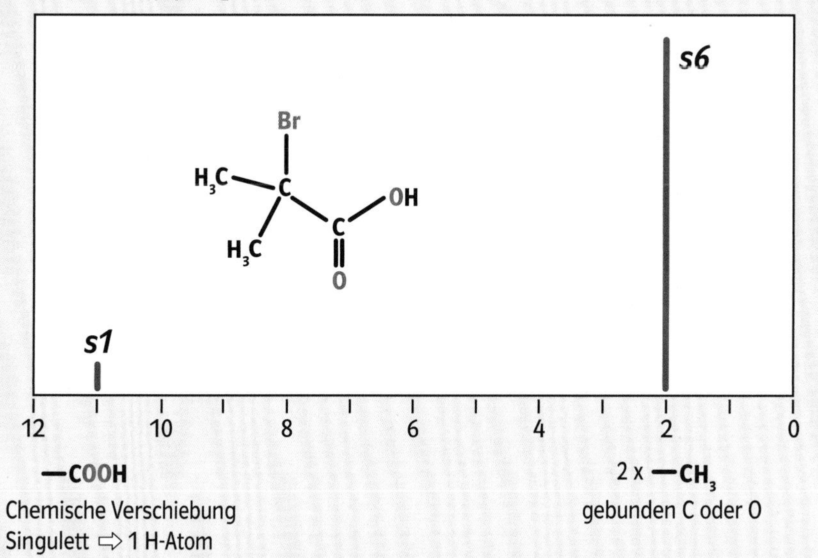

Spektrum C: $C_4H_8O_3$

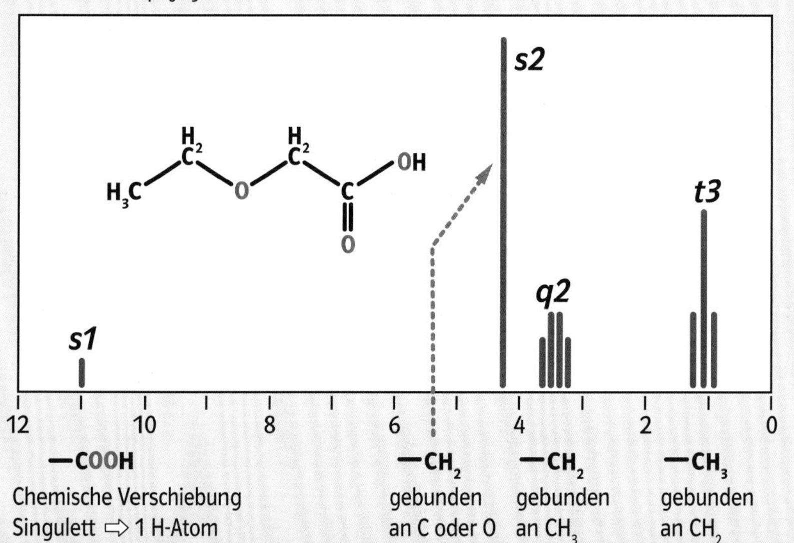

Singulett s:	*H bindet an O oder Nachbar-C bindet kein H*
Dublett d:	*Nachbar-C bindet 1 H*
Triplett t:	*Nachbar-C bindet 2 H*
Quadruplett q:	*Nachbar-C bindet 3 H*

Abb. 223-1: Bedeutung der Multipletts

Übung 223.1

1. Propansäure, Methylethanoat und Ethylmethanoat sind isomere Verbindungen. Ordne die 3 Spektren diesen Verbindungen zu:

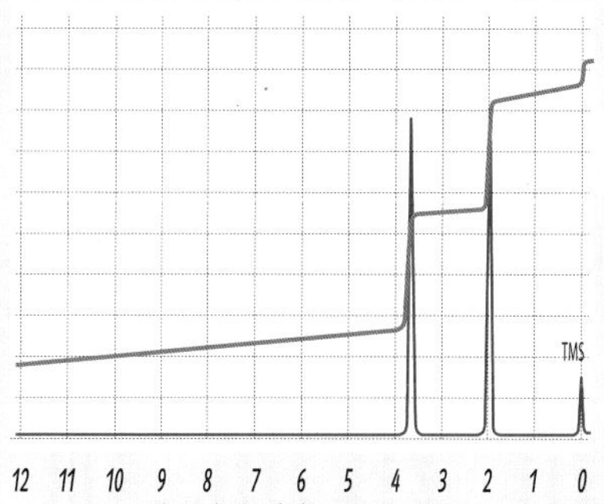

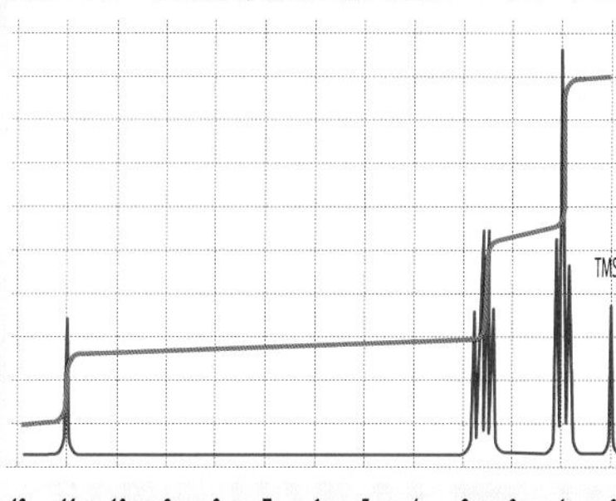

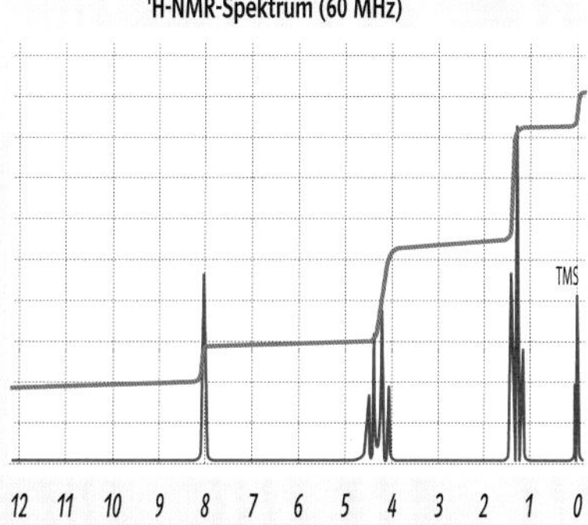

8.9 Organische Stickstoff-Verbindungen

Amine – Chelate – Amphetamine

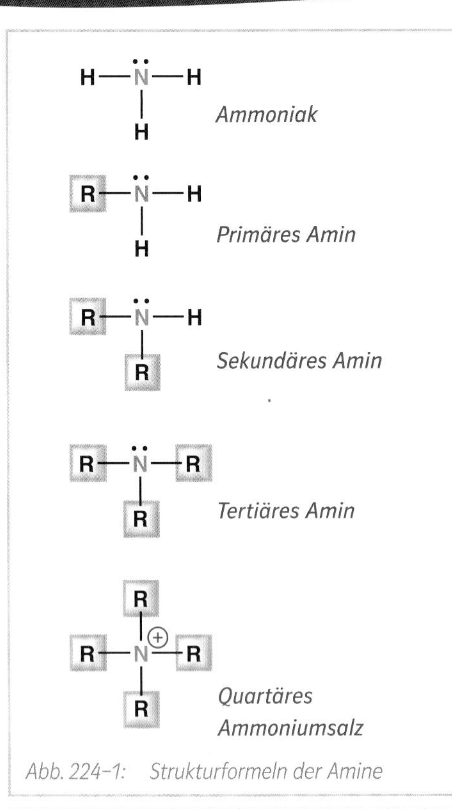

Abb. 224–1: Strukturformeln der Amine

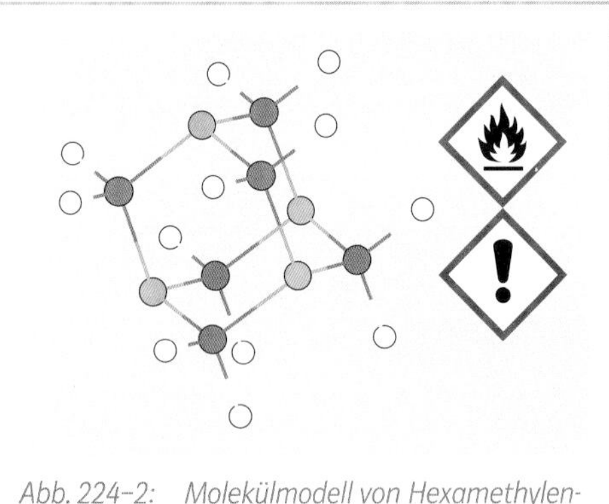

Abb. 224–2: Molekülmodell von Hexamethylentetramin (Urotropin)

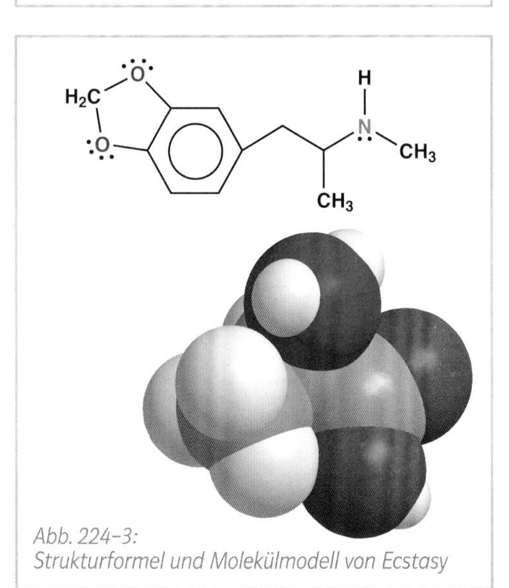

Abb. 224–3: Strukturformel und Molekülmodell von Ecstasy

Amine

Amine sind Derivate des Ammoniaks. Ein oder mehrere H-Atome sind durch Kohlenwasserstoffreste ersetzt. Je nach Anzahl der durch einen Kohlenwasserstoffrest substituierten Wasserstoffe unterscheidet man primäre, sekundäre und tertiäre Amine. Beachte, dass sich hier die Bezeichnungen primär, sekundär und tertiär auf den Stickstoff beziehen. (Abb. 224–1)

Die Benennung von Aminen ist auf zwei Arten möglich:

1 ⇨ Die an das N-Atom gebundenen Kohlenwasserstoffreste werden wie eigenständige Moleküle benannt, und das Molekül erhält die Endung **-amin**.

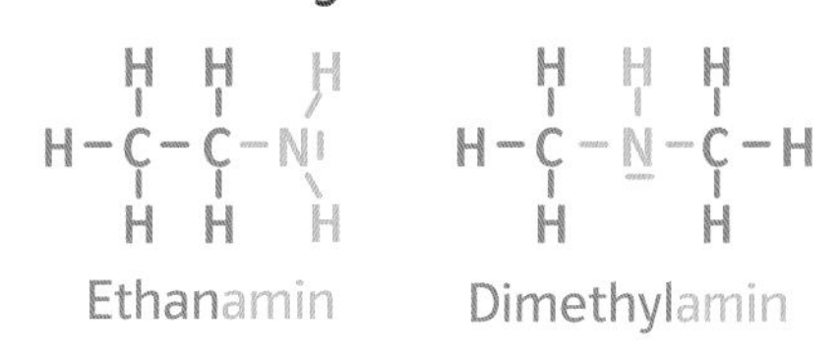

2 ⇨ Man betrachtet die NH_2-Gruppe wie eine funktionelle Gruppe mit niedrigem Rang. Sie wird vor dem Grundnamen mit der Vorsilbe **Amino-** und dem entsprechenden Lokanten angegeben.

1,6-Diaminohexan

Die Aminogruppe ist ähnlich wie Ammoniak zur Wasserstoffbrückenbildung befähigt. Allerdings sind die H-Brücken deutlich schwächer ausgeprägt als bei Verbindungen mit OH-Gruppen (Alkohole, Carbonsäuren).

Die Amine reagieren basisch. Wie beim Ammoniak kann das N-Atom mit seinem freien Elektronenpaar ein Proton aufnehmen.

Kurzkettige Amine

Diese sind gasförmig und gut wasserlöslich. Sie besitzen einen dem Ammoniak ähnlichen Geruch. Er wirkt auch „fischartig" und ist für viele Amine charakteristisch. Bei der Zersetzung von tierischem Eiweiß entstehen Amine (zB Cadaverin = Pentan-1,5-diamin), die einen unangenehmen Verwesungsgeruch hervorrufen.

Hexamethylentetramin (Urotropin)

Urotropin ist ein cyclisches Amin (siehe Abb. 224–2), das aus Formaldehyd und Ammoniak gebildet wird. Es ist ein guter Komplexbildner, eine häufig verwendete Puffersubstanz und wird unter anderem zur Harnwegdesinfektion eingesetzt. Urotropin kann zum Sprengstoff **Hexogen** weiterverarbeitet werden (siehe Nitroverbindungen).

EDTA (Ethylendiammintetraessigsäure)

EDTA ist ein guter Komplexbildner. Dabei werden Metall-Kationen vom ganzen EDTA-Molekül umhüllt. Diese Art der Komplexe nennt man **Chelate** (griech. chelé = Krebsschere). EDTA wird unter anderem zur Bestimmung der Gesamthärte des Wassers verwendet. Diese Art der Bestimmung nennt man **Komplextitration**.

Amphetamine

Amphetamin und seine Derivate sind Stoffe, die zu therapeutischen Zwecken entwickelt wurden (anfangs gegen Asthma, später auch gegen Depressionen und als Appetitzügler). Durch die euphorisierende Wirkung der Substanzen kam es allerdings bald zu einem Medikamentenmissbrauch (Sucht). Eine Vielzahl der Amphetamine zählt man heute zu den Rauschmitteln. Die Droge **Ecstasy** (3,4-Methylendioxy-N-methylamphetamin MDMA) zählt zu dieser Stoffklasse. (Abb. 224–3)

Aminosäuren

Aminosäuren besitzen zwei funktionelle Gruppen: die Carboxylgruppe **-COOH** mit hoher Priorität und die Aminogruppe **$-NH_2$** mit geringerer Priorität.

Aminosäuren sind als Reinstoffe immer Feststoffe mit relativ hohen Schmelzpunkten. Da sie kleine Moleküle sind, weist dies auf einen salzartigen Charakter hin. Dieser entsteht durch die zwei funktionellen Gruppen der Aminosäuren. Die Carboxylgruppe hat saure, die Aminogruppe basische Eigenschaften. Daher kommt es zu einer Protolysereaktion innerhalb des Moleküls. Im festen Zustand liegen Aminosäuren somit großteils als **Zwitterionen** vor. Dies erklärt die starken Wechselwirkungen.

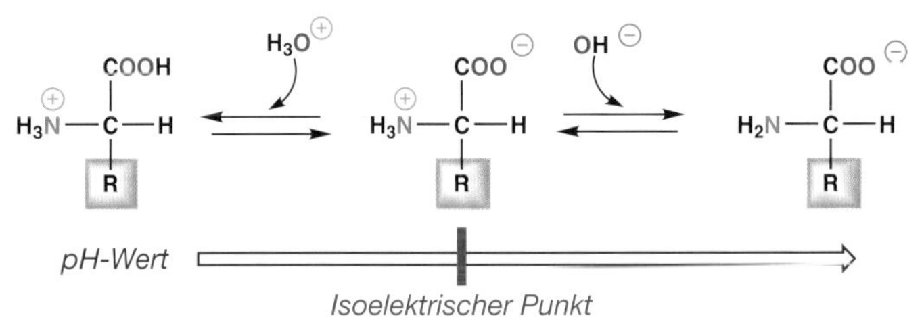

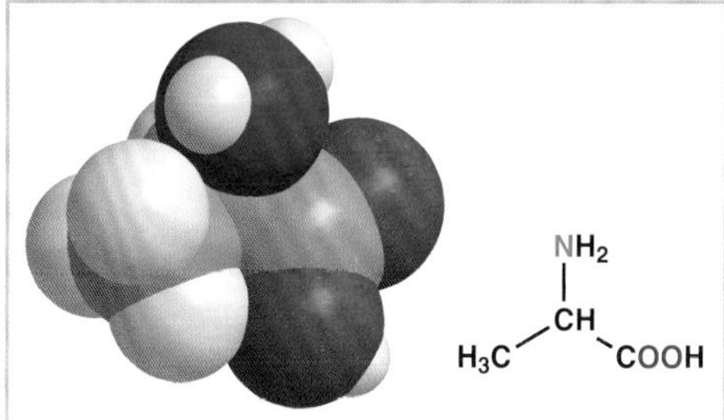

Abb. 225-1: Molekülmodell und Strukturformel der Aminosäure Alanin

zum „Isoelektrischen Punkt"

Bei einem bestimmten pH-Wert, den man **isoelektrischen Punkt** (IEP) nennt, liegt die Aminosäure auch in Lösung als Zwitterion vor. Die Lage des isoelektrischen Punktes hängt vom Einfluss des Restes R ab und ist von Aminosäure zu Aminosäure verschieden. Der IEP dient auch zur Identifikation einer bestimmten Aminosäure. Der IEP ist zugleich der Puffer-pH, der sich in einer konzentrierteren wässrigen Lösung der Aminosäure einstellt.

Große Bedeutung besitzen Aminosäuren als Bausteine der Eiweißstoffe.

Amide

Amide sind Derivate der Carbonsäuren. Die OH-Gruppe der Carboxylgruppe ist durch die NH_2-Gruppe ersetzt. (Siehe Seite 208)

Die Benennung erfolgt entweder durch „**Carbonsäureamid**" oder häufiger durch den (lateinischen) Stammnamen der entsprechenden Säure und der Endung **-amid**.

Die Amide mit einer NH_2-Gruppe nennt man auch primäre Amide. Auch durch Reaktion mit primären oder sekundären Aminen werden Amide gebildet. Bei der Benennung dieser am Stickstoff substituierten Amide stellt man zur Verdeutlichung der Bindungsverhältnisse vor den Alkylnamen die Bezeichnung N (= Stickstoff). Diese Amide werden auch sekundäre bzw. tertiäre Amide genannt.

$$H_3C{-}CO{-}Cl + H_2N{-}CH_3 \xrightarrow{\text{N-Methyl-acetamid}} H_3C{-}CO{-}NH{-}CH_3 + H{-}Cl$$

Ethansäurechlorid + Methylamin → Sekundäres Amid

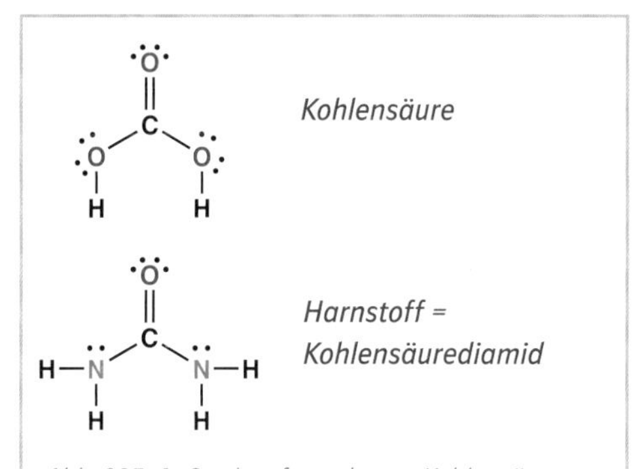

Abb. 225-2: Strukturformeln von Kohlensäure und Harnstoff, ihrem Diamid.

Harnstoff

Harnstoff ist das Diamid der Kohlensäure (Abb. 225-2). Harnstoff ist ein weißer, geruchloser Feststoff und stellt das Endprodukt des Eiweißstoffwechsels dar. Überschüssiger Stickstoff aus der Verdauung der Aminosäuren wird so über den Harn ausgeschieden. Harnstoff kann auch technisch aus Ammoniak und Kohlenstoffdioxid hergestellt werden. Harnstoff wird in großen Mengen als Dünger eingesetzt, bildet aber auch die Basis für die Herstellung verschiedener Kunststoffe. So werden unter anderem die **Melamin**-Beschichtungen von Möbeloberflächen ausgehend von Harnstoff hergestellt.

zu „Harnstoff und Diesel"

Bei Dieselmotoren wird ins Abgas eine Harnstofflösung eingespritzt, die die im Abgas enthaltenen Stickoxide (NO, NO_2) in Stickstoff und Wasserdampf umwandeln. Dazu muss erst der Harnstoff thermisch in Ammoniak umgewandelt werden.

Freisetzen des Ammoniaks

$(NH_2)_2CO \rightarrow \mathbf{NH_3} + HNCO$

$HNCO + H_2O \rightarrow \mathbf{NH_3} + CO_2$

Entfernen der Stickoxide

$4\,\mathbf{NO} + 4\,NH_3 \rightarrow 4\,N_2 + 6\,H_2O$

$6\,\mathbf{NO_2} + 8\,NH_3 \rightarrow 7\,N_2 + 12\,H_2O$

Polyamide PA

Polyamide sind Makromoleküle, die einen ähnlichen Aufbau wie Eiweißstoffe haben. Die monomeren Einheiten sind durch Amid-Bindungen miteinander verknüpft. Das erste Polyamid und damit auch die erste brauchbare vollsynthetische Textilfaser war das 1936 entwickelte **Nylon**®. Ausgangsstoffe sind Hexandisäure (Adipinsäure) und 1,6-Diaminohexan. Die Mischung dieser beiden Substanzen spaltet beim Erhitzen Wasser ab und kondensiert so zum Polyamid. Nylon ist ein Werkstoff mit vielfältigen Einsatzmöglichkeiten. Neben der Nylon-Strumpfhose werden heute auch technische Gewebe, Seile, Dübel, Instrument-Saiten und ähnliches aus Nylon oder verwandten Polyamiden hergestellt. Für den breiten Einsatz dieser Kunstfaser spielt vor allem die große Reißfestigkeit von Nylon eine Rolle. Kunststoff-Tragetaschen allerdings werden üblicherweise aus Polyethen hergestellt, die Bezeichnung „Nylon-Sackerl" ist also falsch.

Abb. 226-1: Molekülmodell von Nitromethan

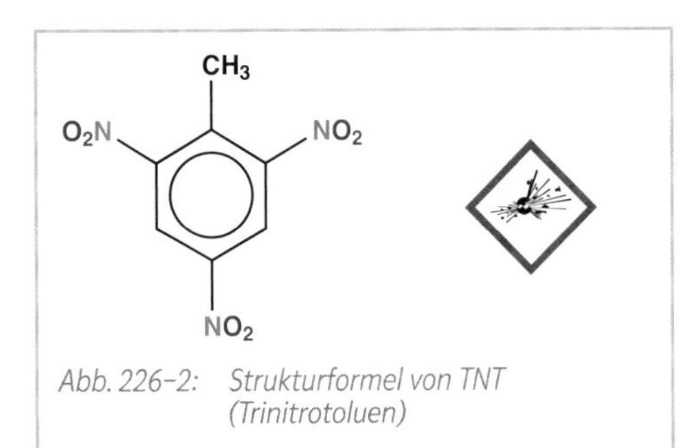

Abb. 226-2: Strukturformel von TNT (Trinitrotoluen)

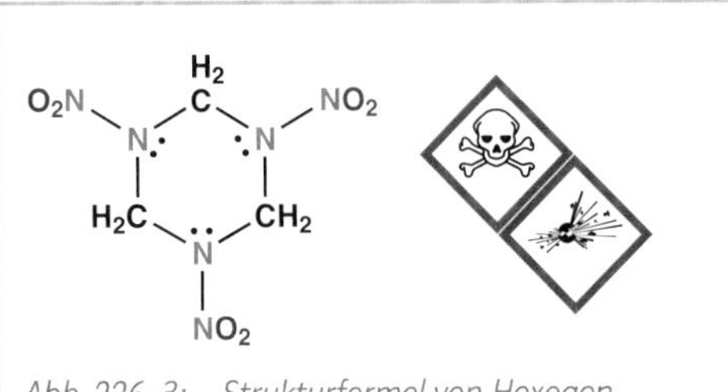

Abb. 226-3: Strukturformel von Hexogen

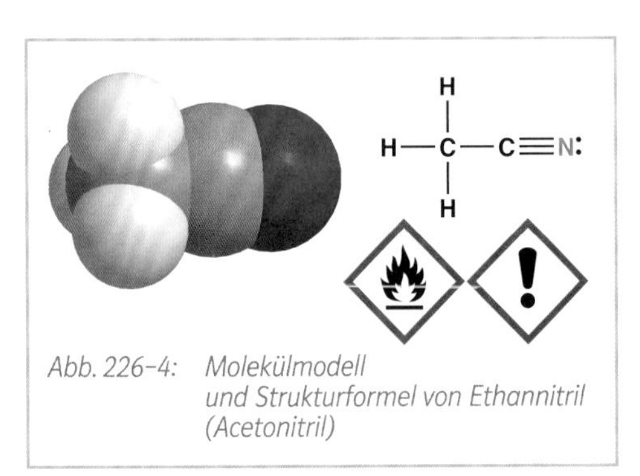

Abb. 226-4: Molekülmodell und Strukturformel von Ethannitril (Acetonitril)

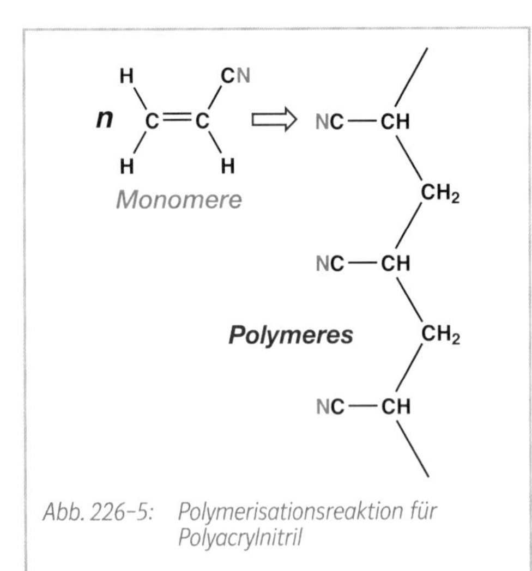

Abb. 226-5: Polymerisationsreaktion für Polyacrylnitril

Nitroverbindungen

Nitroverbindungen (Abb. 226-1) enthalten die Nitrogruppe **$-NO_2$**, die zum Unterschied von Salpetersäureester direkt an ein C-Atom gebunden ist. Die Benennung erfolgt durch die Vorsilbe **Nitro-** mit dem entsprechenden Lokanten.

Viele Verbindungen dieser Stoffklasse, insbesondere solche mit mehreren Nitrogruppen, sind wichtige Sprengstoffe.

Sprengstoffe

Die Sprengwirkung der meisten Sprengstoffe ist auf den hohen Gehalt an Stickstoff und Sauerstoff zurückzuführen. Sprengstoffe besitzen im Ausgangszustand ein geringes Volumen. Durch einen Explosionsauslöser (Stoß, Wärme, Initialzünder etc.) bilden sich bei einer stark exothermen Reaktion heiße Gase, die ein entsprechend großes Volumen einnehmen. Wichtige Voraussetzungen für die Verwendung als Sprengstoff ist vor allem, dass die Explosion nur zum gewünschten Zeitpunkt stattfindet. Moderne Sprengstoffe sind daher oft relativ unempfindlich gegen Stoß oder Hitze. Nur ein Initialsprengsatz kann solche Sprengstoffe zur Explosion bringen. Empfindliche Sprengstoffe werden phlegmatisiert, dh. sie werden durch Zusätze (Wasser, Kunststoffe, Gele etc.) handhabungssicher gemacht.

Sprengstoffe werden neben ihrer militärischen Verwendung vor allem auch im Bergbau eingesetzt. Ein weiterer Anwendungsbereich ist die Sicherheitstechnik, insbesondere der PKW-Airbag.

Trinitrotoluen (TNT, 1-Methyl-2,4,6-trinitrobenzen)

TNT (Abb. 226-2) wird durch Nitrierung von Toluen hergestellt. Der Sprengstoff ist stoßunempfindlich und daher einfach zu handhaben. Er zählt zu den wichtigsten zivilen und militärischen Sprengstoffen. Die Sprengwirkung von TNT wird als Vergleichsbasis für andere Sprengstoffe herangezogen.

Hexogen (1,3,5-Trinitro-1,3,5-triazacyclohexan)

Hexogen (Abb. 226-3) ist ein sehr brisanter Sprengstoff und wird für die Füllung von Granaten und Minen verwendet. Hexogen wird durch Nitrierung von Urotropin (siehe Abb. 224-2) hergestellt.

Nitrile

Nitrile sind Derivate des Cyanwasserstoffs (HCN, **Blausäure**) und enthalten eine CN-Gruppe. An den Namen des entsprechenden Kohlenwasserstoffes wird die Endung **-nitril** angefügt. Das Kohlenstoff-Atom der CN-Gruppe zählt bei der Benennung zur Kohlenstoff-Stammkette dazu.

Nitrilkautschuk

Nitrilkautschuk ist ein künstlich hergestelltes Polymer, das Nitrilgruppen enthält. Da dieses Material besonders widerstandsfähig ist und keine Allergiegefahr besteht, wird es häufig für medizinische Handschuhe verwendet („Nitrilhandschuhe").

Polyacrylnitril

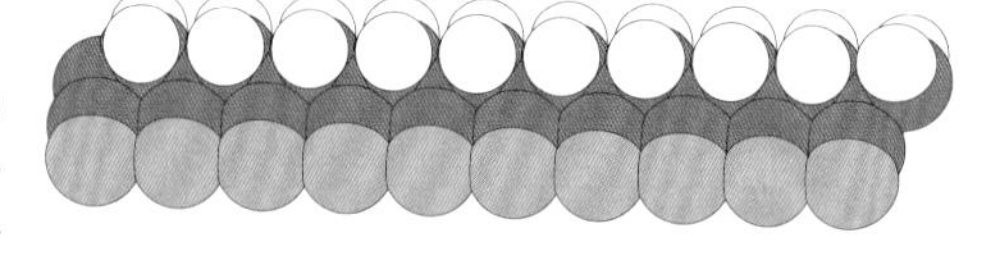

PAN wird vor allem zur Produktion von **Textilfasern** verwendet (Handelsnamen Dralon®, Orlon®). Die Polymerisation von Acrylnitril erfolgt in einem Lösungsmittel wie N,N-Dimethylformamid (DMF) und führt direkt zu verspinnbaren Lösungen. Das Spinnverfahren aus der Lösung ist notwendig, da PAN nicht schmelzbar ist (Zersetzung über 300 °C).

PAN-Fasern haben wollähnliche Eigenschaften und dienen als Wollersatz. Die gute Wärmedämmung des Faserfilzes ermöglicht den Einsatz als wärmedämmendes Material in Anoraks und Schlafsäcken. Nachteilig wirkt sich die relativ starke elektrische Aufladung der Textilfaser aus. Um eine bessere Färbbarkeit der Fasern zu erzielen, wird Acrylnitril häufig mit anderen Monomeren copolymerisiert. Diese enthalten dann polare Gruppen, an denen die Farbstoffe binden. Copolymerisate von Acrylnitril mit Vinylchlorid nennt man Modacrylfasern.

8.10 Organische Schwefel- und Phosphor-Verbindungen

Thiole – Sulfonsäuren – Phosphorsäureester – Phosphonate

Thiole

Thiole entsprechen in ihrem Aufbau den Alkoholen, wobei das Sauerstoff-Atom durch ein Schwefel-Atom ersetzt ist. Die Benennung erfolgt mit der Endung **-thiol**. Thiole bilden keine Wasserstoffbrücken und besitzen daher niedrigere Siedepunkte als die entsprechenden Alkohole.

Thiole haben im Allgemeinen einen sehr unangenehmen Geruch, der auch bei sehr geringer Verdünnung wahrnehmbar ist. Sie werden daher als Geruchskomponenten bei ansonsten geruchlosen Gasen zugesetzt. Sowohl bei Erdgas wie auch bei Flüssiggas kommt eine Mischung aus verschiedenen Thiolen zum Einsatz. Dies dient als Sicherheitsmaßnahme, da ansonsten austretendes Erdgas oder Flüssiggas nicht bemerkt werden würde.

Durch Oxidation von Thiolen entstehen Disulfidbrücken oder Sulfonsäuren.

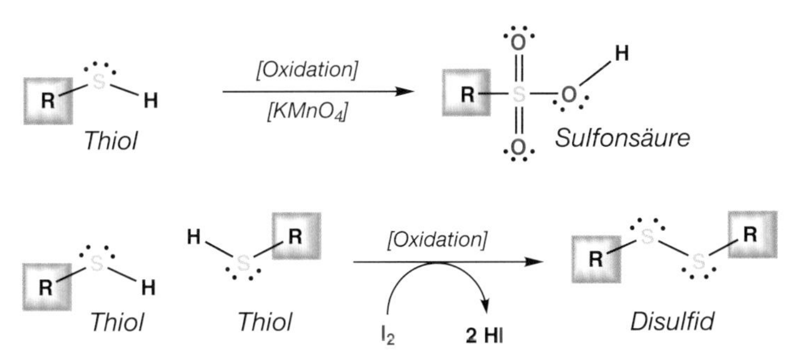

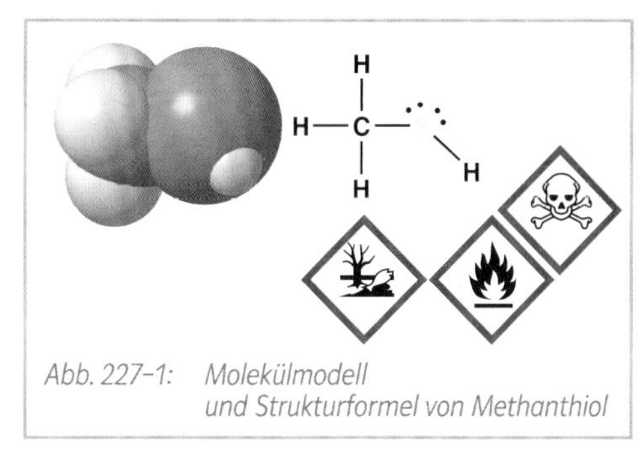
Abb. 227-1: Molekülmodell und Strukturformel von Methanthiol

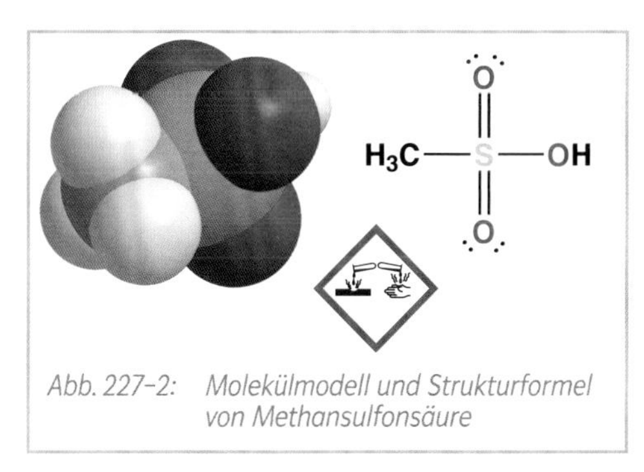

Abb. 227-2: Molekülmodell und Strukturformel von Methansulfonsäure

Sulfonsäuren

Sulfonsäuren sind organische Verbindungen mit einer **$-SO_3H$**-Gruppe. Die entsprechende Verbindung trägt das Suffix **-sulfonsäure**. Sulfonsäuren sind in der Regel starke Säuren, die auch gut wasserlöslich sind. Aliphatische Sulfonsäuren werden zumeist durch Oxidation von Thiolen hergestellt. Die Salze nennt man **Sulfonate**. Sie werden hauptsächlich als waschaktive Substanzen in Reinigern eingesetzt. Sie bilden dort die anionischen Tenside (siehe Seite 250).

Organische Phosphorverbindungen

Die häufigsten organischen Phosphorverbindungen sind die Phosphorsäureester (siehe Kap. 8.5). Bei diesen Verbindungen ist der Phosphor über ein Sauerstoff-Atom mit der organischen Kette verbunden.

Phosphorverbindungen mit einer Bindung zwischen Phosphor und Kohlenstoff sind eher selten und gehören meist zur Gruppe der **Phosphonate**. Diese Verbindungen sind Derivate der Grundstruktur.

Zu den Phosphonaten gehören unter anderem das **Glyphosat** sowie verschiedene Nervenkampfstoffe.

Nervenkampfstoffe

Diese Phosphorsäureverbindungen wurden zuerst in den 1930er Jahren entdeckt und dann weiterentwickelt. Unter dem Namen Tabun, **Sarin**, Soman und **VX** sind diese Stoffe heute bekannt und zählen zur Gruppe der chemischen Waffen.

Diese Stoffe wirken als sogenannte Acetylcholinesterase-(ACE)-Hemmer. Dabei wird das Enzym ACE blockiert, das eine wichtige Rolle bei der Weiterleitung von Nervenreizen spielt. Diese Blockade führt dazu, dass die Nervenzellen des betroffenen Organismus dauerhaft aktiviert sind. Diese Dauererregung führt innerhalb kurzer Zeit zum Tode.

Andere ACE-Hemmer werden in der Medizin als blutdrucksenkende Medikamente eingesetzt.

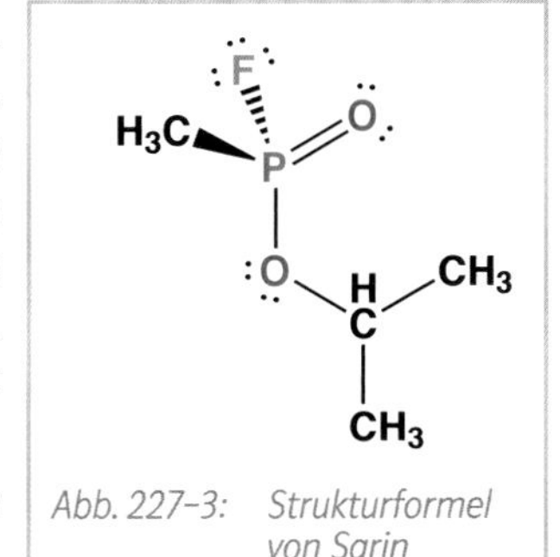

Abb. 227-3: Strukturformel von Sarin

INFO *zu „Glyphosat"*

Glyphosat ist das weltweit am häufigsten genutzte **Breitbandherbizid**. Alle mit diesem Stoff in Berührung kommenden Pflanzen sterben ab, es wird also nicht zwischen verschiedenen Pflanzenarten unterschieden. Diese Eigenschaft wird in der Landwirtschaft bei der Vorbereitung eines Feldes vor der Anpflanzung von neuem Saatgut genutzt, um alle möglichen Unkräuter zu beseitigen.

Einige Pflanzenarten wurden durch gentechnische Veränderung unempfindlich gegen Glyphosat gemacht. Hier kann dieses Herbizid auch gegen Unkräuter eingesetzt werden, die sich während der Wachstumsphase der Feldfrucht bilden. Gentechnische Veränderungen dieser Art sind in der EU verboten.

In den letzten Jahren gab es immer wieder Diskussion über den Einsatz von Glyphosat-haltigen Herbiziden, da einige Studien eine krebserregende Wirkung gezeigt haben. Andere Studien wiederum konnten keine solche Wirkung feststellen.

Strukturformel von Glyphosat

8.11 Aromatische Verbindungen mit Hetero-Atomen

Phenole

Abb. 228–1: Molekülmodell und Strukturformel von Phenol

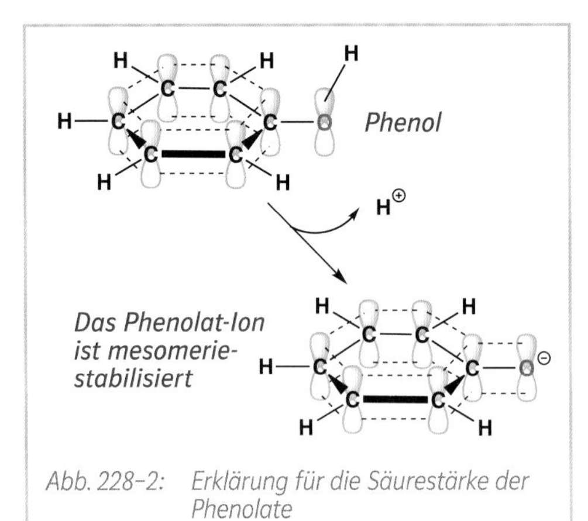

Abb. 228–2: Erklärung für die Säurestärke der Phenolate

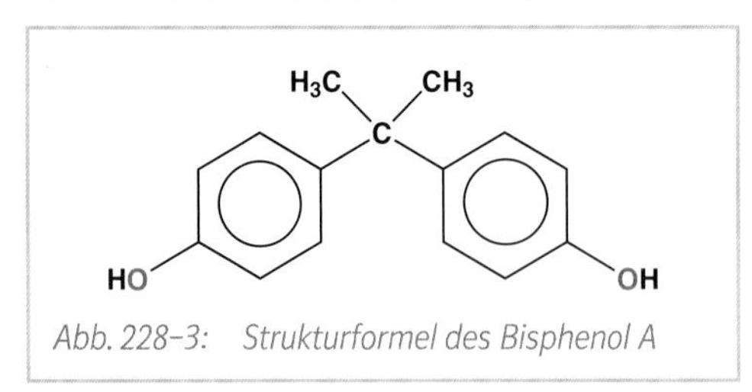

Abb. 228–3: Strukturformel des Bisphenol A

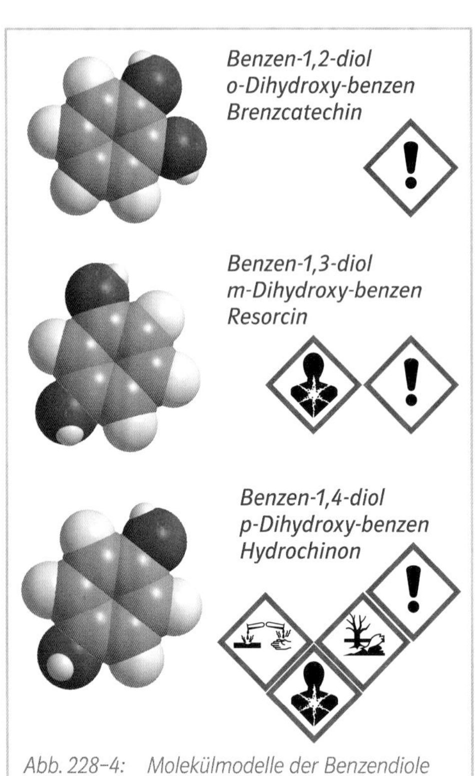

Abb. 228–4: Molekülmodelle der Benzendiole

Phenole

Phenole sind Verbindungen, bei denen eine oder mehrere OH-Gruppen direkt an den Benzen-Ring gebunden sind. Sie sind in der Regel Feststoffe.

Die Unterschiede zu den in Kapitel 8.2 besprochenen Alkoholen liegen in den möglichen Wechselwirkungen zwischen den π-Elektronen des aromatischen Ringes und der OH-Gruppe. Daraus ergeben sich eine Reihe von abweichenden Eigenschaften.

Die Phenole sind stärkere Säuren als die aliphatischen Alkohole, die Säurestärke liegt im Bereich von schwachen anorganischen Säuren. Phenol ist daher unter Salzbildung in Natronlauge löslich. Die konjugierte Base des Phenols nennt man **Phenolat**(-Ion). Phenole reagieren mit Fe^{3+}-Ionen zu farbkräftigen violett-schwarzen Komplexen.

Phenole haben große industrielle Bedeutung und vielfältige Anwendungsmöglichkeiten. Von großer Bedeutung ist auch die Reinigung der anfallenden phenolischen Abwässer, da diese nur sehr schlecht biologisch abgebaut werden können und daher entsprechend behandelt werden müssen.

Phenol

Die Verbindung Phenol gab der ganzen Verbindungsklasse ihren Namen und ist sowohl die einfachste wie auch die bedeutendste Verbindung dieser Klasse (siehe Abb. 228–1 und 2; Phenol und Phenolat-Ion). Phenol bildet farblose Nadeln mit einem charakteristischen Geruch, die sich an der Luft leicht verfärben. Phenol ist giftig und wirkt auf die Haut stark ätzend. Im 19. Jahrhundert wurde eine wässrige Phenollösung unter dem Namen **Carbol** bzw. Carbolsäure zur Desinfektion der Hände im medizinischen Bereich eingesetzt.

Heute wird Phenol in großen Mengen für die Herstellung von Phenolharzen (**Phenoplaste**) produziert. Bei der Herstellung eines Phenoplasts reagiert Phenol mit Formaldehyd und es kommt zu einer räumlichen Vernetzung. Dadurch entsteht ein Kunststoff mit hoher Härte (etwa wie Kupfer) bei geringer Dichte und hoher Temperaturbeständigkeit (bis ca. 300 °C). Phenoplaste gehören daher zur Gruppe der **Duromere** (siehe Seite 187). Sie dienen als Isolatoren in der Elektroindustrie, als Kunststoffteile im Fahrzeug- und Maschinenbau und als Phenolharzklebstoffe zur Herstellung von Sperrholz.

Bisphenol A (BPA)

Bisphenol A (Abb. 228–3) wird ausgehend von Phenol hergestellt und dient als Grundstoff für die Herstellung zahlreicher Kunststoffe. Da der Verdacht auf eine gesundheitliche Beeinträchtigung besteht, ist seit einigen Jahren bei Baby-Fläschchen der Einsatz von BPA verboten. Auch bei anderen Getränkeflaschen wird zunehmend auf BPA verzichtet.

Ein weiteres Einsatzgebiet von BPA ist die Beschichtung von Thermopapieren für Kassenbons. Auf Grund der möglichen Gesundheitsgefahren ist die Verwendung von BPA für solche Thermopapiere in der EU ab 2020 verboten.

Benzendiole

Brenzcatechin (Benzen-1,2-diol), Resorcin (Benzen-1,3-diol) und Hydrochinon (Benzen-1.,4-diol)

Die drei verschiedenen zweiwertigen Phenole haben ähnliche Eigenschaften wie Phenol selbst. Brenzcatechin und Hydrochinon werden als Entwickler für Fotopapier verwendet, Resorcin bei der Herstellung von Farbstoffen und Kunststoffen.

Anilin (Aminobenzen)

Anilin (Abb. 229–1) ist eines der wichtigsten Amine. Es ist eine farblose giftige Flüssigkeit, die häufig durch Verunreinigungen braun verfärbt ist. Bei der Gewinnung von Anilin geht man zumeist von Nitrobenzen (siehe Kap. 8.9) aus. Aus Anilin werden Farbstoffe und Polyurethan-Harze hergestellt (PU-Schaum).

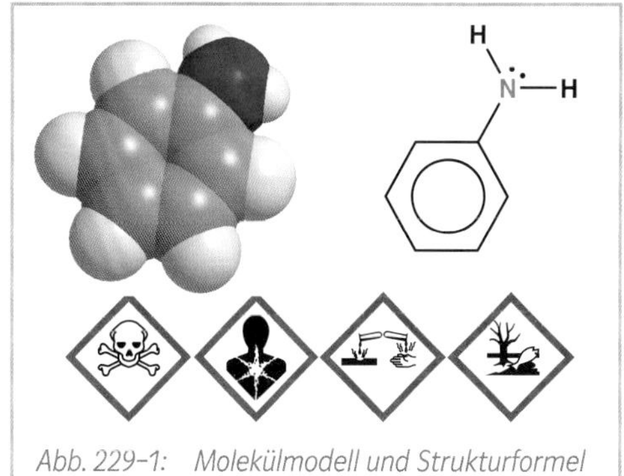

Abb. 229–1: Molekülmodell und Strukturformel des Anilin

Benzoesäure (Benzencarbonsäure)

Benzoesäure (siehe Abb. 229–2) ist die einfachste aromatische Carbonsäure. Die zugehörigen Salze bezeichnet man als Benzoate. Die Benzoesäure ist ein farbloser Feststoff und dient – wie ihre Salze - als Konservierungsmittel (E 210). Die Ester der Benzoesäure werden in erster Linie als Aromastoffe verwendet.

Bei den aromatischen Carbonsäuren wird bei der Nomenklatur nach IUPAC der aromatische Ring als Stammkette angegeben und die COOH-Gruppen mit der Endung –carbonsäure. Überwiegend werden allerdings die jeweiligen Trivialnamen verwendet.

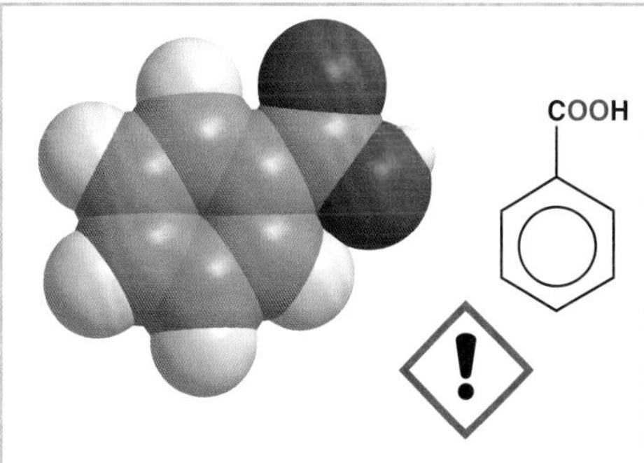

Abb. 229–2: Molekülmodell und Strukturformel der Benzoesäure

Benzendicarbonsäuren

Phthalsäure (Benzen-1,2-dicarbonsäure), Isophthalsäure (Benzen-1,3-dicarbonsäure), Terephthalsäure (Benzen-1,4-dicarbonsäure)

Die drei strukturisomeren Benzendicarbonsäuren (siehe Abb. 229–3) werden hauptsächlich zur Kunststofferzeugung (Polyester, zB PET) und zur Herstellung von Farbstoffen eingesetzt.

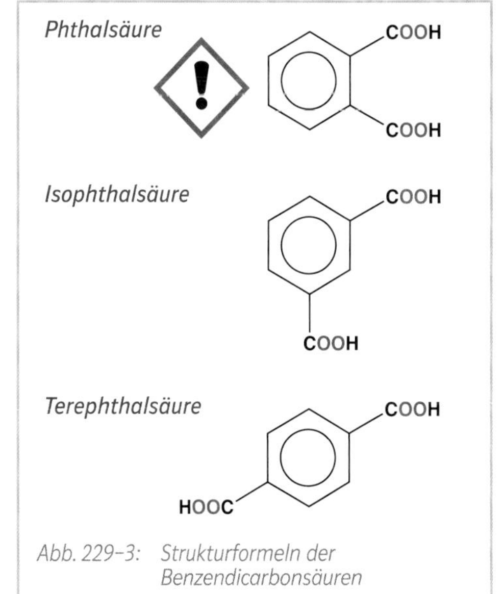

Abb. 229–3: Strukturformeln der Benzendicarbonsäuren

Salicylsäure (2-Hydroxybenzencarbonsäure)

Die Salicylsäure (siehe Abb. 229–4) bzw. ihre Salze, die Salicylate, wirken bakterienhemmend und schmerzlindernd. Der Name leitet sich von der Bezeichnung für die Weide (lat. salix) ab, in deren Rinde Salicylsäure vorkommt. Bereits in der Antike wurde aus Weidenrinde ein Heilmittel gegen die Symptome des grippalen Infekts hergestellt, und auch heute noch wird Weidenrindentee in der Apotheke verkauft. Schließlich gelang es im 19. Jahrhundert, die Salicylsäure aus der Weidenrinde zu extrahieren. Sie wurde dann als Konservierungsstoff und Schmerzmittel eingesetzt. Da Salicylsäure einen unangenehmen Geschmack hat, wird sie heute durch andere Stoffe, teilweise Salicylsäurederivate, ersetzt. Der bekannteste ist Acetylsalicylsäure (ASS, Aspirin®, siehe Kap. 8.5).

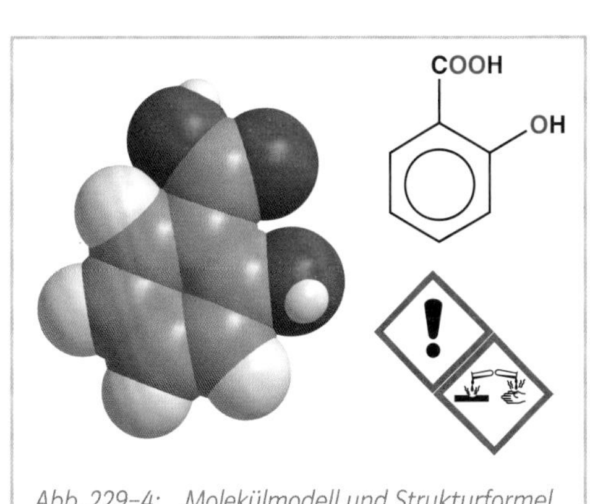

Abb. 229–4: Molekülmodell und Strukturformel der Salicylsäure

Sulfonamide

Die Sulfonamide sind eine wichtige Arzneimittelgruppe. In erster Linie wirken sie antibakteriell. Die einfachste Verbindung dieser Art ist das Sulfanilamid, das Amid der 3-Aminobenzensulfonsäure.

Die Mehrzahl der heute eingesetzten Verbindungen enthalten noch **Heterocyclen**. Sie werden heute bei zahlreichen bakteriellen Erkrankungen als Medikament eingesetzt, sowohl bei Menschen, wie auch bei Tieren.

Aromatische Nitroverbindungen

Nitrobenzen

Nitrobenzen ist die einfachste aromatische Nitro-Verbindung. Die Flüssigkeit riecht nach Bittermandeln („Marzipan-Geruch"). Herstellung durch Nitrierung von Benzen.

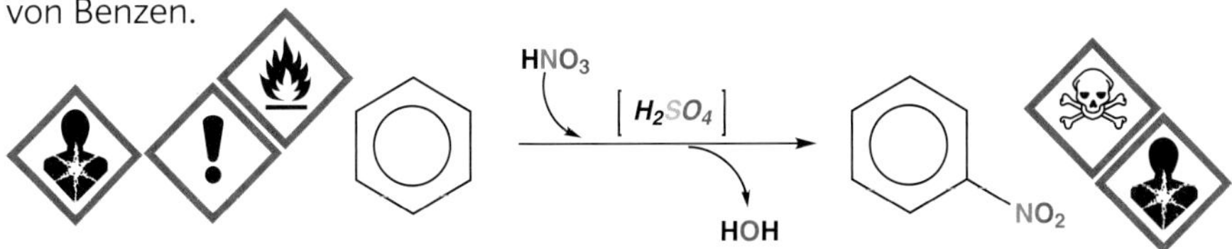

Verwendung ua. zur Herstellung von Anilin durch katalytische Hydrierung.

Andere aromatische Nitroverbindungen, wie zB TNT, wurden bereits in Kap. 8.9 besprochen.

Heterocyclen

O-Heterocyclen – S-Heterocyclen – N-Heterocyclen – Coffein – Nicotin

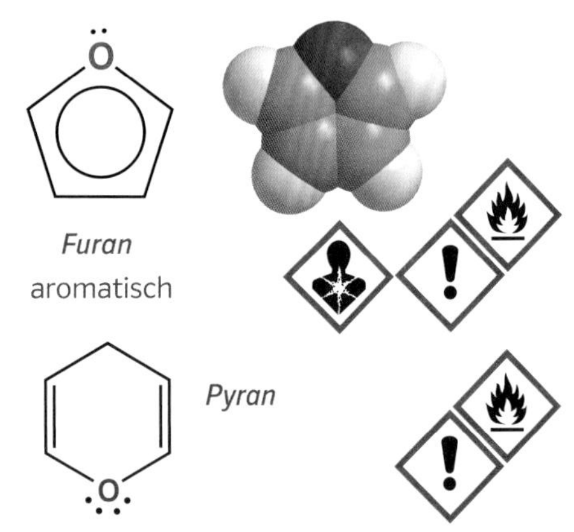

Abb. 230–1: Wichtige Sauerstoff-Heterocyclen

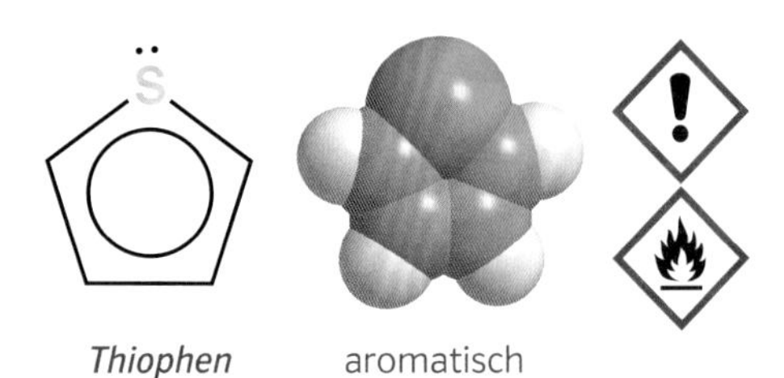

Abb. 230–2: Thiophen, ein S-Heterocyclus

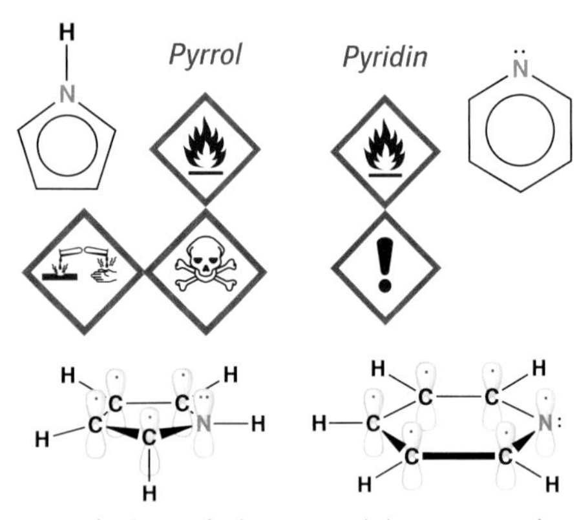

Abb. 230–3: Pyrrol und Pyridin

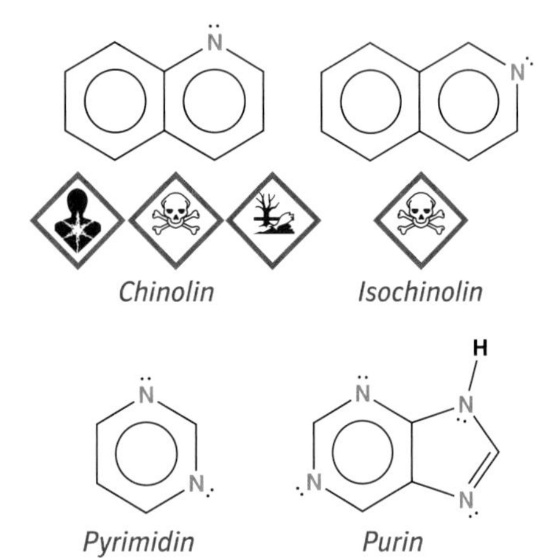

Abb. 230–4: Weitere Stickstoff-Heterocyclen

Heterocyclen sind ringförmige Verbindungen mit „Fremdatomen" (vorwiegend O, N und S) als Ringbestandteil. Aufgrund der zumeist komplexen Struktur hat sich keine systematische Nomenklatur durchgesetzt. Man verwendet fast ausschließlich Trivial- bzw. Halbtrivialnamen.

Sauerstoff-Heterocyclen

Wichtige Sauerstoff-Heterocyclen sind das **Furan** und das **Pyran** (siehe Abb. 230–1). Furan wird aus Kleie (lat. furfur) hergestellt und meist zu **Tetrahydrofuran** (THF) weiterverarbeitet. THF hat hervorragende Eigenschaften als Lösungsmittel und löst sogar viele Kunststoffe. Daher ist es ein wichtiges Lösungsmittel für organische Reaktionen und wird in der Industrie in großen Mengen eingesetzt. Auf Grund der strukturellen Ähnlichkeit zu THF werden fünfeckige Zuckermoleküle auch als **Furanosen** bezeichnet (zB Fructose). Sechseckige Zuckermoleküle nennt man auch **Pyranosen** (zB Glucose).

Schwefel-Heterocyclen

Thiophen (siehe Abb. 230–2) entspricht dem Furan, wobei das Sauerstoffatom durch ein Schwefelatom ersetzt wurde. Thiophen kommt im Erdöl vor und ähnelt in seinen Eigenschaften dem Benzen. Thiophen dient als Ausgangsstoff für verschiedene Medikamente und Agrochemikalien.

Stickstoff-Heterocyclen

Die größte Gruppe stellen allerdings die Stickstoff-Heterocyclen dar. Viele stickstoffhältige Heterocyclen reagieren basisch. Die **Alkaloide**, eine wichtige Naturstoffklasse, leiten ihren Namen von dieser „alkalischen" Reaktion ab.

Die wichtigsten Grundkörper der Stickstoff-Heterocyclen:

Pyrrol und Pyridin

Pyrrol stellt das Grundgerüst der Porphinfarbstoffe (Porphin = 4 verknüpfte Pyrrolringe) dar. Wichtige Vertreter sind Häm und Chlorophyll. Pyrrol ist im Gegensatz zu Pyridin nur sehr schwach basisch, denn das freie Elektronenpaar ist im π-Elektronensextett gebunden (siehe Abb. 230–3).

Isochinolin

Isochinolin ist Molekülbestandteil der Morphinalkaloide (zB Heroin).

Pyrimidin

Vom Pyrimidin leiten sich die Pyrimidinbasen **Cytosin**, **Uracil** und **Thymin** ab, die Bestandteil der Nucleinsäuren sind.

Purin

Purin ist das Grundgerüst der biochemisch wichtigen Purinbasen **Adenin** und **Guanin**. Ein weiteres Purinderivat ist das **Coffein**.

Naturstoffe

Coffein

Coffein regt die Herztätigkeit und den Stoffwechsel an. Daher bewirkt es ein Gefühl der „Wachheit". Auch Coffein kann zu Abhängigkeitserscheinungen führen (zB Kopfschmerzen bei Coffeinentzug). Bei Bluthochdruck und bestimmten Herzerkrankungen sollte man coffeinhältige Getränke (Kaffee, Tee, Kakao, Cola) meiden (Abb. 231–1).

Nicotin

Nicotin besteht aus einem Pyridin- und einem Pyrrolidinring. (Abb. 231–2) Tabakpflanzen enthalten unterschiedlich viel Nicotin (0,1 – 7 %). Nicotin ist sehr giftig. Die letale Dosis beim Verschlucken bei Erwachsenen liegt bei ca. 40 mg. Erkrankungen, wie zB Arteriosklerose und Magen-Darm-Schädigungen, führt man auf Nicotin zurück.

Die kanzerogene Wirkung des Tabaks wird zum Teil auch anderen Tabakinhaltsstoffen zugeschrieben. Nicotin besitzt eine anregende und beruhigende Wirkung. Da es nicht lange im Organismus verbleibt, muss es immer wieder zugeführt werden (Suchtverhalten).

Um die Raucherentwöhnung zu erleichtern, werden „Nicotinkaugummis" und „Nicotinpflaster" angeboten. Durch die starke Giftwirkung des Nicotins (auch durch die Haut) sollten diese Entwöhnungskuren nur unter ärztlicher Aufsicht durchgeführt werden.

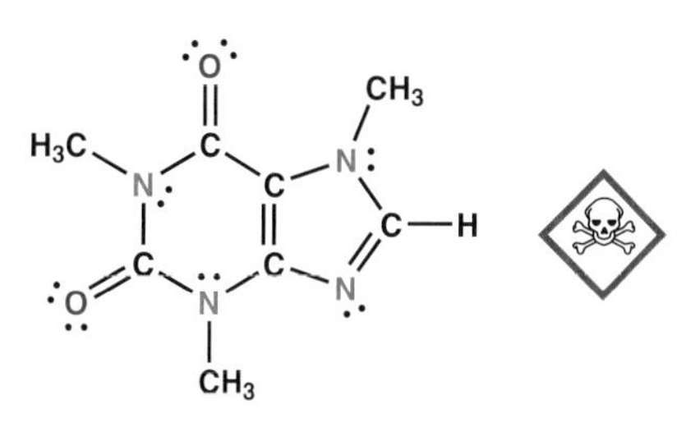

Abb. 231–1: Strukturformel von Coffein

Drogen

Tetrahydrocannabinol THC

Als **Marihuana** bezeichnet man die getrockneten Teile der weiblichen **Cannabis** Pflanze (Hanf-Pflanze), als **Haschisch** das Harz dieser Pflanze. Als berauschender Stoff wurde das Tetrahydrocannabinol (THC, siehe Abb. 231–3) identifiziert.

Die größte THC-Konzentration ist in den weiblichen Blütenständen des Hanfs vorhanden. Es erfolgt üblicherweise eine Extraktion mit unpolaren Lösungsmitteln (zB Alkane). Nach dem Verdampfen des Lösungsmittels gewinnt man Haschisch.

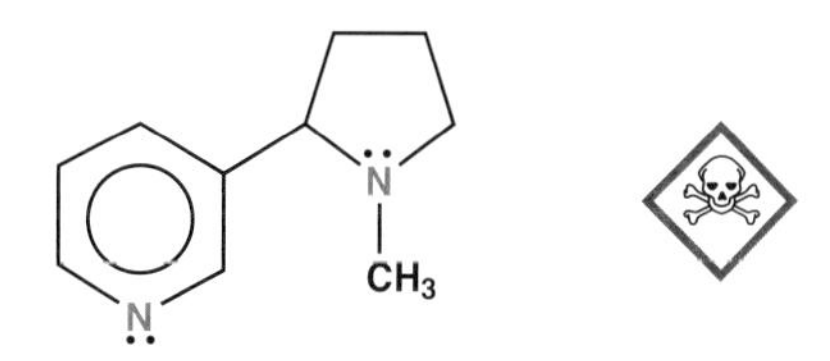

Abb. 231–2: Strukturformel von Nicotin

THC ist eine psychoaktive Substanz, die auf zwei Arten von Rezeptoren im Gehirn (CB1 und CB2) wirkt. Die genaue Wirkungsweise ist allerdings noch nicht aufgeklärt. Die Einnahme von THC-haltigen Substanzen führt zu einer Schmerzlinderung und allgemeinen Stimmungssteigerung, verbunden mit einer Beeinträchtigung des Denk-, Lern- und des Erinnerungsvermögens. Die Hauptgefahr bei der Einnahme von THC-haltigen Substanzen ist die mögliche Ausbildung von unheilbaren psychotischen Erkrankungen (zB Schizophrenie). Der Anbau von Cannabispflanzen, der Verkauf und der Besitz von Cannabis-Produkten sind in Österreich und den meisten Ländern der Welt verboten.

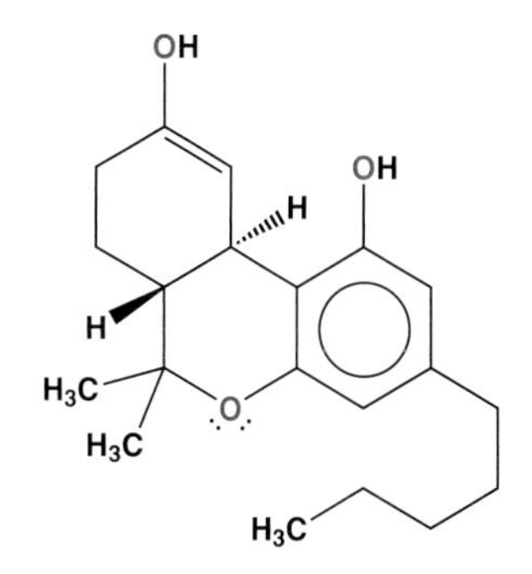

Abb. 231–3: Strukturformel von Tetrahydrocannabinol

Die schmerzlindernde Wirkung von Cannabis-Produkten führt dazu, dass trotz der damit verbundenen Risiken bei bestimmten Erkrankungen die Verwendung vom Gesetzgeber erlaubt wurde. Gute Behandlungserfolge erzielt man bei der Schmerzbehandlung bei Multipler Sklerose, Krebs und AIDS. Auch beim Tourette-Syndrom lassen sich gute Behandlungserfolge erzielen.

Cocain

Cocain besitzt eine stark aufputschende Wirkung. Es ist in den Blättern des Coca-Strauches enthalten, der in Südamerika beheimatet ist. Cocain kann synthetisch hergestellt werden und zählt heute zu den teuersten illegal gehandelten Stoffen. Anfangs erkannte man die Gefahren dieser Droge noch nicht. So war zB ein Bestandteil des Coca-Colas Cocain, das erst zu Beginn des 20. Jhdts. aus der Rezeptur gestrichen wurde. Cocain war einer der ersten Stoffe, der als Lokalanästhetikum verwendet wurde.

Zur Gewinnung von Cocain werden die Blätter des Coca-Strauches zerkleinert und eingeweicht. Eine Mischung verschiedener ähnlicher Alkaloide wird mit Lösungsmitteln extrahiert. Vorhandene Ester werden verseift, die freien Carbonsäuren werden dann wieder zu Cocain verestert. Dabei wird aus vielen zunächst unterschiedlichen Alkaloiden die einheitliche Substanz Cocain. Der Wirkstoffgehalt dieser Paste liegt bei 60 – 80 %.

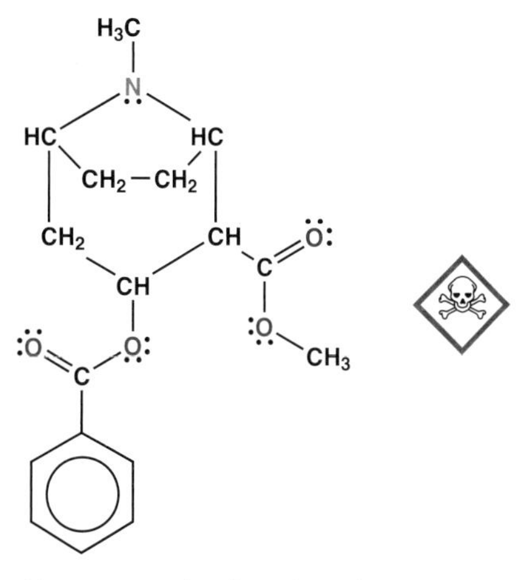

Abb. 231–4: Strukturformel von Cocain

Cocain wirkt als Wiederaufnahmehemmer für Neurotransmitter bei bestimmten Nervenzellen im Gehirn. Die wichtigsten Symptome sind Euphorie, Schmerzlinderung sowie die Störung der Gefühle für Hunger, Durst, Furcht und Schlaf. Bei wiederholter Einnahme kommt es zu Halluzinationen, der Ausbildung einer Depression sowie einer Suchtkrankheit. Wird Cocain in Form von **Crack** geraucht, so handelt es sich um die Droge mit dem höchsten Suchtpotenzial aller Drogen; es kann sogar bei Erstkonsumenten bereits zur Ausbildung einer Abhängigkeit kommen.

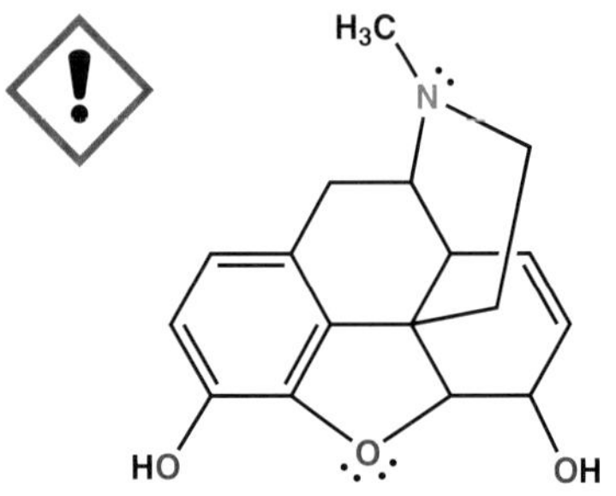

Abb. 232-1: Strukturformel von Morphin

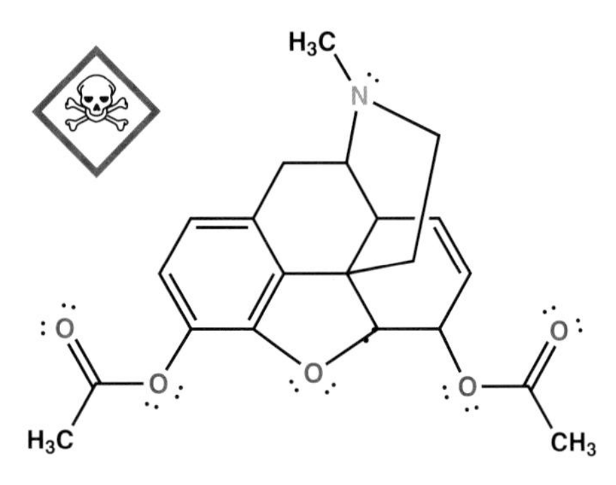

Abb. 232-2: Strukturformel von Heroin

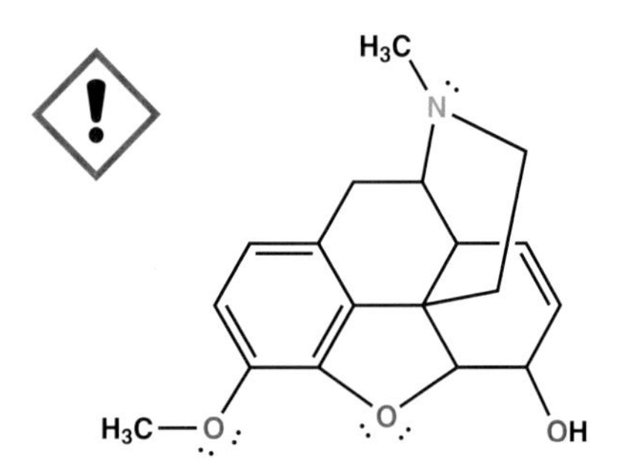

Abb. 232-3: Strukturformel von Codein

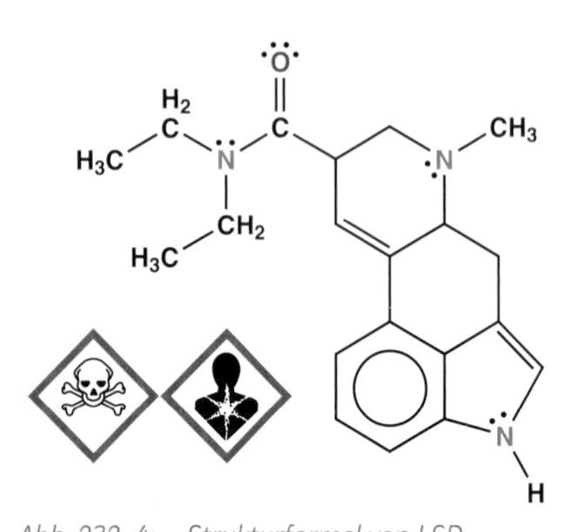

Abb. 232-4: Strukturformel von LSD (Lysergsäurediethylamid)

Morphinalkaloide

Zu den bekanntesten Vertretern zählen **Morphin** (Abb. 232-1) und **Codein** (Abb. 232-3). Morphin ist ein wirksames Schmerzmittel und wird unter anderem gegen starke Schmerzen zB bei Krebs eingesetzt. Probleme entstehen allerdings durch das Suchtpotenzial dieser Substanz.

Neuere Forschungen haben ergeben, dass die Dosis kleiner gehalten werden kann, wenn Morphin in regelmäßigen Abständen, noch vor dem Abklingen der Erstdosis, verabreicht wird. Die Morphinalkaloide werden hauptsächlich aus **Opium** (Milchsaft des Schlafmohns) isoliert.

Heroin, die gefährlichste Droge, unterscheidet sich von Morphin durch 2 Acetyl-Gruppen. Dadurch wird die Substanz lipophil und geht rascher vom Blut in das Gehirn über. Dadurch nimmt der „Kick" dh. die spürbare Wirkung, aber auch das Suchtpotenzial zu. Heroin riecht immer leicht nach Essigsäure. Rauschgifthunde werden auf diesen Geruch trainiert.

Mutterkornalkaloide

Mutterkorn ist ein Pilz, der auf Roggen auftritt. Im Mittelalter kam es zu zahlreichen Mutterkornvergiftungen. Zu den Mutterkornalkaloiden gehören die **Lysergsäure** und ihr bekanntes synthetisch hergestelltes Derivat Lysergsäurediethylamid (**LSD**). LSD wurde 1943 vom Schweizer Chemiker Albert Hofmann entdeckt. Ursprünglich wurde es zur Beschleunigung der Therapie von psychisch Kranken eingesetzt. In den 60er Jahren war die halluzinogene Droge sehr beliebt. Durch zahlreiche Selbstmorde im LSD-Rausch und andauernde psychische Schäden bei LSD-Anhängern erkannte man bald die Gefährlichkeit dieser Droge.

Drogenmissbrauch

Die Wirkungen der einzelnen Drogen sind sehr unterschiedlich. Sie wirken entspannend (zB Opium) oder aufputschend (zB Cocain) oder können Halluzinationen hervorrufen (zB LSD). In den Anfängen des Drogenkonsums begnügte man sich mit Naturstoffen, die nur einen geringen Prozentsatz der Droge enthielten. Durch Extraktionsverfahren und chemische Methoden stellte man die einzelnen Verbindungen in reiner Form her. Man experimentierte auch mit „Applikationsverfahren" und stellte fest, dass manche Drogen schneller und besser wirken, wenn man sie zB injiziert.

Praktisch allen Drogen ist gemeinsam, dass sie süchtig machen. Drogen bewirken ein gutes Gefühl, das aber nach dem Nachlassen der Wirkung in ein physisches und psychisches Tief führt (schlimmer als der Ausgangszustand). Um aus dem Tief zu gelangen, benötigt man wieder Drogen (zumeist in höherer Konzentration). Dies führt zu einem Teufelskreis, aus dem der Abhängige allein nicht wieder herauskommt.

Aus diesem Grund wurden **Drogenstationen** gegründet. Durch Medikamente versucht man die **Entzugserscheinungen** auf ein erträgliches Maß abzusenken. Gleichzeitig erfolgt eine Betreuung durch Therapeuten, um eine psychische Stabilität des Patienten zu erreichen.

Das Ausprobieren von Drogen aus reiner Neugierde oder aufgrund einer Stresssituation („Ich kann damit umgehen!") stellt in vielen Fällen den Ausgangspunkt für große Probleme dar.

Drogen bewirken nicht nur den körperlichen Verfall des Süchtigen, sondern führen auch zu den bekannten Folgeerscheinungen wie die Zerstörung der menschlichen Beziehungen und Kriminalität. Drogenkonsum ist kein Kavaliersdelikt und auch nicht das Problem eines Einzelnen – Drogenmissbrauch betrifft uns alle.

Kapitel 8 – kompakt

Derivate der Kohlenwasserstoffe

⇨ *Von den Kohlenwasserstoffen (KW) zu den Derivaten*

1. Schritt:
Zu Halogen-KW und Nitrilen

Durch Additions- und Substitutions-Reaktionen stellt man Mono- und Dihalogen-KW her. Durch Addition von HCN erhält man Nitrile und damit die Verlängerung der C-Kette um 1 C-Atom.

2. Schritt:
Zu den Alkoholen

Durch Direktoxidation lassen sich manche Alkohole aus KW herstellen. Aus Halogen-KW kann man durch Substitutionen ebenso Alkohole herstellen. Durch Hydroformylierung (Addition von CO und H_2 an Alkene) lassen sich Aldehyde herstellen, die zu primären Alkoholen reduziert werden können.

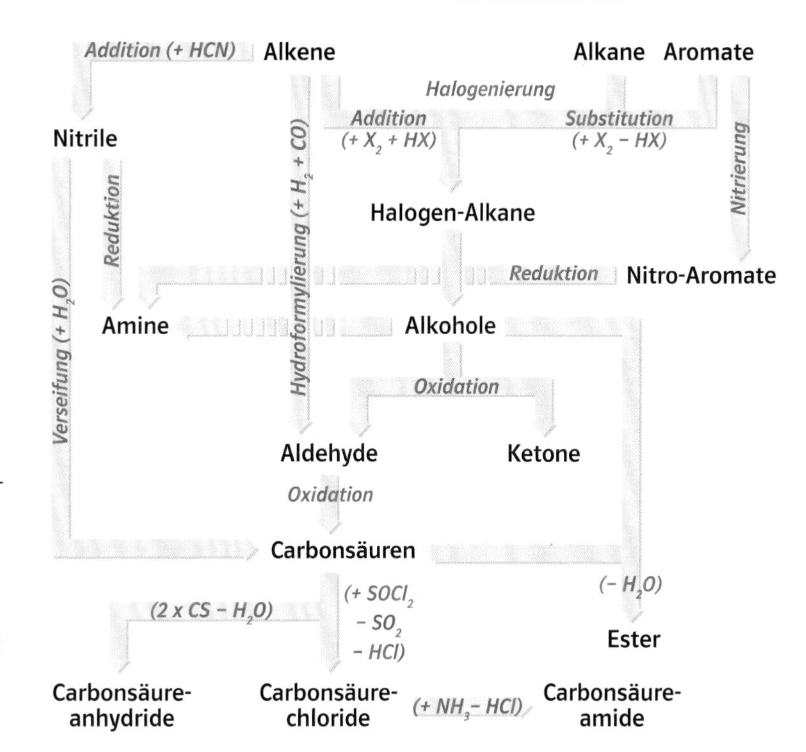

⇨ *Was die Alkohole alles können*

Carbonsäure ← Oxidation (0,5 O_2) ← Aldehyde ← Oxidation (HOH, 0,5 O_2) ← primär

Ketone ← Oxidation (HOH, 0,5 O_2) ← sekundär

Oxidation nicht möglich ✗ ← tertiär

ALKOHOLE

→ Ether (+ R–CH₂–OH, HOH)

→ Ester (+ Carbonsäure, HOH)

→ Amine (NH_3, HOH)

→ Alkoholat + Na^+ (Na^+ OH^-, HOH)

1. Oxidationen:
Die Oxidationsprodukte sind abhängig von der Stellung der OH-Gruppe im Molekül. Tertiäre Alkohole sind nur durch Zerstörung des C-Gerüstes oxidierbar (Verbrennung).

2. Substitutionen
Herstellung von Ethern, Estern und Aminen

3. Säure-Base-Reaktionen
Herstellung von Alkoholaten (starke Basen)

⇨ *Aus kleinen Molekülen werden lange Ketten*

Propen + Propen + Propen + Propen → Polymerisation → Polypropylen

HO–CH₂CH₂–OH + HOOC–CH₂–COOH + HO–CH₂CH₂–OH + … → Polykondensation → Polyester

HO–CH₂–COOH + HO–CH₂–COOH + HO–CH₂–COOH + … → Polykondensation → Polyester

H_2N–CH₂–COOH + H_2N–CH₂–COOH + H_2N–CH₂–COOH + … → Polykondensation → Polyamid

9u8qj8

Sicher und kompetent zur Matura

Was ich aus dem Kapitel für eine erfolgreiche Matura benötige!

1. Wichtige Begriffe, die ich aus diesem Kapitel kenne, definieren kann und im Sinne einer Fachsprache richtig einsetze:

- *Alkohol*
- *Aldehyd*
- *Amid*
- *Amin*
- *Aminosäure*
- *asymmetrisch substituiertes C-Atom*
- *azeotropes Siedeverhalten*
- *Carbonsäure*
- *Carbonylverbindung*
- *Carboxylgruppe*
- *Chiralität / R/S-Isomerie / optische Isometrie*
- *Chromatographie*
- *Destillation*
- *Diasteriomere*
- *D-/L-Form*
- *Enantiomere*
- *Ester*
- *Ether*
- *Fischer-Projektion*
- *funktionelle Gruppe*
- *Gärung*
- *Heteroatom*
- *Heterocyclen*
- *Hydroxygruppe*
- *induktiver Effekt*
- *Keton*
- *magnetische Kernresonanzspektroskopie (^{1}H-NMR)*
- *Massenspektrometrie*
- *Meso-Form*
- *Nitril*
- *Polykondensate*
- *Polyester*
- *Phospholipide*
- *Präfix*
- *primärer (sekundärer, tertiärer) Alkohol*
- *Racemat*
- *Säureanhydrid*
- *Stereoisomere*
- *Stoffklasse*
- *Suffix*
- *Thiole*
- *Verseifung*

2. Fähigkeiten und Fertigkeiten, die ich aus diesem Kapitel anwenden kann:

Ich kann:

- *Ich kenne unterschiedliche funktionelle Gruppen, erkenne diese und kann daher Verbindungen unterschiedlichen Stoffklassen zuordnen.*
- *Ich kann organische Verbindungen systematisch benennen oder nach dem systematischen Namen deren Strukturformel erstellen (siehe Übungen 193.1 bis 193.4).*
- *Ich kenne wichtige Alkohole, Kriterien zur Einteilung von Alkoholen sowie Eigenschaften und Verwendungszwecke von Alkoholen (siehe Übungen 194.2 bis 194.4 und 202.2).*
- *Ich kann die Reaktionen der Alkohole nennen und schematisch erstellen.*
- *Ich kann wichtige Carbonylverbindungen, deren Eigenschaften, Reaktionen und Verwendung nennen.*
- *Ich kann die verschiedenen Reaktionen der Carbonsäuren nennen und schematisch erstellen (209.1 bis 209.3).*
- *Ich kenne wichtige Carbonsäuren, Kriterien zu ihrer Einteilung sowie Eigenschaften und Verwendungszwecke.*
- *Ich kann wichtige Ester, deren Eigenschaften und Verwendung nennen.*
- *Ich erkenne ein asymmetrisch substituiertes C-Atom (siehe Übung 216.1).*
- *Ich kann bei chiralen Verbindungen R- und S-Form erkennen und damit chirale Verbindungen benennen.*
- *Ich kann das Trennverfahren der Chromatographie erläutern und verschiedene Chromatographieverfahren nennen.*
- *Ich kann durch die Verbrennungsanalyse auf die Summenformel einer Verbindung schließen.*
- *Ich kenne organische Verbindungen mit Stickstoff-, Schwefel- und Phosphoratomen, deren Benennung, Eigenschaften und Reaktionen.*
- *Ich kenne aromatische Verbindungen mit Heteroatomen, deren Benennung, Eigenschaften und Reaktionen.*

9 Ernährung

Lebensmittel sind Substanzen, die zur Ernährung des Menschen konsumiert werden. Der Begriff umfasst Trinkwasser (Wasser mit gelösten Mineralstoffen) und Nahrungsmittel.

Nahrungsmittel sind Lebensmittel, die dem Menschen Energie zuführen. Sie bestehen aus Nährstoffen in verschiedener Zusammensetzung.

Nährstoffe sind Stoffe, die die Nahrungsmittel aufbauen. Makronährstoffe bestehen aus den Stoffgruppen Eiweiß, Fett und Kohlenhydrate und bilden die Hauptbestandteile der Nahrungsmittel. Mikronährstoffe sind Vitamine, Spurenelemente und Mineralstoffe, die in geringeren Mengen benötigt werden und nicht zur Energiegewinnung dienen. Sie werden häufig auch als eigene Gruppen geführt und nicht zu den Nährstoffen gerechnet.

Die Österreichische Ernährungspyramide (die es in ähnlicher Form auch in vielen anderen Ländern gibt) ist ein vom Gesundheitsministerium herausgegebener Rat, wie unsere Nahrung aus den verschiedenen Nahrungsmitteln zusammengesetzt sein soll. Sie ist zugleich ein Vorschlag für die mengenmäßige Gewichtung der Nährstoffe Eiweiß, Fett und Kohlenhydrate. Auch die Versorgung mit Ballaststoffen, Vitaminen und Mineralstoffen in ausgewogenem Verhältnis ist dabei berücksichtigt. Die Breite der jeweiligen Stufe soll dabei die vorgeschlagene Menge Nahrungsmittel symbolisieren.

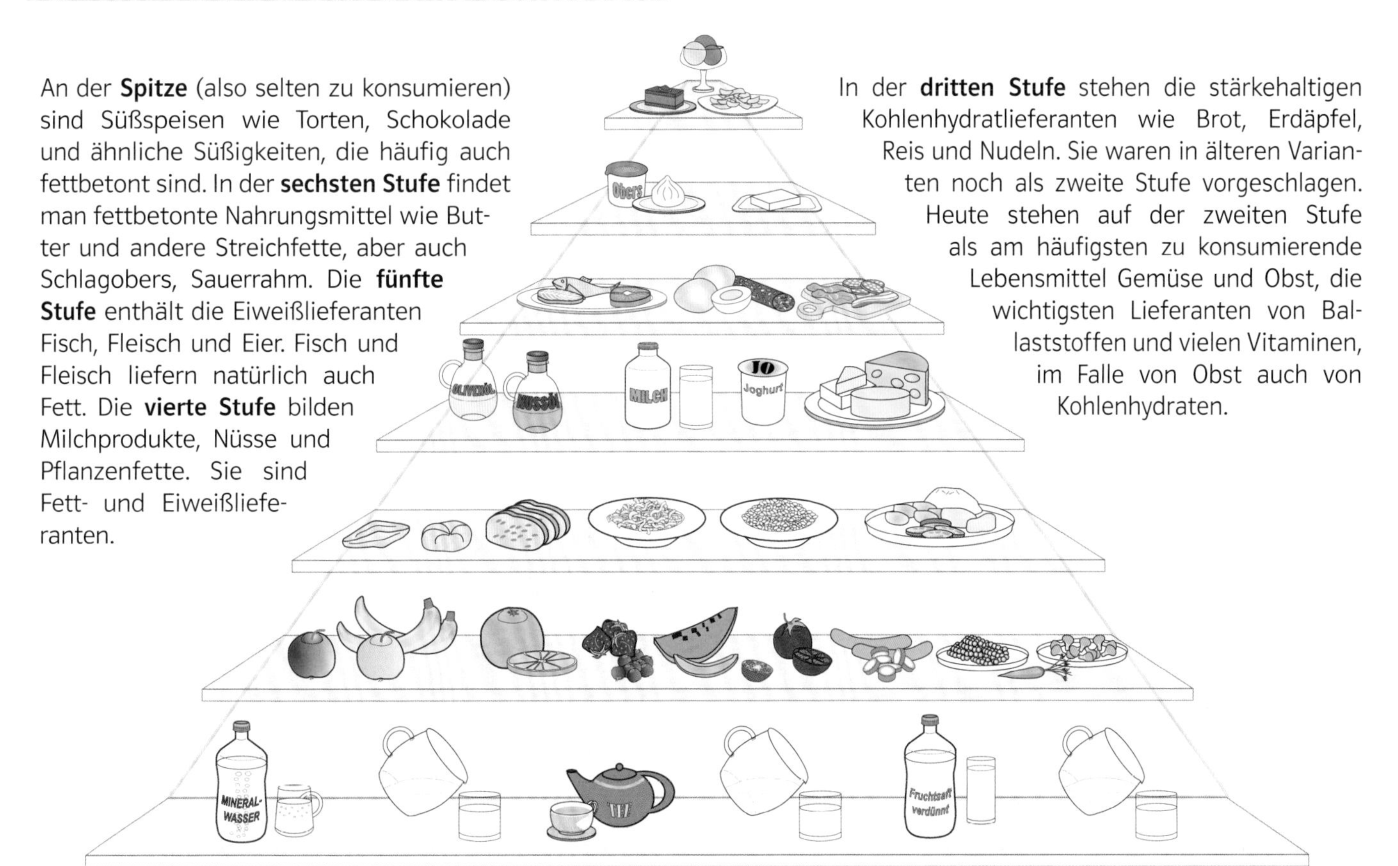

An der **Spitze** (also selten zu konsumieren) sind Süßspeisen wie Torten, Schokolade und ähnliche Süßigkeiten, die häufig auch fettbetont sind. In der **sechsten Stufe** findet man fettbetonte Nahrungsmittel wie Butter und andere Streichfette, aber auch Schlagobers, Sauerrahm. Die **fünfte Stufe** enthält die Eiweißlieferanten Fisch, Fleisch und Eier. Fisch und Fleisch liefern natürlich auch Fett. Die **vierte Stufe** bilden Milchprodukte, Nüsse und Pflanzenfette. Sie sind Fett- und Eiweißlieferanten.

In der **dritten Stufe** stehen die stärkehaltigen Kohlenhydratlieferanten wie Brot, Erdäpfel, Reis und Nudeln. Sie waren in älteren Varianten noch als zweite Stufe vorgeschlagen. Heute stehen auf der zweiten Stufe als am häufigsten zu konsumierende Lebensmittel Gemüse und Obst, die wichtigsten Lieferanten von Ballaststoffen und vielen Vitaminen, im Falle von Obst auch von Kohlenhydraten.

Als **Basis** (und damit Hauptmenge) sind hier alkoholfreie, kalorienarme Getränke vorgeschlagen, also kurz gesagt Wasser, aber auch Tee oder ungezuckerte, verdünnte Fruchtsäfte. Der Tagesbedarf beträgt etwa 1,5 L. Wasser ist natürlich kein Nahrungsmittel, da es keine Energie liefert. Eine ausreichende Versorgung mit Wasser ist aber lebensnotwendig.

Kaum ein Zweig der Wissenschaft ist so stark von Lobbyinteressen beeinflusst wie die Ernährungswissenschaft. Viele Studien wurden von Nahrungsmittelkonzernen mit dem Ziel in Auftrag gegeben, das eigene Produkt als gesund zu bewerben. Umso wichtiger ist es, die chemischen Grundlagen unserer Ernährung zu verstehen, um sich selbst ein Urteil zu bilden.

9.1 Gesunde Ernährung – unterschiedliche Vorstellungen

Ernährungspyramide – Zivilisationskrankheiten – Übergewicht

Der Glykämische Index (GI) eines Nahrungsmittels ist ein Maß dafür, wie stark sich der Verzehr dieses Nahrungsmittels auf den Blutzuckergehalt auswirkt.

Abb. 236–1: Glykämischer Index

Gesunde Ernährung ist heute eines der meistdiskutierten Themen in den Medien. Eine große Zahl von Experten gibt dazu Ratschläge, die allerdings je nach Quelle sehr unterschiedlich ausfallen. Auch seriöse wissenschaftliche Studien kommen dabei zu einander oft widersprechenden Aussagen, und scheinbar in Stein gemeißelte „Wahrheiten" geraten ins Wanken.

Kohlenhydrate als Hauptnährstoffe

Die Österreichische Ernährungspyramide schlägt Kohlenhydrate als Hauptnährstoffe für die Energieaufnahme, hauptsächlich in Form von Stärke (Brot, Nudeln, Reis, Erdäpfel), vor. Fett sollte sparsam verwendet werden, dabei sind Pflanzenöle zu bevorzugen. Eiweiß wird in Form von Milchprodukten empfohlen, Fisch, Fleisch und Eier sind seltener einzusetzen.

Die „low carb"-Ernährung

Dem gegenüber steht die „low carb" Ernährung (engl. low carbohydrates), die die Kohlenhydrate für ernährungsbedingte Zivilisationskrankheiten wie Übergewicht, Adipositas und den damit verbundenen Anstieg der Diabetes 2 Fälle (erworbene Zuckerkrankheit) verantwortlich macht. Nach dieser Ernährungsmethode sollen vor allem leicht verwertbare Kohlenhydrate (Zucker, Mehl, Brot, Nudeln) vermieden werden. Solche Kohlenhydrate erhöhen schnell den Blutzuckerspiegel. Das führt zu einem starken Insulinanstieg, der wieder die Verringerung des Blutzuckerspiegels bewirkt. Dies führt einerseits zu erneutem Hungergefühl und andererseits zur Fettsynthese. Die Kohlenhydratquellen, die vermieden werden sollen, haben einen hohen **glycämischen Index** (Abb. 236–1) und/oder eine hohe **glycämische Last** (Abb. 237–1). Die Energie bei diesem Ernährungskonzept wird hauptsächlich aus Eiweiß und Fett bezogen.

Die Arbeit der Nahrungsmittellobbies

Viele der Ernährungsstudien der letzten Jahrzehnte wurden von Lobbies veranlasst und unterstützt. Das schlechte Image von Fett wurde stark von der Zuckerindustrie gefördert, das bessere Image der Pflanzenfette gegenüber tierischen Fetten von den Soja- und Palmölherstellern und von der Margarineindustrie. Dass gesättigte Fettsäuren (hauptsächlich in tierischen Fetten) ungesund seien und ungesättigte (hauptsächlich in pflanzlichen Fetten) generell besser, ist nicht wirklich nachweisbar. Auch die als grundsätzlich gesünder beworbene Margarine wird heute zunehmend kritisch gesehen. Die essenziellen Fettsäuren aus Pflanzenölen sind zwar ein richtiges Argument, bedürfen aber einer genaueren Betrachtung.

Überernährung, Diäten und ihre Folgen

Auch die „Weisheit", dass der Mensch eine regelmäßige Nahrungszufuhr benötigt, möglichst dreimal am Tag als Hauptmahlzeit und dazu eventuell auch zwei Zwischenmahlzeiten, wird heute kritisch gesehen. Eine der Hauptursachen für Gesundheitsprobleme, zumindest in den Ländern mit hohem Wohlstand, ist die Überernährung. Zur gesunden Ernährung gehört also, nicht mehr Energie zuzuführen, als zu verbrauchen. Um eventuelles Übergewicht zu verlieren, spielt Fasten eine wichtige Rolle. Die frühen Menschen als Jäger und Sammler hatten sicher nicht täglich ihr verlässliches Essen. Unser Stoffwechsel ist daher auf wechselndes Nahrungsangebot angepasst. Erst mit dem Entstehen der Agrarkultur stand eine regelmäßigere Nahrungsversorgung zur Verfügung. Alle Religionen haben daher Fastengebote (Fastenzeiten und Fastentage), durchaus auch aus gesundheitlichen Gründen.

Fasten zur Vermeidung von Übergewicht kann auch kurzfristig erfolgen, etwa ein Fasttag (oder mit jeweils 1 Tag Abstand 2 – 3) in der Woche oder Nahrungskarenz von 16 Stunden an einem Tag (Intermittierendes Fasten). Dies führt durch einen niedrigen Insulinspiegel zum Verbrauch von Körperfett. Das moslemische Fastengebot im Ramadan entspricht weitgehend dieser Methode.

Bei all diesen Betrachtungen muss natürlich vor Übertreibung gewarnt werden. Ein extremer Nahrungsmangel über längere Zeit, wie er bei krankhafter Magersucht (Anorexie) auftritt, ist sehr ungesund und kann zu schweren Dauerschäden für den Organismus führen.

Obwohl der Hauptfocus vieler Ernährungstipps meist auf der Vermeidung von Übergewicht liegt, ist natürlich die Qualität der Nahrungsmittel von entscheidender Bedeutung. Die ausreichende Versorgung mit Vitaminen, Mineralstoffen und Spurenelementen muss gewährleistet sein. Die Versorgung mit Ballaststoffen ist für eine gesunde Verdauung von entscheidender Bedeutung. Dies ist auch der Grund, weshalb bei der Österreichischen Ernährungspyramide Gemüse heute die Basis bildet und nicht mehr wie früher die Kohlenhydrate.

Die Glykämische Last (GL) ergibt sich aus dem Glykämischen Index (GI) und dem Kohlenhydratgehalt eines Nahrungsmittels

Abb. 237-1: Glykämische Last

Ernährung und Umweltschutz

Zu all den widersprüchlichen Trends und Empfehlungen kommt noch die Betrachtung der Umweltrelevanz unserer Ernährung. Heute wird ein großer Teil der landwirtschaftlichen Produktion als Viehfutter für die Fleischerzeugung eingesetzt. Die Meere werden zunehmend leergefischt, wichtige Nahrungsfischarten gelten als gefährdet. Im Zuge einer nach wie vor wachsenden Zahl von Menschen erhebt sich die Frage, wie weit eine fleisch- und fischbasierte Ernährung aufrecht erhalten werden kann. Der Trend zu vegetarischer und veganer Ernährung ist in diesem Kontext durchaus positiv zu sehen. Die ausreichende Versorgung mit hochwertigem Eiweiß ist dabei aber nicht ganz unproblematisch, die Versorgung mit Vitamin B12 ist nicht möglich, es muss als Nahrungsergänzung zugesetzt werden.

Die Energiekosten für den Nahrungsmitteltransport sind ebenfalls ein wichtiger Umweltfaktor. Dass heute alles zu jeder Jahreszeit frisch zur Verfügung steht bedeutet, dass Lebensmittel oft um den halben Erdball transportiert werden. Mit saisonalen und regionalen Produkten kann dies vermindert werden. Allerdings sollte man dabei immer auch auf die Art der Nahrungsmittelproduktion achten. Ein Steak vom Argentinischen Weiderind wird zwar über den Atlantik transportiert, verursacht aber weniger Transportenergie als Fleisch aus heimischer Massentierhaltung, bei der die Tiere mit Soja aus Brasilien gefüttert werden. Billigangebote in Supermärkten sind immer aus Massentierhaltung.

Nahrungsmittelunverträglichkeiten

Ein weiteres Problem bezüglich gesunder Ernährung ist die zunehmende Zahl an Personen mit Unverträglichkeit auf bestimmte Nahrungsbestandteile. Das bekannteste Beispiel ist wohl das **Gluten**, das Klebereiweiß verschiedener Getreidesorten, vor allem des Weizens. Gluten sensitive Personen reagieren mit Verdauungsstörungen, Menschen mit **Zöliakie** mit schwersten bis lebensbedrohlichen Darmproblemen. Besonders neue Weizenzüchtungen für die Brotherstellung enthalten viel Gluten. Es ist verantwortlich für den Zusammenhalt des Brotteiges, der während des Backvorganges nicht die Gasblasen verliert und daher locker bleibt. Es wird daher in unserer brotbasierten Ernährung sehr viel gegessen. Es gibt einen Autor, der Gluten und damit Weizen die Hauptverantwortung für Übergewicht („the wheat belly") gibt und empfiehlt auf Brot und Weizenprodukte überhaupt zu verzichten. Bei Hartweizen, der in Italien vor allem für die Nudelherstellung verwendet wird, sind die Probleme allerdings geringer.

Auch der Milchzucker (Lactose) wird von vielen Menschen nicht vertragen und führt zu Verdauungsproblemen. Im Asiatischen Raum ist ein großer Teil der Bevölkerung lactoseintolerant, kann also nur Sauermilchprodukte, in denen der Milchzucker abgebaut ist, als Nahrung verwenden. In Mitteleuropa ist die Lactoseintoleranz seltener.

Um sich bei all den widersprüchlichen Empfehlungen zurecht zu finden und sich eine eigene kritische und begründete Meinung zu bilden, ist es notwendig sich mit dem chemischen Aufbau der Nährstoffe und ihrer Verwertung in unserem Körper auseinanderzusetzen.

9.2 Speisefette

Pflanzliche Fette - Palmöl

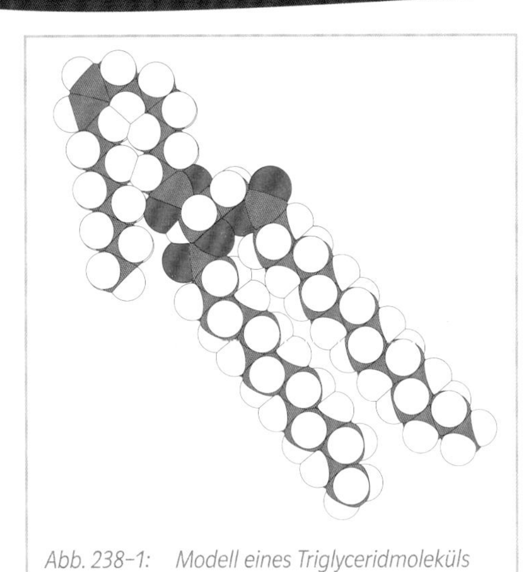

Abb. 238-1: Modell eines Triglyceridmoleküls

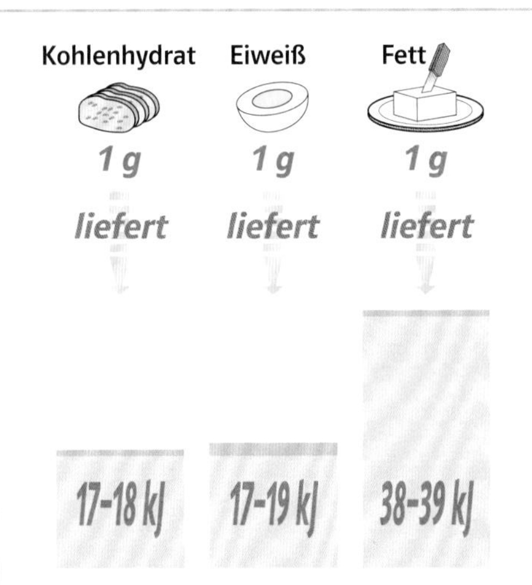

Abb. 238-2: Energiegehalt von Nahrungsmitteln

Abb. 238-3: Ölpalme mit Früchten

Funktion und Gewinnung

Speisefette sind Ester aus Glycerol und meist längerkettigen, unverzweigten Monocarbonsäuren, den **Fettsäuren**. Alle drei Alkoholfunktionen des Glycerols sind verestert. Deshalb werden die Fette auch als **Triglyceride** bezeichnet. Sie können bei Zimmertemperatur fest oder flüssig sein. Flüssige Fette nennt man Öle, häufig Speiseöle oder fette Öle, um sie von den Mineralölen zu unterscheiden, die Erdölprodukte und damit Kohlenwasserstoffe sind.

Fette haben typisch hydrophobe Eigenschaften. Sie sind also nicht wassermischbar. Ihre Dichte ist immer geringer als die von Wasser.

Funktion

Im Organismus dienen Fette zum Aufbau von Membranen, zum Schutz innerer Organe, zur Wärmeisolation, vor allem aber als Nährstoffreserve.

Fett enthält den doppelten Energiegehalt von Kohlenhydrat (Abb. 238-2). Daher spielt Fett vor allem als Reservestoff bei Mensch und Tier die Hauptrolle. Lebewesen, die sich bewegen, müssen ihre Energiereserven möglichst gewichtssparend anlegen. Jede Form des Nahrungsmittelüberschusses wird daher in Fettreserven umgewandelt. Fette können aus allen anderen Nährstoffen aufgebaut werden. Ein normalgewichtiger Mensch besteht zu etwa 15 % aus Fett. Die so gespeicherten etwa 12 kg Fett entsprechen einer Energiemenge von 420 MJ. Dies ist der Energiebedarf des Menschen für etwa 1 Monat. Bei manchen Tieren, vor allem bei solchen, die längere Hungerperioden überstehen müssen (Winterschlaf) oder die im kalten Wasser leben (Wale, Robben), ist der Fettanteil noch größer.

Pflanzen haben als Reservestoff hauptsächlich Kohlenhydrate. Das höhere Gewicht spielt dabei keine Rolle. Daher sind Fette in den Pflanzen selbst kaum vorhanden. Pflanzenfette findet man vor allem als Nährstoffreserve in den Samen. Dort dienen sie als Nahrungsbasis für den Keimling, die er benötigt, bis er auf autotrophe Lebensweise umstellt und auch als Nahrungsmittel für Tiere, die für die Verbreitung der Samen sorgen.

Vorkommen und Gewinnung von Pflanzenfetten

Die landwirtschaftliche Produktion von Pflanzenfetten hat sich in den letzten Jahrzehnten sehr schnell entwickelt und gesteigert. Im Jhr 2016 wurden 187 Millionen Tonnen Pflanzenfette weltweit produziert, in den meisten Fällen von einer zunehmend großindustriell organisierten Landwirtschaft.

Palmöl

Das heute wichtigste Pflanzenfett ist **Palmöl** (eigentlich Palmfett, da es sich um ein bei Zimmertemperatur festes Fett handelt mit Schmelzpunkten zwischen 30 und 37 °C). Es wird durch Pressen des Fruchtfleisches der Ölpalmen gewonnen. Nach der Pressung muss das Fett eine Reihe von Reinigungsschritten durchlaufen (Raffination), da es sonst schlecht haltbar ist und von Mikroorganismen angegriffen wird.

Auch die Kerne der Ölpalmen enthalten Fett, das als Palmkernöl ebenfalls eine wichtige Rolle spielt (Abb. 239-1). Auch Palmkernöl ist eigentlich fest, aber sehr leicht schmelzbar (Fp 25 - 30 °C).

Der Grund für die zunehmende Bedeutung der Ölpalme ist ihr hoher Ertrag an Ölfrüchten. Pro Hektar liefern Ölpalmen 4 - 6 Tonnen Öl, also ein mehrfaches von Raps (1,5 - 2,5 t/ha). Daher liefern Ölpalmen heute mehr als 1/3 des gesamten Pflanzenöls. Von 2001 (25,6 Mio. t) stieg die Jahresproduktion bis 2016 auf über 65 Mio. t. Die Hauptanbaugebiete befinden sich in Südostasien (Malaysia, Indonesien). Im Zuge der Industrialisierung der Palmölproduktion fanden großflächige Regenwaldzerstörungen zur Gewinnung von Ölpalmplantagen statt und die Vertreibung und Enteignung von Kleinbauern waren die Folge. Heute ist man bemüht, die Probleme durch Gütesiegel zu verringern, nach wie vor sind aber große Umweltprobleme mit der Produktion verbunden.

Palmfett wird nicht nur in der Nahrungsfettproduktion verbraucht (Margarineherstellung) sondern dient auch als Rohstoff für die Herstellung von Tensiden (Waschmittel) und zur Produktion von Biodiesel. Ob dies wirklich ein positiver Umweltaspekt ist, wenn als Treibstoff ein nachwachsender Rohstoff eingesetzt wird, dessen Produktion zu Regenwaldzerstörung führt, kann bezweifelt werden.

Sojaöl

Das zweitwichtigste Pflanzenfett ist **Sojaöl**. Die Sojabohne hat bis zu 20 % Ölgehalt und etwa 37 % Eiweißgehalt. Das Eiweiß ist sehr hochwertig und dient als wichtigstes Eiweißfuttermittel in der Tierzucht. Durch diesen Doppelnutzen wurde die Sojabohne zu einer der wichtigsten Agrarpflanzen weltweit. Ihre ursprüngliche Heimat China, wo sie schon seit Jahrtausenden genutzt wird, ist heute nur mehr an 4. Stelle der Weltproduktion nach den USA, Brasilien und Argentinien. In den USA ist Sojaöl mit Abstand das wichtigste Speiseöl, aber auch Rohstoff für Lacke (Alkydharzlacke), Druckfarben und Biodiesel.

Die Sojabohnen werden gepresst und der Pressrückstand wird mit Hexan, das das Öl gut löst, extrahiert. Das Hexan wird abdestilliert und wieder eingesetzt. Der ölfreie Rest der Pflanzen wird als Sojamehl als Eiweißviehfutter verwertet.

Sonnenblumen-, Raps- und Olivenöl

Bekannte einheimische fettliefernde Pflanzen sind die **Sonnenblumen** und der **Raps**. Rapsöl gewinnt auf Grund seiner Fettsäurezusammensetzung heute im heimischen Speiseölmarkt stark an Bedeutung. Auch hier wird das Öl durch Pressung und Extraktion gewonnen.

Die **Oliven** des Mittelmeerraums sowie **Kokospalme** und die **Erdnüsse** spielen in der weltweiten Ölproduktion mengenmäßig eine geringere Rolle. Das Öl aus den Samen der Baumwolle ist ein Nebenprodukt der Baumwollproduktion und wird eher lokal in den Anbaugebieten als Speiseöl verwendet.

Für die Ernährung besonders wertvoll sind **kalt gepresste Öle**. In der ersten Pressung wird der Presskuchen nicht erhitzt. So sind durch die schonende Verarbeitung alle fettlöslichen Vitamine, die zT. hitzeempfindlich sind, und eine Reihe weiterer Pflanzeninhaltsstoffe erhalten. Kalt gepresste Öle sollten beim Kochen nicht erhitzt werden, da dabei der Effekt des Kaltpressens verloren geht. Bekannt ist das kalt gepresste Olivenöl, aber auch Sonnenblumenöl und verschiedene Spezialöle wie Distelöl, Nussöle, Mohnöl und Kürbiskernöl kommen so auf den Markt.

Tierische Fette

Die wichtigsten tierischen Fette sind die aus dem Fettanteil der Kuhmilch gewonnene Butter und das Schweineschmalz. Andere tierische Fette werden nur in geringem Umfang zur Speisefettgewinnung abgetrennt, spielen aber in der Ernährung als „versteckte Fette" eine wichtige Rolle in Fleisch- und Wurstprodukten.

Öl	Menge
Kokosnussöl	3,5 Mio t
Baumwollsaatöl	3,5 Mio t
Olivenöl	3 Mio t
Palmöl (Palmfett)	65,5 Mio t
Palmkernöl	7,5 Mio t
Erdnussöl	5,5 Mio t
Rapsöl	27,5 Mio t
Sojabohnenöl	54 Mio t
Sonnenblumenöl	16,5 Mio t
Weltproduktion gesamt:	**187 Mio t**

Abb. 239-1: Weltproduktion Speiseöle

Abb. 239-2: Oliven

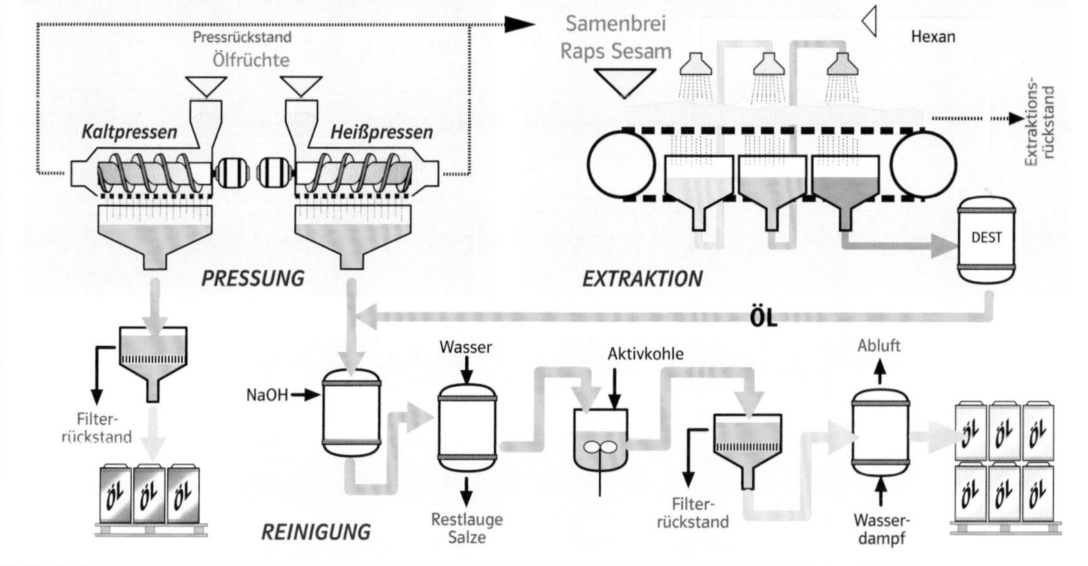

Abb. 239-3: Die Herstellung von Pflanzenfetten

links: Herstellung kaltgepresster Öle

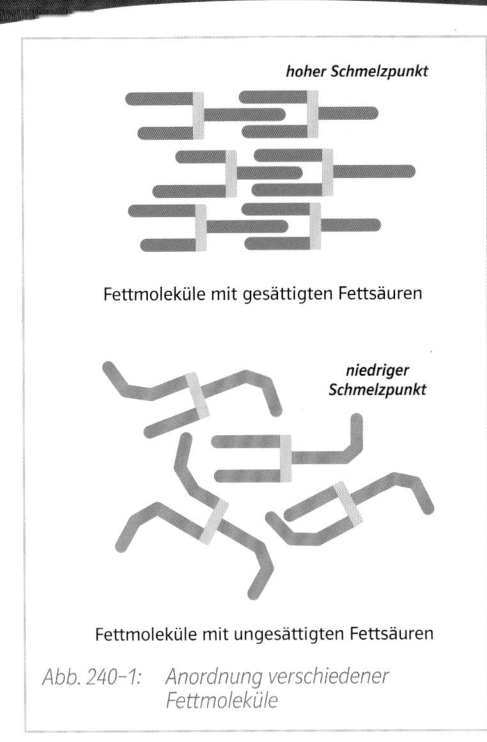

Abb. 240–1: Anordnung verschiedener Fettmoleküle

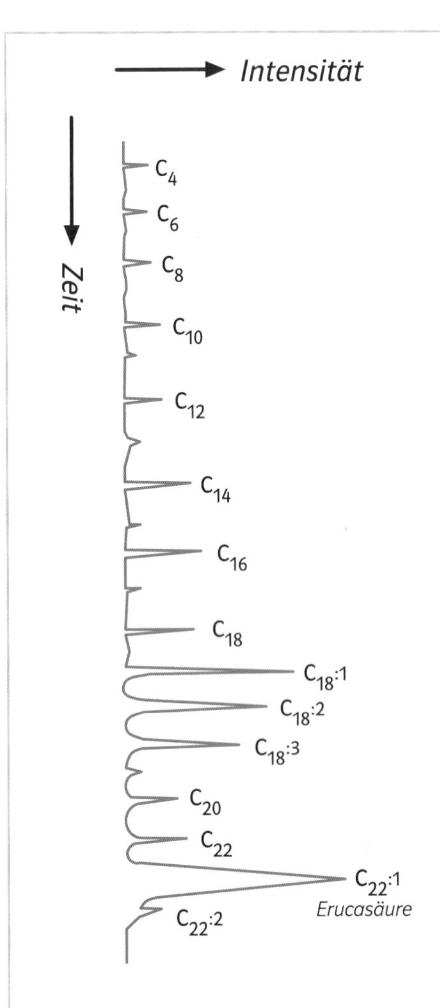

Abb. 240–2: Gaschromatogramm von Rapsöl (alte Sorte)
Auffällig ist der hohe Anteil der in größeren Mengen gesundheitsschädlichen Erucasäure. Heute werden erucasäurefreie Rapssorten angebaut.

Chemischer Aufbau der Fette

Die Triglyceridmoleküle der Fette sind nicht einheitlich aufgebaut, sondern die Fettsäuren sind in den einzelnen Molekülen statistisch verteilt. Es gibt also nicht das „Butter-Molekül" oder das „Sonnenblumenöl-Molekül". Die Häufigkeit der einzelnen Fettsäuren ist aber von Fett zu Fett verschieden und für die einzelnen Fettarten charakteristisch. Da bei einem Fett nur die Fettsäuren variieren können – Glycerol ist immer die Alkoholkomponente im Ester „Fett" – werden Fette immer über die Fettsäuren charakterisiert.

Kennzeichen von Fettsäuren

- **Langkettig** – Die häufigsten Fettsäuren bestehen aus 16 oder 18 Kohlenstoff-Atomen. Daneben gibt es aber auch kürzerkettige und längerkettige Fettsäuren.
- **Gerade C-Atom Anzahl** – In den natürlichen Fetten kommen fast nur Fettsäuren mit einer geraden Anzahl von C-Atomen vor. Dies erklärt sich aus ihrer Biosynthese. Fette werden im Organismus aus Essigsäurebausteinen aufgebaut (C_2-Körper).
- **Meist unverzweigt** – Fettsäuren mit verzweigten Ketten kommen in den natürlichen Fetten mit wenigen Ausnahmen (Bakterien) nicht vor.
- **Bei Doppelbindung Z-Stellung** – Natürliche Fettsäuren können gesättigt oder ungesättigt sein. In natürlichen ungesättigten Fettsäuren liegt an jeder Doppelbindung die Z-Konfiguration vor. Fettsäuren mit E-Konfiguration sind selten. Ungesättigte Fettsäuren senken den Schmelzpunkt der Fette, da durch die Z-Form an der Doppelbindung das Molekül „sperriger" wird und sich nicht so leicht in ein Kristallgitter einordnen lässt wie ein Triglycerid mit gesättigten Ketten (Abb. 240–1).

Die wichtigsten Fettsäuren sind in der Tabelle in Abb. 241–3 zusammengefasst. Bei Fettsäuren wird der Rest häufig als Summenformel angegeben. Gibt man nur den Namen an, charakterisiert man die Formel der Fettsäure in Klammer auf folgende Art: (Gesamtzahl der C-Atome : Anzahl der Doppelbindungen). Bsp.: Linolsäure (18:2).

Analyse eines Speisefetts

Zur vollständigen Analyse eines Fettes ist eine qualitative und quantitative Bestimmung der Fettsäuren erforderlich. Dies ist heute durch die **Gaschromatographie** leicht möglich. Dabei werden die Fette mit Methanol umgeestert, dh. die Glycerolester werden in Methylester umgewandelt. Diese Methylester sind unzersetzt verdampfbar und können gaschromatographisch getrennt werden. (Abb. 240–2)

Erhitzen von Fetten

Erhitzt man Fette sehr stark, so beginnen sie sich noch vor ihrem Siedepunkt zu zersetzen. Es entsteht ein weißlicher, stechend riechender Rauch. Dieser enthält das giftige Acrolein (Propenal), das aus dem Glycerolanteil des Fettmoleküls stammt. Ein Überhitzen von Fetten bei der Speisenzubereitung (zB Frittieren) ist daher gesundheitsschädlich. Stark ungesättigte Fette zersetzen sich schon bei niedrigerer Temperatur, daher werden als Frittierfette gesättigte Fette (zB Kokosfett oder gehärtete Fette) bevorzugt.

Verderben von Fetten

Fette, die offen an der Luft stehen, werden vor allem unter Einfluss von UV-Licht ranzig. Dabei greifen Sauerstoff-Moleküle die Doppelbindungen ungesättigter Fettsäuren an, und es entstehen unangenehm riechende Produkte wie Methylketone, ungesättigte Aldehyde und kurzkettige Mono- und Dicarbonsäuren. Außerdem tritt eine teilweise Spaltung der Ester unter Wasseraufnahme ein, wodurch freie Fettsäuren entstehen, deren kürzerkettige Vertreter ebenfalls unangenehm riechen. Speisefette müssen daher vor allem lichtgeschützt aufbewahrt werden (Blechkanister für Speiseöle, aluminiumbeschichtetes Butterpapier).

Essenzielle Fettsäuren

Obwohl Fette hauptsächlich als Energielieferanten in der Nahrung dienen und in dieser Funktion durch Kohlenhydrate ersetzbar sind, führt eine völlig fettfreie Ernährung zu Mangelerscheinungen. Der Grund dafür ist die Tatsache, dass der menschliche Organismus einen gewissen Bedarf an bestimmten mehrfach ungesättigten Fettsäuren hat. Diese können aber nicht aus Kohlenhydraten oder gesättigten Fettsäuren synthetisiert, sondern müssen mit der Nahrung aufgenommen werden. Man nennt sie daher auch **essenzielle Fettsäuren**.

Biosynthese von Fettsäuren

Im Organismus werden Fettsäuren aus Essigsäurebausteinen aufgebaut, wobei die Kettenverlängerung immer an der Carboxylgruppe geschieht. Zuerst wird ausschließlich die gesättigte Palmitinsäure synthetisiert. Für längerkettige Fettsäuren sind danach spezielle Enzyme erforderlich. Doppelbindungen können prinzipiell in die Fettsäuren eingeführt werden. Dies geschieht durch Reaktion mit Sauerstoffmolekülen direkt und führt zu Doppelbindungen in Z-Konfiguration. Die an der Reaktion beteiligten Enzyme ermöglichen allerdings nur die Synthese von Doppelbindungen bis zum 10. C-Atom der Kette. Alle Fettsäuren mit Doppelbindungen nach dem 10. C-Atom sind daher essenziell. Ölsäure ist daher keine essenzielle Fettsäure, Linol- und Linolensäure schon (Abb. 241–3).

Omega-3- und Omega-6-Fettsäuren

Die essenziellen Fettsäuren kann man in zwei Gruppen einteilen, die ω-3- und die ω-6-Fettsäuren. Dazu nummeriert man die Kohlenwasserstoffkette der Fettsäure entgegen der normalen Locantenregel, also von „hinten", sodass die Carboxylgruppe den höchsten Locanten bekommt. Diese Ausnahme deutet man durch das ω- an, den letzten Buchstaben des griech. Alphabets. Nun gibt es unter den essenziellen Fettsäuren solche, bei denen die erste Doppelbindung bei dieser verkehrten Locantenregel den Locant 3 erhält und solche, bei denen der erste Locant 6 auftritt. In beiden Fällen handelt es sich um das Ende der Kette, das im Organismus nicht verändert werden kann. Daher sind ω-3- und ω-6-Fettsäuren unabhängig voneinander essenziell. Ein Mangel der einen Sorte kann nicht durch die Aufnahme der anderen ausgeglichen werden. Linolsäure ist die häufigste ω-6-Fettsäure, Linolensäure die häufigste ω-3-Fettsäure.

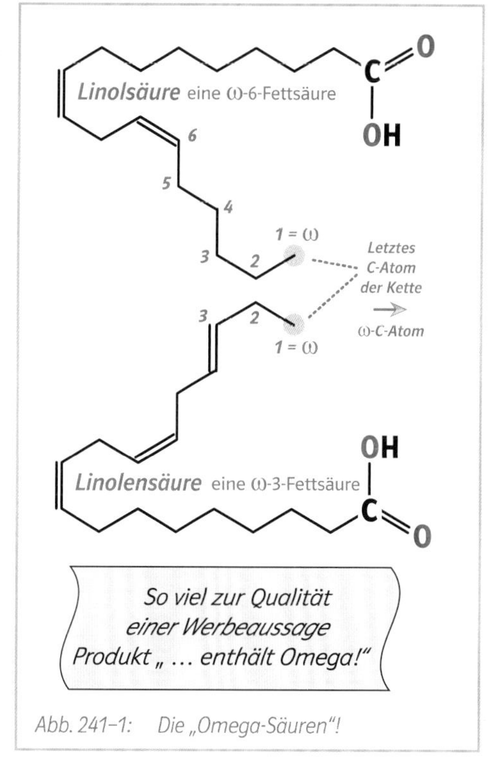

Abb. 241–1: Die „Omega-Säuren"!

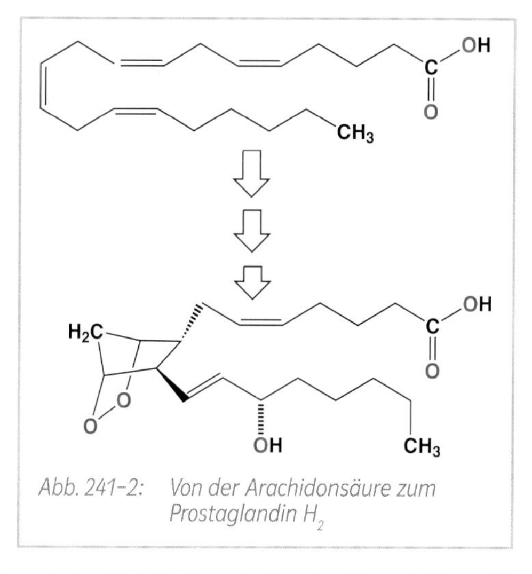

Abb. 241–2: Von der Arachidonsäure zum Prostaglandin H_2

Prostaglandine

Die essenziellen Fettsäuren sind die Ausgangsstoffe zur Synthese der **Prostaglandine**, einer Verbindungsgruppe, die als Gewebshormone bezeichnet werden. Sie werden nicht in speziellen Hormondrüsen erzeugt, sondern im Gewebe selbst. Prostaglandine haben sehr unterschiedliche Aufgaben im Körper.

Die ***Serie-1-Prostaglandine*** werden im Organismus aus der Dihomogammalinolensäure (20:3)synthetisiert, einer ω-6-Fettsäure. Sie wirken entzündungshemmend und verringern die Blutgerinnung.

Die ***Serie-2-Prostaglandine*** werden aus der Arachidonsäure synthetisiert, einer ω-6-Fettsäure. Sie bewirken die Reaktion des Körpers auf Verletzungen wie Blutgefäßverengung, verstärkte Blutgerinnung und Schmerzwahrnehmung. Sie verursachen dabei Entzündungen.

Die ***Serie-3-Prostaglandine*** werden aus der Eicosapentaensäure (EPA) synthetisiert, einer ω-3-Fettsäure. Sie verringern die Synthese der Serie-2-Prostaglandine und wirken daher ebenfalls entzündungshemmend.

Es ist daher notwendig, mit der Nahrung sowohl ω-3- als auch ω-6-Fettsäuren zuzuführen.

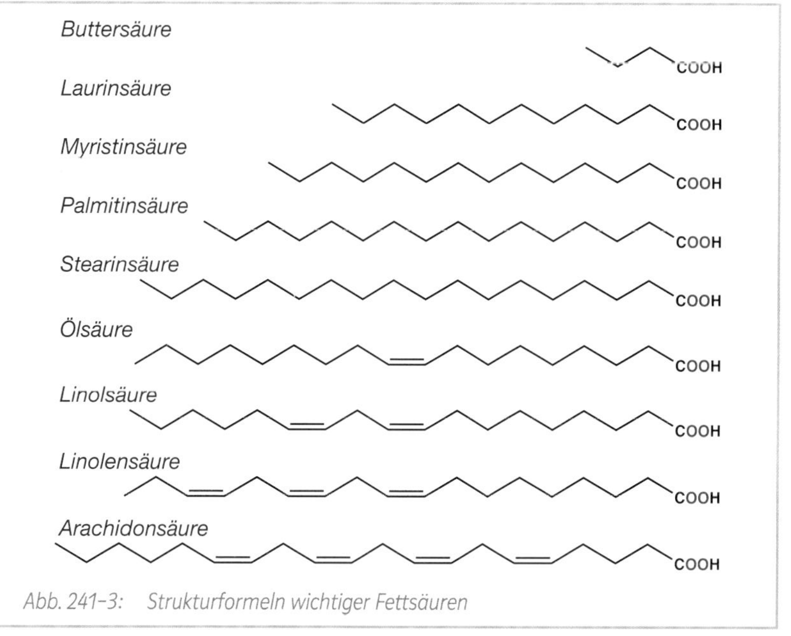

Abb. 241–3: Strukturformeln wichtiger Fettsäuren

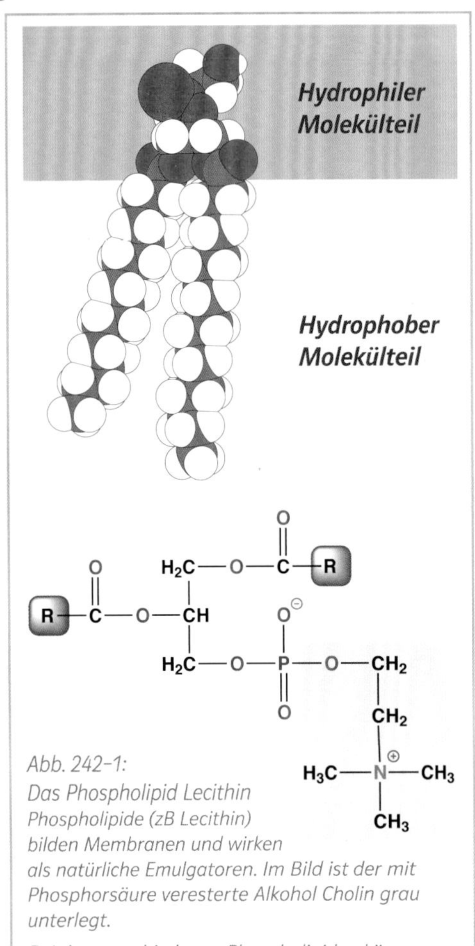

Abb. 242-1:
Das Phospholipid Lecithin
Phospholipide (zB Lecithin) bilden Membranen und wirken als natürliche Emulgatoren. Im Bild ist der mit Phosphorsäure veresterte Alkohol Cholin grau unterlegt.
Bei den verschiedenen Phospholipiden können auch andere Alkohole mit Phosphorsäure verestert vorliegen.

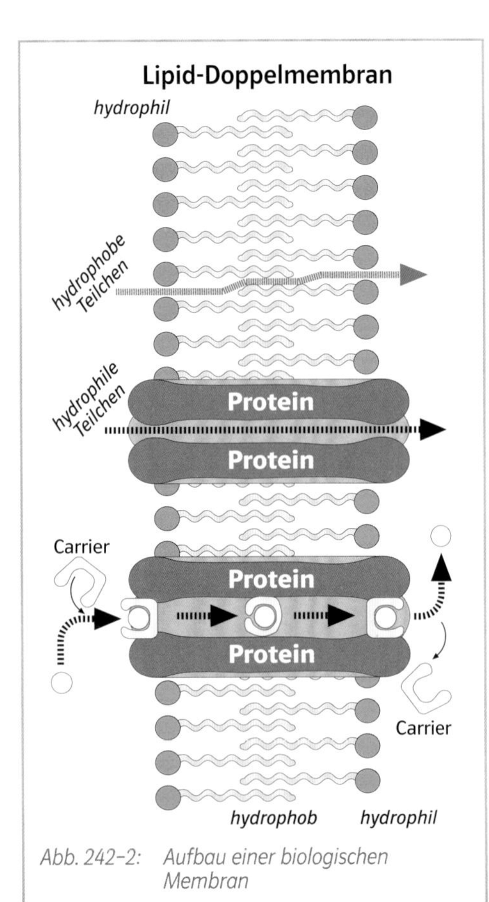

Abb. 242-2: Aufbau einer biologischen Membran

Lipide – fettähnliche Substanzen mit biologischen Funktionen

Lipide sind Naturstoffe mit fettähnlichen Eigenschaften (wasserunlöslich, löslich in lipophilen Lösungsmitteln).

Phospholipide und biologische Membrane

Phospholipide sind fettähnliche Substanzen mit Phosphorsäureestergruppen. Sie wirken als **Emulgatoren**, da sie ein stark hydrophiles Ende (Phosphorsäure, verestert mit weiteren hydrophilen Verbindungen) und ein stark hydrophobes Ende (Reste der Fettsäuren) haben. **Lecithin** ist ein Beispiel für eine solche Verbindung (Abb. 242-1). Es ist in verschiedenen Pflanzenölen und in der Butter enthalten. Butter ist eine natürliche Emulsion von Wasser (ca. 16 %) mit Fett und enthält Lecithin zur Stabilisierung. Das Lecithin stammt aus der Milch, wo es die Emulsion des Milchfettes (ca. 4 %) im Wasseranteil bewirkt. Besonders im Eigelb findet sich viel Lecithin (ca. 10 %). Davon stammt auch der Name (griech. lekithos für Eidotter).

Heute wird Lecithin in großen Mengen aus Sojaöl gewonnen und in der Lebensmittelindustrie verwendet. Bei der Herstellung von Backwaren ermöglicht es das Aufschlagen fetthaltiger (wie Eigelb im privaten Backbereich) Teige. Bei der Herstellung von Margarine, Schokolade, Speiseeis wird Lecitin als Emulgator eingesetzt, ebenso bei der Herstellung von Trockensuppen, Sojaerzeugnissen (Milchersatz für Veganer) und vielen Instantprodukten in der Lebensmittelproduktion.

Die wichtigste Funktion der Phospholipide im Organismus ist der Aufbau von **biologischen Membranen**. Solche Membrane umschließen die Zellen, aber sie begrenzen auch innerhalb der Zelle Bereiche, wie zB die Organellen. Die Membrane bestehen immer aus einer **Doppelschicht** von Lipiden (häufig Phospholipiden). Der hydrophobe (lipophile) Anteil der Lipide bildet das Innere der Membran, nach außen ist die Membran hydrophil (Abb. 242-2). Durch den hydrophoben Innenteil ist die Membran eine Barriere gegen stark hydrophile Teilchen wie zB Ionen oder größere hydrophile Moleküle. Um größere hydrophile Teilchen durch die Membran zu schleusen, bedarf es der Hilfe von Carrier-Molekülen. Die Membran selbst ist eigentlich eine Flüssigkeit in zwei Dimensionen. Sie ist sehr flexibel. Damit sie flüssig ist, müssen die Fettsäuren, die an ihrem Aufbau beteiligt sind, ungesättigt sein. Daher spielen die essenziellen Fettsäuren dabei eine besonders wichtige Rolle.

An der Oberfläche der Membran sind häufig Eiweißstoffe eingebaut. Reaktionen im Stoffwechsel laufen praktisch immer über mehrere Schritte ab und werden von **Enzymen** (Eiweißstoffen) katalysiert. Diese Enzyme sitzen an einer Membran so nebeneinander, dass die Reaktionen hintereinander ablaufen können und der Stoff von einem Enzym zum nächsten weitergegeben wird, was eine viel schnellere Reaktion ermöglicht als bei räumlich getrennten Enzymen.

Eine weitere wichtige Funktion der Eiweißstoffe an Membranen ist das gezielte und regulierte Durchschleusen von Ionen durch die Membran. Das Durchschleusen von Ionen zum Konzentrationsausgleich ist ein freiwilliger Prozess. An Membranen können aber auch Konzentrationsunterschiede gezielt erzeugt werden. Dies kostet Energie. Man spricht dann von aktivem Transport oder **Ionenpumpen**.

Werden gezielt Ionen einer Ladung auf eine Seite der Membran gepumpt, so entsteht an der Membran eine elektrische Spannung (Membranpotenzial). Die **Erregungsleitung in den Nervenzellen** wird durch solche Membranpotenziale verursacht. Sie funktioniert über einen Transport von Natrium- und Kaliumionen durch die Nervenzellmembran. Im Ruhezustand herrscht im Zellinneren ein Überschuss an Kaliumionen, außerhalb einer an Natriumionen. Das Zellinnere ist außerdem negativ geladen (weniger Kaliumionen als Anionen). Bei der Reizleitung wird plötzlich ein Einströmen von Natriumionen in die Zelle ermöglicht (freiwilliger Vorgang). Die elektrische Spannung kehrt sich kurzzeitig um. Danach muss der ursprüngliche Zustand wieder durch Ionenpumpen hergestellt werden.

Auch die Speicherung von chemischer Energie funktioniert über solche Membranpotenziale. Bei der **Photosynthese** wird die Lichtenergie zur Herstellung des Membranpotenzials genutzt, im „Zellkraftwerk", dem **Mitochondrium**, wird die Energie bei der stufenweisen Oxidation des Wasserstoffs aus den Nährstoffen zur Erzeugung des Membranpotenzials verwendet. Beim Abbau des Membranpotenzials wird wieder Energie frei. Diese wird zur Herstellung energiereicher Moleküle (ATP Adenosintriphosphat) genutzt. (Siehe Kap. 10.6)

Cholesterol

Cholesterin – es wird, wie international üblich, in diesem Buch Cholesterol genannt, denn es ist ein Alkohol – gehört zu den Steroiden. Das ist eine Gruppe von Verbindungen mit 3 nicht aromatischen Sechserringen und einem Fünferring. (Abb. 243-1 und 171-2). Durch das große Kohlenstoffgerüst ist Cholesterol nicht wasserlöslich und wird zu den Lipiden gerechnet.

Cholesterol ist eine lebenswichtige körpereigene Substanz. Es ist Ausgangsstoff für die Bildung der männlichen und weiblichen **Geschlechtshormone** und der Hormone der Nebenniere. Es ist ein wichtiger Bestandteil der Zellmembranen und der Gehirnzellen. Beim Abbau von Cholesterol in der Leber entstehen die **Gallensäuren**, die für die Fettverdauung von großer Bedeutung sind.

Da alle Lipide fast komplett wasserunlöslich sind, werden sie zum Transport im Blut an Eiweißstoffe gebunden. Diese Kombination nennt man **Lipoproteine**. Cholesterol, aber auch Fett, Posphorlipide und Fettsäuren werden so transportiert. Die „Cholesterinwerte" im Blut sind also in Wahrheit Angaben über die Konzentration solcher Lipoproteine. Sie können von unterschiedlicher Dichte sein. Für den Cholesteroltransport ist das **LDL** (low density lipoprotein) und das **HDL** (high density lipoprotein) von Bedeutung. HDL transportiert Cholesterol von den Gewebezellen zur Leber, LDL in umgekehrte Richtung.

Besonders Fette mit hohem Anteil an gesättigten Fettsäuren und cholesterolreiche Nahrungsmittel wie Butter und Eier wurden früher als Verursacher hoher „Cholesterinwerte" im Blut gesehen, die wieder als Ursache für **Arteriosklerose**, also die Verstopfung von Arterien durch Cholesterolhaltige Ablagerungen gelten. Dies führt dann zu den bei uns häufigsten Todesursachen: **Herzinfarkt** und **Schlaganfall**.

Die Beurteilung des **„Cholesterinspiegels"** im Blut hat im Laufe des letzten etwa halben Jahrhunderts eine Veränderung durchgemacht. Ein Wert von 230 mg/dL galt noch vor 50 Jahren als normal und unbedenklich. In den letzten Jahrzehnten wurde dieser Wert schrittweise auf 200 mg/dL gesenkt, vor allem seit man Medikamente dazu gefunden hat. Diese **„Statine"** machen heute einen großen Teil der Medikamentenverkäufe in den wohlhabenden Ländern aus.

Heute beurteilen manche Studien umgekehrt diese Tendenz nicht unkritisch. Es gibt Studien, die nachweisen, dass die Einnhame von Statinen bei geringfügiger Überschreitung des Wertes 200 mg/dL die durchschnittliche Lebenserwartung nicht erhöht. Manche Menschen haben allerdings genetisch bedingt sehr hohe Cholesterinwerte von über 300 mg/dL und auch auch noch weit darüber. In solchen Fällen ist ein medikamentöser Eingriff unu,gänglich.

Ein wichtiger Faktor zur Beurteilung der „Cholesterinwerte" ist das Verhältnis von Gesamtcholesterin zu HDL (siehe Info-Kasten). LDL gilt als das „böse" (plaque-bildendend), HDL als das „gute Cholesterin". Der Gesamtcholesterinwert reicht, ohne dieses Verhältnis zu kennen, nicht aus. Je kleiner das Verhältnis ist, desto günstiger ist die Prognose. Allerdings weiß man heute, dass die Entstehung der arteriellen Plaques auch mit Entzündungsprozessen in den Arterien verknüpft ist, daher spielen auch die **Prostaglandine** (siehe Seite 241) eine wichtige Rolle dabei.

Hat man früher bei überhöhten „Cholesterinwerten" der Cholesterolaufnahme durch die Nahrung starkes Augenmerk geschenkt, also cholesterolreiche Nahrungsmittel wie Eier und Butter vermieden, so schätzt man heute den Einfluss des aufgenommenen Cholesterols weit geringer ein, da etwa 90 % des Cholesterols im Organismus synthetisiert werden. und geringere Aufnahme durch eine erhöhte Eigensynthese kompensiert wird.

Ob gesättigte Fettsäuren in der Nahrung einen Einfluss auf den Spiegel von LDL und HDL haben ist unklar. Dazu gibt es unterschiedliche Studien. Nur ein Ergebnis ist praktisch allen Studien gemeinsam: starkes Übergewicht (**Adipositas**) – egal ob durch Fettkonsum oder durch Zuckerkonsum verursacht - korreliert stark mit hohen „Cholesterinwerten".

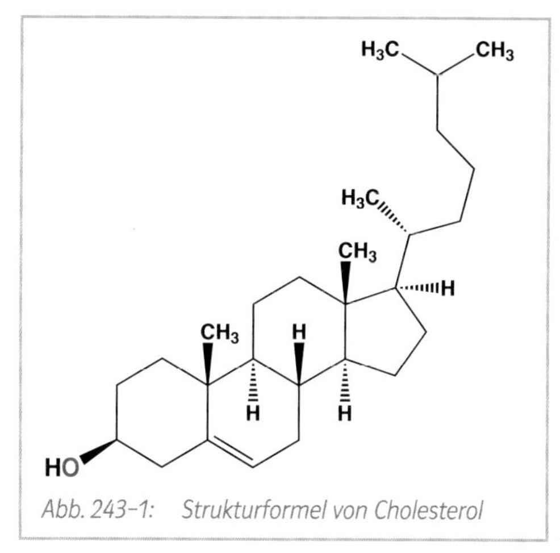

Abb. 243-1: *Strukturformel von Cholesterol*

zum Gesamtcholesterin

Im Blutwert „Gesamtcholesterin" werden nicht nur HDL und LDL berücksichtigt, sondern auch die Blut-Triglyceride.

Die Formel zur Berechnung lautet:

$$\text{Chol-}\Sigma = \text{HDL}_{\text{Chol}} + \text{LDL}_{\text{Chol}} + \frac{\text{Triglyceride}}{5}$$

zum Cholesterinquotienten Q

Dieser Wert stellt das Verhältnis zwischen HDL_{Chol} und Gesamt-Chol dar. Je kleiner der Wert desto besser. Nach derzeitigem Stand sollte der Wert aber nicht größer als 4,0 sein.

$$Q = \frac{\text{Chol-}\Sigma}{\text{HDL}_{\text{Chol}}}$$

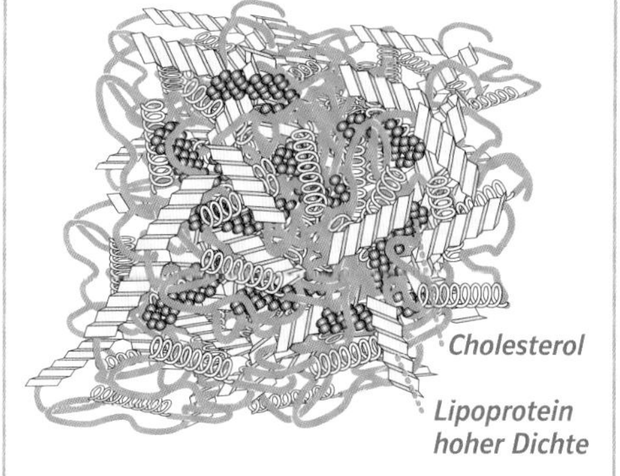

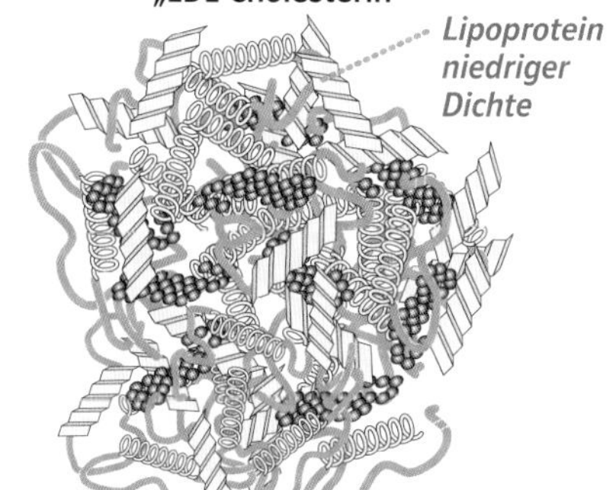

Abb. 243-2: *HDL- und LDL-Cholesterin*

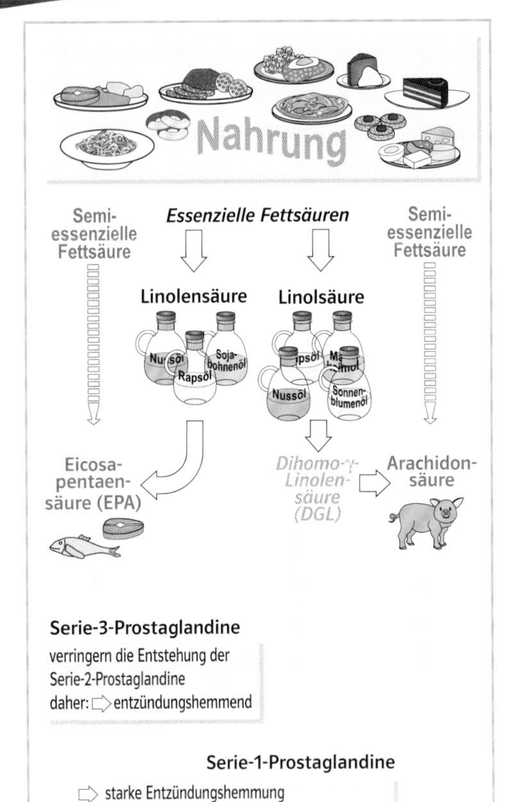

Serie-2-Prostaglandine

- Verstärken und verursachen Entzündungen
- Verengen die Blutgefäße
- Verstärken die Blutgerinnung
- Verstärken die Schmerzwahrnehmung
- Lösen im Körper die notwendigen Maßnahmen aus, um auf Wunden oder andere Verletzungen zu reagieren.

Abb. 244-1: Herkunft und Effekte der Prostaglandine

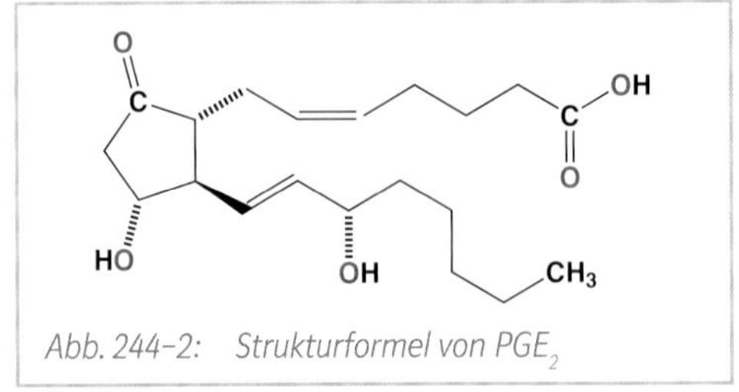

Abb. 244-2: Strukturformel von PGE_2

zu den Prostaglandinen

Prostaglandine sind Signalstoffe, die im Körper spezifische Reaktionen auslösen.

Wichtigstes Prostaglandin ist **PGE_2**. Es ist unter anderem für die Reaktionen im Körper bei „Verletzungen" verantwortlich. So regt es die Schmerzwahrnehmung an. Ein Antagonist des PGE_2 ist ASS (Acetylsalicylsäure). Daher wirkt ASS als „Schmerzmittel" (Analgetikum).

Da es entspannend auf die Muskulatur wirkt, setzt man PGE_2 auch als wehenförderndes Mittel ein.

Fett und gesunde Ernährung

Fett hat heute bezüglich gesunder Ernährung einen sehr schlechten Ruf. Stark beworben werden **„low fat" Produkte** wie fettarme Milchprodukte. Fettkonsum und besonders die gesättigten Fettsäuren der tierischen Fette werden oft als Ursache für Herz-Kreislauferkrankungen und Übergewicht interpretiert.

Bei aller kritischen Betrachtung von fettreicher Nahrung darf man eine Tatsache nicht aus den Augen verlieren: Fett ist ein unentbehrlicher Nährstoff. Völlig fettfreie Ernährung führt zu schweren Mangelerscheinungen und ist auf Dauer nicht möglich. Das hat zwei Gründe: einmal muss die Versorgung mit essenziellen Fettsäuren sichergestellt werden, zum anderen ist die Aufnahme fettlöslicher Vitamine ohne Fett in der Nahrung nicht möglich.

Fettlösliche Vitamine

Die fettlöslichen Vitamine A, D, E und K sind für den Menschen unentbehrlich. Ein Mangel führt zu Mangelerkrankungen, zB Nachtblindheit bei A, Rachitis bei D-Mangel (siehe Kap. 9.5). Eine Resorption der Vitamine im Darm erfolgt nur gemeinsam mit Fett. So sollten zB Karotten, deren Farbstoff Carotin im Körper zu Vitamin A umgebaut wird, immer zusammen mit Fett gegessen werden (also als Gemüse mit Butter, als Salat mit Olivenöl ...).

ω-3- und ω-6-Fettsäuren

Die essenziellen Fettsäuren benötigen eine genauere Betrachtung. Früher, und zum Teil heute noch in der Werbung, wurden sie nur in ihrer Gesamtheit betrachtet, ohne zwischen ω-3- und ω-6-Fettsäuren zu unterscheiden. Auch in der Lebensmitteldeklaration findet man auf fetthaltigen Produkten nur Angaben über gesättigte Fettsäuren, einfach ungesättigte Fettsäuren und mehrfach ungesättigte Fettsäuren. Mit letzteren sind die essenziellen gemeint. Sie bilden in den meisten **Pflanzenölen** den Hauptanteil. Pflanzenöle werden oft pauschal als gesünder oder „leichter" bezeichnet. Der Ausdruck leichter ist irreführend, denn weder im Sinne von weniger Energieinhalt noch in Sinne von leichter verdaulich sind Pflanzenöle „leichter" als tierische Fette.

Heute versteht man die Funktion der essenziellen Fettsäuren im Organismus besser (Gehirnentwicklung, Prostaglandinsynthese) und es ist klar, dass es sehr stark auf das Verhältnis ω-3- zu ω-6-Fettsäuren ankommt, ob ein Fett als „gesund" eingestuft werden kann. Der Großteil der Pflanzenöle hat fast nur ω-6-Fettsäuren. Sind sie im Übermaß vorhanden, so fördern sie die Synthese der entzündungsfördernden **Serie-2-Prostaglandine**. Da arterielle Plaquebildung mit Entzündungsreaktionen verknüpft ist, wirkt das kontraproduktiv. Ernährungswissenschaftler empfehlen daher, dass das ω-6-Fettsäure : ω-3-Fettsäure-Verhältnis 2 – 3 : 1, jedenfalls aber nicht größer als 5 : 1 sein sollte. Bei der heutigen durchschnittlichen Ernährung in Österreich liegt es bei etwa 20 : 1. Man sollte daher Fette mit hohem ω-6-Fettsäure-Gehalt meiden.

Wie Abb. 245-3 zeigt, sind die meisten Pflanzenöle viel zu ω-6-Fettsäure-lastig. Dies gilt besonders für die früher als gesund gepriesenen Pflanzenöle Sonnenblumenöl, Maiskeimöl und Distelöl. Auch bei Margarinesorten, die aus den Ausgangsfetten Sonnenblumenöl und Sojaöl hergestellt werden, ist das der Fall. Heute wird für Margarine zunehmend Palmfett verwendet. Es hat zwar weniger ω-6-Fettsäuren, aber praktisch keine ω-3-Fettsäuren. Besser im ω-6-Fettsäure zu ω-3-Fettsäure-Verhältnis ist Rapsöl. Es wird heute als Speiseöl zunehmend beworben und auch Margarinen zugesetzt. Hat man noch vor Jahren Sonnenblumenmargarine beworben, finden sich heute Aussagen wie „mit gesundem Rapsöl".

Rapsöl hatte früher in der Speiseölherstellung keine Bedeutung, da es einige Prozent **Erucasäure**, eine einfach ungesättigte Fettsäure mit 22 C-Atomen enthielt. Sie zeigt im Tierversuch schädigende Wirkung. Erst durch die Züchtung erucasäurefreier Rapssorten (Raps 00 mit unter 0,1 % Erucasäure) ist es für die Speisefettherstellung brauchbar geworden.

Das Pflanzenöl mit dem höchsten ω-3-Fettsäure-Gehalt ist **Leinöl**. Es ist für die Ernährung sehr günstig, durch die hohe Zahl von Doppelbindungen ist es aber hitzelabil, es kann daher für das Braten nicht verwendet werden. Außerdem ist es sehr sauerstoffempfindlich und wird rasch ranzig. Auch das Fett von Nüssen und Mohn hat einen hohen ω-3-Fettsäure-Gehalt.

Das **Olivenöl** ist als gesundes Fett bekannt („**Mittelmeerdiät**", die laut Studien Herz-Kreislauferkrankugen vorbeugt). Es enthält nur sehr wenige essenzielle Fettsäuren. Seine Hauptfettsäure ist die nicht essenzielle Ölsäure.

Kokosöl ist das Pflanzenfett mit dem geringsten Anteil an ungesättigten Fettsäuen. Es eignet sich daher hervorragend zum Erhitzen. Dass es trotzdem flüssig ist, liegt am hohen Anteil an kurzkettigen gesättigten Fettsäuren (Laurinsäure mit 12 C-Atomen). Es gilt heute als durchaus gesund – so viel also zur übertriebenen Warnung vor gesättigten Fetten.

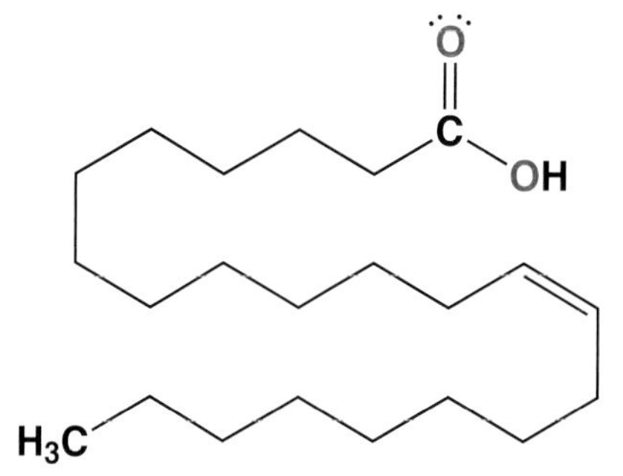

O
C
OH
H_3C
Abb. 245-1: *Strukturformel der Erucasäure*

Tierische Fette

Die tierischen Fette **Butter** und **Schmalz** haben einen geringen Anteil an essenziellen Fettsäuren. Dasselbe gilt für das Fett im Fleisch tierischer Produkte. Allerdings liegt im Rindfleisch (und auch in der Butter) ein sehr günstiges Verhältnis von ω-6-Fettsäuren zu ω-3-Fettsäuren von 3:1 vor, allerdings nur, wenn die Rinder als Weiderinder gehalten werden. Je höher die Zufütterung von Getreide und Sojaprodukten ist (bewirkt rascheres Wachstum und daher kürzere Zeit bis zur Schlachtreife oder höhere Milchleistung), desto höher wird der ω-6-Fettsäure-Gehalt.

Butter ist ein Fett, das bei seiner Herstellung nicht erhitzt wird, also einem kaltgepressten Öl entspricht. Sie enthält sämtliche Vitamine, da diese in der Milch als Alleinnahrungsmittel für das Kalb enthalten sind. Durch ihren Wassergehalt von ca. 18 % sind auch wasserlösliche Vitamine enthalten. In Österreich ist sie vor allem bei der Almwirtschaft in guter Qualität und Menge verfügbar, spart Importe und sichert Einkommen der Landwirte. Gesundheitliche Bedenken wegen Cholesterolgehalt und gesättigter Fettsäuren sind heute weitgehend widerlegt.

Das für die Ernährung günstigste Fett ist **Fischfett** (Tran). Besonders die Kaltwasserfische Lachs, Hering und Kabeljau enthalten sehr viele ω-3-Fettsäuren. Vor allem **EPA** und **DHA**, zwei ω-3-Fettsäuren mit 5 bzw 6 Doppelbindungen kommen praktisch nur im Fischfett vor. Sie werden im Meer in Algen gebildet und gelangen über die Nahrungskette über Krill in die Fische. EPA ist Ausgangsstoff für die entzündungshemmenden Prostaglandine, DHA ist vor allem für die Gehirnentwicklung von großer Bedeutung. Vor allem in der Schwangerschaft ist eine ausreichende DHA-Versorgung notwendig. Der Mensch kann beide Fettsäuren aus Linolensäure herstellen, allerdings sind die Umwandlungsraten nur sehr gering. Für eine gute Versorgung ist daher regelmäßiger Fischverzehr sehr günstig.

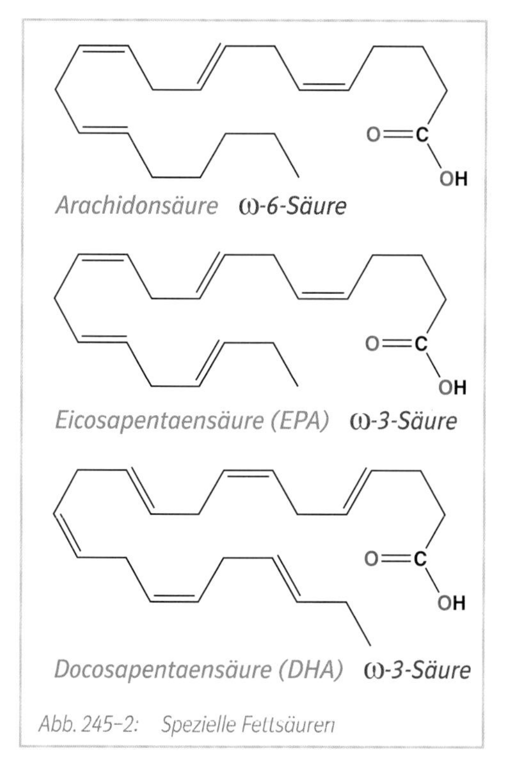

O=C
OH
Arachidonsäure ω-6-Säure
O=C
OH
Eicosapentaensäure (EPA) ω-3-Säure
O=C
OH
Docosapentaensäure (DHA) ω-3-Säure
Abb. 245-2: *Spezielle Fettsäuren*

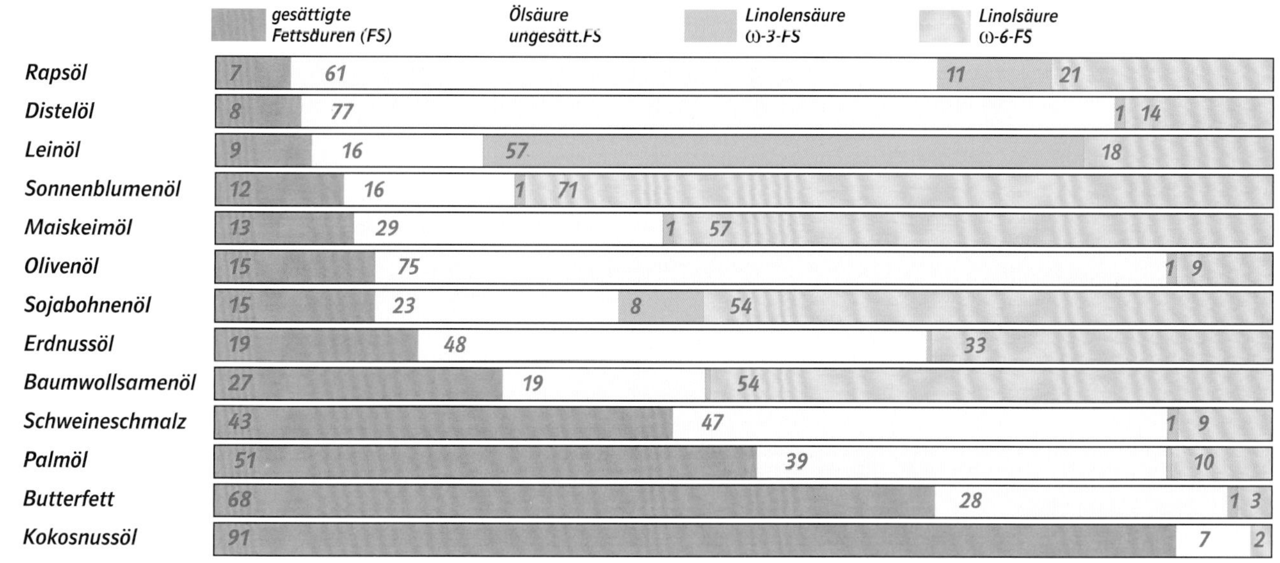

gesättigte Fettsäuren (FS)
Ölsäure ungesätt.FS
Linolensäure ω-3-FS
Linolsäure ω-6-FS
Rapsöl 7 61 11 21
Distelöl 8 77 1 14
Leinöl 9 16 57 18
Sonnenblumenöl 12 16 1 71
Maiskeimöl 13 29 1 57
Olivenöl 15 75 1 9
Sojabohnenöl 15 23 8 54
Erdnussöl 19 48 33
Baumwollsamenöl 27 19 54
Schweineschmalz 43 47 1 9
Palmöl 51 39 10
Butterfett 68 28 1 3
Kokosnussöl 91 7 2
Abb. 245-3: *Fettsäureanteile verschiedener Öle*

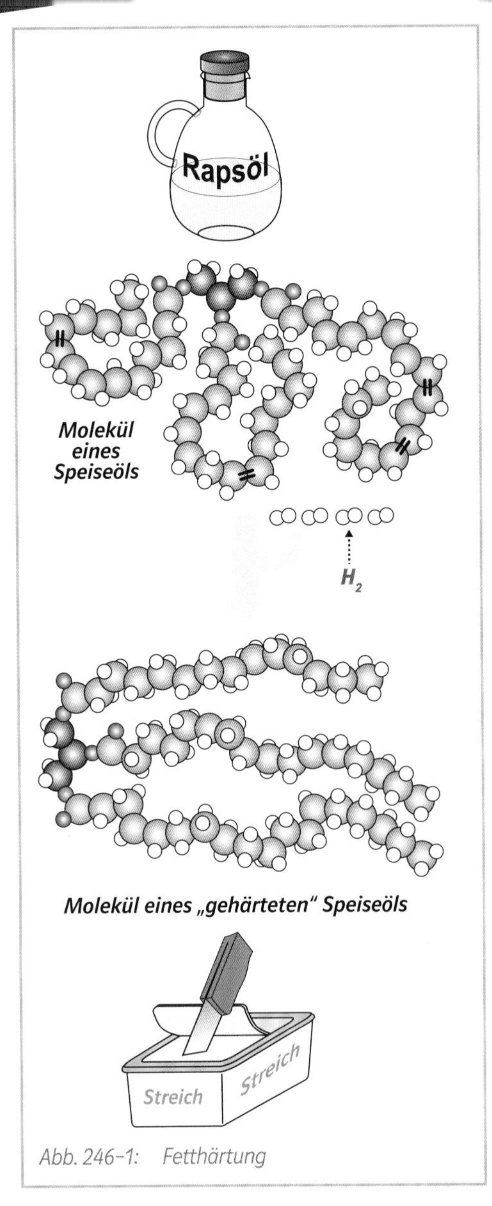

Abb. 246-1: Fetthärtung

Margarine und Fetthärtung

Margarine wurde im 19. Jh. als haltbarer Butterersatz in Frankreich unter Napoleon III zur Versorgung der Truppen erfunden. Sie ist eine Emulsion von Wasser in Pflanzenfett (Fettgehalt 80–90 %). Zur Stabilisierung der werden Emulgatoren (Lecithin) zugesetzt, auch Vitamin- und Farbstoffzusatz (Carotin) sind üblich.

Härtung von Fetten zur Margarineherstellung

Um eine stabile, streichfähige Emulsion zu erhalten, benötigt man feste bis halbfeste Ausgangsfette. Früher ging man hauptsächlich von Pflanzenölen aus. Diese mussten gehärtet werden. Härten bedeutet eine katalytische Addition von Wasserstoff an die Doppelbindungen der Fettsäuren. Aus den flüssigen ungesättigten Fetten entstehen somit gesättigte feste Fette. Meist härtete man so lange, bis die Konsistenz stimmte (Teilhärtung). Das hatte den Nachteil, dass ein Teil der übrigbleibenden Doppelbindungen von der Z-Form in die E-Form umgelagert wird (**Transfette**). Heute ist es durch viele Studien erwiesen, dass diese Transfette besonders stark Arteriosklerose fördern. Der Transfettgehalt von Margarinen wurde daher in vielen Ländern beschränkt. Heute beträgt er meist unter 1 %. Lange wurde Margarine als die gesündere Alternative zu Butter beworben, vor allem auf Grund des Gehaltes an essenziellen Fettsäuren. Allerdings gehen beim Härten ein Großteil der essenziellen Fettsäuren verloren.

Heute geht man bei der Margarineherstellung vor allem von Palmfett aus. Es muss nicht gehärtet werden. Neben den schon erwähnten Umweltproblemen bei seiner Produktion (siehe Seite 238) gibt es bei Palmfett ein weiteres Problem. Es entsteht bei seiner Raffination (die für die Haltbarkeit notwendig ist und in der Lebensmittelindustrie immer durchgeführt wird) **Glycidyl – Fettsäureester** (Abb. 246-3), der bei der Verdauung zu Glycidol abgebaut wird, ein Stoff, der im Verdacht steht karzinogen zu sein.

Fetthärtung bei anderen Lebensmitteln

Die Fetthärtung spielt auch bei der Herstellung von **Blätterteig** und bei **Frittierfett** eine Rolle. Teilgehärtete Fette (mit Transfettgehalt) sind besonders gut geeignet für die Produktion von industriell verarbeiteten von Teigen (Ziehmargarine). In Fertigblätterteigen und Croissants findet sich daher oft Transfett. Beim Frittieren ermöglicht die geringere Zahl an Doppelbindungen höheres Erhitzen. In den USA wurde als Frittierfett lange Zeit teilgehärtetes Sojaöl verwendet. Auf Grund der Transfettproblematik kommt man heute davon ab. Ein festes Frittierfett, das aber leicht schmelzbar ist, ist vollgehärtetes Kokosfett (Ceres®). Es ist zwar voll gesättigt, aber auf Grund der kurzkettigen Fettsäuren nicht schwer verdaulich. Auch Erdnussöl lässt sich hoch erhitzen. Es ist ungehärtet als Frittierfett verwendbar.

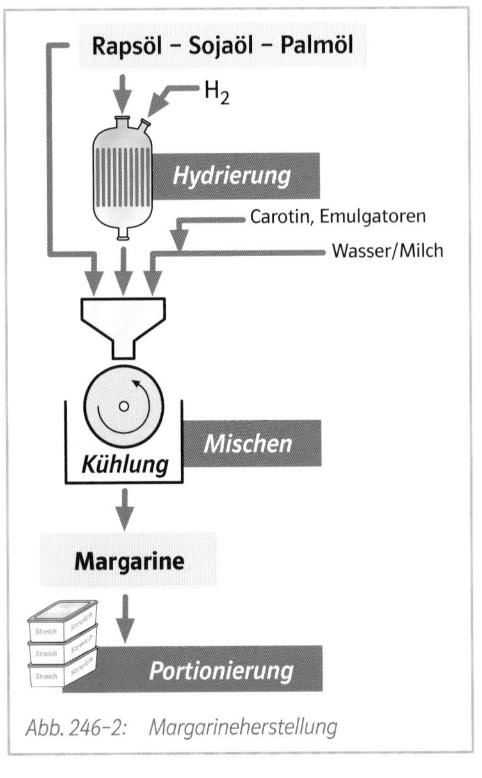

Abb. 246-2: Margarineherstellung

Fettverdauung

Die Verdaulichkeit von Fetten hängt vor allem vom Schmelzpunkt ab. Fett wird im Dünndarm verdaut und muss dazu von den **Gallensäuren** emulgiert werden, damit die Lipasen (Verdauungsenzyme, die Fett in Fettsäuren und Gycerol spalten) angreifen können. Dazu müssen sie flüssig vorliegen. Alle Fette mit Schmelzpunkt unter Körpertemperatur sind daher gut verdaulich, egal ob sie bei Zimmertemperatur flüssig oder fest sind. Rindertalg beispielsweise hat einen höheren Schmelzpunkt und ist daher als Speisefett schlecht brauchbar.

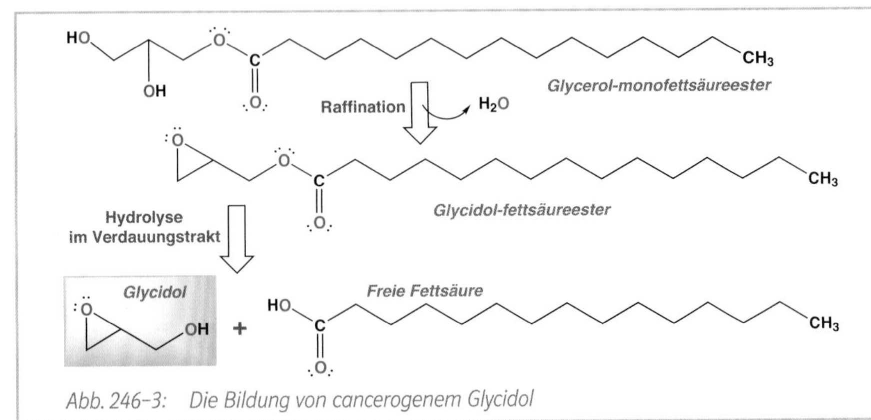

Abb. 246-3: Die Bildung von cancerogenem Glycidol

„light“ Fette, Fettaustauschstoffe, Fettersatzstoffe

Dem Trend zu fettärmerer Kost folgend wurden Streichfette „light“ auf den Markt gebracht. Die zB unter dem Namen „Minarine“ oder „Butterfett light“ gehandelten Produkte sind Emulsionen mit sehr hohem Wassergehalt und nur mehr 40 % Fettanteil. Dadurch ist der Nährwert nur mehr halb so groß wie der von Butter oder Margarine. Die Stabilität erreicht man durch höheren Emulgatorgehalt und Gelatinezusatz. Zum Braten oder Backen sind diese Fette natürlich nicht geeignet.

Fettaustauschstoffe

Fettaustauschstoffe können komplett fettfrei sein. Sie sind meist Kohlenhydrate oder Eiweißstoffe, die nur in Aussehen, Textur und Geschmack wie Fett wirken. Sie werden häufig in Fertigsüßspeisen eingesetzt.

Fettersatzstoffe

Fettersatzstoffe sind künstlich hergestellte Moleküle, die die Eigenschaften von Fett besitzen, vom Menschen aber nicht verdaut werden können. Meist werden Ester zwischen Zuckermolekülen und Fettsäuren so eingesetzt. Der bekannteste Fettersatzstoff ist **Olestra** (Abb. 247-1). Er besteht aus Hexa-, Hepta- und Octaestern von Saccharose (Rohr- oder Rübenzucker). Olestra ist in den USA zum Frittieren von Kartoffelchips zugelassen, nicht aber in der EU. Die Kritik: Es löst fettlösliche Vitamine und verhindert dadurch deren Aufnahme, sie werden durch den Darm durchgeschleust. Auch kann der Stoff in größeren Mengen zu Durchfall und Darmkrämpfen führen. Außerdem ist der Schließmuskel des Afters für fettähnliche Substanzen nur mangelhaft wirksam.

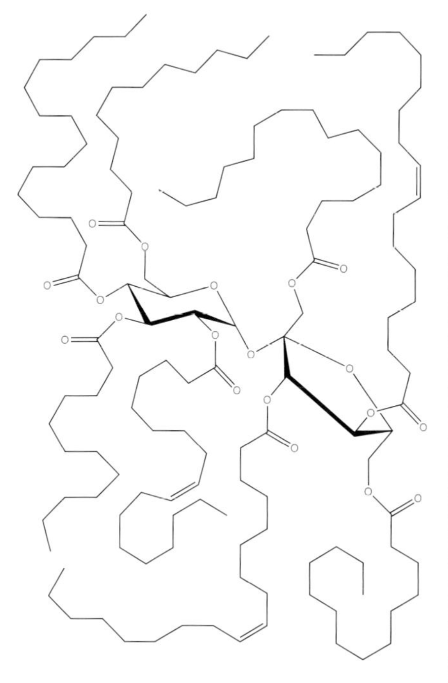

Abb. 247-1: Strukturformel von „Olestra“ einem Fettersatzstoff. In Europa nicht zugelassen (Saccharose-Octaester mit Fettsäuren)

Fette als Nahrung

Zusammenfassend lässt sich sagen: Fett ist ein wichtiger Bestandteil der Ernährung, ein übertriebenes Vermeiden von Fett ist nicht sinnvoll. Vernünftiger Fettkonsum ist sicher nicht die Ursache von Übergewicht und Herz-Kreislauf-Erkrankungen. Übertriebene Energiezufuhr durch Fett ist ungünstig, aber auch nicht problematischer als übertriebene Energiezufuhr durch Kohlenhydrate. Beim Fett sollte man ω-6-Fettsäure-lastige Pflanzenöle meiden und auf eine ausreichende Versorgung mit ω-3-Fettsäure-haltigen Fetten achten (Nüsse, Leinöl und vor allem Fisch). Kalt gepresste Öle oder Butter sind raffinierten Fetten vorzuziehen. Transfette sollten völlig gemieden werden (zB Blätterteig mit Butter statt mit gehärteten Fetten).

Versteckte Fette

Will man sich fettärmer ernähren, so sollte man vor allem auf die versteckten Fette achten. Vor allem Wurstprodukte (Extrawurst, Salami) und fast alle Käsesorten haben als Hauptnährstoff nicht Eiweiß, sondern Fett, oft bis 80 % des Nährwertes des Lebensmittels. Bei Käse ist der Fettanteil häufig als F.i.Tr. angegeben. Das Bedeutet **Fett in der Trockenmasse**. Es ist der Fettanteil im Lebensmittel, wenn der gesamte Wasseranteil entzogen ist.

zur Galle

Die Galle = der Gallensaft enthält neben Wasser vor allem Enzyme zur Fettverdauung sowie Gallensalze (Salze der Gallensäuren), die als Emulgator für die zu verdauenden Lipide nötig sind.

Gallensäuren werden in der Leber aus Cholesterol gebildet.

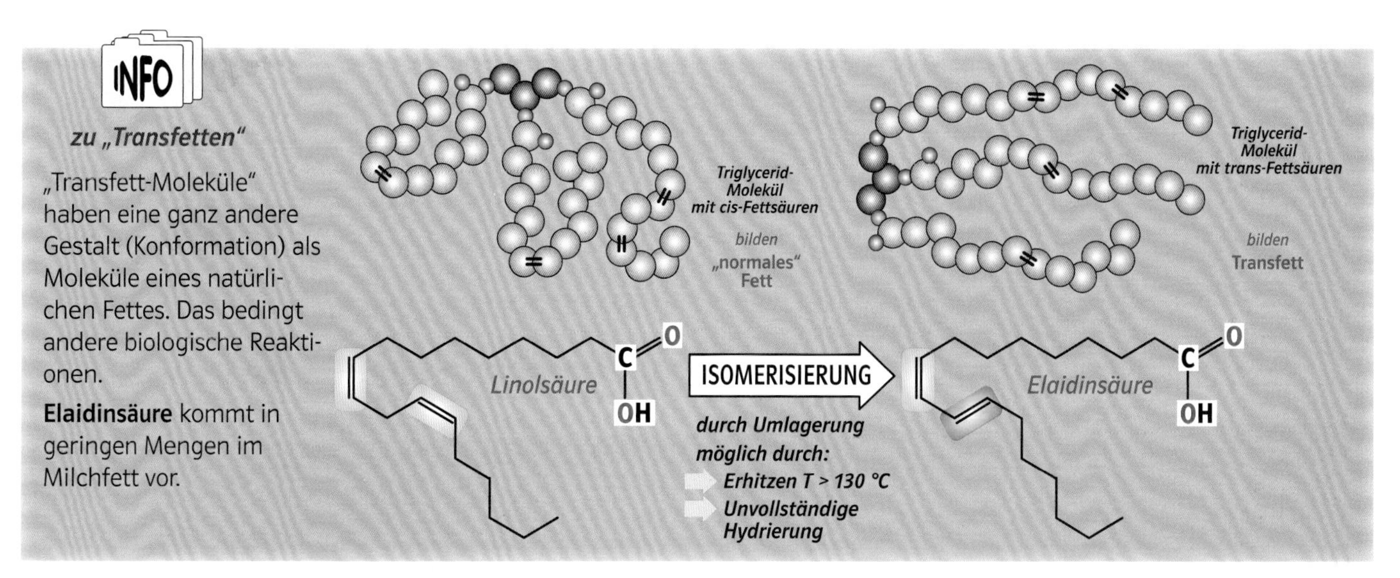

Fett

Seifen

Abb. 248-1: Verseifung eines Fettes

60 %	Textilreinigung
12 %	kosmetische Produkte
12 %	Flotation
8 %	Nahrungsmittel
8 %	Lacke und Farben

Abb. 248-2: Verwendung von Tensiden

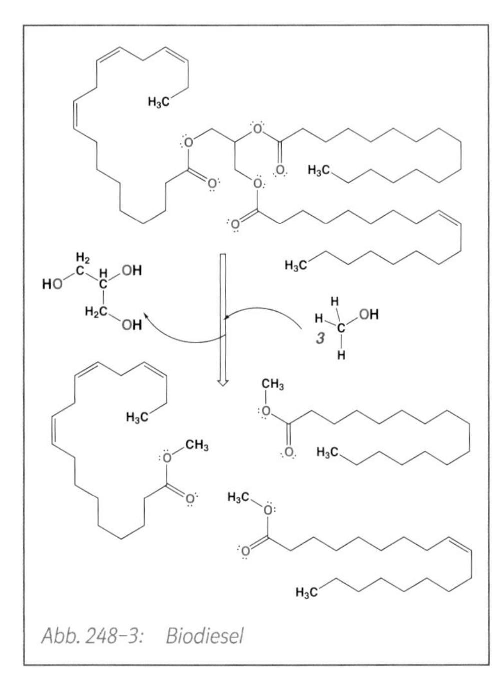

Abb. 248-3: Biodiesel

Technische Verwertung der Fette

Etwa 2/3 der weltweit produzierten Speisefette (2016 etwa 187 Mio. Tonnen) werden als Nahrungsmittel verwendet. Daneben sind Fette aber auch interessante Rohstoffe für die chemische Industrie.

Seife

Das bekannteste Produkt aus Fett ist die Seife. Als Ausgangsfette zur Seifenproduktion dienen Rindertalg, Palmkernfett, Kokosfett und Olivenöl. Bei der Seifenherstellung wird die Esterbindung im Fett mit NaOH gespalten, und es entsteht eine Mischung aus den Salzen der Fettsäuren (Seife), Glycerol und überschüssiger NaOH der Seifenleim. Dieser wird mit NaCl gesättigt. Durch die hohe Natriumionenkonzentration wird das Löslichkeitsprodukt der Seifenteilchen überschritten und die Seife scheidet sich ab (Aussalzen). Die so gewonnene **Kernseife** wird abfiltriert und zu **Toiletteseifen** weiterverarbeitet.

Verwendet man statt NaOH KOH zum Verseifen, so erhält man **Schmierseife**. Hier wird die eigentliche Kaliseife nicht abgetrennt, sondern der gesamte Seifenleim wird verwendet. Seifen finden auch im Gemisch mit Mineralölen in der Schmierfett-Herstellung Verwendung. Hier setzt man neben den Natrium- und Kaliumseifen auch Lithium- und Calciumsalze der Fettsäuren ein (**Metallseifen**).

Ölfarben und Lacke

Fette mit einer besonders großen Zahl an mehrfach ungesättigten Fettsäuren nennt man **trocknende Öle**. Sie reagieren sehr rasch mit Luftsauerstoff. Dieser löst eine **Polymerisation** (Kap. 7.8, Seite 184) zwischen den Fettsäure-Molekülen aus, wodurch das flüssige Öl fest wird. Dieses dient als Basis für lufttrocknende Ölanstriche und Ölfarben.

Leinöl, das hauptsächlich Linolensäure verestert enthält, ist das Fett mit den meisten Doppelbindungen und zu dieser Reaktion besonders gut befähigt. Zur Beschleunigung des Polymerisationsvorganges setzt man Mangan- oder Cobaltverbindungen zu, die man als **Siccative** (Trocknungskatalysatoren) bezeichnet.

Linoleum

Linoleum als Fußbodenbelag wird ebenfalls aus Leinöl hergestellt. Dabei bläst man Luft durch heißes mit Siccativen versetztes Leinöl. Die Polymerisation setzt ein, und es entsteht eine kautschukartige Masse, die mit Füllstoffen wie Korkmehl versetzt wird. Man walzt die Masse auf Juteunterlagen auf und erzeugt so einen Bodenbelag. Die Linoleumproduktion war weltweit rückläufig, da es durch **PVC-Beläge** verdrängt wurde. In jüngster Zeit wird Linoleum aber wieder zunehmend produziert. Es liegt im Trend des „biologischen" Wohnens.

Tenside

Durch Esterhydrolyse mit heißem Wasserdampf gewinnt man aus den Fetten die **freien Fettsäuren**. Diese werden zu **Fettalkoholen** reduziert. Die Salze ihrer Ester mit Schwefelsäure sind wichtige Tenside (waschaktive Substanzen) in Waschmitteln und in der industriellen Anwendung als Netz- und Schaummittel. Die Fettalkohole selbst werden als Emulgatoren in der Kosmetikindustrie verwendet.

Biodiesel

Ein Produkt, das auch in Österreich aus Speisefett produziert wird, ist der „Biodiesel". Rapsöl wird mit Methanol umgeestert. Der Rapsölmethylester hat einen ähnlichen Siedebereich wie Dieselöl und lässt sich als Treibstoff für Dieselmotoren verwenden (Abb. 248-3). In Österreich herrscht eine Beimischungspflicht von 7 % im Dieseltreibstoff.

International wird Biodiesel vor allem aus Palmfett erzeugt. Den Vorteilen des nachwachsenden Rohstoffes stehen hier die gravierenden Nachteile der Regenwaldzerstörung gegenüber. Sinnvoller ist der Einsatz von Altfetten zur Biodieselherstellung.

Fette, die technischen Zwecken dienen, werden oft vergällt, dh. für den menschlichen Genuss unbrauchbar gemacht. In Spanien wurde 1981 ein solches mit dem giftigen Anilin vergälltes Rapsöl illegal als „Olivenöl" verkauft. Über 20 000 Menschen erkrankten dadurch, 400 starben.

Waschmittel und Waschmittelinhaltsstoffe

Waschprozess – Tenside

Aufgabe jedes Reinigungsprozesses ist es, Verschmutzungen unterschiedlichster Art – Staub, Schweiß, Fett, Nahrungsmittelrückstände – zu entfernen. Wasser ist der wichtigste Partner beim Waschprozess. Wasser dient als Lösungsmittel für wasserlösliche Verschmutzungen und für die Reinigungssubstanzen. Weiters ist Wasser das Transportmittel für gelösten oder dispergierten (= fein verteilt) Schmutz.

Der Waschprozess

Die Grenzflächenspannung, die zwischen Wasser und anderen Stoffen – Öl, Luft etc. – besteht ist für jegliche Form der Benetzung hinderlich (vergleiche Wasser auf einem fetten Teller). Für einen effektiven Waschvorgang muss diese Grenzflächenspannung reduziert werden. Dies bewirken Substanzen, die das Bestreben haben, sich an Grenzflächen (zB der Wasseroberfläche) zu verteilen. Grenzflächenaktive Substanzen bestehen immer aus 2 Molekülbereichen, einem polaren Teil (= **hydrophiler Teil**) und einem unpolaren Teil (= **hydrophober Teil**). Solche Substanzen werden häufig durch das Symbol wie in Abb. 249–2 dargestellt. Das Stäbchen symbolisiert dabei den hydrophoben Molekülteil (Kohlenwasserstoffkette), die blaue das hydrophile Molekülende.

Tenside

Grenzflächenaktive Substanzen nennt man auch Tenside (Lat.: tensio = Spannung). Ein einfaches Tensid ist die Seife (Abb. 248–1). Die negativ geladene Carboxylatgruppe ist hier der hydrophile, der Kohlenwasserstoffrest der hydrophobe Teil des Seifenmoleküls.

Gibt man Tenside in Wasser, so verteilen sie sich auf der Wasseroberfläche. Der hydrophile Anteil ist im Wasser „gelöst", der hydrophobe Bereich „ragt" aus dem Wasser. Durch diesen Vorgang wird die **Oberflächenspannung** stark gesenkt, die Benetzbarkeit (für Haut oder die Fasern der Wäsche) steigt. Auch das Schäumen ist eine Folge der Verringerung der Oberflächenspannung. Der Schaum besteht aus dünnen Wasserschichten, die beidseitig mit Tensidmolekülen besetzt sind.

Waschvorgang

Bei diesen müssen vor allem wasserunlösliche Verschmutzungen wie Fett von der Haut, den Haaren oder der Wäsche entfernt werden. Der hydrophobe Teil des Tensidmoleküls löst sich im Fett, der hydrophile Teil bleibt im Wasser gelöst. Dadurch bekommt die fettige Anschmutzung eine hydrophile Oberfläche und lässt sich so durch Wasser ablösen. Es bilden sich im Wasser emulgierte fettige Aggregate, die oberflächlich durch Tensidmoleküle besetzt sind. Durch mechanische Beanspruchung werden diese Aggregate zerkleinert und es lagern sich erneut Tensidmoleküle an. So entsteht eine immer feinere Emulsion. Das erneute Zusammentreten der emulgierten Partikel ist auf Grund der gleichnamigen Ladung der Oberflächen erschwert. Die fein emulgierte Anschmutzung wird damit mit dem Wasser entfernt. Auch Pigmentverschmutzungen (farbige Feststoffe) werden so entfernt. Ihre Oberfläche bindet die hydrophoben Enden der Tensidmoleküle, zum Wasser ragen wieder die hydrophilen, und die Pigmente werden dispergiert.

Tensidmoleküle, die nicht an der Wasseroberfläche oder in solchen Aggregaten Platz finden, bilden im Wasser **Micellen**. Dabei lagern sich ihre hydrophoben Molekülteile zusammen, die Micelle hat an der wasserzugewandten Oberfläche wieder hydrophilen Charakter. Auch die fein emulgierten und dispergierten Aggregate der Anschmutzungen nach dem Waschvorgang nennt man Micellen.

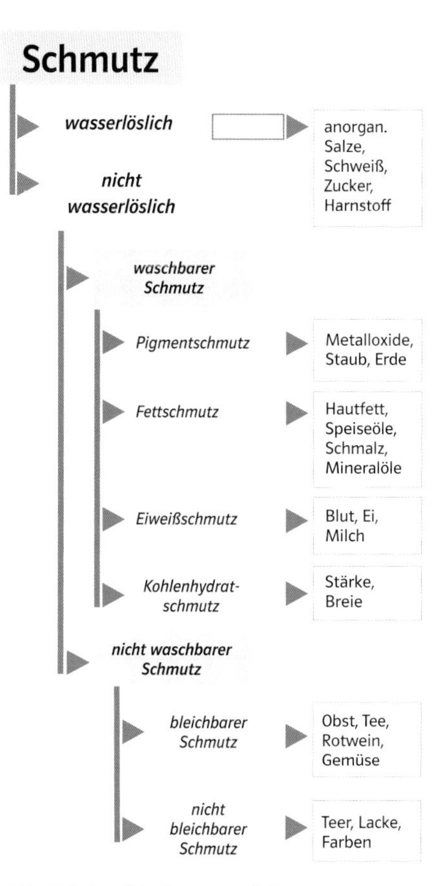

Abb. 249–1: Die Arten von Schmutz

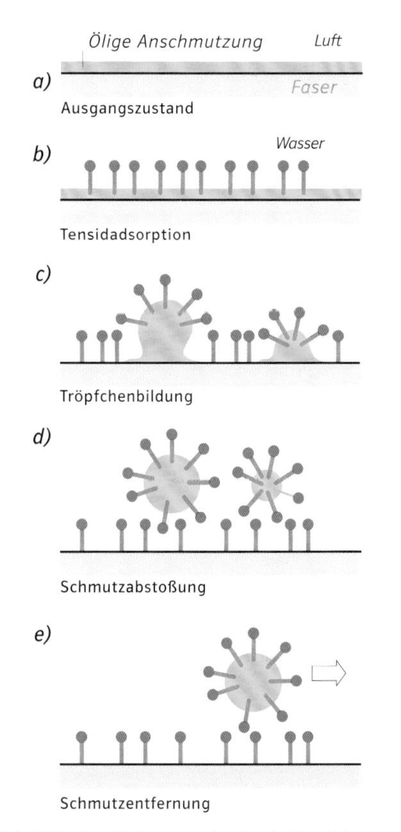

Abb. 249–2: Reinigung durch ein Tensid

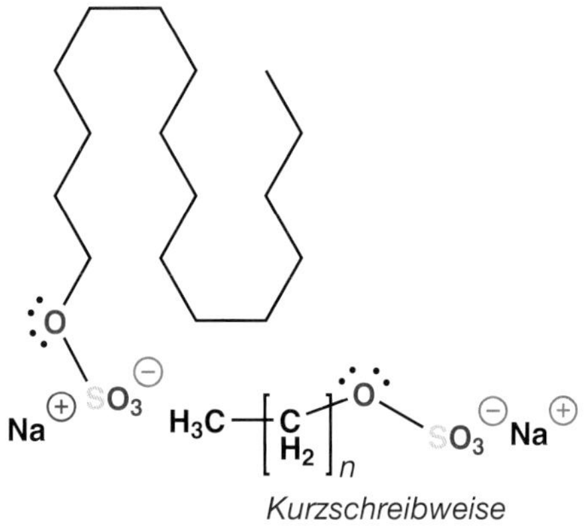

Abb. 250–1: Struktur eines Alkylsulfates – Fettalkoholsulfates (FAS)

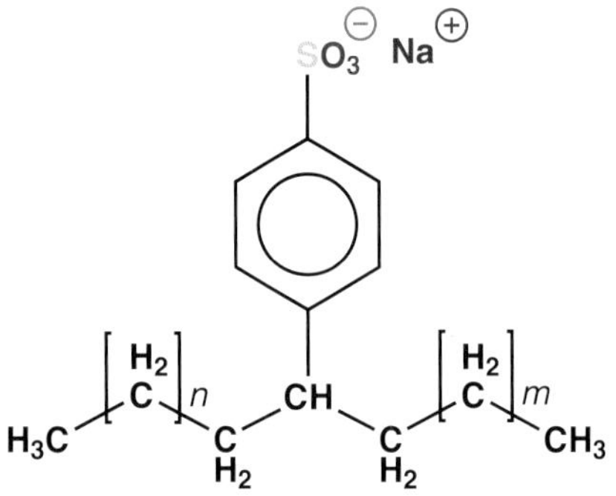

Abb. 250–2: Struktur eines linearen Alkylbenzensulfonates – (LAS)

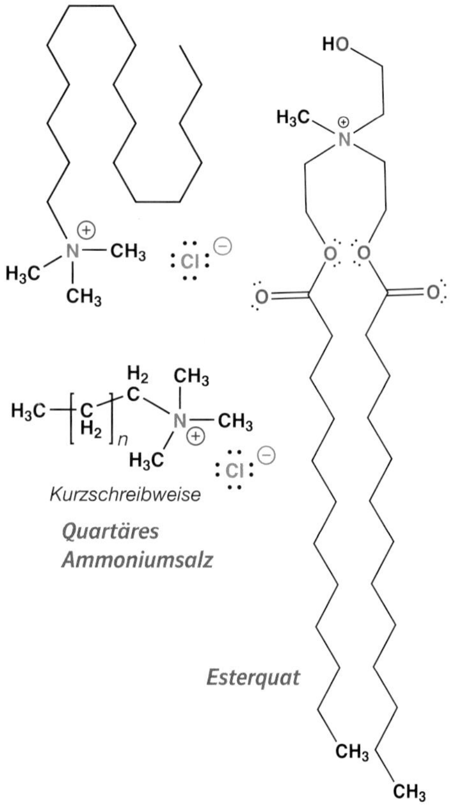

Abb. 250–3: Struktur kationischer Tenside

Einteilung der Tenside

Da der hydrophobe Teil praktisch immer ein langkettiger Kohlenwasserstoffrest ist, erfolgt die Einteilung der Tenside nach dem Aufbau der hydrophilen Gruppe.

Anionenaktive Tenside

Hier trägt der waschaktive Teil des Tensidmoleküls eine negative Ladung.

Seifen

Seifen sind Na^+- und K^+-Salze von Fettsäuren. Der Vorteil von Seifen ist die gute Abbaubarkeit. Nachteilig sind die basische Wirkung (konjugierte Basen der schwachen Fettsäuren), die zum Verfilzen von Wolle führt und die Wasserhärteempfindlichkeit (Bildung schwerlöslicher Ca- und Mg-Salze = **Kalkseifen**). Beim Waschen von Textilien lagern sich die Kalkseifen am Gewebe ab. Dies führt zu einem erhöhten Wäscheverschleiß. Kalkseifen können sich an der Luft zu kurzkettigen Carbonsäuren und Aldehyden zersetzen, die teilweise einen unangenehmen, ranzigen Geruch haben. In saurer Umgebung verlieren Seifen ihre Waschwirkung, da sie zu freien Fettsäuren reagieren. Als Einzelprodukt, werden sie daher für die Textilwäsche kaum mehr eingesetzt. Als Zusatz zu anderen Tensiden wirkt die Seife schaumregulierend.

Seife zur Körperreinigung greift den Säureschutz- und Fettmantel der Haut an. Dies kann zum Austrocknen und zur Rissbildung führen. Bei gesunder Haut ist die Verwendung von Seifen unbedenklich. Außerdem werden dem Produkt „Seife" eine Reihe von Zusatzstoffen – Rückfetter, Hautpflegemittel etc. – beigemengt. „Neutralseifen" und „Seifen mit pH 5,5" (= Haut-pH) gewinnen immer mehr an Bedeutung. Diese „Seifen" sind allerdings keine Seifen im chemischen Sinn, sondern enthalten andere Tenside. Die Bezeichnung „Seife" gilt hier dem Verwendungszweck.

Aniontenside in Waschmitteln

Alkylsulfate und **Alkylethersulfate** sind Natriumsalze der Halbester zwischen Schwefelsäure und Fettalkoholen im Fall der Alkylethersulfate mit zusätzlichen $-CH_2-CH_2-O-$ Gruppen (Abb. 250–1). Durch ihre starke Schaumwirkung sind sie für Maschinenwäsche schlecht geeignet. Sie werden heute in Feinwaschmitteln und Shampoos eingesetzt.

Der Tensidtyp der **Alkylbenzensulfonate** (ABS) ist der derzeit verbreitetste. Das erste Tensid dieser Art – Tetrapropylen-benzensulfonat (TPS) – besaß gute Wascheigenschaften und war sehr günstig in der Herstellung. Allerdings war die Verbindung nur bedingt abbaubar. Man erkannte, dass die fehlende Abbaubarkeit auf die verzweigte Kohlenstoffkette zurückzuführen ist, und entwickelte Tenside mit unverzweigten – linearen – Seitenketten. Das lineare Alkylbenzensulfonat (LAS) (Abb. 250–2) ist eine Verbindung, deren Abbau sehr gut untersucht wurde. Der Abbau erfolgt unter anderem auch durch die β-Oxidation, die beim Fettstoffwechsel (Kap. 10.3) besprochen wird.

Kationenaktive Tenside

Kationische Tenside (Abb. 250–3) werden in erster Linie in Weichspülern eingesetzt. Durch die positive Ladung besitzen sie einen ausgleichenden Effekt auf das zumeist negativ geladene Waschgut. Auch Haarpflegemittel und Desinfektionsmittel enthalten kationische Tenside. Der Verbrauch an kationenaktiven Tensiden stagniert seit einigen Jahren. Die ursprünglich eingesetzten Tetraalkylammoniumsalze (Quartäre Ammoniumsalze, „Quats", (Abb. 250–3) sind schlecht biologisch abbaubar und werden heute durch „Esterquats" (Abb. 250–3) ersetzt.

Amphotere Tenside

Die amphoteren Tenside – auch Ampholyte oder Amphotenside genannt – sind durch ihre Molekülstruktur mit 2 unterschiedlichen funktionellen Gruppen, und zwar mit anionischem und kationischem Charakter, gekennzeichnet. Die meisten Amphotenside reagieren im sauren Bereich wie Kationtenside, im alkalischen Bereich wie Aniontenside. Die Amphotenside haben wegen ihrer guten Hautverträglichkeit, insbesondere in Kombination mit Anionentensiden und Nichtionogenen Tensiden, Bedeutung in der Kosmetik und für Geschirrspülmittel.

Nichtionische Tenside (Niotenside, Nonionics)

Der Trend beim Waschen geht zu niedrigeren Waschtemperaturen. Niotenside (meist Fettalkoholpolyglycolether) sind auch bei niedriger Temperatur härteunempfindlich und gut wasserlöslich. Ihre Bedeutung nimmt daher immer weiter zu. Die meisten Waschmittel enthalten heute Niotensid/Anionentensid-Kombinationen. Dem Trend zu nachwachsenden Rohstoffen folgend werden heute auch zunehmend Zuckertenside produziert. Als hydrophobe Komponente dient ein Fettalkohol, als hydrophile ein Zuckermolekül.

Moderne Vollwaschmittel

Sie enthalten neben den Tensiden noch eine Reihe weiterer Stoffe, die Mengenmäßig den Tensidanteil (15 – 30 %) übersteigen.

Wasserenthärter bilden den Hauptteil der meisten Waschmittel und verhindern Kalkablagerung auf der Wäsche und die Kalkseifenbildung. Heute sind Zeolithe als Ionenaustauscher im Einsatz, die die Ca^{2+}- und Mg^{2+}-Ionen des harten Wassers durch Na^{+}-Ionen ersetzen (siehe Wasserhärte S. 45). Auf den Waschmittelverpackungen werden Wasserenthärter unter der Bezeichnung Waschmittelaufbaustoffe (**„Builder"**) angeführt. Zu diesen Aufbaustoffen zählen auch basische Stoffe wie **Soda** (Na_2CO_3), das in Vollwaschmitteln einen für den Waschvorgang günstigen basischen pH-Wert einstellt und **Vergrauungsinhibitoren** wie Carboxymethylcellulose, die ein Wiederansetzen des von der Faser abgelösten Schmutzes verhindern. **Seife** wirkt schaumregulierend.

Bleichmittel

Farbstoffflecken lassen sich durch Tenside alleine nicht von der Faser ablösen. Daher enthalten Vollwaschmittel auch Bleichmittel, die die Farbstoffmoleküle durch Oxidation zerstören. Heute wird meist **Natriumperborat** verwendet. Es ist ein Reaktionsprodukt von Wasserstoffperoxid mit dem Natriumsalz der Borsäure, welches lagerstabil ist. Da das Bleichmittel erst bei Temperaturen über 60 °C wirkt, sind meist **Bleichaktivatoren** wie das TAED (Tetraacetylethylendiamin) zugesetzt. TAED reagiert schon bei niedrigeren Temperaturen mit Natriumperborat zu Peressigsäure, die als eigentliches Bleichmittel wirkt. Natriumpercarbonat statt Natrimperborat wird heute aus Umweltgründen (verringerte Borsalzbelastung der Abwässer) zunehmend eingesetzt. Seine schlechtere Lagerbeständigkeit (Zerfall beim Lagern in Sauerstoff, Soda und Wasser) wird heute durch Beschichten der Percarbonatkristalle verbessert.

Enzyme

Enzyme in Waschmitteln „verdauen" schwer ablösbare Verschmutzungen. Proteasen (Eiweißspalter) bauen eingetrocknete Eiweißflecken ab, Lipasen zerlegen Fettverschmutzungen, Amylasen bauen Stärke und Cellulasen Cellulose ab. Sie „verdauen" damit Baumwolle oder ähnliche Gewebefasern, allerdings in ihrer Einwirkungszeit nicht die ganze Textilfaser, sondern nur kleine abgelöste Mikrofasern, die in der Wäsche eine verblasste Farbwirkung bewirken. Dadurch kommt es zu einer Verbesserung des Farbeindruckes. Enzyme sind aber nicht mit Bleichmitteln kombinierbar, da sie von diesen zerstört werden. Da Enzyme allergische Reaktionen bewirken können, werden sie heute als Enzym-Prills (kleine Kügelchen) zugegeben, die sie erst nach Auflösen der Schutzschicht freisetzen.

Das intensive Weiß der Wäsche wird durch **optische Aufheller** bewirkt. Diese Substanzen wandeln unsichtbares UV-Licht in sichtbares Blaulicht um. Blaustichiges Weiß wirkt frischer, im Vergleich wirkt „normales" Weiß vergilbt. Früher setzte man blaue Farbstoffe zu, um diesen Effekt zu erzielen (Waschblau).

Natriumsulfat (Na_2SO_4) wird den pulverförmigen Vollwaschmitteln als **Stellmittel** zugegeben. Es soll die Rieselfreudigkeit des Pulvers erhöhen und Verklumpen verhindern. Es ist ein billiges Abfallsalz (Viscosefaserherstellung) der chemischen Industrie. In Billigwaschmitteln ist es bis 30 % enthalten.

Je konzentrierter ein Waschmittel ist, desto wichtiger ist es, auf die richtige Dosierung zu achten. Die Dosierung richtet sich heute nur mehr nach dem Verschmutzungsgrad der Wäsche, die örtliche Wasserhärte spielt im Gegensatz zu früher keine Rolle mehr.

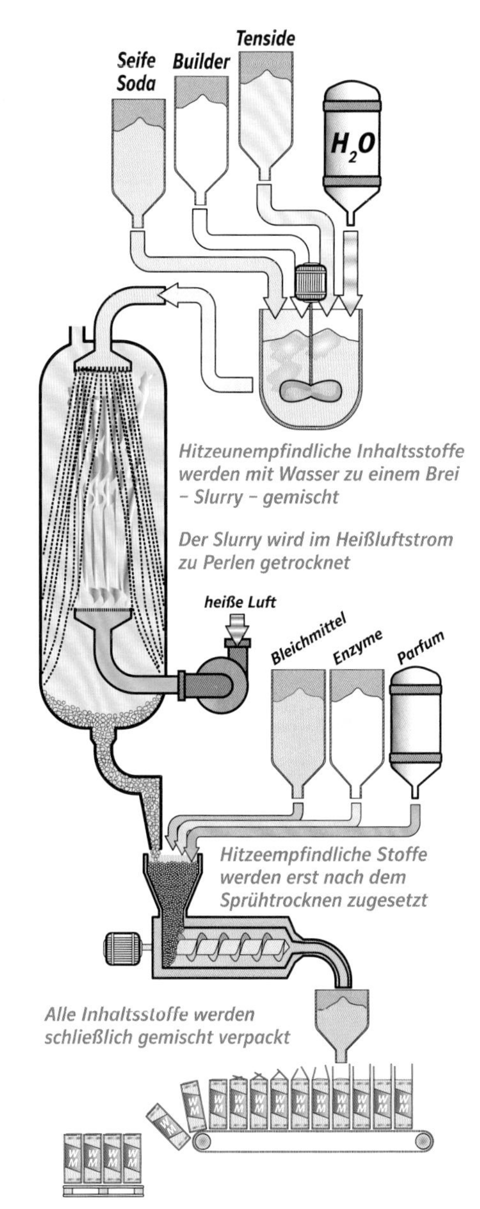

Abb. 251-1: Herstellung eines Vollwaschmittels

Anteile in %	Waschmittel	
7–19	Tenside	anionische T., „Niotenside", amphotere T.
20–30	Builder	Zeolithe, organische Komplexbildner
2–7	Cobuilder	
5–20	Alkalien	
10–20	Bleichmittel	
0,1–0,2	Aufheller	
0,1–0,3	Enzyme	Lipasen, Proteasen, Amylasen, Cellulasen
0,5–1	Inhibitoren	Vergrauungs-I., Korrosions-I., Farbstoffübertragungs-I., Schaum-I.

Abb. 251-2: Bestandteile eines Waschmittels

9.3 Kohlenhydrate

Monosaccharide – Disaccharide – Polysaccharide – Aldosen und Ketosen – Chirale C-Atome

Abb. 252-1: Kohlenhydratreiche Lebensmittel

Kohlenhydrate sind die mengenmäßig häufigsten organischen Verbindungen, da sie einen Großteil der pflanzlichen Biomasse bilden. Sie werden in den Pflanzen durch Photosynthese gebildet. **Cellulose**, der Hauptbestandteil des Holzes, und **Stärke**, der pflanzliche Reservestoff, sind Makromoleküle und werden Polysaccharide genannt. Sie sind Polykondensate aus Monosaccharideinheiten. Monosaccharide und deren kurzkettige Polykondensate sind wasserlöslich, schmecken süß und werden **Zucker** genannt. Sie spielen im Stoffwechsel aller Organismen eine große Rolle.

Der Ausdruck Kohlenhydrate stammt davon, dass man sie früher als Hydrate des Kohlenstoffs aufgefasst hat. Ihre Summenformel $C_x(H_2O)_y$ legte dies nahe. Heute kennt man ihren Aufbau sehr genau. Maßgeblich beteiligt an der Erforschung dieser Stoffgruppe waren der Deutsche Emil Fischer (1852–1919) und der Brite Sir Walter Norman Haworth (1883–1950), die beide den Nobelpreis für Chemie erhielten.

Einteilung der Kohlenhydrate

- **Einfachzucker** (Monosaccharide) zB: Traubenzucker (Glucose), Fruchtzucker (Fructose), Ribose
- **Zweifachzucker** (Disaccharide) zB: Rübenzucker (Saccharose), Malzzucker (Maltose), Milchzucker (Lactose)
- **Mehrfachzucker** (Polysaccharide) zB: Stärke, Cellulose

Kohlenhydrate
sind
Polyole *mit* **Carbonyl-Gruppe**

Aldehyd-Gruppe		Keto-Gruppe
Aldosen	*Molekül mit*	*Ketosen*
Aldotriose	*3 C-Atomen*	***Ketotriose***
Aldotetrose	*4 C-Atomen*	***Ketotetrose***
Aldopentose	*5 C-Atomen*	***Ketopentose***
Aldohexose	*6 C-Atomen*	***Ketohexose***

Abb. 252-2: Einteilung der Kohlenhydrate

Struktur der Monosaccharide

Aldosen und Ketosen

Monosaccharide (Einfachzucker) sind mehrwertige Alkohole mit einer Carbonylgruppe. Ist die Carbonylgruppe endständig, also ein Aldehyd, so werden sie Aldosen genannt. Bei einer Carbonylgruppe in der Kette, also einem Keton, heißen sie Ketosen. Bei den meisten Ketosen ist der doppelt gebundene Sauerstoff am 2. C-Atom. Alle übrigen Kohlenstoff-Atome tragen OH-Gruppen.

Nach der Zahl der Kohlenstoff-Atome unterscheidet man Biosen, Triosen, Tetrosen, Pentosen, Hexosen etc. Die Namen werden kombiniert. Eine Aldopentose ist ein Aldehyd mit 5 Kohlenstoff-Atomen und 4 OH-Gruppen, eine Ketohexose ein Keton mit 6 Kohlenstoff-Atomen und 5 OH-Gruppen.

Chirale C-Atome – Asymmetriezentren

Charakteristisch für die Monosaccharide ist das Auftreten asymmetrisch substituierter Kohlenstoff-Atome (= **chirale C-Atome**). Schon Glyceral, die Aldotriose, besitzt ein asymmetrisches Zentrum. Bei Aldotetrosen gibt es 2, bei Aldopentosen 3 und bei Aldohexosen 4 asymmetrisch substituierte Kohlenstoff-Atome. Bei den Ketosen besitzen erst die Ketotetrosen ein asymmetrisches C-Atom. Die Zahl der Asymmetriezentren ist bei den Ketosen immer um eins geringer als bei den entsprechenden Aldosen.

Die Anzahl der möglichen Stereoisomeren ist 2n mit n = Anzahl der asymmetrischen C-Atome. Bei den folgenden Graphiken ist die Anzahl möglicher Stereoisomerer in Klammer angegeben. Aus dieser großen Zahl von Monosacchariden kommen aber nur einige wenige in der Natur häufig vor und sind für Ernährung und den Stoffwechsel von Bedeutung.

Fischer-Projektion

Um die optischen Isomere in der Formel unterscheiden zu können, verwendet man die Fischer-Projektion (siehe Seite 217).

Die D- und L-Reihe

Der Syntheseweg vom Glyceral zu längeren Ketten erfolgt immer an der Aldehydgruppe, die C-Atome des ursprünglichen Glycerals bilden daher immer das Ende der Kette.

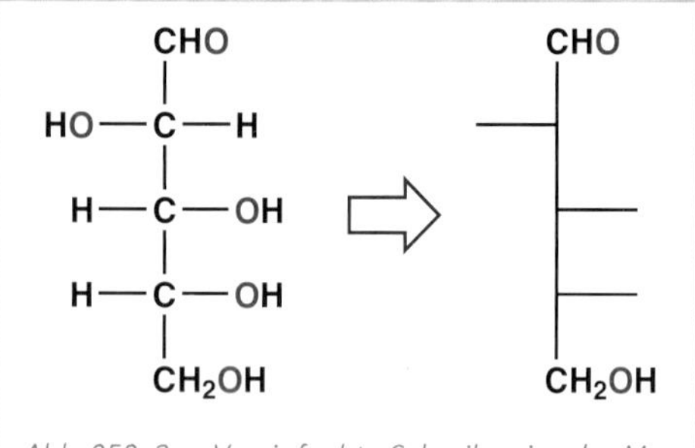

Abb. 252-3: Vereinfachte Schreibweise der Monosaccharide in Fischerprojektion

Monosaccharide, die sich vom ursprünglichen D-Glyceral ableiten, gehören zur D-Reihe, die die sich vom L-Glyceral ableiten zur L-Reihe. Dh. das letzte asymmetrische C-Atom ist für diese Zuordnung entscheidend. In der Natur kommen fast ausschließlich Monosaccharide der D-Reihe vor.

Wie schon im Kapitel 8.6 besprochen hat, die Zuordnung zu D oder L nichts mit der Wirkung rechts- oder links-drehend zu tun. Monosaccharide der D-Reihe können rechts- oder links-drehend sein. Das entsprechende Molekül der L-Reihe ist immer das volle Spiegelbild und hat gleich starke und entgegengesetzte Drehwirkung. In Abb. 253–2 sind alle Aldosen der D-Reihe systematisch und mit Angabe des Drehsinns angeführt.

Benennung von Monosacchariden

Monosaccharide werden meist mit **Trivialnamen** benannt. Für Enantiomerenpaare verwendet man denselben Namen und unterscheidet die Enantiomeren durch D und L, je nachdem, ob sie vom D-Glyceral oder vom L-Glyceral abstammen. Diastereomere Monosaccharide haben verschiedene Trivialnamen. Eine vollsystematische Benennung ist mit R und S möglich, aber unüblich. (Abb. 253–2)

Kurzschreibweise für Monosaccharide

Um den Zeichenaufwand bei der Formeln der Monosaccharide zu vereinfachen, verwendet man eine Art Skelettformel, die aber von der Bedeutung der sonst üblichen Skelettformel abweicht:

Die C-Kette ist ein gerader Strich.

Die Enden werden mit CHO (für Aldehyd) und CH_2OH angeschrieben. Bei den Ketosen wird auch noch das doppelt gebundene O angeführt. Es steht nach den Fischer-Projektionsregel möglichst weit oben.

Die -OH Gruppen werden durch seitliche Striche angegeben. Dabei muss man sich aber bewusst sein, dass die seitlichen Striche in diesem Fall nicht zu CH_3-Gruppen führen, wie sonst in den Strukturformeln üblich, sondern zu OH-Gruppen. (Abb. 252–3)

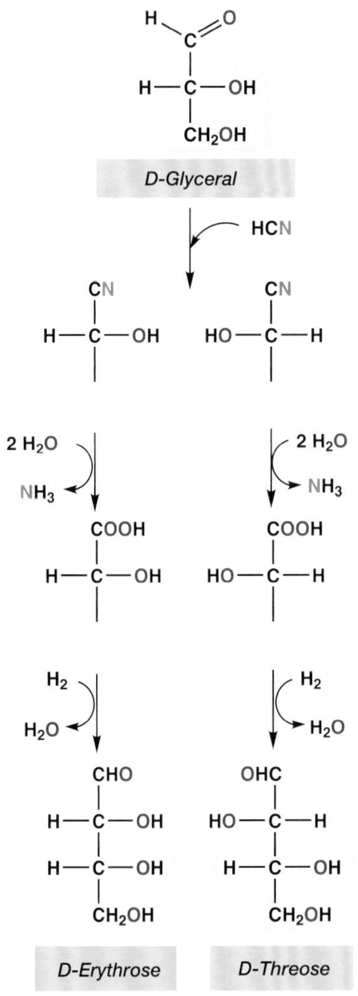

D-Glyceral

HCN

2 H_2O / NH_3

H_2 / H_2O

D-Erythrose | D-Threose

Abb. 253-1: Kettenverlängerung bei Zuckermolekülen

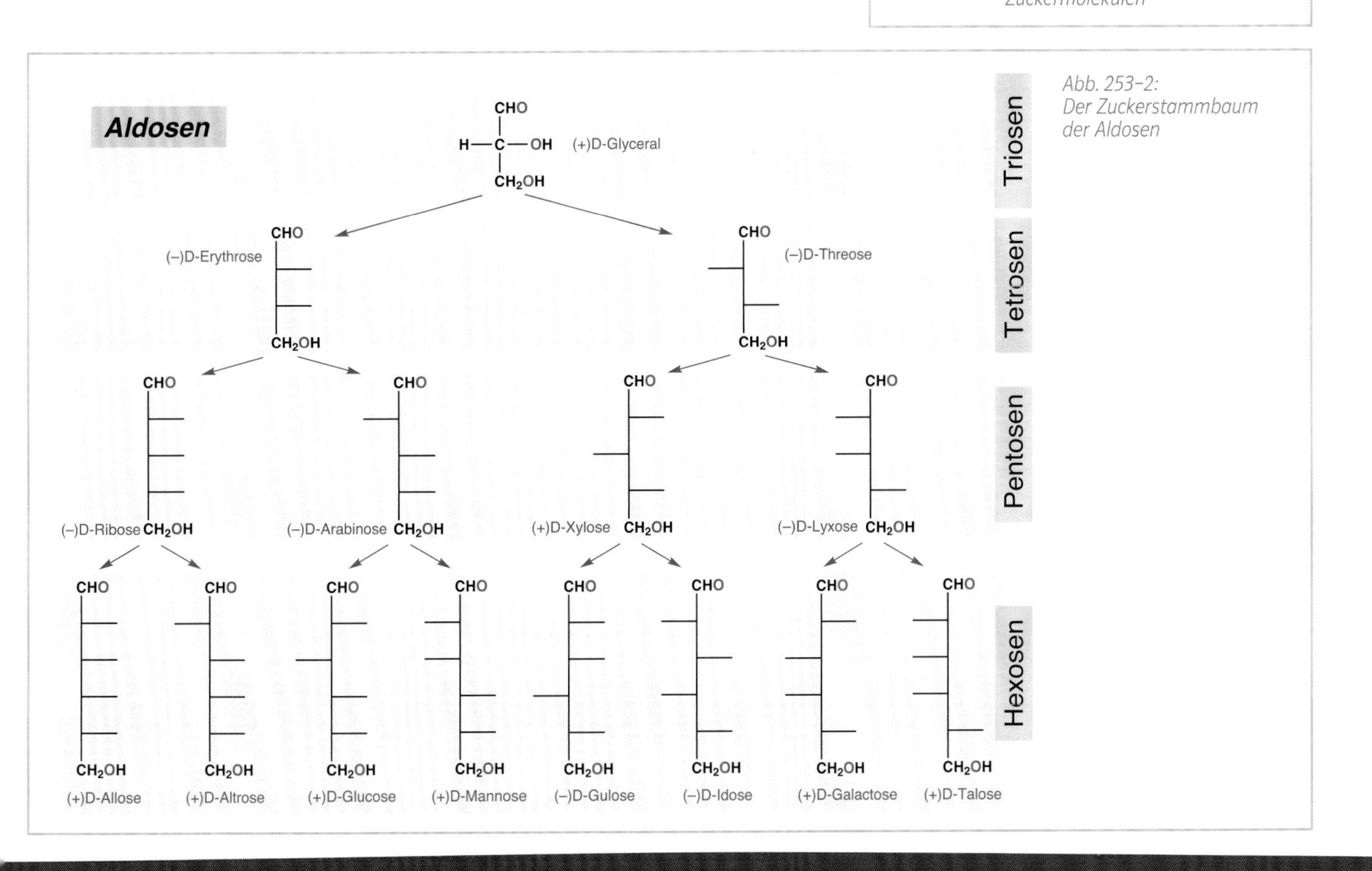

Abb. 253-2: Der Zuckerstammbaum der Aldosen

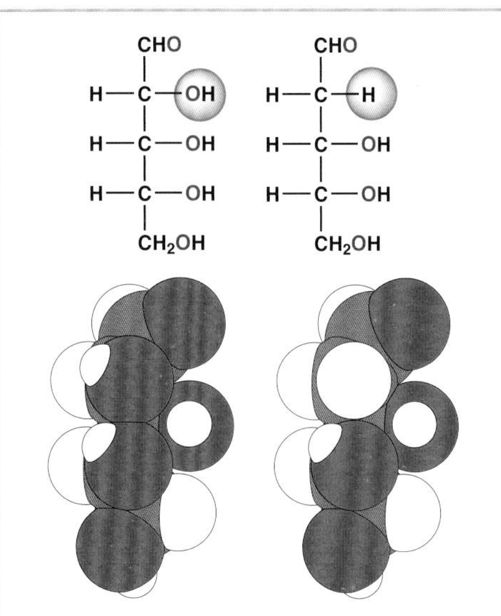

Abb. 254–1: *Strukturformeln und Molekülmodelle von D-Ribose (links) und D-Desoxyribose (rechts)*

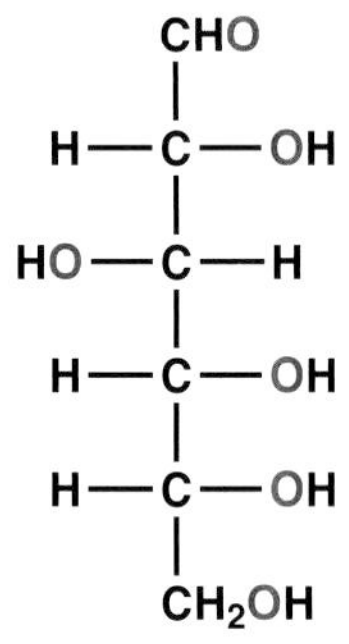

CHO
H—C—OH
HO—C—H
H—C—OH
H—C—OH
CH_2OH

Abb. 254–2: *Strukturformel der D-Glucose*

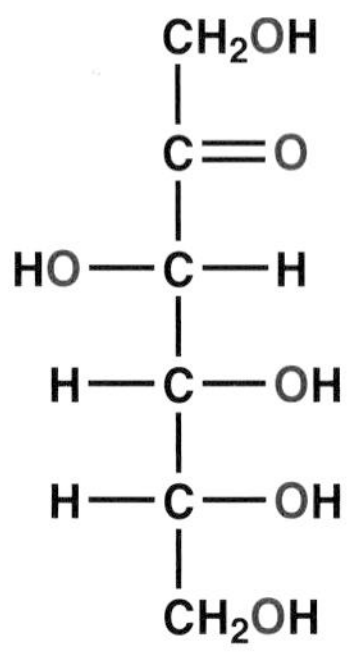

CH_2OH
C=O
HO—C—H
H—C—OH
H—C—OH
CH_2OH

Abb. 254–3: *Strukturformel der D-Fructose*

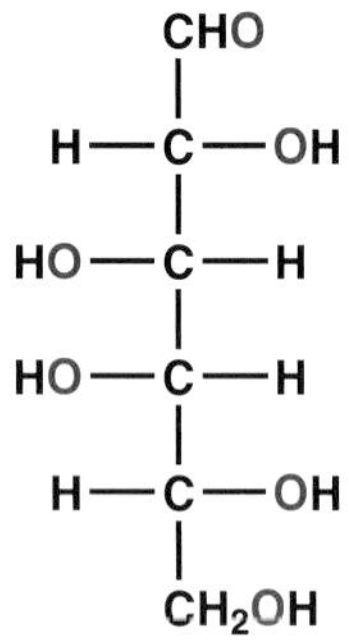

CHO
H—C—OH
HO—C—H
HO—C—H
H—C—OH
CH_2OH

Abb. 254–4: *Ringbildung bei Fructose*

Wichtige Monosaccharide

D-Ribose

Die Aldopentose ist Molekülbestandteil der Ribonukleinsäuren (RNS bzw. engl. **RNA**), die für die Eiweißsynthese erforderlich sind. Auch in wichtigen Coenzymen, wie zB ATP, ist D-Ribose enthalten (siehe Abb. 283–1 und 284–1).

D-Desoxyribose

Sie unterscheidet sich von der D-Ribose durch das Fehlen der OH-Gruppe am 2. C-Atom. Sie ist Molekülbestandteil der Desoxyribonukleinsäuren (DNS bzw. **DNA**), den Trägern der Erbinformation.

D-Glucose

Die Aldohexose wird auch **Traubenzucker** genannt, da sie in Weintrauben vorkommt, oder wegen ihrer rechtsdrehenden Wirkung Dextrose. Sie ist das mengenmäßig wichtigste Monosaccharid. Glucose ist in vielen Früchten und im Honig enthalten. Als Molekülbestandteil kommt sie in den Disacchariden Malzzucker, Milchzucker und Rohrzucker vor. Sie ist der Baustein der Polysaccharide Stärke und Cellulose.

Bei der Stärkeverdauung wird diese zu Glucose abgebaut und gelangt in das Blut. Dort bildet sie als Blutzucker (ca. 0,1 % des Blutes) die sofort verfügbare Nährstoffreserve.

D-Fructose

Fructose ist eine Ketohexose mit der Ketogruppe am 2. C-Atom. Ansonsten ist sie wie Glucose aufgebaut. Sie kommt in vielen Früchten und im Honig vor und wird **Fruchtzucker** genannt. Wegen ihrer stark linksdrehenden Wirkung nennt man sie auch Laevulose. Sie ist Molekülbestandteil des Rohr- oder Rübenzuckers.

Fructose schmeckt süßer als Glucose, aber auch als Rohrzucker, und bewirkt den stark süßen Geschmack von Honig. In schwächeren Fällen von Diabetes verwendet man Fructose zum Süßen, da man mit weniger Zucker die gleiche Süßwirkung erzielt.

D-Galactose

Galactose ist eine Aldohexose und unterscheidet sich von der Glucose durch die Stellung der OH-Gruppe am 4. C-Atom. Sie ist Molekülbestandteil des Milchzuckers.

Reduzierende Wirkung der Monosaccharide

Da bei allen Aldosen die offenkettige Form im Gleichgewicht vorliegt, muss in jedem Fall ein Aldehydnachweis möglich sein. Die Reaktion mit **fehlingscher Lösung** bestätigt diese Vermutung. Überraschenderweise reagiert aber auch Fructose mit fehlingscher Lösung positiv, obwohl die Ketogruppe nicht oxidierbar ist. In stark basischer Lösung (Fehling 2) erfolgt aber eine Umwandlung der Fructose in ein Gemisch aus Aldosen, die dann natürlich einen positiven Test ergeben. Daher reagieren sämtliche Monosaccharide mit fehlingscher Lösung. Aus diesem Grund bezeichnet man Monosaccharide als **reduzierende Zucker**.

Die Ringstruktur der Monosaccharide

Aldehyde und Ketone haben die Eigenschaft, Alkohole an die C=O-Doppelbindung reversibel addieren zu können. Die Additionsprodukte nennt man **Halbacetale** (bei Aldehyden) bzw. **Halbketale** (bei Ketonen).

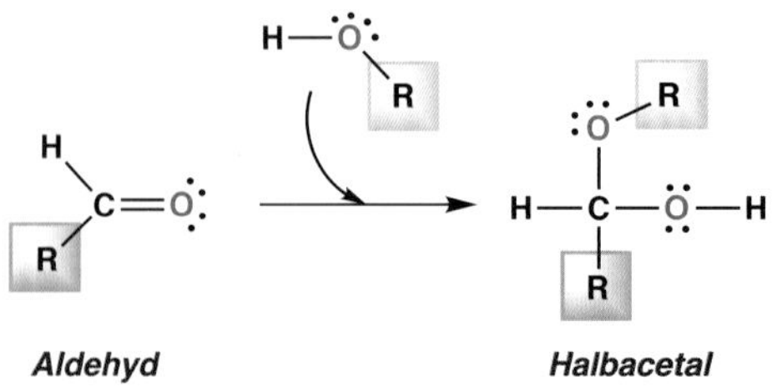

H—O—R + R—CH=O → H—C(—O—R)(—R)—O—H

Aldehyd ***Halbacetal***

Da die Monosaccharide sowohl Carbonylverbindungen als auch Alkohole sind, kann diese Addition bei den längerkettigen Monosacchariden innerhalb des Moleküls erfolgen. Dadurch bilden sich Ringe. Werden Sechserringe gebildet, so spricht man von Pyranosen, bei Fünferringen von Furanosen.

Bildung einer Pyranose am Beispiel der D-Glucose

Es addiert die Alkoholfunktion am 5. Kohlenstoff-Atom an die Aldehydfunktion.

Um die offenkettige Fischer-Projektionsformel in die Ringformel überzuführen, legt man das Molekül so, dass alle nach rechts weisenden OH-Gruppen hinsichtlich der „Ringebene" nach unten, die nach links weisenden nach oben stehen. Die Ringstruktur ist durch die Fischer-Projektionsregel schon vorgebildet.

Nun dreht man um die Bindung zwischen C_4 und C_5, sodass die OH-Gruppe am C_5 in richtiger Stellung für die Addition steht. Dann erfolgt der Ringschluss.

Es können zwei verschiedenen Strukturen entstehen, da durch die Addition ein neues asymmetrisches Zentrum gebildet wurde.

Anomere

Diese Strukturen nennt man Anomere und bezeichnet sie als α-D-Glucose (neue OH-Gruppe unterhalb der Ringebene) und β-D-Glucose (neue OH-Gruppe oberhalb der Ringebene) (Abb. 255–1).

Die Anomeren sind diastereomer zueinander, haben also verschiedene chemische und physikalische Eigenschaften. Da der Ringschluss aber reversibel ist, sind sie in Lösung nicht voneinander zu trennen. Egal von welcher Form man ausgeht, in Lösung bildet sich immer ein Gleichgewicht aus offenkettiger Form und den 2 anomeren Ringformen.

Bei der L-Glucose sind die α- und die β-Form das exakte Spiegelbild der entsprechenden D-Glucosen (Enantiomere!).

Hayworth-Formel vs. „Sesselstruktur"

Diese meist übliche Darstellung der Ringformen nennt man Hayworth-Strukturen. Sie entsprechen den realen räumlichen Verhältnissen nicht exakt, da ein Sechserring nicht eben ist, sondern in der Sesselform vorliegt (Abb. 255–2).

Bildung einer Furanose am Beispiel der D-Fructose

Es addiert die Alkoholfunktion am 5. Kohlenstoff-Atom an die Ketonfunktion am 2. C-Atom. Es ergibt sich dadurch ein Fünferring mit zwei C-Atomen außerhalb des Rings (Abb. 255–3). Die D-Fructose bildet auch Pyranosen. Bei Verknüpfung zu Disacchariden liegt aber diese Furanoseform vor.

Einfache Regeln für Ringbildung bei D-Pentosen und D-Hexosen

Die Ringbildung erfolgt zwischen der OH-Gruppe am letzten asymmetrischen C-Atom und der Carbonylgruppe.

Je nach Kettenlänge und Funktion ergibt sich die Ringgröße.

„Ring O" steht hinten (rechts) und das anomere C-Atom (1. oder 2. C-Atom) steht rechts davon.

Die CH_2OH-Gruppe (letztes C-Atom) zeigt immer nach oben.

In der offenen Form rechts stehende OH-Gruppen weisen nach unten, links stehende nach oben.

Merksatz:

Bei der β-D-Glucose wechseln in der Haworth-Darstellung die OH-Gruppen regelmäßig die Richtung bezüglich der Ringebene (von C1 beginnend rauf runter, rauf runter). Ist eine andere Hexose in Pyranose-Form zu bringen so braucht man nur die offenkettigen Formeln vergleichen. Abweichungen gegenüber der Glucose-Formel sind auch in der Ringebene abweichend.

In manchen Fällen (siehe nächstes Kapitel) ist es notwendig, einen Ring umzudrehen. Dabei wechseln natürlich sämtliche Gruppen ihre Positionen gegenüber dem Ring. Siehe Bildung der Saccharose (Abb. 257–1).

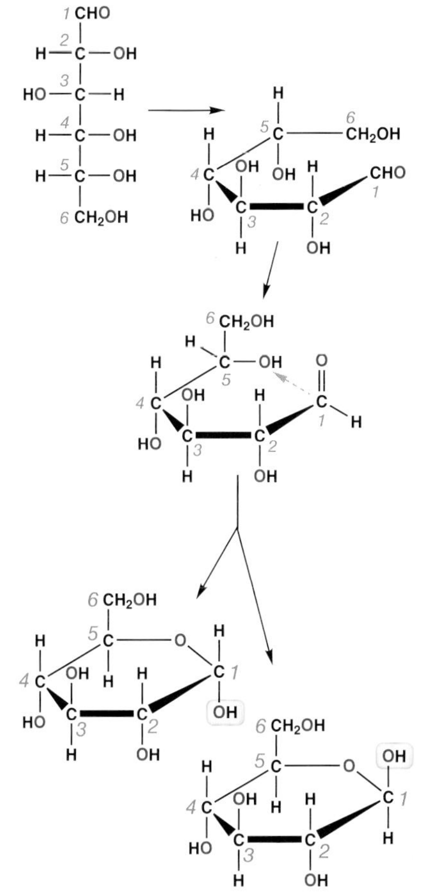

Abb. 255–1: Schema zur Überführung der offenkettigen Form der Glucose in die Ringformen

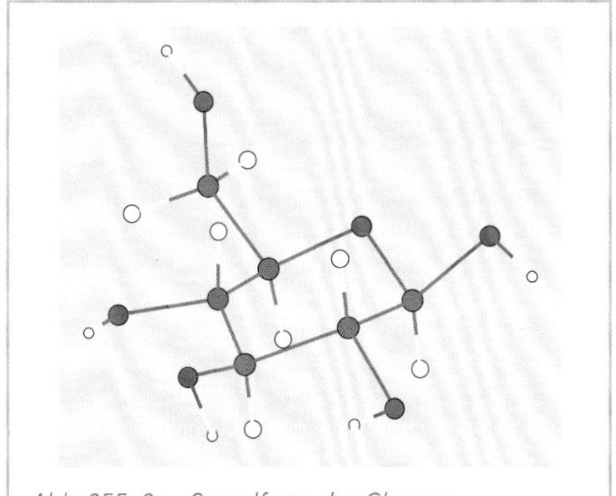

Abb. 255–2: Sesselform der Glucose

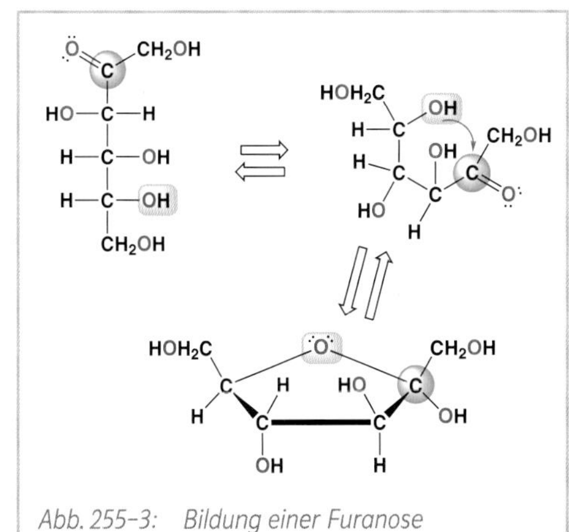

Abb. 255–3: Bildung einer Furanose

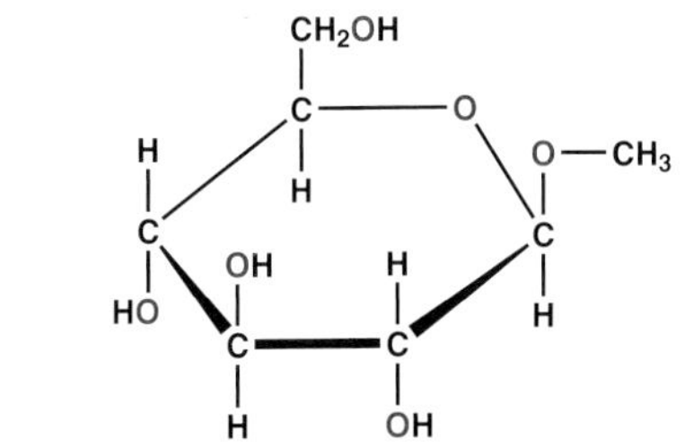

Abb. 256-1: Strukturformel von β-D-Methylglucosid, eines einfachen Glucosids

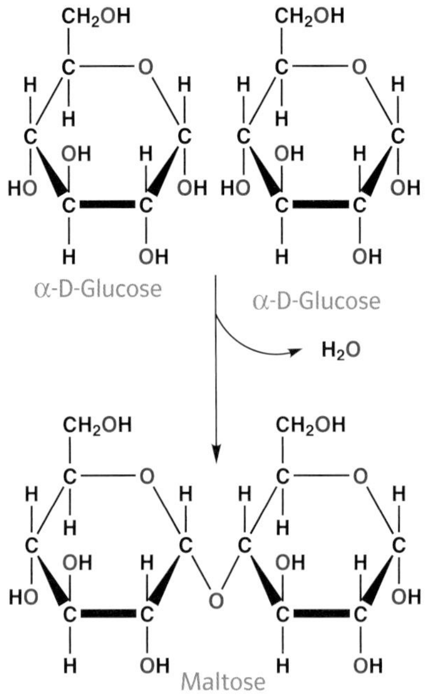

Abb. 256-2: D-Maltose aus D-Glucose

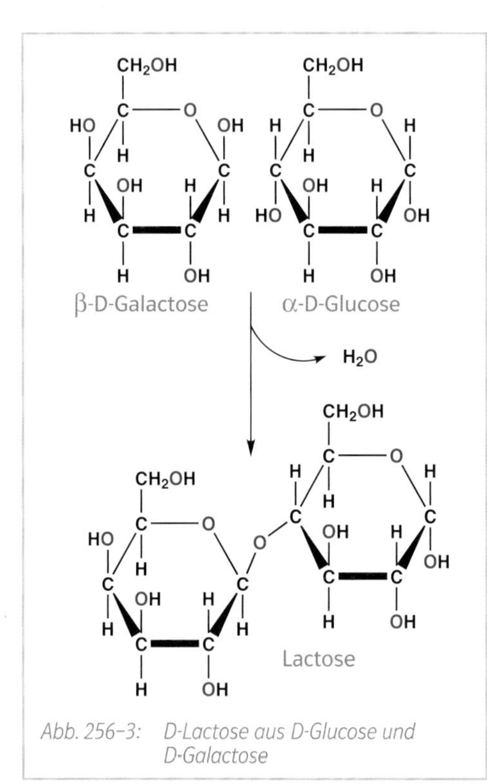

Abb. 256-3: D-Lactose aus D-Glucose und D-Galactose

Disaccharide

Halbacetale (bzw. Halbketale) können mit Alkoholen eine Kondensationsreaktion (= Wasserabspaltung) eingehen. Dabei entstehen Vollacetale (bzw. Vollketale).

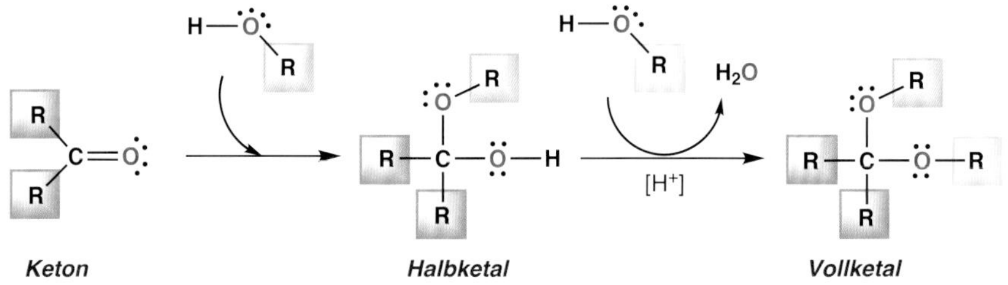

Keton — Halbketal — Vollketal

Diese Reaktion ist auch mit der Ringform eines Monosaccharids möglich. Die Vollacetalform der Monosaccharidringe nennt man allgemein **Glycoside**.

Glycosidische Bindung

Die Bindung zwischen Zuckerring und Alkohol nennt man glycosidische Bindung. Im Falle der Disaccharide sind 2 Monosaccharidringe durch eine glycosidische Bindung verknüpft, dh. anstatt des einfachen Alkohols tritt eine OH-Gruppe eines 2. Zuckermoleküls. Ein Ring wird dabei auf jeden Fall fixiert. Ist vom 2. Monosaccharid eine OH-Gruppe aus der Kette an der glycosidischen Bindung beteiligt, so steht dieser Ring wieder im Gleichgewicht mit der offenkettigen Form und der anomeren Form. Dies ist bei Maltose und Lactose der Fall.

Reduzierende Wirkung

Solche Disaccharide wirken auf fehlingsche Lösung reduzierend. Sind an der glycosidischen Bindung die Halbacetal- bzw. Halbketal-OH-Gruppen beider Monosaccharide beteiligt, so sind beide Ringe fixiert. Es entsteht ein nicht reduzierender Zucker. Ein Beispiel dafür ist die Saccharose.

Benennung

Die Benennung der Disaccharide erfolgt über die Namen der Monosaccharidbausteine. Zuerst wird das in Ringform fixierte Monosaccharid als Seitenkette (Endung -yl) mit dem Lokanten der Verknüpfungsstelle genannt. Die Art des Ringes wird durch den Wortteil -pyrano- bzw. -furano- angegeben, ebenso α- oder β-Form. Eine 4-α-D-Glucopyranosyl-Seitenkette hängt am 2. Zucker an der 4. Stelle, ist eine D-Glucose in α-Form und bildet einen Sechserring. Der 2. Zucker ist das Stammmolekül. Ist auch er in Ringform fixiert, so wird dies mit der Endung -id und dem entsprechendenden Wortteil -pyrano- oder -furano- vermerkt.

Wichtige Disaccharide

Maltose (4-α-D-Glucopyranosyl-D-Glucose)

Maltose wird auch **Malzzucker** genannt. Ein D-Glucose-Molekül ist mit der OH-Gruppe am 4. C-Atom mit einer α-D-Glucose am 1. C-Atom verknüpft. In dem Fall spricht man von einer α-(1,4)-glycosidischen Bindung. Maltose wirkt daher reduzierend. Sie ist rechtsdrehend. Maltose dient zur Herstellung von Süßwaren. Ihre größte Bedeutung hat sie aber als vergärbarer Zucker bei der Bierherstellung und Herstellung von Schnäpsen aus Getreidepflanzen (Korn, Whisky). Bei der Bierherstellung wird Maltose aus der Stärke der Gerste gewonnen. Zum Abbau dienen Enzyme des keimenden Korns. (Vgl. Exkurs „Ethanol" Seite 196)

Lactose (4-β-D-Galactopyranosyl-D-Glucose)

Lactose oder **Milchzucker** besteht aus einer β-(1,4)-glycosidisch verknüpften Galactose mit Glucose und wirkt reduzierend. Lactose kommt in der Milch von Säugetieren vor und bildet den Kohlenhydratanteil der Muttermilch. Milchzucker schmeckt nur schwach süß. Zu seiner Verdauung ist ein Enzym erforderlich, das die Spaltung in die Monosaccharideinheiten bewirkt. Dieses wird vom Säugling reichlich gebildet. Erwachsene bilden dieses Enzym oft nur vermindert aus, wodurch es zu Milchunverträglichkeit (Erbrechen, Durchfall) kommt. Bei Europäern ist dies selten, bei Asiaten betrifft es etwa 90 % der Bevölkerung. Deshalb ist dort der Genuss von Milch für Erwachsene nicht üblich. Das Sauerwerden der Milch beruht auf Milchsäuregärung. Dabei bauen Mikroorganismen Lactose zu Milchsäure ab.

Saccharose (β-D-Fructofuranosyl-α-D-Glucopyranosid)

Saccharose ist ein rechtsdrehendes, nicht reduzierendes Disaccharid (beide Ringe sind durch die glycosidische Bindung fixiert). Sie ist heute weltweit der am weitesten verbreitete lösliche Nahrungsmittelzucker. Nach der Herkunft nennt man Saccharose auch **Rohr-** oder **Rübenzucker**. Die Jahresweltproduktion beträgt etwa 120 Millionen Tonnen und stammt zu über 60 % aus dem Zuckerrohr; der Rest stammt aus Rüben. Zuckerrübenanbau und Zuckergewinnung sind in Ostösterreich ein wichtiger Wirtschaftszweig.

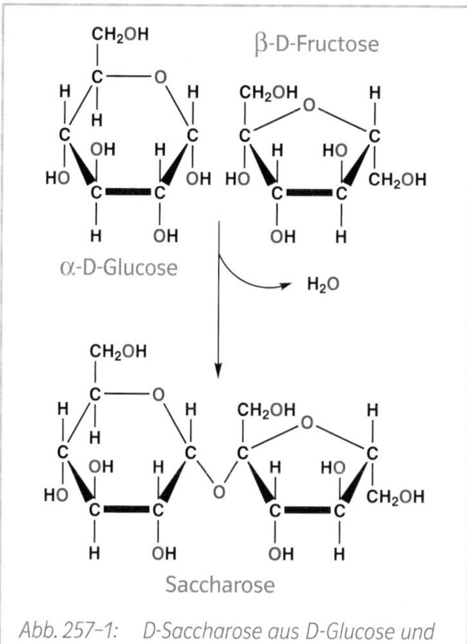

Abb. 257-1: D-Saccharose aus D-Glucose und D-Fructose

Zuckergewinnung

Zur Zuckergewinnung werden die Zuckerrüben (Züchtungen enthalten bis zu 20 % Saccharose) in der Zeit der Kampagne von September bis Dezember verarbeitet. Die rasche Verarbeitung ist nötig, da die Rübe beim Lagern durch Atmung etwa 1 % Zucker pro Monat verliert.

⇨ ***Gewinnung von Rohsaft***

Die gewaschenen Rüben werden zerschnitten und mit ca. 70 °C heißem Wasser im Gegenstromverfahren ausgelaugt. Dabei gewinnt man den Rohsaft mit etwa 14 % Zucker. Daneben sind noch andere lösliche Stoffe aus der Rübe, wie Salze und Eiweiß, enthalten.

⇨ ***Reinigung des Rohsafts***

Zur Reinigung macht man den Rohsaft durch Zusatz von gebranntem Kalk alkalisch. Dadurch werden Phosphate als Calciumphosphat gefällt und das Eiweiß koaguliert. Das überschüssige Calciumhydroxid fällt man durch Einleiten von Kohlenstoffdioxid wieder als Calciumcarbonat aus. Am Niederschlag werden viele Begleitstoffe adsorbiert. Nach dem Filtrieren erhält man den gereinigten **Dünnsaft**.

⇨ ***Gewinnung des Dicksafts und Kristallisation von Zucker***

In der Verdampferstation wird daraus Wasser verdampft, bis ein Dicksaft mit etwa 60 % Zucker entsteht. Dieser wird weiter eingedampft und der auskristallisierte Zucker durch Zentrifugieren gereinigt. Der Vorgang Verdampfen – Zentrifugieren wird noch zweimal wiederholt. Bei den ersten zwei Kristallisationsvorgängen entsteht weißer Zucker, der getrocknet und gelagert wird. In der letzten Stufe entsteht brauner Zucker, der wieder im Dicksaft gelöst wird.

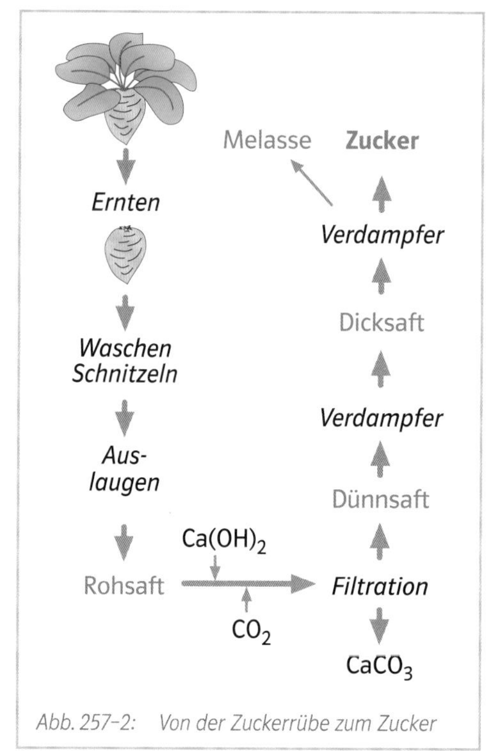

Abb. 257-2: Von der Zuckerrübe zum Zucker

Melasse

Als Rückstand verbleibt eine zuckerhältige Flüssigkeit, die Melasse. Sie wird mit den ausgelaugten Rübenschnitzeln vermischt und als Viehfutter verwertet. Auch als Ausgangsstoff für die Citronensäureproduktion ist sie brauchbar.

Zuckerrohr

Die Verarbeitung von Zuckerrohr erfolgt auf ähnliche Weise. Die Melasse enthält aber im Gegensatz zur Rübenmelasse eine Reihe angenehm riechender Stoffe. Sie kann zu Rum vergoren werden. Auch brauner Zucker wird mit Rohrzuckermelasse hergestellt (Besprühen von weißem Rübenzucker).

Zuckercouleur

Erhitzt man Saccharose vorsichtig bis zum Schmelzen, so verfärbt sie sich dunkel. Das Zersetzungsprodukt nennt man **Karamell**. Stark zersetzter Zucker dient als „Zuckercouleur" zum Färben von Lebensmitteln (Essig, Rum, Cola-Getränke).

Invertzucker

Wenn man Saccharose mit Säuren behandelt, so spaltet sie in ein Gemisch aus Glucose und Fructose. Die Mischung wirkt wieder reduzierend. Sie wird Invertzucker genannt, da die rechtsdrehende Saccharose in die linksdrehende Mischung übergeht. (Fructose dreht stärker links als Glucose rechts.) Ein natürlicher Invertzucker ist der Honig. Im Sammelmagen der Biene spalten Enzyme die Saccharose des Blütennektars. Als Zuckersirup bzw. Glucose-Fructose-Sirup findet er in der Lebensmittelindustrie Verwendung.

Schüler-Experiment 9.1

Reduzierende und nichtreduzierende Zucker

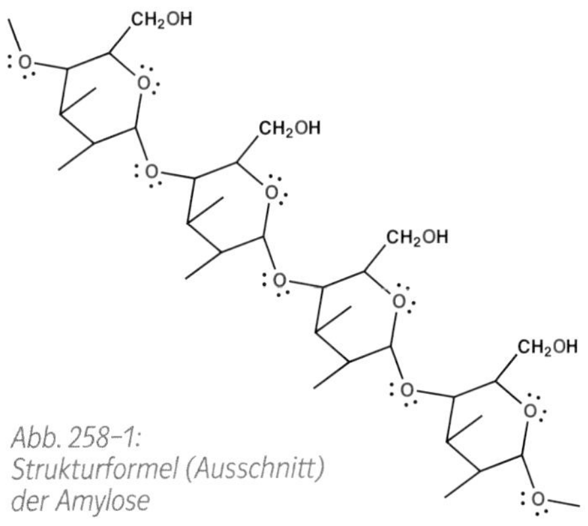

Abb. 258-1: Strukturformel (Ausschnitt) der Amylose

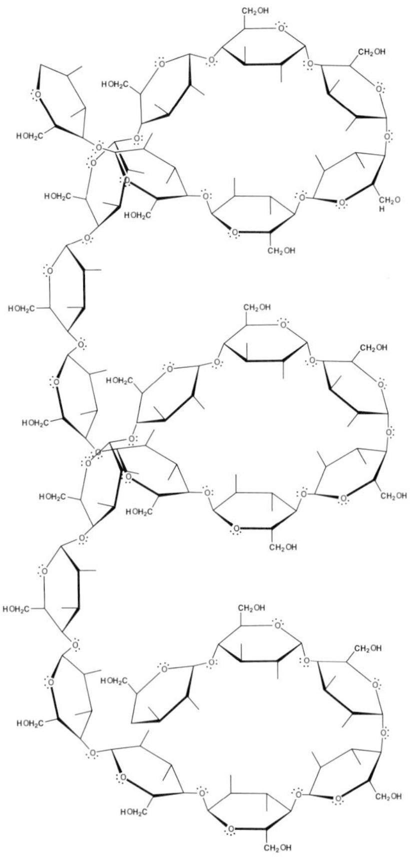

Abb. 258-2: Schraubenform der Amylose

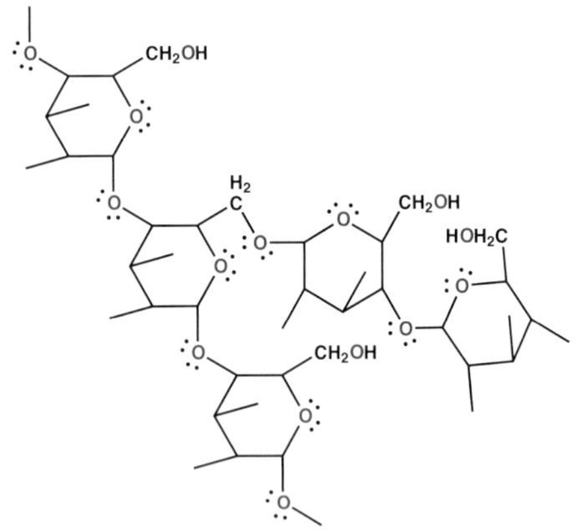

Abb. 258-3: Formel (Ausschnitt) von Amylopektin

Polysaccaride

Polysaccharide sind nach demselben Prinzip aufgebaut wie Disaccharide. Statt 2 Monosaccharideinheiten sind aber viele (hundert bis zigtausend) glycosidisch verknüpft. Die wichtigsten Polysaccharide sind **Stärke**, die pflanzliche Reservesubstanz, und **Cellulose**, die Gerüst- und Fasersubstanz der Pflanzen. Beide bestehen aus Glucoseeinheiten. Die Summenformel dieser Polysaccharide ist daher $(C_6H_{10}O_5)_n$.

Durch **Photosynthese** baut die Pflanze aus Wasser und Kohlenstoffdioxid Glucose auf. Für die endergone Reaktion ist Licht als Energiequelle notwendig. Sauerstoff wird dabei abgegeben. Die lösliche Glucose würde bald zu einer zu konzentrierten Lösung in den Pflanzenzellen mit riesigem osmotischen Druck führen. Die Glucoseeinheiten werden daher zu Polysacchariden verknüpft.

Stärke

Im Falle der Stärke dienen sie dann als Nährstoffreserve in den Blättern. In Zeiten ohne Licht greift die Pflanze auf diese Reserve zurück und gewinnt ihre notwendige Energie durch Atmung. In der Nacht verbrauchen Pflanzen einen Teil des Sauerstoffes, den sie am Tag gebildet haben. In Wurzelknollen dient Stärke als Reserve für Dürre- oder Kälteperioden, und auch die Pflanzensamen enthalten Stärke als Nährstoff- und Wachstumsreserve für den Keimling, bis dieser seinen Energiebedarf durch Photosynthese selbst decken kann.

Aufbau aus Amylose und Amylopektin

Stärke ist ein Gemisch zweier verschiedener Substanzen, der Amylose (20 – 30 %) und des Amylopektins (70 – 80 %).

Amylose besteht aus D-Glucoseeinheiten mit α-(1,4)-Verknüpfung wie in Maltose. Die Zahl der Glucoseeinheiten im Makromolekül beträgt mehrere hundert. Das fadenförmige Makromolekül ist zu einer Schraube gewunden, die durch Wasserstoffbrücken zwischen den Glucoseeinheiten stabilisiert ist (Abb. 258–2).

Amylopektin besteht aus denselben Ketten wie Amylose, nur existieren hier zusätzlich Verzweigungen. Sie sind α-(1,6)-glycosidische Verknüpfungen mit D-Glucose. Nach der Verzweigung setzt sich die Kette wieder α-(1,4)-glycosidisch fort. Im Durchschnitt tritt etwa bei jeder 25. Glucoseeinheit eine Verzweigung auf. Amylopektin besteht aus 1500 – 12000 Glucoseeinheiten (Abb. 258–3).

Löslichkeit der Stärke

Stärke ist in kaltem Wasser unlöslich, in heißem Wasser ist sie als Makromolekül kolloidal löslich. Dabei werden viele Wasser-Moleküle an der Stärke durch Wasserstoffbrücken gebunden. Dadurch entsteht beim Abkühlen ein **Stärkekleister.** Diesen Stärkekleister benutzt man beim Kochen zum Andicken und Binden von Saucen („Einbrenn").

Nachweis der Stärke

Als Nachweis für Stärke dient elementares **Iod** (und umgekehrt). Mit kolloid gelöster Stärke bilden bereits Spuren von Iod einen tiefblauen Komplex. Dieser entsteht, wenn sich die Iod-Moleküle in die Schraubenstruktur der Amylose legen. (Abb. 028–2) Beim Erhitzen wird der Komplex wieder zerstört.

Als Polysaccharid ist Stärke nicht reduzierend, da nur ein Glucosering am Molekülende eine offenkettige Form bilden kann, was bei der Größe des Moleküls kaum ins Gewicht fällt. Behandelt man Stärke mit Säuren oder mit Verdauungsenzymen, so wird sie rasch zu Maltose und Glucose abgebaut.

Stärke bei der Ernährung

Ein Abbauprodukt der Stärke, das noch höhermolekular ist, nennt man **Dextrin**. Beim Brotbacken entsteht Dextrin durch Hitzeeinwirkung in der Brotrinde.

Stärke ist die wichtigste Kohlenhydratquelle für die Ernährung. Kohlenhydrate sollten großteils als Stärke konsumiert werden. Die wichtigsten Stärkequellen sind die Getreidesorten und die Kartoffel. Bei der Verdauung wird Stärke durch Enzyme, die α-glycosidische Bindungen spalten, rasch abgebaut und als Glucose vom Organismus aufgenommen und verwertet.

Glycogen

Glycogen ist ein Polysaccharid mit ähnlichem Aufbau wie Amylopektin. Es ist noch stärker verzweigt und noch höhermolekular, mit bis zu 100000 Glucoseeinheiten im Molekül. Es dient im tierischen und menschlichen Organismus als Reservestoff. In den Muskeln ist es eine rasch mobilisierbare Glucosequelle für Muskelarbeit. In der Leber dient es vor allem zum Regulieren des Blutzuckerspiegels.

Cellulose

Cellulose ist die Fasersubstanz der Pflanzen und bildet den größten Teil der Trockenmasse der meisten Pflanzen. Sie ist mit etwa 50 % am Aufbau des Holzes beteiligt und damit bei weitem das häufigste Biopolymer. Der jährliche Celluloseaufbau (und auch -abbau) beträgt etwa 10^{12} t.

Cellulose besteht aus unverzweigten Molekülketten aus bis über 10000 D-Glucoseeinheiten mit β-(1,4)-glycosidischer Verknüpfung. Die Molekülketten liegen linear nebeneinander und halten durch Wasserstoffbrücken fest zusammen. Dadurch entstehen lange, extrem reißfeste Fasern (Abb. 259–3). Die Reißfestigkeit einer einzelnen Cellulosefaser ist höher als die eines Stahldrahtes gleicher Stärke.

Durch diese Cellulosefasern erhalten Pflanzenstengel und Holz ihre mechanische Festigkeit. Aufgrund ihrer Faserstruktur ist Cellulose ein wichtiger Rohstoff für die Herstellung von Papier und Textilfasern (Baumwolle, Leinen, Viscosefasern). Siehe Exkurs Seite 260.

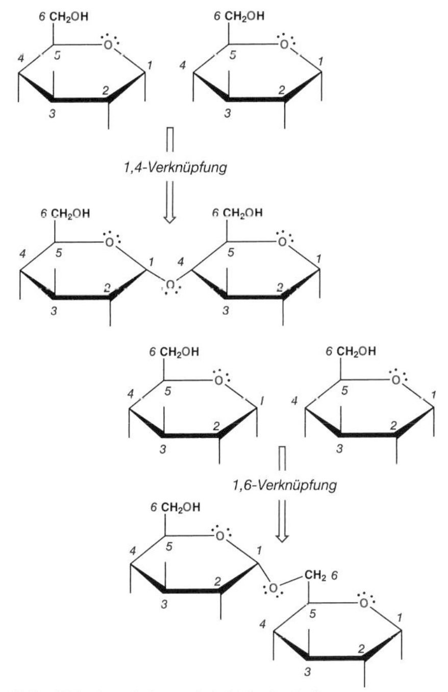

Cellulose in der Tierernährung

Als Nährstoff hat Cellulose für den Menschen keine Bedeutung, da wir keine Enzyme zur Spaltung der β-glycosidischen Bindungen bilden können.

Die Wiederkäuer (Rinder, Schafe, Ziegen, Kamele) ernähren sich hauptsächlich von Cellulose. Sie bilden zwar selbst keine Enzyme zur Spaltung von β-glycosidischen Bindungen, haben aber im Pansen Mikroorganismen, die den Celluloseabbau bewirken. Daher sind Rinder weltweit die wichtigsten Nutztiere. Sie können mit der häufigsten organischen Substanz ernährt werden und sind keine Nahrungskonkurrenten des Menschen. Pferde und andere Pflanzenfresser verdauen Cellulose teilweise in ihrem Blinddarm, der bei Pferden etwa 70 cm lang ist. Auch hier wird Cellulose durch Mikroorganismen abgebaut. Die Celluloseverwertung ist allerdings nicht so vollständig wie bei Wiederkäuern.

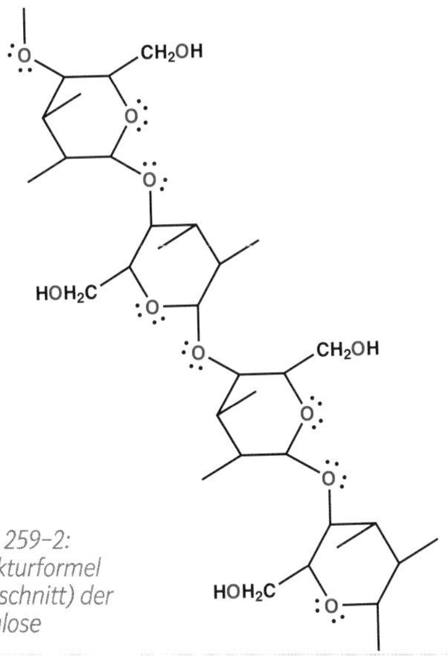

Ballaststoffe

Beim Menschen spielt Cellulose für die Ernährung als unverdaulicher Ballaststoff eine große Rolle zur Anregung der Verdauung. Dabei bleibt Cellulose weitgehend unverdaut, die Wirkung von Darmbakterien im menschlichen Blinddarm spielt (im Vergleich zum Pferd) kaum eine Rolle. Zum Transport des Darminhalts ist aber eine gewisse Menge Material nötig, die bei völlig verdaulicher Nahrung fehlen würde. Extrem ballaststoffarme Ernährung kann daher zu schweren Verdauungsstörungen führen. Cellulose findet sich vor allem in Gemüse und in Vollkornprodukten.

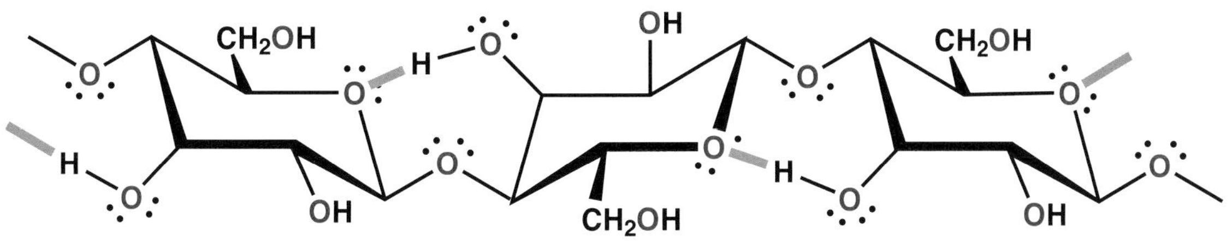

Abb. 259–1: 1,4- und 1,6-Verknüpfung der Glucose

Abb. 259–2: Strukturformel (Ausschnitt) der Cellulose

Abb. 259–3: Das Cellulose-Molekül ist zusätzlich durch Wasserstoffbrücken in Längsrichtung stabilisiert.

Schüler-Experiment 9.2

Stärke-Abbau und -Nachweis

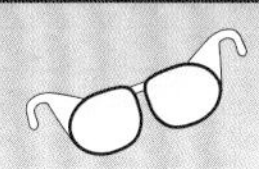

Cellulose der natürliche Faserstoff

Holz - Zellstoff - Papier

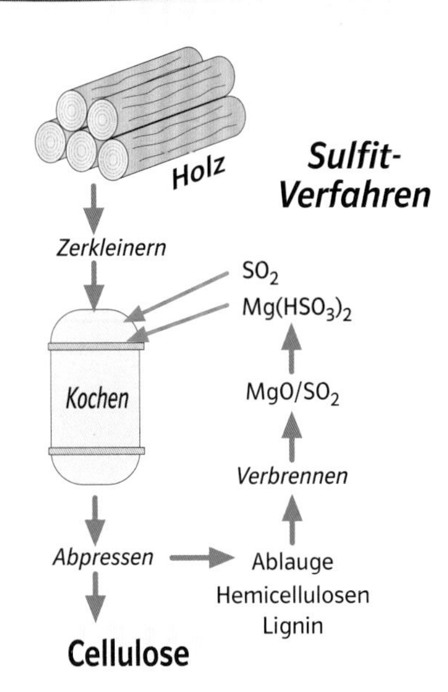

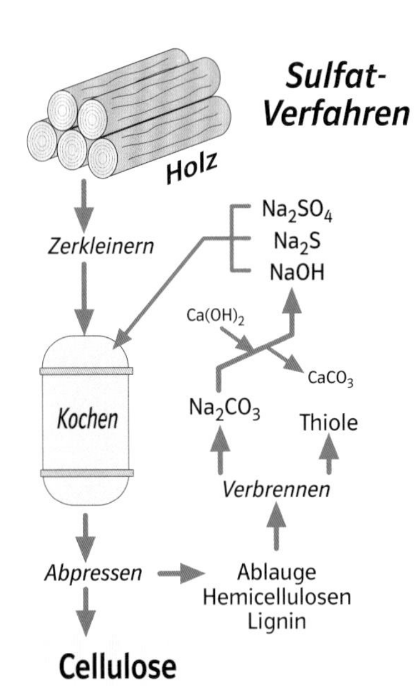

Abb. 260-1: Die Herstellung von Zellstoff

PAPIER

Schreibpapier	*Löschpapier*	*Zeitungs- und Packpapier*
ZELLSTOFF	ZELLSTOFF	wenig Zellstoff HOLZSCHLIFF
+ Leim + Füllstoffe		+ Leim + Füllstoffe

Abb. 260-2: Papierarten

Reine Cellulosefäden treten selten auf. Die Samenhaare der Baumwolle und die Stängelfasern des Flachses, aus denen das Leinen gewonnen wird, sind fast reine Cellulose.

Holz

Der weitaus größte Anteil der Cellulose liegt aber im Holz vor. Trockenes Holz besteht zu etwa 50 % aus Cellulose, die die Zugfestigkeit bewirkt. Die Cellulosefasern sind in einer Matrix aus **Lignin** (Holzstoff) und **Hemicellulosen** eingelagert. Dies erhöht die Druckfestigkeit. Lignin (ca. 30 % der Holztrockenmasse) ist ein Makromolekül mit aromatischen Ringen, die durch aliphatische Seitenketten räumlich verknüpft sind und phenolische –OH-Gruppen und $-O-CH_3$-Gruppen enthalten. Hemicellulosen, auch Holzpolyosen genannt, sind Makromoleküle, die überwiegend aus Pentosen aufgebaut sind. Sie bilden zusammen mit Harzstoffen (Terpene) und Wachsen die restlichen ca. 20 % des Holzes.

Gewinnung von Zellstoff

Die technisch aus Holz gewonnene Cellulose wird Zellstoff genannt. Da Cellulose von den Holzkomponenten am schwersten in Lösung zu bringen ist, schafft man Bedingungen, unter denen sich alle anderen Bestandteile des Holzes lösen. Zur Isolierung des Zellstoffs sind 2 Verfahren üblich, das **Sulfitverfahren** (saures Verfahren) und das **Sulfat-Verfahren** (basisches Verfahren). In Österreich sind beide Verfahren im Einsatz. In Lenzing, Hallein und Kematen wird Zellstoff nach dem Sulfitverfahren gewonnen, in Pöls, Frantschach und Nettingdorf nach dem Sulfatverfahren. Gemeinsam ist den Verfahren, dass bei höherem Druck (bis 10 bar) und höherer Temperatur (150 – 180 °C) in einer Chemikalienlösung alle Holzinhaltsstoffe außer dem Zellstoff gelöst werden können. Die Cellulose wird abgepresst und gewaschen. Die entstehende Ablauge muss eingedickt und verbrannt werden. Sie enthält ja etwa 50 % des Holzes. Die eingesetzten Chemikalien werden aus dem Verbrennungsrückstand und den Abgasen weitgehend zurückgewonnen und können so im Kreislauf geführt werden.

Bleichen von Zellstoff

Der rohe Zellstoff beider Verfahren ist noch gelb bis braun und wird meist gebleicht. Das früher übliche Verfahren der **Chlorbleiche**, das Abwässer mit organischen Chlorverbindungen belastete, wurde weitgehend aufgegeben. Heute bleicht man mit Wasserstoffperoxid oder Ozon (**Sauerstoffbleiche**). Für viele Zwecke kann auch ungebleichter Zellstoff eingesetzt werden.

Papier

Die Hauptverwendung von Zellstoff ist die Herstellung von Papier. Die Weltproduktion 2017 betrug ca. 420 Mio. Tonnen (Davon 100 Mio. t in Europa). Österreich gehört aufgrund des Waldreichtums in Europa zu den großen Papierexportländern mit einer Jahresproduktion (2017) von 5 Mio. Tonnen.

Bei der Papierherstellung wird eine Zellstoffaufschlämmung gleichmäßig aufgetragen und in mehreren Stufen gepresst, entwässert und schließlich getrocknet. Die im Papier kreuz und quer liegenden Cellulosefasern bewirken die Reißfestigkeit des Papiers.

Papier aus reiner Cellulose ist saugfähig. Es wird für Taschentücher, Toilettepapier und Küchenrollen verwendet, aber auch für Filterpapier im chemischen Labor.

Als Schreibpapier ist es ungeeignet, da die Tinte darauf zerrinnt. Für Schreibpapier wird der Cellulosebrei mit bis zu 30 % Füllstoffen versetzt, die das Papier schwer, weißer und undurchsichtiger machen. Dies sind vor allem Bariumsulfat, Gips, Kalk, Kaolin und Titanweiß (TiO_2). Für färbige Papiere werden Pigmente (wasserunlösliche Farbstoffe) oder Farbstoffe zugesetzt, die auf der Cellulosefaser aufziehen. Dazu kommen Alaun, Wasserglas und Harzleime. Dadurch werden die Poren im Papier verschlossen. Dieses verliert seine Saugfähigkeit, und die Tinte zerrinnt nicht mehr.

Spezialpapiere

Für Zeitungspapier verwendet man anstelle des teuren Zellstoffes **Holzschliff** (fein zermahlenes Holz), das noch Lignin enthält. Dieses ist UV-strahlungsempfindlich, sodass ligninhältiges Papier im Sonnenlicht rasch vergilbt.

Für **Banknotenpapier** werden Alttextilien (Hadern) verarbeitet. Die langkettige Cellulose der Baumwolle verleiht diesen Papieren besonders hohe Reißfestigkeit.

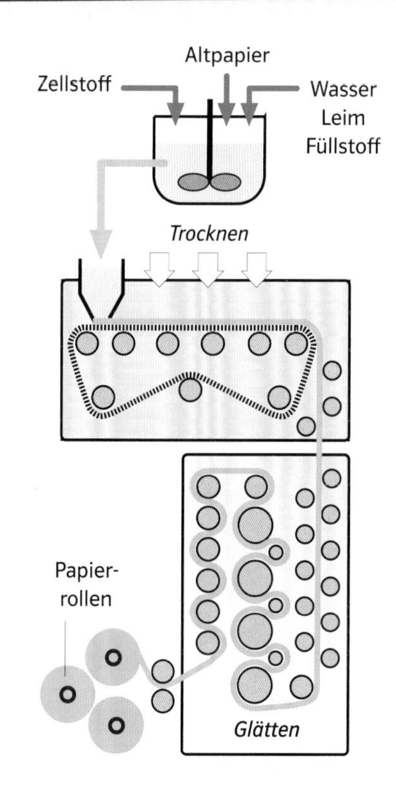

Abb. 261-1: Papiererzeugung

Recycling

Um beim Rohstoff Holz zu sparen, werden Anstrengungen unternommen, das Holz bzw. den Zellstoff teilweise durch **Altpapier** zu ersetzen. Dies ist technisch möglich – europaweit liegt der Einsatz von **Recyclingpapier** etwa bei 60 %. Bei der Produktion von Schreibpapier sind allerdings umfangreiche Reinigungsschritte (**Deinking-Verfahren**) notwendig, und das Ergebnis des Recyclingpapiers ist trotzdem unbefriedigend. Besser kann Altpapier bei der Herstellung von Verpackungspapier, Karton und Pappen eingesetzt werden. Die Firma Hamburger zB betreibt in Pitten/NÖ ein Werk, im dem solche Verpackungspapiere ausschließlich aus Altpapier produziert werden.

Halbsynthetische Kunststoffe auf Cellulosebasis

Da Cellulose eine Textilfaser mit ausgezeichneten Eigenschaften ist, wurde bereits im 19. Jahrhundert versucht, aus der billigen Cellulose des Holzes ein länger fasriges Produkt zu erzeugen, das als Ersatz für Baumwolle dienen kann. Dazu muss Cellulose gelöst werden. Um wasserlöslich zu sein, ist sie zu wenig hydrophil, für unpolare oder schwach polare Lösungsmittel ist sie zu hydrophil. Man ist daher zwei Wege gegangen: Entweder man verringert die hydrophile Wirkung durch Veresterung der OH-Gruppen oder man erhöht die hydrophile Wirkung durch Einführen von ionischen Gruppen.

Cellulosenitrat und Celluloseacetat

Das erste brauchbare Produkt erhielt C. F. Schönbein 1845, als er den Salpetersäureester der Cellulose herstellte, das Cellulosenitrat. So entstand in Frankreich die erste **Kunstseide** (Chardonnet-Seide). Man erzeugte einen durchsichtigen Stoff, der als **Celluloid** das Trägermaterial für Filme wurde. Der Nachteil der Salpetersäureester ist ihre Feuergefährlichkeit (tödliche Brandunfälle mit Ballkleidern, Brände in Filmstudios). Heute spielt das Material daher vor allem in der Schießpulver- und Sprengmittelindustrie eine Rolle.

Als feuerungefährlicher Ersatz für Cellulosenitrat dient heute Celluloseacetat, der Essigsäureester der Cellulose. Sowohl als Kunstseide (Acetatseide) als auch als Folienmaterial („Sicherheitsfilm") ist es heute in Verwendung.

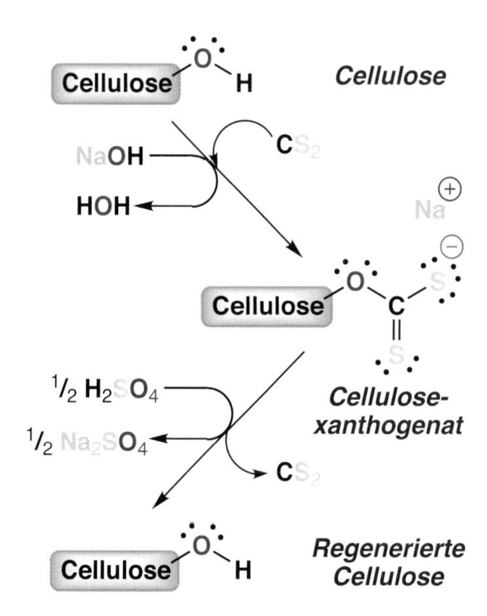

Abb. 261-2: Xanthogenatbildung und -verspinnung

Cellulosexanthogenat - Viscose

Behandelt man Cellulose mit Natronlauge und Schwefelkohlenstoff entsteht der Ester der Dithiokohlensäure, das Xanthogenat. In dieser Form löst sich Cellulose in Wasser zu einer zähflüssigen Masse, der **Viscose**. Presst man diese durch Spinndüsen in verdünnte Schwefelsäure, so wird der Vorgang rückgängig gemacht, und es entsteht ein langer seidenglänzender Cellulosefaden mit den gleichen Eigenschaften wie natürliche Cellulose. Dieser wird als Verstärkung für Autoreifen (Rayon) oder als Textilfaser (Viscosefaser) verwendet. Die Cellulose-Chemiefaser Lenzing AG in Oberösterreich ist der weltgrößte Hersteller solcher Fasern.

Lyocell

Die Belastung der Luft durch Schwefelkohlenstoffreste und Thiole und die Gewässerbelastung haben zur Suche nach Alternativen zum Viscoseverfahren geführt. Die wichtigste Innovation am Cellulosefasersektor ist das Lyocell-Verfahren. Es wurde von der Firma Lenzing zur großtechnischen Produktionsmethode entwickelt. Eine große Lyocell-Anlage steht im Burgenland (Heiligenkreuz).

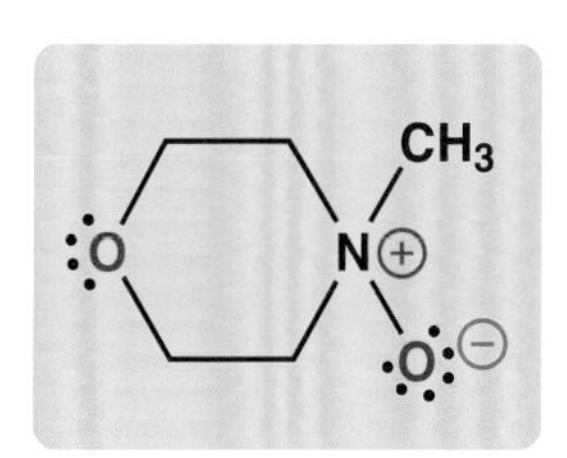

Abb. 261-3: N-Methylmorpholin-N-Oxid (NMMO) das Lösungsmittel des Lyocell-Verfahrens

Gemische aus N-Methylmorpholin-N-oxid (NMMO) und Wasser sind in der Lage, Cellulose zu lösen. Die darin gelöste Cellulose lässt sich in einem Spinnbad aus Wasser wieder regenerieren und ergibt Fasern mit guten Eigenschaften und hoher Nassreißfestigkeit. Das NMMO wird zu 99 % aus dem Spinnbad wiedergewonnen.

Die Gewässerbelastung kann durch Kläranlagen gering gehalten werden. Luftbelastungen, wie beim Viscoseverfahren, treten beim Lyocell-Verfahren nicht auf.

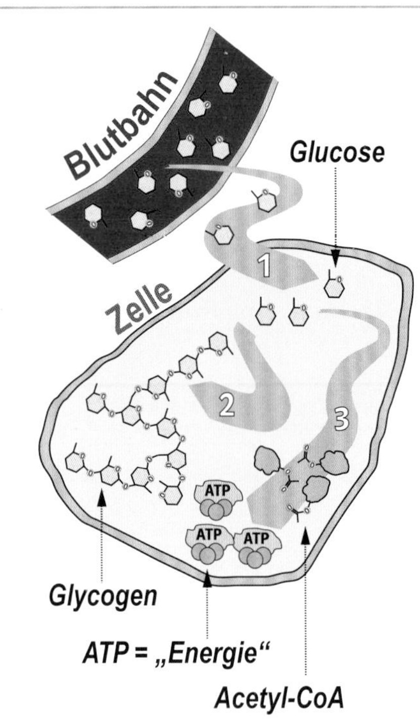

Insulineinfluss

1 ⇨ Insulin steuert den Übertritt von Glucose aus der Blutbahn in die Zelle (zB Leber).

2 ⇨ Insulin regt die Bildung von Glycogen aus Glucose an (= Energiespeicherung).

3 ⇨ Insulin startet den Abbau der Glucose zu Acetyl-Coenzym A, den „Rohstoff“ zur Bildung von ATP („Energieträger“).

4 ⇨ Insulin fördert die Synthese von Fett aus Acetyl-Coenzym A.

Abb. 262-1: Wirkungsweise von Insulin

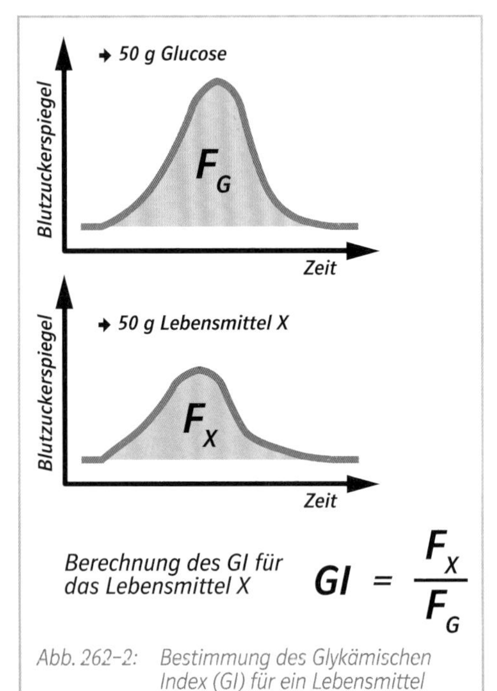

$$GI = \frac{F_X}{F_G}$$

Abb. 262-2: Bestimmung des Glykämischen Index (GI) für ein Lebensmittel

Kohlenhydrate und Ernährung

Kohlenhydrate sind in unserer Nahrung grundsätzlich nicht essenziell, dh. es gibt keine Saccharide, die unser Organismus benötigt und nicht aus anderen Nährstoffen (in dem Fall Eiweißstoffen) aufbauen könnte. Sie sind aber wichtige Energielieferanten. Sowohl die löslichen Zucker (meist Glucose, Fructose und Saccharose) als auch Stärke in reiner Form werden rasch verdaut und im Blut als Glucose und Fructose transportiert.

Blutzucker

Die wichtigere Glucose bildet den Blutzucker und ist die direkt zugängige Energiereserve. Blutzucker muss einen relativ konstanten Wert von zwischen 80 und 100 mg/dL Blut haben. Er ist für die Funktion des Gehirns unerlässlich. Werte unter 50 mg/dL sind gefährlich, noch tiefere Werte lebensbedrohlich. Zu hohe Werte treten normalerweise nach der Nahrungsaufnahme ein. Sie führen zur Ausschüttung des Hormons **Insulin**. Dieses bewirkt den Eintritt von Glucose in die Muskel- und vor allem Leberzellen, wo Glucose zu **Glycogen** umgewandelt und gespeichert wird.

Menschen mit hohem Energiebedarf (Leistungssportler, Schwerarbeiter) verbrauchen die zugeführten Kohlenhydrate rasch. Die Insulinausschüttung ist daher geringer. Ist der Blutzucker durch Energieverbrauch verringert, so wird das Hormon **Glucagon** produziert, das den Blutzucker wieder erhöht, indem aus den Glycogenreserven in den Leberzellen Glucose erzeugt und an das Blut abgegeben wird.

Das Glycogen der Muskelzellen wird direkt in diesen Zellen wieder abgebaut und dort verbraucht.

Die Glycogenmenge reicht bei normaler Belastung für knapp einen Tag, bei starker Belastung aber nur wenige Stunden. Daher muss zB bei einem Marathonlauf während des Laufens Nahrung zugeführt werden. Auch Schwerarbeiter, zB am Bau, müssen regelmäßige Essenspausen einhalten. Kohlenhydrate sind daher in der Sporternährung ein ganz wichtiger Bestandteil der Nahrung.

Stärke als Energiequelle

Auch in früheren Zeiten, als ein Großteil der Menschen in der Landwirtschaft schwer arbeiten musste, war Stärke die wichtigste Energiequelle (Brot, Sterz). Zucker (Saccharose) stand praktisch nicht zur Verfügung. Er wurde aus Zuckerrohr gewonnen und war als teures Importprodukt für den einfachen Landarbeiter unerschwinglich.

Zucker als Nahrungsmittel

Heute lebt ein Großteil der Menschen in den Industrieländern ohne starke körperliche Belastung und leidet oft an Bewegungsmangel. Zucker ist billig, die Geschmacksrichtung süß wird von den meisten Menschen als angenehm empfunden, und die meisten Fertignahrungsmittel und vor allem viele Getränke (Limonaden, Colagetränke, aber auch viele Fruchtsäfte) enthalten große Mengen Zucker.

Hier wird das Blutzuckerregulierungssystem zum Problem. Zucker und leicht verdauliche Stärke erhöhen den Blutzuckerspiegel rasch, es erfolgt eine starke Insulinauschüttung. Bereits recht kurze Zeit nach der Nahrungsaufnahme entsteht dadurch wieder ein **Unterzuckerzustand**, der zu **Hungergefühl** und neuer Nahrungsaufnahme führt. Der Blutzucker wird nicht verbraucht, die Glycogenspeicher sind voll.

In dem Fall regt das Insulin die Umwandlung von Glucose in Fett an. Die Fettproduktion geschieht vor allem in der Leber. Das Fett wird vor allem als Bauchfett gespeichert und führt zu **Übergewicht**. Dies macht Bewegung anstrengender, es vergrößert sich der Bewegungsmangel. Dieser Kreislauf ist der Grund, weshalb heute Zucker und leicht verdauliche Stärke als Hauptursache für Übergewicht gesehen werden. Manche Studien sprechen von Zuckersucht. Ein permanent hoher Insulinspiegel behindert auch die Verwertung von Nahrungsfett. Ein Achten auf fettarme Ernährung („low fat Produkte“) hilft dabei nicht, der Körper produziert den Großteil des Fettes selbst.

Gesundheitliche Folgen von übermäßigem Zuckerkonsum

Eine solche langfristige Fehlernährung kann zu **Diabetes Typ 2** führen, der erworbenen Zuckerkrankheit (Zum Unterschied zu Diabetes Typ 1, bei der die Insulinproduktion durch eine Autoimmunreaktion auf die Zellen der Bauchspeicheldrüse erlischt). Dabei sprechen die Zellen schlechter auf Insulin an (Insulinresistenz). Es kommt ohne Maßnahmen zu einem permanent überhöhten Blutzuckerwert. Dies führt zu Durchblutungsstörungen. An der Netzhaut kann dies bis zur Erblindung führen, in den Beinen zur Unterversorgung, die zum Absterben des Gewebes führt und Amputationen notwendig macht. Nierenschäden entstehen, die Dialyse und Nierentransplantationen notwendig machen. Bei den Herzkranzgefäßen führt Mangeldurchblutung zu Herzinfarkt.

Um einen permanent hohen Insulinspiegel zu vermeiden, hilft eine Ernährung durch Lebensmittel mit niedrigem **Glykämischem Index** (GI) bzw. die Beachtung der **Glykämischen Last** (GL) der Lebensmittel (siehe auch Seite 236, 237).

Glykämischer Index (GI)

Der GI beschreibt die Wirkung von Nahrungsmitteln auf den Blutzuckerspiegel. Es wird die Blutzuckerreaktion auf 50 g Kohlenhydrat aus dem Nahrungsmittel verglichen mit der Blutzuckerreaktion auf 50 g Traubenzucker. Traubenzucker erhält den Referenzwert 100. Es wird die Fläche im Diagramm Blutzuckerwert gegen Zeit innerhalb der ersten zwei Stunden nach der Nahrungsaufnahme bestimmt. Der GI gibt das Verhältnis der Flächen an (Abb. 262–2).

Als hoch gelten GI-Werte über 70, als mittel zwischen 50 und 70, als niedrig unter 50.

Der GI bezieht sich immer auf 50 g Kohlenhydrat im Lebensmittel und nicht auf 50 g Lebensmittel selbst. So haben gekochte Karotten und Weißbrot den etwa gleichen GI von ca. 70. Weißbrot besteht aber zu ca. 34 % aus Kohlenhydraten, Karotten zu ca. 7 %. Um die Kohlenhydratmenge von 100 g Weißbrot zu erreichen, müsste man fast ½ kg gekochte Karotten essen.

Glykämische Last (GL)

Um obigen Unterschied zu berücksichtigen, wurde die Glykämische Last definiert. Sie errechnet sich aus dem GI multipliziert mit dem Kohlenhydratgehalt des Lebensmittels (Abb. 263–1).

Der Blutzuckereffekt von 100 g Weißbrot ist (bei gleichem glykämischen Index) etwa fünf Mal so groß wie der von 100 g gekochten Karotten.

Die GL kann auch als **Glucoseäquivalenz** bezeichnet werden. 100 g Weißbrot mit einer GL von 23,8 bewirken den gleichen Blutzuckeranstieg wie 23,8 g Glucose.

Achtet man bei der Ernährung auf Lebensmittel mit niedriger GL, so bleibt der Blutzuckerspiegel permanent relativ niedrig. Damit wird auch der Insulinspiegel niedrig gehalten. Das verbessert auch die Fettverwertung.

Fructose in der Nahrung

Ein Kohlenhydrat mit einem niedrigen GI von ca. 20 ist Fructose. Zusätzlich hat sie eine höhere Süßwirkung als Haushaltszucker (Saccharose) um etwa den Faktor 114/100. Dies bewirkte, dass Fructose als Diätzucker für Diabetiker empfohlen wurde. Sie wird wegen der stärkeren Süßkraft in geringeren Mengen benötigt, wird im Darm nur langsam resorbiert und insulinunabhängig in der Leber verwertet.

In kleinen Mengen war dies durchaus vernünftig. Allerdings wird Fructose vor allem in den USA enzymatisch aus Maisstärke erzeugt, und dieser „**High Fructose Corn Syrup**" (HFCS) verdrängt zunehmend den Zucker in Softdrinks. In großen Mengen ist Fructose aber sehr schädlich. Studien zeigen, dass sie vor allem bei Überernährung in der Leber rasch in Fett umgewandelt wird. Dies führt zu einem Anstieg der Fälle von nicht-alkoholischer **Fettleber.**

Auch Diabetes Typ 2 wird durch übermäßigen Fructosekonsum begünstigt. In Europa findet sich HFCS in verarbeiteten Nahrungsmitteln und in Getränken. Er ist vom gesundheitlichen Standpunkt sicher nicht günstiger als Haushaltszucker (Saccharose).

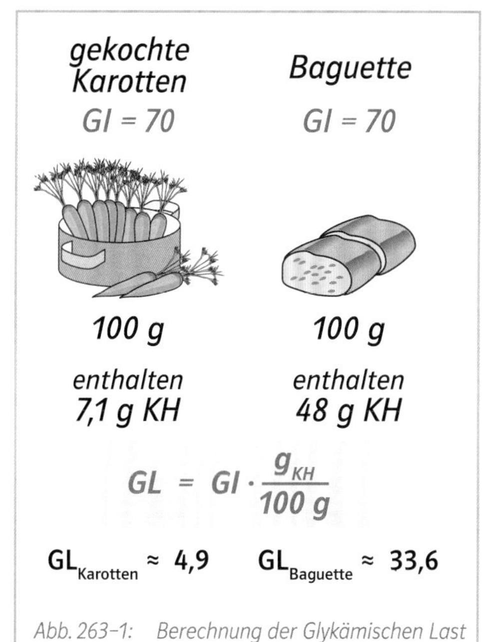

Abb. 263–1: Berechnung der Glykämischen Last

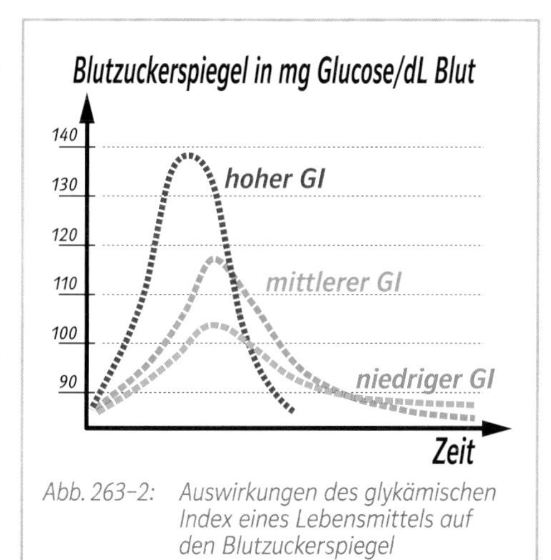

Abb. 263–2: Auswirkungen des glykämischen Index eines Lebensmittels auf den Blutzuckerspiegel

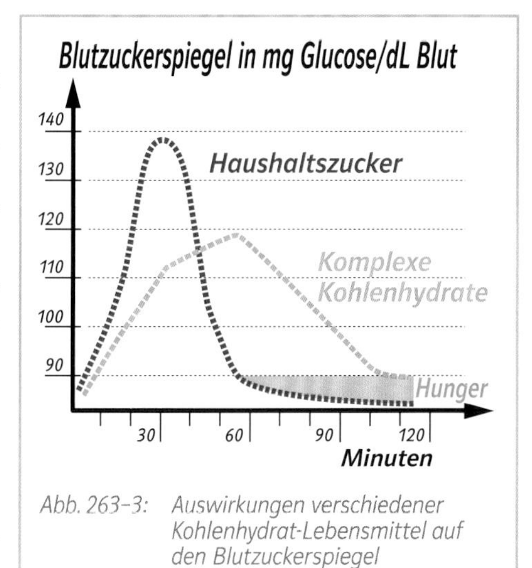

Abb. 263–3: Auswirkungen verschiedener Kohlenhydrat-Lebensmittel auf den Blutzuckerspiegel

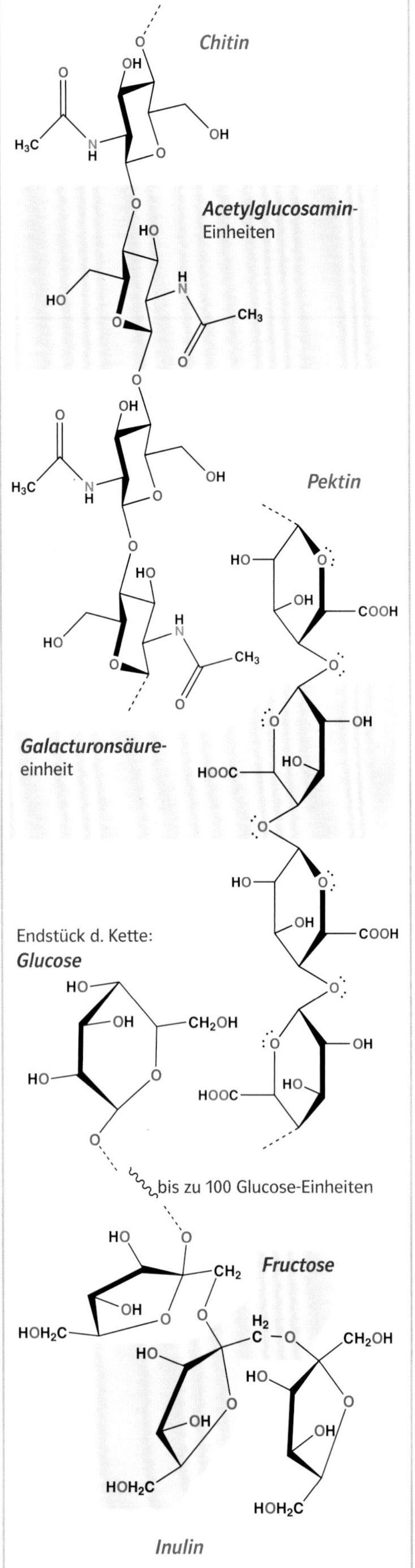

Abb. 264–1: Strukturformeln spezieller Kohlenhydrate

„low carb"-Ernährungsweise

Lebensmittel mit niedriger GL enthalten naturgemäß wenig Kohlenhydrate. Am ehesten sind Vollkornprodukte als Kohlenhydratquelle angeraten, da diese Stärke relativ langsam verdaut wird und daher zumindest einen niedrigen GI hat. Hauptnährstoffe einer Ernährung mit niedriger GL sind Eiweiß und Fett (hier mit Betonung auf ω-3-Fettsäuren). Dies entspricht weitgehend einer „low carb" Ernährungsweise. Bei **Diabetes Typ 2** ist diese Ernährungsweise notwendig. Es gibt Studien, die sie auch für gesunde Menschen als günstig ansehen, einerseits als Vorbeugung gegen Diabetes Typ 2, andererseits auch zur Verhinderung von Übergewicht. Auch einen positiven Einfluss auf das **Herz-Kreislaufrisiko** wird postuliert, ob als direkte Wirkung oder als Nebeneffekt der **Übergewichtsvermeidung**.

Problematik verschiedener Ernährungsweisen

Diese Ernährung – den Ausdruck **Diät** sollte man nicht verwenden, denn eine dauerhafte Ernährungsweise ist das Ziel – widerspricht ziemlich stark der **Ernährungspyramide**. Dort waren Kohlenhydrate ursprünglich als Basis, heute als nächste Stufe nach Gemüse vorgesehen. Soll die Ernährungspyramide also neuerlich revidiert werden? Trotzdem raten viele Ernährungsexperten heute noch, mindestens 50 % des Energiebedarfs über Kohlenhydrate zu decken, Eiweiß sparsam zu konsumieren und Fett stark zu reduzieren. Aus gesundheitlicher Sicht gibt es aber nicht wirklich klare Belege für diese Auffassung.

Ein wirkliches Argument gegen die „low carb" Ernährung ist der Umweltgedanke. Getreide und damit Kohlenhydrate lassen sich nun einmal viel einfacher in großen Mengen produzieren als Eiweiß, besonders in Form von Fleisch oder Milch. Man rechnet für 1 kg Fleisch einen Bedarf an Futtergetreide (oder Soja) von 10 kg. Auch der Wasserbedarf der Viehzucht ist riesig. Zur Ernährung von mehr als 7 Milliarden Menschen stößt eine stark eiweißbetonte Ernährung in der heutigen Form daher an Umweltgrenzen. Auch Fisch ist keine Lösung, da der moderne Fischfang die Fischpopulation schon stark reduziert hat.

Ein gemeinsamer Schluss aus „low carb" und der Ernährungspyramide lässt sich allerdings bezüglich Kohlenhydraternährung ableiten: Zucker (also alle Formen von Mono- und Disacchariden) ist weder notwendig noch wünschenswert für eine gesunde Ernährung. Er sollte möglichst sparsam zum Einsatz kommen.

Ballaststoffe

Auf die Bedeutung der Ballaststoffe in der Ernährung wurde schon beim Kapitel Cellulose (Seite 259) hingewiesen. Neben der Cellulose existieren eine Menge weiterer nicht verdaubarer Stoffe die zur Gruppe der Kohlenhydrate gehören.

Der Ballaststoff **Inulin** (nicht mit dem Hormon Insulin verwechseln!) ist ein Polysaccharid aus Fructosemolekülen (Abb. 264–1). Es kommt in einigen Gemüsearten vor, zB in Topinambur, Artischocken, Schwarzwurzeln und Pastinaken. Für Diabetiker ist es ein empfohlener Stärkeersatz. Auch in der Lebensmittelindustie wird es als Zusatzstoff verwendet (verbessert die Textur von fettreduzierten Produkten, die sonst „leer" schmecken würden). Es wird im Dünndarm nicht verdaut, kann aber im Dickdarm von Mikroorganismen zT. zu kurzkettigen Fettsäuren umgebaut werden. Dabei dient es als Nahrung für erwünschte Darmbakterien.

Auch **Chitin** (griech. chiton = Hülle, Panzer), das nach Cellulose am weitest verbreitete Polysaccharid, ist ein Ballaststoff. Es bildet den Hauptbestandteil der Zellwand bei Pilzen und das Außenskelett der Gliederfüßer (Insekten, Krebstiere), ist also bei uns zumindest bei Pilzen und evtl. Garnelen Nahrungsbestandteil, in anderen Ländern auch bei Insekten. Es ist wie Cellulose aufgebaut, die OH-Gruppe am C_2 ist aber großteils durch eine Acetamidogruppe ersetzt (Abb. 264–1).

In Früchten, vor allem in Schalen von Äpfeln, kommt der Ballaststoff **Pektin** vor. Es besteht aus α-(1,4) verknüpften Galactosemolekülen, deren $-CH_2OH$ Gruppen zu Carbonsäuregruppen oxidiert sind. Pektin dient als Geliermittel für Marmeladen (Abb. 264–1).

9.4 Eiweißstoffe

Proteine – Aminosäuren

Eiweißstoffe werden auch **Proteine** genannt (griech.: proteuein = der Erste sein). Sie sind der wichtigste Teil unserer Nahrung und unverzichtbare Nährstoffe. Kohlenhydrate und Fette können einander als Energieträger in weiten Bereichen ersetzen, Eiweißstoffe können aus keiner anderen Nährstoffgruppe aufgebaut werden. Das liegt daran, dass Mensch und Tier die Bausteine der Eiweißstoffe, die Aminosäuren, nicht synthetisieren können. Die meisten Aminosäuren können zwar ineinander umgewandelt werden, aber Mensch und Tier müssen Aminosäuren in irgendeiner Form zu sich nehmen. Das heutige Problem der Ernährung der Menschheit ist vor allem ein Problem der ausreichenden Erzeugung proteinreicher Nahrungsmittel.

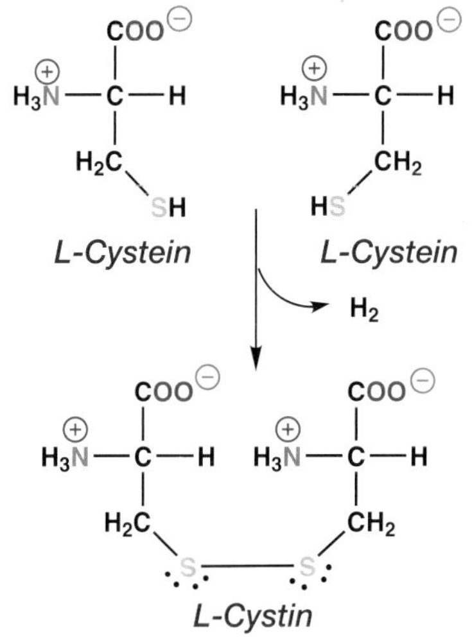

Aminosäuren

Eiweißstoffe sind aus α-Aminosäuren aufgebaut. (Kap. 8.9) Natürlich vorkommende α-Aminosäuren sind bis auf die α-Aminoessigsäure (Glycin) chiral. Sie gehören alle zur L-Reihe. Die Aminosäuren existieren seit mehr als 3 Milliarden Jahren. Das Leben verwendet seit seiner Entstehung unverändert dieselben Bausteine. In der Natur kommen als Bausteine der Eiweißstoffe hauptsächlich 20 Aminosäuren vor (proteinogene Aminosäuren, Abb. 265–2). Als 21. Aminosäure wird häufig Cystin genannt, das durch Wasserstoffabspaltung aus 2 Molekülen Cystein gebildet wird (Abb. 265–1). Daneben gibt es als Eiweißbausteine noch einige weitere Aminosäuren, die aber selten auftreten. Als Stoffwechselzwischenprodukte treten eine Reihe weiterer Aminosäuren auf (nicht proteinogene Aminosäuren).

L-Cystein + L-Cystein → L-Cystin + H_2

Abb. 265–1: Cystein und Cystin

Glycin (Gly), Alanin (Ala), Valin (Val), Leucin (Leu), Isoleucin (Ile), Prolin (Pro), Phenylalanin (Phe), Tyrosin (Tyr), Tryptophan (Trp), Serin (Ser), Threonin (Thr), Cystein (Cys), Methionin (Met), Asparagin (Asn), Glutamin (Gln), Aspartat (Asp), Glutamat (Glu), Lysin (Lys), Arginin (Arg), Histidin (His)

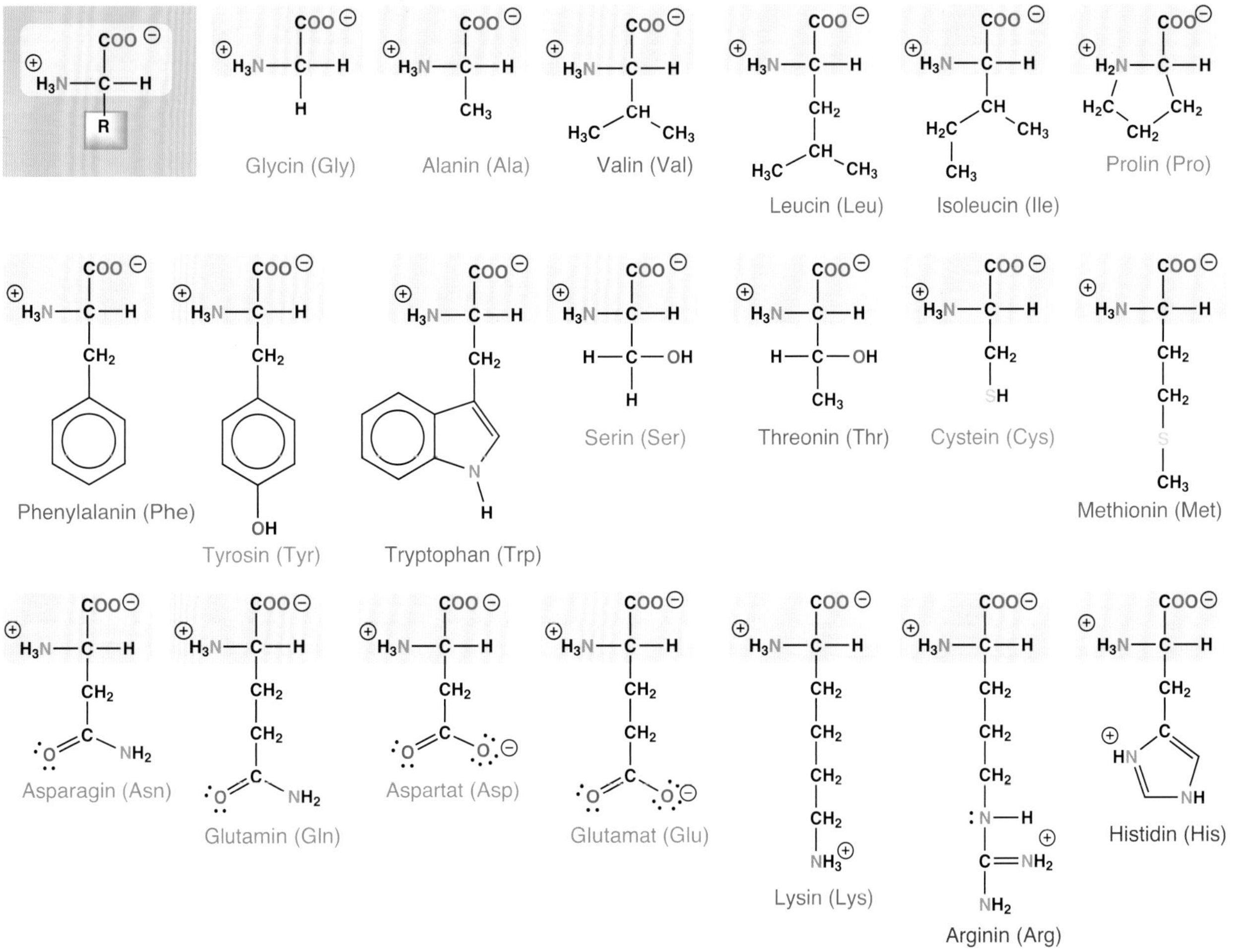

Abb. 265–2: Die natürlichen Aminosäuren (essenzielle – rot; semiessenzielle – braunrot; nicht essenzielle – blau)

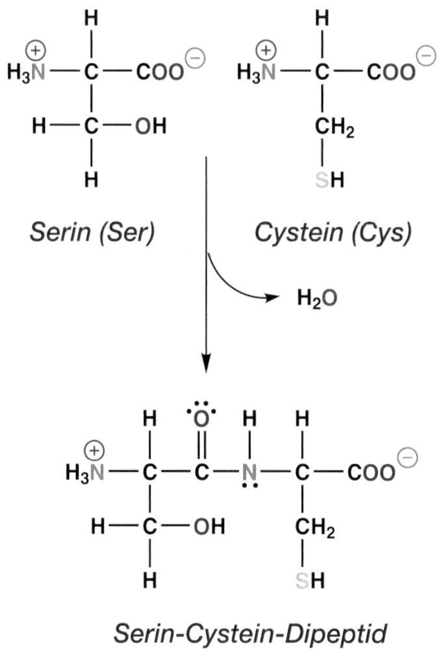

Serin (Ser)

Cystein (Cys)

H_2O

Serin-Cystein-Dipeptid

Abb. 266-1: Bildung eines Peptids

Lebensmittel	Biologische Wertigkeit
Kuhmilch	135
Molkenprotein	104–110
Vollei (Referenzwert)	100
Rindfleisch	92
Thunfisch	92
Edamer Käse	85
Soja	84–86
Quinoa	83[2]
Reis	81
Kartoffeln	76[3]
Roggenmehl (82 % Ausmahlung)	76–83
Bohnen	72
Mais	72
Hafer	60
Weizenmehl (83 % Ausmahlung)	56–59

Abb. 266-2: Biologische Wertigkeit von Eiweißquellen

Peptide - Proteine

Die Peptidbindung

Die Verknüpfung der Aminosäuren zu Eiweißstoffen erfolgt rein formal durch Wasserabspaltung zwischen der Carboxylgruppe der einen Aminosäure und der Aminogruppe der anderen. Dies führt zur Bildung eines **Säureamids**. In diesem speziellen Fall nennt man die **Amidbindung** Peptidbindung (Abb. 266-1). Da Aminosäuren bifunktionelle Verbindungen sind, können Verknüpfungen mit weiteren Aminosäuren auftreten. Dies führt zu kettenförmigen Makromolekülen (**Polyamiden**). Sind nur wenige Aminosäuren verknüpft, so spricht man von Peptiden (Dipeptid, Tripeptid ... Polypeptid). Für längerkettige Peptide verwendet man den Begriff „Protein". Eine exakte Abgrenzung der Begriffe gibt es aber nicht; sie werden häufig synonym verwendet.

„Peptidformeln"

Aus Platz- und Zeitersparnisgründen werden in „Peptidformeln" nicht die Strukturformeln der Aminosäuren verwendet, sondern eine Kurzform ihrer Trivialnamen aus 3 Buchstaben (Abb. 265-2).

Eiweiß in der Ernährung

Essenzielle Aminosäuren

Die meisten Aminosäuren lassen sich ineinander umwandeln (Transaminierung). Für die Ernährung ist es daher egal, welche Aminosäuren (in Form von Proteinen) aufgenommen und welche synthetisiert werden. 8 der Aminosäuren (Leu Phe Trp Met Ile Lys Val Thr in Abb. 265-2 rot geschrieben) sind dem Menschen aber nicht durch Umbau anderer Aminosäuren zugänglich. Man nennt sie **essenzielle Aminosäuren**. Sie müssen mit der Nahrung in ausreichendem Maß aufgenommen werden.

Daneben gibt es noch zwei Aminosäuren (Arg, His), die als **semiessenziell** (halbesssenziell) bezeichnet werden (Abb. 265-2 braunrot geschrieben). Sie können zwar im Organismus synthetisiert werden, allerdings wird in bestimmten Lebensphasen (Wachstum in der Kindheit, bestimmte Krankheiten im Erwachsenenalter) der Bedarf nicht ausreichend gedeckt, sodass sie mit der Nahrung zugeführt werden müssen. Bei der Stoffwechselerkrankung **Phenylketonurie**, bei der das Phenylalanin nur in sehr geringen Mengen aufgenommen werden darf, da es im Körper nicht abgebaut wird, ist zusätzlich Tyrosin essenziell, das bei normalem Stoffwechsel aus Phenylalanin hergestellt wird.

Die **schwefelhältigen Aminosäuren** (Met, Cys) bilden eine eigene Gruppe. Als nicht proteinogene Aminosäure tritt zusätzlich im Stoffwechsel das **Homocystein** auf. Sie können aus der essenziellen Aminosäure Methionin umgewandelt werden, aber nicht aus anderen nicht schwefelhältigen Aminosäuren.

Es genügt also nicht die Zufuhr von genügend Eiweiß, dieses muss noch dazu alle essenzielle Aminosäuren in ausreichender Menge enthalten. Eiweiß mit genügend essenziellen Aminosäuren nennt man vollwertiges Eiweiß.

Eiweißhältige Nahrungsmittel sind Fleisch, Fisch, Milch und Milchprodukte, Eier und eiweißhältige Pflanzen. Hier spielen vor allem die Leguminosen (Bohnen, Erbsen, Linsen) eine große Rolle. Einen geringeren Eiweißgehalt haben die typischen Stärkelieferanten wie Getreidesorten und Kartoffeln.

Eiweißverdauung

Bei der Eiweißverdauung wird das Protein der Nahrung durch Proteasen im Dünndarm in die Aminosäuren zerlegt. Diese werden dann resorbiert und dienen im Organismus als Bausteine für die körpereigenen Proteine.

Ist in einem eiweißhaltigen Nahrungsmittel von einer (oder mehreren) essenziellen Aminosäure wenig enthalten, so muss von diesem Nahrungsmittel mehr aufgenommen werden, um den Bedarf an diesen essenziellen Aminosäuren zu decken. Die dadurch überschüssigen anderen Aminosäuren werden vom Organismus abgebaut und dienen zur Energiegewinnung. Nahrungsmittel mit einem hohen und ausgewogenen Gehalt an essenziellen Aminosäuren decken daher schon in geringerer Menge den Bedarf.

„Biologische Wertigkeit" von Eiweiß

Um Eiweißquellen vergleichbar zu machen wurde der Begriff „Biologische Wertigkeit" eingeführt. Als Vergleichsbasis wurde das Hühnerei (Vollei) mit dem Wert 100 definiert. Eiweißquellen mit Werten über 100 können effizienter in körpereigenes Eiweiß umgesetzt werden (geringere Mengen decken den Bedarf), solche mit Werten unter 100 müssen in höherem Ausmaß zur Bedarfsdeckung zugeführt werden.

Wie Abb. 266-2 zeigt, sind tierische Eiweißquellen hochwertiger als pflanzliche. Allerdings sind in den „geringerwertigen" Eiweißquellen die „Mangel-Aminosäuren" nicht dieselben, sodass Kombinationen von Eiweißquellen relativ geringer biologischer Wertigkeit zu einer sehr vollwertigen Eiweißquelle werden, in der sich die Aminosäurezusammensetzungen ergänzen. Beispiele sind in Abb. 267-1 angeführt.

Vegetarische Ernährung

Bei **vegetarischer** oder **veganer Ernährung** sollte man solche Kombinationen bevorzugen, um eine ausreichende Versorgung zu gewährleisten. Mit der richtigen Zusammenstellung der Eiweißquellen ist eine rein pflanzliche Ernährung problemlos möglich. Viele dieser Kombinationen findet man in traditionellen Gerichten, zB die Kombination Mais mit Bohnen in Südamerika. Eine vegetarische Ernährung, bei der Milch- oder Eierprodukte gegessen werden, ist hinsichtlich der Eiweißversorgung völlig problemlos.

Vegane Ernährung

Veganer verwenden als Eiweißquelle neben Hülsenfrüchten gerne **Tofu** und **Seitan**, die aus der asiatischen Küche stammen. Tofu wird aus Sojabohnen erzeugt, die zu Sojamilch verarbeitet werden. Dann wird, ähnlich der Käseerzeugung, der Eiweißanteil durch Salzzugabe (oft Magnesiumsalze) unlöslich gemacht und abgetrennt. Tofu ist eine hochwertige Eiweißquelle (Sojaeiweiß). Den Geschmack erhält er durch Gewürze und Saucen. Seitan ist Weizeneiweiß. Einem Weizenteig, in dem das Klebereiweiß des Weizens (**Gluten**) aufquillt und zusammenhält, wird die Stärke durch Auswaschen mit Wasser entzogen. Das übrigbleibende Gluten hat eine fleischähnliche Konsistenz und wird als Fleischersatz verwendet. Seitan ist kein hochwertiges Eiweiß. Auch reagieren viele Menschen auf Gluten mit Verdauungsproblemen (Gluten-Sensitivität). Fur Zöliakiekranke, die mit extremen Darmbeschwerden auf Gluten reagieren, ist Seitan ungeeignet.

Wertigkeit von Nahrungsmitteln

Der Ausdruck „biologisch hochwertiges Eiweiß" bezieht sich in dem Zusammenhang ausschließlich auf die Aminosäurezusammensetzung und ist kein vollständiges Werturteil über das Nahrungsmittel. Zu einer Gesamtbeurteilung gehört auch die Betrachtung weiterer Inhaltsstoffe wie **Vitamine**, Fett und die **Fettsäurezusammensetzung**, **Ballaststoffe** und der prozentuelle Eiweißgehalt. So ist Kartoffelprotein relativ hochwertig, Erdäpfel bestehen aber zum Großteil aus Stärke. Um der Proteinbedarf nur daraus zu decken, müsste man eine ziemlich große Menge Erdäpfel essen, was zur Überernährung mit Kohlenhydraten führt - daher besser die Kombination mit Ei.

Mindestens 15 % des energetischen Tagesenergiebedarfs sollte durch Eiweiß gedeckt werden. In Österreich enthält die durchschnittliche Ernährung durch den hohen Fleischkonsum heute eher zu viel Eiweiß.

Lebensmittel Kombination	Biologische Wertigkeit
65 % Erdäpfel und 35 % Vollei	137
75 % Milch und 25 % Weizenmehl	123
60 % Hühnerei und 40 % Soja	122
71 % Hühnerei und 29 % Milch	122
68 % Hühnerei und 32 % Weizen	118
77 % Rindfleisch und 23 % Erdäpfel	114
75 % Milch und 25 % Weizen	105
52 % Bohnen und 48 % Mais	101

Abb. 267-1:
Beispiele für Kombimationen von Eiweißquellen. Das Verhältnis bezieht sich dabei auf den Proteingehalt, nicht auf das Gesamtgewicht des Lebensmittels.

Von der WHO empfohlene tägliche Nahrungsmenge

Aminosäure	*Nahrungsmenge in mg pro kg Körpergew./Tag*
Phenylalanin (zusammen mit Tyrosin)	25
Leucin	39
Methionin (zusammen mit Cystein und Homocystein)	15
Lysin	30
Isoleucin	20
Valin	26
Threonin	15
Tryptophan	4
Histidin	10
Cystein	4

Abb. 267-2:
Der Tagesbedarf an essenziellen Aminosäuren für einen Erwachsenen (Bei Kindern ist der Eiweißbedarf besonders in den Wachstumsphasen höher.)

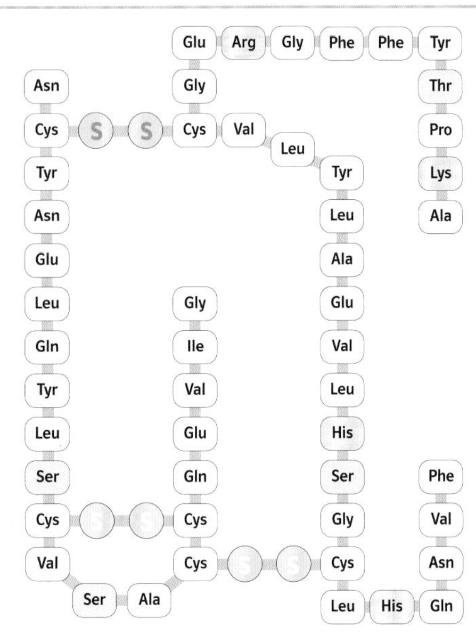

Abb. 268–1: *Primärstruktur (Aminosäuresequenz) des Insulins*

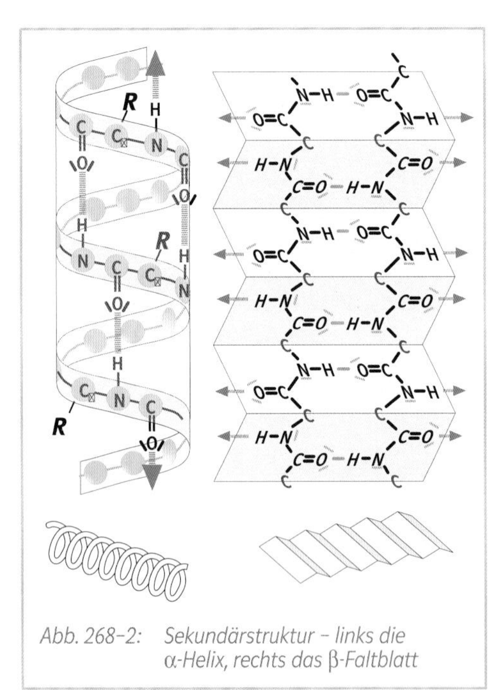

Abb. 268–2: *Sekundärstruktur – links die α-Helix, rechts das β-Faltblatt*

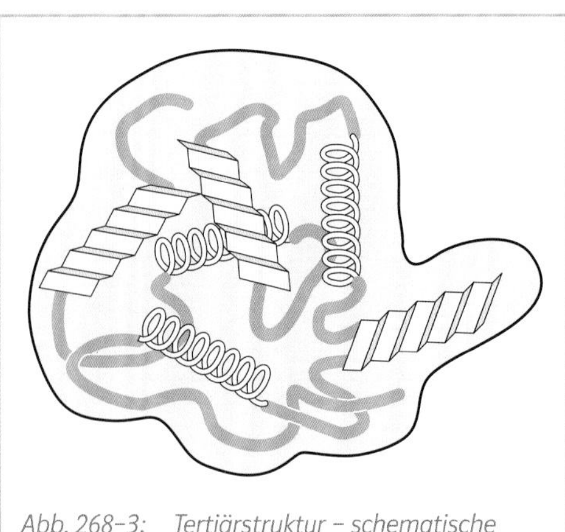

Abb. 268–3: *Tertiärstruktur – schematische Darstellung*

Aufgaben der Proteine

Proteine erfüllen im Organismus sehr unterschiedliche Aufgaben. Proteine im Blut und in der Zellflüssigkeit wirken als Biokatalysatoren, als **Hormone** (Insulin), als **Transportmittel** zB für Sauerstoff (Hämoglobin), als **Antikörper** im Immunsystem, als Faktoren bei der Blutgerinnung und für viele andere Zwecke. Man kann ohne Übertreibung sagen, dass praktisch die gesamte **Steuerung** unseres Organismus mit Proteinen funktioniert. Proteine bilden aber auch die **Muskelmasse** und ermöglichen dadurch unsere aktive Bewegung. Sie sind verantwortlich für die Kraftübertragung in Form der reißfesten Sehnen, für die Elastizität der Haut und die Festigkeit von Nägeln, Klauen und Hörnern, die zB im Tierreich Schutz- und Waffenfunktion haben. Proteine haben also extrem unterschiedliche Eigenschaften, die nur über ihre räumliche Struktur verstanden und erklärt werden können.

Struktur der Proteine

Primärstruktur

Die Abfolge der Aminosäuren (**Aminosäuresequenz**) in einem Protein nennt man die Primärstruktur. Sie wird durch die Abfolge der Abkürzungen für die einzelnen Aminosäuren angegeben. Die Proteinformel beginnt (links) immer mit der Aminosäure, die die unverknüpfte Aminogruppe trägt, und endet (rechts) mit der Aminosäure mit der unverknüpften Carboxylgruppe.

Die Primärstruktur eines Proteins ist genetisch festgelegt. Die Kenntnis der Primärstruktur ist notwendig, um Überlegungen zur **räumlichen Struktur** (Konformation) von Proteinen anzustellen und ihre Wirkungsweise zu erklären. Die Sequenzaufklärung ist daher ein wichtiger Teil der biochemischen Forschung. Sie war früher sehr aufwändig. 1953 gelang dem Engländer Frederick **Sanger** (1918–2013, Nobelpreis 1958) nach etwa fünfzehnjähriger Forschungsarbeit die Sequenzierung des Hormons Insulin (Abb. 268–1). Heute hat man Methoden zur automatisierten Sequenzaufklärung gefunden, und die Sequenz der meisten biochemisch wichtigen Proteine ist bekannt.

Sekundärstruktur

In der Protein-Kette treten regelmäßig C=O- und NH-Gruppen auf. Zwischen diesen Gruppen bilden sich Wasserstoffbrücken aus. Durch die Ausbildung einer maximalen Anzahl von Wasserstoffbrücken ergibt sich eine räumliche Anordnung, die man als Sekundärstruktur bezeichnet.

Der Amerikaner Linus C. **Pauling** (1901–1995) begann Anfang der 40er Jahre des 20. Jahrhunderts zuerst theoretisch mit Molekülmodellen nach solchen Strukturen zu suchen. Er schlug eine schraubenförmige Struktur der Proteinkette vor, die er α-**Helix** nannte. Später entdeckte er eine zweite Möglichkeit, die **β-Faltblattstruktur**. Beide Strukturen wurden Anfang der 50er Jahre mit der Röntgenstrukturanalyse nachgewiesen. 1954 erhielt Pauling dafür den Nobelpreis.

α-Helix

In der α-Helix (Abb. 268–2) ist die Proteinkette schraubenförmig gewunden. Die Wasserstoffbrücken stabilisieren die Schraube. Sie binden die CO-Gruppe mit der NH-Gruppe der nächsten Ganghöhe. Alle CO- und NH-Gruppen der Hauptkette sind an Wasserstoffbrücken innerhalb des Protein-Moleküls beteiligt. Es treten ausschließlich Rechtsschrauben auf. Eine Umdrehung der Helix entspricht 3,6 Aminosäureresten. Die α-Helix ist eine starre, stabförmige Struktur.

β-Faltblatt

Bei der β-Faltblattstruktur bilden sich die Wasserstoffbrücken zwischen mehreren parallel liegenden Proteinketten aus. Die Protein-Moleküle können dabei parallel oder antiparallel liegen. Meist sind 2 bis 5 solcher Proteinstränge an der β-Faltblattstruktur beteiligt. Durch sogenannte β-Schleifen kann es zu einer „Haarnadelkurve", also einer abrupten Umkehr der Richtung der Polypeptidkette, kommen. Solche Schleifen verbinden oft antiparallele Faltblattstrukturen.

Kollagen-Helix

Bei den Kollagenen (Bindegewebe, Gefäßwände, Knorpeln, Bänder, Sehnen) tritt eine dritte Möglichkeit einer Sekundärstruktur auf. Dabei sind 3 Proteinketten zu einer Helix verdrillt. Durch die 3 Ketten hätten größere Aminosäurereste nicht mehr alle nach außen Platz, daher haben Proteine der Kollagenhelix einen großen Anteil an der Aminosäure Glycin (H-Rest).

Abb. 269-1: Die Kollagen-Helix

Tertiärstruktur

Durch Wechselwirkungen der unterschiedlichen Aminosäurereste kommt es zu einer räumlichen Lage der Sekundärstruktur, die man Tertiärstruktur nennt (Abb. 268-3). Die Tertiärstruktur wird durch folgende Wechselwirkungen stabilisiert: van-der-Waals-Kräfte zwischen unpolaren Resten; Ionenanziehung zB zwischen NH_3^+- und COO^--Gruppen bei Aminosäuren mit sauren oder basischen Seitenketten; Wasserstoffbrücken; Ausbildung von Disulfidbrücken. (Oxidation zweier Cystein-Einheiten aus verschiedenen Stellen der Primärstruktur zu Cystin; siehe Abb. 265-1 und 268-1)

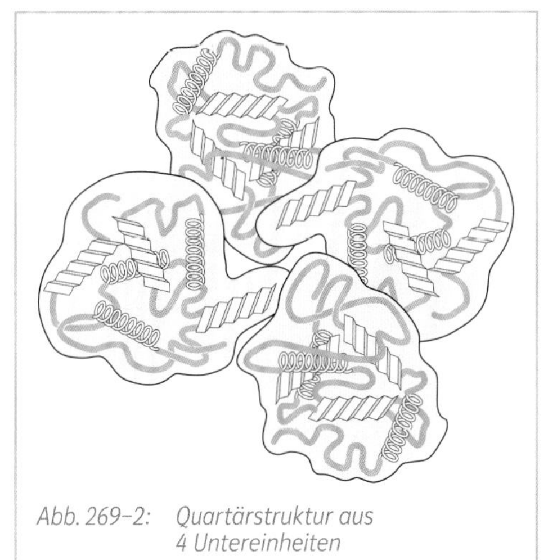

Abb. 269-2: Quartärstruktur aus 4 Untereinheiten

Quartärstruktur

In einigen Fällen treten mehrere Tertiärstrukturen noch zu einer Quartärstruktur zusammen. ZB **Hämoglobin** besteht aus 4 Polypeptidketten (2 mit je 141 und 2 mit je 146 Aminosäuren) mit einer charakteristischen Tertiärstruktur. Jeder Proteinstrang trägt eine Hämgruppe (Eisen-Porphyrin-Gruppe), an die der Sauerstoff reversibel gebunden wird Abb. 170-1. Die Struktur des Hämoglobins wurde von dem aus Österreich stammenden Engländer Max **Perutz** (geb. 1914) aufgeklärt, der dafür 1962 den Nobelpreis erhielt.

Denaturierung

Die Eigenschaften der Proteine sind an ihre exakte räumliche Struktur gebunden. Durch pH-Änderung, hohe Salzkonzentration, Schwermetall-Ionen oder Hitzeeinwirkung kann die Tertiär- und auch die Sekundärstruktur verändert werden. Im Extremfall kommt es zu einer irreversiblen Zerstörung der Struktur. Zwischen verschiedenen Eiweißstoffen bilden sich nach dem Zufallsprinzip Wasserstoffbrücken. Die biologische Wirksamkeit eines Proteins geht dadurch verloren. Diesen Vorgang nennt man Denaturierung (Abb. 269-3).

Abb. 269-3: Zerstörung der Tertiärstruktur eines Proteins = Denaturierung. Damit geht die biologische Funktion verloren.

Proteide

Eine wichtige Gruppe stellen die zusammengesetzten Proteine dar. Sie enthalten neben dem Proteinanteil eine organische oder anorganische Nichteiweißkomponente (**prosthetische Gruppe**). Diese Stoffgruppe nennt man auch Proteide. Je nach der prosthetischen Gruppe unterscheidet man unter anderem Glycoproteide (an Kohlenhydrate gebunden), Lipoproteide (an Gruppen mit Fettcharakter gebunden) und Chromoproteide (an Gruppen mit Farbstoffcharakter gebunden). Besondere Bedeutung besitzen die Nucleoproteide. Hier sind Nucleinsäuren an das Protein gebunden. Die Bindung der Nichtproteinteile erfolgt meist an den Seitenketten der Aminosäuren der Proteinkette (Abb. 269-4).

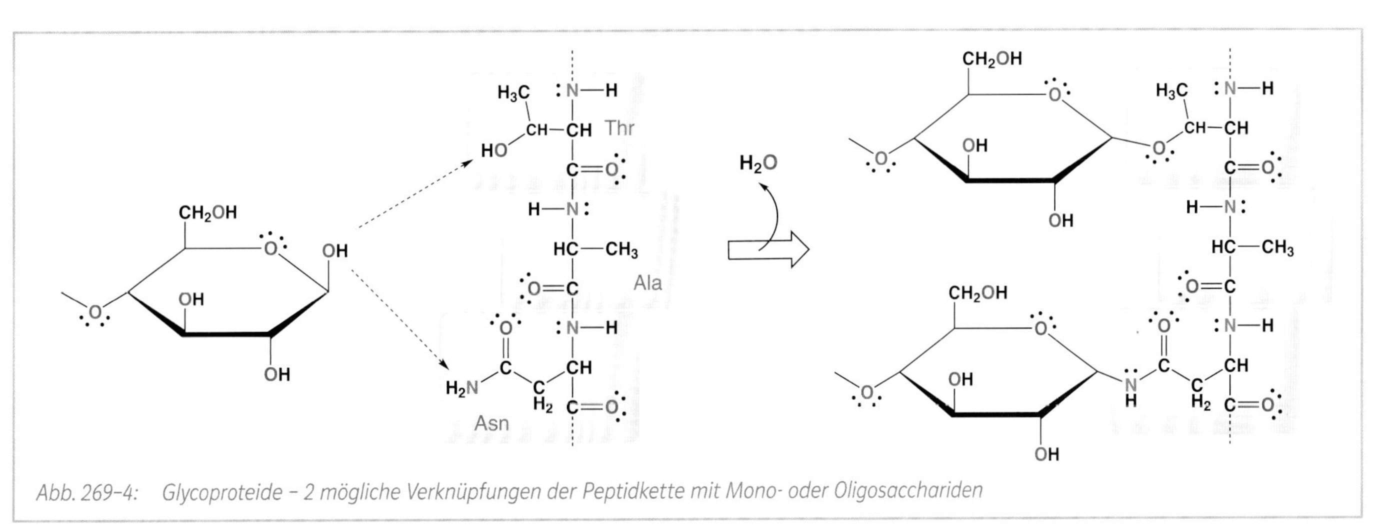

Abb. 269-4: Glycoproteide - 2 mögliche Verknüpfungen der Peptidkette mit Mono- oder Oligosacchariden

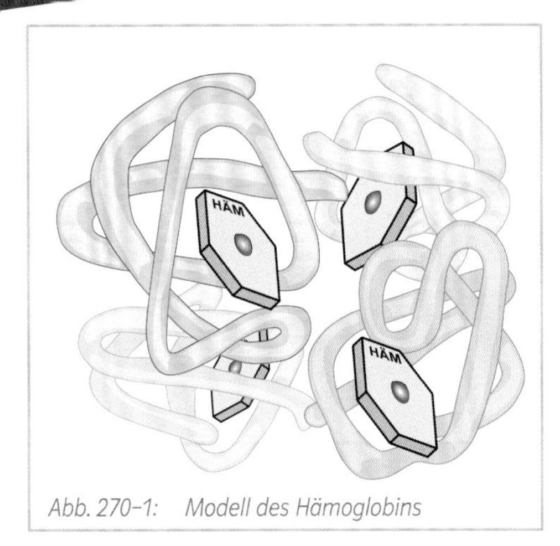

Abb. 270-1: Modell des Hämoglobins

INFO zum Hämoglobin

Aus unten stehender Abbildung geht hervor, dass ein Hämoglobinkomplex 4 Sauerstoffmoleküle transportieren kann.

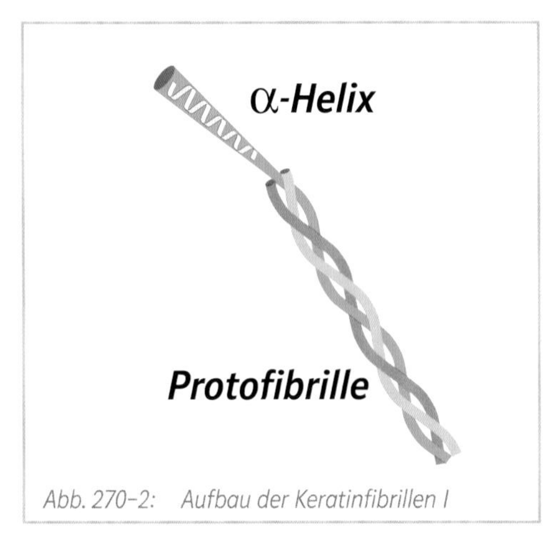

Abb. 270-2: Aufbau der Keratinfibrillen I

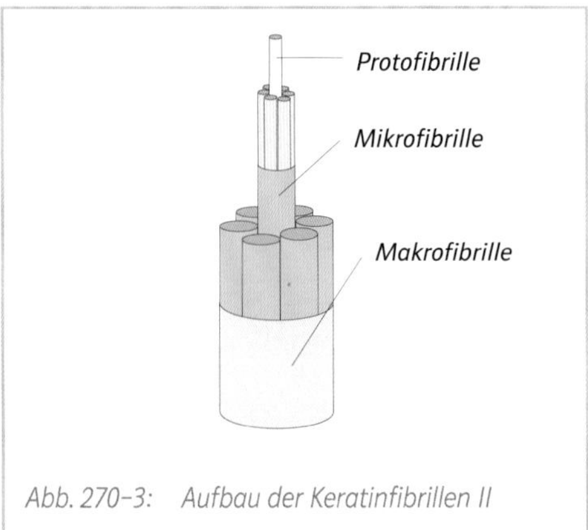

Abb. 270-3: Aufbau der Keratinfibrillen II

Einteilung der Proteine

Durch die Vielfalt der Proteinstrukturen ist es schwierig, klare und eindeutige Einteilungskriterien zu finden. Zum Teil verwendet man recht unterschiedliche Ordnungsprinzipien, die sich oftmals überschneiden und in mancher Hinsicht unvollkommen sind.

Nach dem Vorkommen

Nach dem Vorkommen unterscheidet man grob zwischen pflanzlichen und tierischen Proteinen. Detaillierter ist die Unterscheidung in Plasmaproteine, Muskelproteine, Milchproteine und Ähnliches.

Nach der Löslichkeit und Molekülgestalt

⇨ *Globuläre Proteine (Sphäroproteine)*

Globuläre Proteine (Sphäroproteine) sind in der Tertiärstruktur kugelförmig angeordnet. Zu den globulären Proteinen gehören alle Enzymproteine und mit Ausnahme der Strukturproteine die meisten anderen biologisch aktiven Proteine. Viele dieser Proteine haben in Teilbereichen α-Helixstruktur und in anderen β-Faltblattstruktur. Im Inneren der kompakten Struktur überwiegen unpolare Reste, im Äußeren die polaren. Dadurch sind die meisten Vertreter in Wasser oder Salzlösung löslich.

⇨ *Fibrilläre Proteine (Skleroproteine)*

Fibrilläre Proteine (Skleroproteine; griech.: skleros = hart, trocken) besitzen eine Faserstruktur und sind wasserunlöslich. Sie üben im Organismus hauptsächlich eine Stützfunktion aus. Vertreter sind **Elastin**, **Kollagen** und **Keratin**.

Nach der Funktion

⇨ *Hämoglobin (Hb) – ein Transportprotein*

Hämoglobin, der rote Blutfarbstoff der Wirbeltiere, nimmt in der Lunge den eingeatmeten Sauerstoff auf und transportiert ihn zu den Muskeln und anderen atmenden Geweben (Abb. 270-1). Das Hämoglobinmolekül enthält 4 **Häm-Gruppen**, die jeweils an die 4 Tertiärstrukturen des Globins gebunden sind. Die Häm-Gruppe selbst ist ein rotes Farbstoffmolekül (Komplexverbindung mit dem Zentralteilchen Fe^{2+}). Im Blut des Erwachsenen ist fast 1 kg Hämoglobin enthalten.

⇨ *Keratine – Strukturproteine*

Das Keratin der Wolle und Haare nennt man α-Keratin (Grundstruktur α-Helix). Es enthält einen hohen Anteil an der schwefelhältigen Aminosäure Cystein. Je 3 α-Helices sind umeinander gewunden und bilden sogenannte Protofibrillen; diese bilden Mikrofibrillen aus, die wiederum zu sogenannten Makrofibrillen verdrillt sind (Abb. 270-2, 3). Charakteristisch für α-Keratine sind Disulfidbrücken. Bei der Haarbehandlung durch Dauerwellenpräparate werden Disulfidbrücken durch Reduktionsmittel gelöst und in anderer Stellung mit Oxidationsmitteln neu geknüpft.

β-Keratine (Grundstruktur β-Faltblatt) sind in der Naturseide enthalten (Seidenfibroin). Schwefelhältige Aminosäuren fehlen vollständig. Seide zeigt zum Unterschied von Wolle eine geringe Dehnbarkeit und Elastizität.

⇨ *Kollagene – Strukturproteine*

Kollagene sind die am häufigsten auftretenden Proteine des tierischen Organismus. Sie sind unter anderem Bestandteil des Bindegewebes, der Gefäßwände, Knorpeln und Sehnen. Die Kollagene haben als Sekundärstruktur die Kollagenhelix („Tripelhelix"; Abb. 269-1). Die Ganghöhe ist hier weit größer als bei der α-Helix.

Auch bei Kollagenen kommt es zur Ausbildung von Fibrillen. Einmal gebildete Kollagene nehmen zum Unterschied von anderen Proteinen am Stoffwechsel nicht teil. Veränderungen an der Kollagenstruktur sieht man vielfach als Ursache des Alterns bei Menschen. In Kosmetikpräparaten wird Kollagen zur Regulierung des Wasserhaushaltes eingesetzt. Die Wirksamkeit ist aber umstritten.

⇨ *Fibrinogen – Fibrin – Proteine mit Schutzfunktion*

Diese Proteine sind neben zahlreichen anderen Verbindungen am Blutgerinnungsprozess beteiligt. Das lösliche **Fibrinogen** ist im Blut enthalten. Bei Verletzung gerinnt es unter Einwirkung von Enzymen und in Gegenwart von Calcium-Ionen zum unlöslichen **Fibrin**, das den Wundverschluss bewirkt. Bei **Thrombosen** gerinnt Fibrin bereits in den Blutgefäßen. Durch Medikamente (einige basieren auf Entfernung der Calcium-Ionen) kann dieser Vorgang verhindert werden. Umgekehrt ist auch das Ausbleiben des Fibrinogen-Fibrin-Wechselspiels eine schwere Krankheit (Bluterkrankheit).

⇨ *Enzymproteine – Proteine mit katalytischer Wirkung*

Alle biochemischen Vorgänge werden durch Enzyme gesteuert. Sie bewirken die hohe Spezifität – dh., obwohl theoretisch viele Reaktionen möglich wären, findet praktisch nur eine ganz bestimmte Reaktion statt – der biochemischen Reaktionen und das Ausbleiben von Nebenprodukten. Erst dadurch werden Prozesse, die oft über mehr als 10 Teilschritte verlaufen, für Lebensvorgänge nutzbar. Enzymproteine haben zumeist eine wasserlösliche Außenseite und ein hydrophobes Inneres.

Schlüssel-Schloss-Prinzip

Das Enzym hat an seiner Oberfläche eine bestimmte Stelle – das aktive Zentrum –, an die der zu reagierende Stoff, man nennt ihn **Substrat**, mit Wasserstoffbrücken gebunden wird. An dieser Bindung sind die Seitenketten ganz bestimmter Aminosäuren beteiligt, die im aktiven Zentrum in der räumlich richtigen Lage vorliegen. Es kommt zur Ausbildung eines **Enzym-Substrat-Komplexes**. Das aktive Zentrum ist sterisch so gebaut, dass nur ein ganz bestimmtes Substrat „hineinpasst", so wie ein Schlüssel in ein Schloss. Es wird daher nur die Reaktion eines ganz bestimmten Stoffes katalysiert (**Substratspezifität**). Dieser „Schlüssel-Schloss-Mechanismus" wurde von Emil Fischer 1894 erstmals vorgeschlagen.

Coenzyme

Häufig ist der Reaktionspartner des Substrates ein Coenzym. Coenzyme sind keine Katalysatoren und werden daher bei der Reaktion verändert. Es sind zumeist sehr kompliziert gebaute Nichteiweiß-Moleküle. Aus diesem Grund werden in Reaktionen Kurzbezeichnungen angegeben. Zum Unterschied zu Enzymen wirken Coenzyme nicht stoffspezifisch, sondern können mit vielen Stoffen reagieren. Coenzyme bewirken die **Wirkungsspezifität**. Allerdings ist ohne Enzymkatalyse die Reaktionsgeschwindigkeit vernachlässigbar langsam. Coenzyme werden an einer passenden Stelle des Enzyms gebunden. Substrat und Coenzym liegen jetzt in der richtigen Lage, um reagieren zu können. Durch die Bindung an das Enzym befinden sie sich in einer energetisch aktiven Lage.

Für bestimmte Reaktionen ist ein hydrophobes Reaktionsmedium erforderlich. Solche Reaktionen laufen daher im hydrophoben Inneren des Moleküls ab. Das aktive Zentrum ist hier ein räumlicher Bereich, der mit einer Höhle vergleichbar ist. Hat die Reaktion stattgefunden, so liegt ein Enzym-Produkt-Komplex vor. Er zerfällt, und das Enzym ist für die nächste Reaktion bereit. Die enzymatische Aktivität kann sehr unterschiedlich sein. Sie liegt zwischen einer und 100 000 Reaktionen pro Sekunde. Einige Reaktionen, zB Umlagerungen, verlaufen ohne Coenzyme. In diesen Fällen wirkt das Enzym alleine.

Benennung

Enzyme werden mit der Endung **-ase** benannt. Man benennt sie nach der Reaktion, die sie katalysieren. In einer systematischen Benennung wird noch der Substratname vorgesetzt. Für Enzyme, die schon lange bekannt sind, wie zB Verdauungsenzyme, sind Trivialnamen in Verwendung (Pepsin, Trypsin).

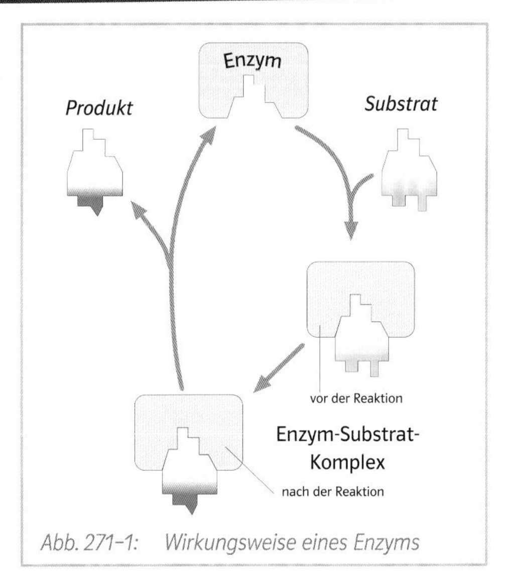

Abb. 271-1: *Wirkungsweise eines Enzyms*

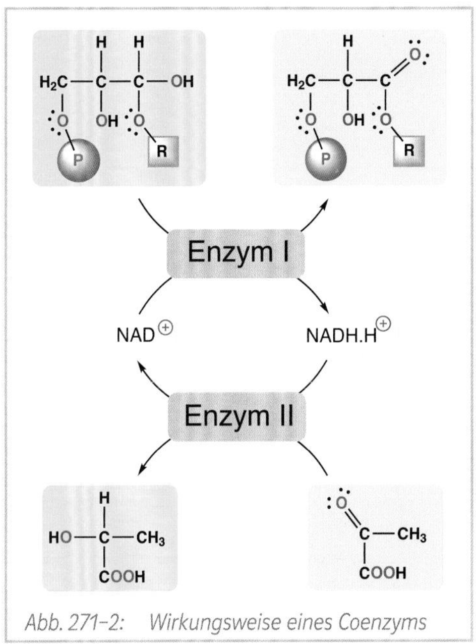

Abb. 271-2: *Wirkungsweise eines Coenzyms*

Oxidoreduktasen
katalysieren Redox-Reaktionen
Dehydrogenasen (mit NAD^+)
Oxidasen (mit O_2)

Transferasen
katalysieren Gruppenübertragungen
Acetyltransferasen
Phosphotransferasen

Hydrolasen
katalysieren die hydrolytische Spaltung von Bindungen
Peptidasen
Spaltung von Peptidbindungen (zB Trypsin)
Glycosidasen
Spaltung von Glycosiden (zB Amylase)
Esterasen
Esterspaltung (zB Lipasen)

Isomerasen
katalysieren Isomerisierungen

Abb. 271-3: *Einteilung der Enzyme*

9.5 Vitamine – Mineralstoffe

Aufgaben der Vitamine – Einteilung der Vitamine

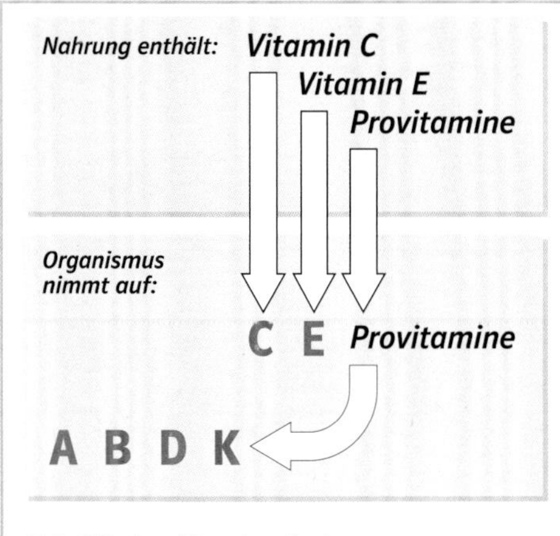

Abb. 272-1: Vitaminaufnahme
Nur die Vitamine C und E liegen in der Nahrung in sofort verwertbarer Form vor. Die anderen müssen erst im Körper aus den Provitaminen umgewandelt werden.

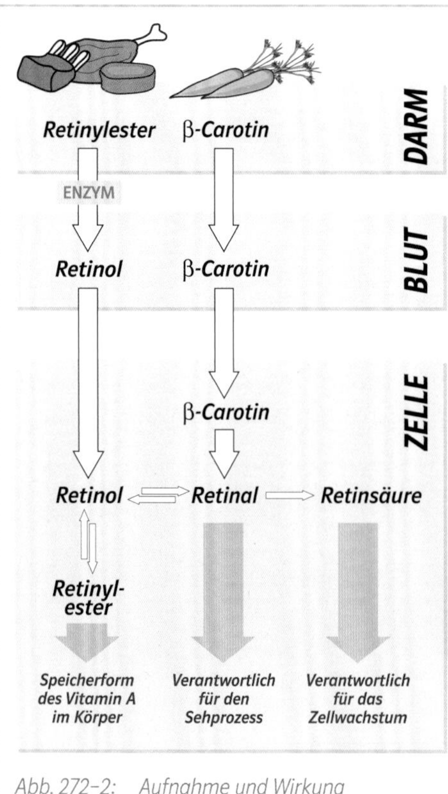

Abb. 272-2: Aufnahme und Wirkung von Vitamin A

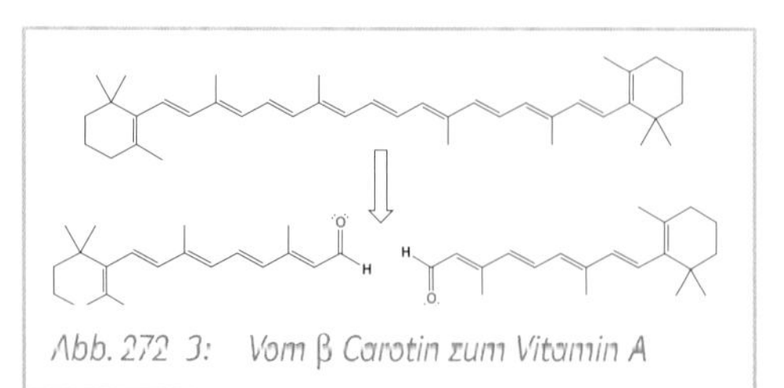

Abb. 272-3: Vom β-Carotin zum Vitamin A

Neben den Hauptnährstoffen – Fett, Kohlenhydrate und Eiweißstoffe – und den Ballaststoffen benötigt der Körper noch eine Reihe weiterer Stoffe. Diese Stoffe werden bei ausgewogener, abwechslungsreicher Ernährung mit den Nahrungsmitteln aufgenommen. Trotzdem hat sich ein boomender Industriezweig gebildet, der mit viel Werbung Nahrungsmittelzusatzstoffe anbietet, die in vielen Fällen rasch wieder ausgeschieden werden und uns nur zu einem „teuren Harn" verhelfen.

Vitamine

Schon im 16. Jahrhunder war bekannt, dass **Skorbut**, eine Erkrankung, die auf längeren Seereisen auftrat, durch Gabe bestimmter Nahrungsmittel geheilt werden kann. Später erkannte man in Tierversuchen, dass Versuchstiere bei ausreichender Gabe aller isolierten Nährstoffe trotzdem nicht überleben. Man vermutete Substanzen, die in geringen Mengen in der Nahrung vorhanden und notwendig sind. Der polnische Chemiker Casimir **Funk**, isolierte 1911 im Rahmen der Erforschung der **Beriberi-Krankheit** (siehe Seite 274) das Vitamin B1 aus Reiskleie und identifizierte es als Amin. Er nahm irrtümlich an, dass auch die anderen notwendigen Spurenstoffe Amine seien, und schuf den Begriff Vitamine, also die für das Leben (lat. Vita) notwendigen Amine. Diese Bezeichnung wurde trotz des Irrtums beibehalten.

Aufgaben der Vitamine

Als Vitamine bezeichnet man heute organische Substanzen, die zur Aufrechterhaltung der Gesundheit und Leistungsfähigkeit des menschlichen (und tierischen) Organismus notwendig sind und mit der Nahrung zugeführt werden müssen. Meist genügen wenige mg täglich, oft sogar weniger. Fehlen Vitamine in der Nahrung, so kommt es zu für das jeweilige Vitamin charakteristischen **Mangelkrankheiten**. Mangel an einem Vitamin kann nicht durch reichlichere Gabe eines anderen ausgeglichen werden. Viele Vitamine sind Coenzyme (also Reaktionspartner für Biokatalysatoren in unserem Stoffwechsel) bzw. Ausgangsstoffe zur Synthese von Coenzymen, andere wieder stehen mit Hormonen in Verbindung.

Bezeichnung der Vitamine

Der Amerikanische Chemiker Elmer **McCollum** schlug die Bezeichnung der Vitamine mit den Großbuchstaben des Alphabets vor, damals A, B, C und später D. Danach wurden die Vitamine E und K entdeckt. Als Vitamin F wurden die essenziellen Fettsäuren bezeichnet, die heute auf Grund des höheren Tagesbedarfes nicht als Vitamine sondern als essenzielle Nährstoffe gesehen werden. Auch entdeckte man, dass Vitamin B aus einer Gruppe verschiedener Stoffe mit unterschiedlicher Wirksamkeit besteht, worauf die Bezeichnungen B1, B2… usw. eingeführt wurden. Manche Bezeichnungen wurden später wieder aus der Reihe der Vitamine entfernt, da sie sich entweder als Stoffgemische oder als nicht essenziell erwiesen. Dadurch hat die B Reihe Lücken. Heute kennt man 13 für den Menschen essenzielle Vitamine A, B1, B2, B3, B5, B6, B7, B9, B12, C, D, E, K.

Einteilung der Vitamine

Ein wichtiges Einteilungskriterium ist die Fettlöslichkeit (Vitamine A, D, E, K) oder Wasserlöslichkeit Vitamine (B Gruppe und C). Fettlösliche Vitamine werden zusammen mit Fett vom Darm in den Körper aufgenommen (resorbiert). Eine extrem fettarme Kost oder eine Störung der Fettverdauung können also zu Mangelerscheinungen führen. Der Organismus speichert fettlösliche Vitamine im Fettgewebe und in der Leber, sodass eine tägliche Aufnahme nicht erforderlich ist. Bei starker Überdosierung wirken sie toxisch. Die Ausscheidung erfolgt über den Darm. Nur Vitamin K ist hier eine Ausnahme (gering toxisch, wird nur wenig gespeichert).

Wasserlösliche Vitamine werden im Körper nicht gespeichert (Ausnahme Vitamin B12). Ein Überschuss wird rasch über den Harn ausgeschieden, sie wirken daher auch bei hoher Dosis nicht toxisch, müssen aber regelmäßig zugeführt werden.

Fettlösliche Vitamine

Vitamin A

Als Vitamin A werden die Verbindungen **Retinol** (V A1) und **3-Dehydroretinol** (V A2) und die Ester dieser Verbindungen bezeichnet. Sie sind für Wachstum, Synthese der Geschlechtshormone Testosteron und Östrogen, Spermien und Eizellenbildung, Aufbau der Haut und für den Sehprozess von Bedeutung (Synthese der lichtempfindlichen Substanz Rhodopsin in der Netzhaut). Mangel bedeutet Hauttrockenheit, verminderte Tätigkeit von Schweiß- und Talgdrüsen, Wachstumshemmung, Infektionsanfälligkeit, Nachtblindheit und Augenaustrocknung. VAD (Vitamin A Defizienz) ist die **Ursache für Erblindung und Kindersterblichkeit in den Entwicklungsländern** mit jährlich etwa 2 Millionen Toten lt. UNICEF Schätzung. Als umstrittene Lösung des Problems wird die Entwicklung von **„goldenem Reis"**, einer gentechnisch veränderten Reissorte gesehen. Reis, das Hauptnahrungsmittel in vielen dieser Länder, enthält fast kein β-Karotin. Goldener Reis enthält β-Karotin, wodurch er orangegelbe Farbe hat (Abb. 273–2). Er ist eine transgene Pflanze, also eine Pflanze mit Übertragung von artfremdem Erbgut. Stark kritisiert wird die Methode von Gegnern der Gentechnikanwendung in der Landwirtschaft.

Der Vitamin A-Bedarf für Erwachsene liegt bei etwa 1 mg/d und wird durch **Fischöle** (Lebertran), **Leber**, **Milch**, **Butter** und **Eigelb** gedeckt. Der Pflanzenfarbstoff β-Karotin (aus gelben und grünen Früchten und Gemüsen) dient als verwertbare Vorstufe des Vitamin A für den Organismus. Karotten sind als Quelle sehr gut.

Überdosiert wirkt Vitamin A giftig. Eisbärenleber enthält beispielsweise so viel Vitamin A, dass sie von den Inuit nicht gegessen wird und als giftig gilt.

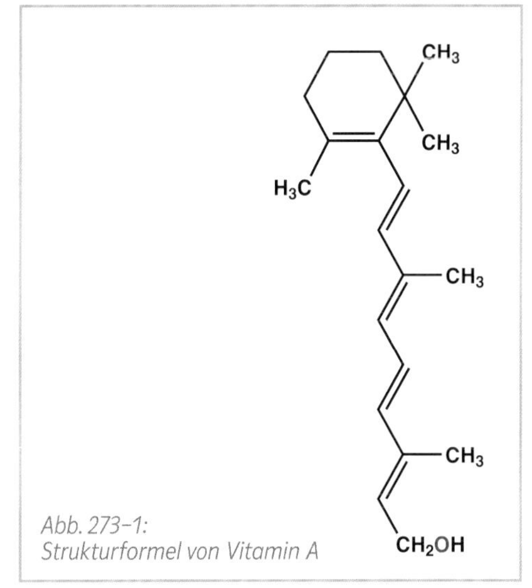

Abb. 273–1:
Strukturformel von Vitamin A

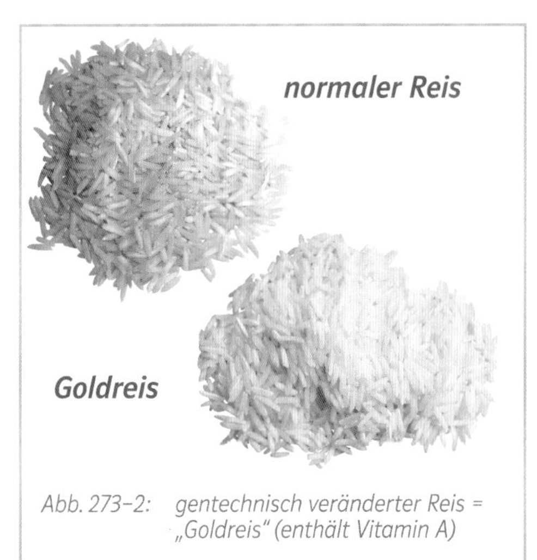

Abb. 273–2: gentechnisch veränderter Reis = „Goldreis" (enthält Vitamin A)

Vitamin D

Vitamin D besteht wieder aus einer Gruppe von Verbindungen, die man **Calciferole** nennt. Umwandlungsprodukte des Vitamin D dienen im Organismus zur Regulierung des Calcium- und Phosphatstoffwechsels (Einschränkung der Phosphatausscheidung, Resorption von Ca^{2+}-Ionen im Darm, Mineralisation der Knochen). Das Vitamin bildet sich auch bei Bestrahlung der Haut mit UV-Licht, ist also bei genügend UV-Licht streng genommen kein Vitamin. Die Mangelkrankheit **Rachitis** war früher als „englische Krankheit" bekannt, da sie in London im Winter bei langen Smogperioden infolge fehlender Sonnenbestrahlung auftrat. Es kommt dabei zu Entmineralisierung der Knochen und vor allem bei Kindern zu Störungen des Knochenwachstums mit Knochendeformationen.

Der Tagesbedarf an Vitamin D wird heute höher angesetzt als in früheren Empfehlungen. 20 µg für Erwachsene (statt wie früher 2,5 µg) und 10 µg für Kinder gelten als Richtlinie, manche Studien legen einen noch höheren Bedarf nahe. Bei ausreichender Sonnenbestrahlung deckt die Eigensynthese den Bedarf. Der Organismus kann aus im Sommer angelegten Reserven den Bedarf für etwa 4 Monate decken. Menschen mit geringer Sonnenexposition (Verschleierung, aber auch berufsbedingter Aufenthalt in geschlossenen Räumen) haben zu wenig Eigensynthese.

Das Vitamin ist in größerer Konzentration in den Fischlebertranen enthalten. Ein Löffel Lebertran täglich diente daher auch als Prophylaxe. Heute gibt man Kleinkindern Vitamin-D-Konzentrate in Tropfenform, wobei aber genau dosiert werden muss. Vitamin D ist in sehr hoher Konzentration ausgesprochen giftig.

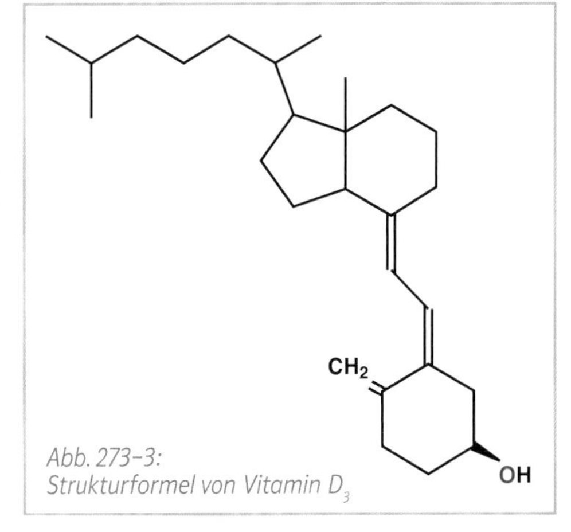

Abb. 273–3:
Strukturformel von Vitamin D_3

Vitamin E

Vitamin E wird eine Gruppe von Verbindungen genannt, die man auch **Tocopherole** nennt (griech.: tókos Geburt und phérein tragen, bringen). Entdeckt wurden sie als Substanzen, die im Tierversuch mit Ratten für deren Fruchtbarkeit notwendig war, daher der Name. Sie wirken im Organismus als **Antioxidanzien** für ungesättigte Fettsäuren und für Vitamin A. Der Tagesbedarf beträgt 12 mg, erhöht sich aber, wenn viele ungesättigte Fettsäuren zugeführt werden. Der Bedarf an Vitamin E wird durch Pflanzenöle (Weizenkeimöl), Mandeln und Milchprodukte (Butter) gedeckt. Mangelerscheinungen beim Menschen sind selten, außer bei extrem fettreduzierten Diäten.

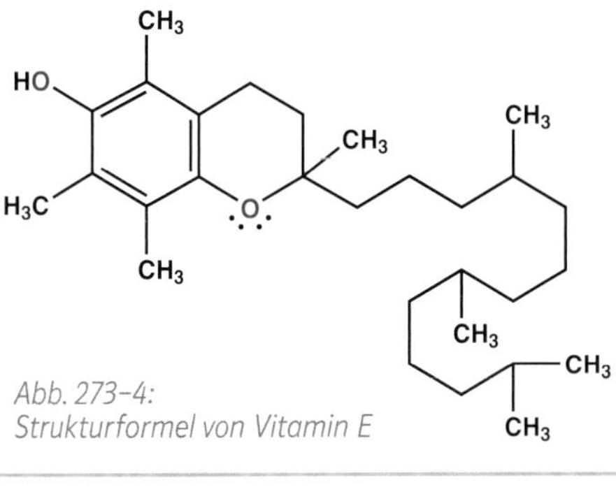

CH3
HO
CH3
CH3
H3C
CH3
CH3
CH3
CH3

Abb. 273–4:
Strukturformel von Vitamin E

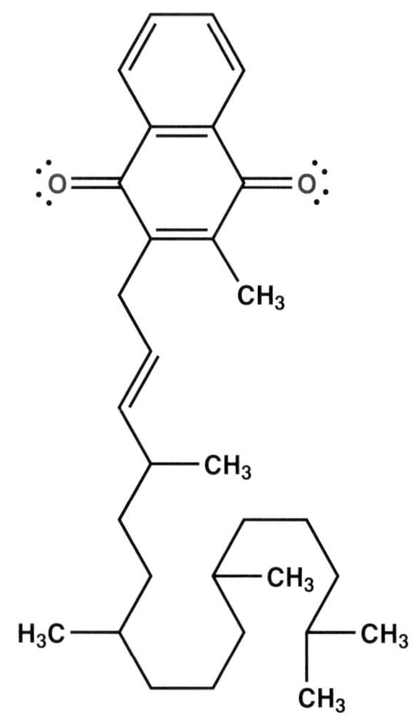

Abb. 274-1: Strukturformel von Vitamin K_1

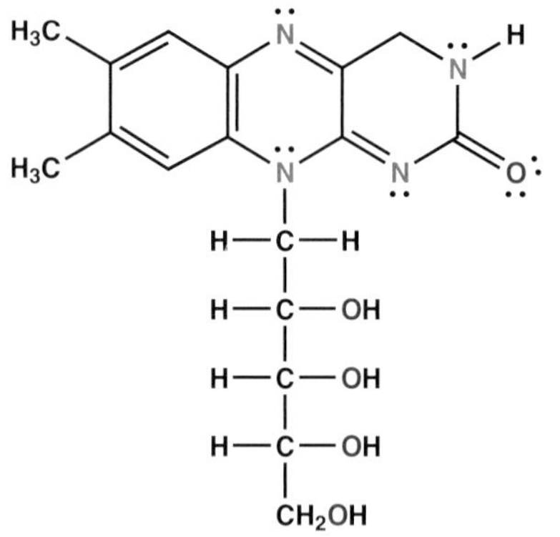

Abb. 274-2: Strukturformel von Vitamin B_2

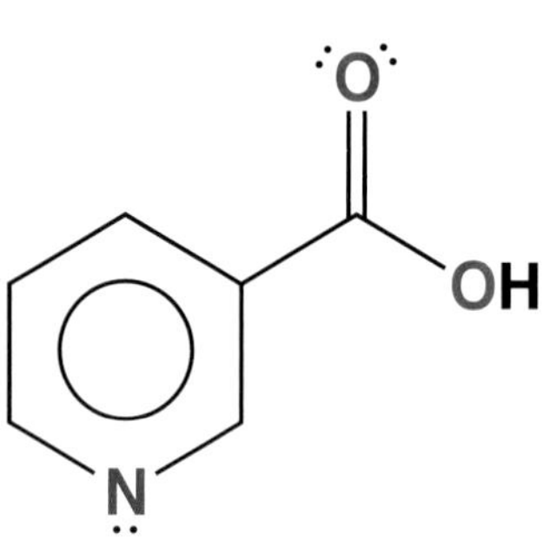

Abb. 274-3: Strukturformel von Vitamin B_3 = Niacin (Nicotinsäure)

Vitamin K

Vitamin K spielt für die Blutgerinnung eine wichtige Rolle (K = Koagulationsvitamin). Bei Mangel treten Störungen der Blutgerinnung auf. Es kommt in grünen Pflanzen (Kohl, Spinat), fetten Milchprodukten, Eigelb und Fleisch vor. Der Tagesbedarf liegt bei 0,1 – 1 mg. Bei normaler Ernährung wird es auch durch die Tätigkeit der Darmbakterien aus Vorstufen gebildet. Ein Mangel tritt beim Menschen kaum auf. Bei Überdosierung ist die Toxizität gering.

Wasserlösliche Vitamine

Vitamin B Gruppe

Vitamin B1 (Thiamin) ist die Vorstufe für das Coenzym Thiamindiphosphat, das beim Glucoseabbau, im Citratcyclus (siehe Kap. 10.5), bei der Fettsäuresynthese und bei der Nervenleitung eine Rolle spielt. Mangel macht sich als **Beriberi-Krankheit** bemerkbar. Sie wurde im asiatischen Raum vor allem durch das Polieren von Reis (zur Erhöhung der Haltbarkeit) ausgelöst. Mit dem Silberhäutchen wird dabei der gesamte Vitamin B1-Gehalt entfernt. Symptome sind Erbrechen, Resorptionsstörungen, Muskelschwäche, Lähmungen, Gedächtnisschwund, Verwirrtheit. Dieser Mangel kann auch bei Alkoholikern auftreten (mangelnde Nahrungszufuhr und geringe Resorption von Vitamin B1). Der Bedarf von Vitamin B1 hängt stark von der Kohlenhydratzufuhr ab. Er liegt bei mindestens 0,5 mg/5000 kJ. Reich an Vitamin B1 sind Fleisch und vor allem Leber.

Vitamin B2 (Riboflavin) dient als Vorstufe für wasserstoffübertragende Redox-Coenzyme (**FAD** Kap. 10.6). Ein Mangel bewirkt Entzündungen der Mund- und Rachenschleimhäute, Bindehautentzündungen, Hornhauttrübung und bei Kindern Wachstumsstillstand (Wachstumsvitamin). Es kommt in Hefe, Leber, Eiern, Milch und Erdäpfeln vor. Der Tagesbedarf liegt bei 0,7 mg/5000 kJ.

Nicotinsäure (Niacin) und Nicotinamid wurden früher als **Vitamin B3** bezeichnet. Sie dienen als Vorstufe zur Synthese der wichtigsten wasserstoffübertragenden Redox-Coenzyme NAD^+ bzw. $NADP^+$ (Kap. 10.2). Ein Mangel ist unter dem Namen **Pellagra** bekannt. Hautentzündungen, Durchfälle und Bewusstseinsstörungen sind die Folge. Der Tagesbedarf an Nicotinsäure liegt bei etwa 20 mg. Der Mensch kann Nicotinsäure auch aus der Aminosäure Tryptophan bilden, die in der Milch vorkommt. Ansonsten sind Fleischwaren, Leber, Hefe und Vollgetreidemehl die Quellen.

Vitamin B5, die Pantothensäure (griech.: pantothen = überall) ist ein Vitamin, das in den meisten Nahrungsmitteln (Innereien, Vollkornprodukten, Eiern, Nüssen, Gemüse, Obst, Milch, Hefe) vorkommt. Dadurch wird der Tagesbedarf von 6 mg üblicherweise durch die normale Nahrung gedeckt. Es ist für die Synthese des wichtigen Coenzyms A notwendig. **Coenzym A** ist für den Fettstoffwechsel, den Kohlenhydratstoffwechsel und den Abbau der Nährstoffe im **Citratcyclus** notwendig. Eine Unterversorgung ist selten und macht sich als **„Burning Feet Syndrom"** bemerkbar, ein Kribbeln und Schmerzen in den Extremitäten. Überdosierung wird rasch mit dem Harn ausgeschieden, was die Einnahme von oft hochdosierten Vitamin B5 Nahrungsergänzungsprodukten sinnlos macht.

Vitamin B6 (Pyridoxine) besteht eigentlich aus 3 verschiedenen Verbindungen. Sie dienen als Coenzyme im Aminosäurestoffwechsel, zB für Transaminierungen. Ein Mangel bewirkt Störungen des Nervensystems. Der Tagesbedarf beträgt 2 mg und erhöht sich mit steigender Proteinzufuhr. Vitamin B6 ist in Leber, Hefe, Getreide und Gemüsen enthalten.

Vitamin B7 ist unter dem Namen **Biotin** geläufiger. Es kommt in vielen Nahrungsmitteln in geringen Konzentrationen vor. Größere Mengen sind in Hefe, Rindsleber und Eiern enthalten. Es wird auch von Darmbakterien gebildet, allerdings wird davon der größte Teil mit dem Stuhl ausgeschieden. Der Tagesbedarf liegt bei 30 – 60 µg. Biotin ist an der Wirkung von wichtigen Enzymen beteiligt, die bei der Fettsäuresynthese, der Glucosesynthese und beim Stoffwechsel einer Reihe wichtiger Aminosäuren eine Rolle spielen. Ernährungsbedingter Biotinmangel kommt kaum vor, allerdings kann bei Schädigung der Darmflora, bei Dünndarmverkürzung infolge von Operationen und bei Dialysepatienten ein Mangel auftreten.

Vitamin B9 wird auch **Folsäure** genannt (lat. folium = Blatt), was auf ihr Vorkommen in dunkelgrünem Blattgemüse hinweist. Hohe Folsäuregehalte finden sich in Hefe, Weizenkeimen und Hülsenfrüchten. Weitere Lieferanten sind Eier, Kalbs- und Geflügelleber und Sonnenblumenkerne. Folsäure ist in den verschiedensten Lebensmitteln in geringerem Ausmaß enthalten.

Folsäure spielt im Stoffwechsel bei der Synthese von DNA-Bauteilen eine wichtige Rolle, also überall dort, wo Zellen sich häufig teilen müssen (Knochenmark, Schwangerschaft). Auch der Stoffwechsel der schwefelhaltigen Aminosäure Methionin ist auf Folsäure angewiesen.

Der Tagesbedarf beträgt 300 µg. Da ein Folsäuremangel Störungen in der Embrionalentwicklung verursachen kann (schwere Schäden in der Gehirnentwicklung, Herzfehler, Neigung zu Frühgeburten), wird bei geplanter und während der Schwangerschaft ein Tagesbedarf von 550 µg empfohlen.

In den USA und in Kanada wird Weizenmehl mit Folsäure angereichert, um eine Unterversorgung zu verhindern. Seither sind Gehirnschäden bei Neugeborenen um die Hälfte zurückgegangen. In der EU wird eine Folsäureergänzung von Grundnahrungsmitteln nicht durchgeführt. Mit abwechslungsreicher Kost ist man üblicherweise gut versorgt. Bei hohem Alkoholkonsum und bei Erkrankungen der Leber und des Dünndarms kann aber ein Mangel auftreten. Auch eine Überversorgung wird heute kritisch gesehen, da sie die Symptome eines Vitamin B12 Mangels verdecken kann.

Vitamin B12 besteht ebenfalls aus einer Gruppe von Substanzen, den **Cobalaminen**. Es sind cobalthältige Verbindungen, die als Coenzyme wirken. Benötigt wird Vitamin B12 bei der Erythrozytenbildung, beim Aufbau der Nervenhüllen und beim Stoffwechsel der Aminosäure Methionin (zusammen mit Folsäure). Bei Vitamin B12-Mangel ist die Erythrozytenbildung im Knochenmark gestört, was zur „**perniziösen Anämie**" führt. Die Magensäurebildung wird verringert, es entstehen Nervenschäden sowie Rückenmarksveränderungen bis zu Lähmungen. Die Nervenschäden können irreversibel sein und bis zur Demenz führen.

Der Mangel kann auch bei **veganer Ernährung** auftreten, da Vitamin B12 in Pflanzen praktisch nicht vorkommt. Der Tagesbedarf liegt bei 3 µg, für Schwangere und stillende Mütter bei 4-5 µg. Es ist in Fleisch, Fisch, Käse und Eigelb enthalten, vor allem Leber enthält Vitamin B12. Hergestellt wird es von Bakterien. Die meisten Tiere decken dadurch ihren Bedarf. Obwohl wasserlöslich wird das Vitamin in der Leber gespeichert. Da der Tagesbedarf gering ist, reicht der Speicher für mehrere Jahre, sodass bei Umstellung auf vegane Ernährung lange Zeit kein Mangel auftritt. Bei Säuglingen und Kleinkindern ist dies aber nicht der Fall. Daher muss bei strikt veganer Ernährung Vitamin B12 ergänzt werden. Besonders wichtig ist dies im Kindesalter. Beim Stillen müssen vegane Mütter jedenfalls Vitamin B12 supplimentieren. Eine ausreichende pflanzliche Vitamin -B12-Quelle gibt es nicht. Algen liefern hauptsächlich biologisch nicht aktive Analoga (ähnliche Substanzen).

Vitamin C

die L-Ascorbinsäure, leitet sich von den Kohlenhydraten ab. Der Mangel an diesem Vitamin ist als **Skorbut** bekannt und war früher vor allem bei Seeleuten gefürchtet. Es treten Blutungen der Haut, des Zahnfleisches und der inneren Organe auf. Die Eisenresorption wird gestört, was zu **Anämie** führt. Der Mensch benötigt Vitamin C für den Stoffwechsel der Aminosäuren (zB Kollagensynthese) und den Transport von Eisen. Vitamin C ist vor allem in frischem Gemüse (Paprika) und Obst enthalten (Zitrusfrüchte, aber auch Äpfel). Schon James Cook verhinderte im 18. Jhdt. Skorbut auf seinem Schiff, indem er Zitronen zur Verpflegung mitnahm. Einen wichtigen Anteil bei der Versorgung hat auch der Erdapfel.

Der Tagesbedarf an Vitamin C liegt bei 75 mg, ist also für ein Vitamin sehr hoch. Vor allem Raucher haben einen stark erhöhten Vitamin-C-Bedarf. Es gibt die Meinung, dass weit höhere Dosen günstig wären, auch um Erkältungskrankheiten vorzubeugen. Tabletten mit 1000 mg sind im Handel. Eine solch hohe Dosis müsste in mehreren Gaben über den Tag verteilt erfolgen, da überschüssiges Vitamin C rasch durch den Harn ausgeschieden wird.

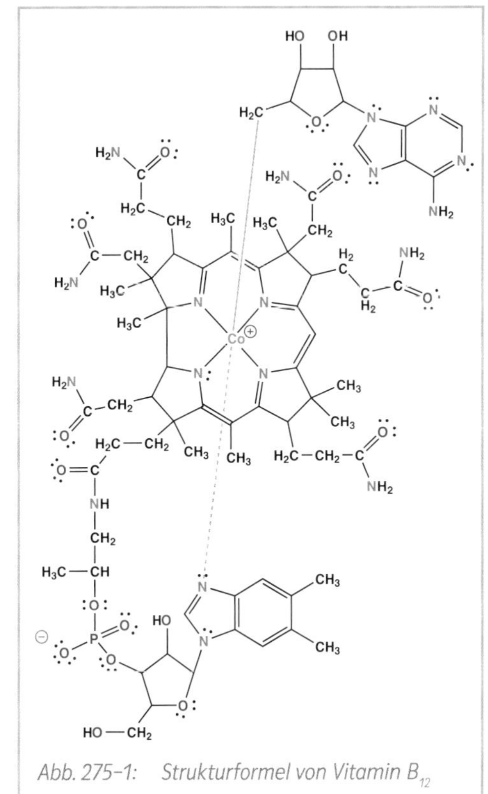

Abb. 275-1: Strukturformel von Vitamin B_{12}

INFO zu Vitamin B12

Auch im menschlichen Dickdarm gibt es Cobalamin-produzierende Bakterien, allerdings wird das Vitamin von dort fast vollständig ausgeschieden, da es nur im Dünndarm aufgenommen wird.

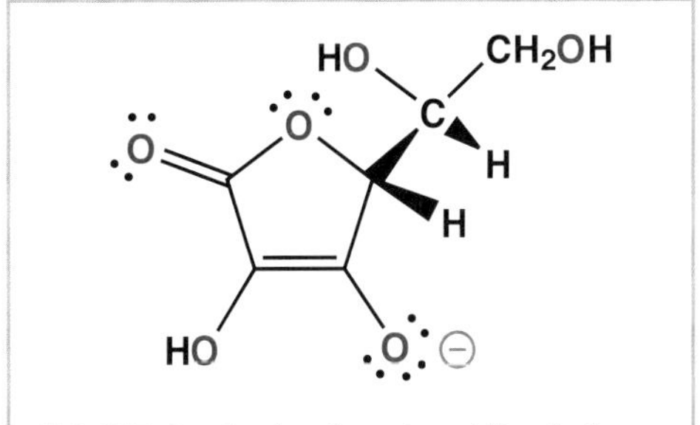

Abb. 275-2: Strukturformel von Vitamin C = Ascorbinsäure

Antioxidantien

Sind chemische Verbindungen, die eine Oxidation anderer Substanzen verlangsamen oder gänzlich verhindern.

Als spezielle Substanzen kommen Radikalfänger und Reduktionsmittel in Frage.

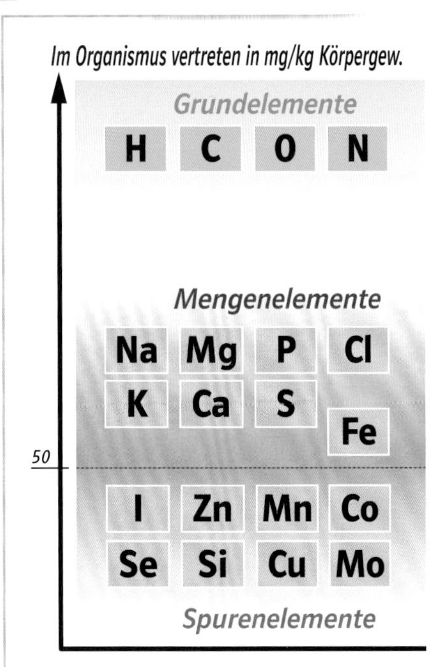

Abb. 276-1: Mengen- und Spurenelemente

Lebensmittel 100 g	Kalium [mg]
Sojabohne (getrocknet)	1800
Marillen (getrocknet)	1370
Weizenkleie	1350
Pistazie	1020
Tomatenmark	1014
Rote-Rüben-Blätter (gekocht)	909
Linsen	840
Rosinen	749
Mandeln	705
Orangensaft	674
Erdnuss	658
Dattel (Deglet Nour)	656
Maroni (geröstet)	592
Buchweizenmehl (Vollkorn)	577
Cashew	565
Pommes frites (Pflanzenöl)	550
Erdäpfel (ungeschält, gebacken)	535
Sojabohnen (gekocht)	515
Avocado	485
Grapefruitsaft (weiß)	484
Spinat (gekocht)	466
weiße Bohnen	454
Kidneybohnen (gekocht)	402

Abb. 276-2: Kaliumgehalt ausgesuchter Nahrungsmittel

Mineralstoffe

Mineralstoffe sind lebensnotwendige anorganische Nahrungsbestandteile, häufig Salze. Sie liegen daher meist in Form von Ionen vor und müssen mit der Nahrung zugeführt werden. Elemente, die in größerer Konzentration als 50 mg/kg Körpergewicht im Organismus vertreten sind, werden Mengenelemente genannt, die anderen Spurenelemente (Abb. 276-1). Nur Eisen wird trotz seines Vorkommens über dieser Grenze üblicherweise zu den Spurenelementen gezählt. Die Mineralstoffe müssen mit der Nahrung in der richtigen Dosis zugeführt werden. Mangel und auch meist Überdosierungen sind gesundheitsschädlich.

Mengenelemente

Die im menschlichen Organismus wichtigen Mengenelemente sind Na, K, Cl, Ca, Mg, P und S.

Natrium wird zusammen mit **Chlor** in Form von Natriumchlorid (Kochsalz) aufgenommen. Der tägliche Bedarf an Natrium liegt bei 550 mg, sollte aber 2 g nicht überschreiten (entspricht 1,4 – 5 g Kochsalz). Ein Mangel kommt heute praktisch nicht vor, unsere Nahrung enthält meist zu viel Salz, häufig bis zum Doppelten der Höchstmenge, was eine der Ursachen von **Bluthochdruck** ist.

Der tägliche **Kalium**bedarf beträgt mindestens 2 g, die Zufuhr sollte aber höher liegen. Die Empfehlung in den USA und Kanada liegt bei 4,7 g täglich, was bei uns im Durchschnitt nicht erreicht wird. Unsere Nahrung ist also zu kaliumarm und natriumreich. Kaliumhaltige Lebensmittel sind zB Bananen, Hülsenfrüchte (Bohnen, Linsen), Käse, Erdäpfel und Spinat (Abb. 276-2). Ein starker Kaliumüberschuss (kommt bei eingeschränkter Nierenfunktion vor) kann zu Herzstillstand führen. Die bei Hinrichtungen in den USA verwendete Giftspritze enthält unter anderem Kaliumchlorid.

Natriumionen sind zusammen mit Kaliumionen für die **Reizleitung in den Nervenzellen** verantwortlich. Im Organismus befinden sich die Na^+-Ionen und die Cl^--Ionen hauptsächlich außerhalb der Zellen, im Zellinneren sind die K^+-Ionen und organische Anionen. Dieses Konzentrationsungleichgewicht muss unter Energieaufwand aufrecht erhalten werden (Na/K – Pumpe). Die Regulierung des Wasserhaushaltes, des Blutdrucks und des Säure/Base-Gleichgewichts im Körper erfolgt über die Natrium-, Kalium- und Chloridionenkonzentration. Entscheidend ist das richtige Na^+–K^+-Verhältnis. Chlorid ist außerdem für die Bildung der Magensäure notwendig. K^+, Na^+ und Cl^- werden über den Harn ausgeschieden.

Calcium ist der häufigste Mineralstoff im menschlichen Organismus. Sein Stoffwechsel ist eng mit dem von **Phosphor** (als Phosphat) verknüpft. Die Hauptmenge beider Elemente liegt in Form von **Hydroxylapatit** $Ca_5(PO_4)_3OH$ vor, der die Hauptsubstanz von Knochen und Zähnen bildet.

Der tägliche Bedarf an Calcium (ca. 1 g) und Phosphor (ca. 0,75 g) wird mit der Nahrung üblicherweise gedeckt. Die ausreichende Versorgung mit Vitamin D ist für die Calciumaufnahme Voraussetzung. Bei erhöhtem Bedarf (Schwangerschaft, altersbedingte Knochendichtestörung) wird Calcium als Nahrungsergänzung in Kombination mit Vitamin D zugeführt. Eine zu hohe Calciumzufuhr führt allerdings zu einem erhöhten Risiko bezüglich Nierensteinen und Herz-Kreislauferkrankungen, besonders bei Nierenschäden (verringerte Calciumausscheidung). Calciumquellen in der Nahrung sind Milchprodukte, Mohn, Sesam, Mandeln, Haselnüsse aber auch Trinkwasser. Phosphat findet sich heute in der Nahrung wegen seiner Verwendung als Lebensmittelzusatzstoff praktisch immer ausreichend. Auch hier wird ein Überschuss kritisch gesehen (S. 126).

Neben dem Aufbau der Knochen ist Calcium bei der Nerven- und Muskelerregung beteiligt, an der Zellteilung, am Glycogenstoffwechsel und an der Blutgerinnung. Phosphat ist am Bau von DNA und RNA beteiligt, am Bau des ATP, des „Energiemoleküls" in unserem Stoffwechsel und am Bau der Phospholipide in den Zellmembranen.

Magnesium ist im Chlorophyll aller Pflanzen als Zentralatom enthalten, spielt also bei der wichtigsten Reaktion und Grundlage des Lebens, der Photosynthese eine Rolle. Im Organismus des Menschen sind Magnesiumionen an etwa 300 Enzymreaktionen über Coenzyme beteiligt.

Der tägliche Bedarf an Magnesium von ca. 300 mg wird durch Gemüse (Chlorophyll), Vollkornprodukte, Erdäpfel, Obst (Bananen), Nüsse, Milchprodukte, diverse Nüsse und Samen, durch Leber, Geflügel und Fisch und durch Trinkwasser ausreichender Wasserhärte gedeckt. Eine ausgewogene vielfältige Ernährung bietet ausreichend Magnesium. Ein leichter Mangel kann in der Schwangerschaft und bei Leistungssportlern auftreten. Ein bekanntes Mangelsymptom sind **Muskelkrämpfe**. Schwere Mangelzustände gibt es nur bei Nieren- und Darmstörungen. Magnesiumreiche Mineralwässer (Magnesiumsulfat) wirken abführend.

Schwefel wird zwar zu den Mineralstoffen gerechnet, vom Mensch aber nicht als Salz (Sulfat) aufgenommen, sondern in Form der schwefelhaltigen Aminosäuren Cystein und Methionin und in Form der Vitamine der B-Gruppe (Biotin und Thiamin). Sulfatverwertung – und damit Synthese der schwefelhaltigen Aminosäuren – geschieht ausschließlich in den Pflanzen. Schwefel ist also – im Gegensatz zu unserer Anfangsdefinition der Mineralstoffe - kein anorganischer Nahrungsbestandteil, da er in Form von organischen Molekülen aufgenommen wird. Eine ausreichende Eiweiß- und Vitaminversorgung deckt den Schwefelbedarf.

Spurenelemente

Zu den Spurenelementen werden die Elemente Co, Fe, I, Cu, Mn, Mo, Se, Si, V, Zn, Cr und F gerechnet, unklar ist, ob F, As, Rb und Sn dazugehören. Die meisten sind Bestandteil von Coenzymen oder an der Synthese von Hormonen beteiligt. Meist kommen sie in der Nahrung in ausreichender Konzentration vor. Bei regional auftretendem Mangel im Ackerboden oder Trinkwasser, bei hoher Ausscheidungsrate (Durchfall) und bei Stoffwechselerkrankungen können Mangelsymptome auftreten.

Eisen, das trotz seiner Konzentration von ca. 60 mg/kg im menschlichen Organismus zu den Spurenelementen gerechnet wird, ist das sauerstoffbindende Atom im Hämoglobin. Ein Mangel äußert sich in **Blutarmut** (Anämie). Es ist in vielen Nahrungsmitteln enthalten (Abb. 277–1), seine Resorption hängt aber von Begleitsubstanzen ab, Vitamin C fördert sie. Der als besonders eisenhaltig bekannte Spinat ist nicht eisenreicher (gefriergetrockneter Spinat wurde mit frischen Gemüsesorten verglichen, was den Eisengehalt verzehnfachte) als andere Gemüsesorten und seine Inhaltstoffe hemmen die Eisenaufnahme eher. Der tägliche Eisenbedarf beträgt beim Mann etwa 10 mg, bei der Frau 15 mg (Eisenverlust durch Menstruation).

Ein Spurenelement mit bekannten Mangelsymptomen ist **Iod**. Es ist zur Synthese der Schilddrüsenhormone Thyroxin und Triiodthyronin notwendig. Ein Mangelführt zu **Schilddrüsenunterfunktion** und **Schilddrüsenwucherung** (Kropf). Römische Historiker berichteten schon im Altertum über die Verbreitung von Kropf in den Alpenländern. Erst Ende des 19. Jahrhunderts entdeckte der Arzt und spätere Nobelpreisträger Dr. Julius **Wagner Jauregg** den Grund (iodarmes Trinkwasser und iodarme Böden) und die Behandlungsmöglichkeit mit Iodid. Heute wird Speisesalz mit Iodid versetzt, sodass Iodmangel kaum mehr auftritt.

Fluor ist im menschlichen Körper mit 2 – 5 g vertreten, liegt also auch an der oberen Grenze der Spurenelemente. Es ist Bestandteil von Knochen und Zähnen als **Fluorapatit**. Dabei wird im Hydroxylapatit die OH^--Gruppe durch F^- ersetzt. Dies erhöht die Dichte und vermindert die Löslichkeit der Knochensubstanz, was besonders beim Zahnschmelz günstig erscheint. Allerdings wird die Elastizität der Knochensubstanz verringert. Man hielt Fluorid für essenziell, Tierversuche an Mäusen mit fluoridfreier Fütterung auch über mehrere Generationen legen aber das Gegenteil nahe. Eine prophylaktische Wirkung bezüglich Karies ist aber unbestritten. Dazu genügt allerdings **fluoridhaltige Zahnpasta**, die man nicht verschluckt. Fluorid ist sehr stark toxisch für die Karies verursachenden Mikroorganismen, was einen Großteil der Wirkung ausmachen dürfte. Die Fluoridierung von Trinkwasser zur Kariesprophylaxe wird auf Grund der Toxizität von löslichen Fluoriden nicht mehr durchgeführt, da zwischen nützlicher und schädlicher Dosis nur wenig Abstand ist.

Cobalt als Spurenelement ist vor allem in Vitamin B 12 enthalten.

Nahrungsquelle 100 g	*Eisengehalt in mg/100g*
Schweineleber	*22,1*
Hühnereigelb	*7,2*
Rinderleber	*7,1*
Linsen	*6,9*
Eierschwammerl	*6,5*
Blutwurst	*6,1*
weiße Bohnen	*6,0*
Hirse	*5,9*
Erbsen	*5,0*
Haferflocken	*4,6*
Spinat	*3,5*

Abb. 277-1: *Eisengehalt ausgesuchter Lebensmittel*

Abb. 277-2: *Iodiertes Speisesalz*

Strukturformel von „Olaflur" einem häufig in Zahnpasten eingesetzten Aminfluorids

Abb. 277-3: *Zahnpasta mit Fluorid*

9.6 Lebensmittelzubereitung und -lagerung

Hitze- und sauerstoffempfindliche Vitamine – Milchsäuregärung

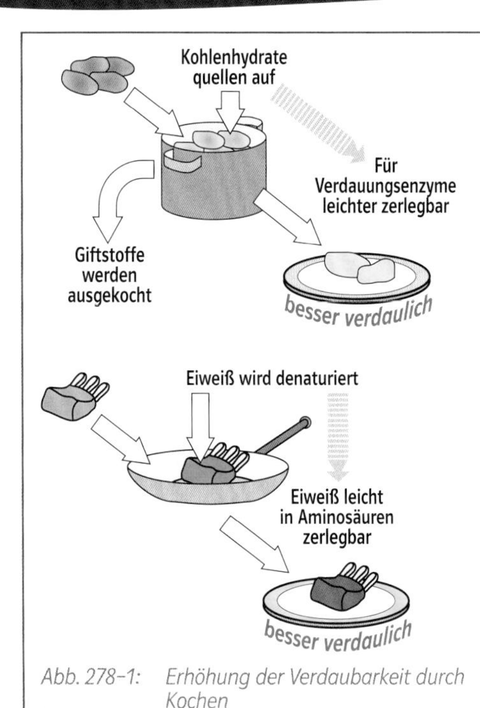

Abb. 278-1: Erhöhung der Verdaubarkeit durch Kochen

Hitzeempfindliche Vitamine

- **Vitamin B1** (unbeständig bei 100 °C in alkalischer Lösung)
- **Vitamin B12** (unbeständig bei 100 °C in Lösung)
- **Pantothensäure** (unbeständig bei 120 °C)

Ziemlich hitzebeständige Vitamine

- **Vitamin-A-Gruppe** (unbeständig bei 100 °C und Luftsauerstoff)
- **A-Provitamine** (unbeständig bei 100 °C)
- **Vitamin C** (unbeständig in Gegenwart von Sauerstoff sowie anderen Oxidationsmitteln)
- **Vitamin D-Gruppe**
- **Vitamin K-Gruppe.**

Hitzebeständige Vitamine

- **Vitamin B2** (nur in alkalischer Lösung bei Licht unbeständig)
- **Vitamin-E-Gruppe**

Abb. 278-2: Hitzeempfindliche und hitzebeständige Vitamine

Eine vielfältige und abwechslungsreiche Ernährung versorgt uns ausreichend mit allen Nährstoffen, Vitaminen und Mineralstoffen. Trotzdem kann es sowohl bei Lagerung als auch bei der Zubereitung von Lebensmitteln zu Fehlern kommen, die zu Verlusten von Vitaminen und Mineralstoffen führt.

Erhitzen von Nahrungsmitteln

Bei der Zubereitung von Nahrung werden die Nahrungsmittel fast immer erhitzt. Das macht sie leichter verdaubar. Eiweißstoffe werden denaturiert und können so besser in die Aminosäuren zerlegt werden, stärkehaltige Kohlenhydrate quellen beim Kochen auf und werden dadurch oft erst zugänglich für die Verdauungsenzyme. Manche Nahrungsmittel wie Erdäpfel und Bohnen werden erst durch das Kochen genießbar. Sie enthalten giftige Stoffe, die dabei zerstört werden.

Vitaminverluste

Beim Kochen können allerdings Verluste an Vitaminen auftreten. Vitamine sind in unterschiedlichem Ausmaß sowohl hitze- als auch sauerstoffempfindlich (Abb. 278-2). Kurze Garzeiten sind daher vitaminschonender als langes Kochen. Beim Haltbarmachen durch Sterilisieren ist auf Sauerstoffausschluss zu achten (Erhitzen in geschlossenen Gläsern). Vor allem die Vitamine C und A sind sauerstoffempfindlich. Hier wirkt sich die Luft schädlicher aus als die hohe Temperatur.

Die wasserlöslichen Vitamine und die Mineralstoffe (die nicht hitzeempfindlich sind) werden beim Kochen durch das Kochwasser gelöst. Wird dieses weggeschüttet, so gehen sie verloren. Besonders bei der Gemüsezubereitung kann hier ein großer Verlust an lebensnotwendigen Stoffen eintreten.

Als gesunde Gemüsezubereitung bietet sich Dampfgaren an. Die Temperatur ist dabei nicht über 100 °C, was hitezeempfindliche Vitamine schont. Außerdem tritt keine Auslaugung durch das Kochwasser auf. Auch Dünsten von Gemüse im eigenen Saft wirkt erhaltend auf Mineralstoffe und wasserlösliche Vitamine, ebenso das Grillen, wobei die Temperatur zwar höher ist, die Garzeit aber kürzer und der Wasseraustritt geringer. Erdäpfel sollten erst nach dem Kochen geschält werden, wodurch weniger Mineralstoffe und Vitamine in das Kochwasser übergehen. Werden Erdäpfel geschält gekocht, so mit wenig Wasser, und dieses sollte mit verarbeitet werden (zB Püree).

Ein Teil der Nahrung sollte roh gegessen werden. Eine Reihe von Gemüsen und Salaten ist dafür gut geeignet, es entfallen somit alle Vitamin- und Mineralstoffverluste. Allerdings ist rohes Gemüse oft schlechter verdaulich. Die Carotinaufnahme aus gekochten Karotten ist mehr als doppelt so hoch wie aus rohen. Jedenfalls muss Fett dazu gegessen werden, da Carotin als fettlösliches Provitamin nur so aufgenommen werden kann.

Eine weitere Ursache von Vitaminverlusten ist die Lagerung. Bei Gemüse werden Vitamine beim Lagern abgebaut, es sollte also möglichst erntefrisch zubereitet werden. Da dies häufig nicht möglich ist, wird es auch tiefgekühlt angeboten. Dabei wird das Gemüse kurz nach der Ernte blanchiert und danach schockgefroren. Blanchieren bedeutet kurzes Erhitzen und danach rasches Abkühlen. Dadurch wird es keimfrei und vitaminabbauende Enzyme werden unwirksam gemacht. Bei permanenter Lagerung bei −18 °C bleiben Vitamine sehr gut erhalten. Die Lagerzeit sollte aber auch hier nicht zu lange sein. Jedenfalls ist Tiefkühlgemüse aber vitaminreicher als frisches, das über mehrere Tage gelagert wurde.

Haltbarmachen von Lebensmitteln

Eine gute Variante zum Haltbarmachen von Gemüse ist die Milchsäuregärung. Dabei wird Zucker aus dem Gemüse durch Milchsäurebakterien in Milchsäure umgewandelt. Es entsteht der typisch saure Geschmack, der niedrige pH-Wert verhindert die Vermehrung schädlicher Mikroorganismen und den Abbau von Vitamin C. Bei uns ist Sauerkraut das bekannteste so konservierte Gemüse. Im asiatischen Raum (vor allem in Korea) werden viele Gemüsesorten so konserviert (Kimchi).

Kapitel 9 – kompakt

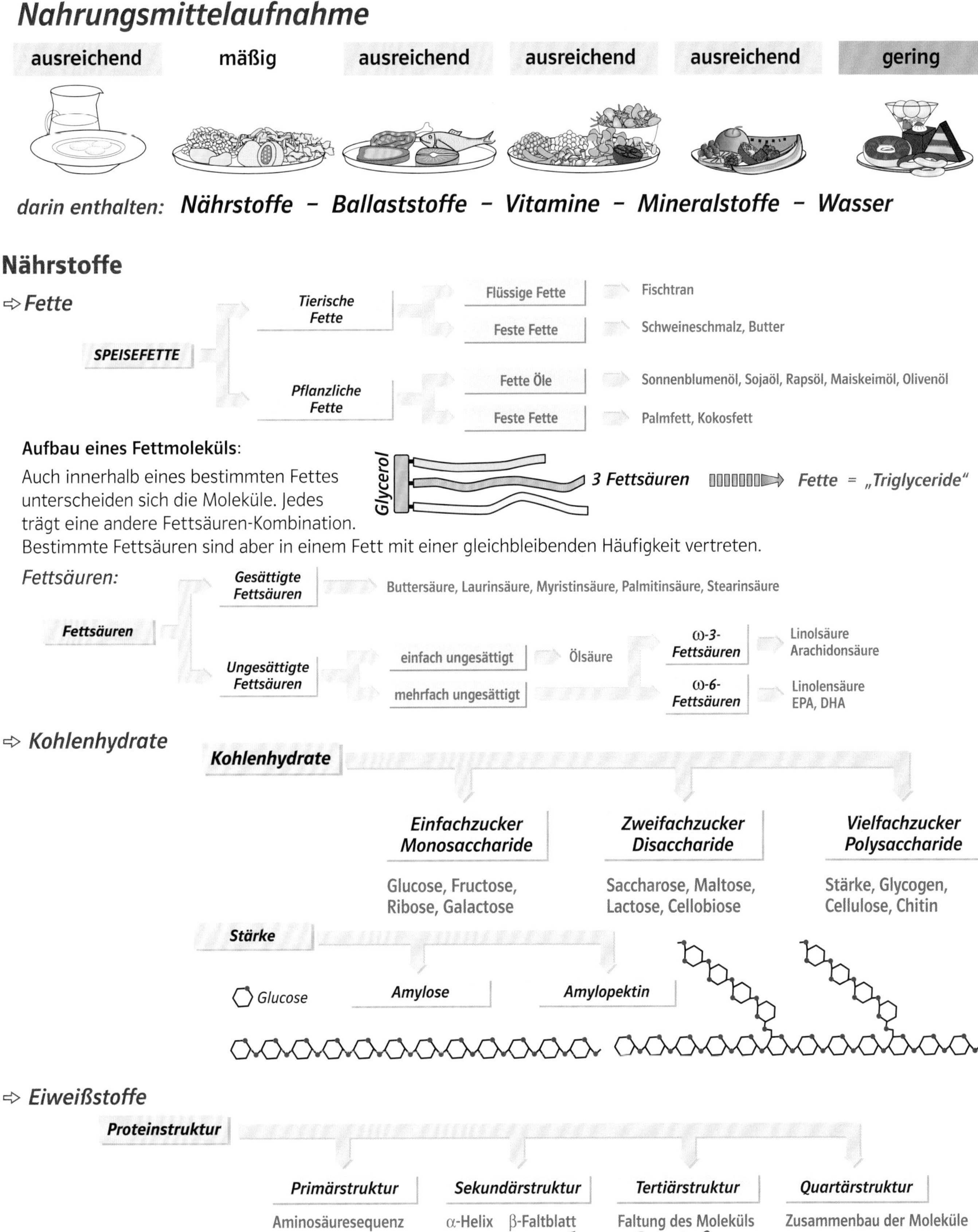

4u6n45

Sicher und kompetent zur Matura

Was ich aus dem Kapitel für eine erfolgreiche Matura benötige!

1. Wichtige Begriffe, die ich aus diesem Kapitel kenne, definieren kann und im Sinne einer Fachsprache richtig einsetze:

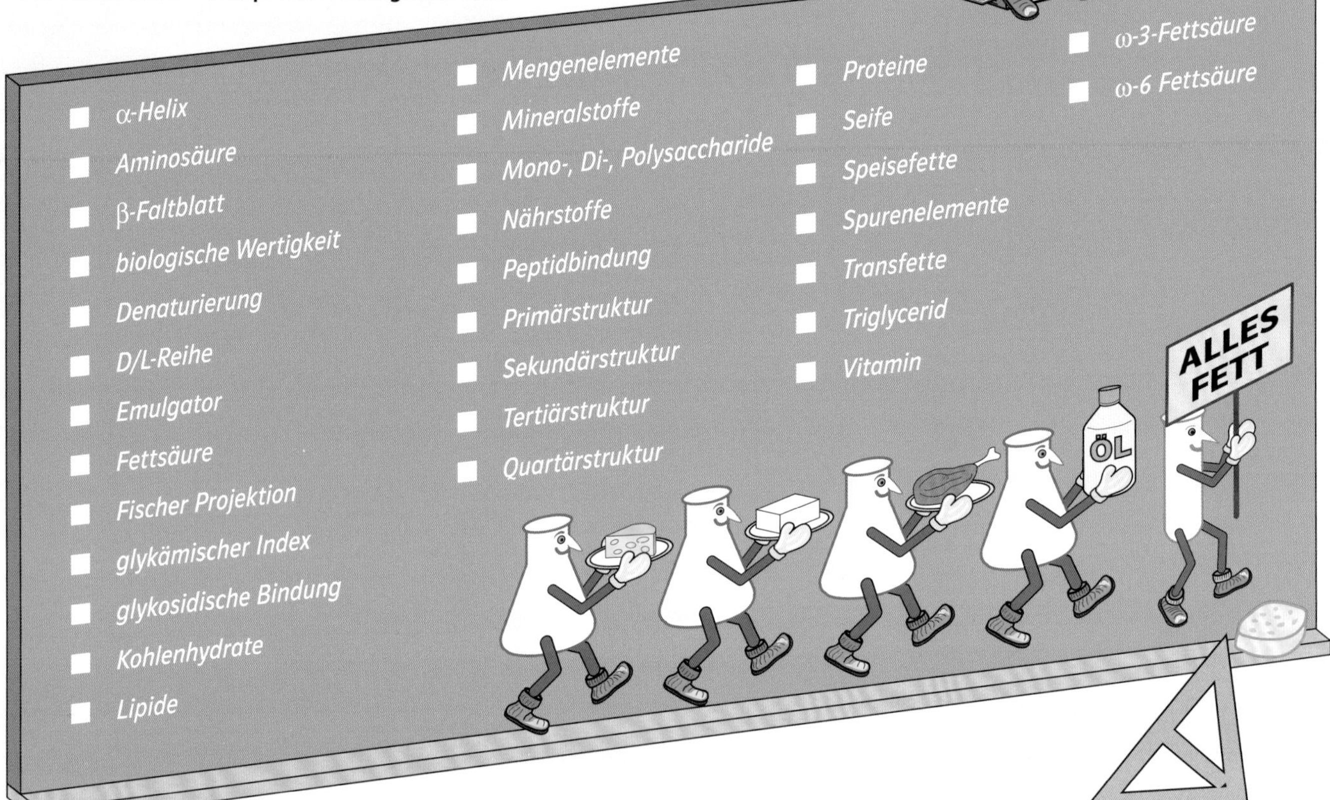

2. Fähigkeiten und Fertigkeiten, die ich aus diesem Kapitel anwenden kann:

Ich kann:

- *Ich kenne die wichtigsten Speisefette und ihre Funktionen.*
- *Ich weiß, wie ein Triglycerid chemisch aufgebaut ist und kann seine Struktur aufzeichnen.*
- *Ich kenne unterschiedliche Verwendungsbereiche für Fette.*
- *Ich kenne die wichtigsten Mono-, Di- und Polysaccharide.*
- *Ich kenne die chemische Struktur der Monosaccharide und kann sie (auch in Ringform) aufzeichnen.*
- *Ich kenne die chemische Struktur der Disaccharide, kann sie aufzeichnen und benennen.*
- *Ich kenne die chemische Struktur einer Aminosäure und verstehe den Aufbau eines Proteins.*
- *Ich kann Proteine nach ihrem Aufbau und ihrer Funktion einteilen.*
- *Ich kann die Vitamine und Mineralstoffe nennen und kenne ihre Aufgabe im menschlichen Körper.*

10 Stoffwechsel

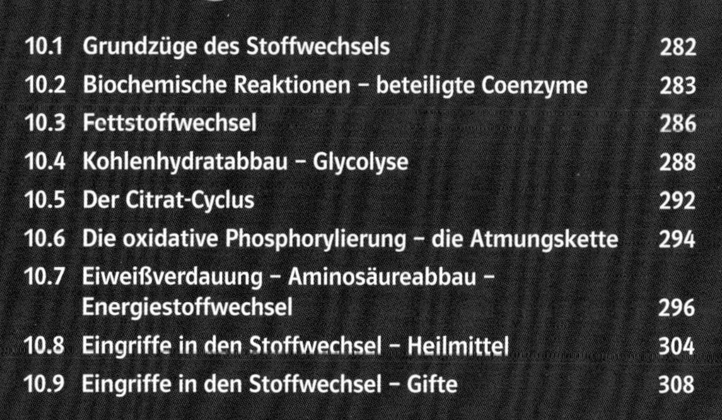

Das System von Reaktionen, mit denen unser Organismus die Nahrungsmittel zur Energieerzeugung verwertet, nennt man **Energiestoffwechsel**. Die Nährstoffe werden dabei in mehreren Schritten in kleinere Moleküle zerlegt und schließlich durch den Sauerstoff der eingeatmeten Luft oxidiert. Die freiwerdende Energie wird dabei chemisch gespeichert. Sie dient zur Aufrechterhaltung der Lebensfunktionen.

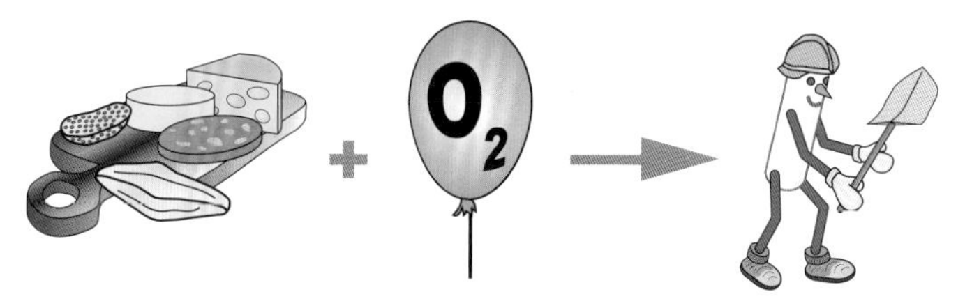

Neben dem Girokonto, das für den normalen Bedarf im Leben reichen sollte, hat ein wohlbestallter Zeitgenosse meist auch einen Finanzpolster, der nicht zum unmittelbaren Verbrauch dient, sondern als Reserve für Notzeiten oder für größere Anschaffungen. Solche längerfristig gebundenen Spareinlagen (Lebensversicherungen, Depots für Aktien und Anleihen) gibt es auch im Organismus. Es sind dies die **Fettdepots** in den Fettzellen.

Der Abbau der Fettreserven unseres Körpers ist gar nicht so leicht und kann nur längerfristig funktionieren. Bei Ausbleiben eines Gehalts oder eines Gewinneinbruches bei selbstständiger Tätigkeit wird schließlich auch zuerst das Girokonto aufgebraucht, und erst bei wirklicher Notlage langfristig gebundene Sparformen aufgelöst.

Der Energiestoffwechsel lässt sich sehr gut mit der finanziellen Bilanz eines Menschen vergleichen. Die tägliche Nahrungsaufnahme entspricht dabei dem monatlichen Gehalt oder dem Gewinn aus selbstständiger Tätigkeit. Dieser wird nicht sofort verbraucht, sondern kommt auf das Gehaltskonto. Dem entspricht das in Leber und Muskelzellen gespeicherte **Glycogen**. Die Überweisung auf das Konto wird mit **Insulin** durchgeführt, Abhebungen vom Konto mit der „Bankomatkarte" **Glucagon**. So wie das Geld am Konto für einen Monat reichen sollte, reicht das Glycogen für den Energiebedarf eines Tages.

Hier tritt zum ersten Mal ein entscheidender Unterschied zwischen dem Energiesystem des Organismus und der finanziellen Bilanz auf. Aktiendepots und Spareinlagen muss man nicht permanent mit sich herumtragen, der Organismus seine Fettreserven aber schon. Daher wird eine zu große Reservehaltung in den Fettzellen schließlich kontraproduktiv und führt zu Problemen. Starkes **Übergewicht** schränkt die Beweglichkeit ein, schadet den Gelenken und bewirkt Störungen im Stoffwechsel. Große finanzielle Reserven liefern solche Probleme nicht unmittelbar, obwohl auch diese im manchen Fällen zu einer nicht immer gesunden und vernünftigen Lebensführung verleiten.

Den täglichen Geldbedarf decken wir aus der Geldbörse. In ihr stecken einige größere Scheine. Sie entsprechen dem **Blutzucker**, also der Glucose. Er dient zur Deckung des unmittelbaren Energiebedarfes. Dabei werden, die großen Scheine (Glucose) zu kleineren Scheinen (Essigsäure bzw. **Acetyl-Coenzym A** und schließlich **NADH**) gewechselt. Zuletzt erfolgt die Umwechslung in Münzen (**ATP**), mit denen letztlich bezahlt wird.

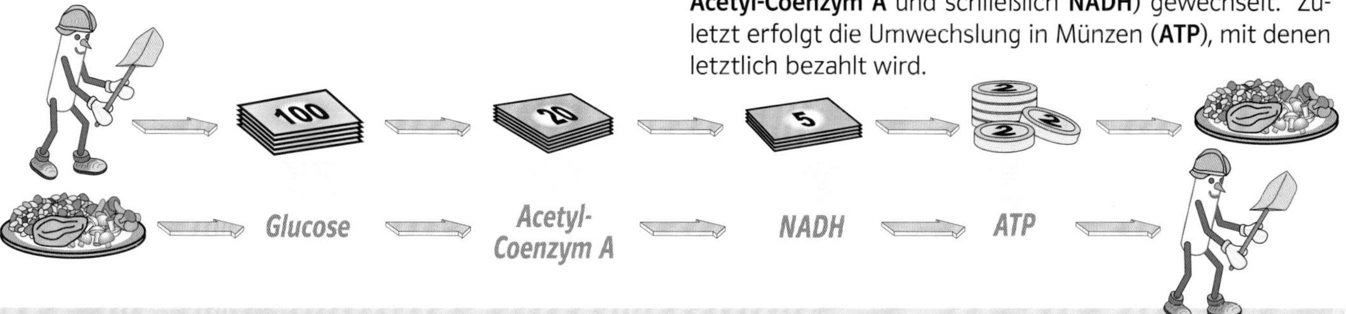

Der chemische Aufbau dieser „Energiebanknoten" und „Energiemünzen", und wie sie ineinander umgewandelt werden, soll in diesem Kapitel besprochen werden. Erst eine Kenntnis der maßgeblichen Verbindungen in unserem Stoffwechsel und des Systems, wie ihre Umwandlung ineinander funktioniert, führt zu einem tieferen und begründeten Verständnis einer gesunden Lebensführung.

10.1 Grundzüge des Stoffwechsels

Verdauung – Acetyl-CoA – Citratcyclus – Atmungskette

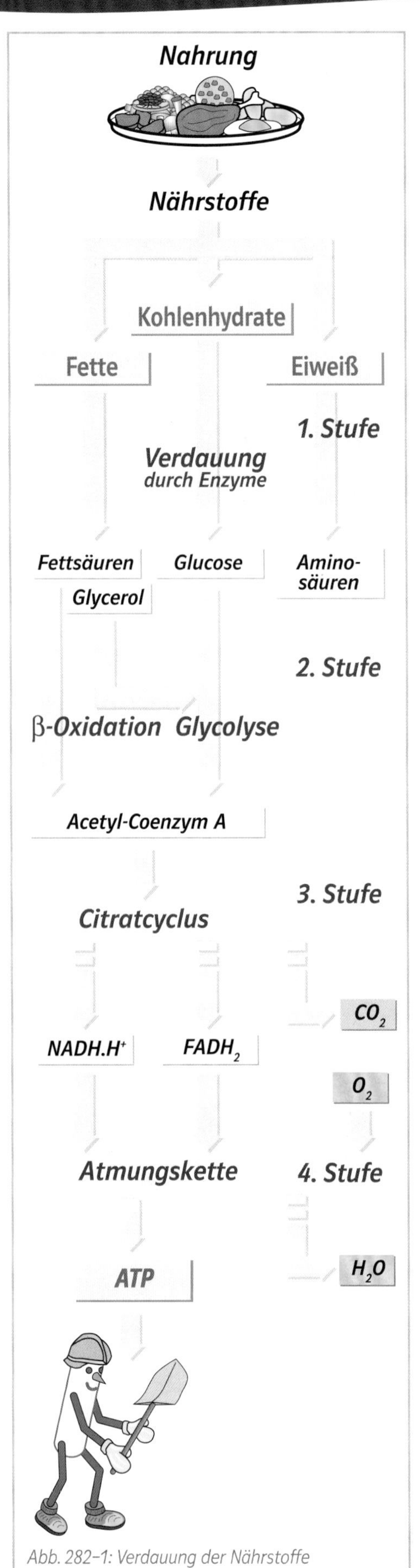

Abb. 282-1: Verdauung der Nährstoffe

Der Abbau der Nährstoffe im Organismus zur Energiegewinnung erfolgt grundsätzlich in 4 Stufen.

Stufe 1 - Die Verdauung

In der 1. Stufe, die man auch Verdauung nennt, werden die Nährstoffe in ihre Molekülbestandteile zerlegt – die Kohlenhydrate in **Monosaccharidbausteine**, die Eiweißstoffe in **Aminosäuren** und die Fette in **Glycerol** und **Fettsäuren**. Dieser erste Abbau erfolgt im Verdauungstrakt (**Mund–Magen–Darm**) mit Hilfe von Enzymen. Über den Darm werden die Abbauprodukte in den Körper aufgenommen und über das Blut und die Lymphflüssigkeit verteilt. Aus den Verdauungsprodukten baut der Organismus entweder körpereigene Substanzen auf oder er verwertet sie zur Energiegewinnung. Im Folgenden soll hauptsächlich dieser Abbau zur Energiegewinnung behandelt werden.

Stufe 2 - Bildung von aktivierter Essigsäure

In der 2. Stufe erfolgt eine Umwandlung der primären Abbauprodukte in **Essigsäuremoleküle**. Allerdings sind Carbonsäuren und daher auch Essigsäure ziemlich reaktionsträge Moleküle. Sie werden daher mit **Coenzym A** aktiviert – **aktivierte Essigsäure** oder **Acetyl-Coenzym A** (kurz **AcCoA**) (Abb. 284–1).

Von den langkettigen Fettsäuren werden in einer Reaktionsabfolge, die man **β-Oxidation** nennt, immer zwei C-Atome (in Form aktivierter Essigsäure) „abgeschnitten". Dieser Vorgang wird so lange wiederholt bis die gesamte Fettsäure geteilt ist. Der Vorgang der β-Oxidation läuft in den Zellen an den Mitochondrien ab. Als „Nebenprodukt" des Vorganges entsteht Wasserstoff. Auch er ist an Coenzyme gebunden (**NADH.H$^+$** und **FADH$_2$**) (Kap. 10.2).

Die Glucose wird in einer Reaktionsabfolge – **Glycolyse** – in der Zellflüssigkeit zu **Pyruvat** abgebaut. Unter Abspaltung von CO_2 entsteht dann am Mitochondrium ebenfalls Acetyl-CoA. Auch hier entsteht Wasserstoff in Form von NADH. Dabei werden noch Energiespeichermoleküle gebildet, die man **ATP** (Adenosin-triphosphat) nennt (Abb. 283–1). Auch das Glycerol wird in der Glycolyse abgebaut.

Aus überschüssigem AcCoA werden Fettsäuren und damit **Körperfett** aufgebaut. Daher kann jeder Nahrungsüberschuss als Fett gespeichert werden.

Aminosäuren werden normalerweise (außer bei starkem Nahrungsmangel) in geringeren Mengen zur Energieerzeugung genutzt und dienen hauptsächlich zum Aufbau körpereigenen Eiweißes (Erhaltungsstoffwechsel).

Stufe 3 - Der Abbau des Kohlenstoffgerüsts zu CO_2 unter Gewinnung von Wasserstoff

In Stufe 3 wird die aus allen Nährstoffen erzeugte Essigsäure oxidiert. Es ist aber keine Reaktion des Luftsauerstoffes mit dem Kohlenstoffgerüst der Essigsäure direkt möglich. Stattdessen wird „indirekt" oxidiert. Das geschieht durch Abspaltung von Kohlenstoffdioxid und Wasserstoff.

Der Vorgang läuft als Kreisprozess ab und wird **Citratcyclus** oder nach seinem Entdecker, dem deutschen Chemiker Hans Adolf Krebs **Krebszyclus** genannt.

Stufe 4 - Die Oxidation des Wasserstoffs durch Luftsauerstoff unter Gewinnung der Energiespeichermoleküle ATP

Alle Oxidationsschritte der 2. und 3. Stufe erfolgen ohne elementaren Sauerstoff. Das Ergebnis ist an Coenzyme gebundener Wasserstoff, teilweise schon aus Stufe zwei, die allergrößte Menge aber aus dem Citratcyclus.

Dieser Wasserstoff (NADH.H$^+$ und FADH$_2$) wird in der 4. Stufe mit elementarem Sauerstoff, der über Lunge und Blut den Zellen zugeführt wird, zu Wasser oxidiert. Die Oxidation erfolgt stufenweise über eine Reihe weiterer Redox-Enzyme. Diese Reaktionskaskade wird auch **Atmungskette** genannt. Sie liefert die größte Energiemenge aller vier Prozesse, die chemisch durch die Synthese des energiereichen Moleküls ATP gespeichert wird.

10.2 Biochemische Reaktionen – beteiligte Coenzyme

Energieträger ATP

Auch wenn bei den folgenden Kapiteln selten auf die entsprechenden Enzyme eingegangen wird, muss klar sein, dass keine biochemische Reaktion ohne Enzym ablaufen kann, schon deshalb, da alle Reaktionen bei Körpertemperatur möglich sein müssen. Sind die Enzyme für jede einzelne Reaktion verschieden, so sind die Coenzyme, die an den Reaktionen beteiligt sind, für viele Reaktionen die gleichen.

ATP

Das am häufigsten eingesetzte Coenzym ist ATP. Es ist das energetische Kleingeld, also die „Münzen" aus unserem Vergleich von der Anfangsseite des Kapitels. Bei jedem Prozess, bei dem Energie benötigt wird, wird ATP eingesetzt.

Ein ATP-Molekül besteht aus der heterocyclischen Stickstoffverbindung **Adenin**, die mit **Ribose** verknüpft ist. Dieses Molekül nennt man **Adenosin**. Das Adenosin ist am 5. C-Atom der Ribose mit Phosphorsäure verestert, wobei eine oder zwei oder drei Phosphorsäuremoleküle verknüpft sein können. Je nach Anzahl der verknüpften Phosphorsäuren unterscheidet man zwischen Adenosinmonophosphat (AMP), Adenosindiphosphat (ADP) und Adenosintriphosphat (ATP). ATP ist von diesen drei Molekülen das energiereichste Molekül – AMP das energieärmste. Die Bezeichnung energiereich bzw. energiearm ist irreführend. Die Bindungen sind keineswegs stark, sondern eher labil. Da alle drei Phosphatgruppen in biologischen Systemen negativ geladen sind und dicht beieinander gedrängt liegen, stoßen sie einander ab, vergleichbar einer gespannten Feder. ATP kann eine Phosphatgruppe (zu ADP) unter Energiefreisetzung abgeben, und dabei Reaktionen erzwingen, die nicht von selbst ablaufen, zB weil sie endotherm sind. Hier wird meist ein Reaktionspartner durch ATP phosphoryliert, also zB eine Alkoholgruppe mit einer Phosphatgruppe des ATP in einen Phosphorsäureester umgewandelt. Dieser ist nun energetisch auf höherem Niveau und daher reaktionsfreudiger. Er geht nun die Reaktion ein, die ohne Phosphorylierung nicht abgelaufen wäre (Abb. 283–2). Liefert die Abspaltung einer Phosphatgruppe zu wenig Energie, so kann auch eine Diphosphatgruppe (zu AMP) abgespalten werden, womit noch stärker endotherme Reaktionen erzwungen werden können. Das gebildete AMP reagiert dann mit einem weiteren ATP zu zwei ADP.

ATP benötigt man auch für die Muskelkontraktion, für die Bereitstellung von Körperwärme, für den Transport von Substanzen in der Zelle, wenn dieser nicht von selbst geht, also zB gegen ein Konzentrationsgefälle (siehe Info).

Die Hauptquelle von ATP ist die Stufe 4 des Stoffwechsels, die Atmungskette. Dort wird das verbrauchte ATP, das nun als ADP vorliegt, wieder phosphoryliert. Durch diesen stetigen Auf- und Abbau werden pro Tag von einem Erwachsenen ca. 40 kg ATP gebildet, obwohl der Organismus nur ca. 10 g davon enthält. Wenn die Atmungskette nicht funktioniert (zB wegen Blockierung der Enzyme durch Giftstoffe), so ist der ATP-Vorrat der Zellen nach wenigen Sekunden verbraucht und alle Reaktionen kommen zum Erliegen.

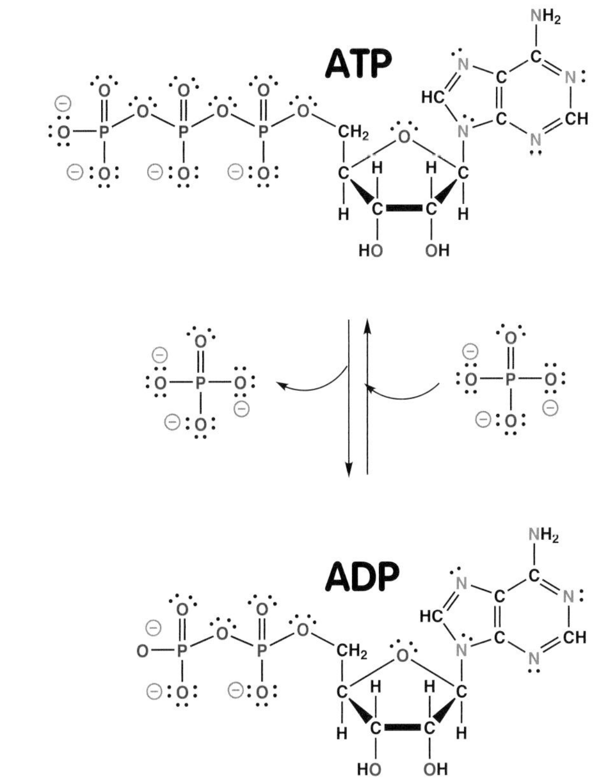

Abb. 283-1: Von ATP zu ADP und retour

INFO *zum „Konzentrationsgefälle"*

Zucker im Tee löst sich auf und bildet auf Grund der höheren Dichte am Boden eine konzentrierte Lösung, nach oben hin ist die Lösung verdünnter (Konzentrationsgefälle). Dies gleicht sich mit der Zeit auch ohne Umrühren von selbst aus, entsteht aber nicht von selbst. In den Zellen muss in vielen Fällen ein Konzentrationsgefälle erzeugt werden. Die Reizleitung in den Nervenzellen funktioniert zB durch ein Konzentrationsgefälle zwischen Na^+-Ionen (außerhalb der Nervenzelle) und K^+-Ionen (innerhalb der Nervenzelle). Durch ihre unterschiedliche Zahl entsteht eine elektrische Spannung an der Zellmembran. Dieses Konzentrationsgefälle wird durch ATP-Verbrauch erzeugt (Na–K-Pumpe). Den Transport gegen ein Konzentrationsgefälle nennt man auch aktiven Transport.

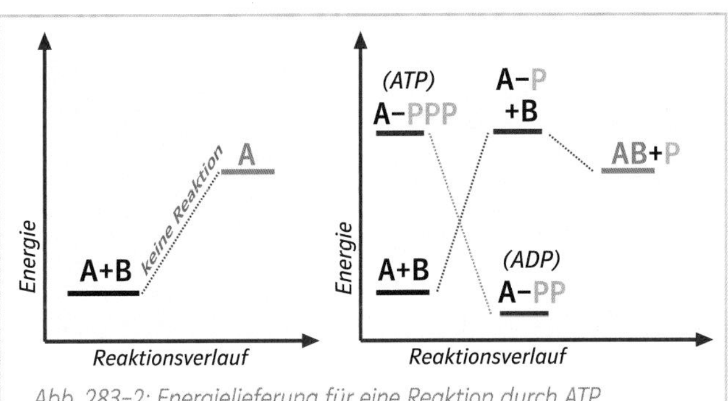

Abb. 283-2: Energielieferung für eine Reaktion durch ATP

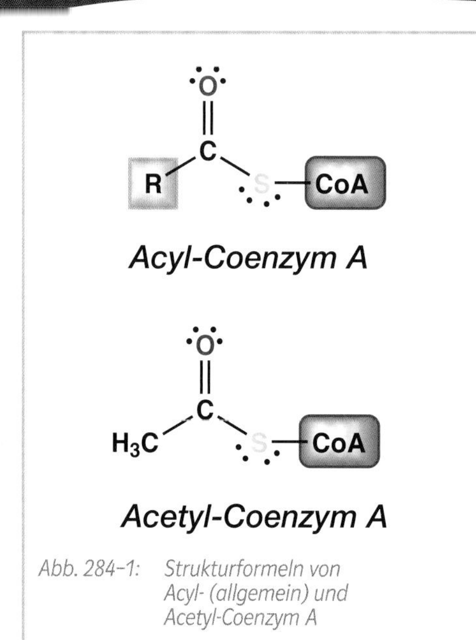

Abb. 284-1: Strukturformeln von Acyl- (allgemein) und Acetyl-Coenzym A

zum NADH bzw. NADH·H⁺

Obwohl in der Formel NADH nur ein H-atom auftaucht, entspricht ein NADH zwei Wasserstoffatomen (wie $FADH_2$). Das zweite Wasserstoffatom wird als Proton an das Puffersystem des Organismus angegeben. Gibt NADH seinen Wasserstoff wieder ab (zB in der Atmungskette), so wird wieder ein Proton vom Puffersystem des Organismus zur Verfügung gestellt. Daher findet man auch in Büchern die Schreibweise $NADH{\cdot}H^+$.

Gilt analog auch für NADPH und $NADPH{\cdot}H^+$.

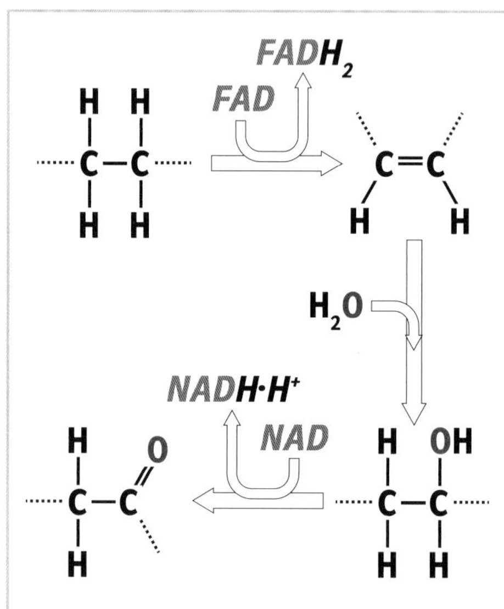

Abb. 284-2: Reaktionen und Zusammenwirkung von FAD und NAD bei der Aufnahme von Wasserstoff

Coenzym A

Coenzym A ist aufgebaut wie ADP, zusätzlich ist die Ribose an der 3. Stelle mit Phosphorsäure verestert und die Diphosphatgruppe ist mit Pantothensäure verestert, die uns als Vitamin B_5 bekannt ist. Diese wieder hat ein schwefelhältiges Amin als Amid gebunden. Das komplexe Molekül wird üblicherweise als **HSCoA** abgekürzt.

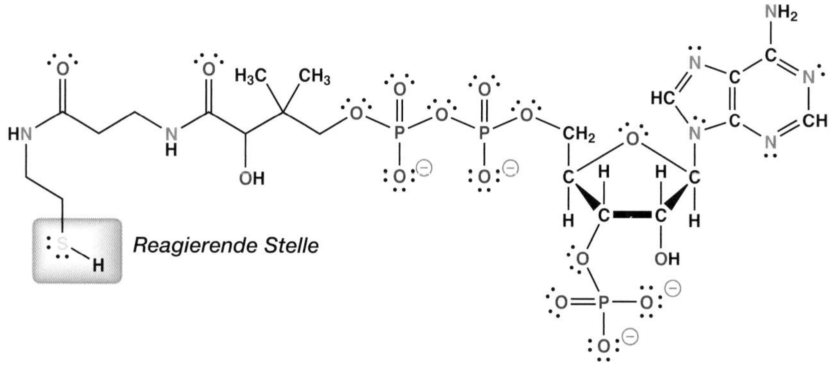

Coenzym A dient zur Aktivierung von Carbonsäuren (siehe Kap. 10.1, Stufe 2). Die –SH Gruppe aus dem Cystein ist die Bindungsstelle zur Carbonsäure, sie wird als Thioester gebunden. Dazu muss die Reaktion erzwungen werden, der Vorgang „kostet" 2 ATP. Das wichtigste durch Coenzym A aktivierte Molekül im Stoffwechsel ist die aktivierte Essigsäure AcCoA, die Drehscheibe zwischen Kohlenhydrat- und Fettstoffwechsel.

Die Redoxcoenzyme $FADH_2$, NADH und NADPH

Redoxvorgänge spielen eine wichtige Rolle im Energiestoffwechsel. Letztendlich werden alle Stoffe im aeroben Stoffwechsel mit Sauerstoff oxidiert. Da die Reaktion mit Sauerstoff am Mitochondrium nur mit Wasserstoff möglich ist (Atmungskette Schritt 4) gibt es zwei Redoxsysteme (wasserstoffübertragende Coenzyme), die während der Stoffwechselvorgänge Wasserstoff sammeln und die dann durch Reaktion mit Sauerstoff (oder durch andere Reaktionen) wieder regeneriert werden.

FAD – Flavin-Adenin-Dinucleotid

FAD ist ein starkes Oxidationsmittel. Es wird immer dann eingesetzt, wenn in einer Kohlenstoffkette durch Wasserstoffabspaltung eine Doppelbindung entstehen soll. Zwei Wasserstoffatome werden dabei auf FAD übertragen. Das $FADH_2$ ist als konjugiertes Reduktionsmittel zum starken Oxidationsmittel FAD ein schwaches Reduktionsmittel.

Auch in FAD „steckt" das Nucleotid Adenosin (wie im ADP), an die Diphosphatgruppe ist Riboflavin gebunden, das uns als Vitamin B_2 bekannt ist (Abb. 274-2 und 285-2).

$NAD^+/NADH{\cdot}H^+$ – Nicotinamid-Adenin-Dinucleotid

NAD^+ ist ein schwächeres Oxidationsmittel als FAD. Es wird bei der Oxidation von Alkoholen und Aldehyden eingesetzt. Aldehyde sind leichter zu oxidieren als Alkohole, aber es gibt im Energiestoffwechsel kein schwächeres System als NAD^+. Der Energieüberschuss wird oft genutzt, um ein Coenzym A oder einen Phosphatrest an das Molekül zu binden und auf diese Weise das Molekül zu aktivieren. Auf diese Energiekonservierung wird bei den Stoffwechselraktionen im Folgenden hingewiesen (durch den Satz: ***Achtung, Aldehyd, Energieverschwendung vermeiden***).

Die reduzierte Form des NAD^+, das $NADH{\cdot}H^+$ ist ein stärkeres Reduktionsmittel als $FADH_2$, da ja NAD^+ ein schwächeres Reduktionsmittel als FAD ist.

Auch das NAD^+ ist aus einem ADP Teil aufgebaut. Das Diphosphat ist mit einer weiteren Ribose an der 5 Stelle verestert. Die Ribose ist mit Nicotinamid N-glycosidisch verknüpft. Das Nicotinamid ist uns ebenfalls von den Vitaminen als Vitamin B_3 bekannt.

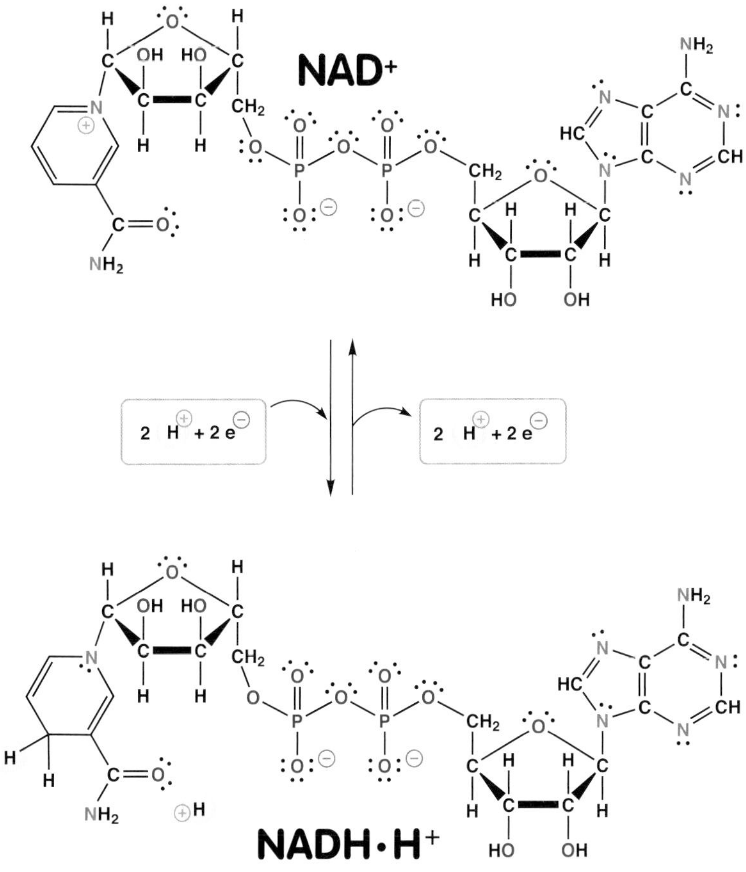

NAD⁺

$2\ H^{+} + 2\ e^{-}$ ⇌ $2\ H^{+} + 2\ e^{-}$

NADH·H⁺

Abb. 285-1: Produktion von „Übergewicht"

$NADP^{+}$/$NADPH{\cdot}H^{+}$ – Nicotinamid-Adenin-Dinucleotid-phosphat

Im Stoffwechsel spielt ein weiteres Redoxenzym eine wichtige Rolle, das $NADPH{\cdot}H^{+}$. Es ist ein nur wenig stärkeres Reduktionsmittel als $NADH{\cdot}H^{+}$, spielt aber bei Synthesereaktionen eine Rolle, zB bei der Synthese von Fettsäuren. Im Energiestoffwechsel spielt es keine Rolle. Bei Synthesereaktionen sind die Oxidationsreaktionen der Abbauprozesse manchmal umzukehren. Damit sich Abbau- und Aufbaureaktionen nicht gegenseitig stören, ist für die Synthesen ein anderes Coenzym ($NADPH{\cdot}H^{+}$ statt $NADH{\cdot}H^{+}$) erforderlich. Die Herstellung von $NADPH{\cdot}H^{+}$ kostet Energie.

Aufgebaut ist $NADPH{\cdot}H^{+}$ wie $NADH{\cdot}H^{+}$, die Ribose, die das Adenin trägt, ist an der 2. Stelle mit einer zusätzliche Phosphatgruppe verestert.

$NADPH{\cdot}H^{+}$ dient bei der Fettsäuresynthese als Wasserstofflieferant und als Reduktionsmittel für die Reduktion von Fettsäuren zu Fettalkohol.

zu Nucleoside und Nucleotide

Ein Nucleosid besteht aus einer stickstoffhältigen heterocyclischen Base, gebunden an das C_1 einer Ribose oder Desoxyribose. Ist das C_5 dieser Ribose noch mit Phosphorsäure (bzw. Di-, Triphosphorsäure verestert, so spricht man von einem Nucleotid. ATP (und ADP, AMP) sind also Nucleotide. Triphosphat-Nucleiotide können unter Abspaltung von zwei Diphosphatgruppen verknüpft werden, dann spricht man von Dinucleotiden (FAD, NAD^{+}).

Nucleotide bauen auch die RNA (solche mit Ribose) und die DNA (solche mit Desoxyribose) auf. Dabei werden sie miteinander unter Diphosphatabspaltung zwischen C_5 und C_3 verknüpft. So entstehen die Nucleinsäuren, die Substanzen für die Erbinformation und Eiweißsynthese. Der Name kommt davon, dass sie im Zellkern (Nucleus) zu finden sind.

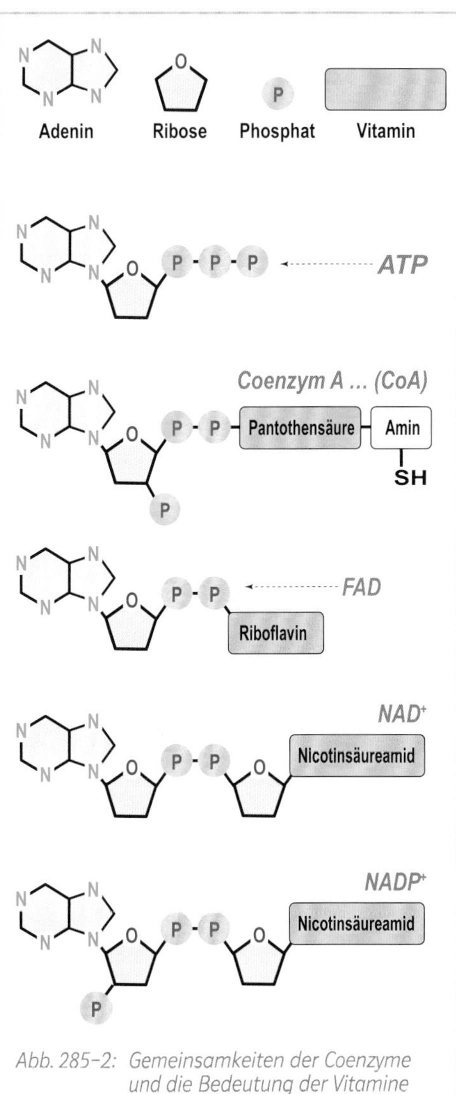

Abb. 285-2: Gemeinsamkeiten der Coenzyme und die Bedeutung der Vitamine für diese

10.3 Fettstoffwechsel

Fettverdauung – Aktivierung der Fettsäuren – β-Oxidation

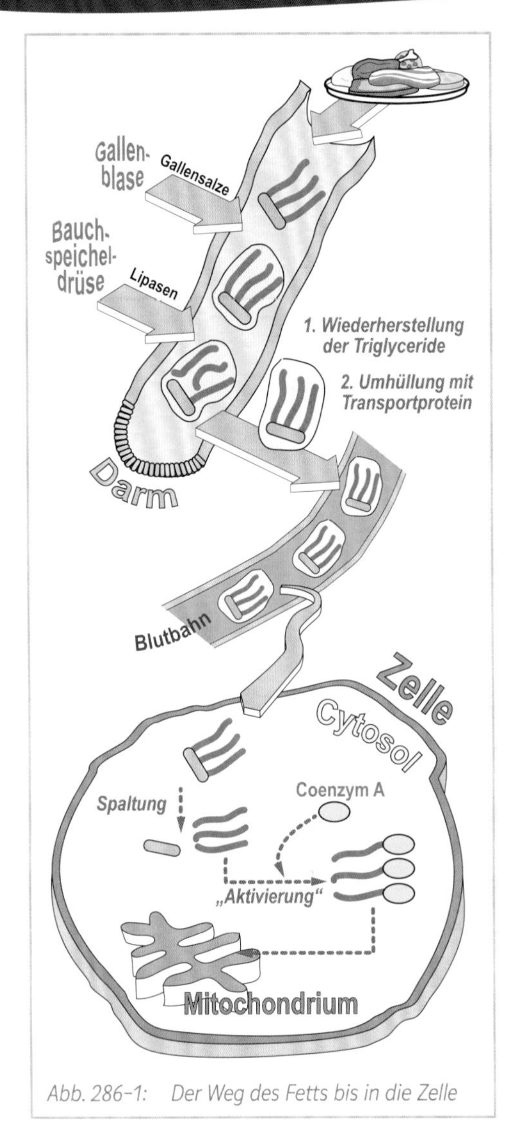

Abb. 286-1: Der Weg des Fetts bis in die Zelle

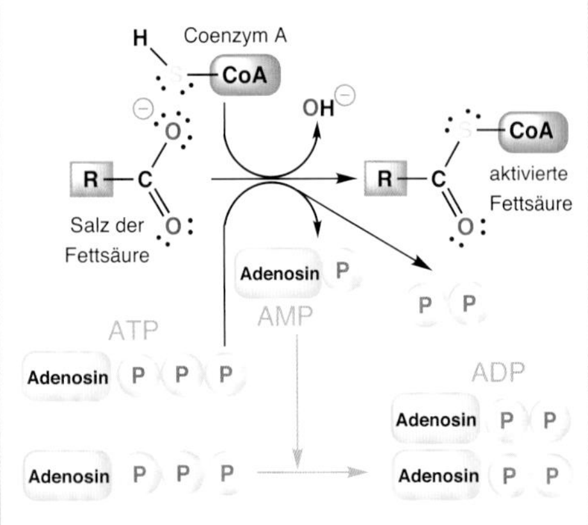

H Coenzym A CoA OH⁻ CoA aktivierte Fettsäure Salz der Fettsäure Adenosin P AMP P P ATP ADP Adenosin P P P Adenosin P P

Abb. 286-2: Aktivierung der Fettsäure für den Abbau

Fettverdauung

Die Fettverdauung erfolgt hauptsächlich im Dünndarm. Dort werden die wasserunlöslichen Fette zuerst durch die Gallenflüssigkeit emulgiert, um einen Angriff der fettspaltenden Enzyme, der Lipasen, zu ermöglichen. Dazu müssen die Fette flüssig vorliegen. Fette mit einem Schmelzpunkt über Körpertemperatur werden nur sehr unvollständig verwertet. Die Lipasen zerlegen die Fette in zwei Fettsäuren und ein Monoglyceridmolekül. Die in den Organismus aufgenommenen Spaltprodukte werden erneut verestert und durch die Lymphe und das Blut transportiert. In Leber und den Fettzellen werden sie als Depotfett gelagert oder in den Zellen zur Energiegewinnung abgebaut. Hier wird nur der Abbau der Fettsäuren besprochen. Das beim Fettabbau abgespaltene Glycerol wird gemeinsam mit den Kohlenhydraten abgebaut und verwertet (Kap. 10.4).

Aktivierung

Da freie Fettsäuren und ihre Salze nur sehr wenig reaktionsfähig sind, werden sie durch Umwandlung in das Fettsäure-Coenzym A aktiviert. Diese Reaktion muss erzwungen werden und „kostet" 2 Moleküle ATP (Abb. 286-2). Nach der Aktivierung, die pro Fettsäure nur einmal erforderlich ist, laufen die Reaktionen freiwillig ab. Die Aktivierung geschieht im Cytosol.

β-Oxidation

Die β-Oxidation erfolgt in den Zellen an den Mitochondrien, den „Kraftwerken" der Zelle. Die aktivierten Fettsäuren werden dazu enzymatisch durch die Mitochondrienmembran geschleust. Die β-Oxidation läuft in vier Reaktionsschritten ab.

⇨ *1. Bildung einer ungesättigten Fettsäure – Oxidation mit FAD*

Das Fettsäure-Coenzym A wird nun von FAD oxidiert. Dabei werden 2 Wasserstoff-Atome abgespalten, die als $FADH_2$ für die weitere Verwertung zur Verfügung stehen. Dadurch entsteht eine aktivierte, ungesättigte Fettsäure mit der Doppelbindung in E-Form ab dem C_2.

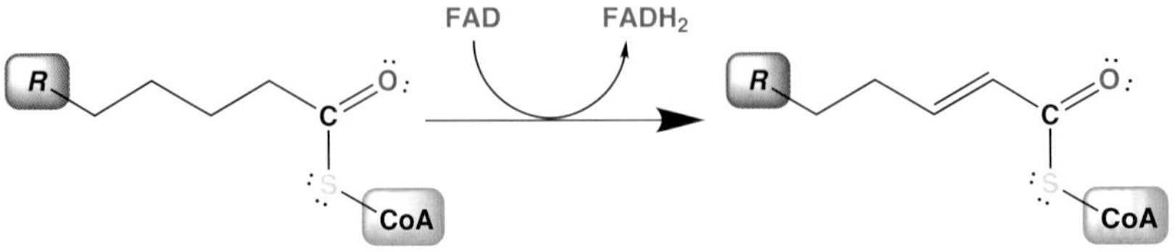

FAD → $FADH_2$ (R–…–C(=O)–S–CoA → R–…–CH=CH–C(=O)–S–CoA)

⇨ *2. Addition von Wasser*

An diese Doppelbindung wird Wasser addiert, was zu einer aktivierten 3-Hydroxy-Fettsäure führt.

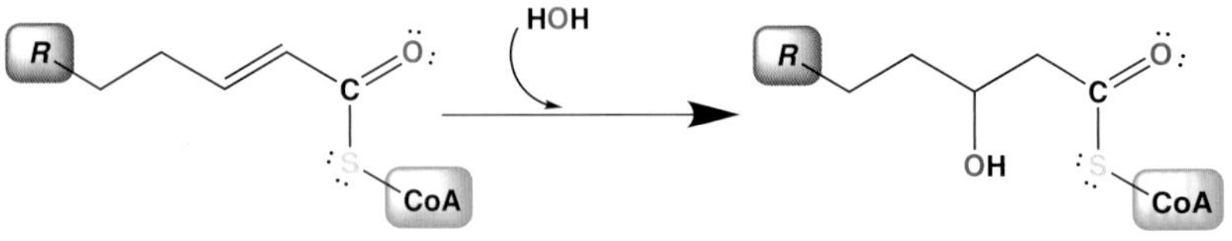

HOH (R–…–CH=CH–C(=O)–S–CoA → R–…–CH(OH)–CH₂–C(=O)–S–CoA)

⇨ *3. Oxidation der Hydroxy-Gruppe mit NAD^+*

Die aktivierte β-Hydroxy-Fettsäure wird nun von einem NAD^+ an der OH-Gruppe unter Wasserstoffabspaltung oxidiert. Der gesamte Abbauweg wird daher β-Oxidation genannt. Aus dem sekundären Alkohol wird dabei ein Keton. Es entsteht eine aktivierte β-Keto-Fettsäure. Dabei wird ein $NADH{\cdot}H^+$ für die weitere Verwertung im Organismus gewonnen.

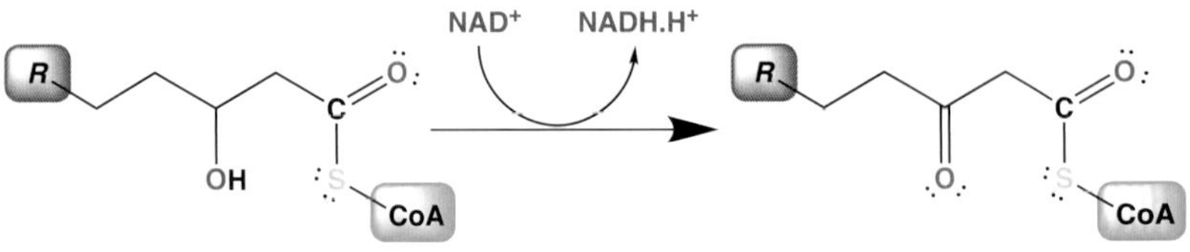

NAD^+ → $NADH.H^+$ (R–…–CH(OH)–CH₂–C(=O)–S–CoA → R–…–C(=O)–CH₂–C(=O)–S–CoA)

⇨ 4. Abspaltung von Acetyl-Coenzym A

Das Coenzym A der β-Keto-Fettsäure wird in der letzten Reaktion des Abbaucyclus unter Aufnahme eines weiteren Moleküls Coenzym A gespalten. Die Bindung zwischen α- und β-Kohlenstoff-Atom wird gelöst. Es entsteht ein Coenzym A einer um 2 Kohlenstoff-Atome verkürzten Fettsäure und ein Molekül Acetyl-Coenzym A. Dieses ist das Endprodukt des Fettsäureabbaus. Die verkürzte Fettsäure durchläuft den Cyclus noch einmal. Da sie schon aktiviert ist, ist dazu kein weiterer Energieaufwand mehr nötig. Der Abbauweg wird so lange fortgesetzt, bis nur mehr Acetyl-Coenzym A vorliegt.

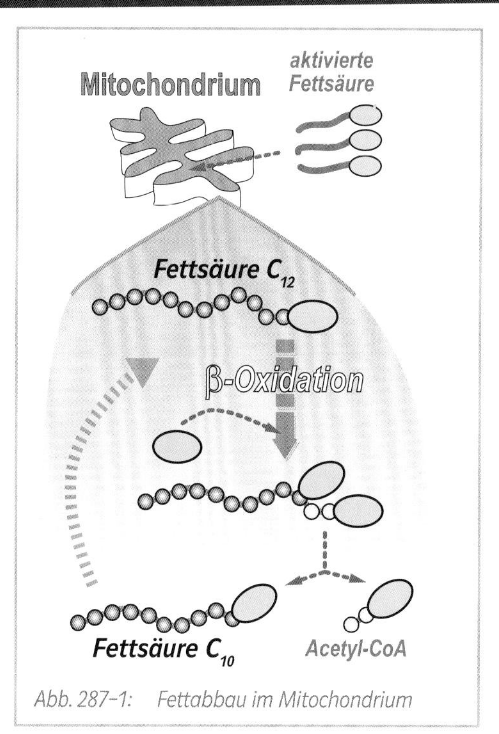

Abb. 287–1: Fettabbau im Mitochondrium

Stoff- und Energiebilanz

Ein Palmitinsäure-Molekül benötigt zum Abbau 2 Moleküle ATP und liefert 8 Moleküle AcCoA, 7 Moleküle $NADH{\cdot}H^+$ und 7 Moleküle $FADH_2$.

Abbau ungesättigter Fettsäuren

Ungesättigte Fettsäuren lassen sich auf demselben Weg abbauen. Als Zwischenprodukte des Abbauweges treten ja aktivierte ungesättigte Fettsäuren auf. Allerdings benötigt man dazu das Enzym **Isomerase**, das die Z-Form der Doppelbindung in die E-Form umwandelt. Liegt die Doppelbindung an der „falschen" Stelle (etwa in 3-Stellung zur Carboxylgruppe), so muss sie zusätzlich in die „richtige" Stellung verschoben werden (Abb. 287–2).

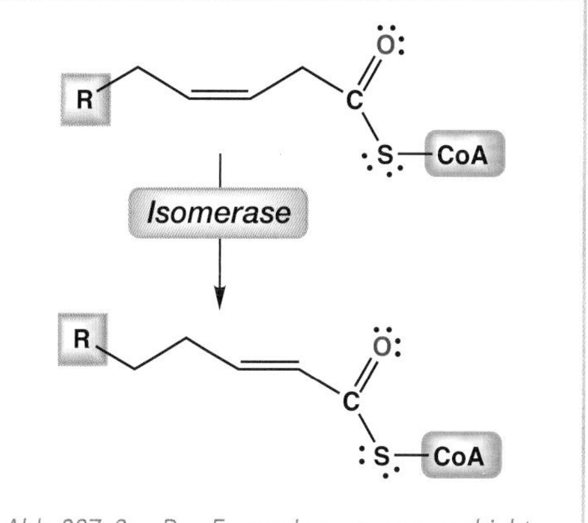

Abb. 287–2: Das Enzym Isomerase verschiebt die Doppelbindung an die „richtige" Stelle für den Abbau.

Abbau verzweigter Fettsäuren

Der Fettsäureabbau hat nicht nur in der Ernährung von Mensch und Tier Bedeutung. Auch Mikroorganismen bauen Fette auf diese Weise ab. Dies spielt für die biologische Abbaubarkeit von organischen Verbindungen eine große Rolle. So werden Kohlenwasserstoffketten, die zB aus den waschaktiven Substanzen der Waschmittel stammen, über diesen Weg abgebaut. Im ersten Schritt muss ein Ende der Kette zur Carboxylgruppe oxidiert werden. Je leichter dieser Schritt ist, desto besser abbaubar ist die Substanz. Seife zB liegt schon in der richtigen Form vor. Dieser Abbauweg verläuft aber nur dann ungestört, wenn die Kohlenwasserstoffkette unverzweigt ist.

Fettsäuren mit CH_3-Verzweigungen in α-Stellung und ungeradzahlige Fettsäuren

Fettsäuren mit Methylverzweigungen in α-Stellung zur Carboxylgruppe sind zwar durch β-Oxidation abbaubar, als Abbau-Endprodukt entsteht nicht Acetyl-Coenzym A, sondern **Propionyl-Coenzym A**. Dasselbe gilt für Fettsäuren mit ungerader C-Atom-Anzahl. Auch hier entsteht im letzten Abbauschritt ein Propionyl-Coenzym A (Abb. 287–3). Dieses ist im Organismus verwertbar. Es wird durch eine Reaktion, an der zwei Vitamine (B_7 und B_{12}) beteiligt sind, in Succinyl-Coenzym A umgewandelt, eine Substanz, die am Citratcyclus (Kap. 10.5) beteiligt ist.

Fettsäuren mit Verzweigungen in β-Stellung

Fettsäuren mit Verzweigungen in β-Stellung sind **nicht abbaubar**. Der Abbauweg durch β-Oxidation führt über die ungesättigte Fettsäure zur β-Hydroxy-Fettsäure, deren OH-Gruppe an einer Verzweigungsstelle sitzt. Dies ist ein tertiärer Alkohol, der nicht oxidierbar ist. Der Abbaucyclus ist daher an dieser Stelle unterbrochen. Daher vermeidet man heute den Einsatz verzweigter Kohlenwasserstoffketten in synthetischen organischen Verbindungen wie zB Tensiden, die in das Abwasser gelangen und dort in der Kläranlage abgebaut werden sollen.

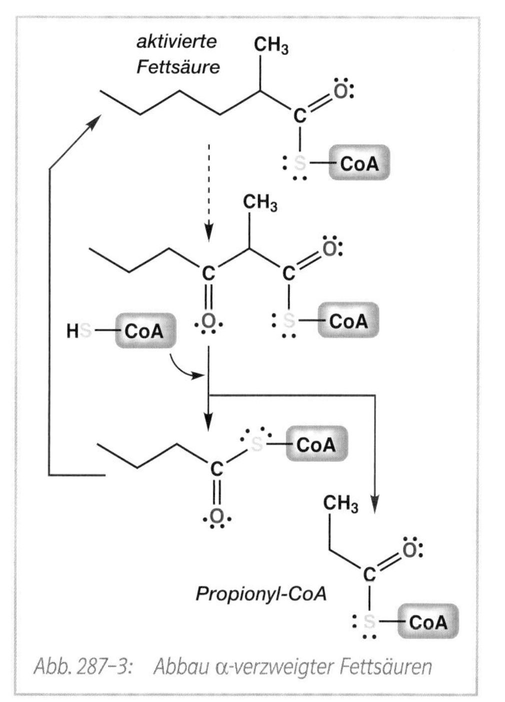

Abb. 287–3: Abbau α-verzweigter Fettsäuren

10.4 Kohlenhydratabbau – Glycolyse

Glucose-6-phosphat – Glycogen

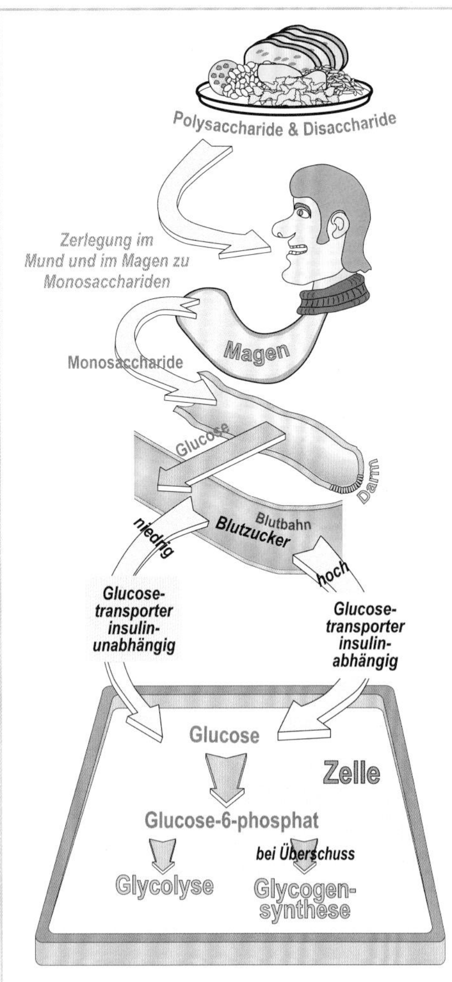

Abb. 288-1: Wie die Glucose in die Zelle kommt

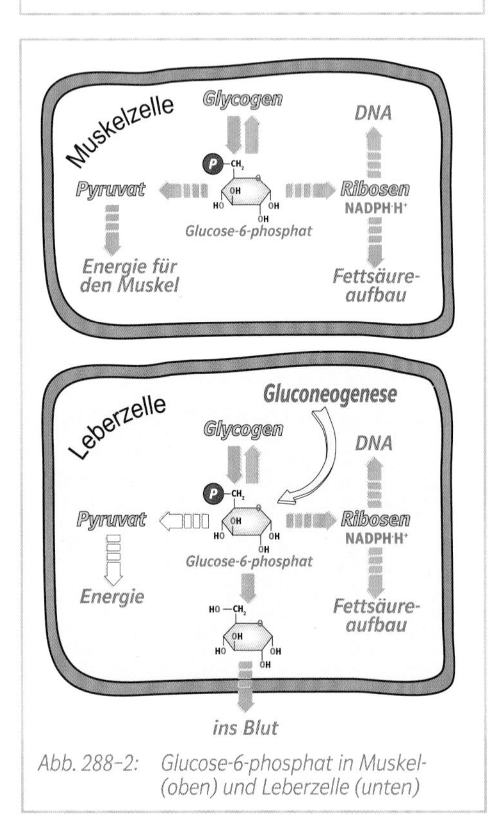

Abb. 288-2: Glucose-6-phosphat in Muskel- (oben) und Leberzelle (unten)

Der Großteil unseres Energiestoffwechsels läuft über Kohlenhydrate. Der Blutzucker (Glucose, ca. 0,1 % des Blutes) bildet die unmittelbare Nährstoffreserve aller Zellen. Die Gehirnzellen und die Erythrozyten (roten Blutkörperchen) sind sogar vollständig auf Glucose angewiesen, die Gehirnzellen deshalb, weil die Blut-Hirn-Schranke eine Versorgung mit Fett verhindert, die Erythrozyten, weil sie keine Mitochondrien enthalten und daher keine β-Oxidation betreiben können. Auch alle anderen Zellen verarbeiten zur Energiegewinnung bevorzugt Glucose. Der Glucosestoffwechsel ist rascher und vor allem flexibler bezüglich schwankender Sauerstoffversorgung der Zellen als der Fettstoffwechsel.

Kohlenhydratverdauung – Spaltung der Di- und Polysaccharide

Die Zerlegung der Kohlenhydrate in Monosaccharide erfolgt sehr rasch und beginnt bereits im Mund durch Enzyme. Daher beginnt Brot, das lang gekaut wird, nach einiger Zeit süßlich zu schmecken. Der Abbau von Stärke und von Disacchariden wird im Magen weitgehend abgeschlossen. Im Darm erfolgt die Aufnahme der Monosaccharide ins Blut.

Wie gelangt die Glucose in die Zellen?

Die im Blut aufgenommenen Monosaccharide bilden dort den **Blutzucker** (siehe S. 263). Das wichtigste Monosaccharid ist Glucose (Bestandteil von Stärke und aller anderen ernährungsrelevanten Disaccharide). Daher soll im Folgenden hauptsächlich Glucose betrachtet werden.

Die lipophilen Zellmembranen enthalten Glucosetransporter, die die Diffusion von Glucose in die Zellen erleichtern. In der Zelle wird Glucose sofort phosphoryliert, also mit ATP in **Glucose-6-Phosphat** (kurz G6P) umgewandelt. Dieses ist so stark hydrophil, dass es die Zelle nicht mehr verlassen kann (Phosphatfalle).

Die Bildung von G6P wird meist als erster Schritt der Glycolyse bezeichnet, allerdings ist diese Reaktion auch für alle anderen Glucoseverwertungsreaktionen in der Zelle notwendig, vor allem für die **Glycogenbildung**. Die Zelle enthält eigentlich nicht Glucose, da freie Glucose praktisch nicht vorkommt. Das G6P ist also der Ausgangsstoff für die Glycolyse.

Es gibt mehrere Glucosetransporter in der Zellmembran. Die insulinunabhängigen arbeiten mit dem Konzentrationsgefälle zwischen Blut und Zellflüssigkeit. In der Zellflüssigkeit ist die Glucosekonzentration sehr gering, da sie sofort in G6P umgewandelt und damit dem Gleichgewicht entzogen wird. So versorgen sich die Zellen auch bei niedrigem Blutzuckerspiegel mit Glucose.

Die Bildung von Glycogen als Energiereserve der Zellen

Bei hohem Blutzuckerspiegel wirkt zusätzlich zu den insulinunabhängigen noch ein **insulinabhängiger Glucosetransporter**, wodurch die Zellen besonders rasch Glucose aufnehmen können. Das gebildete G6P wird dann unter Phosphatabspaltung zur Produktion des Polysaccharids **Glycogen** verwendet (siehe S. 259 und 262). Das ist vor allem in den Muskelzellen wichtig. Sie enthalten bis zu 1 % Glycogen als Energiereserve. In Zeiten geringen Blutzuckerspiegels kann die Zelle bei Energiebedarf aus Glycogen unter Phosphataufnahme wieder G6P abspalten. In unserem Vergleich mit dem Geldleben also Scheine auf das Girokonto einzahlen oder von dort abheben.

Etwas anders verläuft der Vorgang in den Leberzellen. Hier wird durch ein anderes Enzym als in allen anderen Zellen erst bei hoher Glucosekonzentration G6P und Glycogen gebildet, die Leberzellen verarbeiten also Glucose vor allem bei hohem Blutzuckerspiegel. Sie bilden dabei größere Mengen Glycogen als Muskelzellen. Bis zu 10 % der Leber bestehen so aus Glycogen. Bei niedrigem Blutzuckerspiegel veranlasst das Hormon **Glucagon** die Leberzellen, aus Glycogen wieder G6P und dann über ein spezielles Enzym wieder Glucose zu produzieren und diese an das Blut abzugeben. Das Leberglycogen ist also Reserve für den gesamten Organismus, das Muskelglycogen ist Reserve für die Muskelzellen.

Die Glycolyse

Der 2. Abbauschritt für Kohlenhydrate ist der Glucoseabbau. Er kann aerob erfolgen. Das Endprodukt ist dann wie beim Fettabbau Acetyl-Coenzym A. Allerdings hat der **aerobe Abbauweg** einen entscheidenden Nachteil. Seine Geschwindigkeit ist durch die Geschwindigkeit der Aufnahme und Verteilung von Sauerstoff im Organismus begrenzt. Sie reicht für den „normalen" Energiebedarf aus, plötzliche Energiebedarfsspitzen aber können so nicht abgedeckt werden. Für diesen Zweck gibt es den **anaeroben Abbauweg**, der unabhängig vom Sauerstoff Blutzucker direkt zur Energieproduktion nützt.

Ob aerob oder anaerob, der Glucoseabbau geschieht bis zu einem wichtigen Molekül, dem Pyruvat, auf die gleiche Weise. Daher wird der Begriff Glycolyse eigentlich nur für den Weg der Glucose zum Pyruvat verwendet. Erst die Pyruvatverwertung unterscheidet dann, ob der anaerobe oder der aerobe Weg stattfindet.

Die Glycolyse wird auch nach ihren Entdeckern **Embden-Meyerhof-Weg** genannt (Gustav Embden, Otto Meyerhof: Endgültige Aufklärung des Stoffwechselweges, 1940). Sie findet ausschließlich im Cytosol statt. Die Reaktionsfolge läuft auch in Zellen ab, die keine Mitochondrien besitzen.

Die Reaktionsfolge

⇨ 1. Die Aktivierung

Die Aktivierung von Glucose zu G6P findet, wie schon besprochen, in den Zellen auf jeden Fall statt. Wir müssen sie aber hier erwähnen, da in der Gesamtbilanz das dafür notwendige ATP berücksichtigt werden muss.

⇨ 2. Isomerisierung von G6P zu Fructose-6-phosphat

Glucose-6-phosphat wird anschließend durch ein Enzym in Fructose-6-phosphat umgelagert.

⇨ 3. Weitere Aktivierung zu Fructose-1,6-bisphosphat

Dieses wird unter Verbrauch eines weiteren Moleküls ATP in Fructose-1,6-bisphosphat umgewandelt. (Merke! Diphosphat: zwei Phosphatgruppen, die kondensiert sind – Säureanhydrid bzw. Salz der Diphosphorsäure, zB ADP Adenosindiphosphat. Bisphosphat: zwei getrennte Phosphatgruppen in einem Molekül, hier als Phosphorsäureester an 1. und 6. Stelle der Fructose.)

⇨ 4. Spaltung in zwei aktivierte Triosen - Glyceral-3-phosphat

Nun wird die Hexose in 2 Triosen gespalten. Es entsteht ein Glyceral-3-phosphat und ein Glyceronphosphat. Diese 2 Triosen sind enzymatisch leicht ineinander umwandelbar, was im Folgenden auch notwendig ist, da der Abbauweg nur über Glyceral-3-phosphat weitergeht. Ab nun muss die Bilanz doppelt gerechnet werden, da aus einer Hexose nun 2 Triosen wurden.

An dieser Stelle tritt auch das bei der Fettverdauung entstehende Glycerol in den Abbauweg ein. Es wird unter ATP-Aufwand und NADH Gewinn zu Glyceral-3-phosphat umgebaut.

⇨ 5. Oxidation von Glyceral-3-phosphat zu 1,3-Bisphosphoglycerat

Im nächsten Schritt wird der Glyceral mit NAD^+ zu Glycerolsäure oxidiert. Dabei wird ein NADH gewonnen, aber: ***Achtung, Aldehyd, Energieverschwendung vermeiden!*** Daher wird die überschüssige Energie genutzt, eine weitere Phosphatgruppe in das Molekül einzubringen, diesmal als Säureanhydrid. Dazu ist kein ATP notwendig. Als Endprodukt entsteht 1,3-Bisphosphoglycerat.

⇨ 6. Bildung von Pyruvat und ATP

Nun erfolgen die Schritte zur Produktion von ATP. Zuerst überträgt 1,3-Bisphosphoglycerat eine Phosphatgruppe auf ADP. Dabei entstehen ATP und 3-Phosphoglycerat. Dieses überträgt (in einer in mehreren Teilschritten ablaufenden Reaktion) eine weitere Phosphatgruppe auf ADP. Zugleich wird Wasser abgespalten, und es entsteht das Pyruvat, das Salz der Brenztraubensäure, und ein Molekül ATP.

Insgesamt sind also pro Glucose 2 Pyruvatmoleküle, 2 Moleküle $NADH{\cdot}H^+$ und 2 Moleküle ATP entstanden.

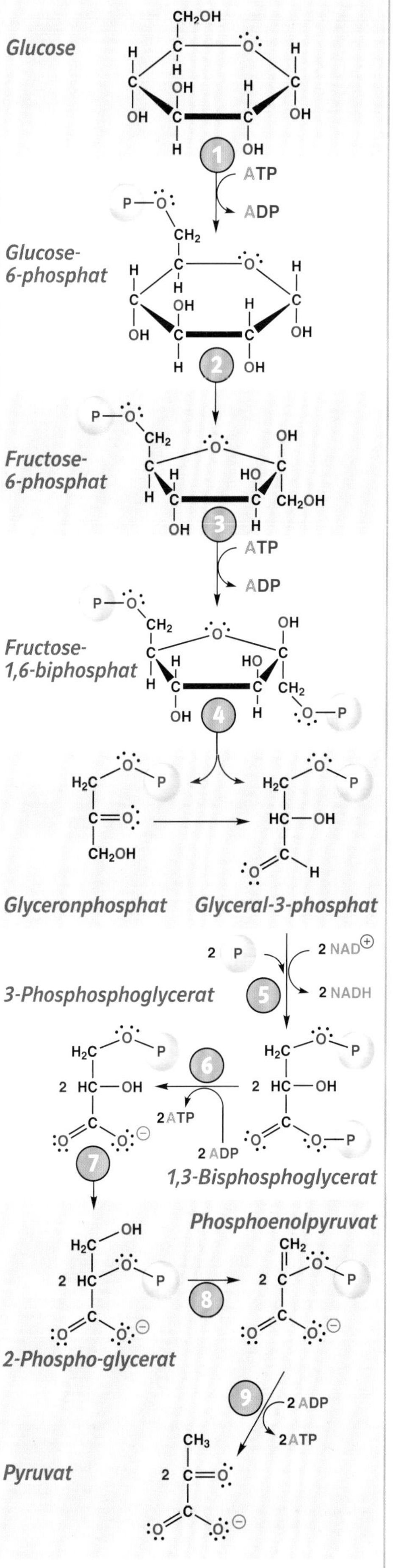

Abb. 289-1: Glycolyse

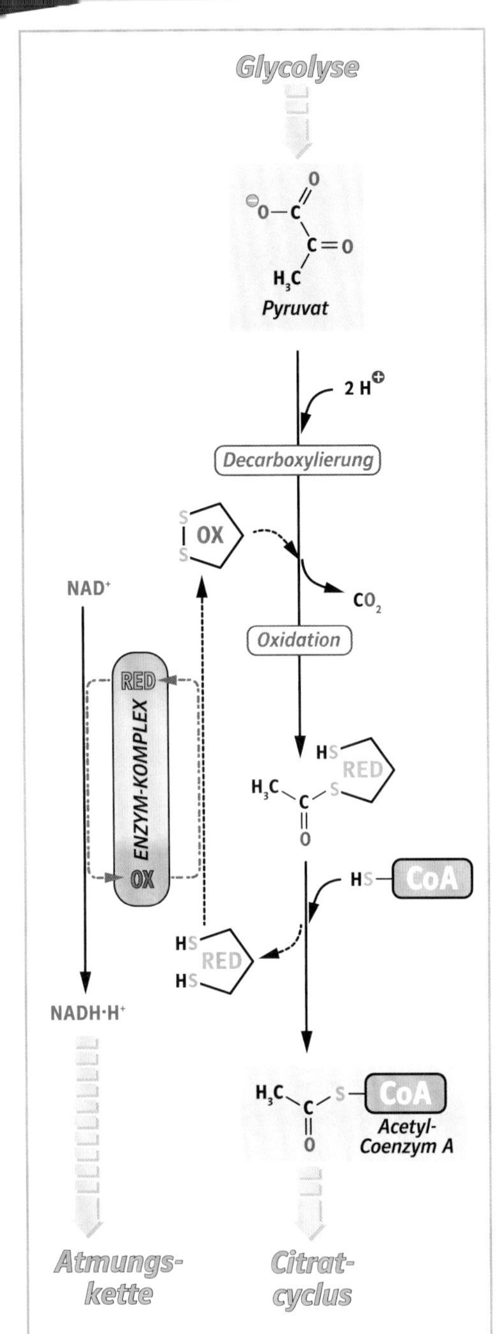

Die auf die Decarboxylierung folgende Oxidation liefert die Energie für die Bildung von NADH·H⁺. Dabei wird das Oxidationsmittel über einen Enzymkomplex regeneriert.

Abb. 290-1: Vom Pyruvat zum Acetyl-CoA

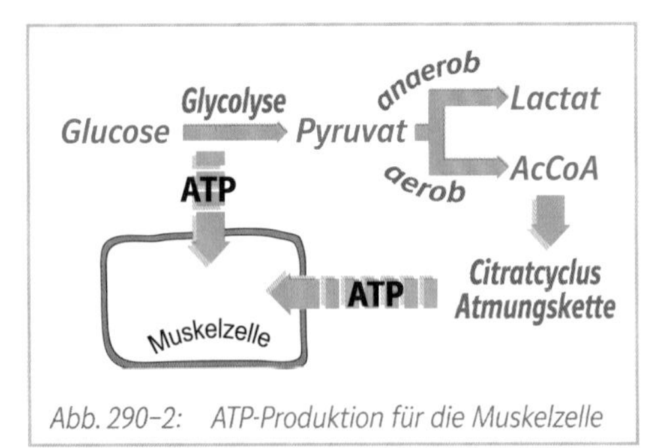

Abb. 290-2: ATP-Produktion für die Muskelzelle

Die möglichen Wege des Pyruvat

Das Endmolekül der Glycolyse ist das Pyruvat. Es ist ein ganz zentrales Molekül im Stoffwechsel. Von dort aus stehen mehrere Wege offen.

⇨ 1. Der Abbau zu AcCoA zur weiteren Energiegewinnung im Rahmen des aeroben Stoffwechsels

⇨ 2. Die Umwandlung in Lactat im Rahmen des anaeroben Stoffwechsels

⇨ 3. Die Neusynthese von Glucose bei Glucosemangel – **Gluconeogenese**

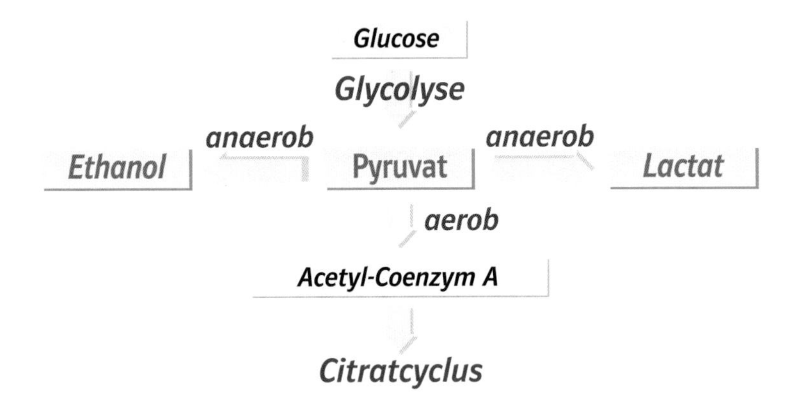

Der aerobe Kohlenhydratabbau – Pyruvat zu AcCoA

Wie schon im Einleitungskapitel 10.1 beschrieben, werden im „normalen" Energiestoffwechsel (also im aeroben, schließlich sind wir Areobier und leben von der Oxidation der Nährstoffe durch Sauerstoff) die Kohlenhydrate zu AcCoA abgebaut. Man spricht bei diesem Weg auch von der aeroben Glycolyse, aber eigentlich ist die Glycolyse beim Pyruvat zu Ende, besser sollte man sagen die aerobe Pyruvatverwertung.

Das Pyruvat wird unter Decarboxylierung mit NAD⁺ (unter NADH·H⁺-Gewinn) zu Essigsäure oxidiert (oxidative Decarboxylierung). Würde das Pyruvat nur decarboxyliert, so entstünde ein Aldehyd, in dem Fall Ethanal (durch H⁺-Aufnahme an der Decarboxylierungsstelle). Dieser wäre sehr leicht durch NAD⁺ oxidierbar, aber: ***Achtung, Aldehyd, Energieverschwendung vermeiden!*** Daher wird die Energie durch die Verknüpfung der entstehenden Säure mit Coenzym A gespeichert. Es entsteht also gleich AcCoA. Dieses kann wie das aus der β-Oxidation der Fettsäuren im nächsten Schritt, dem Citratcyclus, weiterver-wertet werden.

Dazu ist für den Organismus noch ein Problem zu lösen: Das Pyruvat befindet sich im Cytosol, die Umwandlung in AcCoA geschieht aber am Mitochondrium. Für die Passage durch die Mitochondrienmembran gibt es Transporter. Bei diesem Vorgang muss pro Pyruvat auch ein H⁺-Ion mittransportiert werden, sonst würde das Puffersystem im Cytosol überfordert werden. Bei der Endverwertung des NADH in der Atmungskette wird wieder ein H⁺-Ion gebraucht.

Bilanz Glucoseabbau bis zum AcCoA

Im aeroben Weg wurden also pro Glucose 2 ATP, 4 NADH·H⁺ (2 bei der Glycolyse, 2 bei der oxidativen Decarboxylierung der 2 Pyruvatmoleküle), 2 CO_2 und 2 AcCoA gebildet.

Die Geschwindigkeit des aeroben Weges wird durch die Leistungsfähigkeit des Sauerstofftransportsystems begrenzt. Für die Glycolyse werden NAD⁺-Moleküle benötigt. Diese stehen nur zur Verfügung, wenn das daraus gebildete NADH·H⁺ in der Atmungskette wieder oxidiert wird. Die Atmungskette kann nicht schneller ablaufen, als der dort benötigte Sauerstoff angeliefert wird.

Wird mehr Energie in einer Zelle benötigt, als der Sauerstofftransport ermöglicht, muss die anaerobe Pyruvatverwertung einsetzen. Sie ist ein Weg zur Abdeckung von Leistungsspitzen, aber auch zum Überbrücken von temporärem Sauerstoffmangel in der Zelle. Erythrozyten, die keine Mitochondrien besitzen, sind zur Gänze auf diesen Reaktionsweg angewiesen.

Der anaerobe Abbauweg - Pyruvat zu Lactat

Bei der anaeroben Pyruvatverwertung wird Pyruvat durch NADH·H⁺ zu Lactat reduziert (Abb. 291–1). Dadurch steht wieder NAD⁺ zur Verfügung, die Glycolyse kann weiterlaufen, ohne auf die Atmungskette und den Sauerstofftransport angewiesen zu sein.

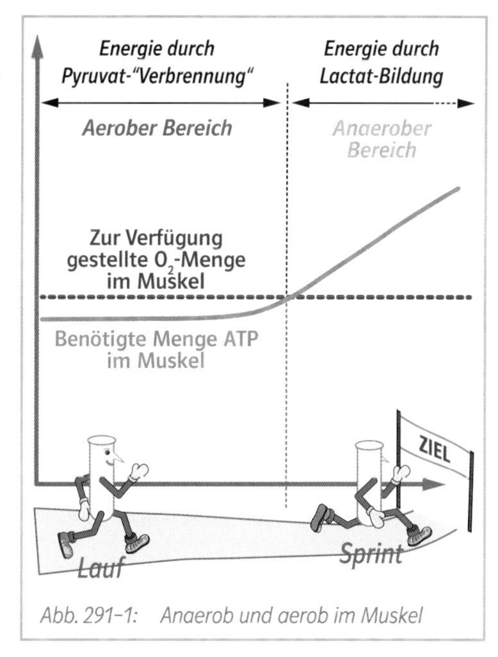

Abb. 291–1: Anaerob und aerob im Muskel

Bilanz beim Abbau zum Lactat

Neben 2 Lactat-Teilchen pro Glucose entstehen in der Gesamtbilanz 2 ATP-Moleküle. Dies ist eine eher schwache Energieausbeute im Vergleich zum aeroben Weg, aber die Geschwindigkeit des Prozesses kann sehr stark gesteigert werden. Sie ist nun nur mehr abhängig von der Anlieferung der Glucose, von der im Blut vergleichsweise viel (in Relation zu Sauerstoff mit dem Hämoglobinsystem) gelöst ist.

Das Lactat kann nicht in den Zellen gespeichert werden, es wird in Form von Milchsäure an das Blut abgegeben. Das begrenzt zugleich die Leistungsfähigkeit des anaeroben Systems. Die Pufferkapazität des Blutes ist bei voller Inanspruchnahme des Systems nach etwas mehr als einer Minute erschöpft.

Dies zeigt sich im Leistungssport. Laufstrecken bis 400 m sind Sprintstrecken (Weltrekordzeit ca. 44 s, also gar nicht so viel langsamer als die vierfache Zeit für 100 m von ca. 10 s). Bei 800 m ist die Grenze des anaeroben Systems erreicht (Weltrekord etwas über 100 s). Längere Strecken können nur mehr mit sehr viel langsameren Durchschnittszeiten bewältigt werden, also hauptsächlich aerob. Auch die Länge von Schirennen liegen im Bereich von etwas unter 2 Minuten, also an der anaeroben Leistungsgrenze.

In der Sportmedizin spricht man von einer „Sauerstoffschuld“, die der Körper bei Maximalleistung eingeht, der Muskel wird „blau“ oder „übersäuert“. Über die Messung der Lactatkonzentration im Blut kann auch die Intensität eines sportlichen Trainings verfolgt werden.

Nach der Leistung muss in der Ruhephase die Milchsäure aus dem Blut wieder abgebaut werden. Dies geschieht auf aerobem Weg, hauptsächlich in der Leber. Hier wird zum Teil Lactat über Pyruvat zu AcCoA umgesetzt und normal über Citratzyclus und Atmungskette verbraucht, aber großteils, da in der Leber weniger Energiebedarf besteht, zur Neusynthese von Glucose genützt. Dies ist ein ziemlich energieaufwendiger Reaktionsweg. Er wird auf Seite 299 im Exkurs Stoffwechsel bei Nahrungsmangel besprochen.

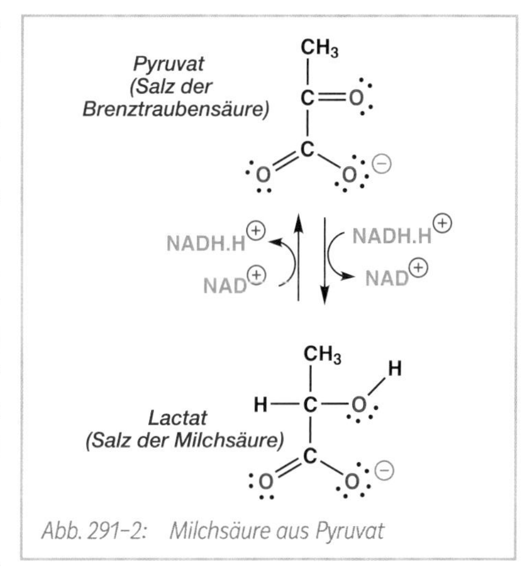

Abb. 291–2: Milchsäure aus Pyruvat

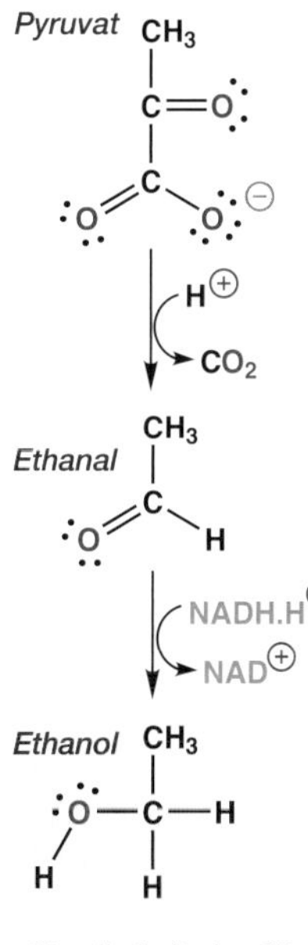

Milchsäuregärung

Die Milchsäuregärung bei der Erzeugung von Sauermilch und Joghurt funktioniert durch Mikroorganismen über denselben Weg, wie die anaerobe Glycolyse beim Menschen. Die entstandene Milchsäure wird von den Mikroorganismen ausgeschieden.

Die alkoholische Gärung - Pyruvat zu Ethanol

Die Hefe ist ein Anaerobier. Die Glucoseverwertung geschieht auch dort über die Glycolyse, wie beim Menschen. Nur im letzten Schritt, der Pyruvatverwertung, unterscheidet sich der Stoffwechselweg von dem im Menschen und im Milchsäurebakterium. Die Hefe hat ein Enzym, das Pyruvat zu Ethanal decarboxyliert. Dieser verbraucht anschließend das bei der Glycolyse entstandene NADH·H⁺ und wird zu Ethanol reduziert (Abb. 291–3). Das Ethanol wird von der Hefe ausgeschieden. Der Mensch besitzt dieses Enzym nicht. Hätten wir es, wäre möglicherweise die körperliche Arbeit beliebter.

Die Erkenntnisse der biochemischen Forschung zeigen, dass die grundlegenden Stoffwechselwege in allen Lebewesen die gleichen sind. Die Universalität biochemischer Prozesse ist ein deutlicher Hinweis auf die entwicklungsgeschichtliche Verwandtschaft aller Lebewesen.

Abb. 291–3: Die alkoholische Gärung

10.5 Der Citratcyclus

Bilanz des Citratcyclus – Eintritt des Acetyl-Coenzym A in den Cyclus

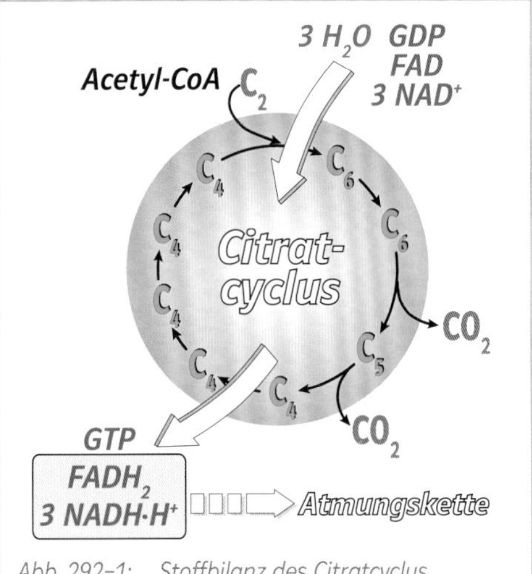

Abb. 292–1: Stoffbilanz des Citratcyclus

Das Endprodukt der 2. Stufe von Fett- und Kohlenhydratabbau ist AcCoA. Dieses soll nun zur Energiegewinnung in der 3. Stufe, im Citratcyclus verwertet werden. Er wird auch als **Citronensäurecyclus** bezeichnet, da aber in den Zellen weitgehend neutrale pH-Bedingungen herrschen, liegen alle beteiligten Säuren in Form ihrer Salze vor. Nach seinem Entdecker Hans Krebs 1937 wird er auch **Krebscyclus** genannt. Die cyclische Reaktionsfolge läuft in den Mitochondrien ab, und ist dort mit der 4. Stufe des Energiestoffwechsels, der Atmungskette, durch Enzyme eng verknüpft.

Stoff- und Energiebilanz I

Im Citratcyclus wird der Kohlenstoffanteil des Acetyl-CoA zu CO_2 oxidiert. Dies geschieht durch Aufnahme von Wasser und Abspaltung von Wasserstoff. Zweck des Abbauweges ist die Gewinnung einer möglichst großen Menge biologisch aktivierten Wasserstoffs, der dann in der Atmungskette mit Sauerstoff zur Reaktion gebracht wird und Energie liefert.

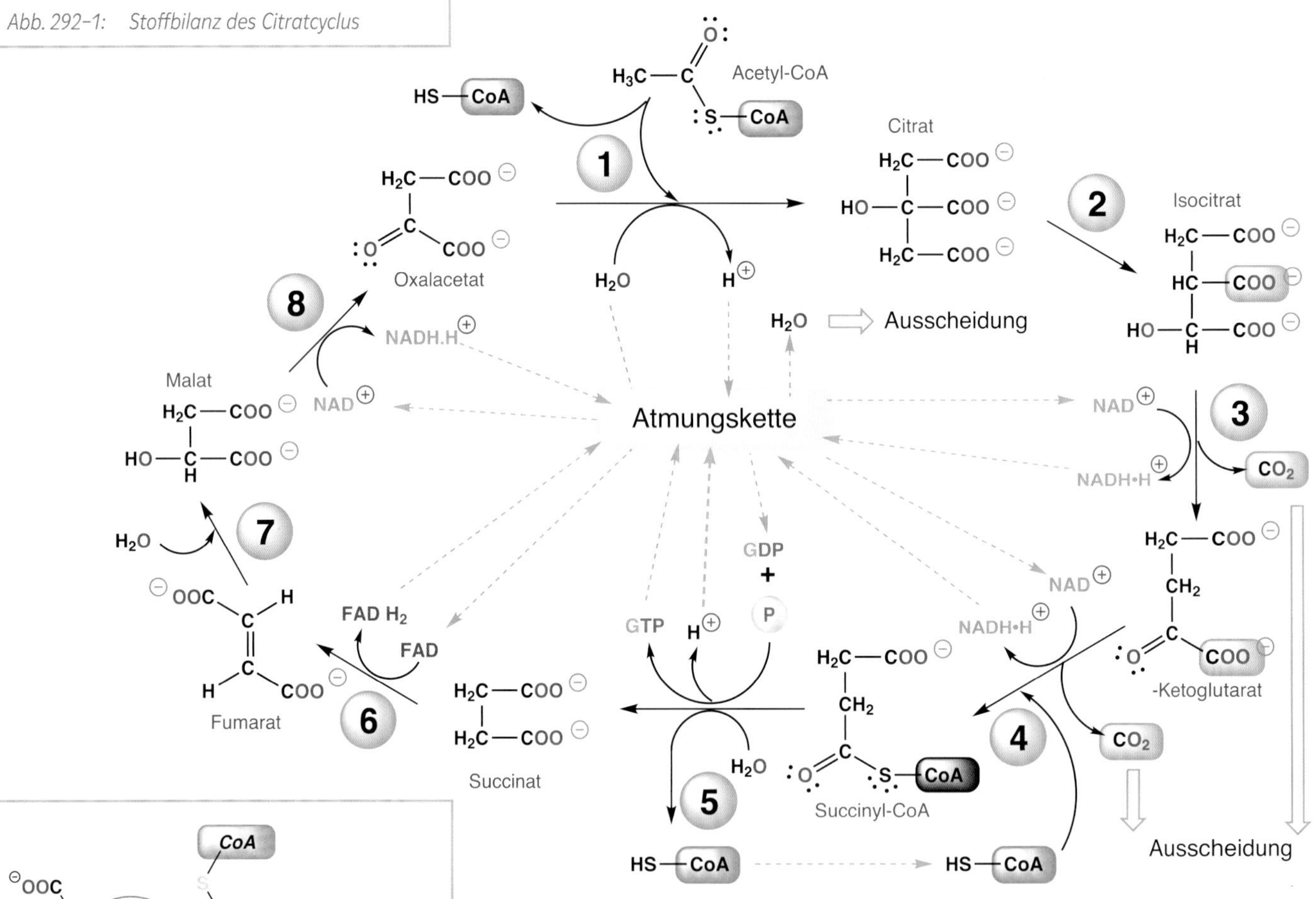

Abb. 292–2: 1. Schritt im Citratcyclus

Die Reaktionsschritte

Ausgangs- bzw. Endpunkt des Citratcyclus ist **Oxalacetat**.

⇨ ***1. Eintritt von AcCoA durch Reaktion mit Oxalacetat → Citrat***

Acetyl-CoA tritt durch eine Additionsreaktion mit Oxalacetat in den Citratcyclus ein. Die Reaktion kann man sich als eine Addition der Methylgruppe von AcCoA an die CO-Doppelbindung des Oxalacetats vorstellen (Abb. 292–2). Es wird dadurch eine neue C–C-Bindung geknüpft. Die Reaktion wäre für sich nicht möglich (endergon), sie wird erst durch die stark exergone Abspaltung des Coenzym A ermöglicht. Dazu ist ein Wassermolekül nötig, ein Proton wird abgegeben. Es ist Citrat entstanden. Aus einer C_4-Verbindung und einer C_2-Verbindung ist eine C_6-Verbindung entstanden.

⇨ 2. Isomerisierung des Citrats zu Isocitrat

Im nächsten Schritt wird Citrat zu Isocitrat isomerisiert. Dies geschieht durch Wasserabspaltung und erneute Wasseraddition. Dabei entsteht aus einer nicht oxidierbaren tertiären Alkohol- eine oxidierbare sekundäre Alkoholgruppe.

⇨ 3. Oxidative Decarboxylierung zu α-Ketoglutarat ($C_6 \rightarrow CO_2 + C_5$)

Isocitrat wird danach mit NAD^+ oxidiert, es entsteht das Zwischenprodukt, welches sofort am C-Atom-3 decarboxyliert (also CO_2 abspaltet). Das erste CO_2 ist gebildet, außerdem wird ein Molekül $NADH{\cdot}H^+$ gewonnen (das H^+ wird am C-Atom-3 gebunden, da hier ein negativ geladenes C-Atom nach der Abspaltung entsteht). Das Produkt der Reaktionen ist die C_5-Verbindung **α-Ketoglutarat**.

⇨ 4. Oxidative Decarboxylierung zu Succinyl CoenzymA ($C_5 \rightarrow CO_2 + C_4$)

α-Ketoglutarat wird nochmals oxidativ decarboxyliert. Wieder entstehen ein CO_2- und ein $NADH{\cdot}H^+$-Molekül. Würde nur die Decarboxylierung ablaufen, so entstünde ein Aldehyd (durch H^+-Aufnahme an der Decarboxylierungsstelle). Dieser wäre sehr leicht durch NAD^+ oxidierbar, aber: ***Achtung, Aldehyd, Energieverschwendung vermeiden!*** Daher wird die Energie durch die Verknüpfung der entstehenden Säure mit einem Coenzym A gespeichert (die Reaktion kennen wir in ähnlicher Form schon von der Decarboxylierung von Pyruvat zu AcCoA). Es entsteht **Succinyl-CoA**.

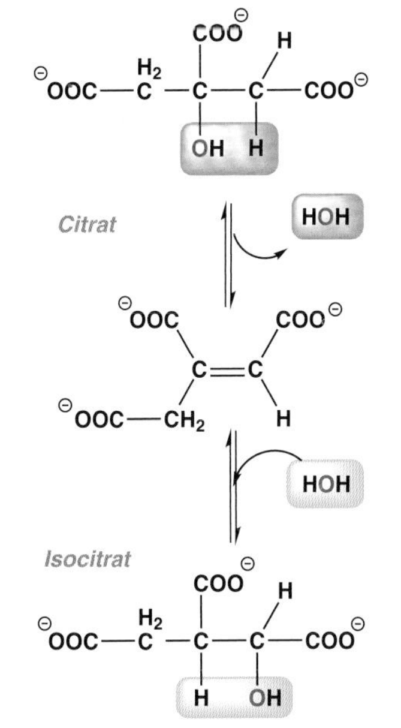

⇨ 5. Bildung von GTP als Energiespeichermolekül

Das Succinyl-CoA spaltet die Coenzym-A-Gruppe ab. Die Energie wird ausgenützt, um ein **GTP** (Guanosintriphosphat, ein Energiespeicher ähnlich wie ATP) aus GDP und Phosphat zu erzeugen. GTP dient zur Synthese von RNA, kann aber durch Reaktion mit ADP auch in ATP umgesetzt werden. Als Produkt entsteht **Succinat**, eine C_4-Verbindung wie Oxalacetat. Die 2 C-Atome des Acetyl-CoA sind also bereits zu CO_2 oxidiert. Jetzt hat der Citratcyclus eigentlich „seine Schuldigkeit" getan. Die aktivierte Essigsäure wurde in zwei CO_2-Moleküle gespalten und Energie wurde freigesetzt. Die letzten Schritte dienen nur zur Regeneration von Oxalacetat.

⇨ 6. 7. 8. Rückgewinnung von Oxalacetat

Die Reaktionen vom Succinat bis zum Oxalacetat entsprechen der β-Oxidation (in dem Fall allerdings ohne Aktivierung mit Coenzym A). Dazu wird es mit FAD oxidiert (Schritt 6). Es entstehen $FADH_2$ und **Fumarat**. An dieses wird – Schritt 7 – Wasser addiert, wobei **Malat** entsteht. Dieses Salz einer Hydroxycarbonsäure wird mit NAD^+ zu Oxalacetat oxidiert (Schritt 8). Dabei entsteht das 3. Molekül $NADH{\cdot}H^+$, und Oxalacetat steht zur Aufnahme des nächsten AcCoA wieder bereit.

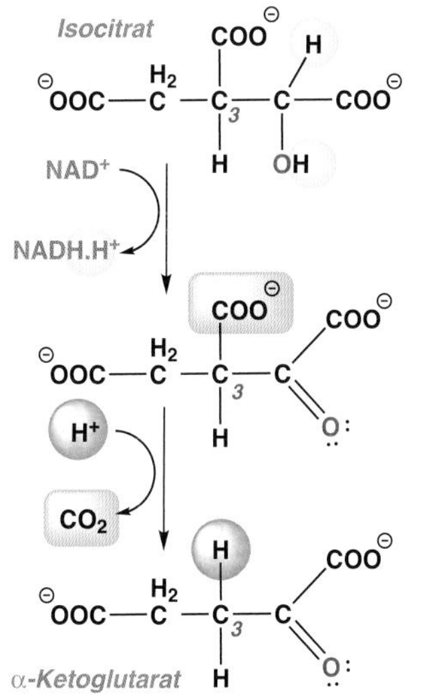

Abb. 293-1: 2. Schritt im Citratcyclus

Abb. 293-2: 3. Schritt im Citratcyclus

Stoff- und Energiebilanz II

Insgesamt sind pro AcCoA 1 GTP, 3 $NADH{\cdot}H^+$ und 1 $FADH_2$ als Energiemoleküle entstanden. Um auf unseren Vergleich mit dem Finanzleben zurückzukommen: Der Geldschein AcCoA ist in kleinere Geldscheine ($NADH{\cdot}H^+$ und $FADH_2$) und eine Münze (GTP) gewechselt worden. Als Nebenprodukt ist ein HSCoA freigeworden und sind 2 Moleküle CO_2 als „Abfall" entstanden.

3 Wassermoleküle sind aufgenommen worden. (Schritte 1, 5, 7) AcCoA enthält nur ein Sauerstoffatom, für 2 CO_2 benötigen wir aber vier. Die drei Restlichen stammen aus den Wassermolekülen. Dasselbe gilt für die Wasserstoffbilanz. Acht Wasserstoffatome benötigt man zur Bildung von 1 $FADH_2$ und 3 $NADH{\cdot}H^+$. Drei stammen aus dem AcCoA, die fünf restlichen aus den Wassermolekülen. Bleibt noch 1 Wasserstoffatom. Es ist als Proton bei Schritt 1 freigeworden.

Der Citratcyclus ist nicht nur die Stelle des AcCoA Abbaus, sondern er ist eine zentrale Drehscheibe unseres Stoffwechsels. Die beteiligten Moleküle können aus dem Cyclus abgezogen werden als Ausgangsstoffe zur Synthese wichtiger Verbindungen, aber auch die Abbauwege vieler Stoffe (vor allem von Aminosäuren) enden im Citratzyclus. Natürlich müssen zur Aufrechterhaltung des Cyclus gleich viele Moleküle des Cyclus zufließen wie abgezogen werden.

zur Steuerung des Citratcyclus

Die Steuerung des Citratcyclus erfolgt vor allem über die Atmungskette. Es werden FAD und NAD^+ benötigt. Diese kommen aus der Atmungskette, wenn die $FADH_2$ und $NADH{\cdot}H^+$ dort oxidiert werden.

Benötigt der Körper wenig Energie, so läuft die Atmungskette langsamer und setzt damit weniger FAD und NAD^+ frei, was den Citratzyclus verlangsamt. Umgekehrtes gilt bei hohem Energiebedarf.

10.6 Die oxidative Phosphorylierung – die Atmungskette

Erste Stufen der Atmungskette

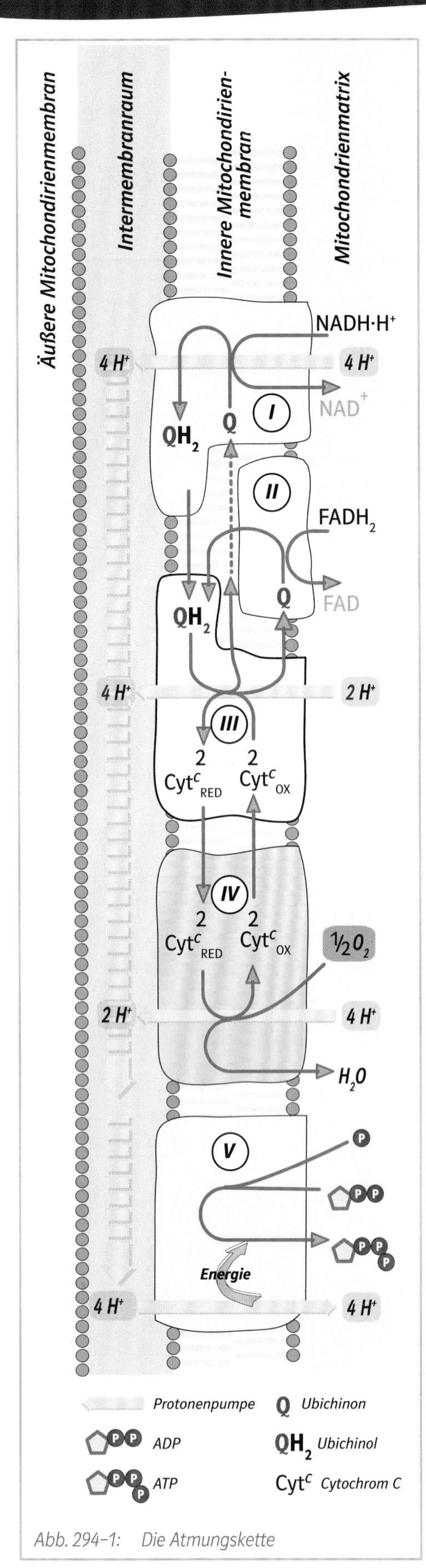

Abb. 294-1: Die Atmungskette

Im vierten und letzten Schritt des Energiestoffwechsels soll in den Mitochondrien nun der biologisch aktivierte Wasserstoff (als NADH.H⁺ und $FADH_2$) mit dem Sauerstoff zu Wasser oxidiert werden. Die dabei freiwerdende Energie soll zum Großteil in Form von ATP gespeichert werden. In unserem Vergleich mit dem Finanzleben sollen also unsere kleineren Geldscheine (NADH.H⁺ und $FADH_2$) in Münzen (ATP) gewechselt werden. Im Stoffwechsel wird praktisch überall nur mit Münzen gezahlt.

Die Reaktion von zB NADH.H⁺ mit O_2 in einem Schritt würde mit –220 kJ/mol eine zu große Energiemenge auf einmal freisetzen. Für die Bildung eines ATP-Moleküls aus ADP und Phosphat benötigt man 30,5 kJ/mol. Eine direkte Kopplung der Oxidation mit der ATP-Bildung wäre also Energieverschwendung.

In der Praxis treten NADH.H⁺ und $FADH_2$ in eine Folge von enzymgesteuerten Redoxreaktionen ein. Dadurch wird die Reaktion in eine Zahl von Teilschritten zerlegt, von denen jeder eine kleinere Energiemenge liefert, mit der unser Organismus besser umgehen kann als mit der gesamten Energie. Nach jedem dieser Teilschritte entsteht ein schwächeres Reduktionsmittel, welches im nächsten Schritt zu einem noch schwächeren führt. Das letzte wird dann mit dem starken Oxidationsmittel Sauerstoff umgesetzt. Er wird letztlich zu Wasser reduziert (bzw. der Wasserstoff insgesamt zu Wasser oxidiert). Diese Kette von Redoxreaktionen nennt man Atmungskette.

Die einzelnen Reaktionen der Atmungskette sind nicht direkt mit ATP-Bildung verknüpft. Sie verlaufen an der inneren Mitochondrienmembran. Das Mitochondrium ist von zwei Membranen umgeben, den Raum zwischen den Membranen nennt man Intermembranraum. Bei den Reaktionen der Atmungskette werden Protonen vom Inneren des Mitochondriums in den Intermembranraum transportiert. Dadurch entsteht sowohl eine elektrische Spannung (Membranpotenzial) als auch ein starker pH-Unterschied zwischen dem Inneren des Mitochondriums und dem Intermembranraum. Dadurch wird Energie gespeichert.

Die im Membranpotenzial gespeicherte Energie wird mit einem eigenen Enzymsystem zur ATP-Synthese genutzt. Dabei fließen wieder Protonen vom Intermembranraum in die Mitochondrien-Matrix zurück, was das Mebranpotenzial wieder abbaut.

Die Enzymkomplexe der Atmungskette

⇨ *Enzymkomplex I*

Der erste Enzymkomplex dient zur Aufnahme des NADH.H⁺, des stärksten Reduktionsmittels das in der Atmungskette verarbeitet wird. Der Wasserstoff wird auf **Ubichinon** (abgekürzt mit Q, auch als Coenzym Q bezeichnet) übertragen. Dieses wird zu **Ubichinol** reduziert. Bei der Reaktion wird genug Energie frei, dass pro NADH.H⁺ 4 Protonen in den Intermembranraum gepumpt werden können.

$$\mathbf{NADH.H^+ + Q + 4\ H+ \ \rightarrow\ NAD+ + QH2 + 4H+}$$

⇨ *Enzymkomplex II*

Der Enzymkomplex II ist direkt mit dem Citratcyclus verbunden und nimmt dort beim Schritt 6 (Succinat zu Fumarat) $FADH_2$ auf. Auch $FADH_2$ aus anderen Quellen zB aus der β-Oxidation der Fettsäuren wird dort aufgenommen. Auch hier wird der Wasserstoff auf Ubichinon übertragen. Da $FADH_2$ aber ein schwächeres Reduktionsmittel als NADH.H⁺ ist, wird nur sehr wenig Energie frei. Es können keine Protonen gepumpt werden, die Reaktion dient nur zum Einschleusen von $FADH_2$.

$$\mathbf{FADH_2 + Q \rightarrow FAD + QH_2}$$

⇨ ***Enzymkomplex III***

Ubichinol tritt in den Enzymkomplex ein. Dabei werden die Wasserstoffatome als Protonen abgegeben, in den folgenden Redoxenzymen werden nur mehr Elektronen transportiert. Die Elektronen werden über mehrere Zwischenschritte die man als Q-Cyclus bezeichnet, auf **Cytochrom C** übertragen. Cytochrom C ist ein Protein, welches ein Häm gebunden enthält. Das Eisen-Zentralatom des Häm ist in der reduzierten Form Fe^{2+} und in der oxidierten Form Fe^{3+}. Da Cytochrom C nur ein Elektron aufnimmt, werden pro QH_2 zwei Cytochrom C-Moleküle reduziert. Beim Vorgang werden insgesamt 4 Protonen gepumpt (2 vom QH_2 und 2 aus der Matrix).

$$QH_2 + 2\ Cytc(Fe^{3+}) + 2\ H^+ \rightarrow Q + 2\ Cytc(Fe^{2+}) + 4\ H^+$$

⇨ ***Enzymkomplex IV***

Das reduzierte Cytochrom reagiert hier mit dem Sauerstoff. Ein Sauerstoffmolekül O_2 nimmt 4 Elektronen auf und wird zu 2 O^{2-}. Diese reagieren sofort mit 4 Protonen zu 2 H_2O. Da wir aber von einem $NADH{\cdot}H^+$ ausgegangen sind, haben wir an dieser Stelle nur 2 $Cyt(Fe^{2+})$, daher formulieren wir die Gleichung mit 0,5 O_2 (sonst müssten wir sämtliche bisherige Gleichungen der Bilanz verdoppeln). Bei diesem Schritt werden pro Sauerstoffmolekül 4 Protonen gepumpt, für 0,5 O_2 also 2 H^+.

$$2\ Cyt(Fe^{2+}) + 0{,}5\ O_2 + 4\ H^+ \rightarrow 2\ Cyt(Fe^{3+}) + H_2O + 2H^+$$

⇨ ***Enzymkomplex V***

Hier findet die Produktion von ATP, also die Posphorylierung statt. Pro ATP benötigt man 4 H^+, die zurückfließen. Eigentlich 3 H^+ zur ATP-Produktion und eines zur Ablösung von der Membran. ATP und in Gegenrichtung ADP können die Mitochondrienmembran passieren und stehen so in der Zelle zur Verfügung.

$$ADP^{3-} + HPO_4^{2-} + 4\ H^+ \rightarrow ATP^{4-} + H_2O + 3\ H^+$$

Bilanzen

Bei der oxidativen Phosphorylierung werden also pro $NADH{\cdot}H^+$ 10 Protonen gepumpt, pro $FADH_2$ 6 Protonen. Daher liefert die Oxidation von einem Molekül $NADH{\cdot}H^+$ 2,5 Moleküle ATP, die von einem Molekül $FADH_2$ 1,5 Moleküle ATP.

Die Bilanz für ein AcCoA (für den Citratzyclus und die Atmungskette) beträgt daher beim Abbau zu CO_2 und H_2O 3 $NADH{\cdot}H^+$ (entsprechen 7,5 ATP) und 1 $FADH_2$ (entspricht 1,5 ATP) und 1 GTP (entspricht 1 ATP). Also werden pro AcCoA 10 ATP gebildet.

Die Bilanz für ein Stearinsäuremolekül beträgt 120 ATP. Sie ist leicht zu berechnen, da sämtliche Vorgänge (mit Ausnahme der Aktivierung) am Mitochondrium stattfinden.

Schwieriger ist die Bilanz für ein Glucosemolekül zu berechnen. Man findet in der Fachliteratur Werte zwischen 30 und 32 ATP. Das hat folgenden Grund: Die Glycolyse findet im Cytosol statt. Die dort entstehenden 2 $NADH{\cdot}H^+$ müssen erst zur Atmungskette in das Mitochondrium gebracht werden. Dies geschieht über einen chemischen Umweg. $NADH{\cdot}H^+$ reduziert eine Verbindung, entweder Oxalacetat zu Malat („**Malatshuttle**") oder Glyceral-3-phosphat zu Glycerol-3-phosphat („**Glycerolphosphatshuttle**"). Die entstandenen Verbindungen können die Mitochondrienmembran durchdringen. Im Mitochondrium wird daraus biologisch aktivierter Wasserstoff freigesetzt. Der Transporter wird dann auf kompliziertem Weg wieder in das Cytosol zurückgebracht (Abb. 303–1).

Im Malatshuttle geht keine Energie verloren, er funktioniert aber nur, wenn die $NADH{\cdot}H^+$-Konzentration im Cytosol höher ist als im Mitochondrium. Ist das nicht der Fall, so muss der Glycerolphosphatshuttle ablaufen. Dabei ist aber ein Aufwand von 1 ATP erforderlich. Im Gehirn und in der Skelettmuskulatur wird häufig der zweite Weg benötigt.

So kommt man pro Glucose auf 32 (Malatshuttle) oder 30 (Glycerolphosphatshuttle) oder als Durchschnittswert auch auf 31 ATP. Wie auch immer, jedenfalls ist die Bilanz weit besser als der anaerobe Wert mit 2 ATP.

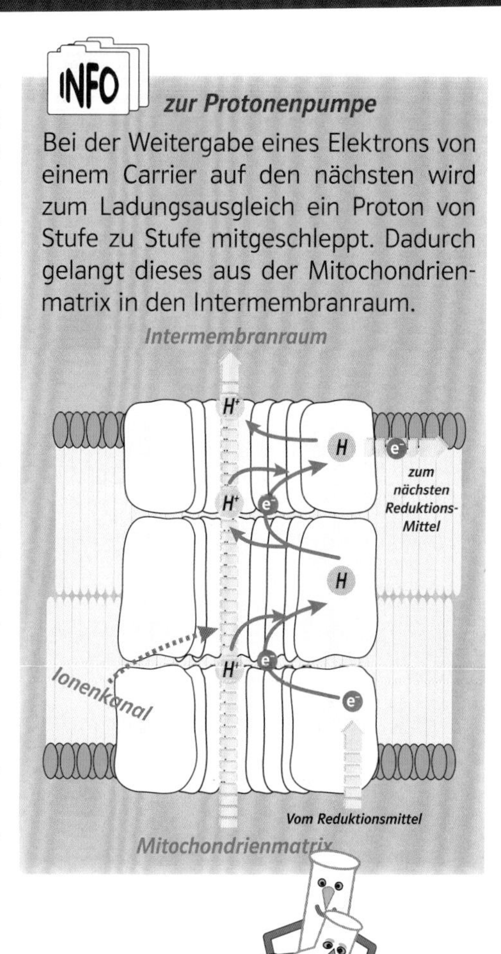

Übung 295.1

Berechne die Energiebilanz in gebildetem ATP für den vollständigen Abbau von einem Molekül Palmitinsäure (Hilfe: Seite 287)

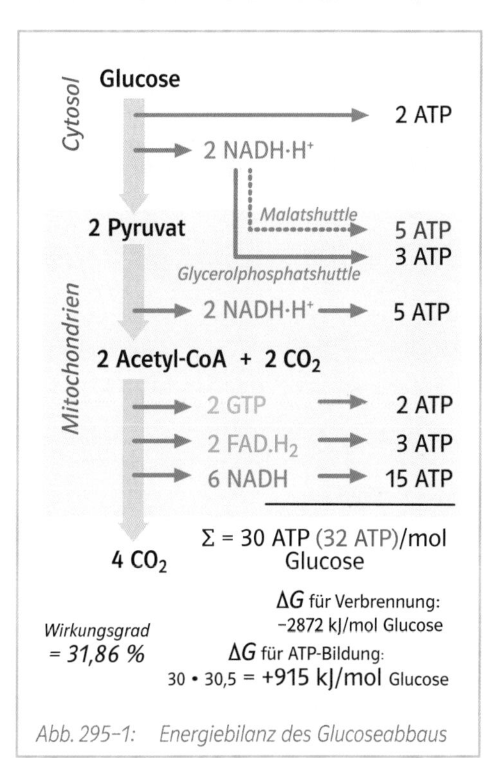

Abb. 295–1: Energiebilanz des Glucoseabbaus

10.7 Eiweißverdauung – Aminosäureabbau – Energiestoffwechsel

Der Weg des Eiweißstickstoffs – Biogene Amine

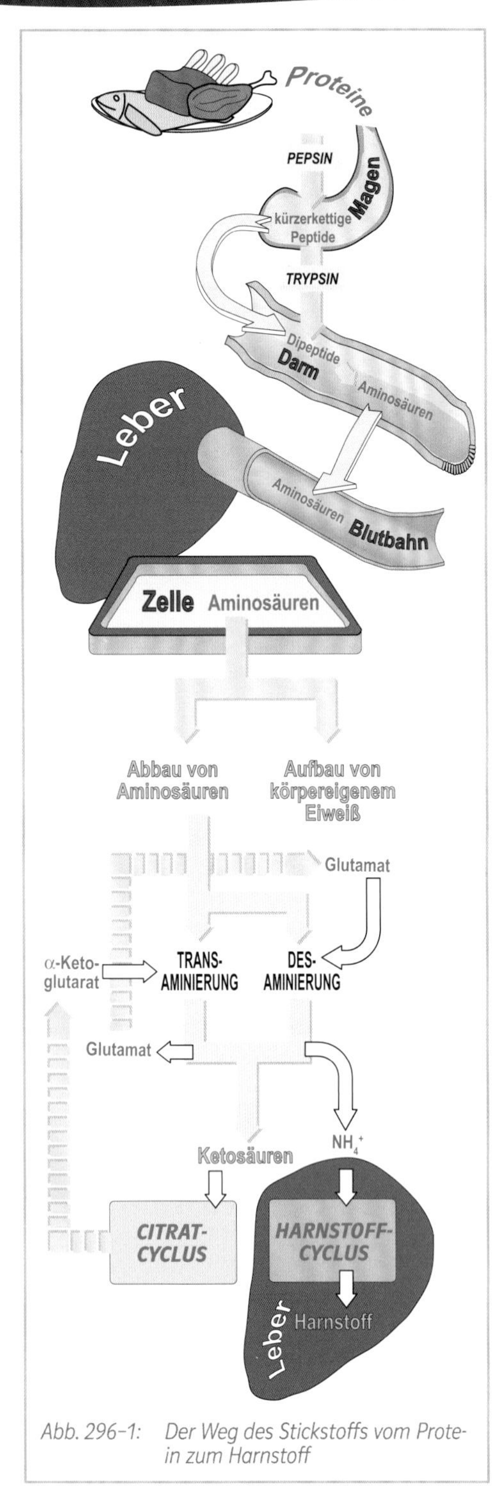

Abb. 296-1: Der Weg des Stickstoffs vom Protein zum Harnstoff

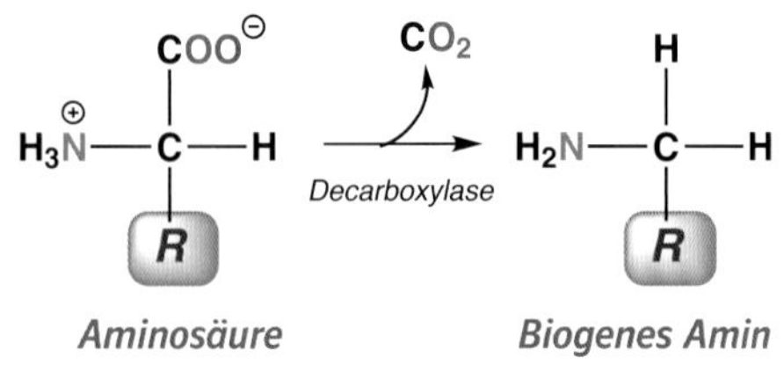

$$H_3\overset{\oplus}{N}-\underset{\displaystyle R}{\overset{\displaystyle COO^{\ominus}}{C}}-H \xrightarrow[\text{Decarboxylase}]{CO_2} H_2N-\underset{\displaystyle R}{\overset{\displaystyle H}{C}}-H$$

Aminosäure — **Biogenes Amin**

Abb. 296-2: Biogene Amine aus Aminosäuren

Das Eiweiß der Nahrung ist meist vor der Nahrungsaufnahme durch Kochen denaturiert. Nicht denaturierte Proteine werden fast alle durch die Magensäure denaturiert. Im Magen wirken **Peptidasen** wie **Pepsin** und zerlegen die Proteine zu kürzerkettigen Peptiden. Bei denaturiertem Eiweiß können sie besser angreifen. Im Dünndarm wirken andere Peptidasen wie zB **Trypsin**, die die verbleibenden Peptide zu Tri- und Dipeptiden und schließlich zu Aminosäuren abbauen. Der letzte Schritt geschieht meist in den Zellen der Darmwand. Die Aminosäuren werden resorbiert. Da sie alle wasserlöslich sind, können sie im Blut zu den Zellen transportiert werden. Die Aufnahme in die Zellen erfolgt durch Transporter, da sie als hydrophile Moleküle nicht von selbst durch die Zellmembran diffundieren können.

Da die Aminosäuren vom Organismus nicht produziert, sondern nur zT ineinander umgewandelt werden können, sind sie der **unersetzliche Teil der Nährstoffe**. Sie werden daher nicht primär im Energiestoffwechsel verbraucht, sondern dienen zum Aufbau von körpereigenem Eiweiß. Die Anleitung zur Eiweißsynthese ist in der DNA festgelegt und ist der wichtigste Teil der Erbinformation. Der Mechanismus ist im Biologieunterricht ausreichend besprochen worden, und wird daher im Rahmen dieses Buches nicht behandelt.

Obwohl Aminosäuren vor allem zur Eiweißsynthese dienen, werden sie auch als Energiequelle genutzt und daher im Energiestoffwechsel eingeschleust. Dies geschieht beispielsweise bei stark eiweißbetonter Ernährung, da überschüssige Aminosäuren nicht gespeichert werden können, und bei starkem Nahrungsmangel, bei dem der Körper seine sonstigen Energiereserven aufgebraucht hat und von der Substanz leben muss. Auch bei normaler Stoffwechsellage nach Nahrungsaufnahme werden Aminosäuren vor allem in der Leber abgebaut, da die Leber für einen konstanten Aminosäurespiegel im Blut sorgt und überschüssige daher abbaut. Beim Abbau liefert 1 g Eiweiß etwa 17,2 kJ Energie, also etwa so viel wie 1 g Kohlenhydrat.

Auch bei normalem Ernährungszustand baut der Körper ständig Eiweiß ab. Bluteiweiß wird in etwa 10 Tagen zur Hälfte erneuert, das der Leberzellen in etwa 20 Tagen, Muskeleiweiß in ca. 160 Tagen. Die Aminosäuren aus dem Abbau des Körpereiweißes werden Großteils wieder zur Eiweißsynthese verwendet, aber auch teilweise abgebaut. Vor allem dieser Anteil muss durch tägliche Eiweißzufuhr ersetzt werden.

Abbau der Aminosäuren

Beim Abbau der Aminosäuren tritt ein Problem auf: Der Stickstoff muss aus dem Molekül abgespalten und in eine Form übergeführt werden, in der er ausgeschieden werden kann. Bei den Landwirbeltieren ist dies der Harnstoff. Der Mensch scheidet täglich 20 – 30 g Harnstoff mit dem Harn aus.

Im Aminosäurestoffwechsel sind vor allem zwei Reaktionen wichtig, die Transaminierung und die Desaminierung. Daneben gibt es noch (seltener) die Decarboxylierung, die zu Aminen führt. Diese biogenen Amine haben wichtige Funktionen in unserem Organismus besonders im Nervensystem, sollen aber hier nicht genauer besprochen werden.

Die Transaminierung

Bei der Transaminierung reagiert eine α-Aminosäure mit einer α-Ketosäure unter Austausch von Amino- und Ketogruppe. Als Coenzym dient Pyridoxalphosphat, ein phosphoryliertes Vitamin B6. Die Zelle kann mit dieser Reaktion benötigte Aminosäuren aus den entsprechenden Ketosäuren herstellen, unter Verwendung einer nicht benötigten Aminosäure. Enzyme für diese Reaktion existieren für fast alle Aminosäuren. Es können also grundsätzlich auch essenzielle Aminosäuren so produziert werden, allerdings kann unser Organismus die Kohlenstoffgerüste der entsprechenden Ketosäuren nicht herstellen (Abb. 297-1).

Beim Aminosäureabbau spielen vier Aminosäuren die Hauptrolle. Es sind Alanin, Aspartat, Glutamat und Glutamin. Die entsprechenden Ketosäuren sind aus dem Kohlenhydratstoffwechsel und dem Citratcyclus bekannt, nämlich Pyruvat, Oxalacetat und α-Ketoglutarat. Glutamin ist das Amin von Glutamat, wird also ebenfalls zu α-Ketoglutarat abgebaut. Über diese vier Aminosäuren laufen der Abbau und die „Entsorgung" der Aminogruppe. Auch die Synthese dieser vier Aminosäuren durch Transaminierung ist leicht möglich, da die entsprechenden Ketosäuren ja reichlich zur Verfügung stehen.

Die Desaminierung

Bei der Desaminierung wird die stickstoffhaltige Gruppe als Ammoniak bzw. als NH_4^+-Ion abgespalten. Eine Aminogruppe wird dabei oxidativ mit NAD^+ oder $NADP^+$ entfernt (unter Gewinn von $NADH{\cdot}H^+$ bzw. $NADP\ H{\cdot}H^+$) und durch eine Ketogruppe ersetzt (oxidative Desaminierung, Abb. 297–2 unterer Teil). Im Falle einer Amidgruppe wird das Amid hydrolysiert (hydrolytische Desaminierung), also durch Wasseranlagerung entfernt. Aus dem Amid entsteht wieder die Säure (bzw. deren Anion).

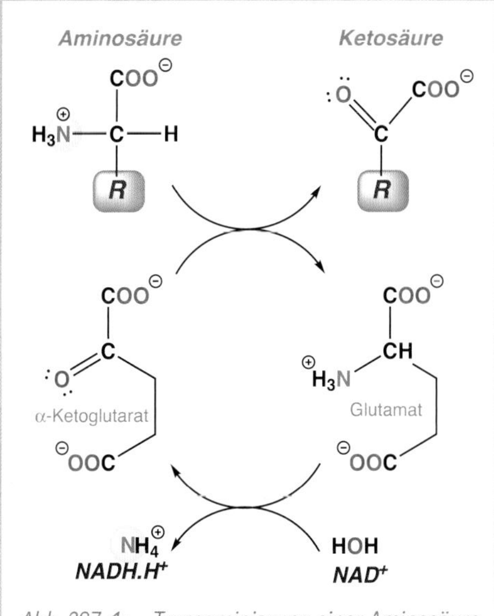

Abb. 297–1: Transaminierung einer Aminosäure zur Ketosäure

Wie wird die Zelle den Ammoniak los?

Da Ammoniak ein Zellgift ist, muss die Zelle das Molekül unschädlich machen. Der Umbau zu Harnstoff findet praktisch nur in der Leber statt (auch in der Niere, dient dort aber der pH-Regulierung). Andere Zellen lösen das Problem, indem sie den Ammoniak unter ATP Verbrauch wieder mit Glutamat zum Glutamin umsetzen, also ein Amid herstellen (die Umkehrung der hydrolytischen Desaminierung). Das Glutamin wird ans Blut abgegeben und so zur Leber transportiert. Wegen seiner Funktion als Stickstofftransporter ist Glutamin die häufigste Aminosäure im Blut.

Alanin zur Überbrückung von Nahrungsmangelsituationen

Bei Nahrungsmangel, und hier genügt schon eine Nacht, geht die Glycogenreserve der Leber rasch zur Neige. Es muss daher zur Aufrechterhaltung des Blutzuckerspiegels Glucose synthetisiert werden (siehe Exkurs Stoffwechsel bei Nahrungsmangel, Seite 299). Dazu ist Pyruvat erforderlich. Aus Glucose kann es in dem Fall nicht gewonnen werden, da diese ja fehlt und hergestellt werden soll. Daher wird die Leber mit Alanin versorgt. Das Alanin wird durch Transaminierung mit α-Ketoglutarat zu Pyruvat umgesetzt.

Das Alanin stammt aus den Muskelzellen. Es wird dort entweder aus Pyruvat durch Transaminierung mit Glutamat hergestellt (umgekehrte Reaktion wie die eben besprochene in den Leberzellen). Der Muskel beendet die Glycolyse dabei beim Pyruvat, nutzt also nur einen Teil der Energie. Die zweite Möglichkeit ist der Abbau von Muskeleiweiß. Daher ist Alanin die zweithäufigste Aminosäure im Blut. In Fastenphasen bilden Glutamin und Alanin fast ein Drittel der Aminosäuren des Blutes.

Die Leber als zentrales Organ des Aminosäurestoffwechsels

Der Aminosäureabbau findet hauptsächlich in der Leber statt. Dort ist der erste Schritt die Transaminierung der abzubauenden Aminosäure mit α-Ketoglutarat. Aus α-Ketoglutarat wird Glutamat, aus der Aminosäure eine α-Ketosäure. Der weitere Weg dieser α-Ketosäure soll später betrachtet werden. Wir wollen nun den Weg des Stickstoffs verfolgen.

Der Stickstoff aus der abzubauenden Aminosäure liegt nach diesem Schritt als Glutamat vor. Glutamat wird nun oxidativ desaminiert. Es bildet sich α-Ketoglutarat zurück und steht wieder für eine weitere Transaminierung zur Verfügung. Der Ammoniak aus dieser Reaktion wird nun in der Leber unschädlich gemacht, indem er in Harnstoff umgewandelt wird. Die dazu nötige Reaktionsfolge wird Harnstoffcyclus genannt. Er wurde 1932 von Hans Krebs entdeckt. Wir kennen den Wissenschaftler schon vom Citratcyclus, der auch von ihm aufgeklärt wurde.

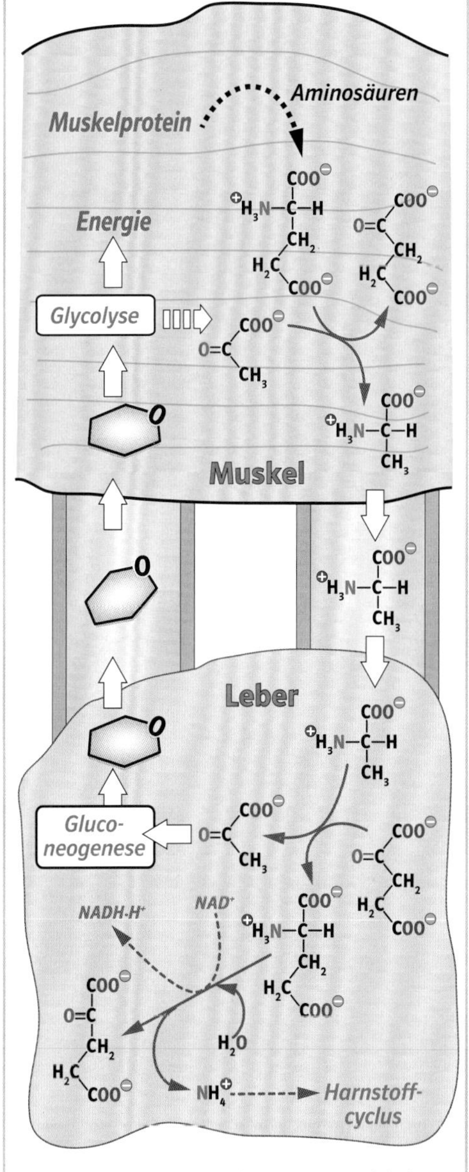

Abb. 297–2: Alanin ist das Transportvehikel um Muskeleiweiß in der Leber für die Gluconeogenese zu nutzen.

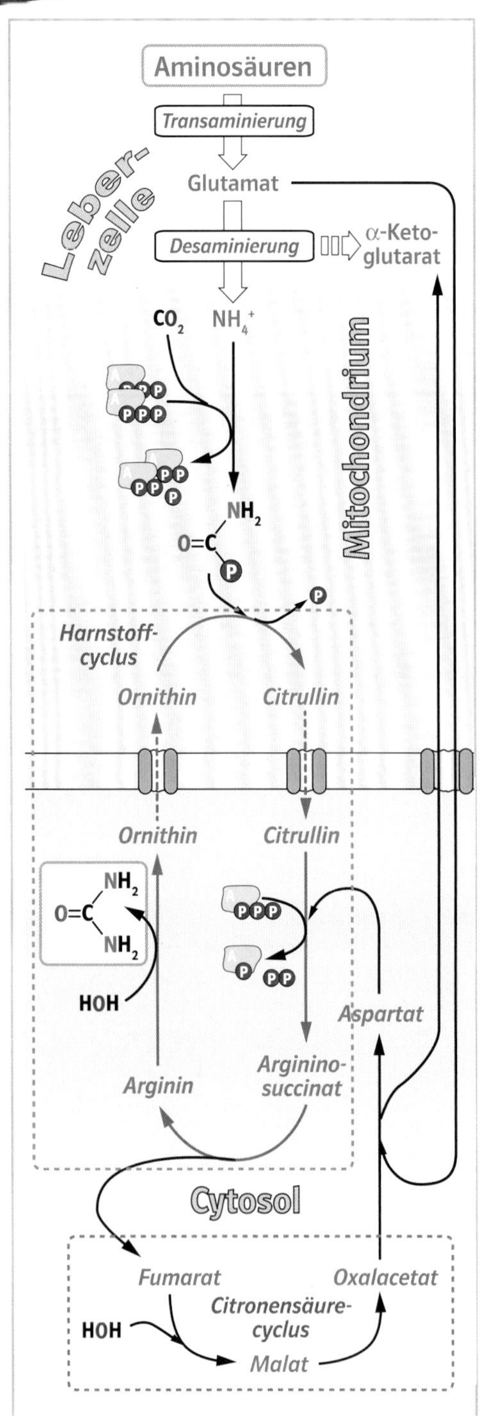

Abb. 298–1: Der Ausscheidung des Stickstoffs über den Harnstoffcyclus

zur „Stopfleber"

Bei Tieren kann die Fettleber durch Zwangsüberernährung künstlich herbeigeführt werden. Vor allem bei Gänsen und Enten wird so eine Fettleber vom etwa sechsfachen Gewicht einer normalen Leber erzeugt. Diese Stopfleber gilt als Delikatesse. In Österreich ist das „stopfen" (das zwangsweise Zuführen von Nahrung, die dem Tier in den Hals gestopft wird) verboten.

Der Harnstoffcyclus

Das Ammoniumion wird mit Kohlenstoffdioxid und 2 ATP zu Carbamylphosphat umgesetzt (Abb. 298–1). Dieses reagiert mit Ornithin, einer nicht proteinogenen Aminosäure, zu Citrullin. Letzteres reagiert, mit Aspartat über Argininosuccinat zu Arginin. Auch für diese Reaktion ist ATP erforderlich (eigentlich zwei, da AMP entsteht, wir kennen das von der Fettsäureaktivierung). Aus Aspartat stammt der zweite Stickstoff für die Harnstoffsynthese. Das Aspartat wird im nächsten Schritt zu Fumarat. Arginin spaltet unter Wasseraufnahme Harnstoff ab, wobei sich Ornithin wieder zurückbildet (Abb. 298–1).

Insgesamt wurden für die Bildung eines Harnstoffmoleküls 4 Moleküle ATP benötigt. Die Umwandlung des Stickstoffs in eine ausscheidungsfähige Form verbraucht also Energie. Der Harnstoff wird über das Blut zu den Nieren transportiert und über den Harn ausgeschieden.

Auch der Stickstoff aus den anderen Zellen, der als Glutamin zur Leber transportiert wurde, wird in den Leberzellen ausscheidungsfähig gemacht. Glutamin wird hydrolytisch desaminiert. Die Leber hat also ein Enzym zur Glutamindesaminierung, jedoch keines zur Glutaminsynthese, wie es in allen anderen Zellen zu finden ist. Dies ist auch nicht notwendig, denn die Leber soll ja den Stickstoff entsorgen. Aus Glutamin entsteht wieder Glutamat, das seine Funktion als Stickstofftransporter im Blut wieder aufnehmen kann. Der bei der Desaminierung entstehende Ammoniak tritt in den Harnstoffcyclus ein.

Da die Leber die zentrale Drehscheibe für den Eiweißstoffwechsel ist, läuft dort nicht nur der Aminosäureabbau, sondern auch Proteinaufbau ab. Dabei werden die Proteine des Blutplasmas synthetisiert.

Schädigung der Leber

Obwohl die Leber für unseren Stoffwechsel so wichtig ist, behandeln wir sie sehr schlecht. Übermäßiger Alkoholkonsum, aber auch starke Überernährung schädigen sie und bewirken eine Fettleber («Stopfleber» bei Geflügel ⇨ Info-Kasten), also gesundheitlich schädlichen Fettanteil. Hier sind vor allem süße Getränke die Ursache, vor allem Zucker auf Fructosebasis. Fructose wird direkt in der Leber verstoffwechselt und unterliegt nicht der Blutzuckerregulierung über das Insulinsystem. Der Zustand der Leber kann bei der Blutuntersuchung festgestellt werden. Die zwei wichtigsten Transaminierungsenzyme, die Glutamat-Oxalacetat-Transaminase (GOT) und die Glutamat-Pyruvat-Transaminase (GPT) sind in gesunden Leberzellen in recht hoher Konzentration vorhanden. Wenn Leberzellen absterben, gelangen sie ins Blut. Hohe Werte dieser zwei Enzyme im Blut zeigen einen Leberschaden an.

Der Weg des Kohlenstoffgerüsts der desaminierten Aminosäuren

Die Ketosäuren, die nach der Desaminierung der Aminosäuren entstehen, werden im Stoffwechsel abgebaut. Die vier genannten zentral wichtigen Aminosäuren bilden direkt Ketosäuren, die als Zwischenprodukte im Citratcyclus vorkommen. Sie erhöhen also den Umsatz im Citratcyclus. Von dort können sie wieder entnommen werden, zB Als Oxalacetat, das zu Pyruvat decarboxyliert werden kann, und dieses weiter zu AcCoA (→ Citratcyclus, Seite 292).

Alle anderen Aminosäuren haben einen jeweils eigenen Abbauweg. Eine genauere Betrachtung sprengt den Rahmen dieses Buches. Gemeinsam ist ihnen aber, dass auch sie zu Zwischenprodukten des Citratcyclus umgebaut werden.

Aminosäuren als Ausgangsstoffe für Synthesen im Stoffwechsel

Die Aminosäuren sind auch wichtige Ausgangsstoffe für Synthesen im Organismus. Die biogenen Amine, die durch Decarboxylierung erhalten werden, wurden schon erwähnt. Beispiele sind: Aus Histidin entsteht das Gewebshormon **Histamin**, aus Phenylalanin und Tyrosin der Neurotransmitter **Dopamin**, aus Tryptophan das Gewebshormon **Serotonin**, das als Neurotransmitter im Gehirn wirkt. Aus Serotonin entsteht das „Schlafhormon" Melatonin.

Die Aminosäure Cystein dient zum Aufbau des wichtigen Coenzym A. Sie wird an phosphorylierte Pantothensäure (Vitamin B5) gebunden und dann decarboxyliert. Die –SH-Gruppe des Coenzym A stammt also aus Cystein.

Der Stoffwechsel bei Nahrungsmangel

Glycogen – Problem Glucose

Energievorräte im Organismus

Bei Nahrungsmangel muss der Organismus auf seine eigenen Energievorräte zurückgreifen. Immerhin haben wir einen täglichen Energiebedarf von etwa 8000 kJ. Dazu wollen wir einmal die Größe dieser Vorräte betrachten.

ATP fällt als Vorrat aus, da die ATP-Menge im Organismus nur für wenige Sekunden reicht. Auch die anderen Zwischenprodukte (NADH·H^+, AcCoA) im Energiestoffwechsel sind insgesamt nur in vernachlässigbarer Menge vorhanden und können nicht als Vorrat gelten.

Der Blutzucker (bei 100 mg/dL und 7 L Blut) besteht insgesamt aus ca. 7 g Glucose. Das entspricht einem Energiegehalt von etwa 110 kJ, reicht also für knapp 20 Minuten (bei vollständigem Verbrauch, was nicht möglich ist, da beim Absinken unter die Hälfte des Normalwerts bereits Probleme auftreten). Wir sind daher auf unsere Glycogenspeicher angewiesen, die nach den Mahlzeiten auf- und dazwischen wieder abgebaut werden.

Der **Glycogenvorrat** beträgt in den Muskelzellen ca. 1 %, in der Leber ca. 10 % der Masse. Die Muskelzellen speichern also etwa 300 - 400 g Glycogen (gut trainierte Sportler bis 600 g), die Leber etwa 150 g. Das **Muskelglycogen** ist bei normaler Tätigkeit also ein Vorrat für etwa einen Tag, bei intensiver Belastung für 90 Minuten, dient aber nur zur Versorgung des Muskels selbst. Das Leberglycogen dient zur Aufrechterhaltung des Blutzuckers, und auf diese Weise zur Versorgung aller Körperzellen, vor allem der auf Glucose angewiesenen Gehirnzellen und der Erythrozyten. Es ist ebenfalls nach etwa einem Tag erschöpft.

Bei längerem Nahrungsmangel muss der Organismus auf seine größten Depots, die Fett- und Eiweißreserven zurückgreifen. Die **Fettdepots** sind Vorrat für zumindest mehrere Wochen. Ein reiner Fettstoffwechsel ist sehr langsam, ermöglicht also nicht höhere körperliche Leistungen und kann vor allem das Gehirn nicht versorgen, da die Blut-Hirn-Schranke eine Sperre für lipophile Substanzen darstellt. Eine Verstoffwechslung von Körpereiweiß als Hauptquelle der Energiegewinnung schädigt rasch lebenswichtige Organe und tritt nur bei langfristigem Nahrungsmangel auf (Autokannibalismus, Verhungern).

Problem Glucose

Unser Gehirn verbraucht täglich etwa 120 g Glucose, zusammen mit den Erythrozyten beträgt der tägliche Glucosebedarf etwa 160 g unabhängig von körperlicher Tätigkeit. Mehr ist aus dem Glycogenspeicher der Leber nicht zu gewinnen. Es muss daher einen Weg geben, Glucose im Stoffwechsel zu synthetisieren, sonst würden wir bereits nach einem Tag Nahrungsmangel an Glucosemangel sterben. Dieser Weg heißt **Gluconeogenese** (= Glucoseneubildung) und findet vor allem in der Leber statt. Die Leber kann pro Tag bis zu 200 g Glucose neu herstellen, also den Bedarf der strikt glucoseabhängigen Zellen decken.

Die Gluconeogenese verbraucht ziemlich viel Energie. Diese kann aus den Fettreserven zur Verfügung gestellt werden (Weg wie schon besprochen: Fettstoffwechsel bis zur ATP-Synthese). Ein großes Problem tritt allerdings auf: Der Fettsäureabbau liefert AcCoA, eine C_2-Verbindung, die Gluconeogenese geht aber von Pyruvat aus, einer C_3-Verbindung. Unser Organismus besitzt kein Enzym, das AcCoA zu Pyruvat carboxylieren kann. Dies bedeutet, dass Fett alleine als Ausgangsstoff für die Glucosesynthese nicht ausreicht. Nur der Glycerolanteil des Fettes ist ein möglicher Ausgangsstoff, da er als Glyceral-3-Phosphat in die Gluconeogenese „einsteigen" kann. Der Glycerolanteil ist allerdings bei weitem zu gering.

Zur Pyruvatgewinnung muss daher auf andere Quellen zurückgegriffen werden. Dies sind vor allem die Milchsäure aus der anaeroben Glycolyse, deren Abbau nach anstrengender Tätigkeit in der Leber hauptsächlich zur Gluconeogenese verwendet wird (siehe S. 290), und Aminosäuren, die zu C_3-Verbindungen abgebaut werden, hauptsächlich Alanin. Nahrungsmangel bedeutet daher auch Eiweißabbau.

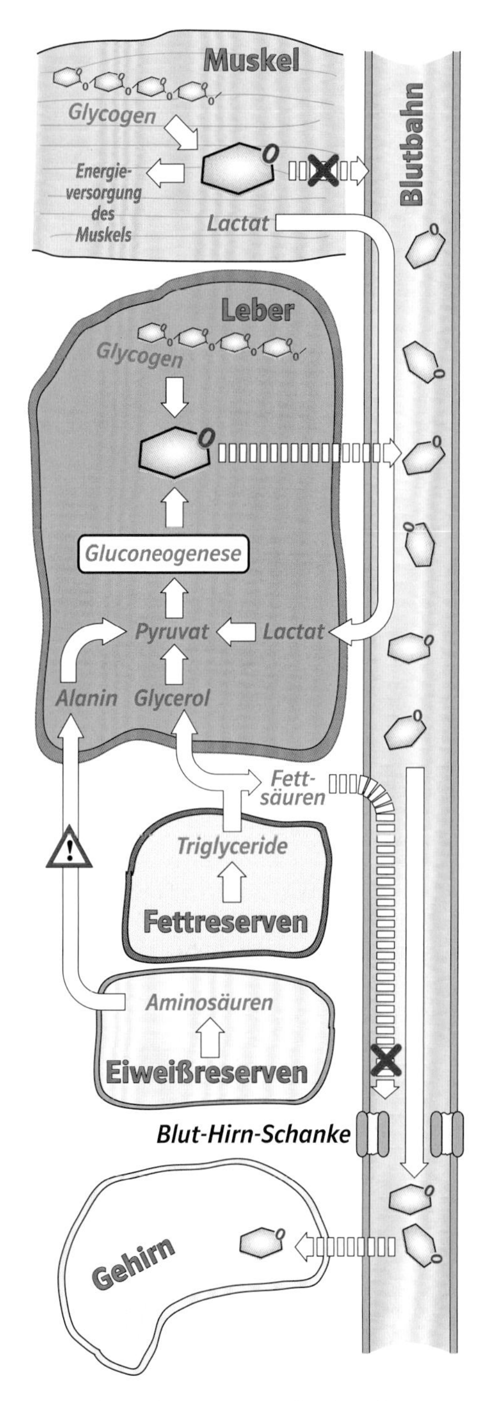

Abb. 299–1: Die Versorgung des Organismus mit Glucose

zur „Blut-Hirn-Schranke"

Spezielle Endothelzellen verhindern den Durchtritt von unpolaren Fett(säure)molekülen aus der Blutbahn ins Zentralnervensystem. Die polare Glucose kann dieses Hindernis passieren und damit dem Gehirn „Energie" zuführen.

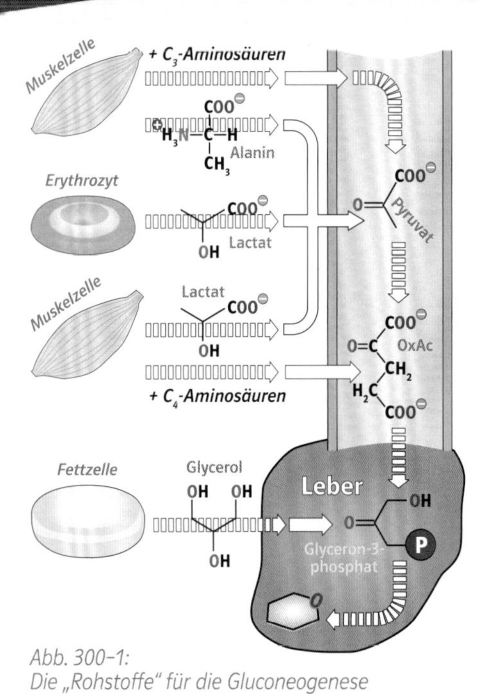

Abb. 300-1:
Die „Rohstoffe" für die Gluconeogenese

Die Gluconeogenese

Die Gluconeogenese ist grob gesprochen die Umkehrung der Glycolyse (Seite 289). Sie läuft großteils im Cytosol ab. Drei Schritte lassen sich aber auf Grund der Gleichgewichtslage nicht einfach umkehren. Sie sollen hier besprochen werden.

Der erste Schritt entspricht Schritt 9 der Glycolyse. Er wird in mehreren Stufen umgekehrt. Zuerst muss das Pyruvat ins Mitochondrium, was kein Problem darstellt. Dann wird es mit Hilfe von **Biotin** unter ATP-Verbrauch zu Oxalacetat carboxyliert. Diese Reaktion dient auch zum Starten des Citratcyclus bei Oxalacetat-Mangel. Das Oxalacetat muss nun wieder ins Cytosol zurück. Dies geschieht mit Hilfe des auch schon aus der Atmungskette bekannten Malatshuttles, nur in umgekehrter Richtung. Oxalacetat wird mit $NADH{\cdot}H^+$ zu Malat reduziert (Umkehrung des Schrittes 8 des Citratcyclus), dieses kommt ins Cytosol, dort wird es durch NAD^+ wieder zu Oxalacetat oxidiert. Dabei haben wir also auch $NADH{\cdot}H^+$ wieder ins Cytosol transportiert. Dieses wird bei der Umkehrung von Schritt 5 der Glycolyse benötigt.

Das Oxalacetat wird nun unter CO_2-Abspaltung und Energieverbrauch (diesmal nicht ATP sondern GTP) zu Phosphoenolpyruvat umgesetzt. Der „Trick" dieser Reaktionsfolge ist folgender: Zuerst wird unter Energieaufwand carboxyliert, dann wird die Energie aus der Decarboxylierung zur Ermöglichung einer sonst endergonen Reaktion genutzt.

Die nächsten Reaktionen (8 – 4 der Glycolyse) bis zum Fructose-1,6-Bisphosphat sind umkehrbar, da das Gleichgewicht der Reaktionen in der Mitte liegt (ΔG ca. 0), die Reaktionsrichtung daher von den Konzentrationen der Reaktionspartner abhängt.

Die Umkehrung der Reaktion 3 der Glycolyse ist einfach. Es wird durch ein Enzym Phosphat an der Stelle 1 abgespalten. Diesmal allerdings ohne ATP Gewinn, da die Reaktion der Glycolyse ja erzwungen wird, die Umkehrung aber freiwillig abläuft.

Dasselbe gilt für die Umkehrung der Reaktion 1 der Glycolyse. Auch hier wird einfach Phosphat abgespalten. Das Besondere daran ist, dass das dafür benötigte Enzym nur in den Leberzellen vorkommt (und in denen der Nierenrinde und im Dünndarm, was aber im Rahmen dieses Buches nicht besprochen wird), also nur in Organen, die Glucose ans Blut abgeben können.

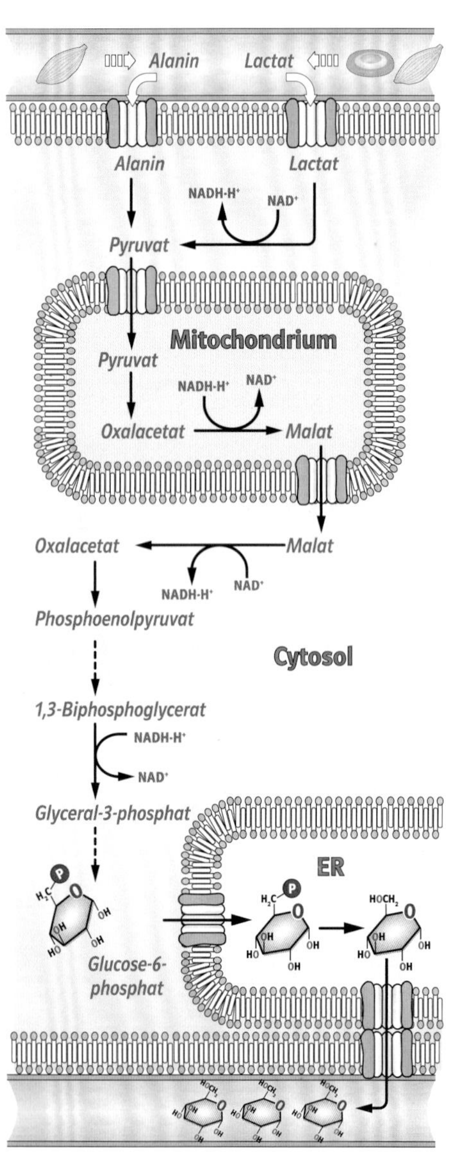

Abb. 300-2: Die Gluconeogenese

Bilanz

Die Energiebilanz der Reaktion ist sehr schlecht. Pro Glucose werden 6 ATP und 2 $NADH{\cdot}H^+$ benötigt. Da bei der Glycolyse der gebildeten Glucose (zB zur Energiegewinnung in den Gehirnzellen) wieder 2 ATP und 2 $NADH{\cdot}H^+$ frei werden, ist insgesamt ein Verlust von 4 ATP zu bilanzieren.

Freiwilliger Nahrungsmangel - Abnehmen

Die energieaufwendige Gluconeogenese ist beim freiwilligen Nahrungsmangel zum Abnehmen sehr erwünscht. Allerdings ist eine Nulldiät hier kontraproduktiv. Das Pyruvat kommt dabei zum größten Teil aus Eiweiß, da Fett ja nur das Glycerol (und natürlich das ATP über den Fettstoffwechsel) zur Gluconeogenese liefert. Man nimmt also bei Nulldiät nur wenig Fett aber viel Eiweiß ab, daher ist bei längerfristigem Fasten eine Eiweißzufuhr absolut notwendig. Kurzfristig, also für zB einen Tag, ist ein kompletter Nahrungsverzicht natürlich problemlos, da ja am nächsten Tag die Eiweißzufuhr den Verbrauch wieder abdeckt.

Beim Fasten bemerkt man, dass man ohne Nahrungszufuhr in ein bis zwei Tagen über 2 kg Körpermasse verliert. Dies bedeutet aber kein Abnehmen, schon gar nicht von Fett, sondern der Verlust kommt aus dem Glycogenabbau von ca. ½ kg. Da das Glycogen als hydrophiles Molekül in der Zelle mit etwa der vierfachen Masse Wasser gespeichert ist, wird das Wasser dabei frei und über den Harn ausgeschieden. Bei Füllen der Glycogenspeicher wird dieselbe Wassermenge wieder von den Zellen aufgenommen.

Ketonkörper

Um die energieaufwendige Gluconeogenese zumindest teilweise zu umgehen, gibt es einen weiteren Weg, das Gehirn mit Energie zu versorgen. Die Leberzellen produzieren bei AcCoA-Überschuss aus dem gesteigerten Fettsäureabbau in ihren Mitochondrien aus dem AcCoA Acetoacetat und β-Hydroxybutyrat (Abb. 301–1). Beide können die Leberzellen verlassen und werden als hydrophile Substanzen mit dem Blut zu den Körperzellen transportiert. Dort können sie wieder zu AcCoA zurückreagieren und dienen so als Energiequelle. Auf diese Weise können Fettsäuren und damit die Fettreserven ohne Umweg über die Glucosesynthese direkt genutzt werden.

Acetoacetat decarboxyliert im Blut zum Teil spontan zu Aceton, das nicht als Energiequelle nutzbar ist. Er wird hauptsächlich über die Lunge ausgeatmet. Alle drei Substanzen werden als Ketonkörper bezeichnet, obwohl β-Hydroxybutyrat eigentlich kein Keton ist.

Die Verwendung von Ketonkörpern, vor allem zur Versorgung der Gehirnzellen mit AcCoA, spart Glucose und damit wird weniger Gluconeogenese benötigt. Bis zu 2/3 des Glucosebedarfs können so umgangen werden. Allerdings müssen die Enzyme zur Nutzung der Ketonkörper in den Gehirnzellen erst aufgebaut werden, was einige Tage dauert.

Ketonkörper finden sich auch bei normaler Stoffwechsellage im Blut. Der Herzmuskel wird teilweise mit ihnen versorgt. Nach etwa zwei Tagen Nahrungsmangels findet man sie in größerer Menge. Bei kohlenhydratfreier oder extrem kohlenhydratarmer Ernährung sind die Ketonkörper dauerhaft nachweisbar. Man spricht dann von einer ketogenen Diät. Zu hohe Ketonkörperwerte sind nicht gesund, da die Ketonkörper zusammen mit Protonen ans Blut abgegeben werden, und so zu Übersäuerung führen.

Bei diabetischer Stoffwechselentgleisung kann extremer Insulinmangel auftreten. Dies führt zu einem übermäßig gesteigerten Fettsäureabbau und entsprechender Ketonkörperproduktion. Der Organismus kann sie in dieser Menge nicht verbrauchen. Da dabei auch der pH-Wert im Blut sinkt, kommt es zur **Acidose** (ketoacidotisches Koma). Der Atem des Betroffenen riecht dabei stark nach Aceton.

Unfreiwilliger Nahrungsmangel – Hungersymptome

Beim langfristigen Hungern ist der Eiweißverbrauch das größte Problem. Muskelmasse wird ja schon parallel zum Fettabbau angegriffen. Ohne Nahrungszufuhr verbraucht ein Erwachsener etwa 75 g Protein und 160 g Fett pro Tag.

Um den Abbau von Muskeleiweiß zu verlangsamen, geht der Stoffwechsel nach etwa 2 Wochen schließlich auf „Sparflamme". Dies bedeutet einen Blutdruckabfall, eine Verlangsamung der Herzfrequenz und ein Absinken der Körpertemperatur, ähnlich einer Winterruhe bei Tieren. Der Proteinabbau wird dadurch verringert, aber nicht eingestellt. Eiweißverluste, wie sie zB bei der Menstruation auftreten, werden eingespart. Das Ausbleiben der Menstruation ist häufig bei **magersüchtigen Mädchen** ein erstes ernstes Warnzeichen vor gefährlichem bis lebensbedrohendem Nahrungsmangel.

Schließlich werden auch die Proteine des Blutplasmas angegriffen. Durch deren Verringerung ändern sich die osmotischen Verhältnisse und es kommt zu Wasseransammlungen im Gewebe (Hungerödeme). Ein Mangel an essenziellen Aminosäuren macht sich bemerkbar. Dadurch wird die Synthese von verschiedenen Enzymen verringert. Da auch Verdauungsenzyme betroffen sind, ist in dem Stadium eine normale Nahrungszufuhr nur mehr schlecht möglich. Infektionen sind häufig, da die Immunabwehr durch den Aminosäuremangel eingeschränkt ist. Schließlich werden auch die Proteine lebenswichtiger Organe angegriffen. Auch der Herzmuskel ist betroffen. Es treten Herzrhythmusstörungen auf. Beim Abbau von etwa der Hälfte der Proteine kommt es zum Tod durch Verhungern.

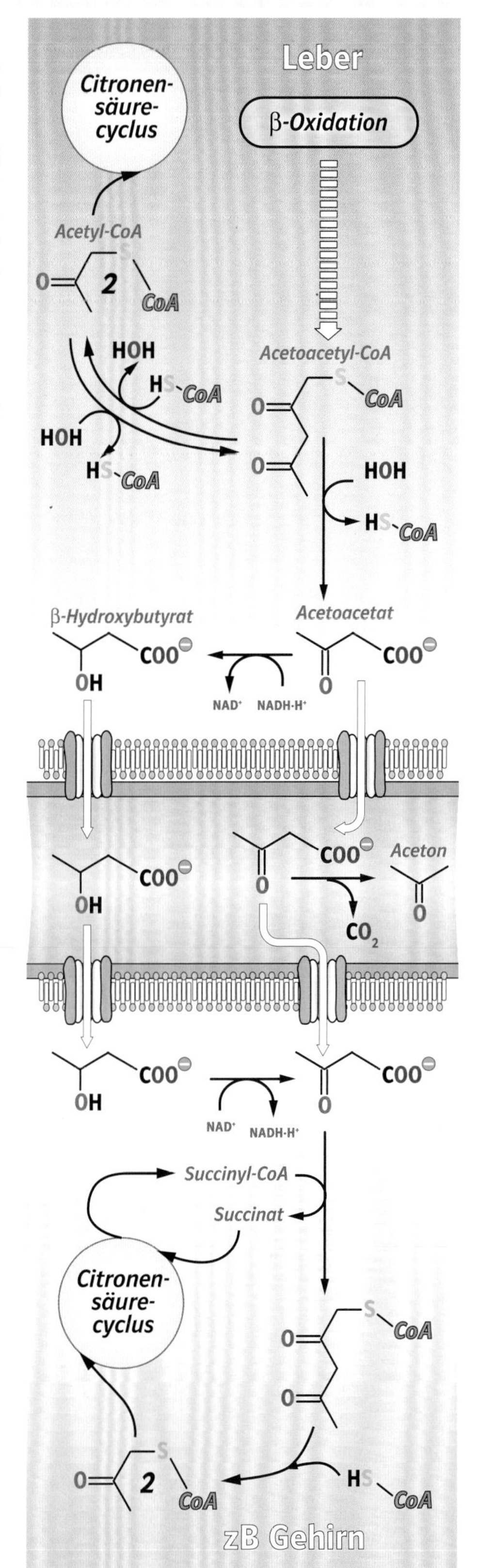

Abb. 301–1: Die Funktion der Ketonkörper

Der Stoffwechsel bei Nahrungsüberschuss

Acetyl-Coenzym A – NADPH·H⁺

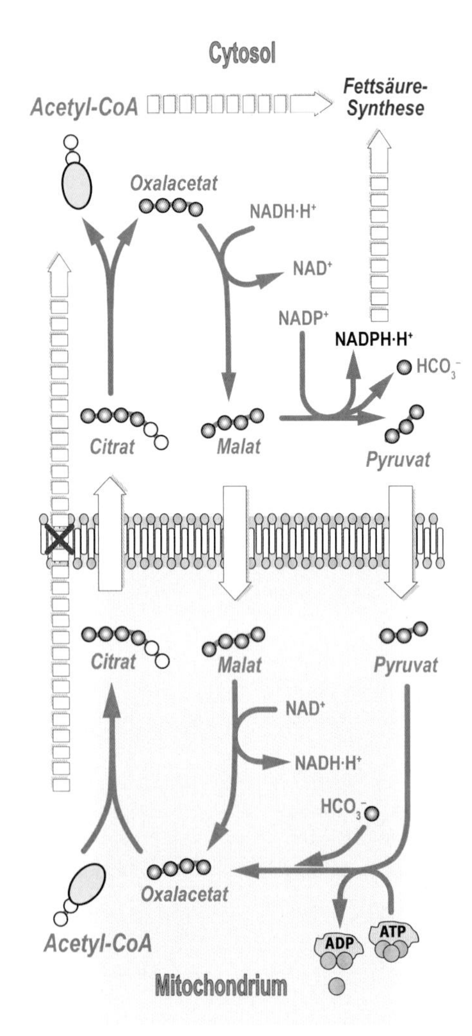

Abb. 302–1: Der Weg des Acetyl-CoA zur Fettsäuresynthese ins Cytosol

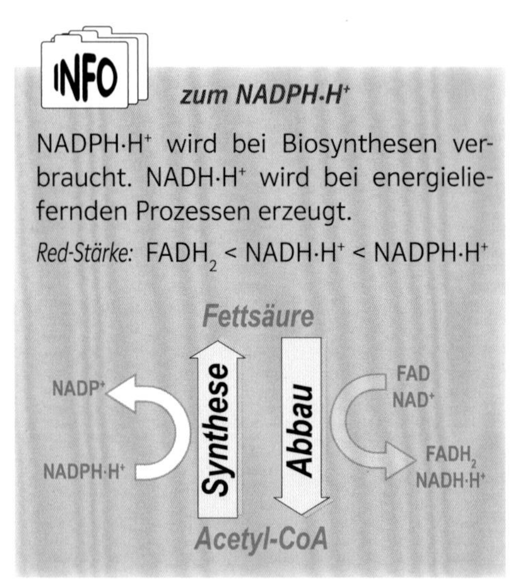

Aufbau der Fette im Organismus

Der Aufbau von Fettsäuren läuft im Cytosol ab und ist in allen Zellen möglich, geschieht aber hauptsächlich in der Leber bei Nahrungsüberschuss. Er wird vom **Blutzuckerwert** gesteuert. Ist dieser hoch, so nehmen die Leberzellen Glucose auf und verarbeiten diese zu **AcCoA** (siehe Glycolyse Kap. 10.4.). Aus AcCoA wird **Palmitinsäure** aufgebaut (dazu wird NADPH·H⁺ als Reduktionsmittel benötigt), um daraus mit Glycerol Fettreserven anzulegen. **Insulin** fördert also die Fettsynthese. Die Fettmoleküle werden mit Transportproteinen zu den **Fettzellen** transportiert und dann dort gelagert. In unserem Vergleich mit dem Geldleben erfolgt also hier die Einzahlung auf unsere langfristig gebundene Kapitalanlage.

Die Gehirnzellen sind komplett auf die Fettsäuresynthese angewiesen, da sie durch das Blut nicht mit den hydrophoben Fettsäuren versorgt werden können (**Blut–Hirn-Schranke**).

Wie kommt das AcCoA ins Cytosol?

Die Fettsäuresynthese erfolgt im Cytosol. Da der letzte Schritt der Glycolyse zu AcCoA ausschließlich an den Mitochondrien abläuft, muss das AcCoA zuerst durch die Mitochondrienmembran gebracht werden. Für die Synthesereaktionen ist biologisch aktivierter Wasserstoff notwendig. Die Enzyme für die Fettsäuresynthese verarbeiten nur NADPH·H⁺. Im Cytosol laufen verschiedene Reaktionen nebeneinander ab. Damit sie sich nicht stören, ist für Synthesen immer NADPH·H⁺ notwendig, bei Abbaureaktionen, zB bei der Glycolyse entsteht NADH·H⁺ für die Atmungskette.

Zur Lösung des ersten Problems, die Ausschleusung von AcCoA aus dem Mitochondrium, wird AcCoA (wie im ersten Schritt des Citratcycus) an Oxalacetat gebunden. Das entstehende Citrat kann die Mitochondrienmembran passieren. Im Cytosol wird aus dem Citrat mit Coenzym A wieder Oxalacetat und AcCoA (Schritt 1 des Citratcyclus in umgekehrter Richtung). Dieser Schritt verbraucht ein ATP, bei Nahrungsüberschuss kein Problem.

Nun muss das Oxalacetat wieder zurück in das Mitochondrium, damit der Citratcyclus dort nicht zum Erliegen kommt. Das kann durch Reduktion des Oxalacetat mit NADH·H⁺ zu Malat geschehen (letzter Schritt des Citratcyclus in umgekehrter Richtung). Malat kann wieder in das Mitochondrium zurück (Malat-Shuttle, siehe Seite 295 und Abb. 303–1). Das Malat tritt wieder in den Citratcyclus ein (letzter Schritt des Citratcyclus).

Woher stammt das NADPH·H⁺?

Das benötigte NADPH·H⁺ wird entweder in einem speziellen Abbauweg der Glucose zur Erzeugung von Ribose erzeugt (**Pentosephosphatweg**, wird im Rahmen dieses Buches nicht besprochen), allerdings nur, wenn Ribose benötigt wird. Ein weiterer Weg zur Herstellung von NADPH·H⁺ ist ein alternativer Weg zur Rückführung des Oxalacetats von der AcCoA-Ausschleusung. Dabei wird das Oxalacetat decarboxyliert, es entsteht Pyruvat. Dieses kann ins Mitochondrium zurück, wie wir vom aeroben Teil der Glycolyse wissen (siehe Seite 290). Bei diesem Decarboxylierungsschritt entsteht aus NADP⁺ ein NADPH·H⁺.

Jetzt sind die Probleme der Ausschleusung des AcCoA aus dem Mitochondrium und der NADPH·H⁺-Synthese gelöst. Allerdings muss das Pyruvat im Mitochondrium wieder den Citratcyclus weiterführen (wir haben ja Citrat entnommen). Dies geschieht mit einem Enzym, welches **Biotin** (Vitamin B7) als Coenzym enthält. Es kann Pyruvat carboxylieren, also ein CO_2 auf Pyruvat übertragen. Dadurch entsteht wieder Oxalacetat, der Citratcyclus kann weiterlaufen. Die Reaktion benötigt Energie in Form von ATP. Wir kennen diese Reaktion schon vom 1. Schritt der Gluconeogenese.

Die Synthese von Fettsäuren

Die Fettsynthese ist nicht einfach die Umkehrung der β-Oxidation. Der letzte Schritt der β-Oxidation kann mangels Enzymen nicht direkt rückgängig gemacht werden. Das AcCoA wird mit Biotin carboxyliert zu Malonyl-CoA (die Reaktion ist ähnlich der besprochenen Carboxylierung von Pyruvat). Die Reaktion „kostet" ein ATP. Dieser Vorgang ist für jedes AcCoA-Molekül notwendig.

Die Fettsäuresynthese läuft an einem Enzym mit zwei –SH-Gruppen ab, die als Bindungsstellen fungieren. An die Bindungsstelle (I) bindet ein AcCoA unter Verlust der CoA Gruppe. An die Bindungsstelle (II) bindet der Malonyl-CoA-Rest, ebenfalls unter Abgabe des CoA. Im nächsten Schritt bindet die Acetylgruppe an die Malonylgruppe, wobei diese ein CO_2 abgibt. Die Bindungsstelle (I) ist nun freigeworden.

Die entstandene C_4-Verbindung wird nun in Umkehrung der β-Oxidation in 3 Schritten mit zwei NADPH·H⁺ reduziert, bleibt aber am Enzym gebunden. Schritt (1) Reduktion der Ketogruppe zur Hydroxygruppe, Schritt (2) Wasserabspaltung, es entsteht eine Doppelbindung. Schritt (3) Reduktion der Doppelbindung zur Einfachbindung. Nun enthält das Enzym eine Butyrylgruppe gebunden.

Der Butyrylrest wechselt nun an die freie Bindungsstelle (I) des Enzyms (an der ursprünglich der Acetylrest gebunden war). An die Bindungsstelle (II) bindet erneut ein Malonyl-CoA, der Vorgang läuft erneut ab und wiederholt sich bis ein Palmitatrest entstanden ist. Dieser wird als Palmitat vom Enzym abgegeben.

Dieser Aufbauweg ist der Grund, dass biologisch fast ausschließlich Fettsäuren mit gerader Kohlenstoffzahl und unverzweigten Ketten vorkommen. Benötigt die Zelle Fettsäuren mit längeren Ketten, so sind dazu eigene Enzyme erforderlich, die diese Ketten ausgehend von Palmitat herstellen (auch über Malonyl-CoA). Doppelbindungen zur Synthese ungesättigter Fettsäuren werden mit speziellen Enzymen und Luftsauerstoff als Reaktionspartner eingeführt. Säugetieren fehlen die Enzyme, die Doppelbindungen hinter dem 10. Kohlenstoff-Atom der Fettsäurekette einführen. Daher müssen solche Fettsäuren als essenzielle Fettsäuren mit der Nahrung zugeführt werden (siehe Kap 9.2. S. 241).

Der Enzymkomplex der Fettsäuresynthese hat noch eine zweite wichtige Funktion, er blockiert den ersten Schritt der β-Oxidation, den Transport von aktivierten Fettsäuren in das Mitochondrium. Damit wird verhindert, dass im Cytosol Fettsäuren aufgebaut und im Mitochondrium wieder abgebaut werden, was ja Energieverschwendung wäre. Nahrungsfett wird bei Nahrungsüberschuss direkt als Fett gespeichert. Das AcCoA für die Fettsynthese stammt also fast ausschließlich aus der Glycolyse. Wer also zu viel Zucker isst, baut Fett auf, und zwar solche mit hauptsächlich Palmitinsäure einer „verpönten" gesättigten Fettsäure.

Eine AcCoA-Quelle, die nicht aus der Glycolyse stammt, ist der Alkohol (Ethanol). Er wird in der Leber zu Acetaldehyd oxidiert und dann zu AcCoA weiteroxidiert, kann also auch als Nahrungsmittel betrachtet werden. Er regt in der Leber daher sehr stark die Fettsynthese an, was bei regelmäßigem übermäßigem Konsum zur Fettleber führt (siehe Seite 298).

Das Glycerol für die Fettsynthese kann aus dem Glyceron-3-Phosphat aus der Glycolyse durch Reduktion mit NADH·H⁺ gewonnen werden.

Der Prozess der Fettsynthese ist ziemlich energieaufwendig. Für jedes verknüpfte AcCoA wird ein ATP benötigt, auch zur Herstellung von NADPH·H⁺ benötigt man in Summe ein ATP, wenn es nicht aus dem Pentosephosphatweg stammt. Bei Nahrungsüberschuss steht allerdings ATP reichlich zur Verfügung, sowohl aus der Glycolyse, als auch aus dem Citratcyclus. Daher steht einer erfolgreichen Fettsynthese nichts im Weg, was man ja aus der Alltagserfahrung kennt.

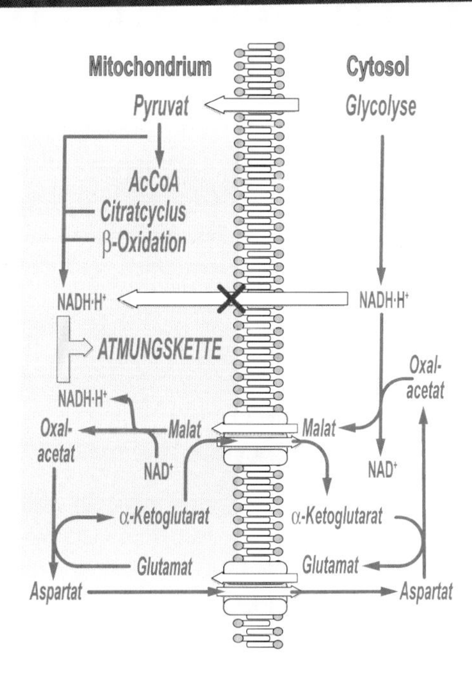

Abb. 303-1: Die Reaktionen, die ablaufen müssen, damit das NADH·H⁺ aus der Glycolyse zur Atmungskette gelangen kann (Malat-Shuttle)

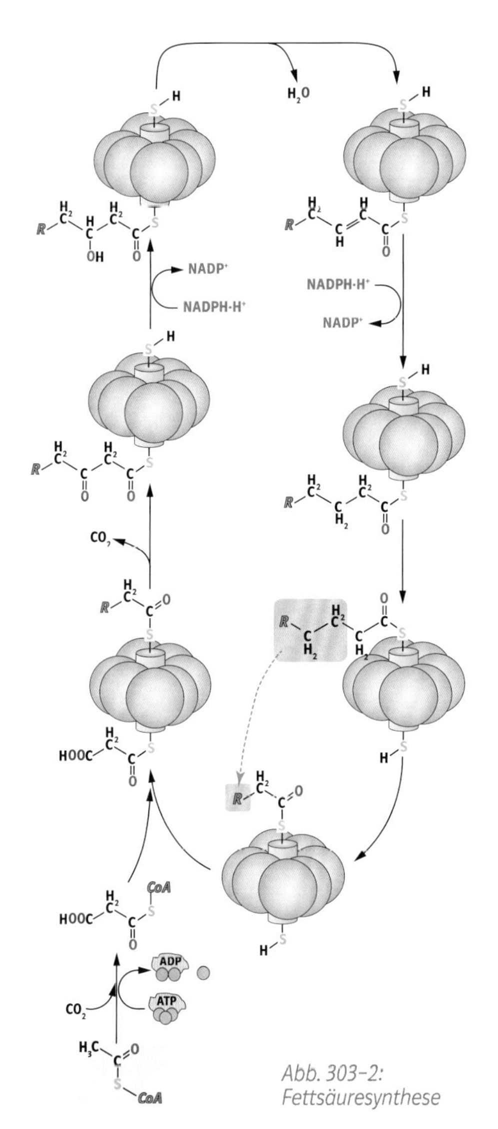

Abb. 303-2: Fettsäuresynthese

10.8 Eingriffe in den Stoffwechsel – Heilmittel

Medikamente gegen bakterielle Infektionen

Abb. 304-1: Louis Pasteur

Ignaz Semmelweis 1818 - 1865

Ungarischer Arzt, Medizinstudium und berufliche Tätigkeit in Wien. Er erklärte die hohe Müttersterblichkeit bei Geburten in Krankenhäusern an Kindbettfieber mit mangelnder Hygiene von Ärzten und führte erfolgreich Hygienemaßnahmen ein, die Sterblichkeit sank um 90 %. Er geriet dadurch in Konflikt mit führenden europäischen (und auch wiener) Gynäkologen, die er durch offene Briefe zu überzeugen suchte, zB an den Professor für Geburtshilfe Friedrich Scanzoni in Würzburg: „Sollten Sie aber, Herr Hofrat, ohne meine Lehre widerlegt zu haben, fortfahren, Ihre Schüler und Schülerinnen in der Lehre des epidemischen Kindbettfiebers zu erziehen, so erkläre ich Sie vor Gott und der Welt für einen Mörder". Er wurde deshalb zu seinen Lebzeiten bekämpft und verstarb unter ungeklärten Umständen in der „Landesirrenanstalt" Döbling. Hygiene wurde erst nach seinem Tod internationaler Standard.

Abb. 304-2: Ignaz Semmelweis

Krankheiten und Seuchen waren einst gefürchtete Schicksalsschläge für die Menschen, denen sie bis in das letzte Jahrhundert hilflos ausgeliefert waren. Zwar wurden medizinische Methoden auf Basis von **Heilkräutern** und Therapieformen wie **Aderlass** entwickelt, ihre Wirkung war aber beschränkt. Eine Erklärung der Ursache von Krankheiten gelang erstmals durch die Entwicklung des Mikroskops und die darauf folgende Entdeckung der **Bakterien**. Später wurden die **Viren** entdeckt, die durch das Elektronenmikroskop sichtbar gemacht werden konnten. Im 20. Jh. begann man durch die Entdeckungen der Biochemie den Stoffwechsel zu verstehen und konnte auch Krankheiten erklären, die durch vererbte Stoffwechselstörungen entstehen oder durch ungesunde Lebensweise wie Überernährung, Bewegungsarmut oder Rauchen. Mit wachsendem Verständnis von Ursachen und Mechanismen von Erkrankungen wurden auch eine Erklärung der Heilpflanzenwirkung, eine Isolierung der Wirkstoffe zur genaueren Dosierung und eine gezielte Suche nach Heilmitteln möglich.

Jeder Stoff, der eine erwünschte biochemische Reaktion bewirkt, wird als Pharmakon bezeichnet. Die **Pharmakologie** (Heilmittelkunde) ist immer mit der **Toxikologie** verknüpft. Der Einsatz von Medikamenten ist immer eine Nutzen–Risiko Abwägung.

Die Pharmakologie ist heute eine umfangreiche Wissenschaft. Im Rahmen dieses Buches ist daher nur die Vorstellung der wichtigsten Gruppen von Medikamenten und nur exemplarisch eine etwas genauere Betrachtung möglich. Auch gibt es Fälle, bei denen der genaue Mechanismus der Wirkung (noch) nicht erforscht ist.

Antiinfektiöse Therapeutika

Therapeutika gegen bakterielle Infektionen

Die Infektionskrankheiten haben vier Hauptverursacher – **Bakterien**, **Viren**, **Parasiten** und **Pilze**.

Am besten sind bakterielle Infektionen bekämpfbar. Schon nach der Entdeckung der Bakterien wurden durch Hygiene und Sterilisationsmaßnahmen große Erfolge erzielt. Diese sind mit den Namen **Ignaz Semmelweis** und **Louis Pasteur** verbunden. Allein dadurch kam es zu einem dramatischen Rückgang vor allem der Kindersterblichkeit und zugleich einem entsprechenden Anstieg der Bevölkerungszahl.

Der große Durchbruch in der Behandlung bakterieller Infektionskrankheiten gelang mit der Entdeckung der **Antibiotika**. Heute versteht man darunter Arzneimittel zur Bekämpfung bakterieller Infektionskrankheiten, egal ob natürlichen Ursprungs als Produkte von Pilzen oder synthetisch abgewandelte Naturprodukte oder vollsynthetisch hergestellte. Antibiotika greifen in den Stoffwechsel von Bakterien ein.

Als erstes Antibiotikum gilt das vom Deutschen Arzt **Paul Ehrlich** 1910 entdeckte **Salvarsan**, welches das erste relativ nebenwirkungsarme Medikament gegen die **Syphilis** war. 1935 wurde das von **Gerhard Dogmak** entdeckte **Sulfonamid** eingeführt. Sulfonamide verhindern in den Bakterien die Synthese von Folsäure, die für die Nucleotidsynthese und damit für die Zellteilung notwendig ist. Sulfonamide verhindern also die Vermehrung von Bakterien. Der Mensch synthetisiert keine Folsäure, sondern nimmt sie als Vitamin B9 mit der Nahrung auf. Daher ist seine Zellteilung nicht beeinträchtigt.

Das bekannteste Antibiotikum ist das vom schottischen Mediziner **Alexander Fleming** (1881 – 1955) 1928 entdeckte **Penicillin**, ein antibakterielles Stoffwechselprodukt des Schimmelpilzes Penicillium Notatum, mit dem der Pilz die Konkurrenz von Bakterien bekämpft. Mit dem Penicillin war die damals wirksamste Waffe gegen Bakterien entdeckt. Es wirkt **bakterizid**, da es die Synthese der Zellwand von Bakterien stört, wodurch die Bakterien nach der Zellteilung absterben. Für Bakterien, die sich nicht teilen, ist Penicillin unwirksam, daher ist die gleichzeitige Gabe von zB Sulfonamiden, die die Zellteilung verhindern, kontraproduktiv.

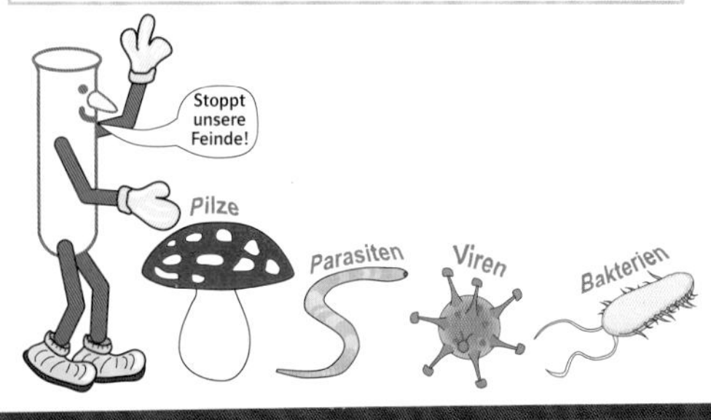

Heute kennt man eine Vielzahl von Antibiotika. Streptomycin, Chloramphenicol, Aureomycin und Tetracyclin sind einige Beispiele. Die meisten Antibiotika sind von Naturstoffen abgeleitet und werden biotechnologisch durch Bakterien produziert. Manche werden danach chemisch verändert, es gibt aber auch vollsynthetisch hergestellte Antibiotika. Antibiotika zählen zu den weltweit am häufigsten verschriebenen Medikamenten.

Probleme treten mit **Antibiotikaresistenzen** auf. Manche Bakterien – einzelne Individuen durch Mutationen – haben die Fähigkeit, das Antibiotikum abzubauen und dadurch unwirksam zu machen. Ist nun eine Infektion mit einem Antibiotikum behandelt, aber nicht ganz ausgeheilt, so überleben gerade diese Bakterien. Sie sind nun mit dem entsprechenden Antibiotikum nicht mehr behandelbar. Um das Züchten solcher **resistenter Stämme** zu verhindern, muss man das Antibiotikum auch nach Verschwinden der Krankheitssymptome noch einige Zeit weiter nehmen, um eine vollständige Ausheilung zu gewährleisten. Der vorbeugende Einsatz von Antibiotika in der Tierzucht und die vorbeugende Einnahme von Antibiotika durch Prostituierte, um Geschlechtskrankheiten zu verhindern, fördert die Selektion resistenter Stämme. Auch in Spitälern treten **multiresistente Stämme** auf (**Spitalskeime**), gegen die es nur mehr sehr wenige wirksame Antibiotika gibt. Solche Reserveantibiotika sollen nur in speziellen Fällen verabreicht werden. Es besteht daher die Befürchtung einer Renaissance bakterieller Infektionskrankheiten. Die WHO (Weltgesundheitsorganisation) hat gewarnt, dass ein verbreiteter Gonokokkenstamm (Erreger der Geschlechtskrankheit Tripper) gegen das letzte noch wirksame Antibiotikum resistent werden könnte.

Paul Ehrlich 1854 - 1915
Deutscher Mediziner und Forscher. Durch Anfärbungen konnte er verschiedene Blutzellen erkennen und ermöglichte damit die Diagnose zahlreicher Blutkrankheiten. Er entwickelte erstmalig eine medikamentöse Behandlung der Syphilis und wurde damit zum Begründer der Chemotherapie.

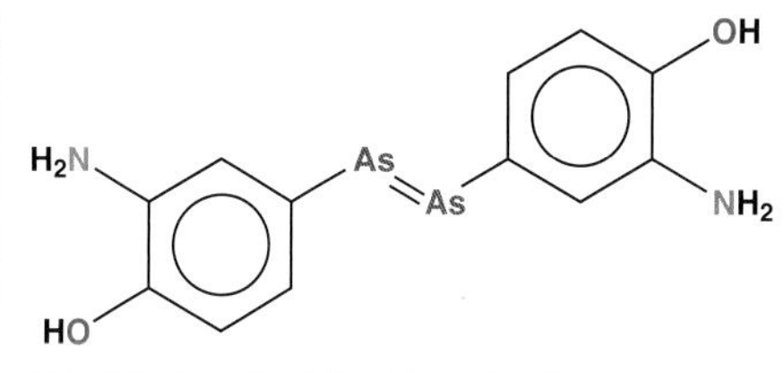

Abb. 305–1: Paul Ehrlich und Salvarsan

Therapeutika gegen virale Infektionen

Gegen Viren gibt es keine so wirksame Medikamentengruppe wie es die Antibiotika gegen Bakterien sind. Das liegt daran, dass Viren zwar Erbinformation (als RNA oder DNA) aber praktisch keinen eigenen Stoffwechsel haben, sondern den der Wirtszelle für ihre Vermehrung benutzen. Daher ist man auf das Immunsystem des Menschen angewiesen, das Viren unwirksam macht. Dieses kann durch **Impfungen** auf das entsprechende Virus sensibilisiert werden. Der Impfstoff besteht meist aus der Proteinhülle des Virus oder aus charakteristischen Teilen davon, kann also die Krankheit nicht auslösen. Das Immunsystem wird aber durch die Impfung trainiert, Antikörper zur Inaktivierung des Virus auf Vorrat zu produzieren.

Manche Viren verändern ihre Proteinhülle häufig. Gegen den veränderten Stamm müsste dann ein neues Serum verabreicht werden. Vor allem die häufigste virale Krankheit, der Schnupfen, ist daher durch Impfungen kaum beherrschbar. **Echte Grippe** (Influenza) ist zum Unterschied zu **grippalen Infekten** eine gefährliche virale Infektion. Zu Ende des 1. Weltkrieges kostete eine Grippewelle weltweit etwa 50 Millionen Opfer, weit mehr als im Krieg Gefallene. Der Stamm wurde damals als **Spanische Grippe** bezeichnet, da die ersten Berichte aus dem neutralen Spanien kamen. In den kriegsführenden Ländern herrschte strenge Zensur. Heute nimmt man an, dass die Krankheit in den USA ihren Ausgang nahm.

Das Influenzavirus verändert sich nicht zu rasch, daher kann man heute wirksame Seren dagegen anwenden. Diese müssen allerdings jährlich an neu auftretende Virusvarianten angepasst werden. Andere virale Krankheiten, wie die früher als Seuche auftretenden **Pocken**, sind durch die Impfungen praktisch ausgerottet. Dies wurde durch eine Impfpflicht erreicht. Sie ist heute wegen der Ausrottung der Pocken abgeschafft.

Eine genügend hohe Durchimpfungsrate der Bevölkerung bei den wichtigsten gefährlichen Erkrankungen ist allerdings Voraussetzung zum Vermeiden von Epidemien. Die **Kinderlähmung** (Polio), die noch in den Fünfzigerjahren des letzten Jahrhunderts viele Tote und schwer Geschädigte forderte, konnte durch Impfaktionen fast besiegt werden. Das Risiko von Impfungen zB durch allergische Reaktionen auf Inhaltsstoffe des Serums ist im Vergleich zur Gefährlichkeit solcher Krankheiten vernachlässigbar. Wer geimpft ist, schützt nicht nur sich selbst, sondern verhindert auch die Ansteckung anderer Personen.

Sir Alexander Fleming (1881 - 1955)
Schottischer Mediziner und Bakteriologe. Entdeckt ab 1928 das Antibiotikum Penicillin, wofür er 1944 geadelt wird und 1945 den Nobelpreis erhält.

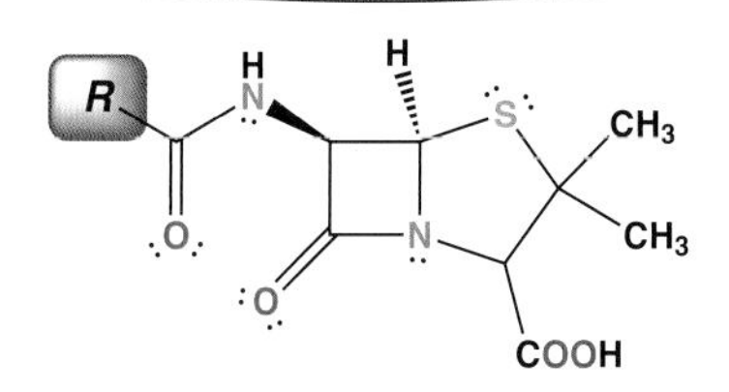

Abb. 305–2: Alexander Flemming und Penicillin

Merke!
Nicht der Mensch wird resistent gegen Antibiotika, sondern die Bakterien!

zu Serum

In dem nebenstehenden Zusammenhang sind Impfseren gemeint. Diese werden aus dem Blutserum anderer imunisierter Säugetiere oder Menschen gewonnen. Dabei werden die im Fremdserum enthaltenen Antikörper gereinigt und das Produkt für Passiv-Impfungen verwendet.

zu Impfung

Aktiv-Impfung:

Impfung mit einem abgeschwächten Erreger um das eigene Immunsystem zu aktivieren.

Passiv-Impfung:

Gabe von Antikörpern gegen eine bestimmte Infektionskrankheit

zu RNA-Viren

Sind Viren in denen ihr Erbmaterial in RNA vorliegt. Vertreter dieses Typus treten in den letzten Jahrzehnten vermehrt auf. Zu ihnen zählt man unter anderem die Influenza-Viren, das Ebola-Virus, sowie den Tollwut-Erreger.

zu Arteriosklerose

Eigentlich Atherosklerose, ist eine krankhafte Einlagerung von Cholesterolestern und anderen Lipiden in die Blutgefäßwand. Es bilden sich Fettablagerungen, die sich zu Plaques entwickeln, die ihrerseits zu einer Verstopfung des Gefäßes führen können.

Lipidsenker
Verringern die Bildung von LDL-Cholesterol

Blutverdünner
Greifen in die verschiedenen Stufen der Blutgerinnung ein (zB ThromboAss, Marcumar)

ACE-Hemmer
Verhindern die Verengung der Blutgefäße (Siehe Info AT1-Rezeptor S. 307)

Beta-Blocker
Blockieren die Wirkung von Adrenalin und Noradrenalin („Stresshormone"), wodurch Ruhe-Herzfrequenz und Blutdruck abgesenkt werden

Abb. 306-1: Medikamente bei Herz-Kreislauf-Erkrankungen

Auch **HIV** (humanes Immundefizienz-Virus) ist eine virale Infektion, die aber das Immunsystem selbst angreift. Gegen HIV wurde bis heute keine wirksame Impfung gefunden, auch die Prognosen sind schlecht, da HIV von Viren mit rascher Variantenbildung verursacht wird.

HIV kann bis heute zwar nicht geheilt werden, aber der Ausbruch der Krankheit **AIDS** kann durch antivirale Therapie verhindert oder zumindest extrem lang verzögert werden. Man macht sich dabei zu Nutze, dass HIV ein **RNA-Virus** ist. Es wird eine Kombination von meist drei verschiedenen Medikamenten eingesetzt. Zur Vermehrung muss die virale RNA durch das Enzym Reverse Transkriptase in der Zelle in DNA umgesetzt werden. Die antiviralen Wirkstoffe sind also Reverse-Transkriptase-Hemmer mit verschiedenen Wirkmechanismen. Zusätzlich wird noch ein Integrase-Hemmer eingesetzt. Die Integrase ist ein Enzym, das die zur DNA umgesetzte Virale Erbsubstanz in den Zellkern der Wirtszelle integriert. Dadurch wird die Virenvermehrung erfolgreich gebremst. Die Virenkonzentration im Blut lässt sich dabei auf einen fast nicht mehr nachweisbaren Wert verringern. Die Therapie muss exakt eingehalten werden, um Resistenzbildungen möglichst zu verhindern und erfolgt ein Leben lang.

Therapie der Herz-Kreislauf-Erkrankungen

Herzinfarkt und Gehirnschlag sind die häufigsten Todesursachen in den entwickelten Ländern. Sie sind vor allem durch Fehlernährung und **Arteriosklerose** ausgelöst. Eine Ernährungsumstellung (Verringerung von Übergewicht) ist dabei die mit Abstand wichtigste Therapie. Es gibt aber auch angeborene Stoffwechseldefekte, bei denen auch bei vernünftiger Ernährung hohe **Cholesterol-** und **Triglyceridwerte** im Blut auftreten. Zur Behandlung gibt es **Lipidsenker** (Statine). Eine Fehlernährung mit solchen Medikamenten korrigieren zu wollen ist aber auf Grund der Nebenwirkungen unsinnig. **Statine** gehören heute zu den meist verschriebenen Medikamenten, häufig auch bei nur geringen Überschreitungen von Lipidgrenzwerten im Blut. Viele Mediziner sehen diesen Trend kritisch.

Sowohl **Herzinfarkt** als auch **Gehirnschlag** werden durch Gefäßverschlüsse der Herzkranzgefäße bzw. der Gefäße im Gehirn verursacht. Durch die Mangeldurchblutung werden Herz bzw. Gehirn nicht mehr versorgt. Auch die Periphere-Arterielle-Verschlusskrankheit (PAVK), bei der die Durchblutung in den Extremitäten verringert wird, ist durch solche Gefäßverschlüsse ausgelöst. Die Mangeldurchblutung führt zu rascher Erschöpfung des Muskels (Schaufensterkrankheit, Info S. 307). Der Verschluss kann in schweren Fällen Amputationen notwendig machen. Als Therapie wird sowohl bei Herzinfarkt als auch bei PAVK nach Aufdehnung der betroffenen Gefäße ein **Stent** (röhrenförmiges Metallgewebe) eingebracht, der die Gefäße offen halten soll. Da der Fremdkörper die Blutgerinnung anregt, kann ein **Thrombus** zum raschen Wiederverschluss führen. Dies wird mit Thrombozytenaggregationshemmern verhindert. **Acetylsalicylsäure** (**Aspirin**) und Clopodigrel sind solche Medikamente, die die Blutgerinnung verringern. **Marcumar** ist ein Vitamin K Antagonist. Hier ist die Dosierung schwieriger, da sie vom Vitamin K-Gehalt der Nahrung abhängt. Im Volksmund werden diese Medikamente „**Blutverdünner**" genannt. Sie verdünnen nicht das Blut, sondern verringern die Blutgerinnung. Als Nebenwirkungen tritt erhöhte Blutungsneigung auf. Bedingt durch die Häufigkeit der **Herz-Kreislauferkrankungen** gehört auch diese Medikamentengruppe zu den am häufigsten verschriebenen.

Ein Auslöser für Herz-Kreislauf-Erkrankungen, aber auch für Nierenschäden bis zu Nierenversagen, ist **hoher Blutdruck**, der heute, auch als Folge von Fehlernährung, als **Zivilisationskrankheit** Nummer eins gilt. Blutdrucksenkende Medikamente spielen daher eine wichtige Rolle. **ACE-Hemmer** blockieren ein Enzym, das für die Synthese eines gefäßverengenden Hormons nötig ist, wirken also gefäßerweiternd. Das senkt den Blutdruck und wirkt auch positiv bei **Herzschwäche**. AT1-Rezeptor-Antagonisten wirken auf das gleiche Hormon, sie verhindern aber nicht seine Synthese, sondern blockieren sein Andocken an seiner Wirkungsstelle. Sie sind bei ähnlicher Wirkung eine Alternative zu ACE-Hemmern bei Auftreten bestimmter Nebenwirkungen. **Beta-Blocker** blockieren Rezeptoren für das „Stresshormon" **Adrenalin** in Niere und Herz und damit die blutdrucksteigernde Wirkung von Adrenalin. Zusätzlich verringern sie die Ruhefrequenz des Herzens. Sie wirken auch bei Herzschwäche und **Herzrhythmusstörungen**. Calciumantagonisten hemmen Calciumkanäle der Gefäßmuskulatur und dadurch die Gefäßmuskelkontraktion, was gefäßerweiternd und damit blutdrucksenkend wirkt.

Krebstherapie

Die verschiedenen Krebsformen sind die zweithäufigste Todesursache in den entwickelten Ländern. Auch sie können oft als Zivilisationskrankheiten aufgefasst werden. An erster Stelle für die Gründe der Erkrankung steht **Fehlernährung** (Darmkrebs), an zweiter Stelle **Rauchen** (Lungenkrebs, Kehlkopfkrebs). Ein weiterer Grund für das Ansteigen der Krankheitsfälle dieser Gruppe ist das steigende Durchschnittsalter der Bevölkerung. Krebserkrankungen werden mit zunehmendem Alter wahrscheinlicher. Die häufig als Ursache genannte Belastung mit Umweltchemikalien ist in der Reihe der Gründe erst sehr weit hinten zu finden, kann aber lokal eine große Rolle spielen (früher: Asbestose bei Arbeitern in Bergwerken und der Asbest-verarbeitenden Industrie).

Das Problem bei Krebserkrankungen ist in vielen Fällen nicht der **Primärtumor**, der sich meist operativ entfernen lässt, sondern die Streuung der Krebszellen unter Bildung von **Metastasen**. Je früher ein Krebs streut (Bauchspeicheldrüsenkrebs, Melanom), desto gefährlicher ist er, da er oft schon gestreut hat, wenn er entdeckt wird. Vorsorgeuntersuchungen zur möglichst frühzeitigen Entdeckung von Tumoren sind bis heute die beste Methode zur Krebsbekämpfung.

Medikamente zur Krebs-Chemotherapie sollen gezielt Tumorzellen zerstören, haben aber oft extrem starke Nebenwirkungen, da sie auch gesunde Zellen angreifen. Diese Nebenwirkungen limitieren den Einsatz der **Chemotherapeutika**. Große Hoffnungen setzt man heute auf die Immuntherapie, bei der eigene Immunzellen des Patienten vermehrt werden und als Therapeutikum eingesetzt werden. Hier gibt es Einzelerfolge (zB bei Brustkrebs), die sich aber nicht verallgemeinern lassen. Heute erkennt man, dass Krebs eine sehr vielfältige Krankheit ist, und für jeden Einzelfall eigentlich eine individuell angepasste Therapie nötig ist. Das Krebsmedikament gegen alle Krebsarten wird es sicher nie geben.

Schmerztherapie

Die wirksamsten Schmerztherapeutika (Analgetika) sind die Opiate, unter ihnen vor allem das **Morphin** (Siehe Abb. 232–1). Bei der Schmerzbehandlung im Endstadium von Krebserkrankungen wird es fast immer eingesetzt. Auf Grund der Suchtgefahr versucht man aber in leichteren Fällen mit opiatfreien Schmerzmitteln das Auslangen zu finden. Das bekannteste von ihnen ist die **Salicylsäure**, die auf Grund ihres unangenehmen Geschmackes und schlechter Verträglichkeit nur schwer einzunehmen ist. Ihr Essigsäureester, die **Acetylsalicylsäure** (**ASS**) wurde unter dem Markennamen Aspirin® zum meistverkauften Medikament weltweit. Es wirkt nicht nur als Schmerzmittel, wir haben es schon bei den Thrombozytenhemmern kennengelernt. Zusätzlich wirkt es entzündungshemmend und fiebersenkend. Es ist relativ nebenwirkungsarm, bei langdauernder Einnahme kann es aber zu Schädigung der Magenschleimhaut kommen.

Die Wirkung von ASS beruht auf der Hemmung von Enzymen zur Synthese der entzündungsfördernden Serie 2 Prostaglandine aus Arachidonsäure (siehe Seite 241), die auch schmerzverstärkend und blutgerinnungsfördernd wirken. Zusätzlich fördert ASS den Abbau von Arachidonsäure zu Epoxyeicosantriensäuren (Arachidonsäure, bei der eine der Doppelbindung zu einem Epoxidring oxidiert ist), welche als körpereigene Fieberbegrenzer wirken.

Grundsätzlich sollten Schmerzmittel (außer niedrig dosierte ASS zur „Blutverdünnung") nicht über längere Zeit ohne ärztliche Begleitung genommen werden, da Gewöhnung und Nebenwirkungen wie Nierenschäden zu erwarten sind.

Die erwähnten Medikamentengruppen sind nur eine Auswahl der Vielzahl heute verfügbarer Heilmittel. Der genaue Wirkungsmechanismus vieler Pharmaka ist auch heute nicht vollständig aufgeklärt. Das Wissen über Erkrankungen und die biochemische Wirkung der Pharmaka ist neben der Mikroelektronik das am schnellsten wachsende Forschungsgebiet der letzten Jahrzehnte, entsprechend ist die damit befasste Industrie gewachsen.

zur „Schaufensterkrankheit"

Betroffene müssen nach kurzer Wegstrecke rasten und betrachten dabei – als «Tarnung» – oft Schaufenster von Geschäften, die sie meist nicht wirklich interessieren.

zum AT1-Rezeptor

Das ursprünglich aus der Leber stammende Hormon Angiotensin löst, wenn es auf einen AT1-Rezeptor in der Blutgefäßwand trifft, eine Verengung des Gefäßes aus.

ACE-Hemmer blockieren die Entstehung des Hormons aus seinen Vorstufen, andere Medikamente blockieren die Andockstelle in der Gefäßwand, dh. den AT1-Rezeptor.

zu Acetylsalicylsäure

Salicylsäure wurde aus Salicin, das in der Weidenrinde (lat. Salix) enthalten ist gewonnen. Daher hat sie ihren Namen.

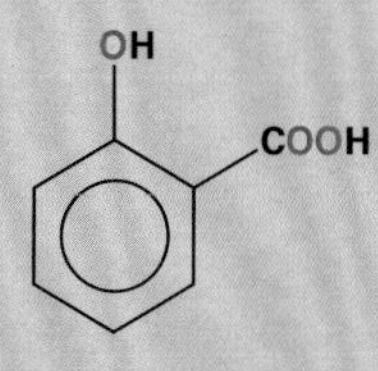

Früher wurde Weidenrindentee getrunken um Fieber oder Schmerzen zu bekämpfen. Der dabei wirksame Stoff war das Salicin. Im Organismus wird das Salicin zu Salicylsäure umgewandelt und diese entfaltet ihre Wirksamkeit. Die Verträglichkeit ist aber nicht besonders gut.

Im Jahre 1897 wurde von Felix Hoffmann in den Bayer-Werken erstmals reine **Acetylsalicylsäure** durch die Reaktion von Salicylsäure mit Ethansäureanhydrid hergestellt. Die Veresterung der Salicylsäure führte zu einer besseren Verträglichkeit. Die Wirksamkeit wurde aber dabei erhalten.

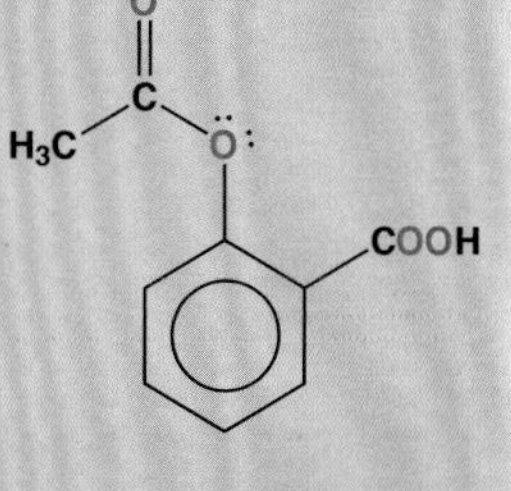

Seit Anfang des 20. Jhdts wird die Acetylsalicylsäure (ASS) unter dem Namen Aspirin® vertrieben.

10.9 Eingriffe in den Stoffwechsel – Gifte

Toxizität – LD_{50}-Wert – MAK-Wert – TRK-Wert

Abb. 308–1: Theophrastus Bombastus von Hohenheim, genannt Paracelsus. In Süddeutschland und Salzburg lebender Arzt. Lehrer an der Universität von Basel.

zu Toxikologie

Das griechische Wort τοξικον Toxikon stammt von τόξον Toxon, deutsch, der Bogen' des Bogenschützen, mit dem ein (Gift-)Pfeil abgeschossen wird. Die Toxikologie ist damit die Lehre von den schädlichen Wirkungen von Stoffen (Substanzen) auf lebende Organismen.

Toxizität

LD_{50} Ratte oral < 300 mg/kg

LD_{50} inhalativ Gase < 2500 ppm

Toxizität

LD_{50} Ratte oral < 2000 mg/kg

LD_{50} inhalativ Gase < 20000 ppm

Abb. 308–2: Abstufung der Gefahrensymbole

Alle Giftstoffe greifen in unseren Stoffwechsel störend ein. In vielen Fällen ist der Wirkungsmechanismus kompliziert und manchmal nicht restlos geklärt. Die **Toxikologie**, die Lehre von den Giften und ihren Wirkungen, ist ein komplexes Wissenschaftsgebiet.

Dosis, Grenzwerte

Schon **Paracelsus** (1494 – 1541), der schweizer Arzt und Naturforscher, hat erkannt, dass die Wirkung von Giftstoffen von der **Dosis** abhängt. Man definiert sie als Masse Giftstoff pro Körpermasse. Auch sehr giftige Stoffe haben unterhalb einer bestimmten Dosis keine negative Wirkung. Das andere Extrem ist die **tödliche Dosis**. Sie ist allerdings individuell verschieden, da es empfindlichere und robustere Organismen gibt. Zum Vergleich von Giftstoffen wurde der **LD_{50}-Wert** (letale Dosis für 50 % der Versuchstiere) definiert. Eine Übertragung der Werte auf den Menschen ist natürlich problematisch, aber der LD_{50}-Wert bietet trotzdem einen guten Vergleich verschiedener Giftstoffe.

Für die Einwirkung von Giftstoffen aus der Umgebung auf Lebewesen gibt man entsprechend dem LD_{50}-Wert einen **LC_{50}-Wert** (letale Konzentration) an.

Anhand von Tabelle Abb. 309–1 erkennt man, dass die giftigsten Stoffe nicht im Chemielabor und auch nicht in der Kampfstoffforschung vorkommen, sondern von der Natur selbst produziert werden. Der giftigste bekannte Stoff wird von Clostridium botulinum produziert, einem Mikroorganismus, der beim Verderben von eiweißhaltigen Nahrungsmitteln beteiligt sein kann. Er lähmt die Muskeln und schließlich die Atemmuskulatur. Trotz seiner Giftigkeit wird er in extremer Verdünnung als kosmetische Maßnahme gegen Gesichtsfalten eingesetzt. Der zweitgiftigste Stoff stammt vom Erreger des Wundstarrkrampfs Clostridium tenani. Die Toxine sind etwa 2300-mal giftiger als das Nervengas VX und 6 Millionen-mal giftiger als Cyankali (Kaliumcyanid).

Der LD_{50}-Wert kann zur Beurteilung der **akuten Toxizität** dienen. Akute Vergiftungen verlaufen mit bestimmten Symptomen, die klar auf die Giftwirkung zurückzuführen sind. Sie können häufig gut behandelt werden, wenn der Giftstoff und die aufgenommene Dosis bekannt sind. Bei Schäden, die durch chronische Aufnahme eines Giftstoffes oft über Jahre hinweg auftreten, ist der Zusammenhang zwischen Symptomen und aufgenommenem Stoff nur schwer nachzuweisen, es fehlen oft einheitliche Krankheitsbilder. Solche chronischen Vergiftungen werden oft erst im Nachhinein erkannt, etwa, weil sie bei bestimmten Berufen statistisch gehäuft auftreten oder in begrenzten, schadstoffbelasteten Gebieten.

Um Arbeitnehmer, die am Arbeitsplatz mit giftigen Stoffen in Kontakt kommen können, zu schützen, wurde der **MAK-Wert** (maximale Arbeitsplatzkonzentration) definiert. Er gibt an, welche Schadstoffkonzentrationen als gesundheitlich unbedenklich gelten, wenn der Arbeitnehmer ihnen langfristig bei Einhalten einer 40 Stunden Arbeitswoche ausgesetzt ist. Eine kurzfristige geringe Überschreitung der MAK-Werte ist ebenfalls unbedenklich. Natürlich gibt der MAK-Wert nur den momentanen Stand der toxikologischen Erkenntnis wieder. Die vom Sozialministerium veröffentlichte Liste wird daher jährlich überarbeitet.

Bei **mutagenen** und **cancerogenen** Substanzen kann kein MAK-Wert festgelegt werden, da es bei ihnen keine unbedenkliche Konzentration gibt. Um auch für solche Stoffe möglichst niedrige Schadstoffkonzentrationen vorzuschreiben, wurde der **TRK-Wert** (technische Richtkonzentration) festgelegt. Er gibt die niedrigste Konzentration an, die gegenwärtig beim momentanen Stand der Technik erreichbar ist. Verbessert sich die Technik zur Schadstoffvermeidung, so gilt dieser Wert automatisch als neuer TRK-Wert. Dadurch soll ein maximaler Schutz erreicht werden.

Für Stoffe, die Lebensmitteln zugesetzt werden, wie zB Konservierungsmittel, wird der **ADI-Wert** (acceptable daily intake) festgelegt. Er gibt an, welche Dosis täglich ohne Gesundheitsbeeinträchtigung aufgenommen werden kann.

Im Rahmen dieses Buches sollen nun einige giftige Stoffe vorgestellt werden, deren Auswirkung auf unseren Stoffwechsel zumindest großteils geklärt ist.

Kohlenstoffmonoxid CO

Der „wichtigste" Giftstoff, also der, der die meisten Todesopfer fordert, ist **Kohlenmonoxid**. Über die Hälfte aller tödlichen Vergiftungsfälle weltweit – sowohl als Unfälle als auch als Selbstmorde – sind durch CO verursacht. Es entsteht bei der Verbrennung kohlenstoffhaltiger Substanzen unter Luftmangel, also bei praktisch allen Bränden. Brandopfer sterben fast nie durch die Hitzeeinwirkung, sondern durch Rauchgasvergiftung, also hauptsächlich durch CO-Einwirkung. Feuerwehrleute betreten brennende Gebäude nur mit Atemschutzausrüstung. Filme, in denen der Held ohne Schutzausrüstung Kinder aus brennenden Zimmern rettet, sind weit von der Realität entfernt.

CO bei Suiziden

Noch vor einigen Jahrzehnten bestand das „Stadtgas" zu etwa ¼ aus CO. Das Gas für die Haushalte war extrem giftig. Das Einatmen führte rasch zum Tod und wurde häufig für Suizide benutzt. Auch die Abgase von Benzinmotoren enthielten eine tödliche Konzentration von CO. Daher leiteten Selbstmörder die Abgase mit einem Schlauch ins Wageninnere und verstarben. Heute ist das ungiftige Erdgas in Verwendung. Auch die Abgase von Ottomotoren sind durch den Abgaskatalysator nicht mehr so gefährlich (Dieselmotoren hatten schon immer CO-arme Abgase), sodass die Suizide mit CO stark rückläufig sind.

Unfälle mit CO

Schlecht gewartete Gasthermen sind heute die häufigste Ursache für CO-Vergiftungsfälle. Wenn noch ein schlecht ziehender Kamin dazukommt, kann ein Teil des Abgases der Therme in den Wohnraum strömen und dort gefährliche CO-Konzentrationen erzeugen. Da es geruchlos ist, fehlt ein Warnsystem für den Menschen. Die Vergiftung erfolgt meist im Schlaf. Auch Unfälle mit Holzkohlegrillern, die in geschlossenen Räumen verwendet werden, kommen immer wieder vor.

Die Wirkung von Kohlenstoffmonoxid im Stoffwechsel ist die Blockierung des Sauerstofftransports im Blut. CO bindet sich etwa 300-mal so stark wie Sauerstoff an die Sauerstofftransportstelle des Häm im Hämoglobin. Der MAK-Wert für CO beträgt 30 ppm. Ein CO-Gehalt von 1000 ppm (0,1 % der Luft) führt bei längerer Einwirkung zum Koma, ein Gehalt von 1 % ist innerhalb weniger Minuten tödlich. Ein Symptom der CO-Vergiftung sind kirschrote Schleimhäute, da der Komplex von CO mit Hämoglobin eine rote Farbe hat.

Bei CO-Vergiftung genügt eine Rettung des Patienten durch Transport an frische Luft nicht. Das CO bleibt an Häm gebunden und wird nur sehr langsam aus dem Körper entfernt (Halbwertszeit durch abatmen 3 – 8 Stunden). Es wird daher mit reinem O_2 beatmet, wenn möglich sogar in einer Druckkammer.

HCN Blausäure und Cyanide

Blausäure ist eine Flüssigkeit mit 26 °C Siedepunkt. Der Dampfdruck ist so groß, dass sie bei Zimmertemperatur in kurzer Zeit verdampft. Dabei werden rasch gefährliche Konzentrationen erreicht. Bereits 300 ppm (0,03 %) wirken innerhalb weniger Minuten tödlich. Ohne Atemschutz darf man mit flüssiger Blausäure nicht hantieren. Ihre Salze, die Cyanide sind ebenfalls extrem giftig. Das aus Kriminalromanen bekannte Kaliumcyanid (alter Name: Cyankali), aber auch alle anderen löslichen Cyanide werden beim Verschlucken mit der Magensäure zu Blausäure umgesetzt, diese wird rasch resorbiert. Auch eine Aufnahme durch die Haut ist möglich. Offen gelagerte Cyanide setzen bei Feuchtigkeitszutritt Blausäure frei, da das CO_2 der Luft mit Wasser dafür sauer genug ist. Der MAK-Wert für HCN beträgt 1,9 ppm.

Wirkung im Stoffwechsel

Der Geruch von Blausäure wird bittermandelähnlich beschrieben, allerdings fehlt etwa 30 % der Menschen dieses Geruchsempfinden. Dies, und die rasche Wirkung machen Blausäure so gefährlich. Im Stoffwechsel komplexieren die Cyanidionen die Eisenionen im Häm und machen sie dadurch unreaktiv.

Substanz	*LD_{50}-Wert*
Wasser	>90
Saccharose (Zucker)	29,7
Natriumglutamat	16,6
Vitamin C	11,9
Harnstoff	8,471
Ethanol	7,06
Natriumchlorid	3
Paracetamol	1,944
Tetrahydrocannabinol	1,27
Acetylsalicylsäure	0,2
Koffein	0,192
Senfgas (Kampfgas)	0,1
Capsaicin (im Pfeffer)	0,0472
Sarin percutan	0,028
subkutan	0,00017
LSD	0,0165
Arsentrioxid (Arsenik)	0,014
Nicotin	0,013
Natriumcyanid	0,0064
Aflatoxin B1 (Lebensmittel)	0,00048
Gift einer brasil. Spinne	0,000134
Gift des Inlandtaipans (austral. Schlange)	0,000025
Tetrachlordibenzodioxin (TCDD, „Dioxin")	0,00002
VX (Nervengas)	0,0000023
Batrachotoxin (aus Pfeilgiftfröschen)	0,000002
Polonium-210	0,00000001
Botulinumtoxin (Botox)	0,000000001

Abb. 309-1: LD_{50} ausgewählter Substanzen

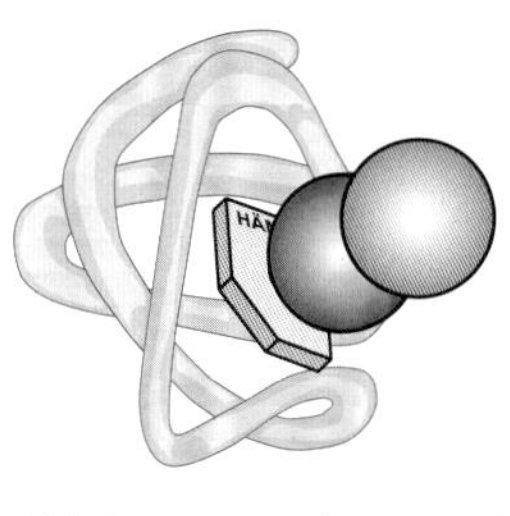

Ein CO-Molekül blockiert die Andockstelle für ein O_2-Molekül an der HÄM-Gruppe.

Abb. 309-2: Wirkung von CO im Blut

Normaler O_2-Transport von der Lunge in die Zellen

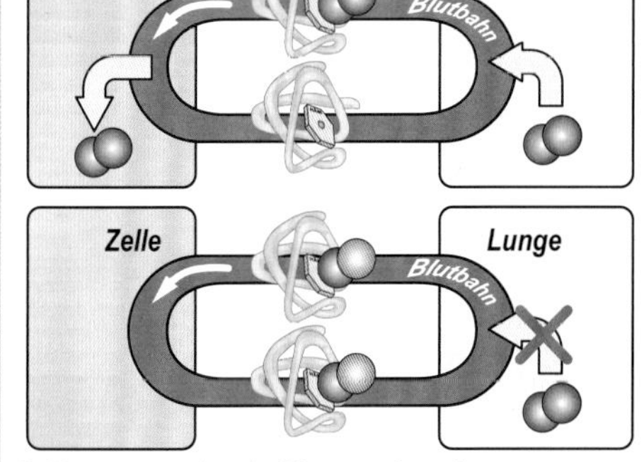

O_2-Transport durch CO unterbrochen

Abb. 309-3: Wirkung von CO im Organismus

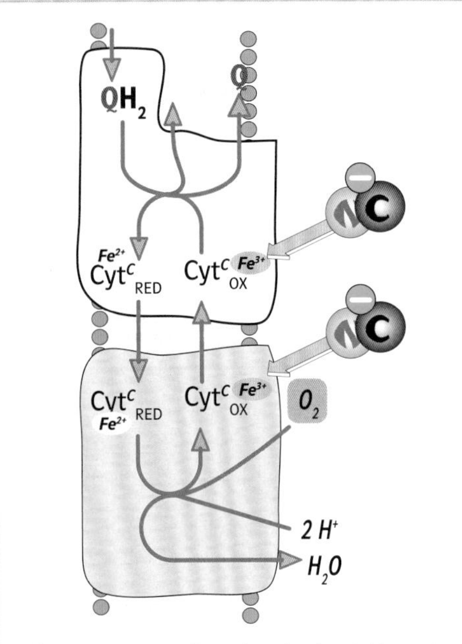

Abb. 310-1: Angriffspunkte der Cyanid-Ionen in der Atmungskette (Abb. 294-1)

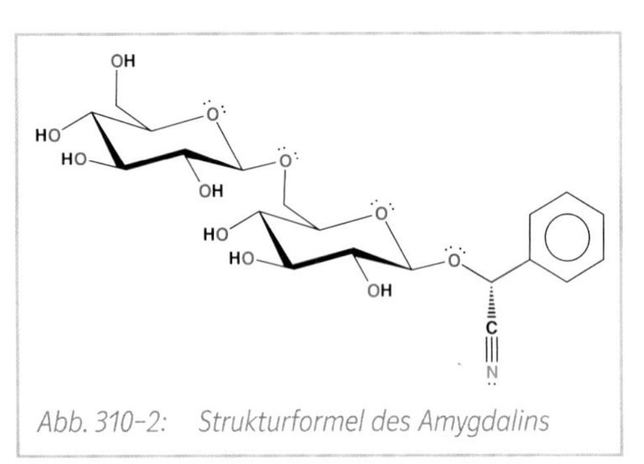

Abb. 310-2: Strukturformel des Amygdalins

Kohlenstoffmonoxid-Molekül ***Cyanid-Ion***

sind isoelektronisch.

Die Außenhülle der beiden Teilchen ist ident, man kann daher gleiches chemisches Verhalten erwarten.

Abb. 310-3: Elektronenstruktur der „Toxic Twins“

Der Komplex mit Eisen(II) ist vergleichsweise schwächer als der mit Eisen (III). Daher wird das Häm im Hämoglobin (mit Eisen II als Zentralatom) nicht so stark besetzt, dient aber als Transporter zu den Zellen. Das Häm im Cytochrom-C – mit Eisen(III) als Zentralteilchen – der Atmungskette wird praktisch vollständig blockiert. Die Sauerstoffverwertung ist dadurch unmöglich, man stirbt an innerer Erstickung (ATP-Mangel und Milchsäureübersäuerung, da nur mehr die anaerobe Glycolyse möglich ist). Der Tod tritt nach wenigen Minuten ein. Der gefühlte Sauerstoffmangel beschleunigt die Atmung, was zu weiterer Aufnahme von Blausäure führt. Die Haut der vergifteten Person verfärbt sich hellrot, da auch das venöse Blut Sauerstoff-gesättigt ist (dieser wird ja in den Zellen in diesem Fall nicht verbraucht).

Im Organismus wird Blausäure durch das Enzym Rhodanase zu ungiftigem **Rodanid** oxidiert, was die Toleranz auf sehr geringe Cyanidmengen erklärt. Bei akuten Vergiftungen muss zuerst das Cyanid vom Cytochrom-C ferngehalten werden. Das erreicht man durch Injizieren von DMAP (4-Dimethyl-aminophenol), welches in den Erythrozyten das Hämoglobin in Met-Hämoglobin mit Fe(III) umwandelt, welches das Cyanid bindet. Natürlich darf nur so dosiert werden, dass noch genug Hämoglobin für den Sauerstofftransport übrig bleibt. Zusätzlich wird Thiosulfat injiziert, welches den Schwefel für die Umwandlung von Cyanid in Rhodanid liefert. Die Maßnahmen müssen allerdings unmittelbar nach der Vergiftung erfolgen, nach wenigen Minuten kann es bereits zu spät sein.

Blausäure als Kampfgas und Tötungsmittel

Als Kampfgas wurde HCN im 1. Weltkrieg von französischer Seite eingesetzt, die etwas geringere Dichte als Luft bewirkte aber eine rasche Verteilung und Verdünnung und es gibt gut wirksame Schutzmasken, sodass dies wieder aufgegeben wurde. Unter der NS-Herrschaft im 2. Weltkrieg wurde Blausäure in Konzentrationslagern wie Auschwitz als Mittel zur Massentötung von vor allem jüdischen Bürgern eingesetzt. Nach Ende des Krieges entzog sich Hermann Göring der Hinrichtung nach den Nürnberger Prozessen durch Zerbeißen einer mit Blausäure gefüllten Kapsel. In den USA wurden Todesurteile bis 1999 mit Blausäure vollstreckt.

Cyanid in der Technik

Cyanide werden bei der Gewinnung von Gold und Silber eingesetzt (**Cyanidlaugerei**, mit Luft entsteht ein wasserlöslicher Gold-Cyanidkomplex). Das führte zu Unfällen mit schweren Umweltschäden. Dammbruch in Baia Mare (Rumänien) im Jahr 2000 bei der Goldaufbereitung, in Kütahya (Türkei) 2011 bei der Silbergewinnung.

Cyanide kommen in der Natur organisch gebunden als **Amygdalin** in beachtlichen Konzentrationen in Bittermandeln und Marillenkernen vor (die letale Dosis beträgt ca. 70 Bittermandeln für einen Erwachsenen, 10 für ein Kind). Dabei ist HCN an die CO-Doppelbindung von Benzaldehyd addiert. Die entstehende OH-Gruppe ist glycosidisch einem Diascharid aus 2 Glucosen verknüpft. Die Alternativmedizin verwendet Bittermandeln (in geringerer Konzentration) zur Krebsbekämpfung unter der Bezeichnung „Vitamin“ B 17. Die Vorstellung ist, dass die Krebszelle auf Grund ihres hohen Zuckerbedarfs das Amygdalin rascher aufspaltet als normale Zellen, wodurch sie empfindlicher auf die freigesetzte Blausäure reagiert. Die Methode ist allerdings umstritten und in der klassischen Medizin nicht anerkannt, da Blindstudien keine Wirksamkeit feststellen konnten.

Blausäure im Brandrauch – die toxic twins

Eine wichtige Rolle spielt Blausäure bei Vergiftungen durch Brandrauch. Sie entsteht beim Verbrennen von stickstoffhaltigen organischen Substanzen (Kunststoffen wie PAN und PU-Schaum, aber auch von Wolle und Bettfedern). Sie ist zwar viel geringer konzentriert als CO, aber etwa 30-mal so giftig. Der Atemschutz der Feuerwehr muss daher auch gegen Blausäure wirken. Im engli-schen Sprachraum werden CO und HCN auch als die **toxic twins** bezeichnet. Man nimmt an, dass die Giftwirkung der Mischung stärker ist, als die der Einzelsubstanzen. Vor allem die Gegenmaßnahme gegen HCN mit DMAP ist nicht möglich, wenn schon zu viel Hämoglobin durch CO blockiert ist.

Schwefelwasserstoff H_2S

Schwefelwasserstoff ist ein „nach faulen Eiern" riechendes hochgiftiges Gas. Der unangenehme Geruch dient als Warnsystem, die Geruchsschwelle für den Menschen liegt unter 0,2 ppm. Da H_2S bei der anaeroben Zersetzung von Eiweiß entsteht (aus den schwefelhaltigen Aminosäuren Cystein und Methionin), riechen verdorbene Eier nach Schwefelwasserstoff. Die Gefahr, mit diesem Stoff konfrontiert zu werden ist also groß, daher das Warnsystem. Auch beim Abbau der Aminosäuren im Organismus entstehen (allerdings ungefährliche) Spuren von H_2S und bilden so eine Komponente des Geruchs der Darmgase (Flatus).

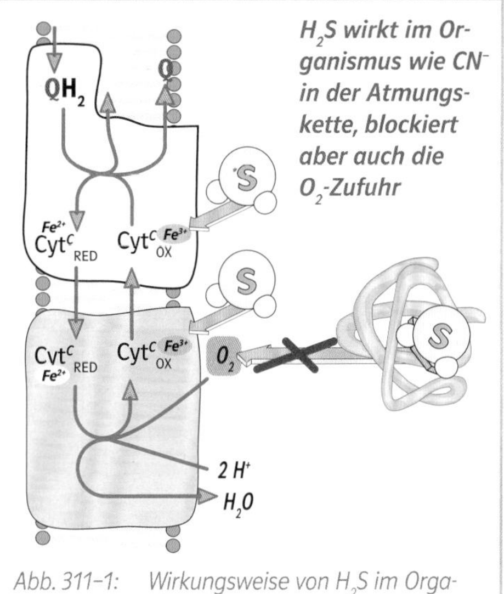

Abb. 311–1: Wirkungsweise von H_2S im Organismus

H_2S in Technik und Natur

In der Technik ist H_2S Zwischenprodukt bei der Entschwefelung von Erdgas und Erdöl. Für die entsprechenden Anlagen gelten strenge Sicherheitsmaßnahmen, der MAK-Wert beträgt 5 ppm. In der Landwirtschaft entstehen gößere Mengen H_2S in Güllegruben und Biogasanlagen. Hier kommt es immer wieder zu Unfällen. H_2S ist auch Bestandteil und wichtige Giftkomponente von Vulkangasen. Durch teilweise Oxidation mit Luftsauerstoff kann daraus elementarer Schwefel entstehen, was die Schwefellagerstätten bei Vulkanen erklärt.

Toxizität

Obwohl der unangenehme Geruch rechtzeitig warnt, treten H_2S-Vergiftungen immer wieder auf. Die Geruchsrezeptoren werden ab 250 ppm betäubt und ab 500 ppm tritt nach einiger Zeit Bewusstlosigkeit auf, 1000 ppm (0,1 %) führen innerhalb weniger Minuten zum Tod. Die Giftwirkung ist etwa zehnmal so stark wie bei Kohlenstoffmonoxid. Der MAK-Wert für H_2S beträgt 5 ppm.

Aus Löchern treten bei $T < 200$ °C Wasserdampf und Schwefelwasserstoff neben anderen Gasen aus dem Boden. Das H_2S wird an der Luft zu Schwefel oxidiert.

Abb. 311–2: Solfatara in den phlägräischen Feldern westlich von Neapel

Schwefelwasserstoff im Stoffwechsel

H_2S wirkt vor allem auf Hämoglobin und Cytochrom-C. Er reagiert dabei mit den schwefelhaltigen Aminosäuren der Enzyme und verändert deren biologische Aktivität, was zum Funktionsverlust führt. Dadurch wird auch hier die Sauerstoffverwertung blockiert. Die Mitochondrien besitzen eine Enzymausstattung zur Oxidation des Schwefelwasserstoffs zu Sulfat (über das Zwischenprodukt Thiosulfat). Dadurch können sie sich gegen geringe H_2S-Mengen, wie sie auch im Stoffwechsel schwefelhaltiger Aminosäuren entstehen, schützen.

Die Behandlung akuter H_2S-Vergiftungen erfolgt ähnlich wie bei Blausäure mit DMAP. Allerdings darf kein Thiosulfat verwendet werden, dieses würde den H_2S-Abbau verzögern.

Kleine Mengen Schwefelwasserstoff spielen im Stoffwechsel eine wichtige Rolle als Botenstoff. Er wird im Organismus dafür aus Cystein gebildet. Er wirkt blutgefäßerweiternd und blutdrucksenkend. Die positive Gesundheitswirkung von Knoblauch bezüglich Blutdruck und Vorbeugung von Herz-Kreislaufrisiken ist wahrscheinlich auf die schwefelhaltige Komponente des Knoblaucharomas über die Umsetzung zu H_2S zu erklären.

zum „Schwefelgeruch"

Schwefel ist ein geruchloses gelbes Pulver und daher ist der Spruch **„da stinkts nach Schwefel"** falsch. Der unangenehme Geruch stammt vom Schwefelwasserstoff, der ein farbloses Gas ist!

„Schwefelbäder"

Schwefelwasserstoffhaltige Thermalquellen werden auch als Heilbäder genutzt. Hier verspricht man sich vor allem eine positive Wirkung auf die Haut, wobei genauere Mechanismen noch unklar sind. In Österreich nutzen einige Thermalkurorte wie das niederösterreichische Baden, Oberlaa in Wien, Villach in Kärnten und Bad Häring in Tirol das H_2S-haltige Wasser. Der Schwefelwasserstoffgehalt liegt bei den Anwendungen weit über der Geruchsschwelle, aber unter der toxische Schwelle. Auch hier zeigt sich wieder, sogar für hochtoxische Substanzen gilt: Die Dosis macht das Gift.

Kapitel 10 – kompakt

Der Abbau der Nährstoffe im Organismus

Nicht alle Aminosäuren aus der Spaltung der Proteine der Nahrung werden weiter abgebaut. Besonders essenzielle Aminosäuren werden zum Aufbau körpereigener Proteine benötigt.

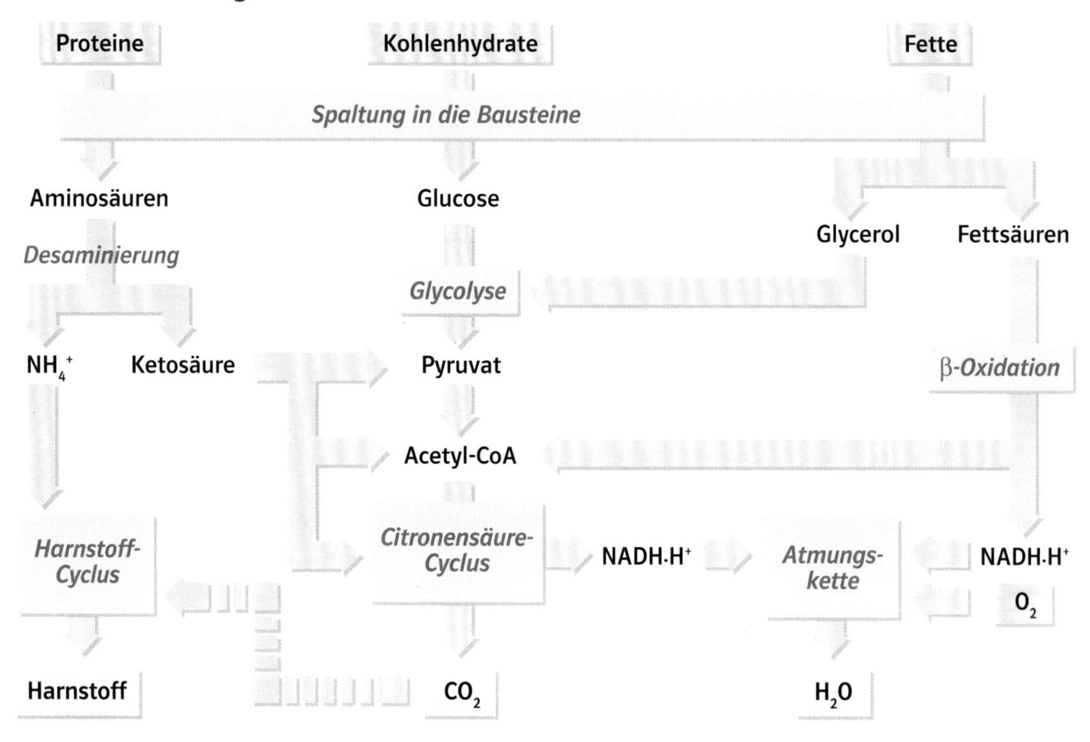

Der Aufbau von Stoffen im Organismus

Zur Bildung von körpereigenen Proteinen müssen essenzielle Aminosäuren dem „Aminosäure-Pool" aus dem Proteinabbau der Nährstoffe entnommen werden. Aber auch nicht essenzielle Aminosäuren können aus diesem Pool stammen. Andere benötigte Aminosäuren kann der Körper selbst herstellen.

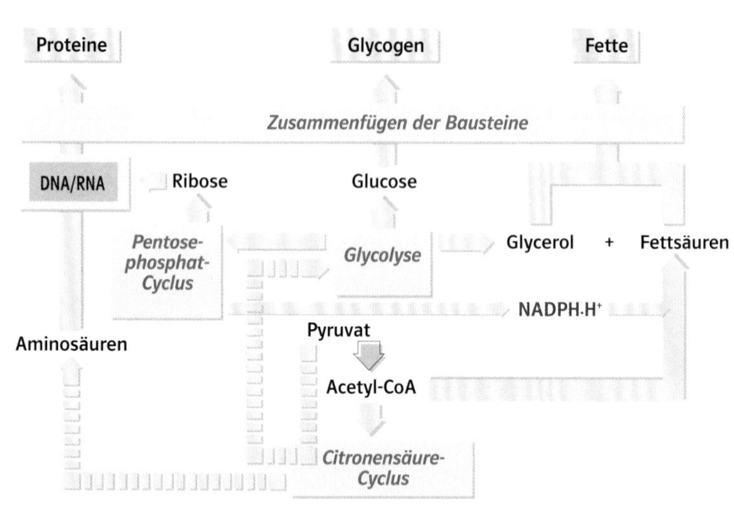

Stoffwechsel-Drehscheibe Pyruvat

Neben der Glycolyse sind auch Lactat und die Aminosäure Alanin Quellen für Pyruvat.

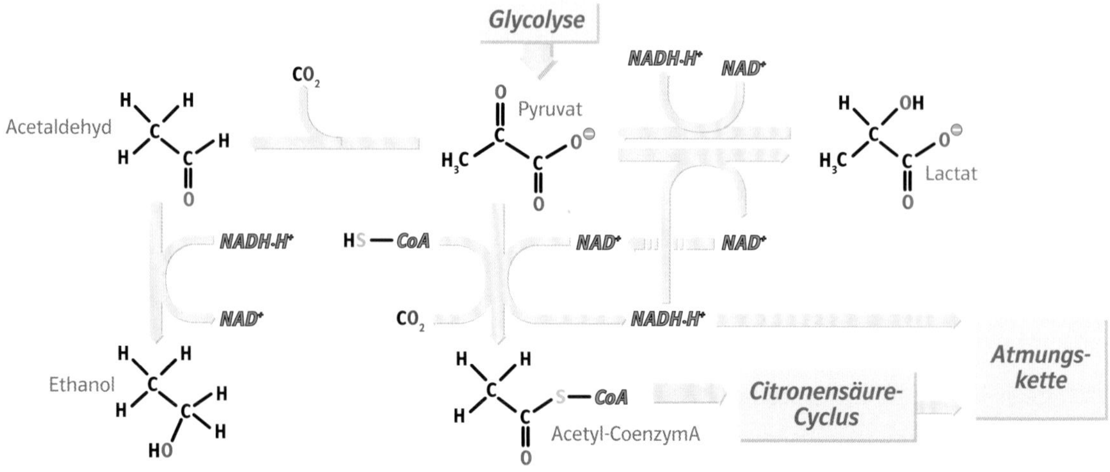

Glycolyse

Acetaldehyd — CO$_2$ — Pyruvat — NADH.H$^+$ / NAD$^+$ — Lactat

NADH.H$^+$ / NAD$^+$ — HS—CoA — NAD$^+$ — NAD$^+$

Ethanol — CO$_2$ — NADH.H$^+$ — Acetyl-CoenzymA — Citronensäure-Cyclus — Atmungs-kette

Sicher und kompetent zur Matura

Was ich aus dem Kapitel für eine erfolgreiche Matura benötige!

1. Wichtige Begriffe, die ich aus diesem Kapitel kenne, definieren kann und im Sinne einer Fachsprache richtig einsetze:

- *aerob / anerob*
- *Acetyl Coenzym A*
- *ADI-Wert*
- *Antibiotika*
- *Antibiotikaresistenzen*
- *Atmungskette*
- *ATP*
- *β-Oxidation*
- *biologisch aktivierter Wasserstoff*
- *Blutzucker*
- *cancerogen*
- *Citrat-/Krebscyclus*
- *Decarboxilierung*
- *Desaminierung*
- *Enzym*
- *FAD / $FADH_2$*
- *Glucagon*
- *Gluconeogenesse*
- *Glycogen*
- *Glycolyse*
- *Insulin*
- *LC_{50}-Wert*
- *LD_{50}-Wert*
- *Lipase*
- *MAK-Wert*
- *mutagen*
- *NAD^+ / $NADH \cdot H^+$*
- *Peptidasen*
- *Phosphorylierung*
- *Toxikologie*
- *Transaminierung*
- *TRK-Wert*

2. Fähigkeiten und Fertigkeiten, die ich aus diesem Kapitel anwenden kann:

Ich kann:

- *Ich kann die Grundzüge des Stoffwechsels allgemein erklären.*
- *Ich kenne die wichtigsten am menschlichen Stoffwechsel beteiligen Enzyme und ihre Struktur.*
- *Ich kenne die wichtigsten Reaktionen des menschlichen Stoffwechsels (Aktivierung, Phosphorylierung, (oxidative) Decarboxylierung, Isomerisierung, Transaminierung, Desaminierung, …)*
- *Ich kann die Reaktionsabfolge der β-Oxidation wiedergeben und an einer beliebigen Fettsäure durchführen sowie die Unterschiede bei verzweigtkettigen Fettsäuren erläutern.*
- *Ich kann die Energiebilanz der β-Oxidation für eine beliebige Fettsäure angeben.*
- *Ich kann die Reaktionsabfolge der Glycolyse wiedergeben und kenne deren Energiebilanz.*
- *Ich kann die unterschiedlichen Abbauwege von Pyruvat angeben.*
- *Ich kann die Reaktionsabfolge des Citratcyclus wiedergeben und kennen seine Energiebilanz.*
- *Ich kann die Grundzüge der Atmungskette erklären.*
- *Ich kann die Gesamtenergiebilanz für eine Fettsäure und Glucose nach der Atmungskette angeben.*
- *Ich kann den Eiweißstoffwechsel in Grundzügen erläutern.*
- *Ich kenne wichtige ausgewählte Heilmittel und kann deren Vor- und Nachteile nennen.*
- *Ich kann wichtige Grenzwerte für Schadstoffe definieren.*
- *Ich kenne ausgewählte Gifte und deren Wirkungsweise.*

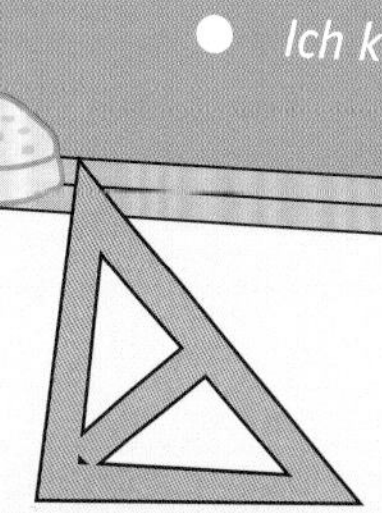

pK_A- und pK_B-Werte

pK_A-Wert	Säure			Base		pK_B-Wert
−9,00	Perchlorsäure	$HClO_4$	⇄	ClO_4^-	Perchlorat	23,00
−6,00	Bromwasserstoffsäure	HBr	⇄	Br^-	Bromid	20,00
−6,00	Salzsäure	HCl	⇄	Cl^-	Chlorid	20,00
−3,00	Schwefelsäure	H_2SO_4	⇄	HSO_4^-	Hydrogensulfat	17,00
−1,32	Salpetersäure	HNO_3	⇄	NO_3^-	Nitrat	15,32
0,00	Hydronium-Ion	H_3O^+	⇄	H_2O	Wasser	14,00
0,44	Trichloressigsäure	CCl_3COOH	⇄	CCl_3COO^-	Trichloracetat	13,56
1,25	Oxalsäure	HOOC−COOH	⇄	$HOOC{-}COO^-$	Hydrogenoxalat	12,75
1,81	Schweflige Säure	H_2SO_3	⇄	HSO_3^-	Hydrogensulfit	12,19
1,92	Hydrogensulfat	HSO_4^-	⇄	SO_4^{2-}	Sulfat	12,08
1,96	Phosphorsäure	H_3PO_4	⇄	$H_2PO_4^-$	Dihydrogenphosphat	12,04
2,20	Hexaquo-Eisen(III)-Ion	$[Fe(H_2O)_6]^{3+}$	⇄	$[Fe(H_2O)_5OH]^{2+}$		11,80
2,82	Chloressigsäure	$CClH_2COOH$	⇄	$CClH_2COO^-$	Chloracetat	11,18
3,14	Flusssäure	HF	⇄	F^-	Fluorid	10,86
3,34	Salpetrige Säure	HNO_2	⇄	NO_2^-	Nitrit	10,66
3,75	Ameisensäure	$HCOOH$	⇄	$HCOO^-$	Formiat	10,25
4,29	Hydrogenoxalat	$HOOC{-}COO^-$	⇄	$^-OOC{-}COO^-$	Oxalat	9,71
4,75	Essigsäure (HAc)	CH_3COOH	⇄	CH_3COO^-	Acetat	9,25
4,88	Propionsäure	C_2H_5COOH	⇄	$C_2H_5COO^-$	Propionat	9,12
4,90	Hexaquo-Aluminium-Ion	$[Al(H_2O)_6]^{3+}$	⇄	$[Al(H_2O)_5OH]^{2+}$		9,10
6,46	Kohlensäure	H_2CO_3	⇄	HCO_3^-	Hydrogencarbonat	7,54
6,99	Hydrogensulfit	HSO_3^-	⇄	SO_3^{2-}	Sulfit	7,01
7,04	Schwefelwasserstoff	H_2S	⇄	HS^-	Hydrogensulfid	6,96
7,21	Dihydrogenphosphat	$H_2PO_4^-$	⇄	HPO_4^{2-}	Hydrogenphosphat	6,79
9,21	Ammonium-Ion	NH_4^+	⇄	NH_3	Ammoniak	4,79
9,40	Blausäure	HCN	⇄	CN^-	Cyanid	4,60
10,40	Hydrogencarbonat	HCO_3^-	⇄	CO_3^{2-}	Carbonat	3,60
11,96	Hydrogensulfid	HS^-	⇄	S^{2-}	Sulfid	2,04
12,32	Hydrogenphosphat	HPO_4^{2-}	⇄	PO_4^{3-}	Phosphat	1,68
14,00	Wasser	H_2O	⇄	OH^-	Hydroxid	0,00
23,00	Ammoniak	NH_3	⇄	NH_2^-	Amid	−9,00
24,00	Hydroxid-Ion	OH^-	⇄	O^{2-}	Oxid	−10,00
34,00	Methan	CH_4	⇄	CH_3^-		−20,00

Das Gleichgewicht liegt in wässriger Lösung vollständig auf der rechten Seite; nur Basenteilchen existieren.

Echtes Gleichgewicht in wässriger Lösung. Sowohl Basen- wie Säureteilchen existieren.

Das Gleichgewicht liegt in wässriger Lösung vollständig auf der linken Seite; nur Säureteilchen existieren.

Elektrochemische Spannungsreihe

OM				RM		$E^{\varnothing}$	Hinweise	E
F_2		$+ 2\,e^-$	$\rightleftharpoons$	$2\,F^-$		+ 2,87 V		
$S_2O_8^{2-}$		$+ 2\,e^-$	$\rightleftharpoons$	$2\,SO_4^{2-}$		+ 2,05 V		
O_2	$+ 4\,H^+$	$+ 4\,e^-$	$\rightleftharpoons$	$2\,H_2O$			Elektrolyse (C-Elektrode) ca.	+1,9 V
Pb^{4+}		$+ 2\,e^-$	$\rightleftharpoons$	Pb^{2+}		+ 1,80 V		
H_2O_2	$+ 2\,H^+$	$+ 2\,e^-$	$\rightleftharpoons$	$2\,H_2O$		+ 1,77 V		
$PbO_2 + 4\,H^+ + SO_4^{2-}$		$+ 2\,e^-$	$\rightleftharpoons$	$PbSO_4$	$+ 2\,H_2O$		Blei-Akku	+1,69 V
MnO_4^-	$+ 8\,H^+$	$+ 5\,e^-$	$\rightleftharpoons$	Mn^{2+}	$+ 4\,H_2O$	+ 1,51 V		
Au^{3+}		$+ 3\,e^-$	$\rightleftharpoons$	Au		+ 1,50 V		
Cl_2		$+ 2\,e^-$	$\rightleftharpoons$	$2\,Cl^-$		+ 1,36 V		
$Cr_2O_7^{2-}$	$+ 14\,H^+$	$+ 6\,e^-$	$\rightleftharpoons$	$2\,Cr^{3+}$	$+ 7\,H_2O$	+ 1,33 V		
O_2	$+ 4\,H^+$	$+ 4\,e^-$	$\rightleftharpoons$	$2\,H_2O$		+ 1,23 V	----------------→ pH = 0	
Br_2		$+ 2\,e^-$	$\rightleftharpoons$	$2\,Br^-$		+ 1,06 V		
NO_3^-	$+ 4\,H^+$	$+ 3\,e^-$	$\rightleftharpoons$	NO	$+ 2\,H_2O$	+ 0,96 V	------------→ verd. HNO_3	
Hg^{2+}		$+ 2\,e^-$	$\rightleftharpoons$	Hg		+ 0,85 V		
O_2	$+ 4\,H^+$	$+ 4\,e^-$	$\rightleftharpoons$	$2\,H_2O$			pH = 7	+0,82 V
Ag^+		$+ 1\,e^-$	$\rightleftharpoons$	Ag		+ 0,80 V		
Fe^{3+}		$+ 1\,e^-$	$\rightleftharpoons$	Fe^{2+}		+ 0,75 V		
O_2	$+ 2\,H^+$	$+ 2\,e^-$	$\rightleftharpoons$	H_2O_2		+ 0,63 V		
I_2		$+ 2\,e^-$	$\rightleftharpoons$	$2\,I^-$		+ 0,58 V		
Cu^{2+}		$+ 2\,e^-$	$\rightleftharpoons$	Cu		+ 0,35 V		
SO_4^{2-}	$+ 4\,H^+$	$+ 2\,e^-$	$\rightleftharpoons$	SO_2	$+ 2\,H_2O$	+ 0,20 V	------------→ verd. H_2SO_4	
$(H_3O^+)\ 2\,H^+$		$+ 2\,e^-$	$\rightleftharpoons$	H_2		+ 0,00 V	----------------→ pH = 0	
Pb^{2+}		$+ 2\,e^-$	$\rightleftharpoons$	Pb		− 0,13 V		
Sn^{2+}		$+ 2\,e^-$	$\rightleftharpoons$	Sn		− 0,14 V		
Ni^{2+}		$+ 2\,e^-$	$\rightleftharpoons$	Ni		− 0,23 V		
$PbSO_4$		$+ 2\,e^-$	$\rightleftharpoons$	Pb	$+ SO_4^{2-}$		Blei-Akku	−0,36 V
Fe^{2+}		$+ 2\,e^-$	$\rightleftharpoons$	Fe		− 0,41V		
$2\,H_2O$		$+ 2\,e^-$	$\rightleftharpoons$	H_2	$+ 2\,OH^-$		pH = 7	−0,41 V
Zn^{2+}		$+ 2\,e^-$	$\rightleftharpoons$	Zn		− 0,76 V		
$2\,H^+$		$+ 2\,e^-$	$\rightleftharpoons$	H_2			Elektrolyse (C-Elektrode) ca.	−1,4 V
Al^{3+}		$+ 3\,e^-$	$\rightleftharpoons$	Al		− 1,66 V		
Mg^{2+}		$+ 2\,e^-$	$\rightleftharpoons$	Mg		− 2,27 V		
Na^+		$+ 1\,e^-$	$\rightleftharpoons$	Na		− 2,71 V		
K^+		$+ 1\,e^-$	$\rightleftharpoons$	K		− 2,92 V		
Li^+		$+ 1\,e^-$	$\rightleftharpoons$	Li		− 3,05 V		

Durchschnittliche Bindungsenthalpien für Einfachbindungen in kJ/mol bei 298 K:

	Si	*H*	*C*	*I*	*Br*	*Cl*	*N*	*O*	*F*
F	586	567	489	280	249	253	278	193	159
O	451	463	358	234	234	208	201	146	
N		391	305			192	163		
Cl	397	431	339	211	219	242			
Br	325	366	285	178	193				
I	234	298	218	151					
C	285	413	348						
H	318	436							
Si	176								

Bindungsenergien für Kohlenstoffmehrfachbindungen in kJ/mol bei 298 K:

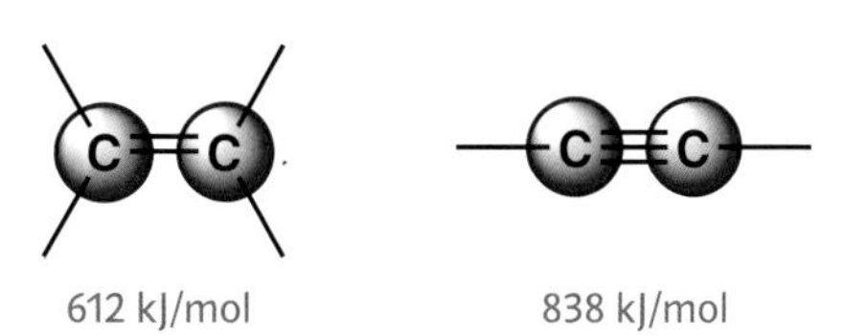

Bindungsenergien der C-H-Bindung in kJ/mol bei 298 K:

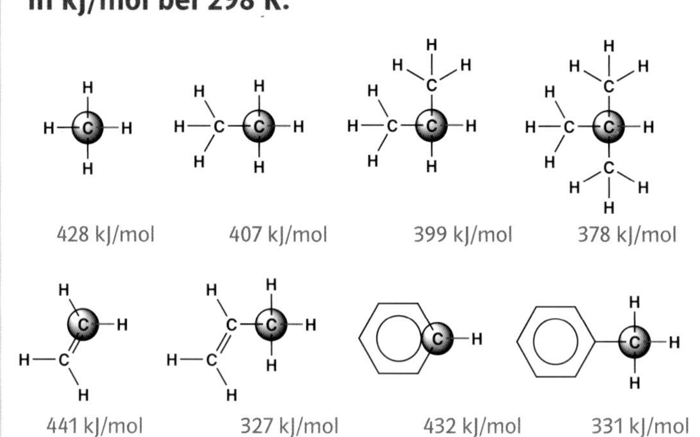

Thermodynamische Daten einiger Stoffe

$\Delta H_B^{\varnothing}$ in kJ · mol⁻¹   *$S^{\varnothing}$ in kJ · mol⁻¹ · K⁻¹*

	$\Delta H_B^{\varnothing}$	$S^{\varnothing}$		$\Delta H_B^{\varnothing}$	$S^{\varnothing}$
$H_{2\,(g)}$	0,0	0,131	$N_2O_{5\,(s)}$	–41,8	0,153
$H_2O_{(g)}$	–241,8	0,189	$C_{(Grafit)}$	0,0	0,006
$H_2O_{(l)}$	–285,8	0,070	$C_{(Diamant)}$	1,9	0,002
$Cl_{2\,(g)}$	0,0	0,223	$CO_{(g)}$	–110,5	0,198
$HCl_{(g)}$	–92,3	0,187	$CO_{2\,(g)}$	–393,5	0,214
$O_{2\,(g)}$	0,0	0,205	$CH_{4\,(g)}$	–74,9	0,186
$S_{(s)}$	0,0	0,032	$C_2H_{2\,(g)}$	226,8	0,201
$SO_{2\,(g)}$	–296,9	0,248	$C_2H_{4\,(g)}$	52,3	0,220
$SO_{3\,(g)}$	–395,2	0,267	$C_2H_{6\,(g)}$	–84,7	0,229
$H_2S_{(g)}$	–20,1	0,206	$C_3H_{8\,(g)}$	–104,0	0,270
$N_{2\,(g)}$	0,0	0,192	$C_4H_{10\,(g)}$	–125,0	0,310
$NH_{3\,(g)}$	–46,1	0,192	$C_6H_{6\,(l)}$	83,0	0,173
$NO_{(g)}$	90,4	0,211	$C_8H_{18\,(l)}$	–250,0	0,361
$NO_{2\,(g)}$	33,8	0,240	$CH_3OH_{(l)}$	–201,3	0,274
$N_2O_{4\,(g)}$	9,7	0,304	$C_2H_5OH_{(l)}$	–277,6	0,161

Löslichkeitsprodukte einiger Salze

	K_L bei 25 °C		*K_L bei 25 °C*
AgBr	$5 \cdot 10^{-13}$	$Ca(OH)_2$	$4 \cdot 10^{-6}$
AgCl	$2 \cdot 10^{-10}$	$CaSO_4$	$2 \cdot 10^{-5}$
AgI	$8 \cdot 10^{-17}$	CuS	$6 \cdot 10^{-36}$
Ag_2S	$6 \cdot 10^{-50}$	$Fe(OH)_3$	$4 \cdot 10^{-40}$
$BaCO_3$	$5 \cdot 10^{-9}$	FeS	$5 \cdot 10^{-18}$
$Ba(OH)_2$	$5 \cdot 10^{-3}$	NiS	$1 \cdot 10^{-24}$
$BaSO_4$	$1 \cdot 10^{-10}$	$PbCl_2$	$2 \cdot 10^{-5}$
CaF_2	$3 \cdot 10^{-11}$	PbS	$1 \cdot 10^{-28}$
$CaCO_3$	$5 \cdot 10^{-9}$	$PbSO_4$	$2 \cdot 10^{-8}$

Wichtige Konstante

1 u (Masseneinheit)	=	$1{,}6605 \cdot 10^{-24}$ g	***c*** (Lichtgeschwindigkeit)	=	$3 \cdot 10^{8}$ m · s⁻¹
N_A (Avogadrokonstante)	=	$6{,}022 \cdot 10^{23}$ mol⁻¹	***R*** (Gaskonstante)	=	8,314 J · mol⁻¹ · K⁻¹
Elementarladung *e*	=	+/– $1{,}602 \cdot 10^{-19}$ As	***R*** (Gaskonstante)	=	0,08314 bar · mol⁻¹ · K⁻¹
F (Faraday-Konstante)	=	96487 As · mol⁻¹	***h*** (Planck´sches Wirkungsquantum)	=	$6{,}63 \cdot 10^{-34}$ J · s

Register

Abgaskatalysator bis Disaccharide